Reisepraktisches

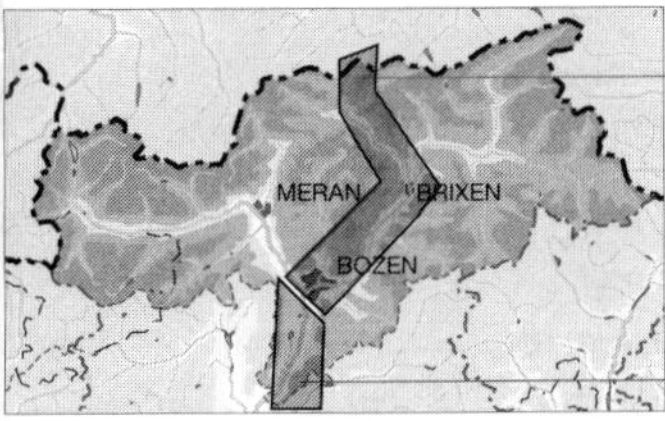

Vom Brenner bis Bozen

[illegible] Unterland

Me[illegible]

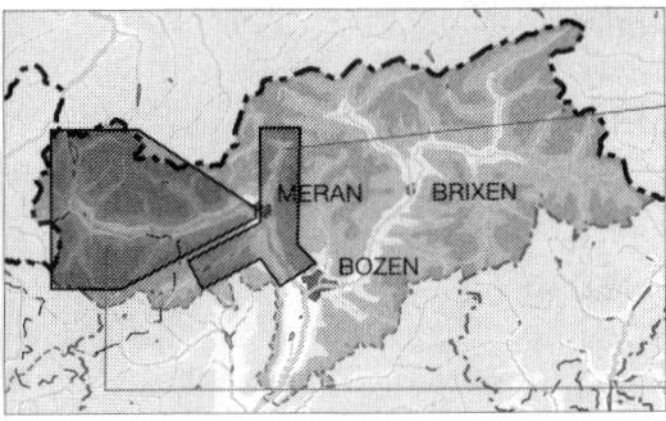

Der Vinschgau

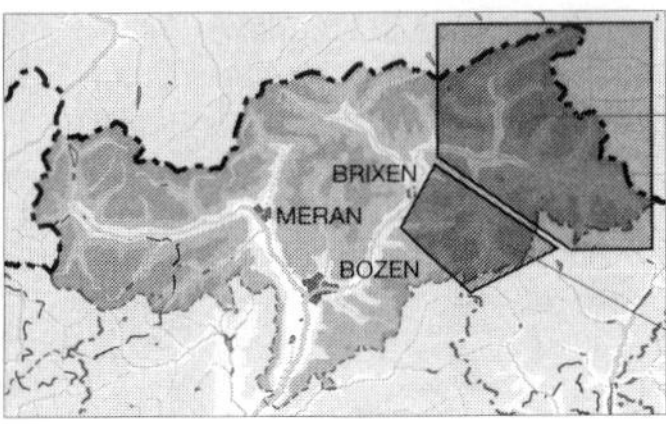

Das Pustertal und seine Nebentäler

Das Gadertal (Abteital)

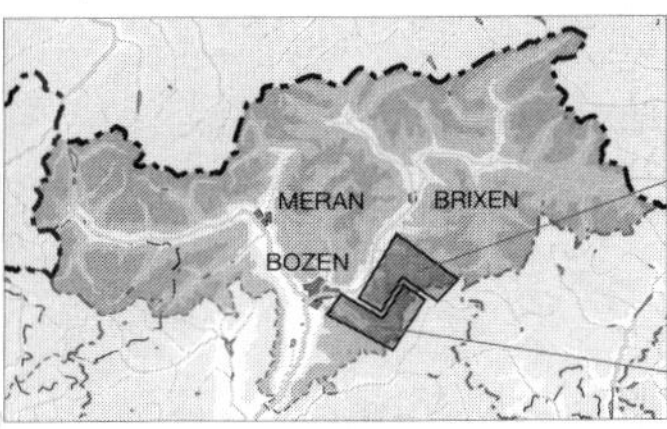

Das Grödner Tal und das Seiser-Alm-Gebiet

Das Rosengartengebiet

Text und Recherche: Dietrich Höllhuber
Lektorat: Angela Nitsche
Redaktion und Layout: Martina Comes
Fotos: siehe Fotonachweis unten
Karten: Günther Grill, Gábor Sztrecska, Carlos Borrell (Coverkarten)
Covergestaltung: Karl Serwotka
Coverfotos: oben: Seceda mit Sass Rigais, Gröden
unten: Trafoi mit Ortlergruppe, Vinschgau

Fotonachweis:
Alle Fotos von Dietrich Höllhuber außer:
Ferienregion Tauferer Ahrntal: S. 478, 481, 482, 484, 617
Südtirol Marketing: S. 44 (Irmes Laszlo), S. 55 (TVB Alta Badia), S. 162 (Milanesio), S. 519 (Andergassen)
Tourismusverein Eggental: S. 594, 597
Tourismusverein Eisacktal/Mühlbach: S. 65, 449
Tourismusverein Gsieser Tal–Welsberg–Taisten: S. 493

Herzlichen Dank allen Leserinnen und Lesern, die mit Tipps und Kritik an der Aktualisierung dieses Buches beigetragen haben, vor allem:
Silke Berner, Daniela Kamm, Susanne Oberlack, Reinhard Gaertner, Thomas Leßmann, Dirk Peter Post, Jürgen und Elisabeth Rothe, Fam. Dr. H. Hoffmann, Gertraud und Horst Albrand, Joachim Lehmann, Brigitte Seitzer, Anja Schotte und dem Jugendhaus Kassianeum.

ISBN 3-89953-250-3

2. überarbeitete und aktualisierte Ausgabe 2006

SÜDTIROL

Dietrich Höllhuber

INHALT

Alles im Kasten

Kartenverzeichnis

Von den 50 ausführlich beschriebenen **Wanderungen** und **Radtouren** in diesem Buch sind 32 mittels **GPS kartiert**: Tour 1, 2, 3, 5, 6, 8, 9, 10, 11, 12, 13, 14, 15, 16, 18, 19, 20, 21, 22, 23, 24, 26, 28, 31, 32, 33, 34., 36, 37, 40, 45, 46.

Die Waypoint-Dateien für diese Touren finden Sie zum Downloaden unter: **www.michael-mueller-verlag.de/gps**.

Zeichenerklärung für die Karten und Pläne

Autobahn	Höhle	Information
Asphaltstraße	Kirche/Kapelle	Parkplatz
Piste	Kloster	Post
Wanderweg	Schloss/Festung	Telefon
Fußweg	Turm	Bushaltestelle
Bahnlinie	Allg. Sehenswürdigkeit	Museum
Gewässer	Flughafen/ -platz	Wegweiser
Grünanlage	Campingplatz	Torbogen
Berggipfel	Leuchtturm	Wegpunkt mit Bezeichnung
Aussicht	Sendemast	

Was haben Sie entdeckt?

Haben Sie einen schönen Wanderweg, ein freundliches Gasthaus oder eine idyllische Herberge entdeckt? Wenn Sie Empfehlungen aussprechen möchten oder Ihnen Ungenauigkeiten aufgefallen sind, die sich trotz gründlicher Recherche immer wieder einschleichen können, lassen Sie es uns bitte wissen. Ihr Tipp kommt der nächsten Auflage zugute. Schreiben Sie an:

Dietrich Höllhuber
Stichwort „Südtirol“
c/o Michael Müller Verlag
Gerberei 19
91054 Erlangen
E-Mail: hoellhuber@michael-mueller-verlag.de

Wanderer unter der Sella

Südtirol erleben

Südtirol ist eines der beliebtesten Ziele des deutschen Sprachraums. Millionen haben das Land besucht, viele kommen immer wieder: Spaziergänger und Bergsteiger, Familien und Singles, Junge, Nicht-mehr-so-Junge und Alte, Sommerverlängerer, die den milden Herbst schätzen, und Winterverlängerer, die auch im Sommer Ski fahren, Kunstfreaks und Gourmets, Italophile und Deutschtirol-Bekenner, Weinspechte und Golfer, Fünfsternegäste und Urlauber im Zimmer mit Frühstück und Familienanschluss.

Das klingt so, als habe Südtirol eine Menge zu bieten. (Die Surfer auf dem Kalterer See, die Canyoning-Experten, die Ötzi-Pilger ins Bozner Archäologiemuseum sowie einen Papst, der Maria Weißenstein besucht hat und aus der Wallfahrtskirche eine Basilika machte, haben wir noch gar nicht erwähnt.) So ist das auch, Südtirol hat eine Menge zu bieten.

Im Folgenden seien nur ein paar von vielen Gründen genannt, hier den Urlaub zu verbringen: Südtirol ist nah, aber nicht zu nah, ähnlich, aber nicht zu ähnlich, anders, ohne fremd zu sein. Gerade italienisch genug, um ein gewisses mediterranes Flair auszustrahlen, und mitteleuropäisch genug, um dieses mit ausgesprochen samtiger Gemütlichkeit zu verbinden. Diese Atmosphäre gibt jedoch noch keinen Grund dafür an, dass die Besucher sich aus allen Altersstufen, Schichten und Interessengruppen zusammensetzen. Übrigens keineswegs nur des deutschsprachigen Raums, denn auch von anderswo kommt man nach Südtirol, und der Rest Italiens ist von diesem Kuckucksei deutscher Kultur im eigenen Nest so fasziniert wie wir.

Aber jetzt Nägel mit Köpfen: Was ist es, das Südtirol so unvergleichbar macht? Das Geheimnis ist der ziemlich unwahrscheinliche und auf jeden Fall einmalige Mix, das kulturelle Crossover aus Deutsch-Mitteleuropa und alpiner Tradition, das für sich allein schon spannend genug wäre, aufgepeppt mit einem kräftigen Schuss mediterraner Lebensart und kräftiger italienischer Würzung in Alltag, Küche, kulturellem Umfeld und Weltsicht.

Und das in einem Land, in dem sich auf kleinstem Raum (ca. 7400 qm, mehr sind's nicht) in Sachen Landschaft und Besiedlung ein Spektrum entfaltet, dass dem Besucher der Mund offen bleibt: Eisriesen von fast 4000 m Höhe wie der Ortler und Weinbaugebiete mit mildem Klima und einem Klasse-Badesee, dem Kalterer See, flink-geschäftige Städte wie Bozen, fashionable internationale Kurorte wie Meran, von der eigenen Tradition regelrecht durchtränkte architektonische Perlen wie Brixen oder das von mittelalterlichen Mauern umgebene Glurns, schließlich Bergbauernhöfe in Steillage, auf denen die Hühner angeblich Steigeisen benötigen und die Heuernte – das ist jetzt eine Tatsache – lebensgefährlich ist.

Altstadt von Meran

Einsamkeit gibt es in den vergletscherten Hochgebirgsregionen des Alpenhauptkamms, die aber nie so einsam waren, dass nicht doch schon vor 5300 Jahren ein Jäger namens Ötzi hinaufgefunden hätte. Sommerwanderparadies und Wintertraumziel („Dolomiti Superski") in der bestens erschlossenen Kalk- und Dolomitriesenlandschaft der „Weißen Berge", der Dolomiten, in deren Tälern die Ladiner wohnen, Nachkommen einer Bevölkerung, die schon die Römer kommen und wieder gehen sah.

Das könnte nun so weiter gehen. Seitenweise. Da sich der Autor aber außerstande sieht, alles in einem langen Artikel zusammenzustellen, was seiner Meinung nach Südtirol ausmacht und warum es so viele Gäste anzieht und warum das zu Recht so ist und warum es ihn selbst immer wieder in dieses Land zieht, hat er unten statt langen Blablas ein Buch angefügt. Mit der Bitte, seine Fehler mit Milde zu beurteilen (bei der Menge an Material kann sich eine Ungenauigkeit einschleichen) und über die Fülle des in Südtirol Gebotenen nicht nur erstaunt den Kopf zu schütteln, sondern das Land zu besuchen. Gleich im nächsten Urlaub.

Die Natur

Vom randmediterranen zum subarktischen Klima, von Weinlandschaft bis in Gletscherhöhe, von wilden Dolomitnadeln zu dunklen Urgesteinswänden, von der Umwelt der Smaragdeidechse bis zu jener des Alpenmurmeltiers erstreckt sich Südtirols Naturraum. Mit einer Handvoll Naturparks vom südlich-milden Mittelgebirge des Trudner Horns zur Hochgebirgslandschaft der Texel- und Rieserfernergruppe und den beiden Dolomiten-Naturparks sowie einem generös geschnittenen Nationalpark um den höchsten Berg, den Ortler, hat sich das Land ein Naturreservoir für die Zukunft und ein Dorado für Freizeitsportler geschaffen.

Das Klima

Südtirol hat im unteren Etschtal Anteil am milden insubrischen Klima Oberitaliens. Seine Gipfelregion am Alpenhauptkamm, in der Ortlergruppe, den Sarntaler Alpen und den Dolomiten ist durch das harsche alpine Klima geprägt. Von einem Südtiroler Klima zu sprechen ist also ziemlich unsinnig, und, stellen wir's gleich fest, im Zusammenhang etwa mit dem Kalterer See oder der Meraner Gegend von mediterranem Klima zu sprechen ist schlechthin Unfug, wenn nicht bewusste Fehlinformation.

Meran: Palmen im Gebirge

Was keineswegs der Feststellung widerspricht, dass es in Südtirol deutlich wärmer und milder ist als nördlich der Alpen und häufig auch trockener. Das hängt schon einmal mit der geographischen Lage zusammen, schließlich ist Südtirol der südlichste Bereich des deutschen Sprachraums und hat schon deshalb wärmere Sommer und tendenziell höhere Temperaturen. Das hängt auch mit der Schutzwirkung zusammen, der der Alpenhauptkamm im Norden und Nordwesten hat, der allzu kalte Winde und allzu starke Stürme abhält. Leider aber auch die Regenwolken, was besonders im Vinschgau zu so geringen Niederschlagsmengen führt (unter 500 mm), dass die Landwirtschaft seit Jahrhunderten mit Fremdwasser arbeiten muss, nämlich dem Kanalisationssystem der Waale, mit dem man noch heute ansonsten ungenützt abfließendes Wasser aus der regenreicheren

Bergregion in die trockenen Täler leitete. Und umgekehrt kommt durch das weit nach Süden geöffnete Etschtal warme Luft aus der Poebene bis in die Bozner Gegend und hebt dadurch die Durchschnittstemperaturen.

Die fünf Klimazonen Südtirols kann man auf einer Fahrt von Bozen in die Texelgruppe oder in die Dolomiten erleben. Man startet im *insubrischen Klima,* das von der Salurner Klause etwa bis Bozen reicht und das durch eine mittlere Jahrestemperatur von über 10 °C gekennzeichnet ist. Die Winter sind mild, es gibt selten Frost, die Niederschläge liegen bei 800 bis 900 mm, es gibt keine längeren Trockenperioden. Typischerweise sind im Winter die Südhänge schneefrei. Schon wenig höher beginnt die Zone des *submontanen mitteleuropäischen Klimas,* die Niederschlagsmengen sind sehr unterschiedlich, im Vinschgau bis unter 500 mm, auch im Eisacktal ist es sehr trocken, anderswo erreichen sie 1400 mm. Flaumeiche, Hopfenbuche und die vom Menschen eingeführte Esskastanie charakterisieren diese Klimazone. Das Jahresmittel der Temperatur liegt zwischen 9 und 10 °C, Winterfröste treten immer wieder auf. Im Bereich des *montanen mitteleuropäischen Klimas* sinkt das Jahresmittel der Temperatur unter 7 °C, die Niederschläge erreichen 900 bis 1400 mm. Im *subalpinen Klima* liegt das Jahresmittel nur noch bei 4 °C, und die Niederschläge fallen überwiegend im Winter und bleiben als Schnee lange liegen. Bergland bis ca. 2200 m weist diesen Klimatyp auf (also z. B. das Rittner Horn über Bozen). Das *alpine Klima* umfasst nur die hochalpine Gipfelzone, bei einem Jahresmittel um die 0 °C bleibt der Unterboden ganzjährig gefroren und der Schnee bleibt mindestens ein halbes Jahr, meist etwa 8 Monate lang liegen.

▸ **Gletscherschwund**: Der Weißbrunnferner im hinteren Ultental ist in 34 Jahren um ein Drittel abgeschmolzen, der Rekordsommer 2003 setzte ihm besonders zu. Nur in einem von 11 Vergleichsjahren (1991 bis 2001) nahm das Gletschervolumen zu, in allen anderen ab, wie Spezialisten der Universität Innsbruck und des Hydrographischen Landesamts in Bozen feststellten. Das ist kein Einzelfall, das Phänomen Gletscherschwund ließ 1991 die Ötzi-Mumie ausschmelzen, dazu kam feiner Staub aus der Sahara, der wie frischer Schnee viel mehr Strahlung absorbiert als blankes Gletschereis und damit stärkeres Abtauen bewirkt. Der Gletscherschwund hat Nebenwirkungen, die für die Bevölkerung und den Tourismus sehr problematisch sind: Weniger Schmelzwasser wird in vielen Gebieten Wasserknappheit bewirken, und die vom Gletscher oft senkrecht abgeschliffenen seitlichen Hänge stürzen vor allem im lockeren Moränengelände zusammen und sind nur unter großer Gefahr zu queren. Hochtouren werden zum Hasard. Seit 1850 haben die Gletscher der Alpen 50 % ihrer Masse und 40 % ihrer Fläche verloren, ihr Ende ist abzusehen.

Insubrisches Klima – das Beispiel Bozen

Erster Wert: langjährige Maxima der Tagestemperaturen im Monatsmittel in Grad Celsius. Zweiter Wert: langjährige Minima der Tagestemperaturen im Monatsmittel in Grad Celsius. Dritter Wert: langjährige Monats-Mittelwerte der Niederschläge in mm.

Jan.	Febr.	März	April	Mai	Juni	Juli	Aug.	Sept.	Okt.	Nov.	Dez.
5,0	8,8	15,0	20,5	23,3	26,6	28,8	28,3	26,1	18,8	11,6	6,6
-5,0	-2,7	1,6	6,1	9,4	12,7	14,4	13,8	11,1	5,5	-1,6	-3,8
28,9	30,7	38,3	56,5	80,1	73,4	89,1	92,5	64,4	70,2	56,8	28,8

(Angaben: Hydrographisches Amt der Provinz Bozen, www.provinz.bz.it/hydro/wetterdaten und www.wetter.com)

Dolomiten: Rosengartengruppe

Die Gesteine – Dolomit und Urgestein

Die dunklen und häufig vergletscherten Gebirgsketten des Nordens und Westens, Ötztaler Alpen, Zillertaler Alpen, Ortlergruppe, ergeben ein ganz anderes Bild als die aus hellen Gesteinen aufgebauten, von isolierten Spitzen und großflächigen Plateaus in mehreren Stufen geprägten Dolomiten im Osten und Südosten. Wer im Eisacktal zwischen Brixen und Bozen unterwegs ist, kann kaum die rötlichen Gesteine übersehen, die das Tal flankieren, es sind vulkanische Gesteine, die man Bozner Quarzporphyr nennt.

Die kristallinen Gesteine des Alpenhauptkamms wie Granit und Glimmerschiefer, aber auch Marmor, die Sedimentgesteine wie die Kalke und Dolomite der Dolomiten und die vulkanischen Quarzphyllite bilden ein Muster mit paralleler Verteilung der drei großen Gesteinsgruppen, das nur durch einen kurzen Blick auf die Entstehung der Alpen erklärt werden kann:

Alle Gebirge entstehen an den Plattengrenzen der Erdoberfläche. Unter Platten versteht man zusammenhängende Stücke der erkalteten Erdoberfläche, die auf dem elastischen Magma-Inneren der Erde schwimmen und dabei immer wieder kollidieren. Mit Folgen für die Kollisionszonen: Gebirge werden aufgeworfen, Schollen übereinander geschoben, Vulkanreihen entstehen, so wie wir das heute rund um den Pazifik beobachten können, von den Anden bis zu den Vulkanen Japans. Südtirol liegt in einem Bereich, wo vor ca. 60 Mio. Jahren der afrikanische Kontinent, eine riesige zusammenhängende Platte, gegen die europäische Platte zu drücken begann. Mit Erfolg, die damals beginnende alpine Gebirgsbildung ließ vor 35 Mio. Jahren die ersten Meeresablagerungen auftauchen. Schon vom ersten Tag der Hebung an wurde wieder abgetragen, entstanden Täler, bildeten sich flache Ablagerungsbecken.

Manches wurde dadurch von ganz unten nach ganz oben gehoben: Die Tauern im Nordosten Südtirols bestehen aus den ältesten und ursprünglich am tiefsten gelegenen Gesteinen des ganzen Landes! Gewaltige Störungen begleiteten das Aufwerfen der Alpen, so entstand das Etschtal an so einer Querstörung. Magma aus dem Erdinneren war schon vor ca. 290 Mio. Jahren in unvorstellbar großen Mengen ausgetreten, wie wir das in Island und auf Hawaii heute beobachten können, die Bozner Quarzporphyre sind bis zu 3 km hoch (!) und bedecken eine Fläche von 4000 qkm! Als die Alpen entstanden, wurden sie von aus großer Entfernung herangeschobenen Sedimenten des Meeresbodens teilweise überdeckt, den Kalken der heutigen Dolomiten.

Als die alpine Gebirgsbildung fast abgeschlossen war, hatte gleichzeitig das Mittelmeer den niedrigsten Stand aller Zeiten erreicht: Es war ausgetrocknet. Alle Zuflüsse mussten vor 6 Mio. Jahren eine enorme Höhendifferenz ausgleichen – der Boden des ausgetrockneten Meeres lag 3000 m tiefer als der heutige Meeresspiegel! – und schnitten sich dabei messerscharf in die Gebirge ein, dabei wurden ältere Gesteinschichten wieder aufgedeckt (z. B. die Bozner Quarzporphyre im Eisacktal). Als wenig später während der Eiszeiten die Gletscher vorrückten, verbreiterten sie diese Täler und schütteten sie während der Rückzugsphase – vor ca. 12.000 Jahren – wieder teilweise mit Moränenmaterial zu. Die heutige Gestalt der Oberfläche Südtirols hat sich maßgeblich in diesen letzten 12.000 Jahren entwickelt, die Talböden mit ihren Murkegeln, auf denen Nebenbäche ihr Abtragungsmaterial aufschütten, die Terrassen oberhalb des Talgrundes, die alte Gletschertalformen markieren, während V-förmig eingeschnittene Täler wie das Untere Eisacktal erst nach den Eiszeiten entstanden. Hochgebirgsformen wie die Kare mit ihren Seen sind Erinnerungen an abgeschmolzene Gletscher, steile Felswände oft Hinweise auf seitlichen Schliff. In den Dolomiten haben sich jedoch Formen erhalten, die sich so nicht erklären können: Die großen Plateaus der Seiser Alm und der Fanes- und Sennesgruppe und viele kleinere Plateaus dieses Gebirges sind nur dann zu verstehen, wenn man weiß, dass Kalk wasserdurchlässig ist, also oberflächig nicht abgetragen wird und damit alte Formen, in diesem Fall eine frühere flache Landoberfläche, konserviert.

Dolomieu – Dolomit – Dolomiten

1788 kam der Inhaber des Lehrstuhls für Mineralogie an der Ecole des Mines (Bergbauschule) in Paris nach Tirol. Sein Name war *Deodat de Dolomieu.* Sein Ziel war die Erforschung der Gebirge im Süden Tirols. Einen eigenen Namen hatten diese isolierten Berge mit ihrem hellen Gestein und ihren steilen Flanken nicht. Wer interessierte sich damals schon für Berge oder für die junge Wissenschaft Mineralogie und Geologie. Die meisten Menschen waren davon überzeugt, dass Gott die Welt vor 6000 Jahren erschaffen hatte. Warum sollte man sich denn damit beschäftigen, wie sie entstanden war?

Dolomieu fand auf 3000 m Höhe versteinerte tropische Korallen und andere Fossilien, die zeigten, dass diese Berge im Meer entstanden waren. Vor allem aber fand der Mineraloge ein Gestein, das nach seiner wissenschaftlichen Veröffentlichung nach ihm benannt wurde: den Dolomit. Im Dolomit ist das im ursprünglichen Kalksediment des Meeresbodens oder in Korallenriffen vorhandene Kalzium durch Magnesium ersetzt worden. Allmählich bürgerte sich in der wissenschaftlichen Literatur für diesen Teil Tirols der Name „Dolomiten" ein, ganz zum Schluss auch bei den Bewohnern dieses armen Bergbauernlandes.

Gesteine und Wirtschaft: Der widerstandsfähige *Quarzporphyr* ist ein ausgezeichneter Bau- und Dekorstein, er wird in zahlreichen Steinbrüchen gewonnen, einen besonders auffälligen passiert man auf der Staatsstraße im Eisacktal zwischen Bozen und Waidbruck. Große wirtschaftliche Bedeutung hat der *Laaser Marmor*, ein geologisches Element des Ötztaler Kristallins, das auf der Südseite des Vinschgaus an der Oberfläche ansteht. Der ganze Ort Laas lebt von dieser Marmorproduktion, der Marmor wird hoch oberhalb des Ortes gebrochen und mit einem hypermodernen Fördersystem ins Tal gebracht. In den kristallinen Gesteinen sind an mehreren Stellen in Südtirol, vor allem aber in der Sterzinger Gegend, um Gossensass und im Ahrntal bei Prettau Silber- und Bleiglanz eingelagert, die z. T. seit der Vorgeschichte abgebaut werden. Größte Bedeutung hatte vor allem das Silber im Mittelalter, die Produktion blieb aber bis ins 19., im Schneebergbereich des Ridnaun- und Passeiertales gar bis ins 20. Jh. bestehen. Heute haben diese Fundorte keine wirtschaftliche Bedeutung mehr.

Latschiniger Albl (Vinschgau), Lärchen und Zirben im Bergwald

Die Pflanzenwelt

Auch nur annähernd die Fülle der Pflanzenwelt skizzieren zu wollen, verbietet sich in einem Führer wie diesem von selbst. Wer in Südtirol wandert, kommt mit gleicher Wahrscheinlichkeit mit mediterranen wie mit alpinen Pflanzen, mit Trockenheitsanzeigern und auf Feuchtgebiete spezialisierten Pflanzen in Kontakt. Südtirols tiefster Punkt bei Salurn liegt nur ca. 220 m über dem Meer, der höchste (Ortlergipfel) 3905 m, dies allein muss schon eine enormes Spektrum bewirken.

Dazu kommen die vielen unterschiedlichen Gesteine und ihre Auswirkungen auf die Pflanzenwelt, z. B. Pflanzen, die nur auf Kalk gedeihen und solche, die ihn nicht ausstehen können. Das alles wird nochmals differenziert durch das Klima, die Trockenheit mancher Täler und die hohen Niederschläge mancher Nordwestflanken, die Bodenfeuchte in Staubereichen der Täler und in hochalpinen Karen, in Sümpfen und Mooren und an Seerändern sowie die oberflächliche Erhitzung an den steilen Sonnenhängen.

Prachtnelke (Dolomiten)

Manche der in Südtirol unterschiedenen Vegetationsgürtel haben sich kaum erhalten, da sie der Mensch verändert oder zerstört hat. So sind die *Auwälder*, die ehemals die Etsch, die Eisack und die Rienz begleiteten, fast gänzlich durch Flussbereinigung und Entwässerung zerstört worden. Nur kleinste Bereiche überlebten (als Naturschutzgebiete), wie etwa das Auenbiotop zwischen Prad und Spondinig im Vinschgau, die Aue bei Lana und die kleine Millander Eisack-Aue im Brixner Stadtgebiet. Der Schutz der Auen im untersten Tauferer Tal bei Bruneck wird seit längerem diskutiert. Weniger haben sich die trockenen *Buschwälder* am unteren Hangfuß verändert, in denen besonders viele mediterrane Pflanzen vorkommen (neben anderen), die Weinbaugebiete des Landes haben jedoch große Breschen geschlagen. Die trockenen *Kiefernwälder* der Südhänge in den großen Tälern des Landes sind nach wie vor sehr ausgedehnt (die im Vinschgau sind nicht natürlich, sondern sind jüngere Aufforstungen). *Buchenwälder* gibt es nur an der Mendel und am Gampenpass, während *Tannenwälder* auf den Quarzporphyren rund um Bozen, an den Schattenhängen des Vinschgaus und den engen größeren Tälern des Landes recht verbreitet sind. Natürliche Fichtenwälder gibt es in allen Bereichen des Landes zwischen 900 und 2000 m, sie sind besonders in den höheren Lagen oft stark von Lärchen durchsetzt. Es gibt regelrechte lichte *Lärchenwälder*, alle anderen Bäume wurden vom Menschen zur Weidegewinnung ausgeholzt, wie jene des Salten zwischen Bozen und Flaas bzw. dem Tschögglberg. Ganz stark hat der Mensch den *Zirbenwäldern* zugesetzt. Sie wurden gerodet, um Almen Platz zu machen, auch war das Holz stark begehrt – eine Zirbenstube ist heute noch der Stolz jedes Bauern, und kaum ein neueres Hotel mit alpinem Südtiroler Flair kommt ohne dieses Holz aus. In größeren Höhen und abseits leicht erreichbarer Gebiete findet man sie aber immer noch, wie etwa im Anstieg vom Latschiniger Albl zu den Kofelraster Seen (östliche Ortlergruppe zwischen Vinschgau und Ultental). Der *Zwergstrauchgürtel* mit Legföhren (Latschen), Alpenrosen (Almrausch) und Wacholder ist ebenfalls stark vom Menschen überformt und zu Weidezwecken gerodet worden. Die hochalpinen *Rasengesellschaften* und die Pflanzen der *nivalen Stufe*, also des höchsten Bereichs der Berge, in dem noch Pflanzen überleben können (über 2500 bis 2800 m bis in die Gipfelzone) sind wohl am stärksten von allen im ursprünglichen Zustand geblieben.

▸ **Dolomitenflora**: Von den Vegetationszonen Südtirols ist jene der Dolomiten wohl am interessantesten, denn die Dolomitenflora besitzt die meisten Endemiten, also nur in dieser Zone vorkommende Pflanzen. Kalk ist für viele Pflanzen nicht geeignet oder sie passen sich an und es entstehen neue Unterarten und Arten, wie das etwa beim Stengellosen Enzian der Fall ist: Auf kristallinen Gesteinen wächst Gentiana kochiana, auf Kalk wächst Gentiana clusii. Für Laien sehen diese beiden Arten des klassischen Enzians identisch aus, Botaniker lächeln milde und zeigen einander die Unterschiede. Aber die Dolomiten haben auch echte Endemiten, die nur dort zu finden sind, eine Steinbrechart und die Dolomiten-Akelei, die Dolomiten-Schafgarbe, Séguiers Hahnenfuß und die wunderschöne, aber selten zu sehende und in steilen Felswänden wachsende Schopfige Teufelskralle.

• *Literaturtipp* Thomas Peer: **Lebensräume in Südtirol. Die Pflanzenwelt.** Erschienen beim Athesiaverlag in Bozen, zu erhalten in den Buchhandlungen des Verlags in Südtirol und generell im Buchhandel (ISBN 88-7014-341-4). Kurze Einführung in die Vegetationszonen Südtirols, durchgehend bunt bebilderte Kurzbeschreibungen der charakteristischen Pflanzen, gegliedert nach Vegetationszonen.

Wildtiere in Südtirol

Wie überall in Mitteleuropa hat der Mensch auch in Südtirol die Umwelt nach seinen Wünschen und Bedürfnissen verändert und dabei den Lebensraum vieler Tiere eingeschränkt, zerstört, aber auch erweitert. Während Reh und Rothirsch vom Menschen ausreichend Platz bekommen, wurde der letzte Bär 1930 erlegt (im hinteren Ultental), und wegen seiner Spielhahnfedern für die Tirolerhüte ist der Birkhahn ziemlich selten geworden.

Das Murmeltier, bis in die Gegenwart wegen seines angeblich heilkräftigen Fetts erbarmungslos gejagt, ist in einigen Bereichen wieder recht häufig geworden, nachdem es vor etwa 150 Jahren knapp vor dem Aussterben war. Steinbock und Bartgeier wurden wieder eingeführt, nachdem sie ausgerottet worden waren. Manche Tiere wären andererseits längst ausgerottet, würde man ihrer habhaft, denn man sieht sie als Schädlinge: Fuchs, Frettchen, Iltis und Marder gehören in diese Kategorie.

Die Zonen Südtirols, in denen man am ehesten Wildtieren begegnen kann, sind die warmen Buschwälder des Südens und der inneralpinen Trockentäler wie im Vinschgau sowie die Hochalmen und Gebirgswiesen. In den Buschwäldern, etwa am Südfuß des Montiggler Waldes im Überetsch oder auf der anderen Seite des Etschtals im Naturschutzgebiet Castelfeder, kann man der Smaragdeidechse begegnen, der flinken Zornnatter und der auf Bäume kletternden Äskulapnatter, der Gottesanbeterin, die in Südtirol Maringgele genannt wird, aber auch, doch nur am späten Abend, dem Greil oder Gleir, anderswo als Siebenschläfer bekannt. In den alpinen Rasengebieten sieht man vor allem in Karmulden häufig Murmeltierbauten und die sichernden Männchen, die durchdringende Pfiffe zur Warnung für die anderen von sich geben, wenn man sich nähert. Gämsen sind nicht selten, und wer Glück hat, kann den Alpenschneehasen beobachten, aber auch Haselhuhn und Schneehuhn. Der wieder eingeführte Steinbock ist im Nationalpark Stilfser Joch mittlerweile gar nicht mehr so rar, und der Steinadler zieht in immer mehr Bereichen der Südtiroler Gebirge seine Kreise, vor allem im Ahrntal und Antholzer Tal, Pfossental und Passeiertal, über der Fanes und der Puezgruppe. Kaum ist man an einem Gipfel oder bei der Hütte angelangt, wird man von Alpendohlen neugierig umflogen, die Vögel wagen sich für einen Happen auch ganz nahe an die Wanderer.

- **Auerhahn und Birkhahn**: Birk- und Auerhuhn zählen zu den Raufußhühnern Europas, die früher in vielen Gebieten vorkamen und heute auf wenige Gebiete der Alpen und Nordeuropas beschränkt sind. Die Bejagung hat sie stark dezimiert, beim Birkhuhn vor allem wegen der dekorativen Schwanzfedern des Hahnes, die man als Spielhahnfedern auf den Hut steckt. Gleichzeitig wurde ihr Lebensraum so stark reduziert, dass nur noch geringe Reste davon übrig blieben – dabei klingen die Gesamtzahlen gar nicht so schlecht: In den Alpen und Karpaten allein soll es noch ca. 43.000 Birkhühner geben, allein im Norden der Britischen Inseln etwa 25.000! Aber die Bestände sind isoliert und werden durch Natur- und Umweltzerstörung ständig kleiner. Berühmt ist die sog. Arenabalz der Raufußhühner, die erwachsenen Hähne kämpfen auf Lichtungen miteinander um die Weibchen, die scheinbar unbeteiligt zuschauen.
- **Alpenmurmeltier**: Murmeltiere gehören wie die Eichhörnchen zur Familie der Hörnchen, sind aber größer, sie werden bis 66 cm lang und 7 kg schwer. Sie sind typische Nagetiere mit kräftigen gelben Nagezähnen, die sie beim Fressen von Blättern, Trieben, Blüten und (v. a. im Spätsommer) Samen einsetzen. Sie sind echte Winterschläfer, 5 bis 7 Monate im Jahr verbringen sie schlafend in ihren Bauten, dabei werden die normalen 70 Pulsschläge pro Minute auf 5 reduziert. Eine Nebenhöhle ist als Klo gedacht, wenn sie zweimal im Monat aufwachen, gehen sie in diesen Teil des Baus, um zu urinieren. Früher hatte das Murmeltier mehr Feinde als heute, die Ausrottung von Luchs und Wolf im alpinen Lebensraum Südtirols hat nur noch Adler und Fuchs als Feinde gelassen, Jungtiere fallen auch Füchsen und Raben zum Opfer. Murmeltiere leben in großen Familienverbänden. Sind die Tiere außerhalb des Baus, wachen immer einige ältere Männchen, um bei Gefahr zu pfeifen, woraufhin alles in nahen Löchern verschwindet (oder in nicht sehr elegantem, aber flottem Lauf zum nächsten Loch hastet).
- **Achtung, Schlangen!** In den warmen Buschwäldern und auf den Trockenhängen Südtirols kommen drei Giftschlangen vor: *Aspisviper, Kreuzotter* und *Hornviper*. Am dichtesten ist ihre Verbreitung im Überetsch und Unterland, vor allem im Bereich um den Kalterer See, im Montiggler Wald, in der Gegend von Eppan und in der Neumarkter Gegend. Dem Autor wird immer eine Wanderung auf der „Katzenleiter“

Die Kreuzotter ist in den Dolomiten relativ häufig

von Auer nach Aldein in Erinnerung bleiben, bei der er mehrfach Schlangen, darunter auch Giftschlangen, begegnete. Bei Schlangenbiss sofort zum Arzt, nicht abbinden, Wunde nicht aussaugen oder gar ausbrennen, wie immer wieder empfohlen wird – *die Bisse der drei Giftschlangen sind nicht tödlich!* Den betroffenen Bereich fest verbinden wie einen verstauchten Knöchel und beim Transport möglichst ruhig halten. Zur Vermeidung von Schlangenbissen in den gefährdeten Zonen abseits der breiteren Wege immer feste Schuhe mit hohem Schaft, Socken und lange Hosen tragen! Kreuzottern kann man auch in großen Höhen, vor allem auf Almen begegnen, sie sind oft ganz schwarz und ohne das namengebende Kreuzmuster, dem Menschen gehen sie üblicherweise aus dem Weg.

Naturparks, Nationalpark und Umweltprobleme

Südtirol besitzt mit dem Nationalpark Stilfser Joch und sieben Naturparks geschützte Landschaften in allen wichtigen alpinen Gebieten mit Ausnahme der Sarntaler Alpen, in denen jedoch seit Jahren ein weiterer Naturpark geplant ist. In diesen Schutzzonen ist das ökologische Gleichgewicht noch gegeben und soll für alle Zeiten erhalten werden.

Um den Schutz realistisch zu gestalten, hat man die größeren Siedlungen ausgeklammert, jedoch nicht Bergbauerngebiete und Almweiden. Im Prinzip sollte in Schutzgebieten keine größere Veränderung erlaubt sein, tatsächlich wirkt sich jedoch jede Veränderung in der Nähe auch auf das Schutzgebiet aus und Ausnahmeregelungen sind anscheinend die Regel geworden. Dass die Sommerskizone Stilfser Joch und das Skigebiet Sulden – mit neuer, besonders großer Kabinenbahn – im Nationalpark liegen, ist in Südtirol anscheinend kein Widerspruch. Auch nutzen Politiker diesen Umstand, wenn sie an der Substanz von Parks und Schutzzonen zu sägen belieben. So hat der Landeshauptmann im Sommer 2004 eine nicht unbeträchtliche Verkleinerung des Nationalparks Stilfser Joch angekündigt, die er damit rechtfertigt, dass die fragliche Zone ja ohnehin landwirtschaftlich genutzt sei.

Südtirol hat sieben Naturparks

Alle Schutzgebiete sind frei zugänglich und besitzen Informationszentren, die *Naturpark-* bzw. *Nationalparkhäuser* (von den letzteren gibt es vier). Beschränkungen der Besucherzahlen hat es bisher nicht gegeben, wenn aber die Übernutzung mancher leicht erreichbarer Zonen allerdings überhand nimmt, wie nicht nur in der Ortlergruppe sondern z. B. an der Pederühütte in der Fanes oder auf der Plätzwiese (beide im Naturpark Fanes-Sennes-Prags), wird man sich Zugangsquoten überlegen müssen.

Mehr zu den einzelnen Naturparken und zum Nationalpark finden sich in den jeweiligen Kapiteln, dort auch Adressen der Naturpark- bzw. Nationalparkhäuser! Naturpark Schlern S. 595 + 597, Naturpark Puez-Geisler S. 140, Naturpark Fanes-Sennes-Prags S. 549, Naturpark Rieserferner-Ahrn S. 477, Naturpark Texelgruppe S. 278, Naturpark Sextener Dolomiten S. 519, Naturpark Trudener Horn S. 243, Nationalpark Stilfser Joch S. 406.

• *Information* Zuständig für die Schutzgebiete Südtirols ist das **Amt für Naturparke**, Cesare-Battisti-Str. 21, I-39100 Bozen, ✆ 0471/414300, 📠 414309, www.provinz.bz.it/naturparke. Für den Nationalpark Stilfser Joch wenden Sie sich an das **Konsortium Nationalpark Stilfser Joch/Südtirol**, Außenamt Glurns, Rathausplatz 1, 39020 Glurns, ✆ 0473/830430, 📠 830510, stelviobz@libero.it, www.stelviopark.it.

Die Menschen

Die Deutschtiroler und Ladiner gehören zwar zwei verschiedenen Sprachgruppen an, sind aber beide der alpenländisch-österreichischen Tradition verbunden. Die dritte Sprachgruppe, die Italiener, sind mit Ausnahme einiger Anpassungserscheinungen an ein überwiegend fremdkulturelles und anderssprachiges Land der italienisch-mediterranen Kultur verpflichtet.

Die Kultur der Deutschtiroler und der Ladiner entspricht in großen Zügen jener des österreichischen Nordtirol, wurde aber in der langen Zeit der Spaltung Tirols seit 1918/1919 durch italienische Elemente bereichert. Die Italiener sind in vielen Fällen Nachkommen erst vor zwei Generationen aus Süditalien eingewanderter Arbeiter, zum kleineren Teil seit Generationen im Lande ansässig.

Das hört sich klar geschieden an und wird durch das *Südtiroler Autonomiestatut* auch immer wieder eingeklagt: Man muss sich, wenn man in Südtirol wohnt, immer wieder bei amtlichen Erhebungen oder wenn man in den Landesdienst treten will, einer dieser Volksgruppen zuordnen, eine Mischkategorie gibt es nicht. Die Realität ist jedoch durch die so deutliche wie subtile Annäherung der beiden Volksgruppen weitaus komplexer. Gemischte Ehen, also Heiraten zwischen Deutschen und Italienern sind keineswegs selten. (Warum sollten sie auch?) Die Kinder stehen zwischen den Kulturen und müssen sich für offizielle Zwecke entscheiden, ob sie sich als Italiener oder als Deutsche registrieren lassen. Das Autonomiestatut will es so, und das hatte auch seinen Sinn, solange die deutschsprachige Bevölkerungsgruppe rigoros benachteiligt wurde. Schließlich sollten und sollen auf Grund dieser Zuordnungen Stellen nach dem Bevölkerungsgruppenproporz verteilt werden und damit der Benachteiligung der Deutschtiroler ein Ende gemacht werden. Das ist (fast) der Fall. Und nun?

Das Land und sein Image

Südtirol, dieser an der Oberfläche so runde und eindeutige Begriff, ist tatsächlich schillernd und mehrdeutig. Wer mit Südtirol nur das von deutschen und österreichischen Gästen dominierte Wanderland mit seinem auf Volksmusik, Trachten, Speck und Gemütlichkeit basierenden Image verbindet, sieht das Land genauso schief und dazu durch die rosa Brille wie der hochwinterliche Pistenfreak, der zwei Wochen „Dolomiti Superski“ bucht und zwischen Lift und Après-Bar pendelt.

Schief liegen diejenigen, die Südtirol als ein deutsches Land sehen, denn die Vorfahren der Ladiner in den Dolomitentälern lebten hier schon, als die Germanen noch Nordwestrussland bewohnten und in den Pripjet-Sümpfen Schnepfen jagten. Von vielen Italienern ganz zu schweigen, die Südtirol zu einem italienischen Land machen wollen und damit argumentieren, die Deutschsüdtiroler hätten in den letzten 1500 Jahren Südtirol nur „oberflächlich germanisiert". (Es gibt sie wirklich und es gibt sie immer noch, diese randalierenden Faschisten, und in den Führungsriegen der gerade regierenden italienischen Parteien scheinen sie besonders verbreitet zu sein.) Die Wahrheit liegt wie so oft dazwischen. Ja, Südtirol ist ein vorwiegend deutschsprachiges Land, und das ist es seit dem Beginn der Neuzeit und der Übernahme des Deutschen auch im oberen Vinschgau, wo bis dahin Rätoromanisch gesprochen wurde wie heute noch in den Dolomitentälern um die Sella (übrigens nicht nur in Südtirol, sondern auch in den angrenzenden Gebieten der Provinzen Trient und Belluno). Italienische Einflüsse haben auf das Land aber nicht erst seit 1918 und dem Beginn der italienischen Okkupation gewirkt, sondern schon wesentlich früher. So sind in Bozen zu den Messezeiten schon vor Jahrhunderten Italiener massiv präsent gewesen. Gerne wird in deutschsprachigen Kreisen auch vergessen, dass Tirol vor 1918 immer ein dreisprachiges Land war, dass das Italienische in Welschtirol, jenem Bereich des historischen Landes Tirol, der heute Trentino genannt wird, nicht nur eine der Sprachen der *Tiroler* Bevölkerung war, sondern durchaus kulturellen Einfluss hatte – Deutsch, Ladinisch und Italienisch sprechende Tiroler haben ihr Land und seine heutige Form gemeinsam geschaffen, auch wenn auf Grund der politischen Situation und der Ausrichtung ganz Tirols nach Norden und in den deutschen Sprachraum der deutsche Einfluss dominierte.

Auch in anderer Hinsicht ist Südtirol nicht so einfach gestrickt, wie uns das die Fremdenverkehrswerbung glauben lassen will. Niemand zieht mehr während der Woche die alte Tracht an, sondern nur noch in wenigen Tälern (wie im Sarntal) am Sonntag. Trachtenumzüge sind museale Veranstaltungen geworden wie anderswo in Mitteleuropa, häufig reine Touristenattraktionen, die man dennoch gerne besuchen kann. Auch das kernig-bodenständige Image des Südtiroler Bauern trifft auf ein paar Ausnahmeerscheinungen zu, die meisten Landwirte in Südtirol gehen genau so mit der Zeit und richten sich nach der Höhe der EU-Zuschüsse wie die Kollegen im Allgäu oder in der Normandie. Südtiroler Äpfel und Südtiroler Milch, heute die wichtigsten landwirtschaftlichen Produkte, werden keineswegs nach traditionellen Methoden und im Familienverband hergestellt, sondern sind bis auf wenige und rühmenswerte Ausnahmen (Butter und Käse auf den Almen etwa im Vinschgau) Erzeugnisse auf Industrieniveau.

Bauerndörfer und Handelsstädte

Ob man in Bozen durch die Stadt spaziert oder durch das Bergbauerngebiet des Oberen Vinschgau wandert, im ladinischen Hochabteital oder im überwiegend zweisprachigen Unterland unterwegs ist, macht – zumindest was die Gestalt der Siedlungen ausmacht – wenig Unterschied. 1500 Jahre überwiegend gemeinsamer Geschichte in einem einheitlichen Kulturkreis haben viele Gemeinsamkeiten erzeugt.

Die Hofformen ähneln einander, großzügige Paarhöfe mit getrenntem Wohn- und Stallhaus. Auch die Bauformen gleichen sich, wie der steinerne Unterbau, die Oberstockwerke aus Holz, die tief heruntergezogenen Pultdächer. In den mittelalterlichen Handelsstädten Bozen, Sterzing, Brixen, Meran und Neumarkt fallen die Lau-

Bauer mit Jungvieh bei Barbian

ben auf, gedeckte Gänge zu beiden Seiten der Hauptgeschäftsstraße, ideal für die Händler, die ihre Waren in den sich lang nach hinten erstreckenden Häusern unterbringen konnten. Die Weindörfer von Überetsch und Unterland mit ihren eng zusammengebauten Steinhäusern mit aufwendigem Dekor, der auf einigen Wohlstand hinweist, sind ein anderer Typus, der sich auch weiter südlich in den Weinorten des Trentino findet. Typisch sind die Kirchen, viele mit spitzen gotischen Türmen, in den wohlhabenderen Orten, wie etwa im Überetsch, hat man im Barock ausladende Zwiebelhelme aufgesetzt. Kein Ort, kein Dorf, kein Weiler ohne bereits im Mittelalter gebaute Kirche, kaum ein einsamer Bergbauernhof ohne Kapelle.

Während die Fluren der Bauern in Unterland und Überetsch oft unregelmäßig und stark zerstückelt sind, im ladinischen Sprachgebiet oft sehr klein, wirken die Bergbauernhöfe von unten und vom Berghang gegenüber wie kleine Inseln im Wald. Während die Talorte langsam wuchsen und das Muster der Grundstücke viele Änderungen anzeigt, wurden die Bergbauernhöfe während der früh- und hochmittelalterlichen Kolonisationszeit ein für alle mal angelegt und als Einödhöfe mit umgebendem Grund geplant. Dies war in Ladinien anders, da es kein rigides Anerbenrecht gab (der älteste Sohn erbt alles) und Teilungen immer wieder neu zerstückelten und verkleinerten. Auch die Dörfer sehen anders aus im Ladinischen, die *Viles* sind eng aneinander gebaute Hofgruppen, wie sie im Deutschtiroler Gebiet unbekannt sind.

Auch wenn heute die meisten Bauern für sich allein wirtschaften, gab es doch in der Vergangenheit enge Verbindungen, man half sich gegenseitig, etwa beim Heueinbringen, wenn ein Gewitter drohte. Die Apfelernte ist heute gar nicht mehr von der Familie zu leisten, für diese typische Stoßzeitarbeit werden polnische und tschechische Saisonarbeiter angeworben. In den Trockengebieten des Landes war früher eine der wichtigsten gemeinsamen Arbeiten das Bewässerungssystem der Waale, mit dem man Wasser von weither zu den Feldern und Wiesen brachte. Auch in diesem Bereich hat die Gegenwart mit mechanischen Bewässerungsanlagen (Sprinklern) und unterirdischer Wasserzufuhr von Stauseen enorme Veränderungen und Arbeitserleichterung gebracht. Die alte Art der Bergbauern, ihr auf Steilhängen unter Lebensgefahr handgemähtes und gerechtes Heu zum Stadel zu bringen, ist zu Gunsten von kleinen motorbetriebenen Lastenseilbahnen aufgegeben worden. Früher trug man das Heu auf dem Buckel den Hang hinunter, eingeschlagen in ein Heutuch, bis zu 100 kg pro Mann und Ladung. Ein hölzerner Schlitten übernahm den Weitertransport zum Stadel, die Fahrt über steile und oft ausgesetzte Wege erforderte Mut und Können und endete nicht selten tödlich. Heute hat auch diese bäuerliche Arbeitsweise Museumscharakter angenommen, so feiert man etwa im Trentiner Primiero ein Heuerntefest, den „Palio della Sloiza", bei dem junge Männer ihre Geschicklichkeit mit dem Schlitten beweisen.

Die Waale – Südtiroler Bewässerungssystem mit uralter Tradition

Vor allem im trockenen Vinschgau hat sich bis heute eine uralte Bewässerungsform erhalten, die Waale. Im Vinschgau reicht das Regenwasser an den sonnendurchglühten Hängen, aber auch im Tal für den Anbau von Getreide, Wein oder Obst, aber auch für die Wiesen und Weiden nicht aus. Um wirtschaftlich arbeiten zu können, muss alles bewässert werden. Die Lösung sind natürlich fließende Bäche, aber nicht überall, wo bewässert werden soll, sind Bäche in der Nähe und um sie zur Bewässerung heranziehen zu können, muss man sie erst ableiten. Das hat sicher schon der urzeitliche Mensch gemacht, der bereits im 4. Jahrtausend v. Chr. im Vinschgau Getreide anbaute, was Ötzis Tascheninhalt deutlich machte. Damals müssen es flache Bewässerungsgräben gewesen sein, die über kurze Strecken führten, die Bevölkerungsdichte war gering.

Mit dem mittelalterlichen Siedlungsausbau in die inneren Täler und vor allem in die Höhen musste man sich ernsthaft mit dem Wasserproblem auseinandersetzen, denn auf den steilen Hängen etwa des Naturnser oder Kastelbeller Sonnenhanges gab es überhaupt kein Wasser und auch keine vorbeiziehenden Bäche, die stürzen nämlich in engen Schluchten zu Tal, ohne dass man sie nutzen konnte. Die Mönche von Marienberg waren vielleicht die ersten, die das Bewässerungsproblem durch Wasserleitungen über weitere Strecken in gewarteten Kanälen lösten, die später Waale genannt wurden. Die Grundidee war, dass man die Wasserläufe an geeigneten Stellen in ihrem Oberlauf anzapfte und dann über offene Holzrinnen, sog. *Kandeln,* ausgehöhlte Baumstämme und Gesteinsrinnen auf einer speziell dafür gebauten und wartungsanfälligen Trasse zu den Feldern und Wiesen brachte. Auf einigen Waaltrassen musste extremes Gelände gequert werden, wie am Mitterwaal nach Glurns oder am Bergwaal oberhalb Schluderns, die Röhren wurden förmlich in den Felsen gehängt. Wegen der großen Reparaturanfälligkeit musste unmittelbar daneben ein Weg verlaufen – die meist schattigen und kühlen Waalwege durch die heißen Sonnenhänge sind heute *der* Sommerwanderknüller im Vinschgau. In einigen Fällen wurden Quellgebiete angezapft, deren Wasser sonst ungenutzt in die andere Richtung geflossen wäre, so entstand hoch über Goldrain der heute aufgegebene, aber noch in Abschnitten erhaltene *Goldrainer Jochwaal,* der das oberste Quellgebiet des Penaudbachs anzapft, der eigentlich zum Schnalstal abfließt. Auf dem *Tarscher Jochwaal* hat man die alten Holzpfeiler und Holzrinnen des längst aufgege-

benen Waales wieder hergestellt, sie dienen heute nur noch einem touristischen und museal-kulturhistorischen Zweck.
Erste Verordnungen zum Waalwesen, das immer mit Organisation und Kollektivarbeit verbunden war, sind schon im 13. Jh. ergangen, das Wort Waal selbst taucht bereits 1136 auf. Von Anfang an scheinen spezielle „Waaler" die Überwachung und die Aufsicht über die Instandhaltung übernommen zu haben, die von der Nutzergemeinschaft bezahlt wurden. Das Waalwasser wurde nach genau festgelegten Anteilen an die Nutzer verteilt, wobei jeder Nutzer über seinen bewässerten Feldern Abläufe im Waal hatte, die er für eine exakt bestimmte Zeit lang öffnen durfte. In einigen Fällen waren so viele Nutzer an einem Waal beteiligt, dass Rhythmen von unter einer Stunde eingehalten wurden.

Wasser war und ist kostbar, aber die exakten Anteile ständig zu prüfen, war praktisch unmöglich. Wasserdiebstahl war an der Tagesordnung, man musste doch nur den Schieber ein wenig weiter aufmachen, ihn ein wenig länger offen halten ... Die Unterlieger, alle die, die weiter unten Wasser aus dem Waal wollten, hatten das Nachsehen. Und haben es noch, wie 2003 beim *Neuwaal* in Obermais (Meran), um einen heute noch funktionierenden Waal vorzustellen. Der dortige Tragwaal, also der Hauptwaal, der das Wasser zum Verteilersystem leitet, ist ein halbes Jahrtausend alt. Er wird bei Saltaus im Passeier „eingekehrt" und verläuft auf 8,5 km über Schenna bis Meran, wobei er nur 51 m Höhe verliert. Mit 150 l pro Sekunde kann er in Obermais 74 ha Kulturland bewässern, das 85 Mitgliedern gehört. Die Verträge sehen Nutzungszeiten von 30 Minuten bis einer Stunde vor, der größte Nutzer ist der Botanische Garten in Schloss Trautmannsdorf, der 1.500 hl pro Tag verbraucht. Im Jahr 2003 wurden wegen Wasserdiebstahl sechs Mahnungen an Mitglieder ausgestellt, ein Nichtmitglied wurde auf frischer Tat ertappt. Die Zahl der Wasserdiebstähle hat sich damit gegenüber 2002 verdoppelt (es war aber auch ein heißes und trockenes Jahr, dieses 2003).

Die *Waalschellen,* an deren regelmäßigem Klingen der Waaler erkennen konnte, ob das Wasser lief oder ob er sich um einen Bruch kümmern musste, haben sich nur in sehr wenigen Fällen erhalten. Ausnahme sind z. B. der *Qairwaal* in Schluderns, der *Zaalwaal* oberhalb von Kortsch (bei Schlanders) und der *Tscharser (Schnalser) Waal.* Die Herkunft des Ausdrucks „Waal" ist übrigens nicht geklärt, sie wird auf spätlateinisch *aquale* oder keltisch *buol* zurückgeführt, was beides mit Wasser zusammenhängt.

Brauchtum und Feste

Wer knapp nach 4 Uhr durch Explosionen geweckt wird, kann – besonders, wenn es eine Nacht von Freitag auf Samstag ist – beruhigt weiterschlafen. Es sind nur Böllerschüsse, mit denen eine Hochzeit gefeiert wird. Um 5 Uhr (aber meist früher) wird für die Braut, um 6 Uhr für den Bräutigam geschossen. Lebendiges Brauchtum mitzuerleben, ist einer der großen Pluspunkte eines Urlaubs in Südtirol. Die Chancen stehen gut: Trachten trifft man auf dem Bauernmarkt oder am Sonntag in der Kirche, die Blaskapelle und die Schützen samt Marketenderinnen versammeln sich bei Kirchenfesten, bei der Kirchweih, bei Prozessionen und den zahlreichen Wallfahrten. Nicht zu vergessen der Almabtrieb mit den herausgeputzten Menschen und dem geschmückten Vieh sowie die überall in Südtirol mit Bergfeuern begangene Herz-Jesu-Feier.

Prozession in Toblach

- **Böllerschießen**: Zu Hochzeiten und an Feiertagen, vor allem zu den Prozessionen an Fronleichnam und zum Herz-Jesu-Fest wurde und wird in manchen Regionen kräftig geböllert – das kann schon um 5 Uhr früh beginnen. Im Martelltal hat sich in Meiern Oberdorf oberhalb von Martell Dorf auch der historische Schießstand erhalten.
- **Scheibenschlagen**: Am ersten Fastensonntag werden in Vetzan bei Schlanders (Vinschgau) hölzerne Scheiben im Feuer zum Glühen gebracht und dann als Flammenräder den Hang hinuntergerollt („geschlagen"). An den Vorbereitungen zum Scheibenschlagen, das sich nach Einbruch der Dunkelheit abspielt, nimmt wie bei den Herz-Jesu-Feuern die ganze Dorfjugend teil. Der Ursprung des Brauchs ist nicht bekannt, verbürgt ist, dass er immer am ersten Fastensonntag stattfand, an dem auch der „Waaler" ernannt wurde, der die für die Gemeinde wichtigen Waale im folgenden Jahr überwachen und instandhalten sollte. Mit dem Scheibenschlagen beschwor man wohl ausreichend Wasser für die Bewässerung und Fruchtbarkeit der Felder im kommenden Jahr, für diesen archaischen Ritus war der Tag, an dem über die Wasserverteilung entschieden wurde, sicher am besten geeignet
- **Herz-Jesu-Feiern mit Prozession und Bergfeuer** am Herz-Jesu-Sonntag (letzter Sonntag im Juni) erinnern an das Gelöbnis von 1797, das Tirol – erfolglos – vor dem Angriff der Franzosen bewahren sollte. Die Herz-Jesu-Feuer werden oft in Kreuzform angelegt, jede Gruppe, die hoch in den Bergen die Feuer anlegt – und löscht –, ist auf ihre Arbeit besonders stolz und versucht, konkurrierende Gruppen zu übertrumpfen.
- **St. Nikolaus und Krampus**: Am 5. Dezember, dem Vortag zum Nikolaustag am 6. Dezember, finden in vielen Orten Südtirols traditionelle Krampusläufe statt. Der Krampus, teuflisch-böser Begleiter des hl. Nikolaus, soll die Kinder mit seiner Rute bestrafen, wenn sie das Jahr über nicht folgsam gewesen sind, der Nikolaus bringt denen, die brav waren, in seinem Sack Geschenke mit. Der Krampus ist der Interessantere von beiden, Krampusse sind wie die Schiachperchten mit Tiermasken und Fellen bekleidet, haben oft Schellen um und sind mit ihren Ruten anscheinend darauf spezialisiert,

besonders den hübschen jungen Mädchen entlang der Dorfstraßen einen Schlag zu geben. Besonders traditionell sind die Feiern in Mals und die Umzüge der „Klaasen" (Krampusse) in Stilfs, überregional bekannt ist mittlerweile die Veranstaltung in Toblach.

Feste, Feiern und Veranstaltungen im Jahreslauf

Heuschlitten- und Pferdeschlittenrennen in Stern/La Villa (Februar).

Fastnachtsumzüge und -bräuche in vielen Orten am Ende des Faschings, in einigen Orten besonders traditionelle Umzüge mit Tiermasken und Kuhglocken, wie z. B. die „Zussln" in Prad.

Karfreitag, Prozession in den meisten Kirchorten.

Fronleichnamsprozessionen → Kasten.

Oswald-von-Wolkenstein-Ritt auf dem Plateau von Seis, Geschicklichkeitskämpfe zu Pferd, Ende Mai/Anfang Juni.

> **Fronleichnam** und **Christi Himmelfahrt** werden wie andere bewegliche Feste in Italien auf den Sonntag gelegt, der dem Feiertag am nächsten liegt (bei diesen beiden Festen am darauf folgenden Sonntag).

Herz-Jesu-Feste im Juni, in vielen Orten Prozessionen. Am Abend werden auf den umliegenden Bergen eindrucksvolle Bergfeuer angezündet, die z. B. das Herzsymbol mit einem Kreuz darstellen.

Internationales Fest der Chöre im Hochpustertal (Juni).

Jazzfestival in Bruneck, Juli.

Fest der hl. Magdalena in Latzfons am 22. Juli mit Bittgang zum Latzfonser Kreuz, dem höchstgelegenen Wallfahrtsort Europas.

Gustav-Mahler-Wochen in Toblach (Mitte Juli bis Mitte August), Klassik, nicht nur von Mahler, der hier drei Sommer verbrachte.

Maria Himmelfahrt (15. August), feierliche Prozessionen unter Beteiligung der Vereine und Schutzen in traditionellen Trachten an allen Orten, besonders aufwendig in Marienwallfahrtsorten wie Maria Weißenstein bei Deutschnofen.

Tag der Volksmusik und des Volkstanzes im Volkskundemuseum Dietenheim (September).

Spectaculum, 3-tägiges Mittelalterfest in den Straßen von Bozen und auf Schloss Runkelstein (September).

Almabtrieb an vielen Orten Mitte September, anschließend gemütliche Runde im Gasthaus, das „Kühkemma".

Gsieser Almhüttenfest (Mitte September) mit Verkostung der Spezialitäten auf den Almen.

Erntedankprozession am 1. Sonntag im Oktober.

Erntedankfeste und Kir(ch)tage in vielen Orten, großes Traubenfest in Meran mit Festumzug.

Kuchlkirchtag in Brixen mit geführten kulinarischen Wanderungen; **Völser Kuchlkastl**, kulinarisches Volksfest in Völs am Schlern (beide Oktober).

Törggelen im Herbst von Anfang Oktober bis nach Allerheiligen (und später), traditionelle Probe des neuen Weins in den Stuben der Weinbauernhöfe, dazu werden traditionelle Speisen gegessen, vor allem Speck und geröstete Kastanien („Keschtn").

Leonhardiritt in St. Leonhard im Abteital am 2. Sonntag im November.

Krampustag 5. Dezember; Toblacher Krampuslauf am 6. Dezember.

Weihnachtsmärkte in Bozen, Brixen (die ältesten) und an anderen Orten nach dem Muster deutscher und österreichischer Weihnachtsmärkte.

Musiker beim Flaaser Kirtag

Langkofel – das Radl sollte man in Südtirol dabeihaben

Anreise

Mit der Wahl des richtigen Verkehrsmittels und der am besten geeigneten Anreiseroute kann man den Urlaub entscheidend beeinflussen. Nichts stresst mehr, als am ersten Urlaubstag gegen Mitternacht komplett geschafft am Zielort anzukommen, nur um festzustellen, dass man nicht einmal mehr was zu essen bekommt. Noch mehr nervt der Abreisetag, an dem man schon mal alle mühsam gewonnene Urlaubsruhe verliert, um am nächsten Tag als Nervenwrack zum Arbeitsplatz zu schleichen. Und hatten wir uns nicht letztens vorgenommen, nie wieder mit dem eigenen Auto und nie wieder am ersten Urlaubstag ...?

Welches Verkehrsmittel?

Es lohnt sich zu überlegen, was man für ein Verkehrsmittel nimmt, den eigenen Pkw, das Motorrad, die Bahn, vielleicht sogar das Fahrrad? Das Flugzeug fällt bei den geringen Entfernungen aus dem deutschsprachigen Raum nach Bozen und den äußerst spärlichen Verbindungen im Großen und Ganzen weg.
Wer den eigenen Pkw nimmt, hat den Stress und die Kosten der Hin- und Rückreise, die Kosten des Stellplatzes oder (besser!) der Tiefgarage, muss sich auch während des Urlaubs oft in stressigem Verkehr bewegen, schließlich gibt es auch in Südtirol Stau auf den Straßen. Andererseits ist man unabhängig, kann fahren und kann erreichen, wann und was man will. Andererseits muss man immer wieder zum Ausgangspunkt zurück, v. a. Wanderer bevorzugen deshalb oft den Bus, der verschiedene Wanderziele möglich macht. Wer mit der Bahn anreist, hat eben diese Freiheit und in Südtirol ein ausgesprochen dichtes Busnetz, das zumindest von den größeren Orten aus und im Sommer wenig zu wünschen übrig lässt. Doch nach Schulbeginn Anfang September steht man vielerorts vor großen Problemen, und

wenn erst der Winterfahrplan gültig ist, dann ist Sense, und man wünscht sich, das Auto mitgenommen zu haben.
Mit dem Fahrrad hat man diese Probleme nicht, aber wer kommt schon mit zwei Seitentaschen und kleinem Rucksack einen Urlaub lang aus und scheut auch nicht die zweimalige Alpenüberquerung? Andererseits kann man mit dem Radl im Huckepackverfahren zumindest während des Aufenthalts in Südtirol die Verkehrsprobleme verringern, und Busse wie Bahnen nehmen den Drahtesel mit, wenn man mal keine Lust oder keine Puste mehr hat.

Mit Auto und Motorrad

Wer aus dem Norden nach Südtirol will, der muss über den Alpenhauptkamm, daran führt kein Weg vorbei. Dank Autobahnen, Schnellstraßen und guten Fernstraßen ist das kein Problem, Kopfzerbrechen macht bestenfalls die Auswahl.

Wer aus dem Norden kommt, sollte eine Übernachtung einbeziehen, die 1100 km zwischen Hamburg und Bozen sind kein Zuckerschlecken. Bei Ferienbeginn und -ende kann besonders die Autobahnanreise mit stundenlangen Staus verbunden sein. Da hilft nur locker bleiben und ausweichen. Links und rechts der Autobahn gibt es eine Reihe alternativer Straßen. Und jede Menge Landschaft mit freundlichen Orten als Draufgabe.

Die bequemste Anreise in die Dolomiten bildet die Brennerautobahn (A 22). Nur von Südostösterreich (Kärnten/Steiermark) fährt man über Lienz und das Pustertal. Aus der Ostschweiz und Graubünden kommt auch die Anfahrt über Davos, das Engadin und den Vinschgau in Frage. Von München nach Brixen fährt man nur ca. 3–4 Std., vorausgesetzt es gibt keine größeren Staus.

Reisevorbereitungen

- *Fahrzeugpapiere* Führerschein (patente), Fahrzeugschein (libretto di circolazione) und grüne Versicherungskarte, bei Schadensfällen wie auch normalen Kontrollen werden alle drei geprüft.
- *Versicherung* Bei neuen und wertvollen Fahrzeugen ist eine zeitlich begrenzte Vollkaskoversicherung für Unfall und Diebstahl anzuraten, da die Deckungssummen italienischer Haftpflichtversicherer niedrig sind. Unbedingt empfehlenswert ist ein Auslandsschutzbrief, den alle Automobilclubs sowie Versicherungen anbieten (30–50 € jährlich). Er deckt die Kosten des Transports zur nächsten Werkstätte, den Heimtransport von Personen und Fahrzeug, die Versandkosten von Ersatzteilen, Übernachtungskosten, die eventuelle Verschrottung u. a. (Kleingedrucktes lesen).

> Nicht vergessen: die **Warnweste** für alle erwachsenen Fahrzeuginsassen ist Pflicht.

- *DB AutoZug* Nicht billig, aber sicher und bequem sind die Autoreisezüge der DB, die Bozen mit Berlin, Dortmund, Frankfurt/Neu Isenburg, Hamburg, Hildesheim und Köln verbinden. Preisbeispiel: Hamburg nach Bozen und zurück, Pkw und 2 Liegewagenplätze ab ca. 460 € (wer Glück hat und Tickets zum stark limitierten Schnellbucher-Preis bekommt, zahlt für die Fahrzeugbeförderung sogar nur 9,90 € pro Strecke). Näheres in den DB-Reisezentren und Reisebüros, im Katalog „Mit Auto und Zug durch Europa", unter ✆ 01805/241224 (ganzjährig 8–22 Uhr; 0,12 €/ Min.) und unter www.autozug.de.

Anreiserouten

Aus Süddeutschland und Österreich über die Brenner-Autobahn: Der Brenner besitzt den einzigen Autobahnübergang über die Alpen, der direkt nach Südtirol führt. Man erreicht ihn von München über die A 8/A 93 über Kufstein und Innsbruck, von Stuttgart über die A 7 und weiter über die häufig verstopfte Straße über den Fernpass zur Inntalautobahn A 12 und weiter nach Innsbruck. Ab Ostösterreich nimmt man Autobahn A 1 Wien – Salzburg und dann die A 8 bis Rosenheim, von dort die Inntalautobahn nach Innsbruck. Aus der Ostschweiz nimmt man die Autobahn Zürich – Rheintal und dann die noch nicht komplett ausgebaute Strecke über den Arlbergpass und die österreichische A 12 nach Innsbruck. Ab Innsbruck nimmt man die mautpflichtige österreichische Brennerautobahn, die sich in der ebenfalls mautpflichtigen italienischen Autobahn Brennero – Modena fortsetzt. Abfahrt für das Pustertal ist Brixen, für die zentralen Dolomiten Klausen, für die Südlichen Dolomiten Bozen-Nord, Bozen-Süd oder Auer/Neumarkt.

Die **Gebühren** sind happig. Es beginnt mit dem österreichischen „Pickerl". Wer die Autobahnvignette nicht hat und ertappt wird, riskiert 120 € Bußgeld! Es gibt drei verschiedene Vignetten: Die Jahresvignette für Pkw kostet 72,60 €, die für zwei Monate 21,80 € und die für 10 Tage 7,60 € (Motorräder 10,90 € bzw. 4,30 €). Man erhält die Vignetten bei den Automobilclubs, an der Grenze und den grenznahen Tankstellen. Der Arlbergtunnel kostet zusätzlich ca. 9 € (Motorrad 7 €), die österreichische Brennerautobahn 8 €, für die italienische Autobahnmaut bis Bozen sind ca. 5 € hinzulegen, bis Auer 6,10 €. Die *Viacard,* für die an den Mautstellen der italienischen Autobahnen eigene Durchfahrten vorgesehen sind und die damit bei Stau von Vorteil ist, bekommt man z. B. beim ADAC oder ARAG, beim ÖAMTC oder im Büro des ACI am Brennerpass-Autobahnübergang (Mo–Sa 8.30–12.30/15.30–18 Uhr).

Mautfrei aus Süddeutschland und Österreich: Die österreichische Bundesstraße von Innsbruck zum Brenner und die italienische Staatsstraße nach Brixen und Bozen sind mautfreie Alternativen, allerdings ist man auf diesen frequentierten Verbindungen (Lkw!) wesentlich länger unterwegs. Die Strecke von Lienz durch das Pustertal ist ebenfalls mautfrei, man muss aber für den Felbertauerntunnel 10 €, für den Bahntransport Tauerntunnel ca. 15 € zahlen. Die Straße vom Inntal über den Reschenpass in den Vinschgau und über Meran nach Bozen ist ebenfalls kostenfrei, aber umständlich und zeitraubend. Im Sommer gibt es weiter die Möglichkeit, aus dem Inntal bei Imst durch das Ötztal und über das Timmelsjoch nach Südtirol einzureisen (keine Gespanne!), die Mautstrecke über den Pass kostet einfach für Pkw 10 €, für Motorräder 8 € (hin/zurück 14 € bzw. 10 €). Ab Frühjahr 2006 ist auch auf italienischer Seite eine Maut geplant: Pkw/Motorrad 5 €.

Aus der Schweiz und Südwestdeutschland: Von Basel, das man von Norden über die deutsche Rheintalautobahn erreicht, nimmt man zuerst die Schweizer N 2, dann die N 1 über Zürich und St. Gallen mit Anschluss an die österreichische Autobahn über den Arlberg ins Inntal. Bei Landeck auf die B 315, die nach Nauders und über den Reschenpass in den Vinschgau führt. Für alle Schweizer Autobahnen ist der Kauf einer Vignette erforderlich (1 Jahr gültig, 40 Sfr), individuelle Autobahngebühren werden nicht mehr erhoben. Der Arlbergtunnel ist gebührenpflichtig (s. o.). Alternativ Weiterfahrt auf der Inntalautobahn bis Innsbruck und Autobahn über den Brenner, abhängig vom Reiseziel in Südtirol. Eine weitere Möglichkeit aus der Schweiz nach Südtirol zu kommen, ist die Benutzung des Gotthardtunnels, der Weg über die Poebene nach Verona und weiter auf der Autobahn nach Bozen zieht sich jedoch.

Aus Ost- und Südösterreich: Wer aus Niederösterreich, Wien oder dem Burgenland kommt sowie aus der Steiermark und Kärnten, nimmt am besten die österreichische Autobahn Wien – Villach und dann die B 100, die über Spittal und Lienz an die Südtiroler Grenze in Winnebach führt.

Mit der Bahn

Mit der Bahn? Bequemer geht's nicht

Nahezu ideal: Alle 2 Stunden fährt tagsüber ein internationaler EC von München nach Bozen. Die Reise dauert 4 bis 4:30 Stunden. In Kufstein oder Innsbruck besteht Anschluss aus dem ÖBB-Streckennetz. An Ort und Stelle fährt man dann mit dem Bus weiter oder wird – bei vielen Hotels ein kostenloser Service – am Bahnhof abgeholt.

Ab den EC-Bahnhöfen Franzensfeste, Brixen und Bozen sind die meisten Fremdenverkehrsorte Südtirols rasch und bequem mit dem Bus zu erreichen, wer nach Sterzing will, muss bereits am Brenner in einen Regionalzug umsteigen. Die neue *Vinschgauer Bahn* ermöglicht es auch wieder, diesen westlichsten Teil Südtirols zwischen Meran und Mals per Bahn zu erreichen.

Immer noch nicht entschieden ist die Frage, ob und wann es einen Brenner-Basistunnel geben wird, der die Fahrzeit nach Bozen erheblich reduzieren würde. Selbst die Frage, wo er enden wird, ob bei Sterzing oder weiter südlich, ist noch nicht endgültig entschieden. Vorläufig muss man sich diesbezüglich noch keine Gedanken machen, der schon so lange geplante und auf österreichischer Seite begonnene Tunnel ist immer noch nicht viel mehr als ein Skelett im Schrank.

- *EC-Verbindungen München – Bozen* Von München nach Bozen (und weiter nach Venedig oder Mailand) fahren tagsüber Eurocitys alle 2 Std. von 7.30 bis 15.30 Uhr, zurück ab Bozen von 10.30 bis 18.30 Uhr.
- *Verbindungen aus Deutschland und der Schweiz* Aus Deutschland EC/ICE-Strecke nach Basel, von dort Linie Basel – Zürich – Innsbruck – Wien, Umsteigen in die EC-Züge aus München in Innsbruck. Derzeit tägl. 5x von Zürich nach Innsbruck.
- *Verbindungen aus Ostösterreich* EC-Strecke Wien – Salzburg – Innsbruck – Basel, in Innsbruck Umsteigen in die EC-Züge München – Verona. Derzeit tägl. 6x von Wien nach Innsbruck.
- *Nachtzugverbindungen* Derzeit Fr/Sa Dortmund 19.52 Uhr – Frankfurt/Süd 00.21 Uhr – Bozen 9.39 Uhr, zurück Bozen 20.32 Uhr – Frankfurt/Süd 5.38 Uhr und Dortmund 10.25 Uhr. Weitere Nachtzugverbindungen gibt es saisonal Fr/Sa zwischen Berlin und Bozen sowie Hamburg und Bozen DB Nachtzug-Hotline ✆ 01805/141514 (ganzjährig tägl. 6–24 Uhr; 0,12 €/Min.).
- *Vor dem Einsteigen* In Italien erworbene grenzüberschreitende Fahrkarten für die Rückfahrt sind wie alle anderen italienischen Bahntickets **vor Fahrtantritt zu entwerten** (orange Entwerter in den Bahnhöfen), sonst drohen hohe Strafen!
- *Preise und Ermäßigungen* Die Tarifstruktur der DB mit ihren Ermäßigungen legt frühzeitiges Planen und gute Information nahe. Sinnvoll ist die BahnCard 50 samt Railplus (15 € extra), die 25 % Ermäßigung auf den Strecken der österreichischen (ÖBB) und italienischen Staatsbahnen

Information und Buchungen: Bequem ist der telefonische Reiseservice der DB über ✆ 11861, der aber im Gegensatz zur automatisierten Bahnauskunft ✆ 0800/1507090 kräftig gebührenpflichtig ist (0,12–0,36 €/15 Sek.!). Im Internet www.bahn.de, für Nachtzüge www.nachtzugreise.de und www.citynightline.ch (für die Schweiz) sowie www.ameropa.de. ÖBB-Homepage ist www.oebb.at, interaktive Zugsauskunft bietet www.mcca.or.at/info/bahn/oebb/htm. Die Schweizer SBB hat ihre Homepage auf www.sbb.ch.

(Trenitalia) gewährt. Für die Nachtzüge gibt es sog. Globalpreise, die Fahrkarte und Reservierung umfassen, wer in der Kleingruppe gleich ein ganzes Liegewagenabteil reserviert, spart enorm. Infos unter www.bahn.de oder ✆ 11861 (gebührenpflichtig). Infos über Trenitalia (italienische Staatsbahnen, hieß bis vor kurzem „Ferrovie Statali", abgekürzt FS) unter www.trenitalia.com., eine Seite, die meist nicht sehr aktuell ist. Die ÖBB gewährt auf ihre Vorteilscard bisher 45 % Rabatt, Railplus ist kostenlos und muss nur beim Kauf angefordert werden.

• *Bahn & Bike* Über den Radtransport der DB auch ins Ausland informiert die Radfahrer-Hotline ✆ 01805/151415 (ganzjährig tägl. 7–23 Uhr; 0,12 €/Min.).

Mit dem Bus

Einige Regionen wie Meran, Meraner Land sowie Überetsch und Unterland (→ jeweilige Kapitel) unterhalten eigene *Zubringerdienste* mit dem Bus, die ab München bzw. Zürich operieren. Diese Verbindungen sind schnell (München Hbf. – Meran 4 Std. Fahrtdauer) und bieten zwischen Mitte März und Mitte November am Samstag eine preiswerte Anreisemöglichkeit. Dazu kommt, dass man zur gebuchten Unterkunft gebracht wird, also im Zielgebiet nicht einmal mehr einen Zubringerdienst benötigt. Die *Europabusse* bieten keine Verbindungen nach Bozen bzw. Südtirol.

Mit dem Flugzeug

Der seit 1999 international operierende *Flughafen Bozen ABD* (Airport Bozen Dolomiten), 1926 gegründet, bietet derzeit vor allem Linienflüge innerhalb Italiens an (ganzjährig nach Rom in Kooperation mit Alitalia). Die österreichische Air Alps, die bisher zweimal pro Tag zwischen Bozen und München flog, ist seit Herbst 2005 mit Alitalia verbandelt und wird nur noch für diese Fluglinie Zubringerdienste leisten – der Münchenflug wird mit ganz großer Wahrscheinlichkeit gestrichen werden. Man kann natürlich immer noch mit Alitalia nach Malpensa fliegen und dann in die Air-Alps-Maschine nach Bozen umsteigen, aber mit der Bahn ist man dann wahrscheinlich früher am Ziel.

Flughafen Bozen: Flughafen Check-in ab 12 Std. und bis 30 Min. vorher über ✆ 0471/255266 bzw. Reservierungen unter ✆ 0043/512/292729-99; www.airalps.at oder über die Südtiroler Flugbuchungszentrale, www.suedtirol.info/alps-fly-reservation, eine Website, die über alle Flugverbindungen von und nach Bozen (sowie Innsbruck und Verona) Auskunft gibt.

Mit dem Fahrrad

Von den Anreisemöglichkeiten mit dem Rad aus Süddeutschland, der Schweiz und Österreich bieten sich die Route über den Reschenpass, der Brenner und der Grenzübergang Winnebach im Pustertal an, da sie auch mit schwerem Gepäck in Form von Seitentaschen, Hecktasche und Rucksack zu bewältigen sind. Hingegen sind die Straßenverbindung über das Timmelsjoch und die unbefestigten Straßen wie das Pfitscher Joch weniger empfehlenswert, von anstrengenden Mountainbikerrouten wie dem Krimmler Tauern ganz zu schweigen.

Die *Via Claudia Augusta* von Landeck über den Reschen in den Vinschgau hat den großen Vorteil, dass es einen Radtransport über den Reschen gibt, der das für Radfahrer unangenehmste Wegstück erspart. Die Postbusstelle Landeck (Österreich) bietet 3x tägl. Radtransport im Huckepackverfahren von Landeck nach Nauders und umgekehrt an, man zahlt nur den Fahrgastpreis. Wer darauf verzichtet und die Straße fährt, wird mit zwei äußerst unangenehmen Tunneln konfrontiert (der Autor kann's aus eigener Erfahrung bestätigen). Besonders der erste Straßentunnel ist sehr gefährlich, schmal, kurvig und ohne Seitenstreifen (der schmale erhöhte Streifen rechts ist nicht befahrbar). Also: von Landeck nach Nauders mit dem Bus, und den Blick in die Finstermünzschlucht kann man ganz unbeschwert genießen.

Die Brennerstrecke ist auf österreichischer Seite nicht als Radweg ausgebaut, nimmt man jedoch die Brennerstraße, kommt man zügig und ohne viel Verkehr zum Pass. Nach Innsbruck kommt man am besten über Seefeld und Zirl. Ab dem Brenner bis vor Sterzing weiterhin Staatsstraße, auch diese nicht sehr stark befahren und ab Sterzing Radweg durch das Eisacktal (es fehlen die Abschnitte Vahrn – Brixen, ein Stück nördlich von Klausen und Blumau – Bozen, an Letzteren wird gearbeitet).

Wer von Osttirol und Ostösterreich aus anreist, hat ab Spittal den Drauradweg, der in Lienz in den Pustertalradweg übergeht, er ist bis Mühlbach komplett fertig gestellt. Nach Lienz von Salzburg über den wunderschönen Radweg entlang der Salzach bis in den Pinzgau, ab Mittersill Radtransport mit dem ÖBB-Bus bis Matrei oder Lienz.

Unterwegs in Südtirol

Reisen ist angenehm in Südtirol. Durch das Land führt von Nord nach Süd eine gut ausgebaute Autobahn, die in Ost-West-Richtung verlaufenden Straßen sind recht gut ausgebaut, die schlimmsten Nadelöhre wie die Umfahrung samt Tunnel in Naturns und die Tunnel am Eingang des Schnalstals sowie die lang ersehnte Umfahrung Welsberg sind Realität. Eine Schnellstraße, die geschäftige MeBo, verbindet Bozen und Meran. Das kleinste Dorf, der letzte Einödhof sind auf Straßen zu erreichen. Zumindest im Sommer gibt es ein gutes bis ausreichendes Busnetz, in Fremdenverkehrsgebieten auch auf die Belange der Urlauber zugeschnitten (in der Nebensaison ist es mit den Bussen eher mau). Radler finden ein Paradies vor: Immer mehr Fahrradwege werden eröffnet, die großen Täler Wipptal, Eisacktal, Pustertal, Etschtal und Vinschgau werden bald (2006/2007) durchgehend auf separaten Radwegen befahrbar sein.

Alles über den öffentlichen Verkehr, Infos über Bus- und Bahnfahrpläne (ganz Italien), den Bozner Stadtverkehr, den europäischen Zugplan und die Flugpläne von Bozen und Verona bietet www.dolnet.it/ger/traffic.

Mit Auto und Motorrad

Im Prinzip gelten die gleichen Regeln wie nördlich des Brenner, doch richtet man sich in Italien mehr nach dem Gefühl für die Verkehrssituation als starr nach Regeln. Insgesamt ist jedoch der Respekt vor Verkehrsregeln überall in Oberitalien wesentlich größer als weiter südlich, so kann man sich meist darauf verlassen, dass an Ampeln bei Rot gehalten wird.

Brennerautobahn bei Sterzing

Autobahnen: Es gibt nur die *Brennero – Modena,* die Südtirol in einen West- und einen Ostteil zerschneidet. Abfahrten am Brenner, in Sterzing, in Franzensfeste/ Brixen, Klausen, Klausen, Bozen-Nord, Bozen-Süd, Auer und (bereits im Trentino, aber für das Unterland eine Alternative) Mezzocorona. Alte Pläne, die „Alemagna" zwischen Toblach und Cortina in Richtung Venedig und über das Pustertal nach Lienz (oder durch den Basistunnel ins Inntal) wieder aufleben zu lassen, werden von jeder italienischen Regierung abwechselnd dementiert („machen wir nie, ökologischer Wahnsinn, ein für alle mal tot") und bestätigt („eine sinnvolle Verbindung auf europäischen Niveau"). Man wird sehen.

Autobahngebühren (Pkw) in Italien: Brenner – Brixen ca. 2,50 €, Brenner – Bozen-Süd 5 €, Bozen-Süd – Trento-Centro 3,20 €, Bozen Süd – Verona-Nord ca. 8 €. Informationen unter ✆ 0461/980085; Seite der italienischen Brennerautobahngesellschaft (Brennero-Modena) www.autobrennero.it, alle italienischen Autobahnmautgebühren sind gelistet in www.autostrade.it.

Stadtverkehr: Bis auf den Stadtverkehr in Bozen und Meran sowie die Durchfahrt durch Brixen hat man in Südtirol wenig Probleme, durch Orte zu fahren oder dort zu parken. Anders wird's im Advent, wenn an den Samstagen die italienischen Touringbusse zum Weihnachtsmarkt kommen und Bozen, Meran und Brixen blockieren. Gegen das entstehende Verkehrschaos ist der 15. August, der Haupturlaubstag der Italiener, das reinste Zuckerschlecken.

Kriminalität: Ihr dicker Mercedes, BMW oder brandneuer Smart ist in Südtirol genauso wenig sicher wie sonst in Italien, auch wenn man Ihnen anderes weismachen will. Neue Wagen sind beliebter bei Dieben als alte. Über Nacht nur auf bewachtem Parkplatz, besser in die Garage stellen! Wenn man den Wagen tagsüber parkt, alle losen Gegenstände aus dem Inneren entfernen und die Klappen eventueller Fächer öffnen, damit potentielle Diebe sehen, dass im Handschuhfach keine Geldbörse liegt und der Einbruch sich nicht lohnt.

Mit dem Motorrad: Auf Motorradfahrer üben die kurvenreichen Dolomitenpässe, Penser Joch, Jaufenpass, Gampenpass, Mendelstraße und vor allem das Stilfser Joch eine unstillbare Faszination aus, zumal einige nicht ganz leicht zu fahren sind. Das Fahren auf alten Militärstraßen ist nicht mehr erlaubt und wird auch nicht geduldet. Leider fahren zu viele Motorradfahrer zu schnell, die Unfallhäufigkeit gerade auf den Bergstraßen Südtirols ist um ein Vielfaches höher als bei Autofahrern. Immer wieder passiert es, dass bei Motorradunfällen die Fahrer oder Beifahrer unter den Leitplanken hindurch in den Abgrund rutschen, das führte schon dazu, dass im Landtag die Anfrage gestellt wurde, ob es nicht nötig sei, eine zweite Planke anzubringen, die das verhindern würde.

Übernachtungstipps: Informationen zu bikerfreundlichen Hotels und Pensionen gibt u. a. www.bikerurlaub.net.

Neue Bestimmungen für Motorroller/ Scooter („motorini"): Immer mit Helm fahren, Mitfahrer sind, wo nicht ausdrücklich vorgesehen, nicht erlaubt (auch wenn's 15 % der italienischen Teenager trotz Verbot machen). Seit Mitte 2005 hagelt es harte Strafen, meist wird das Fahrzeug konfisziert – auch das Leihfahrzeug! In Mailand gab es 72, in Neapel 740 konfiszierte „motorini" in nur 3 Wochen. Prompt wird in der Presse von übertriebenen Maßnahmen gesprochen und von den Verantwortlichen. Mal sehen, wie's ein, zwei Jahre später lautet, wenn eine Menge Wasser den Tiber runtergeflossen ist.

Camping und Wohnwagen: Fast alle Gemeinden verbieten in ihrem gesamten Gemeindegebiet das Abstellen von Campern, Wohnwagen etc. Man muss also die Campingplätze aufsuchen (rar und teuer ...), denn Wildcampen wird in Südtirol nicht geduldet, und die Polizei ist gleich da, wenn man's versucht.

Vorschriften/Wissenswertes zum Straßenverkehr in Italien

- *Höchstgeschwindigkeit* Auf **Autobahnen** Pkw/Motorräder 130 km/h, auf 3-spurigen Autobahnen können 150 km/h erlaubt werden (wird von den Autobahngesellschaften im Einzelfall festgesetzt), Pkw mit Anhänger 80 km/h, Wohnmobile über 3,5 t 100 km/h, Motorräder unter 150 ccm nicht zugelassen; auf **Schnellstraßen** Pkw/ Motorräder 110 km/h, Pkw mit Anhänger 70 km/h, Wohnmobile über 3,5 t 80 km/h; auf **Landstraßen** Pkw/Motorräder 90 km/h, Pkw mit Anhänger 70 km/h, Wohnmobile über 3,5 t 80 km/h.
- *Von D/A/CH abweichende Verkehrsregeln* Standlicht ist für Pkw außerhalb von Ortschaften auch bei Tag vorgeschrieben, für Motorräder und andere motorisierte Zweiradfahrzeuge auch innerhalb geschlossener Ortschaften; die bisher langsamen Fahrzeugen (Lkw) vorbehaltene rechte (erste) Fahrspur auf Autobahnen wird für alle Verkehrsteilnehmer freigegeben. Auch Pkw müssen also rechts fahren, die zweite und dritte Spur sind (wie in Deutschland und Österreich) nur für überholende Fahrzeuge bestimmt; an Ampeln wird das Abbiegen nach rechts auch bei Rot geduldet; privates Abschleppen auf Autobahnen verboten; Telefonieren mit dem Handy ohne Freisprecheinrichtung verboten; Promillegrenze 0,5, alkoholisierten Verkehrsteilnehmern wird der Führerschein für 2 Wochen bis 3 Monate abgenommen, es gibt hohe Strafen selbst für kleine Verkehrsdelikte; bei Unfallbeteiligung wird das Fahrzeug eingezogen, das gilt für Italiener wie Ausländer. Scooter (Motorroller) und Mopeds dürfen von Jugendlichen über 14 nicht mehr wie bisher führerscheinlos benützt werden, für 14- bis 18-Jährige ist ein Führerschein vorgeschrieben, der z. B. kostenlos in der Schule erworben werden kann.
- *Pannenhilfe* An den Autobahnen stehen in regelmäßigen Abständen Notrufsäulen. Der Straßenhilfsdienst des *italienischen Automobilklubs ACI* ist rund um die Uhr unter ✆ 116 zu erreichen, in Südtirol kann man sich (meist) auf Deutsch verständigen. Die

Pannenhilfe ist kostenpflichtig, es sei denn, man besitzt einen Auslandsschutzbrief. In manchen Fällen beauftragt der ACI private Abschleppdienste (diese akzeptieren die Schutzbriefe nicht, die Rechnungen werden aber von den deutschen Versicherern nachträglich beglichen). Deutschsprachiger Notrufdienst des ADAC ✆ 02/661591 (24 Std.).

ACI Italienischer Automobilklub, Zweigstelle Bozen, Italienstr. 19 a, ✆ 0471/280003.

• *Kraftstoff* Ist etwas teurer als nördlich der Alpen, Bleifrei (senza piombo), Super (super) und Diesel (gasolio) entsprechen auch in der Oktanzahl/Qualität jenen in D/A und CH.

• *Tankstellen* Nur an den Autobahnen Tag und Nacht geöffnet, an Fernstraßen und in Orten sind sie häufig nachts (20–7 Uhr), mittags (12–15 Uhr) und am Sonntag geschlossen. Immer mehr Tankstellen besitzen einen Zapfautomaten, der Euronoten (5/10 €) annimmt.

• *Häufige Verkehrsschilder (meist zweisprachig)* Accendere i fari = Licht einschalten; attenzione … = Achtung/Vorsicht; deviazione = Umleitung; divieto di accesso = Zufahrt verboten; lavori in corso = Bauarbeiten; parcheggio = Parkplatz; rallentare = langsam fahren; senso unico = Einbahnstraße; strada senza uscita = Einbahnstraße; tutte le direzioni = alle Richtungen; uscita veicoli = Vorsicht Ausfahrt; zona a traffico limitato = Eingeschränkter Verkehr; zona disco = Parken mit Parkscheibe; zona pedonale = Fußgängerzone.

• *Straßenzustandsbericht* ✆ 194 und ✆ 0471/200198, im Internet unter www.stol.it auf der Serviceseite. Verkehrsmeldezentrale Südtirol ✆ 0471/200198, www.provinz.bz.it/vmz/report/index_d.asp.

Die nicht ganz leicht zu fahrenden **Dolomitenpässe** sind oft nur im Schritttempo zu machen, so stark ist der Verkehr der Ausflügler. Da wenige Pässe (wie der Karerpass) überregionale Bedeutung haben, wird über eine Schließung für den Individualverkehr nachgedacht. Vor allem das Grödner Joch zwischen Grödner Tal und Hochabteital ist ein Nadelöhr mit oft langen Staus.

Mit dem Bus

Die Busse der Südtiroler Busgesellschaft SAD sind flotte, preisgünstige und verlässliche Verkehrsmittel, wenn man nicht gerade am Sonntag fahren will, denn dann werden kleinere Orte nicht angesteuert. Ebenso wenig sollte man sich in der Nebensaison mit großen Busreiseplänen tragen, dann ist der Fahrplan gegenüber der Hochsaison deutlich abgespeckt.

• *Gästebusse* Nicht alle Ziele können mit SAD-Bussen erreicht werden, deswegen haben einige Tourismusvereine ihren eigenen Gästebusdienst eingerichtet. Normalerweise funktioniert der in Verbindung mit einer Gästekarte (ohne die man die Busse nicht benutzen kann).

• *Ski- und Wanderbusse/Wandertaxis* Einige Verkehrsverbände setzen im Winter kostenlose oder sehr billige Busse ein, die auch isolierte Hotels mit den Liftanlagen verbinden. Dies trifft in einigen Fällen (z. B. Karerseegebiet) auch für den Sommer zu. Andere Vereine, wie der im Oberen Vinschgau, setzen auf einigen Strecken Wandertaxis ein, Kleinbusse, die nach Fahrplan fahren. Infos bei den Verkehrsverbänden.

SAD: Die Südtiroler Busgesellschaft hat ihr Zentrum in Bozen, von wo auch ein Gutteil der orangeroten Busse abgeht, weitere Knoten sind im Dolomitenbereich Brixen und Bruneck. Auch einige Ziele außerhalb Südtirols werden von SAD-Bussen angefahren, z. B. das Fassatal im Trentino (ab Bozen) und Cortina d'Ampezzo in der Provinz Belluno (ab Toblach).

• *Information* In Italien kostenlos (lange Warteschleife) unter ✆ 800/846047, kostenpflichtig unter ✆ 0471/450111, im Internet unter www.sii.bz.it (mit neuem Fahrplan schon vor Fahrplanwechsel – an den Haltestellen wird er oft erst einige Tage *nach* dem Wechsel ausgehängt).

• *Tickets* Man kann sie sowohl beim Fahrer als auch in Büros der Gesellschaft und bei konzessionierten Händlern (meist Tabakläden) erwerben, bei Kauf an Bord sind sie geringfügig teurer. Einzeltickets gelten anders als die Zeitkarten nur für Bahn oder Bus! Vor Antritt der Fahrt müssen die entsprechenden Abschnitte entwertet werden, sonst drohen dicke Bußgelder! Pro Kilometer 0,065 €, dazu kommt ein Tagesfestsatz von 0,65 €. Zeitkarten gibt es im Bus oder am Schalter für 5, 10 und 25 €; gegenüber Einzelfahrkarten spart man damit bis zu 30 %! Günstig für Urlauber ist die persönliche Wochenkarte (20 €) für das Gesamtnetz, sie gilt für 35 Einzelfahrten.

- *Fahrräder* Fast alle Busse nehmen Räder gegen Bezahlung mit (1 €, manchmal auch gratis, das kommt auf den Fahrer an), falls Platz ist. Sa/So ist das selten der Fall!

Mit der Bahn

Die *Brennerbahn* und vor allem die *Pustertalbahn* sind eventuell Alternativen zur Reise innerhalb Südtirols für diejenigen, die in Bozen, Brixen, Bruneck und Toblach/Innichen wohnen. Fast stündlich fahren tagsüber Züge von Innichen über Toblach und Bruneck nach Franzensfeste und von dort (umsteigen) nach Brixen, Klausen und Bozen sowie nach Auer und Neumarkt. Eine Neuerung ist die *Vinschgaubahn* (→ Kasten), die wieder eingerichtete Strecke der Bahn zwischen Meran und Schlanders (in Zukunft bis Mals).

- *Information* ✆ 848/888088 bzw. www.trenitalia.com und ✆ 0472/458993.
- *Tickets* Viele Bahnhöfe sind nicht besetzt; Zeit- und Einzelkarten kann man an Automaten oder bei Busfahrern erwerben. Nur wenn kein Automat vorhanden ist, kann man im Zug nachlösen. In Italien sind Bahnfahrkarten immer **vor der Fahrt zu entwerten**, da sie sonst ungültig sind und hohe Bußen drohen! Einzeltickets gelten anders als die Zeitkarten nur für Bahn oder Bus!

Die Vinschgaubahn Meran – Mals: Eröffnet ab Frühjahr 2004, 60 km Länge, die Triebwagen, ganz moderne Niederflurwagen mit Dieselmotor aus der Schweiz. Die Strecke wird in etwas mehr als einer Stunde zurückgelegt – das konnten die bisherigen SAD-Busse unter keinen Umständen schaffen. Karten an kleinen Bahnhöfen (wie Naturns) nur vom Automaten, der allerdings auch 5- und 10-€-Scheine nimmt.

Mit dem Fahrrad

Südtirol ist wegen der vielen Passstraßen nicht unbedingt ideal für Langstreckenfahrer und Gelegenheitsradler, aber ein ideales Tourengebiet für Rennradler, Mountain- und Trekkingbiker mit einer rasch wachsenden Zahl ausgebauter separater Radwege und jeder Menge Tourenmöglichkeiten. In fast allen inneritalienischen Zügen kann das Rad mitgenommen werden (s. u.). Alle Busse nehmen, falls Platz ist, kostenlos Räder mit. An An- und Abreisetagen (Sa/So) ist das meist nicht der Fall!

- *Information* Zum Radtransport per Bahn in Italien unter www.trenitalia.it.
- *Radmitnahme im Bus* 1 € pro Strecke, nicht in Niederflurbussen, in manchen Bussen (Martelltal!) kann nur *ein* Rad befördert werden.
- *Fahrradmitnahme im Zug* Alle Interregional- und Regionalzüge (im Fahrplan mit IR und R ausgewiesen) nehmen Fahrräder mit, der Fahrradwagen befindet sich meist im Triebwagen am Zuganfang oder -ende. Die Einstiege sind leider eng und hoch, Schaffner helfen nicht und öffnen vor allem nicht die in den meisten Radabteilen vorhandenen speziellen breiten Türen. Wenn man sich dann hinein gequetscht hat gibt es entweder reichlich Aufhängevorrichtungen (vorbildlich!) oder gar nichts zum befestigen. Manche Bahnsteige (z. B. Klausen) sind nicht so lang wie der Zug, sodass man das Rad über das Bahnsteigende hinaus schieben und dann sehr hoch heben muss. Es gilt ein Pauschaltarif 24 Std. ab Entwertung, derzeit 3,50 € (für ICs wie den Gröden-Express auf der italienischen Strecke 5 €). In der neuen Vinschgaubahn zahlt man nur 2 € für die Radmitnahme.

Trubel am Stilfser Joch

Übernachten

Die Zahl der Zimmer in Hotels und Pensionen, Apartments und Bauernhöfen ist schier unbegrenzt. Um die 4500 Betriebe gibt es in der Hotellerie, das Angebot reicht vom einfachen Zimmer mit Frühstück bis zur Suite im Fünfsternehotel.

Während das Angebot an Zimmern mit Frühstück und kleinen Familienpensionen allerdings zurückgeht, nimmt dasjenige an Apartments deutlich zu. Viele Anbieter stellen ihr Angebot in dieser Hinsicht um. Die Gründe dafür sind nicht etwa die mangelnde Nachfrage an billigen Zimmern oder der Wunsch der Gäste, unter sich zu sein, sondern vielmehr der hohe Arbeitsaufwand. Zimmer mit Frühstück bedeutet eben, dass die Hausfrau täglich zumindest zum Frühstück anwesend ist, tagsüber die Zimmer aufräumt und abends gegenüber den Gästen gute Laune verströmt, sie sollen schließlich wiederkommen. Mit einer Ferienwohnung hat man dieses Problem nicht und die Endreinigung wird gar extra bezahlt.

Einbettzimmer, ein leidiges Thema: Praktisch scheinen alle Hoteliers davon auszugehen, dass immer mindestens zwei Personen zusammen reisen! Einbettzimmerzuschläge sind oft ziemlich hoch (bis 10 €) und stehen oft weder im Unterkunftsverzeichnis noch im Hausprospekt und werden auch bei Buchung nicht unbedingt genannt – Nachfragen heißt die Devise. In der Nebensaison bekommt man als Einzelreisender oft ein Doppelzimmer zur Alleinbenützung angeboten, in diesem Fall heißt es, um den Preis zu handeln, denn im besten Fall sollte er kaum über dem eines normalen Einbettzimmers liegen. In der Hauptsaison zahlt man im Doppel als Einzelreisender den Doppelzimmerpreis (das zweite Frühstück abziehen lassen!).

Ein zweiter Trend ist der zum hochpreisigen Angebot. Zweisterne- oder gar Einsternbetriebe sind out und die Dreisternebetriebe drängen sich zur Klassifizierung als Viersternebetriebe, wobei sie keine Investitionen scheuen, um dieses Ziel zu erreichen. Nur von 1999 bis 2002 sind etwa die Einstern-Hotelbetriebe um 20,5 % zurückgegangen, während die Zahl der Dreisternbetriebe um 13,7 % zunahm. Die preiswerten Hotelzimmer werden so immer weniger und die teuren immer mehr, zumindest in der Theorie. Tatsächlich wird der Kunde die teuren Viersternehotelzimmer bald nicht mehr bezahlen können (oder kann das jetzt schon nicht!) und die Nachfrage wird deutlich nachlassen. Und dann? Preiskampf. Doch wer zahlt die Investitionen ab, die neuen Hallenbäder und Wellness-Landschaften, Landschaftsparks und Luxuslobbys? Ganz abgesehen davon, dass viele Kunden die teuren Hotels schon deshalb nicht unbedingt schätzen, weil sie wissen, dass sie Einrichtungen mitbezahlen müssen, die sich nicht benötigen.

Anzahl der Sterne und Zimmerausstattung: Hotelbetriebe werden je nach Ausstattung mit 1 bis 5 Sternen (* – *****) klassifiziert, dazu kommt die Kategorie ****S, um die es etwas Diskussion gab und gibt, die aber in etwa mit den Fünfsternhotels gleichzustellen ist. In den Angaben zum Übernachten wird bei Hotels, Pensionen, Gasthäusern und Garnis ab drei Sternen stillschweigend vorausgesetzt, dass sie TV (meist Sat-TV) im Zimmer haben. Bei Zwei- und Einsternbetrieben wird hingegen stillschweigend vorausgesetzt, dass in den Zimmern keine TV-Geräte sind (aber fast immer im Aufenthaltsraum). Ist die stillschweigende Voraussetzung nicht erfüllt, wird dies extra erwähnt (z. B. TV im Zimmer in einer Zweisternepension). In *allen* Betrieben wird vorausgesetzt, dass das Zimmer mit Bad (Dusche/WC oder Dusche/Badewanne), Waschgelegenheit kalt/warm, Betten, Schrank oder Einbauschrank und/oder Kommode, Tischchen (z. B. auch Wandtisch) und Stühlen ausgestattet ist. Ist das nicht der Fall, wird gesondert darauf aufmerksam gemacht, jedoch nicht in Almhütten und Berghütten, für die heute immer noch Mehrbettzimmer oft mit Stockbetten und ohne Schrank oder Waschgelegenheit üblich sind. Bei diesen wird umgekehrt erwähnt, wenn sie komfortabler ausgestattet sind. Steht im Katalog oder Prospekt „TV-Anschluss“, so bedeutet das, dass man ein TV-Gerät im Zimmer nur auf Nachfrage und meist gegen Aufgeld vorfindet. Ein Telefon ist fast überall im Hotelzimmer, Gleiches gilt bei 3 und 4 Sternen für den Fön. Die Minibar ist eher die Ausnahme und wird deshalb vermerkt. In neueren Hotels und Pensionen ist ein Balkon heute Standard, das trifft nicht auf ältere und historische Häuser und die ewig stiefmütterlich behandelten Einzelzimmern zu. Viele Betriebe, die kein eigenes Freibad, geschweige denn Hallenbad besitzen, schließen in ihren Wochenpreis den Gratisbesuch des örtlichen Badeanstalt ein. Es lohnt sich, danach zu fragen! Ist ein Wellnessbereich angegeben, so ist die Sauna etc. fast immer im Zimmerpreis inbegriffen, das Solarium geht jedoch fast immer extra!

Listen der Beherbergungsbetriebe: In Südtirol gibt es für alle Tourismusverbände und Tourismusvereine eine Hotelliste, die auch Privatzimmer und Apartments umfasst, in großen Orten werden getrennte Listen für Zimmer und Apartments geführt. Information über freie Zimmer aller Kategorien auch über die Internetadressen der Verkehrsvereine, die Tourismusvereine sind bei der Zimmersuche selbst nicht behilflich!

Die **Buchung** erfolgt üblicherweise telefonisch, per Fax, Brief oder Internet.

Zu den Angaben im Buch

• *Mindestaufenthalt und Pensionspflicht* In vielen Quartieren liegt der Mindestaufenthalt bei einer Woche, und zumindest in der Hauptsaison ist Halbpension (HP) obligatorisch, nur in der Nebensaison ist Zimmer mit Frühstück (FR) öfter zu bekommen. Wo das Hotel im Regelfall HP verlangt, sind hier im Buch die Preise für ein Doppelzimmer mit HP pro Nacht (DZ/HP) angegeben, wo Frühstück möglich ist, damit (DZ/FR).

E-Mail- und Web-Adressen: Aus Platzgründen wurden E-Mail-Adressen nur aufgeführt, wenn keine Website vorhanden ist oder über die Website kein Kontakt aufgenommen werden kann.

• *Preise* Die Preisspannen im Buch entsprechen den niedrigsten und höchsten Preisen für ein DZ; die teureren Suiten wurden nur im Ausnahmefall berücksichtigt und extra aufgeführt. Alle Preise gelten ab einem Aufenthalt von 3 Übernachtungen, bleibt man kürzer, werden mindestens 10 % aufgeschlagen. Die in den Katalogen und hier im Buch angegebenen Preise beziehen sich folglich immer auf einen Aufenthalt von mindestens 3 Nächten/4 Tagen. In der Nebensaison kann der sonst übliche Aufschlag für einen kürzeren Aufenthalt schon mal entfallen, wie es auch mal ein DZ zum EZ-Preis gibt

• *Saisonzeiten/Betriebsferien* In Südtirol gelten in allen Bereichen etwa ähnliche Saisonzeiten. Am Beispiel Grödner Tal dauert die Saison von Mai/Juni bis Ende Sept./Mitte Okt. (ein Teil der Betriebe nur Juli bis Mitte Sept.) und von Dez. bis Mitte/Ende April; die Hochsaison ist dabei von der 4. Juliwoche bis 3. Augustwoche und von Weihnachten bis zum 6. Januar sowie (nur in Skigebieten) von Febr. bis Mitte März. Typische Herbst-Urlaubsgebiete wie das Meraner Land und das Überetsch haben von Ende Juli bis Ende Oktober Hochsaison, besonders in der zweiten September- und ersten Oktoberhälfte kann es schwer werden, ein Quartier zu finden. In reinen Sommer- und Herbst-Urlaubsgebieten wie dem Überetsch und Unterland sind die Betriebe im Winter überwiegend geschlossen! Mitte Juni bis Ende der 1. Juliwoche sind viele Hotels, Pensionen, Gasthäuser und Restaurants in Südtirol wegen Urlaub geschlossen!

Berghütten: Sie sind vorrangig für Bergsteiger gedacht und werden in den Listen der Beherbergungsbetriebe nur aufgeführt, wenn es sich um private Betriebe im Stil eines Gasthauses handelt. In der Sommersaison sind fast alle Hütten vom 20. Juni bis 20. September geöffnet, manche auch Mitte Juni bis Ende September/Mitte Oktober und später (kaum früher). Die Fremdenverkehrsvereine kennen die genauen Öffnungszeiten, einige geben dazu genaue Listen heraus.

Wellnesshotels: Nicht überall, wo es Wellness heißt, ist auch Wellness drin. Der Begriff ist weder definiert noch geschützt. Sicher geht man z. B. mit den Belvita Alpenwellness Hotels, die auf www.belvita.it/de2asg zu finden sind.

Urlaub auf dem Bauernhof (Agriturismo): wird in Südtirol in den meisten Orten angeboten. Vermietet werden Zimmer mit Frühstück und zunehmend Apartments. Im Buch wird extra angegeben, wenn es ein TV-Gerät im Zimmer gibt. Bei Apartments/Ferienwohnungen, die auch auf Bauernhöfen meist modern und komfortabel eingerichtet sind, wird aber nur vermerkt, wenn es keines gibt!

Fremde auf dem Bauernhof zu beherbergen, ist nicht einfach nur Schlüsselübergabe und dann wieder normale Hausarbeit. Besonders die Bäuerinnen, an denen die Betreuung der Gäste meist hängen bleibt, müssen ihr Handwerk erst erlernen (dass nämlich die Gäste mehr suchen als nur das Dach über dem Kopf und das eventuelle Frühstück, dass „Mithilfe auf dem Hof" organisiert und begleitet werden muss, sonst gibt es Arbeitsunterbrechungen oder gar Unfälle). Der Umgang mit dem PC muss trainiert werden, Anfragen kommen immer häufiger per E-Mail und müssen auch so beantwortet werden. Im Sarntal hat man mit der Kooperation begonnen: Die Bäuerinnen bieten auf ihrem Hof jeweils eine „Spezialität" an, einen kleinen Streichelzoo etwa, Mitmachen beim Brotbacken im alten Backofen (das muss manche Jungbäuerin auch erst lernen), Spiele mit den Kindern der Urlauber. Wenn ein Dutzend Bäuerinnen kooperiert und jede Bäuerin alle zwei Wochen an einem Tag ihre eigenen Gäste und die der anderen Frauen auf ihren Hof einlädt, bietet man den Urlaubern ein tägliches Programm und hat die meiste Zeit die Hände frei.

Information Südtiroler Bauernbund, Urlaub auf dem Bauernhof, Schlachthofstr. 4 d, I-39100 Bozen, ✆ 0471/999308, 📠 981171, www.roter.hahn.it.

Residence: Diese Bezeichnung bedeutet nichts anderes als **Ferienwohnung**, gemeint ist normalerweise ein Gebäude mit Ferienwohnungen (oder Apartments). Im Gegensatz zu Hotels gibt es normalerweise keinen Service, die Gäste versorgen sich selbst und räumen auch selbst auf. Dem widerspricht nicht, wenn es im Gebäude ein Restaurant gibt oder zum Frühstück ein Brötchenservice angeboten wird. Die Endreinigung der Ferienwohnung ist fast immer extra fällig, sie kann bis 35 € betragen. Dieser Betrag ist oft *nicht* in den Preisangaben der Kataloge enthalten! Komplett eingerichtet bedeutet normalerweise Bad/Dusche und WC, TV, Telefon, Kochnische/Küche mit Kochplatte oder Herd, Kühlschrank, Geschirr, Besteck, Pfannen und Töpfe (meist sehr spärlich und in minderer Qualität ...), Tischwäsche und Bettwäsche. Ein Mikrowellengerät ist nur selten Teil der Einrichtung.

Pensionen: Familienbetrieb mit Restaurant, es werden Halb- und Vollpension angeboten. Oft die preiswerteste Form, Urlaub mit Halbpension zu buchen. Fließend ist übrigens die Grenze zu den Zimmervermittlern.

Familienhotels: Die Hotels dieser Gruppe bieten besonders Familien das richtige Zuhause auf Zeit. Die Häuser (3–5 Sterne) kümmern sich besonders um die Kinder, was Spielplätze/-zimmer sowie kindgerechte Animation einschließt.

Information Familienhotels Südtirol, Pfarrplatz 11, I-39100 Bozen, ✆ 0471/999990, 📠 999995, www.familienhotels.com.

Wanderhotels: Diese Komforthotels (meist 3 aber auch 4 Sterne) sind speziell auf Wanderer und Familien zugeschnitten mit Ausrüstungsverleih, Wanderbus beim Haus, geführten Wanderungen, Infothek mit den entsprechenden Karten und Führern. Die in dieses Buch aufgenommenen Wanderhotels sind als solche vermerkt.

Information Europa Wanderhotels, A-9773 Irschen, ✆/📠 (0043)4710/2780, www.wanderhotels.com.

Bike-Hotels: Radfahrerfreundliche Hotels in Südtirol sind unter dem Zeichen „Mountainbike Holidays" zusammengeschlossen. Im Internet unter www.mountainbiker.it zu finden.

Jugendherbergen: Mangelware. Südtirols Hotellerie schätzt Gäste nicht, die kaum Geld bringen. Ausnahmen sind die von der Stiftung Kassianeum geführten, sehr schönen Jugendherbergen im ehemaligen Grandhotel in Toblach, im Kassianeum in Brixen, neuerdings in Meran und Bozen sowie in Castelfeder. Die Kolpinghäuser (Bozen und Meran) sind von der Preisgestaltung her alles andere als Jugendherbergen.

Campingplätze: sind eher dünn gesät, in manchen Gegenden (z. B. Grödner Tal) sogar überhaupt nicht vorhanden.

Information www.camping.it; hilfreich ist der deutschsprachige Führer „Italien – Campingplätze und Feriendörfer" des Touring Club Italiano, erscheint alle 2 Jahre (15 €).

Gehört zur „Merende“: Speck, Vinschgerl (Brot), Keschtn (Kastanien)

Essen & Trinken

Die Küche Südtirols verbindet mehrere Kulinartraditionen, denn sie schöpft nicht nur aus dem alpinen Repertoire, sondern bezieht auch die Wiener und die italienische Küche mit ein. Das ergibt einen ausgesprochen interessanten Mix. Dazu kommen die bekannten Südtiroler Weine, und nicht nur der „Kalterer See“. Die Palette reicht vom herben Eisacktaler Silvaner bis zum eleganten Pinot noir aus dem Unterland.

Auf den Tisch kommen Nudeln oder die den Ravioli ähnlichen Schlutzkrapfen („Schlutzer“) oder eine Suppe mit Einlage, dann ein Braten aus dem Ofen oder Geselchtes mit Kraut, Gulasch oder eine Forelle, es folgt eine Mehlspeise. Auch im ladinischen Teil sind die Knödel beliebt: Speckknödel zum Sauerkraut und kleine Knödel in die Suppe, Spinatknödel, Käseknödel. Speck ist eine besondere Südtiroler Spezialität, die mit dem, was man sonst im deutschen Sprachraum darunter versteht, wenig zu tun hat.

Essen & Trinken im Lokal: *Restaurants* und *Gasthäuser* unterscheiden sich in Südtirol nicht oder kaum von denen in Österreich, Deutschland oder der deutschsprachigen Schweiz. Das Südtiroler Durchschnittsrestaurant ist von Ausstattung und Speisekarte her eher etwas konservativer als sein Vetter nördlich der Alpen. *Pizzerien* sind genauso beliebt wie überall und sehen nicht anders aus. Was man jedoch sonst nicht kennt sind die *Bars*, die deutlich dem italienischem Muster entsprechen: Sie sind lokale Treffpunkte, in denen es außer morgens Brioche und später Sandwich oder Toast nichts zu essen gibt, wo man für ein Glas Wein oder einen Espresso vorbeikommt (der „deutsche Kaffee“ Südtirols ist wirklich nur für die Gäste aus Deutschland), auch in kurzen Arbeitspausen, auch um schnell mal sein Glück am Spielautomaten zu versuchen. *Cafés* (auch italienisch *Caffè* geschrieben – da gibt es in Südtirol keine Norm) sind die etwas größeren Ausgaben der Bars mit manchmal größerer Auswahl an kleinen Speisen und auch schon mal einer Süßigkeit in der Glasvitrine. Eine Besonderheit sind die *Törggelenlokale,* in vielen Fällen nichts anderes als die Wohnstuben von Bauern, die im Herbst ihren eigenen Wein ausschenken, Buschenschanken also (zum Törggelen s. u.), es gibt aber auch Gastwirtschaften, die im Herbst ihren eigenen Wein ausschenken und diese Bezeichnung verdienen. Leider nennen sich heute immer mehr ganz stinknormale Lokale Törggelenlokal und locken Kunden zu allen Jahreszeiten. Wer zum Törggelen will, sollte sicher sein, dass das Lokal seinen eigenen Wein ausschenkt, und auf die Jahreszeit schauen – vor dem Spätherbst und ab dem Winter läuft nichts. Wie in Österreich sieht das Angebot der *Konditoreien* und *Konditorei-Cafés* aus, die Wiener Mehlspeistradition ist dominant, und ähnlich ist das Ambiente (was man als „bürgerlich" bezeichnet). Was im übrigen Italien absolut unbekannt ist, bei einem Kaffee und einer Cremeschnitte ein Stündchen zu sitzen, wird hier lustvoll zelebriert.

• *Öffnungszeiten* Die angegebenen Ruhetage der Restaurants gelten in den meisten Fällen nicht für die Hochsaison, also Mitte Juli bis Mitte/Ende Aug., Weihnachten/Neujahr und in Wintersportorten im Febr.

• *Brot und Gedeck/Pane e coperto* Der Obolus für das Gedeck wird nur selten und nur in feineren, v. a. italienisch geführten Lokalen verlangt – vorher auf der Speisekarte nachschauen, damit es keine unliebsamen Überraschungen gibt (kann bis 6 € ausmachen!). Auch Servizio (10–15 % für Bedienung) wird in den letzten Jahren weniger häufig berechnet.

• *Preisangaben* Bei den Preisangaben für die im Text dieses Buches erwähnten Restaurants bedeutet „ab … €" immer den Preis für eine Vorspeise (Nudeln, Reis, Knödel …) und einen Hauptgang mit Beilage(n) (Selchkarree mit Kraut und Knödel, Steak vom Grill mit Pommes, Gemüseplatte, Forelle mit Butterkartoffeln), und zwar ohne Getränke! Auch das Trinkgeld (Aufrundung bis ca. 10 %) ist in dieser Preisangabe nicht inbegriffen.

• *Rauchverbot im Lokal* Seit 2005 ist das Rauchen in Italien in geschlossenen Lokalen verboten! In der Sommersaison saß man deshalb meistens auf der Terrasse. Ausnahmen gelten in wenigen Lokalen mit eigenen Raucherräumen. Man hält sich ans Verbot!

Zimmer mit Halb- oder Vollpension: Die Gewinnspannen sind höher, wenn man ein Zimmer mit Halb- oder Vollpension vermietet, viele Südtiroler Hoteliers versuchen deshalb, die Vermietung ihrer Zimmer nur mit Frühstück zu umgehen. Wer sicher ist, dass er um sechs im Hotel ist, wird mit Halbpension gut bedient sein, wer oft später dran ist, sollte sich das genau überlegen. Viele Pensionen und Hotels haben nämlich nur eine beschränkte Essenszeit, sie beginnt oft schon um 18 oder 18.30 Uhr. Wer später kommt, etwa gar nach 20 Uhr, hat das Nachsehen und nur mit Glück ein Resteessen am Katzentisch.

Die in einigen Fällen angebotene ¾- oder Verwöhnpension beinhaltet neben der Halbpension ein Nachmittagsbüffet mit Kuchen, manchmal auch einen Spätimbiss. Wer keine Probleme mit der schlanken Linie hat und überschüssige Kalorien rasch mit dem Mountainbike abstrampelt, sollte sich diese Form der Pension überlegen.

Wo viele Gäste zufrieden gestellt werden müssen, die ihre individuellen Wünsche nicht äußern können, muss ein gemeinsames Niveau gefunden werden, das meist niedrig ist. Kocht man reine Südtiroler Küche, mäkeln die einen, kocht man italienisch, die anderen, kocht man „international" und bietet ein Salatbüffet an, zieht man sich als Hotelier meist am diskretesten aus der Affäre. Immer mehr Hotels und Pensionen lenken von der Phantasielosigkeit ihrer Speisenfolge ab, indem sie diese einfach um einen Gang verlängern, also z. B. einen zusätzlichen Gang zwischen Suppe und Hauptspeise legen. In der völlig korrekten Annahme, dass unter vier

Gängen mehr Gäste etwas finden, das ihnen schmeckt, als unter dreien. Nur teure Hotels können diesem Dilemma entfliehen und z. B. ein Vorspeisenbüffet aufbauen und zum Hauptgang wirklich ganz unterschiedliche Speisen zur Auswahl stellen. Oder – siehe oben – sie bieten eine ¾-Pension an, dann findet auch jeder was, das ihm schmeckt.

Die Speisen und ihre Zutaten

Die Südtiroler Küche ist keineswegs leicht. Noch immer geht es auf dem Lande darum, den Hunger mit den Produkten der eigenen Landwirtschaft und möglichst wirtschaftlich zu stillen, dass Essen auch Gourmetcharakter haben kann, wird einen Bergbauern im Ultental unverständlich erscheinen. Diese Küche der dicken Suppen, Knödel, Nocken und Nudeln, der Schmarrn und des Schmalzgebäcks kommt nur in entschlackter Form auf die Tische der Lokale des Landes: weniger fett, meist nur als ein Gang unter mehreren, der Lokalkolorit geben soll. Die Wiener Küche, genauer die Küche Altösterreichs, ist in den Restaurants stärker vertreten, gekochtes Rindfleisch mit Gemüse, Gulasch, Kalbsbeuschel, Herrengröstl, Kalbsschnitzel sind solche Gerichte. Nur bei den Vorspeisen macht sich Italien deutlicher bemerkbar, wobei die ganze Fülle an Nudel- und Reisegerichten, die Italien hervorgebracht hat, von den Südtirolern eher zögerlich und mit deutlichem Blick auf das Trentino (respektive Welschtirol) eingesetzt wird: Im Zweifelsfall gibt es eher Trentiner Pilzravioli als apulische Muschelnudeln.

Frühstück: bedeutet fast ausnahmslos ein sog. „deutsches Frühstück" und besteht im einfachsten Fall aus Semmeln/Brot und Kaffee/Tee, dazu gibt es Marmelade und Schmelzkäse und/oder Leberpastete in Plastikminibehältern (das ist nicht Geschichte, sondern bittere Realität). Die meisten Frühstückspensionen, Pensionen und Hotels bieten jedoch mehr und Besseres an: Im Schnitt kann man frische Brötchen und „Vinschgerl" oder „Paarln", also Südtiroler Fladenbrot, erwarten, oft selbst gemachte Marmelade, fast überall einen Teller mit geschnittener Wurst und Käse sowie Südtiroler Speck. Das Frühstücksbüffet besteht im einfachsten Fall nur aus eben diesen Zutaten nebst Milch, Saft und Müsli und/oder Frühstücksflocken. Nach oben gibt es keine Grenzen, wer sich ins Viersternehotel mit Verwöhnpension begibt, darf auch schon morgens mit üppig gedeckter Tafel rechnen.

• *Frühaufsteher, Achtung!* Generell hat sich 8 Uhr für den Beginn des Frühstücks eingebürgert, und nur mit viel gutem Zureden kann man mal schon um 7.45 Uhr was bekommen. Zimmervermieter und Familienpensionen sind meist etwas lockerer, was das Timing betrifft. Schlecht für diejenigen, die gerne früh aufstehen, und diejenigen, die auf öffentliche Verkehrsmittel angewiesen sind: Bei sehr häufig nur zwei Vormittagsbussen zum Tagesziel muss man ohne Wegzehrung aus dem Haus oder kommt erst mittags an. Der Autor spricht aus leidvoller (frühstücksloser) Erfahrung.

Merende (oder Marende): ist anderswo die Brotzeit, die Jause, der Imbiss zwischendurch. Generell wird hier eine kalte Zwischenmahlzeit Merende genannt, z. B. ein Stück Speck mit Brot oder eine Kaminwurz, wie die kräftig geräucherten kleinen Dauerwürste heißen.

Speck: Das ist der im Wesentlichen vom Fett befreite Hinterschinken vom Schwein, eingelegt in eine mit Kräutern versetztem Salz, über Wacholderholz geräuchert und lange abgelagert. Nach Tiroler Art wird er in dicke Scheiben geschnitten und dann bei Tisch „auf'm Brettl" in Streifen geschnitten und zum Brot verzehrt, dazu trinkt man Rotwein. Nach italienischer Art wird er wie andere Schinken in feinste, durchsichtige Scheiben geschnitten und als Vorspeise serviert.

Beides hat seine guten Seiten, die Südtiroler unterscheiden den Anlass und machen's mal so, mal so.

- *Speck-Fakten* 100 g enthalten ca. 303 kcal, 28,3 g Eiweiß, 20,9 g Fette, verschiedene Vitamine und Spurenmineralien. Und bis zu 5 g Speisesalz, was den Weinkonsum bei der Merende durchaus anregend beeinflusst. Die Fette und der Alkohol im „Nuien" (Neuen Wein) sind zumindest während der Törggelenzeit kein Problem, denn die herbstliche Törggelenwanderung, die von der Merende gekrönt wird, baut Kalorien und Promille schnell wieder ab.
- *Information* Konsortium Südtiroler Speck, Rittnerstr. 33 a, I-39100 Bozen, www.speck.org.

Südtiroler Speck

„Speck aus Südtirol" ist eine geschützte Herkunftsbezeichnung. Nur Speck mit der Angabe „Südtiroler Speck G. G. A." kommt aus Südtirol und wurde nach den Qualitätsregeln und unter staatlicher Kontrolle erzeugt (G. G. A. bedeutet übrigens „Geschützte Geographische Angabe"). Wer Südtirol bereist, wird unter allen Umständen und in jedem Landesteil mit Speck konfrontiert. Speck war immer ein solider Teil der Bauernnahrung, und Speck, Brot und Wein wurden und werden den Gästen als Südtiroler Merende vorgesetzt (auch Marende, anderswo als Jause, Brotzeit o. Ä. bekannt) – und das seit dem Mittelalter. Unter Speck versteht man allerdings in Südtirol etwas anderes als in den meisten anderen Bereichen des deutschen Sprachraums. Hier ist Speck nicht der fette Bauchspeck, also das Fettgewebe des Schweinebauchs, sondern der entbeinte, trocken gepökelte, kühl und nur leicht geräucherte und luftgetrocknete Rohschinken aus dem besten Teil des Schweins, dem Schlegel. Keine Rede von fettem Speck! Die Konkurrenz und der gemeinsame Maßstab sind Rohschinken vom Typ Parmaschinken, San Daniele, Schwarzwälder Schinken (der im Schwarzwald übrigens auch Speck genannt wird!) oder Serrano-Schinken.

Früher pökelte und räucherte jeder Tiroler Bauer seinen eigenen Speck. Das Schwein durfte sich den Sommer über den Ranzen voll schlagen und wurde dann im Frühwinter, meist vor Weihnachten, geschlachtet. Praktisch also zur späten Törggelenzeit und zu den Festtagen der Jahreswende, denn dann gab es zuerst Schlachtplatten zum neuen Wein und nach ein paar Wochen – heute im Durchschnitt 22! – den fertigen Speck, der sich jedoch bis zu eineinhalb Jahren halten musste, denn nicht jedes Jahr konnten es sich kleinere Bauern leisten, ein Schwein zu schlachten.

Seit 1996 ist die Herkunftsbezeichnung für Südtiroler Speck unter EU-Schutz. Der Schutz betrifft die Verarbeitung, die Dauer und Art der Pökelung, Räucherung und Reifung, aber nicht unmittelbar die Herkunft des Fleischs. Die in den Vorschriften verankerten und durchgeführten Kontrollen betreffen bestimmte Mindeststandards des Produkts. Das sollte vergleichbare Qualität versprechen. Na, von wegen. Da gibt es den elastischen bis zähen und in Plastik eingeschweißten Supermarktspeck auf der einen und zarten, auf der Zunge förmlich schmelzenden aromatischen Speck aus Dorfmetzgereien auf der anderen Seite, da gibt es leicht säuerlichen und eher salzigen, milden und intensiv schmeckenden Speck, solchen mit ganz feiner und anderen mit grobkörniger Struktur des Gewebes. Woran das liegt? An der Qualität des Fleisches (wie und wie lange und womit das Schwein gemästet wurde – eine Frage des Preises), an der Art der Pökelung und Räucherung wie der Reifung (Zeit ist Geld!) und an der Qualität der aromatischen Gewürzmischung.

Suppen und „Muas": Die Rollgerstlsuppe oder Gerstensuppe ist eine dicke Suppe aus Gerste, Selchfleisch und Schwarte, Gemüse und Kartoffeln. Neben dem Muas, einem mit brauner Butter übergossenen Schmarrn aus Milch, Salz und Maismehl, war es das Hauptnahrungsmittel der Bergbauern. Gerste deshalb, weil dieses Getreide bis in größere Höhen gedeiht, noch auf 1700 m konnte man anbauen! Auch die Brotsuppe, in der altbackenes Brot verwendet wird, ist ein altes Rezept der einfachen lokalen Küche. Die Frittatensuppe, also Rinderbrühe mit geschnittenen Palatschinken (dünne Pfannkuchen), die Grießnockerlsuppe, Milzschnitten- und Käseschöberlsuppe, alles beliebte Südtiroler Suppen, stammen hingegen aus dem altösterreichischen Repertoire. Suppen sind etwas aus der Mode gekommen, sieht man von der Terlaner Weinsuppe ab, die es heutzutage auch außerhalb Terlans gibt: eine cremig-rahmige Suppe aus Fleischbrühe und Weißwein aus Terlan, die mit Eigelb eingedickt und mit gerösteten Brotwürfeln und Zimt (!) serviert wird.

„Tirtlen" und „Schlutzer" – die Nudelgerichte: Nicht nur südlich von Salurn kann man Nudeln kochen. Die Pustertaler Tirtlen (oder Tirtlan) und die allgegenwärtigen Schlutzkrapfen sind gefüllte Nudeln vom Ravioli- bzw. Tortellini-Typ, die aus alter regionaler Tradition stammen. Während die Tirtlen meist mit Topfen (Quark) oder Spinat und Kartoffeln, in Privathaushalten auch gerne mit Sauerkraut gefüllt sind, nimmt man für die Fülle der Schlutzer gerne das feine Kalbshirn, bekommt sie aber auch gefüllt wie die Tirtlen. Hauptunterschied ist die Garmethode: Schlutzer werden gekocht, Tirtlen werden im heißen Schmalz gebacken.

Knödel und Nocken: Speckknödel, Käsknödel, Spinatknödel, Käsnocken – ohne sie wäre die Südtiroler Küche nur halb so interessant. Auf der Basis eines Semmelteigs entstehen die meisten ungesüßten Knödel, was man noch hinzufügt, bestimmt den Geschmack. Auf jeden Fall sollte man „Schwarzplentene Knödel" probieren, sie werden wie die anderen Knödel zubereitet, das verwendete Mehl ist jedoch Buchweizenmehl (Schwarzplent). Etwas Besonderes sind auch Grießknödel, die aus gequollenem Grieß gemacht werden. Grießknödel werden im Gegensatz zu den anderen Knödeln nie als Vorspeise gereicht.

Die süßen Knödel sind ganz was anderes: Zwetschgen oder Marillen werden in dünn gerollten Kartoffel- oder Brandteig gehüllt, auf die fertigen Knödel gibt man in Butter gebräunte Semmelbrösel oder Zimtzucker mit leicht gebräunter Butter. Topfenknödel bestehen aus einem leichten Topfenteig, dazu isst man nach altösterreichischer Manier Zwetschgenröster (ein Mittelding zwischen Zwetschgenkompott und Zwetschgenmus).

„Tris" und „Südtiroler Tris"

Den Italienern abgeschaut ist das „Tris" auf Südtiroler Speisekarten. Gemeint ist, dass kleine Portionen von drei verschiedenen Gerichten auf einem Teller serviert werden. Auch ohne den Zusatz „Südtiroler" ist vor Ort meist gemeint, dass drei Knödel- oder Nockenarten auf den Teller kommen, Speckknödel, Käsknödel und Spinatknödel zum Beispiel. Genaues weiß natürlich immer die Bedienung.

Pilzgerichte: Der Sommer und Frühherbst sind wegen der Pilze eine eigene Jahreszeit, zumal sich die Südtiroler Gastronomie darauf eingestellt hat, dass die Italiener regelrechte Pilz-Freaks sind und auf das Schild „Polenta e funghi" (Polenta mit Pilzen) reagieren wie Pawlowsche Hunde auf ihren Reizauslöser. Steinpilze und Pfifferlinge sind die hauptsächlich in der Küche verwendeten Arten, wer selbst pflückt, findet Dutzende essbarer Arten.

Pilzsammler-Regeln in Südtirol

Einige Auflagen gelten in ganz Südtirol. Man besorgt sich im Postamt einen speziellen Posterlagschein und bezahlt die verlangte Gemeindegebühr (ca. 5 €/ Tag), den bestätigten Abschnitt und den Personalausweis nimmt man zum Pilzesammeln mit. Man pflückt 1. nur an geraden Tagen, 2. nicht mehr als 1 kg pro Tag und Person (ab 14 Jahre!), 3. ohne Humusschicht oder nicht gepflückte Pilze zu beschädigen. Strenge Strafen bei Übertretung der Regeln – regelrechte Pilzsammelbanden haben Südtirol unsicher gemacht und den Pilzbestand gefährdet. Um ihn zu erhalten, wurden diese notwendigen Regeln eingeführt. Im Nationalpark Stilfser Joch ist das Sammeln von Pilzen nicht gestattet!

Brot: „Vinschgerl" nennt man die Sauerteigfladen aus Roggenmehl mit Brotgewürz, die in ganz Südtirol angeboten werden. Im Vinschgau nennt man sie „Paarln", weil sie paarweise gebacken werden, ein schmaler Steg verbindet jeweils zwei der Brötchen. Bauernbrot oder einfach Brot nennt sich der größere Fladen aus Roggenmehl. Das „Schüttelbrot" ist eine weitere Südtiroler Spezialität: Trockenbrot zum langen Aufbewahren, entstanden aus Notwendigkeit, heute traditionelle Beilage zum Wein, etwa beim Törggelen. Ganz wunderbar schmecken die Roggenfladen, wenn ihnen im Herbst Apfelstückchen oder die Vinschgauer „Palabirn" beigemischt werden!

Käse: Das Käseangebot im Restaurant ist meist kümmerlich, obwohl Südtirol guten Käse herstellt. Weit verbreitet sind die halbfesten und festen Almkäse und die eher konventionelle Palette der großen Molkereigenossenschaften wie in Meran, Toblach und Sterzing. Wer guten Käse schätzt, sollte in die spezialisierten Delikatessenläden der größeren Städte gehen und sich beraten lassen.

Südtirol ist Apfelland

Gemüse und Salate: keine Stärke Südtirols! Sieht man von den Pilzen ab, insbesondere von Steinpilzgerichten, ist Gemüse selten Hauptgericht und kaum einmal mehr als eine in Wasser gekochte und allenfalls in etwas Butter gewendete Beilage. Ein Bergland wie Südtirol hatte nie viel Auswahl an Gemüsen, was man anbauen konnte, waren Zwiebeln, Kraut und Rüben, daraus kann man wenig anspruchsvolle Gerichte zaubern. Die klassische Beilage ist nicht zufällig das Sauerkraut: Kraut anbauen und einlagern ist für den Kleinhäusler und den Bergbauern möglich, das fertige Gemüse hält sich Monate langt und passt zu vielen Gerichten, die klassisch milchsaure Vergärung sorgt für Wintervitamine. Bei Salaten sieht es ähnlich aus: Früher gab es geschnittene gekochte rote Rüben (rote Bete), Sellerie und evtl. eingelegte grüne Bohnen als Salat, in einfachen Gaststätten hat sich das bis heute nicht geändert. Die Salatsoßen sind meist einfallslos, auch in einfacheren Pensionen und Hotels gibt es heute die Möglichkeit, mit Olivenöl und gutem Essig – oft Balsamessig – den Salat nach eigenem Gusto abzuschmecken, wie das sonst in Italien üblich ist.

Obst: Südtirols Obstproduktion versorgt weit mehr als den lokalen Markt, wie man auch in Deutschlands Supermärkten sieht, vom Absatzmarkt in Italien ganz zu schweigen, Vorrangig werden Äpfel angebaut, lokal auch Erdbeeren, Birnen und Marillen alias Aprikosen (Martelltal, Vinschgau).

- *Äpfel* Zu den Klassikern wie Delicious und Jonathan gesellen sich neue Sorten. Im Vinschgau z. B. Gala und Pinova (rote Sorten); der Bio-Anteil liegt derzeit bei 3,5–4 %. Im Bozner Raum und Unterland neuerdings die ebenfalls rote Sorte Pink Lady sowie Fuji, die demnächst den Markt beherrschen sollen, nachdem Granny Smith offensichtlich ins Altersheim geht und sich viele Konsumenten an der noch beherrschenden Sorte Golden Delicious etwas überfressen haben. Die Pink Lady scheint der Aufsteiger zu werden, große Werbeanstrengungen unternehmen die Promoter der knallroten Sorte KIKU® 8 (Infos www.kiku.it).
- *Birnen* „Palabirn" – diese in Südtirol sehr beliebten Vinschgauer Birnen werden kaum kommerziell gezüchtet, sie sind eine traditionelle Hausgartenfrucht. Wenn sie im Frühherbst kurzfristig in den Vinschgauer Läden erscheinen, sind sie bald aufgekauft.
- *Erdbeeren* Marteller Erdbeeren kommen aus einem alpinen Tal, dem man niemals zutrauen würde, dass dort Qualitätsobst gedeihen kann, dem Martelltal. Aber von wegen – Marteller Erdbeeren sind ausgesprochen aromatisch! Weil sie spät gedeihen, haben sie ihren eigenen Markt am Ende der Erdbeersaison.
- *Marillen* Die Aprikose des Vinschgaus wurde leider großenteils durch Apfelplantagen ersetzt, was sehr bedauerlich ist, da diese Frucht besonders lecker ist – kein Vergleich mit den Plastikfrüchten aus dem Supermarkt! Ideal sind die Vinschgauer Marillen für Marillenknödel.

Nachspeisen, Süßes: Womit wir bei den „Mehlspeisen" wären, wie sie in Südtirol auch genannt werden. Sie sind wie in Österreich wichtiger als sonst im deutschen Kulturraum und können auch, meist kombiniert mit einer Suppe, den Hauptgang eines Essens darstellen. Beliebt sind *Strudel,* vor allem der Apfelstrudel, Apfelküchle, in Backteig gewendete und in Öl gebackene Apfelscheiben, süße Schmarren und Aufläufe und natürlich die süßen Knödel. Aus der Wiener Küche kommen Torten wie die Sachertorte, eigenständig sind Karottentorte und Buchweizentorte oder „Schwarzplentene Torte", eine besonders leckere Südtiroler Spezialität, in der das nussige Aroma des Buchweizens mit etwas fein-säuerlicher Marmelade kontrastiert und dadurch betont wird. Krapfen sind nicht das, was sie anderswo sind, die *krafins (krafuns)* der Ladiner und die Mohnkrapfen der Deutschtiroler sind ein krapfenähnliches Schmalzgebäck mit Mohn, es gibt sie auch mit anderen Füllungen, etwa mit Walnüssen oder mit Apfelmus. Eine interessante Mehlspeise ist die Raunentorte (Ronentorte) oder Gelbe-Rüben-Torte, die ähnlich wie die Karottentorte zubereitet wird. Nicht nur in Bozen und nicht nur in der Weihnachtszeit werden (Bozner) Zelten gebacken, an Trockenfrüchten reiche Lebkuchen.

Die Getränke

Kleiner Brauner, Espresso und Macchiato: „Einen Kaffee" können Sie allemal bestellen, dann bekommen Sie meist einen Verlängerten, also einen Espresso mit doppel-

Süßes auf dem Bauernmarkt in Meran

ter Wassermenge. Besser bestellt man präzise: Der Espresso ist wie überall in Italien ein Mund voll Kaffeeessenz, Macchiato nennt er sich mit einem kleinen Milchschaumhäubchen („Kleiner Brauner" in Österreich). Auch für den Cappuccino hat sich die italienische Bezeichnung 100-%ig durchgesetzt. Cappuccino nennt sich der mit heißer Milch und Milchschaum versetzte Espresso in der großen Tasse. Mit Sahne (Schlagobers) kommt er nicht in Berührung. Dennoch bekommt man, wenn man nicht sagt „mit Milchschaum" gelegentlich das Sahnehäubchen auf den Kaffee (was in jedem „echten" Italiener völliges Unverständnis erzeugen würde), deshalb ist es besser, gleich zu sagen „mit Milchschaum" (oder gleich „mit Sahne" zu bestellen). Ein Cappuccino nach dem Essen wird übrigens in Italien als Sakrileg empfunden, man schließt den Magen mit einem Espresso (als „caffè" bezeichnet) und einer Grappa, nicht mit Mengen von süßem Milchschaum. Zum Frühstück ist der Kaffee meist gefiltert, bisweilen fast amerikanisch schwach, selten von gehobener Qualität.

Bier: Neben den Bieren der großen Brauerei Forst bei Meran (jeder, der in den Vinschgau fährt, kommt an der Steigungsstrecke nach Töll an dem als Mega-Ansitz verkleideten Brauhaus vorbei) gibt es die italienischen und eine ganze Reihe deutscher und österreichischer Biere. Dankenswerterweise auch einige der bekannten bayerischen Weizenbiere – oder wie sollte man sonst nach einer wirklich anstrengenden Rad- oder Bergtour den Durst löschen? Oder auf der Alm? Und wenn der Senn sonst gar nichts hat, ein Bier hat er immer im Kasten.

Südtiroler Wein: Im Verhältnis zu seiner geringen Größe (verglichen mit dem übrigen Italien) und der beschränkten Anbaufläche von nur 5000 ha sowie der Produktion mit um die 400.000 hl haben Südtirols Weine einen bemerkenswert hohen Bekanntheitsgrad. Kalterer See, Terlaner, Traminer sind Haushaltsnamen im gesamten deutschen Sprachraum. Kein Wunder, Millionen haben diese Weine beim Urlaub in Südtirol kennen und schätzen gelernt, das hat Nachfrage auch zu Hause in Deutschland oder Österreich geschaffen.

Weinberge gibt es vom niedrigsten Punkt Südtirols in der Etschebene bei Kurtinig und Salurn bis in Höhen von 600 m und mehr bis in den Vinschgau bei Kastelbell, bis ins Eisacktal nördlich von Brixen und bis auf den Fennberg über dem Unterland, der mit 1000 m Meereshöhe wohl den höchstgelegenen Weinberg Südtirols besitzt. Während Südtirol vorwiegend Rotweine produziert und die Rebsorte Vernatsch dominiert, sind einige Gegenden auf Weißweine spezialisiert, wie das Eisacktal mit seinen trockenen, leicht herben Silvanern und anderen Weißweinsorten.

Törggelen und Buschenschanken

Fast schon ein Synonym für die kulinarische Südtiroler Lebensart ist das **Törggelen** geworden. Der Begriff selbst kommt von Torggel, der Weinpresse, und Törggelen bedeutet das Verkosten des neuen Weins beim Winzer, was natürlich nicht ohne Essen abgeht. Im Herbst wandert man auf die Höhen hinauf, wo die Sonne länger scheint und die Winzer ihre Häuser für kurze Zeit zur Weinverkostung und Hausmannskost öffnen. Traditionell ist das nur zwischen St. Martin (11. November) und St. Katharina (25. November) der Fall, aber wie so viele schöne Bräuche wird auch dieser heutzutage zeitlich ausgedehnt und umfasst den gesamten Spätherbst ab Oktober bis Jahresende. Ein Buschen (Strauß) über der Eingangstür macht darauf aufmerksam, dass die „Buschenschank" nunmehr geöffnet ist. In der Stube des Bauern oder auf Tischen vor dem Haus wird dann der neue Wein verkostet, der „Nuie", zur Schlachtschüssel oder zu gerösteten Kastanien, den „Keschtn" oder „Köschtn", zu Speck oder Schlutzern, zu Knödeln und Kraut. Zu den süßen Krapfen mit Mohnfüllung passt vor allem der „Siaße", den man aber auch gerne zu den gebratenen Kastanien und zu frischen Walnüssen probiert. Auch wenn die Winzer in allen Fällen mit dem Auto zu erreichen sind, bleibt die Wanderung (oder Radtour) ein unbedingter Bestandteil des Törggelen.

Wer die echten Südtiroler Spezialitäten kennen lernen will, sollte mit den auf das Land beschränkten Varietäten beginnen: der *Vernatsch*, aus dem u. a. Kalterer See und St. Magdalener bestehen, ist in allen Spielarten (z. B. Grauvernatsch) ein echter Südtiroler. Nur der württembergische Trollinger ist mit ihm verwandt (oder identisch?), ansonsten ist diese Rebsorte auf Südtirol und das anschließende Trentiner Etschtal beschränkt. Ebenfalls ein Südtiroler ist der *Lagrein*, der zwischen Bozen und Auer angebaut wird, er ist ebenfalls ein Roter, der meist kräftiger und fast immer dunkler und ausdrucksvoller ist als der Vernatsch. Und was ist ein *Kretzer*? Das ist ein Wein aus einer Rotweinrebe, der wie ein Weißwein gekeltert wird, er ist also das, was man anderswo als Rosé (in Württemberg Schillerwein, in Baden Weißherbst) bezeichnet. Der Bekannteste ist der Lagrein Kretzer. Der Dritte im Bunde ist der *Gewürztraminer*, der wie die Rebsorte *Traminer* seinen Namen vom bekanntesten Produktionsort übertragen bekam, dem Weindorf Tramin im Unterland.

- *Wein-Information im Buch* Für die wichtigsten Weinorte Südtirols wurden in diesem Buch die interessanteren Weinkellereien aufgeführt, von denen viele Betriebsbesichtigungen und Verkostungen anbieten – auch darüber Infos an gegebener Stelle.

- *Wein-Information im Internet* Die Weinselektion des italienischen Gastro- und Weinführers „Veronelli" findet man auch unter www.veronelli.com, interessant ist auch www.millioni.com/vini/doc mit Beschreibungen der italienischen D.O.C-Weine (beide Seiten nur auf Italienisch).

Mit Kindern in Südtirol

Adria ist einfacher. Wenigstens auf den ersten Blick. Dagegen sind Bergurlaube anstrengender für die Eltern, man muss die Kleinen (auch wenn sie schon 10 oder 11 sind) fast ständig im Auge behalten, damit sie nicht in den Bach oder über die Wand fallen. Mal sehen, was man so mit den lieben oder weniger lieben Kleinen anfangen kann:

Andere beaufsichtigen lassen. Gute Idee, aber nur an großen Wintersportorten und nur in der Wintersaison durchzuführen, dann gibt es nämlich Skikindergärten (nicht ganz billig).

Gleich im Familienhotel oder gar im Kinderhotel absteigen. Das Personal nimmt den geplagten Eltern einen Teil ihrer Pflichten ab, die Einrichtung ist immer kindgerecht. Die „Familienhotels" (noch wenige in Südtirol, → „Übernachten", S. 43) haben ein komplettes Aktionsprogramm für den Nachwuchs auf Lager.

Urlaub auf dem Bauernhof machen. Exzellente Idee, denn dort gibt es nicht nur viele Viecher und Spielwiesen und andere Ablenkung, sondern auch, größte Wohltat, andere Kinder. Außerdem ist diese Urlaubsart gesund und meist preisgünstig. Für Eltern im Idealfall *die* Urlaubsvariante: Man liegt locker im Liegstuhl und liest in aller Ruhe ein Buch, während die Kleinen auf der Wiese toben. Aber wehe, es regnet.

Im Kinderbecken planschen, was die Kleinen ja gerne und bis zum Umfallen machen wollen. Man sollte sich vergewissern, dass das gewählte Hotel ein Kinderbecken hat und sich dann nicht zu viel erwarten.

Am Wasser spielen, möglichst auf einer Alm. Hervorragende Idee für die nicht mehr ganz so Kleinen, die sich mit Bauen und Umwerfen beschäftigen wollen und im Laufe eines Nachmittags eine ganze Stadt aus Holzresten errichten. Die Eltern dienen dabei als Zuträger von Baumaterialien und sind ansonsten sich selbst überlassen. Wer den Bach gut wählt, der hat auch sandige Stellen eingeplant, die abgetragen und wieder aufgebaut werden können. Das einzige Problem ist hinzukommen, da den meisten Kindern bald der Atem ausgeht („Ich kann nicht mehr", „Ich bin durstig" oder „Mein Fuß tut weh").

Klettern lernen. Ab 8, ja ab 6 kein Problem, Alpinschulen machen's möglich. Die Kinder stellen sich geschickter an, als man ahnt, das Nächste ist, dass sie unbedingt auf den Versicherten Klettersteig mitgenommen werden wollen (auch kein Problem bei doppelter Sicherung). Man kann ja schon mal mit einem der Hochseilgärten anfangen (nicht für die ganz Kleinen!), die etwa in Schenna-Taser bei Meran, in Terlan und im oberen Ahrntal die Geschicklichkeit und den Gleichgewichtssinn trainieren.

Reiten lernen. Kann teuer werden.

Sammlungen anschauen. Puppen, Spielzeug wie im ladinischen Museum in St. Ulrich, alles über das Wasser und Waalbewässerung in „Wasserwosser" in Schluderns, Imkereimuseum auf dem Ritten. Von den vielen figurenreichen Krippen der Sammlung der Brixner Hofburg lassen sich nicht nur Kinder begeistern (es muss auch gar nicht Advent sein, dann ist es dort ohnehin drückend voll). Spannende Ausflüge zum Ötzi nach Bozen für die Größeren, die selber Infos am Bildschirm abrufen können (in vielen Museen, z. B. Bozen, Prettau). Auf in die Naturparkhäuser, die generell kindgerechte Informationen liefern mit Tast- und Riechspielen wie in Naturns (Naturparkhaus Texelgruppe). Besonders attraktiv ist der Besuch des Museums Ladin in

St. Martin in Thurn, dort werden an Sommerdonnerstagen die Kinder durchs Museum geführt, während die Eltern es auf eigene Faust erkunden können.

Seilbahn fahren, Bergwerksbesuch (Schneeberg im Passeier/Ridnaun!), Fahrt mit der Ritten-Schmalspurbahn, Schrägaufzug auf die Mendel von Kaltern, kindgerechter Museumsbahnhof in Naturns (ehemalige Haltestelle Schnalstal).

Wandern. Naja, aber nicht ohne Zusatzprogramm (Bachpritscheln, Hängebrücke, kleiner Kletterausflug mit Sicherung, Kaiserschmarrn auf der Alm, etwas in der Art). Und nicht zu lang darf es dauern, bei 5- bis 6-Jährigen sollte man nicht mehr als 45 Minunten am Stück unterwegs sein, dann muss man sich wieder was einfallen lassen (ein Ameisenhaufen, Schmetterlinge, auffallendes Gestein am Wegrand, Wolkenbilder raten ...).

Sport

Südtirol ist ein Paradies für Freizeitsportler mit Angeboten und Möglichkeiten zu allen Jahreszeiten.

Die Wander-, Touren-, Kletter-, Paragleiter-, Golf- und Mountainbikelandschaft von Sommer und Herbst verwandelt sich nach dem ersten Schnee in ein Ski- und Snowboardparadies, neuerdings auch in ein Top-Ziel für Schneeschuhläufer. Auch Rodler finden immer mehr Pisten, die neueren mit Aufstiegshilfen.

Sommersport

Abenteuersportarten: Canyoning, Wildwasser-Rafting und Paragleiten sowie Drachenfliegen sind die in Südtirol beliebtesten Abenteuersportarten – mit steigender Tendenz. Die Anbieter wechseln häufig, sollten im Buch genannte Adressen nicht mehr aktuell sein, wendet man sich an die Tourismusbüros.

Angeln/Fischen: In den vielen klaren Gewässern der Dolomiten ist das Angeln erlaubt. Die „Ausländerlizenzen" für Urlaubsgäste bekommt man in den Tourismusvereinen, manchmal auch im Tabakladen und oft in den Gaststätten, die an die Fischgewässer grenzen. Private Fischereizonen sind oft nur auf Italienisch mit „Divieto di pesca" oder „Pesca privata" gekennzeichnet.

Baden/Schwimmen: Wegen des Badens kommt man nicht nach Südtirol, es sei denn, man ist ganz wild auf Hotelhallenbäder. Die aber sind in Viersternehotels mittlerweile ziemlich gut vertreten, von den Wellness-Bereichen mit Sauna etc. ganz zu schweigen. Wer unbedingt in einem natürlichen Gewässer schwimmen will, kann das z. B. in Vahrn bei Brixen und im Völser Weiher tun. Oder in einem der vielen Gebirgsseen, was sehr erfrischend, aber oft nur sekundenlang zu ertragen ist. Der einzige größere See, der noch dazu angenehm warm ist, hat starken Andrang aus der gesamten Region (man fährt schon mal aus dem Vinschgau zum Baden dorthin ...), der Kalterer See mit zwei Badeanstalten. Auch die nahen Montiggler Seen sind nicht zu verachten! Große Spaßbäder wie am oberen Mincio (Nähe Gardaland) gibt es in Südtirol nicht, den Besuch kann man mit einem Gardaland-Besuch verbinden.

Canyoning: → Abenteuersportarten.

Golf: ist in Südtirol ein gutes und ein wachstumsträchtiges Geschäft. Neue Golfplätze und Erweiterungen gibt es alle paar Jahre, so wird der Golfplatz Passeier in St. Leonhard von 9 auf 18 Löcher erweitert, satte 60 ha (600.000 qm) des Talbodens an der Passer sind dafür nötig. „Wir brauchen noch ein großes Golfhotel mit etwa

Rennradlertraum: rund um die Sella (hier vor dem Langkofel)

1220 bis 1500 Betten" sagt der Bauherr, Südtirol hat zwar bereits jetzt einen bedenklichen Bettenüberhang, aber er wird sie bekommen, seine Golfbetten. Mangels flacher Zonen gibt es in den Dolomiten nur wenige Golfplätze, Deutschnofen-Petersberg, Corvara, außerhalb Südtirols Campitello und Cortina d'Ampezzo sind die Ausnahmen, der Kreuzbergpass hat eine Drivingrange und Zielgolfanlage mit sechs Abschlägen, ein größerer Platz entsteht in Reischach (Bruneck). Im Westen des Landes sind Lana und das Passeiertal *die* Golfgebiete: schöner Platz in Lana, zwei Plätze in St. Martin und St. Leonhard. Ganz nahe liegt der Golfplatz Dolomiti in Sarnonico, auf der Mendelstraße von Eppan oder Kaltern aus in 30 Min. zu erreichen.

• *Ermäßigung/Information* Die **Golfcard** ist bei den angeschlossenen Golfhotels des Landes erhältlich und berechtigt zum Zutritt in die 6 Golfclubs „Golf in Südtirol" und hat fünf Greenfee-Coupons, die Ersparnis beträgt bis zu 30 %. Mehr dazu im Internet unter www.golfinsuedtirol.it.

Jagen: Das Südtiroler Jagdrecht unterscheidet sich mit seinen von mitteleuropäischen Traditionen geprägten Bestimmungen diametral vom italienischen, das praktisch jedem Erwachsenen (geplant ist: ab 16 Jahre) und ohne viel Federlesen ein Gewehr in die Hand drückt, mit dem er von Mitte September bis Ende Januar (geplant ist Mitte August bis Ende Februar – eine ökologische Katastrophe, wie selbst der Präsident des Jägervereins Arcicaccia in einem Zeitungsinterview betonte) auf alles ballern kann und darf, was sich bewegt. Im Prinzip entspricht Südtiroler Jagdrecht demjenigen Deutschlands und v. a. Österreichs, die Bestimmungen sind sehr eng und werden eng ausgelegt. Für an der Jagd in Südtirol interessiert empfiehlt sich vorherige detaillierte Information (zunächst z. B. unter www.jagd.bz).

Paragliding (Gleitschirmfliegen) und Drachenfliegen: Die starken Aufwinde, die es in den Dolomiten bei vielen Wetterlagen gibt, v. a. natürlich am Vormittag an Schönwettertagen, machen dieses Bergland zu einem hervorragenden Tummelplatz für Paraglider. Optimale Startplätze sind die Bergstationen der Bergbahnen oder nahe gelegene Plätze wie die Plose, die Spitzbühelhütte auf der Seiser Alm, außerhalb der Dolomiten der Hirzer, die Muthöfe über Meran und das Vigiljoch.

Immer beliebter werden Gleitschirm-Passagierflüge (voli biposto). In ganz Südtirol operiert die im Grödental beheimatete Firma Fly 2, Abflüge z. B. von der Seceda, Monte Pana (beide Gröden), Seiser Alm (Kastelruth), Ritten (Bozen), Vigiljoch (Lana, Meraner Land), Mölten, Ifinger (Sarntal/Meran). Infos bei den Skischulen St. Ulrich und Catores (Wolkenstein), der Alpinschule Dolomiten in Kastelruth, den Touristeninformationen Ritten und Terlan sowie und www.fly2.info.

• *Weitere Information* Für Südtirol bietet www.paragliding.it einige aktuelle Nachrichten, informativ ist www.parapendio-gardena.com, die Seite des Grödner Gleitschirmfliegerverbands (Parapendio Club Gherdeina, Trebingerstr. 7, 39046 St. Ulrich/Ortisei, ✆/📠 0471/796627), in Deutsch, nicht nur für das Grödental.

Radsport/Mountainbiking: Kaum ein Sport ist in Südtirol populärer als der Radsport. Rennfahrer bevölkern in Scharen die großen Dolomitenstraßen, besonders rund um die Sella, auch das Stilfser Joch ist ein erstrangiges Rennradfahrerziel. Mountainbiker machen den Wanderern zahlenmäßig längst Konkurrenz, und das gute alte Radl tut für viele (italienische) Familien den Dienst auf der völlig steigungsfreien Strecke zwischen Toblach und Lienz. Ganz bequem fährt man auf den neuen Talradwegen im Wipptal und Eisacktal, im Pustertal, im Vinschgau und zwischen Bozen und Trient sowie von Bozen über Eppan nach Kaltern. Da man überall in Südtirol das Rad im Bus (wenn Platz ist) und in der Bahn mitnehmen darf, kann man auch größere Radausflüge ohne eigenen Pkw durchführen. *Radverleihe* gibt es im Sommer an fast allen Orten; die Adressen finden Sie bei den jeweiligen Orten.

Information → S. 39, außerdem unter www.bikearena.com. Einige Tourismusvereine geben mittlerweile eigene MB-Führer kostenlos heraus (Hochpustertal, Hochabteital).

Tipp! Das Netz alter Bergstraßen aus dem Ersten Weltkrieg, ursprünglich für Maultiertransporte errichtet, ist ein **Dorado für Mountainbiker** – nur mäßig steil, meist recht gut erhalten und für Pkw gesperrt. Am dichtesten ist es im ehemaligen Nachschubgebiet der Front in der Fanes- und Sennesgruppe (zwischen Gadertal und Höhlensteintal). Dort lassen sich abseits der beliebteren Routen noch individuelle Entdeckungen machen!

Reiten: Der Südtiroler Reitsport konzentriert sich auf den Tschögglberg und das Sarntal, diejenige Region, aus der der Haflinger stammt. Ein über die Grenzen des Landes hinaus bekanntes Hippodrom besitzt Meran. In den Tälern nördlich des Pustertals gibt es einige Reitställe, die auf Trekking spezialisiert sind (z. B. über den Tauernkamm nach Salzburg oder Tirol). Mehr dazu beim Tourismusverein Tauferer Tal).

Information In **Südtirol** informiert die Tourismuswerbung über Reitställe und Pferdehöfe. Wer **Haflinger** liebt, wendet sich an den Südtiroler Haflinger Pferdezuchtverband, 391090 Bozen, Galvanistr. 40, ✆ 0471/501071, 📠 501072, www.haflinger-suedtirol.com.

Tennis: Plätze hat jeder Touristenort, bei Viersternehotels kann man davon ausgehen, dass sie einen eigenen Tennisplatz besitzen. Infos über die Plätze und wo man bucht bei den Tourismusbüros.

Wandern/Bergsteigen/Klettern: Die klassische Alpinsportart Bergsteigen hat sich aufgefächert, denn Bergwanderer, Bergsteiger, Tourengeher, klassische Kletterer und Freikletterer haben nicht nur andere Ziele, sondern auch andere Ausrüstung. Für alle hat Südtirol ein vorzüglich markiertes Wegenetz (meist rot/weiß/rot), zahlreiche natürliche Klettergärten (wie jenen am Dürrensee) und eine wachsende An-

Blick ins Val de Mesdi (Sella)

zahl von künstlichen Kletterwänden (Adressen bei den jeweiligen Orten). In den Südtiroler Dolomiten liegen die Schutzhütten sehr dicht beieinander, mit eher längeren Wegen muss man in den Zentralalpen (Zillertaler, Ötztaler, Sarntaler und Ortlergruppe) rechnen. Der Grenzkamm mit Österreich und die Ortlergruppe sind im wesentlichen hochalpinen Bergsteigern mit Gletscherausrüstung vorbehalten. Die Bergführerbüros der jeweiligen Orte sind im Infoteil genannt, zum Alpenverein Südtirol und zu den Schutzhütten → „Wissenswertes von A bis Z", S. 60 und 64.

- *Wanderkarten* Für die Orientierung im Gelände reichen die Karten aus den Tourismusbüros nicht aus. Besser vor Ort die ausgezeichneten Tabacco-Karten (1:25.000) besorgen oder die entsprechenden Blätter von Kompass oder Freytag & Berndt (beide weniger verlässlich).

Eine Besonderheit der Dolomiten sind die vielen **versicherten Klettersteige (Vie ferrate)**. Eisenklammern, Stifte und durchgehende Seile erlauben es auch klettertechnisch weniger Versierten, Wände zu durchqueren, die sonst Fertigkeiten im Grad IV und höher verlangen. Notwendig sind jedoch Helm, Karabiner sowie *zweiteiliger* Klettersteiggurt für Schultern und Oberschenkel und natürlich die entsprechende Erfahrung im alpinen Gelände.

Tipp! Noch keine Erfahrung mit versicherten Klettersteigen? Einen der leichteren, auch für Anfänger geeigneten beschreibt Tour 39 auf S. 521! Die notwendige Ausrüstung kann man sich im Sportgeschäft bzw. Bergführerbüro borgen.

- *Information* AVS (Alpenverein Südtirol), Pfarrplatz 11, Auskunftsschalter im Erdgeschoss der Südtirol Tourismuswerbung, Mo–Fr 9–12/14–17 Uhr, 39100 Bozen, ✆ 0471/413809, 📠 413889, www.alpenverein.it.
- *Im Notfall* Das Handy hilft wenig, wenn man in einer Gletscherspalte sitzt. Vor der Tour immer Hüttenwirt/Vermieter informieren! **Bergrettung** ✆ 118; **alpines Notsignal**: innerhalb 1 Min. 6 akustische oder optische Zeichen (z. B. Rufen, Aufblenden der Taschenlampe), 1 Min. Pause, dann Wiederholung bis zur Antwort. Antwort: 3 Signale innerhalb 1 Min.

Von den 50 ausführlich beschriebenen **Wanderungen** und **Radtouren** in diesem Buch sind 32 mittels **GPS kartiert**: Tour 1, 2, 3, 5, 6, 8, 9, 10, 11, 12, 13, 14, 15, 16, 18, 19, 20, 21, 22, 23, 24, 26, 28, 31, 32, 33, 34., 36, 37, 40, 45, 46.
Die Waypoint-Dateien für diese Touren finden Sie zum Downloaden unter: **www.michael-mueller-verlag.de/gps**

Wintersport

Die Wintersaison hat in Südtirol nicht überall die Bedeutung der Sommersaison, im Überetsch und Unterland ist sie praktisch nicht existent mangels Schnee und entsprechender Berggebiete. Dafür wird sie in den Dolomiten immer mehr zur eigentlichen Hauptsaison, für den Februar ist die Region lange vorher ausgebucht.

Die Bergbahnen und Pisten sowie die Loipen des Ostteils der Dolomiten sind im Verbund *Dolomiti Superski* zusammengefasst. Einige der dazugehörigen Abfahrten zählen zu den interessantesten, schnellsten und populärsten der Welt (Gran Risa in Stern/La Villa!). Namen wie Wolkenstein, St. Ulrich, Stern/La Villa, Brixen/Plose, Kronplatz, im nahen Bellunese Cortina d'Ampezzo (Olympiade 1956) und Canezei im angrenzenden Fassa sowie das Fleimstal (FIS Worldcup/Nordische Meisterschaften 2003) lassen Wintersportlern das Herz aufgehen. Die *SellaRonda,* die skialpine Umrundung der Sella ist nicht nur Ski-Freaks, sondern auch blutigen Ski-Laien bekannt. Mit dem Snowboarden haben sich die meisten Orte angefreundet, Schneeschuhlaufen ist ganz groß im Kommen. Telemark gilt nicht mehr als altmodisch, sondern als der letzte Schrei. Die Enge auf der Piste nimmt zu, immer mehr und größere Seilbahnen karren Skifahrer in die weißen Höhen, die dann fast auf Tuchfühlung abfahren – die Unfallhäufigkeit ist im Steigen. Der Wintersportboom gilt aber nur für die großen Skigebiete, die kleineren machen mangels Kundschaft zu oder haben schon (wie am Brenner) zugemacht. Wer seine teuren Winterurlaubswochen skifahrend gestalten will, möchte die Qual der Pistenwahl haben, stille Dörfer mit dem netten Sessellift und zwei Schleppliftchen samt Babylift sind nicht gefragt.

Dolomiti Superski

1 Skipass – 460 Lifte – 1220 km Pisten – das ist der Werbeslogan von Dolomiti Superski, dem weltweit größten Lift- und Pistenverbund. Damit umfasst der Skipass fast die gesamten Dolomiten (ohne die westlichen Brenta-Dolomiten und die österreichischen Lienzer Dolomiten). Die nicht ganz billige Karte für die Gesamtregion lohnt sich nur, wenn man mehr als eines der hier genannten Skigebiete abklappern will oder sich einen Wintersportort ausgesucht hat, von dem aus man verschiedene Skigebiete erreicht (z. B. Brixen mit Eisacktal und Grödental/Seiser Alm und Bozen mit seiner guten Anbindung an die meisten Gebiete).

- *Information* www.dolomitisuperski.com. Wetterbericht aus den Dolomiten in 3sat jeweils ab 8 Uhr früh. Skipassbüro gibt es in allen Orten des Gültigkeitsbereichs, meist befinden sie sich an den Talstationen.
- *Preise* Stand 2005/2006, für Erwachsene 31–38 € pro Tag, für Junioren und Senioren 26–33 €. Für 6 Tage 155–194, 109–136 und 132–165 €, für 12 Tage 254–318, 178–222 und 216–270 €. Kinder bis 8 in Begleitung eines Vollzahlers frei, bis 16 ca. 30 % Ermäßigung. Regionaltickets, z. B. Kronplatz, 6 Tage 142–177 €, 12 Tage 232–290 €, Saisonkarte 500 €.

Helmpflicht für Kinder: In Italien gilt seit 2005 beim Skilaufen für Kinder bis 14 Jahre Helmpflicht. Eltern, die ihre Kinder ohne Helm auf die Piste gehen lassen, werden mit bis zu 150 € zur Kasse gebeten. Ebenfalls neu ist die Auflage für Pisten- und Variantenfahrer, **Lawinensuchgeräte** („Lawinen-Pieps") zu tragen.

Das Paradies für Wintersportler heißt hier: Grödner Tal

Skischulen: Jeder Wintersportort Südtirols hat seine eigene(n) Skischule(n) und sei er noch so klein. Eine Übersicht bieten die Infonummer des Verbands der Skischulen Südtirols, ✆ 0471/309532, und www.suedtiroler-skischule.it.

Lawinenlagebericht: ✆ 0471/271177 (automatische Bandansage).

Ortler Skiarena

Im Westen Südtirols bis hinein ins Schweizer Graubünden sind im Verband Ortler Skiarena 14 Skigebiete unter einem Hut zusammengeschlossen. Der Verband umfasst den gesamten Vinschgau mit der Ortlergruppe und den Liftanlagen um den Reschenpass, das Schweizer Münstertal, das Burggrafenamt (Meraner Land) mit der populären und dicht erschlossenen Skirunde Meran 2000, das Sarntal und den Ritten, also fast alle Skigebiete jenseits von Dolomiti Superski: 1 Schöneben (Reschen); 2 Maseben (Langtaufers); 3 Haider Alm; 4 Watles, Mals/Burgeis; 5 Trafoi; 6 Suldon; 7 Latsch/Tarscher Alm; 8 Schnalstal; 9 Meran 2000/Hafling; 10 Rittner Horn; 11 Reinswald (Sarntal); 12 Schwemmalm (Ultental); 13 Pfelders (Hinterpasseier), jüngst hinzugekommen ist 14 Minschuns, das Skigebiet im schweizerischen Val Müstair. 8 Kabinenseilbahnen, mehr als 70 Ski- und Sessellifte und mehr als 300 km Piste bietet der Zusammenschluss mit seinem gemeinsamen Skipass.

- *Information* www.ortlerskiarena.com; ✆ 0471/999922, 📠 0471/999995.
- *Preise* Stand 2005/2006, Gesamtkarte für 6 Tage 168 €, Senioren ab 60 148 €, Kinder bis 15 118,50 €. Saisonkarte 390/350/300 €.

Schlüterhütte, Schutzhütte des CAI im Naturpark Puez-Geisler

Wissenswertes von A bis Z

Alpenverein Südtirol AVS

Der AVS hat seinen Sitz im Vintlerdurchgang 16, 39100 Bozen, ✆ 0471/978141, 980011, www.alpenverein.it. Dazu auch → Schutzhütten, S. 64.

Drogen

Die italienische Gesetzgebung, die bisher auf die Bekämpfung des Drogenhandels setzte und nicht in die strafrechtliche Verfolgung der Endverbraucher, wird wohl gravierend verschärft werden: Auch der bisher straffreie private Konsum leichter Drogen wie Haschisch wird unter Strafe gestellt. Die 1993 abgewählte Abstufung der Strafe je nach gefundener Drogenmenge wird wieder aufgenommen: Ab 250 mg Marihuana oder Haschisch, 200 mg Heroin, 500 g Kokain und 50 mg Amphetaminen setzt das Kriminalstrafrecht ein mit allen Folgen: 6–12 Jahre Gefängnis (für 250 mg Haschisch! – 2 Joints). Auch der Besitz geringerer Mengen wird bestraft: Führerscheinentzug und Entzug der Aufenthaltserlaubnis bis zu 12 Monaten. Die Verabschiedung des Gesetzes ist noch vor den Parlamentswahlen 2006 vorgesehen.

Einkaufen und Souvenirs

- *Holzschnitzereien* Künstlerische und kunsthandwerkliche Holzskulpturen stammen v. a. aus dem Grödner Tal, werden aber auch in anderen Dolomitentälern (Fassatal, Hochabteital, Ampezzo) hergestellt. Früher verdienten sich die Bewohner der abgelegenen Täler damit ein Zubrot. Wer daran Interesse hat, sollte sich vorher unbedingt in der ständigen Ausstellung in St. Ulrich im Gröden informieren (→ S. 553). Spezialschnitzer produzieren Masken (z. B. auch in Prettau im Tauferer Ahrntal) und Spielzeug (besonders im Grödner Tal).
- *Wolle* Handproduzierte Schafwolle und Schafwollkleidung bietet das Ultental an.
- *Loden* Keine Italienerin verlässt Südtirol ohne ein neues Lodenstück. Das sollten wir Deutschsprachigen doch auch können, zumal die Lodenmode ziemlich zeitlos zu sein scheint. Preisvergleiche sind angebracht, Toblach ist billiger als Bozen! Die größten Firmen sind Oberrauch-Zitt (in Bozen und Vintl im Eisacktal) und Moessmer (in Bruneck).
- *Stoffe und Spitzen* Alte Muster auf handgewebten Decken aus Leinen oder aus einem

Baumwoll-Leinen-Gemisch sind ein attraktives Mitbringsel. Spezialisiert ist Pederü (La Valle) im Abteital, wo sich in der Handwerkerzone neben der Straße gleich 3 dieser Betriebe finden. Auch andere Orte im Abteital und im Pustertal (Läden z. B. in Bruneck) sind auf diese Heimtextilien spezialisiert.
Im oberen Tauferer Ahrntal werden heute noch Klöppelarbeiten hergestellt, die z. B. in Prettau angeboten werden.

- *Südtiroler Speck* Hat Weltruf und ist in allen Qualitätsstufen zu haben (→ S. 47). Von Industriespeck Abstand nehmen, bei den Bauern, die den Speck selber räuchern, findet man den idealen Speck schon eher: den frisch eingelegten und dann mild und schonend sowie langsam geräucherten Hinterschinken des Schweins.
- *Pilze* Was die Italiener mit kaum erklärbarer Intensität auf allen Märkten und in jedem Laden suchen, sind getrocknete Steinpilze. Spezialisten (wie Tutto funghi in Bruneck) garantieren für die Qualität der Ware. Wer selbst suchen will → S. 49.
- *Käse* Almkäse, besonders halbfester und abgelagerter, also harter Schnittkäse sind gute Mitbringsel. Hervorragend sind die Produkte der Molkereien Sexten und Toblach, immer wieder ausgezeichnet die Almkäse des Vinschgaus und seiner Nebentäler.
- *Wein und Grappa* Große Auswahl, Preise nicht unbedingt niedrig, aber auf jeden Fall haltbar. Beim Erzeuger kaufen, Adressen finden Sie im Reiseteil.

Geld und Banken

Italien ist Euroland, aus dem deutschen Sprachraum gibt es den Geldwechsel folglich nur für Schweizer. Bares holt man sich am besten mit der Karte und Geheimzahl aus dem Automaten, den heute nahezu jedes Dorf besitzt (Höchstgrenze 250 €). Pro Abhebung werden zu Hause bis zu 5 € abgebucht. Hebt man mit Kreditkarten ab, muss man bis zu 3 % Kommission bezahlen. Für Reiseschecks muss der Bankschalter aufgesucht werden, offiziell sind keine Gebühren zu zahlen.

Gesundheit und Wellness

Wellness, Spa, Oase, Beauty, Relax – klingt doch alles besser als Gymnastik, Turnen, Kuraufenthalt, Muskelanstrengung, Schwitzen. Das Ziel ist identisch, der müde, matte und marode Körper soll aufgebaut werden, um objektiv besser zu funktionieren und subjektiv Wohlgefühl hervorzurufen. Der Unterschied liegt in der Methode: Während Wohlbefinden traditionell durch eigene Anstrengung und reichlich Schweißvergießen erzielt werden soll, ist Wellness ein Zustand, der scheinbar ohne eigene Anstrengung erreicht werden kann. Man wird massiert und gekremt und einer Aromatherapie unterzogen und ayurvedisch mit Öl begossen oder mit übel riechendem Steinöl eingesalbt, treibt locker im großen geheizten Pool und lässt sich mit geschlossenen Augen im Heubad den Saft aus den Poren rinnen. Wellness ist bequem – man tut nichts und tut damit was für sich (Entspannung durch Entschleunigung). Das trifft punktgenau den Nerv unserer Zeit. Einzige Klammer zwischen den beiden Methoden ist der Fitnessraum, wo man sich auch in der Wellness-Welt aktiv an seiner Wohlbefindensfindung beteiligt, wenn man sich nicht in einen jener Folterapparate legt, die mit Muskelvibrationen zum Abnehmen an den kritischen Stellen beitragen sollen.
In Südtirols Hotelszenerie geht an Wellness nichts mehr vorbei. Waren es vor ein paar Jahren eine Handvoll Viersternehotels, die eine „Wellness-Oase" anboten, so haben heute bereits zahlreiche Dreisternehotels den Wellnessbereich samt Hallenbad und Sauna anzubieten. Der Markt ist enorm. Dass die eine oder andere Wellness-Landschaft ein Potemkinsches Dorf ist und der Wellness-Trainer ein gescheiterter Turnlehrer (im besten Fall), ist nicht auszuschließen.
Informationen zum Thema gibt der Deutsche Wellness-Verband, Wetterstr. 1, D-40233 Düsseldorf, ✆ (0049)0211/6796911, ℻ 6796912, www.wellness-verband.de. Auf dieser Seite finden Sie auch eine Liste jener Hotels, die vom Verband überprüft und als offizielle Wellness-Hotels zertifiziert wurden.

Krankheit

Der Auslandskrankenschein der gesetzlichen Krankenkasse hat ausgedient. Ab sofort können sich gesetzlich Versicherte im europäischen Ausland direkt auf ihre *European Health Insurance Card*, die die vorherige normale Versichertenkarte abgelöst hat, behandeln lassen. In Italien geht man dabei nicht einfach zum Arzt, sondern zuerst zur USL (Unità Sanitaria Locale), dem örtlichen Ambulatorium, das in einigen Fällen speziell für Touristen eingerichtet wurde. Erst dann geht es zum Arzt oder ins Krankenhaus. Da diese saisonalen Einrichtungen und ihre

Öffnungszeiten stark wechseln, haben wir sie nicht aufgenommen, Sie erfahren sie jedoch bei den Touristeninformationen, außerdem sind sie an den Gemeindeämtern angeschlagen. Sollte Sie bei einem niedergelassenen Arzt (also nicht im Ambulatorium oder im Krankenhaus) bar zahlen müssen, wird die Rechnung zu Hause von der Krankenkasse meist zurückerstattet. Um allen Problemen aus dem Weg zu gehen, ist es sinnvoll, eine Reisekranken- und Rückholversicherung abzuschließen.

Diensthabende Apotheken und **Ärzte** an Wochenenden und in der Nacht sind bei Gemeindeämtern und an den Apotheken angeschlagen und werden in der Tageszeitung veröffentlicht (in deutscher Sprache „Dolomiten").

Krankenhäuser gibt es in Bozen, Brixen, Bruneck, Meran, Sterzing, Schlanders und Innichen, bei schweren Unfällen, z. B. bei Lawinenopfern, wird von der Flugrettung meist Trient oder Innsbruck angeflogen.

Kommunikation

In fast allen Touristenorten gibt es eine Post und **Telefonzellen** (Telefonkarten gibt es im Tabakladen). Die Post ist langsam und teuer. Wir empfehlen *posta prioritaria*, diese getrennt beförderte Eilpost ist um einiges schneller. **Porto**: Briefe und Postkarten in Italien/EU 0,41 €, Prioritaria Italien/EU 0,62 €, in andere Staaten 0,77 €.

Internetpoints sind bei den jeweiligen Orten angegeben (jedes Jahr gibt es neue). Ein **Handy** ist empfehlenswert, da es kaum mehr Telefonämter gibt. Die Netzsituation ist herausragend (ebenso wie die Preise für Auslandsgespräche ab ca. 1 €/Min.). Tipps fürs Telefonieren im Ausland finden Sie unter www.teltarif.de/reise.

Wer von Italien ins Ausland telefonieren will, sollte sich eine **Prepaid-Card** besorgen (in den Tabakläden – z. B. Europa), er fährt damit um Klassen billiger als mit einem normalen Gespräch (nicht die Telefonkarten der italienischen Telecom nehmen, sie sind sündhaft teuer!). Die Preise der Gespräche mit Prepaid-Karten nach Deutschland und Österreich entsprechen in etwa den Preisen von Gesprächen *on demand* (mit Anbietervorwahl wie z. B. ✆ 01015) in umgekehrter Richtung (ca. 2,6 Cent/Min.). Achtung: Aus unerfindlichen Gründen sind diese Karten im Raum Brixen nicht zu bekommen! Die Karte wird bei Automaten nicht eingeschoben, sondern man wählt eine auf der Karte angegebene Nummer und gibt dann nach akustischer Aufforderung den ebenfalls vermerkten Code ein. Erst dann wählt man die Nummer des gewünschten Teilnehmers.

Telefonauskunft in Italien: Teilnehmerverzeichnis ✆ 12, Ausland ✆ 186.

Internationale Vorwahl, von Italien nach Deutschland ✆ 0049, nach Österreich ✆ 0043; in die Schweiz ✆ 0041. Aus dem Ausland nach Italien ✆ 0039 *und die Null der Vorwahl mitwählen* (also 0039/0471/xxx für eine Nummer im Bereich Bozen).

In Italien immer die Vorwahl mitwählen, auch beim Ortsgespräch (bei den Adressen angegeben).

Radio Tirol (in Dorf Tirol; www.radiotirol.it) sendet in Deutsch auf den Frequenzen 107,2 für die Bereiche Welschnofen und Bozen, 106,9 für Bozen, Etschtal und Eisacktal. Es handelt sich um den größten deutschsprachigen Sender Italiens mit Nachrichten und flotter Musik.

Fernsehen bedeutet in Südtirol üblicherweise das deutschsprachige Programm aus Bozen oder via Satellit ein österreichisches oder deutsches Programm.

Kulturszene

Südtirol hat in Bozen, Meran, Brixen und Bruneck stehende **Theater**, in Bozen baut das Neue Stadttheater eine junge **Oper**nsparte auf, im Haydn-Orchester unter seinem Dirigenten Gustav Kuhn hat das Land ein in die Spitzenklasse aufstrebendes **Orchester**. Der deutschen Volksgruppe ist das Dokumentieren der Zugehörigkeit zum deutschsprachigen Kulturraum eine Menge Steuergelder wert, das Publikum ist dem Augenschein nach vorhanden. Mit eigenen Produktionen hat man noch nicht genug: das **Südtiroler Kulturinstitut** ist eine Landesorganisation mit dem speziellen Auftrag, Kulturkontakte zum deutschen Sprachraum, vorwiegend nach Österreich zu pflegen. Einladungen deutschsprachiger Bühnen und Schauspieler, Orchester und Musiker, Schriftsteller und Dichter nach Südtirol machen den Hauptteil der Arbeit aus. Jahresabonnements erlauben in Bozen, Meran, Bruneck und anderen Orten den regelmäßigen Kontakt mit der deutschsprachigen Kulturszene außerhalb Südtirols.

Programm/Tickets → Bozen, Brixen, Meran, Bruneck und beim Südtiroler Kulturinstitut, im Haus der Kultur „Walther von der Vogelweide", Schlernstr. 1, 39100 Bozen, ✆ 0471/313800, 📠 313888, www.suedtiroler.kulturinstitut.org.

Landkarten

Die meisten Übersichtskarten für Südtirol sind ganz knapp auf die Provinz zugeschnitten und schneiden die angrenzenden Gebiete ab, die man als Urlauber auch in Erwägung ziehen will, etwa die angrenzenden Zonen des Trentino. Die Ausnahme ist z. B. die **Michelinkarte** (1:400.000), „Italien Nord-Ost", die aber für viele Unternehmungen zu wenig detailliert ist. Die **Generalkarte Südtirol** (1:200.000) reicht für Unternehmungen mit Pkw, Motorrad oder Trekkingbike. Wanderer, Bergsteiger und Mountainbiker greifen am besten zu den ausgezeichneten Karten im Maßstab 1:25.000 des **Tabacco-Verlags** in Udine, die in Südtirol und in letzter Zeit auch in Deutschland und Österreich in allen guten Buchhandlungen, in Südtirol auch an Zeitungskiosken zu erhalten sind. Die Karten von **Kompass** und **Freytag & Berndt** sind weniger detailliert, jedoch in manchen Fällen aktueller, da öfter aufgelegt.
Die **Gratiskarten**, die man in einigen Touristeninformationen bekommt, sind nur zur groben Orientierung geeignet.

Notruf/Infodienste/Polizei/Gendarmerie

Allgemeine Notrufzentrale (auch Rettungshubschrauber): ✆ 118; **Bergrettung**: ✆ 118; **Carabinieri-Bereitschaftsdienst** (Gendarmerie): ✆ 112; Polizei (öffentlicher Notruf): ✆ 113; **Feuerwehr**: ✆ 115 oder 0471/202222; **Pannenhilfe, Abschleppdienst (ACI)**: ✆ 116; Südtiroler Verkehrsmeldezentrale mit Straßenzustandsbericht, Wetter und aktuellen Verkehrsmeldungen ✆ 0471/200198; **Wetter**: ✆ 0471/271177, www.provinz.bz.it/meteo,wap.provinz.bz.it; Ostalpen (auch in Deutsch): Faxabruf 📠 0436/78008, www.meteoalpin.com; Wetter/Lawinenbericht: täglicher Lawinenlagebericht in der Tageszeitung „Dolomiten"; Lawinenlagebericht (Band) ✆ 0471/271177. Wettervorhersage auch ✆ 0436/780007, ✆ 0471/270555 und www.datameteo.com (in Englisch).

Öffnungszeiten

In Südtirol ist der Samstagnachmittag seit kurzem nicht mehr überall Schließtag, so können etwa die Bozner Geschäfte am Samstag geöffnet bleiben. Große Supermärkte haben bereits jetzt im ganzen Land am Samstagnachmittag geöffnet, die meisten Geschäfte schließen jedoch traditionell am Samstag um 12.30 Uhr oder 13 Uhr. Am Dienstag- oder Mittwochnachmittag ist insbesondere bei Lebensmittelgeschäften, Bäckern und Metzgern traditionell geschlossen – auch in Tourismusgebieten! Banken haben Mo–Fr 8–13/14.30–15.30 geöffnet, die Post meist Mo–Fr 8.15–13 Uhr.

Reiseveranstalter

Einige Unternehmen wie DER-Tour bieten Pauschalaufenthalte in zahlreichen Südtiroler Hotels an. Ein Preisvergleich lohnt sich u. U., erfahrungsgemäß liegen aber die Preise nicht unter denjenigen, die das Hotel von seinen Privatkunden verlangt.

Reisezeit

Südtirols Hotellerie hat je nach Region drei Stoßzeiten. Im *späten Frühjahr und im Sommer* kommen die Wanderer und Bergsteiger, die Aktivsportler und Spaziergänger aus dem deutschen Sprachraum, im *August* auch die Italiener. In diesem Monat ist in allen Regionen jedes Zimmer besetzt. Wer wandern will und nicht an Ferientermine gebunden ist, sollte auf den *Herbst* ausweichen, jedoch nicht in den klassischen Wein- und Törggelengebieten. Im Meraner Bereich und im Überetsch sowie in Teilen des Eisacktals herrscht nämlich noch bis Anfang November Hochsaison. Anderswo sind aber die Hotels und Pensionen immer noch geöffnet, allerdings sind die Lifte meist schon geschlossen. Im *Advent*, wenn in immer mehr Südtiroler Orten Weihnachtsmärkte stattfinden, die aus ganz Oberitalien besucht werden, gibt es meist günstige Wochenpakete, denn die Besucher kommen vor allem am Samstag und Sonntag und während der Woche stehen die Hotels leer. Im selben Zeitraum kann man in den höchstgelegenen Skigebieten (z. B. Sulden) schon Ski fahren. Die größten Weihnachtsmärkte finden in Brixen, Meran, Bozen (am Wochenende total überlaufen) und Bruneck statt. *Weihnachten und Neujahr* sind die teuersten Tage des Jahres, Preise können in dieser Zeit und im Februar bis auf das Dreifache der Nebensaison steigen – dies gilt aber nur für die besten Skigebiete wie das Grödental, Hochabteital und Sulden.

Schutzhütten

Nach dem Ersten Weltkrieg wurden sämtliche Schutzhütten in Südtirol, die dem Deutsch-Österreichischen Alpenverein gehört hatten, beschlagnahmt, die meisten waren sowieso vom Krieg zerstört. Später wurden sie dem CAI, dem Club Alpino Italiano (Italienischer Alpenverein) übergeben, der sie heute noch verwaltet. Inzwischen hat der neu gegründete Alpenverein Südtirol (der Deutsch-Österreichische Alpenverein wurde auch in Deutschland und Österreich in separate Vereine getrennt) 14 eigene Hütten errichtet, die zu den besten des Landes gehören (Marteller, Sesvenna, Oberettes, Meraner, Radlsee, Sterzinger, Hochfeiler, Brixner, Tiefrasten, Dreischuster, Rieserferner, Puflatsch und Schlernbödelehütte sowie Sterzinger Haus). Im Paket der Autonomiemaßnahmen wurde auch die Rückgabe von 33 CAI-Hütten an den Alpenverein Südtirol festgelegt, die 2010 in Kraft tritt. Bis dahin werden diese Hütten weiter vom CAI verwaltet, sie werden jedoch fast ausschließlich von Deutsch-Südtirolern bewirtschaftet. Gerade diese 33 Hütten haben in den Südtiroler Bergen die längste Tradition und wurden von Sektionen wie Kassel, Regensburg, Düsseldorf, Teplitz (im heutigen Tschechien), Stettin (im heutigen Polen), Chemnitz, Wien (Edelrautehütte und Ruine der Wiener Hütte am Hochfeiler) oder Fürth (Fürther Hütte im Ahrntal, heute ebenfalls Ruine) zum Teil noch im 19. Jh. errichtet. Was mit diesen Hütten, die für Südtirols Bergsteigerwesen und seinen Status als Wanderparadies essentiell sind, geschehen wird, wenn sie 2010 an den AVS fallen, ist dort noch nicht geklärt.

Auf den AVS-Schutzhütten gilt generelles Rauchverbot (dazu konnte sich der ÖAV nicht durchringen). Der AVS versucht, besonders umweltbewusst zu arbeiten, 3 seiner Hütten wurden mit dem Umweltgütesiegel ausgezeichnet, die Schlernbödelehütte als erste, dann Radlseehütte und Rieserfernerhütte. Lager sind nur mit Schlafsack zu benützen (z. B. mit dem Schlafsackbezug, den man beim ÖAV und DAV bekommt), für die Zimmer mit Betten benötigt man meist keinen Schlafsack. Mitglieder aller Alpenvereine (also selbstverständlich auch DAV und ÖAV) haben gleiche Rechte wie AVS-Mitglieder, bekommen die gleichen Ermäßigungen und z. B. sofort bei Eintreffen in der Hütte einen Schlafplatz zugewiesen, wogegen Nichtmitglieder bis abends warten müssen.

Schwule/Lesben

Italien nimmt Schwule und Lesben meist locker als Mitmenschen mit speziellen sexuellen Interessen. Im konservativen Südtirol möchte man jedoch nicht so gern als Schwuler oder Lesbe in einem Bergdorf aufwachsen. Eine echte Szene gibt es nicht, Mailand und München sind nahe internationale Zentren. Info Gay bietet telefonische Beratung und Hilfe unter ✆ 0471/976342, was in Südtirol interessant ist, berichtet www.centaurus.org. Centaurus, die Südtiroler Gruppe der italienische Schwulen- und Lesbenorganisation Arcigay hat in Bozen den Sitz in der G.-Galilei-Str. 49, informeller Treff Sa 21–24 Uhr. Einige Discos überlassen den tanzwütigen Schwulen und Lesben gelegentlich oder regelmäßig ihre Säle wie die Disco Melody, Neumarkt-Laag, ✆ 0471/976342.

Zeitungen

Südtirols deutschsprachige Zeitung „Dolomiten", ein eher konservatives Blatt, hat keine Konkurrenz. Ausländische deutschsprachige Zeitungen gibt es in den Feriengebieten an jedem Kiosk und oft schon am Erscheinungstag.

Zoll

Innerhalb der Schengen-Staaten Deutschland, Österreich, Italien, Niederlande, Belgien etc. gibt es für nicht-kommerzielle Transporte keinen Zoll mehr und auch keine regulären Kontrollen. Wer allerdings im Kleinbus einen halben Weinkeller transportiert und kontrolliert wird, muss damit rechnen, dass sein Transport als kommerziell eingestuft wird. Die Grenze liegt bei 90 l, was darüber hinausgeht, kann Ärger, Probleme und Kosten bereiten.

Abgabenfreie Warenmengen im Reiseverkehr mit der **Schweiz**: Abgabenfreie Waren im Reiseverkehr: alkohol. Getränke bis 15 Grad 2 l, über 15 Grad 1 l (ab 17 Jahren), Wein bis 20 l in Flaschen 0,9 Sfr/l, über 20 l 2,60 bzw. 3 Sfr/l (Rot- bzw. Weißwein). Zigaretten 200 Stück, Zigarren 50 Stück, 250 g Pfeifentabak, Geschenkartikel bis 100 Sfr (ohne die obigen Waren).

Rodeneck, mittelalterliches Iwein-Fresko

Abriss der Geschichte

Vor- und Frühgeschichte

In den Zwischeneiszeiten mögen in Südtirol bereits Menschen gelebt haben, wir wissen es nicht, denn aus dieser Zeit gibt es keinerlei Funde. Erst ab ca. 12.000 v. Chr. und nach dem Beginn des Abschmelzens der Gletscher der letzten Vereisungsphase begannen erste Jagdexpeditionen in die Alpenregionen. Funde machte man auf dem Schlern, im Pustertal und im Vinschgau, der Jäger gehörte damals selbstverständlich schon zum Typus des *Cromagnon-Menschen,* also des Homos sapiens. Ab ca. 5000 v. Chr. gab es erste Siedlungen jungsteinzeitlicher Ackerbauern in den breiten Tälern, die wahrscheinlich auf halbnomadischer Brandrodung basierten. Die Böden waren schnell ausgelaugt, man zog nach ein, zwei Ernten weiter, um nach Brandrodung in die frische Asche Körner zu stecken. Bald gab es auch Siedlungen von Viehzüchtern im Berggebiet, z. B. auf der Seiser Alm, der Puflatsch-Alm und auf Hügelstandorten oberhalb des Pustertals. Eine jungsteinzeitliche Siedlung in Feldthurns (ca. 4000 v. Chr.), 2001 bei Bauarbeiten entdeckt, markiert den Beginn bäuerlicher Siedlung im Eisacktal. Reibsteine zum Getreidemahlen wurden gefunden, es dominieren aber Haustierreste von Schaf, Ziege, Schwein und Rind.

Um 3500 v. Chr. starb *Ötzi,* der Mann aus dem Schnalstal, auf einem Hochgebirgspass (Hauslabjoch, Similaunbereich). Er hatte frühe Metallobjekte und über weite Strecken gehandelte Waren bei sich, z. B. Lessini-Feuerstein. Die heute im Bozner Archäologiemuseum konservierte und ausgestellte Mumie ist ein erster unmittelbarer Zeuge für Alpenübergänge in der Vorzeit. Die mitgeführte Kupferklinge des Beils ist Beleg für Ötzis Zeitalter, das Chalkolithikum, die *Kupferzeit* als erste

Metallzeit. Der Darm enthielt Mehl der alten Weizenfrühform Einkorn und Fleischfasern von Hirsch und Steinbock. Einige der Blütenpollen und Moossporen, die man in und an der Mumie identifizierte, verweisen auf ein ähnliches Klima wie heute.

Von der Zeit zwischen dem Tod des Mannes vom Hauslabjoch und der *Eisenzeit*, die in Südtirol ca. 800 v. Chr. begann, weiß man wenig. Aus der Zeit um 2200 bis 1900 v. Chr. stammen die Menhire (stehende Bildsteine) von Algund, sie sind Zeugen dafür, dass die spät-jungsteinzeitlich/kupferzeitliche *Megalithkultur*, die von Malta über Südspanien nach Westfrankreich und zu den Britischen Inseln reichte, ihre Ausläufer auch in die Alpen streckte (berühmteste Bauten dieser Zeit sind die Steinkreise und Steinalleen der Bretagne). Aus der *Bronzezeit*, die um 1800 v. Chr. einsetzte, haben sich vor allem die um 1300 bis ca. 800 v. Chr. entstandenen bronzezeitliche Wallburgen erhalten, wie z. B. jene auf dem Mutkopf oberhalb von Dorf Tirol.

Ab ca. 800 bis ca. 400 v. Chr. war Südtirol von der früh-eisenzeitlichen *Hallstattkultur* bestimmt, die ihr Zentrum in den Salzbergwerkszonen nördlich der Alpen hatte, z. B. im namengebenden Hallstatt in Oberösterreich. Immer wieder kommen auch in großen Höhen Fundplätze zum Vorschein, die nahe legen, dass bereits in dieser Zeit eine Vorform des heutigen Almwesens existierte. So wurde kürzlich im Maneidtal, einem Nebental des Schlandrauntals, ein in 2400 m Höhe gelegener Opferplatz innerhalb eines Steinkreises aufgedeckt. Er wurde seit der Bronzezeit um 1200 v. Chr., während der gesamten Eisenzeit und bis in die Römerzeit genutzt.

Ab ca. 500 v. Chr. begannen keltische Einwanderer, die illyrische Vorbevölkerung zu überlagern. Das Mischvolk, das u. a. den Raum des heutigen Südtirol bewohnte, war den Römern unter dem Namen *Räter* bekannt. Die sich entwickelnde späteisenzeitliche *La-Tène-Kultur* hat ihr Zentrum nördlich der Alpen, so im namengebenden La Tène in der Westschweiz.

Die Römer kommen

Nachdem Rom seinen etruskischen und keltischen Nachbarn in Italien endgültig gezeigt hatte, wer der Herr im Hause war, blieb auf der Apenninenhalbinsel nur noch der Alpenraum politisch unabhängig, obwohl kulturelle Einflüsse – und nachweisbar römisches Geld – schon lange vor dem direkten Zugriff eindrangen. 41 v. Chr. war es dann soweit, bis 16/15 v. Chr. eroberte der römische Feldherr Drusus, Stiefsohn des Kaisers Augustus, endgültig den Raum des heutigen Trentino-Südtirol. Der größte Teil des heutigen Südtirol wurde in die *Provinz Raetia* mit der Hauptstadt *Augusta Vindeliciorum* (Augsburg) eingegliedert. Mit der allmählichen kulturellen und sprachlichen Romanisierung der keltischen Bevölkerung entstand eine alpenromanische Umgangssprache und gemeinsame antik-alpenländische Kultur.

Bis ca. 400 n. Chr., also länger als 400 Jahre, wurde das heutige Südtirol als Teil des Römischen Reichs von der Reichskultur dominiert. Ab ca. 46 n. Chr. wurde die *Via Claudia Augusta* angelegt, die Augsburg über Südtirol mit Rom verband. Wichtigster römischer Ort innerhalb der Grenzen des heutigen Südtirol wurde Sebatum (St. Lorenzen bei Bruneck). Grabungen in der Nekropole am Fuß des Sturmbühels belegen die römische Präsenz von der Mitte des 1. bis zum Ende des 5. Jh. n. Chr. Ein größerer Ort wie etwa Tridentum (Trient) im Trentino, dessen römische Stadtanlage bei neueren Ausgrabungen noch deutlicher wurde, befand sich nicht in Südtirol.

Um 400 wurde das *Bistum Säben* gegründet, dessen Sitz später nach Brixen umzog und das heute als Bistum Brixen-Bozen in Bozen residiert. Die Bischofskirche steht

Kloster Innichen, 769 gegründet

auf dem Säbener Berg oberhalb des heutigen Klausen, charakteristisch ist die Schutzlage, denn in der spätrömischen Zeit musste man sich allmählich an unsichere Verhältnisse und germanische Einfälle gewöhnen. Zu diesem Zeitpunkt war Südtirol bereits überwiegend christlich, eine der Kirchen aus dieser Zeit ist die unter der Pfarrkirche von St. Lorenzen ausgegrabene frühchristliche Kirche des Vorgängerorts Sebatum, aber auch anderswo sind unter späteren Kirchen frühchristliche Grundmauern zu Tage gekommen.

Das Weströmische Reich ging offiziell im Jahr 476 mit der Abdankung des letzten Kaisers Romulus Augustulus zu Ende. Sein germanischer Feldherr Odoakar übernahm de facto die Herrschaft, wenn auch nur in Teilen Italiens. Germanische Stämme besetzten einen Großteil des ehemaligen Weströmischen Reichs, unter anderem auch Südtirol: Von Nordwesten drangen Franken ein, von Süden schoben die Langobarden ihre Herrschaft aus der Poebene bis ins Bozner Becken vor und von Norden warfen die Bajuwaren bald ein begehrliches Auge auf die Alpenregion im Süden.

Goten, Franken, Langobarden – und Bajuwaren

Die germanischen Teilreiche, die sich das Römerreich während und nach der Völkerwanderung aufteilten, berührten Südtirol erstmals in Form des Ostgotenreichs. 493 bis 526 regierte der Ostgote *Theoderich I. (der Große)* im nahen Verona, der Einfluss seiner Herrschaft reichte weit in den Alpenraum hinein. Dieser „Dietrich von Bern“ wird in der Rosengartensage *König Laurin,* dem Helden der Alpenromanen (Ladiner), entgegengesetzt, Erinnerung an die mehrere Generationen dauernden Kämpfe zwischen den altansässigen Alpenromanen und den germanischen Eindringlingen. Seit den Ostgoten wurden alpenromanische Gruppen immer wieder und immer stärker durch die germanischen Neuankömmlinge in die weniger zugänglichen Täler der Dolomiten und der Ortlergruppe sowie westlich davon nach

Graubünden abgedrängt, wo sie sich bis heute als Sprecher des Friulan (im Friaul), des Ladinischen (in den Dolomiten) und des Surselva und Engadina (in Graubünden) behaupten konnten.

Ab 550 drangen langobardische Gruppen in Oberitalien ein, die 568 ein langobardisches Königreich gründeten, das bis 773 Bestand haben sollte, und auf relativ selbstständigen Grafschaften basierte. Die alpenromanische Bevölkerung wurde durch dieses Reich vom direkten Austausch mit anderen romanischen Gruppen südlich des Pos abgeschnitten, was maßgeblich zur Entwicklung einer eigenen Sprache beitrug. (Das Alpenromanische und Italienische sind nur über das Spätlateinische miteinander verwandte Sprachen, genau wie auch das Französische und Spanische. Das Rätoromanische, wie es auch genannt wird, ist deshalb nicht, wie in Italien lange Zeit behauptet wurde und wird, lediglich ein Dialekt des Italienischen.)

Im 7. und 8. Jh. dehnte sich der bajuwarische Einfluss auf die Region südlich des Brenners aus, erste bayerische Ansiedlungen entstanden wahrscheinlich im Raum Bruneck. Um 680 wird erstmals ein bayerischer Graf von Bozen genannt. Die Landnahme muss sehr schnell gegangen sein: Der bayerische Besitz in Tirol südlich des Brenners umfasste um 765 fast das ganze heutige Südtirol. Der bayerische *Agilolfinger-Herzog Tassilo III.* (748–788) gründete 769 das Kloster Innichen zum Zweck der Germanisierung des seit dem 6. Jh. slawisch besiedelten Pustertals.

Im Fränkischen Reich

Die Franken hatten im Vinschgau schon längere Zeit ihre Finger im Spiel, aber so lange die Langobarden Oberitalien beherrschten, war eine politische Dominanz des Alpenraumes nicht möglich. Als 773 der Frankenkönig *Karl der Große* das Langobardenreich eroberte, geriet fast ganz Oberitalien unter fränkische Herrschaft und wurde Teil des Fränkischen Reichs. Ein fränkischer Adeliger aus der damaligen Zeit mit Schwert und in karolingischer Hofkleidung blickt uns heute noch auf einem Fresko in St. Benedikt in Mals an. Bayern – und damit ein Teil von Südtirol – blieb vorerst als selbstständiges Herzogtum bestehen, wurde aber 788 nach Absetzung von Herzog Tassilo (der in ein Kloster verbannt wurde) als letztes Stammesherzogtum der Deutschen an das Reich der Franken angeschlossen. Das gesamte spätere Tirol inklusive Südtirol befand sich damit erstmals seit dem Ende des Römischen Reichs wieder unter einer einheitlichen Oberhoheit.

Auch geistlich ging es Karl dem Großen um Einigung unter einer Herrschaft: Nach der Schaffung einer eigenen Kirchenprovinz Salzburg (798) wurde Säben (Brixen) aus dem Metropolitanverband Aquileia heraus gelöst und zu Salzburg geschlagen. Diese Orientierung nach Norden sollte kaum zu unterschätzende Folgen haben.

Den sächsischen und salischen Kaisern auf dem römisch-deutschen Thron kam es im 11. Jh. stark darauf an, die angestammte Oberhoheit über den Klerus zu behaupten, was vom Papst vehement bekämpft wurde. Dass 1004 Trient (Bistum seit 381) und 1027 Brixen (Bistum seit 571 – der Bischofssitz war 990 von Säben nach Brixen verlagert worden) zu *Fürstbistümern* und damit zu unabhängigen Territorien unter direkter Reichshoheit wurden, ist auf das Motiv der Kaiser zurückzuführen, sich gerade im Grenzgebiet zum notorisch unruhigen Italien loyale Verwalter zu schaffen. Die Bischöfe beauftragten Adelsfamilien mit der Verwaltung ihrer Territorien. In Südtirol waren das die *Grafen von Eppan,* Lehensleute der Trienter Bischöfe, und die *Grafen von Andechs* als wichtigsten Adelsfamilien. Weitere wichtige frühmittelalterliche Adelsfamilien waren die ursprünglich aus Como stammenden *Herren von Matsch* im Oberen Vinschgau, die *Herren von Burgeis-Wangen* im Vinschgau, die *Görzer Grafen* im östlichen Pustertal, die *Herren von Enn* im Unterland und die *Herren von Taufers* im Pustertal und Ahrntal.

Tirol wird Tirol

In der Zeit der *Hohenstaufen* (1125–1254) bestand Südtirol, das bis ins 19. Jh. kein politisch zusammenhängendes Territorium bildete, aus einem Teil der relativ unbedeutenden Randprovinz Tirol im wieder hergestellten Herzogtum Bayern, dazu kamen die offiziell reichsunmittelbaren Territorien der Bischöfe von Brixen, Trient und (nur im äußersten Westen) Chur. In der Praxis machten regionale Adelsgeschlechter und Lokalfamilien einander die Herrschaft streitig. Die Bischöfe, die im Wesentlichen über das heutige Südtirol ihre geistliche Hand hielten, mischten sich in die politischen Geschehnisse selten ein und ließen in ihren Territorien die längst mächtiger als sie selbst gewordenen Verwalter zu Schutzherren werden. In der folgenden Phase des deutschen Wahlkönigtums mit seinen wechselnden Loyalitäten und geringen kaiserlichen Kompetenzen konnten die Territorialherren ihre Macht immer weiter ausbauen, was im Falle Tirols zu einer von Bayern zuerst de facto und dann de jure unabhängigen Grafschaft Tirol führte.

Die ein größeres Gebiet rund um ihre Stammburg Tirol oberhalb Meran verwaltenden Vinschgauer Grafen nannten sich ab ca. 1140 nach ihrem Sitz *Grafen von Tirol,* was zunächst nicht mehr war als anmaßend, denn ihr relativ kleiner Besitz um die Stammburg herum verdiente noch kaum den Titel einer Grafschaft. Die Stammburg Tirol selbst wurde unter Albert II. († 1165) und Berthold I. († 1180) erneuert und erweitert. In der Folgezeit weiteten die Grafen von Tirol ihren Einfluss und ihr Territorium langsam, aber stetig aus. Als um 1248 in kurzer Folge die Eppaner und Andechser Grafen, bisher mächtige Gegner, ihre Macht verloren und in der Hauptlinie ausstarben, stiegen die Grafen von Tirol zur mächtigsten Familie ganz Tirols auf, das damals immer noch ein Teil Bayerns war.

Doppeladler-Fresko, Habsburg regierte Tirol ab 1363

Um 1250 ließ Bischof Bruno von Brixen nahe St. Lorenzen im Pustertal eine Burg und Stadt Bruneck errichten, die kurz darauf das Stadtrecht erhielt. 1253 nach dem Tod des Grafen Albrecht III. von Tirol, beerbten ihn seine Schwiegersöhne Gebhard von Hirschberg und Meinhard IV. von Görz, der Besitz der Familie wurde damit über die Grenzen des heutigen Tirol auf Teile Istriens und Görz ausgedehnt – die *Grafen von Tirol und Görz* besaßen nun eine Hausmacht, die im süddeutschen Raum kaum

Konkurrenz hatte. Nach dem Tod Meinhards IV. von Görz (I. von Tirol) im Jahr 1258 verstärkte sein Sohn Meinhard II. von Tirol die Einflussnahme auf die Fürstbistümer Trient und Brixen, die ihn als zumindest teilweise in sein Territorium eingeschlossene Fremdkörper zur Abrundung seines Besitzes förmlich einluden und mit schwachen oder von ihm eingesetzten Bischöfen kaum ein Gegengewicht in die Waagschale werfen konnten.

Nach der 1271 erfolgten Teilung von Görz-Tirol in Tirol unter Meinhard II. und Görz mit Lienz und dem Pustertal unter Albert, entwickelten sich auf dem Boden Tirols zwei von der gleichen Familie beherrschte Grafschaften mit Verwaltungssitzen in Tirol/Meran und Lienz. Die **Grafschaft Tirol** wurde 1282 souveränes Territorium, da König Rudolf von Habsburg den Anspruch der Tiroler Grafen gegen die bayerischen Herzöge unterstützte und bestätigte. In der Folge erweiterten die Grafen von Tirol ihr Gebiet nach Süden und brachten die Fürstbistümer Brixen und Trient endgültig unter ihren Einfluss.

Das frühe 14. Jh. sah eine Menge wirtschaftlicher Änderungen in Tirol und bis zur Jahrhundertmitte wachsenden Wohlstand. Bald nach 1300 ließ der Bozner und Haller (Hall bei Innsbruck) Bürger Heinrich Kunter zwischen Bozen und Kollmann einen Weg durch die Eisackschlucht anlegen, den Vorgänger der späteren Straße. Vorher hatte man sich mit der alten Kaiserstraße über den Ritten abgefunden, ein wesentlich umständlichere Verbindung von Brixen nach Bozen. Ab dieser Zeit und bis 1348, als die Pest eine Wirtschaftskrise auslöste, hatte der Brenner mit einem Aufkommen von ca. 4000 t Fracht pro Jahr das höchste Aufkommen aller Alpenpässe. Der wirtschaftliche Wohlstand betraf auch Meran, das unter Meinhard II. Mauern erhalten hatte und 1317 zur Stadt erhoben wurde. (Sterzing, Klausen und Glurns hatten ihr Stadtrecht wohl einige Jahre früher bekommen.) Und ebenfalls in diesem halben Jahrhundert entstanden um 1320 in der letzten großen Rodungsphase Tirols im Waldland zwischen Neumarkt und dem Fleimstal die Dörfer Truden und Altrei.

1330, wir befinden uns immer noch in der Blütezeit der Wirtschaft, wurde *Margarethe Maultasch,* die Erbin von Tirol, mit Heinrich von Luxemburg, dem Sohn König Johanns von Böhmen, verheiratet. Die Ehe wurde später (wegen Nichtvollzug) annulliert und Margarethe heiratete Markgraf Ludwig von Brandenburg, Sohn Kaiser Ludwigs des Bayern. Wie die Frau zu ihrem abwertenden Namen kam, ist nicht geklärt, hängt aber wohl mit ihrer Ehetrennung zusammen, die ihr viele Feinde machte. Ludwig von Brandenburg bestätigt 1342 die *Tiroler Landesfreiheiten,* die sog. „Magna Charta Tirols". Auf dieses Datum bezogen sich alle späteren Tiroler Forderungen nach persönlicher Freiheit für alle Stände und vor allem die Forderung der Bauern als vierter Stand (neben Adel, Geistlichkeit und Bürgertum) nicht nur anerkannt zu werden, sondern auch gleiche Rechte zu bekommen.

In den Pestjahren 1348 und 1349 wurde ganz Südtirol stark betroffen, in manchen Gegenden wie im Vinschgau starb die Mehrheit der Bevölkerung. Die Pest war nicht nur eine soziale, sondern auch eine wirtschaftliche Katastrophe, die sich auf die nächsten 100 Jahre auswirken sollte.

1360 ließ Margarethe Maultasch die landesfürstliche Residenz von Schloss Tirol ins komfortablere Meran verlegen. 1363 gab die kinderlos gebliebe Landesherrin zu Lebzeiten ihr Erbe, das Land Tirol, an Herzog Rudolf IV. von Habsburg (1363–1365). Tirol fiel in der Folge endgültig durch einen freien Entscheid der Stände an das *Haus Habsburg,* das es bis 1918 direkt oder indirekt regierte.

Die ersten Habsburger – von Leopold III. bis zu Kaiser Maximilian

Die Habsburger waren damals bereits eine führende Familie, besaßen in der Schweiz, im heutigen Elsass und Südwestdeutschland eine Hausmacht, hatten 1282 Österreich und die Steiermark erworben, 1335 dann Kärnten und Krain und hatten schon zweimal (mit Rudolf von Habsburg, 1273–1291, und Albrecht I., 1298–1308) den deutschen König gestellt, waren dann aber von den Luxemburgern ausgebootet worden. Mit Tirol sicherten sie sich nun eine Landverbindung zwischen ihren beiden Hausmachtgebieten in Südwestdeutschland und im Osten des deutsch-römischen Reichs. Nach dem Aussterben der Luxemburger würden sie wieder deutsche Kaiser werden – das sollte 1438 sein, unter Albrecht II. (bis 1439). Für Tirol konnte diese neue Situation Vorteile bringen, vor allem durch die Öffnung eines großen neuen Absatzmarkts! Bereits 1372 sicherten sich die Weinbauern Südtirols den lukrativen Weinexport über die Alpen nach Nordtirol und Österreich durch das Verbot der Weineinfuhr von südlich des Avisio (bei Trient), also der wesentlich billigeren Trientiner Weine. – Dieses Verbot blieb in nur leicht veränderter Form bis ins 19. Jh. erhalten.

Immer wieder gab es Auseinandersetzungen zwischen dem Haus Habsburg und den verschiedenen *Schweizer Bünden,* die z. T. auf Südtiroler Boden ausgetragen wurden, vor allem im Oberen Vinschgau. In der Schlacht von Sempach 1386 gegen die Schweizer scheiterte der erste Versuch der Habsburger, ihr an den Vinschgau grenzendes Territorium in der Schweiz zu sichern. Die heutige Grenze bei Taufers entstand. Bei der Schlacht fiel auch der Tiroler Landesfürst Leopold III. (1365-1386).

Die Ächtung Herzog Friedrichs IV. (1406–1439, genannt „Friedel mit der leeren Tasche") auf dem Konzil von Konstanz 1415 nach einem Konflikt mit dem Kaiser, nämlich dem Luxemburger Sigismund, sorgte in Tirol für Empörung, aber auch für Versuche des Adels, sich der lästigen Gewalt des Landesherrn zu entledigen. Nach Haft und Flucht (1416) errang der Herzog gegen Adelsinteressen und mit Hilfe von Bürgertum und Bauern wieder die Macht im Lande. Die Teilnahme aller vier Stände des Landes an Entscheidungen, die das Land betreffen, wurde ab diesem Zeitpunkt die Norm.

Herzog Friedrich IV. verlegte Tirols Regierungssitz von Meran nach Innsbruck. Meran verlor in der Folge gegenüber der Händlerstadt Bozen zunehmend an Bedeutung. Ab ca. 1420 kam es zu einem starken Aufschwung des Silberbergbaus, vor allem im Nordtiroler Schwaz, das vorübergehend nach Wien die größte Stadt im östlichen Herrschaftsgebiet der Habsburger war, aber auch in Gossensass und Sterzing sowie im Ahrntal bei Prettau. Mit der Verlegung der Tiroler Münzstätte von Meran nach Hall unter Sigismund „dem Münzreichen" (1446–1490) verlor Meran 1477 seine letzte wichtige Funktion. Um den Handelsweg zwischen Schwaz, Innsbruck und Bozen zu verbessern, wurde der „Kunterweg„ durch die Eisackschlucht zwischen Bozen und Kollmann durch Sprengungen zur Straße erweitert. Der alte Kaiserweg über den Ritten verlor jede Bedeutung.

Mit dem Antritt des *Kardinals Nikolaus von Cues* als Brixner Fürstbischof begann 1415 eine Kirchenreform, die zu Konflikten führte. Der Kardinal verlangte die Unterwerfung unter bischöfliche Entscheidungen nicht nur im geistlichen Bereich, sondern forderte auch dort Gehorsam, wo weltliche Belange betroffen waren, also etwa im Lehensrecht. Während für den Kardinal das Bistum für allen kirchlichen Besitz zuständig war, sahen vor allem die Vorstände reicher Klöster seit Generationen ihren Besitz (inkl. der Abgaben, Zehent, Robot) als eigene Angelegenheit an. Ein Einzelfall wurde zur Zerreißprobe: Die Äbtissin *Verena von Stuben* (Kloster Sonnenburg im Pustertal) weigerte sich, die Oberhoheit des Bischofs über ihr Kloster anzuerkennen. In den sich ausweitenden Konflikt, der auch mit Waffen ausgetragen wurde, schaltete sich auch der Landesfürst Herzog Sigismund ein.

Nach dem Tod Sigismunds wurde 1490 Maximilian I., „der letzte Ritter", Landesfürst von Tirol (bis 1519). Unter seiner Herrschaft gab es wieder habsburgische Angriffe auf die Bündner mit blutigen Übergriffen auf die Bevölkerung, so wurde das Frauenkloster Müstair niedergebrannt. Der *Engadiner Krieg* ging weiter mit dem Gegenangriff der Bündner 1499. Örtliche Sympathisanten führten einen Teil der Bündner in den Rücken der Tiroler (also der habsburgischen Truppen unter Führung des unfähigen Ulrich von Habsberg), die sich an der Calwenbrücke zwischen Glurns und Taufers verschanzt hatten. Die Bündner siegten in dieser *Schlacht an der Calwenbrücke* durch Überraschung und Kampfmoral. Sie folgten den fliehenden habsburgischen Truppen bis weit in den Vinschgau und verwüsteten besonders den Oberen Vinschgau. Glurns ging in Flammen auf und wurde später komplett neu und mit festen Mauern errichtet, die sich bis heute erhalten haben. Im Frieden von Basel, noch im selben Jahr, blieb der Vinschgau jedoch bei Tirol.

Um 1500 war der Höhepunkt des Tiroler Bergbauwesens nach Ausmaß und Wert erreicht. In Südtirol waren Sterzing, Gossensass und Prettau im Ahrntal die wichtigsten Bergwerke für Silber und Blei. Die finanzierenden Gewerke, vor allem die Augsburger Fugger, aber auch lokale Geschlechter gehörten zu den reichsten Familien der damaligen Zeit. Mit dem Beginn massiver Importe billigen südamerikanischen Silbers um 1525 kam es jedoch rasch zu Preisverfall und zur Reduzierung des Bergbaus.

Das sog. *Landlibell* Kaiser Maximilians I. von 1511 entband die Tiroler vom Kriegsdienst außerhalb Tirols, aber verpflichtete zur Landesverteidigung. (Diese Wehrverfassung bildete 1915 die Grundlage für den Landsturm zur Verteidigung der Dolomitengrenze bis 1918.) Während der Regierungszeit des Kaisers fiel nach dem Aussterben der Grafen von Görz das Pustertal an Tirol.

Bauernkrieg, Reformation, Pest und Gegenreformation

Die Reformation hatte in Tirol geringeren Einfluss als in anderen Gebieten des Habsburgerreichs, protestantische Städte gab es nicht, nur unter den Bergleuten setzte sich das neue Bekenntnis durch. Was jedoch diskutiert und aufgenommen wurde, waren die mit der Reformation transportierten Ideen von der persönlichen Freiheit und vor allem der Bauernbefreiung. In Tirol kam es 1525/1526 wie in anderen Regionen des Reichs zum *Bauernkrieg*. In Meran tagte die Landesversammlung, auf der *Michael Gaismair*, Sohn eines Sterzinger Bergwerksunternehmers und nun Sekretär des Fürstbischofs von Brixens, einen Entwurf einer demokratischen Reichsversammlung vorstellte. Zunächst gab es Erfolge der Bauernheere sowie Plünderungen wie im Kloster Neustift, in Meran und anderswo. Der Aufstand brach jedoch bald zusammen, allerdings erfolgten keine repressiven Maßnahmen gegenüber den Bauern, auch ihre bisherigen Rechte wurden nicht beschnitten. Der Hauptanführer Michael Gaismair aus Brixen wurde 1532 ermordet, nachdem er sich unter venezianische Hoheit begeben und vergeblich den Aufstand wieder anzufachen versucht hatte.

Kloster Neustift bei Brixen, 1142 gegründet

Während das Luthertum kaum Ausbreitung fand, entstanden besonders im Wipptal und Pustertal ab 1527 größere *Wiedertäuferkolonien,* die von Anfang an von den Behörden scharf verfolgt wurden. Viele verfolgte Wiedertäufer wanderten auf Initiative des *Jakob Huter* aus Moos bei St. Lorenzen im Pustertal bis 1564 nach Mähren aus, von wo sie später nach Südrussland und im 19. Jh. nach Nordamerika emigrierten. Ihre Nachkommen sind die „Hutterer" (in Kanada und den USA nennen sie sich heute „Hutterian Brethren Church").

Ab etwa 1600 begann Südtirols Bedeutung zu schwinden. Die Handelswege hatten sich von der Achse Süddeutschland – Oberitalien nach Westen und zur Neuen Welt verlagert. Südtirol (und ganz Tirol) lag plötzlich außerhalb der Welthandelsrouten, genau wie Venedig, das ab dieser Zeit ebenfalls zu kämpfen hatte. Die Metallpreise gingen wegen der Billigexporte aus Amerika weiter drastisch zurück, der Bergbau in Südtirol kam fast vollständig zum Erliegen. Eine positiven Effekt hatten diese weltwirtschaftlichen Entwicklungen aber insofern, als man begann, die Ressourcen des Landes noch besser zu nutzen und z. B. das Almwesen durch *Almnutzungsverträge* zwischen Grundherren und Bauern erstmals auf feste Grundlagen stellte.

Politisch war diese Phase geprägt vom Verlust der Selbstverwaltung und dem Übergang zur Zentralmacht. Kurzfristig entstand 1630 unter Leopold von Tirol (1619/30–1632) eine eigene landesfürstliche Tiroler Linie der Habsburger. Leopold war mit Claudia von Medici verheiratet, die nach seinem Tod die Regentschaft an sich riss (1632–1646). In der Tiroler Wirtschaftsgeschichte machte sie sich einen Namen als Patronin des Bozner Merkantilmagistrats, eines autonomen Handelsgerichtes, das sie 1635 errichten ließ. 1665 starb die Tiroler Linie der Habsburger aus, das Land behielt zwar weiter eine gewisse Autonomie, wurde aber seit damals mehr oder weniger direkt von Wien aus verwaltet. Der offizielle Sitz der Regierung aber blieb Innsbruck.

Der *Spanische Erbfolgekrieg* 1701–1714 sah Tirol nach langer Zeit wieder als Kriegsschauplatz, da die mit Frankreich gegen Österreich verbündeten Bayern 1703 bis nach Südtirol vorstießen, während Welschtirol (Trentino) von französischen Truppen verwüstet wurde. Eine Tiroler Bauernarmee verhinderte die Besetzung des Landes.

Die Aufklärung – Karl VI., Maria Theresia, Joseph II.

Das Jahrhundert der Aufklärung, wie das 18. Jh. oft genannt wird, war für Tirol eher das Jahrhundert des Kampfes gegen die Aufklärung, der weit ins 19. Jh. hinein währte und eigentlich erst mit dem Kampf um die Rechte der protestantischen (nicht-katholischen) Minderheiten endete. Tirol und damit auch Südtirol sah sich spätestens seit *Maria Theresia* und vor allem unter ihrem Sohn, dem Reformkaiser *Joseph II.,* Veränderungen gegenüber, die das Land nicht akzeptieren wollte. Die allgemeine Schulpflicht (1744) war schon schlimm genug, das Toleranzpatent für Andersgläubige konnte man nicht mehr hinnehmen.

Kaiser Karl VI. (1711–1740) hatte 1711 als letzter Herrscher die Erbhuldigung der Tiroler Stände entgegengenommen, die ständische Verfassung war jedoch seit dem 17. Jh. bzw. dem beginnenden Absolutismus de facto ausgehöhlt worden und nun nur noch leere Hülle. 1738 erinnerte jedoch die *Landesschützenordnung,* die als Neuorganisation des zur Landesverteidigung gedachten Schützenwesens gedacht war (und einzigartig in Europa war) wieder an die alten Freiheiten. Sie blieb bis zum Ende der Habsburgermonarchie in Kraft.

1760 führte das *Verbot von Passionsspielen* im Raum Kaltern zu Unruhen unter der bäuerlichen Bevölkerung. Dieses Verbot, das im Zusammenhang mit den auch vom Papst unterstützen Reformen des Kults stand, wobei man abergläubische Bräuche und allgemein ein strengeres Reglement des Kultus im Sinn hatte, brachte auch anderswo in Tirol Widerstand hervor. Die bäuerliche Bevölkerung sah keineswegs ein, warum eine Jahrhunderte alte Tradition plötzlich verboten sein sollte, genauso fand das Verbot vieler Wallfahrten und Prozessionen großen Widerstand. Die unter Joseph II. verfügte Aufhebung vieler Klöster, vor allem aber das *Toleranzpatent* gegenüber Nicht-Katholiken wurden in Tirol nicht akzeptiert. Der Unmut über diese unpopulären Maßnahmen führte 1789 fast zu einem Bauernaufstand in Tirol.

Der Tiroler Freiheitskampf gegen Franzosen und Bayern

In den *Koalitionskriegen* zwischen dem revolutionären und später napoleonischen Frankreich und der Habsburgermonarchie, die von 1792 bis 1810 dauerten, war Tirol mehrmals Kriegsschauplatz. In diese Phase fällt die für Tirol traumatische Besetzung durch die Bayern und der Aufstand unter Leitung des Südtirolers Andreas Hofer.

Im *Ersten Koalitionskrieg* (1796/97) rückten erstmals Franzosen in Tirol ein. Im Gefecht von Spinges bei Brixen vertrieben mit Heugabeln und Rechen bewehrte Bauern überlegen bewaffnete französische Soldaten, wobei das *Heldenmädchen von Spinges,* eine aus dem ladinischen Enneberg stammende Magd, die Anführerin der Abwehr war. Österreich verlor jedoch gegen die französischen Truppen auf ganzer Linie und musste Frankreich diverse territoriale Konzessionen machen und im Frieden von Campo Formio zum Beispiel Mailand an Frankreich abtreten, das nun u. a. am Stilfser Joch eine gemeinsame Grenze mit Südtirol hatte. Der *Zweite Koalitionskrieg* (1799–1802) brachte keine Veränderungen, Österreich musste im Frieden von Lunéville die Abtretungen bestätigen.

Passeiertal, Heimat Andreas Hofers

Im *Reichsdeputationshauptschluss* wurden 1803 die geistlichen Fürstentümer des Heiligen Römischen Reichs aufgelöst und den weltlichen Territorialmächten zugeschlagen. Habsburg-Österreich erweiterte sein Kronland Tirol um die Fürstbistümer Brixen und Trient, damit entstand ein territorial zusammenhängendes Land Tirol zwischen Kufstein und der Etschtalklause südlich von Ala.

Nach der Niederlage von Austerlitz im *Dritten Koalitionskrieg* (1805) gegen Napoleon trat Österreich Tirol an Bayern ab. Da auch Venetien an Frankreich abgetreten werden musste, wurde die heutige Grenze zwischen Trentino und Venetien zur Grenze zwischen Bayern und Frankreich. Ein Jahr später verzichtete Kaiser Franz II. (1792–1806) auf Druck Napoleons auf die Kaiserkrone – das Heilige Römische Reich Deutscher Nation existierte nicht mehr. Als Franz I. (1806–1835) bestieg der eben Zurückgetretene den neu geschaffenen österreichischen Kaiserthron.

1809 kam es während des *Fünften Koalitionskriegs* zum Aufstand der Tiroler gegen die Franzosen und deren Vasallen, die ungeliebten bayerischen Besatzungstruppen. Zu Beginn des Aufstands im April 1809 erzielte das Tiroler Bauernheer große Erfolge gegen bayerische Truppen. Nach dem Sieg der Österreicher über Napoleon bei Aspern am 21./22. Mai und der zweiten, für die Tiroler siegreichen *Berg-Isel-Schlacht* am 29. Mai garantierte der Kaiser Tirol, dass er das Land nie wieder an eine fremde Macht abtreten werde. Ein entsprechendes Manifest wurde überall in Tirol verteilt. Nach der gegen Napoleon verlorenen *Schlacht von Wagram* zog der österreichische Kaiser Franz I. bereits im Juli seine Unterstützung der Aufständischen zurück und bestätigte die Abtretung Tirols an Frankreich bzw. das frisch gebackene Königreich Bayern. Der Passeirer Gastwirt *Andreas Hofer* führte den Widerstand noch bis in den Winter. Nach der für die Tiroler vernichtenden Niederlage bei der vierten Schlacht am Berg Isel am 1. November 1809 brach der Widerstand zusammen. Andreas Hofer wurde durch Verrat gefangen genommen und am 20. Februar 1810 in Mantua hingerichtet.

Peter Sigmayr,
Olanger Freiheitsheld

Nach der endgültigen Niederlage Napoleons verhandelten die Siegermächte 1815 beim *Wiener Kongress* über das zukünftige territoriale Bild Europas. Tirol kam unter Einbeziehung der ehemaligen Trentiner fürstbischöflichen Besitzungen (also die heutigen Einheiten Nord- und Osttirol, Südtirol, Trentino, Buchenstein und Ampezzo) wieder an Habsburg-Österreich, das auch die Lombardei und Venetien erhielt.

1848 bis 1914 – die Gründerzeit

Nicht so heftig gegründet wie anderswo in Mitteleuropa wurde in der Südtiroler „Gründerzeit", der Phase zwischen dem Revolutionsjahr 1848 und dem Ausbruch des Ersten Weltkriegs. Aber Bahnen, einige neue Verarbeitungsbetriebe, ein besseres Straßennetz und neue Wohnviertel entstanden auch hier, gefolgt von einem ersten Aufschwung des Tourismus in der Zeit kurz vor dem Ersten Weltkrieg.

Die Wiener Revolution von 1848 wirkte sich auch in Tirol aus, so fielen die Grundabgaben an den Adel. Die alten Abgaben mussten jedoch geldmäßig abgelöst werden, was viele Bauern in kaum lösbare finanzielle Probleme stürzte. Für die Bauern war die Gründerzeit sowieso nicht das große Zuckerlecken, wurde doch durch die zunehmende Erschließung insbesondere mit Bahnen der Transport immer billiger und viele Landesprodukte bald nicht mehr absetzbar – so geschehen mit dem Vinschgauer Weizen, ehedem ein wichtiges Produkt des Landes, mit dem Aufkommen billiger Importe todgeweiht. Der bisher kaum bemerkbare Konflikt zwischen Deutschtirolern und Welschtirolern wurde im Jahrhundert des Nationalismus immer krasser, zumal von Italien aus die Idee eines *Risorgimento,* des Wiedererstehens eines Nationalstaates für *alle* Italiener propagiert wurde. Der Konflikt steigerte sich mit der Zeit und gipfelte in der Forderung der Italiener, nicht nur alle italienischsprachigen Gebiete der Donaumonarchie (also u. a. auch Welschtirol) an Italien anzuschließen, sondern auch die „natürliche Grenze" Italiens, also jene am Brenner, dem Alpenhauptkamm, anzustreben. Mit dem Verlust der Lombardei 1859 und Venetiens 1866 hatte Österreich bereits Territorien abtreten müssen, nun sollten irgendwann die letzten unterdrückten italienischen Sprachgebiete befreit und an Italien angeschlossen werden: das Trentino, Friaul, Istrien und Dalmatien mit seinen Inseln ...

Die Eröffnung der *Brennerbahn* 1867 war für Südtirol ein großes Ereignis, war das Land nun doch wieder auf einem bedeutenden internationalen Transportweg erreichbar. Ähnliche Bedeutung hatte die Eröffnung der *Großen Dolomitenstraße* 1912 zwischen Bozen und Cortina, die Österreichs Dolomiten querte, sie bildete den Startschuss für den Tourismus in diesem Landesteil. Doch der Aufschwung war kurz.

Erster Weltkrieg und Zwischenkriegszeit – die Teilung Tirols

Österreich war mit Deutschland und Italien verbündet, als der Erste Weltkrieg ausbrach. Dass Italiens Bündnistreue im Hinblick auf die immer wieder geäußerten Repatriierungswünsche der Italiener gegenüber Österreich mit Vorsicht zu genießen war, war bekannt, doch rechneten Wien und Berlin mit der vertraglich zugesicherten Neutralität Italiens.

Erster Weltkrieg (1914–1918): 1915 trat das zunächst neutrale und eigentlich mit Österreich und Deutschland verbündete Italien auf Seiten der Entente in den Krieg ein. Es kam zu einem blutigen Gebirgskrieg zwischen Österreich und Italien. Stellungen in großen Höhen zogen sich in einem Band vom Kreuzbergpass im Osten zum Stilfser Joch im Westen mit einer Auswölbung nach Süden bis zum Gardasee bei Riva. Die Ortlergruppe trug die höchsten Kriegsstellungen, die je errichtet wurden, u. a. unter dem Ortlergipfel in 3859 m Höhe! Die Orte im Frontbereich wurden evakuiert und durch Geschützfeuer zerstört wie Toblach. In der italienischen Volksgruppe wuchs der Widerstand, zahlreiche Trentiner kämpften für Italien. Von den Österreichern hingerichtete *Irridentisti* wie der Trentiner Cesare Battisti (der prominente Sozialdemokrat war österreichischer Reichstagsabgeordneter und Reserveoffizier der österreichischen Armee) wurden zu Märtyrern für die italienische Sache, nach ihnen sind heute noch zahllose italienische Straßen und Plätze benannt (auch in Südtirol).

Monte Piana, Geschütz aus dem Dolomitenkrieg

Am 3. November 1918 kam es zum Waffenstillstand an der österreichisch-ungarischen Südfront, italienische Truppen besetzten kampflos Tirol südlich des Brenners. Das Gebiet der Dolomitenladiner wurde durch die neuen Provinzgrenzen dreigeteilt: Buchenstein und Ampezzo wurden von Tirol abge-trennt und zu Venetien (Provinz Belluno) geschlagen. Noch war die Annexion nicht Völkerrecht. Die Tiroler Landesversammlung bot 1919 dem Völkerbund als Alternative zur Teilung die Selbstständigkeit Tirols in den Grenzen von 1914 an, der Vorschlag wurde international erst gar nicht diskutiert, die *Teilung Tirols* war hinter den Kulissen längst beschlossene Sache, das „Selbstbestimmungsrecht der Völker“ ausgerechnet den Italienern, die es für ihre Landsleute eingeklagt und dafür einen Krieg geführt hatten, Makulatur. Am 10. September

1919 bestätigte der *Friedensvertrag von St. Germain* die De-facto-Besetzung Südtirols durch Italien. Tirol wurde territorial in fünf Teile zerbrochen: Nordtirol und Osttirol blieben bei Österreich, der Rest wurde von Italien auf die Provinzen Bozen und Trient aufgeteilt, Buchenstein und Ampezzo kamen zur Provinz Belluno.

Zunächst schien es, als ob Italien gewisse Versprechungen halten würde, etwa eine gewisse Autonomie und die Akzeptanz der deutschen Sprache. Aber dann kam 1922 und am 2. Oktober der faschistische „Marsch auf Bozen", wobei die *Faschisten* gewaltsam die Verwaltungsämter in Südtirol besetzten – der Kampf um die Erhaltung des Deutschtums in Südtirol hatte begonnen. 1923 wurde die deutsche Sprache als Unterrichtssprache an den Schulen Südtirols verboten, erster und wichtigster Schritt für die Assimilierung der Deutsch-Südtiroler. Im ganzen Land entstanden daraufhin illegale Notschulen. Alle öffentlichen Einrichtungen und Behörden durften ausschließlich in Italienisch verkehren. Im selben Jahr 1923 verboten die faschistischen Behörden den Namen Tirol und ersetzen ihn durch den Kunstbegriff *„Alto Adige"*.

Mit der Errichtung der Industriezone in Bozen-Süd 1935 und der massiven Zuwanderung süditalienischer Arbeiter hatte man ein neues und wesentlich effektiveres Mittel der Italianisierung gefunden. Wenn die Deutschen sperrig waren, setzte man ihnen eben Italiener vor die Nase, Süditaliener am besten mit gänzlich fremder, mediterraner Kultur. Nach dem Anschluss Österreichs ans Deutsche Reich 1938 machte man sich auch in Südtirol auf einen Anschluss gefasst und versprach sich davon die Befreiung von den Repressalien der Italiener. Aber Hitler und Mussolini hatten anderes vor. Hitler versprach seinem Verbündeten Mussolini die Unantastbarkeit der Brennergrenze.

Zweiter Weltkrieg und Nachkriegszeit

Zweiter Weltkrieg (1939–1945): Noch vor Kriegsausbruch hatten sich Italien und Deutschland auf eine Aussiedlung der deutschsprachigen Südtiroler geeinigt. Bis

Weltkrieg-I-Ossarium in der Malser Haide

Ende 1939 gab es die Option, als Italiener in der Heimat zu bleiben oder als Volksdeutscher ins Deutsche Reich umzusiedeln. 86 % der Südtiroler entschieden sich für die Auswanderung, wegen des Kriegs wanderten nur 30 % tatsächlich aus. Dieser bittere Entscheidungszwang zerriss das Volk, und riss in vielen Fällen quer durch Familien, die durch diesen Konflikt geschlagenen Wunden waren auch Jahrzehnte nachher noch nicht verheilt.

Nach dem Kriegsende und der Besetzung durch die deutsche Wehrmacht kehrten die italienischen Truppen zurück, als ob nichts geschehen wäre. Österreichs Karten waren aber wieder schlecht, die Rückführung des Landes war abermals nicht Gegenstand der Diskussion der Siegermächte. (In zahlreichen Petitionen und auf Kundgebungen forderte 1945 und 1946 die Mehrheit der Deutsch-Südtiroler die Wiedervereinigung Tirols im Rahmen der Republik Österreich.) Im *Pariser Abkommen* führt der Druck der Alliierten immerhin zum Autonomiezugeständnis Italiens für die Provinz Bozen, das vor allem den kulturellen Bereich, also die Schulen und damit die deutsche Sprache umfasste. Die Landesregierung blieb jedoch in Trient, die deutschsprachige Bevölkerung der Region war folglich in der Minderheit und konnte jederzeit überstimmt werden. Von echter Autonomie war nichts zu spüren. In der Folge wurde das *Autonomiestatut* immer wieder ganz bewusst unterlaufen, etwa 1955 durch die Erneuerung des aus der Faschistenära stammenden Verbots, Kindern nicht-italienische Namen zu geben!

Eine wachsende Mehrheit der Südtiroler wollte sich mit diesen Zuständen nicht abfinden. 1956/1957 lenkten Sprengstoffanschläge am Grenzkamm zu Österreich die internationale Aufmerksamkeit auf das Südtirolproblem. Am 17. November 1957 kulminierte der Unmut der Südtiroler in der *Kundgebung von Sigmundskron,* 35.000 Teilnehmer forderten Autonomie innerhalb einer selbstverwalteten Provinz Südtirol mit dem Slogan „Los von Trient". Österreich brachte die Südtiroler Autonomie in der Folge (1959/1960) vor die UNO-Vollversammlung, die Österreich und Italien zu Verhandlungen aufforderte. Terroranschläge gegen italienische Einrichtungen zwischen 1961 und 1966 ließen die Beziehungen zwischen den beiden Staaten abkühlen. Aber schließlich hatte Italien keine Wahl, als sich dem gegebenen Autonomieversprechen zu stellen. Verhandlungen zwischen Italien, Österreich, der SVP (Südtiroler Volkspartei) und Landeshauptmann Silvius Magnago über ein neues Autonomiestatut brachten 1967 die Klärung über Ausmaß und Formen der von den Deutschsüdtirolern gewünschten Autonomie und die für Italien annehmbaren Forderungen. 1969 schließlich wurde mit der Annahme des zwischen Österreich und Italien beschlossenen „Pakets" von Autonomiebestimmungen durch die SVP der Konflikt zwischen Österreich und Italien beigelegt.

Die Gegenwart – Südtirol als Autonome Provinz

1972 trat das Autonomiestatut für Südtirol in Kraft, die *Landesregierung in Bozen* erhielt zahlreiche neue Kompetenzen, und die Gleichstellung von Deutsch und Italienisch wurde erstmals per Gesetz umgesetzt. Beamte und Beschäftigte im öffentlichen Dienst müssen seit damals einen Test über ihre Zweisprachigkeit ablegen. Da die Südtiroler gezwungen gewesen waren, neben ihrer Muttersprache Italienisch zu lernen, die Italiener aber nur in den seltensten Fällen Deutsch gelernt hatten, war die korrekte quotengemäße Stellenbesetzung in vielen Bereichen zunächst gar nicht möglich. Inzwischen ist dieses Problem fast gelöst, die Zweisprachigkeit an Behörden ist nach Einschätzung des Autors ganz überwiegend gegeben.

1992 wurde das „Paket“ als umgesetzt erklärt, die UNO erklärte den Konflikt für beendet. Was die Südtiroler nicht davon abhält, jedes Mal wenn sie einen Angriff auf ihr Autonomiestatut fürchten, die Schutzmacht Österreich anzurufen – die den Ruf gerne hört. Die Rufe ertönten mit der Zeit immer seltener, haben sich aber während der zweiten Regierung Berlusconi (mit Italo-Neofaschisten und Lombardo-Nationalisten in der Regierungskoalition) wieder gehäuft. Dass das kleine autonome Südtirol auch noch wirtschaftlich boomt, während die meisten anderen italienischen Provinzen weniger erfolgreich sind, dass Südtirol innerhalb Italiens als besonders sicher, besonders komfortabel und äußerst beliebtes Ferienziel gilt (fremde Kultur im eigenen Lande!), will vielen Italienern immer noch nicht gefallen. Dabei hat sich Welschtirol, das für ein italienisches Trentino kämpfte, in den letzten Jahrzehnten immer stärker an Südtirol angeschlossen: in der *Euregio* aus Nord-, Ost-, Südtirol und dem Trentino, in gemeinsamen kulturellen Unternehmungen wie den *Tiroler Landesausstellungen,* von denen eine der letzten im Trentino stattfand, bis zu den allerorten wieder auflebenden *Schützenvereinen.* 2002 verabschiedete Italien ein Gesetz, das den Wechsel von Grenzgemeinden in andere Provinzen erlaubt, auch wenn es sich um Autonome Provinzen handelt. Der Weg für die ladinischen Gebiete Ampezzo, Buchenstein und Fassatal nach Südtirol mit seinen politischen und kulturellen Garantien für die deutsche und ladinische Volksgruppe ist damit frei. Im Herbst 2003 wurde in Südtirol wieder gewählt. Bei diesen Landtagswahlen ging wie erwartet die SVP wieder als stärkste Partei hervor. Etwas weniger stark zwar, aber immer noch sehr deutlich führend und weiterhin an der Regierung. Die Südtiroler wollen keine Experimente. Bei den Europawahlen 2004 kam die SVP mit 46,7 % der Stimmen erstmals unter ein Ergebnis von 50 . Drei Südtiroler zogen ins Brüsseler Parlament ein, darunter die populäre Fernsehjournalistin Lilli Gruber (übrigens für die linke Parteigruppierung Uniti nell'Ulivo, bei diesen Wahlen mit 13,1 % die zweitstärkste Partei in Südtirol, nahezu gleich schnitten die Grünen ab).

Die Regierung Berlusconi plant noch vor den Wahlen 2006 eine Reform des Wahlrechts, zurück zum Verhältniswahlrecht, das Mehrheiten favorisiert (und damit seine eigene Partei). Kleine Parteien wie die SVP würden damit gar keine Chance mehr haben, ins Parlament einzuziehen – eine Katastrophe für Südtirol. Zum Zeitpunkt der Drucklegung wurde verhandelt. Ausnahmen für Südtirol? Oder doch nicht? Und schon wieder eine Ausnahme für die fleißigen und ungeliebten „Deutschen“, denen der rechtslastige Abgeordnete Sandro Delmastro Delle Vedove im September 2005 vorwarf, noch immer keine ganzen Italiener zu sein! Wahrscheinlich hatte er Recht. Ziemlich zur gleichen Zeit rief der Nordtiroler Landeshauptmann zu einer gemeinsamen Feier Nord- und Südtirols (das Trentino wurde nicht erwähnt) im Jahr 2009 auf. Dann wären seit dem Jahr 1809, den Berg-Isel-Schlachten und dem von Andreas Hofer geführten Tiroler Freiheitskampf nämlich gerade 200 Jahre vergangen. So etwas würden „ganze Italiener“ natürlich nicht feiern!

Die Kunstlandschaft Südtirol

Drei Phasen seiner Entwicklung haben die Kunstlandschaft Südtirol besonders geprägt. Die erste dieser Phasen entspricht dem Hochmittelalter des 11. bis 13. Jh., als kaiserliche Macht, bischöfliche Ansprüche und die aufstrebenden Regionalmächte wie die Andechser und die Tiroler Burggrafen miteinander um Einfluss rangen. Die kleinen romanischen Saalkirchen, die an vielen Orten des Landes erhalten sind, vor allem aber die Fülle an Wandmalereien erinnern an diese Zeit. Die zweite Phase entspricht dem Spätmittelalter von etwa 1400 bis 1550, als der Silberbergbau und der damit verbundene Wohlstand seinen Höhepunkt erreichte. Damals entstanden in vielen Orten gotische Kirchen, und verschiedene Malerschulen schmückten sie aus. Die großartigen spätgotischen Flügelaltäre des Landes wie jener in Gries bei Bozen entstanden ebenfalls in dieser Epoche. Weniger durch Neubauten als durch Umbauten und Dekor hat die Barockzeit das Land verändert, diese Epoche entspricht in etwa dem 18. Jh. bzw. der relativ friedlichen Phase zwischen dem Spanischen Erbfolgekrieg und den Napoleonischen Kriegen. Auch in früheren und späteren Zeiten und in den Zwischenphasen wurden künstlerisch bedeutende Werke geschaffen, die Kunstlandschaft Südtirol haben sie jedoch nicht geprägt. Dennoch sind die vorromanische Fresken wie in St. Prokulus in Naturns und St. Benedikt in Mals (beide im Vinschgau) oder die Jugendstilbauten Merans wie das Kurhaus herausragende Kunstwerke.

Präromanik und Romanik

Der romanische Baustil erreichte Südtirol im späten 11. Jh. aus zwei Richtungen: In der Architektur, die uns vor allem aus Kirchen bekannt ist, brachten sie lombardische Steinmetze aus Oberitalien mit, in der Malerei wurden byzantinische Einflüsse sowohl über das nahe Venedig als auch über die Malerschulen am Rhein und in Südwestdeutschland weitergegeben.

Aus der Zeit vorher, der **Präromanik**, haben sich vor allem zwei bedeutende Werke erhalten: die Innenausmalung des Kirchleins *St. Prokulus in Naturns* und jene von *St. Benedikt in Mals*. Beide wurden in etwa zur selben Zeit ausgemalt – in St. Benedikt hat sich auch plastischer Stuck als Bildrahmen erhalten –, wahrscheinlich kurz vor dem Jahr 800, also in der Zeit zwischen der Eroberung des Langobardenreichs durch Karls den Großen (773) und dessen Kaiserkrönung in Rom. Während in St. Prokulus naiv und in Einzelheiten plump erzählt wird – so ist dem Künstler nicht klar, wie man vorne und hinten zeichnerisch deutlich unterscheidet –, ist St. Benedikt eindeutig von der karolingischen Hofkunst abhängig, die sich wiederum

Fresko (Anbetung der Könige) im Brixner Kreuzgang

Laas, romanische Apsis der Pfarrkirche

stark an der byzantinischen Hofkunst orientierte. Deutlich drückt sich dies in einer der beiden dargestellten Personen aus: ein fränkischer Adeliger mit dem typischen karolingischen Schwert und karolingischer Hoftracht. Die Art der Zeichnung und die Darstellung des Faltenwurfs sind ohne byzantinische Vorbilder nicht denkbar. Im nahen schweizerischen *Müstair* befindet sich wenige Kilometer nach der Grenze in der Klosterkirche ein karolingischer Freskenzyklus, dessen Besichtigung man bei einer Südtirolreise nicht versäumen sollte.

Die **Romanik** hat überall in Südtirol ihre Spuren in Form kleiner einschiffiger Saalkirchen mit flacher Decke und halbrunder Aspis hinterlassen, die Glockentürme wurden in den meisten Fällen erst später, aber immer noch während der Romanik angebaut. Das Modell dieser Kirchen stammt aus Oberitalien, lombardische Meister, darunter viele Comaker, errichteten wohl einige von ihnen. In der Malerei kamen die Einflüsse vor allem aus dem Westen über das Bistum Chur und die Kloster Müstair und Marienberg – die geistliche Hoheit Churs erstreckte sich durch den Vinschgau bis knapp vor Meran – sowie aus Süd- und Westdeutschland. Beide Einflusslinien sind indirekt von der byzantinischen und seit 1200 der venezianischen Kunst beeinflusst, vom streng hieratischen Bildaufbau dieser Kunst, wie dem thronenden Christus als Weltenherrscher in der Mandorla oder den ikonenhaften, nämlich in ihrer Szenik ein für allemal festgeschriebenen Darstellungen von Christi Geburt, Leben, Leiden und Tod, Auferstehung und dem Jüngstem Gericht. Selbst die Lage der Bilder im Kirchenraum wurde aus Byzanz übernommen, der Christus als Weltenherrscher in der Kalotte der Hauptapsis, darunter die Gottesmutter und Heilige sowie Apostel, über der Eingangstür das Jüngste Gericht. Wie direkt aus der Völkerwanderungszeit übernommen wirkt das Flechtwerk der *Burgkapelle von Schloss Tirol,* 1160 begonnen, direkter Vorfahr im Lande ist das Stuckflechtwerk um die Fresken von *St. Benedikt in Mals* aus karolingischer Zeit.

Die Ausmalung der *Krypta des Klosters Marienberg* über Burgeis im Oberen Vinschgau und jene der *Burgkapelle in Hocheppan* gehören zu den bedeutendsten und frühesten Beispielen romanischer Malerei in Südtirol. In Marienberg wird unmittelbar deutlich, wie stark das byzantinische Vorbild Malstil und Bildauswahl prägte. Die Maler dieser Szenen, die um 1175 entstanden, kamen aus dem Norden, aus Ottobeuren, ihr byzantinisches Ideal war von der deutschen Tradition seit den Karolingern und Ottonen geprägt. Die Engel mit ihrer flatternden Kleidung und ihren grazil zur Seite oder nach hinten gelegten Flügeln sind jedoch individuelle Bildschöpfungen, die durch Hinweis auf byzantinisches Formengut nicht zu erklären sind. In der Burgkapelle von Hocheppan wiederum ist die Hauptszene in der Apsis, eine thronende Gottesmutter, ganz byzantinisch streng gehalten, während im Bildstreifen darunter der Maler – oder ein lokaler Mitarbeiter – die Szene der Geburt Jesu so ausschmückt, wie er sie sich nur vorstellen konnte: mit einer Magd, die Knödel zubereitet und einen davon schon mal probiert. Ähnlich lokale Elemente bringt der Maler von *St. Jakob bei Grissian* ins Spiel, seine Darstellung von Abraham und Isaak, die mit einem Eseltreiber zum Opferplatz gehen, zeigt im Hintergrund wildes Gebirgsgetürm, stark idealisierte, aber doch klar erkennbare Südtiroler Berglandschaft fern jeder byzantinischen Darstellungsnorm.

Gänzlich aus der Reihe fallen die Fresken in der kleinen Kirche *St. Jakob in Kastellaz in Tramin.* Während ein oberer Bildzyklus eher konventionelle, aber sehr bewegte, eindringlich gestikulierende Apostelgestalten zeigt, befindet sich darunter ein ohne Rahmen und Hintergrund in Einzelgestalten gemaltes Bestiarium. Diese Szene der kämpfenden Tiermenschen und anderer grotesken Wesen ist eine absolut eigenständige Schöpfung des Malers, vergleichbar mit keinem Werk seiner Epoche oder der vorangegangenen, in seiner nur teilweise erkennbaren Aussage ähnlich bestürzend wie ein Werk des so viel später schaffenden Hieronymus Bosch.

Gotik und Spätgotik

Spät kam die Gotik nach Südtirol, erst nach 1300 entstanden die Kirchen der Bettelorden, die diesen Baustil mitbrachten, etwa die der Dominikaner und Franziskaner in Bozen, der damals reichsten Handelsstadt Südtirols, aber auch die dortige Pfarrkirche (heute Domkirche). Breitenwirkung hatte dieser Architekturstil nicht, und erst in seiner späten Phase entstanden wieder größere Kirchenbauten wie in Tramin, Sterzing und St. Pauls in Eppan.

Wesentliche Breitenwirkung hatte jedoch die **gotische Malerei**, die seit den Malereien aus der Giotto-Schule, die um 1330 bis 1340 in der *Bozner Dominikanerkirche* entstanden, mehrere regionale Malerschulen hervorbrachte. Die *Bozner, Brixner und Pustertaler Schule* sind autochthone Südtiroler Schulen, die Einflüsse aus dem Süden, wie etwa die Perspektivität Giottos, wie aus dem Norden, etwa die Expressivität der deutschen Tradition, verarbeiteten. In allen drei Schulen wurden nebeneinander und ineinander verschränkt – und wohl in einigen Fällen vom gleichen Meister – Werke der Malerei und der Schnitzkunst geschaffen, waren doch die Hauptwerke neben den Wandfresken kunstvolle Kirchen- und gelegentlich Hausaltäre. Ab 1420 wurde mit dem monumentalen *Flügelalter des Hans von Judenburg in der Bozner Pfarrkirche* (heute teilweise in Deutschnofen) der große spätgotische Flügelaltar in Südtirol eingeführt, der über fast fünf Generationen die Kirchenaltäre des Landes dominieren sollte und heute noch eines der großen künstlerischen Wunder Südtirols darstellt.

Hauptwerke der ab ca. 1360 wirkenden *Bozner Schule* befinden sich u. a. in der *Pfarrkirche Terlan,* wo sie zwischen 1399 und 1407 vom Bozner *Hans Stockinger* geschaffen wurden, bunte, perspektivisch gekonnte, figurenreiche und äußerst belebte Bilder, die wenig Wert auf Individualisierung der Personen legen und umso mehr auf die Nachdrücklichkeit – der Bethlehemitische Kindermord ist an Deutlichkeit nicht zu überbieten. Wie der hl. Cyprian und die hl. Justina in *St. Cyprian in Sarnthein* in einem Kupferkessel auf dem Feuer dargestellt sind, lässt ebenfalls keine Wünsche offen, was Präzision im Umgang mit dem schaurigen Detail betrifft (unten links legt einer noch schnell ein Holzscheit nach, muss aber wegen des beginnenden Rauchs die Augen mit einer Hand schützen).

Die *Pustertaler Schule* hat seit *Hans von Bruneck* und dessen Ausmalung der *Spitalkirche in Sterzing* um 1415 eine etwas andere Richtung beschritten: Auch Hans von Bruneck kannte ganz eindeutig seinen Giotto und verwendete dessen spezielle Perspektive, verband sie aber mit dem üppig dekorativen Darstellungsstil, der sich am Prager Hof der Luxemburger entwickelt hatte und als „Weicher Stil" oder „Höfischer Stil" bekannt ist. Seine farblich intensiven (in der Spitalskirche allerdings stark verblichenen) Szenen sind in dekorative gemalte Architekturen gestellt, sodass der ganze Kircheninnenraum wie ein einheitliches Kunstwerk wirkt. Aus dieser Schule ging ihr letzter und größter Vertreter hervor, der Brunecker *Michael Pacher,* der Einflüsse der frühen Renaissance in Italien an Ort und Stelle studiert und mitgebracht hatte. Als Maler *(Portal der Stiftskirche in Innichen, Kirchenväteraltar,* heute in München, Alte Pinakothek) wie als Bildhauer und Holzschnitzer *(Flügelaltar der alten Pfarrkirche in Gries bei Bozen)* leistete er Epochemachendes.

Die *Brixner Schule* inkorporierte wiederum stark nordische, nämlich flämische und deutsche Einflüsse, die sie in einem expressiv naturalistischen Stil umsetzte. Bedeutende Meister waren etwa *Meister Leonhard,* dessen Werk in der *dritten Kreuzgangarkade in Brixen* zu bewundern ist, und als absoluter Höhepunkt, das Werk des *Hans Klocker* mit großen *Flügelaltären in Pinzon* bei Neumarkt und im *Bozner Franziskanerkloster.*

Späteste Spätgotik sind die großen *Flügelaltäre in Niederlana, Göflan* und *Latsch,* Werke schwäbischer Meister, die bereits Elemente der Renaissance in Bildaufbau und sogar in die Gesamtansicht des Altars hinein nehmen, so *Jörg Lederer* in seinem *Altar der Spitalkirche in Latsch.*

Barock

Während in der Renaissance relativ wenig gebaut wurde – die Churburg über Schluderns und die Burg der Fürstbischöfe in Brixen sind die großen Ausnahmen – da Pest, 30-jähriger Krieg und Hungersnöte im 17. Jh. das Bauen fast unmöglich machten, schuf das 18. Jh. in Südtirol eine Reihe deutlicher, heute noch auffallender Veränderungen.

So wurden zahlreiche Kirchen nach damals modernem Geschmack barockisiert, gotische Pfeiler wurden mit Stuck umhüllt und romanische *Ornamente* abgeschlagen, Innenräume wurden freskiert, gewölbte Decken eingezogen, Kirchtürme mit einem oberen Stockwerk und schickem neuem (Zwiebel-)Turmhelm versehen. Wo man das Geld dazu hatte – das war dankenswerterweise nicht überall der Fall – warf man die altmodischen gotischen Flügelaltäre raus und stellte neue Altäre ins völlig umgemodelte Schiff. So verschwand der größte Teil des ersten großen Flügelaltars in Südtirol, den die Bozner Pfarrkirche nicht mehr benötigte, und von dem nur ein kleiner Teil erhalten ist (in Deutschnofen), so wurden im Lande Dutzende Altäre abgetragen und z. T. zu Brennholz zerhackt, Fresken wurden unter Putz gelegt und kamen erst im 19. und 20. Jh. wieder zum Vorschein wie jene berühmten aus der Krypta des Klosters Marienberg.

Eigenständige Kunstschöpfungen waren selten, die Meister kamen aus Welschtirol oder aus dem Österreich nördlich des Brenner, aus Augsburg oder Ulm. So wurde der *Brixner Dom* von einer Welschtiroler *Architektenfamilie Delai* und *Sartori,* ebenfalls einem Trentiner, und *Franz Singer,* einem Nordtiroler, barockisiert. Neubauten waren eher selten, aber *Franz de Paula Penz* sind die *Pfarrkirchen in Toblach* und *St. Vigil in Enneberg* und die *Stiftskirche Gries* zu verdanken. Der Welsberger *Paul Troger* war ein in der ganzen Monarchie geschätzter Maler. In Südtirol steht er zusammen mit *Michelangelo Unterberger* an der Spitze der Maler der Epoche.

Im Ridnauntal

Das Wipptal

Der erste Eindruck von Italien? Ein hässlicher, verlassener Zollbereich und auf der italienischen Seite der immerwährende Leder-, Kleider- und Weinmarkt. Dafür, dass Generationen von Touristen ihren ersten Eindruck von Italien am Brenner und den Orten südlich davon gewannen, ist diese Gegend heute ganz schön unbekannt. Ein Glücksfall für Entdecker.

Schuld am Schattendasein hat vor allem die Autobahn, die den obersten Teil des Wipptals zwischen Brenner und Sterzing in aller Eile durchmisst, Gossensass rechts liegen lässt, Sterzing zwar mit einer Abfahrt beehrt, aber wie alle ihres Typs dazu verführt, gleich weiter zu rasen bis man „unten" ist, wo immer auch dieses unten ist, in den Dolomiten oder an der Adria, am Kalterer See oder in Florenz. Das war anders, als noch die Bahn die Menschen heran karrte, da war Brennerbad etwas südlich des Passes ein fashionabler Kurort mit eigener Schnellzugstation und Gossensass eine ebenso fashionable Sommerfrische, in Sterzing machten die Gastwirte ein Mordsgeschäft mit den Durchreisenden – aber das ist lange her.

Wipptal nennt sich das Tal nördlich wie südlich des Brennerpasses von Innsbruck im österreichischen Nordtirol bis Franzensfeste im italienischen Südtirol. Dass ein Tal über einen Pass hinweg seinen Namen behält, kommt in Tirol noch zweimal vor. (Der Südtiroler Vinschgau reicht über den Reschenpass nach Nauders in Nordtirol, und das Pustertal erstreckt sich von seiner Mündung in das Eisacktal bei Brixen über die Wasserscheide bei Toblach bis Lienz im österreichischen Osttirol.) Warum das so ist, wird klar, wenn man weiß, dass der Brennerpass in den Ostalpen die wichtigste, weil niedrigste Verbindung über den Alpenhauptkamm darstellt – schlappe 1374 m Meereshöhe – sogar der sanfte Reschenpass liegt höher (1507 m)!

Der Brenner ist mindestens seit der Römerzeit der wichtigste Pass zwischen dem heutigen Oberitalien und Süddeutschland gewesen, da wundert es nicht, dass die Verbindungsfunktion über den Pass hinweg den Landschaftsnamen bestimmte und nicht die Flüsse, wie das sonst so üblich ist. Innerhalb Südtirols ist es der Eisack, der das Tal durchfließt vom Brenner bis Brixen, wo die Rienz einmündet und das Tal den Namen wechselt und nun nach dem Fluss Eisacktal genannt wird.

Information **Tourismusverband Eisacktal**, I-39040 Vahrn, Brennerstr. 127, ✆ 0472/802232, ℻ 801315, www.eisacktal.com, Mo–Fr 8.30–13/14–18 Uhr. Das Büro ist für das gesamte Tal zuständig! Für Detailinfos zu den einzelnen Orten wendet man sich besser an die bei den jeweiligen Orten genannten Büros.

Sterzing

Nach einem so hübschen und hervorragend erhaltenen mittelalterlichen Städtchen wie Sterzing muss man lange suchen und muss den Vergleichsmaßstab hoch ansetzen, bei Rothenburg ob der Tauber oder San Gimignano.

Die alte Straße vom Brenner nach Süden quert die Stadt vom oberen Altstadt- bis zum unteren Neustadtende. Spätmittelalterliche Häuser reihen sich eins ans andere, im Neustadtteil mit schattigen Laubengängen. Die Renaissance macht sich noch hier und dort bemerkbar, aber keine großen barocken oder gar gründerzeitlichen Veränderungen bestimmen das Bild. Sterzing ist ein Juwel eines Städtchens, das einmal Bedeutung hatte und förmlich in eine Zeitblase eingeschlossen auf uns gekommen ist.

„Fuggerstadt" – schon gehört den Ausdruck? Trifft auf Augsburg zu und in kleinerem Maßstab auf Sterzing, diese Handelsfamilie hat es im Spätmittelalter und der frühen Neuzeit beherrscht und nachhaltig geprägt. Die Augsburger Fugger waren der wahrscheinlich wichtigste Handelspartner der Republik Venedig nördlich der Alpen und gaben deutschen Kaisern Kredite, damit die ihre Kriege führen konnten, hatten also Einfluss auf Reichspolitik und Welthandel. In Sterzing verwalteten sie einen Teil ihres bedeutenden Bergwerkimperiums und zwar die Silbergruben des Ridnauntals, den Bergwerksbezirk Schneeberg auf bis zu 2500 m Meereshöhe. Die reichen Silbervorkommen des Schneeberggebiets machten nicht nur die Fugger reich, auch auf die Knappen und vor allem auf die Verwaltung in Sterzing entfiel ein Teil des Silbersegens. Man konnte sich einfach eine Menge leisten, damals in den silbernen Zeiten der Fugger. Zum Beispiel eine komplette Neustadt, als Sterzings Altstadt 1443 abbrannte. Zur Ausstattung von Bürgerhäusern, Burgen und Kirchen wurden keine Kosten und Mühen gescheut, so hat der spätgotische „Sterzinger Altar" des Hans Multscher von 1459 einen Haufen Geld gekostet. Erst als die spanisch-habsburgischen Galeonen nach 1500 und vor allem verstärkt nach 1530 tonnenweise billiges Silber aus der Neuen Welt nach Europa brachte, nämlich ins Habsburgerreich, zu dem ja auch Tirol und Sterzing gehörte, verloren das Schneeberger Silber an Bedeutung und die Fugger an Macht. Das sollte Sterzing nachhaltig beeinträchtigen, aber auch für die Zukunft konservieren, förmlich einfrieren lassen. Gut für uns Nachgeborene!

Information/Verbindungen/Adressen

- *Information* **Tourismusverein**, Stadtplatz 3, I-39049 Sterzing/Vipiteno, ✆ 0472/765325, ℻ 765441, www.sterzing.com; Mo–Sa 8.30–12/14.30–18 Uhr. Großes Büro, die üblichen Prospekte, aber keine Hoteleinzelprospekte, kleine Broschüre mit Spaziergangs- und Wandervorschlägen, auch einige Vorschläge für MTB-Touren.

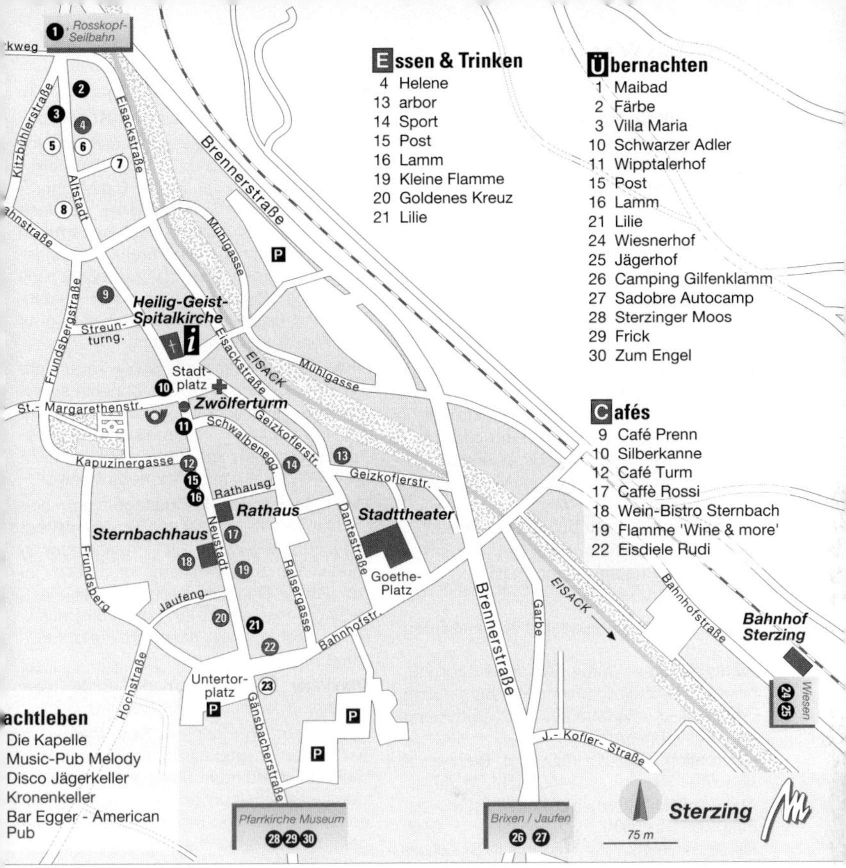

• *Verbindungen* **Bahn**: Sterzing liegt an der Brennerbahn, es halten nur Regionalzüge, Verbindungen zum Brenner und nach Brixen/Bozen etwa alle 2 Std.

Bus: Verbindungen nach Gossensass und Brenner, Ridnauntal, Jaufenpass (im Sommer), Pfitschtal und nach Franzensfeste sowie Brixen.

Pkw: Sterzing hat eigene Autobahnabfahrt.

Adressen **Krankenhaus**: St. Margarethenstr. 24, ✆ 0472/77411.

Taxi/Mietwagen: Taxistandplatz am Untertorplatz mit Liste der Nachtdienste und Telefonnummern; Taxi Bussola, ✆ 0472/765016, Edi's Taxi ✆ 0472/767248.

Sport & Freizeit/Feste & Veranstaltungen

• *Sport* **Kanu & Rafting**: Der Eisack unterhalb von Sterzing ist ein beliebtes und gut besuchtes Kanurevier. Deutsche Meisterschaften! Infos und Buchungen bei Rafting Sterzing, Pfarrangerstr. 1, Touren ab 36 € (3 Std., leicht), ✆ 0472/765660, www.raftingsterzing.it. Einstiege z. B. bei Stilfes und an der Eisackbrücke zwischen Mauls und Niederried (bei Schloss Welfenstein).

Wintersport: Die beiden Skigebiete Rosskopf oberhalb von Sterzing und Ladurns im Pflerschtal (→ Gossensass), genannt „Südtiroler Wipptal", mit 18 Liften. Skigebiet Rosskopf: Umlaufbahn (von Sterzing), 2 Sessellifte, 2 Schlepplifte, bis zu 893 m Höhenunterschied, längste Piste 3,8 km, leichte bis mittlere Schwierigkeitsgrade. Skigebiet Ladurns: 2 Sessellifte (4er aus dem Pflerschtal zum Skigebiet), 2 Skilifte, bis zu 600 m Höhenunterschied, längste Piste 2,5 km, alle Schwierigkeitsgrade.

Speziell für Kinder

Im Winter „Kinderland" bei der Talstation der Bergbahnen Ladurns (→ Pflerschtal), ganztägige Betreuung von Kindern ab 3 Jahren inkl. 2 Stunden Skikurs und Mittagessen mit Getränk. Tageskarte 34 €, Wochenkarte inkl. Skikurs 169 €. Die Skischule Sterzing bietet einen betreute Kinderskischule an (ab 3 Jahren; 6 Tage 149 €), Infos bei Residence Ladurns, ✆ 0472/770060. Ebenfalls im Winter Ermäßigungen in den Hotels (bis 8 Jahre freie Unterkunft im Zimmer der Eltern), Gratisskipass (Vater und/oder Mutter muss dabei sein), Leihausrüstung gratis (wenn Papa und/oder Mama die ihre ausborgen).

Das Südtiroler Bergbaumuseum bietet jeweils am Mittwoch um 13.45 Uhr ein spezielles Kinderprogramm an.

Skibus, Sterzing – Ladurns (Weihnachten bis Mitte April).

Kinderskikurse, durch Skischule Sterzing, neben Skischulbüro an der Bergstation Rosskopf „Kinderparadies" mit Betreuung (→ „Highlights für Kinder").

Information: Seilbahn Rosskopf, Brennerstr. 12, I-39049 Sterzing, ✆ 0472/765521, ℻ 767949, www.rosskopf.com; Bergbahnen Ladurns, Pflersch 94, 39040 Gossensass, ✆ 0472/770559, ℻ 770540, www.ladurns.it. Skischule Sterzing, ✆ 0472/764476, www.skischule-sterzing.it.

Eissporthalle, meist Di–Do und Sa/Sa 14–15.45 sowie Do/Sa 21–23 Uhr; ✆ 0472/766208.

• *Feste & Veranstaltungen* **Sterzinger Jogurtwochen**, 3 Wochen im Juli, die Molkerei Sterzing ist auf Jogurt und Bio-Milchprodukte spezialisiert, was lag näher, als diese Kompetenz in „Jogurtwochen" zu vermarkten? Besichtigungen (Molkerei), Almwanderungen, Verkostungen, „Jogurtbähnchen" in Sterzing, Jogurtmenüs in vielen Restaurants und Gasthäusern des Gebiets. Infos über Tourismusverein Sterzing.

Biker days, 3 Tage Ende Juli – rette sich, wer kein Motorrad hat. Das ohnehin schon von Bikern belagerte Sterzinger Umland (Brenner, Jaufen, Timmelsjoch, Penser Joch sind *musts* für Biker) wird dann zu 100 % im Zeichen des Motorrads stehen.

Mitte September **Knödeltage** (um den Sonntag herum); am letzten Tag Knödelfest in der Fußgängerzone mit 25 verschiedenen Knödelarten zum Verkosten und der – jedes Jahr – längsten Tischreihe der Welt, derzeit länger als 0,5 km. Mit Volksmusik, Tanz, Trachten aus ganz Tirol und Stimmung bei jedem Wetter.

Sterzinger Weihnachtsmarkt (Ende Nov. bis Anfang Jan.) auf dem Stadtplatz.

Sterzing hat ein modernes **Stadttheater**, in dem neben Theateraufführungen auch Vorträge etc. stattfinden. Programm im alle 2 Monate erscheinenden Veranstaltungskalender (bei den Tourismusvereinen der Region); Stadttheater Sterzing, Goetheplatz 1, ✆ 0472/760400, www.stadttheater-sterzing.it.

Übernachten/Camping (siehe Karte S. 87)

Sterzing ist mit Quartieren gut versorgt, eng wird es Mitte Juni bis Anfang Juli, wenn oft die Hälfte der Hotels und Gasthäuser wegen Betriebsurlaub geschlossen sind. Hochsaison Mitte Juli bis Ende August und an den Oktoberwochenenden sowie Weihnachten/Neujahr, Fasching, Ostern und Pfingsten.

Wiesen, das eigentlich zum Pfitschtal gehört, ist, was die Quartiere betrifft, ein Teil Sterzings und wird hier aufgeführt.

• *In 39049 Sterzing* **** **Lilie (21)**, Neustadt 49, nach längerer Renovierung wieder eröffnetes Traditionshotel im historischen Bau, jeder Komfort in Zimmern und Suiten, Hallenbad mit Saunalandschaft, Tennis. Restaurant Mo Ruhetag. DZ/FR 100–120 €. ✆ 0472/760063, ℻ 762749, www.hotellilie.it.

**** **Schwarzer Adler (10)**, Stadtplatz 1, zentraler geht's nicht – und das seit einem halben Jahrtausend. 2 Stadthäuser mit Frontgiebel zum Platz, Gaststätten für Passanten im Erdgeschoss, rustikales Restaurant und Rezeption (1. Stock), Einrichtung etwas tümelig-dunkel, nur 27 meist helle Zimmer mit gehobenem Komfort (u. a. Minibar), dazu Hallenbad, Sauna und Dampfbad, Solarium. Kompetenter, freundlicher Service, üppiges Frühstücksbüffet. DZ/FR 110–120 €. ✆ 0472/764064, ℻ 766522, www.schwarzeradler.it.

*** **Post (15)**, Neustadt 14, eine ehemalige Poststation – der schöne Auslieger an der Fassade erinnert daran. Gute Gaststätte (→ „Essen & Trinken"). Gepflegtes Haus alter Tradition, z. T. getäfelte Räume mit historischen Möbeln (auch Zimmer!), viel Holz. Zimmer zur Neustadt mit Erkern verlangen! DZ/FR 70–98 €. ✆ 0472/766664, ℻ 762189, www.highlight-hotels.com/post.

*** **Lamm (16)**, Neustadt 16, gutbürgerliche spätgotische Zentralerkerfront zur Fußgängerzone, moderne Fassade für die zum Garten und Parkplatz schauenden Zimmer mit Balkon (Durchschnittsausstattung). Alte Stube, Sauna und Dampfbad, Whirlpool, Solarium. DZ/FR 80–110 €, HP (in der HS üblich) 98–130 €. ✆ 0472/765127, ℻ 766860, www.hotellamm.de.

*** **Zum Engel (30)**, Deutschhausstr. 20, gegenüber der Pfarrkirche liegt dieser gutbürgerliche Einkehrgasthof mit (2003) „zehn neuen Juniorsuiten" (was nix anderes als einen neuen Zimmertrakt bedeutet). Nach hinten sehr ruhig, Zimmer mit hellem Holz, durchschnittlich groß und möbliert (Sat-TV, nicht alle mit Balkon), dazu Sauna und Dampfbad (nur 2x/Woche), Whirlpool, Solarium, Kneippbad und Heusitzbad. DZ/FR 78–92 €. ✆ 0472/765132, ℻ 767844, www.zum-engel.it.

*** **Maibad (1)**, Brennerstr. 6, wer vom Brenner kommt, ist hier lagemäßig optimal untergebracht, die Talstation der Rosskopfseilbahn liegt gleich daneben – keine Parkprobleme. Familienbetrieb, Zimmer mit TV, im Haus Sauna und Dampfbad, Solarium, Whirlpool, Fitnessraum. DZ/FR 64–74 €. ✆ 0472/765461, ℻ 767761, www.maibad.com.

*** **Sterzinger Moos (28)**, Moosweg 4, ruhig gelegenes Hotel am Altstadtrand, praktische (phantasielos eingerichtete) Zimmer, Restaurant und Pizzeria im Haus; vom namengebenden Moos ist weit und breit nichts zu sehen (dafür großer Parkplatz). DZ/FR 72–78 €. ✆ 0472/765542, ℻ 766447, www.sterzingermoos.com.

** **Wipptalerhof (11)**, Neustadt 4, durch den Bogen am Anfang der Burggerichtsgasse erreicht man die sehr angenehme Pension. Zimmer nach vorne (Neustadt) mit Erkern (eine moderne Suite), die Zimmer zur Rückseite blicken zumeist auf einen kleinen Park, den Jöchlsturm und den Komplex des ehemaligen Kapuzinerklosters. Zimmer einfach, aber o. k., mit TV. DZ/FR 56–70 €. ✆ 0472/765428, ℻ 764307, www.wipptalerhof.it.

** **Villa Maria (3)**, Altstadt 33, günstig gelegenes Gästehaus sowohl zum Brenner wie für die Stadtbesichtigung, in schönem Garten hart am Nordrand der Altstadt. Durchschnittlich ausgestattete Zimmer (TV, gute Bäder), Balkon. Angenehme Atmosphäre (kein Anbiedern), die Zimmer zur Altstadt an Wochenende durch das nahe Nachtleben (3 Bars) etwas beeinträchtigt. DZ/FR 52–64 €. ✆ 0472/767622, ℻ 767805, www.pension-villa-maria.com.

** **Frick (29)**, Deutschhausstr. 22, bezahlbare Pension am Ortsrand, Familienbetrieb, alle Zimmer mit Balkon, rustikale Ausstattung (am hübschesten die Zimmer im Dachgeschoss), große Liegewiese, die nahe Autobahn stört kaum. DZ/FR 52–54 €. ✆/℻ 0472/764496.

** **Färbe (2)**, Altstadt 46/B, Garni in der ehemaligen Färberei – alte Stube mit Kachelofen, Zimmer (TV) in Neubau, der auf Liegewiese schaut (evtl. Bahnnähe etwas störend), günstige Lage nahe Busbahnhof/Nordeinfahrt (großer Parkplatz). DZ/FR 54–56 €. ✆/℻ 0472/764123, garni.faerbe@dnet.it.

• *In 39040 Wiesen* **** **Wiesnerhof (24)**, Wiesen 98, das erste Haus in Wiesen aus Richtung Sterzing ist auch das erste Haus am Platz, das verrät schon das Äußere mit dem neu ausgebauten Hallenbadtrakt samt Wellnessanlage, den vorgelagerten Tennisplätzen und der solid-bürgerlichen Einrichtung (mit dem üblichen „Tiroler" Touch: gedrechseltes Holz, Schnitzereien, Täfelungen). Zimmer (fast) ohne Tiroler Chichi, diskrete Eleganz, nicht unbedingt groß, aber komfortabel (u. a. Minibar). DZ/FR 102–110 €. ✆ 0472/765222, ℻ 765703, www.wiesnerhof.it.

** **Jägerhof (25)**, Hintere Gasse 144, am Ortsende von Wiesen, Grün vor der Tür, familiär, im Speisesaal ein Hauch von Art Deco, und wer die Ruhe sucht, nimmt die Zimmer (mit TV) nach hinten (am besten die auf der rechten Seite). DZ/FR 50–62 €. ✆/℻ 0472/765438, www.jaegerhof.191.it.

• *Camping* * **Gilfenklamm (26)**, Jaufenstraße, 39040 Ratschings, 2 km von Sterzing entfernt am Beginn des Ratschingstals, Lärchenwald, einfache, zweckmäßige Ausstattung, Ende März bis Anfang Okt. und Weihnachten/Neujahr geöffnet. 2 Pers./Gespann ca. 14–18 €, ✆ 0472/779132, ℻ 768012, www.camping-gilfenklamm.com.

Sadobre (27), Autocamp an der Lkw-Zollstation nahe der Autobahn, Parkplatz und Stellmöglichkeit für Wohnmobile, Sanitäranlagen. 2 Pers./Gespann ab ca. 25 €. ✆ 0472/721793, ℻ 764836.

Essen & Trinken/Abends (siehe Karte S. 87)

Kleine Flamme (19), Neustadt 31, Lokal im Innenhof mit Tischen am Brunnen und im Erdgeschossgewölbe, Durchgang von den Lauben (beim Eingang mit Renaissancearabesken bemalt!) an der (zum Lokal gehörenden) Bar Kleine Flamme. Sehr feine italienische Küche von sehr hohem Standard und oft ungewöhnlichen Zusammenstellungen (z. B. Desserts mit Pfeffer, Bohnen und Curry). Ab ca. 35 €. ✆ 0472/766065. So abends und Mo geschlossen.

Goldenes Kreuz (20), Neustadt 36, draußen 3 mickrige Tische, dafür drinnen ein gotischer Saal mit von Steinsäulen getragenem Gewölbe – ein toller Ort, um zu speisen: österreichisch (gekochtes Rindfleisch mit Beilage), italienisch (Rindercarpaccio mit Rucola und Parmesan), süß (Himbeerhalbgefrorenes auf Fruchtmark) – mit ca. 20–25 € für 2 Gänge kommt man gut hin. Do Ruhetag (außer Juli bis Nov.)

Helene (4), Altstadt 42, Pizzeria und Restaurant mit gehobenem Niveau, eher italienische Küche, gute Nudelgerichte, Reisteller (Paella!) und Salatplatten. Pizza ca. 5–8 €, 2 Gänge ab ca. 25 €. Mo Ruhetag.

Lilie (21), Neustadt 49, Café-Restaurant, Bistro und Bürgerstube des Hotels Lilie, klassische Tiroler bis innovative internationale Küche: grüne Kartoffel-Biskuitroulade mit Steinpilzen, Dinkelbandnudeln mit Wildragout und „Bio-Gerstespatzlen mit Lammsoße", alle um die 8 €. Kuchenbüffet, Tagesgerichte 8 €. ✆ 0472/760063; 8–23 Uhr, Bistro im EG 11–15 Uhr. Mo Ruhetag.

Lamm (16), Neustadt 16, Restaurant mit z. T. gedeckter Gartenterrasse auf der Rückseite des Stadthotels, Pasta von Spaghetti-Gerichten bis zu Knödeln, sehr empfehlenswertes Tiroler Tris mit Käse- und Spinatknödel und Schlutzkrapfen, Hauptgerichte (viel Kurzgebratenes) eher Durchschnitt, wenige Allerweltsdesserts. Der übliche Vernatsch als Tischwein. 2 Gänge um die 20 €, 3-gängiges Menü ab 21 €.

Post (15), Neustadt 14, bürgerliches Restaurant des Gasthofs in der Neustadt mit stabilen Preisen, Menü (3 Gänge) ca. 16 €, gute Nudelgerichte wie Pappardelle mit Wildragout oder Wirsingteigtaschen (beide ca. 8 €), klassische Tiroler Hauptgerichte wie Surfleisch, Sauerkraut und Knödel (ca. 13 €), fein die Topfenknödel als Nachtisch (mit Heidelbeeren ca. 5,50 €). ✆ 0472/766664, Do ganztägig und So ab 15 Uhr geschlossen.

arbor (13), Geizkoflerstr. 15, kleines, feines Restaurant des Sterzinger Hofs, altehrwürdige Tirolerstube (Nichtraucher) und moderner Speisesaal. Mediterran-italienische Küche mit Tiroler Akzenten, Jahreszeitenprodukte. Mo ganztägig und Di mittags geschlossen.

Sport (14), Geizkoflerstr. 8, Pizza und Italo-Tiroler Küche, Garten nebenan. Menü ca. 13 €, Pizza 5–8.50 €. Bis 23.30 Uhr. Di Ruhetag.

Schwemme und Café Silberkanne (10), im Gasthof Schwarzer Adler, Stadtplatz 1, ganz Sterzing trifft sich hier auf ein Bier in der Schwemme (altmodische Gasthausatmosphäre) oder einen Macchiato im schicken Café nebenan. Kein Ruhetag.

Wein-Bistro Sternbach (18), Neustadt 28, ganz hinten im Sternbachhaus: kleiner Innenhof mit plätscherndem Wandbrunnen, moderner Holz-Glas-Chrom-Raum, ein Stückchen grüner Garten – Idylle zum Kosten und Genießen bei einem Glas Wein, einem Cocktail und vielleicht einem Imbiss. Di–Fr 17–1 Uhr, Sa 19–1 Uhr.

Flamme „Wine & more" (19), Neustadt 31, schick-modernes Minilokal, leicht zu übersehen, dabei lohnt sich für mehr als ein Dutzend offene Weine oder einen Espresso unbedingt der Besuch.

Caffè Rossi (17), Neustadt 27, nicht nur Natursäfte und Illy-Espresso im glasgedeckten Innenhof des ehemaligen Gasthofs zum Goldenen Adler. Wunderschöne spätgotische Spitzbögen, mittelalterlicher Treppenaufgang zu den Arkaden des 1. Stocks –stilvoller kann man in Sterzing kaum sitzen.

Café Turm (12), Neustadt 2, das naturtrübe „Tiroler Bier" der Innsbrucker Brauerei Harald Baumgartner ist natürlich ein Anreiz, die kleine Bar am Zwölferturm zu besuchen, dass man bleibt, macht aber die sehr persönliche Atmosphäre.

Eisdiele Rudi (22), Bahnhofstr., am späteren Abend (bis 23 Uhr, Mo Ruhetag) eines der wenigen offenen Lokale Sterzings, dann oft voll. Hauptgrund sind aber die guten Eisbecher dieses Meisterbetriebs (39

Sterzing, in der „Neustadt"

stehen auf der Karte!), dem Autor hat der Walnussbecher (mit etwas zu üppigem Walnussdekor) geschmeckt.

Café Prenn (9), Altstadt 17 a, gutbürgerliche Café-Konditorei mit klassischem Angebot an eigenen Kuchen und Torten (und super Kastanienherzen!) vom Feinsten.

• *Abends* Das Nordende der Altstadt und der Untertorplatz sind die Zentren des bescheidenen Sterzinger Nachtlebens.

Bar Egger mit American Pub (23), Gänsbacherstr. 2, direkt am Untertorplatz mimen bemalte Holzdielen, Dunkelheit und was man so unter amerikanischer Pub-Musik versteht die Atmosphäre von Kneipen in Westernfilmen. Bis 1 Uhr, So Ruhetag.

Kronenkeller (8), Altstadt 31, echter Keller in mittelalterlichem Haus, das goldene Zeichen „Peter Seeber's Brauerei" verweist auf eine von vielen früheren Nutzungen. Alle waren schon da (will man den Bildern vor der Tür glauben). 18–1 Uhr, Do Ruhetag.

Music-Pub Melody (6), Altstadt 40, Tag und Nacht dunkel ist der Pub hinter dem gedeckten Vorgarten mit der Schildersammlung. Auch tagsüber und bis 1.30 Uhr geöffnet (So Ruhetag), ✆ 0472/767255.

Die Kapelle (5), Altstadt 31, genau gegenüber dem „Melody" liegt in einem schönen, grünen Garten (es riecht förmlich nach Hefeweißer) die Kapelle des hl. Johannes, heute eine beliebte Kneipe (drinnen passt eher der Rote, nicht wahr?). 15–1 Uhr, Di Ruhetag, ✆ 0472/764488.

Disco Jägerkeller (7), Altstadt 26/Brückengasse (Nebenstraße der oberen Altstadt), gegenüber der Bar „Jägerkeller" geht's hinunter in die Kellerdisco, 22–3 Uhr, Mo (außerhalb der Saison nur Fr–So geöffnet).

Sehenswertes

Durch den Stadtbrand von 1443 und seine städtebaulichen Folgen teilt sich Sterzing in die nördliche Altstadt und die südliche Neustadt. Wer vom Parkplatz am Busbahnhof kommt, erreicht zuerst den Südteil der Neustadt:

Die Neustadt: Ein Teil der sofort nach dem Stadtbrand begonnen Neubauten wurden wie damals in den Handelsstädten Tirols allgemein üblich mit Arkaden versehen, den so genannten *Lauben*, wie sie sich auch in Bozen, Brixen, Neumarkt und Meran erhalten haben (in kleinerem Maßstab auch in anderen Städten). Die Lauben ziehen sich durch den mittleren Teil der Ostseite der Neustadt (vom Untertorplatz aus gesehen rechts) bis zum Rathaus. Nach der Rathausgasse wurden sie der platzartigen Verbreiterung der Neustadt geopfert und der Statue des hl. Johannes Nepomuk (der angrenzende hübsche Brunnen wurde erst neu errichtet). Die Häuser zu beiden Seiten der Neustadt, die praktisch aus der einen Durchgangsstraße besteht, zeugen vom Wohlstand der Stadt zur damaligen Zeit: breite Fassaden, mehrere Stockwerke, breite Einfahrten in Innen- und Lichthöfe für die hoch beladenen Karren mit Waren, eine hohe Nobeletage für die Besitzerfamilie (erster Stock), Fresken und schöne Auslieger, die das Gewerbe des Besitzers verkünden. Dem *Haus zur Lilie* gab der ab 1450 bezeugte Gasthof zur Goldenen Lilie den Namen, das Hotel Lilie, das sich heute daran befindet, ist also ein direkter Nachfolger. Das *Sternbachhaus* ist eines der größten der Neustadt, 1450 war hier das Stadt- und Landgericht untergebracht, heute ist in den Obergeschossen eine Schule untergebracht, Läden und Bistro im Erdgeschoss.

Der spätgotische, reich verzierte Erker des **Rathauses** überblickt die gesamte Neustadt. Das Haus wurde 1468 vom Rat der Stadt gekauft und kräftig umgebaut, der Erker entstand zuletzt und wurde 1524 fertig. Genau richtig für das Jahr 1525, als die aufständischen Bauern überall in Süddeutschland und Böhmen/Mähren den Ratsherren einen gehörigen Schrecken einjagten – da konnte man den Erker gleich als Ausguck verwenden, während der Notstandsrat tagte und die Sterzinger Bauern unter *Michael Gaismair* vorrückten.

Im Inneren des schönen spätgotischen Hauses überrascht der großzügige Lichthof mit umlaufender Galerie. Im ersten Stock sind einige museale Objekte ausgestellt, u. a. ein schöner Schrank mit farbigen Holzeinlagen aus dem Barock. Eine alte Holztür führt in den historischen *Ratssaal* mit alter Täfelung und umlaufenden Wandbänken, einem eindrucksvollen Kachelofen und schlichter gotischer Holzdecke. Bemerkenswert das Lüsterweibchen, das 1525 in Augsburg wohl nach einer Vorlage Albrecht Dürers entstand.

Sterzing, Nepomuk-Statue

Im *Innenhof* sind zwei interessante Objekte ausgestellt: ein römischer Meilenstein der Brennerstraße, 1979 beim Umbau eines Sterzinger Hauses gefunden (aus dem Jahr 201) und der Abguss eines Mithrassteins aus derselben Zeit, der in einer Felsenhöhle bei Mauls gefunden wurde, wo er über dem Altar des dortigen Heiligtums stand (Mithras war ein besonders vom Militär verehrter vorderasiatischer Gott, der meistens im Kampf mit einem Stier abgebildet wird).

Neben dem Rathaus steht die **Statue des hl. Johannes Nepomuk** (1739). Der Heilige, der von der Moldaubrücke in den Fluss geworfen wurde, wehrt Wassergefahren ab. Unbedingt nötig an einem

Ort, der immer wieder mit Überschwemmungen durch den etwas oberhalb mündenden Vallerbach und den Eisacks zu rechnen hatte (er hat seine Arbeit nie perfekt getan).

Öffnungszeiten **Rathaus** Mo–Do 8.15–12.15/17–17.30, Fr nur vormittags; **Innenhof** (Mithrasstein/römischer Meilenstein) Mo–Sa 8–18 Uhr; Eintritt frei.

Die Altstadt: Der *Zwölferturm* trennt Neustadt und Altstadt. 46 m hoch, von 1468 bis 1472 erbaut und das Wahrzeichen Sterzings. Der steinerne Treppengiebel stammt von 1867, nachdem der frühere Spitzhelm abgebrannt war. Auf dem Stadtplatz gleich dahinter dominiert der *Gasthof Schwarzer Adler* mit seinen zwei Frontgiebeln (offensichtlich aus zwei alten Häusern zusammengefasst), am linken Eck steht ein hölzernes *Bildstöckl* (leider ohne die Statue), das zur Erinnerung an einen Blitzschlag im Jahr 1636 aufgestellt wurde, der dank göttlicher Fügung ohne Brand ablief. Dem Zwölferturm gegenüber liegt ebenfalls am Stadtplatz die *Heiliggeist-Spital-Kirche* (rechts davon die Touristeninformation), ein nach außen ganz schlichter Bau der Gotik (ab 1399). Drinnen entpuppt sie sich als ein zweijochiger Raum mit Spitzbögen, der fast komplett spätgotisch ausgemalt ist (das nördliche Seitenschiff ist ohne Dekor). Die Fresken des *Hans von Bruneck* aus dem Jahr 1402 sind etwas verblasst, aber gut zu erkennen. Die Heilsgeschichte – wie damals üblich – ist in großformatigen Szenen dargestellt. Besonders eindrucksvoll sind der Zug der Hl. Drei Könige mit der Anbetung des Kindes über der nordwestlichen Arkade und das Jüngste Gericht an der Westwand, der früheren Eingangswand: die Darstellung von Reihen sich öffnender Gräber, aus denen die Toten beim Jüngsten Gericht auferstehen, kann schon Schauer auslösen.

Das postmoderne *Athesiahaus* (zweistöckige Buch- und Papierhandlung) mit seinem zentralen Stahl-Glas-Erker fügt sich trotz oder wegen des großen Kontrasts zu den Nachbarhäusern gut in die Fassadenflucht der Altstadt ein. Typisch postmodern heißt hier: Das für Sterzings Architektur charakteristische Element des Mittelerkers wird verfremdet zitiert. Was allerdings die Pylonen links und rechts bedeuten, die in Anordnung und Form (Hohlkehle!) ägyptische Tempel zitieren, fragt sich sicher nicht nur der Autor dieses Buchs. Das *Haus in der Färbe*, ganz am oberen Ende der Altstadt, wurde früher Oberspital genannt und war im 14. Jh. ein Armenspital, dann Bürgerhaus, später Färberei, heute wird es als Pension genutzt.

Öffnungszeiten **Heiliggeist-Spital-Kirche** Mo–Fr 8.30–12/14.30–18 Uhr, Sa 8.30–12 Uhr.

Stadtpfarrkirche und Deutschordenshaus: Etwas außerhalb des Orts liegt die *Pfarrkirche Unsere Liebe Frau im Moos*, ein im Inneren prächtiger spätgotischer Bau (1417–1524). An der Nordwand der Kirche befindet sich der *Postumia-Victorina-Stein*, ein römischer Grabstein, der unter Kaiser Maximilian 1497 aufgefunden wurde. Der kaiserliche Auftrag, den Fund schriftlich zu dokumentieren, ist die älteste archäologische Dokumentation im deutschen Sprachraum.

Die beiden Museen *Stadtmuseum* und *Multschermuseum* sind im ersten Stock der Kommende des Deutschen Ordens nahe der Pfarrkirche untergebracht. Der Ritterorden hatte im Sterzinger Raum großen Besitz, in diesem Haus war die Verwaltung untergebracht, was in einigen Räumen noch gut zu sehen ist. Das Multschermuseum verwahrt die wichtigsten Teile des „Sterzinger Altars" des Ulmer Meisters *Hans Multscher* (1459), der Altar gehört zu den wichtigsten Werken der ausgehenden Mittelalters im deutschen Sprachraum.

Öffnungszeiten **Stadtpfarrkirche** tägl. 9–19 Uhr. **Stadtmuseum/Multschermuseum**, Deutschhausstr., ✆ 0472/766464. April bis Okt. Di–Sa 10–12/14–17 Uhr, Eintritt ca. 2,50 €, Kinder ca. 1,20 €.

Burg Reifenstein, Besitz der Thurn und Taxis

Ausflüge

▸ **Auf den Rosskopf**: Direkt von Sterzing, das auf fast 1000 m liegt, führt die Rosskopfseilbahn 800 m höher bis unter den Rosskopf mit seiner phantastischen Aussicht, einem dichten Netz von meist leichten Wanderwegen und winterlichen Pisten samt zugehörigen Skiliften. Die 300 Höhenmeter von der Bergstation zum Rosskopfgipfel sollten für jeden einigermaßen rüstigen Besucher zu schaffen sein. Die kleine Mühe wird mit Blicken auf den Tribulaun im Norden (Ötztaler Alpen), die Zillertaler Alpen, die Sarntaler Alpen und die Geislerspitzen in den Dolomiten im Südosten belohnt (wenn das Wetter mitspielt). Wer nur im Bereich der Bergstation spazieren will, bekommt an Wochenenden ein buntes Programm präsentiert, das von Bierverkostungen über Volksmusik bis zum Country- & Westernfest reicht.

• *Bergbahn* **Seilbahn Sterzing-Rosskopf**, Brennerstr. 12, ✆ 0472/765521. Mitte bis Ende Juni und letzte Septemberwoche bis Mitte Okt. nur Sa/So 9–12/13.15–17/18 Uhr; 1.–3. Woche im Juli und Sept. Di–So 9–12/13.15–17/18 Uhr; 4. Juliwoche und Aug. tägl. 9–12/13.15–18 Uhr. Berg ca. 6 €, Senioren 4,80 €, Kinder 3,80 €, Berg/Tal 8,50/7/5,30 €.

• *Hütten* Bewirtschaftete Hütten an und in der Nähe der Bergstation („Roßstodl"): **Sterzinger Haus** (Alpenverein Südtirol, Übernachtungsmöglichkeit, ✆ 0472/765301), **Jausenstation Rosskopf**, **Sternhütte**, etwas abseits das **Gasthaus Furl** (Übernachtungsmöglichkeit, ✆ 00472/764825), im Abstieg nach Sterzing **Enzianhütte** (an Seilbahn-Ruhetagen geschlossen).

▸ **Burg (Schloss) Reifenstein**: Die eindrucksvolle Burg der Thurn und Taxis liegt am Südrand des *Sterzinger Mooses*. Die „typische Ritterburg" (wie aus dem Bastelladen) bewacht mit der gegenüberliegenden *Burg Schreckenstein* den Eingang zum unteren Wipptal (das obere Eisacktal und seine Verlängerung über den Brenner bis nach Innsbruck wird traditionell Wipptal genannt). Reifensteins Bergfried stammt noch aus romanischer Zeit, die späteren mittelalterlichen Erweiterungen standen schon, als 1470 der Deutsche Orden die Burg übernahm. Die Besichtigung zeigt u. a. die große Rauchkuchl, eine rußgeschwärzte Küche, in der für Herrschaft und Dienstboten über offenem Feuer gekocht wurde. Der Grüne Saal im zweiten Stock wurde 1497 komplett illusionistisch ausgemalt. Eindrucksvoll der Marterpfahl im Vorraum des Verlieses, das im Bergfried untergebracht war. Im untersten Geschoss des Bergfrieds schliefen die Wachen auf Stroh, die engen hölzernen Verschläge, in denen wahrscheinlich je drei Mann Platz finden mussten, sind erhalten.

Am Nordrand der Kuppe von Reifenstein steht *St. Zeno*, eine mittelalterliche Kapelle mit barocker Ausstattung. Wie der Veroneser Patron St. Zeno wohl hierher kommt?

• *Anfahrt* Straße von der SS 12 (Sterzing – Brixen) mit Hinweisschild „Elzenbaum Burg Reifenstein", Parkplatz unter dem Burgberg (ca. 0,5 km zu Fuß bis zur Burg).

• *Öffnungszeiten* Besichtigung nur im Rahmen einer **Führung**, tägl. (außer Mo nachmittags und Fr) um 9.30, 10.30, 14 und 15 Uhr (im Aug. auch 16 Uhr). Eintritt 4 €, Kinder 3 €. ✆ 0472/765879.

Der Brennerpass und Brennerbad

Der Brennerpass ist erst seit 1918, offiziell sogar erst seit dem Friedensvertrag zwischen Österreich und Italien Staatsgrenze. Bis zum Schengen-Abkommen war er zumindest auf italienischer Seite ausgesprochen gut mit Zöllnern, Carabinieri und anderen Offizialen besetzt.

Das ist Geschichte, auf der Straße wurde der Übergang praktisch komplett abgebaut, der große Bahnhof Brenner (auf italienischer Seite) hat nicht einmal mehr einen Fahrkartenschalter, weder für die ÖBB noch für Trenitalia. Auch die Zahl der Händler, die hier gute Geschäfte mit kauflustigen Nordlichtern machten, die ihren ersten Chianti und ihren letzten Ledergürtel ausgerechnet hier erwerben wollten, ist zurückgegangen. Aber nicht ganz: Leder, Leder, Leder in jeder Form gibt es noch immer in dicht gedrängten Geschäften und Ständen und italienischer Wein wird immer noch zu gehobenen Preisen angeboten, als ob es keinen anderen vernünftigen Ort gäbe, ihn zu kaufen. Traurige Zeiten für Banken und Geldwechsler, die wenigsten Urlauber müssen noch Geld wechseln, wenn sie über den Brenner nach Italien einreisen.

Als der **Kurort Brennerbad** im späten 19. Jh. gegründete wurde, errichtete man für ihn extra eine Schnellzugstation, so populär war er. Das Jahr 1914 ließ die Touristen wegbleiben, das Jahr 1918 machte aus dem Kurort einen Grenzort, und das war's dann. Die italienischen Soldaten und Alpini, die dann die Grenzregion bevölkerten, brachten auch keinen Ersatz für den Tourismus. Heute ist der kleine Ort im bescheidenen Aufschwung, die alte Kuranstalt hat in neuem Kleid wieder aufgemacht, die zahlreichen für die Öffentlichkeit freigegebenen Militärstraßen hinauf zum Alpenhauptkamm bilden ein Dorado für Mountainbiker.

• *Verbindungen* **Bahn**: Am Bahnhof Brennero/Brenner halten immer noch alle Züge, aber nur noch zum Lokwechsel, nicht mehr zur Personenkontrolle. Keine Schalter, aus Automaten sind nur Südtiroler und Nordtiroler Fahrkarten zu erhalten, nach überregionalen Tickets sucht man vergebens!

• *Auto* Der Autobahnübergang Brenner, an dem man oft recht lange warten musste, kann heute schlicht durchfahren werden.

• *Einkaufen* **Markt** am Brenner am 5. und 20. jeden Monats (außer So).

• *Wintersport/Hütte* **Rodelbahn Zirog-Brennerbad**, 6,5 km, leicht bis mittel, Enzianhütte (Gehzeit 2–3 Std.) auch im Winter geöffnet, ✆ 0472/631221.

• *Sehenswertes* **„84 Stufen"**, zeitgenössische Installation mit besagter Stufenanzahl 800 m südlich des Brennerpasses und rechts der Staatsstraße (Hinweisschild). Infos über kunstort©peterkaser&hanswinkler.

• *Übernachten* ** **Silbergasser**, Brennerbad 5, 39041 Brenner, einfacher Gasthof mit Restaurant, günstig für Kurgäste, Mountainbiker und für den, der nächtigen will, bevor's weitergeht in den sonnigen Süden. DZ/FR mit DU/WC 52–60 €. ✆ 0472/631158.

Kuren in Brennerbad

Früher wurde der Kurbetrieb der warmen Quelle Brennerbad weniger vom Verkehr geplagt, seine Wirkung bei vielen Erkrankungen (Haut, Atemwege, Hals, Nasen und Ohren, Harnwege; Rheuma) hat er deswegen nicht eingebüßt. Trinkkuren, Heilbäder im Thermalwasser (vor allem bei Ekzemen, Psoriasis und Dermatitis) und Inhalationskuren werden durchgeführt. Die Fakten: Wassertemperatur 21,6–22,9 °, alkalisch-eisenhaltiges Wasser mit Kohlensäure, Schwefelsäure und Kalk. Gekurt wird hier seit dem Mittelalter (1338 erstmals urkundlich erwähnt), 1460 kam der Tiroler Landesfürst Sigismund samt Gattin Eleanor von Schottland zur Kur. Ein größeres Gebäude entstand 1606, es wurde vom Sterzinger Unternehmer Zacharias Geizkofler errichtet. In der Gründerzeit war das Bad so populär, dass sämtliche Schnellzüge der Brennerbahn an der eigens errichteten Haltestelle hielten. Das für die Kurgäste 1902 neben dem alten Bad errichtete Grandhotel brannte nach dem Ersten Weltkrieg ab. Ganz so herrschaftlich wie vor 1914 ist es heute nicht mehr – seit der Brennergrenze ging's nur noch bergab, und über Jahrzehnte war der Kurbetrieb eingestellt. Ein neues Haus für den Badebetrieb und Anwendungen auf zeitgenössischem Niveau haben das Bad vor kurzem wieder salonfähig gemacht.

Information/Öffnungszeiten ✆ 0472/631124, ℻ 635549, www.termedibrennero.it: Preisliste auf Anfrage (kann gefaxt werden), z. B. Trinkkur halbtags 7 €, über 12 Tage 77 €, Thermalbad mit Ruheraum 27 €, Körpervollmassage 45 €. Betrieb Mo–Sa 8–13 Uhr.

Gossensass und das Pflerschtal

Fahren Sie am Brenner runter von der Autobahn, es lohnt sich. Das Pflerschtal, dessen eisbedeckte Gipfel man sonst nur auf der rechten Seite vorbeihuschen sieht, ist den Besuch wert, und Gossensass ein echter alter Straßenort, den Millionen auf dem Weg nach dem Süden gequert haben.

Das bei Gossensass in das junge Eisacktal mündende Pflerschtal sollte man unbedingt besuchen, und wäre es nur für den Blick auf den *Tribulaun*, den man von Innerpflersch aus hat. Bei einer wilden Berggestalt wie dieser müssen andere Gipfel regelrecht neidisch werden. Wer den Tribulaun aus höherer Position betrachten will, hat's ebenfalls leicht: Ein bequemer Lift führt auf die **Ladurnser Alm** mit ihrem Sommer- und Wintersportrevier.

Information/Verbindungen/Sport

• *Information* **Tourismusverein Gossensass**, Ibsenplatz 2, I-39040 Gossensass/Colle Isarco; ✆ 0472/632372, ℻ 632580, www.gossensass.org. Mo–Fr 8–12/14–17, Sa 9–12 Uhr.

• *Verbindungen* **Auto**: Gossensass ist der erste größere Ort, den man auf der Brennerstaatsstraße in Südtirol erreicht. Keine Autobahnabfahrt!

Bus: gute Verbindungen mit Brenner und Sterzing, erträglich ins Pflerschtal.

• *Sport* **Radfahren/Mountainbikes**: reichlich alte Militärstraßen in der Umgebung, von den Italienern angelegt, um die 1918/19 neu entstandene Grenze gegen Österreich zu schützen (inzwischen wohl nicht mehr so gefährlich). Einige Straßen verlaufen in großer Höhe und in unmittelbarer Nähe der Grenze. Der sog. *Grenzradweg*, der am Brenner beginnt, ist derzeit etwas problematisch, da ein Bauer sein Wegerecht behauptet, und Maut kassiert. Gossensass

Villanders, Dorfidylle über dem Eisacktal ▲▲

▲▲ Sterzings mittelalterliche „Neustadt“ mit dem Zwölferturm
▲ Beim Radlsee, jenseits des Eisacks Plose und Peitlerkofel

Kloster Neustift bei Brixen ▲▲
Wasserspiele (Beregnungsanlage) bei Barbian ▲

▲▲ Zwei Bozner Attraktionen: gotische Domkirche (links) und „Ötzi-Museum" (rechts)
▲ Schloss Maretsch im Weinberg am Bozner Stadtrand

legt mit Hilfe des Fremdenverkehrsverbands Eisacktal ein ausgedehntes Netz von Radwegen an, in dem die heutigen Radwege nur einen kleinen Teil bilden sollen. Karte mit 9 MB-Touren samt Beschreibungen beim Verkehrsverein (ca. 7 €).

• *Wintersport* → Sterzing; Natureislaufbahn Ibsenplatz, auch Eisstockschießen.

Übernachten/Essen & Trinken

• *In Gossensass* *** **Lorenz**, Färberstr. 5, Hotel-Residence, architektonisch gelungener Neubau. Das durch 3 Mini-Giebel aufgebrochene Dach symbolisiert Bergspitzen und Tiroler Bauernhofdächer, die Abrundungen an der Fassade gehören zum selben postmodernen Stil (mal kein Tirolerhaus, tut richtig wohl). Auch drinnen nur dezente Andeutungen (Holzdecken-Konstruktionen), moderne und schicke Einrichtung, im Speisesaal in Art-deco-Manier ans Elegante grenzend. Wellnessbereich mit Sauna, Dampfbad und Solarium. Ferienwohnungen 45–60 qm in hellen Tönen mit Möbeln, die verglichen mit dem Haus schicker sein könnten. Apt. für 2–4 Pers. 50–128 €, DZ/FR 70–80 €. ✆ 0472/632093, 📠 632032, www.hotellorenz.com.

*** **Gudrun**, Alte Postgasse 8, Hotel in Bauformen, wie sie vor 1914 für alpine Hotels verwendet wurden, mit rustikalen Holzbalkonen, nicht alle mit Satteldach, beachten Sie das schöne zeittypische Treppengeländer aus Gusseisen im Inneren des Hauses! Das Hotel ist schön auf einer Wiese am Waldrand gelegen. Moderner Saunabereich mit Whirlpool und kleines Hallenbad, Einrichtung der Zimmer ist zweckmäßig. Angenehm der kleine Sitzbereich (Tisch und Kurzbänke). DZ/FR 48–70 €. ✆ 0472/632318, 📠 632106, www.hotel-gudrun.com.

*** **Erna**, Pflerscher Str. 2, Hotel im üblichen Tiroler Stil (umlaufende Holzbalkone) in recht ruhiger Lage am unteren Ortsrand, großer Saunabereich mit Whirlpool, Liegewiese, Tennisplatz, Zimmer ordentlich. DZ/FR 74–95 €. ✆ 0472/632307, 📠 632183, www.hotel-erna.com.

** **Schuster**, Pfarrgasse 1, ruhig unter der Pfarrkirche gelegenes, eher einfaches Hotel mit Sauna, Solarium, Fitnessraum, Zimmer mit TV und gutes Restaurant-Café (eigener Kuchen und Eis). Hilfsbereit die Besitzerfamilie Plank, die auch Wanderungen, Rodelpartien und Grillabende veranstaltet. DZ/FR 50–70 €. ✆ 0472/632322, 📠 632180, www.hotel-schuster.com.

** **Moarwirt**, Romstraße 11, einfacher Gasthof an der Durchgangsstraße, traditionelle Küche (Schlutzkrapfen, Kasnocken & Co.), italienische Nudelgerichte, empfehlenswert die Forellen in 5 Zubereitungen, ab 18 €, es gibt auch Pizza; Zimmer mit TV. DZ/FR 56–66 €. ✆ 0472/632324, 📠 632129, www.moarwirt.com.

Kuhstall, Romstraße 9, Pizzeria, nur das Dekor erinnert (vielleicht) an einen Kuhstall. Die Pizza o. k., gut die mit den vier Pilzen und die ungewöhnliche Pizza mit Brie und Pilzen (ca. 6–9 €), Auch Salatplatten, z. B. die üppige „fantasia" mit Tunfisch und Pilzen (alle um 7 €). Mi Ruhetag.

• *Im Pflerschtal* *** **Panorama**, Pflersch 176. Vom Hotel Panorama oberhalb der Kirche in St. Anton hat man einen schönen Ausblick, wenn er auch gewissermaßen in die „falsche", nämlich weniger spektakuläre Richtung geht: Man sieht nicht zum über St. Anton thronenden Tribulaun sondern talauswärts in Richtung Gossensass. Das hat den Vorteil, dass die korrekt eingerichteten Zimmer zum Tal mit ihren Balkonen sonnig und warm sind, während die Zimmer zur Eingangsseite die spätnachmittägliche und Abendsonne abbekommen. Sauna, Solarium, Liegewiese, auch im Winter ein guter Standort (Langlaufloipe und Übungslift beim Haus). Das Frühstücksbüffet und die Küche generell können sich sehen lassen, z. B. ein

TIPP! * Feuerstein**, Pflersch 185, *der* Hit für Kinder: ein ganzer Schuppen zum Spielen! Heuboden, Rutschen (hinein ins Heu !), Billard, Tischtennis, Tischfußball, Streicheltiere, Spielräume ... und die Eltern können in Ruhe was anderes machen. Dazu Betreuung, Ausflüge und spezielle Veranstaltungen für die Kleinen. Sauna und Dampfbad, Biosauna, Solarium, Tennis. Das moderne Haus im Grünen hat gute Zimmer mit festen Betten, bei 2 zahlenden Erwachsenen im gleichen Zimmer Kinder bis 4 Jahre gratis, bis 7 Jahre 70 %, bis 15 50 % und über 15 immer noch 10 % Rabatt auf die Halbpension. DZ/HP 96–116 €. ✆ 0472/770126, 📠 770120, www.hotel-feuerstein.it.

Gossensass, alte Sommerfrische und Brennerautobahn

sehr gutes Tiroler Tris (Vorspeisen ab ca. 7 €, Fleisch ca. 9–15 €). DZ/FR 60–70 €. ✆ 0472/770010, 📠 770041, www.hotel-panorama.it.

*** **Bergkristall,** Pflersch, modernes, attraktiv gestaltetes Hotel neben der Talstation Ladurns, die große Pizzeria (Holzofenpizza) im Erdgeschoss mit Terrasse ist an Sonn- und Feiertagen in der Saison gerammelt voll. Zimmer mit Fön, Balkon, zweckmäßiges und gut verarbeitetes Mobiliar. Sauna und Dampfbad, Solarium, Fitnessraum, Liegewiese. DZ/HP 82–118 €. ✆ 0472/770561, 📠 770562, www.bergkristall.it.

*** **Argentum**, St. Anton 157, Hotelpension im Tiroler Stil mit großem Hallenbad und Sauna am Ortseingang von St. Anton, nach vorn jenseits der Straße Bach und Wald, nach hinten Wiesen, Wald und der Tribulaun. Behindertengerecht (Aufzug, stufenlose Übergänge, Zugang auf Rampe), Zimmer gut, ohne TV, teilweise Balkon. Sommer- und Winterziel, Wanderwege und Skilifte unweit. DZ/FR 50–72 €. ✆ 0472/77083, 📠 770027, www.argentum.it.

** **Knappenhof**, Pflersch 86, Pension in einem Haus im Grünen mit viel Holz in Speisesaal, Bar und Zimmern (TV, Balkon), gutes Frühstücksbüffet, Sauna, Whirlpool und Liegewiese. DZ/FR ca. 52–62 €. ✆ 0472/770594, 📠 770523, www.knappenhof.com.

Tribulaun, Pflersch 158, schlichte Pension in St. Anton am unteren Ortsrand, der Tribulaun bildet, steht man vor dem Haus, ein zweites Dach. Freundliche Atmosphäre, von der eher tristen Atmosphäre des Mittelgangos im Erdgeschoss sollte man sich nicht abschrecken lassen. Preise auf Anfrage; ✆ 0472/770125.

Sehenswertes/Ausflüge

▸ **Gossensass**: Die Stadt hat eine ähnliche Geschichte wie Sterzing, seine Lage am Fuß des Brennerpasses und die nahen Erzvorkommen haben sie im Wesentlichen bestimmt. Im Pflerschtal wurde schon in vorgeschichtlicher Zeit Bergbau betrieben, der Silberabbau hatte dann im Spätmittelalter seinen Höhepunkt, bevor der Silberpreis durch die Importe aus der Neuen Welt nach etwa 1520 schlagartig in den Keller fiel und der Abbau unwirtschaftlich wurde. Rein äußerlich ist von dieser Glanzzeit im Straßenort Gossensass wenig zu sehen, man muss genau hinschauen.

Etwa in der *Barbarakapelle* auf dem Friedhof, einer Knappenkapelle, also einer Stiftung von Bergleuten aus dem Jahr 1510 (noch konnte man den nahen Zusammenbruch des Bergbaus nicht voraussehen). Sie beherbergt einen prächtigen spätgotischen Flügelaltar, der auf der Predella Malereien trägt, die Knappenarbeit zeigen (links Steinbruch, rechts Stollen, ein Knappe schiebt eine Lore mit gebrochenem Gestein, ein anderer zerkleinert es). Noch 1751 konnte sich Gossensass den berühmten Mathäus Günther leisten, um die *Pfarrkirche* auszumalen, seine illusionistischen Fresken stehen am Anfang des Rokoko. Neuen Auftrieb erhielt der zur Bedeutungslosigkeit herabgesunkene Ort, der wenigstens immer als Einkehr bei Brennerüberschreitungen genutzt wurde, in der Gründerzeit. Zusammen mit Brennerbad entstand in Gossensass eine der ersten alpinen Sommerfrischen der österreichisch-ungarischen Monarchie, einer seiner langjährigen Gäste war Henrik Ibsen. Der Beginn einer Entwicklung, die durch den Kriegsausbruch von 1914 rasch wieder beendet wurde. Ein schöner Hotelbau der damaligen Zeit steht an der Brennerstraße im unteren Ortsteil (Restaurant-Pizzeria Europa), insbesondere die damals für Hotels in Sommerfrischen typischen maschinell hergestellten Holzsägearbeiten am zweistöckigen Holzvorbau des Hauses sind einen Blick wert.

▶ **Im Pflerschtal**: Zunächst scheinen die Talschlussgletscher, vor allem der *Feuersteingletscher*, das bestimmende Landschaftselement dieses bis zum Alpenhauptkamm reichenden Tals. Doch wenn man sich weiter ins Tal hineinbegibt, wird ein Berg an der Nordseite immer gewaltiger und eindrucksvoller, der Tribulaun, genauer der **Pflerscher Tribulaun** (3096 m). Seine gewaltige Südwand ist fast 800 m hoch, sie wirkt wie eine senkrechte Mauer. Auf der Nordseite, aus dem österreichischen Gschnitztal, wirkt der Berg nicht ganz so gewaltig, ist aber genauso wenig von Durchschnittbergsteigern zu bewältigen. Direkt unter dem Tribulaun liegt **Innerpflersch**, der letzte Ort im Tal mit Kirche und Gasthof, weiter drinnen im Talschluss gibt es nur noch Almen und Hütten. Der Talschluss gipfelt in einem Gletscherplateau, dem *Feuertalferner*, umrahmt von mehreren Dreitausendern, darunter dem Westlichen (3250 m) und Östlichen (3267 m) Feuerstein. Einzige Hütte in dieser Eiseinsamkeit ist die *Magdeburger Hütte* (Rifugio Cremona, 2423 m), ein Stützpunkt für Kletterer und Eisgeher, aber auch beliebtes Wanderziel für einen Bergtag – von der Ochsenhütte im Talschluss, die man mit dem Auto erreichen kann, sind es nur zwei Stunden zu Fuß hinauf.

An der schattigen Südseite des Pflerschtals hat sich viel Wald erhalten, der ab etwa 1800 m in ausgedehnte Almweiden übergeht. Die **Ladurnser Alm** in der Mitte des Tals wird durch einen Lift erschlossen, der im Sommer ein schönes Wandergebiet erschließt, in dem man z. B. eine Rundwanderung hinüber zur Bergstation des Rosskopfs oberhalb von Sterzing machen kann. Im Winter ist die Ladurnser Almlandschaft ein in sich abgeschlossenes, sehr reizvolles Skigebiet mit immerhin vier Liften.

• *Bergbahn* **Ladurns-Lift**, im Sommer bis Mitte Juli und Anfang Sept. an Wochenenden, Mitte Juli bis Ende Aug. tägl. 9–12/13.15–17.30 Uhr, Zirkapreise: Berg 5 €, Kinder 3 €, Senioren 4 €, Berg/Tal 7/6/5 €. ✆ 0472/770559, www.ladurns.it.

• *Wintersport* → Sterzing. **Skiservice** Erwin Stricker, ✆/℻ 0472/770560; **Skischule Gossensass**, ✆ 0472/632673, www.skischule-gossensass.it.

Skibus Sterzing – Ladurns Weihnachten bis Mitte April; an der Talstation Skiverleih.

• *Übernachten/Essen & Trinken* **Edelweißhütte**, am winzigen Ladurnser See, rustikale Küche, einfache Zimmer, Angeln im See, ✆ 0472/770525, edelweisshuette@dnet.it.

Am Schalter des Ladurns-Sessellifts gibt es einen kostenlosen Übersichtsplan: „Ladurns Wandervorschläge".

Wanderung zur Tribulaunhütte am Sandersee: Die phantastischsten Blicke auf den Pflerscher Tribulaun hat man von der 700 m tiefer gelegenen Tribulaunhütte am dunklen Sandersee. Man beginnt die Wanderung am Parkplatz in Hinterstein auf 1350 m und wird auf dem gut markierten und beschilderten Weg 8 ohne Gabelungen zur Hütte hinaufgelenkt (eine Weg-Einmündung von rechts im oberen Teil wird nicht beachtet). Der steile Südhang ist nicht ohne Schweißvergießen zu gehen, an einigen Stellen ist er etwas ausgesetzt.

Tour-Info Vom Parkplatz zur Hütte 900 Höhenmeter, ↑ 3:30 Std., ↓ 2:30 Std., Gesamtgehzeit 6 Std. Tribulaunhütte (Rifugio Calciati al Tribulaun), I-39040 Gossensass/Pflersch 136, CAI Sterzing, 2369 m, 19 Betten und 25 Lager, Mitte Juli bis Mitte Sept. geöffnet, ✆ 0472/632470.

Tour 1: Mit dem Rad durch das Pflerschtal

Tour-Info: Radtour entlang dem Schattenhang des Pflerschtals, meist durch Wald und hoch über der Talsohle, einfach zu fahren bis auf ein kurzes Stück auf einem holprigen Steig. Dauer 2–2:30 Std.; Länge der beschriebenen Strecke 16,6 km, dazu Hinweg auf Talstraße 9,7 km; Höhenunterschied: ↑ 450 m, ↓ 600 m; Karten: Tabacco (1:25.000) Blatt 38; Kompass (1:50.000) Blatt 44.

Von der Kirche in St. Anton in Innerpflersch **A** nimmt man die talauswärts führende Straße hinunter zum Pflerschbach, passiert eine erste Brücke **B** und fährt mit der Straße über eine zweite Brücke **C**. Jenseits davon zweigt eine schmale asphaltierte Straße ab und führt den Hang hinauf. Auf mehreren Serpentinen schraubt sie sich durch Wald, nach einer Rechtskurve endet der Asphalt **D**, und es geht auf einer Forststraße weiter. Diese mündet kurz darauf in eine querende, fast eben verlaufende Forststraße **E**, der man nach links folgt. Mit einigen Steigungen führt diese Straße ins Tal des Toffringbachs, der nach dem Staubecken gequert wird **F**, hier kann man rechts einen hübschen Abstecher zur Toffringalm machen oder gar hinauf zur bewirtschafteten Edelweißhütte laufen (hin/zurück 3 Std., nur Wanderweg!).

Nach der Bachquerung führt die Straße eben weiter durch Wald, dann wird plötzlich die Liftstation **G** des neuen zweiten Lifts zur Ladurner Alm und der Lift selbst passiert. Im nächsten Tälchen endet die Forststraße plötzlich **H**, hier nicht links hinunter, sondern ein meist trockenes Bachbett querend auf dem Wanderweg, der mit „Gossensass" deutlich beschildert ist. Vorsicht bei der Weiterfahrt, holpriges Gelände mit vielen Wurzeln (evtl. absteigen und schie-

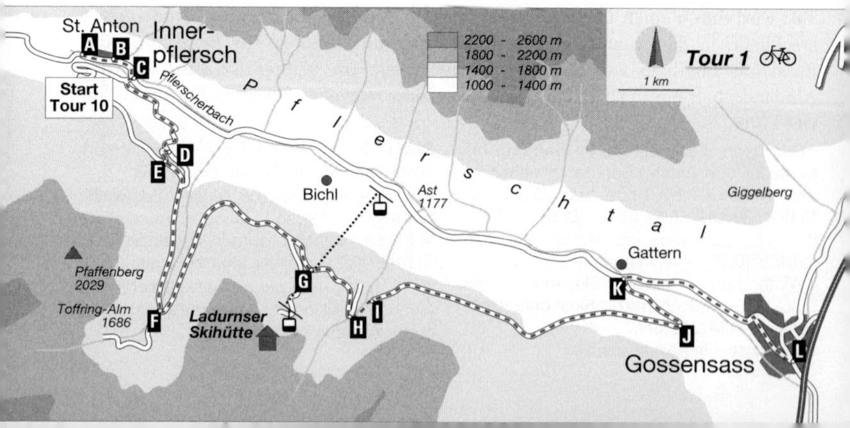

ben)! Der Fußweg endet am Beginn einer Forststraße **I**, der wir ab sofort folgen. Nach Hangpassage und Querung eines Tälchens folgt eine hübsche Abfahrt, eine einzige Kurve **J** ändert die Fahrtrichtung, dann ist man auch schon an einer Schranke und an der Hauptstraße durch das Pflerschtal **K** angelangt, Rechts weiter auf dieser Straße und nach Gossensass, wo die Bennerstraße erreicht wird **L**.

Das Ridnauntal

Das nur 16 km lange Ridnauntal mit seinen Nebentälern ist prall gefüllt mit Sehenswürdigkeiten und landschaftlichen Highlights. Gletscher und Dreitausender im Westen bis hinauf zum Zuckerhütl, mit 3507 m dem höchsten Gipfel der Stubaier Alpen (deren größter Teil in Österreich liegt).

Die *Gilfenklamm* ist ein leicht zu erreichendes Naturwunder, das abzweigende **Ratschingstal** ein idyllisches Bergtal mit Bauernhöfen und Almen, ein wahres Wanderparadies. Im **Schloss Wolfsthurn** ist nicht nur ein prachtvoller spätbarocker Schlossbau zu bewundern sondern auch eine außergewöhnliche Sammlung zum Jagd- und Fischereiwesen. Vom früher bedeutenden Bergbau bekommt man eine Ahnung, wenn man die ausgedehnten Anlagen des **Südtiroler Bergbaumuseums Ridnaun-Schneeberg** besucht, die sich bis in fast 2500 m Meereshöhe hinauf ziehen.

Die einsam liegende **Kirche St. Magdalena**, Knappenkapelle genannt, ist aus Sorge vor Diebstählen ständig geschlossen. Sie ist ein spätgotisches Juwel von 1482 und wurde von den Bergleuten am Schneeberg bezahlt, Beleg des wirtschaftlichen Höhepunkts der Bergwerksregion. Innen zwei bedeutende spätgotische Flügelaltäre von den Sterzinger Meistern *Mattheis Stöbele* und *Hans Harder*. Wenig später ging's bergab, als um 1500 die Fugger den Bergbau übernahmen. Zum einen investierten die Fugger eine Menge und steigerten die Ausbeute enorm, brachten sie dadurch aber auch bald zum Versiegen. Und zum anderen brachten die amerikanischen Silberschätze im 16. Jh. den Silberpreis auf einen nie geahnten Tiefstand. Die Bergwerke wurden unwirtschaftlich. 1925 bis in die 50er Jahre des 20. Jh. betrieben italienische Gesellschaften den Bergbau, was davon und von den früheren Bergbauphasen, besonders des Spätmittelalters, übrig ist, kann besichtigt werden.

Information/Einkaufen/Sport

• *Information* **Tourismusverein Ratschings**, vor dem Büro Infosäule mit Online-Informationsdienst über Ridnaun, Ratschingstal, Sterzing und das Eisacktal. ✆ 0472/760608, 📠 760616, www.ratschings.info. Mo–Fr 8–12/13.30–17.30, Sa 9–12 Uhr.

• *Einkaufen* **Teppichweberei** Zössmayr, Mareit, Ratschings, St. Johannes 20, führt Fleckerlteppiche, Schafwollteppiche und andere Webwaren. Di–Sa 10–12/14–18 Uhr.

• *Sport* **Ridnauner Bergführer**, Führungen, Tourenarrangement, Ausrüstungsverleih, Kontakt M. Parigger, Ridnaun, Gesennen 4, ✆ 349/6220125.

Sepps Ski-, Snowboard- und Radverleih, Ridnaun, Gasse 81 a, ✆ 0472/656374.

Skigebiet Ratschings-Jaufen, ✆ 0472/659153, www.ratschings-jaufen.it; Details → Wintersport Sterzing.

Reiten ermöglicht der Haflingerreitstall im Hotel (und Bergbauernhof) Taljoergele, Ridnaun 14, Ratschings, ✆ 0472/656225, www.taljoergele.it.

Übernachten & Camping/Essen & Trinken

• *In 39040 Ratschings* **** **Gasteigerhof**, Jaufenstr. 24, die gebrochenen Linien der Architektur des Hotels machen einen unruhigen Eindruck – das lässt sich von Personal und Service nicht behaupten. Elegante Absteige fast auf dem Land und doch nur

Schloss Wolfsthurn im Ridnauntal

einen Katzensprung von Sterzing entfernt, elegante Inneneinrichtung, sehr angenehme Zimmer mit jedem Komfort; Hallenbad und Wellnessbereich und ein vorzügliches Restaurant (eines der besten Südtirols → „Essen & Trinken"). Und das bei für die Kategorie erschwinglichen Preisen: DZ/FR 78–140 €, HP 88–150 €. ✆ 0472/779090, ℻ 779043, www.hotel-gasteigerhof.com.

• *In 39040 Mareit* *** **Hotel-Gasthof zum Stern**, Kirchdorf 11, Traditionshaus (seit 1526), Freibad, Sauna und Solarium. DZ/FR 72–88 €. ✆ 0472/758014, ℻ 758056, www.zumstern.suedtirol.com.

• *In 39040 Ridnaun* **** **Schneeberg**, Maiern 22, „Hotel und Resort" im obersten Ridnauntal mit 30-jähriger Tradition und einer neuen Eingangshalle, die zeigen soll, wie weit man's gebracht hat (doch, ja: eindrucksvoll). Komplex aus 3 Häusern in ausgedehnter Garten-/Pool- und Hallenbad- samt Wellness-Landschaft (ca. 1.000 qm) vor der Kulisse der Stubaier Alpen. Zahlreiche Beautyprogramme (nicht ganz billig), auch Moor- und Heubad. Holz in allen Lasierungen und Verarbeitungen an der Decke, am Boden, an den Wänden, echte Kamine mit echtem Feuer. Zimmer, Familienappartements („für moderne Kids"), die Betten z. T. mit Aufbau, z. T. hübsch bezogene Sitzmöbel. Aller Komfort der Kategorie: DZ/FR 80–174 € je nach Zimmertyp. Auch Apartments in verschiedenen Größen und Ausstattungen. ✆ 0472/656232, ℻ 656383, www.schneeberg.it.

• *Camping* **Gilfenklamm** → Sterzing.

• *Essen & Trinken* **Gasteigerhof**, Jaufenstr. 24, das feine Hotel hat auch eine feine Küche, die regionale Anregungen aufgreift und zu leichten Gerichten verarbeitet. Ganz klassisch z. B. der Kaninchenrücken mit Steinpilzen und Knödel, aber ohne die dicke Rahmpampe, die meist als Soße ausgegeben wird. Zum Nachtisch besonders während der Apfelsaison empfehlenswert die Apfelknöderl mit Zimtzucker und mit Walnüssen. 3 Gänge ab ca. 25 €, Menüs zu ca. 16 und 30 €. ✆ 0472/779090.

In der **Pizzeria des Hotels Schneeberg** in Maiern isst man relativ preiswert, die Kegelbahn nebenan wartet schon mit einer Kegelrunde zum Abtrainieren überflüssiger Kalorien.

Knappenstube, Maiern, im Schaubergwerksgelände, sehr gute Aussicht auf den Bergwerksbereich, bei Knödel (lecker: Tiroler Tris), Spaghetti, Schnitzel und/oder hausgemachtem Apfelstrudel und einem Bier, die Preise für den Standort erstaunlich niedrig (Nudeln/Knödel und Hauptgericht ab ca. 16 €, gut der Salatteller mit Ei oder Tunfisch zu ca. 7 €). Mo Ruhetag.

Pizzeria Hubertus und Dorfcafé, Ridnaun, Gasthof-Pension mit schöner Bauernstube und Vorgarten an der Straße etwas oberhalb des Orts, Pizza ab 17.30 Uhr, auch Strudel, Torten, frisch gepresste Säfte.

Schlossschenke im Schloss Wolfsthurn, hübsch in gewölbten Räumen untergebracht, Tiroler Küche und Merenden, geöffnet wie das Museum.

Sehenswertes/Ausflüge

▸ **Zur Gilfenklamm und der Ruine Reifenegg**: Bei *Stange* im Ridnauntal mündet der Ratschingsbach in den Mareiter Bach – ganz unspektakulär. Aber wenige 100 m oberhalb muss er sich durch eisenharten Marmor durchfressen und dabei hat er eine schmale, spektakuläre Klamm gebildet, die Gilfenklamm. Einige Abschnitte sind sehr dunkel, die Felsen schließen sich über der Klamm fast zusammen. Höhepunkt: ein 15 m hoher Wasserfall. Schon 1893 hat man für uns Touristen einen Steg gebaut, der auch Oma und Tante Ilse die Chance gibt, dieses Naturwunder zu bestaunen. Die Klamm überwindet einen Höhenunterschied von 175 m, man ist also 30 Min. bis 1 Stunde zur höchsten Stelle unterwegs. Schönster Rückweg: Weg 11 b ab Jaufensteg (Gasthaus Jaufensteg an der höchsten Stelle; Mo Ruhetag) bis Weggabelung Burgt, dann links (weiter mit 11b) etwas steiler, vorbei an der Burgruine Reifenegg, hinunter nach Stange bzw. zu den Parkplätzen unterhalb des Eingangs zur Klamm.

Die **Ruine Reifenegg** besteht heute fast nur noch aus dem gewaltigen *Bergfried*, der aber ist sicher der massivste Südtirols. Ihre frühere bedeutende Funktion ist heute nicht mehr zu erahnen: Sie schützte den Zugang zum Jaufenpass. Der damalige Saumweg verlief unmittelbar unter der Burg (die heutige Straße hat einen gänzlich anderen Verlauf).

Öffnungszeiten Gilfenklamm: Mai bis Saisonende tägl. 9–18 Uhr, Eintritt ca. 3 €, Kinder 1 €.

▸ **Schloss Wolfsthurn mit Südtiroler Landesmuseum für Jagd und Fischerei (in Mareit)**: Viele Burgen und Schlösser sind in Südtirol heute noch von den Familien bewohnt, die sie errichten ließen, das Barockschloss Wolfsthurn gehört dazu. 1727 ließ Baron Franz Andrä von Sternbach in Mareit im einsamen Ridnauntal einen kleinen Vorgängerbau niederreißen und ein Prachtschloss im neuesten Stil errichten: barocke Schaufassade nach außen ins Tal, großer Innenhof, der den Repräsentationstrakt vom Herrentrakt (oder Kavalierstrakt) trennt, in dem die Sternbachs heute noch wohnen (nicht zu besichtigen). Bei der Ausmalung, dem Stuck und den Tapeten, bei den Bildern, Teppichen, Möbeln und Kaminen wurde nicht gegeizt, die Hauskirche ist eine der sehenswertesten Barockkirchen des Landes (Arbeiten u. a. vom berühmten *Mathäus Günther* aus Augsburg). Ein Traumschloss ... man denkt, die Vorfahren der heutigen Besitzer sollten allesamt vor Freude strahlen, in einem derart prächtigen Schloss wohnen zu dürfen, aber wie die Portraits zeigen (u. a. vier Gemälde von Chr. Zucchi im Salon des zweiten Stocks), war das keineswegs der Fall, sie wirken ernst und irgendwie tief betroffen (kein Wunder, was der Unterhalt wohl kosten mag!).

Im ersten Stock des Repräsentationstraktes ist seit 1996 das Südtiroler Landesmuseum für Jagd und Fischerei untergebracht, das jede Menge Objekte und Infos zu dieser für Südtirol so wichtigen Wirtschaftssparte bringt. Das Museum ist ein Volkskunde-, kein Naturkundemuseum, der Akzent liegt auf den Bräuchen, den Traditionen, die mit Jagd und Fischerei verbunden sind.

Öffnungszeiten April bis 15. Nov. Di–Sa 9.30–17.30 Uhr, So/Fei 13-17 Uhr; Eintritt ca. 4 €. ✆/℡ 0472/758121, www.provinz.bz.it/volkskundemuseen.

▸ **Südtiroler Bergbaumuseum, Bereich Ridnaun-Schneeberg (in Maiern)**: Im obersten Talabschnitt, liegt Maiern mit den eindrucksvollen Bauten und Stollen eines aufgelassenen Bergbaus im Bereich Ridnaun. Zusammen mit dem auf der Seite des Passeiertals in großer Höhe liegenden Schneeberg (→ Passeiertal, S. 306) bildet es den Museumsbereich Ridnaun-Schneeberg des auf mehrere Orte und Berggebiete verteilten Landesbergbaumuseums. In Maiern war im 19. und 20. Jh. die Erzaufbereitungsauflage für die zahlreichen Stollen, die von hier aus und von noch höher – bis 2480 m! – in den Berg getrieben wurden. Gebrochen wurde silberreiches Gestein, nach der Blütezeit im Spätmittelalter (1486 wird als Höhepunkt gesehen) wurden die begleitenden Metalle Blei und Zink von Bedeutung.

Neben dem Museum knapp über dem Parkplatz besichtigt man in einer kleinen Führung den ca. 200 m langen Schaustollen und erfährt alles über Gesteine, die Arbeit im Stollen, den Erztransport und das Knappenleben. Wer mehr Zeit und Interesse hat, kann längere Touren buchen, die zuerst mit dem Geländewagen ins *Lazzacher Tal* und zum auf 2000 m gelegenen Poschhausstollen führen. Ziel ist die **Knappensiedlung St. Martin** (im Passeier, also auf der anderen Seite des Bergkamms) mit der heutigen *Schneeberghütte* auf 2355 m, die früher das Herrenhaus der Siedlung war. Hier kann man sich stärken, aber auch – bei zweitägigen Exkursionen – nächtigen. Von dort aus wird der *Carlsstollen* besichtigt, im Jahr 1660 aufgeschlagen. Im anschließenden *Poschhausstollen* fährt man 3 km weit mit der Grubeneisenbahn. Im Gebiet werden immer mehr Zeugnisse des früheren Bergbaus instandgesetzt, so werden derzeit auf dem Lehrpfad, der durch das Lazzacher Tal führt, die alten Trassen der Erzförderwege saniert, meist ehemals Pferdebahnen.

Öffnungszeiten **Südtiroler Bergbaumuseum Ridnaun/Schneeberg (Landesbergbaumuseum Maiern)**, Führungen Di–So 9.30–16.30 Uhr, Mo geschlossen. Kleine Erlebnistour (8 €, 90 Min.) um 9.30, 11, 13.30, 15 Uhr, mittlere Erlebnistour (7 Std.) Do–So um 7.30 Uhr, große Schneebergtour (31 €, 10 Std.) Do–So um 7.30 Uhr, Eintritt nur Museum 6 € . Bis auf die kleine Tour ist für alle Programme eine Anmeldung notwendig: I-39040 Ridnaun, Maiern 48, ✆ 0472/656364, www.bergbaumuseum.it.

Tipp! „Aktives" Kinderprogramm jeden Mittwoch um 13.45 Uhr.

▸ **Im Ratschingstal**: Das nur von wenigen Bauernhöfen bewirtschaftete Ratschingstal, das so spektakulär mit der Gilfenklamm ins Ridnauntal mündet, endet im 1480 m hoch gelegenen Weiler *Flading*. Ein paar schmucke Höfe, eine Kapelle von 1745 mit alten und neueren Votivbildern, die von Wallfahrten hierher zeugen. Wer das Auto in **Bichl**, dem Hauptport des Ratschingstals lässt, erreicht Flading in einer gemütlichen, für alle Altersklassen geeigneten Wanderung auf dem alten Talweg, der meist parallel zur Talstraße verläuft – etwas höher am Sonnenhang, Markierung 13 A –, in 1:30–2 Std. (hin/zurück 3–3:30 Std.).

Höher liegt die **Fladingalm** und darüber Hochalmgebiet, das auf mehreren Wanderwegen erschlossen wird. Besonders reizvoll der Weg zur bewirtschafteten **Klammealm** auf 1925 m mit dem 40 Min. höher zwischen Bergriesen gelegenen *Butsee* (weiter zur Hohen Kreuzspitze, 2742 m, für Geübte leicht; Flading – Klammealm 1 Std., Klammealm – Butsee – Hohe Kreuzspitze 3 Std., Rückweg bis Flading 3 Std., insgesamt 7 Std. Gehzeit). Auf halbem Weg durch das Tal gibt es im Ort *Ratschings* eine Seilbahn, die fast hinauf zum *Jaufenpass* führt.

• *Bergbahnen* **Seilbahn Ratschings-Bichl – Jaufen**, Sommerbetrieb Juli bis Mitte Sept. Di/Do/So 9–11.30/13-17 Uhr, 10.–17. Aug. tägl., Berg 4 €, Berg/Tal 6 €; ✆ 0472/659153, www.ratschings-jaufen.it.
Sessellift Kalcheralm, Auskünfte unter ✆ 0472/765485, ww.kalcheralmlifte.it.

▶ **Über den Jaufenpass**: Die kurvenreiche Straße von Sterzing über den 2094 m hohen Jaufenpass ins Passeiertal und nach Meran ist zwar erst 1912 trassiert worden, aber sie geht auf ehrwürdige ältere Vorgänger zurück. Der bereits in vorgeschichtlicher Zeit begangene Übergang hatte seine größte Bedeutung in der Zeit, als Schloss Tirol und Meran das politische Zentrum Tirols waren und der Hauptverkehrsstrom nach Norden über den Jaufen nach Sterzing und den Brenner nach Innsbruck führte. Nach dieser mittelalterlichen Phase (ca. 1150–1420) verlor der Pass stark an Bedeutung, zumal die Route durch das Eisacktal, der sogenannte Kuntersweg, in eben dieser Zeit entstand, und von Bozen nicht mehr der zeitraubende Umweg über den Ritten gemacht werden musste. Dennoch blieb der Pass ein bedeutender Übergang und das Hospiz, ein indirekter Nachfolger ist das *Sterzinger Jaufenhaus*, samt *Kirchlein Mariä Heimsuchung* blieb ein von vielen Menschen besuchter Ort. Heute ist der Jaufenpass eine äußerste beliebte Tourismusroute und Einfallstor von Norden in das Burggrafenamt, nach Meran und den Vinschgau, Ziel vor allem auch in jeder Sommersaison von Zehntausenden Motorradfahrern.

Bergwander-Tipp! Direkt vom Jaufenhaus (1993 m) oder vom Pass führt ein gut markierter Steig (Schilder „Jaufenspitze“) auf die **Jaufenspitze** (2481 m), die als mächtige Pyramide die Passgegend überragt. Bei knapp 400 Höhenmetern ist man hin und zurück bis zum Gipfel ca. 2:30 Std. unterwegs. Der Steig ist an einigen Stellen, meist schrägen Platten, etwas ausgesetzt, aber technisch leicht und gut gesichert (Seile), dennoch ist er nur für trittsichere und schwindelfreie Bergwanderer geeignet. Vom Gipfel hat man einen überwältigenden Blick, umfasst er doch Zentralalpen und Sarntaler Alpen!

▶ **Über das Penser Joch**: Verglichen mit dem Jaufenpass war und ist das Penser Joch eher idyllisch, es hat nie dessen Bedeutung gehabt, blieb immer eine eher lokale Verbindung. Wegen der im Vergleich zum kilometermäßig weiteren Eisacktal (und der Autobahn) wesentlich längeren Anreise nach Bozen wird sich daran wohl auch nichts ändern. Das heißt aber: Wer Zeit hat nimmt das Penser Joch, an landschaftlicher Schönheit steht es nämlich dem Jaufenpass in nichts nach. Für **Motorrad- und Rennradfahrer** gehört die Fahrt von Sterzing übers Penser Joch ins Sarntal fast schon zum guten Ton. Aufstieg durch Wald, schöner Blick auf *Burg Reifenstein*, dann nach erstem Bergblick *Egg* mit seinen zwei Gasthöfen in Panoramaposition. Eine lang gezogene Kurve führt durch Almgebiet zum wenig auffälligen Joch mit dem meist von Besuchern umlagerten Haus.

• *Übernachten/Essen & Trinken* ** **Schönblick**, Egg 11, 39040 Freienfeld, da macht ein Name mal wirklich Programm: Vom „Schönblick“ in Egg überblickt man das ganze obere Wipptal samt Sterzing und dem Alpenhauptkamm. Tagsüber nach vorne raus etwas lärmig (Motorräder!), ab der Dämmerung heilige Ruhe. Rustikales Ambiente, schlichte Zimmer, zu essen gibt's Deftiges. DZ/FR 48–56 €. ✆ 0472/771990, ℻ 771962, www.schoenblick-egg.it.
Auf dem Penser Joch das meist ziemlich überlaufene **Penserjochhaus**.

Tour 2: Wanderung von Maiern zur Grohmannhütte

Tour-Info: Viel begangene, relativ einfache Wanderung, die fast bis in die Gletscherzone reicht. Dauer: 4:30 Std.; Höhenunterschied: 850 m. Karte: Tabacco (1:25.000) Blatt 38; Kompass (1:50.000) Blatt 44.

Man startet die Wanderung am Straßenende in Maiern mit Parkplatz **A** und quert die Brücke über den Ridnaunbach, um rechts einen Fußweg einzuschlagen (üppige Beschilderung, u. a. Hinweis auf Grohmannhütte). Er führt zunächst steil, dann immer flacher relativ holprig durch dichten Bergwald, Blicke ins Bachtal hat man keine, aber man hört den Bach. Bei einer Brücke **B** kommt eine geschotterte Straße von rechts, man quert die Straße (die zur Aglsbachalm führt) und geht jenseits auf dem Fußweg weiter und quert die Straße **C** nochmals, bevor man den flachen Almboden **D** erreicht. Man bleibt am linken Rand des flachen Beckens (eines ehemaligen Seebeckens) und wird schon in Sichtweite der Aglsbachalm nach rechts **E** zu der Aglsbachalm **F** hingeführt.

Nach der Hütte rechts und auf Steg über den Bach (Wasserfall links) und auf Steig hinauf zum querenden markierten Weg, dem wir nach links folgen. In steilen Serpentinen bergauf, dann nach links am Steilhang über dem Wasserfall, bis wir eine flache Wegstrecke erreichen **G**. Nach dieser folgt noch einmal ein steiles Stück, dann steht man auf einem Sattel mit herrlichem Ausblick, und rechts liegt einen Steinwurf entfernt etwas oberhalb die Grohmannhütte **H**. Noch höher liegt die Teplitzer Hütte (wer hinauf will, muss noch einmal hin/zurück 1:30 Std. aufwenden, der Aufwand lohnt sich, denn man ist den Gletschern noch näher; allerdings etwas anstrengender als der Anstieg zur Grohmannhütte).

Zurück geht man bis zur Stelle über der Aglsbachalm auf dem gleichen Weg, dann aber bleibt man auf dem markierten Weg auf der gegenüber vom Hinweg liegenden Seite dies Almbodens. Am Ende des kleinen Staudamms wird wieder der Hinweg erreicht.

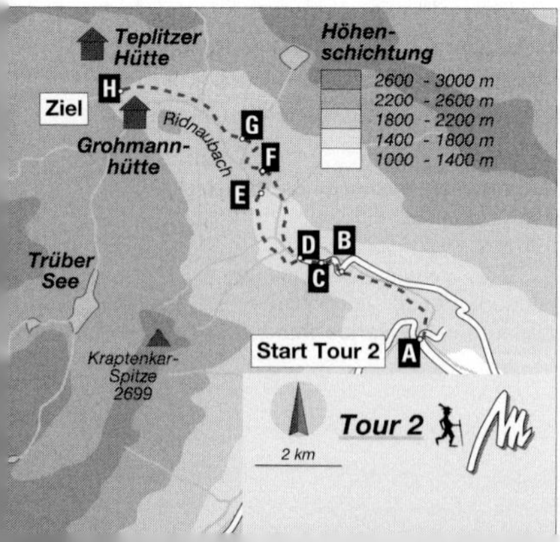

> Die Grohmannhütte liegt am neuen **Tiroler Höhenweg**, der das Gebirge rund um den Brenner in einer Tour von ca. 11 Tagen erschließt. Infos im Internet auf www.13h.de und www.eisacktal.info/hoehenweg/de.

• *Hütten* **Aglsbachalm**, bewirtschaftet.
Grohmannhütte (Rif. Vedretta Piana), die kleine Hütte des CAI Sterzing auf 2254 m ist genau das, was man sich immer wieder erhofft und nicht so haufig findet: urgemütlich. Das Ehepaar Gasteiger führt die von Grund auf restaurierte Hütte mit Sorgfalt, Umsicht und Einsicht in die Notwendigkeiten der Bergsteiger: leider nur 10 bezogene (!) Betten (2 Pers./HP 64 €), genügend Haken für die Garderobe, Spiegel (anderswo unbekannt) und im Mini-Aufenthaltsraum ein gemauerter Kamin und eine Speisekarte, die jedem Gasthof Ehre machen würde. Das Geheimnis? Stolz auf das Haus und Freude an der Arbeit. ✆ 338/1609872, info@schiverleih.it, im Winter ✆ 0472/758175.
Teplitzer Hütte, 2586 m, 30 Betten und 50 Lager, geöffnet Ende Juni bis Sept., ✆ 0472/656256.

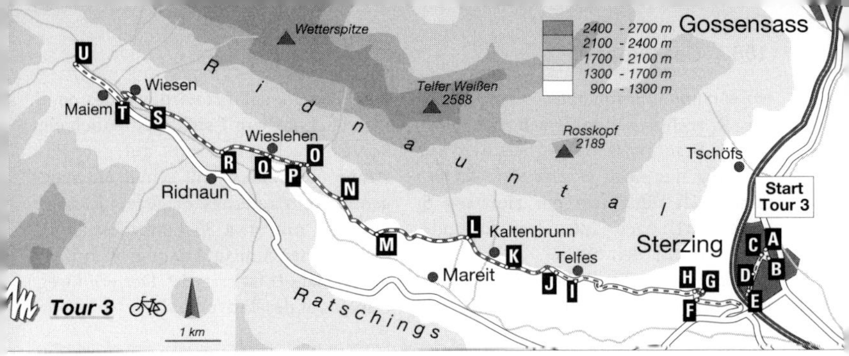

Tour 3: Im Ridnauntal – mit dem Rad von Sterzing nach Maiern

Tour-Info: Bis auf ein kurzes Stück, das auf einem schmalen Steig zurückgelegt werden muss, eine einfache Tour, die Mountainbikern das Ridnauntal auf dem Sonnenhang in ganzer Länge erschließt. Zurück geht es dann ganz flott auf der normalen Straße, aber der Sterzinger Industriezone folgt dann (links) für schlappe 2,5 km ein Radweg. Dauer: 2:30–3 Std.; Länge: beschriebene Strecke 17,9 km, Rückweg 16,9 km, insgesamt 34,8 km; Höhenunterschied: 725 m. Karten: Tabacco (1:25.000) Blatt 38; Kompass (1:50.000) Blatt 44. Einkehren: Hotel Schneeberg in Wiesen; Knappenstube im Bergwerksmuseum Ridnaun-Maiern.

Von der Touristeninformation in Sterzing **A** quert man den Platz und fährt durchs Tor in die Neustadt zum Untertorplatz **B** (bis hierher größte Vorsicht, Fußgängerzone, Radfahrer werden gerade eben geduldet!). Dort sofort nach rechts und bei der nächsten Straßeneinmündung **C** nach links. Bei einer Gabelung **D** rechts auf Straße „In die Vill" und bei der nächsten Gabelung **E** links auf die St.-Margarethen-Straße. Eine Brücke führt über die Autobahn, dann führt das Sträßchen nach rechts als für den motorisierten Verkehr gesperrter „Besinnungsweg" weiter.

Nach einer längeren Steigung erreicht man das Dorf Thuins, quert am Ortsanfang eine Asphaltstraße und hält sich rechts in Richtung Kirche **F**, an der vorbei man einen größeren Platz **G** erreicht. Hier scharf links auf Fahrweg (Schild „Telfes") und am oberen Ortsrand entlang zurück zur Asphaltstraße **H**, auf der man rechts und bergauf weiterfährt. Es handelt sich um die Straße nach Telfes, das man in Obertelfes **I** mit seiner weithin sichtbaren Kirche erreicht. Die Straße setzt sich fort nach Untertelfes mit einer Kirche **J**, die ebenfalls einen schönen barocken Zwiebelturmhelm besitzt. Fährt man weiter, trennen sich bald die Straßen, wir halten uns bei der nächsten Gabelung **K** links und leicht abwärts (Schild „Mareit"). Die Abzweigung nach rechts **L** zum Hochbichlhof lässt man unbeachtet. Das schmale, aber gute Sträßchen mündet bald in eine etwas breitere, ebenfalls asphaltierte Straße **M**, der man rechts und aufwärts folgt. Ein Schild **N** weist auf den hier abzweigenden Weg zur Rotwand hin, kurz darauf sind wir am Ende der Asphaltstraße **O** und am Wieslebenhof angelangt. Geradeaus auf Karrenweg weiter, dann bei einem Kruzifix **P** nach links auf einen schmalen und nur für Mountainbiker mit gutem Körpergefühl befahrbaren Fußweg (Schild „18 Ridnaun"). Er quert drei scharf eingeschnittene Gräben und erreicht auf der anderen Seite eine Schotterstraße bei einem Bauernhof **Q**. Wir folgen ihr nach links. Kurz darauf ist sie asphaltiert und führt ins Tal hinunter, wo wir uns unmittelbar vor einer Brücke **R** rechts halten. Nach der Hofgruppe Braunhofer, die gequert wird, ist der Weg nur noch geschottert. An einem Bach führt uns ein Holzsteg **S** (oder Furt) nach links. Der folgende Weg erreicht den Weiler Wiesen, wo man auf einem Sträßchen im Linksbogen zur Brücke und hinüber auf die andere Talseite geführt wird, wo das neue Hotel Schneeberg **T** steht. Nun noch ein kurzes Stück talaufwärts auf der Talstraße und Maiern mit seiner ehemaligen Erzaufbereitungsanlage (ein Riesenkomplex mit etwa 36 Einzelobjekten!), dem Straßenende und dem großen Buswendeplatz **U** ist erreicht. Der Rückweg erfolgt auf der Talstraße.

Pfitschtaler Wiesen unter den Zillertaler Alpen

Das Pfitschtal

Das Pfitschtal, das sich vom Alpenhauptkamm östlich des Pfitscher Jochs (2248 m) zum Eisack unterhalb Sterzing hinunterzieht, besteht eigentlich aus zwei Tälern: Der Ausgang des unteren Teils verschmilzt mit dem Becken von Sterzing, hier wurde aus dem Ort **Wiesen** (→ „Sterzing/Übernachten") de facto ein Vorort von Sterzing. Hier steht nahe der Straße die 8-eckige *Heiliggrabkapelle,* ein 1682 geweihter, auffälliger Bau. Nur sanft steigt das Tal von dort an. Breite Terrassen auf der Südseite und weiter oben auch auf der Nordseite versorgten zumindest in früheren, kargeren Zeiten drei Dutzend Bauernfamilien. Dann ein scharfer Knick, die Straße macht einen großen Schlenker, um eine plötzliche steile Talstufe zu überwinden, und voilà!, ein See, der **Rieder Stausee**, und ein neues, diesmal komplett flaches Tal.

Die nächsten 10 km steigt der Talboden praktisch nicht an, Heuwiesen nutzen die Fläche, die von Heuhütten förmlich gesprenkelt ist. Die Dörfer liegen höher an den sonnigen Südhängen, jedes mit seiner Kirche mit spitzem Kirchturm wie jener von *St. Jakob* in **Innerpfitsch**. Das an dieser Stelle gänzlich ungewöhnlich flache Teilstück ist nicht anders als ein verlandeter Stausee, der wohl vor etwa 6000–7000

Jahren durch einen Bergrutsch geschaffen wurde, der an der Stelle der heutigen Talstufe abging. Vom obersten Talbereich in **Stein** steigt das Tal noch einmal steil zum Alpenhauptkamm und den Zillertaler Alpen an, eine leidlich ausgebaute, nicht asphaltierte öffentliche Straße führt zum **Pfitscher Joch** (2248 m) an der österreichischen Grenze, wo sie kurioserweise endet. Wer kann, sollte den Pass zu Fuß oder mit dem Rad erreichen, wie so oft ist das erreichte Ziel doppelt so faszinierend, wenn man es sich im Schweiße seines Angesichts verdient hat. Wie auch immer man den Pass erreicht, der Blick auf den 3510 m hohen Eisriesen *Hochfeiler* im Alpenhauptkamm begleitet den Aufstieg.

• *Übernachten/Essen & Trinken* ** **Alpenrose**, Kematen 66, traditionsbewusster Gasthof mit nicht zu kleinen Zimmern (mit TV) und deftiger Küche. DZ/FR 48–60 €. ✆/📠 0472/646029, www.gasthof-alpenrose.it.

** **Pfitscherhof**, Platz 124, die lokale Klientel des Gasthofs trägt ganz wesentlich zu seiner Gemütlichkeit bei, da schmeckt die Speckplatte mit einem Viertel Roten gleich besonders authentisch. Zimmer mit TV, Liegewiese. DZ/FR 56–60 €. ✆ 0472/630115, 📠 630614, www.pfitscherhof.it.

*** **Bacherhof**, Afens 279, Urlaub auf dem ruhig am Sonnenhang gelegenen Bauernhof im unteren Pfitschtal, freundliche, nicht unbedingt helle Zimmer, hofeigene Produkte. DZ/FR 50–60 €, ✆/📠 0472/646057, www.bacherhof.net.

Von Sterzing nach Brixen

Von Sterzing geht es zunächst gemächlich und im breiten flachen Becken talabwärts. *Schloss Reifenstein* (→ Sterzing, S. 94) bewacht diesen Talabschnitt auf der Südseite, *Schloss Sprechenstein* im Norden – beide sieht man von Autobahn, Straße und Bahn aus. An der Nordseite des Beckens liegt **Freienfeld** mit der *Wallfahrtskirche Maria Trens,* dann **Mauls**, eine alte Raststation an der Brennerstraße. Die Berge im Norden gehören zu den Pfunderer Bergen, bis hoch hinauf sind sie waldlos, die steilen Flanken sind mit Gras überzogen. Nach dem Becken von Sterzing verengt sich das Wipptal und wird zwischen Mauls und Franzensfeste so eng, dass die drei Hauptverkehrwege Bahn, Staatsstraße und Autobahn gerade eben nebeneinander Platz haben und das nicht überall. Das Tal ist in diesem Abschnitt dunkel und verkehrsfeindlich, es gibt immer wieder Muren und Überschwemmungen der Seitenbäche, die mit großem Gefälle von den bis zu 1700 m hohen Talflanken herunterstürzen. Ein Radweg durchzieht das gesamte Tal (nur ganz am Beginn bei Sterzing und ab dem Vahrner See bei Brixen war er im Herbst 2005 noch nicht fertig). Wo es sich das Engtal wieder öffnet liegt **Franzensfeste**, errichtet nach den Napoleonischen Kriegen, als man sichergehen wollte, dass nie wieder ein Feind durch das Eisacktal zum Brenner vordringen würde (die Rechnung ist nicht aufgegangen).

• *Übernachten/Essen & Trinken* *** **Alte Post**, Trens 74, der behäbige Gasthof nahe der Wallfahrtskirche lebt von seiner Lage und der soliden Leistung der Küche (Spargeltage, Jogurttage) von fein bis rustikal: Lachsmousse auf Baguette, Polentaschnitte mit Peperonata, Lammkotelett, Tafelspitz, Kaiserschmarrn mit Preiselbeeren – beliebt ist die üppige Hausplatte für 2 zu ca. 32,50 €. Solide auch der Service (Ausflüge und Törggeleabende werden arrangiert) sowie die gute Ausstattung der Zimmer (diskret-modernes Design, meist Balkon). Restaurant Mi Ruhetag. DZ/HP 98–104 €. ✆ 0472/647124, 📠 647093, www.post-trens.it.

*** **Bircher**, Trens 70, gehobene Mittelklasse in Ortsmitte, Hallenbad, gutes Restaurant mit teilweise schattiger Terrasse, individuelle, komfortable, z. T. elegante Zimmer (Stilmöbel, einige mit Bad und WC getrennt) und Suiten (Wohn- und Schlafzimmer getrennt, Kachelofen), nicht alle mit Balkon, neue alpine Holzdecken in Speisesaal und Stube. DZ (in 4 Kat.)/HP 82–168 €. ✆ 0472/647122, 📠 647350, www.hotelbircher.com.

**** **Stafler**, Mauls 10, das „Romantik Hotel" liegt als ehemalige Poststation zwar direkt an der Brennerstaatsstraße, aber das alte Gebäude („Haus Einhorn") ist heute nur noch ein kleiner Teil der Anlage und die

Zimmer sind schön ruhig (meist) mit Blick auf die Grünanlagen untergebracht. Die „Romantik" wird von der Umgebung hergestellt und von der Einrichtung: Qualitäts-Stilmöbel, altes bäuerliches Mobiliar, diskrete Beleuchtung von der Kerze zum Kronleuchter und eine mindestens der Kategorie entsprechende Ausstattung von Zimmern und Hotelräumen. Aller Komfort, Sportmöglichkeiten (Tennis, Hallenbad etc.). Große Auswahl an individuell ausgestatteten Zimmertypen und Suiten in 3 Kategorien, für DZ/FR sind Sie ab 100 € dabei (So–Do), Sie können aber auch bis 190 € ausgeben. ✆ 0472/771136, ℻ 771094, www.stafler.com.

Die Küche des Hauses jongliert mit Tiroler, italienischen und Nouvelle-Cuisine-Akzenten, dass es eine Crossover-Freude ist, am besten bleibt man im Lande und probiert z. B. den hausgeräucherten Hirschschinken, dann Hasenrücken mit Blaukraut und Schupfnudeln. Menü (3 Gänge) ab ca. 30 €, Reservierung empfehlenswert: ✆ 0472/771136 oder www.stafler.com. Mi Ruhetag (nicht immer).

▸ **Maria Trens (Gemeinde Freienfeld)**: Maria Trens liegt auf einem Schwemmkegel, die **Wallfahrtskirche**, aus der der Ort hervorging, ganz oben. Wie so oft ist die Entstehung der Wallfahrt mit einer wunderbaren Auffindung des Gnadenbildes verbunden, hier fand ein Bauer im Geröll einer Mure eine völlig intakte Statue der Gottesmutter mit Kind. Die Wallfahrt stammt noch aus dem 13. Jh. und hat nie an Bedeutung verloren, viele Votivtafeln als Dank für wunderbare Errettung aus allen möglichen Gefahren sind an der Nordwand aufgehängt. Das Gnadenbild selbst, eine gotische Marienstatue von ca. 1470 (also nicht das Original), ist reich mit Krone und besticktem Kleid geschmückt, sie verschwindet regelrecht unter allem Dekor. Auch Kunstfreunde besuchen Maria Trens: Die hochgotische Kirche wurde in der Spätgotik durch einen schönen Chor erweitert und 1753/54 barock umgestaltet. Aus dieser Zeit stammen die Fresken des *Adam Mölck* und die Altäre, die Gnadenkapelle (links) entstand bereits 1726/27.

▸ **Mauls und Umgebung**: Aus ehemals zwei Dorfkernen wurde ein einziges Dorf: An der Straße liegt der große Gasthof, die ehemalige Poststation mit den Stallungen und Dienstbotenquartieren, an der Spitze des Schwemmkegels des Maulser Bachs steht die Dorfkirche. Und das ist alles? Von wegen: Im *Maulser Tal* und im davon abgehenden *Sengestal* stehen alte Bauernhöfe, heute jeder mit eigener Zufahrtsstraße, in *Ritzail* auf 1548 m befindet sich sogar noch ein Weiler mit Kapelle des hl. Antonius. Darüber Almen, Kaser, Bergweiden und eine Schutzhütte (Simile-Mahd-Alm, 2012 m) am *Pfunderer Höhenweg,* der dieses ansonsten einsame Bergland quert.

▸ **Franzensfeste**: Um das Wipptal und das Pustertal gegen von Süden durch das Pustertal eindringende Feinde verteidigen zu können, ließen die österreichischen Behörden zwischen 1833 und 1838 ein gewaltige Festung errichten., Hier und etwas oberhalb an der Sachsenklemme waren die Franzosen 1809 durch Tiroler Schützen kurz aufgehalten, aber nicht an ihrem Vormarsch nach Norden gehindert worden, die nach Kaiser Franz I. benannte Festung sollte so etwas für alle Zeit verhindern. Die Anlage besteht aus einer breiten Talsperre und einem höher gelegenen Werk am Westhang, sie hat einen unregelmäßigen Grundriss. Heute noch ist der Festungsbereich eindrucksvoll, man tangiert ihn auf Autobahn und Bundesstraße, die Pustertalbahn fährt mitten durch. Immer noch dient die Franzensfeste militärischen Zwecken – des italienischen Heeres.

• Öffnungszeiten Die Festung Franzensfeste ist nach wie vor militärisches Sperrgebiet und kann nicht besichtigt werden, man hat aber von Bahn und Straße einen guten Eindruck über Ausmaß und Bautechnik.

• Übernachten/Essen & Trinken *** **Hotel Post Reifer**, 39045 Franzensfeste, Bahnhofstr. 1, am Bahnhof, große Zimmer, Sauna, Pizzeria und Biergarten; beliebter Bikertreff. DZ/FR 55–65 €. ✆ 0472/458605, ℻ 458828, www.hotelpostreifer.it.

Villnösser Tal und Geislerspitzen

Das Eisacktal

In Brixen mündet die Rienz in den Eisack und von da an darf sich das Tal auch Eisacktal nennen. Nach dem engen Wipptal wirkt das Becken von Brixen weiter, als es ist. Erste Blicke auf die Dolomiten, im Norden auf die Pfunderer Berge. Dann wird es wieder enger, ab Klausen noch enger. Man ahnt nur, dass sich auf der Sonnenseite große und kleine Dörfer aneinanderreihen und hinter den extrem schmalen Talmündungen dicht besiedelte Täler liegen.

In **Brixen** spürt man zum ersten Mal einen Hauch von Süden, auf den Hängen wird Wein angebaut. Die Bischofsstadt schmückt sich mit alten Bürgerhäusern, Kirchen und den typischen Tiroler Ansitzen, mit alten Gasthöfen wie dem „Elephanten" und im Hintergrund dem **Skiberg Plose**. Ganz nahe sind die ersten Dolomitengipfel, die wilden Spitzen der Geislergruppe. In **Klausen**, den Eisack abwärts, liegt auf einem Felsen die Klosterburg Säben, Vorgänger von Brixen als Bischofssitz. Der Weinbau hat die Südhänge voll im Griff, bis zur Talsohle herunter ziehen sich die Weinberge von Feldthurns, Villanders, Barbian, großen Dörfern auf Aussichtsterrassen am Abhang der weich geformten Sarntaler Alpen. Gotische Kirchen mit überspitzen Turmhelmen, das prachtvolle Schloss Velturns, im Herbst Törggelen in der getäfelten Bauernstube. Die andere Talflanke besitzt nur wenige Bergbauernhöfe, umso mehr finden sich in den Tälern, die sich in die Dolomiten hinaufziehen, wie im **Villnösser Tal**, das in den berühmten Geislerspitzen gipfelt, der Kraxel-Kinderstube Reinhold Messners.

Freizeitsport pur: hervorragend markierte Wanderwege, Pfade für Bergsteiger und in den Geislern jede Menge ausgesetzte Felskletterei, Gleitschirmfliegen (wozu sonst gibt es Seilbahnen wie jene auf die Plose?), Mountainbikerouten v. a. in den Sarntalern zum Süchtigwerden. Man kann aber auch schlicht über die Villanderer Alm spazieren oder ganz genießerisch im Liegestuhl in der Sonne braten und die Welt an sich vorbeiziehen lassen. Nicht zu vergessen der Wintersport, Dolomiti Superski lässt grüßen!

• *Information/Essen & Trinken* Über das gesamte Eisacktal (auch zum Wipptal) informiert der **Tourismusverband Eisacktal**, I-39040 Vahrn, Brennerstr. 127, ✆ 0472/802232, 📠 801315, www.eisacktal.com.
Die **Eisacktaler Genießerstraße** verbindet die renommierten Gasthöfe, Restaurants und Törggelenlokale des Tales (Prospekt in den Infos). Viele Events feiern im Sommer und Herbst Essen & Trinken der Region: Eisacktaler Straßenküchen in mehreren Orten, Brot- und Strudelmarkt in Brixen, Speckfest in Villnöss, Apfelwoche in Natz-Schabs, Kuchlkirchtig in Klausen, Keschtnigl in Feldthurns, Eisacktaler Törggelen in mehreren Orten, Kastanienwochen ... jedes Jahr fällt den Eisacktalern was Neues ein. Auch dazu Prospekt(e) in den Infostellen!

Brixen

In der Altstadt gibt es um den Bischofsdom, den man schon von Bahn und Autobahn aus erkennt, gut erhaltene Bürgerhäuser mit Läden, Restaurants und empfehlenswerten Hotels. Die hinter der Stadt aufragende Plose mit ihren Wander- und Skirouten sowie die Weinberge rundum bieten eine würdige Kulisse.

Wer vom Brenner kommt, erreicht bei Brixen das milde Klima des Südens mit trockenen, heißen Sommern, mit Weinbau, der ab dem Ort Aicha etwas nördlich der Stadt bis zur oberitalienischen Tiefebene reicht, mit Edelkastanienwäldern und großen Apfelplantagen. Brixen (ital. Bressanone) atmet südliche Luft, ganz ohne Zweifel. Die Arkadengänge, die „Lauben", die in der Altstadt die Straßen flankieren, wurden aber nicht zum Schutz vor der Sonne, sondern gegen den Regen errichtet. Komfortabel kann man unter ihnen trocken shoppen, auf der Kaffeehausterrasse auf den wiederkehrenden Sonnenschein warten, bummeln, plaudern, den Kinderwagen schieben und was halt sonst außerhalb des Hauses in einer Stadt getan wird.

Stadtgeschichte

Brixen ist noch ein wenig älter, als seine ältesten Häuser vermuten lassen, die aus dem Mittelalter stammen. Im Stadtteil Stufels jenseits des Eisackflusses hat man eine hallstattzeitliche Siedlung (1000–500 v. Chr.) entdeckt, die später ein kleiner römischer Siedlungsstandort war. Noch kein wichtiger, denn die Hauptstraße von Oberitalien über den Brenner nach Süddeutschland führte ja damals von Bozen über den Ritten, Brixen wurde links (oder eigentlich rechts) liegen gelassen. Pressena hieß die Siedlung damals, die nach der Völkerwanderung einsickernden Germanen machten daraus mit der Zeit Brixen. Dann entschieden sich die Bischöfe von Säben über dem heutigen Klausen (→ S. 142), ihren unbequemen Standort zu verlassen und ins gemütlichere Becken von Brixen zu verlegen. Das war 901 – sie blieben übrigens fast 1100 Jahre lang bis 1996 – als sie nach Bozen übersiedelten, ein großer Schlag für Brixen! Neben Trient wurde Brixen das bedeutendste Bistum an der Südgrenze des deutschen Sprachraums.
Die Stadt Brixen, ein unregelmäßiges Quadrat, umgeben von Mauern und Gräben – die Straßenbezeichnungen Großer und Kleiner Graben erinnern heute noch daran –, entstand bis 1039, Brixen ist damit die erste Deutschtiroler Stadt, älter als Innsbruck, Schwaz oder Hall. Stadt und Bistum hatten und haben ein gemeinsames

Dom und Domplatz in Brixen

Wappentier, das man immer wieder sieht, das Osterlamm. Die Grafen von Tirol verstanden es, das Bistum, mit dessen Territorien sich die eigenen eng verbanden und zum Teil überschnitten, allmählich immer enger an Tirol zu binden. Als im 14. Jh. die neue Straße (nicht viel mehr als ein Karrenweg) durch das Eisacktal eröffnet wurde, profitierte Brixen sehr davon, da nun Kaiser, Fürsten und Händler hier abzusteigen begannen. Typisch dafür ist das „Haus zum Elephanten“: Im Tross eines Habsburger Erzherzogs kam 1591 tatsächlich ein Elefant durch die Stadt. 1803 endete die Territorialgewalt der Brixner Bischöfe, Brixen kam an Tirol und damit Österreich.

Die Brennerbahnlinie, an die Brixen 1867 angeschlossen wurde, sorgte für Auftrieb, das Ende des Ersten Weltkriegs und der Anschluss an Italien für das Gegenteil. Auch die Abwanderung des Bischofs nach Bozen wurde als Rückschlag empfunden. Andererseits brachte der Tourismus bescheidenen Aufschwung und wurde die Stadt mit der Fakultät für Bildungswissenschaften der Universität Bozen 1998 zur (Teil-)Universitätsstadt erhoben. Man prosperiert, wenn auch in bescheidenem Maß. 20.000 Menschen leben heute in Brixen und Umgebung, für das schöne Talbecken sind das vollauf genug.

Information/Verbindungen/Adressen

• *Information* **Tourismusverein Brixen und Umgebung**, I-39042 Brixen/Bressanone, Bahnhofstr. 9, ✆ 0472/836401, ✆ 836067, www.brixen.info. Mo–Fr 8.30–12.30/14.30–18 Uhr, Sa 9–12.30 Uhr. Die Touristeninformation hat sich in einem Flachbau am Westende der Altstadt eingerichtet, viel Infomaterial ist direkt zugänglich, Hotelliste, die auch Privatzimmer und Apartments umfasst, Liste der Veranstaltungen, Kulturführer etc. an den Schaltern. Infosäule mit Online-Informationsdienst über Brixen und das Eisacktal. Fax-Information über freie Zimmer aller Kategorien, auch Privatzimmer und Urlaub auf dem Bauernhof; alle Buchungen auch über die Internetadresse des Tourismusvereins. Ein weiterer **Infopunkt** befindet sich an der Autobahnauffahrt Brixen, Mo–Fr 8.30–13/14–18 Uhr.

Übernachten

1 Pension Moarhof
2 Kranebitt
3 Senoner
4 Residence Trametsch
5 Guggenberg
7 Dominik
10 Residence Plose
12 Gasserhof
14 Tagenhof
15 Angerer
17 Grüner Baum
18 Millanderhof
19 Gasthof Haller
20 Residence Hofer
23 Cityhotel Tallero
27 Goldenes Rössl
29 Pension Mayrhofer
30 Goldene Krone
32 Elephant
36 Jarolim
39 Goldener Adler
41 Kassianeum (Jugendherberge)
43 Goldener Schlüssel

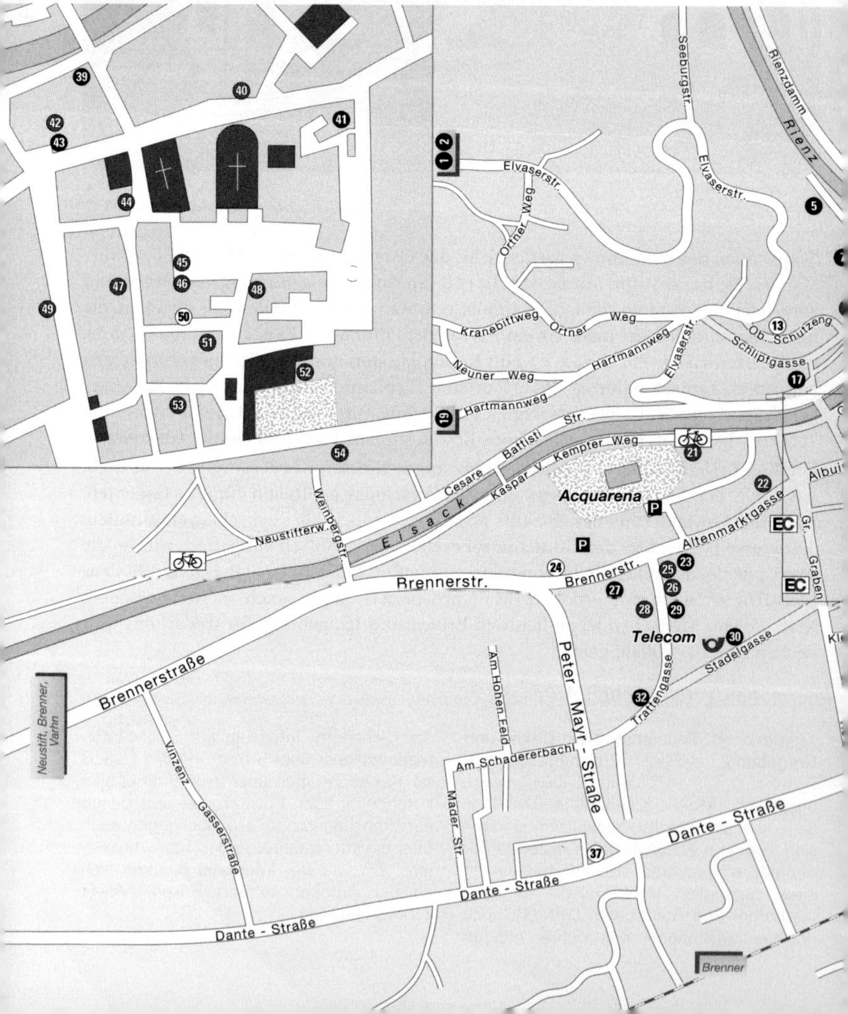

Essen & Trinken

6 Senoner
8 Café-Konditorei Heiss
9 Spaghetteria-Pizzeria Valentina
11 Café-Bar Sabine
16 Schatzerhütte
19 Haller
21 Grissino
22 Peters Weinbistro
25 Konditorei Pupp
26 Goldenes Lamm
28 Stampfl
30 La Piazza
31 Tapas
32 Elephant
40 Café am Gries
42 Vinissimo
44 Domcafé
45 Goldene Rose
46 Bar Historia
47 Art Café
48 Finsterwirt
49 Milchbar
51 Café zum Bäckergassl
52 Kutscherhof
53 Fink
54 Atrium

Nachtleben

13 Theater Dekadenz
24 You 2
33 Forum Brixen
34 Kino Astra
35 Disco Max/Juke Box
37 Time Out
38 Diesel Pub
50 Belize Jazzkeller

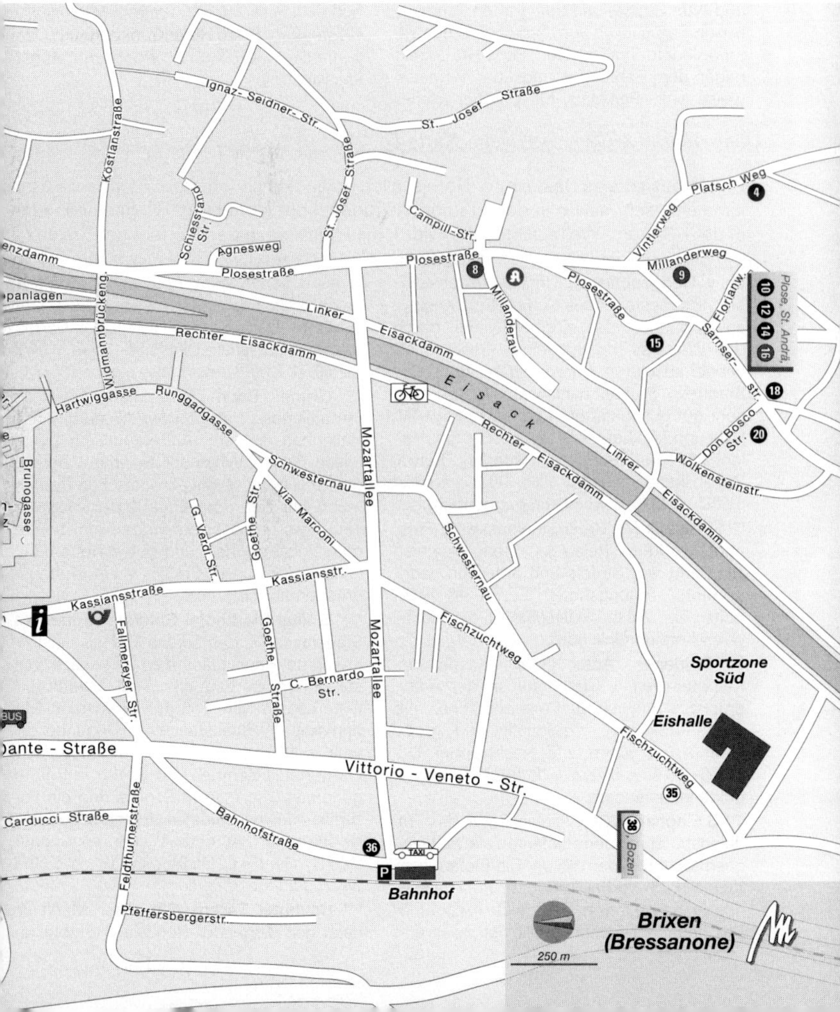

Internet: im 1. Stock der Disco Max, Fischzuchtweg 30; Café Atrium, Kleiner Graben 14; außerdem im Telefonladen, Stadelgasse 8 (auch ✆ und ℻) sowie bei der Stadtbibliothek am Domplatz.

• *Verbindungen* **Pkw**: Brennerautobahn/Abfahrt Brixen; das Stadtzentrum ist für Autos gesperrt; gebührenpflichtiger Parkplatz nördlich der Altstadt an der Brennerstraße. Falls voll: Parkhaus in der Dantestraße am westlichen Altstadtrand, gegenüber Einmündung Romstraße (durchgehend geöffnet, 1 Std. 1,30 €). Gebührenfreie Parkplätze ohne zeitliche Begrenzung gibt es nur vor dem Krankenhaus (zwischen Vinzenz-Pacher-Str. und Alter Straße) und den großen Parkplatz Brixen Süd südlich vom Bahnhof in der Vittorio-Veneto-Straße. Der Parkplatz direkt neben dem Bahnhof ist tagsüber normalerweise voll. Parkplatz für Camper weiter draußen an der Brennerstraße in Richtung Vahrn bei der ehemaligen Sader-Kaserne (nahe Bushaltestelle).

Bahn: In Brixen halten alle Züge zwischen Brenner und Bozen. **Bus**: Brixen ist Knoten für Busse nach Bozen, nach Bruneck/Innichen sowie in die meisten Täler und Bergdörfer der Umgebung. Busbahnhof an der Dantestraße. Kostenloser Busfahrplan am Schalter im Bahnhof oder (nicht immer) beim Busfahrer. Brixen besitzt auch ein innerstädtisches Busnetz, Auskunft bei den Fahrern, an den Haupthaltestellen sind Netzfahrpläne angeschlagen. **Taxi**: Standplätze Bahnhofsplatz und Kleiner Graben. Süd Cab, ✆ 0472/977977, www.suedcab.com.

• *Adressen* **Erste Hilfe/Krankenhaus**: Dantestr. 53, ✆ 0472/812111. **Post**: Hauptpost, Kassianstr. 4.

Übernachten & Camping (siehe Karte S. 114/115)

Brixen besitzt eine Reihe guter Hotels, allen voran das ehrwürdige „Elephant". Man kann also sehr schön in der Altstadt nächtigen, aber nicht billig. Billiger sind, auch in der HS (Aug., Weihnachten bis Febr.), die Quartiere in den Dörfern um Brixen.

• *In und nahe der Altstadt* ****** Privatklinik Dr. v. Guggenberg (5)**, Unterdrittelgasse 17, seit 1890 bestehendes Kurhotel für Kneippanwendungen, das einzige Italiens, durch den Wellness-Trip der feinen Gesellschaft wieder absolut *in*. Ganz ruhig am Rand des Stadtteils Stufels nahe dem Rienz-Fluss, sehr gut ausgestattete Zimmer mit Sat-TV, Safe und Minibar, nicht alle mit Balkon. Hallenbad, alle Kneippanwendungen, Kuren, Rehabilitation. DZ/VP 286–310 €. ✆ 0472/835525, ℻ 834014, www.von-guggenberg.it.

**** **Dominik (7)**, Unterdrittelgasse 13, Prestigehotel (Kette „Relais & Châteaux"), gleich am Rand von Stufels und am Grün, jeder Komfort, Tagungshotel. DZ/FR 98–190 €, Suite bis 290 €. ✆ 0472/830144, ℻ 836554, www.hoteldominik.com.

**** **Goldener Adler (39)**, Kaspar-von-Kempter-Weg 9, Stadthotel an der Adlerbrücke, Antiquitäten, Perserteppiche, alte Kassettendecken, individuelle und große Zimmer (ca. 30 qm, z. T. Kochnische). DZ/FR 90–160 €. ✆ 0472/200621, ℻ 208973, www.goldener-adler.com.

******S Elephant (32)**, Weißlahnstr. 4, das Traditionshotel mit dem Elefanten als Wahrzeichen steht seit dem 15. Jh. Ein Elefant kam 1591 wirklich vorbei, er wurde im Tross eines Erzherzogs von Österreich mitgeführt. Die heutige Hoteliersfamilie ist zwar erst seit 1773 Besitzer des Hauses, aber das ist ja auch schon ganz nett. Jeder Komfort, prachtvoller Kachelofen in einer der 3 alten „Stuben". Beheizter Pool im großen Garten, Sauna und Solarium DZ/FR 140–192 €. ✆ 0472/832750, ℻ 836579, www.hotelelephant.com.

**** **Grüner Baum (17)**, Stuflergasse 11, freundliches Haus (Best-Western-Kette); Hallenbad (5x10 m); Außenpool mit Liegewiese, Sauna, Whirlpool, Solarium. Zimmer großenteils im etwas altmodischen Bauernstubenstil mit dunkel gebeizter Holztäfelung, fein gemasertem Holzboden, bequemen Polstermöbeln und guten Betten. DZ/FR 80–150 €. ✆ 0472/274100, ℻ 274101, www.gruenerbaum.it.

**** **S Vital Stadthotel Goldene Krone (30)**, Stadelgasse 4, das bereits 1717 als Gasthof erwähnte Haus präsentiert sich nach vollständigem Umbau als „Vital Stadthotel". Gute Lage 5 Min. von der Innenstadt. Modernster Wellnessbereich „Regenbogenwelt" mit Blick von oben auf die Stadt, sehr komfortable Zimmer und Suiten in 6 Kategorien, aufmerksamer Service und ein vorzügliches Restaurant (→ „Essen & Trinken") machen den Aufenthalt sehr angenehm. DZ/FR 114–194 €. ✆ 0472/835154, ℻ 835014, www.goldenekrone.com.

*** **Cityhotel Tallero (23)**, Alter Markt 35, nach grundlegender Renovierung sehr angenehmes Stadthotel, gute Zimmer, Frühstücksraum unterm Dach mit Ausblick auf die Stadt. DZ/FR 88–96 € (inkl. Eintritt ins Acquarena). ✆ 0472/830577, ℻ 201204, www.tallero.it.

*** **Jarolim (36)**, Bahnhofsplatz 1, renoviertes Bahnhofshotel mit Park und Pool. DZ/FR 80–110 €. ✆ 0472/836230, ℻ 833155, www.jarolim-hotel.com.

*** **Goldenes Rössl (27)**, Brennerstr. 3, Traditionshotel, modern, Garten mit Pool und Gartenrestaurant, schöne Zimmer. DZ/FR 94–114 €. ✆ 0472/835152, ℻ 838235, www.goldenesroessl.it.

*** **Senoner (3)**, Rienzdamm 22, gutbürgerlicher alteingesessener Gasthof an der Rienz. DZ/FR 78–100 €. ✆ 0472/832525, ℻ 832436, www.hotelsenoner.it.

*** **Goldener Schlüssel (43)**, Weißenturmgasse 10, Apartmenthaus als Nachfolger eines alten Gasthofs – das schöne Aushängerschild mit dem goldenen Schlüssel ist noch erhalten – mitten in der Stadt; Kochnische, TV, Safe. 2-Pers.-Apt. 68–70 €. ✆ 0472/836479, ℻ 279130, www.goldener-schluessel.com.

*** **Pension Mayrhofer (29)**, Trattengasse 17, gepflegte Pension mit gehobenem Niveau, sympathisch altmodisch, Zimmer mit Sat-TV/Safe. DZ/FR 68–72 €. ✆ 0472/836327, ℻ 200172, www.mayrhofer.it.

Jugendgästehaus Kassianeum (Jugendherberge) (41), Brunogasse 2, einfache Unterbringung in Zweibettzimmern mit DU/WC. DZ/FR 54 €, mit HP 70 €. ✆ 0472/279999, ℻ 279998, www.jukas.net.

• *Außerhalb* *** **Residence Parkhotel Plose (10)**, Aparthotel im Skigebiet Plose, Sauna, Solarium, sehr helle Apartments mit 2–5 Betten (Sat-TV). 2-Pers.-Apt. 45–66 €, Endreinigung 36 €. ✆ 0472/521301, ℻ 521242, www.ploseparkhotel.it.

*** **Millanderhof (18)**, Plosestr. 58, Gasthof ohne den üblichen Pseudo-Tiroler Schnickschnack und mit modernen, funktionalen Möbeln. DZ/FR 74–124 €. ✆ 0472/833834, ℻ 835124, www.millanderhof.com.

*** **Gasserhof (12)**, 39040 St. Andrä, alter Gasthof mit schöner Tirolerstube, holzgetäfelte Zimmer, einige mit Safe/TV. DZ/FR 60–94 €. ✆ 0472/850097, ℻ 850048, www.gasserhof.com.

** **Angerer (15)**, Plosestr. 48, Familienhotel mit Hallenbad, Zimmer renoviert, gutes Frühstücksbuffet. DZ/FR 62–82 €. ✆ 0472/833279, ℻ 834004, www.hotel-angerer.com.

** **Residence Hofer (20)**, Sarnserstr. 8, schlichte, z. T. etwas enge Apartments mit TV. 2-Pers.-Apt. 42–68 €. ✆ 0472/834033, ℻ 206717, residence-hofer@web.de.

Gründerzeitliches Hotel am Brixner Bahnhof

** **Residence Trametsch (4)**, Platschweg 4, an großer Wiese in Milland, Apartments für 2–5 Pers. mit Balkon/TV, kein Luxus, aber o. k. 2-Pers.-Apt. 42–46 €. ✆/℻ 0472/834030, info@trametsch.it

Tagenhof (14), Mellaun 159, 2 Ferienwohnungen mit Küchenzeile (Mikrowelle) und Sat-TV. Apt. für 2–4 Pers. 39–62 €. ✆/℻ 0472/852121, www.tagenhof.it.

• *In Elvas* ** **Kranebitt (2)**, Elvaser Str. 78, ehemalige Pension, jetzt Apartmenthaus über Brixen, ruhig, sonnig, kinderfreundlich, schöner Pool mit Liegewiese, im Haus viel Holz und weiß getünchte Wände, komfortabel-gemütliche Apartments mit TV und 1a sanitären Einrichtungen. Apt. für 2 Pers. 50–58 €. ✆ 0472/836411, ℻ 209553, www.pension-kranebitt.com.

** **Gasthof Haller (19)**, Elvas, Weinbergstr. 68, freundlicher Familienbetrieb, eigene Landwirtschaft/Weinberg, Zimmer einfach, helles Holz, TV. DZ/FR 62 €. ✆ 0472/834601, ℻ 208294, www.gasthof-haller.com.

* **Pension Moarhof (1)**, Elvas 6, ländliche Familienpension im Grünen. DZ/FR 38–42 €. ✆ 0472/834635, ℻ 206133.

Brixen, Café in der Albuingasse

Essen & Trinken/Abends (siehe Karte S. 114/115)

• *Restaurants, Gasthäuser, Pizzerien* **Finsterwirt (48)**, Domgasse 3, seit 1743 als Gasthaus bezeugtes Restaurant mit mehreren alt getäfelten Räumen (Künstlerstübele im 1. Stock, Andreas-Hofer-Stube) und sehr schöner Gartenterrasse, gehört zum Hotel Goldener Adler. Linker Eingang zur Kapitelschenke mit Bistrogerichten. Hervorragend die Buchweizenspätzle mit Hirschragout. Abends besser reservieren. 3 Gänge ab 30 €. ✆ 0472/835343, www.finsterwirt.com. So abends/Mo geschlossen.

Fink (53), Kleine Laubon 4, alteingesessenes Lokal der gehobenen Kategorie, unten eher Bistrocharakter, oben das eigentliche Restaurant. Hervorragende Qualität der traditionellen, intelligent dem Trend angepassten Speisen: Semmelknödelsoufflé auf Steinpilzen, Eisacktaler Weinsuppe, soufflierter Hirschrücken mit Blaukraut-Weichsel-Crêpes, aber auch Rindsgulasch mit Polenta, traditioneller Kaninchenbraten. Dazu untadelige Weine, hervorragend die Eisacktaler. 2 Gänge ab ca. 20 €. Tischreservierung ✆ 0472/834883. Di abends/Mi geschlossen.

La Piazza (30), Stadelgasse 4, sehr schick das Restaurant in der ehemaligen Golde-nen Krone: „Südtirol Vital" ist die Devise, das heißt abgespeckte Traditionsgerichte, Crossover mit italienischer und kreativer internationaler Küche. Die Perlhuhnbrust auf (Stein-) Pilzrisotto, die Rehpastete mit glasierten Kastanien, der Krautstrudel auf Kutteln, die ganze Taube auf Radicchio-Bardolino-Risotto oder die Tiroler Krapfen mit Ingwereis und Glühwein (eine Kalorienbombe) sind jahreszeitliche Beispiele dafür. Ab 25 €.

Elephant (32), Weißlahnstr. 4, Tiroler Küche, viele Fleichgerichte, berühmte „Elephantenplatte", ab ca. 30 €, das historische Ambiente ist kostenlos. Tischreservierung ✆ 0472/832750. Do Ruhetag.

Goldenes Lamm (26), Trattengasse 14, herkömmliche Gasthausküche mit gekochtem Rindfleisch und Wiener Schnitzel zu für Brixen niedrigen Preisen, Vorspeisen ab 4,50 €, Hauptgerichte ab 9 €. Biergarten. So Ruhetag.

Spaghetteria-Pizzeria Valentina (9), Millanderstr. 14, echt italienische Pizzeria, hervorragende Pizza: dünner Teig, kross gebacken, saftiger Belag. Weißbiertrinker müssen nicht verzweifeln. Reservierung ✆ 0472/833625. Mo Ruhetag.

Kutscherhof (52), Hofgasse 6, Bräustüberl im ehemaligen Kutschentrakt der Hofburg, vorne schöner Gastgarten mit Blick auf die

Hofburg. Gemischte Karte: griechische Penne und Rippele mit Pommes, Salatteller mit Lammkotelett. Ab ca. 9 €. Mo Ruhetag.

Senoner (6), Rienzdamm 22, gehobene Südtiroler und italienische Küche, 2 Gänge ab ca. 15 €. Mo Ruhetag.

Schatzerhütte (16), in Afers/Palmschoss, innen moderne Hütte mit herausragender Tiroler Küche. Die Hütte hat 24 Betten – man muss also keineswegs auf den Wein zum Essen verzichten. Vom Parkplatz Brixner Schihütte geht man ca. 40 Min. bis zur Schatzerhütte. Offen Ende Mai bis Allerheiligen, nach Weihnachten bis Neujahr, Fasching und Ostern., ✆ 0472/521343.

Grissino (21), Altenmarktgasse 28 b im Gebäude der Acquarena, trendiges Restaurant v. a. für die Jüngeren, wo Thai-Food, Wokgerichte (von ostasiatischen Köchen showmäßig zubereitet) und Eisbecher, Pizza aus dem Holzofen und mediterrane Nudelgerichte ein köstliches Nebeneinander führen – der Laden ist hell und stromlinienförmig möbliert, hier geht's um Essen und Kommunikation – bis 1 Uhr früh (Pizza bis 23 Uhr). Auch die Kegelbahn ist bis um 1 Uhr geöffnet! Pizza ca. 5–9 €, Vorspeisen und Nudelgerichte 7–11 €, Fleisch 11–16 €, gut die Thai-Vorspeisenplatte (7,50 € für 2 Pers.). ✆ 472/262510. Kein Ruhetag.

Haller (19), Weinbergstr. 68, der Gasthof (→ „Übernachten") besitzt ein gut besuchtes Restaurant mit Südtiroler Küche und hervorragenden Weinen, u. a. Eisacktalern aus Eigenbau. Auf den Tisch kommen, wenn möglich, Produkte aus eigener Landwirtschaft. Hübsche gedeckte Terrasse mit Weinberg- und Talblick, Stuben, Wintergarten, schöner Ausblick, 2 Gänge oder 3-gängiges Tagesmenü ab ca. 20 €. ✆ 0472/834601. Mo abends/Di geschlossen.

• *Cafés, Imbisse, Bars* **Atrium (54)**, Kleiner Graben 14, schicker Szenetreff, Mo–Fr 8–21, Sa 8.30–12 Uhr.

Goldene Rose (45), Domplatz 17, Kaffee, Eis und kleine Gerichte auf dem Domplatz, Zugang auch von den Lauben, So Ruhetag.

Bar Historia (46), Domplatz 15, kleine Bar, beliebter Treff für einen Macchiato oder ein kleines Pils zum Panino.

Café-Bar Sabine (11), Untere Schutzengelgasse 3, preisgünstige Imbissstube mit warmen Speisen, Würstel, Graukäse mit Brot, Kalbfleisch sauer, aber auch Cordon bleu und andere warme Speisen – wenige Tische. 3–10 € (Filet!). Mi Ruhetag.

Café am Gries (40), Albuingasse, klassisches Café. 1a Blätterteignusshörnchen, Buchweizen- und Linzertorte, anderes z. T. nur Durchschnitt. 8.30–23 Uhr, Di bis 19 Uhr.

Konditorei Pupp (25), Altenmarktgasse 37, Tische auf der anderen Straßenseite, traditionelle Konditorwaren auf gehobenem Niveau. So nachmittags/Mo geschlossen.

Café-Konditorei Heiss (8), Plosestr. 26, Sacher- und Weincremetorte, Spezialität Brixner Nüsse. Di Ruhetag.

Tapas (31), Kreuzgasse 2, Tapas und andere Imbisse, gegenüber Kreuztor. So Ruhetag.

Art Café (47), Große Lauben 8, Eis, Panini, Fruchtsäfte, Kaffee und Kuchen im 1. Stock des Hauses mit Blick auf die Großen Lauben, entspannte Atmosphäre. Sa ab 15 Uhr und So zu.

Café zum Bäckergassl (51), Bäckergasse 8 a, preiswerte Imbisse. So geschlossen.

Milchbar (49), Großer Graben 14, Milchshakes und Saft, Panini, Eis. So geschlossen.

Domcafé (44), Pfarrplatz 3, Konditoreicafé und Eisdiele unter den Lauben des Pfarrplatzes, Sa nachmittags/So zu.

Stampfl (28), Trattengasse 18, Wein und Spirituosen, die Kundschaft steht zu Stoßzeiten auf der Straße. So geschlossen.

Peters Weinbistro (22), Altenmarktgasse 6, Weinlokal mit großer Auswahl, vor den Essenszeiten knallvoll. Mi/Fr abends warmes Essen, Sa abends/So geschlossen.

Vinissimo (42), Adlerbrückengasse 9 a, Weinbar mit Tischen unter den Arkaden, drinnen steht die Stammkundschaft am Tresen, auch kleine Imbisse. Mo–Sa 10–13.30/16–23 Uhr.

• *Abends* Die Bäckergasse, ein schmaler Schlauch zwischen den Großen Lauben und der Domgasse, ist noch spät abends belebt, anderswo wird es schwierig, nach 22.30 Uhr geöffnete Lokale zu finden.

Belize Jazzkeller (50), Bäckergasse 3, sympathische Kneipe mit Musikhintergrund, Imbisse, Bruschetta, tägl. 10.30–1/2 Uhr.

Disco Max/JukeBox (35), Fischzuchtweg 30, große, gut besuchte Disco (Do Oldies) und Spielsalon auf 2 Stockwerken. 21–2 Uhr, Fr/Sa 23–4 Uhr. ✆ 0472/802190, www.discomax.com.

Weitere bis nach Mitternacht geöffnete Lokale: **You 2 (24)**, Brennerstr. 6 c (Mo Ruhetag), **Diesel Pub (38)**, Mahr 107 a, 18–2 Uhr (Mo Ruhetag), und **Time Out (37)**, Dantestr. 34, 19–2 Uhr, House, Latino, gelegentlich Life-Musik (So Ruhetag).

Kultur & Veranstaltungen (siehe Karte S. 114/115)

Kino Astra (34), Romstraße 9, ✆ 0472/832087.

Forum Brixen (33), Romstraße 9, moderne Mehrzweckhalle. Programm unter ✆ 0472/257588, www.forum-brixen.com.

Dekadenz (13), Obere Schutzengelgasse 3, engagiertes Kleinkunsttheater. Karten 11 €, erm. 8 €. ✆ 0472/836393, www.dekadenz.it.

Kuchlkirchtig-Wanderung, geführte gastronomische Wanderung mit mehreren Verkostungen und Menüs im Umkreis von Brixen, mehrere Termine (jeweils Di, Do, Fr) in den ersten 3 Wochen im Okt., organisiert vom Tourismusverein Brixen (dort auch Anmeldung). Nicht ganz leicht, 5–6 Std. gehen, ca. 650 m Höhenunterschied, aber sehr appetitanregend! Gebühr 39 € inkl. Essen, Getränke und Transporte.

Weihnachtsmarkt, in der Adventszeit rund um den Dom, dazu Veranstaltungen wie Konzerte, Spezialführungen, Krippenausstellung im Diözesanmuseum – besonders bei Italienern sehr beliebt.

Sommerfestival Musik und Kirche mit Konzerten geistlicher Musik im Dom und anderen Kirchen, Karten (5–15 €) in der Touristeninformation, Informationen über: Brixner Initiative Musik und Kirche, ✆ 0472/836424, 801171, www.musikkirche.it.

Shopping

Boutiquen, Kleidung, Schuhe etc. in den Großen Lauben.

- *Kunsthandwerk/Antiquarisches* **Compatscher** am Seminarplatz und **Galerie Hofburg**, Hofburggasse 5 (Krippen!).
- *Lebensmittel/Feinkost* Großer **Supermarkt** am Kleinen Graben neben Hotel Goldenes Kreuz.

Typische Erker bei Tiroler Stadthäusern (Klausen)

Am Beginn der Domgasse im Eckhaus Kleine Lauben befindet sich ein sehr gut sortierter, obwohl winziger **Käseladen**: „Casa del formaggio".

Brot und Feingebäck aus der Backstube Profanter (z. B. Altenmarktgasse), Gewürzbrot, sehr gute „Breatl" (Bauernbrot, „Vinschgerl"), im Herbst köstliches Apfel-Walnuss-Brot.

- *Bücher/CDs/DVDs* **Athesia**, Große Lauben im Torbau an der Weißenturmgasse
- *Märkte* Großer **Montagmarkt** am Ende der Trattengasse (neben Großparkplatz), v. a. Kleidung, Schuhe, Haushaltswaren.

Bauernmarkt am Hartmannsplatz und Großen Graben, Juni bis Okt. 9–14 Uhr.

Biologischer Markt mit Bioprodukten der Region, Anfang Mai bis Mitte Dez., Albuingasse, 9–12 Uhr.

Flohmarkt „Gumperermarkt", Albuingasse, die Termine sind beim Tourismusverein zu erfahren

- *Naturkost* Euvita Naturprodukte, Adlerbrückengasse 7 a, Naturkosmetik und -arzneien; Pro Natura, Stadelgasse 6 b.
- *Sportkleidung und -ausrüstung* Sportler, Große Lauen 3, führt eine kaum zu überbietende Auswahl.

Sport

- *Schwimmen/Baden* Das Hallenbad in der **Pension Angerer** in Milland ist öffentlich zugänglich, ✆ 0472/833279, 10–22 Uhr, Mo geschlossen.

Erlebnisbad Acquarena, Altenmarktgasse 28 b, unweit vom Stadtzentrum gelegene Wasseroper auf 5000 qm, der architektonisch spannende Mix aus geraden und kurvigen Linien macht außen und innen ein unruhiges, aber interessantes Bild! Mit schickem Hallenbad samt Wasserrutsche, sehr diskret zurückhaltend dekorierte Sauna (kein Pseudo-Römerbad), Wellnessbereich (Wellnessangebote auch als Wochenprogramm buchbar), verschiedene Bädern, Fitnessstudio mit allen Schikanen und Freibad mit Strömungskanal. Trendrestaurant Grissino → „Essen & Trinken". Tägl. 9–22 Uhr, Sauna 14–23 Uhr. Eintritt: Freigelände 3 Std. 5,50 €, Tag ca. 7 €, Hallenbad (2:30 Std.), Erwachsene 7,20 €, erm. ca. 6 €, Kinder ca. 4 €, Tageskarte ca. 9/7/4 €. Eintritt inkl. Sauna (3 Std.) Erwachsene ca. 14 €, ab 12 ca. 12 €, Tageskarte ca. 16/14 €. ✆ 0472/823500, www.acquarena.com.

• *Paragliding* Beliebter Startplatz auf der Plose, Infos bei Parafly Plose, ✆ 348/3109479.

• *Radfahren* **Kostenlose Leihräder** (max. 4 Std.) am Großparkplatz am Ende der Trattengasse. Ausweis und 10 € Kaution müssen hinterlegt werden. **Radwerkstatt** (kein Verleih) Mister Bike, Plosestr. 24 b, ✆ 0472/200635.

• *Reiten* Reitschule Brixen, Sarns/Neustift, ✆ 335/6288866.

• *Sportzentren/Tennis* Sportzone Süd, Fischzuchtweg, und Sportzone Vahrn. Informationen beim Sportamt Brixen, ✆ 0472/262060.

• *Wandern/Bergsteigen/Klettern* Kletterhalle in der Sportzone Süd (s. o.). **Geführte Wanderungen** veranstaltet der Tourismusverein im Sommer jeden Di und Do.

• *Wintersport* **Eisstadion** am Fischzuchtweg/Sportzone Süd. **Naturrodelbahn Petscheid** (0,8 km), Mi auch abends (19–22 Uhr beleuchtet).

Skifahren/Snowboarden: Das *Skigebiet Plose* ist Teil der Region Eisacktal der Organisation *Dolomiti Superski* (→ S. 58). Neben dem Skipass für die Gesamtregion gibt es den Skipass für die Region Eisacktal, die auch die Skigebiete Gitschberg-Meransen und Jochtal umfasst (beide von Mühlbach im Pustertal zu erreichen → S. 450). Der Skipass Eisacktal ist nur für eine Woche normalerweise wesentlich preiswerter als jener für die gesamte Region Für Inhaber eines Skipasses ab Brixen halbstündlich, ab Lüsen 1x tägl. vormittags kostenloser Skibus zu den Liftanlagen auf der Plose. Ab Raas, Natz und Schabs 2x tägl. vormittags kostenloser Skibus zum Skigebiet Gitschberg-Jochtal. Den Skipass erhält man an Ort und Stelle beim Plose Skipassbüro, ✆ 0472/200433, 📠 200498. Skischule Plose, auch Kinderskikurse, Umlaufbahn St. Andrä 31 b, ✆ 0472/850040, 📠 521233,

Zum Skifahren auf der Plose → S. 129.

Snowboard- und Skiverleih: Skiservice Erwin Strocker, St. Andrä, Talstation Plosebahn, ✆ 0472/850077, 📠 850170, plose@rentasport.it, und Sport Titton, Talstation Sessellift Pfannspitz, Afers, ✆ 0472/521359.

Skispecials für Kinder: Liste der teilnehmenden Hotels von der Touristeninfo in Brixen (→ „Information").

Skilanglauf: Loipen um Würzjoch und Palmschoss, 22 km ab Parkplatz Schnatzgraben; Loipe im Aferer Tal, 12 km, ab Vikolerhof; Rundloipe Kreuztal (5 km) ab Gasthof Geisler; 2 Loipen in Lüsen. Die Rundloipe Petscheid in Hinterlüsen (3 km) ist Mi 19–22 Uhr beleuchtet.

Sehenswertes in Brixen

Dom und Domplatz: Beginnen Sie den Stadtspaziergang durch Brixen am Domplatz, auch wenn Sie vom Bahnhof oder vom Großparkplatz an der Brennerstraße durch einen Teil der Altstadt gehen müssen, um zum Domplatz zu gelangen. Ohne diesen Dom gäbe es keine Stadt, geben wir ihm also den gebührenden Vorrang. Der Domplatz hat für die relativ kleine Stadt überraschend große Ausmaße, die Bischöfe verwendeten ihn für ihre Prozessionen und Feierlichkeiten. Die **Domfassade** mit ihren seitlichen Türmen und dem in der Mitte vorspringenden Portal dominiert diesen Platz, an dem man sich, vielleicht an einem der Kaffeehaustische sitzend, die vor den Häusern gegenüber aufgestellt sind, recht klein vorkommt.

Ein Dom aus ottonischer Zeit ist nur bezeugt; der romanische Dom, der nach dem großen Stadtbrand von 1174 entstand und 1237 geweiht wurde, ist nur in den unteren Stockwerken der beiden Türme und an ein paar weiteren Stellen erhalten. Dann wurde der Zeitmode entsprechend ein gotischer Hochchor samt angrenzenden Kapellen errichtet, der Bauherr war der damalige Bischof *Nikolaus von Cues*, von dem wir in Bruneck noch hören werden. Die damals entstandene **Oswaldkapelle** zwischen den beiden Türmen hat ihren Namen vom Stifter, dem Dichter und Minnesänger *Oswald von Wolkenstein*, dessen Denkstein sich heute auf dem Alten Friedhof nebenan befindet.

Heute hat der Dom überwiegend barocke Formen, denn nach 1610 wurde er grundlegend modernisiert, also barockisiert, vor allem zwischen 1745 und 1758. Das ist am deutlichsten im Dominneren zu sehen, das in Rot, Schwarz, Gold und Weiß schwelgt: weißer Carraramarmor, gelber Brentonico aus dem Trentino, braunroter Pfunderer Marmor (eigentlich ein Schiefer) und rotbrauner Rocchetta aus dem Trentino und exotischer Marmor aus Sizilien, Griechenland, Nordafrika wurden zur Wandverkleidung und für die Altäre verwendet. An Gold wurde nicht gespart: Man sehe sich die Kanzel an! Der spätbarocke Maler *Paul Troger* aus Welsberg im Pustertal schuf die prachtvollen **Deckengemälde**, mehrere barocke Altäre entstanden. Das große Deckengemälde Trogers zeigt die „Anbetung des Lammes". Einige der zahlreichen **Grabplatten** von im Dom begrabenen Bischöfen und Domherren wurden schon damals in die Arkaden des benachbarten Friedhofs und des Kreuzganges verbannt, andere beließ man im Dom. Bemerkenswert die in der Vorhalle aufgestellte Grabplatte des Bischofs Christoph von Schrofenstein von 1521, die äußerst naturalistisch einen ausgezehrten Mann in prunkvoller Bischofskleidung darstellt (Christophorus de Schrobenstain steht über der Bischofsmütze geschrieben).

Südlich des Doms liegt der nach dem Brand von 1174 romanisch begonnenen und gotisch mit Kreuzrippengewölben vollendeten **Kreuzgang**, man betritt ihn von einem aus der Domvorhalle rechts abgehenden Durchgang. Der Kreuzgang verbindet den Bischofspalast und verschiedene Nebengebäude mit dem Dom, hatte also zentrale Funktion. Im späten 14. und 15. Jh. ließ man seine Gewölbe durch lokale Künstler ausmalen, es waren bedeutende darunter wie *Meister Hans von Bruneck*. Diese leider durch die Grabsteine aus dem Dom oft empfindlich beeinträchtigen Fresken sind ein großartiges Beispiel für die Malerei des Mittelalters und wert, sehr genau und in aller Ruhe betrachtet zu werden. (Vier Gewölbe wurden nie ausgemalt, hier durften Händler den Domherren ihre Ware anbieten, Fresken gönnte man ihnen nicht.) Um die Zuordnung der einzelnen Szenen zu bestimmten Künstlern gab es und gibt es Gelehrtenstreit, dem Besucher wird es genügen, festzustellen, dass mehrere Künstler mit deutlich unterschiedlicher Technik und Gewandtheit an diesem mittelalterlichen Bilderbogen gearbeitet haben.

In der (meist geschlossenen) **Taufkapelle**, die man durch eine der Arkaden betritt, haben sich ältere, nämlich romanische Fresken erhalten, die erst kürzlich restauriert und zum Teil erst aufgedeckt wurden.

Öffnungszeiten **Dom** tägl. 6–12/15–18 Uhr; **Kreuzgang** 9–12/15–18 Uhr.

Alter Friedhof und Michaelskirche: Auf der anderen Seite des Doms liegt ein vom Domplatz wie von der Albuingasse aus zugänglicher Freiraum, der sog. Alte Friedhof. Heute wird hier niemand mehr begraben, aber viele Jahrhunderte war er der einzige Friedhof der Stadt. An den Arkaden auf seinen Seiten sind Grabsteine aufgestellt, auch einige aus dem Dom und vor allem der **Gedenkstein des Oswald von**

Wolkenstein, der einen bärtigen, wuschelhaarigen Mann in Rüstung mit Sporen, Schwert und Standarte zeigt (vom Eingang Albuingasse aus gleich links). Der Alte Friedhof grenzt auf der Nordseite an die Michaelskirche oder Pfarrkirche, deren 72 m hoher, achteckiger Turm (Bauzeit von 1300 bis 1591) wegen seiner weißen Farbe als **Weißer Turm** bekannt und Wahrzeichen von Brixen geworden ist. Die Kirche ist sehr alt, wurde aber 1757/1758 völlig barockisiert.

Öffnungszeiten **Alter Friedhof** tagsüber ständig geöffnet; **Michaelskirche** ca. 6–12/15–19 Uhr.

Priesterseminar: Jenseits der Albuingasse, die den Dombezirk nach Osten begrenzt, liegt etwas zurückgesetzt (man muss am Café am Gries vorbei, wozu einige Überwindung gehört, wenn man weiß, wie gut dort die Mehlspeisen sind) liegt das Priesterseminar. Es wurde 1607 gegründet, die Bauten sind aber jünger und wurden 1764 bis 1771 in eher zurückhaltenden spätbarocken Formen errichtet. Dabei wurde auch die **Kirche zum Hl. Kreuz** angebaut, die heute mit ihrem riesigen überwölbten Portalbereich die Fassade dominiert. Die Fresken im Inneren der Kirche sind von *Franz Anton Zeiller*. Wer als Student kommt – das Priesterseminar ist Sitz der Philosophisch-Theologischen Hochschule und der Fakultät für Bildungswissenschaften der Freien Universität Bozen – dringt in die Universitätsbibliothek vor. Ihr ältester Teil ist der barocke **Bibliotheksraum** mit Deckengemälden des *Franz Anton Zeiller*, eine über zwei Stockwerke reichende Halle, von großen blauen Säulen getragen, mit einem weiß-goldschimmernden Gewölbe – ein echtes Barockjuwel.

Öffnungszeiten Während des Semesters begrenzt zugänglich, keine festen Zeiten.

Große und Kleine Lauben: Brixens Lauben sind zwei Straßen, die im rechten Winkel aufeinander stoßen und die bereits bei der ersten Stadtplanung im 11. Jh. so angelegt wurden. Bürgerhäuser und Adelspalais rücken im ersten und zweiten Stock nahe aneinander, aber auf Fußgängerniveau lassen sie geräumige Arkadengänge frei, die die Straßenbreite fast verdreifachen. Das einzige Kreuz dabei ist, dass man die Fassaden dadurch oftmals nicht sehr gut erkennen kann. Wir durchqueren das **Michaelstor** (Freskenreste) beim **Weißen Turm** (s. o.) und gelangen von der Albuinstraße auf den Pfarrplatz. Dankbar sind wir, dass das **Pfaundlerhaus** noch außerhalb der Großen Lauben errichtet wurde und auf einer Straßenerweiterung gegenüber der Michaelskirche steht, sodass man seine üppige, doppelt geschwungene und durch Erker gegliederte Fassade in aller Ruhe bewundern kann. Das Gebäude stammt von 1581 und verbindet gotische und Renaissanceelemente, besonders hübsch sind die schmiedeeisernen Gitter vor den Fenstern. Zwischen Großen und Kleinen Lauben bewacht aus etwa 3,5 m Höhe der **Wilde Mann** das geschäftige Kommen und Gehen. Er hat drei Köpfe, damit er wirklich alles überblicken kann.

Besonders in den Kleinen Lauben haben sich einige schöne Häuser erhalten, dazu gehören das Gebäude des Restaurants Fink. In der von den Kleinen Lauben zum Domplatz führenden **Domgasse** sei das alte Gebäude des „Finsterwirts" erwähnt, in dem sich ebenfalls ein angesehenes Restaurant mit langer Tradition befindet. Am Ende der Kleinen Lauben steht auf einem kleinen Platz die **Erhardskirche**, ein um 1800 klassizistisch veränderter älterer Bau über (wie Grabungen bewiesen) vorrömischen Vorgängern, der heute als evangelische Gemeindekirche dient.

Großer und Kleiner Graben: Der Stadtgraben, das sieht man an den alten Fassaden der angrenzenden Gebäude, ist schon lange zugeschüttet. Heute kann man auf ganzer Breite über den Großen Graben flanieren und diese Fassaden (oder die Auslagen) bewundern. Das **Säbenertor** mit seinem hohen Turm unterbricht die gerade Reihe der Fassaden, es ist eines der ursprünglich drei Tore der Stadt (des Weiteren

Michaelstor am Pfarrplatz und Kreuz- oder Sonnentor bei der Erhardskirche). Rechts daneben steht der alte **Ansitz Lachmüller**, der einer Familie gehörte, die über Jahrhunderte den Bischöfen als Ärzte, Rechtsanwälte und Verwaltungsbeamte zu Diensten war (heute im Besitz der Stadt und üblicherweise bis auf den Innenhof nicht zu besichtigen). Der Kleine Graben wird leider ziemlich stark befahren, sodass man froh ist, bei Nr. 7 (neben einer Metzgerei) einen Durchgang zu finden, der in den hübschen, nach alten Mustern neu gestalteten **Hofgarten** führt.
Ein Abstecher vom Großen Graben beim Säbenertor über die Stadelgasse muss sein. Wo sie endet, stößt man auf die Weißlahngasse und das gegenüberliegende **Hotel Elephant**.

Hofburg und Diözesanmuseum: Quert man den Hofgarten hat man zur Linken das **Neugebäude** (so genannt, weil die Hofburg schon alt war, als es um 1620 errichtet wurde), in dessen Kutschentrakt die neue „Kutscherstube" mit Speis und Trank lockt. Zur Rechten liegt die Hofburg, der Sitz der Brixner Bischöfe bis zu ihrem Umzug nach Bozen (de facto 1973). Diese „Burg" ist in Wirklichkeit ein Renaissanceschloss, 1260 als Burg gegründet, 1595 in Renaissancestil umgebaut und 1710 (im Wesentlichen innen) barockisiert. Reste des Grabens, der sich einmal um die ganze Burg spannte, werden durch eine Brücke überwunden. Besonders eindrucksvoll ist der **Innenhof**, dessen Fassadengestaltung durch die schwarzen Statuen vor dem gelben Anstrich bestimmt wird.

In der Hofburg ist das **Diözesanmuseum** untergebracht. Im Erdgeschoss links befindet sich die riesige Krippensammlung, die allein schon den Besuch wert ist, Krippen aus allen Materialien und von Sizilien bis Tirol sind zu sehen, Kinder sind gar nicht mehr raus zu bekommen. Im ersten Stock ist die Kunst des Mittelalters untergebracht, zahlreiche romanische und gotische Holzstatuen, vor allem der Gottesmutter mit und ohne Kind, Heilige, spätgotische Flügelaltäre, Tafelmalerei. Einige Arbeiten von *Hans Klocker,* der zwischen 1475 und 1500 in Brixen arbeitete, und dessen Werkstatt die Kunst bestimmte. Besonders schön die kniende Maria einer Krönungsgruppe aus Kaltern mit weich fließendem Gewand – Detailreichtum, intensive Farben. In einem eigenen Raum ist der Domschatz zu sehen, Gold und Silber und Bergkristall und was sonst noch gut teuer und schwer zu bearbeiten war wohin das Auge reicht. Man passiert die barocke **Hofburgkirche**, die man von oben sieht. Frühneuzeitliche Kunst und die schöne Hofratsstube beschließen den Rundgang. Im zweiten Stock ist sakrale Kunst vom Barock bis zum 20. Jh. untergebracht, unter den barocken Gemälden sollte man jene von *Paul Troger,* der die Deckengemälde im Dom geschaffen hat, nicht übersehen. Im **Kaisertrakt**, wo der Kaiser, wenn er Brixen besuchte, untergebracht war, hat sich die Ausstattung zum Teil erhalten, imposant der Kaiserliche Empfangssaal von 1710.

• *Öffnungszeiten* **Diözesanmuseum** 15. März bis 31. Okt. tägl. (außer Mo) 10–17 Uhr, 1. Dez. bis 31. Jan. (außer 24./25. Dez.) tägl. 14–17 Uhr. Eintritt 5 €, nur Krippen 3 €. ✆ 0472/830505, 208282, www.dioezesanmusem.bz.it. 3 kleine Broschüren (Mittelalter, Neuzeit, Domschatz) für zusammen 1 €, es gibt auch 2 größere Führer.

In den Ortsteil Stufels: Vom oberen Ende der Albuingasse zweigt nach rechts die Adlerbrückengasse ab. Heute ist die **Adlerbrücke** eine reine Fußgängerbrücke, aber früher hatte sie den ganzen Verkehr über den Eisackfluss zu bewältigen. Dass dabei alles reibungslos ablief, darum kümmerte sich der klassische Brückenheilige Nepomuk, dessen barocke Statue heute etwas abseits steht und – bis auf die Fotografen, die sie mit dem Blick durch die Adlerbrückengasse auf die Michaelskirche kombinieren – recht unbeachtet bleibt. Ihr gegenüber und noch auf Altstadtboden steht eines der ältesten Hotels der Stadt, eingerichtet in einem typischen Brixner Stadthaus mit (falschem) Zinnengiebel, heute Hotel Goldener Adler. Jenseits der Brücke liegt Stufels, der älteste Siedlungsboden von Brixen, ein aus wenigen engen Gassen bestehender Stadtteil. Quert man ihn über die Untere Schutzengelgasse, erreicht man die Brücke über die Rienz – Brixen wurde sicher auch aus Verkehrsgründen an der Mündung der Rienz in den Eisack gegründet. Hübsch sind die sich bis zur eigentlichen Mündung der beiden Flüsse erstreckenden **Rappanlagen**, ein städtischer Park mit schönen Blicken auf Altstadt und Plose.

Nördlich von Brixen

Vahrn ist eine Gemeinde am Nordrand des Brixner Stadtgebiets, selbstständig, aber zumindest touristisch abhängig vom nahen Brixen, mit dem es praktisch zusammengewachsen ist. Im alten Dorf Vahrn und in den Dörfern an den Hängen oberhalb, etwa in **Schalders** und in **Spiluck**, wohnt man angenehm und hat Brixen vor der Tür. Die große Attraktion von Vahrn ist die ausgedehnte alte Anlage des **Klosters Neustift**, die auf der Vahrn gegenüberliegenden Seite des Eisack liegt. Sie gehört zu den ganz großen kunst- und kulturhistorischen Sehenswürdigkeiten (Süd-)Tirols.

• *Information* **Infopoint** an der Autobahnauffahrt Vahrn, ✆ 0472/205521, tägl. (außer So) 8.30–19 Uhr.

• *Verbindungen* Gute **Busverbindungen** zwischen Vahrn, Neustift und Brixen, ins Schalderer Tal nur Schulbusse.

• *Sport/Freizeit* **Sportzone Vahrn** zwischen Brixen und Vahrn (Verlängerung der Dantestraße ab Brixen); Tennisplätze in der Sportzone Vahrn, Information in der Bar Sportzone, ✆ 0472/837688.

• *Übernachten/Essen & Trinken* **** **Löwenhof**, Vahrn, Brennerstr. 65 bzw. Löwenviertel 60, Familienbetrieb an der Staatsstraße in Richtung Brenner, gute Ausstattung mit Pool, Whirlpool, Solarium, Saunen („Wellness-Löwentherme"), Minigolf, Tiefgarage. Im Haus Restaurant-Pizzeria und Café-Bar. Zimmer mit Sat-TV, Safe, Fön und Minibar. Hauseigener Campingplatz (s. u.) auf dem anstoßenden Grünbereich mit Pool und Minigolf. DZ/FR 90–140 €. ✆ 04727836216, 801337, www.loewenhof.it.

*** **Brückenwirt**, Neustift, Stiftstr. 2, ein wunderschöner Traditionsgasthof an der Brücke vor dem Kloster Neustift, die Alttiroler Stube mit ihrem Kachelofen ist ein Juwel. Gute Zimmer, üppiges Frühstücksbüffet, Pool und Liegewiese. Im Restaurant (Mittwoch Ruhetag) italienische und Tiroler Vorspeisen (Milzschnittensuppe!), Herrengröstel, Surfleisch mit Sauerkraut und Semmelknödel, beim Fleisch dominieren Schnitzel und Steaks; ab ca. 15 €. DZ 82–90 €. ✆ 0472/836692, 837587.

*** **Pacher**, Pustertaler Str. 6, Hotel in Neustift ganz nahe am Klosterbezirk, Hallenbad, Sauna, Solarium, gutes Restaurant mit großer Terrasse, oft Live-Musik, Mo Ruhetag. DZ/FR 86–116 €, ✆ 0472/836570, 834717, www.hotel-pacher.com.

*** **Clara**, Vahrn, Brennerstr. 64, Hotel an der Durchgangsstraße (Alpotels-Kette), etwas zurückgesetzt, modern eingerichtete Zimmer, z. T. Balkon, kleines Wellness-Center (Saunen, „Vitarium", „Erlebnisdusche", Massage) im Sommer Freischwimmteich, Spielplatz, Kegelbahn. DZ/FR 76–90 €. ✆ 0472/833777, 835582, www.hotelclara.it.

*** **Pacherhof**, Vahrn, Pacherweg 1, Gasthof mit großer neuer (2002) Dependance, Freibad, Wellnessbereich, schöne Aussichtslage. Zimmer mit Fön, Safe und Balkon, in der Dependance auch mit TV. Beliebtes Törggelenziel. DZ/HP 100–180 €. ✆ 0472/835717, 801165, www.pacherhof.com.

** **Tirol**, Vahrn, Dorfstr. 19 a, einfache Pension über der hauseigenen, guten Pizzeria (Do Ruhetag), gutes Frühstücksbüffet. DZ/FR 64–72 €. ✆ 0472/833780, 837252.

Martinhof, Neustift-Vahrn, Oberdorfstr. 8, im seit dem 15. Jh. bezeugten Haus der Familie Winkler im Oberdorf oberhalb des Klosters Neustift haben die Räume ganz unterschiedliches Niveau, ein Zeichen des hohen Alters sowie von An- und Umbauten. Gotisches Netzgewölbe im 1. Stock. 2 DZ mit Dusche/WC, besonders freundliche, familiäre Atmosphäre. DZ/FR 38–40 €, dazu 1 großes Apt. f. 2–4 Pers. (gleicher Preis). ✆ 0472/834814, www.martinhof.com.

Stiftskeller Neustift, im Kloster Neustift, 30 Eigenbauweine in Ausschank, auch Brotzeiten (Speck am Brettl, belegtes Brot), neuerdings sogar Kaffee und Kuchen sowie Eis. Mo–Sa 10–19 Uhr, ✆ 0472/836189.

Köfererhof, Neustift/Vahrn, Pustertaler Str. 5, der alte Hof an der Straße ins Pustertal sieht von dieser aus recht traditionell aus. Anders, wenn man sich von unten durch die Weinberge nähert, dann sieht man den ausgedehnten Restaurantkomplex, durch dessen Fenster man auf Neustift, Brixen und die Sarnthaler Berge schaut. Geselchtes mit Knödel, Speckplatte, Gerstlsuppe, Haustorte; die Familie bedient, hinter der Küchentür walten professionelle Köche. Ab 20 € ohne Wein (hauseigene Müller-Thurgau, Silvaner, Kerner, Ruländer, Gewürztraminer, alle reintönig, sortenbetont und saftig, Glas ab 2,10 €). ✆ 0472/836649 (in der Törggelenzeit an Wochenenden unbedingt reservieren!).

Haus Wachtler, Alte Pustertaler Str. 11, dem Charme der Hausherrin kann man sich kaum entziehen, die Lage am Weinberg über Neustift und Brixen an der heute verkehrsarmen Pustertaler Straße tut das ihre zum Wohlgefühl. Einfache Zimmer, aber wer braucht schon TV? Besonders angenehm das Zimmer in Richtung Schalderer Tal mit verglaster Front zum Balkon. DZ/FR 40–46 €, ✆ 0472/837006.

• *Camping* **Löwenhof**, Vahrn, Brennerstr. 65/Löwenviertel 60, zum gleichnamigen Hotel gehöriger und direkt benachbarter Campingplatz mit guter Ausstattung, Swimmingpool, ganzjährig geöffnet, grün und teilweise schattig, wenn auch nicht ganz leise. Gespann und 2 Pers. 22,50–31 €. ✆ 0472/836216, 📠 801337, www.loewenhof.it.

Camping zum See, Vahrn, Vahrner Seeweg 6, hübsch gelegener Platz am Vahrner See (angrenzend Badezone, der Großteil des sauberen Sees mit großer Verlandungszone und Schilfgürtel ist streng geschütztes Feuchtbiotop). Gespann und 2 Pers. ca. 24 €. ✆ 0472/832169. Geöffnet April bis Okt.

Sehenswertes/Ausflüge

▸ **Kloster Neustift**: Seit 1142 besteht dieses idyllisch in den eigenen Weinbergen gelegene *Augustiner Chorherrenstift*. Der Grundstock der heutigen Anlage entstand nach einem Brand 1190 und wurde im 15. Jh. befestigt, 1525 während des Bauernaufstands geplündert (die Augustiner waren geflohen) und ab 1735 zumindest in den wichtigsten Gebäuden barockisiert.

Man betritt den Klosterbereich durch einen mittelalterlichen Eingangsbau und hat dann zur Linken einen merkwürdigen Rundbau, die sog. *Engelsburg*. Sie entstand als Michaelskapelle und war Teil des Pilgerhospizes, zogen doch durch Brixen viele Jerusalempilger weiter nach Venedig, wo sie sich einschifften. Aus Angst vor der türkischen Invasion im 15. Jh. umgab man das Kloster mit Wehrgängen und Schießscharten, 1476 entstand z. B. der Türkenturm zur Rechten. Links folgen die Klosterschenke und der Weinkeller des Stifts, dahinter erreicht man den ersten Hof. Im Gebäude über dem Durchgang befindet sich die *Bibliothek*, die man bei Führungen besichtigen kann. Der zweistöckige Saal mit Stuckdecke und etwa 65.000 Büchern, Manuskripten und Karten ist ein Juwel des Rokoko.

Im ersten Hof fällt gleich der *Weltwunderbrunnen* ins Auge. Der barocke Aufbau des Brunnens, der selbst aus dem Jahr 1508 stammt, zeigt in Gemälden die sieben antiken Weltwunder und als achtes Weltwunder das zeitgenössische Neustift von 1669!

Unter dem Atrium der Prälatur mit Bildnissen sämtlicher Äbte des Klosters – auch diesen Saal besichtigt man bei einer Führung – erreicht man den zweiten Hof, auf dessen rechter Seite die *Stiftskirche* steht. Massig ist der Kirchturm aus romanischer Zeit, durch dessen Gewölbe man die Kirche betritt, eine dreischiffige Kirche mit hohem, während der Gotik entstandenen Chor. Die Barockisierung war vollständig, üppiger Stuck (von bayerischen Stuckateuren), prächtige Deckengemälde (von Matthäus Günther, 1736) in Form von drei Riesenmedaillons mit Darstellungen aus dem Leben des hl. Augustinus, ein Marmorhochaltar mit gedrehten Säulen – das Innere der Stiftskirche gilt als einer der Höhepunkte des Spätbarock.

Blick über Kloster Neustift auf Vahrn und das Schalderer Tal

Der *Kreuzgang*, den man durch einen Durchgang vom ersten Hof aus erreicht, ist gotisch. Seine Kreuzrippengewölbe sind z. T. noch von sehenswerten Fresken bedeckt, die allerdings vielfach durch später eingemauerte Grabsteine zerstört wurden.

Erst kürzlich wurde der *Stiftsgarten*, ein sorgfältig rekonstruierter historischer Garten, wieder zur Besichtigung freigegeben – hier befand sich einst die Gärtnerei des Stiftes. Die Bäume und Büsche im „Wilden Garten", im streng geometrischen Barockgarten und im botanische Lehrgarten sind noch recht jung. Die neueste Attraktion Neustifts kann man mit einer Gartenführung besuchen.

- *Öffnungszeiten* Der Zugang zum Klosterbereich ist normalerweise ständig möglich, Parkplatz (gebührenpflichtig) vor dem Eingang. Die beiden Höfe, Stiftskirche und Kreuzgang sind tagsüber jederzeit zugänglich. Führungen (ab 10 Pers.!) ab dem ersten Hof (Tür rechts hinten) Mo–Sa 10–16 Uhr jeweils zur vollen Stunde, Nov. bis Ende Apr. Sa nur bis 13 Uhr. Eintritt 4,50 €, erm. 2,60 €. Der historische Stiftsgarten ist von Mai bis Mitte Okt. geöffnet, Eintritt 4,50 €; Gartenführungen nur von Mitte Juli bis Mitte Sept.!
- *Shopping/Wein* **Stiftskellerei Neustift**, Kloster Neustift, Verkostungsmöglichkeit im Stiftskeller oder nach Anmeldung unter ✆ 0472/836189, www.kloster-neustift.it, ab 10 Pers., 6,50 €. Der **Verkauf** im Klosterladen findet im Neubau am Pkw-Parkplatz vor dem Klostergelände statt, großer Verkaufsraum; Mo–Sa 9–12/14–18 Uhr

Törggelen-Tipp! In mehreren Buschenschänken rund um Brixen kann man den Eisacktaler Wein kosten und deftige Tiroler Kost probieren, z. B. die beliebten Kastanien. **Gattererhof** (Elvaserstr. 83, ✆ 0472/838243) in *Kranebitt* und **Strasserhof** (Neustift, Unterrain 8, ✆ 0472/830804) und **Pacherhof** (Pacherweg 1, ✆ 0472/835717 – siehe auch Essen & Trinken!) in *Neustift*, **Gummererhof** (Pinzagen 18, ✆ 0472/835553) und **Huberhof** (Pinzagen 21, ✆ 0472/832180) in *Pinzagen* auf der Westseite des Eisacktals sind die beliebtesten Adressen. Saisonbetriebe, vorher anzurufen, damit man nicht vor geschlossenen Türen steht.

▸ **Der Vahrner See**: Zehntausende fahren täglich daran vorbei, ohne ihn zu sehen, denn der Vahrner See nördlich von Vahrn ist durch einen dichten Waldgürtel von Autobahn und Staatsstraße abgeschirmt. Nur bis 2,2 m tief ist der See, der zum größte Teil als Biotop geschützt ist. Ein einziger klarer Quellbach speist den stark verlandenden See, der in einer abflusslosen Mulde liegt. Stockenten und Sumpfrohrsänger bewohnen See und Schilfgürtel, die Ringelnatter ist oft zu sehen. An die 6 ha Schutzgebiet grenzt ein kleiner Bereich, in dem gebadet werden darf.

Essen & Trinken **Gasthof zum (Vahrner) See**, Do Ruhetag, ✆ 0472/832169.

▸ **Vahrn**: Der hübsche alte Ort ist über 1000 Jahre alt, er wurde 992 erstmals erwähnt. In der *Pfarrkirche* wurde Gotisches während der Barockzeit rigoros ausgeräumt, aber an der Südwand blieb ein großes Außenfresko von Meister Leonhard (dem Brixner Maler) erhalten, das die Krönung Mariens zeigt. Vom oberen Ortsteil sollte man auf jeden Fall auf dem nördlichsten Teil des „Keschtnweges“ (s. u.) zum Vahrner See wandern, man passiert einen kleinen Esskastanienwald und an einer Stelle einen uralten Baumriesen, der nach wie vor Früchte trägt.

▸ **Der Keschtnweg (Weitwanderweg)**: Unter diesem Namen verbirgt sich ein neu konzipierter Weitwanderweg, der mit der Esskastanienregion des Eisacktals und des Ritten bekannt machen will. Er führt von Vahrn nach Klausen und von dort über Villanders und den Ritten nach Bozen, wobei er praktisch vollständig ältere Wege verwendet, darunter auch Trassen der alten Römerstraße (die man aber als solche nicht erkennen kann).

Zum Keschtnweg gibt es eine Kompass-Karte und ein Begleitheft à 7 €, zu erhalten z. B. in der Touristeninformation Brixen.

▸ **Das „Apfelplateau“ von Natz und Schabs**: Was rund um Neustift der Wein ist, das sind zwischen Natz, Schabs, Viums und Raas die Äpfel. Das sog. Apfelplateau, und um ein welliges Plateau handelt es sich wirklich, liegt im Schnitt fast 300 m höher als Neustift, nämlich bis 900 m hoch, da kann kein Wein mehr gedeihen oder doch nur als Hauswein vor den warmen Südfassaden der alten Bauernhöfe. Besonders schön ist das Plateau im Frühjahr während der Apfelblüte, aber auch im Spätsommer und Frühherbst, wenn die roten und gelben Äpfel durch das Grün der Obstplantagen leuchten.

Im **Raier Moos** hat sich ein kleines Wasserauge erhalten, ein kleiner Moorsee und letzter Rest eines großen Sees, an dem in der Nacheiszeit Menschen in Pfahlbaudörfern wohnten. Das Verlandungsgebiet mit seinen vielen Orchideen und das – leider 1986 teilweise zerstörte – Moor sind geschützte Landschaftsteile, die aber durch Wege erschlossen sind (das Raier Moos ist von der Straße Natz – Raas aus zu erreichen).

• *Information* **Tourismusverein**, I-39040 Natz/Schabs, ✆ 0472/415020, ℻ 0472/415122, www.natz-schabs.info. Mo–Fr 8.30–12/14.30–17.30 Uhr.

• *Übernachten* *** **Ploseblick**, Natz 59, Obst rundum, Äpfel vor allem – man ist schließlich auf dem „Apfelplateau“. Das Hotel gibt sich gehoben bürgerlich, Wandern und Radfahren sind Hauptaktivitäten, oder soll man eine Grillparty im großen Garten oder gar einen Bingoabend dazu zählen? Das Abarbeiten der Kalorien kann auch in Sauna, Whirlpool, Solarium oder Freibad erfolgen. Gute Zimmer mit hübschen Möbeln, nicht alle mit Balkon. DZ/HP 80–98 €. ✆ 0472/415109, ℻ 415067, www.ploseblick.com.

• *Veranstaltungen/Feste* **Sunnseitn Apfelwoche**, Anf. bis Mitte Okt., Apfelspezialitäten in den Restaurants, Apfelwanderungen, am ersten Sonntag im Oktober großes Apfelfest mit Festumzug.

Auf die Plose

Im Sommer wie im Winter lockt die Kulisse des Brixner Hausbergs, der Plose, eines Wander- und Skibergs, der mit dem *Großen Gabler* immerhin 2561 m erreicht – das sind von Brixen aus 2000 m Höhenunterschied! Kein Wunder, dass die waldfreie Gipfelregion schon im Frühherbst weiß überzuckert ist und der Schnee lange im Frühjahr liegen bleibt.

• *Anfahrt/Verbindungen* Eine Straße führt über mehrere hübsche Weiler und Dörfer nach St. Andrä, von wo eine Kabinenumlaufbahn auf 2050 m führt. Über Afers und Palmschoss kann man die Bergstation auch mit dem Auto erreichen. Noch höher geht es per Sessellift oder zu Fuß. Buslinie ab Brixen über Talstation bis Palmschoss, im Winter Skibus.

• *Bergbahnen* **Plose-Seilbahn**, die Umlaufbahn fährt Juli bis Anf. Okt. und in der Wintersaison tägl. 9–12/13–18 Uhr, Sa/So keine Mittagspause; Berg 7 €, Berg/Tal 10 €, Mountainbike 3 €. Parkplätze bei der Talstation. Infos unter ✆ 0471/2004333. Die Plose hat zusätzlich zur Umlaufbahn 9 Skilifte, die 40 km Piste erschließen.

• *Wintersport* **Skifahren/Snowboarden**: Das Skigebiet Plose ist Teil der Region Eisacktal der Organisation Dolomiti Superski (→ S. 58 für Details). Neben dem Skipass für die Gesamtregion gibt es den Skipass für die Region Eisacktal, die auch die Skigebiete Gitschberg-Meransen und Jochtal umfasst (beide von Mühlbach im Pustertal zu erreichen). Der Skipass Eisacktal ist nur für eine Woche wesentlich preiswerter als jener für die gesamte Region (Skipass Eisacktal Erw. 6 Tage 135–154 €, Dolomiti Superski 160–182 €).

Skibusse: Für Inhaber eines Skipasses ab Brixen halbstündlich, ab Lüsen 1x tägl. vormittags kostenloser Skibus zu den Liftanlagen auf der Plose. Ab Raas, Natz und Schabs 2x tägl. vormittags kostenloser Skibus zum Skigebiet Gitschberg-Jochtal.

Den **Skipass** erhält man an Ort und Stelle beim Plose Skipassbüro, ✆ 0472/200433, ℻ 0472/200498.

Skischule Plose, auch Kinderskikurse, Umlaufbahn St. Andrä 31 b, ✆ 0472/850040, ℻ 0472/521233.

Snowboard- und Skiverleih: Skiservice Erwin Strocker, St. Andrä, Talstation Plosebahn, ✆ 0472/850077, und Sport Titton, Talstation Sessellift Pfannspitz, Afers, ✆ 0472/521359.

In **St. Andrä** beginnt die Kabinenumlaufbahn auf die Plose. Die spätgotische Pfarrkirche mit ihrem typischen hohen, spitzen Turm ist innen barockisiert, die Kapelle ist ein interessanter 8-eckiger Zentralbau von 1696. Im Weiler **Klerant** wurde die Kirche St. Nikolaus spätgotisch ausgemalt. Der Freskenzyklus aus dem Lebens des hl. Nikolaus, aus der Passion Christi sowie Darstellungen aus dem Alten Testament stammen von Künstlern der Brixner Malerschule (um 1475). Wahrscheinlich die berühmteste Szene zeigt einen Kriegselefanten: Er trägt einen wirklich turmartig hohen Wehrturm auf seinem Rücken und ist in einen Panzer gekleidet, wie er von damaligen Ritterrüstungen abgekupfert wurde. Als Elefant erkennt man ihn nur am Rüssel, der Rest des Tieres, das der Maler offensichtlich nie in natura gesehen hat, ähnelt mehr einem Pferd.

Von St. Andrä lohnt sich ein Abstecher nach **St. Leonhard**. Die dortige alte Wallfahrtskirche ist immer noch von einer schmiedeeisernen Kette umgeben, wie das bei Leonhardskirchen so üblich war. Der hl. Leonhard galt als Löser von Ketten und war gleichzeitig Patron des Hausviehs. Früher brachte man ihm schmiedeeiserne Tierfiguren als Votivgabe oder ließ sie vom Pfarrer segnen, um mit ihnen den Tieren den Segen des Heiligen zu bringen. Bekannt sind die Leonardiritte, die am Tag des Heiligen im November stattfinden, der in St. Leonhard ob St. Andrä findet leider seit 1870 nicht mehr statt, ganz im Gegensatz zu St. Leonhard in Abtei oder dem im deutschen Bad Tölz.

Über den aus Einzelhöfen und den Weilern *St. Jakob* und *St. Georg* bestehenden Ort **Afers** und Palmschoss (mit Abzweigung zum Parkhotel Plose) und über das Halsl ins Villnösstal erreicht man **Kreuztal** und die Bergstation der Umlaufbahn. Almen ziehen sich hinauf bis zur mehrgipfeligen Plose, im Winter führen Sessellifte fast bis ganz hinauf. Prachtvolle Rundblicke ergeben sich von oben: Zillertaler Alpen im Norden, der Peitlerkofel und die Geislerspitzen der Dolomiten im Osten und Süden, die Sarntaler Alpen und das Becken von Brixen im Westen.

Tour 4: Rundwanderung von Kreuztal über den Telegraph (Plosegipfel) und die Ochsenalm

Tour-Info: Gehzeit 4 Std.; ↑↓ 500 m. Karten: Tabacco (1:25.000) Blatt 30; Kompass (1:50.000) Batt 56. Plosehütte und Ochsenalm auf dem Weg, beide bewirtschaftet.

Von St. Andrä (Anfahrt mit Pkw oder Bus) nimmt man die Umlaufbahn auf die Plose. Von der Bergstation führt der Wanderweg Nr. 7 nach einem Gatter gleich bergan in die Hänge des Schönjöchl. Diese werden im Winter intensiv als Pisten genutzt, was man ihnen streckenweise deutlich ansieht. Auf Weg 7 bleibt man immer unterhalb eines links oben verlaufenden Rückens, bis man einen kleinen Sattel erreicht, wo von links ein Wanderweg einmündet. Hier nach rechts, nunmehr auf dem ziemlich steil ansteigenden Rücken selbst, er führt zum Plosegipfel mit der Plosehütte (2446 m, 1 Std.). Weiter auf dem Hauptkamm in Richtung Telegraph, dem etwas höheren zweiten Gipfel des Plosemassivs.

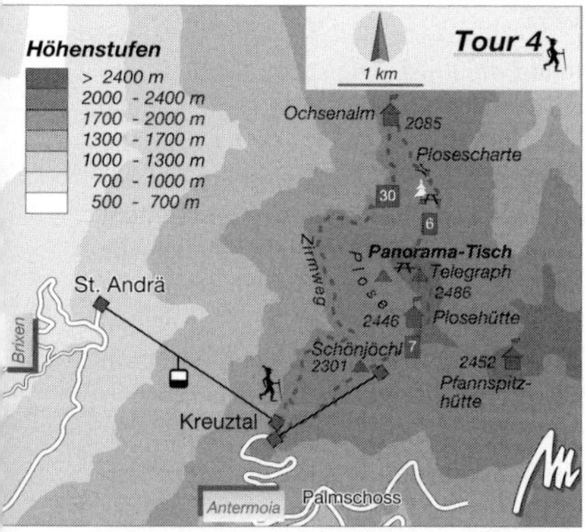

Ein Fahrweg führt weiter, dann leitet ein Weg nach links hinüber zum Telegraph mit ehemaliger italienischer Kaserne (Sperrgebiet) und einem Panoramatisch (2486 m), man will ja schließlich wissen, was man sieht (1:20 Std.). Weiter mit Weg 6 auf dem recht schmalen Kamm zu einem idealen Rastplatz am Leonharder Kreuz (2365 m). Nun in vielen Serpentinen steil abwärts zur Ploseschарte, wo es nach links durch steile Wiesenhänge zur Rast auf die Ochsenalm geht (2085 m, 2:30 Std.).

Der Rückweg zur Bergstation erfolgt auf dem Zirmweg (Weg 30) in leichtem Auf und Ab immer entlang der Baumgrenze, die hier u. a. durch Zirben („Zirm") gebildet wird. Besonders schön ist der Weg in der ersten Julihälfte, wenn der Almrausch blüht, der die baumlosen Steilhänge überzieht. Nach etwa 1:30 Std. Gehzeit ist man wieder zurück an der Bergstation (insgesamt 4 Std.).

Das Lüsner Tal

Im schmalen, tief eingeschnittenen Lüsner Tal liegt nur das eine Dorf Lüsen sowie mehrere große, alte Bauernhöfe auf der Sonnenseite und ausgedehnter Wald auf der Schattenseite (Nordabfall der Plose). Immer noch leben die Menschen vorwiegend von der Landwirtschaft, das Vieh wird im Sommer auf die Lüsner Alm getrieben, ein ausgedehntes welliges, zwischen 1900 und 2200 m hoch gelegenes Plateau mit Traumblicken auf den Peitlerkofel und die Dolomiten. **Lüsen** selbst ist jung. Ein Brand hat 1921 den gesamten Ort vernichtet, auch die Pfarrkirche, die aber schön renoviert wurde samt Barockinnenleben. Wer hierher kommt, will wandern, viel Ruhe, noch mehr Grün, will sich erholen, rustikal essen und abends früh ins Bett. Einzige Sehenswürdigkeit ist die *Pardellermühle,* ein Bau von 1646 und heute Schaumühle. Die Touristeninformation organisiert von Mai bis Oktober Führungen, die auch eine *Kulturwanderung* durch das Dorf beinhalten.

Information **Touristeninformation Lüsen**, I-39040 Lüsen, ✆ 0472/413750, 📠 413838, www.luesen.com, Mo–Fr 8–12 Uhr.

Der Bauernaufstand des Balthasar Dosser

Historisch war Lüsen immer mit dem Bistum Brixen verbunden, auch wenn es wie in der Reformationszeit drunter und drüber ging, die Bauern Wiedertäufer wurden und versuchten, ihre Herrschaft abzuschütteln. Nach dem großen Südtiroler Bauernaufstand, der die Brixner und vor allem die Neustifter Mönche das Fürchten gelehrt hatte, gab es noch einmal eine Rebellion, die von Balthasar Dosser aus Lüsen geleitet wurde. Oder geleitet werden sollte, denn die Pläne wurden der Obrigkeit noch vor dem Aufstand bekannt. Dosser und seine „Konkubine" wurden in Klausen verhaftet, und Dosser wurde mit einigen Komplizen zum Tode verurteilt. Das war damals noch grausiger als heute: Am 26. Februar 1562 wurde er vor dem Rathaus in Innsbruck bei lebendigem Leibe gevierteilt.

Feldthurns

Die Sonnenterrasse von Feldthurns liegt schräg gegenüber dem Eingang zum Villnösser Tal, sodass man Geislerspitzen, Aferer Geisler und Peitlerkofel, aber auch die Plose und einen Teil der Pfunderer Berge vor sich hat, wenn man über das tief unten liegende Eisacktal hinweg schaut.

Die tolle Aussicht und die viele Sonne – viel mehr als unten in Brixen oder Klausen – gefiel schon den Fürstbischöfen so gut, dass sie sich hier einen Sommersitz errichten ließen, **Schloss Velthurns**, direkt neben dem Dorf Feldthurns. Eine gute Idee, die Sommerfrische im hübschen Dorf zwischen Wein und Kastanien nachzumachen. Wein und Kastanien – das ist die unmittelbare Umgebung des Orts mit dem nahen Weiler **Tschiffnon** und bis hinauf nach Schnauders, wer noch höher steigt, erreicht die steilen Hänge unter den Gipfeln der Sarntaler Alpen. Unter dem Gipfelgrat zwischen Königsangerspitze (2436 m) und Hundskopf (2354 m) liegt der winzige **Radlsee** mit einladendem Schutzhaus, von dort hat man einen Ausblick, der fast die gesamten Dolomiten umfasst.

• *Informationen* **Tourismusverein Feldthurns**, Gemeindeplatz 9, I-39040 Feldthurns, ✆ 0472/855290, 📠 855031, www.feldthurns.info. Mo–Fr 9–11.30, April bis. Nov. auch 14.30–17 Uhr und Sa 8.30–11 Uhr.

• *Veranstaltungen* **Keschtnigl**, in der Kastanienwoche (1 Woche zwischen Ende Okt. und Mitte Nov.) werden den Gästen geführte Wanderungen durch die Kastanienhaine geboten (Feldthurns hat angeblich 3336 Kastanienbäume); ein „Niglmarkt" mit Unterhaltung und Gastro-Ständen, und in den Gasthäusern gibt's traditionelle Kost mit Kastanien.

• *Übernachten/Essen & Trinken* *** **Unterwirt**, Dorf 8, Traditionsbetrieb im modernen Gewand, gute Zimmer mit Blumenbalkonen, mit Hallenbad, Sauna, Solarium, Fitnessraum, Liegewiese. Auf den Tisch kommt die traditionelle Südtiroler Küche mit italienischen Akzenten, Vollwertkost ist ebenfalls zu bekommen. Eisacktaler Weinsuppe und Feldthurner Krapfen gehören zu den Spezialitäten des Hauses, die während der Törggelenzeit besonderen Zuspruch finden. Der Unterwirt ist ein „Europa Wanderhotel" und entsprechend um seine Wandergäste bemüht. Restaurant Mi Ruhetag. DZ/FR 72–130 €. ✆ 0472/855225, 📠 855048, www.unterwirt.com.

*** **Oberwirt**, Dorf 37, Hotel nahe dem Schloss Velthurns, Familienbetrieb mit Saunen, Whirlpool, Massage, Fitnessraum. Restaurant und Bar mit kleiner Eiskarte in einem gesonderten, dekorativ eingerichteten Bau, Kegelbahn (4 automatische Bowlingbahnen). Restaurant Mo Ruhetag. DZ/FR 62–78 €. ✆ 0472/855212, 📠 855611, www.hotel-oberwirt.it.

*** **Feldthurnerhof**, Guln 152, Panoramahotel, der Name stimmt, dazu Wellnessbereich, Fitnessraum, Liegewiese, Kinderspielplatz. Im Haus sehr stimmungsvolle **Pizzeria Die Mühle** mit Italo-Tiroler Crossoverküche, was sich v. a. auf den Vorspeisen- und Nudelbereich bezieht, wogegen die häufig vom Grill kommenden Hauptgerichte territorial nicht zuzuordnen sind. Restaurant Mo Ruhetag. DZ/FR 62–80 €. ✆ 0472/855333, 📠 855483, www.feldthurnerhof.com.

• *Urlaub auf dem Bauernhof* Mehrere Feldthurner (vor allem aber Schnauderer) Bauernhöfe haben sich zu einer gemeinsamen Initiative zusammengeschlossen, die den Gästen ein buntes Programm vom Heubad bis zum Kennenlernen heimischen Handwerks bietet, wobei die Höfe reihum Gastgeber sind. Mit dabei u. a. die Hofschänke – Törggelen! – **Obermoserhof** (Schnauders 26, ✆ 0472/855215, dorhan1@dnet.it, DZ/FR 36–48 €), der **Oberfraunerhof** mit Alpenbadl (Schnauders 22, ✆ 0472/855318, www.alpenbadl.com), der **Thalerhof** mit Holzschnitzerei (Schnauders 17, ✆ 0472/855258, www.thalerhof.it) und die im Folgenden genannten Gasserhof sowie Müllerhof. Infos beim Tourismusverein und bei den beteiligten Höfen.

*** **Gasserhof**, Schnauders 6, freundlicher Hof/Pension mit hellen Balkonzimmern und traumhafter Aussicht im Dörfchen Schnauders auf ca. 1030 m. DZ/FR 48 €. ✆/📠 0472/855252.

* **Müllerhof**, Tschiffnon 9, Bauernhof und Törggelenstube, Pferde für Ausritte und eigene Alm, ein Tipp für die Kinder! Zimmer einfach. DZ/FR 34 €. ✆ 0472/855264, dorwal@gmx.de.

• *Törggelenstuben* Im Herbst verwandeln einige Feldthurnser Bauern ihre Wohnstuben in Törggelenstuben, die Liste gibt es beim Verkehrsverein, der in der Saison auch Törggelenwanderungen mit Einkehr veranstaltet.

Loatererhof, Tschiffnon 17, alte Hofstelle in gewagter Lage mit eigenem Weinberg, der zum Törggelen geöffnet ist. Man trinkt den hauseigenen Müller-Thurgau, Portugieser oder Zweigelt und isst dazu die typischen Törggelengerichte von Speck und Kastanien zu Schlutzern und Hauswurst. Unbedingt vorbestellen unter ✆ 0472/855505, geöffnet Okt. bis März Mo–Sa 12 Uhr bis Mitternacht, So ab 13 Uhr. Den Hof erreicht man von der Straße Brixen – Feldthurns, wenn man in Tschiffnon beim Hof Ofenwolf links abbiegt, von dort aus 0,9 km.

Sehenswertes/Ausflüge

▸ **Schloss Velthurns**: Fürstbischof Johann Thomas Spaur ließ 1587 eine um 1140 bereits bestehende und zu seiner Zeit recht heruntergekommene Burg zu einer Sommerresidenz umbauen. Während man in Südtirol was Kirchen anbelangt zu diesem Zeitpunkt immer noch in gotischen Formen dachte, entstanden Schlösser und die typischen Ansitze in den Formen der Renaissance (z. B. Hofburg Brixen, Fürstenburg in Schluderns, Rathaus in Schlanders, Ansitze des Überetsch). Velthurns ist keine Ausnahme, wie schon ein Blick ins mit überbordender Dekoration ausgestattete Fürstenzimmer mit seiner kostbarer Täfelung, den großartigen Einlegearbeiten und dem üppig dekorierten Kamin zeigt. Velthurns war bis 1803 Sommerresidenz der Fürstbischöfe von Brixen, kam 1810 in Privatbesitz und gehört heute der Autonomen Provinz Bozen/Südtirol, deren Denkmalamt das Schloss vorbildlich und aufwendig restauriert hat.

Der Hof kann jederzeit auch ohne Führung betreten werden, sodass man einen guten Eindruck von der Anlage des Schlosses mit seinen zwei Gebäuden, dem eigentlichen Schloss links und dem Nebengebäude rechts (sog. Schreiberhaus, auch Haus Türnitz genannt) und den Umfassungsmauern bekommt. Die letzteren umschließen auch einen unteren Hof ohne Gebäude, das ehemalige Wildgehege.

• *Öffnungszeiten* **Innenbesichtigung** des Schlosses nur mit Führung, März bis Nov. Di–So 10, 11, 14.30 und 15.30 Uhr, Information unter ✆ 0472/855525. **Heimatmuseum** im Schloss Ostern bis Anfang Nov. Di–So 11.30–12.30/16–17 Uhr; Eintritt: freiwillige Spende, mit Führung 3 €, erm. 1,50 €.

▸ **Der Radlsee**: Gerade 130 mal 60 m misst dieser kleine, bis zu 10 m tiefe See auf 2284 m zwischen Königsangerspitze (2439 m) und Hundskopf (2354 m) hoch über Brixen und Feldthurns. Kaum erwähnenswert also, aber seine Lage an den an Seen armen Sarntaler Alpen und vor allem der großartige Blick auf die Dolomiten mit Geislerspitzen, Sella und Langkofel, den man von der Hütte und den beiden, im übrigen leicht zu ersteigenden Gipfeln hat, machen ihn zu einem äußerst lohnenden Wanderziel. Die freundliche Schutzhütte am Radlsee, die von der Sektion Brixen vor einem halben Jahrhundert nach Zerstörungen neu errichtet wurde, gewinnt ihren Strom aus einer mit reinem Wasserstoffgas betriebenen Brennstoffzelle. Sie ging im September 2003 in Betrieb und war damit die erste Versuchsanlage dieser Art in Europa. Die Normleistung beträgt 10 Kilowatt, mit der tatsächlich erreichten Stromproduktion werden Energiebedarf von Hütte und Materialseilbahn gedeckt. Umweltbelastung? Bei der Verbrennung von Wasserstoff entsteht reines Wasser!

Tour 5: Wanderung zum Radlsee

Tour-Info: Im Auf- und Abstieg steile Wanderung durch Wald (Forststraßen, Wege, ein Teil schmaler Treppenweg), in der Hochregion um den See großartiger Ausblick auf das Eisacktal, das Brixner Becken, die Pfunderer Berge und v. a. die Dolomiten. Gehzeit 5:30–6 Std.; Höhenunterschied 930 m. Karten: Tabacco (1:25.000) Blatt 30; Kompass (1:50.000) Blatt 56.

Radlseehütte, im Hintergrund die Dolomiten

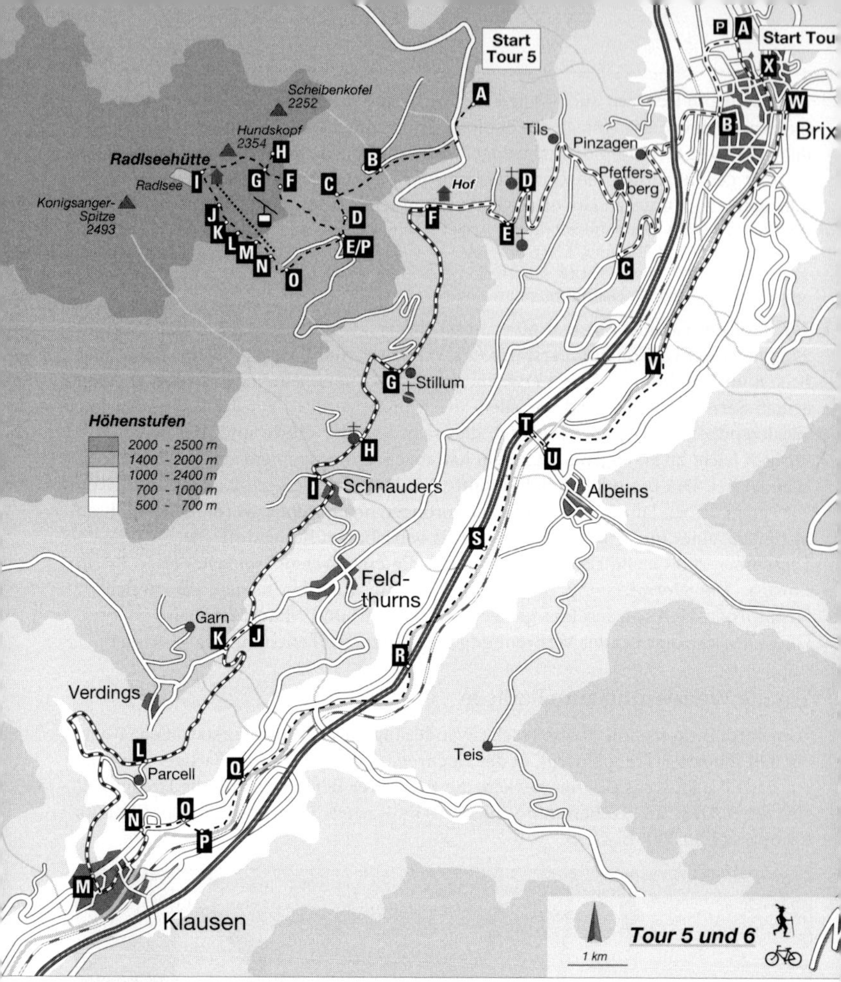

An der von Tils zum Gasthaus Feichter führenden Straße liegen im oberen Teil knapp vor dem Gasthof zwei Wanderparkplätze. Beim zweiten Parkplatz **A** (an der Gabelung – zum Gasthaus Feichter geht es nach rechts und etwas abwärts) beginnt diese Wanderung, Schilder weisen auf einen nach links führenden Forstweg. Es geht recht gemütlich meist durch Wald, eine weitere Forststraße wird gequert **B**, und dann erreicht man in einem Bachtälchen, auf dessen anderer Seite der Forstweg steil weiterführt (unser Rückweg), einen nach rechts gehenden, deutlich markierten („8") und beschilderten („Radlseehütte 1 ½ h") Steig **C** (1:15 Std.).

Wir folgen dem streckenweise getreppten Steig aufwärts und dann nach links in den Waldhang. Man kommt an einer gefassten Quelle **D** vorbei und erreicht ein Kruzifix mit Bank **E**, wonach ein sehr schmaler Steig nach rechts abzweigt (Markierung „8A") – an dieser Stelle leicht zu übersehen, aber anschließend ganz deutlich. Schöner Wald, Lärchen und höher oben Zirben. Wo man auf eine Lichtung heraustritt, erreicht man eine Almhütte mit Bank und Brunnen **F**. Hier kurz nach rechts und wieder bergan durch Kampfwald – wir sind immerhin auf etwa 2000 m Höhe! Immer niedriger wird der Wald und geht in alpine Strauchvegetation über, der Weg wird noch ein wenig steiler, erreicht dann aber eine Schulter und machte einen Schlenker nach links **G**, den man aber momentan nicht beachtet, um noch ein kurzes Stück zu einem Kreuz mit Bank **H** in absolut einmaliger Aussichtsposition zu gehen. Zurück bis zur Abzweigung (mit Beschilderung, die auf die Radlseehütte weist – man kann auch den Weg abschneiden, wie der Autor) und auf dem fast ebenen Weg hinüber zur Radlseehütte **I** über dem namengebenden See (3 Std.).

Der Abstieg führt unmittelbar von der Terrasse vor der Hütte hinunter in den Hang, er ist sehr viel mehr begangen als der recht einsame Aufstiegsweg (ab dem Beginn des Steigs) und stellenweise in schlechter Verfassung (Lockersteine!). Bei einem Kreuz mit Bank **J** wird eines an dieser Stelle im Juli 1978 gesund geborenen Knaben gedacht. Wald bestimmt nun den weiteren Abstieg auf recht breitem Weg. Bei der Talstation der Materialseilbahn **K** erreicht man die hier endende geschotterte Zufahrtsstraße. Man folgt ihr ein Stück, biegt aber bald wieder nach rechts **L** auf einen alten Almzufahrtsweg ab, der nochmals die Straße quert **M** und endlich in sie einmündet **N**, wo man ihr scharf links abknickend folgt. Eine Lichtung wird gequert **O**, Schilder weisen links und rechts auf Wanderwege, die wir nicht weiter beachten. In einer Rechtskurve der Straße **P** führt links ein deutlich beschilderter und markierter („8") Weg weiter, wenige Meter unterhalb finden wir Kreuz und Bank **C** und den Beginn von Steig 8A wieder, ab hier folgen wir dem Hinweg zurück bis zu unserem Ausgangspunkt **A**.

Varianten: Wer mehr Puste hat und eins draufgeben will, besucht vom Radlsee aus noch die leicht zu besteigende und für das Eisacktal konkurrenzlos aussichtsreiche Königsangerspitze (2439 m), man sieht sie von der Hütte aus als leicht erreichbare Spitze über dem Radlsee thronen. Dafür sind auf gutem Steig (Schild bei der Hütte, Markierung „7") mit 0:30–0:40 Std. zu rechnen.

Wer von Schnauders aufsteigt, muss zur Radlseehütte hin/zurück 4:30 Std. rechnen, ab Perlunger (höchster mit dem Pkw erreichbarer Hof) 3:30 Std.

• *Hütte* **Radlsee-Schutzhaus**, Mooswiese 180, AVS Sektion Brixen, 2257 m, 7 Zimmer, 24 Lager, traditionelle Küche, dem Autor hat die Knödelsuppe geschmeckt (zur Volksmusik, denn zufällig war eine komplette Musikkapelle hier oben). DZ mit DU/WC/FR 35–55 €, Lager 2 Pers./FR 30–47 €. Meist von Anfang Juni bis Anfang November geöffnet, ✆ 0472/855230.

Tour 6: Mit dem Rad von Brixen über den Feldthurnser Sonnenhang nach Klausen

Tour-Info: Radtour auf dem Sonnenhang des Eisacktals zwischen Brixen, Feldthurns und Klausen, meist asphaltierte Straßen, ein Forststraßenstück, dann durch das Eisacktal zurück auf dem neuen (zum Zeitpunkt der Recherche noch nicht eröffneten) Radweg. Radelzeit 3 Std. Länge 37 km. Höhenunterschied 800 m. Karten: Tabacco (1:25.000) Blatt 38; Kompass (1:50.000) Blatt 56.

Die Tour beginnt am Brixener Großparkplatz an der Brennerstraße **A** nördlich der Altstadt (Tankstelle). Man fährt zunächst auf der Brennerstraße Richtung Bozen, bei der beschilderten Abzweigung nach Feldthurns **B** fährt man rechts, quert die Brennerbahn (Schranken) und unterquert die Autobahn. Der Anstieg beginnt unmittelbar danach, bald erreicht man die Kastanienhaine über dem Eisacktal und die Abzweigung nach Tils **C**, auf der man nach rechts in den Ort fährt. Bei der Kirche **D** geht es links weiter (Schild „Gereuth"), nach weiterem Anstieg erreicht man eine flachere Zone mit Hof und kleiner Kapelle **E**, von wo aus man erstmals schön auf den bewaldeten Hang und die Berge blicken kann. Noch ein steiles Asphaltstück, dann folgt nach einem Hof links die Abzweigung einer Forststraße **F**, die als Wanderroute nach Feldthurns und Schnauders ausgewiesen ist. Auf dieser geht es zunächst durch ein Tal und dann gemütlich und sanft abfallend durch dichten Wald (auf dieser Strecke kein Satellitenempfang!) in Richtung Süden und Schnauders. Wo sich der Wald öffnet, liegt der kleine Ort Stillum, bei dessen Kapelle **G** wieder Asphalt beginnt. 850 m und zwei kleine Tälchen weiter heißt es bei einer Gabelung an einer weiteren Kapelle **H** links halten. Das eingeschlagene Sträßchen führt nach Schnauders, wo man die Kirche passiert und noch vor dem Ortsende beim blauweißen Wanderwegschild nach rechts abbiegt **I** („Feldthurns"). Der wenig befahrene Höfeweg führt an die Straße zwischen Feldthurns und Verdins hinunter **J**, wo wir rechts und etwas aufwärts weiter fahren. Beim Straßenschild „Pardell" **K** links ab und auf flotter Straße an Pardell vorbei: An der nächsten Gabelung bleibt die eigentliche Abzweigung **L** links, mit dem Schild „Klausen 8 km" fahren wir rechts weiter, nicht ohne vorher die atemberaubende Aussicht auf Eisacktal, Dolomiten und das Kloster Säben bewundert zu haben. Schnelle Abfahrt ins Tal, dort links und hinunter zur Brennerstraße (nicht links auf dieser Straße weiter – Tunnel!), dort **M** Querung und zur alten Brennerstraße und durch den Ort Klausen (nach links) hindurch. Nun muss man dort auf eigener Fahrbahn neben oder etwas unterhalb der Brennerstraße **N** weiterfahren, bis man in einem Gewerbegebiet abrupt nach rechts **O** und zum Fluss **P** gelenkt wird, wo es flussaufwärts (links) weiter geht. (Ab dem Fluss schlechter GPS-Empfang!) Es geht rechts unterhalb der Straße entlang, ab der Gemeindegrenze Feldthurns beginnt dann ein neuer Radweg rechts der Straße **Q**. Vom derzeitigen Ende (Stand: Herbst 2005) unter der Autobahn **R** fährt man durch Auwald weiter, bis der Weg wieder beginnt **S**. Weiterhin radelt man nahe dem Fluss zur Straßenbrücke nach Aldeins **T** (rechts) und gleich nach der Brücke scharf links **U** in die Obstgärten hinein. Auf einem Fuhrweg durch Gärten und Auwald, dann links auf einen Steg **V** und immer auf dem Damm weiter entlang dem Eisack (eine Hängebrücke wird nicht beachtet). Schon im Weichbild von Brixen fährt man auf dem Damm bis zu einer weiteren Brücke , die an der Mündung der Rienz in den Eisack über beide Flüsse hinweg in die Stadt führt **W**. Nach der Brücke sofort rechts und auf dem Damm weiter bis zur Adlerbrücke **X** (Hotel Goldener Adler, Statue des hl. Nepomuk). Nach links in die Altstadt, die Erste rechts und immer geradeaus bis zum Ausgangspunkt am Großparkplatz **Y (=A)**.

Das Villnösser Tal

Wenige Dolomitenbilder sind so bekannt wie das der Geislerspitzen mit dem Kirchlein St. Johann in Ranui im grünen Vordergrund. Das Bild trügt nicht: Das Villnösser Tal ist eines der wenigen grünen, ruhigen und bäuerlichen Dolomitentäler Südtirols.

Vom Eisacktal muss man zuerst eine schmale, tief eingeschnittene Waldschlucht durchqueren, bevor man unterhalb von St. Peter in die sonnige Weite des Villnösser Tals hinaustritt. Die lockere bäuerliche Siedlung bestand ehedem nur aus Einzelhöfen und Weilern, heute haben **St. Peter** und **St. Magdalena** wie auch das auf das Eisacktal hinunterschauende **Teis** Dorfcharakter. Überall begrenzen die Spitzen der Geislergruppe – nicht umsonst meist Geislerspitzen genannt – oder die der nicht minder schroffen **Aferer Geisler** den Blick. Die Bauern leben wie eh und je von der Landwirtschaft, ein wenig Urlaub auf dem Bauernhof und Zimmervermietung kommen hinzu. Der Urlaub hier ist nicht unbedingt gemächlich: *Reinhold Messner*, der aus Pitzak im mittleren Tal stammt, hat am **Sass Rigais**, dem höchsten und eindrucksvollsten Gipfel der Geislergruppe, das Klettern gelernt. Es spricht nichts dagegen, das im Urlaub auch zu versuchen. Oder mit dem Mountainbike aufs Halsl, wandern zur Schlüterhütte und zum Peitlerkofel, im Winter rodeln im hinteren Tal, Schlittenfahrten – so behäbig sich das Tal gibt, so viele aktive Freizeitmöglichkeiten gibt es.

Villnöss will auch in Zukunft auf die Karte „Sanfter Tourismus“ setzen: Das bereits gut ausgebaute Wanderwegenetz wird in nächster Zukunft auf insgesamt 32 Wege erweitert, die vom Taleingang bis ins innerste Tal führen. Wie wichtig den Bewohnern des Tals das Wegenetz als touristisches Projekt ist, kann man daraus entnehmen, dass von den 150 Mitgliedern des Tourismusvereins nur drei die nötige Zahlung (Wegeinstandsetzung und Neutrassierung sind ja nicht ganz billig) verweigert haben.

Information/Verbindungen/Diverses

• *Information* **Tourismusverein Villnöss**, I-39040 Villnöss/St. Peter, ✆ 0472/840180, ℻ 840312, www.villnoess.info. Mo–Fr 8–12/15–18 Uhr, Sa 9–12 Uhr. Büro liegt im Zentrum von St. Peter, neben den üblichen Broschüren und Listen gibt es eine Liste der bewirtschafteten Almen und eine Wanderkarte mit MB-Routen.

• *Verbindungen* **Pkw**: von St. Magdalena bis Zanser Alm Maut.

Busse von Brixen über Bhf. Klausen bis St. Magdalena, im Sommer 4x tägl. bis Zanser Alm. Im August Kleinbusdienst 5x tägl. vom Parkplatz in Ranui zur Zanser Alm, 1 €.

Taxi: Niederstätter, ✆ 0472/840186 (St. Magdalena), und Geisler, ✆ 0472/840051 (St. Peter).

• *Diverses* **Alpinführer**: ✆ 0471/840180. **Arzt** in St. Peter, **Bank** und **Post** in Teis und St. Peter.

Geislerspitzen von der Gampenalm

Einkaufen/Feste & Veranstaltungen

- *Einkaufen* Schafwollprodukte aus Villnösser Naturwolle produziert **NaturWoll**, St. Valentin 22, ✆ 0472/840080, www.naturwoll.com, Mo–Fr 8–12/14–18 Uhr, Sa 8–12 Uhr.
- *Feste & Veranstaltungen* Am 2. So im September gab's 2003 in St. Magdalena in Villnöss erstmals (Fortsetzung folgt!) die **längste Specktafel der Welt** und für 5 € bekam man eine Holzgabel und konnte so viel zurechtgeschnittenen Speck und Brot von der Tafel essen, wie man wollte, Speckkönig und -königin wurden gekrönt und die „Villnösser Tanzlmusig" spielte dazu.

Speziell für Kinder
Der Tourismusverein führt im Hochsommer (Juli bis Mitte Aug.) 1x wöchentlich ein **Kinderaktivprogramm** durch, bei dem geritten und das Schwimmbad besucht wird, und die Kinder das Klettern und die Mineraliensuche lernen können. Die dazu nötige **Kidi Card** kostet 10 € pro Kind (inkl. Eintritte). Infos bei den Tourismusvereinen Villnöss und Teis.

Übernachten/Essen & Trinken

Der Großteil der Übernachtungsmöglichkeiten im Villnösser Tal besteht aus Zimmer mit Frühstück, Apartments und Urlaubsbauernhöfen, doch gibt es auch ein paar angenehme Hotels und Gasthöfe.

*** **Tyrol**, St. Magdalena 105, wie das so ist mit den Tyrolerhöfen mit Y, sie haben einen besonders eindrucksvollen Ausblick: Das moderne Hotel im „typischen Tiroler Stil" schaut über den eigenen Garten mit Swimmingpool und großer Liegewiese hinweg auf die Geislerspitzen. Zimmer kategoriedurchschnittlich, Balkon/TV, Zimmer mit Blick auf Geislerspitzen verlangen! DZ/FR 90–130 €. ✆ 0472/840104, 📠 840536, www.tyrol-villnoess.com.

*** **Ranuimüllerhof**, St. Magdalena 38, sehr schönes Hotel mit viel hellem Holz und hellen Wänden außen und innen, im Talboden nahe dem Kirchlein in Ranui, Wald gleich hinter dem Hotel. Gutes Restaurant („Spezialitätenwochen"), reichhaltiges Frühstücksbüffet, leider kein Pool. Schleckermäuler kommen wegen der hausgemachten Mehlspeisen am Nachmittag. DZ/HP 95–130 €. ✆ 0472/840182, 📠 840545, www.ranuimuellerhof.com.

** **Pension Veltierhof**, St. Peter 47, auf einem sonnigen, ruhigen Platz liegt diese Familienpension mit Landwirtschaft, deren Produkte zum Frühstück und Abendessen auf den Tisch kommen. Alle Zimmer mit Balkon, freundlich, schlicht, kein TV. DZ/FR 48–60 €, DZ/HP 80–96 €. ✆/📠 0472/840042, augjoh@dnet.it.

** **Stern**, Teis 7, sympathischer Gasthof nahe der Kirche, angenehm helle Zimmer mit TV, die meisten mit Balkon, Liegewiese mit beheiztem Pool, Kinderspielplatz und familiäre Atmosphäre. DZ/FR 62–70 €. ✆ 0472/844555, 📠 844592, www.gasthof-stern.com.

** **Mittermühl**, Teis 50, traditioneller Gasthof an der Straße im Talgrund, das erste Haus, wenn man vom Eisacktal kommt, der erste helle, grüne, sonnige Fleck, gerade recht für ein freundliches Einkehrgasthaus. Vorne der alte Bau, aber hinten ganz modern, Zimmer mit TV und Safe, wenige mit Balkon. DZ/FR 56–64 €. ✆ 0472/844009, 📠 844040, www.gasthof-mittermuehl.com.

Pizzeria Viel Nois, St. Peter 77, Pizzeria/Restaurant im Dorfkern von St. Peter, auch Café/Eisdiele. Küche bis 21 Uhr. Mo Ruhetag (außer im Aug.).

- *Almen und Hütten* Straße oder Hüttentaxi zu allen genannten Hütten/Almen (Broglershütte ab Grödner Tal!).

Schlüterhütte (Rifugio Genova, 2297 m), CAI Genua, 75 Schlafplätze in Zimmern und Lagern, gute deftige Küche. DZ/HP 60–76 €. Vom Parkplatz Zans ca. 1:30 Std. Ende Juni bis Mitte Okt. ✆ 0472/840132, www.schlueterhuette.com.

* **Zanser Alm** (1680 m), St. Magdalena 66, privat, ein paar Fußminuten vom Parkplatz Zans entfernt und entsprechend von Ausflüglern belagert, gutbürgerliche Küche, „romantische Abendessen mit Köstlichkeiten auf heißer Steinplatte" (reservieren!). DZ/FR 58–64 €. Mai bis Okt. ✆ 0472/840543, www.zanseralm.com.

* **Gampenalm** (2062 m), beliebtes Berggasthaus auf dem Weg vom Parkplatz Zans zur Schlüterhütte, Betten und Lager. DZ/FR 62–

68 €. Anfang Juni bis Anfang Nov. und zur Wintersaison. ✆ 348/2721587, 📠 0472/840382, www.gampenalm.com.

Neue Gschnagenhardtalm (2006 m), Almhütte am Adolf-Munkel-Weg, rustikale Küche, Kinderspielplatz. Vom Parkplatz Zans ca. 1–1:30 Std., Taxidienst (✆ 0472/840186). Geöffnet Ende Mai bis Anfang Nov., ✆/📠 0472/840506.

Brogleshütte (2045 m), von Ranui ca. 2:30 Std., Zufahrt (Hüttentaxi) von St. Ulrich in Gröden, von der Seceda-Mittelstation ca. 1:30 Std. Ende Juni bis Anfang Okt. ✆ 0471/655642.

Sehenswertes/Ausflüge

St. Peter: Auf einer sonnigen Terrasse über dem Tal liegt die *Pfarrkirche Peter und Paul*, um die sich das kleine Dorf mit Gasthäusern, Post, Bank und Laden schart. Interessanter als die häufig umgebaute und erneuerte Pfarrkirche sind zwei Kapellen in nahen Weilern. **St. Valentin in Pradell** hat einen prachtvollen spätmittelalterlichen Flügelaltar, dessen Gemälde mit Szenen aus dem Leben des hl. Valentin deutlich von Michael Pacher beeinflusst sind. Das Fresko des Christophorus an der Außenwand ist eines der schönsten Südtirols. Von hier aus kann man sehr schön zu Fuß zum Kapellchen **St. Jakob am Joch** aufsteigen. Auch hier ist ein Flügelaltar (von 1517) zu bewundern, er stammt wie der von St. Valentin in Pradell aus der Brixner Werkstatt.

Öffnungszeiten Beide Kirchen Juni bis Ende Okt., St. Valentin Di/Do 16–18 Uhr, St. Jakob Do/So 16–18 Uhr.

St. Magdalena liegt dort, wo sich das Villnösser Tal wieder verengt, aber der Blick auf die Geislerspitzen besonders schön ist. Insbesondere das Kirchlein **St. Johann in Ranui** mitten in einer Wiese hat eine unvergleichliche Lage. Die Kirche entstand nach 1744, ihr schlankes Türmchen mit der Zwiebelhaube und die bemalte Front, die ein Gebälk vortäuschen soll, sind hübsch, aber das besonders Aparte entsteht durch die ungewöhnliche Position des Turms: Er ist um 45 Grad gegen das Schiff gedreht (Schlüssel zur Kirche im Ranuihof nebenan).

Teis: Mineraliensammlern sind die **Teiser Kugeln** ein Begriff, oft kugelrunde Geoden, also Steinkugeln mit einem Hohlraum, der mit Achat-, Amethyst- oder Calzedonkristallen gefüllt ist. Die Fundstellen befinden sich am Bach unweit des Dorfes Teis in dort anstehenden Gesteinslagen von Quarzporphyrtuff. Das Schürfen ist verboten, es gibt auch nur noch entlegene Fundstellen. In Teis gibt es ein sehr interessantes kleines, aber modernes **Mineralienmuseum** (Sammlung Paul Fischnaller) mit den prächtigen Geoden aus dem Gostner Graben, aber auch spektakuläre Funde aus anderen alpinen Regionen und der Eifel (mit ähnlichem Muttergestein!).

• Information **Tourismusbüro Teis**, Mo–Do 9–12 Uhr, ✆ 0472/844522.

• Öffnungszeiten **Mineralienmuseum Teis**, im Vereinshaus, Mitte März bis Anfang Nov. Di–Fr 10–12/14–16 Uhr, Sa/So 14–17 Uhr, Eintritt 3 €, Führungen auf Anfrage (Tourismusbüro s. o.), www.mineralienmuseum-teis.it.

Tipp! Wer die Teiser Kugeln an Ort und Stelle sehen will, hat eine einzige Möglichkeit: die geführte Wanderung „Den Teiser Kugeln auf der Spur", die vom Tourismusbüro Teis veranstaltet wird (ca. 10 €).

Wanderung auf die Zanser Alm (Adolf-Munkel-Weg): Als einer der schönsten Wanderwege der Dolomiten gilt der Adolf-Munkel-Weg, der durch die Almwiesen und Bergwälder am Fuß der Geislerspitzen verläuft. Die Wanderung vom Parkplatz Zans über diesen Weg zur Brogleshütte und hinunter nach Ranui verläuft im Mittelstück auf einem um 1900 angelegten Weg. Odle, Sass Rigais, Fermeda, Seceda sind aus der Nähe zu sehen, und das für jeden einigermaßen bergtüchtigen Wanderer, denn der Weg hat keine Schwierigkeiten.

Man startet am Parkplatz Zans und nimmt den mit „Gasthof Sass Rigais 5 Min." ausgeschilderten Fahrweg, der immer am Bachrand bergan führt. Bei der Brücke

Der Naturpark Puez-Geisler

Eine gewaltige tektonische Bruchlinie trennt die sanften Wiesenhänge des Villnösser Tals von den schroffen Felsen der Geislerspitzen. Während die Wiesen über dem leicht abtragbaren roten Sandstein liegen, ist das Gebirge aus oft blendend weißem Schlerndolomit aufgebaut. Die aus Aferer Geislern im Nordosten und Geislerspitzen im Süden bestehende Geislergruppe ist zusammen mit dem Hochplateau der Puezgruppe Teil des Naturparks Puez-Geisler. Der Naturpark erstreckt sich also über deutsch- und ladinischsprachige Teile Südtirols und umfasst auch Teile des Grödner und des Abtei- bzw. Gadertals. Und der Naturpark ist ein prächtiges **Wandergebiet**: So kann man die Puezgruppe von Südwesten nach Nordosten auf einem einfachen Wanderweg durch hochalpines Gelände durchqueren und der Adolf-Munkel-Weg (s. u.) wird immer wieder als einer der schönsten Dolomitenwanderwege gerühmt. Motorisierte Fahrzeuge sind im Park genauso verboten wie das Zelten, Mountainbikes sind erlaubt, aber wegen der schwierigen Steige keine echte Option. Also lieber ganz klassisch zu Fuß mit viel Zeit, um die hier häufig kreisenden Steinadler zu beobachten. Auch andere seltene Vögel gibt es im Park, wie Birk- und Auerhähne, aber kaum ein Besucher bekommt sie zu sehen.

Information **Tourismusverein Villnöss**, Infobüro am Parkplatz Zans und → S. 137.

Tipp! Eine Familienwanderung vom Feinsten führt vom Parkplatz Zans zur Schlüterhütte mit ihrer prachtvollen Fernsicht, Gehzeit insg. 3:30–4 Std., Mittagspause auf der Hütte, auch Polentamuffel werden auf die mit Schmelzkäse abfahren oder auf das Wildgulasch mit Polenta, ungewohnt herzhaft der Graukäse mit Zwiebel. Besonders leckerer Nachtisch: Karotten- und Buchweizentorte, Apfelstrudel mit Vanillesauce und, einsamer Renner auf Berghütten, Jogurt mit frischen Früchten. Während die Erwachsenen noch mit dem Weizenbier beschäftigt sind, kann der Nachwuchs schon mal die ausgedehnten Wiesen unsicher machen.

quert man den Bach und nimmt gleich danach den mit „Brogleshütte" ausgeschilderten Steig Nr. 35, den Adolf-Munkel-Weg (0:30 Std.). Er führt fast stetig leicht bergauf und unter den Felsfluchten der Geislerspitzen entlang, man sieht den Sass Rigais, auf den von hier wie von der Südseite beliebte Versicherte Klettersteige führen (nix für Wanderer). Glatschalm und die beiden Gschnagenhardtalmen sind auf nach rechts abzweigenden Steigen zu erreichen, dort kann man auch Wasser nachfüllen oder am Weißbrunn, kurz vor dem Aufstieg zur Brogleshütte, die man nach einem kurzen Steilstück erreicht (3 Std.).

Der Rückweg erfolgt zunächst auf dem Aufstiegsweg, dann aber geht es von der tiefsten Stelle in Richtung Weißbrunn links abwärts auf Steig 28, der bald zum Forststräßchen wird, das hinunterführt nach Ranui und St. Magdalena mit der Bushaltestelle am Beginn der Straße zur Zanser Alm (5 Std.).

Tour-Info Dauer 5 Std., Höhenunterschied ↑ 600 m, ↓ 800 m, Karte: Tabacco (1:25.000) Nr. 30.

Tour 7: Wanderung rund um die Aferer Geisler

Tour-Info: Mit dem Bus von der Haltestelle St. Magdalena nach Zans, die Tour endet wieder an der Haltestelle St. Magdalena. Dauer 6 Std., Höhenunterschied ↑ 650 m, ↓ 1100 m; Karte: Tabacco-Karte (1:25.000) Blatt 30.

Die Aferer Geisler sind das etwas kleinere Gegenstück zu den Geislerspitzen. Sie begrenzen das Villnösser Tal im Nordosten, an der Peitlerscharte sind sie mit

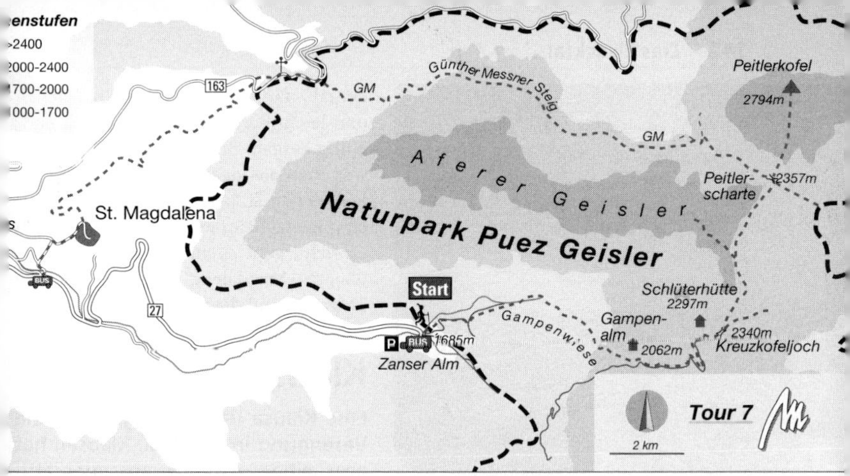

dem weithin sichtbaren, steil aufragenden Peitlerkofel verbunden, im Norden ist die Plose (→ S. 129) der nächste Bergzug. Der nördliche Teil des Günther-Messner-Steigs (zur Erinnerung an den im Himalaja während einer Tour mit seinem Bruder Reinhold tödlich verunglückten Bergsteiger) kann bei einer Umrundung der Aferer Geisler benutzt werden, der über die Gipfel führende Südteil ist Klettersteiggehern vorbehalten. Man beginnt am Parkplatz Zans und folgt dem zur Gampenalm und Schlüterhütte weisenden (linken) Fahrweg. Wo er auf eine Alm trifft, quert man (gute Markierung) den meist trockenen *Kasserillbach* nach rechts und steigt auf einem gut sanierten, zunächst recht steilen Steig (Stufen) den Hang hinauf. Wo es flacher wird, toller Blick auf die Geislerspitzen! Bald ist man an der Gampenalm angelangt (1:15 Std.). Man passiert sie und geht rechts bergan auf einem Steig (der Fahrweg zur Schlüterhütte bleibt rechts) etwas mühsam in Serpentinen zur Schlüterhütte und zum etwas höher liegenden Kreuzkofeljoch (2 Std.) mit Traumaussicht auf den Kreuzkofel in der Fanesgruppe jenseits des Gadertals. Über dieses Joch kommen die Fußwallfahrer aus dem Abtei- und Gadertal, wenn sie die 3-tägige Fronleichnamsprozession nach Klausen/Säben mitmachen.

Vom Kreuzkofeljoch fast hangparallel nach links auf den Weg zum Peitlerkofel, der sich gewaltig vor uns aufbaut. Bei der ersten Gabelung links, bei der zweiten rechts halten (links geht es mit dem Günther-Messner-Weg auf die Aferer Geisler). Man erreicht die normalerweise umlagerte Peitlerscharte (2:45 Std.), denn alle Anwärter auf den Peitlerkofel machen hier Rast (man sieht es Vegetation und Boden leider an). Gleich links abwärts auf schottrigem Serpentinenweg und nach ca. 20 Min. bei einer Gabelung links, Bachquerung (meist etwas Wasser) und bei der nächsten Gabelung wieder links (die meisten gehen hier rechts zu ihrem an der Straße von Lüsen zum Halsl geparkten Auto). Der Berg mit der gerundeten Kuppe rechts ist die Plose. Jetzt wird's einsam. Lärchen und Zirben, Almwiesen und Schuttströme, die ganz bequem auf gutem Steig gequert werden, bestimmen die nächsten 1:30 Std., wobei es die letzte Viertelstunde recht steil abwärts geht, ein gewaltiger, von den Aferer Geislern herunterziehender Schuttstrom bleibt links von uns. An der Straße (4:15 Std.) nach links und nach 10 Min. bei einem Kruzifix nach rechts auf einen Waldweg. Nach 5 Min. wird wieder die Asphaltstraße gequert, nun geht es auf einem für den Verkehr gesperrten Forststräßchen weiter

Abstieg von der Peitlerscharte

bergab, dann nach links in ein Tälchen und leicht bergauf und schließlich endgültig bergab. Bei einer Bank (5:30 Std.) tritt man aus dem Wald: Man sieht die Kirche von St. Magdalena vor den Geislerspitzen. Beim zweiten Hof, den man erreicht, geht es auf der Straße weiter, über St. Magdalena erreicht man den Talgrund und die Bushaltestelle (6 Std.).

Klausen

Eine Klause ist eine Engstelle, eine Verengung im Flusstal, Klausen hat also einen wirklich aussagekräftigen Namen: Der Ort liegt im engen Eisacktal am Fuß eines hohen, isolierten Felsens, auf dem sich mehrere alte Bauten befinden, Kirchen und Burgen, gekrönt vom Kloster Säben, dem früheren ersten Sitz des Bischofs von Bozen-Brixen.

Kein toller Ort für einen Bischof und noch weniger für die Bürger des Städtchens zu Füßen des Klosterfelsens, das zwischen Fluss und Fels eingezwängt ist. Aber ein ziemlich schlecht zu erobernder Ort und damit zumindest bis ins 19. Jh. auch ein sicherer Ort. Und jedermann, vor allem jeder Kaufmann, musste durch die Klausner Hauptstraße, wenn er im Eisacktal unterwegs war, und seinen Pfennig Maut bezahlen. Also: doch ein guter Standort.

Der Südtirolreisende, begierig die Dolomiten oder das Ötzimuseum zu erreichen, gönnt Klausen meist einen kurzen Blick aus dem Auto- oder Bahnfenster. Ein Fehler: Es lohnt sich sehr, das mittelalterliche Städtchen zu erkunden, den Säbener Klosterberg auf einer Treppe durch Weinberge steigend zu erklimmen, in der Umgebung die Buschenschanken beim Törggelen abzuklappern und die Atmosphäre eines seit Jahrhunderten kaum veränderten Orts auf sich wirken zu lassen.

Klausens Umgebung ist zumindest auf der Sonnenseite Weinland, das sieht man im unmittelbaren Stadtumfeld, auf dem Säbener Berg und natürlich in und unter den Dörfern **Villanders** und **Barbian** sowie einer Handvoll kleinerer. Klassisches Buschenschankenland und ebenso klassisches Törggelengebiet ist diese Eisacktaler Weinlandschaft mit ihren Kastanienhainen als Draufgabe. Auch die Schattenseite hat Wein, aber nur auf den sonnigen Dorfterrassen wie im Lajener Ried. Im Westen reicht das Gebiet der Gemeinden um Klausen bis hinauf zum Ostkamm der Sarntaler Alpen, bis zur Villanderer und Latzfonser Alm, die Letztere mit dem berühmten höchstgelegenen Wallfahrtsort Europas, der Kapelle am Latzfonser Kreuz.

Information/Verbindungen

• *Information* **Tourismusverein**, I-39043 Klausen/Chiusa, Tinneplatz 6, ✆ 0472/847424, 📠 847244, www.klausen.it, Mo–Fr 8.30–12/15.30–18 Uhr, Sa 8.30–12 Uhr. Privatzimmervermittlung, auch Urlaub auf dem Bauernhof, die meisten Unterkünfte befinden sich in den umliegenden Dörfern.

• *Verbindungen* **Pkw**: Brennerautobahn, Ausfahrt Klausen, die Altstadt ist Fußgängerzone. **Bahn**: Am Bhf. Klausen halten alle Regionalzüge. **Bus**: Busbhf. im Norden der Stadt am Ende des Marktplatzes, Busse nach Bozen, Brixen/Bruneck/Innichen, nach Feldthurns und Latzfons, ins Villnösstal und Grödner Tal. **Taxi**: ✆ 0472/847588.

Übernachten/Camping/Essen & Trinken

**** **Der Rierhof**, Fragburg 7, Hotel am Ortsausgang, relativ ruhig, Grün im Hintergrund, dazu Außenpool, Hallenbad, Sauna und Solarium und was sonst noch zur Wellness nötig ist („Beautyfarm"), auch Heubäder. Große Balkone und großzügige, komfortable Zimmer inkl. Minibar. Es gibt auch attraktive Familienzimmer auf 2 Ebenen. DZ/FR 70–96 €. ✆ 0472/847454, 📠 846137, www.rierhof.it.

*** **Ansitz Fonteklaus,** PF 72, Hotel im alten Ansitz mit modernem Anbau, ganz isoliert 400 m hoch über Klausen gelegen, eigene Zufahrtsstraße (Abzweig von S 242 d beim Gasthof Gamp). Der mittelalterliche Ansitz wurde vom heutigen Besitzer liebevoll saniert. Blick auf die Sarntaler Berge, nur 11 komfortable Zimmer (Sat-TV, Minibar, kein Balkon!). Der Ansitz hat eine ausgesprochen schmackhafte Küche (der Hausherr kocht selbst) mit Tiroler und italienischen Nudelgerichten, hausgebackenem Brot und besonders leckeren Nachspeisen. Restaurant Do Ruhetag. DZ/FR 66–86 €, Suite 75–100 €. ✆ 0471/655654, 📠 655045, www.fonteklaus.it.

** **Gasthof Goldener Engel**, Tinneplatz 11, das einfachste der 3 Quartiere am Tinneplatz (am südlichen Stadtende), aber nicht das schlechteste. Bikerfreundlich. Zimmer mit TV. DZ/FR 58–62 €. ✆ 0472/847592, 📠 846120, www.goldener-engel.it.

** **Gasthof Gamp und** *** **Camping Gamp**, Griesbruck 10, ausgedehnter Komplex aus Gasthof mit Nebengebäuden und kleinem Campingplatz, nicht gerade ruhig gelegen. Pool, Liegewiese, Zimmer mit TV, gute Sanitärausstattung, z. T. schattig (junge Bäume), Waschmaschine. Wohnmobilstellplätze inkl. 2 Pers. 12 €, Pkw 4–5 €, Zelt 5–6 €, pro Pers. ca. 5,50–6,50 €, DZ/FR im Gasthaus 54–58 €. ✆ 0472/847425, 📠 845067, www.camping-gamp.com, ganzjährig geöffnet.

Grüner Bär, Unterstadt 3, die etwas aufgeplusterte Speisekarte („Süppchen") bringt Vollkorngerichte und Lammkoteletts mit Salbei und Beilagen, Pfefferfilet und ein empfehlenswertes Eisacktaler Tris mit 3 verschiedenen Nudelgerichten (schmackhaft!), dafür zahlt man bei 2 Gängen ca. 20–25 €. Mo Ruhetag.

Café Nussbaumer, Unterstadt 2, dunkel ist's zunächst, wenn man die paar Stufen hinunter ins Lokal steigt, aber dann sehr intim und gemütlich. Ein Stockwerk höher schönes Renaissance-Ambiente für besondere Anlässe, das alte Batzenhäusl mit seinem Mittelerker ist eines der schönsten Häuser des Orts. Di Ruhetag.

• *In Latzfons* ** **Zum Hirschen**, Latzfons 30, ehemals wohl einziges Gasthaus des Orts, bei der Kirche, durch Zu- und Anbauten ziemlich angeschwollen, Zimmer mit TV, recht einfach. DZ/FR 49–54 €. ✆ 0472/545223, 📠 545067, www.gasthaus-weisses-kreuz.it.

** **Weißes Kreuz**, Latzfons 29 b, neuer Bau mit schönen Balkonzimmern, hell und funktional doch gemütlich, mit TV, auch Kinderspielplatz und Liegewiese. DZ/FR 59–64 €. ✆ 0472/545184, 📠 545067, gleiche Internet-Adresse wie das Zum Hirschen (die beiden Hotels stehen einander gegenüber, gleicher Betreiber).

• *In Gufidaun* *** **Gnollhof**, Gufidaun 81, der alteingesessene Hotelgasthof (er war der erste am Ort mit Freibad, heute ist ein Hallenbad dazu gekommen) bietet einen komfortablen, ruhigen Aufenthalt in gut ausgestatteten Zimmern mit Balkon und Sat-TV und reichlichem Frühstücksbüffet. DZ/HP 90–150 €. ✆ 0472/847323, 📠 847366, www.gnollhof.it.

** **Garni Turm**, Gufidaun 48, neben der Kirche liegt diese familiäre Pension, die sich nicht nur für Besucher des guten Restaurants Turmwirt eignet. Einfache Zimmer mit TV, die meisten mit Balkon. DZ/FR 56–66 €. ✆/📠 0472/844121, www.turmwirt-gufidaun.com.

Figisterhof, Gufidaun 12, *Urlaub auf dem Bauernhof* in prachtvoller Aussichtslage im Grünen, eigene Produkte, Möglichkeit, auf dem Hof mitzuhelfen, kleiner Spielplatz, kinderfreundlich. Zimmer mit TV. DZ/FR 50–60 €. ✆/℻ 0472/847395, www.figisterhof.com.

Unterwirt, Gufidaun 45, das Gasthaus hat eine 400 Jahre alte Bauernstube und äußerst gemütliche Zirbenstube, aber außerdem eine Südtiroler Küche vom Feinsten, die keineswegs vor Anregungen aus der italienischen Küche zurückschreckt und die auch köstliche Kuchen und andere Mehlspeisen (Zwetschgenknödel!) und die kalten und warmen Speisen für eine anständige Merende umfasst. Probieren Sie die Ravioli mit Ziegenkäse und die hier selbstverständlich hausgemachten Schlutzkrapfen. Komplettes Menü 30 € und mehr. Auch Apartments (2 Pers. 74–80 €). So/Mo Ruhetag und Jan./Febr. geschlossen. ✆ 0472/844000, ℻ 844065, www.unterwirt-gufidaun.com.

Turmwirt, Gufidaun 50, das alte Wirtshaus mitten im Dorf ist für seine phantasievolle Südtiroler Küche bekannt, Spezialitätenwochen (Kräuterküche, Kastanien, Kürbis …). 3 Gänge ab ca. 25 €. Nächtigen kann man im Garni Turm nebenan. Do zu, Fr erst ab 17.30 Uhr geöffnet; im Juli 1 Woche geschlossen.

• *Törggelen* In Pardell, Verdins und in Gufidaun liegen einige der gemütlichsten und freundlichsten Buschenschanken Südtirols: **Hienghof**, Leitach 60, ✆ 0472/847354 (Straße nach Feldthurns, dann links nach Pardell abbiegen oder Wanderweg Säben – Pardell); **Huberhof**, Pardell, ✆ 0472/855479; **Matscholerhof**, Gufidaun, ✆ 0472/847207; **Moar zu Viersch**, Verdings 22, ✆ 0472/855489; **Torggler**, Gufidaun 22 a, ✆ 0472/847371; **Unterbühler**, Gufidaun 2, ✆ 0472/847135.

• *Abends* **Disco Nachtigall**, Oberstadt 66, nein, nicht etwa auch … doch, die Nachtigall trapst im Gasthof Walther (v. d. V. – Sie wissen schon) und das von Do bis Sa.

Flieger-Bierpub Kompass, Tinneweg 7, noch ein Service des Schmuckhofs (der wiederum zum Gasthof Walther von der Vogelweide gehört): Ein Pub für Überflieger und v. a. solche, die es sein wollen (eher brav). Mo/Di Ruhetag.

Aquarium Pub, Marktplatz 23, außerhalb der Altstadt in Richtung Busbahnhof; So Ruhetag.

Der Eisacktaler

Bester Weißwein kommt gerne von den äußeren Grenzen des Weinbaus, von der Höhengrenze wie die Silvaner und Müller Thurgau des Eisacktals, von der Nordgrenze des Weinbaus wie die Rieslinge von der Mosel oder die Weine der amerikanischen Westküste, von der Südgrenze wie in Neuseeland. Der Eisacktaler ist so ein Grenzlagenwein, wo er ganz weit hinauf steigt wie im Becken von Neustift, ist er sehr herb (und schon mal sauer), kernig, dazu fruchtig und notgedrungen trocken, denn wo soll der Extrazucker herkommen, wenn er als Alkohol für die Vergärung verbraucht wird? Der Eisacktaler, der als geschützte Herkunftsbezeichnung (Eisacktaler DOC) zwischen Natz und Schabs bei Neustift im Norden und dem Ritten bzw. Völs am Schlern im Süden angebaut wird, hat in den meisten Fällen nur schmale Parzellen an steilen Hängen zur Verfügung, maschinelle Arbeit ist nicht möglich, kein Wunder also, dass der Eisacktaler nicht billig ist. Neben den klassischen Rebsorten Silvaner und Müller-Thurgau gibt es u. a. auch Traminer und Ruländer. Übrigens gibt es auch einen Rotwein mit der Bezeichnung Eisacktaler, er ist leicht und angenehm zu trinken, idealer Wein fürs „Törggelen", das ja aus dem Eisacktal kommt.

Empfehlenswerte Weinkellereien **Klosterkellerei Neustift** mit Sylvaner, Müller-Thurgau, Gewürztraminer, Kerner, Veltliner und Ruländer aus eigenen Lagen (→ S. 127); **Weingut und Restaurant Köfererhof**, Pustertaler Str. 3, I-39040 Neustift/Vahrn, etwa gleiches Angebot (besonders reintönige Weine), ✆ 0472/836649, Di Ruhetag. **Von Klausner**, I-39042 Brixen, Köstlanstr. 30 a, ✆ 0472/83370000, www.vonklausner.it; **Eisacktaler Kellereigenossenschaft**, I-39043 Klausen, Leitach 50, ✆ 0472/847553 (Anmeldung zu Besichtigungen), www.eisacktalerkellerei.it.

Durnholz, See und Kirche in den Sarntaler Alpen ▲▲

▲▲ Blick vom Ritten auf die Dolomiten (Sella links, Langkofel rechts)
▲ Musikkapelle auf der Radlseehütte

Überetscher Ansitze: Schloss Englar (Eppan) ▲▲
Wein ist im Überetsch und Unterland allgegenwärtig ▲

▲▲ Bauer in Altrei, die blaue Schürze gehört dazu ▲▲ Hochsommer in Salurn
▲ Die Haderburg über der Salurner Klause

Sport & Freizeit/Veranstaltungen

• *Baden* **Erlebnisbad Klausen**, Freibad, tägl. 9–19 Uhr, Do/Fr bis 22 Uhr.

• *Einkaufen* Monatsmarkt zu bestimmten Tagen des Heiligenkalenders (z. B. 10. Aug. **Laurenzimarkt**, 14. Sept. **Hl.-Kreuz-Markt**).

• *Feste & Veranstaltungen* 1. Wochenende im Aug. (alle 2 Jahre: 2004, 2006 usw.) traditionelles **Gasslfest** in der Altstadt mit Vorstellung hiesiger Handwerksberufe.

Frogener Kirchtig: Traditionskirchweihtag des Klausner Stadtteils Frag, Ende Juni. Die Frager gelten in Klausen als ein eigener Menschenschlag, ihren nach der Eingemeindung in den 30er Jahren vernachlässigten Kirchtag haben sie im Jahr 2003 mit Aplomb wieder aufgenommen.

Alle 3 Jahre (2006, 2009 usw.) Mitte Juni **Pilgerzug der Gadertaler** zur Heiligkreuzkirche in Säben. Die 3 Tage dauernde Wallfahrt geht für die Obergadertaler von Pedratsches und Campill über das 2294 m hohe Kreuzjoch ins Villnöss, wo die anderen Gruppen getroffen werden, bevor man gemeinsam nach Klausen und Säben weiter zieht. Hin- wie Rückweg werden zu Fuß gemacht (bei vielen heutigen Fußwallfahrten ist das nicht mehr der Fall, oft wird sogar für den größten Teil des Weges der Bus benutzt). Die Prozession entstand bereits vor 1400 und wurde 1503 erstmals erwähnt. Am Pilgerzug des Jahres 2003 nahmen mehr als 1000 Gläubige teil.

Am Krampustag (5. Dez.) **Krampusumzug** durch die Altstadtgassen: Auch in Südtirol wird der hl. Nikolaus (6.12.) vom Krampus begleitet, einem borstigen, schwarzen Teufel mit heraushängender roter Zunge und Rute, mit der er besonders gern hübsche Mädchen schlägt. Das Brauchtum ist noch vielerorts lebendig, hier in Klausen vielleicht besonders stark.

Sehenswertes/Ausflüge

▶ **Stadtspaziergang**: Machen Sie einen Spaziergang auf der (fast) verkehrsfreien Hauptstraße. Wo bis in die 60er Jahre der Durchgangsverkehr rauschte, herrscht heute beschauliche Fußgängerruhe. Am besten beginnt man auf der Nordseite beim *Säbner Tor*, wo die Kaufleute aus Deutschland ankamen und in der angebauten (spätgotischen) Apostelkirche erst mal ein Gebet sprachen, bevor es ans Geschäft ging – und an das Zahlen der Maut. Dann die *Oberstadt*, wie sich die schmale Hauptstraße hier nennt, für die südtiroltypischen Lauben ist hier kein Platz. Hübsche breite Häuser, Erker, Wappen, mit steinernen Rahmen eingefasste Fenster sind zu sehen, und im Erdgeschoss herrscht Gegenwartsgeschäftsgeist mit Läden und Gaststätten. Gleich rechts (Nr. 67) ist ein Renaissancehaus mit schönen Fresken zu bewundern, Nr. 57 ist das schöne gotische *Alte Rathaus* und auf Nr. 37 steht (ebenfalls rechts) das *Säbner Haus*, hier hat sich im Erdgeschoss ein Holzschnitzer eingerichtet.

In der Hauptstraße von Klausen

Auf dem Pfarrplatz steht etwas unterhalb die *Pfarrkirche St. Andreas*. 1498 wurde sie fertig und aus dieser Zeit haben sich einige spätgotische Gemälde, die Empore und Statuen erhalten. Ab hier heißt die Hauptstraße *Unterstadt*, sonst ändert sich nichts, hübsche Häuser rechts wie links. Knapp vor ihrem Ende beginnt rechts der Säbner Aufgang, wo es anschließend zum Kloster hinaufgeht (s. u.).

Jenseits des Tinnebachs steht etwas isoliert das ehemalige *Kapuzinerkloster* von 1701. Die Kapuziner sind erst 1972 gegangen, heute beherbergt ein Teil des Komplexes das *Klausner Heimatmuseum*. Das Gebäude besitzt den kostbaren Loretoschatz. Der war ein Geschenk der letzten spanischen Habsburgerkaiserin an ihren Hauskaplan, der aus Klausen stammte.

Öffnungszeiten **Klausner Heimatmuseum** April bis Aug. Di–Sa 10–12/16–19 Uhr, Sept. bis Mitte Nov. 9.30–12/15.30–18 Uhr, Eintritt 3 €; ✆ 0472/846148.

▶ **Der Säbner Aufgang**: Diese lange Stiege, die von der Unterstadt bis zur Heiligkreuzkirche auf der Spitze des Säbner Bergs führt, war und ist ein Wallfahrts- und Kreuzweg, wie die Kreuzwegstationen zeigen. Man passiert nach einem steilen Treppenstück die *Burg Branzoll* (nicht zu besichtigen) mit mächtigem Bergfried. Dann erreicht man die *Liebfrauenkirche*, einen achteckigen barocken Zentralbau. Sie entstand als Votivkirche der Klausner Bürger, die von der Muttergottes vor der Pest bewahrt worden waren (schön sind die Fresken zum Marienleben in der Kuppel). Entlang dem Benediktinerinnenkloster gelangt man zur *Klosterkirche* von 1687, besonders schön die schmiedeeisernen Gitter, die den Chorraum der Schwestern vom Schiff abtrennen. Noch eine Treppe und wir sind am höchsten Punkt mit der kleinen *Heiligkreuzkirche*. Sie steht auf sehr viel älteren Vorgängerinnen, der prominente und gut zu verteidigende Standort war seit vorgeschichtlicher Zeit besiedelt. Bei der Kirche handelt es sich um den Dom des Bischofs Ingenuin (um 600), umgebaut in der Spätgotik als Palastkapelle der bischöflichen Burg. Das großartige Kruzifix auf dem Hochaltar ist von Leonhard von Brixen.

Öffnungszeiten **Liebfrauenkirche** Mitte April bis Okt. Di/Fr 14–17 Uhr, Sa 10–12 Uhr; **Gnadenkapelle, Heiligkreuz- und Klosterkirche** tägl. 8–17/18 Uhr. Das **Kloster** kann nicht besichtigt werden.

▶ **Verdings und Latzfons** bestehen ursprünglich aus Kirche und einer Handvoll Höfe, darunter das Mesnerhaus und ein Gasthof. In vielen Fällen war das in Südtirol übrigens ein und dasselbe Haus, denn der Mesner musste einen Nebenberuf ausüben, um überleben zu können. Die Kirche *St. Valentin* in Verdings wurde um 1200 geweiht, ihr hoher, schlanker Turm mit dem kleinen Satteldach ist weitum zu sehen. Bauernhöfe sind locker über die Hänge in Richtung Latzfons verteilt, heute jeder mit eigener asphaltierter Zufahrt, aber es gibt noch genug alte Wander- und Karrenwege zu entdecken. Wandern ist überhaupt das Zauberwort, wer hier nicht wandert, der ist ganz sicher am falschen Platz.

▶ **Zum Latzfonser Kreuz (2303 m)**: Die höchste Wallfahrt Europas führt zum 2302 m hoch gelegenen Latzfonser Kreuz. Sie gehört zu den beliebtesten und landschaftlich großartigsten Ausflügen aus dem Eisacktal. Die Wallfahrt entstand, als man um 1700 ein Wetterkreuz am Joch aufstellte, das zwischen Brixen und dem Sarntal einen einfachen, aber bei Schlechtwettereinbruch potenziell gefährlichen Übergang darstellt. Das Kreuz war damals eine geschwärzte Christusfigur aus dunklem Holz („Schwarzer Herrgott"). Sie entstammte ursprünglich der Totenkapelle oberhalb von Villanders (heutiges Kirchlein am Toten). Offensichtlich musste sich das Wetterkreuz bewährt und schlechtes Wetter abgehalten haben, denn man baute einen Bildstock und 1867 eine Wallfahrtskapelle. Heute noch kommt am Sonntag, der auf

St. Magdalena (22. Juli) folgt, eine große Zahl von Wallfahrern heraus aufs Joch, die meisten Besucher des etwas oberhalb stehenden Schutzhauses sind aber Wanderer, die den Ausblick und das Essen genießen.

Von der Schutzhütte aus sind zwei Touren besonders beliebt. Die eine führt auf die Kassianspitze (2581 m), man ist in 1:30 Std. wieder unten (wenn man nicht da oben die einmalige Aussicht genießt und viel, viel länger braucht). Die andere führt über den Kamm der Villanderer Alpe, die hier den höchsten Rücken der Sarntaler Alpen bildet, zum Rittner Horn (ca. 4 Std.). Das allerdings ist denen vorbehalten, die nicht zum Pkw zurückmüssen, es sei denn, sie gehen den ganzen Weg wieder zurück.

▸ **Gufidaun**: Der Ort gehört zur Gemeinde Klausen, viele Urlauber, die berichten, sie machten in Klausen Urlaub, meinen tatsächlich das auf sonniger Terrasse gelegene Gufidaun. Vom Ort hat man einen schönen Blick auf Klausen und die Sarntaler Alpen, das Villnösser Tal mit den Geislerspitzen und auf Brixen, die Plose und im Hintergrund die Zillertaler Alpen. Am Dorfrand fällt sofort das große Gebäude der *Koburg* auf, ein alter Ansitz der Herren von Gufidaun, deren Gerichtsbarkeit zeitweise bis ins Grödner Tal und sogar ins oberste Abteital bis Kolfuschg reichte. Wie die *Burg Sommersberg* am Rand des Steilhangs hinunter ins Eisacktal ist die Koburg in Privatbesitz und kann nicht besichtigt werden. Anders der *Ansitz Hohenhaus* neben der innen hübsch freskierten, spätgotischen *Pfarrkirche,* denn hier ist das *Museum für bäuerliche Lebenskultur* untergebracht, das man schon wegen der schönen Stuckdecken des alten Baus besuchen sollte.

Öffnungszeiten **Museum für bäuerliche Lebenskultur** Ostern bis Allerheiligen tägl. (außer So) Führung um 11 Uhr.

Tour 8: Wanderung zum Latzfonser Kreuz

Tour-Info: Verhältnismäßig leichte Tour, die durch Wald in die Almenregion und dann ins Hochgebirge führt. Ziel ist die Wallfahrtskirche am Latzfonser Kreuz und die dortige Schutzhütte mit ihrer herrlichen Aussicht. Gute Fahrwege bis knapp unterhalb der Hütte, dann kurz schlechter Weg, der Schlenker ab der Hütte zur Fortschellscharte auf schmalem alpinem Steig. Gehzeit 4:30 Std. Höhenunterschied 860 m. Karten: Tabacco (1:25.000) Blatt 30; Kompass (1:50.000) Blatt 56.

Radler-Info: Der Aufstiegsweg ist bis knapp unterhalb der Hütte am Latzfonser Kreuz mit dem **Mountainbike** befahrbar, der Abstiegsweg ist für Räder auf großen Strecken nicht geeignet.

Den Ausgangspunkt dieser Tour erreicht man von Latzfons auf dem Sträßchen, das aus dem Ort weiter ins Tal hineinführt, wobei man rechts abbiegende Straßen nicht beachtet. Nach einer Einmündung endet der Asphalt, und nach der knapp danach folgenden Bachquerung macht die Straße (Rodelbahn-Hinweis) einen Knick nach links. Hier beginnt keine 100 m weiter auf der rechten Seite unser Wanderweg (bescheidene Parkmöglichkeiten – wie man mit dem Rad hierher kommt, ist in Tour 9 beschrieben!).

Am Ausgangspunkt der Wanderung **A** weist ein Schild „Latzfonser Kreuz“ und die Markierung für Weg 2 auf einen steil ansteigenden Forstweg. Man geht durch Wald, kurze Zeit begleitet von einem teilweise offenen Waal, dessen Waalfassung **B** gut zu sehen ist. Wo das Forststräßchen nach rechts abknickt **C**, geht es geradeaus auf dem Fußweg weiter. Auf einer Lichtung wird ein Fuhrweg gequert **D**, der Fußweg führt weiter aufwärts durch Wald. Endlich erreicht man ein Fahrsträßchen mit Markierungen **E** („17“ und „1“), links geht es weiter, und

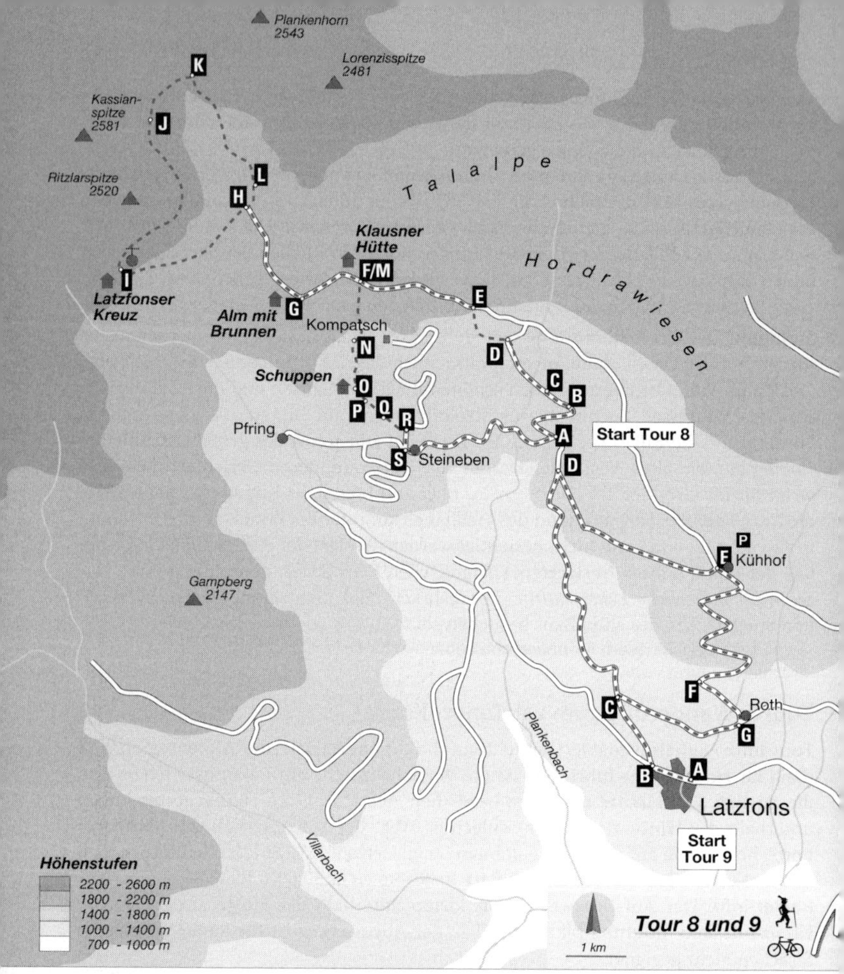

bald tritt man aus dem Wald auf die Almwiesen hinaus und hat die Klausner Hütte erreicht **F**. Das nächste Stück Steigung ist ziemlich zertrampelt, der Weg macht Abkürzungen zwischen Kurven des Fahrsträßchens. Bei einem ziemlich neuen Almgebäude mit Brunnen **G** erreicht man ein Joch und sieht zum ersten Mal hinüber zur Kirche am Latzfonser Kreuz. Der flotte Fahrweg führt im Bogen hinüber in das dazwischen liegende Tal, dort bei einem Kruzifix Abzweigung eines Wanderwegs (hier kommen wir später zurück), und steigt auf der anderen Seite unvermittelt schärfer an **H**, wobei er zusehends schlechter wird, um auf den letzten 50 Höhenmetern zum schlechten Fuhrweg zu verkommen (nur mit 4-Rad-Antrieb). Endlich die Schutzhütte am Latzfonser Kreuz **I**, sie liegt etwas höher als die Kirche.

Der Abstieg führt zunächst zur Kirche, an der es nach links auf einen Steig in den Südhang geht, der ganz leicht ansteigend gequert wird. Bald sieht man in ein Kar hinein, das auf unserer Seite mit Schutt gefüllt ist. Bei einer Gabelung **J** rechts hinunter, durch Grobschutt in den Karboden und diesen queren, teilweise nur auf Wegspuren (aber mit rot-weißen Bodenmarkierungen) zu einem auf der anderen Seite verlaufenden, breiten Weg **K**. Er führt durch das Kar abwärts zur Einmündung in den Aufstiegsweg beim Kruzifix **L**. Nun auf dem Abstiegsweg hinunter bis zur Klausner Hütte. Unterhalb von ihr nimmt man einen dort beginnenden, nicht bezeichneten Fuhrweg in die ausgedehnten Mähwiesen **M**. Er zieht zuerst in der Falllinie bergab, dann nach rechts, wo er bei einem Schuppen endet **N** (der oberste einer ganzen Gruppe von Heustadeln und Schuppen). Etwas unterhalb führt ein Zaun nach rechts zum Waldrand, wir bleiben oberhalb und gehen dann entlang dem Waldrand und teilweise im Wald auf altem Weg abwärts (keine Markierungen!). Nach Querung einer Forststraße **O** ist der Weg durch aufgeschüttetes Material etwas verdeckt, rechts umgehen und weiter auf dem Altweg. Leider endet der Weg dann endgültig an einem Wiesenzaun **P**, den man überklettert, um weglos schräg über die Wiese zu einem Brunnen und in der Falllinie weiter zur Straße abzusteigen (zwei Zäune sind zu übersteigen – wenn das Gras hoch steht, geht man, sollten keine Wegspuren vorhanden sein, ganz nach rechts und steigt den Zaun entlang ab). Hat man die Straße erreicht **Q**, geht man auf ihr nach rechts und in einem Linksbogen weiter, wobei das Almgelände bald verlassen und Wald erreicht wird. Mehrere Kurven führen abwärts, dann findet man sich plötzlich auf einer Straße mit Beleuchtung **R** – es handelt sich um die neue Rodelbahn. Dankenswerterweise nur kurz auf ihr nach rechts bis zum großen Parkplatz am Ende der Bahn **S** und auf der dort querenden Straße nach links und zurück zum Ausgangspunkt **T**.

Variante: Vom Schutzhaus am Latzfonser Kreuz kann man auf einem technisch unschwierigen Weg die Kassianspitze (2581 m) ersteigen, von der die Aussicht noch spektakulärer ist. Zusätzlich noch ca. 1:40–2 Std.

• *Hütten* **Klausener Hütte**, Pfingsten bis Anf. Nov., gut besucht, große Terrasse, Nudelgerichte, Selchkarree mit Kraut, hausgemachter Käse, Buchweizentorte, ab 10 €, ✆ 0472/545194.

Schutzhaus Latzfonser Kreuz, 2311 m, privat, große Karte mit Gerstensuppe, köstliche Pfannenmakkaroni, Bauerngröstel, Speck am Brettl, Graukäse, Speckknödeln, Gulasch, hausgemachten Kuchen (Linzerschnitte, Torten), Tellergericht und Kuchen ab ca. 19 €. DZ/FR 50 €. ✆ 0471/545017 bzw. 610287, www.latzfonserkreuz.com.

Tour 9: Rundtour mit dem Rad über Latzfons

Tour-Info: Kleine Radtour auf dem Sonnenhang oberhalb von Latzfons, geeignet als aussichtsreiche **Familientour** und als Zubringer zur Wanderung aufs Latzfonser Kreuz (Tour 8). Schöne Abfahrt auf der Forststraße! Radelzeit 0:45–1 Std.; Länge 7,9 km; Höhenunterschied 410 m. Karten: Tabacco (1:25.000) Blatt 30; Kompass (1:50.000) Blatt 56.

Die Tour beginnt bei der Kirche in Latzfons **A**, wo man das taleinwärts führende Sträßchen nimmt. Am Ortsende rechts halten **B** und etwas weiter außerhalb die Abzweigung zum Sportplatz nach rechts **C** nicht beachten, sondern geradeaus weiterfahren. An einer Gabelung **D** führt links eine Forststraße weiter (wenn man ihr folgt, gelangt man nach wenigen Minuten zum Ausgangspunkt der Wanderung zum Latzfonser Kreuz, Tour 8), wir halten uns rechts und bleiben auf dem weiterhin asphaltierten Sträßchen. Beim Kühhof, der rechts unterhalb bleibt, wird ein großer Wanderparkplatz erreicht **E**, hier beginnen die meisten Erstürmer des Latzfonser Kreuzes ihre Wanderung (dieser Aufstieg ist wesentlich weniger interessant als der in Tour 8 beschriebene). Nach rechts und nach

100 m Fahrverbot, der Fahrweg gabelt sich, 17 nach Schnauders und 1 auf der rechten Seite nach Verdings und Klausen – also rechts. Flotte Abfahrt auf recht guter Straße, auf halber Strecke wieder Asphalt. Man kommt auf dem Sträßchen des Hinwegs an, wo das Schild Sportplatz auffiel **F**, und fährt gemütlich nach links zurück ins Dorf, das man am Beginn des Kirchplatzes **G** endgültig erreicht hat.

Lajen

Über dem Eingang zum ladinischen Grödner Tal thront ein deutschsprachiger Ort, das große Dorf Lajen. Auf einer höheren Sonnenterrasse dehnt sich das eigentliche Dorf auf ca. 1100 m aus, auf einer tieferen, schmaleren Terrasse um die 800 m liegen die Höfe des **Lajener Rieds**. *Tschöfas, Tanürz* und *St. Peter* mit seiner großen Kirche (Außenfresken!) sind isolierte Weiler, St. Peter ist die letzte deutschsprachige Siedlung vor den dichten Wäldern unter dem Raschötzberg, welche die deutschen und ladinischen Orte des Grödner Tals trennen. Altes Bauernland: Tiroler Doppelhöfe, breit hingelagert, einige mit uralter Tradition. In einem der *Vogelweiderhöfe* des Lajener Rieds soll *Walther von der Vogelweide* geboren worden sein (das wird auch anderswo behauptet). Die Straße Klausen – Grödner Tal folgt der Trasse der ehemaligen Grödner Bahn, die vom österreichischen Militär in Rekordzeit von September 1915 bis Februar 1916 auf 31,4 km gebaut wurde und Brixen mit dem hintersten Grödner Tal verband.

• *Information* **Tourismusverein Lajen**, I-39040 Lajen/Laion, ✆ 0471/655633, 📠 655566, www.lajen.info. Hauptsächlich Zimmer mit Frühstück, Apartments und Urlaub auf dem Bauernhof, Katalog und Vermittlung beim Tourismusverein.

• *Übernachten/Essen & Trinken* *** **Überbacher**, St. Peter 6, direkt an der Straße neben der Kirche liegt dieser große moderne Gasthof, der für das kleine St. Peter fast ein wenig überdimensioniert ist. Aber wie der Friedhof von St. Peter hat auch der Gasthof Überbacher eine unübertreffliche Lage, und das Panorama ist mit Sicherheit nicht verbaubar. Zimmer mit TV/Balkon. DZ/FR 52–76 €. ✆ 0471/655639, 📠 655999, www.ueberbacher.com.

*** **Hotel/Restaurant Bräuhaus**, St. Peter 17, das schicke Restaurant des Hotels hat in letzter Zeit gute Noten bekommen, dabei blickt die Küche nur selten über den regionalen Horizont hinaus. Aber: Die Zubereitung macht den Unterschied: Schlutzkrapfen, Gerstlsuppe, Steinpilzravioli bekommt man auch wo anders, aber wo besser? Nachspeisen, auch sie klassisch mit interessanten Variationen (Mohnnudeln mit Johannisbeersauce), nicht übersehen! Menü um die 30 €. DZ/Suite mit FR 64–133 €. ✆ 0471/797322, im Restaurant Reservierung sinnvoll (Mi Ruhetag; Juni und Nov. geschlossen).

** **Radlhof**, Dorf 22 a, am Platzl von Lajen, also wirklich zentral liegt dieser Gasthof, bei dem einem unwillkürlich die Worte „gemütlich" und „behäbig" einfallen. Einfache Zimmer ohne TV, dafür stimmt das Frühstück. DZ/FR 48–60 €. ✆ 0471/655648, 📠 655560, www.radlhof.it.

Außervogelweiderhof, Ried 138, Sie wollen *Urlaub am Bauernhof* verbringen, wo (vielleicht) schon Walther von der Vogelweide Hand angelegt hat? Bitte sehr: 2 Apartments mit TV und die Einladung, auf dem Hof mitzuarbeiten (nicht enttäuscht sein, das Wohngebäude stammt nicht mehr aus der Zeit des Minnesängers), Produkte aus eigener Landwirtschaft und eine freundliche Besitzerfamilie. Apt. für 2 Pers. 32–34 €. ✆ 0471/656410, ausservogelweiderhof@dnet.it.

• *Törggelen* **Putzerhof**, Lajener Ried 127, freundliche Buschenschank in der Stube des Bauernhofs, dessen gute Rotweine zum rustikalen Essen auf den Tisch kommen: Knödel, Schlutzkrapfen, Krapfen, Speck. Von Klausen kommend, biegt man bei der Bushaltestelle Ried scharf rechts und gleich wieder scharf links ab, um den Hof zu erreichen. Von Mitte Sept. bis Mitte Dez. tägl. 12–24 Uhr, an Werktagen wird um Reservierung gebeten, ✆ 0471/655785.

Buchnerhof, Ried 144, Buschenschank in historischem Haus, die Stube ist barock (17. Jh.)! Eigene Weiß- und Rotweine. Mitte Sept. bis Mitte Dez. Di–Sa ab mittags, Mitte Febr. bis Mitte Apr. tägl. ab 16 Uhr. ✆ 0471/655144.

Blick von Villanders auf Lajen, Sella und Langkofel

Villanders

Die beiden Kirchen von Villanders mit ihren eng beieinander stehenden, spitzen Kirchtürmen sind das Wahrzeichen des Orts und fast so etwas wie ein Erkennungszeichen für das Eisacktaler Weingebiet – so oft sind sie in Zusammenhang mit diesem abgebildet worden.

Die zu den Kirchen hinaufführende Gasse wird gerne „Defreggergasse" genannt. Diese pittoreske Dorfgasse war Vorlage für *Defreggers* berühmtes Gemälde „Das letzte Aufgebot", jenes historistische Gemälde zur Verherrlichung des Tiroler Freiheitskampfs. In der Pfarrkirche erinnern hübsche farbenprächtige spätgotische Glasfenster an die Knappen, die im heute stillgelegten Pfunderer Bergwerk arbeiteten.

Villanders ist nicht nur das schmucke Dorf mit seinen umliegenden Weilern und Einzelhöfen, wie jenen um die Kirche *St. Moritz* im Weingebiet, die beliebte Törggelenziele darstellen. Vielmehr bildet die **Villanderer Alm**, ein sanft gewelltes Almenplateau hoch über dem Dorf zwischen ca. 1800 und ca. 2500 m ein sommerliches wie winterliches Erholungsziel, das sich nur mit der Seiser Alm auf der anderen Seite des Etschtals vergleichen muss. Ohne den starken Besucherverkehr der Seiser Alm wohlgemerkt, aber sehr wohl mit attraktiven Hütten und Jausenstationen, die erschöpfte Sportler mit Speckknödeln und Schlutzern, Bier und Wein vor dem Umfallen bewahren.

• *Information/Diverses* **Tourismusverein Villanders**, St. Stefan 120, I-39040 Villanders, ✆ 0472/843121, 📠 843347, www.villanders.info, Mo–Fr 9-11/15.30–17.30 Uhr. **Taxi**: Niederstätter, ✆ 335/6609913. **Bank**, **Post** und **Arzt** in Villanders.

• *Sport* **Wandern/Bergsteigen** → Villanderer Alm, S. 153.

Wintersport: Langlauf und Rodeln vor allem auf der Villanderer Alm. Mehrere Loipen mit zusammen ca. 26 km, Rennrodelbahn Neuweg von der Gasserhütte bis Speckboden 1,2 km, 2 Familienrodelbahnen (4 km lang die von der Stöfflhütte bis zur Gasserhütte; beleuchtete „Spaßrodelbahn" vom Moar in Plun über Gasserhütte bis Rinderplatz, 2,5 km lang).

• *Übernachten/Essen & Trinken* **** **Stephanshof**, St. Stefan 112, Kupferdachwucherungen, die eher an eine chinesische Pagode als an einen Tiroler Ansitz erinnern, passen vielleicht nicht unbedingt in ein Dorf wie Villanders, aber man muss sich an Schlimmeres gewöhnen und der Stephanshof, der sich ohne jedes Understatement „Granpanorama-Hotel" nennt, ist ja nun wirklich komfortabel. 320 qm Badelandschaft mit Hallenbad, Saunen, Solarium, Kneippbad, Whirlpool, Freischwimmbad, Fitnessraum und gute Zimmer mit Balkon. Animation in Form von Grill-, Tanz- und Unterhaltungsabenden, Mountainbikeverleih. DZ/FR 91–117 €, „Turmsuite" etwas mehr. ✆ 0472/843150, 📠 843348, www.stephanshof.com.

**** **Schwarzer Adler**, St. Stefan 32, ein Teil Renaissanceansitz, ein Teil Bauernhaus – auch das „Sonnenhotel" kann vom Äußeren her nicht so ganz überzeugen. Dabei ist alles getan worden, damit der Gast sich wohl fühlen kann mit Hallenbad mit Sternenhimmel (eine der großen Moden der letzten Jahre) und ausgedehntem Wellnessbereich samt Fitnessraum, mit großer Terrasse, Haustaverne, Café und Pizzeria, mit Wintergarten und wirklich guten Zimmern (der Sternenhimmel in diesem Fall als Teppich, die Betten ansatzweise als Himmelbetten getarnt, gute Ausstattung mit Sitzbereich und Balkon). DZ/FR 100–140 €. ✆ 0472/843200, 📠 843390, www.sonnenhotel.it.

*** **Egger**, St. Stefan 102, der Dolomitenblick (auf ein Panorama zwischen Peitlerkofel und Schlern), den man von Liegewiese und Pool sowie von einem Teil der Zimmer dieses Hotels hat (nicht alle mit Balkon) ist wirklich umwerfend. Lage in der Nähe des Ortszentrums, im Hause Café mit Konditoreiangebot und Eis. Sauna und Solarium, gutes Preis-Leistungs-Verhältnis: DZ/FR 62–72 €. ✆ 0472/843187, 📠 843364, www.hotelegger.com.

*** **Sambergerhof**, St. Stefan 101, Hotel hoch über Villanders auf dem Weg zur Villanderer Alm in großartiger Aussichts- und Sonnenposition (man nennt sich „Panoramahotel"). Komfortables Haus mit Wellnessbereich (Saunen inkl. Kräutersauna, Whirlpool, Solarium etc., Ruheraum, Fitnessraum, geheiztes Freibad), Tennisplatz, Kinderspielplatz und Abenteuerspielplatz im nahen Wald. Nicht alle Zimmer (einige ohne Balkon) und Suiten (42–81 qm) blicken auf Sella, Langkofel & Co.! DZ/FR 70–100 €. ✆ 0472/843166, 📠 843521, www.sambergerhof.com.

** **Ansitz zum Steinbock**, St. Stefan 38, der historische Ansitz beherbergt ein gutes Restaurant im rustikalen Ambiente einer getäfelten Bauernstube, zur Dorfstraße kleine erhöhte Terrasse. Das Angebot umfasst Schlutzkrapfen aber auch Risotto mit Scampi, Rindsfilet mit Pilzen wie auch Saltimbocca vom Seeteufel und zum Nachtisch gibt es z. B. Schokomousse. Ab ca. 20 €, 18–1 Uhr geöffnet, Mo Ruhetag. Die Zimmer (mit TV) mit alten Dielenböden, eingerichtet mit Holzmöbeln, gemütlich. DZ/FR 70–80 €. ✆ 0472/843111, 📠 843468, www.ansitzsteinbock.com.

** **Sturmhof**, St. Valentin 18, traditioneller Gasthausbau in isolierter Panoramalage mit wirklich traditioneller Stube und altem Kamin, wie er in der Region üblich ist. Ausblick von Pool und Liegewiese, solide Zimmer mit TV und Balkon. Das Gasthaus serviert zum traditionellen Essen Eigenbauweine, im Herbst Törggelen. DZ/FR 48–58 €. ✆ 0472/847263, 📠 847340, www.sturmhof.it.

** **Erlacher**, St. Moritz 98, komfortabel eingerichtete Pension mit schönen Zimmern mit Massivholzmöbeln und TV sowie Balkon. Auf den Tisch kommen bevorzugt Produkte aus eigener Landwirtschaft, u. a. von den beiden Almen, die zum Familienbetrieb gehören. St. Moritz liegt etwas unterhalb Villanders an der Straße, die zur Handwerkerzone im Eisacktal führt. DZ/FR 50–54 €. ✆/📠 0472/843207, www.pension-erlacher.com.

• *Urlaub auf dem Bauernhof/Törggelen* *** **Winklerhof**, St. Moritz 14, Familie Fink führt ihren Bauernhof mit saisonaler Buschenschank (Sept. bis Dez. tägl. 12–24 Uhr) nach alter Tradition, die Gäste, die zum Törggelen kommen, sieht sie als Hausgäste. Man isst Speck und Käse, Schlutzer, Kasnocken und Spinatknödel zum Weißen, zum Portugieser oder Vernatsch. Auf Vorbestellung Kastanien und die schmackhaften Krapfen mit Spinatfüllung und Apfel- sowie Kniekiechl. 2 schöne alte Stuben, es gibt auch Zimmer: DZ/FR 36–40 €. ✆/📠 0472/843105, winklerhof@dnet.it. Wanderer erreichen den Hof auf Weg 14 von Villanders aus in einer halben Std.

Oberparteggerhof, St. Stefan 68, ein traditioneller Bauernhof im Weingebiet unterhalb von Villanders, Weiß- und Rotweine, besonders typisch der Zweigelt, dazu Hausmannskost, die wirklich vom Hof stammt inklusive selbstgebackenem Brot, eigener Butter, Gerstlsuppe, Schlutzer und Käse, mehr auf Vorbestellung. Geöffnet Sept. bis Dez. und März bis Mai tägl. (außer

Mo) ab 16 Uhr, an Herbstsonntagen ab 13 Uhr. Reservierung ratsam, ✆ 0472/847869.

• *Abends* **Disco Pub Rustika**, in der Pension Gasser, St. Stefan 88 im Dorf Villanders, vielseitiges Tanzlokal, jede Art von Tanzmusik kommt zum Zuge. ✆ 0472/843206.

Sehenswertes/Ausflüge

▸ **Dorf Villanders**: Die Herren von Villanders haben keine Burg hinterlassen, obwohl sie einmal im ganzen Eisacktal recht einflussreich waren. Da sie sich aber schon im Mittelalter in mehrere Zweige mit Besitz in anderen Tälern aufspalteten, aus der u. a. die Wolkensteiner hervorgingen (Gröden, Schlerngebiet!), blieb Villanders ohne Burg. Doch nicht ohne einen eindrucksvollen alten Edelsitz, den *Ansitz zum Steinbock* am unteren Ende der Kirchengasse. Der schöne Bau wurde in der Renaissance in seine heutige Form gebracht, tatsächlich hat er wesentlich ältere Bauteile und eine alte getäfelte Stube, wie sie einmal alle Häuser hatten. Villanders hat noch immer einige schöne alte *Bauernstuben,* die man während der Törggelenzeit bewundern kann, wenn mehrere Bauern ihre Stuben öffnen, um Gäste zu Wein und Kastanien willkommen zu heißen. Eine spätgotische Stube des 15. Jh. aus Villanders wurde im Tiroler Volkskunstmuseum in Innsbruck wieder aufgestellt, sie zeigt die hohe Wohnkultur der Bauern, nicht nur der Adeligen. Der Hauptteil der Stube ist ein Tonnengewölbe, dessen Deckenlängsbalken verziert sind, der Kamin ist direkt neben der Tür, auf der anderen Seite ist der Essbereich mit den kleinen Fenstern und Butzenscheiben. Eine Stehuhr neben der Tür verweist ebenfalls auf den Wohlstand des bäuerlichen Besitzers dieser Stube.

Die Kirchengasse führt zu zwei Kirchen, das Bild der Gasse ist berühmt, wie schon oben bemerkt. Die gotische *Pfarrkirche zum hl. Stephan* hat eine neugotische Einrichtung mit wenigen älteren Stücken, die aber Aufmerksamkeit verdienen: die Glasmalereien der Knappenarbeit und einer Maria mit Kind und zweier Heiligen im Langhaus (um 1520) sind interessant, an älteren Stücken sind noch der schöne Renaissancetaufstein und ein Gemälde des Franz Xaver Unterberger an der Nordseite des Chores (Martyrium des hl. Stephanus, 1767) erwähnenswert. Die Kirche daneben ist die dem hl. Michael geweihte *Friedhofskirche,* der Friedhof mit seinen schönen schmiedeeisernen Kreuzen ist besonders reizvoll (und fotogen).

▸ **Pfunderer Bergwerk**: Schaubergwerk mit stillgelegten Stollen auf Kupfer-, Zinn-, Bleierze und Schwefelkies. Das Bergwerk liegt oberhalb der Kapelle St. Anna, die man von Villanders auf dem Sträßchen über St. Valentin erreicht.

Öffnungszeiten Nur mit Führung zu besichtigen, jeweils Di und Do 10 Uhr sowie So 14 Uhr, Eintritt 5 €, Anmeldung unter ✆ 0472/843121, Infos auf www.pfundererbergwerk.com.

▸ **Auf der Villanderer Alm**: Alm heißt in Südtirol auch ein ausgedehntes Plateau mit grünen Wiesen, Seelein und Mooren, mit Kuppen, auf denen Almrausch und Lärchen wachsen, mit dem einen oder anderen Steilabfall, mit der einen oder anderen Quelle, mit Almhütten an mehreren Stellen und deren Weidevieh und dem, was man sonst als Alm bezeichnet. Wie auf der Seiser Alm besteht auch die Villanderer Alm aus mehreren unabhängigen Almen auf einem großen Plateau. Eine Fülle von Wanderungen queren diese riesige Alm, führen zum südlichen Rittner Horn mit seinem Blick ins Unterland und auf die Mendel, oder zum *Wallfahrtskirchlein am Toten* („Am Toatn"), einer Kapelle am Übergang ins Sarntal, wo die Villanderer Besitz und Weiderechte haben, ein Totenkirchlein, in das heute immer noch die Sterbebildchen gebracht werden. Oder über die benachbarte Latzfonser Alm, die man zur Kassianspitze und zum Latzfonser Kreuz quert. Mountainbiker finden viele

Das Eisacktal

Almverbindungssträßchen und gute Wege, auf denen sie über die Alm bis zu den Abfahrten nach Bozen, nach Barbian (→ Tour 10, S. 183) oder ins Durnholzer Tal fahren können. Auch im Winter lockt die Villanderer Alm mit Loipen und Touren, mit Rodelbahnen und Schneeschuhtouren. Eine Handvoll Jausenstationen und Berghütten erschließen die Villanderer Alpe, auf die vom Dorf herauf bis zur Gasserhütte eine öffentliche Straße führt.

• *Essen & Trinken/Übernachten/Hütten*
Pfroder Alm am Toten, 2145 m, Villanderer Alm, Jausenstation, ✆ 335/6833677.

Rinderplatzhütte, 1800 m, Villanderer Alm, Almgasthof vorwiegend in Holzbauweise, doch ein bisschen größer als eine Almhütte, Terrasse und Rasenfläche zum Sonnenbaden, Zimmer (DZ/HP ab 50 €), ganzjährig geöffnet! ✆ 335/1438245, www.rinderplatz.com.

Gasser Hütte, 1744 m, Villanderer Alm, Schutzhütte mit Zimmern (DZ/FR 40–60 €), Mo Ruhetag, ✆ 0472/843510.

Mair in Plun, 1830 m, Villanderer Alm, Almhütte und Jausenstation, Mi Ruhetag, ✆ 335/474625.

Stöfflhütte, 2057 m, Latzfonser Alm, Schutzhütte mit Zimmern, DZ/FR 50 €, ✆ 348/2608960.

Waidbruck

Wo das Eisacktal sich zur Schlucht verengt, die sich erst bei Bozen wieder öffnet, liegt Waidbruck, ein Ort, der als Verkehrsknoten schon in der Römerzeit seine Berechtigung hatte und sie heute nach wie vor hat: Hier zweigt aus dem Eisacktal die Straße ins Grödner Tal ab, in römischen Zeiten begann hier die Straße über den Ritten nach Bozen.

Waidbruck ist Teil der hoch oberhalb des Eisacktals gelegenen Gemeinde **Barbian**, wo sich auch die Touristeninfo befindet.

• *Information* **Tourismusverein Barbian**, St. Jakob 41, I-39040 Barbian, ✆ 0471/654411, 654260, www.barbian.it. Mo–Fr 8.30–11 Uhr. Infos auch beim Tourismusverein Klausen.

• *Anfahrt/Verbindungen* **Pkw**: Waidbruck liegt an der Abzweigung der Grödner-Tal-Straße von der Brennerstraße, nächste Autobahnausfahrten sind Klausen und Bozen Nord.

Alle **Busse** zwischen Bozen und Brixen halten hier. Achtung: Die Busse nach Gröden starten nicht von der Eisacktalstraße aus (Haltestelle), sondern auf der linken Eisackseite, man muss die Brücke queren, um sie dann links am Parkplatz zu finden (Pech für Kofferträger bei Regen und Schnee).

Bahn: In Waidbruck halten nur Regional- und Lokalzüge.

• *Übernachten/Essen & Trinken/Törggelen*
** **Goldener Adler-Starz**, St. Gertraud 10, Waidbruck, alter Einkehrgasthof an der Straße, früher donnerte der gesamte Verkehr durch das Eisacktal an der Tür vorbei, heute ist es ruhiger geworden. Garage, Pool und Liegewiese, einfache Zimmer mit TV. DZ/FR 50–58 €. ✆ 0471/654142, 📠 654541, www.starz.it.

** **Kircher Sepp**, St. Jakob 136, Barbian, Gasthof an der Straße in Richtung Villanders in einsamer und aussichtsreicher Lage, die Zimmer mit TV, Safe, Balkon. Im Haus gute Restaurant-Pizzeria (ab 16 Uhr) mit gedeckter Terrasse und Taverne. Pizza ca. 4–7 €, Nudelgerichte z. B. mit Steinpilzen, aber auch Dinkeltaschen mit Pfifferlingen oder Spinatspätzle mit Schinken und Sahne, Pilzknödel (Knödel, Nudeln etc. 4,50–7 €), beim Fleisch dominieren die Schnitzel. DZ/FR 56–58 €. ✆ 0471/650074, 📠 650008, www.kirchersepp.com.

** **Rösslwirt**, St. Jakob 88, Barbian, Gasthof bei der Kirche mit soliden Zimmern mit TV und Balkon, Restaurant mit gutbürgerlicher Küche (Menü ca. 11 €, 2 Gänge ab ca. 13 €). DZ/FR 46–60 €. ✆ 0471/654188, 📠 654268, www.roesslwirt.com.

** **Tirol**, St. Jakob 142, Barbian, Pension mit Zimmern mit TV, mit Pool und Liegewiese, im hauseigenen Café gute „täglich frische Mehlspeisen" wie Sachertorte, Linzerschnitte, Buchweizentorte. DZ/FR 46–60 €. ✆/📠 0471/654108, www.garni-tirol.com.

Unteraichnerhof, St. Jakob 24, Törggelenstube im Bauernhof, eigene Hausmacherwürste und Schlachtplatte, Kasnocken und Schlutzkrapfen, Krapfen und „Keschtn", dazu natürlich Eigenbauwein. Besser reservieren, ✆ 0471/650115.

Sehenswertes/Ausflüge

▸ **Barbian**: Das Dorf mit dem schiefen Turm blickt hinunter auf die *Trostburg* (s. u.) am anderen Hang des Eisacktals, die aber wie Waidbruck zum Gemeindegebiet von Barbian zählt. Barbian ist der alte Ort auf der sonnigen und fruchtbaren Terrasse, Waidbruck ist nur ein Verkehrsknotenpunkt. Die Trostburg entstand im Mittelalter, da war Barbian bereits seit ein paar Tausend Jahren besiedelt. Der schiefe Turm – er ist wirklich ziemlich schief – gehört zur Pfarrkirche *St. Jakob* aus dem 13. Jh., sie ist leider eine der wenigen schönen Bauten des durch Neubauten verhunzten Dorfkerns.

▸ **Dreikirchen**: Die Gruppe von drei Kirchen, die der Größe nach Kapellen sind, ist außergewöhnlich: Warum man die *Kirchen für die Heiligen Nikolaus, Gertrud und Magdalena* neben- und aneinander gebaut hat, ehemals weit ab vom Schuss und nur betreut von Einsiedlern, das fragt man sich ohne Zusatzinformationen vergeblich. Und es gibt keine Zusatzinformationen. Alte Quellheiligtümer, sicher vorchristlich – sagen die einen („Bad" Dreikirchen – das alte Badgasthaus nebenan hat 1315 schon gestanden. Ein Punkt für die Vertreter dieser Hypothese). Römisches Capitolium (der Tempel mit drei *cellae* für Jupiter, Juno und Minerva) – sagen andere (Beweise stehen aus). Nur die Hypothese, dass hier erst in christlicher Zeit ein Heiligtum für christliche Heilige wird von keinem vertreten (und ist noch weniger wahrscheinlich als Nr. 1 oder 2). Vielleicht haben Sie ja nach dem Besuch eine weitere Hypothese anzumelden?

• *Öffnungszeiten* **Kirchen**: Schlüssel beim Messnerhof nebenan, Ostern bis Allerheiligen, Infos unter ✆ 0472/650059.

• *Übernachten/Essen & Trinken* Urlaub auf dem Bauernhof im *** **Messnerhof**, St. Jakob 5, DZ/FR (kein TV) 40–50 €. ✆/℻ 0471/650059.

** **Bad Dreikirchen**, St. Jakob 6, Gasthaus, recht komfortabel, Pool, DZ/FR (kein TV) 60–112 €. Regionale Küche, Rote-Bete-Knödel, Steinpilze mit Polenta, Marillenstrudel, ab ca. 20 €. ✆ 0471/650055, ℻ 650044, www.baddreikirchen.it.

* **Briol**, Dreikirchen, eine Empfehlung von Leser Reinhard Gaertner: „Einfach fast skurril, die karge Einrichtung hoch auf dem Berg, kein TV, Radio, Etagenbad/WC, sehr gutes Abendmenü, extrem freundliche Wirtsleute. Faktisch mit Gepäck nur mit Jeep-Taxi von Barbian aus erreichbar". Der Gasthof hat 2005 durch eine ganzseitige Reportage in der FAZ ziemliche Werbung erhalten – reservieren! DZ/FR 72–80 €, ✆/℻ 0471/650125, www.briol.it.

▸ **Die Trostburg**: Sie bewachte im Mittelalter den Eingang zum Grödner Tal und da steht sie noch heute, als ob sie nach wie vor zur Verteidigung bereit wäre. Ein gepflasterter Reitweg führt (sehr steil!) hinauf, die Wehranlagen, u. a. ein oberhalb des Komplexes isoliert stehender Rundturm, sind gut erhalten. Die mittelalterliche Burg, auf der *Walther von der Vogelweide* seine Jugend verbrachte (darum gibt es keinen Streit wie um sein Geburtshaus), wurde während der Renaissance ausgebaut und prächtig ausgestattet, was man ihr von außen nicht ansieht. Gotische Stube mit Kachelofen und herrlichem dreifachen Tonnengewölbe aus Holz, spektakulärer Renaissancerittersaal mit Figuren im Wandstuck und eindrucksvoller alter Kassettendecke, Burgkapelle mit schönen Fresken (vor allem an der Decke). Die Innenräume sind nur noch zum kleinen Teil original ausgestattet, eine Ausstellung informiert über *Oswald von Wolkenstein*.

• *Öffnungszeiten* Besichtigung nur mit Führung: Juli/Aug. Di–So um 10, 11, 14, 15 und 16 Uhr, Gründonnerstag bis Juni und Sept./Okt. um 11, 14 und 15 Uhr. Eintritt 4,50 €. Die Burg ist vom Hauptplatz in Waidbruck in 20 Min. zu Fuß über die alte (für Pkw gesperrte) Zufahrt zu erreichen. Infos ✆ 0471/654401, www.burgeninstitut.com.

Schloss Maretsch

Bozen

Bozen ist nicht erst seit gestern ein multikultureller Ort. Italienische Kaufleute waren in dem Tiroler Handelsort am Zusammenfluss von Etsch und Eisack schon im Mittelalter gerne gesehen. Schließlich brachten sie Geld und gute Waren mit.

Man kam sich auch menschlich näher: Italienische Familiennamen deutschsprachiger Familien und umgekehrt sind nicht erst seit 1918 entstanden, als Bozen mit ganz Südtirol unter italienische Verwaltung kam. Über ein Jahrtausend lang war Tirol eine zweisprachige Region, Mittler zwischen deutschem und italienischem Kulturraum, dabei war das nördliche Innsbruck stärker nach Deutschland, das südliche Bozen stärker nach Italien ausgerichtet.

Bozen liegt in einem nach Süden offenen, sonnigen Becken und wird im Norden von Weinbergen umrahmt, die wie die Stadt selbst von der südlichen Sonne profitieren, die selten einmal Schnee fallen lässt, aber lange und trockene, oft heiße Sommer garantiert. So heiß, dass Bozner wie Gäste am liebsten hoch über der Altstadt von Bozen in **Jenesien** oder **Oberbozen** wohnen, mit Blick nach Süden ins Etschtal, auf die Dolomiten mit dem Schlern – den Blick hat man auch mitten in der Stadt – und mit Kühlegarantie.

Bozen war immer ein Handelsort, die zentrale Einkaufsgasse, die „Lauben" mit ihren jahrhundertealten Häusern legt Zeugnis dafür ab. Eine gute Verkehrsanbindung hatte der Ort wohl auch schon seit der Keltenzeit, und römische Feldherren wie römisch-deutsche Kaiser zogen auf ihren Alpenüberquerungen auch durch Bozen. Heute sind Brennerbahn und Brennerstraße, Brennerautobahn und die Straße über den Reschen sowie ein Flughafen mit großen Ambitionen die Garanten dafür, dass

Bozen reichlich Besucher hat, wenn auch wenige auf die Idee kommen, hier länger als zwei Nächte zu bleiben.

Die für die Südtiroler traumatische Italianisierungspolitik der Faschisten hatte besonders auf Bozen starke, das Bild der Stadt völlig verändernde Auswirkungen. War Bozen vor 1918 eine deutschsprachige Kleinstadt im Schatten der Landeshauptstadt Innsbruck gewesen, wurde es nun systematisch zum Zentrum eines industrialisierten Gebiets aufgebaut. Große neue Stadtviertel entstanden westlich und südlich der Altstadt, und in diese Viertel zogen fast ausschließlich aus Süditalien stammende Zuwanderer. Während für viele Südtiroler auf dem Land „die Italiener“ nur eine kleine Rolle spielten, mussten sich die deutschsprachigen Bozner damit abfinden, in ihrer Stadt plötzlich eine Minderheit zu sein. Doch die Bozner haben sich arrangiert und sind zur Tagesordnung übergegangen, Geldverdienen ist immer wichtiger als Politik. Und mit wem man Geschäfte macht, ist letztlich egal, Hauptsache, er zahlt. Zumal man sich mit den Italienern viel besser versteht, als die von den Zeitungen der Provinz immer wieder durchgehechelten Zwistigkeiten glauben machen wollen. Und: Bozen wäre nicht Landeshauptstadt, gäbe es kein Südtirol, hätte wahrscheinlich keine Universität, müsste sich wie früher Innsbruck oder wie später bis 1969 Trient unterordnen. Und wer will das schon von den Bozner Händler- und Großbürgerfamilien?

Bozen
Karte S. 159

Stadtgeschichte

Bozen ist eine römische Gründung, was die italienischen Neofaschisten auch weidlich ausschlachten, um zu belegen, dass Bozen „immer schon italienisch gewesen sei“. Pons Drusi nannte sich die römische Militärstation, die 15 v. Chr. errichtet wurde. Wichtig war der Standort, weil dort die Via Claudia Augusta von Rom über die Alpen nach Süddeutschland das Etschtal verließ, den Eisack querte, um über den Ritten den Alpenaufstieg zu beginnen (das Eisacktal war noch unwegsam).

Zum zweiten Mal wurde der Ort 1027 gegründet. Damals ließ der Trienter Bischof Ulrich II. eine Stadt errichten, die von Anfang an als Kaufmannsstadt gedacht war, was der Bozen genannte Ort auch bis heute geblieben ist. Die Laubengasse mit ihren bis heute für den Handel genutzten Häusern entstand damals in ihrer Urform (nur Grundrisse und wenige Teile haben sich erhalten). Den Grafen von Tirol war der gut verdienende Handelsort der Trienter Konkurrenz bald ein Dorn im Auge, und nachdem sie 1277 die Stadt zuerst zerstört hatten, gliederten sie diese dann ihrem Territorium ein und übernahmen die Schirmherrschaft über das Bistum Trient – man kann ja schließlich nie wissen.

Die neuen Tiroler Landesherren ließen die Straße durch das Eisacktal bauen, was der Handelsstadt sehr gut bekam und ihre Messe zu einem der Hauptumschlagplätze zwischen Oberitalien und Süddeutschland machte. Im Spätmittelalter ging es Bozen gut, den vornehmlich aus dem 15. und 16. Jh. stammenden Lauben, den reich ausgestatteten Kirchen der Zeit (Dom, Abtei in Gries) sieht man das heute noch deutlich an. Viele Händler und Großbürger erhielten Adelstitel oder wurden doch mit dem Adel gleichgestellt wie die Familie Vintler, die sich in Schloss Runkelstein einen prachtvollen Ansitz schuf und die heute noch großartigen Fresken zum höfischen Leben der Zeit malen ließ.

Bozen blieb bis zum Ersten Weltkrieg Tirols wichtigste Stadt südlich des Alpenhauptkamms, deutschsprachig zwar, aber immer mit einer wichtigen italienischen Minorität, die Italiener aus Venetien und der Lombardei waren schließlich die wichtigsten Handelspartner.

Nach dem Waffenstillstand von 1918 übergaben die österreichischen Truppen die Stadt kampflos den Italienern, die am nächsten Tag einzogen (einen „Sieg" hat es also nicht gegeben). Zunächst änderte sich wenig. Anders, als die Faschisten in Italien die Macht ergriffen: Bozen wurde zur Speerspitze der Italianisierung Südtiols, neue Stadtviertel und große Industriebetriebe für Zuwanderer aus dem Süden entstanden, das Siegesdenkmal zeigte den Boznern, wer die neuen Herren waren. Bozen wurde mehrheitlich italianisiert.

Heute hat Bozen mehr als 100.000 Einwohner, davon sind nur noch etwa 25 % deutschsprachig, was nicht heißt, dass die italienische Mehrheit nicht ebenfalls Deutsch beherrscht (obwohl es Stadtviertel und Lokale gibt, in denen man mit Deutsch wirklich nicht weit kommt). Die Atmosphäre zwischen den beiden Bevölkerungsgruppen hat sich allmählich neutralisiert, von einem Aufeinanderzugehen kann man jedoch keineswegs reden. Die unsägliche Volksbefragung über die Benennung des „Siegesplatzes", durchgesetzt von den Neofaschisten, hat erst im Herbst 2002 böses Blut gemacht. Nachdem der (italienische) Bürgermeister und der (deutsche) Vizebürgermeister gemeinsam beschlossen hatten, den „Siegesplatz", dessen Name für die meisten Deutsch-Südtiroler einen Affront darstellt, in „Friedensplatz" umzubenennen, stimmten die Bozner in der Befragung mehrheitlich für die Rückbenennung in „Siegesplatz" (bei nur 25 % Deutsch-Boznern und bei einer Wahlbeteiligung von nur der Hälfte der Bevölkerung war dieses Ergebnis zu erwarten). Im Herbst 2003 wurde von der italienischen Seite noch Öl ins Feuer gegossen, als der zuständige Minister nicht etwa versprach, das Siegesdenkmal, das einzige in Italien verbliebene faschistische Denkmal mit den Original-Faszes, abzutragen oder in ein Museum umzuwandeln, sondern im Gegenteil den italienischen Wahlberechtigten (die Landtagswahl stand an!) ein paar Millionen zur Restaurierung ab 2004 versprach.

So italienisch und industrialisiert Bozen auch ist, die Altstadt macht den Eindruck einer mittelalterlich-barocken Stadt des deutschen Sprachraums. Das gilt nicht nur für uns Deutschsprachige, sondern vor allem auch für die Italiener, die Bozen durchwandern, als läge es auf einem anderen Stern. Wenn sich die Altstadt zum Christkindlmarkt auch noch ein weißes Kleid anzieht, sind die zahllosen italienischen Touristen kaum noch zu halten vor Begeisterung über die mittelalterlich-romantische, für sie sehr deutsche und damit fremdartige, gemütlich-kleinbürgerliche Seite der Hauptstadt Südtirols.

Information

Verkehrsamt der Stadt Bozen/Werbegemeinschaft Bozen & Jenesien – Informationsbüro, Waltherplatz 8, 39100 Bozen/Bolzano, ✆ 0471/307000, 📠 980128, www.bolzano-bozen.it. Mo–Fr 9–18.30 Uhr, Sa 9–12.30 Uhr. Die Touristeninformation befindet sich auf dem zentralen Waltherplatz, man würde sie sich besonders in der Hauptsaison etwas größer wünschen. Kostenlose Pläne und kurze Ortsbeschreibung, Liste der Hotel- und Privatzimmer, kaum Einzelprospekte. Das Verkehrsamt veranstaltet Führungen und Wanderungen, interessant vor allem die regelmäßigen Stadtführungen (Dauer ca. 2 Std., ca. 5x pro Woche, ca. 4–12 € inkl. Eintritte).

Anfahrt/Verbindungen

• *Flugzeug* Bozen besitzt einen internationalen Flughafen, dessen Angebot zwar ständig wächst, der aber nicht mit Innsbruck und Verona oder gar mit München und Mailand konkurrieren kann. Das Angebot war zum Zeitpunkt der Drucklegung wieder völlig unklar, die täglichen Flüge nach Rom sind sicher, während die Münchenflüge von Air Alps wegen der seit Okt. 2005 bestehenden Bindung dieser österreichischen Fluglinien Alitalia eingestellt werden.

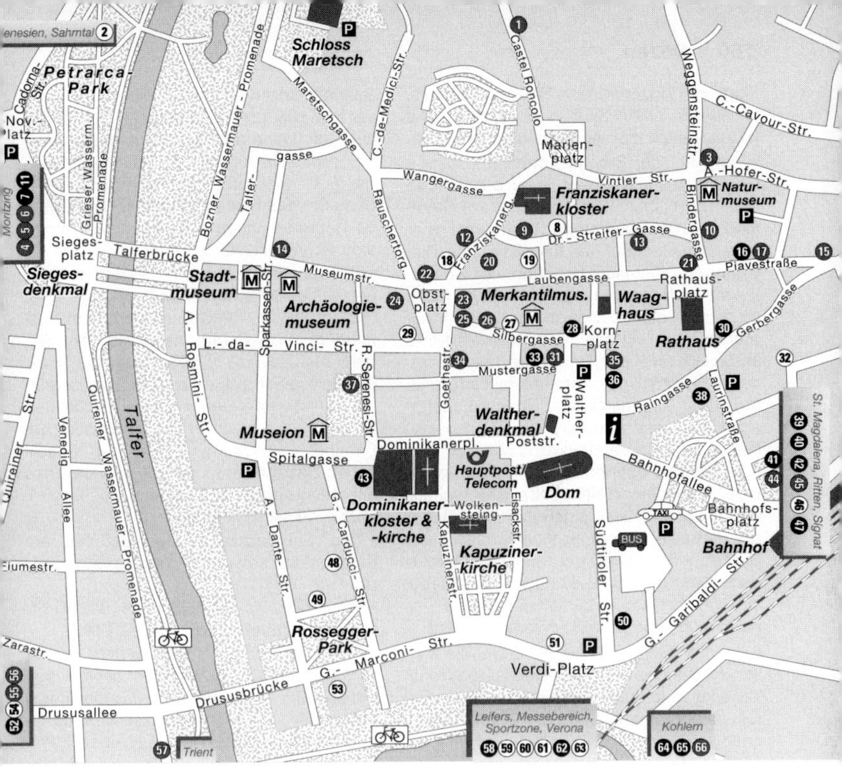

bernachten

Post Gries
Camping Moosbauer
Luna Mondschein
Figl
Feichter
Stadthotel Città
Greif
Parkhotel Laurin
Rentschnerhof
Magdalenerhof
Regina A.
Kandlerhof
Kolpinghaus
Jugendherberge
Alpi
Gardenhotel
Premstaller
Camping Steiner
Sheraton Four Points
Bad St. Isidor
Kohlern

Essen & Trinken

1 Gummer
3 Batzenhäusl
5 Weingartenhof
6 Pizzeria Geier
9 Fischbänke
10 Pizzeria Nussbaumer
12 Nadamas
13 Usteria Pra Mëisa
15 Löwengrube
17 Mondschein
20 Anita
23 Vögele (Roter Adler)
25 Hopfen & Co.
26 Hostaria Argentieri
35 Walther´s
37 Kaiserkron
38 Laurin
44 Arma
45 Sonnleithenhof
55 Pizzeria La Posada
57 Pizzeria Al Lido
65 Kohlern
66 Gasthof Schneiderwiesen

Cafés

4 Eisdiele Avalon
14 Subito 'Tutto Coffe'
21 Café Meraner
22 Hoter
24 Streitberger
31 Stadtcafé
34 Café Monika
56 Zingerle

Nachtleben

2 Kinoki
8 Sonderbar
12 Nadamas
18 Cortile/Theater im Hof
19 Capitolkino/Filmclub
27 Carambolage
29 Pogue Mahone`s
32 Haus der Kultur
38 Laurin Bar
46 Pub-Disco Primo Piano
48 Auditorium
49 Disco Okay
51 Neues Stadttheater
53 Pub Caffè Latino
54 Kilowatt Garage
59 Pub Alumix
60 Pub-Restaurant Soul Kitchen food & fun
61 Ku.Bo.
63 Dancing Life

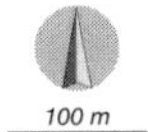

Bozen (Bolzano)

Flughafen Bozen/Airport Bolzano Dolomiti, Infotelefon ✆ 0471/255255, www.provinz.bz.it/flugplan/zeiten.htm; **Air Alps**: www.airalps.at.

• *Pkw* Auf der Brennerautobahn A 22 von Norden Ausfahrt Bozen Nord oder Bozen Süd. Die bisher üblichen Staus am Stadtrand wurden durch die Eröffnung einer neuen Brücke über den Eisack (Virglbrücke) verringert, aber nicht behoben. Am wenigsten staugefährdet ist jetzt die Ausfahrt Nord, wenn man der Eisacktalstraße bis zur Virglbrücke folgt und dann das Parkhaus Mitte ansteuert (auf der Brücke rechts einordnen!). Elektronische Anzeigetafeln informieren unmittelbar nach den beiden Autobahnabfahrten über Staus und freie Parkplätze. Neben dem großen Parkhaus Mitte auf der Südseite des Bahnhofs gibt es eine Tiefgarage unter dem Waltherplatz, eine weitere in der Laurinstraße gegenüber dem Bahnhof und eine in der Perathonerstraße beim Busbahnhof sowie in der Mühlgasse neben dem Naturmuseum. Sämtliche Parkplätze um die Altstadt – die Altstadt selbst ist Fußgängerzone – sind gebührenpflichtig!

• *Bahn* In Bozen halten alle Züge, die zwischen München und Verona/Mailand/Rom/Venedig verkehren. Alle 2 Std. bestehen Direktverbindungen mit dem Eurocity München – Bozen – Trient – Verona. Daneben häufige Bahnverbindung nach Meran. Der während der faschistischen Zeit errichtete Bahnhof Bozen liegt nur 5 Min. zu Fuß von der Innenstadt entfernt. In der Vorhalle Bahnauskunft (keine städtische Information, keine Zimmervermittlung!), beim Seiteneingang Gepäckaufbewahrung. Eine Verlegung des Bahnhofes um 500 m nach Osten ist geplant (Warum? Es entstehen innerstädtische Luxus-Grundstücke!).

• *Bus* Bozen ist Zentrum des dichten Busnetzes der Gesellschaft **SAD**, die ganz Südtirol erschließt. Die Busse starten am Busbahnhof in der Perathonerstraße, vom Bhf. geht man zu Fuß 5 Min. durch den Park. Kostenlose Fahrpläne für ganz Südtirol oder nur für einzelne Gebiete (z. B. Bozen und Umgebung) gibt es in der Information im Bahnhof. Städtische Busse der Gesellschaft **SASA** mit 13 Linien u. a. nach Gries und Moritzing (10 b, Camping Moosbauer), aber auch nach Meran.

• *Taxi* Standplätze vor dem Bahnhof, am Waltherplatz sowie am Siegesplatz. Funktaxi ✆ 0471/981111.

• *Mietwagen* Avis, Verdiplatz 18, ✆ 0471/971467; Eurorent, Rittner Str. 5, ✆ 0471/201104.

• *Seilbahn* Bozens eingemeindete höhere Ortsteile Jenesien und Kohlern sowie Oberbozen in der Gemeinde Ritten werden durch Seilbahnen erschlossen, von Oberbozen nach Klobenstein verkehrt die Rittner Bahn (→ Ritten). Zur Seilbahn Kohlern in der Kampillstraße mit dem Stadtbus 11 und 14.

Diverses

• *Bibliotheken* **Universitätsbibliothek**, Sernesistr. 1, ✆ 0471/315332, www.unibz.it/library; **Landesbibliothek Friedrich Tessmann**, Armando-Diaz-Str. 8, ✆ 0471/271853, www.tessmann.it.

• *Internet* **Telecom**, Pfarrplatz 19 und Italienstr. 34; **MultiKulti**, Dr.-I.-Streiter-Gasse 9 (gegenüber Capitol-Kino).

• *Fundamt* Gumerstr., ✆ 0471/997265.

• *Krankenhaus* Lorenz-Böhler-Str. 5, ✆ 0471/908111.

Zahnärztlicher Notdienst im Krankenhaus Bozen Sa/So 9–11 Uhr.

• *Post* **Hauptpost**, Dominikanerplatz 3.

• *Stadtpolizei* Leonardo-da-Vinci-Str. 9, ✆ 0471/997788.

Feste & Veranstaltungen

Blumenmarkt, Ende April/Anfang Mai, der Waltherplatz verwandelt sich in einen bunten Garten.

Bozner Sommer, Kulturfestival mit Konzerten international erstrangiger Orchester und Dirigenten sowie Solisten (Ashkenazy, Abbado, Argerich ...), Ballettaufführungen.

Spectaculum, ein 3-tägiges Mittelalterfest in der Bozner Altstadt und auf Schloss Runkelstein mit Umzügen im mittelalterlichen Kostüm samt Musikbegleitung, Mittelaltermarkt, Feuershow, Gauklern, Fahnenschwingern. Üblicherweise 2. Wochenende im Sept., detailliertes Programm bei der Touristeninformation.

Bozner Messe, mehrmals im Jahr finden in Bozen nationale und internationale Messen statt, darunter die Internationale Herbstmesse, die „Media@" für Marketing, Werbung und neue Medien und die Hotel- und Gastromesse „Hotel". Standort ist das Messegelände, Messeplatz 1, Haupteingang

Marco-Polo-Str., Haltestelle Stadtbus 10 A/B, dort auch großer Dachparkplatz (0,80 €/Std.), Infos unter ✆ 0471/516000, ℻ 516111, www.messebozen.it.

Südtiroler Bauernherbst, große Erntedankveranstaltung am letzten Samstag im Okt., Präsentationen, Verkostung und Information über die Südtiroler Agrarproduktion auf dem Waltherplatz. Dazu Volksmusikbegleitung, Ponyreiten für Kinder, Volkstanzvorführungen.

Christkindlmarkt, es gibt ihn noch gar nicht so lange, den Bozner Christkindlmarkt, aber er hat einen enormen Erfolg gehabt – gerade auch bei den Italienern – und ist mittlerweile nicht mehr aus der Vorweihnachtszeit wegzudenken. Die Hotels sind in dieser Zeit, die anderswo tiefste Nebensaison ist, oft ausgebucht!

Einkaufen

Shopping heißt in Bozen vor allem **Lauben** und **Obstmarkt**. Auf den 380 m Länge der Lauben konzentriert sich das hochwertigste Angebot ganz Südtirols. Internationale Boutiquenketten und Lokalmatadore (Loden bei Oberrauch-Zitt, Bücher bei Athesia, Sportausrüstung bei Sportler) drängen sich in dieser schmalen Straße. Bequem zu erreichen ist Bozens großer täglicher Grünmarkt: Der Obstplatz liegt gleich am Westende der Lauben.

• *Die Lauben* Die wichtigsten und interessantesten Läden sind die folgenden:

Nr. 1: **Sportler**, Hauptgeschäft der Südtiroler Kette, 6 Stockwerke Sportgeräte und Kleidung;

Nr. 2: **Tschager**, 5 Stockwerke Kunsthandwerk und Souvenirs;

Nr. 17: **Apotheke zur Madonna**, seit 1443, mit kompletter alter Täfelung;

Nr. 37 a: **Sportler alpin**, weil's im Hauptgeschäft zu eng wurde, ist der Alpinbereich hierher umgezogen – tolle Auswahl; Nr. 39: **Südtiroler Werkstätten**, Kunsthandwerk in einem prachtvollen Barockhaus, dem einzigen der Lauben, ehemals Sitz des Bozner Merkantilmagistrats (→ Merkantilmuseum!);

Nr. 41: **Buchhandlung Athesia**, Hauptgeschäft des größten Südtiroler Buchverlages auf mehreren Etagen, alle Tirolensien im Erdgeschoss, im Tiefgeschoss EDV-Bedarf mit Bozens größter CD-ROM-Auswahl;

Nr. 46: **Schwarzer Adler**, historische Apotheke;

Nr. 50: **Seibstock**, Delikatessen seit 1890, Speck und Würste vom Feinsten;

Nr. 51: **Gasser**, Knöpfe und Kurzwaren vom Hirschhornknopf für die Lederjacke bis zu den Spitzen für die Südtiroler Schürze, seit 1873;

Nr. 60: **Rizzoli**, Hüte, wohin das Auge blickt, ein Bozner Meilenstein seit 1870;

Nr. 67: **Oberrauch-Zitt**, *das* Lodengeschäft, größtes und bekanntestes Italiens, Hauptsitz in Vintl (Pustertal), hier eher auf fein und sehr hochwertig getrimmt;

• *Kulinarisches* Die **Franziskaner-Bäckerei**, Hauptsitz in der gleichnamigen Gasse, hat die wohl größte Brotauswahl Bozens, Filiale z. B. Ecke Museum-/Rauschertorstraße. Konkurrenz macht **Bozner Brot**, der Stand vor „Hopfen & Co." auf dem Grünmarkt ist Mo–Sa 8–20 Uhr (Sa phasenweise nur bis 14 Uhr) geöffnet.

Bioware bietet der **Naturkostladen Triade** am Dominikanerplatz 5 an, Naturkost und Bioprodukte auch bei **Pro Natura**, Penegalstraße 1 (Grieser Platz).

Großer **Supermarkt** in der Innenstadt an der Ecke Raingasse/Laurinstraße. Hochwertige Fleisch- und Wurstwaren gibt es in der **Fleischhauerei Egger**, Obstmarkt 6.

• *Wein* Große Weinauswahl hat z. B. die **Vinotheque Alois Lageder** in der Drususallee 122 (✆ 0471/910536, ℻ 931577, vinotheque@lageder.com). Spezialisiert auf nicht aus Südtirol stammende italienische Weine ist die **Vinothek Gandolfi**, Drususallee 349, ✆ 0471/920335.

Von den Bozner Kellereien ist besonders empfehlenswert die **Kellerei Gries**, die mit der **Kellerei St. Magdalena** zur **Kellerei Bozen** fusionierte, sodass sich ein besonders reiches Angebot ergeben hat – interessant v. a. die von speziellen Weingütern wie Trögler, Dellago oder Mumelter kommenden Weine, Grieser Platz 2, ✆ 0471/270909, und Brennerstr. 15, ✆ 0471/976733, beide www.kellereibozen.com.

• *Märkte* **Obst- und Gemüsemarkt** tägl. (außer So) 8–19 Uhr auf dem Obstplatz, nicht nur attraktives Touristenspektakel mitten in der Altstadt, sondern auch echter Grünmarkt der Bozner Bürger. Dennoch: Im Supermarkt ist es meist billiger!

Bozner Lauben

Flohmarkt jeden ersten Sa im Monat an der Wassermauerpromenade am Talferufer zwischen 8 und 16 Uhr.

Markt (Kleidung, Schuhe, etwas Obst/Gemüse) jeden Sa 8–14 Uhr auf dem Siegesplatz; **Bauernmarkt** mit Direktverkauf durch Südtiroler Bauern jeden Fr in der Gumerstraße und auf dem Don-Bosco-Platz, jeweils 8–14 Uhr, am Di auf dem Mazziniplatz und am Sa auf dem IV.-November-Platz, ebenfalls 8–14 Uhr. Der Bauernmarkt in der Gumerstraße am Freitag ist sehr schön und lebendig mit vielen echten Bauernständen, im Juni z. B. mit gelben Mini-Tomaten, die es im Laden sonst nicht gibt, Kirschen in Schwarz, Rot und Gelb, die Letzteren im Laden ebenfalls nicht zu finden, alle möglichen Kräuterbüscherl, bereits vorbereitete Salatherzen, Biogemüse ...

• *Sonstiges* **Lorenzi** in der Goethestraße, bietet eine Auswahl von mehr als 2000 Arten Messern, Jagdmesser werden nach Kundenwünschen gefertigt. Loden aus Bruneck bietet **Moessmer** in der Silbergasse 16 (www.moessmer.it), auf Pfeifen und Feuerzeuge ist **Vip** in der Leonardo-da-Vinci-Str. 14 a spezialisiert. Handgefertigte und -bemalte Keramik haben **Krea** und **Tonttans** in der Rauschertorgasse 1 bzw. 28, in derselben Gasse auf Nr. 6 befindet sich der Lederhandwerksbetrieb **Il Gufo**. Teuer, aber eben auch exklusiv sind die Läden des Südtiroler Modemachers **Gasser** auf dem Waltherplatz, wo sich auch die Filiale von **De Call** befindet (auf Nr. 7), die Boutique der Meraner Modemacherin Alexandra Stelzer.

Thuniversum, Galvanistraße 29 (Industriezone), Schausalon und Verkauf der Firma Thun, handgefertigte Sammlerstücke aus Steingut/Porzellan, v. a. die berühmten „Bozner Engel", Panoptikum mit Panoramaprojektion der Dolomiten, Café-Bar und Bistro „Caffè al Volo", ✆ 0471/245272, www.thuniversum.it.

Sport/Freizeit

• *Baden/Schwimmen* Großes städtisches Schwimmbad **Lido** und **Hallenbad Karl Dibiasi** am Drusus-Sportplatz an der Triester Str. 21, der Fahrradweg von der Altstadt eisackabwärts führt direkt daran vorbei. **Erholungszentrum Thermae Rosengarten** mit Hallenschwimmbad, Cavourstr. 28, ✆ 0471/301010.

• *Dolomiten-Rundflüge* **Aeroclub Bozen**, Flughafen Bozen, St. Jakob, 1-stündiger Rundflug für 2 Pers. ca. 150 €, Abmeldung nötig: ✆ 0471/250165.

• *Radfahren/Mountainbike* Bozen eignet sich gut zur Erkundung mit dem Fahrrad, hat man sich nicht gerade die Ortsteile Jenesien oder Kohlern oder das mit Bozen verbundene, doch nicht zugehörige Oberbozen vorgenommen. **Kostenloser Verleih** von einfachen Citybikes am Waltherplatz/Ecke Bahnhofsallee sowie auf dem Griesplatz und dem Don-Bosco-Platz gegen Kaution und Hinterlegung des Ausweises.

Fahrradverleih vom Citybike bis zum Fully gegen Gebühr bei **Sportler Velo**, Weintraubengasse 56, ✆ 0471/974033 (oder Zentrale ✆ 0471/507739), wo auch im Winter Mountainbikes verliehen werden, wenn die schneefreien Berghänge um Bozen auf Biker warten.

Reparaturservice mit Abholung (kann wichtig werden!) macht **Novum**, Schlachthofstr. 49, ✆ 0471/971713, sehr freundliches, flinkes Personal.

• *Reiten* Campofrancoweg, ✆ 0471/251800.

• *Sportzentren* **Sportpalast** und **Drusus-Sportplatz** mit angeschlossenem Bocciodrom an der Triester Straße, über weitere Sportzentren und spezielle Einrichtungen gibt die Touristeninformation Auskunft.

• *Tennis* **Tennisclub Bozen**, M.-Knoller-Straße, ✆ 0471/280587.

• *Wandern/Bergsteigen* Spaziergänge und Wanderungen ab der Altstadt, auch geführte Wanderungen, z. B. die interessante, 4-stündige „Lagreinwanderung", die mit dieser Weinsorte vertraut macht. Näheres, Termine und Buchungen in der Touristeninformation.

Kletterwand, Triester Straße (Drusus-Sportbereich), ✆ 0471/910217.

• *Wintersport* „Palaonda/Eiswelle" nennt sich die **Eishalle** in der Marco-Polo-Straße neben dem Messegelände in Bozen Süd, ✆ 0471/914813. **Icerink** auf dem Ritten für Eis-Leistungssport (→ Ritten).

Übernachten (siehe Karte S. 159)

Bozen ist, was Hotels betrifft, kein Billigpflaster. Die meisten Häuser haben die in Südtirol üblichen 3 Sterne mit entsprechenden Preisen und bürgerlichem Publikum. Leider gibt es nur sehr wenige Zimmervermieter, weswegen man in der Hochsaison und während der Messen kaum ein einigermaßen bezahlbares Zimmer findet.

• *In der Altstadt* **** S **Parkhotel Laurin (38)**, Laurinstr. 4, zentral gelegenes Traditionshotel (3 Min. vom Bahnhof und vom Waltherplatz) mit eigenem Park und untadeligem Service. Eindrucksvoller Bau (5 Stockwerke) der Gründerzeit, total renoviert, was sich z. B. in der Laurin Bar erkennen lässt: moderner Chrom-Marmor-Bartresen, aber an den Wänden die Fresken zur Laurinsage aus der Entstehungszeit des Hotels. Großzügig geschnittene Zimmer und Suiten mit Marmorbädern, Safe, Sat-TV, Nichtraucherzimmer, Swimmingpool im Park. DZ mit üppigem Frühstücksbüffet 166–280 €. ✆ 0471/311000, ✆ 311148, www.laurin.it.

***** **Greif (36)**, Waltherplatz 7, alteingesessen, aber modernst eingerichtet. Die nur 33 Zimmer wurden von zeitgenössischen Künstlern individuell dekoriert und ausgestattet, die Spanne reicht von elegant über nüchtern-modern bis zu postmodern, die Zimmer kann man auf der Homepage des Hotels anschauen. Einige Zimmer haben Whirlpool, Sauna oder ein Klavier, alle haben ISDN-Anschluss, ein Laptop wird auf Wunsch zur Verfügung gestellt. DZ/FR 165–350 €. ✆ 0471/318000, ℻ 318148, www.greif.it.

**** **Gardenhotel Premstaller (52)**, Sigmundskroner Straße 27 b, neues Hotel an der Eisenbahnlinie Bozen – Meran, 3 km westlich vom Stadtzentrum, relativ ruhig gelegen, ideal also nicht nur für Bozen sondern auch für Überetsch, Burggrafenamt und Meran. Tiroler Stil nur in Ansätzen (Runderkertürmchen), funktional modern eingerichtet mit ästhetisch ansprechenden Farbkombinationen, Zimmer mit ISDN-Anschluss und Minibar, Sitzbereich, Balkon. Das Frühstücksbüffet muss keinen Vergleich scheuen. Wellnessbereich mit Sauna, Fitnessraum, Solarium, Gratis-Radverleih. DZ/FR 94–124 €. ✆ 0471/631166, ℻ 631990, www.hotel-premstaller.it.

**** **Luna Mondschein (16)**, Piavestraße 15, sympathisch mit freundlichem Personal, großer Garten vor dem Haus, daher ruhig. Von der Tiefgarage an der Rückseite gelangt man direkt ins Hotel mit seinen komfortablen Zimmern und ausgezeichnetem Gartenrestaurant. DZ/FR 154–189 €, Garage 12 €. ✆ 0471/975642, ℻ 975577, www.hotel-luna.it.

**** **Alpi (50)**, Südtiroler Str. 35, Hotel der Best-Western-Kette, für seine Kategorie eher bescheiden eingerichtet, funktional, nicht nur für Dienstreisende und Messebesucher. DZ/FR 160 €. ✆ 0471/970535, ℻ 971929, www.hotel-alpi.info.

*** **Figl (28)**, Kornplatz 9, altes Bürgerhaus, komplett renoviert, wirklich „im Herzen der Altstadt" und mit nur 23 komfortablen Zimmern recht persönliche Atmosphäre. Die tolle Lage muss bezahlt werden, das Figl ist nicht gerade billig für seine Kategorie. DZ/FR 120–126 €. ✆ 0471/978412, ℻ 978413, www.figl.net.

**** **Sheraton Four Points (62)**, Messeplatz 1, Neubau – funktionaler mehrstöckiger Kasten – im Messebereich, Zielgruppe sind die Gäste der Südtiroler Unternehmer. Trotzdem, man kann sich auch als Tourist dorthin verirren. Alle Komfortschikanen eines Sheraton. DZ/FR 132–180 €. ✆ 0471/1950000, ℻ 1950999, www.4p-sheraton-bolzano.it.

** **Regina A. (41)**, Rittner Str. 1, ein von außen funktionell-langweiliger Bau schräg gegenüber dem Bahnhof an der nicht sehr ruhigen Rittner Straße. Das „Regina Angelorum" ist nüchtern eingerichtet und ohne Schnickschnack, die Zimmer sind zum Schlafen und nicht für lange gemütliche Abende gedacht, das heißt gute Betten, Fernseher, das war's. DZ/FR 78–120 €. ✆ 0471/972195, ℻ 978944, www.hotelreginabz.it.

*** **Stadthotel Città (33)**, Waltherplatz 21, jüngst geschmackvoll und mit postmodernen

Anklängen renoviertes Hotel im Besitz der Stadt Bozen, in einem Gründerzeitbau am Waltherplatz, auch Nichtraucherzimmer, mit Garage. Schicker Wellnessbereich, Biosauna, türkisches Bad, Whirlpool, Kneippbecken etc., Teebar im Ruheraum. Man zahlt recht viel für die Kategorie – aber die Lage! Das zugehörige „Stadtcafé" mit Tischen zum Waltherplatz ist ein beliebter Treffpunkt. DZ/FR 162 €. ✆ 0471/975221, 📠 976688, www.hotelcitta.info.

** **Kolpinghaus (43)**, Kolpingstr. 3, ein Studentenheim allem Anschein nach: eingebaute Betten und Wandschränke von der Stange, Selbstbedienungsfrühstück à la Mensa, aber freundliche Rezeption, Geräusche nur vom Gartenlokal oder von der Musikschule gegenüber, Zimmer mit TV und nicht zu kleine Bädern. DZ/FR 85–88 €. ✆ 0471/308400, 📠 973917, www.kolping.it/bz.

* **Feichter (30)**, Weintraubengasse 15, 30 einfache Zimmer (mit Du/WC und TV im Zentrum, zum Hof hin (dort individuelle Eingänge) recht ruhig, das Haus wird gerne von Gruppen besucht - billiger geht's in Bozens Innenstadt nicht mehr. Bürgerliches Restaurant im Haus. DZ/FR ganzjährig 80 €; ✆ 0471/978768, 📠 974803, www.paginegialle.it/feichter.

Jugendherberge (47), Rittnerstr. 33, ganz neu ist die Jugendherberge in Bahnhofsnähe (es war aber auch Zeit!). 81 Betten in Einbis Vierbettzimmern (mit DU/WC), Frühstücksbüffet! DZ/FR 38–42 €, ✆ 0471/300865, 📠 300858, www.jugendherberge.it.

• *In Gries* *** **Post Gries (7)**, Freiheitsstr. 117, alter Einkehrgasthof im Zentrum von Gries, der renoviert und durch Anbauten (nicht sonderlich geschmackvoll) erweitert wurde. Eigene Garage und Parkplätze, ausgedehnte Speiseräume, die Bar ist – gutes Zeichen! – lokaler Treff. Alle Zimmer mit Fön, Safe, Sat-TV. DZ/FR 90–115 €, Garage 5 €. ✆ 0471/279000, 📠 285424, www.hotelpost.bz.

• *In St. Magdalena* *** **Magdalenerhof (40)**, Rentschnerstr. 48/A, im Weingebiet um St. Magdalena gelegen, modern eingerichtet (renoviert und teilweise erweitert), komfortabel: alle Zimmer mit Balkon, Sat-TV, Safe, gepflegte Gartenanlage mit Pool, Fitnesscenter, Restaurant mit schöner Tiroler Stube. DZ/FR 105–115 €. ✆ 0471/978267, 📠 981076, www.tophotels.com/magdalenerhof.

*** **Rentschnerhof (39)**, Rentschnerstr. 70, angenehmes Familienhotel; 23 Zimmer, davon einige mit Blick auf die Weinberge von St. Magdalena. Swimmingpool im Garten, Garage. DZ/FR 90–110 €. ✆ 0471/975346, 📠 977098, www.rentschnerhof.com.

Kandlerhof (42), St. Magdalena 30, Ferien auf dem Bauernhof bei Familie Spornberger, Haus mitten in den Weinbergen, kleiner Pool im Garten, Verkostung von Eigenbauweinen möglich, 6 einfache Gästezimmer ohne TV. DZ/FR 52–60 €. ✆/📠 0471/973033, www.kandlerhof.bz.

• *In Kohlern und Kampenn* *** **Kohlern (65)**, Kohlern 11, schönes Hotel in einem Bau von 1908 vom Typ „Sommerfrische", sehr schöne, große Zimmer mit Marmorbädern, verglastes Panoramarestaurant – man sieht weit, denn das Hotel liegt auf 1170 m! Sehr gutes Restaurant (→„Essen & Trinken"). Kostenloser Transfer vom Bahnhof oder Flughafen. DZ/FR 80–140 €. ✆ 0471/329978, 📠 329966, www.kohlern.com.

** **Bad St. Isidor (64)**, Kampenn 31, sehr ruhig gelegene, kleine Familienpension, vorne Wiese mit Pool, hinten Wald, die Zimmer (ohne TV) im Neubautrakt mit Balkon. Gute Hausmannskost. DZ/FR 56–64 €. ✆/📠 0471/365263, www.badstisidor.it. Geöffnet April bis September.

• *Camping* **Moosbauer (11)**, Moritzing 83, schattiger Rasenplatz, Pool, gute Sanitäranlagen. Vom Zentrum über Drususallee oder über Gries in Richtung Meran, in Moritzing (ca. 5 km) Schilder. Ca. stündlich Busverbindung (10 B) in die Stadt, ganzjährig geöffnet. Gespann und 2 Pers. ca. 18–30 €. ✆ 0471/918492, 📠 204894, www.moosbauer.com.

Steiner (58), Leifers (7 km südlich in Richtung Auer), sauberer, schattiger Platz mit Pool, Hallenbad (nicht im Hochsommer) und guten Sanitäranlagen. Gespann und 2 Pers. ca. 21–26 €. Geöffnet April bis Okt. ✆ 0471/950105, 📠 951572, www.campingsteiner.com.

Wer die etwas längere Anreise nicht scheut, kann auch den kleinen, aber angenehmen Campingplatz des **Hotels Markushof** in Auer (siehe dort) in Erwägung ziehen.

Essen & Trinken/Abends (siehe Karte S. 159)

Das kulinarische Angebot Bozens ist kaum zu überblicken und enorm vielfältig, es gibt Restaurants, Gasthöfe und Kneipen in allen Abstufungen zwischen traditionellem Tiroler Gasthof und schickem italienischen Restaurant, feinem Gourmettempeln und

Szenekneipe, für jeden Geldbeutel und jede Altersgruppe, und wer's mag, kann auch chinesisch, türkisch oder mexikanisch essen, vom Trinken ganz zu schweigen. Die Preise sind auf Hauptstadtniveau, also eher höher als im Südtiroler Durchschnitt.

• *In der Altstadt* **Arma (44)**, Rittnerstr. 1, großes Selbstbedienungsrestaurant direkt rechts neben dem Hotel Regina A. gegenüber dem Bahnhof, zivile Preise (Nudelgericht oder Fleischgang, gemischter Salat und Mineralwasser um die 9,50 €), mittags immer voll. Der Clou: Zapfhähne für Weinessig und Olivenöl extra vergine.

Usteria Pra Mëisa (13), Dr.-Streitergasse 21, neues, schon im schmalen Eingangsschacht interessant licht-gestyltes Feinschmeckerlokal mit moderner ladinischer Küche. Der Gault-Millau war auch schon da (13/20). Ab ca. 20 €, ✆ 0471/972763.

Kaiserkron (37), Musterplatz 1, großer Gastgarten vor dem schönen Barockpalais Pock, hinter dessen linkem Eingang das gehoben gutbürgerliche Lokal mit vorzüglicher und innovativer Küche liegt. Die Speisenauswahl jongliert zwischen Altösterreich, Tirol und Italien: hausgemachte Tagliatelle mit Trüffeln, aber auch traditionelle Frikadellen mit Pfifferlingen und Polenta. Für Nudelgericht und Hauptgang pro Person ca. 25–35 €. ✆ 0471/070770. Sa abends und So geschlossen, Küche nur bis 21.30 Uhr!

Vögele (Roter Adler) (23), Goethestr. 3, traditionelles, innen getäfeltes Gasthaus unter den Lauben der Goethestraße, Südtiroler Küche klassisch (Erdäpfelplattlen mit Sauerkraut), auf gehobenem Niveau (Spanferkelstreifen auf Krautsalat) und neue Küche (Entenbrustscheiben mit Balsamico, Endivien und Rahmkartoffeln), gute Weinauswahl. Gar nicht teuer: Vorspeisen 8–10 €, Hauptgerichte 10–15 €, preiswerte Tagesgerichte. ✆ 0471/973938. Sa abends und So geschlossen.

Nadamas „ristorante kaφenion" (12), Obstplatz 43, praktisch für Marktgeher, man hat nicht weit zu laufen, die Tische draußen sind folglich schnell belegt. Wirthaus mit gemütlicher Atmosphäre, Nudelgerichte sind bei den besonders abends jungen Gästen die Favoriten, es gibt aber auch Salatteller als Hauptspeise (ca. 7–10 €) und ein wechselndes Tagesgericht. Warmes Essen bis Mitternacht, das ist in Bozen eine Rarität. So Ruhetag.

Walther's (35), Waltherplatz 6, Restaurant/ Café und „Takeaway" am zentralen Waltherplatz, die Speisekarte ziemlich hochgestochen: Garnelen sind beliebt und Nudeln in allen Farben außer der üblichen, Fleisch – möglichst exotisch – gibt es in dünnen Scheibchen mit Blattsalaten oder glacierten Gemüsen. Aber was sollen dann Melonen-Krevetten-Cocktail und Pfeffersteak? Hauptgerichte 10–24 €. ✆ 0471/324022, So Ruhetag.

Laurin (38), Laurinstraße 4, Restaurant des Nobelhotels Laurin, nüchtern und kühl-funktionalistisch, aufmerksamer Service, kurze Wartezeit garantiert, kochtechnisch einfache, aber interessante Menüs mit mediterranem Flair zu durchschnittlichen Preisen – genau das richtige für den schnellen Business-Lunch. Ab ca. 25 €. ✆ 0471/311593. So mittags geschlossen.

Mondschein (17), Piavestr. 15, Tiroler Stube des Hotels Luna/Mondschein, Kachelofengemütlichkeit, altösterreichische Tiroler Küche („Gemischtes Gebackenes"!) – 5 Min. vom geschäftigen Waltherplatz! Eindrucksvoll: der Van-Gogh-Saal des Restaurants mit Glasmalereidecke. 2 Gänge ab ca. 25 €. So mittags geschlossen.

Anita (20), Obstplatz 5/A, rustikal eingerichtetes Restaurant, dunkel, Kerzen auf den Tischen, die Holzwände zwischen den Tischen erlauben Privatsphäre. Gehobene Südtiroler Küche (köstlich die Spinatknödel mit Gorgonzola), günstige Tagesmenüs (2 Gänge 12 €). ✆ 0471/973760. Sa abends und So geschlossen (außer im Dez.).

Hopfen & Co. (25), Grünmarkt 17, Bozens immer gut besuchte Gasthausbrauerei. Das Bier wird mitten im Lokal gebraut und drinnen an Holztischen und draußen auf hohen Hockern von der vorwiegend jungen Klientel getrunken. Dazu kleine und große Gerichte ab ca. 6 €, von der Speckplatte und den Weißwürsten über Bierknödel bis zum Braumeistersteak. Ab und an Life-Musik, man liegt schließlich an der Kneipenmeile. So Ruhetag.

Hostaria Argentieri (26), Silbergasse 14, eine – nicht ganz billige – römische Osteria mitten in Bozen, authentisch bis hin zu den Gästen. Fischgerichte sehr empfehlenswert, dazu der gute offene Weißwein. 2 Gänge ab ca. 25 €. So Ruhetag.

Gummer (1), Weggensteinstr. 36, ein Wirtshaus alten Stils, ganz im Norden von Bozen, fast schon in den Weinbergen (tatsächlich gehört es der Kellerei Malojer nebenan). Ganz traditionelle Karte, beste Weine vom Gummerhof. 2 Gänge ab ca. 18 €. Sa abends und So geschlossen.

Bozen Karte S. 159

Bozner Altstadt – gemütliche Lokale zuhauf

Batzenhäusl (3), Andreas-Hofer-Str. 30, 6 Jahrhunderte Gasthaustradition sind im Batzenhäusl mit seiner unveränderlichen Speisekarte mit (Süd-)Tiroler Gerichten keine Sache, wahrscheinlich wird die Gaststätte nach weiteren 6 Jahrhunderten auch nicht anders ausschauen. Die deftig-schmackhaften Gerichte (2 Gänge ab ca. 20 €, üppiges Mittagsmenü für unter 10 €) kann man bis 2 Uhr früh bekommen – Künstler sind schließlich Nachtvögel. Bier von Hopfen & Co. Leider vom Verkehr beeinträchtigte Terrasse. Di Ruhetag.

Löwengrube (15), Zollstange 3, Traditionswirtshaus im Norden der Stadt, der Straßenname kommt vom Zoll, der sich einmal hier befand. Tirolerisches mit mediterranen Akzenten, besonders am Sonntag ein guter Tipp, wenn das Lokal im Gegensatz zu den meisten Bozner Wirtshäusern geöffnet hat. 2 Gänge ab ca. 18 €.

Fischbänke (9), Dr.-Streiter-Gasse 28, wahrscheinlich das originellste Lokal Bozens: Cobo tischt auf den Marmortischen des ehemaligen Fischmarkts Bier und Wein zu kleinen Imbissen (Bruschetta!) auf. Nur im Sommer (ca. Mitte Mai bis Anfang Okt.), Sa abends und So geschlossen.

Pizzeria Nussbaumer (10), Bindergasse 11, altes Gasthaus, das sich als gute und beliebte Pizzeria entpuppt hat, auch preiswerte Tagesmenüs. An Sa und So mittags geschlossen.

• *Jenseits der Talfer* **Pizzeria Geier (6)**, Grieser Platz 6/A, großartige Pizza gegenüber der Abteikirche, kleiner durch eine Hecke geschützter Gastgarten, großes Lokal. Im Winterhalbjahr Pizza nur abends, sonst Risotti und Nudelgerichte. Sa mittags und So geschlossen.

Pizzeria Al Lido (57), Triester Straße 21, gut besuchte Pizzeria und Sportbar (Riesen-TV-Bildschirm für Sportübertragungen) am Drusus-Sportgelände (der Etsch-Radweg führt auf der anderen Seite des Geländes vorbei), Fr/Sa Fischgerichte, kein Ruhetag. ✆ 0471/933566.

Pizzeria La Posada (55), Freiheitsstraße 13, beliebte Pizzeria unter den Mussolini-Bögen der Freiheitsstraße, Pizza 6–8 €, auch Nudelgerichte und köstliche Trippa alle Parmigiana con Polenta (Kutteln nach Parma-Art mit Maisbrei) für 9 €. So geschlossen.

• *In und um Kohlern* **Kohlern (65)**, Kohlern 11, Restaurant des gleichnamigen Gasthauses. Ausgezeichnete Südtiroler Küche mit altösterreichischen Akzenten, nicht zu vergessen die Kuchen und Torten in der Wiener Tradition. Vor- und Hauptspeise ab ca. 13 €. Mo Ruhetag.

Gasthof Schneiderwiesen (66), Seit 41, 39050 Steinmannwald (Leifers), ein gemütlicher Spaziergang bringt den Wanderer von der Bergstation in Kohlern über Weg 1 zum modernen Gasthof Schneiderwiesen auf einsamer grüner Wiese über dem Etschtal auf 1372 m (ca.

40 Min.). Traditionelle Küche, Wildgerichte, aber auch Brettljausen und hausgemachte Mehlspeisen im Speisesaal und auf der sonnigen Terrasse. **Reitstall** mit Arabern und Haflinger, Ausritte! Kinderspielplatz und große Liegewiese. **Übernachtung** möglich (gute Zimmer mit DU/WC und Balkon). ✆ 0471/250500, www.schneiderwiesen.it. Alternativ zur Seilbahn Kohlern Zufahrt über St. Jakob (Straße nach Leifers und Auer) schmal, kurvenreich (genau richtig für Mountainbiker).

• *Buschenschanken/Törggelen* **Weingartenhof (5)**, ein echter Weingarten noch jenseits von Gries, bequem zu Fuß oder mit dem Radl von Bozen aus zu erreichen: erst nach Gries, weiter auf der Straße nach Meran, beim Weingartenweg links abzweigen. Ganz traditionelles Essen von den Schlutzkrapfen über die Schlachtplatte zu den Kastanien, die man mit Vernatsch oder Lagrein aus dem eigenen Anbau hinunterspült. Geöffnet April bis Anf. Juli und Mitte Sept. bis Anf. Dez, wochentags (außer Di) ab 17 Uhr, Sa/So ab mittags.

Sonnleithenhof (45), Rentschnerstr. 37, in St. Magdalena, also noch in Bozen, aber dem Bozner Trubel weit entrückt, deftige, schmackhafte Hausmannskost (Schlachtplatte!) unter alten Bäumen im Hof. St. Magdalener als Eigenbauwein. Geöffnet April/Mai und Mitte Sept. bis Dez., Do/Fr ab 18 Uhr, Sa/So ab 15 Uhr.

• *Cafés, Imbisse, Konditoreien* **Stadtcafé (31)**, gediegenes Kaffeehaus des Stadthotels am Waltherplatz, dezente Hintergrundmusik, zahlreiche deutsche und italienische Zeitungen, großzügige Abmessungen. Tische auch draußen unter den Bögen und auf dem Platz. Wer will, kann auch – gut – essen („Wachteln mit Polenta" 10,50 €).

Subito Tutto Coffe (14), Sparkassen-/Museumstr., Pizza & Co schnell & frisch, Hocker und Minitischchen, im 1. Stock Terrasse mit Sonnenschirmen und Aussicht auf Stadt- und Ötzimuseum – meist ziemlich voll, obwohl keineswegs billig (1/4 Pizza ca. 6 €).

Gehören zu Bozen: die **Würstelstände**. Klassischer Standort ist die Ecke Obstmarkt/Lauben, wo man bei Sonja Ebner Wiener und Lange mit Estragonsenf erhält (ein weiterer Stand macht gute Geschäfte am Park zwischen Bahnhof und Busbahnhof).

Streitberger (24), Museumstr. 15 a, große, gutbürgerliche Café-Konditorei mit üppigen Torten der Wiener Konditortradition, Eis.

Hofer (22), Museumstr. 4, ein paar Schritte vom Obstmarkt liegt diese ausgezeichnete Café-Konditorei. Die Klientel legt auf die Torten, Schnitten, Krapfen und Hörnchen Wert, da ist der fehlende Komfort hinten im Sitzbereich eher unwichtig. Im Advent gibt es hier ausgezeichnete Weihnachtsbäckerei, wie hausgemacht, berühmt sind die „Zelten", wie man in Tirol die Lebkuchen nennt.

Zingerle (56), Drususstr. 49, köstliche Petits fours und die klassischen italienischen Süßigkeiten in besonders zierlicher Ausführung und hoher Qualität, dazu das ganze Spektrum altösterreichischer Desserts, auch der Kaffee ist topp, das Ambiente weniger, aber schöner Garten nach hinten. Deutschsprachige Gäste verschlägt es kaum hierher – sie versäumen was.

Café Monika (34), hervorragend an der Ecke Mustergasse/Goethestraße platzierte, immer volle Konditorei. Die köstlichen Düfte aus der Backstube ziehen durch beide Gassen, das bringt Gäste (auch das Eis ist gut).

Café Meraner (21), Bindergasse 20, freundliches Café, außen etwas beengt, auch Internetzugang.

Eisdiele Avalon (4), Freiheitsstr. 44, eine der besten des Landes, mehrfach ausgezeichnet für Qualität und Reinheit, verwendet nur Naturprodukte.

• *Abends* Trotz der Universität und der studentischen Nachfrage nach Kneipen, die nicht unbedingt um 22 Uhr schließen, hat Bozen nicht gerade ein aufregendes Nachtleben zu bieten. Am ehesten trifft man auf andere Nachtschwärmer in den Gassen um den Obstmarkt mit Ausnahme der Lauben, die nach Ladenschluss in Tiefschlaf verfallen. Gutbetuchte Klientel trifft sich in der **Laurin Bar (38)** im Hotel Laurin, Laurinstr. 4, wo es häufig Solo- und Jazzabende gibt, Infos ✆ 0471/311000. Volkstümlich „irisch" ist **Pogue Mahone's (29)**, Erbsengasse 10, man muss ja nicht unbedingt Guinness trinken. **Nadamas (12)**, Obstmarkt 43 (s. o.) ist nicht nur zum Essen beliebt, sondern vor allem auch für einen Stopp entlang der „Kneipenmeile" Obstmarkt – Dr.-Streiter-Gasse. In der letzteren ist die **Sonderbar (8)** auf Nr. 26 unter dem vom Obstmarkt her ersten Bogen direkt nach den Fischbänken des alten Fischmarktes kaum zu übersehen. Vor allem studentisches Publikum trifft sich im immer vollen **Pub Caffè Latino (53)**, Marconistr. 25, wo es Fr/Sa auch Life-Musik gibt, auch beliebtes Tagescafé. Auch die **Disco Okay (49)**, Gilmstr. 7 (am Roseggerpark) wird gerne von Studenten besucht. Discos und Nachtbars gibt es im Bozner Osten südlich

Bozen Karte S. 159

des Bahnhofs, wo in der Schlachthausstraße 11 C die **Pub-Disco Primo Piano (46)** wenigen Nachbarn den Schlaf raubt, und nahe dem Messezentrum, also weit weg von Anwohnern, im **Pub-Restaurant Soul Kitchen food & fun (60)**, Buozzistr. 9 (Do/Fr Life-Musik) bzw. im **Pub Alumix (59)**, Voltastr. 9, wo man sich 2x die Woche mit Karaoke die Zeit vertreibt. Eine weitere Disco ist **Dancing Life (63)** in der Galvanistr. 39, seinen Namen verdient voll die **Kilowatt Garage (54)**, Drususstr. 122.

Kultur & Veranstaltungen (siehe Karte S. 159)

Alle Bozner Veranstaltungen vom Kabarett über Kinoprogramm, Ausstellungen, Theaterrepertoire bis zum Jazzabend listet das alle 2 Wochen erscheinende Infoblatt **bobo** auf, das es kostenlos in allen größeren Hotels und in den Touristeninfos sowie an den Kassen der Theater- und Kleinkunstbühnen gibt. Infos auch im Internet unter www.bobo.it.

• *Theater/Konzerte/Kulturzentren* **Neues Stadttheater (51)**, Verdiplatz, Hauptspielort der „Vereinigten Bühnen Bozen". Eigenproduktionen und Gastspiele in Deutsch und Italienisch, Ballett, seit der Saison 2002/2003 auch Musiktheater. In der Spielzeit 2005/06 standen „La Traviata", „Manon Lescaut" und die Uraufführung der „Medusa" von Arnaldo de Felice (gemeinsam mit der Bayerischen Staatsoper München) auf dem Programm. Infos und Karten unter ✆ 0471/304130; www.ntbz.net.

Waltherplatz mit Denkmal des Vogelweiders

Auditorium (48), Dantestr. 1, Konzerte des Haydnorchesters, das in Bozen und Trient beheimatet ist. Chefdirigent Gustav Kuhn wagt schon mal alle Beethoven-Symphonien in einer Spielzeit. Kasse in der Musiksaison (Okt. bis Mai) 16–19 Uhr, Infos ✆ 0471/975031, www.haydn.it.

Carambolage (27), Kleinkunstkellertheater, v. a. Kabarett, Silbergasse 19, Infos unter ✆ 0471/981790, www.carambolage.org.

Cortile/Theater im Hof (18), Kleinkunstbühne, auch und v. a. Kindertheater, Obstmarkt 37, ✆/℡ 0471/980756, cortile@dnet.it.

Haus der Kultur/Waltherhaus (32), Schlernstr. 1, Konzerte und Theateraufführungen in unregelmäßigen Abständen, Infos ✆ 340/3186365.

Ku.Bo. (61), (steht für Kultur Bozen), Veranstaltungshalle der Bozner Kulturvereine im Industriegebiet in umgebauter Lagerhalle, Musik, Theater, Sportveranstaltungen, Ausstellungen – ein buntes Programm, Infos im bobo (s. o.).

• *Kinos* **Capitolkino/Filmclub (19)**, Dr.-Streiter-Str. 6, 3 Säle, ✆ 0471/974295, info@filmclub.it; **Kinoki (2)**, Guntschnastr. 3, ✆ 0471/282345, lacomune@pnss.it, Auskünfte über das Bozner Kinoprogramm gibt das **Programmkino Cineforu Bozen** Dantestr 1 c, ✆ 0471/301530, www.cineforum.bz.it.

Sehenswertes in der Altstadt

Waltherplatz: Ein Stadtspaziergang durch Bozen beginnt wie selbstverständlich auf dem Waltherplatz. Das Denkmal des „größten deutschsprachigen Minnesängers“ *Walther von der Vogelweide* steht unübersehbar auf einem normalerweise von müden Touristen und Jugendlichen belagerten Stufenpodest in der Mitte des Platzes. Das Denkmal für den angeblich in Südtirol geborenen Dichter wurde während der frühen Blüte des Nationalismus errichtet (1889) und sollte das Deutschtum Bozens betonen. Die damals ebenfalls tirolische Stadt Trient nahm das zum Anlass, ihrerseits ein großes Denkmal für einen berühmten Sohn der Stadt zu erreichten, für *Dante Alighieri* (beide haben übrigens mit diesen Städten und auch mit Tirol, deutsch oder italienisch, nichts zu tun). Der Waltherplatz ist eine klassische gute Stube, umgeben von Cafés und ein paar feinen Boutiquen, ideal für Flaneure, für den Espresso auf der Kaffeehausterrasse, für Aussteller und Schausteller und für Kunstsinnige: Von den Cafés auf der rechten Seite sieht man sehr schön die Dompfarrkirche mit ihrem hohen Turm.

Dompfarrkirche: 62 m hoch ist der spitze gotische Turm der Dompfarrkirche. „Dom“, weil Bozen seit 1996 die Rolle Brixens als Bischofsstadt übernommen hat, „Pfarrkirche“, weil das gotische Bauwerk (13./14. Jh.) nie etwas anderes sein sollte als eine Pfarrkirche und – mit Ausnahme des Turms – eher bescheidene Ausmaße hat. Die Architekten und Baumeister kamen aus der Lombardei, die am Bau beschäftigten Handwerker waren meist ortsansässige Tiroler. Der Turm, ein zartes spätgotisches Gebilde aus der Werkstatt des *Hans Lutz,* wurde erst 1519 fertig. Geht man um die Dompfarrkirche herum, erkennt man, dass sie auf einen romanischen Bau zurückgeht, von ihm haben sich die beiden Portale erhalten. Interessant sind einige der Außenskulpturen! Innen ist leider nach mehreren Zerstörungen (zuletzt 1945) wenig von der Originalausstattung übrig geblieben: die schöne gotische Kanzel, wie der Turm ein Werk des Hans Lutz (1514), recht eindrucksvoll der barocke Hochaltar. Der berühmte Flügelaltar, den *Hans von Judenburg* ab 1420 für die Kirche schuf, wurde nach Ausmusterung in der Barockzeit teilweise verstümmelt und ist heute in der Pfarrkirche Deutschnofen zu bewundern.

Öffnungszeiten Mo–Fr 9.45–12/14–17 Uhr, Sa 9.45–12 Uhr.

Dominikanerkirche und -kloster: Die Dominikaner errichteten um 1300 für ihr gerade gegründetes Kloster einen einfachen Kirchenbau, der 1498 zu einer dreischiffigen Hallenkirche umgebaut wurde. Deren Chor wiederum wurde im Barock üppig stuckiert, was einen aparten Gegensatz zur Strenge des gotischen Rippengewölbes bewirkt. In der **Johanneskapelle**, die man vom Chor aus betritt, hat sich dagegen die Gotik unverändert erhalten. Hier sind auch die Fresken aus der Mitte des 14. Jh. noch gut erhalten, die von einer Werkstatt der Giotto-Schule ausgeführt wurden, sie bedecken Teile von Wänden und Decke. Besonders eindrucksvoll der „Triumph des Todes“, wohl das Meisterwerk oberitalienischer Freskenkunst in ganz Tirol. Im **Kreuzgang**, den man durch das Gebäude der Musikhochschule betritt (Haus Nr. 19), kann man die kürzlich ans Tageslicht gekommenen und renovierten Fresken des *Friedrich Pacher* von ca. 1490 bewundern.

Öffnungszeiten Mo–Sa 9.30–17.30 Uhr.

Kapuzinerkirche: Erwähnt sei noch die etwas südlich gelegene Kapuzinerkirche, auch sie wurde von einem Mönchsorden des Mittelalters errichtet. Der heutige Bau stammt jedoch erst aus dem 17. Jh. Um den kürzlich der Allgemeinheit zugänglich gemachten **Kapuzinergarten** (ehemaliger Klostergarten östlich vom Kloster, grenzt an Eisackstraße und Vorplatz des Neuen Stadttheaters) gab es eine Kontroverse, die Bozen – und die Einstellung vieler Südtiroler – recht zopfig erscheinen lässt. Für den Garten war eine Plastik „Verlorener Sohn“ bei Lois Anvidalfarei bestellt worden,

Bozner Grünmarkt

einem Bildhauer aus dem Abteital, dessen Kunstwerke bereits in Kirchen in St. Pankraz in Ulten, Au bei Bozen und St. Magdalena in Gries stehen. Die fertige Plastik stellt einen nackten, in sich gekehrten Mann dar, der Körper ist wuchtig dargestellt, derb. Die Öffentlichkeit protestierte, geführt von den Kapuzinerpatres und vom konservativen Tagblatt „Dolomiten", das von „strotzender Männlichkeit" berichtete. Tatsächlich hat der Künstler dem nackten Mann einen Penis gegeben, wer hätte auch gedacht, dass so eine Frivolität möglich ist. Der Aufschrei gegen die Plastik („Wir sind auch nicht kunstfeindlich, doch für dieses Ambiente ist die Figur doch etwas zu freizügig", sagte der Provinzial der Kapuziner in Südtirol) führte zur Verbannung. Die Plastik wurde in den verschlossenen Hof der Schule nebenan gestellt, wo man ihr anstößiges Glied von der Straße aus nicht sehen kann.

Öffnungszeiten Kapuzinerkirche, tägl. 7–19 Uhr.

Universitäts- und Museumsviertel: Zwischen Dominikanerkloster und Talferbrücke liegen drei der fünf großen Bozner Museen und der Hauptbau der Universität. Die deutschsprachigen Südtiroler studierten bisher (und tun es vorwiegend immer noch) in Innsbruck, Wien, Graz und München, seit einigen Jahren haben sie auch die Möglichkeit, im Lande zu bleiben. Hier finden sich das interessante **Museion**, ein Museum für moderne Kunst, das mit anderen Museen und der Universität kooperiert und außer Wechselausstellungen auch Seminare und Kurse veranstaltet; das **Stadtmuseum** mit seinen außergewöhnlich aufschlussreichen Sammlungen zur Stadtgeschichte und natürlich Bozens und Südtirols großer Stolz und Publikumsmagnet Nummer 1, das **Südtiroler Archäologiemuseum**, allgemein als „Ötzi-Museum" bekannt. (Die Bozner Museen finden Sie ab S. 172, einen Kasten zum Mann aus dem Eis auf S. 171.)

Obstplatz: Durch die Museumsstraße gelangt man von der Talferbrücke zurück ins Zentrum von Altbozen, zum Obstplatz und in die Lauben. Der Obstplatz ist wie seit Jahrhunderten der Grünmarkt der Stadt: Geschäftigkeit vor und hinter den vielen

Viel Rummel um Ötzi

Die Schlangen vor den Schaltern des Südtiroler Archäologiemuseums (→ S. 172) können ziemlich lang werden. Schön, dass so viele Menschen an Archäologie Interesse haben. Tatsächlich ist es ein ganz bestimmtes Objekt, das massenweise Besucher ins seit 1998 bestehende Museum lockt: die 5300 Jahre alte mumifizierte Leiche eines Mannes, die damit älter ist als alle ägyptischen Mumien. Jahrtausende wurde sie vom Gletschereis der Zentralalpen konserviert und kam erst im Spätsommer 1991 an die Oberfläche, wo sie von Bergwanderern zufällig entdeckt wurde, noch bevor sie an der Luft austrocknen und sich zersetzen konnte. Mit der Leiche kamen Kleidungsstücke und Utensilien für die Jagd, das Feuermachen, die Nahrungszubereitung und anderes ans Tageslicht, alle in vorzüglichem Erhaltungszustand und jeweils die ältesten, die man jemals gefunden hat. Die Mumie dieses Mannes um Mitte 40 wurde nach dem Fundort an der italienisch-österreichischen Grenze in den Ötztaler Alpen bald „Ötzi" genannt. Innsbruck und Bozen stritten sich um den endgültigen Verbleib, Bozen siegte und errichtete das Archäologiemuseum als würdigen Rahmen für den weltberühmten Fund.

Der „Mann aus dem Eis" liegt im 1. Stock in einem diskret abgedunkelten Raum hinter einer Panzerglasplatte. Der klinisch reine Raum wirkt wie ein Krankenhauszimmer, das allerdings – was der Besucher nicht merkt – auf Temperatur und Luftfeuchtigkeit eines Gletschers eingestellt ist. Eine Videodokumentation berichtet über Bergung, Analysen (5 Labors in verschiedenen Staaten) und Konservierung. Im selben Stockwerk werden die mit der Mumie gefundenen Objekt ausgestellt und erklärt: Bärenpelzmütze, Leggins, Grasumhang, Fellmantel, Unterwäsche aus Ziegenleder, Lederschuhe, eine kleine Ledertasche, Feuerschwamm, Messer, 14 Pfeile und ein Beil aus Kupfererz (Ötzi lebte in der Kupferzeit, die Kupferbearbeitung war gerade erst erfunden worden).

Wie der Mann ums Leben gekommen war, was ihn auf 3000 m Höhe getrieben hatte, war lange Zeit unklar. Ein Hirte, der den Weg verloren und erschöpft im Schneesturm eingeschlafen und gestorben war? Erst 2001 klärte sich das Rätsel: Eine bis dahin übersehene (!) Pfeilspitze im Rücken wurde auf einem Röntgenbild identifiziert. Ötzi war wohl verfolgt und angeschossen worden, die Verwundung führte Erschöpfung und Tod herbei. Warum er allerdings angeschossen wurde, wird sich niemals klären lassen.

Ständen mit Gemüse, Obst und Feinkost aus der Umgebung und aus ganz Italien, nur Neptun von seinem Brunnen sieht das mit einiger Gelassenheit, zu seinen Füßen ist allerdings der Würstelstand gut besucht. Vom Obstplatz nach links (von der Museumsstraße aus gesehen) geht es auf die Kneipenmeile zwischen Obstplatz und Dr.-Streiter-Gasse, aber auch nach rechts in die Goethestraße lohnt es sich der Abstecher, wenn man Kneipen, Bars und Restaurants sucht (hier befindet sich Bozens einzige Gasthausbrauerei: „Hopfen & Co.").

Die Lauben: sind wie seit ihrer Gründung die Haupteinkaufsstraße der Stadt und obwohl einige internationale Ketten Fuß gefasst haben, dominieren immer noch die alteingesessenen Bozner Geschäfte. Beim Bummel unter den schattigen Lauben, also den Arkadengängen der prächtigen Bürgerhäuser, sollte man aber nicht nur den Geschäften Aufmerksamkeit zollen: Viele dieser Häuser sind wunderbar verziert, haben alte Fresken und Steinmetzarbeiten, hübsche Erker und Eingänge oder wie das aus zwei älteren Häusern zusammengefügte barocke *Haus Nr. 46* eine komplett barock stuckierte und bemalte Fassade in rosa Tönen. Beim *Haus Nr. 30,* dem ältesten Rathaus der Stadt, haben sich gotische Arkaden erhalten, leicht erkennbar an ihrem spitzen Zuschnitt. Dasselbe Haus hat – als einziges in den Lauben – noch einen alten Wasserspeier in Form eines Drachens (Dachtraufe rechts). Sehr interessant auch die *Apotheke zur Madonna,* Haus Nr. 17, mit ihrer altehrwürdigen Einrichtung.

Von den Lauben zum Rathausplatz: Wer – wie empfohlen – die Lauben vom Obstplatz rauf und runter gegangen ist, wendet sich jetzt in die **Silbergasse** mit ihren schönen Bürgerhäusern. Von hier aus lassen sich einige der Geschäfte der Lauben ebenfalls erreichen (z. B. Athesia, Sportler), während das *Merkantilmuseum,* eingerichtet im Gebäude der Bozner Merkantilhauses (Handelsrat der Stadt) von 1708 umgekehrt nur über die Lauben zugänglich ist (Eingang Lauben Nr. 39). Die Gasse mündet in den **Kornplatz**, der nach seiner ehemaligen Aufgabe benannt ist, hier die in den Ort gebrachtes Getreide (und anderes) zu wiegen und die Steuer zu bemessen. Das **Alte Waaghaus** von 1633 mit seinen Fresken erinnert ebenfalls daran. Der Rathausplatz, den man mit ein paar Schritten erreicht, ist ein sehr harmonisches städtisches Ensemble. Prächtig dekorierte Hausfassaden flankieren das neubarocke **Rathaus** (1907).

Franziskanerkirche: Über die Dr.-Streiter-Gasse, die im Spätmittelalter über dem zugeschütteten Stadtgraben entstand, oder über die Bindergasse, vorbei am *Naturmuseum* (→ unten) und die ziemlich stark befahrene Vintlerstraße, erreicht man die Franziskanerkirche. Als Bettelordenskirche wurde sie außerhalb der Stadtmauern und relativ schlicht erbaut, aber in der Spätgotik umgebaut, als auch die Bettelorden in ihren Kirchen nicht mehr auf Schmuck verzichten wollten. Dabei teilte man die bisherige Saalkirche in drei Schiffe und baute einen Chor mit üppigem Rippengewölbe an. Aus der reichen spätgotischen Ausstattung sticht besonders der *Krippenaltar* von 1500 auf dem Hochaltar heraus, ein Hauptwerk des *Hans Klocker* und der spätgotischen Altarschnitzkunst schlechthin (unbedingt mit dem um 1475 entstandenen Pacheraltar in Gries vergleichen!).

Öffnungszeiten Mo–Sa 10–12/14.30–18 Uhr.

Die Bozner Museen

Südtiroler Archäologiemuseum: Das Museum wurde zwar für *Ötzi* (→ Kasten S. 171) geschaffen, aber es gibt einen kompletten Abriss der Vor- und Frühgeschichte Südtirols vom Ende der Eiszeiten (etwa 12.000 v. Chr.) bis zu Karl dem Großen um 800. Und das auf sehr anschauliche Weise mit vielen Modellen, relativ wenigen und gut erklärten, anschaulichen Objekten, präsentiert nach modernsten museumsdidaktischen Kriterien. Übrigens auch ein Höhepunkt der Ferien für Kinder, die nicht nur staunend vor der Ötzi-Mumie stehen und mehr noch vor der lebensgroßen Puppe, die ihn darstellt, sondern die fasziniert von Modell zu Modell gehen und von Videos und Computersimulationen gar nicht mehr wegzubringen sind.

• *Öffnungszeiten* Tägl. (außer Mo) 10–17 Uhr, Do bis 19 Uhr. Museumstr. 43, ✆ 0471/320100, 📠 320122, www.iceman.it. Eintritt 8 €, Fam. 16 €, Senioren/Gruppen ab 30 Pers. 5,50 €, für Gruppen wird telefonische Reservierung empfohlen.

Das „Ötzi-Museum" (Südtiroler Archäologiemuseum) ist schon an normalen Tagen ziemlich umlagert, an Regentagen wartet man in der Schlange bis um die Ecke in die Sparkassenstraße. Wer kurz vor Eröffnung um 10 Uhr ankommt, muss kaum anstehen!

• *Führer* Für den Besuch des Museums werden Tonbandgeräte mit Kopfhörern angeboten. Der Kurzführer von Stefan Demetz ist eine empfehlenswerte Investition. Ausführlicher und auf dem letzten Stand ist „Ötzi, der Mann aus dem Eis" von Angelika Fleckinger, Koordinatorin am Archäologiemuseum, beide gibt es in der Museumsbuchhandlung zu kaufen.

Stadtmuseum: drei Stockwerke mit Objekten zur Geschichte, Kulturgeschichte und Volkskunde Bozens und Südtirols, im Erdgeschoss Wechselausstellungen. Wunderschön der „Bozner Saal" im 1. Stock (XVI) mit Gemälden, Stichen, alten Möbeln, Stube von ca. 1450, häuslichem Gerät und alten Plänen der Stadt. Unbedingt ansehen: die Gemälde von *Franz Defregger*. Besonders interessant ist auch der Trachtensaal (XXII) mit lebensgroßen Trachtenpuppen Das Archäologiemuseum gegenüber zieht zahllose Besucher an, während man hier oft ziemlich allein ist.
Öffnungszeiten Tägl. (außer Mo) 10–18 Uhr. Eintritt 5 €, Familie 10 €. Sparkassenstr. 14, ✆ 0471/974625.

Naturmuseum Südtirol: modernes, sehenswertes Naturkundemuseum mit Blick auf Südtirol: Gesteine und Gebirgsentstehung, Pflanzen, Tiere (z. T. in Terrarien) und eindrucksvolle Dioramen wie z. B. Murmeltiere im Hochgebirge. Dazu Veranstaltungen mit den neuesten Forschungsergebnissen.
Öffnungszeiten Tägl. (außer Mo) 10–18 Uhr. Eintritt 5 €, Familie 10 €. Bindergasse 1, ✆ 0471/412961, www.naturmuseum.it.

Museion: Museum für moderne Kunst mit Wechselausstellungen, für 2006 ist die Eröffnung eines Neubaus geplant.
Öffnungszeiten Tägl. (außer Mo) 10–18 Uhr, Do bis 20 Uhr. Eintritt ca. 3,50 €, Familie 7 €. Sernesistr. 1, ✆ 0471/980001, www.museion.it.

Merkantilmuseum: prächtiges barockes Stadthaus mit doppelter Freitreppe und zwei Stiegenaufgängen im Hof, ehemals Sitz des Handelsgerichts, 1997 als Museum eingerichtet. Barocke Möbel, Gemälde und Originalausstattung, eindrucksvoller Ehrensaal.
Öffnungszeiten Tägl. (außer Mo) 10–12.30 Uhr, Eintritt 4 €, erm. 2 €. Silbergasse 6 und Lauben 39, ✆ 0471/945702.

Schloss Runkelstein → S. 174.

TIPP: Die Museum Card! Für eine Kartenpreis von nur 2,50 € erhält man in allen hier aufgeführten Museen Rabatte (z. B. Stadtmuseum 3,50 € statt 5 €), kunsthistorische Stadtführungen sind um 50 % ermäßigt. Erhältlich beim Verkehrsamt und in den Museen.

Sehenswertes/Ausflüge außerhalb der Altstadt

▸ **Schloss Maretsch**: Ganz stadtnah und doch von Weinbergen umgeben ist Schloss Maretsch. Der quadratische Bau entstand samt seinen Rundtürmen an den Ecken zwischen 1558 und 1570, dabei wurde ein älterer Teil mit fünfstöckigem Wehrfried und Wohnburg aus dem 12./13. Jh. integriert. Die Burg gehörte verschiedenen Bürgerfamilien und zuletzt den Toggenburg, die sie verfallen ließen. 1975 erwarb der Fremdenverkehrsverein Bozen das Schloss und machte ein Kongress- und Tagungszentrum daraus (Räume samt Gastronomie können auch gemietet werden). Von der Einrichtung hat sich wenig erhalten, aber interessant sind die Fresken im Empfangssaal des ersten Stocks mit mythologischen, symbolischen und allegorischen Szenen.
Öffnungszeiten Di 10–12.30/15–17.30 Uhr, Führungen Di 11 und 16 Uhr, Eintritt mit Führung 4 €. Auskünfte/Vormerkungen: Schloss Maretsch, Claudia-de-Medici-Str. 12, ✆ 0471/976615.

▸ **Siegesplatz und faschistisches Bozen**: Wenn Sie schon nahe der Talferbrücke sind, lohnt es sich, einen Abstecher hinüber ins faschistische Bozen zu machen, jenen Teil der Stadt, der nach 1923 in Verlängerung der Lauben westlich an die Altstadt angebaut und mit allen Zeichen der damaligen faschistischen Architektur ausgestattet wurde. Ein bombastisches Denkmal für den Sieg von 1918 über die Österreicher mit den Rutenbündeln, den „Faszes“ (daher der Begriff Faschismus), die dieses Denkmal bis heute zieren (als einziges in ganz Italien ...), mit ins riesenhaften Dimensionen, mit breiten Alleen, die zum Teil, wie die Freiheitsstraße (Corso della Libertá), von breiten und sehr hohen Kolonnaden flankiert werden – Kontrapunkt zu den schmalen, niedrigen Lauben der Altstadt. Dass der Siegesplatz um das Siegesdenkmal in Freiheitsplatz umbenannt werden sollte, was durch Votum der Bevölkerung verhindert wurde, wurde bereits erwähnt (→ S. 158). Inzwischen gibt es Pläne, das Denkmal einer neuen Verwendung zuzuführen und mitsamt einem daneben errichteten Glasgebäude ein Weltkriegsmuseum daraus zu machen – vielleicht keine schlechte Verwendung für den ansonsten ziemlich sinnlos herumstehenden Kasten. Während des Südtiroler Wahlkampfs 2003 polarisierte sich wieder einmal der Streit um das Siegesdenkmal. Der italienische Kulturminister war in Spendierlaune und versprach 4 Mio. Euro für die Sanierung des Faschistendenkmals, die Deutsch-Südtiroler reagierten sauer und sprachen von „vergeudetem Geld“ oder gar „Provokation der Südtiroler“. Traurig. Als der (italienische) Bürgermeister von Bozen Ende desselben Jahrs versprach, im Zuge der Sanierung die faschistischen Rutenbündel entfernen zu lassen, um, wie er sich ausdrückte, die faschistische Nabelschnur zu durchtrennen, konnte er mit diesem Kompromiss überhaupt keine Zustimmung gewinnen, die Fronten hatten sich zu sehr verhärtet.

▸ **Auf der Wassermauerpromenade nach Schloss Runkelstein**: Ein schöner Spaziergang führt auf der Wassermauerpromenade von der Talferbrücke oder vom Schloss Maretsch den Talferbach entlang zur Burg Runkelstein. Zwischen Weinbergen zur

Schloss Runkelstein am Eingang des Sarntals

Rechten und Auengrün und dem Fluss zur Linken spaziert man gemütlich bis zum Ausgang des Sarntals. Darüber liegt an ehemals schwer zugänglicher Stelle Schloss Runkelstein. Nach langen Restaurierungsarbeiten ist die Burg seit 2000 wieder dem Publikum zugänglich, und sie ist mehr als sehenswert: In mehreren Räumen haben sich *mittelalterliche Fresken* zum Hofleben erhalten, eine große Seltenheit, da die meisten nicht kirchlichen Fresken des Mittelalters verschwunden sind. Da sieht man Damen und Herren beim Ballspiel, ein Turnier mit Lanzen wird ausgetragen, ein Reigentanz unter Bäumen aufgeführt. Obwohl die Burg der Bozner Bürgerfamilie *Vintler* gehörte, ist das Dargestellte doch gänzlich höfisch, was man schon an den Kronen erkennt, die einige Personen tragen. Tatsächlich handelt es sich um Illustrationen zu damals populären Romanen, dem Tristanroman des Gottfried von Strassburg und dem Artusroman des Pleier. (So populär wie heute, sagen wir, Thriller von Stephen King. Stellen Sie sich eine schicke Villa mit Fresken zu „Shining“ vor, das wäre das heutige Äquivalent.)

• *Öffnungszeiten/Essen & Trinken* **Schloss Runkelstein**, Schloss-Ried-Straße, tägl. (außer Mo) 10–18 Uhr, Eintritt ca. 8 €, Familie 13 €; ✆ 0471/329808 oder (nicht aus dem Ausland) ✆ 800/210003, www.gemeinde.bozen.it/runkelstein. Die **Burgschänke** auf Schloss Runkelstein ist rustikal-stimmig, aber bei Andrang (Regenwetter!) überfordert; ✆ 0471/324073.

▶ **Auf der Oswaldpromenade nach St. Magdalena**: Ebenfalls an der Talfer beginnt ein beliebter Wanderweg der Bozner, der durch die sonnenbeschienenen warmen Hänge nördlich der Stadt zum Weinbauerndorf St. Magdalena führt. Die Promenade beginnt an der Talfer bei der Antoniusbrücke, wo beim Schloss Klebenstein die eigentliche Wassermauerpromenade endet, und führt in vielen Kurven nicht ganz ohne Anstrengung bis auf eine Höhe von 400 m, wo es dann aber gemütlich bis St. Magdalena weitergeht. Es erwartet Sie der überspitze gotischer Kirchturm von *St. Magdalena auf Pranzöll* (im normalerweise verschlossenen Inneren gotische Fresken), ein toller Ausblick auf Bozen und ringsum Wein, Wein und nochmals Wein. Nicht umsonst heißt die beliebteste Rebsorte der Winzer hier „Magdalener“. Der Anstieg führt über die kaum befahrene Untermagdalenerstraße zur Brennerstraße am östlichen Ende von Bozen.

Öffnungszeiten **St. Magdalena auf Pranzöll** ist von Ostern bis Allerheiligen üblicherweise Di und Fr 15–17 Uhr geöffnet.

▶ **Im Stadtteil Gries**: Der ehemals unabhängige Ort Gries, vor 1914 einer der wichtigsten Fremdenverkehrsorte (Süd-)Tirols, gehört heute zu Bozen. Gries wurde durch die Umklammerung durch das faschistische Bozen seiner idyllischen Lage beraubt und stark italianisiert. Trotz der Eingemeindung besitzt es aber nach wie vor ein **Stadttheater** (✆ 340/3186365), das auch ganz ordentlich bespielt wird. Ein Grieser wird sich bis heute nicht als Bozner bezeichnen. Zentrum des Orts ist der Komplex aus der **Benediktinerabtei** und der Pfarrkirche. Vom Kloster, das aus einer aufgegebenen Burg der Grafen von Tirol hervorging, ist nur die üppig spätbarocke *Stiftskirche* zugänglich. Die **Pfarrkirche** ist ein spätgotischer Bau, dessen Inneres eines der großen Kunstwerke der damaligen Zeit beherbergt, den Schnitzaltar des *Michael Pacher* von 1475 mit der Darstellung der Marienkrönung.

Öffnungszeiten **Stiftskirche**: Vorraum tagsüber immer zugänglich, guter Blick auf den Kirchenraum; **Pfarrkirche**: April bis Okt. Mo–Fr 10.30–12/14.30–16 Uhr.

▶ **Auf der Guntschnapromenade (Heinrichpromendade)**: Von Gries aus geht man auf der nach einem Habsburgererzherzog benannten Promenade durch einen submediterranen Park in vielen Windungen hinauf nach Guntschna. Wärme liebende

Bozen Karte S. 159

Pflanzen sind an diesem heißen Sonnenhang gut aufgehoben, praktisch ganzjährig blüht dieser oder jener Strauch oder Baum (die Pflanzen sind beschildert). Großartige Ausblicke, beim Reichrieglerhof am oberen Ende hat man 250 m Steigung hinter sich (ca. 0:45–1 Std.). Rückweg auf dem selben Weg.

Man erreicht die Guntschnapromenade vom Grieser Platz aus, wenn man der in Richtung Berg führenden Fagen- und geradeaus weiter der M.-Knoller-Straße folgt und sich an deren Ende nach links in die Glaningerstraße wendet, die Promenade zweigt dann rechts ab.

▸ **Schloss Sigmundskron**: → Gemeinde Eppan, S. 206.

▸ **Die Haselburg**: Dank einer privaten Initiative wurde die lange Zeit vor sich hin verfallende Haselburg südöstlich von Bozen nach 2-jährigen Grabungs- und Renovierungsarbeiten wieder eröffnet. Die Burg liegt auf einem strategischen Standort über der Stadt, der das Etschtal in Richtung Meran im Blick hat: Man sieht bis Lana, aber auch ins Unterland und ins Überetsch bis Eppan. 1240 wurde sie von den Herren von Haselberg errichtet, kam an die Grafen von Toggenburg, die sie restaurierten, seit kurzem gehört sie einem Bozner Kaufmann (Bozner Kaufherren haben schon immer eine Vorliebe für Burgen gehabt, denken Sie, an die Vintl und Runkelstein!). Ein Restaurant nimmt heute einige Räume in Anspruch, in den oberen Stockwerken dieses Flügels wurden die Fresken (z. B. schöne Renaissance-Veduten) sorgfältigst restauriert.

Öffnungszeiten/Essen & Trinken **Restaurant und Kulturburg Haselburg**, Mi–So 11–23 Uhr, ✆ 0471/402130, www.haselburg.it.

▸ **Radtour von Bozen nach Eppan und Kaltern auf der alten Eisenbahntrasse**: Eine schöne Radtour für die ganze Familie führt auf dem neuen, durchgehend asphaltierten Radweg von Bozen nach Eppan und Kaltern, wo er am ehemaligen Bahnhof endet. Der Weg benutzt die alte Sekundärbahntrasse und weist besonders nach der Etschquerung auf der ehemaligen Eisenbahnbrücke im Aufstieg nach Eppan nur noch Radverkehr auf. Die beiden früheren Eisenbahntunnel. die man durchquert, sind vorbildlich beleuchtet. (In Bozen Beschilderung ab den Brücken über die Talfer.)

▸ **Mit der Seilbahn nach Kohlern**: Eine Seilbahn führt nach Kohlern südlich der Stadt, einem Siedlungsgebiet mit den beiden Ortsteilen Bauernkohlern und Herrenkohlern. Schöne Blicke auf Bozen und den Ritten, eine hervorragende Gastronomie (Gasthof Kohlern, s. o.) und viele Wanderwege locken herauf. Besonders schön ist die Wanderung über Bad St. Isidor, einem ganz einsam gelegenen Gehöft (heute Hotel): Man nimmt ab der Seilbahnbergstation zunächst die Straße nach Herrenkohlern, biegt nach 750 m nach links auf Wanderweg 1 ab, der nach Bad St. Isidor führt. Weiter auf 1 (später auch 2), dreimal die Asphaltstraße querend, bis Schloss Kampenn über dem Eggental (→ S. 598). Auf der Straße weiter bis zur Talstation der Seilbahn.

Bergbahn **Seilbahn Kohlern**, 7–19 Uhr halbstündig, einfach ca. 2,10 €, hin/zurück ca. 2,60 €. Anfahrt mit Bus 11 zur Talstation der Seilbahn, mit Bus 14 bei Kampiller Brücke aussteigen.

▸ **Nach Jenesien und über den Salten bis Flaas und Mölten**: Eine der drei Bozner Seilbahnen führt nach Jenesien hinauf, einem Dorf oberhalb der Kastanienwälder im Rücken Bozens. Vom Plateau, auf dem sich der aus Weilern und Einzelhöfen zusammengesetzte Ort befindet, hat man prachtvolle Ausblicke auf die Dolomiten. Besonders reizvoll ist eine Wanderung auf den flachen Bergrücken des Salten im Frühherbst mit seinen klaren Tagen mit weiter Sicht. Dann sind die Lärchen schon gelb, und die Berge jenseits von Etsch- und Eisacktal zeigen weiß verschneite Gipfel.

Der Herbst ist auch die traditionelle Zeit des Feierns, die Bauern haben die wichtigsten Arbeiten abgeschlossen, die Tiere von den Hochweiden abgetrieben, jetzt kann man es sich gut gehen lassen. Der *Flaaser Kirchtag* am zweiten Wochenende im

September ist der erste große Termin, da trifft sich halb Südtirol auf der Festwiese am Pass zwischen Flaas und Mölten.

• *Information* **Tourismusverein Jenesien**, Schrann 7, I-39050 Jenesien, ✆ 0471/354196, www.jenesien.net, Mo–Fr 9–13 Uhr, im Sommer auch Mo, Di und Fr 16–18 Uhr. Information im Dorfzentrum bei der Kirche, allgemeine Infos gibt es auch bei der Tourismusinformation in Bozen (Werbegemeinschaft).

• *Anfahrt/Fußweg* Die Straße von Bozen schafft den steilen Anstieg nur mit Kehren und zwei Spiraltunneln (nicht ungefährlich für Radfahrer, da sehr eng!). Die alte Straße, die im Tal fast an derselben Stelle wie die neue beginnt, ist heute großenteils Wanderweg, sie ist so steil, dass man sich vorstellen kann, dass hier nur Fußgänger und Reiter unterwegs sein konnten. Alle Lasten wurden früher in Körben oder eigens dafür angefertigten Holzfässern, den „Lagln" auf den Berg hinauf transportiert. Wer nur einen Ausflug macht, nimmt lieber die seit 1937 bestehende Seilbahn.

• *Bergbahn* **Seilbahn nach Jenesien**: von Bozen/Waltherplatz mit Bus 12 zu erreichen, 7–19.30 Uhr jeweils zur halben Stunde, einfach 2 €, hin/zurück ca. 3,20 €.

• *Veranstaltungen* **Schupfenfest auf dem Salten**, an einem Sonntag in der 2. Septemberhälfte: Die vielen Heuschupfen und Hütten des Salten werden an diesem Tag zu Jausenstationen, die man auf einer langen Wanderung zwischen Jenesien und Flaas abklappert. Sämtliche Vereine der Gemeinde sind beteiligt und bewirten die Wanderer mit lokalen Spezialitäten von Schwarzplentene Knedl mit Rattich, Spinatspatzlen mit Schinkn über Spießlen mit Erdepflsolet, Krautkrapfln oder Pfifferling mit Plent bis zu Graukas und Rattich mit Laugenbrot sowie Schmorrn mit hausgmachter Grantnmarmelad. Dazu das obligate Glas Roten oder ein Bier. Und weiter zur nächsten Schupfn. Musik gibt's auch und Tanz.

Flaaser Kirtag, 2. Septemberwochenende, traditioneller Kirchweihtag des bis 1926 selbstständigen Dorfes Flaas, auf großer Festwiese am Farer Joch unterhalb der alten Kirche Lafenn (auch Langfenn genannt, daneben Wirtshaus) auf dem Rücken des Salten. Festzelt, Musik, Tanz, großes Speisenangebot, Besucher von nah und fern.

• *Übernachten/Essen & Trinken* *** **Belvedere Schönblick (52)**, Pichl 15, das beste Haus im Dorf Jenesien mit der besten Aus-

Auf dem Salten

sicht (nicht umsonst heißt das jüngst renovierte Hotel Schönblick). Trotz Hoteleinrichtung (Swimmingpool, Tennisplätze, Zimmer mit Sat-TV, Safe, die meisten mit Balkon) vom Gefühl her ein gemütlicher Gasthof. Auch das Restaurant ist sehr besuchenswert, die leichte Küche vereint Südtiroler Tradition mit modernen Akzenten und lässt sich besonders stilvoll auf der Terrasse genießen. 2 Gänge ab 20 € Do Ruhetag. DZ/FR 68–140 €. ✆ 0471/354127, 354277, www.schoenblick-belvedere.it.

Wietererhof (51), Dorfstr. 40, ein echter Bauernhof in Jenesien mit 2 Apartments zu je 4 Betten und TV, alter Wirtschaftstrakt, schöne Aussicht von den ostseitigen Zimmern im Wohnhausneubau. Kindgerecht: Mitarbeit auf dem Hof (Kühe, Pferde, Schafe, Hühner, Kaninchen …), eher für die Erwachsenen: das Heubad. Apt. f. 2–4 Pers. 43–67 €, Wäsche inbegriffen. ✆ 0471/354066, www.wietererhof.com.

Rittner „Bahnl" in Oberbozen

Der Ritten

Ritten nennt sich das leicht nach Süden geneigte und entsprechend von der Sonne verwöhnte Plateau oberhalb Bozens. Locker gruppieren sich Höfe und kleine Ortschaften zwischen Wiesen, Weiden und Wäldern auf dem Hang, der vom wuchtigen Rittner Horn überragt wird.

Wenn im Herbst über dem Tal undurchdringlicher Nebel liegt, gehen die Bozner zum Törggelen zu den Weinbauern am Südrand des Plateaus. Von deren Höfen blickt man über den Nebel hinweg auf den Schlern und den Rosengarten, die in der strahlenden Sonne liegen. In den zum Eisacktal tief eingeschnittenen Tälern haben sich im lockeren Moränenschutt spektakuläre *Erdpyramiden* gebildet, die man vom Hauptort Klobenstein aus bequem besichtigen kann.

Schon wie man auf den Ritten kommt, ist ein Ausflug für sich: Die *Seilbahn* führt direkt von Bozen bis hinauf nach **Oberbozen** – mit 5 km längste Seilbahn der Welt für den Personenverkehr und damit im Guinnessbuch der Rekorde. Bis 1966 fuhr eine Zahnradbahn hinauf. Von Oberbozen fährt die Rittner Schmalspurbahn, das „Bahnl", nach **Klobenstein** bzw. **Maria Himmelfahrt**. Die Wagen sind Original-Triebwagen (Graz 1907/1908) und ein Vierachser von 1910, der noch von der 1934 eingestellten Bahn von Fondo auf den Mendelpass stammt.

Information/Verbindungen

• *Information* **Tourismusverein Ritten**, I-39054 **Klobenstein**/Collalbo, Dorfstr. 5, ✆ 0471/356100, 📠 356799, www.ritten.com, Mo–Fr 8.30–18 Uhr, Sa 8.30–12 Uhr. Zweigstelle in I-29059 **Oberbozen**/Soprabolzano, Dorf 20, ✆ 0471/345245, Mo–Fr 9–12.30/15–18, Sa 9–12.30 Uhr, in den Wintermonaten Mo–Sa 9–12.30 Uhr.

• *Anfahrt/Verbindungen* **SAD-Bus** Bozen – Ritten; **Seilbahn Bozen – Oberbozen** und

Tram Oberbozen – Klobenstein: Seilbahn ca. 7–19.30 Uhr; Rittner Bahn ab Oberbozen 7.40–19.40 Uhr, ab Klobenstein 6.50–19 Uhr. Hin/zurück ca. 3,50 €, Rad 2 €. Die Rittner Bahn wurde 1907 erbaut und war von Anfang an als Touristenbahn gedacht. Von Maria Himmelfahrt über Oberbozen fährt die Schmalspurbahn bis Klobenstein auf 6,8 km. Infos zur Rittner Bahn unter ✆ 0471/345121.
Taxi: Ramoser, Klobenstein, ✆ 0471/356212.

Sport & Freizeit

• *Baden/Schwimmen* **Öffentliche Freibäder** in Klobenstein, tägl. 9–18 Uhr, ✆ 0471/356296, und Oberbozen. **Hallenbad** im Sporthotel Spögler in Lengmoos, ✆ 0471/356211.

• *Rad/Mountainbike* Einige Wege sind für Radler **gesperrt**, nämlich Weg 1 und 4 (von Maria Himmelfahrt über Oberbozen nach Klobenstein), Weg 22 (Fennpromenade in Klobenstein) und 24 a (von Lengmoos zu den Erdpyramiden).
Rad- und Mountainbikeverleih bei Hermeter in der Handwerkerzone Klobenstein (auf Straße in Richtung Bozen rechts), ✆ 0471/356777.

• *Reiten* Im Flachenhof in Pemmern, ✆ 0471/352782; im Reitstall Toni in Oberinn; in der Alpenranch Himmelreich in Klobenstein, ✆ 0471/356300.

• *Paragleiten* Infos/Buchungen bei Airbus Klobenstein, ✆ 338/273526.

• *Wandern/Bergsteigen* Eine wachsende Anzahl Rittener Hoteliers hat sich unter der Bezeichnung **Wanderwirte** zusammengeschlossen und bewirbt speziell Wanderer (u. a. Abholservice vom Bahnhof in Bozen, Ausrüstungsverleih und auf Wanderer ausgerichtete Wochenprogramme). Informationen beim Tourismusverein und unter www.wandermagazin.it.

• *Wintersport* **Rittner Horn**: Kabinenbahn von Pemmern (Straßenende) zur Schwarzseespitze mit Mittelstation, 3 Schlepplifte bis aufs Rittner Horn (2270 m), leichte bis mittlere Pisten (ca. 13 km), eine Rodelbahn (4,5 km, ab Mittelstation 2,5 km), 35 km Loipen. Das Skigebiet gehört zur *Ortler Skiarena*. Gratis-Skibus ab Klobenstein. Skischule ✆ 0471/352793, Skiverleih ✆ 0471/352980, Infos über Preise und Pistenverhältnisse (Südhang!) an der Talstation, über ✆ 0471/352993 und www.rittnerhorn.com, Schneetelefon ✆0471/356100.
Kunsteislaufplatz in der Sportzone Klobenstein, sehr schnelle Freiluftbahn, auf der zahlreiche Rekorde erzielt wurden und werden, Information bei Ice Rink Ritten, Zaberbach 15, ✆ 0471/356606.

Feste & Veranstaltungen/Sehenswertes/Einkaufen

Rittner Sommerspiele, Laientheater im Innenhof der Deutschordenskommende in Lengmoos, Ende Juli bis Mitte August, Kartenreservierung unter ✆ 0471/357030.

Bartlmastag: Kirchweihfest auf dem Ritten zu St. Bartholomä, 24. Aug. Ursprünglich ein Viehmarkt am Tag des Almabtriebs, heute immer stärker Volksfest für die Rittner und viele Gäste.

Bienenmuseum und Imkerei Plattnerhof: schöner alter Bauernhof mit Imkertradition, zum großen Teil original eingerichtete Räume (Stube mit Spinnrad), bemalte Bienenkästen, Ausstellung zur Imkerei und zum Bienenleben, Honig zum Probieren und zum Verkauf. Wolfsgruben 15. April bis Okt. tägl. 10–18 Uhr, ✆ 0471/345350. Man erreicht den Bienenhof in 10 Min. vom Parkplatz am Wolfsgrubener See bzw. der Haltestelle Wolfsgruben der Rittner Bahn.

Märkte: in Klobenstein jeden Mi am Parkplatz Kaiserau, Bauernmarkt jeden Sa (Mai bis Okt.); Barthlmämarkt am Bartlmastag (24. Aug.).

Übernachten/Essen & Trinken

• *In I-39059 Oberbozen und Wolfsgruben*
**** **Parkhotel Holzner**, Oberbozen 18, Hotel aus der Kette der Familienhotels mit recht großen Zimmern und Apartments, Spielzimmer für Kleinkinder und größere Kinder, mit Park und Streichelzoo, „Indianerwald", Tennisplätze und Schwimmbad sowie Sauna. DZ/FR 134–240 €. ✆ 0471/345231, ℻ 345593, www.parkhotel-holzner.com.

*** **Geyrerhof**, Geirerweg 13, Oberbozen, „Naturidylle" nennt sich der Geyrerhof (Wieso nicht Geirerhof? Weil auch Tyrol statt Tirol für Touristen echter aussieht?) und den kann das Landhotel in Form und Stil eines großen Bauernhofs mit Wohn- und Wirtschaftsgebäude getrost verwenden: schöne Aussichtslage oberhalb von Oberbozen, Einzellage und abseits von Straßen, also ruhig,

Speziell für Kinder: Einige Rittner Hoteliers haben sich zum lockeren Verband der „Family-Hotels Ritten-Renon" zusammengeschlossen (nicht mit der Hotelkette Familienhotels verwechseln – im Fall des Parkhotels Holzner in Oberbozen trifft aber beides zu). Diese Hotel sind mit Rabatten für Kinder, mit Spielzimmern und Spielplätzen, Kindermenüs und Kinderprogramm besonders familienfreundlich. Liste dieser Hotels beim Tourismusverein und auf www.familyhotels-ritten.com.

ringsum die Landschaft des Ritten und die Ausblicke, die dazugehören. Pool, Liegewiese und Sauna. Wander- und Mountainbiketouren ab Haus möglich. Gute Zimmer mit Balkon, auch Apartments. DZ/FR 80–175 €. ✆ 0471/345370, 📠 345373, www.geyrerhof.com.

*** **Hotel am Wolfsgrubener See**, Wolfsgruben 14, auf kleiner Halbinsel im von Wald umkränzten Wolfsgrubener See gelegenes Hotel mit Charme, gut ausgestattete Zimmer (Kühlschrank, Sat-TV, Safe), von den Balkonen kann man Seeblick und Ruhe genießen. DZ/FR 84–134 €. ✆ 0471/345119, 📠 345065, www.hotel-wolfsgrubenersee.com.

*** **Kaserhof**, Oberbozen, Geirerweg 26, großer Bauernhof mit Hofschänke, Ferienwohnungen (komplett und gut eingerichtet inkl. Internetanschluss) und Reitstall mit Vollblutarabern sowie Lama- und Alpakazucht. Apt. für 1–4 Pers. 30–85 €. ✆/📠 0471/345046, www.kaserhof.it.

Ebnicherhof, Am Grumeregg 6, Oberbozen, auf halbem Weg zwischen Maria Himmelfahrt und Bozen gelegen. Das herbstliche Törggelen ist hier besonders stimmungsvoll, sieht man doch weit über den Bozner Kessel auf die dann schon verschneiten Dolomiten. Weiß- und Rotweine (Müller-Thurgau, Blauburgunder, Vernatsch) zu Knödeln, Schlachtplatten, Käse, Speck und Kastanien. Von der Bozner Oswaldpromenade ab St. Peter auf Weg 2 in einer guten Stunde zu erreichen, mit Pkw über Straße von St. Magdalena nach Oberbozen (ausgeschildert, Weiterfahrt ab Hof für Privatfahrzeuge gesperrt). ✆/📠 0471/978264. Von Okt. bis März tägl. ab Mittag geöffnet.

Café Panorama Haus am Hang, Wolfsgruben, Café mit so großer wie großzügig geschwungener Terrasse, die ein wirklich stupendes Panorama der Dolomiten eröffnet. ✆ 0471/345222, Di Ruhetag.

• *In I-39059 Signat* ** **Signaterhof**, Signat 166, Gasthof, aber auch beliebtes Törggelenziel mit schöner alter Bauernstube hoch oberhalb der Stadt mit eigenem St.-Magdalener-Wein, Selchwürsten, Wild, Hirschgulasch und einer köstlichen Mohntorte. Nichtraucherstuben! Am schönsten zu erreichen von Wolfsgruben zwischen Oberbozen und Klobenstein mit Abstecher zur „Signater Aussicht" (Weg 11 ab Wolfsgrubner See). Zimmer mit TV/Balkon, sehr gut ausgestattet (Fön), Liegewiese. DZ/FR 68–72 €. ✆ 0471/365353, 📠 365480. Restaurant Mo Ruhetag.

Patscheiderhof, Signat 178, beste regionale Küche mit deutlichen österreichischen Zügen, mit eigenem Speck und örtlichem Käse, mit Milzschnittensuppe, Speck- und Leberknödelsuppe, Gulasch, Hauswurst mit Sauerkraut. Nachher Mohntorte, Linzertorte, Strauben. Ab ca. 25 € – der Ausblick vom Hof über Bozner Becken, Mendel und Unterland ist kostenlos. ✆ 0471/365267, Di Ruhetag.

Buschenschanken in Signat: Baumannhof, Signat 6, ✆ 0471/365206, Mo Ruhetag. Loosmannhof, Signat 177, ✆ 0471/365551, Mi Ruhetag (zur Törggelenzeit geöffnet). Burgstallerhof, Signat 179, ✆ 0471/365405, Mo Ruhetag.

TIPP! Törggelen in Signat: Die Streusiedlung Signat liegt direkt über Bozen und ist von dort aus auf einer guten Straße zu erreichen – entsprechend gut besucht sind an Wochenenden und während der Törggelenzeit an jedem Abend die Lokale (s. u.). Aber es lohnt sich, kaum irgendwo anders isst man so gut und bei so guter Aussicht!
Von Bozen Abzweigung von der Straße über Rentsch und Klobenstein auf den Ritten, von Oberbozen Straße (kein privater Pkw-Verkehr!) ab Wolfsgruben.

• *In 39054 Klobenstein* *** **Ansitz Kematen**, Hotel in einem 750 Jahre alten Ansitz mit nur 16 Zimmern, exklusiv und äußerst komfortabel, im Inneren gotische Gewölbe und altes Mobiliar, auch in den Zimmern. Das Haus liegt neben der kleinen neugotischen Kirche Heiligkreuz am Hang oberhalb der Straße von Klobenstein nach Wangen und ins Sarntal. Herrlicher Ausblick und Wanderwege praktisch ab der Haustür, im Haus Sauna und Solarium. Restaurant und

Café mit eigener Konditorei. DZ/FR 109–189 €. ✆ 0471/356356, 📠 356363, www.kematen.it; Restaurant Mo Ruhetag.

*** **Pferdehof Flachenhof**, Tannstr. 31, nicht nur Gelegenheit zum Reiten und zum Reitunterricht, sondern auch Brotbackenlernen, zum Mountainbiken (Gratis-Fahrradverleih) und zum Kennenlernen des Lebens auf der eigenen Alm. Apt. f. 2–4 Pers. 45–64 €. ✆/📠 0471/352782, www.flachenhof.it.

• *In 39054 Lengmoos* *** **Sporthotel Spögler**, Dorf 21, freundliches und solides Haus nahe der Deutschordenskommende, das sich trotz Komfort (Hallenbad nicht nur für Hausgäste, Sauna, Liegewiese) mehr wie ein Landgasthof gibt, was der Atmosphäre förderlich ist. Ringsum viel Grün. DZ/FR 32–92 €. ✆ 0471/356211, 📠 356143, www.spoeglerhotels.com.

** **Amtmann**, Dorf 12, Dorfgasthof neben der Kirche mit schöner traditioneller Stube (ohne den üblichen dekorativen Schnickschnack vieler Neubauten), Küche mit traditionellen Speisen und Vollwertkost, eigenes Brot. DZ/FR 50–74 €. ✆ 0471/356124, 📠 358349, www.amtmann.it.

Törggelestube Pfoshof, Oberlengmoos 4, rustikales Lokal, einfache Küche, dazu gute Weine, teilweise überdeckte Terrasse am alten Wirtschaftsgebäude. ✆ 0471/356723, Di Ruhetag.

• *In 39050 Lengstein* ** **Schwaiger**, Lengstein 1, schräg gegenüber der Kirche steht der behäbige Gasthof (rechts unten im Gebäude die kleine „Handlung" des Orts mit freundlicher Bedienung), die Zimmer sind einfach, aber ordentlich, gutes Frühstück. DZ/FR 60–76 €. ✆/📠 0471/349049, www.gasthof-schwaiger.it.

** **Rotwandterhof**, Lengstein 75, freundlicher alter Bauernhof unterhalb der Straße in Rotwand (letztes Gehöft vor Saubach/Barbian), Lage inmitten von Obstbäumen und Gemüsegarten, Biohof, Ausritte und Reitstunden in Zusammenarbeit mit dem nahen Vogelhauserhof, Fischen im eigenen Fischteich. Apt. für 2–5 Pers. ca. 30–50 €. ✆/📠 0471/349097, www.rotwandterhof.it.

Bozen

Sehenswertes/Ausflüge

▸ **Oberbozen und der Rittner Themenweg**: Ein Bummel durch Oberbozen zeigt, dass das Dorf schon lange Fremde beherbergt, tatsächlich ist der Fremdenverkehr schon auf die Zeit vor den Napoleonischen Kriegen zu datieren, als die Bozner begannen, hier oben Sommerfrische zu machen. Nach einem kurzen Spaziergang durch den Ort, der sonst nichts Sehenswürdiges bietet (sieht man vom barocken *Antoniuskirchlein* ab), können Sie immer noch in die nächste Bahn nach Klobenstein einsteigen. Der „Themenweg" zwischen Oberbozen und Maria Himmelfahrt verläuft teilweise entlang der Bahnstrecke des Rittner Bahnl, führt aber auch hinunter zum Kirchlein St. Jakob und zu den Erdpyramiden in Katzenbachtal, die man von der zweiten, flacheren Teilstrecke der Seilbahn nach Oberbozen sieht. Er beginnt an der Bergstation der Seilbahn in Oberbozen und berührt neun Rittner Besonderheiten, die auf Infotafeln erklärt werden, nimmt Weg 23 hinunter ins Katzenbachtal, führt an den dortigen *Erdpyramiden* vorbei und beim Hof Maier am Loch, erreicht dann das *Kirchlein St. Jakob* auf einem Sporn des Berghangs. Vom Kirchlein geht es wieder hinauf nach **Maria Himmelfahrt**, wie Oberbozen eine alte Sommerfrische. Hier endete die Zahnradbahn, die ab 1906 die Bozner auf den Ritten brachte und erst nach dem 2. Weltkrieg durch die heutige Rittner Seilbahn ersetzt wurde. Entlang der Bahn oder mit dieser zurück zum Bahnhof Oberbozen oder weiter nach Klobenstein; Gehzeit 1:30–2 Std.

Übernachten/Essen & Trinken **Gasthof Schluff**, Maria Himmelfahrter Weg 2, Einkehrgasthof mit Tiroler Küche, auch Zimmer (DZ/FR 62–66 €), ✆0471/345139, Do Ruhetag.

▸ **Wanderung am Wolfsgrubener See**: Beim Dorf *Wolfsgruben* liegt im Wald der Wolfsgrubener See (mit Hotel auf einer kleinen Halbinsel), von dem aus mehrere Wanderwege in das Waldgebiet um den Signater Kopf führen. Der *Signater Wald* bedeckt ein leicht welliges Plateau mit vielen Mulden in denen „Lacken" (Teiche), der kleine Mitterstieler See und sumpfige Wiesen liegen, in denen im Frühjahr die knallgelbe Trollblume wächst. Ein schöner Rundweg beginnt am Nordufer des Sees (wo man ihn von Oberbozen her zuerst erreicht) und führt auf Sträßchen (nach 300 m Schranke) praktisch ohne Höhenunterschiede bis zur *Signater Aussicht,* man biegt jedoch bereits nach 1 km links auf einen Wanderweg ab, der zur großartigen Aussichtsstelle auf 1234 m Höhe führt. Zurück bis zur Schwarzen Lacke, die man bereits passiert hatte und bei Gabelung rechts zum *Mitterstieler See.* Mit Weg 12 nach links weiter, man kommt am anderen Ende des Wolfsgrubener Sees heraus (ca. 1 Std. Gehzeit, kann stellenweise matschig sein).

▸ **Mit dem Rad von Oberbozen über Unterinn nach Bozen**: Besonders bequem haben es die Radler, die Seilbahn nimmt das Fahrrad mit (bei Stoßzeiten etwas problematisch), oben fährt sich's dann ganz gemütlich und ohne große Steigungen auf verkehrsarmen Straßen, ein Trekkingbike genügt. Abfahrt über *Klobenstein* und *Unterinn,* dort noch vor dem Unterinner Hof auf das Sträßchen nach rechts (nicht asphaltierter Güterweg, für Pkw gesperrt, für Rennräder nicht geeignet), bei Erreichen der sehr schwach befahrenen Asphaltstraße Bozen – Signat dann links hinunter und über das Weindorf *St. Justina* und *Rentsch* zurück nach Bozen.

Essen & Trinken **Pirbamer**, Dorfstr. 22, Gasthaus in Unterinn mit großem Pizzeria-Restaurant, ✆ 0471/359014, Fr Ruhetag.

Die Erdpyramiden

So seltsam sie aussehen, die spitzen Erdtürme mit den Hüten aus grauen oder leicht rötlichen Gesteinsplatten, so wenig seltsam ist ihre Entstehungsweise. Wo lockeres Material, etwa Moränenschutt, langsam abgetragen wird, also etwa an den Rändern eines Plateaus, wird das zwischen den Gesteinsplatten liegende Lockermaterial vom Wasser schneller entfernt als die Platten selbst. Die Rinnsale werden tiefer, die Platten schützen das darunter liegende Lockermaterial vor der Abtragung. Die Form, die entsteht, ist eine Pyramide mit Deckstein (wird die Basis unterspült und fällt der Deckstein, wird die Pyramide ganz schnell abgetragen). Bei den Erdpyramiden des Ritten ist der Deckstein in vielen Fällen aus Granit oder Porphyr, das Lockermaterial, das ohne diese Decksteine rasch abgetragen würde, ist Moränenmaterial der letzten Eiszeit, als die riesigen Gletscher, die bis ins Alpenvorland am Südufer des Gardasees vordrangen, das heutige Rittenplateau mit mehreren Hundert Metern Eis überdeckten. Es handelt sich um lehmige Ablagerungen, die trocken steinhart werden. Wenn sie feucht werden, sind sie bald ein lehmiger Brei, der hangabwärts rutscht und fließt.

▸ **Wanderung zu den Erdpyramiden bei Lengmoos**: Schon auf der Seilbahnfahrt von Bozen herauf hat man rechts die Erdpyramiden gesehen, die es am Rand des Rittner Plateaus an einigen Stellen gibt. Bei Lengmoos nahe Klobenstein befindet sich im steil eingeschnittenen *Finsterbachtal* das größte, interessanteste und am leichtesten erreichbare Vorkommen dieses interessanten geomorphologischen Phänomens. Um dorthin zu kommen nimmt man am besten von der Endstation der Trambahn die Straße bis nach Lengmoos, dem nächsten Ort, und biegt beim Café Erdpyramiden beim großen Pkw- und Busparkplatz in den ausgeschilderten Wanderweg 24 (nach Bachbrücke 24 a) ein. Er führt in unmittelbare Nähe der Erdpyramiden, quert das Tal und steigt zu den Wiesen von **Mittelberg** (Kirche *St. Nikolaus,* barockisierter gotischer Bau, Turm bereits 12. Jh. – wahrscheinlich ältestes Gotteshaus auf dem Ritten) an. Man sieht deutlich, wie sich das Tal immer weiter in die darüber liegende Wiese einschneidet und immer wieder neue Pyramidenformen bildet. Zurückwandern kann man entlang der Straße und über **Maria Saal** (kleine barocke *Wallfahrtskirche* mit Bild der Muttergottes unter einem Regenschirm).

Essen & Trinken **Café Erdpyramiden**, Café-Konditorei, Eis, große Terrasse, Mi Ruhetag.

◆ **Aufs Rittner Horn**: Das Rittner Horn ist der Hausberg der Bozner und ein Aussichtsberg erster Ordnung, von dem aus man Pfunderer Berge bzw. südliche Zillertaler Alpen, Dolomiten und Ortlergruppe sowie Texelgruppe und Ötztaler Alpen sieht. Eine bequeme Straße ab Bozen führt bis zur Kabinenbahn auf die *Schwarzseespitze*, von dort aus kurzer Wanderweg auf das Horn: Von der Bergstation auf der Schwarzseespitze geht es in eine Scharte (etwas oberhalb Unterhornhaus, links etwas abseits Feltuner Hütte), von dort führt ein schnurgerader Weg über den mäßig geneigten Hang hinauf zum Rittner Horn. An klaren Herbsttagen der Bergausflug ab Bozen!

• *Bergbahn* **Kabinenbahn Pemmern – Schwarzseespitze** (von 1530 m auf 2270 m), Mitte Mai bis Anf. Nov. 8.30–17.30 Uhr, Berg ca. 7 €, Sen. 6 €, Kinder 3,60 €, Berg/Tal ca. 9/7,50/5 €; ✆ 0471/352993.

• *Hütten* **Feltuner Hütte**, 2046 m, Jausenstation/Gasthaus auf grüner Almwiese, große Veranda und Terrasse, die ganze Familie bedient, kocht, brutzelt (Speckknödelsuppe ca. 4 €, Schlutzer, Gulasch mit Knödel, Speck am Brettl ca. 5–8 €) und schenkt Bier und Wein aus, wie sie auch noch die einfachen, aber vorzüglichen hausgemachten Mehlspeisen schafft (Buchweizentorte, Biskuitroulade), bleibt ihr Geheimnis. ✆ 0471/352777. **Unterhornhaus**, Berggasthof auf 2044 m am Anstieg zum Rittner Horn; ✆ 0471/356371. **Rittnerhornhaus**, 2281 m, Schutzhütte (CAI Bozen) auf dem Gipfel des Rittner Horns mit einem der gewaltigsten Panoramen Südtirols; ✆ 0471/356207.

Erdpyramiden auf dem Ritten

Tour 10: Mit dem Rad von Oberbozen aufs Rittner Horn und hinunter ins Eisacktal

Tour-Info: Eine phantastische Tour von der Bergstation der Seilbahn Bozen – Ritten auf einen großartigen Aussichtsberg und anschließend ein Downhill, dass die Felgen quietschen. Wer den Rückweg mit der Bahn oder die Fahrt auf dem „Kaiserweg" nach Oberbozen scheut, nimmt den Aufstiegsweg auch für den Abstieg. Dauer: 3:30–5 Std.; Länge 51,6 km; Höhenunterschied ↑ 1300 m, ↓ 2000 m. Karten: Tabacco (1:25.000) Blatt 34; Kompass (1:50.000) Blatt 54. Hütten: Feldtuner Hütte und Rittnerhornhaus.

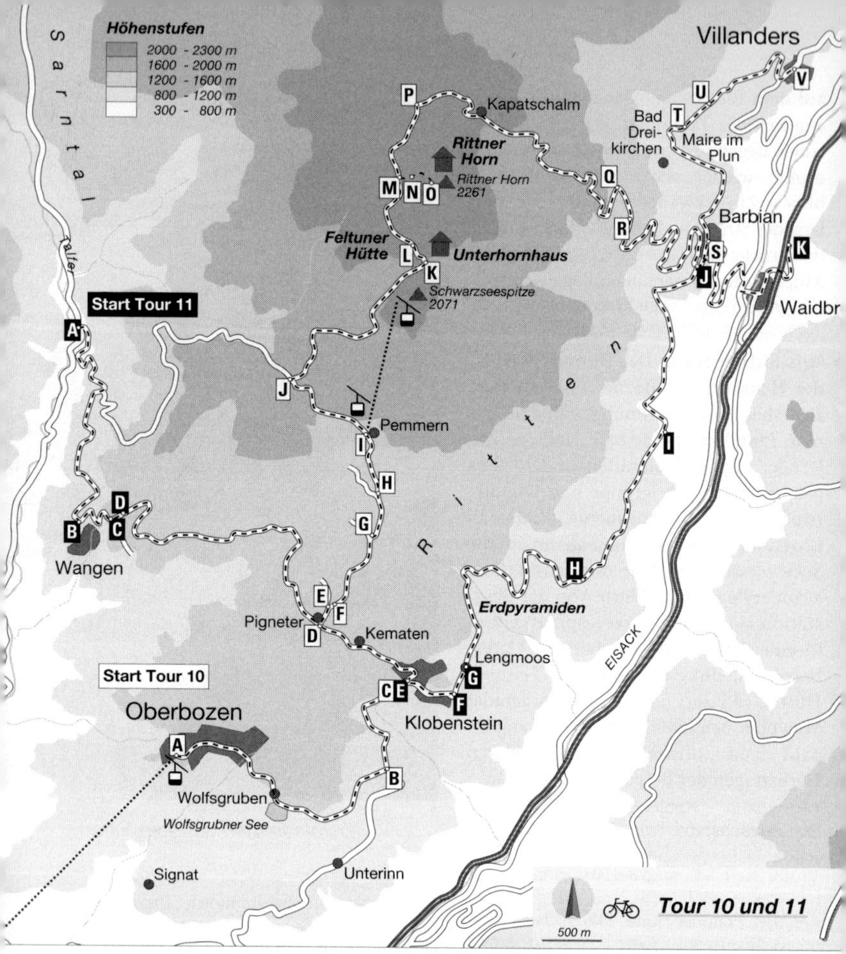

Bei der Bergstation der Seilbahn von Bozen nach Oberbozen **A** wendet man sich kurz nach links, um die in geringer Entfernung vorbeiführende Straße zu erreichen, auf der man dann nach rechts in Richtung Klobenstein fährt. Durch Oberbozen hindurch, dann Wolfsgruben und sein See. Schließlich erreicht man die von Bozen heraufziehende Straße auf den Ritten, wo man bei der Einmündung **B** links fährt. Am unteren Ortsrand von Klobenstein weist bei einer Gabelung das Straßenschild „Oberinn" nach links **C**. Das hier beginnende Sträßchen fahren wir bergan, Kematen bleibt rechts liegen, dann wird eine Kreuzung mit Bildstock (links) und vielen Schildern erreicht **D**, eines weist nach rechts (Weg 6 „Tann 1 h") auf einen nur kurz asphaltierten Forstweg, den wir wenig später nach rechts verlassen **E**, um einen Waldweg einzuschlagen (Schild „Tann"). Er geht nach 100 m in eine Forststraße, der wir nun folgen, bei einer Gabelung **F** rechts halten. Der Weg ist streckenweise tiefgründig und durch Wurzeln und Steine äußerst holprig, auch mit gutem MTB kurze Schiebestrecken. Bei einer Wiese **G** hält man sich links und hat mit den

Wegnummerierungen 1, 6 und 28 nun eine etwas bessere (aber keineswegs gute) Forststraße. Sie mündet bald auf einer Asphaltstraße **H**, der wir links und aufwärts folgen bis zur Talstation der Seilbahn auf das Rittner Horn **I** (großer Parkplatz). Ab hier Fahrverbot für motorisierte Fahrzeuge. Das nunmehr schmalere Sträßchen steigt mäßig an, bei einer Linkskurve **J** geht eine Staubstraße geradeaus weiter (Schild „zu Weg Nr. 4 Rittner Haus"), sie führt uns aufs Rittner Horn. Eine Steilstelle, die Straße ist jedoch überall fahrbar. An einem Sattel **K** ist rechts eine Schleppliftstütze, von rechts kommen auch die Wanderer, die den Lift zum Rittner Horn benützt haben, der tatsächlich nicht auf den Gipfel führt, sondern nur zur 200 m tieferen Schwarzseespitze (aber das klingt nicht so gut). Vorbei an Unterhorner Haus und Feltuner Hütte **L** führt das Staubsträßchen weiter in Richtung Gipfel, der an einer folgenden Gabelung **M** bereits zu sehen ist, man hält sich rechts. An einer knapp darauf folgenden Gabelung **N** geht es wieder rechts und zuerst steil, dann flacher zum Gipfel des Rittner Horns mit Hütte **O**. Zurück zur vom Gipfel aus ersten Gabelung **P** und nach rechts, das hier beginnende Sträßchen führt auf die weite Hochfläche der Almenregion der Sarntaler Alpen, die je nach Gemeindezugehörigkeit als Barbianer Alm, Villanderer Alm (oder Villanders Alpe) usw. bezeichnet wird. Man erreicht den Rücken (Einmündung des Wanderwegs vom Rittner Horn zum Latzfonser Kreuz von rechts), dem man kurz folgt, bis rechts ein Staubsträßchen abzweigt **Q** – Gatter und Hinweisschilder („Barbian"). Von nun an geht's bergab, zuerst recht flach über die Almwiesen mit einigen Hütten, dann zunehmend steiler und bald durch Wald. Ab einem Parkplatz **R** (hier beginnen diejenigen ihre Wanderung aufs Rittner Horn, die von Barbian heraufkommen) wird die Straße besser, sie ist aber weiterhin nicht geteert. Kurvenreich weiter, dann nach einem Waldstück eine große Wiese **S** mit schönem Dolomitenblick und ... Asphalt. Noch ist der Abstieg nicht zu Ende, weiter in Kurven, dann erreicht man die Straße vom Ritten nach Barbian und hält sich links, Barbian liegt um die Ecke **T**.

Nun könnte man (wie in Tour 11) nach Waidbruck hinunter, aber wenn man schon hier ist, warum nicht weiter nach Villanders? Hinauf zur Kirche und auf dem (nicht beschilderten!) Sträßchen in Richtung Feldthurns weiter. Ein scharf eingeschnittenes Bachtal trennt die Gemeindegebiete von Barbian und Villanders, man muss nochmals nach oben, um es im hinteren, oberen Talbereich queren zu können. Danach erreicht man die sonnige Terrasse von Feldthurns, der Hof Mair im Plun **U** liegt rechts. Noch ein Stück auf dieser Straße mit leichtem Anstieg, und man erreicht eine Kurve der gut ausgebauten Straße von Villanders auf die Villanderer Alm **V** (gut ausgebaut, weil am Weg Hotels liegen). Nach rechts und abwärts, ein großer Schlenker – der eine der beiden Kirchtürme von Villanders scheint aus der Wiese zu wachsen –, dann ist man auch schon im Dorf und an der Touristeninformation **W**.

Für die Rückfahrt gibt es zwei Möglichkeiten. Die erste ist die Abfahrt ins Tal, wo man in Klausen ankommt und häufige Bahnanschlüsse (und Busverbindung) nach Bozen hat. Oder man fährt auf dem oben beschriebenen Weg zurück nach Barbian und nimmt dann den Kaiserweg wie in Tour 11 beschrieben bis Klobenstein, wo man wieder auf den Hinweg gelangt.

▶ **Auf der Straße von Lengmoos nach Barbian (der „Kaiserweg"): Lengmoos** ist eine alte Pfarre und war zu Zeiten des Kaiserwegs über den Ritten ein wichtiger Ort mit

Hospiz. Als nach 1314 der Kunterweg durch das Eisacktal den Verkehr über den Ritten praktisch völlig ersetzt hatte, übernahm der *Deutsche Orden* das Gebäude und machte eine *Kommende* daraus. Ein Teil des Gebäudes wurde durch einen Brand im Bauernaufstand (1525) vernichtet, der spätgotische Kapitelsaal mit seinem schönen Gewölbe ist jedoch erhalten geblieben. Der Neubau stammt aus der Mitte des 17. Jh. und ist im damals in Tirol üblichen späten Renaissancestil errichtet. Die Repräsentationsräume wurden ein Jahrhundert später nach neuester Mode ausgestattet mit üppigen Stuckdecken, bemalten Tapeten und prunkvollem – weitgehend verlorenem – Mobiliar. Im Innenhof finden im Sommer Aufführungen der *Rittner Sommerspiele* statt.

Man passiert *Maria Saal* und *Mittelberg* (Kasten „Erdpyramiden"), erreicht nach der nächsten Talquerung Lengstein. Am Kirchplatz Brunnen, Friedhofseingang, eine kleine „Handlung" und der Gasthof Schwaiger, eine Nebenstraße führt hinunter nach St. Andreas über der Eisackschlucht. Die Straße führt über eine schmale, flache Terrasse, die Blicke nach rechts fallen auf die Dolomiten. Nach dem Rotwandterhof wird ein steil eingeschnittenes Tal passiert. Drüben hat man den Ritten verlassen und ist im Gemeindegebiet von Waidbruck-Barbian, der nächste kleine Ort, Saubach, gehört bereits zu Barbian.

Öffnungszeiten **Deutschordenskommende Lengmoos**, Anmeldung zu Führungen (im Sommer bis Ende Okt. an Freitagvormittagen) beim Tourismusverein Ritten (S. 178)

▸ **Auf dem Keschtnweg**: → Brixen, S. 128.

Kaiserweg und Kunterweg

Die Eisackschlucht zwischen Waidbruck und Bozen wird heute von Autobahn und Staatsstraße ohne große Probleme dank der Tunnel und Brücken passiert (die Bahn ist seit einigen Jahren in einen langen Tunnel abgetaucht). Das war bis ins Hochmittelalter keineswegs der Fall, die Schlucht war zwischen Steg und Kollmann praktisch unpassierbar. Der Verkehr musste über die Höhen laufen, nahm von Bozen schon in römischer Zeit den Weg über Reschen oder Jaufen und über den Ritten, der wahrscheinlich südlich von Brixen wieder ins Eisacktal mündete. Römische Legionen, germanische Stämme, deutsche Kaiser auf dem Weg nach Oberitalien oder zur Kaiserkrönung in Rom passierten auf ihrem Weg den Ritten. In Lengmoos war der höchste Punkt dieses Wegs, ein Hospiz (später Deutschordenskommende) nahm müde Wanderer auf.

Erst 1314 wurde die Mühsal des Reisens erleichtert. Der Bozner Bürger und Händler *Heinrich Kunter* ließ einen Weg durch die Eisackschlucht anlegen, der zwar immer wieder verschüttet und weggeschwemmt, aber auch jedes Mal wieder saniert wurde. Schließlich war doch die Zeit, die man auf diesem Weg von Bozen nach Brixen brauchte, wesentlich kürzer als über den „Kaiserweg". Der „Kunterweg" löste den „Kaiserweg" innerhalb kürzester Zeit ab, der Weg oben blieb zwar bestehen, wurde aber zur unbedeutenden Verbindung zwischen Einzelhöfen. Einzelne alte Wegstücke des Kaiserwegs mit guter Pflasterung haben sich bis heute erhalten, teilweise verwendet die Straße Lengmoos – Barbian die Trasse, teilweise der neu angelegte „Keschtnweg" (→ S. 128).

Schloss Reinegg bei Sarnthein

Das Sarntal

Immer noch bäuerlich ist das Sarntal, das sich von Bozen nach Norden zieht bis zum Penser Joch. Höfe besiedeln die unteren Hänge auf beiden Seiten, ein großes Nebental, das Durnholzer Tal, hat Bergbauernhöfe mit ganzjähriger Besiedelung bis in 1760 m Höhe.

Die flankierenden Berge, die **Sarntaler Alpen**, sind recht weich geformt und ideale Wanderberge mit ausgedehnten, sanft gewellten Almwiesen. Nur die Gipfelzone hat stellenweise scharfe Felsformationen, einige Gipfel gehören wegen ihrer zentralen Lage zu den besten Aussichtsbergen Südtirols.

Das Sarntal ist das einzige Tal Südtirols, in dem nicht nur Frauen ab und an, sondern auch die Männer immer wieder die alte Tracht tragen, also nicht nur zum Schützenfest und zum berühmten Sarner Kirchtag im September, sondern am Sonntag zur Kirche und zu allen anderen einigermaßen festlichen Gelegenheiten. Die Viehwirtschaft war schon immer wichtig, heute ist sie neben dem Fremdenverkehr die Haupteinnahmequelle der Bauern. Das Vieh weidet auf den Bergbauernhöfen und den vielen Almen, die in den Sarntaler Alpen zu beiden Seiten des Tales günstige Bedingungen finden: nicht zu steile Lagen in mittleren Höhen, genügend Wasser, sonnige und warme Sommer. Immer wieder sieht man die Haflinger Pferde, sie sind hier so gut zu Hause wie in Hafling auf der anderen Seite des Ifinger. Heute verwendet man sie meist als Reitpferde, nur gelegentlich sieht man einen Haflinger, der auf der Alm den Heuwagen zieht.

Information/Verbindungen

• *Information* **Tourismusverein Sarntal**, Europastr. 15 a (am zentralen Kirchplatz), I-39058 Sarnthein/Sarentino, Mo–Fr 8–12/14–18.30 Uhr, Sa 8–12/15.30–18 Uhr. ✆ 0471/623091, 📠 622350, www.sarntal.com.

• *Verbindungen* **Bus**: gute Verbindung nach Bozen, auch die Seitentäler wie das Durnholzer Tal werden erschlossen. **Pkw**: Die Strecke Sarnthein – Bozen ist wegen zahlreicher Tunnel und Engstellen kein Zuckerschlecken – Vorsicht! **Taxi**: Fa. Gross ✆ 0471/622499, Fa. Rauch ✆ 0471/623243.

Die **Straße Bozen – Sarnthein** ist im unteren Teil, wo sie entlang der Hänge der Talferschlucht geleitet wird, ausgesprochen eng und kurvenreich und derzeit durch 19 Tunnel kaum entschärft, da viele von ihnen recht alt und für wenig Verkehr gedacht sind. Zwei davon sind nicht beleuchtet, und da sie alle auch noch kurvig gebaut wurden, kann man sie nicht einsehen und steckt im Zweifelsfall plötzlich fest. Schon im ersten Tunnel ab Bozen können z. B. ein Kleinlaster und der SAD-Linienbus Bozen – Sarntal nicht aneinander vorbei. Spektakuläre Stelle bei den Tunnels 13 bis 15! Ab Halbweg ist ein längerer Tunnel im Entstehen, der die Strecke zumindest teilweise entschärfen wird (Bauarbeiten bis 2006 oder 2007). Die Strecke ist **nichts für Radfahrer**, zumal auch die vielen Motorradfahrer, die über den Jaufen nach Bozen fahren, meist diese Strecke nehmen. Wer als Radfahrer von Norden kommt, sollte auf die Strecke über den Ritten und Oberbozen abbiegen (→ Tour 11) oder ab Sarnthein das Radl und sich selbst dem Bus nach Bozen anvertrauen.
2004 wurde im unteren, besonders problematischen Teil ein System elektronischer Warntafeln eingesetzt, das aber auch im Herbst 2005 noch nicht problemlos funktionierte. Die Tafeln sollen im Prinzip anzeigen, ob im Tunnel ein Schwerfahrzeug in der Gegenrichtung unterwegs ist.

Diverses/Feste & Veranstaltungen

• *Diverses* Apotheke, Arzt, Bank und Post in Sarnthein, Ambulanz (Notaufnahme) neben Apotheke am Spitalweg, Nähe Kirchplatz.

• *Feste & Veranstaltungen* **Sarner Kirchtag** am ersten Wochenende im September in Sarnthein, Volksfest mit 450-jähriger Tradition, das Besucher aus ganz Südtirol anlockt. Die auch während des Jahres immer wieder Trachten tragenden Sarner sind dann ausschließlich in der Tracht zu sehen. Musikkapellen, Schützen und Feuerwehren aus dem ganzen Tal nehmen an Aufmärschen teil, ein Trachtenumzug mit Festwagen, viele von Haflingergespannen gezogen, ist wohl der Höhepunkt des Festes (am Sonntagnachmittag). Festplatz mit Festzelt, am Samstagabend Fackelumzug, Volkstänze und – über dem ganzen Rummel zumindest bei den Bauern nicht in Vergessenheit geraten – Markttreiben und der einzige echte Viehmarkt des Landes am folgenden Montag.

Wintersonnenwende: Am 7., 14. und 21. Dezember ziehen im Sarntal die Zussln von Haus zu Haus, vermummte Maskengestalten, geführt von Zusslmandl und Zusslweibele, den Symbolen von Winter und Frühling. Dazu wird kräftig Lärm gemacht, „geklöckelt“, mit selbst gebastelten Instrumenten, Glocken und Ziehharmonika. Dann werden zwei Lieder gesungen, und es wird weiter gelärmt, bis die Hausleute herauskommen und Speck, Wurst, Brot (oder Geld) spenden.

Freizeit & Sport

• *Baden/Schwimmen* **Freibad** in Sarnthein mit Großschwimmbecken (12,5 x 25 m), 12-m-Sprungturm; **Schwimmbad** auch in Pens.

Mineralbad Bad Schörgau, vor kurzem wieder belebtes früheres Bauernbadl (→ „Übernachten/Essen & Trinken“ in Sarnthein); Sarner Latschenkiefernbad, Entspannungsbad in den sehr aromatischen Nadeln und Zapfen der Latschenkiefer, dazu Heubäder, Kneippgüsse und Sauna. Vorbestellung erwünscht: Eschgfeller, Unterreinswald 17, ✆ 0471/625138.

- *Reiten* Mit mehr als **500 Haflingerpferden** gehört das Sarntal zu den großen Zuchtzentren dieser Pferderasse. Reiterhöfe sind z. B. Bergerhof in Reinswald, Auener Hof in Auen oberhalb Astfeld sowie der Rabensteinerhof in Muls (→ „Übernachten/Essen & Trinken“).
- *Tennis* In der Sportzone Sarnthein.
- *Wintersport* Das **Skigebiet Reinswald** ist das einzige alpine Skigebiet des Sarntals und Teil der Ortler Sikarena. Moderne Kabinenbahn von Reinswald, 1570 m, auf 2130 m, 3 Schlepplifte, 12 km Pisten (fast alle mittelschwer), Rodelbahn von der Bergstation zur Sunnalm 4,5 km und von dort zur Talstation (720 m). 2 Pisten mit Beschneiungsanlage. Tageskarte ca. 18 €, Sen. ca. 16 €, Kinder ca. 12 €, 6 Tage 95/85/66 €, 13 Tage 188/169/130 €, auch Einzelfahrten und Punktekarten erhältlich. Reinswalder Lift, Reinswald 129, ✆ 0471/625132, 📠 625677, www.reinswald.com. Skischule und Skiverleih an der Talstation, ✆ 0471/625353 bzw. ✆ 0471/625330.

Mit Kindern im Sarntal: Schon der Info- und Hotelkatalog des Sarntals wirbt mit „Ein Familienglück“ und entsprechenden Fotos. Bei solcher Betonung der Familie und des Kindes kann man schon was erwarten: *Aventuraclub* nennt sich das Kinderprogramm des Tourismusvereins, und organisiert werden gemeinsam für die Kinder der Gäste und des Sarntales Indianerspiele, Kinderolympiade und -disko, Malnachmittage, Einführungen ins Felsklettern usw. Auch die ganze Familie wird angesprochen mit Wandern, Mountainbiketouren, Fitness, Laufen etc. Teilnehmende Betriebe sind u. a. Alpenblick, Sonne und Weißes Rössl in Astfeld und Rabensteiner Hof in Rabenstein/Muls. Paketpreise, Infos beim Tourismusverein.

Einkaufen

Handwerk im Sarntal
Sarner Handwerks-Traditionsbetriebe haben kaum noch Konkurrenz. Stofner (Rohrerstr. 18, Sarnthein, ✆ 0471/623295) ist eine **Sattlerei alten Stils** für die Pferdefans, die ihr Tier klassisch aufzäumen wollen: Schellengurte, Feiertagshalfter, dekorative Kummets, Kutschengeschirre, bestickte Reittrensen, auch Hunderiemen gibt es zu kaufen. Und Sättel aus handwerklicher Produktion – wo findet man das noch? Klassische Sarner **Federkielstickerei** an Trachtengurten, Hosenträgern, Glockenriemen und Brieftaschen fertigt Alois Trojer, Nordheim 49, ✆ 348/4721694, desgleichen Johann Thaler, Rihrerstr. 41, Sarnthein, ✆ 0471/623258.

Sarner Speck und Wurst aus eigener Produktion bei Luis Moser, Sarnthein, Europastraße 8 und Handwerkerzone 30, ✆ 0471/623610.

Naturkost/Bioladen Natur & Leben, Europastr. 60 a, Sarnthein.

Latschenkieferöl, Zirbelöl und Fichtenöl aus eigener Brennerei bei Eschgfeller, Unterreinswald 17, ✆ 0471/625138, Mo–Sa 9–18.30 Uhr, So 11–17 Uhr, auch Brennereibesichtigungen möglich (Juni bis Okt. Mo–Sa 16.30 Uhr).

Weberei Unterweger, Steet 26, Sarnthein, ✆ 0471/622660. Schafwollteppiche nach Maß, Fleckerlteppiche, Bettsocken, aber auch Betten und Kissen mit naturbelassener Schafschurwolle aus dem Sarntal kann man hier erwerben.

Übernachten/Essen & Trinken

- *In Sarnthein* **** **Bad Schörgau**, Putzen 24, das Viersternehotel des Sarntals, idyllisch südlich von Sarnthein gelegen mit erstklassigem Restaurant (2 der begehrten Michelin-Sterne!). 1990 noch schlichte Pension mit Grill-Restaurant (DZ/FR nach heutiger Währung ca. 26 €), heute ein äußerst komfortables Hotel. Der letzte An- und Umbau verstärkte den Einsatz von Holz in Zimmern und Suiten und stellte dem Restaurant ein Bistro zur Seite. Außerdem erweckte er das alte Bauernbadl, den ursprünglichen Auslöser für das Gasthaus, zu neuem Leben, als Bestandteil einer extensiven

Wellnesslandschaft, die auf unterschiedlichste Bäder spezialisiert ist (Blütenbad, Rosenblütenbad, Kräuter-, Milch- und Heubad). DZ/HP 146–220 €. ✆ 0471/623048, 📠 622442, www.bad-schoergau.com.

Das Restaurant des Hotels wird in fast jedem kulinarischen Führer durch Italien genannt, aus der Küche kommen Gerichte einer verfeinerten italienischen Küche, die sowohl die französische und internationale Entwicklung verfolgt, als auch die Tiroler Küche der Region kennt. Wer zu viel gegessen hat, kann sich ja anschließend mit dem Heilwasser der Quelle von Bad Schörgau kurieren, das für die Linderung gastroenterischer Beschwerden bekannt ist. Ab ca. 40 €, Menüs zu 38 und 52 €. Restaurant Mo und Di mittags geschlossen.

*** **Olympia**, Kellerburgweg 10, neueres Hotel mit dem in Südtirol anscheinend obligaten Turm (das Hotel sieht wie ein adeliger Ansitz aus – die Besitzer behaupten, das sei nicht beabsichtigt, man habe nur einen Lift nachträglich angebaut), Hallenbad, Saunen, Solarium und Fitnessraum sowie Liegewiese. Radlerfreundlich: Radgarage, kleine Werkstatt und Waschmöglichkeit, „Bikerwochen" mit z. T. begleiteten Touren, im Winter Ski- und Snowboardwochen. Geräumige und helle Zimmer mit Balkon. DZ/FR 70–94 €. ✆ 0471/623123, 📠 622206, www.hotel-olympia.net.

** **Zum Hirschen**, Reineggweg 8, wer nicht wegen des Essens kommt (traditionelle Tiroler und italienische Küche) kommt wegen des Ambientes: Die Stube des Hauses stammt wie der gesamte Bau aus dem 15. Jh. (1494), die prachtvolle, kunstvolle Balkendecke ist gotisch, die getäfelten Wände, der Kachelofen, das schlichte Mobiliar vervollständigen eine Wirtshausstube, wie sie schöner und gemütlicher kaum vorstellbar ist. Menü ab ca. 17–20 € (Restaurant Do Ruhetag). Zimmer modern, aber sehr schön mit Täfelung und Holzriemenböden, außerdem TV. Großer Garten. DZ/FR 70–76 €. ✆ 0471/623116, 📠 620326.

** **Sonnenblick**, Rohrer Leiten 12, Pension am Westrand von Sarnthein in etwas erhöhter Position, freundliches Haus mit Sauna und kleinem Ruheraum, großer Terrasse, Zimmern mit Balkon und TV-Anschluss. Zum Frühstück gibt's schon mal Selbstgebackenes. DZ/FR 58–70 €. ✆ 0471/623206, 📠 622695, www.sonnenblick.it.

** **Kranzlstein**, Kellerburgweg 171, traditionelle familiäre Pension mit jenem unbestimmbaren Etwas, das bewirkt, dass man sich wohl fühlt, was aber sicher mit den Leuten zusammenhängt, die das Haus führen. Holz in den beiden oberen Stockwerken, Holzbalkone in den Zimmern (TV auf Anfrage), die auf Garten, Wiese oder Terrasse schauen, eigene Sauna und gutes Frühstücksbüffet. DZ/FR 44–56 €. ✆/📠 0471/623135, www.kranzlstein.com.

* **Gasthof Bad Rungg**, Griesplatz 17, die alte Holzveranda zum großen Garten mit schönem Freischwimmbad und locker verteilten Sitzgruppen unter schattigen Bäumen bezeugt das Alter des Gasthofs, der vor 1914 erbaut wurde. Heute kommt ein Ruhe suchendes Publikum, das die etwas altmodischen Zimmer (Etagenbad, kein TV) goutiert. DZ/FR 52–56 €. ✆/📠 0471/623123, bad-rungg@gmx.net. Kenner tirolisch-österreichischer Küche genießen die Gerichte des Restaurants. Besonders gut die Nudelgerichte (Tiroler Tris mit Schlutzkrapfen, Spinat- u. Käseknödel ca. 7 €); 2 Gänge um ca. 20 €. Nach dem Sarner Kirchtag traditionelle Spezialitätenwochen mit Sarner Bauernküche: Saure Suppe, Schlutzkrapfen, Schöpsernes, Schwarzplentenknödel, Surfleisch, Grunggeln, Apfelknödel. Restaurant Di Ruhetag.

• *In Astfeld und Nordheim* *** **Alpenblick**, Astfeld 41, Haus am nördlichen (oberen) Ende von Astfeld bei, aber nicht direkt an der Straße, mit Hallenbad und Sauna, schöne Liegewiese, zur Straße eine Pizzeria, die Zimmer mit TV, Balkon, freundlicher und guter Service. Der Besitzer legt Wert darauf, dass der Alpenblick eine Pension ist und kein Hotel, das ist mal ein sympathisches Understatement. DZ/FR 60–78 €. ✆ 0471/623183, 📠 622433, www.alpenblick.bz.it.

** **Greif**, Astfeld 16, neuer Gasthof an alter Stelle, übersichtlich, nur 9 hübsche Zimmer mit TV, Familienbetrieb, Restaurant (Do Ruhetag), freundliche Bar, Aufenthaltsraum, hinter dem Haus kleiner Kinderspielplatz. DZ/FR 46–70 €. ✆ 0471/623143, 📠 622526, gasthof.greif@rolmail.net.

*** **Auener Hof**, Auen 21, Berggasthof-Hotel auf 1620 m (bei der Sarner Skihütte), etwa 7 km von Sarnthein, mit Zimmern und sehr komfortablen Apartments mit kleiner, aber komplett ausgestatteter Küche (ab ca. 70 €). Zum Haus gehört ein erfolgreicher Haflingerreitstall. DZ/FR 64–70 €. Im Restaurant überdurchschnittliche Küchenleistung mit köstlichen Nudelgerichten (Lasagne mit einer Füllung aus Almkäse und Wildschweinragout) Wildgerichten und Traum-

Desserts. Menü ab ca. 40 €, Mo Ruhetag. ✆/℡ 0471/623055, www.auenerhof.it.

*** **Zum Weißen Rössl**, Astfeld 6, traditioneller bürgerlicher Gasthof an der Straße, renoviert, nach vorne verglaste Terrasse mit großer Rosskastanie, Liegewiese, nebenan Tennisplätze. DZ/FR 56–74 €. ✆ 047/623159, ℡ 626207, www.weisses-roessl.org. Mi Ruhetag.

Hueberkeller, Nordheim 19, schöner alter Bauernhof auf der heute verkehrsarmen Seite des Tals mit Kellerlokal/Jausenstation. 10 offene Weine, Glas 1,60–2,60 €, darunter ein Teroldego und ein hervorragender Lagrein Dunkel. Speck am Brettl, Aufschnitt, „Bikertoast" (mit Speck, Käse und Schinken) etc., kalte/warme Imbisse 4–9 €. ✆ 0471/623268. Tägl. (außer Di) 17–1 Uhr.

• *In Reinswald* *** **Bergerhof**, Unterreinswald 73, Hotel und Reiterhof mit Haflingerzucht. Lage an schöner großer Wiese im Durnholzer Tal unterhalb Reinswald. Eher schlicht eingerichteter Neubau bzw. komplett renovierter Bau mit rustikalen Elementen (nicht zu kleine Zimmer mit Balkon, TV). Sauna, Liegewiese und Kinderspielplatz. DZ/FR 72–90 €. Die Küche bietet Nudelgerichte zwischen Spaghetti und Schlutzkrapfen (6–8 € für kleine/große Portion) und Fleischgerichte vom Schnitzel bis zum Entrecôte (ca. 9–13 €). ✆ 0471/625116, ℡ 625333, www.hotel-bergerhof.it. Restaurant Di Ruhetag.

• *In Durnholz* * **Pfarrwirt (Durnholz)**, Durnholz 11, traditioneller Bauerngasthof im Dorf, einfache Zimmer ohne Du/WC und nicht alle mit fließendem Wasser, DZ/FR 36 €. Kompromisslos Küche der Region von Knödeln über Nocken, Forellen, Gulasch bis Strudel. Ab ca. 18 €. ✆/℡ 0471/625142. Do Ruhetag, im Winter nur nach Anmeldung geöffnet.

Fischerwirt, Ausflugsgasthof am Durnholzer See mit großer Terrasse, deftige bürgerliche Küche (Speck am Brettl, Schnitzel, Forelle, geräuchertes Forellenfilet – keine Knödel!). Ab ca. 15 €.

• *In Rabenstein* ** **Rabensteiner Hof**, Rabenstein/Muls 6, Gasthof mit Tradition, wenn auch kein alter Bau im Gegensatz zum Wirtschaftsgebäude daneben. Tolle Lage über dem Tal knapp unter dem Waldrand, hinter dem Gasthof freundliche Dependance mit Zimmern mit Balkon und TV. Schöne getäfelte Bauernstube, Essen von traditioneller Sarner Kost bis gutbürgerlich, die Hauptzutaten kommen meist aus eigener Landwirtschaft. Hallenbad, Fitnessraum, Liegewiese und Naturkegelbahn! Wanderwege und im Winter Loipe ab Haus. DZ/FR 50–56 €. ✆ 0471/627147, ℡ 627347, www.rabensteinerhof.com. Do Ruhetag.

• *Urlaub auf dem Bauernhof* **Graf-am-Bichl-Hof**, Essenberg 8, wunderschöner alter Bergbauernhof oben am Berg (1183 m; Zufahrt auf asphaltierter Straße ab Sarntalstraße zwischen Astfeld und Muls) mit typischer Stube, in der das Frühstück eingenommen wird – mit vielen hauseigenen Produkten. Liegewiese und Pool, Kinderspielplatz, Haustiere. Freundliche Zimmer mit Du/WC, Gästekühlschrank, DZ/FR 42–44 €. ✆/℡ 0471/623472, www.graf-am-bichl.it.

• *In Pens* *** **Penserhof**, das „Alpenhotel" mit freundlichem rustikalem Restaurant, Saunen, Solarium, Liegewiese und Haustaverne (fürs Törggelen!) ist ein kleineres, familiär geführtes Anwesen. Zimmer mit TV und – laut Angabe der Besitzer – Gesundheitsbetten sind ansprechend möbliert. DZ/HP 96–110 €, ✆ 0471/627122, ℡ 627373, www.penserhof.com. Restaurant/Taverne Do Ruhetag.

Sehenswertes/Ausflüge

Die Höfe des Sarntals: Das Sarntal besitzt überdurchschnittlich viele alte Höfe, die z. T. auf das Mittelalter zurückgehen. Oft haben diese Anwesen meist großer Bauern getäfelte Stuben, die aber meist nicht älter als barock sind. Ältere Täfelungen haben aber z. B. der Rorerhof in Rungg, der Kieserhof in Öttenbach (1583), der Nisslhof in Essenberg (16. Jh.), der Felderhof in Aberstückl und der Heißhof in Mulls – sie sind alle Stuben privater Bauern und normalerweise nicht zu besichtigen. Ersatz bieten Gasthausstuben wie im Gasthof Zum Hirschen in Sarnthein (→ „Essen & Trinken").

Die Talferschlucht zwischen Schloss Runkelstein (Bozen) und Sarnthein: Fährt man von Runkelstein die Talferschlucht weiter in Richtung Sarnthein, liegt knapp nach Runkelstein eine weitere Burg auf einem Felsen, der aus dem Talgrund auftragt: **Burg Ried**. Der Felsklotz, auf dem sie steht, ist kleiner als jener von Runkelstein, aber eindrucksvoll genug, der kräftige Bergfried ist sehr gut erhalten. Die Talferschlucht

Sarnthein, Kellerburg

ist im untersten Teil so eng und wild, dass immer wieder auf Bergverbindungen zwischen Bozen und dem Sarntal ausgewichen wurde – z. B. über Jenesien nach Sarnthein – und trotz der über das Penser Joch günstigen und theoretisch kürzesten Verbindung zwischen Brenner und Bozen nie ein Verkehrsweg mit größerer Bedeutung entstand.

▸ **Sarnthein**: Die schönen alten Häuser des Hauptorts des Tals drängen sich an der ehemaligen Hauptdurchgangsstraße, die jetzt dank einer Umgehungsstraße verkehrsberuhigt ist. Sehenswert ist die *Sarner Pfarrkirche,* nach dem Erdbeben von 2001 wurde sie komplett wieder restauriert. Ein schöner Ansitz im Norden des Orts ist die *Kellerburg.* Eine Zinnenmauer umgibt den Ansitz, ein Rundbogentor mit Wappenstein der Sarntheiner von 1778 öffnet sich zur Straße. Es handelt sich um ein älteres Haus, das in der Renaissance zum Ansitz erweitert und verschönert wurde. Es gehört seit Mitte des 17. Jh. den Grafen von Sarnthein.

Nicht zu übersehen ist die romanische Burg **Schloss Reinegg** über den Wiesen östlich von Sarnthein. Der Bau hat sich bis in Einzelheiten so erhalten, wie er vor 750 Jahren errichtet wurde. Burgbesitzer waren die Velturner, die Burg wird erstmals 1263 anlässlich der Hochzeit der Tochter des Hugo von Velturns mit Albero von Matsch erwähnt. Die Burg dürfte damals brandneu gewesen sein, fiel nach Hugos Tod aber nicht an dessen Nachfahren, sondern wurde eingezogen und kam an Meinhard II. von Tirol. Weil sie bald in Fremdbesitz überging, blieb sie unverfälscht erhalten, die Pfleger hatten wenig Interesse und kein Geld für Anbauten oder Veränderungen.

▸ **Wanderungen um Sarnthein**: Sarnthein ist ohne Zweifel ein idealer Standort für Wanderer, die nicht unbedingt Felsensteige gehen, sondern in einer abwechslungsreichen Landschaft mit großen Almwiesen und unproblematischen alpinen Steigen unterwegs sein wollen. Die Wanderung Nr. 1 ab Sarnthein ist die einwöchige Umrundung des Tals auf der *„Großen Hufeisentour"*, ein anstrengendes, aber bergsteigerisch einfaches Unternehmen (Flugblatt und Liste der Hütten mit Adressen etc. in den Tourismusbüros).

Aber nicht jeder hat eine Woche Zeit. Eine hübsche Wanderung führt von der Sarner Skihütte, die man auch schön per Mountainbike erreichen kann, auf das *Auenjoch,* besser bekannt als „Stoanerne Mandln" (→ Tschögglberg/Mölten, S. 338).

Durch das direkt von Sarnthein ausgehende *Ottenbachtal* erreicht man die Almenlandschaft um Meran 2000 und den Ifinger (→ Hafling, S. 335). Auf der anderen Talseite locken Rittner Horn (→ Tour 11), Villanderer Alm (→ S. 153) und – rascher über das Durnholzer Tal und Reinswald zu erreichen – die Kassianspitze (→ Tour 8).

Hier nur ein Tipp für einen kleinen Familienausflug: Weg 17 führt als *„Jubiläumskreuzweg"* sehr hübsch von Astfeld zum Höhenkircherl St. Valentin auf dem Sporn zwischen Sarntal und Durnholzer Tal. Er beginnt beim ersten Haus nach der Brücke am Beginn der Straße ins Durnholzer Tal, Dauer ca. 0:30 Std.

• *Hütten* **Sarner Skihütte**, Auen 19, Schutzhütte mit einfachen Zimmern (kein fließendes Wasser), nur in der Sommersaison geöffnet, kleine Speisen. DZ/FR 50–60 €. ✆ 0471/622708, 📠 620620, sarnerskihuette@dnet.it. **Jausenstation Messnerhof**, St. Valentin, Mi Ruhetag.

Tour 11: Mit dem Rad vom Sarntal über den Ritten ins Eisacktal

Tour-Info: Diese aussichtsreiche Radtour führt vom Sarntal südlich Sarntal auf den Ritten, quert ihn und führt dann auf dem alten Kaiserweg nach Barbian und hinunter ins Eisacktal. Rückweg am besten mit der Bahn nach Bozen, von dort aus per Bus, wer von anderswo ins Sarntal anreist, hat gute Morgenverbindungen ab Bozen. Dauer 2:30 Std.; Länge 36,1 km; Höhenunterschied: ↑ 700 m, ↓ 1000 m; Karte: Tabacco (1:25.000) Blatt 34, Kompass (1:50.000) Blatt 54. Wanderskizze → Karte S. 184.

Die Tour beginnt im Sarntal südlich Sarnthein beim Abzweig der Straße nach Wangen und auf den Ritten **1A**. Die gute Straße steigt mäßig steil in wenigen Kurven durch den bewaldeten Hang, die Abzweigung nach Wangen **1B** bleibt rechts. Nun etwas steiler, man ist recht froh, das Plateau zu erreichen **C** und nach einem weiteren kurzen Anstieg eine Schulter **D** – hier links Weg 4 „Rittner Horn“ und Reha-Zentrum – ab der es dann mal ein wenig eben und sogar bergab geht (der höchste Punkt der Tour, zehn Minuten später, ist nur 10 m höher – 1407 m hoch).

Auf und ab, meist ab, durch Oberinn und Kematen und bäuerliche Landschaft mit Wald. Im größeren Ort Klobenstein erreicht man die Hauptstraße **E**, hier auf dieser nach links, bei der Linkskurve im Ort **F** Straße rechts nicht beachten und mit Schild „Lengmoos“ weiter. In Lengmoos **G** kann man rechts einen Abstecher zu den Erdpyramiden machen oder gleich weiter fahren, immer auf derselben Straße, die in Richtung Lengstein und Barbian führt, der Nachfolgerin des alten Kaiserwegs. In Lengstein **H** links an der Kirche vorbei, die Straße wird deutlich schmaler und ist ab hier wesentlich weniger befahren. Eine schmale Terrasse mit schönen Ausblicken hinüber in die Dolomiten gibt einigen Bauernhöfen das Auskommen, beim letzten **I** ist Urlaub auf dem Biohof möglich. Nach Querung eines kühlen, schattigen Waldtales erreicht man Saubach, das bereits zu Barbian gehört, und Barbian **J** mit seiner Pfarrkirche mit schiefem Kirchturm (etwas links oberhalb der Strecke). Hinunter nach Waidbruck ist die Straße wieder sehr gut ausgebaut und breit, man kann den schnellen Rutsch allerdings nur kurz genießen. Unten über die Eisackbrücke, gleich danach rechts, halblinks auf die Umfahrungsstraße und nach links bis in den Ort, vor der Kirche wieder links zum Bahnhof **K** (der neue Umfahrungstunnel wurde erst nach Ende der Recherchen für dieses Buch fertig gestellt, in Waidbruck könnten sich folglich Änderungen ergeben haben!).

◆ **Im Durnholzer Tal**: Mit den beiden Dörfern Reinswald und Durnholz ist das Durnholzer Tal, ein Nebental des Sarntals, das sich zum östlichen Kamm der Sarntaler Alpen hinaufzieht, recht dünn besiedelt. „Erschließung“, die meist mit Zersiedelung Hand in Hand geht, gibt es nur in bescheidenem Maße. Nur **Reinswald** besitzt durch die Kabinenbahn (s. u.) ein erschlossenes Wander- und Skigebiet. Kaum ein anderes derart ursprüngliches Bergbauern- und Berggebiet Südtirols ist gleichzeitig so gut erreichbar und so einsam. Wanderer werden durch die leichten Steige zu sehr

Am Durnholzer See

aussichtsreichen Zielen gelockt, die Tagewaldhorn, Jakobsspitze und Kassianspitze umfassen, alle im Hauptkamm zwischen Sarntal und Eisacktal mit Dolomitenblick (zur Kassianspitze → Tour 8).

Der kleine **Durnholzer See** (1540 m) ist ein gut erreichbares und doch einsames Bergseejuwel. Am aufgestauten Ende des Sees steht man, nachdem man durch ein steiles bewaldetes Stück heraufgestiegen ist, wie überwältigt da. Im an dieser Stelle ganz dunklen See spiegeln sich die von der Sonne erhellten offenen Wiesen und Weiden und der mit Berghöfen gesprenkelte Hang, der sich hinter dem See zur Jakobspitze (2741 m) hinaufzieht. Ein bequemer Weg führt um den See, ein Teil ist Asphaltstraße, ein Teil für Räder befahrbarer Wanderweg. Beim „Fischerwirt" kann man schön draußen sitzen und über den See hinweg auf die Berge blicken.

Der Ort **Durnholz** (1558 m), am Seeende etwas höher auf einer schmalen, aber sonnigen Hangterrasse gelegen, besteht aus einer Handvoll Häusern, der Kirche und dem „Pfarrwirt", dessen Besuch fast Pflicht ist. Für Aktive aber erst nach der großen Tour auf das *Tagewaldhorn* (2708 m), das sich am Ende des Seebachtals erhebt. Eine bequeme Talwanderung führt in 3 Std. zur Flaggerschartenhütte (Marburger-Siegener Hütte, 2481 m) auf der Flaggerscharte unter dem Gipfel, zu dem man noch eine Gehstunde hat, zurück geht man 3, also insgesamt 7 Sd. (Nur zur Klärung; Wer von Mittewald im Wipptal zur Flaggerschartenhütte und zum Tagewaldhorn aufsteigt, benötigt hin und zurück ca. 12 Std., muss also auf jeden Fall in der Hütte nächtigen!)

• *Bergbahn* **Kabinenbahn Reinswald**, Ende Juni bis Anf. Okt. Mo–Sa 9–12/16–17 Uhr, am Sonntag 8–12.30/13.10–18 Uhr, im Aug. tägl. 8–12.30/13.10–18 Uhr; Berg ca. 4,50 €, Sen. 4 €, Kind 3 €, Berg/Tal 7,50/6,50/4,50 €. ✆ 0471/625132, www.reinswald.com.

• *Essen & Trinken* **Sunnolm**, hyperrustikaler Berggasthof (Neubau) bei Reinswald mit Sonnenterrasse, daneben Iglu. Imbisse und warme Speisen der internationalen Küche mit Fisch als Spezialität (Seepolypencarpaccio, Spaghetti alle vongole, Schwertfisch mit Beilage – weit, weit muss das Meeresgetier reisen, bis es hier verarbeitet und serviert wird ...), ✆ 0471/625324, www.sunnolm.it. 30 Min. zu Fuß ab Parkplatz Kabinenbahn Reinswald; Zubringerdienst zur Sunnolm ✆ 348/7020465.

Gasthof Durnholz → S. 191.

• *Hütte* **Flaggerschartenhütte**, CAI Franzensfeste, Tiroler Küche mit einigen Knödelgerichten, sonnige Terrasse, Zimmer, geöffnet Ende Juni bis Ende Sept., ✆ 0471/625251.

Tour 12: Wanderung vom Durnholzer See nach Reinswald

Tour-Info: Hübsche Waldwanderung ohne große Anstrengungen, **auch mit Kindern**, einige schöne Ausblicke ins Durnholzer Tal und in die Sarntaler Alpen. Zurück mit dem Bus Sarnthein – Durnholz, vorher nach Zeiten erkundigen! Länge 7,8 km; Dauer 2 Std.; Höhenunterschied ↑ 250 m, ↓ 210m. Karten: Tabacco (1:25.000) Blatt 40: Kompass (1:50.000) Blätter 54 und 56. Keine Hütten!

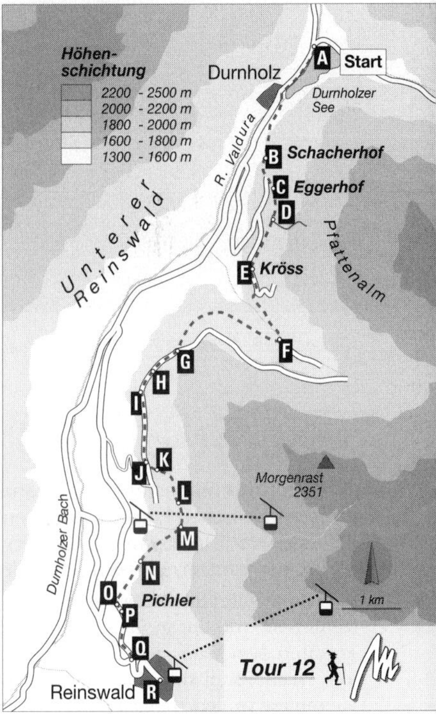

In Durnholz geht man nicht in den Ort hinauf, sondern nimmt den unterhalb am See beim Buswendeplatz **A** beginnenden Fahrweg (oder das kurze Stück beschilderten Wanderweg). Beim ersten Hof **B** (Schacherhof) endet die Asphaltstraße, geht aber als schmaler Weg und dann Fuhrweg weiter zum zweiten Hof **C** (Eggerhof). Nach halblinks auf einen Fahrweg, ein Schild nennt „Reinswald", die rot-weiße Markierung trägt die Nummer 22. Bei einer Gabelung **D** vom Fahrweg nach rechts auf an dieser Stelle undeutlicher Fußweg, er führt zu einem weiteren Hof **E** (Kröss). Dort hinter einem Schuppen mit Schild „Reinswald" rechts hinunter auf Weg, der in eine steile Wiese und ein Bachtal führt. Unten erreicht man den Waldrand **F**, kurz links und Bachquerung auf einem Steg, danach kurz steil hinauf zu einem flacheren bewaldeten Hang, wo man eine Forststraße erreicht **G**. Nach rechts und nach 100 m links auf eine abzweigende Forststraße (Schild, Markierungen). Bei einem Kruzifix **H** geht es wieder von der Forststraße ab und zwar nach links auf einen schmalen Fußweg durch Wald. Wo man die Forststraße wieder erreicht **I**, hält man sich rechts und ist bald am Waldrand, wo wunderschöne Wiesen darüber hinwegtrösten, dass hier wieder Asphalt beginnt. Eine Abzweigung **J** (Staubstraße zur Pfnatschalm und zur Bergstation der Kabinenbahn von Reinswald) bleibt links.

Beim nächsten Gehöft **K** zweigt links ein Fuhrweg ab, der sich bald zum Steig verschmälert und einen zum nahen Gehöft Wieshäusl **L** bringt, wo man am Ende einer hier heraufführenden Asphaltstraße bei einem Kruzifix **M** geradeaus in den Hang weitergeht. Nicht lange, dann zweigt rechts ein Steig ab **N**, der nach ca. 200 m im Wald eine abschüssige Forststraße quert, danach wird der Weg etwas besser und auch breiter. Er führt zu einer Hofgruppe **O** (Pichler), wo man beim letzten Gebäude nach links auf einen Weg gelangt, der durch Wiesen um eine Schulter herum zu einem Hof am Rand von Reinswald führt, wo wieder eine Asphaltstraße beginnt **P**. Auf dieser weiter, bei Einmündung in breitere Straße **Q** entweder nach rechts (zur Kirche) oder nach links zur Talstation der Seilbahn und Buswendestation samt Großparkplatz **R**.

Überetsch, Schloss Korb und Gantkofel (Mendelgruppe)

Überetsch und Unterland

Mit Südtirols mildestem Klima kann sich die Weinlandschaft des Überetsch brüsten. Zwischen Etschtal und Mendelkamm fühlen sich sogar mediterrane Pflanzen wohl. In Eppan und Kaltern ist man für den Ansturm sonnenhungriger Gäste gut gerüstet, zur Törggelenzeit im Herbst ist auch das letzte Bett belegt.

Von Bozen führt die **Südtiroler Weinstraße** ins Weinland des Überetsch. In den Winzerdörfern von Eppan und rund um Kaltern scheint eine südliche Sonne, im submediterranen Klima gedeihen einige der besten und bekanntesten Weine des Landes, allen voran der Traminer und der Kalterer See. Aber auch im Unterland dominiert an den Hängen der Wein, etwa um Tramin mit der nach dem Ort benannten Traminerrebe. Im Etschtal selbst erstrecken sich von Bozen bis zur Landesgrenze bei Salurn riesige Obstplantagen, vor allem Äpfel werden gezogen. Auf der linken Seite der Etsch liegen im Schatten steiler rötlicher Felsen weitere Obst- und Weindörfer. Auer und Neumarkt stechen als große, fast städtische Ort mit ihren großen alten, von Wohlhabenheit zeugenden Häusern hervor. Oberhalb der steilen Talflanken liegt ein welliges Plateau, nur wenige Bauerndörfer wie Aldein, Altrei, Truden trotzen dem harten Klima. Die gewaltige Bletterbachschlucht zieht sich mittendurch, Ziel für Wanderer und Naturliebhaber.

Die drei Regionen Überetsch, Unterland und die Bergdörfer des Unterlands (in Südtirol meist „Unterland Berg“ genannt) teilen sich einen objektiv kleinen Raum: Von Bozen im Norden nach Salurn im Süden sind es keine 40 km, an der breitesten Stelle – zwischen dem Roèn im Westen und dem Weißhorn im Osten – sind es gerade 20 km. Für die Winzigkeit ist eine Menge los, gerade auch was den Tourismus betrifft. Um es gleich klar zu stellen, den **Sommertourismus**, denn im Winter läuft wenig oder gar nichts, Südtirols Skigebiete liegen anderswo. Vor allem das Überetsch zwischen Eppan und Kaltern und bis hinunter nach Tramin hat sich dank seiner langen Sommersaison, die einen meist milden und sonnigen Herbst einschließt, zu einem wahren Urlaubsparadies entwickelt, einer klassischen Ferienregion vorwiegend deutschsprachiger Gäste. Kaum ein Renaissanceansitz, der nicht auf die eine oder andere Art mit Gastronomie oder Hotellerie verbunden ist, kaum ein Weingut, das nicht deutsche, österreichische und Schweizer Kunden hat.

• *Information* **Tourismusverband Südtirols Süden**, Pillhofstr. 1, I–39010 Frangart, ✆ 0471/633488, 📠 633367, www.suedtirols-sueden.info. Großes Infobüro am unteren Ortsende direkt an der Straße nach Bozen, Mo–Fr 9.30–12.30/14.30–18.30 Uhr, Sa 9.30–12.30 Uhr. Neben dem Unterkunftsverzeichnis gibt es z. B. ein vierteljährlich erscheinendes Veranstaltungsverzeichnis mit Freizeittipps, die „Ferienzeitung".

• *Urlaubs-Shuttle* **Bustransfer von München/Hbf.** nach Frangart und St. Michael (beide Eppan), Kaltern, Tramin und Auer, hin/zurück 47 € (einfach 26 €), von April bis Allerheiligen. Infos/Buchungen beim Tourismusverband oder bei Hocheppan Reisen, Kapuzinerstr. 3, I-39057 Eppan, ✆ 0471/662506, 📠 661424, www.hocheppanreisen.com.

• *Übernachten* Die meisten Beherbergungsbetriebe in Überetsch und Unterland haben nur von Ostern bis Allerheiligen geöffnet, es gibt **keine Wintersaison!**

Die Südtiroler Weinstraße

Von Meran über Sigmundskron nach Salurn durchzieht die „Südtiroler Weinstraße" die wichtigsten Weingebiete Südtirols im Burggrafenamt und in Überetsch und Unterland. Die neu trassierte, die größeren Orte umfahrende Straße ist allerdings nur noch sehr bedingt in der Lage, etwas über den Weinbau zu verraten, zumal sie ein flotter Fahrer in kürzester Zeit abgefahren hat. Sie ist eher als Einladung zu sehen, den Wagen stehen zu lassen und durch die Orte, die Weinberge und die Landschaft zu wandern. Als sie entstand, da glaubte man noch an das Auto, der absurde Ausdruck „Autowanderung" entstand – heute nimmt man besser das Radl, wenn man eine Landschaft kennen lernen will.

Gemeinde Eppan

Eppan – der Name steht für die Überetscher Ansitze, diese Landhäuser und Schlösschen, die sich reiche Händler und Adelige in der Renaissance und im Barock bauten. In Eppan sind Dutzende davon attraktiv in der idyllischen Weinbergslandschaft verteilt.

16 eng aneinander grenzende Dörfer und Weiler und zahlreiche Einzelhöfe sind in der Gemeinde Eppan zusammengefasst. 67 Ansitze gibt es im Gemeindegebiet, fast alle zwischen 1550 und 1650 in einem Mischstil aus spätgotischen Elementen und Renaissanceformen errichtet, dem *Überetscher Stil.* Die Besitzer dieser Ansitze lebten überwiegend vom Weinbau, sei das nun direkt durch Weingüter oder indirekt durch Zins und Pachtgelder von Weinbauern. Heute sind die Schlösser und Ansitze die größte Sehenswürdigkeit Eppans – und unter der Fahne des Fremdenverkehrs, die in Eppan hoch gehalten wird, findet man die meisten nicht unter „Sehenswertes" aufgeführt, sondern bei „Übernachten" und „Essen & Trinken"! Auch Schlossbesitzer gehen mit der Zeit und sind einem Extra-Euro nicht abgeneigt.

Unter den nicht nur Bergsteiger und Bergwanderer faszinierenden Felswänden und Steilhängen des **Mendelkamms**, die Eppan überragen, erstreckt sich ein breiter

Mischwaldgürtel mit vielen schönen Wanderwegen, darunter dem **Eppaner Höhenweg**. Tiefer liegt das besiedelte Gebiet von Eppan, das etwa in **Perdonig** weit über die Weinzone hinausragt, aber im Wesentlichen von Weinbergen und generell vom Wein geprägt ist. Es ist windgeschützt und warm, die Hänge blicken nach Süden und Südosten, da kann sich die Sonnenwärme so richtig einnisten. Nicht nur die Schlösser und Ansitze zeugen von der Attraktivität, die Eppan schon früher hatte, Burgen und Burgruinen, vor allem das **Eppaner Burgendreieck** mit **Hocheppan, Boymont** und **Korb**, zeigen, dass auch die Herrschaft Tirols sich hier gerne niederließ. Eine Zeit lang schien es im Mittelalter sogar, als ob Hocheppan Schloss Tirol den Rang ablaufen würde (dann würden wir heute Südeppan besuchen und nicht Südtirol). Aber dann setzten sich doch die Herren von Tirol im Land durch und nicht die Eppaner.

Information/Verbindungen/Postleitzahlen

• *Information* **Tourismusverein Eppan**, Rathausplatz 1, I-39057 Eppan/Appiano, ✆ 0471/662206, ℻ 663546, www.eppan.net. Büro im Zentrum von St. Michael, neben dem Üblichen (ausführliches Unterkunftsverzeichnis, keine Hotelprospekte!) Gastronomiefibel, Shoppingführer und guter Ortsplan; neu ist ein Sport- und Freizeitführer mit Wander- und Radtourentipps. Geöffnet Mo–Fr 8.30–18.30 Uhr, Sa 9.30–12.30/15–18 Uhr, So 10–12 Uhr.

• *Verbindungen* **Pkw**: Die Strecke von Bozen über Eppan nach Kaltern ist gut ausgebaut. Der locker gebaute Ort hat Parkmöglichkeiten an vielen Stellen. An der Untertunnelung der „Bahnhofskreuzung" der Staatsstraße, dem neuralgischen Punkt des Ortes, wird gebaut. **Bus**: gute Verbindungen mit Bozen und Kaltern sowie Auer und Neumarkt. Sehr guter, leicht zu fahrender **Radweg** Bozen – Eppan – Kaltern auf ehemaliger Bahntrasse.

Die Ortsteile und ihre Postleitzahlen: **I-39057 St. Michael** (mit Maderneid, Pigeno, Untere und Obere Gand, Berg, Perdonig, Montiggl), **I-39050 St. Pauls** (einschließlich Aich, Unterrain, Missian, Girlan mit Schreckbichl) sowie **I-39010 Frangart**.

Diverses/Einkaufen

• *Diverses* **Apotheken**: St. Michael, Bahnhofstr. 13 und 32.

Ärztlicher Bereitschaftsdienst ✆ 0471/909148. **Gemeindearzt** ✆ 0471/662100.

Gesundheitsdienst Eppan, Platzerstr. 29, ✆ 0471/660977.

Erste Hilfe im Krankenhaus Bozen ✆ 0471/908330, **Krankenhaus Bozen** ✆ 0471/908111.

• *Lebensmittel/Feinkost* **Brot** der Bäckerei Plazotta wird sehr gerühmt, in St. Michael, J.-Innerhofer-Str. 44, Filiale in Girlan nur vormittags geöffnet.

Bioprodukte im Bioparadies (Reformhaus mit Lebensmitteln aus kontrolliertem biologischem Anbau), St. Michael, Bahnhofstr. 60.

Speck aus eigener Produktion in der Metzgerei Rainer, St. Pauls, St.-Justina-Weg 4.

Supermarkt: großer Despar in St. Michael, Bahnhofstr. 56.

Markt: am Mo in St. Pauls, am Di in St. Michael, am Do in Girlan.

Wein: Vinothek Merum, J.-G.-Plazer-Str. 14, große Auswahl an Südtiroler Spitzenweinen und anderen italienischen Weinen, Olivenöl, Balsamessig, Grappe und Schnäpsen.

• *Kunsthandwerk* Bäuerliche Tischwäsche und Bauernmöbel in der Paulser Kunststube, St. Pauls, Hauptplatz 16.

• *Reitsportartikel* In großer Auswahl bei Black Beauty, St. Michael, Albertus-Magnus-Platz 4.

Wein & Co.

• *Kellereien* **Weingut und Kellerei Josef Niedermayr**, Girlan, Jesuheimstr. 15, alteingesessenes Weingut seit 1852 im Familienbesitz mit 15 ha, auf Rotweine spezialisiert (St. Magdalener, Blauburgunder), auch Barrique. ✆ 0471/662451, www.niedermayr.it.

Josef Brigl Weinkellerei, St. Michael, Maria-Rast-Weg 1, seit 1308 nachgewiesene Weinbauernfamilie, der Keller befand sich von 1309 bis 2003 in Girlan. Technisch hervorragend; die Keller mit Tanks in blitzendem Edelstahl und ein paar traditionellen Holzfässern. Die Großkellerei verarbeitet den Wein von mehr als 100 ha. ✆ 0471/662419, www.brigl.com.

Weingut K. Martini & Sohn, Girlan, Lammweg 28, noch recht junges Weingut, Weine in mehreren Qualitätsstufen aus eigenem Anbau, der Rosenmuskateller besonders fein und aromatisch. ✆ 0471/663156, www.weinkellerei-martini.it.

Weinkellerei Schreckbichl, Girlan, Weinstr. 8, große Kellerei mit breit gefächertem Angebot, einige Weine auch als Lagenabfüllungen. ✆ 0471/664246, www.colterenzio.com.

Kellereigenossenschaft Girlan, Girlan, St.-Martin-Str. 24, große Kellerei mit Weinen in 3 Qualitätslinien, auch Lagenweine, nicht nur Vernatsch. ✆ 0471/662403, www.girlan.it.

Kellereigenossenschaft St. Pauls, St. Pauls, Schloss-Warth-Weg 21, Großbetrieb mit nicht nur tollen Weinen, Gelegenheit zum Verkosten und Einkaufen im hauseigenen Verkaufslokal (Mo–Fr 9-12.30/15- 19.30 Uhr, Sa bis 18 Uhr); Weinseminare, Weinbergbegehung und Kellerführung Di und Fr 15.30 Uhr, Dauer 3 Std., Seminar kostenlos, Verkostung 5 €; ✆ 0471/662183, www.kellereistpauls.com..

Kellereigenossenschaft St. Michael-Eppan, Umfahrungsstr. 17–19, großer Betrieb im aufgeblasenen gründerzeitlichen „Ansitz" seit 1907. 320 Mitglieder, Weiß- und Rotweine je zu 50 %. Neben Konsumweinen in Stahltanks feine Kreszenzen aus dem Holzfass, Spitzenprodukte haben die Bezeichnung „Lage Sanct Valentin". Weine auch im Einzelhandel erhältlich. ✆ 0471/664466, www.stmichael.it.

Weingut Josef Weger, Girlan, Jesuheimstr. 17, traditionelles Familienweingut, die Weine können Sie auch ganz gemütlich im hauseigenen Restaurant probieren! ✆ 0471/662416, www.wegerhof.it.

Biowein nach Bioland-Standard bei Niedermayer, Schulthauser Weg 1, ✆ 0471/664152.

• *Brennerei/DOP-Olivenöl* **Gutshofbrennerei Alfons Walcher im Turmhof**, Eppan-Berg, Turmbachweg 17, Südtiroler Edelbrände, die Brennerei bietet auch verschiedene hochwertigste kaltgepresste Olivenöle aus ganz Italien mit der höchsten Qualitäts- und Herkunftsgarantie DOP an. Auch Betriebsbesichtigung und Verkostung (Unkostenbeitrag 5 €) am Sa 17 Uhr, Anmeldung beim Tourismusverein, Infos zum Betrieb auf www.brennerei-walcher.com.

Veranstaltungen/Sport & Freizeit

Der Tourismusverein veranstaltet regelmäßig Wanderungen und Führungen, Kutschenfahrten, Weinseminare, Filmabende etc., Infos und Anmeldungen bei Tourismusverein.

Internationaler **Eppaner Burgenritt** in der 2. Maihälfte, ein langes Wochenende mit Reitturnieren und vielfältigem Rahmenprogramm. Der Ritt führt auf 65 km Gesamtlänge zu 10 Burgen zwischen Sigmundskron und Hocheppan. Einige der Wettkämpfe stützen sich (sehr) locker auf historische Gegebenheiten, andere sind reine Geschicklichkeitsspiele vor Burgenhintergrund.

Eppaner Schlosskonzerte, klassische Musik auf den Ansitzen Eppans, im Sommer.

In der Vorweihnachtszeit zeigt St. Pauls seine **Krippenausstellung** mit üblicherweise mehr als 60 Krippen. Die beleuchteten Krippen sind hinter Fenstern, in Nischen, auf Erkern, in Höfen zu bewundern – ein einmaliges Schauspiel! Die Krippen sind handgefertigt und nicht zum Verkauf bestimmt. An 2 oder 3 Terminen gibt es eine „Lebende Krippe" mit Laiendarstellern zu bewundern.

Fahrradverleih: Tourismusverein sowie bei Sanvit Bike, Bahnhofstr. 70, ✆ 0471/660775, dort auch Werkstätte.

Reiten: Reitstall Montiggl.

Baden/Schwimmen: Lido am Großen Montiggler See mit Sportbecken, Kinderbecken, großer Rutsche, ✆ 0471/664155.

Tennis: diverse Plätze, z. B. Sparer, Montiggl, ✆ 0471/664657.

Sauna: Rittstein, Sauna in Waldtälchen nahe Schloss Englar, sehr romantisch, Mo 16–23 Uhr, Di-Fr 14.30–23 Uhr, Sa 14–24 Uhr, So 14–23 Uhr, Eintritt 15 €, ab 21 Uhr (Sa 22 Uhr) 10 €, ✆ 0471/662683.

Übernachten (siehe Karte S. 200/201)

Wohin auch das Auge blickt – Eppans Ansitze werden als Hotels und Pensionen geführt. Die Gelegenheit, sich als Schlossherr oder Schlossherrin zu fühlen! Und das zu ganz zivilen Preisen.

• *In St. Michael* **** **Stroblhof (5)**, Pigenostr. 25, alter Ansitz und Weingut. Ausbau, Anbau, Zubau – der Mix hat eine Tradition, die bis ins 16. Jh. zurückreicht. Dennoch moderner

Übernachten

2 Schloss Korb
3 Bad Turmbach
4 Schönblick
5 Stroblhof
6 Schloss Paschbach
7 Schloss Englar
8 Ansitz Reinsberg
9 Ansitz Tschindlhof
10 St. Justina Hof
11 Schloss Aichberg
12 Josef Kager
15 Haus Hanni
16 Weißes Rössl
23 Eppaner Hof
24 Ansitz Angerburg
25 Weingarten
26 Sternegg
27 Felderer
28 Luziafeldhof
31 Schloss Warth Residence
32 Unterhabsbergerhof
33 Moser am See
34 Sparer

Cafés

14 Caramel
21 Schreckensteinkeller
29 Peter Paul
35 Jausenstation am Kleinen Montiggler See

Essen & Trinken

1 Lipp
3 Bad Turmbach
5 Önothek Stroblhof
13 Pasta & Co.
16 Weißes Rössl
17 Paulser Dorfkeller
18 Zur Rose
19 Zum guten Tropfen
20 Heuschupfen
21 Schreckensteinkeller
22 Rathausstube
23 Eppaner Hof
30 Schönegg
36 Fischerhof
37 Marklhof
38 Wolfhof

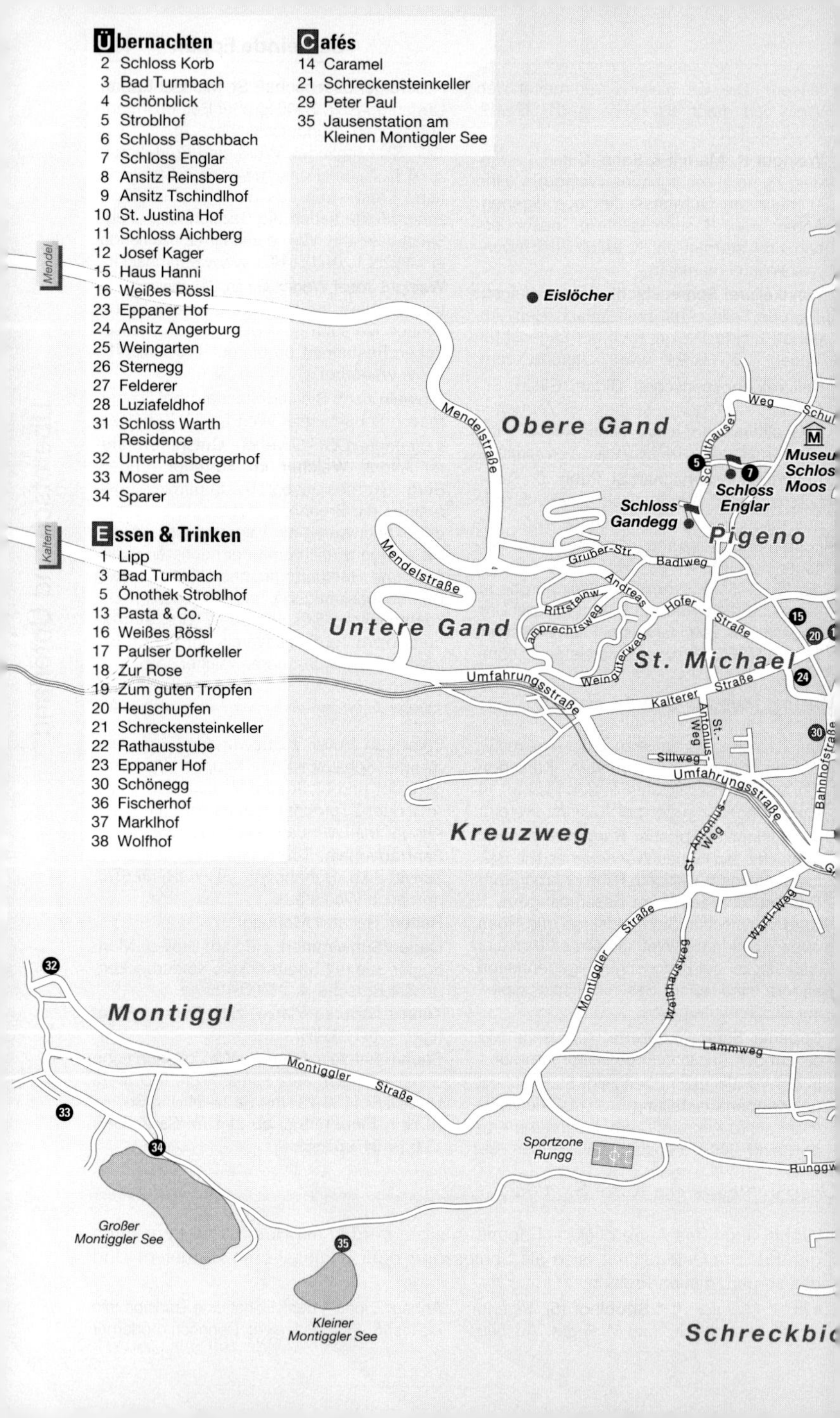

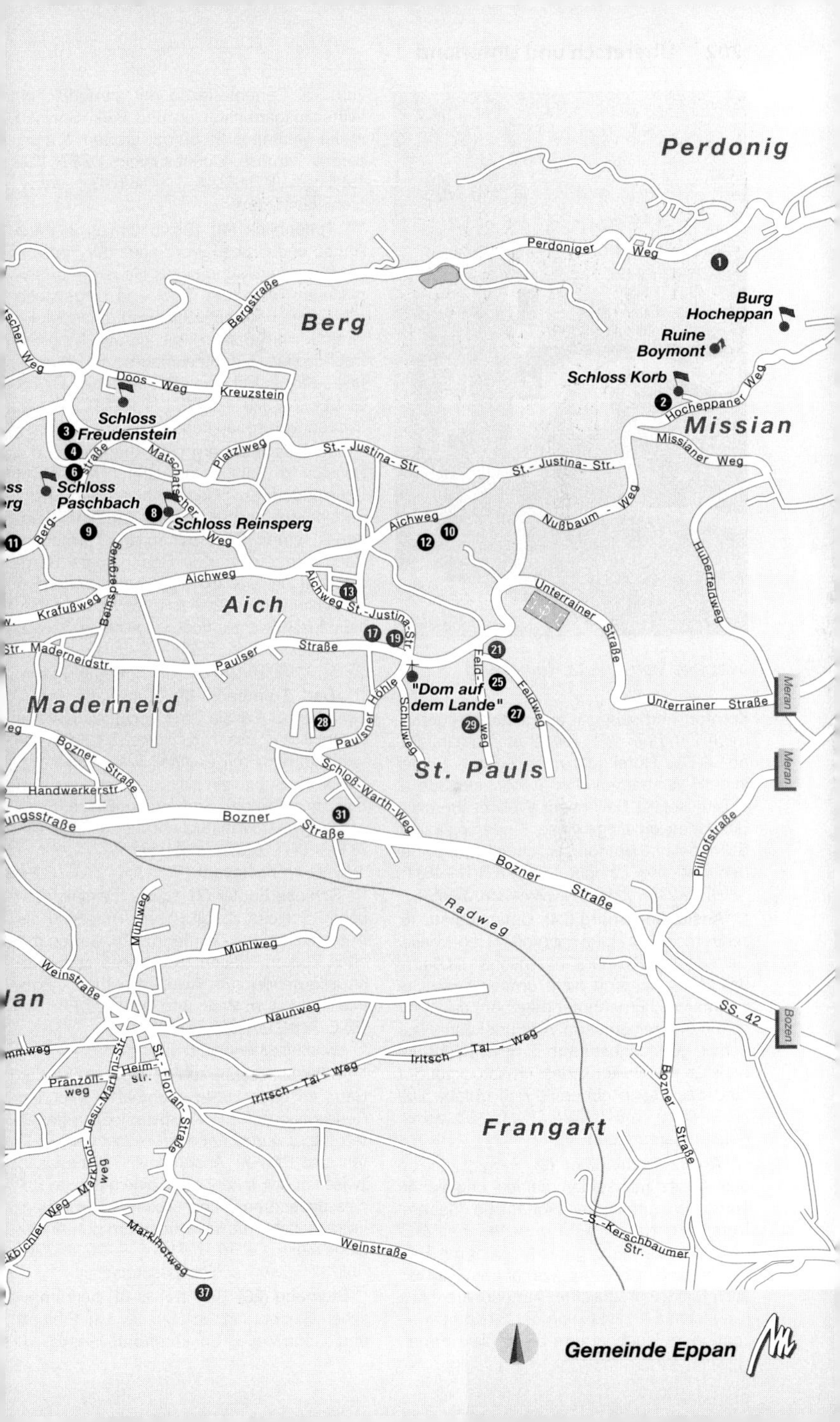
Perdonig
Perdoniger Weg
Bergstraße
Berg
Burg Hocheppan
Ruine Boymont
Schloss Korb
Hocheppaner Weg
Missian
Missianer Weg
Doos - Weg
Kreuzstein
Schloss Freudenstein
Matschatscher Weg
Platzlweg
St.- Justina- Str.
Schloss Paschbach
Schloss Reinsperg
Nußbaum - Weg
Aichweg
Beinspergweg
Krafußweg
Aich
Unterrainer Straße
Huberfeldweg
Paulser Straße
Maderneidstr.
Feldweg
"Dom auf dem Lande"
Maderneid
Paulsner Höhle
Schulweg
St. Pauls
Meran
Bozner Straße
Handwerkerstr.
Schloß-Warth-Weg
Pillhofstraße
Radweg
Mühlweg
Weinstraße
Naunweg
SS. 42
Bozen
Iritsch - Tal - Weg
Heim-str.
Pranzoll-weg
Jesu-Martini-Str.
St.-Florian-Straße
Frangart
Markhof-weg
Markhofweg
S.-Kerschbaumer Str.
Gemeinde Eppan
1
2
3
4
6
8
9
10
11
12
13
17
19
21
25
27
28
29
31
37

Kapelle von Ansitz Reinsberg

Komfort und sehr gut ausgestattete geräumige Zimmern mit Vollholzstilmöbeln. Ruhe? – Das Hotel liegt nahe Schloss Englar in den Weinbergen über St. Michael. Sport? – Tennisplatz, Hallenbad, Wellnessbereich, Bio-Badeteich, Liegewiese, Kinderspielplatz. Stilmöbel und gründerzeitliches Mobiliar neben moderner Einrichtung. DZ/FR 114–168 €, ✆ 0471/662250, 📠 663644, www.stroblhof.it.

*** **Ansitz Angerburg (24)**, Unteralberstr. 16, zentrumsnahes Hotel mit großer Liegewiese/Garten („Paradiesgartl" mit mehr als 4000 qm, das Hotel hat sich nicht umsonst die Bezeichnung Blumenhotel gegeben) und sehr schönem Freibad samt Whirlpool und Wasserfall, gut ausgestattete Zimmer (nicht unbedingt mit Balkon), das Frühstücksbüffet (und das Essen generell) wird gelobt. DZ/FR 84–108 €. ✆ 0471/662107, 📠 660993, www.hotel-angerburg.com.

*** **Ansitz Tschindlhof (9)**, Bergstr. 16, an den Ansitz mit seinen beiden ungleichen Türmchen grenzt der eigentliche (neuere) Hoteltrakt. Neben sehr angenehmen Zimmern (Minibar, Fön, gutes Mobiliar mit Teppichen und schweren Vorhängen) gibt es auch funktional-schlichte. Atmosphäre eines historischen Ansitzes von der Bibliothek/Rezeption im Hochparterre bis in die Zimmer, zum Tal Gartenterrasse mit altmodischen Wirtshausgartenstühlen und Park, Speisen in der getäfelten Stube mit großem Kamin, eigene Gemüse, Eigenbauwein. DZ/FR 100–154 €. ✆ 0471/662225, 📠 6636549, www.tschindlhof.com.

*** **Schönblick (4)**, Turmbachweg 2, nach Anbau und Umbau wurde aus der Pension ein besonders schmuckes Haus mit ortstypischem Türmchen, Pool und Liegewiese mit Garten unterhalb Schloss Freudenstein. Zimmer mit Balkon mit gutem Mobiliar, freundlicher Aufenthaltsraum mit Kamin, fast so freundlich wie die Gastgeber. DZ/FR 68–84 €. ✆ 0471/662330, 📠 662880, www.schoenblick-eppan.com.

*** **Schloss Aichberg (11)**, Bergstr. 11, die Pension im Schloss der Grafen Khuen-Belasi gibt dem Gast Gelegenheit, einen Ansitz im Überetscher Stil wirklich im Detail kennen zu lernen. Erker mit spitzen Türmchen, Renaissancefenster mit Bogen, fester Bergfried mit Zinnenkranz – da kommt man sich als Schlossherr oder -herrin vor. Komfortable, individuelle Zimmer, Pool, Liegewiese, Sauna, Frühstücksbüffet. DZ/FR 92–130 €. ✆ 0471/662247, 📠 660908, www.schloss-aichberg.com.

*** **Bad Turmbach (3)**, Turmbachweg 4, Landgasthof/Pension mit vorzüglichem Restaurant (→ „Essen & Trinken") und schönen Zimmern mit Balkon, Safe, Fön im 1. Stock im Anbau an das alte Haus (im Altbau ohne Balkon). Große Liegewiese, Pool, großzügiges Frühstücksbüffet. DZ/FR 64–78 €. ✆ 0471/662339, 📠 664754, www.turmbach.com.

*** **Schloss Englar (7)**, Garni in einem gotischen Schloss (15. Jh.) samt Rittersaal als Aufenthaltsraum, Zimmer mit TV, Garten mit alten Zedern – auch die abseits stehende Kapelle gehört zum Ansitz, Pool mit Liegewiese, ringsum Wein und Obst. DZ/FR 104–130 €. ✆ 0471/662628, 📠 662177, www.schloss-englar.it.

*** **Schloss Paschbach (6)**, Bergstr. 33, das Garni im nach außen wehrhaft wirkenden Renaissanceansitz (1248 erbaut, 1585 umgestaltet) bietet innen Komfort in Zimmern, Suiten und kleinen Apartments. Arkadengang zwischen den Innenhöfen, eine getäfelte Renaissancestube mit historischem Kachelofen. Frühstücksbüffet, im Grünen um den Ansitz Liegewiese. DZ/FR 170–190 €. ✆ 0471/662588, 📠 673455, www.schlosspaschbach.it.

** **Sternegg (26)**, Bahnhofstr. 31, herkömmlicher Gasthof an der Straße mit Freibad und Liegewiese, Christophorus-Fresko (er ist ja schließlich Patron der Reisenden), die Zimmer mal mit kleinem offenen Patio, mal mit Balkon, einige auch ohne und alle gemütlich (mit TV, Fön). DZ/FR 57–63 €, ✆ 0471/662166, 📠 662525.

** **Weißes Rössl (16)**, J.-G.-Plazer-Str. 15, alteingesessener Gasthof mit schönem Eckerker, die Zimmer z. T. groß und mit schönen Stilmöbeln eingerichtet, ein solides Haus in der Ortsmitte mit freundlicher Atmosphäre. Familiärer, vielleicht etwas burschikoser, aber sympathischer Service, 2 Restaurants! (→ „Essen & Trinken"). DZ/FR 60–70 €. ✆ 0471/664135, 📠 663086, www.weisses-roessl.it.

• *Urlaub auf dem Bauernhof* ** **Haus Hanni (15)**, St. Anna 16, alter Winzerhof an der Weinstraße, denkmalgeschützt, die Familie verwendet die eigenen Hofprodukte wie Marmeladen, Obst und Säfte für das Frühstück, es gibt auch Gemüse und – selbstverständlich – Eigenbauwein. Für geplagte Eltern wichtig: Kinderbetreuung! DZ/FR 36–50 €. ✆ 0471/664113, haushanni@yahoo.de.

• *Ferienwohnungen* *** **Ansitz Reinsberg (8)**, Reinsbergweg 19. Ganz isoliert zwischen Weinbergen und inmitten schöner alter Bäume steht die Baugruppe dieses kleinen Schlosses, in dem man Apartments mieten kann. Ganz Renaissance ist das Schloss mit Freitreppe, Loggia, großem Fest- und Tanzsaal und einer Stube mit Täfelung. Ganz barock dagegen die Schlosskapelle. Wohnung für 2 Pers. 60 €. ✆/📠 0471/662120.

Eppaner Hof (23), J.-G.-Plazer-Str. 50, Apartments in 4 Kategorien und 11 unterschiedlichen Grundrissen, nahe dem Zentrum von Eppan, viel Holz, sorgfältig renoviert und komplett ausgestattet, die meisten mit getrenntem Wohn- und Schlafbereich. Im Haus Restaurant-Pizzeria. Apt. für 1–2 Pers. 30–45 €. ✆ 0471/662156, 📠 660333, www.eppanerhof.com.

• *In Montiggl und am Großen Montiggler See* **** **Sparer (34)**, Montiggl 53, wer direkt am See (d. h. in 20 m Entfernung ohne trennende Straße) wohnen will, bucht hier. Schicke Zimmer und Suiten mit den Annehmlichkeiten der Kategorie (doch ohne Minibar), alle mit Balkon. Ausgedehnter Wellnessbereich mit Hallenbad, Saunalandschaft, Kneippbecken und was so dazugehört („Schallbrause vom Felsen für Nackenmassage"? Ausprobieren!). Von der Pizzeria/Eisdiele kann man über den hauseigenen Badesteg zum See und Bootsanlegeplatz gehen (Boote im Preis inbegriffen). DZ/HP 138–176 €. ✆/📠 0471/6640061, www.seehotel-sparer.it.

*** **Unterhabsbergerhof (32)**, Montiggl 74, der überlegt neu gestaltete historische Bauernhof im Dorf Montiggl ist ein Traumziel für Sommerfrischler: Ruhe, eine große Liegewiese mit anschließendem Garten und eine Terrasse für das Glas Roten oder einen Plausch, alte Holztreppen im Haus und moderne Bäder in geräumigen Zimmern und langes Frühstücken am wohl bestückten Büffet. DZ/FR 74–80 €, ✆ 0471/664529, 📠 663395, www.unterhabsbergerhof.com.

Tipp: kinderfreundliches Hotel!
**** **Moser am See (33)**, Montiggler Seen 104 s, zwischen Weinberg, Obstgarten, Wiese und einen Katzensprung vom Großen Montiggler See entfernt (also nicht „am See" …) liegt absolut ruhig und völlig allein stehend das schicke „Gartenhotel", das zur Kette der Familienhotels gehört. Der Wellnessbereich mag manche Viersternekonkurrenz neidisch stimmen: ganz heller und dank Größe und vor allem Höhe keineswegs muffiger Hallenbadbereich, so hell, dass man meint, draußen im Freibadbereich zu schwimmen. Alle Schikanen von Saunen (u. a. „Stubensauna") über Thermarium bis Kneippbecken, eigener Beautybereich (Preisliste anfordern), große Liegewiese, Kinder planschen in eigenem Becken, vergnügen sich auf dem Erlebnisspielplatz oder sind im Spielzimmer (hoffentlich), die etwas älteren frequentieren das Internet-Café oder die Spielhölle mit Videospielen, Flipper etc. und einmal wöchentlich gibt es eine Kinderolympiade, bei der die lieben Kleinen zwischen Beachvolleyball und Disco Müdigkeit tanken, damit die Eltern endlich mal Ruhe zum Schwofen haben (Musik und Tanz am „Themenabend"). Zimmer über dem Standard (Fön, Minibar, gute Möbel), auch Suiten sind zu haben. DZ oder Suite/HP 138–220 €. ✆ 0471/662095, 📠 661075, www.gartenhotelmoser.com.

• *In St. Pauls* *** **St. Justina Hof (10)**, Missianer Weg 4 a, schöne Lage schon außerhalb des Orts, man blickt von den Balkonen des Hotels auf die Landschaft und nicht auf die Nachbarn. Zur – wenig befahrenen – Straße Restaurant-Cafe mit Terrasse, nach hinten großer Garten und Liegewiese, das

Haus bietet auch Sauna und Solarium sowie Unterwassermassage. Sehr gutes Frühstücksbüffet, korrekte Zimmer mit Balkon. DZ/FR 74–80 €. ✆ 0471/663137, 661377, www.justinahof.com.

*** **Luziafeldhof (28)**, Luziafeldweg 6, braucht's eigentlich mehr Komfort, als dieses ruhig im Weinberg und doch nahe der Ortsmitte gelegene Haus bietet? O. k., keine Wellness-Anlage, keine Erlebnisduschen, kein Hollywoodsternenhimmel über dem Hallenbad. Der große Garten, das Freibad, die sonnigen Zimmer mit Balkon (sowie Fön und TV), gutes Frühstücksbüffet und freundlich-familiäre Atmosphäre – das reicht bezüglich Wohlbefinden im Urlaub. DZ/FR 60–72 €. ✆ 0471/663216, 674735, www.luziafeldhof.it.

** **Felderer (27)**, Feldweg 36, Ausblicke auf die Mendel und das „Eppaner Burgendreieck" auf der einen, auf das Becken von Bozen, Schlern und Regglberg auf der anderen Seite des Hauses – prächtig! Dieser weit vorgeschobene Keil des Moränenterrasse, auf der St. Pauls steht, garantiert wirklich großartige Ausblicke. Solide Zimmer (TV, Balkon), ruhiger Garten/Liegewiese, freundlich-hilfsbereite Gastgeber – macht zusammen einen angenehmen Urlaubsaufenthalt. DZ/FR 50–60 €. ✆/ 0471/664153, www.eppan.com/felderer.

*** **Weingarten (25)**, Feldweg 2, modernes Hotel mittlerer Größe am Ortsrand von St. Pauls in ruhiger Lage mit Auslauf für Kinder. Großes helles Hallenbad, Sauna, gepflegte, recht gemütliche Zimmer. DZ/HP 96–156 €. ✆ 0471/662299, 661166, www.hotel-weingarten.info.

• *Ferienwohnungen* ** **Schloss Warth Residence (31)**, Schloss Warth 30, eine Burg (von ca. 1250) in strategischer Lage, wuchtiger Bergfried, von dem man Überetsch und Unterland überblickt, Weinreben rundum, im Garten ein Pool – und Ferienwohnungen! Apt. für 2 Pers. 44–50 €. ✆/ 0471/662850, www.schloss-warth.it.

• *Urlaub auf dem Bauernhof* *** **Josef Kager (12)**, Missianer Str. 11, völlig ruhig mitten in den Weinbergen gelegener Hof, freundliches Haus mit Garten, Liegewiese, kleinem Kinderspielplatz, Wein und Obst aus Eigenbau, Zimmer einfach. DZ/FR 34–40 €. ✆ 0471/664281.

• *In Missian* **** **Schloss Korb (2)**, Missian, Hocheppaner Weg 5, die Umwandlung von Schloss Korb, einem der 3 Schlösser im Eppaner Burgendreieck, war ein Glücksgriff. Die Burg mit ihren Turmsuiten (und 2 Zimmern) im Bergfried und der Neubau mit seiner auf ganz andere Art ebenso einladenden Suite, die komfortablen Zimmer, eine neue „Badelandschaft" samt Kinderbereich mit Becken und Spielplatz, mit Hallenbad, Saunen, Whirlpool, Solarium etc. und Beautycenter garantieren entspannenden Urlaub. Gelungen ist die mit Glas und Holz nicht geizende Verbindung von Turm und Anbau, amüsant das winzige Rezeptionsfenster. DZ (oder Suite)/FR 140–170 €, ✆ 0473/636000, 636033, www.schloss-hotel-korb.com.

Essen & Trinken (siehe Karte S. 200/201)

• *In St. Michael* **Zur Rose (18)**, Josef-Innerhofer-Str. 2, In den beiden Räumen (Stube und eleganter Speisesaal) des mittelalterlichen Hauses isst man nicht die übliche Gasthausküche. Vielmehr wird italienischen Gerichten mit lokal-alpinen Anleihen und leichten Zubereitungen auf höchstem gastronomischem Niveau neuer Pfiff gegeben. Und mit feinen Zutaten: Trüffel zum kalten Rindfleisch, Tagliatelle mit Entenbrustragout, Steinbutt auf Zucchini-Tintenfisch-Gemüse und mediterraner Rolle, gefüllte Perlhuhnbrust mit Basilikum in Schmorgemüse und Bohnenpüree oder mit Rosmarin, Pfifferlingen und Kartoffeln …, aber auch Spanferkel mit Senfkruste und Speckgröstl und ein phantasievolles Dessertangebot. Degustationsmenü (4/5 Gänge) ca. 50/65 €. Es wird – für Südtirol nicht üblich – Brot und Gedeck berechnet (2,50 €). ✆ 0471/662249, So sowie Mo mittags geschlossen.

Bad Turmbach (3), Turmbachweg 4, Lust auf Feines? Der Landgasthof offeriert z. B. Lammkoteletts in Tempurateig auf Herbstsalaten und Grillgemüseterrine, Kaninchenfilets in Sesam auf Salatherzen, Kastanienmousse in Teigrolle auf Kakimousse. Ab 25 € für ein Menü von 3 Gängen sind Sie dabei. Auf der anderen Straßenseite Tische, Gasthausstühle, Wiese, Baumschatten und dazu die kalten Speisen der Karte oder was Traditionelles wie Schlutzer (ab ca. 9 €). ✆ 0471/662339, www.turmbach.com. Do Ruhetag.

Weißes Rössl (16), J.-G.-Plazer-Str. 15, Restaurant und Pizzeria in schönem alten Gasthof, unten funktionell für die Pizza, oben gediegen-rustikal für die bürgerliche Küche (Tisch im Erker reservieren!). Viele

St. Michael, Brunnen in der Ortsmitte

Tagesgerichte (Kartoffelteigtaschen mit Kürbis-Zucchini-Füllung, gebackener Kalbskopf mit Krautsalat) ca. 8–18 €, auch Pizza aus dem Holzofen (6–8 €) Gute Nachspeisen wie Topfenknödel auf Vanillesoße mit Himbeeren oder hausgemachtes Tiramisu (ca. 4–5 €). ✆ 0471/664135. Di Ruhetag.

Önothek Stroblhof (5), Pigenoweg 23, alter Ansitz nahe Schloss Englar, Kellerlokal: eigene Weine, auf den Wein bezogene Imbisse (sehr gute Bruschette) und Tellergerichte (Kaninchenravioli mit Ragout aus Marktgemüsen), gute Desserts. Küche bis 23 Uhr, um die 20 €. ✆ 0471/662250, Mo zu.

Rathausstube (22), Rathausplatz 7, Gartenrestaurant und Pizzeria im Zentrum (Platz vor der Touristeninformation), die Pizza ca. 5–8 €, Nudeln, Schlutzer Kasnocken & Co ca. 6–8 €. Empfehlenswert die 7 Salatteller (die meisten um ca. 7 €) und das Zanderfilet (Fleisch/Fisch ca. 10–16 €). Mo Ruhetag. Daneben mit Tischen auf dem Platz vor dem Haus am Brunnen das **Eiscafé Herz-As**.

Schönegg (30), Bahnhofstr. 34, hinter der keineswegs sonderlich einladenden Front an der belebten Bahnhofsstraße verbirgt sich ein angenehmes gutbürgerliches Speiselokal mit großem seitlichem Gastgarten. Tirolisch-österreichische Küchentradition mit italienischem Pfiff wie die untadeligen Bandnudeln mit frischen Steinpilzen beweisen, Fohlengerichte, Fischkarte (geräucherter Schwertfisch und Räucherlachs), Tageskarte mit jahreszeitlich passenden Gerichten. Gute Sache: Salatbüffet. Ab ca. 20 €. So Ruhetag.

Eppaner Hof (23), J.-G.-Plazer-Str. 50, das Restaurant (mit Pizzeria) des Apartmenthauses bietet solide Kost von Lasagne bis zu „Wiener Schnitzel" (der Begriff ist in Italien nicht geschützt, es muss also nicht aus Kalbfleisch sein), gut das Rindsfilet auf Knödel-Steinpilz-Gröstl; 2 Gänge mit Beilagen ab ca. 20 €. Mittags am Mi sowie Do geschlossen.

Heuschupfen (20), J.-Innerhofer-Str. 26, schlichte Tiroler Hausmanns- und Allerweltskost, das anscheinend unabwendbare Salatblatt unter der Soße und der Viertelliter namen- und jahrgangsloser Lagrein Dunkel zu 6 €. Warum hingehen? Stimmung im Garten und während der Törggelenzeit und eine rustikal-einladende Kellerbar. Do Ruhetag.

Caramel (14), Café-Eisdiele, Kapuzinergasse 13, die beliebte Eisdiele mit Terrasse am oberen Ende der Fußgängerzone ist im Inneren ein Mix aus Kaffeehaus und italienischer Bar. Plüschmobiliar und ein halbrund in den Raum vorgeschobener Tresen italie-nischer Art gehen eine unproblematische Verbindung ein. Da passt der Cappuccino zur Topfentasche, und über die Sachertorte und die traumhaften Kastanienherzen (im Herbst mit frischem Kastanienmus und ebenso frischer Sahne) gibt es sowieso bei beiden Sprachgruppen keine Diskussion. Das Eis gilt unter Connaisseuren als eines der besten Südtirols. Do Ruhetag.

• *In St. Pauls* **Paulser Dorfkeller (17)**, Paulser Str. 10, genau was der Name sagt, hier trifft sich das Dorf im ca. 1580 erbauten Keller zu Merenden und warmen Speisen wie Gerstlsuppe oder Hauswurst, Speckknödel und Sauerkraut und lässt es sich von 18 bis 24 Uhr (außer Mo) gut gehen. In der Törggelenzeit 2x wöchentlich abends Stimmungsmusik. Schlachtplatte für zwei 22 €. Im Hof auch **Eiscafé-Pizzeria Liliane**, Pizza ca. 5–9 €, Mo Ruhetag.

Zum guten Tropfen (19), Gasthaus und Pizzeria (ab 17 Uhr), Paulser Str. 4, einfache traditionelle Kost von Schlutzern über Schnitzel und gekochtes Rindfleisch zum hausgemachten Strudel im Speisesaal und Wintergarten. Pizza 6–9 €, 2 Gänge ab ca. 16 €. ✆ 0471/662223. Do Ruhetag.

Schreckensteinkeller (21), Unterrainer Str. 20, Essen & Trinken im historischen Ansitz, am schönsten während der Törggelenzeit, Gewölbekeller, man sitzt auf Fässern ... Ab 17 Uhr, kein Ruhetag (außerhalb der Saison Mo zu).

Pasta & Co. (13), St.-Justina-Str. 39, Bistro mit Nudelgerichten all'italiana wie Lasagne (Mi und So), aber auch Knödeln (gute Lauch-Gorgonzola-Knödel)/Nocken als Hauptgericht für ca. 6–8 €, Schnitzel/Steaks ca. 9–16 €, 7 Salatteller zu 7–9 €. Funktionell, viele junge Leute. ✆ 0471/662429, Di Ruhetag.

Lipp (1), Perdoniger Weg 30, traditionelles Essen und ein herrliches Panorama, Knödel und Nocken, Würste und Speck, zur Törggelenzeit Kastanien und neuer Wein (reservieren!), ✆ 0471/662517, Mo Ruhetag.

• *Cafés & Weinbars* **Schreckensteinkeller (21)**, Unterrainer Str. 20, Weinbar-Café, Mo–Sa 11–24, So 10–24 Uhr, außerhalb der Saison Mo Ruhetag.

Peter Paul (29), Konditorei-Café, Feldweg 20 a (Fußweg ab Schreckensteinkeller), macht in der Weihnachtszeit eigene „Zelten" (Tirol-Trentiner Lebkuchen), ✆ 0471/662011, So/Fei zu.

• *In Girlan* **Marklhof (37)**, Marklhofweg 14, ganz draußen vor dem Ort liegt in den sanft gewellten Weinbergen rund um Girlan der Marklhof, dessen Restaurant zu den gastronomischen Höhepunkten des Überetsch zählt. Tirolisches und Italienisches mischen sich problemlos, als ob sie sich schon immer ergänzt hätten. Dem Autor fiel gleich sein Leib- und Magen-Dessert auf: Topfenschmarren mit Zwetschgenröster (eingedicktes Zwetschgenkompott). Und das nach geräucherter Entenbrust mit Salat aus Rucola und Pfifferlingen sowie Teigtaschen mit einer Füllung aus Anglerfisch auf Gemüseragout? Und warum nicht? Ab 30 €. ✆ 0471/662407, So abends sowie Mo geschlossen.

Fischerhof (36), Schreckbichl 12, die Buschenschank und Hofbrennerei der Winzerfamilie Mauracher bei der Kapelle von Schreckbichl macht sich rar: April bis November am Donnerstag 17–23 Uhr, sonst nur auf Vorbestellung! Eigenbauweine, dazu Speck und Käse, wer warme Speisen will (Schlutzer, Knödel, Grillteller, Kastanien im Herbst), muss vorbestellen: ✆ 0471/660627. Ach ja, hauseigene Brände, 12 verschiedene Sorten! Zu erreichen über Martinstraße ab Girlan/Ortsmitte und Schreckbichler Weg.

Wolfhof (38), Buschenschank am Ortsrand von Schreckbichl, am Zugang Wein, Nussbäume, Feigen, Flieder. Vom Haus schöner Ausblick auf den Regglberg. Mo Ruhetag.

Sehenswertes/Ausflüge

▸ **Schloss Sigmundskron**: „Symbol für Südtirol" nennen heimatbeflissene (Deutsch-)Südtiroler die abseits der Tourismusströme verdämmernde, kürzlich im unteren Teil restaurierte Ruine. Sie wurde gegen venezianische Söldner gebaut, als diese im Spätmittelalter (15./16. Jh.) zu Zeiten Kaiser Maximilians noch eine Gefahr darstellten. Später vergaß man sie, was hatte sie noch zu verteidigen, nachdem Tirol-Österreich eine Großmacht und Venedig eine immer weniger bedrohliche und schließlich sogar (1797–1866) von Österreich geschluckte Macht geworden war? Aber seit Reinhold Messner, umtriebig und ideenreich wie immer, in der Burg das „Messner Mountain Museum" für die Berge der Welt eingerichtet hat (Eröffnung Ostern 2006), da rufen viele Südtiroler: „Nein!" Allen voran Peter Ortner, Obmann des Südtiroler Heimatpflegeverbands, der in dem verfallenden Steinhaufen an aussichtsreicher Stelle lieber ein Schützenmuseum (tirolerischer geht's nimmer), ein

Der „Ansitz" im Überetsch

Nicht nur im Vergleich mit dem restlichen (Süd-)Tirol ist das Überetsch ein gesegnetes Land, mild und südlich warm, wo Feigen reifen und Weinberge ein an die Toskana erinnerndes Hügelland überziehen. Die über den Brenner und den Ritten nach Süden reisenden Deutschen, die adeligen Ritter, die Kaiserzüge nach Rom, die Heere und Händler erfuhren dieses Land als einen Vorgeschmack auf Italien. Wer hier Besitz hatte, konnte sich zurücklehnen und auf Klima und Boden vertrauen. Schließlich kam der *Weinhandel* über die Alpen selbst in unruhigen Zeiten nicht zum Erliegen, schließlich brauchte man Messwein, wo immer Christen das Abendmahl feierten, von privatem Konsum ganz zu schweigen. Seit dem Spätmittelalter bauten sich die Herren und die Besitzer von Grund und Boden im Lande, nicht unbedingt Adelige, in vielen Fällen auch reiche Handelsherren etwa aus Bozen, nicht mehr Burgen wie in Hocheppan, sondern eine Art befestigte Landhäuser (wie in der *terra ferma* Venedigs zur selben Zeit, wo sich die venezianische Villa als Wohntrakt zwischen zwei aus Befestigungstürmen hervorgegangenen flankierenden Risaliten entwickelte).

Ansitz ist das Südtiroler Wort für ein Landhaus wie man es ganz besonders im Überetsch noch heute zu Dutzenden findet, allein in Eppan hat man offiziell 67 gezählt. Ein eigener Stil, der *Überetscher Stil* entstand unter habsburgischer Herrschaft (und während langer Friedenszeiten) in diesen von Fruchtbarkeit gesegneten Weinhügeln: gotische Elemente wie die Kreuzgratgewölbe der Keller und Renaissanceelemente wie die geradlinigen Einfassungen der Fenster, mittelalterliche wie die Türmchen und neuzeitliche wie die Bogengänge in Renaissanceformen in mehreren Stockwerken um einen Innenhof. Im Gegensatz zu Venedig – das die Grundbesitzer des Überetsch durchaus im Blick hatten – gab es keine überragenden Architekten wie Palladio und Vincenzo Scamozzi, die Ordnung in die Entwicklung brachten. Ganz im Gegenteil entwickelte sich hier ein Stil, der alle Elemente gleichzeitig duldete, ja bewusst mischte. So entstanden Ansitze mit oft burgenartigem Äußeren, mit gotischen Erkern und fast idealen Renaissancefenstern im lombardischen Stil, mit engen, mittelalterlich wirkenden Gängen und Stiegenhäusern mit Kreuzgrat- oder Tonnengewölbe, mit repräsentativen Sälen im Renaissancedekor mit Stuck, Fresken, Täfelungen, aufwendigen Kassettendecken, elegante Arkaden und zinnenbestückte Wehrtürme mittelalterlichen Typs. Fast alle haben als Erkennungsmerkmal den *Erker.* (Der Erker ist als Symbol Südtiroler Baukultur leider von so vielen neueren Hotels und auch Privathäusern übernommen worden, dass man von einer regelrechten Erkerschwemme sprechen kann.) Sehen Sie sich den Eppaner Ansitz Thalegg zwischen St. Pauls und St. Michael an, er ist wahres Bilderbuch des Überetscher Stils! Andere sind z. B. der Ansitz Paschbach in Berg, Schloss Englar in Gand, Schloss Moos, Schloss Gandegg, Ansitz Kreith, Ansitz Stofferin, Schloss Ringberg (mit Weinmuseum), Ansitz Löwengang in Magreid, Ansitz Wohlgemuth in St. Michael und viele andere.

Überetsch und Unterland

Museum Südtirols oder Ähnliches sehen wollte. Messner will auf Sigmundskron als einen Teil seines MMM *(Messner Mountain Museum* auf 5 Standorten, das *„erste, größte und bisher einzige Bergmuseum der Welt"*, die anderen sind Monte Rite in der Provinz Belluno, Juval, Sulden und ein Standort in Projektphase) *„aufklären* *über den Berg und die Menschen im Gebirge. Indem Kunstwerke immer wieder in Beziehung gebracht werden, wird die Zeit aufgehoben und eine kollektive Biographie des Alpinismus erzählt*" (Zitat aus dem Südtiroler Sympathiemagazin „M&B Trend" 2005). Wäre schön, wenn man das bereits jetzt verstehen könnte.

Anfahrt/Öffnungszeiten Auf SS 42 in Richtung Eppan, nach Kreuzung mit SS 38 (Bozen – Meran) links zur Ruine. Alternativ auf dem **Radweg** Eppan – Bozen auf der ehemaligen Bahntrasse. Begehbarkeit/Öffnungszeiten sind noch nicht geklärt.

▶ **Das „Eppaner Burgendreieck"**: Von Missian aus, aber auch von St. Pauls kann man zu den drei Burgen in Aussichtslage aufsteigen: **Burg Hocheppan, Schloss Korb** und **Ruine Boymont**. Zusammen bilden sie das „Eppaner Burgendreieck", Wahrzeichen der Gemeinde und des gesamten Überetsch und Symbol für die bedeutende Vergangenheit.

• *Burgendreieck-Rundwanderung* Als Wanderung ab Missian nimmt man Weg 9, der durch Weinberge und Laubwald bis **Schloss Eppan** führt (1 Std.). Von dort Weg 9 a hinunter in eine Schlucht und jenseits auf Treppen in Waldgebiet und dann auf Fuhrweg bis **Boymont** (0:45 Std.). Von dort auf Fahrweg hinunter nach **Schloss Korb** und auf dem Nussbaumerweg nach St. Pauls bzw. auf der erreichten Straße zurück nach Missian (1 Std.; insgesamt 2:45–3Std.).

▶ **Burg Hocheppan**: Tirol könnte genauso gut Eppan heißen. Schließlich waren die Grafen von Eppan, als sie unter *Ulrich II.* etwa von 1125 bis 1130 ihre große, neue Burg Hocheppan bauen ließen, mindestens so mächtig wie die mit ihnen um die Vorherrschaft im alten fränkischen Gau Bozen konkurrierenden Grafen von Tirol in ihrer Burg oberhalb von Meran. Erst nachdem *Heinrich der Löwe* die Eppaner nach deren Übergriff auf eine päpstliche Reisegruppe besiegte und empfindlich in ihren Rechten beschnitt (sie waren zwar Welfen wie er, aber was sollte er gegen einen päpstlichen Befehl unternehmen – und außerdem war es politisch opportun), bekamen die Grafen von Tirol die Oberhand im Land, das sich später – erheblich erweitert – nach ihnen benennen sollte.

Ein 30 m hoher Bergfried und der dreistöckige Palas sind die auffälligsten Teile der Anlage, die strategisch so angelegt war, dass man von dort aus angeblich 36 Burgen und Burgruinen sehen kann. Künstlerisch bedeutend ist nur die frei stehende *Burgkapelle,* diese aber auf höchstem Niveau. Sie enthält einen *romanischen Freskenzyklus* wahrscheinlich byzantinischer Meister oder solcher mit Kenntnis der byzantinischen Tradition (aus Venedig?). Besonders interessant ist die Mittelapsis, in der eine thronende Madonna mit einem ziemlich großen Jesuskind auf dem Schoß von Engeln flankiert wird. Diese sehr formale Darstellung erinnert in Ausführung an eine Ikone. Ganz anders die törichten (links) und die klugen Jungfern (rechts) im Fries darunter. Die letzteren sind ausgesprochen schick und nach der letzten Mode gekleidet und haben in der Art, wie sie locker stehen, etwas von Mannequins während einer Modeschau. Einzelne Details, die ebenso von der byzantinischen Norm abweisen, lassen vermuten dass auch lokale Meister ihre Hand im Spiel hatten, vor allem ist die Darstellung einer Knödelesserin im Bild von Christi Geburt ein echter Realitätshit – das Fresko ist übrigens der älteste Hinweis auf die lange Tradition der Knödel in der Tiroler Küche. An der Außenwand fällt eine große Jagdszene ins Auge. Die sehr naturalistische Szene wird nicht als reine Jagddarstellung gedeutet, sondern als Höllenfahrt des Dietrich von Bern. Dieser war als Arianer in den Augen der Kirche ein Ketzer gewesen und zur Hölle verdammt. (Rechts vom Haupteingang von San Zeno in Verona befindet sich eine vergleichbare Darstellung, sie wird allgemein als Höllenfahrt des Dietrich von Bern interpretiert, die Szene in Hocheppan könnte sich darauf beziehen.)

Etwas unterhalb der Burg steht, so weithin sichtbar wie Hocheppan selbst, der letzte erhaltene der vier Wachtürme, der schlanke, hohe Kreideturm.

• *Öffnungszeiten* Mitte März bis etwa Allerheiligen tägl. 10–18 Uhr, Führungen durchgehend 10.30–17.30 Uhr, im Winter geschlossen. Eintritt 3,50 €. Vom Parkplatz zu Fuß in ca. 40 Min.

• *Essen & Trinken* **Burgschänke (Jausenstation)** ebenfalls Mi geschlossen, jedoch nicht im Herbst zur Törggelenzeit, besser vorher anrufen, ✆ 0471/636081.

♦ **Ruine Boymont**: Die Herren von Boymont, Ministerialen der Eppaner und von ihnen abhängig, ließen ab 1230 für sich unterhalb von Hocheppan eine Burg erbauen. Die heutige Ruine (die Burg wurde 1742 durch Brand zerstört) zeigt noch sehr genau die ursprüngliche Konstruktion, die später nicht mehr verändert wurde. Ein großes Rechteck von 45 auf 31 m, ein massiver Bergfried und zwei große übereinander liegende Säle, in denen die Herrschaft wohnte. Von der Ausgestaltung haben sich nur die Fassungen der Rundbogenfenster mit ihren zierlichen Säulchen erhalten.

• *Fußweg/Essen & Trinken* Von Schloss Korb (unterhalb des Schlosses großer Parkplatz) zu Fuß ca. 45 Min.; **Jausenstation Boymont**, drinnen im Innenhof der Ruine schmeckt die Merende an den rustikalen Tischen der Burg-Jausenstation besonders gut, wer dann auch noch die Törggelenzeit mit ihren gebratenen Kastanien für den Besuch ausgewählt hat, wird sich sicher lange daran erinnern. April bis Allerheiligen, kein Ruhetag, ✆ 0471/866000.

♦ **Schloss Korb**: Wer das heutige komfortable Hotel besucht, das geschickt in den ursprünglichen Wohnturm integriert und um ihn herum gebaut wurde, kann sich kaum vorstellen, dass in der Bauzeit um 1240 nicht nur eine Adelsfamilie, sondern wahrscheinlich auch Gesinde und Soldaten im Turm wohnten. Die Burg ging durch mehrere Hände, unter anderem besaßen sie eine Zeit lang die Bozner Vintler, die auch Runkelstein ihr Eigen nannten. Die Umwandlung zum Schlosshotel, die erst vor einer Generation erfolgte, hat dem Bau neues Leben gegeben.

Besichtigung/Essen & Trinken Das Innere des Turms kann man nur als Hotelgast, der eines der Zimmer bucht, besuchen, vom Gang an der Rezeption guter Blick auf den Turm. Restaurant im Schloss Korb, kein Ruhetag, ✆ 0471/636000; Hotel Schloss Korb → „Übernachten".

♦ **St. Pauls und der „Dom auf dem Lande"**: Wahrhaftig eines Domes würdig ist diese Dorfkirche mit ihrem 86 m hohen Turm. Für das kleine, wenn auch wohlhabende Weindorf St. Pauls muss die Errichtung dieser Kirche ein gewaltiger Kraftakt gewesen sein, man fragt sich, wen man damit beeindrucken oder gar übertrumpfen wollte. Die spätgotische Kirche (1461–1552) besitzt einen eindrucksvollen Umgangschor mit schönem Chorgestühl von ca. 1600. Eindrucksvoll vor allem auch die Fassade, die 1514 von einem Augsburger Meister entworfen und errichtet wurde und schönen plastischen Schmuck besitzt.

Öffnungszeiten Tägl. ca. 7–12/16–19 Uhr. Außerdem sehr informative Kirchenführung jeden Di 10 Uhr (während der Saison), Dauer ca. 2:30 Std., kostenlos. Anmeldung in der Paulser Kunststube, ✆ 0471/663225.

St. Pauls, „Dom auf dem Lande"

Überetsch und Unterland

▸ **St. Michael**: Das alte Dorf mit seiner schmalen Hauptgasse mit schönen flankierenden Hausfassaden und Platz ist von Ansitzen förmlich umringt. *Haus Wohlgemuth* bei der St.-Anna-Kirche und *Ansitz Thalegg* in der Maderneidstraße, der erste ganz typisch für die Überetscher Ansitze mit Mittelerker und darüber Renaissancebiforen, der letztere mit Zinnen, Loggia und Freitreppe. Hoch über St. Michael liegt die euphemistisch „Schloss" genannte mittelalterliche *Burg Moos-Schulthaus*, die das eindrucksvolle *Museum Südtiroler Wohnkultur* beherbergt. Der Bergfried, der massige Hauptturm, wurde als ältester Teil der Anlage um 1270 noch mit spätromanischen Elementen erbaut. Im Museum erst um 1960 entdeckte gotische Fresken, darunter der sehenswerte Zyklus des „Katzen- und Mäusekriegs", gotische Stube mit Balkenwalmdach, Original-Rauchkuchl und eine Menge mittelalterliches Original-Inventar. Die Burg wurde um 1550 im Überetscher Renaissancestil umgebaut. Von außen sollte man sich *Schloss Freudenstein* ansehen, erbaut im 13. Jh., Neubau 1519, vor 1914 im spätgründerzeitlichen Geschmack renoviert durch den damaligen Besitzer, Baron Seibald, Botschafter des Deutschen Reichs in Japan. Zwei Burgkapellen, Loggiengänge und leider derzeit geschlossen.

Öffnungszeiten **Museum Schloss Moos-Schulthaus (Museum für mittelalterliche Wohnkultur, im Herbst Kunstausstellungen)**, Schulthausweg 4, Eppan-Berg, Führungen Di–Sa 10, 11, 16 und 17 Uhr, Eintritt 4 €. Infos ✆ 0471/660139.

Tour 13: Mit dem Rad von Eppan/St. Michael auf den Missianer Berg und nach Perdonig

Tour-Info: Steiler Anstieg und steile Abfahrt auf Asphalt, dazwischen ein reizvolles, fast flaches Waldstück auf Forstwegen mit einem kurzen Schiebestück auf einem Steig. Dauer 2:15–2:30 Std.; Länge 19,5 km; Höhenunterschied 750 m. Karten: Tabacco (1:25.000) Blatt 34 oder 49. **Gasthaus Buchwald** unweit der Route (Mo Ruhetag).

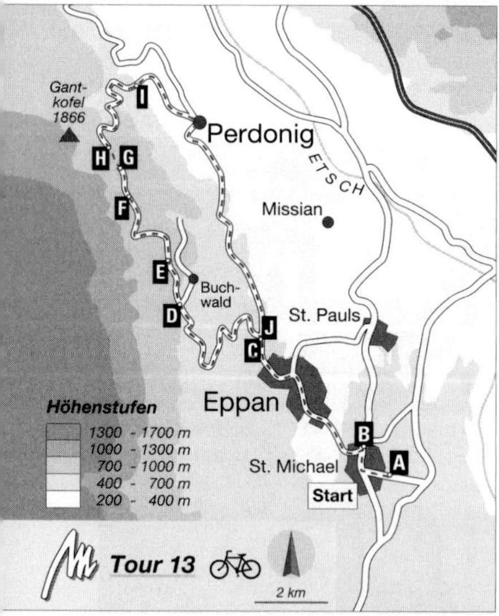

In Eppan/St. Michael nimmt man vom Platz vor der Touristeninformation **A** die für Autos gesperrte Kapuzinerstraße, die vor dem Sportzentrum rechts abbiegt und in die Bergstraße mündet **B**. Dieser folgt man links aufwärts, Eppan zieht sich am Hang ziemlich hoch. Nach einem Steilstück Abzweigung des Buchwaldwegs nach links **C**, ein Schild weist zum Gasthaus Buchwald (Mo Ruhetag). Das schmale, aber asphaltierte Sträßchen steigt in mehreren Kurven durch Wald an bis zu einer Höhe von ca. 900 m, wo man es verlässt **D**, um einer Forststraße nach links zu folgen. Sie gabelt sich nach wenigen Metern, wir bleiben in der eingeschlagenen Richtung, also rechts (wer links geht, kommt auf den Eppaner Höhenweg). Ein Wanderweg kreuzt etwas später **E**, Ruhebank und erster Blick auf den Mendelkamm, die Beschilderung zeigt uns, dass wir uns auf Weg 9 befinden. Gemütlich und ohne Niveauunterschiede geht es weiter, dann folgt eine zweite Bank und wieder kreuzt ein Wanderweg **F**. Kurz danach wird das Forststräßchen zum Fußweg und zum Steig – schieben! Man quert ein steiles Waldtal und findet auf der anderen Seite den Beginn einer Forststraße **G** (mit – klar – Ruhebank). Auf dieser ganz leicht ansteigend und mit Markierung 14A weiter (nicht auf dem Wanderweg, der, wie der Autor zu seinem Leidwesen einsehen musste, nicht fahrbar ist) bis zur Einmündung in die Kurve einer weiteren (geschotterten) Forststraße **H**, der wir rechts und abwärts folgen. Kurven, Kurven, dann Schranken **I** und Einmündung in eine asphaltierte Straße, hier rechts weiter und anschließend Asphalt. Beim Weiler Perdonig mündet sie in die von Eppan heraufkommende Zufahrtsstraße ein, der wir nach rechts folgen. Die Abzweigung zum Gasthaus Buchwald wird passiert **J** (identisch mit **C**), dann geht es flott hinunter nach Eppan, wo wir, wenn wir bei der Einmündung der Kapuzinergasse **B** angekommen sind, entscheiden, was wir als nächstes tun und die Tour beenden.

Die Eislöcher bei Eppan: Am oberen Ortsrand von Eppan liegt mitten im warmen Flaumeichen- und Hopfenbuchenwald auf 510 bis 527 m Meereshöhe ein Biotop, in dem die übliche Vegetationsfolge auf kleinstem Raum umgekehrt ist. Hier steigt man aus dem submediterranen Buchenwald durch subalpinen Fichten- und Lärchenwald in Mulden hinunter, in denen Alpenrose, alpine Moose und Farne, Scheuchzers Glockenblume und andere typisch alpine Pflanzen vorkommen. An manchen Felsblöcken hängt auch im Sommer ein Eiszapfen. Ein eiskalter Wind kommt unter den Blöcken hervor, die Luft kann in der Mulde nicht abfließen, bleibt den ganzen Sommer über alpin-kalt, während es ein paar Dutzend Meter höher vielleicht 25° hat. Dieses interessante Temperaturumkehrphänomen ist möglich, weil kalte Bergluft unter lockerem Felssturz- und Bergrutschmaterial den Berghang unterirdisch herab dringt, ohne sich dabei zu erwärmen. Am Boden der Mulde tritt sie aus und kann nicht ablaufen, ein an die 5 m hoher Kaltluftsee bleibt permanent in der Mulde, da eine Erwärmung wegen der ständig nachfließenden Kaltluft nicht möglich ist. So können hier nur Pflanzen überleben, die alpine Klimabedingungen gewöhnt sind – wie ihre Vettern, 1000 bis 2000 m höher!

Von Eppan auf den Mendelpass: Die Straße auf den Mendelpass 1300 m über Eppan wurde 1880–1885 errichtet und war damals eine bedeutende Leistung im Gebirgsstraßenbau. Die Fahrt ist nach wie vor eine eindrucksvolle Erfahrung, vor allem im zweiten Teil, wenn man förmlich durch die Felswand aufwärts geführt wird. Zusammen mit der Straße über den Gampenpass ermöglicht sie eine phantastische Rundfahrt von Eppan: auf den Mendelpass, hinunter ins Nonstal nach Fondo, über den Deutschnonsberg (Unsere Liebe Frau im Walde) nach Lana und von dort auf der Südtiroler Weinstraße zurück nach Eppan.

Zum Pass und seiner Umgebung → Kaltern/Mendelbahn.

Der Montiggler Wald und die Montiggler Seen: Die beiden Seen mitten im großen Montiggler Wald sind nur außerhalb der Badesaison idyllisch, wenn sich dort Wanderer, Jogger und Radfahrer auf den vielen Wegen tummeln, ohne dass es irgendwo eng wird. Im August jedoch umlagert badewütiges Volk die recht flachen und daher bald aufgewärmten Seen. (Großes Freibad und Hotel am Großen Montiggler See, kleines Bad mit Jausenstation am Kleinen Montiggler See; s. u.)

Ganz einsam liegt südlich des Montiggler Waldes auf einem isolierten Basaltfelsen die **Ruine Leuchtenburg**, die man von der Autobahn aus besser sieht als vom Überetsch. Die Burg wurde um 1250 von den Herren von Rottenburg erbaut, die zur damaligen Zeit Vögte des Gerichtes Kaltern waren (sie gehört auch heute administrativ zu Kaltern). Wer auf recht steilem Steig zur frei zu besichtigenden Ruine hinaufsteigt, entdeckt die Reste einer *prähistorischen Wallanlage,* die den gesamten Berg umgibt, die aber in dem dortigen niedrigen Flaumeichenbuschwald oft nicht sehr gut auszumachen sind.

Essen & Trinken **Bar/Jausenstation**, Kleiner Montiggler See (→ Karte S. 200/201, Nr. 35), Ostern bis Okt., während der Badesaison kein Ruhetag, sonst Do geschl. ✆ 0471/663127.

▸ **Das Frühlingstal bei Montiggl**: Zwischen dem Großen Montiggler See und dem Kalterer See verläuft ein von Eiszeitgletschern ausgeformtes breites Tal, das wegen seiner auffallend artenreichen und bunten Frühjahrsvegetation Frühlingstal genannt wird. Hopfenbuchen, Mannaeschen, Edelkastanien, Eichen und Steinweichsel an trockenen Stellen, an Bachläufen Schwarzerlen, sind im frühen Frühjahr noch blattlos und erlauben dann einen reichen Unterwuchs. Zwischen dem Großen Montiggler See und dem Ort Montiggl ist dieses Naturparadies leider durch landwirtschaftliche Nutzung und Straßenbau fast zerstört worden, weiter in Richtung Kalterer See jedoch sind im natürlich bewaldeten Teil des Frühlingstals wunderschöne **Biotope** erhalten (in den Aufforstungsgebieten der Douglastanne hingegen ist der Bodenbereich praktisch vegetationslos). Die Blütezeit von Schneeglöckchen und Frühlingsknotenblume, Leberblümchen und stengelloser Primel, Seidelbast und Buschwindröschen ist der März. Zu dieser Jahreszeit ist bereits oft der Zitronenfalter zu sehen. Das Frühlingstal ist ein nach Landesgesetz geschütztes Biotop.

Fußweg Großer Parkplatz an der Straße Eppan – Montiggl etwas oberhalb von Eppan, von dort Weg nach Montiggl nehmen, wo die Beschilderung „Frühlingstal" beginnt.

Tour 14: Wanderung oder mit dem Rad von Girlan über die Montiggler Seen nach Kaltern

Tour-Info: Durch den Montiggler Wald und zu den Montiggler Seen führt diese gemütliche Radtour oder Wanderung zwischen Eppan/Girlan und Kaltern. Die Tour führt an der autofreien Seite der Montiggler Seen entlang und durch den oberen Teil des Frühlingstals. Länge der Radtour 13,7 km, der Wanderung ca. 15,5 km (Girlan – Kaltern); Dauer mit dem Rad 1:15–1:30 Std., zu Fuß 4–4:30 Std.; Höhenunterschied ↑ 180 m, ↓ 210 m. Karte: Tabacco (1:25.000) Blatt 49. Mehrere Gaststätten am Weg.

Von Eppan-St. Michael aus nimmt man die Straße oder den Maria-Rast-Weg (von der Information in St. Michael nach rechts auf die J.-G.-Plazer-Straße, erste rechts und immer geradeaus bis zur Maria-Rast-Kapelle, dort auf für Pkw gesperrtem Weg über die Umfahrungsstraße, man kommt am Ortsrand von Girlan an) nach Girlan, wo unsere Tour vor der Kirche des Dorfs **A** beginnt. Mit Blick auf die Kirchenfassade wendet man sich in die rechts beginnende Straße und hält sich bei der folgenden Einmündung in eine lebhafter befahrene Straße **B** links. Bei der folgenden Gabelung **C** nach links auf die Schreckbichler Straße und dieser folgend auf einen sanften Höhenzug mit dem Weiler Schreckbichl mit Kapelle **D**. Zwei Buschenschanken laden zur (hier für uns etwas frühzeitigen) Rast. Die Straße ist noch ein Stückchen asphaltiert, am Waldrand beginnt dann in der Fortsetzung eine recht gute, aber nicht geteerte Forststraße **E**. Der Montiggler Wald empfängt uns, es geht leicht bergauf, man erreicht einen Forststraßenstern **F**, wo man sich links hält. Kurz darauf zweigt rechts ein beschilderter und markierter Fußweg ab, den Wanderer benützen, die Radler bleiben auf der Forststraße, die im Bogen bergan führt, der nur 300 m lange Wanderabschneider mündet rechts. Zwei Abzweigungen schmalerer Forststraßen werden in der Folge nicht beachtet (bei Gabelung

„Hirschplatz" links), dann erreicht man nach kurzem Abstieg eine Schranke und die Forststraße mündet in eine Seeuferstraße **G** – wir sind am Kleinen Montiggler See angekommen, rechts befindet sich eine Jausenstation.

Der weitere Weg für Wanderer: Linksbündig (im Uhrzeigersinn) um den Kleinen Montiggler See entlang, die Straße endet, ein Weg mit Markierung 1A führt weiter. Knapp bevor sich die Seerunde schließt, biegt der Weg nach links ab und führt als schmaler Weg zum Großen Montiggler See. Dort erreicht man ein Sträßchen, dem man wieder linksbündig folgt, auch dieses setzt sich später als schattiger Waldweg fort, der durch den schönen Kiefern-, Buchen- und Lärchenwald dieser Zone führt (die ungewöhnliche Mischwald-Zusammensetzung gilt als seltener Rest nacheiszeitlicher Vegetation). Am Südufer angekommen, geht man am dort beginnenden Zufahrtssträßchen nicht nach rechts zur Autostraße, sondern geht in etwa gleicher Richtung weiter auf Weg 20, der durch das ausgedehnte Sumpfgebiet im Verlandungsbereich des Großen Montiggler Sees führt (Schilder „Frühlingstal"). Man folgt diesem deutlich markierten und beschilderten Weg ca. 2,5 km. Er bleibt bis auf die letzten 300 m auf der linken Seite des Bachs. Wo er dann eine asphaltierte Straße kreuzt, wenden wir uns auf dieser nach rechts und erreichen nach 250 m die Einmündung einer von rechts kommenden, ebenfalls asphaltierten Forststraße **K** (s. u.).

Der weitere Weg für Radfahrer: Rechts weiter auf der Seeuferstraße, man passiert – ohne Ausblicke, für die muss man den Wanderweg gehen – den Kleinen und den Großen Montiggler See, erreicht dann die zur Badzone (und zum Hotel Sparer) führende breite Autostraße **H**, der man nun nach rechts folgt. Das Hotel Moser am See bleibt links, die Schilfzone im Verlandungsgebiet des Großen Montiggler Sees endet, die Asphaltstraße macht eine scharfe Rechtskurve. Hier noch vor der Kurve **I** nach links auf ein Sträßchen, das in die Ortschaft Montiggl **J** führt. Dort noch vor der Kirche nach links hinunter auf asphaltierte Forststraße („Unterberg"), flotte Fahrt, dann im Wald Einmündung in eine etwas breitere, ebenfalls asphaltierte Forststraße **K**.

Von der Einmündung **K** auf der asphaltierten Forststraße weiter, abwärts durch Wald in ein wasserloses Tal, das von Eppan/Gand herunterziehende Lavasontal, das im unteren Teil zum Kalterer See führt. Wo der Talboden erreicht ist, Linksknick **L** und rechts zwei Wege, der linke der beiden („Lavasonweg") ist für Wanderer wie für Radfahrer geeignet, er führt nach Gand und somit nach Eppan. Wir gehen oder fahren jedoch ganz links weiter, recht steil geht es hinauf zur alten Bahntrasse, die Straße wird unten durch geführt. Auf der anderen Seite steht man am Ortsrand von Kaltern, rechts verläuft die Weinstraße, links mündet der Radweg (die Bahntrasse) von Eppan. Hier **M** nicht die Weinstraße überqueren, sondern leicht links versetzt weiter auf der Bahnhofstraße (am Ende liegt links der alte Bahnhof) bis zu einem

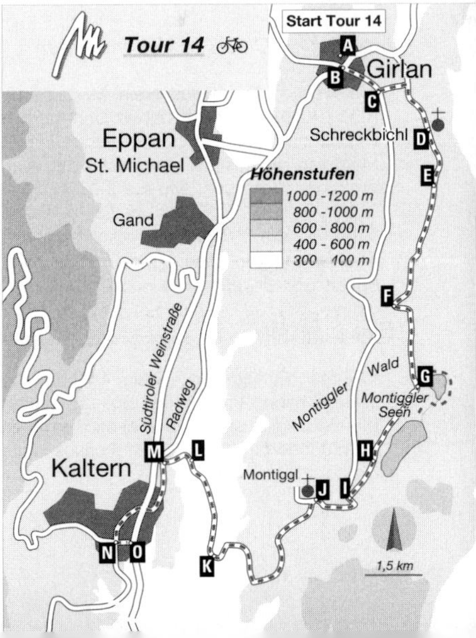

Verkehrskreisel, wo man relativ gefahrlos auf die andere Seite wechseln kann. Oder man quert erst gar nicht, sondern wartet an der Haltestelle auf den nächsten Bus nach Eppan. Auf der anderen Seite fährt man als Radler am besten die schräg nach links führende Straße in Richtung Mitterdorf hinauf (Maria-Theresien-Straße) und wendet sich oberhalb des Dorfkerns von Kaltern nach links zum breiten Rottenburger Platz **N**, wo man die einigermaßen steile Straße Paterbühl zum Dorfplatz hinunter nimmt **O**.

Kaltern

Kaltern lebt vom Wein: Kalterer Wein und vor allem das Etikett „Kalterer See" sind allgemein bekannte Begriffe. Das kommt nicht von ungefähr. 760 ha Wein baut Kaltern heute an, der vinum de caldaro ist seit 1220 urkundlich belegt, aber wohl viel älter.

Das milde, im Herbst lange sonnenwarme Klima lässt es zu, dass Feigen, Japanische Mispeln und Mandeln reifen – und natürlich der Wein. Vernatsch ist die Rebe des lokalen Weins, der sich nicht nur „Kalterer See" nennt.

Weinbau ist eine Sonderkultur, die im Vergleich zur Getreide- oder Milchwirtschaft wesentlich kleinere Grundstücke benötigt, was bedeutet, dass in Weinbaudörfern auf gleicher Fläche wesentlich mehr Familien leben können als in Dörfern mit gemischter Landwirtschaft. Man sieht es Kaltern an, dass es ein Weindorf ist, man sieht es am dichten Nebeneinander der Weinbauernhöfe, an der Größe der einzelnen Dorfteile, am fast städtisch anmutenden Dorfkern. Ohne die Hektik einer Stadt mit der außerhalb der Erntezeit ruhig fließenden Arbeitsweise des Weinbauern, der selten einen Termin hat, den er nicht ein wenig verschieben kann, um mit dem Nachbarn ein paar Worte zu wechseln. Nur ausgerechnet dann, wenn die meisten Gäste im Dorf sind, hat man tagsüber wenig Zeit, wenn nämlich die frühherbstliche Erntesaison beginnt. Aber die vorübergehende Vernachlässigung der Gäste lässt sich abends leicht wieder wettmachen, indem man mit ihnen ein Glas Roten trinkt. Kalterer selbstverständlich.

Information/Diverses/Verbindungen

- *Information* **Tourismusverein**, Marktplatz 8, I-39052 Kaltern/Caldaro, neben Unterkunftsverzeichnis (kaum Einzelprospekte!) und Stadtplan gibt es ein „Logbuch" mit allen wichtigen Adressen. Mo–Sa 9–12.30/13.30–18 Uhr, So 9.30–12.30/14–18 Uhr, So 10–12 Uhr, ✆ 0471/963169, 📠 963469, www.kaltern.com.
- *Verbindungen* **Pkw**: gute Straßen nach Eppan und Bozen sowie nach Tramin und Auer. **Bus**: Verbindungen mit Bozen und Tramin, Auer und Neumarkt. Der *See-Wanderbus* bringt Kalterer Gäste (mit Tourist-Pass) von Mitte Juni bis Anf. Okt. für 0,50 €/Tag oder 2 €/Woche von allen Ortsteilen zum Kalterer See.
- *Diverses* **Gesundheitsdienst Kaltern**, Mendelstr. 21, ✆ 0471/964103. **Postamt**, Goldgasse 25.

Einkaufen/Wein

- *Langer Einkaufstag* Viele Kalterer Geschäfte haben im Juli am Do, im August Mo–Fr länger offen, zu diesen Terminen auch Sonderfahrten des Gästebusses in die Ortsteile bis nach 22 Uhr.
- *Lebensmittel* **Brot und Gebäck** in der Dorfbäckerei Wörndle, Goldgasse 4 (hervorragendes Brot aus Vorschussmehl, köstliche Topfentaschen aus Germblätterteig). **Feinkost und Wein** bei Vinothek Battisti, Goldgasse 7. **Supermarkt**, Bahnhofstr. 31.

Wie vermarkte ich ein Dorf?

Wer Kaltern besucht, kommt am roten Punkt und am Signum wein•kaltern nicht vorbei. Das Weindorf Kaltern ist in dieser Form seit 1999 eine Marke, ein geschütztes Warenzeichen, das beworben und an dessen Image gefeilt wird wie an jedem anderen Markenprodukt vom Jogurt bis zur DVD. Sogar den Italienern wird „Kaltern" statt „Caldaro" präsentiert: *Comune di Kaltern* steht auf einem neuen Prospekt. Das Produkt hat eine touristische Seite – Unterkünfte und Restaurants im Ort wollen profitieren – und eine vom Wein geprägte – das Image des „Kalterer Sees" ist noch immer nicht sooo toll (siehe unten!). Edle Gläser von Riedel in der Schänke, fein gestaltete und in den Boden eingelassene Schwellen mit den Schriftzügen der einzelnen Riedel (Lagen) und natürlich dem roten Punkt, ein neues „wein•haus" vom „Star-Architekten" Hermann Czech am Marktplatz gegenüber der Pfarrkirche (und der zugehörige Presse-Tamtam) und viel, viel teure Werbung sollen dazu beitragen, die Marke „wein.kaltern" ganz weit oben zu positionieren. Derzeit fehlt dem Augenschein nach noch das passende Publikum, aber das stellt sich der Theorie nach mit der Zeit noch ein. Die Weine des Ortes sind auf jeden Fall schon jetzt von hoher Qualität und ansprechender Verpackung, wenn auch in den Regalen der Supermärkte zwischen Brenner und Schleswig immer noch vorwiegend die Literbuddeln mit „Kalterersee" lagern.

Infos wein.kaltern Gen.mbH, Marktplatz 8, 39052 Kaltern am See, ✆ 0471/956410, ℻ 963469, www.wein.kaltern.com.

Überetsch und Unterland

• *Markt* Am Mittwoch in der Kellereistraße (Ortseinfahrt aus Richtung Eppan links).

• *Weingüter* Weinverkostungen jeweils Mi, abwechselnd durch die Kellerei Kaltern und die Erste & Neue Kellerei, Infos und Anmeldungen beim Tourismusverein (s. o.). Eine Karte der einzelnen Lagen erhält man im Tourismusverein („wein•wegweiser"), sie enthält Namen und Adressen der Betriebe, die mit Kalterer Wein in Beziehung stehen (oder mit kalterer•wein?).

Kellerei Kaltern, Bahnhofstr. 7/Kellereistr. 12, großer Traditionsbetrieb, Besichtigungen nach Voranmeldung unter ✆ 0471/966067, Infos unter www.kellerei-kaltern.com.

E & N Kellerei Kaltern, direkt neben der Kellerei Kaltern (zwischen dieser und dem ehemaligen Bahnhof), großes Verkaufsgeschäft mit genug Parkmöglichkeiten für mehrere Busse, besonders guter Lagrein. Ein weiterer Verkaufsladen im Hof des Gebäudes des Weinmuseums, Goldgasse 1, ✆ 0471/963122, www.erste-neue.it.

Weinkellerei Kettmeir, Wein und Sekt aus Südtirol, Kellereistr. 4, ✆ 0471/963135, www.kettmeir.com.

Weingut Klosterhof, Klavenz 40, privater Weinkeller mit Garni (→ „Übernachten"). Die junge Familie hat vor ein paar Jahren den Sprung aus der Genossenschaft zum selbstständigen Weingut gewagt, die Weine sind alle aus hofeigenen Trauben, die Vermarktung ist direkt (Verkostungsstube im Innenhof des Garni). ✆ 0471/961046, www.garni-klosterhof.com.

Weingut Manincor, St. Josef am See 4 (direkt an der Weinstraße), Eigentümer ist Michael Graf Goess-Enzenberg, eindrucksvoller, architektonisch interessanter, drei Stockwerke tiefer moderner Kellerbereich neben dem alten Gebäude, Führungen mit Weinverkostung möglich. ✆ 0471/960230, www.manincor.com.

Feste & Veranstaltungen/Sport & Freizeit

• *Feste & Veranstaltungen* **Weinfest**, Mitte August feiert Kaltern sich und seinen Wein. **Kalterer Weintage**, Kaltern präsentiert sich auch in der ersten Septemberwoche ganz im Zeichen des Weins – nicht, als ob das im alten Weindorf etwas Besonderes wäre, aber in diesen Tagen dreht sich wirklich alles um den Wein. Stände mit Wein und traditionellem Essen auf dem Marktplatz, Weinfachproben und Verkostungen, Konzerte (v. a.

Der „Kalterer See"

Wer „Kalterer See" sagt, der meint die Vernatsch-Rebe, denn der berühmte Wein besteht zu mindestens 85 % aus dieser Traube. Leicht, frisch und süffig ist dieser Wein. Man sollte ihn nicht zu lange lagern, sondern lieber jung genießen. Der Säuregehalt ist gering (um die 4,5 Promille), das macht ihn besonders bekömmlich, zumal er fast immer trocken ausgebaut wird. Dass er keinen Restzucker enthält, macht ihn auch für Diabetiker zum idealen Wein. Vor einer Generation war er *der* Südtiroler Wein, zumindest im deutschsprachigen Ausland. Doch was als „Kalterer See" oder gar „Kalterer See Auslese" in die Flaschen kam, war oft nicht unbedingt ein Produkt der sonnenwarmen Hänge um Kaltern. Einen Schutz der Bezeichnung gab es nicht. Jeder konnte irgendein „elendes gepantschtes Heidengesöff" unter dem Etikett „Kalterersee" den getäuschten Konsumenten andrehen (Zitat nach H. Hochrain: Die guten Weine Südtirols, Bozen 1985). Der Wein verlor Prestige und Marktanteile. Die Kontrolle durch den Staat und die geschützte Ursprungsbezeichnung (DOC – denominazione de origine controllata) konnten dann zwar die Qualität sichern, aber den guten Ruf nicht wieder herstellen. Vor 20 Jahren hatte der Anteil der Vernatsch-Rebe im Bereich von Kaltern noch 80 % betragen, heute liegt er knapp über 50 %. Andere Sorten haben das Rennen gemacht, Lagrein, Blauburgunder und die an den Höhengrenzen des Kalterer Weinbaus schon immer beheimateten Weißweine wie der Gewürztraminer und der Müller-Thurgau. Derzeit scheint der Abwärtstrend gebannt zu sein, der italienische Markt für die Vernatsch-Traube hat sich sogar verbessert.

Blasmusik), spezielle Weinmenüs in den Gaststätten, Führungen zum Thema Wein ... Infos beim Tourismusverein (s. o).

- *Baden/Schwimmen* **Öffentliches Freibad** am Kalterer See beim Hotel Seegarten, im Bereich Gretl am See (nordwestliches Seeende) ist für die Saison 2006 die Eröffnung des **Seebads/Lido Kaltern**, geplant, **öffentliches Hallenbad** im Hotel Kartheinerhof, Weinstr. 22, nur verbunden mit Saunabenützung, ✆ 0471/968000.
- *Diverses* Großer **Kinderspielplatz** im Altenburger Wald im Bereich der **Sportanlagen** (✆ 0471/968811; Platzsport, Tennis – derzeit in Kaltern absolut „in" dank dem Kalterer Listenstürmer Andreas Seppi –, Kunsteisbahn, Bocciabahn) in der Naherholungszone St. Anton an der Altenburger Straße 45, sehr schön am Waldrand oberhalb von Kaltern gelegen.
- *Golf* In Petersberg (Deutschnofen), aber auch – über den Mendelpass unschwer erreichbar – im oberen Nonstal (Trentino) die 9-Loch-Anlage des Golf Clubs Dolomiti, Seio di Sarnonico, ✆ 0463/832698, ✆ 839308, www.dolomitigolf.it.
- *Paragliding, Drachenfliegen* Para-Start vom Lavinaspitz, Drachen vom Penegal, Landewiese ist die Südwestecke des Kalterer Sees.
- *Radfahren, Mountainbiken* Fahrradshop und -Verleih Sarner Bike, Goldgasse 12; Verleih Pension Thalhof, St. Josef am See 10. Wöchentlich geführte Radtouren (Tourismusverein).
- *Reiten* **Kalterer Freizeitreiter**: Reitanlage Altenloch im Lavasontal unterhalb Kaltern-Dorf, nicht im Juli/Aug., die Pferde weiden dann auf der Mendel. Außerdem moderne Reitsportanlage in Oberplanitzing. ✆ 0471/962528 bzw. ✆ 339/6633266.
- *Segeln/Surfen* Auf dem Kalterer See, nachmittags kräftige Ora, Infos beim **Surf- und Segelklub**, Klubgebäude St. Josef am See 13a/14, ✆ 0471/960023.

Surfkurse und Surfbrettverleih im Strand- und Freibad Gretl am See, ✆ 0471/960273 oder ✆ 960055.

- *Tennis* In der **Sportzone St. Anton** (7 Plätze), ✆ 0471/963482.
- *Wintersport* **Kunsteisbahn** „Eisring Kaltern" in der Sportanlage St. Anton, ✆ 0471/964817.

Übernachten/Camping (siehe Karte S. 218/219)

Gutes Angebot an Übernachtungsmöglichkeiten, in der Hochsaison (August bis Oktober) meist voll bis auf ein paar Restplätze, die z. T. beim Tourismusbüro auf Anfrage ausgedruckt werden. Darüber hinaus lohnt sich die Zimmersuche auf eigene Faust. In einigen Ecken des ausgedehnten Orts konzentrieren sich die Frühstückspensionen, z. B. am ruhigen **Barleiterweg** (Nr. 7, 11, 18, 28), im ebenso ruhigen **Prey-Klavenz**, wo fast jedes Haus einzeln im Weinberg steht, und im alten Dorf **Oberplanitzing** am Waldrand in Richtung Eppan, unweit der Mendelstraße gelegen. Auch **St. Nikolaus** oberhalb Kaltern Dorf und Mitterdorf ist wegen der größeren Anzahl privater Zimmervermieter ein guter Tipp.

„Urlaub für die Seele" lautet das Angebot des Franziskanerklosters in Kaltern. Ihr Projekt Tau, das u.a. die Errichtung des Friedensweges, eines Wanderweges mit Meditationsstationen von Kaltern nach Altenburg anregte und betreute, bietet das Wohnen im Kloster, Gelegenheit zu Meditation, Eucharistiefeier, Abendgebet. Infos im **Franziskanerkloster (13)**, Rottenburger Platz 3, DZ/FR 38 €, DZ/VP 64 €. ✆/0471/964178, 📠 966900, www.projekt-tau.it.

• *In Kaltern-Dorf* *** **Schlosshotel Ährental (14)**, Goldgasse 19, wer mal in einem Ansitz wohnen will (späte Renaissance) ist hier am rechten Ort. Hervorragendes Restaurant Schlosskeller (→ „Essen & Trinken"). Gelungener Mix aus alten Räumen, denen man z. B. die unverputzten Wände und die Steinumfassungen von Türen, Toren und Fenstern gelassen hat, und mit Stilmöbeln und Teppichen komfortabel eingerichteten modernen Bereichen. Nahe Zentrum, sehr gute, großzügig proportionierte und eingerichtete Zimmer mit Sitzecke (auch Minibar/Fön), großer parkähnlicher Garten mit Liegewiese und am Kalterer See Privatstrand mit Liegewiese und Café. DZ/HP 154–240 €. ✆ 0471/962222, 📠 965941, www.schlosshotel.it.

*** **Zum Weißen Rössl (16)**, Marktplatz 11, was ein richtiger alter Einkehrgasthof ist (16. Jh.!), der sieht wie ein Ansitz aus, und genau das trifft für das Weiße Rössl mit seinen Erkerseitentürmchen und dem abgeschrägten Erdgeschoss zu. Gutbürgerliches Restaurant (→ „Essen & Trinken"). Spätgotische Gewölbe und modern ausgebaute Zimmerstockwerke ergänzen einander, die Zimmer sind komfortabel ohne Luxus, zum Platz keine Balkone. DZ/FR 72–84 €, ✆ 0471/963137, 📠 964069.

** **Tilly (3)**, Barleiterweg 18, einfache, peinlich saubere Frühstückspension, sehr persönlich geführt, ruhige Zimmer, nicht alle mit Balkon. DZ/FR 42–50 €, ✆ 0471/963389, thomas.grasberger@infinito.it.

Kaltern, Marktplatz

• *In Mitterdorf und Prey-Klavenz* *** **Klosterhof (19)**, Klavenz 40/Trifallerweg 4, sehr ruhig gelegene, familiär geführte Frühstückspension in den eigenen Weinbergen (→ „Einkaufen/Wein"), gemütlich eingerichtet, Zimmer mit Balkon mit Stilmöbeln und TV; 2 Wohnungen mit Parkett, TV und Balkon. Vor dem Haus großer Garten/Liegewiese mit Obstbäumen und Pool. Die Weine aus dem eigenen Anbau, das appetitliche Frühstücksbüffet und nachmittäglicher Kaffee und Kuchen tragen nicht wenig zur guten Stimmung bei. DZ/FR 70–96 €, Apts. für 2–4 Pers. 70–92 €. ✆ 0471/961046, ℻ 963406, www.garni-klosterhof.com.

*** **Saltneregg (10)**, Klavenzstr. 41, schön in den Weinbergen gelegene Pension mit eigener Zufahrt, also ruhig. Eher kleine Zimmer, Balkon, kein TV. Wirklich großes Freibad und Liegewiese, wie sie einem größeren Hotel Ehre machen würden. DZ/FR 52–68 €. ✆/℻ 0471/963481, www.saltneregg.com.

• *In Oberplanitzing* *** **Garnellenhof (5)**, Garnellenweg 18, das Hotel in prächtiger Aussichtslage zwischen Wald und Reben ist leicht zu finden: Auf dem Garnellenweg von Kaltern-Mitterdorf her kommend, nach dem Ortsschild „Oberplanitzing" ist es das erste Gebäude. Durchschnittliche Zimmer mit Balkon (Fön). Großes Restaurant/Café mit Sonnenterrasse, beliebt auch bei Ausflüglern, beide mit Ausblick, zur Seite kleiner Park mit Pool und Liegewiese. Gutes Frühstücksbüffet – bei schönem Wetter auf der Terrasse –, die Kuchen im Café stammen aus eigener Konditorei, üppige Eisbecher. Kostenlose Leihfahrräder! DZ/HP 90–170 €. ✆ 0471/669011, ℻ 669079, www.garnellenhof.com.

*** **Römerrast (7)**, Oberplanitzing 40, Hotel oberhalb der Straße, nach hinten Wald. im Haus Café-Eisdiele mit Panoramaterrasse, alle Zimmer mit Balkon, sodass man auch von ihnen aus den Ausblick genießen kann. Seitlich große Liegewiese und beheizter Pool. Auch Nichtraucherzimmer! DZ/HP 80–112 €. ✆ 0471/669097, ℻ 669121, www.roemerrast.com.

• *Am Kalterer See* *** **Seegarten (27)**, Kalterer See 17, das gediegene Haus am See ist vielen Durchreisenden und Gästen von Kaltern durch sein beliebtes Terrassencafé mit Seeblick und durch das direkt vor dem Haus liegende öffentliche Strandbad bekannt. Das Haus hat Hallenbad, Sauna, Whirlpool und Solarium, schöne und komfortable Zimmer mit Balkon, auf der großen

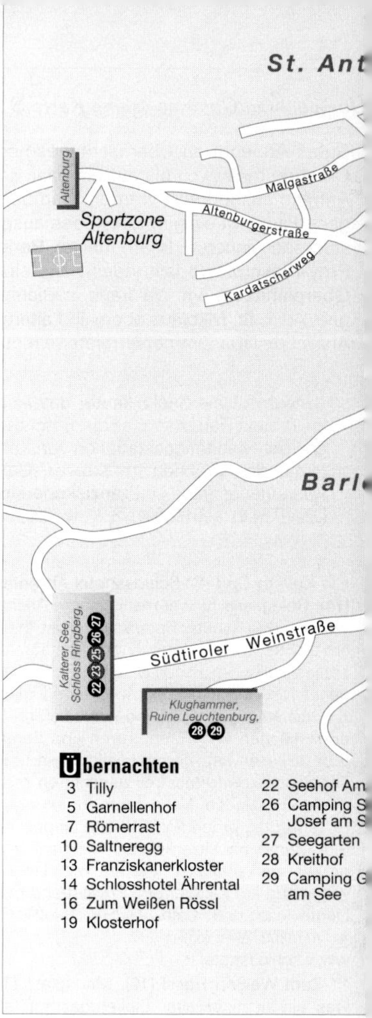

Liegewiese kann man so richtig ausspannen. DZ/FR 114–160 €. ✆ 0471/960260, ℻ 060066, www.seegarten.com.

*** **Seehof Ambach (22)**, Klughammer 3 c, ein Bau von Othmar Barth von 1973, klare geometrische Linien, sanfter Schwung der Fassade, ein architektonischer Höhepunkt der Region. Direkt am Radweg gelegen, ein ruhiger Ort im trubeligen Umfeld von Kaltern, komfortabel. DZ/HP 99–191 €. ✆ 0471/960098, ℻ 960099, www.seehotel-ambach.com

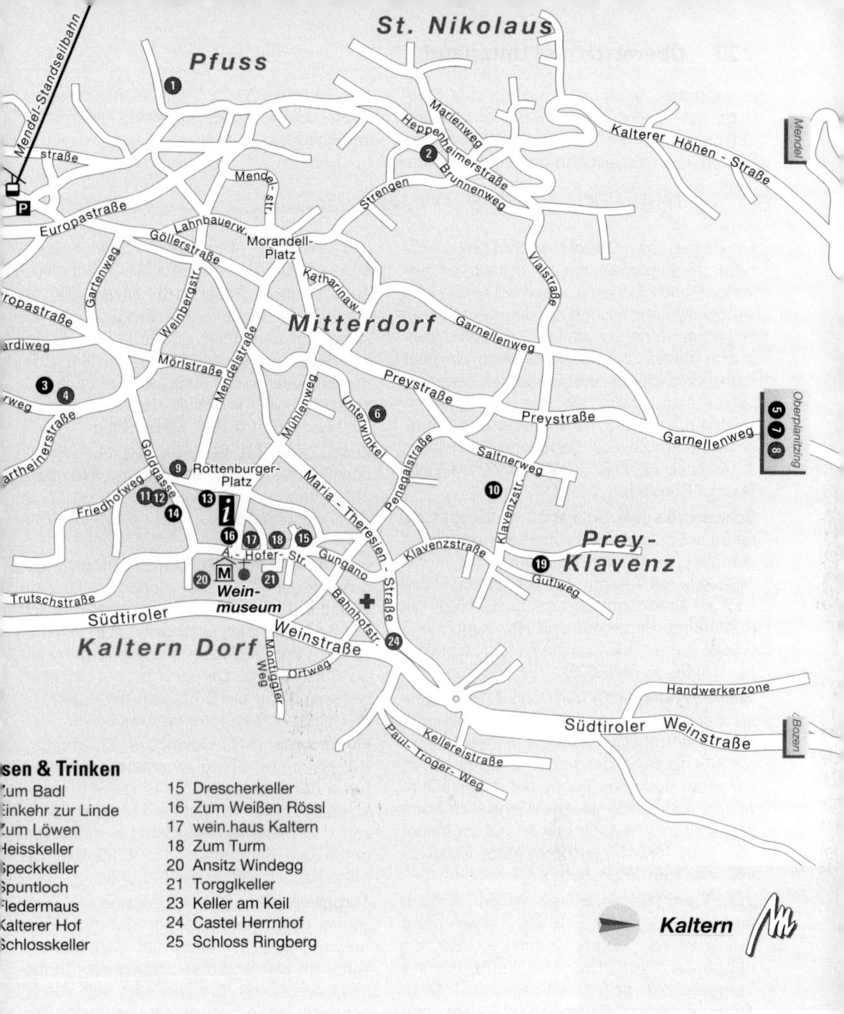

*** **Kroithof (28)**, Klughammer 2, die freundliche Frühstückspension liegt in den Weinbergen südöstlich über dem See, man geht etwa 20 Min. hinunter zum Strandbad und erreicht direkt vom Hof aus die Wanderwege zu den Montiggler Seen. Kein Durchgangsverkehr, kinderfreundlich, große Liegewiese und sehr gutes Frühstücksbüffet, Eigenbauweine! Zimmer mit TV, Balkon, DZ/FR 52–72 €. ✆ 0471/960025, 📠 960691, www.kreithof.it.

• *Camping* *** **Gretl am See (29)**, St. Josef am See 18, Platz für Wasserratten, denn hier kann man evtl. in erster Reihe direkt am See zelten! Etwas Schatten, kleines Schwimmbecken, alle Einrichtungen in Ordnung, alle Wassersportarten möglich. Gespann und 2 Pers. ab ca. 19 €. ✆ 0471/960244, im Winter ✆ 0471/963338, 📠 960011.

*** **St. Josef am See (26)**, Weinstraße 75, Platz an der Weinstraße zwischen den Weinbergen und dem Schilfgürtel des Sees, gut ausgestattet, auch in Bezug auf den Sanitärbereich. Nicht sehr schattig. Durch den Schilfgürtel führt ein Weg zum großen Badesteg im See. Gespann und 2 Pers. ab ca. 18 €, geöffnet Mitte März bis Allerheiligen. ✆ 0471/960175, 📠 960170, www.kalterersee.com/camping.

Essen & Trinken (Karte siehe S. 218/219)

• *In Kaltern-Dorf* **Castel Hermhof (24)**, Bahnhofstr. 18, so populär, dass man kaum an gastronomische Freuden glauben will – man wird angenehm enttäuscht: In den verschiedenen alten Stuben sowie im Garten wird klassische italienische Küche serviert, ein paar Zugeständnisse an den Standort inbegriffen. Interessante Kreationen wie Schwarzbrot-Lauch-Knöderl auf Gorgonzolasoße. Ausgezeichneter Service, gehobene Tischkultur. 3 Gänge ab ca. 30 €. ✆ 0471/964222; bis 1 Uhr früh, Di Ruhetag.

Schlosskeller (14), Goldgasse 19, Kellerrestaurant des Schlosshotels Ährental, rustikal und gemütlich, verfeinerte Traditionsküche (cremige Gerste mit Topfen- und Krauttirtlen, Kalbskopf auf Knödelcarpaccio mit Kren, Ravioli mit Rehfüllung, Pilzragout und Rosmarinjus), 3 Gänge ab ca. 35 €, warme/kalte Vorspeisen ca. 11–14 €. ✆ 0471/962222; kein Ruhetag.

Ansitz Windegg (20), Windegg 3 (Seitengasse der Goldgasse, beim Weinmuseum), prächtiger frühklassizistischer Ansitz mit sehenswerter Innendekoration. Im Restaurant vor allem Südtiroler Küche mit italienischen Anleihen, dazu die lokalen Weine – im Sommer schmeckt's noch mal so gut im Innenhof. ✆ 0471/965113, geöffnet Mitte März bis Weihnachten, So Ruhetag.

Zum Turm (18), Andreas-Hofer-Str. 32, gutbürgerliche Gaststätte, Gewölbe etwas unter Straßenniveau, kleiner Garten im Gässchen neben dem Hof. Rustikale Karte, die zur Törggelenzeit noch rustikaler wird (z. B. Törggeleteller mit Bauchfleisch, Selchkarree und halbgeselchter Wurst, Knödel und Sauerkraut zu ca. 12 €). Beliebt die Nudelgerichte in der Pfanne, nur ab 2 Pers. (ca. 14 € für 2). Leider nur je ein offener Rot- und Weißwein (und das in Kaltern ...). Effizienter, flotter und freundlicher Service. Ab ca. 18 €. ✆ 0471/963281; So Ruhetag.

Kalterer Hof (12), Goldgasse 23, Restaurant und Pizzeria, Küche zwischen Tirol und dem Mittelmeer im ehemaligen Weinlagerkeller des Renaissanceansitzes. Im Restaurant stilistisch gelungene Kombination aus Raum (Tonnengewölbe mit Stichkappen für die Fenster) und Mobiliar. Pizza ca. 5–9 €, im Restaurant Feines wie Ravioli mit Fasanfüllung und Steinpilzen, aber auch Schnitzel, Kotelett & Co. Ab ca. 20 €. ✆ 0471/964343; Di Ruhetag.

Zum Weißen Rössl (16), Marktplatz 11, Gasthof mit Restaurant im Erdgeschoss, Tischen auf dem Platz und im 1. Stock, anständiges 3-gängigem Menü (ca. 18 €, z. B. Spinatknödel, Schweinefilet mit Beilagen, Kastanienreis mit Vanilleeis), 2 Gänge ab ca. 18 €. ✆ 0471/963137; Mi Ruhetag.

Zum Löwen (4), Barleiterweg 14, Gasthof und Pizzeria mit Biolandhof und Weinbau, gute und preiswerte Tagesteller, z. B. Rahmgeschnetzeltes mit Röstkartoffeln (8 €).

wein.haus Kaltern (17), am Marktplatz gegenüber der Pfarrkirche, modern-funktionale Weinbar des Österreichers Hermann Czech (auf Beisln und Bars spezialisiert, z. B. Schwarzenberg-Bar, Kleines Café, Hauptgebäude der Bank Austria). Der Architekt baut im alten Haus eine Bar auf 2 Etagen, die eigentlich im Herbst 2005 eröffnet werden sollte.

Fledermaus (11), Goldgasse 23, modern eingerichtetes Bistro in zweiter Hausreihe hinter der Goldgasse. Zur Terrasse führt ein schmales Gärtchen mit mediterranen Pflanzen, u. a. üppig wucherndem Lavendel. Spaghetti und Bauerntoast. ✆ 0471/964147; bis Mitternacht geöffnet, So Ruhetag.

Torgglkeller (21), Bichl 2, beliebter und ganz zentral gelegener Keller (16. Jh.) mit 2 Räumen und guter Weinauswahl, stark besucht vor allem während der Törggelenzeit (unbedingt reservieren!), wenn man sich die leckeren Imbisse zum neuen Wein vom Büffet holt. ✆ 0471/963421, www.torgglkeller.com, Ostern bis Allerheiligen 11–23.30 Uhr, So Ruhetag (außer Sept./Okt.).

Drescherkeller (15), Maria-von-Buolplatz 3 (an der A.-Hofer-Straße), Keller mit Innenhof im Renaissanceansitz „Reich'sches Schlössl" im typischen Überetscher Stil. Nahe dem Ortszentrum, Eigenbauweine und Marenden. ✆ 0471/963119; Ende April bis Allerheiligen 10–20 Uhr, Di Ruhetag.

Spuntloch (9), Goldgasse 35 (vom Zentrum kommend beim Hotel Ährenhof nach rechts!), Grillrestaurant, Wein, Grillspeisen (argentinisches Rindfleisch, Rippele, aber auch rosa gebratene Entenbrust und Entrecôtes nach Gewicht, dienstags Fisch) und Merenden im eindrucksvollen Kellergewölbe des seit 1731 bestehenden Ansitzes Paterbichl. Ab ca. 18–27 € für 2 Gänge mit Beilagen. ✆ 0471/961062; 17–24 Uhr, So Ruhetag.

• *In St. Nikolaus, Pfuss und St. Anton* **Zum Badl (1)**, Pfuss 34, das Essen in diesem ehrwürdigen Gasthof, der zu einem seit 1640 bezeugten Bauernbadl gehört, ist besonders traditions- und qualitätsbewusst: In der Stube und auf der schattigen Terrasse genießt man saure Suppe, Hauswurst mit Sauerkraut, Kutteln oder Kalbskopf sauer. Für Freunde unverfälschter alpiner Küchentradition. Ab 20 €; ✆ 0471/963305; Do Ruhetag.

Einkehr zur Linde (2), Heppenheimer Str. 6, Gasthaus/Restaurant (ohne Linde) mit recht traditioneller Küche (Schlutzer, Surfleisch mit Sauerkraut und Kartoffeln), verglaster Speisesaal/Terrasse, Tagesgerichte 6–11 €. ✆ 0471/963155; bis 23 Uhr geöffnet, So Ruhetag.

• *In Mitterdorf* **Heisskeller (6)**, Unterwinkl 14, Kellerlokal mit Speisen zwischen Speck (8 €) und Pizza (5–8 €). ✆ 0471/962349; 16–24 Uhr, Mo Ruhetag.

• *In Oberplanitzing* **Speckkeller (8)**, Oberplanitzing 30, Weinkeller im Weinhof Uvahof – Renaissancefenster, blendend weiß gestrichen, alte Gewölbe. Auf den Tisch kommen der eigene Wein (Vernatsch, Grauvernatsch), die eigenen Schnäpse und die Klassiker Speck und (im Herbst) Kastanien, Käse u. a. Unbedingt vorbestellen: ✆ 0471/669191, geöffnet Ostern bis Juni und August bis Allerheiligen tägl. 18–24 Uhr.

• *Am Kalterer See* **Schloss Ringberg (25)**, St. Josef am See 1, historisches Jagdschloss an der Seeuferstraße, schön in den Weinbergen gelegen mit Blick auf den See, großer Garten, in dem man während des Sommers speisen kann, ansonsten in den Gewölben des Erdgeschosses. Gastronomische Kreationen von der kulinarischen Front („kalte Tomatensuppe mit Seeteufel-Melanzane-Turm", „Lauwarmer Tuma d'la Paja mit Zwetschgenkompott und Sauerrahmeis"). ✆ 0471/960010, www.primipiatti.it/castel-ringberg. Mo abends und Di geschl..

Keller am Keil (23), St. Josef am See 8, kalte Speisen wie Speck und Käse zu den Weinen des Weinguts Baron Giovanelli Dürfeld (vor allem Vernatsch Kalterer See). Die Schenke befindet sich in der früheren Remise des Weinguts Panholzer (wird deswegen im Ort oft als „Panholzer" bezeichnet). ✆ 0471/960162, www.keil.it, nach 17 Uhr ✆ 960259, geöffnet Mai bis Okt. tägl. (außer Mi) 18–23 Uhr.

Abends

Kalterer Weinstadl Dancing Club, Weinstr. 10, Schunkeltanzerei zu vorwiegend angejahrten Hits, auch mal mit Lifemusik, beliebt und gut besucht. Mi–Mo 17–23 Uhr.

Dancing Rossi, Pfuss 52, Tanzlokal nicht nur für die Saisongäste, ganzjährig 21.30–3 Uhr, Mo Ruhetag. ✆ 0471/963304

Tower Pub, Heppenheimer Str. 109, St. Nikolaus, *english pub* mit allem, was dazugehört: Türumfassung und Fenster in den typischen viktorianischen Formen, schwarz gestrichen, Schild mit „Today's fine food", roter Briefkasten mit Krone und VR und – sie darf nicht fehlen – die knallrote (in Großbritannien längst außer Dienst gestellte) Telefonzelle. Lager and Stout, choice of Single Malts. Hope, you'll enjoy your visit there, it's 6 p.m. till 1 a.m., sorry, tuesdays closed (mid june till mid sept. closed sundays).

Sehenswertes/Ausflüge

▸ **Schlösser und Ansitze in Kaltern**: Neben herrschaftlichen Gebäuden in der Hauptstraße wie dem ehemaligen **Laimburger Pfleghaus**, in dem heute das *Weinmuseum* (s. u.) untergebracht ist, besitzt Kaltern vor allem in den Weingärten außerhalb der geschlossenen Ortschaft einige bedeutende und große Ansitze.

An der Straße zum Kalterer See liegt am Ortsausgang **Schloss Windegg**, ein 1807 errichteter Ansitz in klassizistischem Stil (französische Vorbilder sind deutlich, es war schließlich die Zeit der Napoleonischen Kriege). Wahrscheinlich steht der Ansitz auf einer alten Burg der Rottenburger, die ihren Bau der strategischen Lage verdankte – man sieht von hier aus das gesamte Becken des Kalterer Sees. Prächtige Rep-

Montiggler Wald, Blick auf den Kalterer See

räsentationssäle mit dem typischen Dekor des Empire! **Schloss Kampan** mit seinem Park stammt in den Grundzügen noch aus dem 13. Jh. und wurde nach 1499 im Überetscher Renaissancestil vergrößert. Besonders schön der Innenhof mit seinen Renaissanceloggien auf der Seiten. **Schloss Salegg** besteht – für viele Überetscher Ansitze typisch – aus mehreren unterschiedlich alten Teilen, einer um 1500 entstandenen Schlosskapelle, dem um 1600 noch spätgotisch geprägten Hauptbau und einem neugotischen Südtrakt. Aber auch ganz normale Häuser in Kaltern sind dekoriert mit Außenfresken, mit Nischen, in denen Heiligenfiguren stehen, mit dekorativem Schmuck besonders um Fenster und Toreinfahrten. Selbst im winzigen Ortsteil **Oberplanitzing** kann man diesen Wunsch auch Normalsterblicher, ihren Besitz künstlerisch zu verschönern, beobachten, wie am Fresko mit der Gottesmutter und dem hl. Jakobus (rechts) an einem Haus unterhalb der Kirche.

• *Öffnungszeiten* **Ansitz Windegg** ist eine Weinkellerei mit Restaurant, es werden auch Tagungen und Seminare abgehalten, zu denen man den Ansitz besichtigen kann. **Schloss Kampan** (M.v.-Morandell-Platz) ist nicht zu besichtigen. **Schloss Sallegg** (Unterwinkelweg) ist ebenfalls nicht zu besichtigen.

▸ **Südtiroler Weinmuseum**: Das Museum in der zentralen Goldgasse von Kaltern ist in einem alten Ansitz untergebracht, dem ehemaligen Pfleghaus der landesfürstlichen Pfandherrschaft Kaltern-Laimburg. Im Zehentkeller mit seinen eindrucksvollen Gewölben (17. Jh.) werden die Geräte gezeigt, mit denen ein Weinbauer übers Jahr arbeitetet, die Pergeln, an denen der Wein befestigt wurde und wird, die Torggeln, in denen die Trauben gepresst werden, die Fässer und Tonkrüge, Flaschen und Butten, das Leben der Weinsäumer und Fuhrleute, der Fassbinder und eben der Weinbauern. Eindrucksvoll auch der tiefe Keller (16. Jh.) mit seinen alten Fässern.

Öffnungszeiten April bis Mitte Nov. Di–Sa 9.30–12/14–18 Uhr, So/Fei 10–12 Uhr, Juli/Aug. Do bis 22 Uhr. Eintritt ca. 2,10 €, Sen. 1,60 €. ✆ 0471/963168, www.provinz.bz/volkskundemuseen.

Pfarrkirche Maria Himmelfahrt: Ohne eine große Pfarrkirche kommt kein Weinort aus, das sagten sich auch die Kalterer, als sie 1791/92 ihre neue Kirche im damals brandmodernen klassizistischen Stil errichten ließen. Dem Innenraum der Kirche fehlt zwar der Überschwang und die Dekorwut des späten Barock, die Details sind jedoch noch ganz eindeutig aus dem Barock übernommen. Die Ausmalung von *Josef Schopf* (1792/93) hinkt ein klein wenig der damaligen Entwicklung hinterher, sie ist purstes Rokoko mit den typischen zarten Farbtönen dieses Stils. Das Altarblatt im spätbarocken (vor der Kirche entstandenen) Hochaltar ist eine hervorragende Arbeit von *Michelangelo Unterberger*.

Rundwanderung um den Kalterer See im Naturschutzgebiet „Feuchtbiotop Natura 2000": Ein neuer, 7 km langer Wanderweg führt in etwa 3 Std. gemütlich rund um den Kalterer See und macht auf 14 Schautafeln mit den sehr unterschiedlichen und äußerst interessanten Biotopen am Seeufer bekannt. Der See hat in Teilen noch einen breiten Schilfgürtel, anderswo grenzt er an Auwald oder an Feuchtwiesen, die jeweils auf Schautafeln erklärt werden. Das gilt u. a. auch für Trockenrasen, den submediterranen Buschwald mit Flaumeichen und die Weinkulturen. Besonders interessant ist der Weg außerhalb der Badesaison in der Zugvogelperiode im Frühjahr und Herbst, wenn zahllose Zugvögel hier Station machen.

Kirche St. Peter in Altenburg: Die Ruinen der Kirche von St. Peter sieht man sehr gut vom Panoramaaussichtsplatz in Altenburg aus, wo der Weg hinunter zum Kalterer See beginnt. Sie gehört zu den ältesten christlichen Kirchen Tirols, ist vielleicht die älteste Südtirols und wurde im 4. oder 6. Jh. errichtet. Die dreischiffige Kirche hatte eine halbrunde Mittelapsis. Man fragt sich, warum sie so unzugänglich unmittelbar an der Schlucht erbaut wurde, sodass man im Mittelalter eine Steinbrücke errichten musste, um die Kirche zu erreichen. Warum baute man sie nicht etwas höher oben auf besser zugänglichem Gelände? Für die alte Brücke wurde neuerdings etwas höher eine Hängebrücke errichtet, sie erspart den Abstieg in die Schlucht.

Öffnungszeiten Die Ruine der Kirche ist in Privatbesitz (Familie Baron di Pauli), aber jederzeit frei zu besichtigen.

Wanderung nach Altenburg durch die Rastenbachklamm: Eine großartige Szenerie stellt die scharf eingeschnittene Rastenbachklamm dar, die von Altenburg zum See herunterführt. Ein für gute Geher unproblematischer, aber recht steiler Weg erschließt die Klamm. Ausgangspunkt ist der Gasthof „Sonnleitenhof" in St. Josef am See, von dort führt eine Straße bergan zum Vogelmairhof. Dort wendet man sich nach links und quert auf Steg und mit Markierung 13 auf einen Fahrweg, der nun etwas steiler ansteigt. Bei einer Weggabelung geht es (immer markiert) geradeaus weiter, bis man den *Wasserfall* in der Klamm erreicht. Nun auf Holztreppen und über Stege durch die Klamm hinauf, man passiert die Ruinen von *St. Peter* (s. o.), erreicht den großartigen Aussichtspunkt und die Kirche von Altenburg (Gasthaus etwas weiter oben links). Abstieg über Weg 14, den „Nusstalweg", den man erreicht, wenn man sich beim Gasthof „Altenburger Hof" links hält und dann vom Feuerwehrhaus wieder links abbiegt. Weg 14 erreicht Kaltern an der Straße zwischen St. Josef am See und dem Vogelmairhof. Trittsicherheit nötig!

Weg-Alternative: Der noch junge **Friedensweg** führt als leichter zu gehende Variante von der Altenburger Kirche über die Ruinen der Abtei St. Peter (vom Aussichtspunkt sehr gut einzusehen) hinunter zur Pfarrei Maria Himmelfahrt in Kaltern. Für diesen Weg wurde extra eine Hängebrücke errichtet, die *Friedensbrücke*. Sie hängt 30 m über den Resten eines mittelalterlichen Brückenpfeilers über der Schlucht.

Mendelbahn und Mendelkamm

• *Essen & Trinken* **Waldschenke**, Altenburg 10, Jausenstation und Buschenschank, Terrasse und Wintergarten, Panorama zum Gleichhierbleiben. Vernatsch und Blauburgunder aus eigener Produktion, dazu gibt es die ganze Palette Südtiroler Weinkost von Speck über Schlutzer, Spinatknödel und Schlachtplatte bis Apfelstrudel und Kaiserschmarrn. ✆ 0471/962703, geöffnet Februar bis Ostern an Sonntagen, von Ostern bis Allerheiligen tägl. 10–22 Uhr, im Nov. auf Vorbestellung.

Altenburger Hof, Restaurant und Pizzeria bei der Kirche von Altenburg, Nudeln, Knödel, Schlutzer, Schnitzel, Rostbraten … ab ca. 15 €, Pizza (ab 17.30 Uhr, So/Fei auch mittags) ca. 5–9 € („Bismarck" mit Tomaten, Schinken, Bauchspeck und Ei), kein Ruhetag.

▸ **Die Eppaner Eislöcher**: Von Oberplanitzing auf Weg Nr. 15 markiert → Eppan, S. 197.

▸ **Mit der Mendelbahn auf den Mendelpass**: Seit mehr als 100 Jahren verrichtet die Mendelbahn (erbaut 1901–1903) ihren Dienst als flotter Zubringer vom Überetsch auf den Mendelpass. Die 854 m Höhenunterschied und 4,5 km Entfernung überwindet sie in Minuten – das sollen ihr die Autofahrer, die sich die Kurven von Eppan hinaufquälen, mal nachmachen. Im oberen, sehr steilen Streckenabschnitt hat sie ein Gefälle von 64 %, damit ist sie die steilste Standseilbahn Tirols und eine der steilsten der Welt. Zu ihrer Eröffnungszeit war sie ein technisches Wunderwerk. Inzwischen wurde sie komplett renoviert und auf den letzten technischen Stand gebracht samt neuen Wagen und versieht weiter ihren Dienst, obwohl ihre Zubringerbahn vom Dorf Kaltern und die alte Bahn Bozen – Kaltern schon lange eingestellt wurden und zum Zeitpunkt der Einstellung kaum jemand eine Lira für das Überleben der Mendelbahn gegeben hätte. Als Attraktion ist sie jedoch unschlagbar, die Fahrt ist ein Erlebnis, man sollte sie bei einem Besuch des Überetsch nicht auslassen!

Der *Mendelpass* war vor dem Ersten Weltkrieg eine bedeutende Sommerfrische, das sieht man den dortigen Hotels auch deutlich an wie dem ehemaligen „Grandhotel Penegal" im typischen späten gründerzeitlichen Grandhotel-in-den-Bergen-Stil, wie er zwischen Luzern und Toblach, Karersee und Trafoi viele Beispiele hinterlassen hat. Vom Mendelpass erreicht man auf einer steilen aber guten – mittlerweile asphaltierten – Straße den Gipfel des nördlich gelegenen *Penegal* (1737 m) mit dem „Hotel

Serafino“ und berühmtem 360°-Rundblick. In Richtung Süden führt eine Zubringerstraße zur Talstation des Sesselliftes Monte Roèn, von dessen Bergstation aus man die gut besuchte **Malga Romeno** und das Wandergebiet um den *Monte Roèn* erreicht.

• *Bergbahn* **Mendelbahn**, Standseilbahn von Kaltern/St. Anton (513 m) zum Mendelpass (1363 m) in 12 Min., Berg 5 €, Berg/Tal 7,50 €. ✆ 0471/632109. **Sessellift Monte Roèn**, Juli bis Anf. Okt. tägl. 9–13/14.30–17.30 Uhr, Mai bis Juni nur an Wochenenden (gleiche Zeiten), Berg 4 €, Berg/Tal 5,50 €, ✆/℻ 0471/632159, www.altavaldinon.it.

• *Übernachten/Essen & Trinken* *** **Kalterer Hof**, Hotel am Pass, der alte Bau (vor 1914) ist von Anbauten (Restaurant etc.) umgeben; Garten, Pool, Liegewiese.; DZ/FR 62–88 €. ✆/℻ 0471/632124; Restaurant Mi Ruhetag.

**** **Serafino**, Monte Penegal, I-38010 Ruffrè, ganzjährig geöffnetes Hotel mit der besten Aussicht weit und breit und jedem Komfort, ✆ 0471/200769, ℻ 502014, www.serafinohotels.com.

Roenstube (1380 m) an der Talstation des Sessellifts, dort auch Golfplatz.

Malga Romeno (1775 m), rustikale Küche, Marenden, Kuchen – und die Tische sind selten frei; ✆ 333/6317283.

Tramin

Tramin ist trotz des berühmten Namens und einigen Fremdenverkehrs ein Dorf geblieben. Dabei zeigen schon die große Kirche und die Ansitze im Ort und in seiner Umgebung, dass hier Wohlstand herrscht, dass man sich etwas leisten kann – dass Tramin eben nicht ein Dorf wie viele, sondern der Ort, wo der Traminer herkommt.

Wer die Christian-Schrott-Gasse hinaufgeht, spaziert durch einen ganz traditionellen Weinort. Man passiert gleich zu Anfang einen bäuerlichen Ansitz, Torbogen zum Hof, drinnen rechts die offene Scheune, geht weiter zwischen Mauern, die Weinberge abgrenzen, passiert einen weiteren, großen Ansitz und ist draußen, wieder unter Weinbergen. Neben der *Pfarrkirche* gibt es zwei weitere Traminer Kirchen, die alle bedeutende *mittelalterliche Freskenzyklen* besitzen. (Andere Orte wären froh, wenn sie nur einen davon hätten.) Offensichtlich hatte man schon im Mittelalter das Geld, um die jeweiligen Künstler zu bezahlen, der Traminer, scheint es, hat sich immer gut verkauft.

Information/Verbindungen/Diverses

• *Information* **Tourismusverein**, I-39040 Tramin/Termeno, Julius von Payer-Str. 1, Unterkunftsverzeichnis, Ortsplan, „Urlaubsbegleiter“ mit allen wichtigen Adressen. Gästekarte mit verschiedenen Preisnachlässen beim Gastgeber. Mo–Fr 8.30–12.30/14–18.30 Uhr, Sa 8.30–12 Uhr, Mitte Juli bis Mitte Sept. auch 15–18 Uhr. ✆ 0471/860131, ℻ 860820, www.tramin.com.

• *Verbindungen* **Pkw**: Nach Kaltern wie in Richtung Kurtatsch und Neumarkt gute Straßen. Der Ortskern ist autofrei, die blau gekennzeichneten Parkplätze am Dorfrand sind gebührenpflichtig, es wird häufig kontrolliert. Gebührenfreies Parken am Parkplatz Mindelheimer Straße und in der Tiefgarage des Bürgerhauses (6–24 Uhr). **Bus**: gute Verbindungen mit Kaltern und Bozen, Auer und Neumarkt. **Taxi**: Fa. Weissensteiner, ✆ 0471/860207.

• *Diverses* **Ambulatorium** im Gemeindehaus, ✆ 0471/861189. **Internet**: Café Weis, Weinstr. 27. **Postamt**: H.-Feur-Str. 3.

Feste & Veranstaltungen

Fasching: Wer im Dorfmuseum war, hat die „Schnappviecher“ gesehen, Masken, die während der Faschingszeit getragen wurden und werden. Schauen Sie sich doch an, was diese „Schnappviecher“ während des Traminer Faschings treiben. Der Brunnen auf dem Rathausplatz vor dem Sparkassengebäude gibt einen Hinweis darauf.

Jakobifest, Kirchweihfest im Ortsteil St. Jakob, Ende Juli.

Diverse **Wein- und Schützenfeste** (meist auf dem teilweise überdachten Festplatz) während des Sommers und Herbstes.

Traminer Weingassl, ein Samstagnachmittag und Abend im späten Oktober, an dem der historische Ortskern Tramins in ein gastronomisches Paradies verwandelt wird: Weinverkostungen (Traminer!), Südtiroler Spezialitäten von Kastanien über Mohnkrapfen bis zu Speck und Käse, dazu Straßenmusik von Volksmusik bis Jazz und das alles unter freiem Himmel. Seit 2003 ein Publikumshit!

Sport & Freizeit

• *Baden/Schwimmen* Großes, sehr schönes **Sport- und Erlebnisbad Tramin** in der Sportzone am Nordrand des Orts an der Straße in Richtung Auer, ca. 1300 qm Wasserfläche, großes Becken, Wildbach und Wasserfall, auch Whirlpool und Kletterfelsen, die Kinder kriegt man nicht so leicht wieder raus. Juli/Aug. tägl. 9–19 Uhr, ab Mitte Mai bis Mitte Sept. 10–18 Uhr, ✆ 0471/860823. Und natürlich im **Kalterer See** (→ Kaltern).

• *Radfahren* Fahrradverleih im Hotel Traminer Hof.

• *Tennis* Tennisplätze in der Sportzone (4 Sandplätze), ✆ 0471/860812.

• *Spielplätze* Z. B. gegenüber Gasthof/Pension Weinlandstübl (mit Minigolf), beim Gasthof Schießstand, Schießstandweg 10, und in der Sportzone bei den Tennisplätzen.

Einkaufen/Wein

• *Feinkost* **Käserei Brunner**, Weinstr. 26. **Konditoreiwaren** bei Heidi, Hans-Feur-Str. 16, am Platz neben der Kirche.

Weinladen Palma, Weinstr. 15, hier gibt's die ganze Palette Traminer Weine und Destillate und diverse andere Südtiroler Weine, die Preise liegen meist kaum über denjenigen der Erzeuger!

Supermarkt an der Einfahrt aus Richtung Kaltern.

• *Weingüter/Brennerei* **Kellerei Tramin**, 1898 gegründete Genossenschaftskellerei, eine der ältesten Südtirols. Großer mengen- und qualitätsmäßiger Aufstieg: An-fang der 90er Jahre ca. 250.000, 2003 ca. 800.000 Flaschen trotz 1993 erfolgter Verstärkung der Qualitätsproduktion. Kellermeister Willi Stürz wurde vom renommierten italienischen Weinführer „Gambero Rosso & Slow Food" als erster Südtiroler zum Kellermeister des Jahres gewählt. Im „Gambero Rosso 2006" stammen 2 der 19 2004er Weine aus Südtirol, die mit drei Gläsern ausgezeichnet wurden, aus der Kellerei Tramin. Im Sommer Do 10 Uhr Kellerbesichtigung und Weinprobe, Infos: Weinstraße 144, ✆ 0471/860126, www.tramin-wine.it.

Kellerei A. von Elzenbaum, Hans-Feur-Str. 2, Probierstüberl, die Schlager sind Gewürztraminer und Rosenmuskateller; ✆ 0471/860124.

Weinkellerei Wilhelm Walch und Weingut Elena Walch, A.-Hofer-Str. 1, Traditionsweingut mit breitem Angebot aus den Weingütern Castel Ringberg und Kastelaz. ✆ 0471/860172, www.walch.it.

Brennerei Roner, Zallingerstr. 44, Besichtigung mit Kostproben, Ostern bis Juni Di/Do 15 Uhr, Juli bis Nov. Di/Do 14.30 und 16 Uhr.

Übernachten

• *In Tramin-Dorf* **** **Mühle Mayer**, Mühlgasse 66, noch oberhalb von St. Jakob in Kastelaz über Tramin liegt dieses Hotel, das aus einer alten Mühle hervorgegangen ist, woran heute allerdings eigentlich nur noch die Lage am Bach erinnert. Komfort im modernen Ambiente, bewusst funktionelles, lichtes Hallenbad mit Sauna, Solarium, Liegewiese, Massage, die angenehmen Zimmer mit Minibar, Fön und Balkon, von dem man, in welche Richtung er auch weist, auf Wein blickt. DZ/FR 120–144 €, Suite/HP (2. Pers.) 178–208 €. ✆ 0471/860219, 📠 860946, www.muehle-mayer.it.

*** **Winzerhof**, Rechentalstr. 6, angenehmes Hotel in Familienbesitz, ruhig gelegen, Hallenbad und Freibad, Saunen, Whirlpool und Liegewiese, Solarium und Fitnessraum, Gratis-Fahrradverleih, die Zimmer mt Balkon, Fön, Safe – also insgesamt über dem Durchschnitt der Kategorie. DZ/FR 94–114 €. ✆ 0471/860183, 📠 860741, www.winzerhof.com.

** **Weinlandstübl**, Dr.-J.-Noldin-Str. 15, Gasthof/Pension mit funktionalen Zimmern (mit TV-Anschluss, nicht alle mit Balkon), nettem Aufenthaltsraum mit Kachelofen, Gartenterrasse und Liegewiese, Fahrräder. Zum Essen sollte sie den Eigenbau-Gewürztraminer probieren. DZ/FR 50–66 €. ✆ 0471/860150, ✆ 861068, www.weinlandstuebl.tramin.com.

** **Erna**, In der Au 12, angenehme Pension an Nebenstraße etwas abseits vom Zentrum in der Nähe des Erlebnisbads. Gut ausgestattet, Zimmer mit Balkon und TV, gute Möbel, schöne Gartenterrasse, beschattet von Kiwiblattwerk. Sehr gutes Frühstücksbüffet. DZ/FR 60–68 €. ✆ 0471/860230, ✆ 860994, www.pension-erna.com.

• *In Söll* * **Diabasi**, Söll 41, einfaches Garni (neuerer Bau) im Weinbauernhof mitten in den Weinbergen, noch weit oberhalb der Kirche. Das Anwesen betritt man durch den alten Bogen, rechts plätschert ein Brunnen. Liegewiese, Zimmer ohne Du/WC (Etagenbad), nicht alle mit Balkon, TV auf Anfrage. DZ/FR 44–46 €. ✆/✆ 0471/860302.

• *Ferienwohnungen* *** **Finkenhof**, Rungg, drei Ferienwohnungen in einem neuen, großen Bauernhof mit Obstgärten und Weinberg, aussichtsreich im Weiler Runng (1 km südlich von Tramin/Ortsmitte auf der alten Straße nach Kurtatsch) am Hang über dem Unterland gelegen. Die Nichtraucherwohnungen sind gut ausgestattet und haben eine separate Wohnküche. Radler sind hier besonders willkommen! Apt. für 2–4 Pers. 40–58 €. ✆/✆ 0471/860315, www.finkenhof.it.

Essen & Trinken

• *In Tramin* **Goldene Traube**, Julius-von-Payer-Str. 2, sehr gute Küche im alten Gasthaus, Nudeln mit Rehragout, Maccheroni mit Radicchio und Walnüssen (delikat!), Hirschgeschnetzeltes mit Spätzle, Kalbsleber venezianisch (als „Venediger Art" bezeichnet). 2 Gänge ab ca. 18 €. ✆ 0471/860164; Di Ruhetag.

Stern, Noldinstr. 6, Gasthof, mit Fleisch aus eigener Metzgerei, Gartenrestaurant, gute italienische Nudelgerichte, preiswert (Menü ab ca. 15 €). ✆ 0471/860287. Do Ruhetag.

Bürgerstube, Mindelheimer Str. 16, Restaurant-Pizzeria mit Kegelbahnen, ab 17 Uhr geöffnet, So/Fei auch mittags, Mo Ruhetag. ✆ 0471/860963.

Schießstand, Schießstandweg 10, Pizzeria (Holzofen, im Sommer auch mittags) und Terrassenrestaurant mit Seeblick. ✆ 0471/8603120. Mi Ruhetag.

Raslhof, Weinstr. 39, gutbürgerliches Restaurant (mit ** Pension), Fisch! ✆ 0471/8603335. Mi Ruhetag.

• *Buschenschanken/Keller* **Gamper**, A.-v.-Kellerweg 11 (beim Hotel Traminer Hof an der Weinstraße), Buschenschank seit über 100 Jahren. Gag: Man speist in oder zwischen umgewidmeten Holzfässern, zum Eigenbauwein gibt es deftige Kost vom Speck über hausgemachte Hirschwurst bis zum Almkäse und bei den warmen Gerichten die ganze Palette zwischen Spinatknödeln und Schlachtplatte. ✆ 0471/861222; geöffnet Ostern bis Fronleichnam und Mitte Juli bis Mitte Nov. 17–24 Uhr, Mo Ruhetag.

Weiskeller, Julius-von-Payer-Str. 29, sehr traditionsverbundener Betrieb mit guten Weinen, u. a. Merlot, Weißburgunder und Vernatsch. Dazu die üblichen Merenden und einige warme Gerichte, z. B. Käsknödel. ✆ 0471/860851; geöffnet April bis Nov. 16–24 Uhr, So Ruhetag, im Aug./Sept. Sa Ruhetag.

G'würzerkeller, Zallingerstr. 24, Wein- und Speckkeller – ein zünftiges Weinlokal in Gründerzeitvilla mit großem Garten und Kinderspielplatz, 16–1 Uhr, Mo Ruhetag (nicht Juli/Aug.); ✆ 0471/860236.

• *Cafés, Eisdielen* **Café Bistro s'Platzl**, Rathausplatz 3, wer in Tramin flaniert, kommt an diesem Café mit seinen Tischen und Stühlen mitten im Ort nicht vorbei. Kuchen, Imbisse (Salate!), Eis. So abends und Mo geschlossen.

Goldener Löwe, Rathausplatz 2, Café und Imbissstube, Eisbecher sowie Kaffee und Kuchen gehen besonders an warmen Tagen, wenn sich *tout* Tramin mit seinen Gästen auf der Terrasse trifft, weg wie die sprichwörtlichen warmen Semmeln. So Ruhetag.

Café Eisdiele Weis, Weinstr. 27, Kuchen, Torten, Imbisse, Eisbecher aus selbst hergestelltem Speiseeis und Internetpoint im Ortszentrum. Di Ruhetag.

• *In Söll* **Plattenhof**, Söll 33, Ausflugslokal in Spornlage über dem Unterland, Restaurant mit Pizzeria im Weingut, traditionelle Küche mit ein paar italienischen Schlenkern, gute Nudelgerichte und Knödel (ca. 6–7 €), Fleischgerichte vom Wiener Schnitzel bis zum Berglammkotelett (ca. 10–14 €). Der hauseigene Gewürztraminer hat besondere Qualität, beim ersten Schluck ist er fast bitter, um dann eine ungewöhnlich harmonische Würzigkeit zu entfalten. ✆ 0471/860162; Mo Ruhetag.

Gummererhof, Söll 68, Berggasthof und Jausenstation, höher geht's nimmer (in Tramin), Weißweine aus Eigenbau. ✆ 0471/860430; Mo Ruhetag.

Traminer Friedhof im Weinberg, Blick aufs Unterland mit Neumarkt

Sehenswertes

- **Pfarrkirche Hl. Quiricus und Hl. Julitta**: Die Pfarrkirche mit dem seltenen Patronat hat einen 93 m hohen gotischer Turm (obere Stockwerke 1460–1492), in der spätgotischen Apsis (1440) befinden sich zwei Freskenzyklen (nur der 1460 entstandene Chor der Kirche ist alt, das Kirchenschiff entstand 1909–1911). Der ältere Zyklus (rechts) zeigt das Martyrium der Kirchenpatrone Quiricus und Julitta, die gesamte grausige Story wird in einem einzigen Bild abgehandelt, der Realismus und die Betonung des Bizarren ist typisch für die Bozner Schule. Werfen Sie ebenfalls einen Blick auf das Hochaltarbild des Tiroler Barockmalers *Martin Knoller*.

- **Kirche St. Jakob in Kastelaz**: An das romanische Kirchlein am oberen Ortsteil wurde viel später ein gotisches Parallelschiff angebaut, beide sind mit Fresken aus der Entstehungszeit dekoriert. In der Sockelzone des romanischen Teils fällt gleich eine außergewöhnliche Darstellung ins Auge, denn dort sind die berühmten kämpfenden Fabelwesen zu sehen, u. a. die Nixe mit den beiden Fischschwänzen. Die meisten Wesen haben tierische und menschliche Teile, Pferde mit Menschenoberkörper in antiker Tradition, Vogel- und Fischmenschen, es gibt aber auch einige völlig phantastische, an nichts Lebendiges erinnernde Ungeheuer. Man versteht den Sinn dieses grausigen Freskenbandes nur, wenn man die Darstellungen darüber mit einbezieht, die Christus in der Mandorla, Heilige und Apostel zeigen. Die Ungeheuer sollen den Kontrapunkt zur christlichen Erlösung darstellen, das zur ewigen Verdammnis und zur Hölle verurteilte Heiden- und Ketzertum.

  Öffnungszeiten März bis 1. Nov. tägl. 9.30–12/14–19 Uhr. Während der Saison ab 5 Pers. Führungen durch die Kirche, Anmeldung am Vortag unter ✆ 0471/860937. Bei der Kirche keine Parkmöglichkeit!

- **Kirche St. Valentin am Friedhof**: Noch eine Traminer Kirche sollten sich Kunstinteressierte ansehen, vor allem wenn sie Freude an den figurenreichen Freskenzyklen der Bozner Schule haben: die Friedhofskirche St. Valentin. Sie ist innen vollständig ausgemalt (1390–1420) und enthält sehr eindrucksvolle plastisch-naturalistische Wimmelbilder. Das Leben Jesu macht den Hauptteil des Zyklus aus, doch an der rechten Wand befindet sich eine Darstellung der Ursulalegende (mit den heiligen Jungfrauen links in den Schiffen im Rhein) mit Darstellung einer mittelalterlichen Stadt (Köln ist gemeint; die bösen Soldaten sind Hunnen).

Öffnungszeiten Den **Schlüssel** erhalten Sie bei der Familie Sinner, Weinstr. 4 (letztes Haus vor Friedhof).

- **Die Ansitze in Tramin**: In der Hans-Feur-Straße gibt es mehrere Renaissanceansitze, auf Nr. 11 das ehemalige Heilig-Geist-Spital, auf Nr. 24/26 das „Amt Stetten", ehemals Sitz der Verwaltung für den Besitz der Grafen von Tirol in Tramin und Kurtatsch. Nr. 23 war der Sitz der Herren von Villanders und später Wolkenstein, mit schönem Wappen über dem Torbogen. Der Ansitz Unterspaur in der Andreas-Hofer-Str. 5–9 ist ein 1796 nach einem Brand komplett neu errichteter Ansitz der Grafen Spaur.
- **Traminer Dorfmuseum**: Das Museum am Rathausplatz ist ein echtes Dorfmuseum mit einer Menge interessanter Dinge – besonders die Figuren zum Brauchtum machen auch Kindern Spaß (z. B. die „Schnappviecher"). Alles zum Weinbau mit einer Gewürztraminersammlung, deren ältestes Exponat von 1886 stammt (!), dann die Geräte des Ackerbaus, ein Kachelofen von 1793 mit schöner Fayencebemalung. Fast nichts zum Obstbau – er hat, obwohl heute im Etschtal so bedeutend – in Tramin keine Tradition.

Öffnungszeiten April bis Allerheiligen Di–Fr 10–12/16–18 Uhr, Sa 10–12 Uhr. Eintritt ca. 2,50 €, Kinder 1 €, Führungen nach Anmeldung unter ✆ 0471/860132.

Kurtatsch, Margreid und Kurtinig

Wein bildet in den an den Berghang gelehnten Dörfern des Unterlandes das A und O des Jahreslaufs. Ein Rebstock in Margreid wurde 1691 gepflanzt und trägt immer noch, er ist die älteste Südtirols und zeugt von Alter und Bedeutung des Weinbaus in den Dörfern Kurtatsch und Margreid – weniger in Kurtinig, das als einziges Dorf des Unterlands nicht am Rand des Etschtals liegt, sondern auf einer unscheinbaren Anhöhe mitten in der Ebene.

Information/Verbindungen/Diverses

- *Information* **Tourismusverein Südtiroler Unterland** (Kurtatsch/Margreid/Kurtinig a. d. Weinstraße), in I-39040 *Kurtatsch/Cortaccia*, Hptm.-Schweiggl-Platz 8, Mo–Fr 9–12/15–18 Uhr, Sa 9–12 Uhr, im Winter Mo–Fr 9–15 Uhr. ✆ 0471/880100, ℻ 880451, www.suedtiroler-unterland.it.

Zweigstellen in I-39040 *Margreid/Magrè*, Pfarrgasse 3, geöffnet Ostern bis Allerheiligen Mo–Sa 9.30–12 Uhr, sowie in I-39040 *Kurtinig/Cortina s. Strada d. Vino*, St.-Martins-Platz 3, geöffnet Ostern bis Allerheiligen Mo–Fr 8.30–10.30 Uhr.

- *Verbindungen* Relativ gute Verbindungen per **Bus** mit Tramin, Neumarkt und Salurn.
- *Diverses* **Postamt** in Kurtatsch, Hptm.-Schweiggl-Platz.
- *Einkaufen* **Brot**, v. a. sehr gutes Bauernbrot, in der Backstube Visintin in Kurtatsch, Obergasse 2.

Wein/Feste & Veranstaltungen

- *Weingüter* **Weingut Schloss Turmhof**, Entiklar, Schlossweg 4. Lagrein aus den tieferen Lagen und Müller-Thurgau aus Europas höchsten Weinlagen in Fennberg (ca. 1000 m!); Weinverkauf, Verkostung in der eigenen Jausenstation (→ „Essen & Trinken") und Führungen (nur nach Voranmeldung), ✆ 0471/880122, www.tiefenbrunner.com.

Vinoteque im Paradeis/Weingut Löwengang Alois Lageder, St.-Gertraud-Platz 5,

Margreid, der innovative Betrieb arbeitet seit 1996 fast ausschließlich mit alternativer Energie, nämlich Südtirols größter Photovoltaik-Anlage. Nicht nur der Kellereibereich, auch die Büroräume werden durch diese Anlage mit Energie versorgt, der angeschlossene Wintergarten wird damit beheizt. Verkostung und Verkauf, Kellerführungen jeden Do um 14.30 Uhr, Anmeldung in der Vinothek oder unter ✆ 0471/809500. Infos auch unter www.lageder.com.

Kellereigenossenschaft Kurtatsch, Weinstr. 23, Kurtatsch, Weinverkauf, Weinproben, im Herbst auch Kellereiführungen (sonst nur mit Anmeldung). Vernatsch, vor allem der Grauvernatsch, Chardonnay u. a. Rebsorten. ✆ 0471/880115, www.kellerei-kurtatsch.it.

• *Feste & Veranstaltungen* **Wimmetfest** in Kurtatsch, ein Traubenfest im Herbst, bei dem u. a. vorgeführt wird, wie man nach alter Methode Trauben verarbeitet – durch Stampfen im Bottich.

Übernachten/Essen & Trinken

• *In Kurtatsch* ** **Fischerhof**, Breutbach 5, großer Gasthof mit Restaurant-Pizzeria (Mi Ruhetag), Zimmer mit Balkon, TV auf Anfrage, Frühstücksbüffet, Radverleih. DZ/FR 52–64 €. ✆ 0471/881006, ℻ 880022, www.fischerhof.com.

** **Terzer**, Obergasse 5 a, Gasthof/Pension/Restaurant (Mo Ruhetag) am Eck zum „Platzl" von Kurtatsch, auf der anderen Seite Wein und Obst. Zimmer (auch Familienzimmer!) mit TV/Fön, teilweise Balkon, korrekt, obwohl etwas altmodisch möbliert. Gute regionale Küche, Frühstück auf der Gartenterrasse. DZ/FR 44–76 €. ✆ 0471/880219, ℻ 880621, www.gasthof-terzer.it.

Zur Rose, Endergasse 2, altes Gasthaus (16. Jh.!) mit echter Tiroler Küche, Weinsuppe, Rinderschmorbraten aus dem Ofen mit Speckkartoffeln und Apfelküchle könnten ein Menü darstellen. Sehenswert die getäfelte „Renaissancestube" mit prächtigem Kachelofen, in der man speist. Ab ca. 30 €; ✆ 0471/880116; So und Mo mittags geschlossen.

• *In Entiklar* **Schloss Turmhof**, Schlossweg 4, schöner Ansitz mit stimmungsvoller Jausenstation im Innenhof und den – modern getäfelten – Zirmstuben. V. a. hervorragende Eigenbauweine (auch Verkauf) und sehr gute Südtiroler Marenden. Geöffnet Ostern bis Okt. (So Ruhetag); ✆ 0471/880122; www.tiefenbrunner.com.

• *In Penon* **Buschenschank Torgglhof**, Kauderle 6, Hausmannskost vom Bauernhof zwischen Penon und Hofstatt und Eigenbauweine auf der Terrasse mit Blick hinunter ins Etschtal – so stellt man sich die Merende vor. Leider nur So tagsüber ab 10 Uhr geöffnet, sonst erst ab 18 (bis 24) Uhr. ✆ 0471/880021; Do Ruhetag.

• *In Hofstatt* **Santlhof**, Hofstatt 7, Weine aus Eigenbau, dazu die bäuerliche Küche Südtirols: Schlutzkrapfen, Speckknödelsuppe, Speck am Brettl, Gröstl. Ab ca. 15 €, in der Törggelenzeit besser reservieren: ✆ 0471/880700; Do–So abends geöffnet, So auch mittags.

• *In Graun* * **Ungererhof**, Indermaurstr. 41, Zimmer in einem wirklich ruhig und einsam gelegenen Bauernhof, z. T. Etagenbad. Ideal für Kinder, denen die umgebenden Wiesen mit Haus- und Nutztieren und der anschließende Wald zur Verfügung stehen. DZ/FR auf Anfrage. ✆ 0471/880205.

Buschenschank Lenzenhof, In der Mauer, I-39040 Graun, wenig außerhalb von Graun (vom Tal kommend ca. 0,5 km nach Graun) in prachtvoller Aussichtslage, Weinbau auf über 800 m (Müller-Thurgau). Dazu Speck und Käse, Gerstsuppe und Omelett. April bis Okt. 10–20 Uhr, Mi Ruhetag; ✆ 0471/880299.

• *In Fennberg* * **Unterhaselbergerhof**, Unterfennberg 36, knapp vor Straßenende, eine Viertelstunde Fußweg zum Fenner See, ein Bauernhof mit Tieren, Zimmer (Etagendusche) oder Apartments – idealer Standort für eine geruhsame Sommerfrische mit oder ohne Kinder. DZ/FR sowie 2 einfache Ferienwohnungen im allein stehenden alten Hofgebäude. Preise auf Anfrage. ✆ 0471/881971.

Plattenhof, Unterfennberg 16, Grillrestaurant, ganzjährig geöffnet, Kinderspielplatz, im Sommer viele Wanderer und Klettersteiggeher, im Winter lockt der hauseigene Eislaufplatz. ✆ 0471/880356; Di Ruhetag.

Sehenswertes/Ausflüge

▸ **Kurtatsch und das Museum bäuerlicher Kultur**: Kurtatsch liegt auf einer kleinen Terrasse über dem Unterland, umgeben von Weingärten und mit prächtiger Aussicht auf das Etschtal und die jenseitigen Berge. Mehrere Ansitze im Ort und in der

Umgebung zeugen von bescheidenem Wohlstand. Der Ort besitzt eine historisch-kulturelle Sammlung im *Ansitz am Orth,* deren Objekte in der Steinzeit beginnen und bis zur Gegenwart reichen, der Besuch – nur mit Führung – bedeutet also eine Zeitreise durch 10.000 Jahre. Viele Infos und mehr als 4000 Objekte (!) zu Ackerbau, Obstbau, Viehzucht und Handwerk, Vor- und Frühgeschichte.

• *Öffnungszeiten* **Museum bäuerlicher Kultur/Museum Zeitreise Mensch**, Botengasse 2. Führungen April bis Aug. jeden Fr um 10 Uhr und nach Voranmeldung unter ✆ 0471/880267 (Herr Simon Schweiggl) oder beim Tourismusverein. Eintritt frei (freiwillige Spende). www.museumzeitreisemensch.it

◆ **Der Ansitz in Entiklar**: Im Kurtatscher Ortsteil Entiklar steht *Schloss Turmhof,* ein Ansitz in schönem Park, der sich aus mittelalterlichen und neuzeitlichen Teilen zusammensetzt. Der namengebende Turm geht wohl auf das 12. Jh. zurück, desgleichen der kleine Wohntrakt (Palas) und die Ringmauer. Der Ansitz beherbergt heute ein Weingut und eine Jausenstation und ist zu deren Öffnungszeiten zu besichtigen (→ „Wein“ und „Übernachten/Essen & Trinken“).

◆ **Margreid und Fennberg**: Das kleine Weindorf **Margreid**, durchflossen von einem frischen Gebirgsbach, liegt ausgesprochen fotogen am Rand der Ebene direkt am Bergfuß. Alte Häuser und Ansitze bestimmen das Ortsbild, spitze und runde Torbögen, Brunnen, Wappensteine.

Weiter nach Süden kann man noch einmal die Etsch queren und über *Kurtinig* nach *Laag* und *Salurn* fahren oder weiter auf der Weinstraße, die bald die Landesgrenze passiert, bevor sie *Roverè della Luna* erreicht, das vormalige Eichleit. Knapp nach der Landesgrenze kommt man am Einstieg des 1976 errichteten **Fennberger Klettersteigs** vorbei. Dieser führt durch teilweise senkrechte Wände, aber für Klettersteiggeher mit relativ geringen technischen Problemen hinauf nach Fennberg.

Fennberg, das zur Gemeinde Kurtatsch gehört, liegt auf einem bewaldeten Plateau, das zum Etschtal mit bis zu 800 m hohen, steilen bis senkrechten Wänden abfällt. Die lang gezogene Siedlung liegt zwischen 1000 und 1160 m und ist sicher eine der isoliertesten Südtirols, obwohl dank einer Straße von Kurtatsch nicht mehr so einsam wie früher. Von Fennberg aus lässt sich auf Wanderwegen das *Tresner Horn* (1812 m) erreichen und weiter im Westen das Val di Non. In **Oberfennberg** steht das schlichte *Renaissancejagdschlösschen Ulmburg,* in **Unterfennberg** ist das kleine *Leonhardskircherl* bereits im frühen Hochmittelalter bezeugt, wahrscheinlich entstand es zum Zeitpunkt der Rodung des vorher unbesiedelten Plateaus.

Der **Fennberger See** ist ein stark verlandender See von ca. 1,3 ha, er ist von einem 10 ha großen Schutzgebiet umgeben, durch das nur ein einziger Zugang an das Wasser führt (dort Bademöglichkeit). In den blumenreichen Feuchtwiesen um den See finden sich viele Orchideen, im klaren Wasser lebt der sehr selten gewordene Flusskrebs.

Auer und Montan

Auer liegt auf einem Bachschuttkegel. Das sieht man an der Form des Untergrunds, und das kann man unschwer an den hohen Natursteinmauern erkennen, die Felder und Gärten umschließen, und an den Mauern, aus denen die älteren Gebäude errichtet wurden. Heute ist er ziemlich friedlich, der aus der wilden Bletterbachschlucht herunter strömende Schwarzenbach, bei schweren Regenfällen schäumt er aber nach wie vor in seinem regulierten, tiefen Bachbett. Früher überschwemmte er Auer in unregelmäßigen Abständen nicht nur mit Wasser sondern mit Schutt und Schlamm – daraus entstand der große Schuttkegel unter dem Dorf und damit wurde es gebaut. Ganz anders liegt Montan, kein Bach beeinträchtigt mit seinen Überschwemmungen das auf einer sonnigen Hangterrasse liegende Dorf mit Schloss Enn im Wald oberhalb. Wein gedeiht auch hier, in Buschenschanken kann man ihn auch beim Hersteller probieren. Zwischen beiden Orten liegt der Felshügel von Castelfeder, ein uralter, heute verlassener Siedlungsort.

Information/Verbindungen

• *Information* **Feriendestination Castelfeder**, I-39040 Auer/Ora, Hauptplatz 5, Mo–Fr 8.30–12.30/16–18.30 Uhr, Sa 9–12.30 Uhr. ✆ 0471/810231, 📠 811138, www.castelfeder.info.

Zweigstelle in I-39040 *Montan/Montagna*, St.-Bartholomäus-Str. 7, Mo–Fr 9–12/16–18 Uhr, Sa 9–11 Uhr.

• *Verbindungen* **Bus**: gute Verbindungen mit Bozen und Salurn, Tramin, dem Fleimstal (u. a. mit Bussen der Trentiner Regionalbuslinien).

Bahn: Bahnhof in Auer, an dem alle Regionalzüge halten, etwas außerhalb des Orts.

Pkw: Autobahnauffahrt etwas südlich zwischen Auer und Neumarkt.

Taxi: Fa. Franzelin, Auer, Gebachstr. 8, ✆ 0471/819009.

Einkaufen/Wein

• *Einkaufen* **Markt** am Mittwoch in Auer. **Einkaufszentrum** mit großem Supermarkt in Auer, Hilbweg 1 (zweigt nahe Touristeninfo von der Nationalstraße ab, Zufahrt zum großen Parkplatz von der Westumfahrung St.-Peters-Weg).

• *Weingüter* **Weingut Pfitscherhof (Ansitz Pfitscher)**, Glenerstr. 9, Montan, Eigenbaukellerei mit 5 ha Rebfläche, bemerkenswert der Südtiroler Lagrein Kotzenloater, die jungen Besitzer bieten auch Ferienwohnungen an (→ „Übernachten"). ✆ 0471/819773, www.pfitscher.it.

Weinkellerei Waldthaler Clemens, Bachgasse 4, Montan, reine Eigenbaukellerei. ✆ 0471/810182.

Feste & Veranstaltungen/Sport & Freizeit

• *Feste & Veranstaltungen* **Unterlandler Weinkostwoche**, Traditionsveranstaltung Ende Okt. in Auer, Winzer aus dem Unterland und auch von anderswo stellen ihre Weine vor, Verkostungen (Anmeldung nötig!), Vorträge, Musik und viel Gratis-Information zum Wein. Infos und Anmeldung beim Tourismusbüro.

• *Baden/Schwimmen* **Freibad** im Sport- und Erholungszentrum Auer, mehrere Becken, große Liegewiese, parkartiger Wald.

• *Sportzentrum* **Sport- und Erholungszentrum Schwarzenbach**, Zufahrt von der Fleimstalstraße in Auer nach der Brücke über den Schwarzenbach.

• *Tennis* In Auer 4 Freiplätze und Tennishalle (2 Plätze) in der Sportzone Schwarzenbach. In Montan im Hotel Tenz 2 Plätze (Flutlicht).

• *Wintersport* Nächstes Wintersportgebiet ist das Fleimstal mit dem provinzübergreifenden **Skigebiet Eggental-Fiemme** → S. 594: **Eislaufplatz** in der Sport- und Erholungszone Schwarzenbach.

Übernachten/Camping

• *In Auer* *** **Turmwirt**, Kirchplatz 1, ein wenig unausgeglichen ist sie schon, die Fassade des Hotels Turmwirt, denn Gasthaus, „Turm" und neuer Bettentrakt wollen optisch keine Verbindung eingehen. Solide und farblich ansprechend möblierte Zimmer (kleiner Sitzbereich), etwas überproportioniert der große Speisesaal. Bar und bequemer Aufenthaltsraum, Liegewiese, die Lage an der Kirche im historischen Zentrum ist gleichzeitig zentral, ruhig und ideal für Spaziergänge und Wanderungen ab Haus. DZ/FR 60–76 €. ✆ 0471/810147, 📠 814396, www.hotelturmwirt.it.

*** **Markushof**, Truidn 1, richtig dörflich wirkt die Gartenseite des Markushofs mit den blumengeschmückten Balkonen, dem schattigen Gastgarten, dem Grün, hinter dem sich der hauseigene kleine Campingplatz samt Pool, Liegewiese und Kinderspielplatz versteckt. Dabei ist der Markushof kein Landgasthof, sondern ein veritables und keineswegs kleines Hotel, das Busgruppen aufnimmt und sie auch problemlos verköstigen kann, denn selbst der urige Keller hat Übergröße (besonders beliebt in der Törggelenzeit, wenn kein Keller groß genug sein kann). Die Ausstattung der Zimmer (viele mit Balkon) ist o. k., das Essen gut, die Atmosphäre sympathisch familiär. DZ/FR 58–100 €. ✆ 0471/810025, 📠 810603, www.hotelmarkushof.it.

*** **Heide**, Hauptstr. 5–7, nach Renovierung ansprechend gestaltetes Hotel mit freundlichen Zimmern (nicht alle mit Balkon), Biergarten, Weinlaube und Weinkeller, aber kaum Auslauf. Das Hotel ist lagebedingt nicht ganz ruhig. Freibad und Liegewiese im Hotel Kaufmann (s. u.) können benutzt werden. DZ/FR 60–94 €. ✆ 0471/810019, 📠 811151, www.nuwahotels.com.

*** **Kaufmann**, Fleimstaler Str. 16/10, verkehrsgünstig an der Straße nach Cavalese gelegenes Hotel mit kategorieadäquater Ausstattung, Freibad und Liegewiese. DZ/FR 66–94 €. ✆ 0471/810004, 📠 811128, www.hotelkaufmann.it.

*** **Villa Groff**, Bahnhofstr. 76, kleineres, sympathisches Hotel in einer umgebauten gründerzeitlichen Villa mit Anbau, mit Pool und Liegewiese, Garten, schönen Zimmern mit Sitzbereich und Balkon und guter Küchenleistung (nicht nur beim Frühstücksbüffet). DZ/FR 56–98 €. ✆ 0471/810424, 📠 810979, www.villagroff.it.

** **Meinrad**, Kirchgasse 2, Garni oben bei der Kirche, gemütlich und familiär, die Zimmer (Balkon) mit soliden Möbeln, üppiger Blumenschmuck, Garten. DZ/FR 48–60 €. ✆/📠 0471/810416, www.meinrad.it.

• *In Montan* *** **Tenz**, Kalditsch 3, der „Tenz" ist aus einem alten Einkehrgasthof hervorgegangen, was man ihm allerdings nicht ansieht. Er ist ein gut ausgestattetes Hotel, dessen Zimmer und Suiten zumindest ansatzweise, z. B. durch optische Raumtrenner, das Hotelzimmereinerlei durchbrechen. Alle Zimmer mit Balkon oder Terrasse. Hallenbad und Sauna, Freischwimmbad mit schöner Liegewiese, 2 Tennisplätze, 2 Stuben, Biergarten. Die bei Motorradfahrern beliebte nahe Fleimstalstraße macht sich abends und morgens, wenn man im Zimmer ist, kaum bemerkbar. DZ/FR 80–140 €. ✆ 0471/819782, 📠 819728, www.hotel-tenz.com.

** **Goldener Löwe**, Kirchplatz 11, Gasthof, sehr schön renovierter alter Bau (mittelalterlich? 16. Jh. sagt man im Ort) mit rustikaler Einrichtung, Zimmer mit TV, einige mit Balkon. Im Haus gutes Restaurant (Do Ruhetag). DZ/FR 58–64 €. ✆ 0471/819844, 📠 819549, www.goldenerloewe.it.

*** **Ansitz Pfitscher**, Glenerstr. 9, neue Ferienwohnungen im historischen Weinbauernhof, komplett ausgestattet samt Waschmaschine, Dachterrasse, Brötchen- und Milchservice am Morgen. Apt. für 2–4 Pers. 54–77 €. ✆ 0471/819773, 📠 819136, www.pfitscher.it. Zum Weingut der Familie Pfitscher → „Einkaufen".

• *Camping/Jugendherberge* *** **Camping Wasserfall**, Wasserfallstr. 36, ein schöner, relativ kleiner Platz zum Campen, unter den Steilhängen oberhalb von Auer, kein Durchgangsverkehr, Pool und Liegewiese, einige schattige Stellplätze. Gespann und 2 Pers. 20–24 €. Geöffnet April bis Allerheiligen, ✆ 0471/8105219, 📠 810150, c.rosamaria@virgilio.it.

Camping Markushof, Truidn 1, privater Campingplatz des Hotels Markushof (s. o.), ruhig und angenehm übersichtlich, Pool und Liegewiese, Kinderspielplatz, beheizte Sanitäranlagen. Gespann und 2 Pers. 18–24 €. ✆ 0471/810025, 📠 810603, www.campingmarkushof.it.

Jugendherberge Castelfeder, Castelfeder Weg 2, Montan; Infos/Anmeldung → Jugendherberge Salurn (S. 249).

Essen & Trinken

• *In Auer* **Aura**, Hauptstr. 44, Pizzeria mit Holzofenpizza in 35 Varianten (ca. 6–8 €), auch Vollkornpizza, einen passenden Namen hat die „Pizza odorosa" mit Zwiebeln, Basilikum und Knoblauch. Außerdem Bruschette, Schnitzel mit Pommes, Speckteller (diese Gerichte ca. 4,50–8 €), 10 Salatteller (6,50–8 €), hausgemachtes Tiramisu und ein leckeres Amaretto-Feigen-Parfait mit Schokosoße (Desserts um die 3 €), auch Eis sowie Kaffee und Kuchen. So Ruhetag (außer Mitte Juli bis Sept.).

Tschurtsch, Kirchplatz 3, Weinstube und Törggelenlokal in den Kellergewölben des funktionierenden Bauernhofs mit seinen z. T. mittelalterlichen Mauern. Die Hintergrundmusik trifft den kleinsten gemeinsamen Nenner. Merenden, Kalbskopf sauer, Speck, Hauswurst mit Sauerkraut, im Herbst Kastanien. Gericht ca. 6–10 €. ✆ 0471/810648; 17–1 Uhr; Mi Ruhetag.

• *In Montan* **Zur Rose**, Kirchplatz 17, sehr traditionsverbundenes Gasthaus im wuchtigen, mittelalterlichen Bau, das spürt man sofort, wenn man Schank und Stube im 1. Stock betritt: Die wenigsten Gasthäuser haben noch die früher allgemein übliche Schank, und welches Gasthaus hat schon im Speisesaal eine rauchgeschwärzte Deckenwölbung, unter der sich mal ein Kamin (oder die Küche?) befand. Das betrifft auch das einfache Essen: Backerbsensuppe, Nudelgerichte, Schlutzkrapfen, kleine Auswahl, in der Nebensaison schon mal nur ein Hauptgericht (z. B. Naturschnitzel mit Beilagen). Speck am Brettl, Risotto mit Pfifferlingen, Spaghetti je 4,50–5,50 €. ✆ 0471/819564; Mi Ruhetag.

Schloss Enn, Pizzeria-Café im Ort (gegenüber Touristeninfo), große Auswahl an hervorragender, schön krosser Pizza (ca. 4–9 €), aber auch Restaurantküche. Mo Ruhetag.

• *In Gschnon* Gschnon erreicht man auf der Straße Montan – Truden (Glenerstraße ab Montan/Kirchplatz), bei der Trudner Mühle nach rechts und ca. 1,5 km Zufahrtsstraße. **Dorfnerhof**, Gschnon 5, Törggelen in der Buschenschank mit Traubenmost und Kastanien, Reservierungen sinnvoll: 0471/819798, Mo Ruhetag. Ebenfalls in Gschon (Nr. 11): **Jausenstation Pernter**, ✆ 0471/819802, Di Ruhetag.

• *In Laag* Der Ort liegt 5 km südlich an der Straße nach Salurn.

Robi, Parkstr. 5, Restaurant-Pizzeria, Gerichte mit lokalem Bio-Fleisch, nach 18 Uhr Pizza. ✆ 0471/817499; Mi Ruhetag.

Sehenswertes/Ausflüge

▸ **Auer**: Die Lage auf einem immer wieder von Überschwemmungen geplagten Schuttkegel (der Bach ist heute durch Verbauungen einigermaßen entschärft) ist nicht gerade ideal. Immer wieder musste zerstörte Bausubstanz repariert oder gänzlich neu gebaut werden. Der Ort ist sehr locker besiedelt, es gibt kein eigentliches Zentrum, hohe Mauern verbergen auch in der Ortsmitte dahinterliegende Weingärten. Auch um die im höheren Ortsbereich stehende *Kirche St. Peter* ist kein wirkliches Zentrum auszumachen. Auf der rechten Seite der ansonsten schmucklosen Westfront dieser Kirche hat sich ein gotisches Christophorusfresko erhalten, dessen Ausmaß sogar für Südtirol ungewöhnlich ist. Die spätgotische Pfarrkirche zeigt deutlich, wie viel seit dem Spätmittelalter aufgeschüttet wurde: Sieben Stufen sind es zum Eingang des früher auf normalem Ortsniveau stehenden Baus. *Schloss Auer* mit schönen spätbarocken Wappenfresken ist der größte der Ansitze des Orts, er wurde in der Renaissance auf einer mittelalterlichen Burg aufgebaut.

▸ **Auf dem Castelfeder**: Über Auer erhebt sich der Castelfeder, ein von karger Vegetation bedeckter und von Felsrippen mit Gletscherschliffen übersäter *Porphyrfelsen* (Teil des Porphyr-Mittelgebirges des Überetsch, der durch Etsch und Etschgletscher davon getrennt wurde). *Smaragdeidechsen, Nashornkäfer* und *Gottesanbeterin* leben hier. Mauerwerk aus verschiedensten Zeiten deutet auf frühere Besiedlung des heutigen Weidegebiets. Die karge *Trockenvegetation* ist so interessant wie selten, Flaumeichen, Hopfenbuchen, Mannaeschen, Perückenstrauch und Kornelkirsche wachsen hier, auch die vom Menschen eingeführten Kiefern und Esskastanien. Für Laien sind am auffälligsten die alten Eichen in großen Abständen, die dem Hügel von Castelfeder den Anblick einer Parklandschaft geben.

Auf der Kuppe des Hügels hat man eine vormittelalterliche Ringmauer identifiziert. Im Inneren sind Reste einer *mittelalterlichen Burg* mit *romanischer Kapelle* und Rundapsis auszumachen – die Reste dieses Baus auf erhöhter Stelle werden immer wieder gegen den Hintergrund des Unterlands und der Salurner Klause fotografiert. Tiefer am Südwesthang fallen auf einer Verebnung die Reste einer *prähistorischen Großsiedlung* auf, insgesamt 160 Häuser konnten identifiziert werden. Wer die Bewohner waren und wann sie lebten, das ist nicht klar.

• *Fußweg* Man erreicht den Castelfeder am einfachsten in ca. 20 Min. aus der großen Linkskurve, die die Straße nach Montan nach der ersten Steigung macht. Wegweiser zei-

Über den Dächern von Montan, Blick nach Süden

gen den Weg hinüber zum Hügel (Schutzgebiet), den man nach Querung eines trockenen Tals erreicht. Alternativ beginnt man den Aufstieg in Auer beim Sportgelände Schwarzenbach, geht rechts der Turnhalle zur Fleimstaler Straße und dort 200 m nach rechts, wo jenseits Weg 5 a beginnt. Mit 5 a und 5 auf die Kuppe, dort blau-weiße Markierung zur Straße; der gesamte Weg ist sehr gut beschildert (0:45–1 Std.).

Wanderung auf der „Katzenleiter": Eine für gute Geher einfache Wanderung führt die vielen Stufen der „Katzenleiter" hinauf zu Aussichtspunkten über der *Schlucht des Schwarzenbachs*, für Ausdauernde weiter zu einer Bushaltestelle an der Straße nach **Aldein**, von wo aus man mit dem Bus nach Auer zurückkehren kann. Man beginnt rechts der Pfarrkirche und nimmt den dort beginnenden „Wasserfallweg", der unvermittelt vor einem E-Werk endet. Rauf auf eine Mauer, die vor Überschwemmungen schützen soll, eine Fußgängerbrücke und Weg 2 zum Treppenanstieg der Katzenleiter. Schwindelfreiheit ist nicht nötig, obwohl die Ausblicke wahrhaft Schwindel erregend sind. Oben in **Karnol** kommt von links ein alter Weg herauf, es handelt sich um die früher (also bis ins 20. Jh.!) einzige Verbindung von Aldein mit dem Etschtal, den heute noch so genannten *Alten Aldeiner Weg*.

Tour-Info Gehzeiten bis Schlossberg (656 m) 1:20 Std., bis Steinhaus (802 m) 2 Std., bis zur Bushaltestelle beim Gasthaus Schmieder (880 m) 2:15 Std. Gesamtgehzeit.

Montan: Das idyllische Weindorf Montan liegt der Nachmittagssonne zugewandt auf einer schönen Hangterrasse über dem Etschtal. Das 1300 entstandene und um 1880 veränderte und restaurierte große **Schloss Enn** oberhalb Montan ist seit 1650 im Besitz der Grafen Albrizzi (aus Venedig). Leider kann es nicht besichtigt werden, nur von fern hat man einen Blick auf die Anlage. Der Bau ist von hohen Bäumen umgeben, sodass man es aus der Nähe schlecht erkennen kann, auch vom Tor aus sieht man wenig. Nur einmal im Jahr gibt es Gelegenheit, zumindest das Äußere und den Innenhof in Augenschein zu nehmen, nämlich anlässlich eines Konzerts der Musikkapelle Montan im Innenhof, das Mitte August stattfindet. Die alte

Fleimstalbahn fuhr unterhalb von Montan in großer Schleife nach Süden, um dann oberhalb von Schloss Enn in Richtung Kaltenbrunn zu dampfen. Heute ist die Trasse der stillgelegten Bahn ein beliebter *Wander- und Radweg* (→ Tour 15).

▸ **Pinzon**: Das kleine Weindorf Pinzon etwas südlich von Montan – man sieht es von der Trasse der Fleimstalbahn aus unter sich liegen – birgt einen Kunstschatz erster Ordnung. In der *Dorfkirche St. Stephan* befindet sich nämlich der bedeutendste Flügelaltar des Unterlands, eine Arbeit des *Hans Klocker*. Der vorzügliche spätgotische Altar ist gegen 1500 entstanden und atmet noch rein gotischen Geist, so verzichtet er völlig auf Perspektive oder gar auf die gekonnte und bewusst zur Gestaltung eingesetzte Zentralperspektive seines Zeitgenossen Michael Pacher. Von den Figuren des Schreins wurden leider bei einem Kunstraub die vier den Vorhang hinter der Hauptszene tragenden Engel und das Christuskind im Schoß der Maria geraubt (das Letztere wurde durch eine originalgetreue Kopie ersetzt).

Öffnungszeiten Keine offiziellen Zeiten, den **Schlüssel** gibt es beim Pfarramt (✆ 0471/820781) oder beim Messner (✆ 0471/812871).

Tour 15: Wanderung (oder Radtour) von Montan nach Kaltenbrunn auf der Trasse der Fleimstalbahn

Tour-Info: Gemütliche Wanderung mit (fast) immer gleicher, angenehm schwacher Steigung auf ehemaliger Bahntrasse, meist schattig und kühl auf der Nordseite – etwas für heiße Tage! Nur unzureichend beleuchtete Tunnel, eine Taschenlampe ist zwar nicht unbedingt notwendig, tut aber gute Dienste (mit dem Rad Licht notwendig). Zurück mit dem Linienbus. Länge 12,7 km; Dauer 3:30 Std.; Höhenunterschied: ↑ 530 m. Karte: Tabacco (1:25.000) Blatt 49.

Die stillgelegte Fleimstalbahn von Auer (wo der Bahnhof neben dem der Etschtalbahn erhalten ist) nach Cavalese im Trentino ist heute die Strecke für eine herrlich gemütliche, schattige Wanderung von Montan bis Kaltenbrunn. Von dort

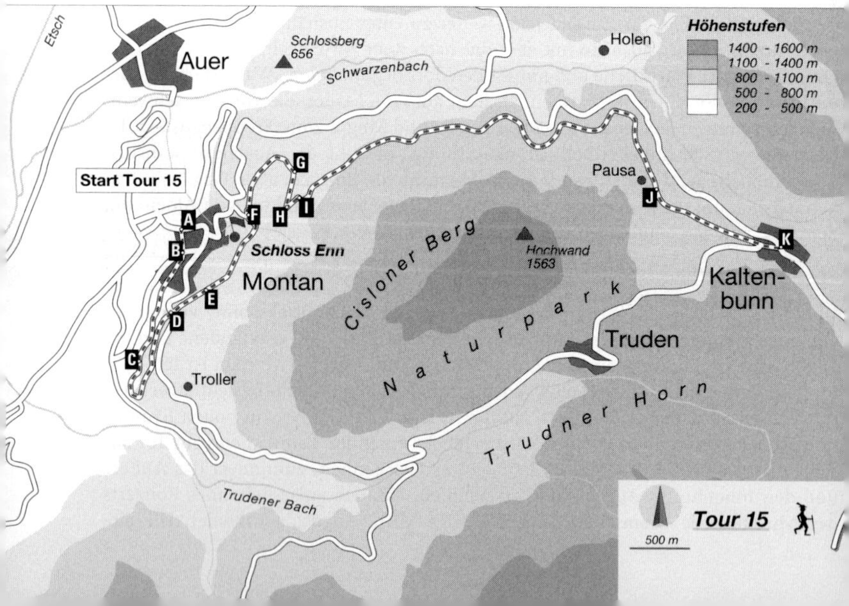

kann man mit dem Bus zurück, oder man hängt den Besuch des nahen Truden dran (Radfahrer machen auf der Rückfahrt sowieso besser den kleinen, interessanteren Umweg über Truden, denn die SS 48 ist stark befahren).

In Montan nimmt man etwas unterhalb des Dorfs beim großen Parkplatz **A** die nach rechts in Richtung Pinzon (Schild) abgehende Straße. Eine größere Straße wird gequert **B**, drüben geht es mit einem Fahrweg weiter. Wir sind auf dem alten Bahnweg, den wir bei einer Gabelung **C** ausgehen, um die enge Schleife der Trasse samt Viadukt kennen zu lernen (weiter oben guter Blick auf Viadukt). Nach diesem Richtungswechsel weiterhin leicht ansteigend auf erneuerter Asphaltstraße **D** (Straße nach Truden) und bald darauf in einen ersten Tunnel **E**. Spärliche Beleuchtung! Zweiter Tunnel, Schloss Enn liegt unterhalb. Kurz darauf Gabelung **F**, nicht flach und links weiter auf der Bahntrasse, sondern jetzt etwas steiler nach rechts (Schilder sind hilfreich) in einen Wiesenhang. Der eingeschlagene Weg macht eine Krümmung nach rechts, wird nochmals steiler und erreicht den Feitnerhof **G**, wo man ein Sträßchen links liegen lässt, um rechts mit Markierung 3 weiterzugehen. Man gelangt nach einem sehr steilen Wegstück (Radler müssen schieben) zum Lamberthof, dem höchsten der Kalditschhöfe, wo man sich nach links auf einen Güterweg wendet **H**. Nun immer in der am Hof eingeschlagenen Richtung bleiben, die Trasse der Bahn führt hier fast ohne Steigung weiter, ein Tunnel wird passiert, ein Schild macht auf den nahen Gasthof Brückenwirt aufmerksam (gute 100 m tiefer, hin/zurück 0:30 Std., Mo Ruhetag), und dann öffnet sich wieder der Wald, und man betritt die Wiesen des historischen Pausahofs. Dort links vorbei **I** und noch ein Stück Bahnweg, dann erreicht man eine Straße, der man nach links abwärts und zu den wenigen Häusern von Kaltenbrunn **J** folgt. Vorsicht bei der Querung der SS 48 zur Bushaltestelle, die Ortsdurchfahrt ist eine Rennstrecke! Wer nach Truden möchte, geht auf der Straße nicht Richtung Kaltenbrunn, sondern 300 m nach rechts, wo auf der anderen Seite ein Wanderweg beginnt, der in einer guten halben Stunde nach Truden leitet (von dort Busverbindung nach Montan und Auer), es ist der Europäische Fernwanderweg Nr. 5!

Aldein und Radein

Die beiden Streusiedlungen Aldein und Radein am Südfuß des Regglbergs mit ihren alten Bauernhöfen sind ideale Sommerfrischen. Die sanft geneigten Hänge unter dem Weißhorn blicken nach Süden, Wiesen und Weiden, dazwischen Wald, bieten Erholung. Das touristische Angebot ist begrenzt, aber gut, erholsame Familienferien sind angesagt, wer Action sucht, ist fehl am Platz.

Die beiden Dörfer, die zusammen eine Gemeinde bilden, sind durch keine direkte Straße verbunden. Die wie ein Messerschnitt vom Weißhorn herunterziehende **Bletterbachschlucht** trennt sie, nur Wanderwege führen hindurch. Diese Schlucht und die **Schwarzenbachschlucht**, die ebenfalls vom Weißhorn herunterkommt und erst bei Auer endet, schneiden die beiden Orte auch nach Süden von anderen Siedlungen ab. Erst die spektakuläre Brücke über die Schwarzenbachschlucht, 1963/64 errichtet, brachte Aldein näher an das Unterland und Bozen, wohin man mit dem Auto vor der Fertigstellung mindestens 1:30 Std. benötigte. Es lohnt sich, den Wagen abzustellen und in die Schlucht hineinzuschauen, man befindet sich 110 m über dem Talboden.

Information/Verbindungen/Diverses

• *Information* **Tourismusverein Aldein/Radein**, Dorf 34, I-39040 Aldein/Aldeno, ✆ 0471/886800, 📠 886666, www.aldein-radein.com; Mo–Fr 8–12/15–18 Uhr, in der HS auch Sa 8–12 Uhr.

• *Verbindungen* **Pkw**: gute Straße als Abzweigung von der Fleimstalstraße, **Bus**: 3- bis 4x tägl. Bus von Neumarkt nach Aldein – Radein wird nicht bedient! **Taxi**: Fa. Dibiasi, Aldein, ✆ 0471/886887.

• *Diverses* Nächste **Apotheken** in Deutschnofen und Auer, **Arzt** in Aldein, wechselnde Sprechstunden (Auskunft im Tourismusbüro), **Post** in Aldein.

Sport & Freizeit/Feste & Veranstaltungen

• *Fahrradfahren* **Verleih** auf der Schmiederalm.

• *Golf* Der **Golfplatz Petersberg**, eine 18-Loch-Anlage, ist wenige Autominuten entfernt, ✆ 0471/615122 (→ Deutschnofen, S. 606).

• *Kegeln* Die wenigsten Südtiroler Orte haben ihre **alten Naturkegelbahnen** erhalten. Anders in Aldein und Radein, Naturkegelbahnen im Gasthaus Schönblick, auf der Schmiederalm, der Lahneralm, Schönrastalm und Gurndinalm sowie in den Gasthöfen Nigglhof und Rose. Das Gasthaus Joch Grimm auf dem gleichnamigen Pass hat eine vollautomatische Kegelbahn (✆ 0471/887232).

• *Tennis* In der **Sportzone Aldein**, Vormerkungen unter ✆ 0471/886667.

• *Wintersport* Das Joch Grimm mit seinen Schleppliften scheint so nah, ist aber mit dem Auto nur über Cavalese und das Lavazé-Joch zu erreichen. Nächstes alpines Skigebiet ist folglich die **Alpe Cermis** mit Kabinenseilbahn ab Cavalese. Anders beim **Langlauf**: Rund um das Weißhorn ziehen sich ca. 50 km Loipen und auch **Rodler** haben freie Bahn: Naturrodelbahnen auf der Schmiederalm und Schönrastalm.

• *Feste & Veranstaltungen* **Noagnlailichfest**, Fest zum Ende der Sommersaison auf der Schönrastalm in Aldein, erste Septemberhälfte, organisiert durch die örtliche Bauernjugend. Wettkämpfe ohne tierischen Ernst: Hornschlittenziehen, Wettmähen und -sägen, „Gaudistaffel". Dazu Milch und Säfte und Aldeiner Kost wie Hauswurst, Nudelgerichte und „siaße Kropfn".

Mitte Sept. **Almabtrieb** in Aldein, meist am Samstag, der dem 15. Sept. am nächsten liegt. Die Ankunft der Tiere im Dorf wird mit Musik (z. B. der „Böhmischen" aus Aldein), Tanz, traditionellen Gerichten und jeder Menge Getränken gefeiert.

Übernachten/Essen & Trinken

• *In Aldein* *** **Aldeiner Hof**, Wildeich 52, überwiegend rustikal eingerichtetes Haus in isolierter Lage zwischen Wiesen und Wald. Ideal für Kinder und nach echter Sommerfrische hungernde Erwachsene. Zimmer und Suiten meist mit Balkon. DZ oder Suite/FR 60–116 €. ✆ 0471/886804, 📠 886142, www.aldeinerhof.it.

** **Krone**, Dorfplatz 3. Der historische Gasthof (1577 als Gaststätte bezeugt) zeigt sein Alter deutlich an der Fassade, an der Steinumrahmung der Eingangstür, am Dachtyp. Aber er hat sich unglaublich gut erhalten, wie man ebenfalls sieht. Alles ist tipptopp in diesem Haus, das am Dorfplatz gegenüber von Kirche und Dorfmuseum steht. Älteres und hier und da ehrwürdiges Mobiliar in Räumen, Fluren und Zimmern, die große Stube holzgetäfelt, die Bar unter Kreuzgewölbe, der Weinkeller ein Tonnengewölbe. Restaurant mit ausgezeichneter Küchenleistung, hervorragende Nudeln, Knödel (z. B. Leberknödel in Wildconsommé), Nocken, als Nachtisch die Bauernkrapfen mit Mohnfülle bestellen! 2 Gänge ab ca. 25 €. DZ/FR 74–110 €. ✆ 0471/886825, 📠 886696, www.gasthof-krone.it. Restaurant Mo Ruhetag (außer Juli/Aug.).

** **Stern**, Dorf 30, größere Pension im eigentlichen Dorf mit herrlichem Ausblick von den Balkonen der ordentlichen Zimmer (kein TV). DZ/FR 52–64 €. ✆ 0471/886951, 📠 886824, www.rolbox.it/pension.stern.

Ploner, Dachselweg 1, Café-Restaurant mit gutem Preis-Leistungs-Niveau, gehobene Tiroler Küche mit italienischem Einschlag, Lokal mit Terrasse, Garten und kleinem Spielplatz, Menü (3 Gänge) ab ca. 25 €. ✆ 0471/886556; Di zu.

Irene, Wildeich 1/1, Café (daneben Bäckerei Pitschl) gleich unterhalb vom Kirchhügel, Kaffee und Kuchen; Mo Ruhetag.

- *Almgasthöfe* * **Gurndinalm**, Eich 28/2, schlichter kleiner Almgasthof im Stil einer Berghütte auf dem Weg zum Joch Grimm, oft überlaufen (Leser Dirk Peter Post: „Wanderer, die sich kurz erholen wollen, sind unerwünscht"), einfache Zimmer (Etagenbad), DZ/FR 24–28 €. ✆ 0471/886745.

* **Schmiederalm**, Lerch 41, traditionelles Almgasthaus mit entsprechender, sehr guter Kost, einfache Zimmer (Etagenbad), sehr schöne Aussichtslage. Leser Dirk Peter Post lobt den Gasthof, Zimmer „tip top in Ordnung ..., Service einfach spitze ... Von den Pflaumenknödeln kann sich der Zirmerhof eine Scheibe abschneiden". DZ/FR 48–56 €. ✆ 0471/886810; Do Ruhetag.

Lahneralm, Gasthof auf der gleichnamigen Alm mit rustikalem Ambiente, Stube und Gastgarten, Almgerichte und Merenden. ✆ 0471/886888; Di Ruhetag.

- *In Radein* *** **Zirmerhof**, Oberradein 59, wenige Hotels in (Süd-)Tirol können mit der Tradition des Zirmerhofs mithalten. Schon Ende des 19. Jh. beherbergte die Familie Perwanger Gäste aus Österreich-Ungarn und dem Deutschen Reich. Diese mussten damals noch auf haarsträubenden Fuhrwegen ins Dorf hinauffahren (mit der Pferdekutsche natürlich). Das stattliche Bauernhaus von damals hat sich nicht wesentlich verändert, die nie veränderte Zirmerstube des 16 Jh. mit ihrer Zirbenholztäfelung (Zirben gibt es noch immer genug im Umkreis von Radein), der später angebaute Speisesaal mit seinen Fresken, die Gründerzeitmöbel in den Zimmern, die Kachelöfen und Kamine – das atmet alles noch den Hauch des ganz frühen Fremdenverkehrs. Hinzugekommen sind die (Marmor-)Bäder und WCs (damals undenkbar – man hatte eine Schüssel und einen Wasserkrug im Zimmer, WC gab's auf dem Gang), Sauna, Dampfbad im Heustadel, Ruheraum, die Qualitätsbettbezüge (damals raues Tuch). Leser Dirk Peter Post moniert die „überzogenen" Preise und „den schleppenden Service" im Restaurant sowie das „arrogante und kühle Auftreten der Belegschaft". Menü (3 Gänge) ab ca. 35 €, Mo Ruhetag. DZ/HP 120–214 €, es gibt auch Ferienwohnungen zu 65 €/Tag. ✆ 0471/887215, ℻ 887225, www.zirmerhof.com.

* **Roter Adler**, Oberradein 41, der Rote (Tiroler) Adler des kleinen Gasthofs signalisiert ein einfaches, rustikales Haus mit angenehmen, schlichten Zimmern (z. T. Balkon) und typischer Tiroler Küche. DZ/FR 40–60 €. ✆/℻ 0471/887227.

* **Wastlhof**, Oberradein 62, freundliche Zimmer mit traditioneller Einrichtung (Holzriemenböden) und Dusche/WC in wuchtigem Bauernhof am Rand Oberradeins (von Kaltenbrunn kommend unterhalb der Kirche vorbei bis zum letzten Hof). Hofprodukte erhältlich, Haus-, Stall- und Weidetiere, toll für Kinder. DZ/FR 41–51 €, auch HP möglich (65–75 €). ✆ 0471/887168, ℻ 887237.

Nigglhof, Oberradein 3, Gasthof/Jausenstation, Tiroler Küche, Naturkegelbahn, ✆0471/887165, Mo Ruhetag.

Sehenswertes/Ausflüge

Aldein: Die Streusiedung nimmt nur um die *Kirche* auf dem Hügel Dorfgestalt an. Ausgrabungen haben gezeigt, dass hier schon eine romanische Kirche stand (die heutige ist spätgotisch mit neugotischer Ausstattung). Aldein wurde wohl im 12. Jh. wahrscheinlich von hessischen Bauern besiedelt, noch heute werden die Aldeiner „Hessen" genannt. Etwas unterhalb der Kirche steht der eindrucksvolle historische „Gasthof Krone" (→ „Übernachten/Essen & Trinken"), auf der anderen Seite des dortigen Platzes sind die Touristeninformation und das **Dorfmuseum** untergebracht.

Sehr lebendig wird das **Mühlenmuseum „Im Thal"**, ein Ensemble aus drei Mühlen unterschiedlichen Typs, wenn man sich einer Führung anschließt. Dann wird nämlich in der Thalmühle das Getreide zu Mehl gemahlen, in der Matznellermühle wird mit dem Rendl das Gerstenkorn von seinen Spelzen befreit und mit dem Stampf Loden gewalkt und, früher sehr wichtig, die Fichtenrinde zerkleinert, die man zur Herstellung von Lohgerbe brauchte. In der Wasserschmiede sieht man den Wasserhammer, der mit einem Wasserrad betrieben wird.

- *Öffnungszeiten* **Dorfmuseum Aldein**, Museum für sakrale Kunst, es werden v. a. barocke Monstranzen, Hostienschalen, Messbecher, Stickereien etc. gezeigt. Saisonal und von Jahr zu Jahr stark wechselnde Öffnungszeiten, im Sommer meist Mo 16–18

Uhr, Fr 17–21 Uhr, Sa 10–12 Uhr, freiwillige Spende. Sonderführungen jederzeit möglich (ab 5 Pers.), Anmeldung und aktuelle Öffnungszeiten beim Verkehrsverein, ✆ 0471/886800.

Mühlenensemble „Im Thal": Führungen Mai bis Oktober durch den Tourismusverein, nur nach Voranmeldung (ab 5 Pers.) unter ✆ 0471/886800.

▶ **Radein**: Die *Kirche* von Radein, ein schöner gotischer Bau mit schönem Fächergewölbe im Chor, steht im Gegensatz zu Aldeins Kirche fast allein. Radein ist Streusiedlung geblieben, die Aldeiner Siedlungskonzentration durch Pensionen und Privathäuser hat Radein nicht mitgemacht.

Auch Laien werden vom Radeiner **Geologiemuseum** angesprochen, das den Gesteinsaufbau der Dolomiten in vielen Beispielen, instruktiven Schautafeln und einem Diorama erklärt. Außerdem eine Sandsteinplatte mit Spuren unterschiedlicher Saurier! Wer die Bletterbachschlucht besucht oder den obersten Schluchtbereich mit dem Weißhorn von der Aldeiner Seite gesehen hat, wird sich ohnehin fragen, wie so ein gewaltiges Naturphänomen wohl entstanden sein mag. Das Museum sollte man mit dem GEO-Weg durch die Bletterbachschlucht verbinden (s. u.), nachher ist man Experte für Dolomiten-Geologie.

• *Öffnungszeiten* **Geologiemuseum** im Vereinshaus „Peter Rosegger" in Oberradein, saisonal und von Jahr zu Jahr stark wechselnde Öffnungszeiten (zumindest Mai bis Sept. So 16–17 Uhr immer, daneben Di 10–12 Uhr, Fr–So 16–18 Uhr), freiwillige Spende. Sonderführungen jederzeit möglich (ab 5 Pers.), Anmeldung und aktuelle Öffnungszeiten beim Verkehrsverein, ✆ 0471/886800.

▶ **„Auf den Spuren der Saurier" – der GEO-Weg durch die Bletterbachschlucht**: Leitern und Stiegen führen hinunter und hinauf in die gewaltige Bletterbachschlucht, deren obersten Teil, die „Gorz", man gar nur auf einer steilen Metallstiege verlassen kann. Der Canyon ist ein wahres Geologiemuseum unter freiem Himmel, reicht doch der Aufbau von Schlucht und Weißhorn vom Bozner Porphyrsockel über Grödner Sandstein und Bellerophonschichten der Permphase bis zum Muschelkalk der Trias. Der Canyon entstand an einer Störungszone: Die dunklen Gesteine des Schwarzhorns (Porphyr) wurden en bloc gehoben, die weißen des Weißhorns (Triaskalke) ebenso en bloc abgesenkt. Der GEO-Weg durch die Bletterbachschlucht beginnt am Parkplatz unter der Lahneralm und führt hinunter ins „Butterloch". An 14 interessanten Stellen informieren Schautafeln über Tektonik und Gesteine der Schlucht. Seit 2005 gibt es etwas unterhalb der Lahneralm eine Informationsstelle (mit Souvenirshop).

Tour-Info Ein Faltblatt zum GEO-Weg mit kurzer Beschreibung und Verlaufskizze gibt es beim Tourismusverein. Infos im Internet – mit virtueller Tour durch die Schlucht – unter www.bletterbach.info.

Vorsicht! Bei Regen oder gar Gewitter ist von der Begehung der Schlucht wegen Steinschlaggefahr dringend abzuraten!

Tour 16: Rundtour mit dem Rad von Aldein oder Deutschnofen um das Weißhorn

Tour-Info: Diese relativ lange und anstrengende Tour führt rund um das Weißhorn, wobei man vom Joch Grimm bis oberhalb von Aldein Wanderwege benutzt, die insbesondere bei Glätte und Nässe nicht leicht zu fahren sind, ansonsten Forststraßen, nur zwischen Aldein und Deutschnofen (→ S. 606) Asphaltstraße. Spektakulärer Höhepunkt ist der Einblick in den gewaltigen Canyon des Bletterbachs, die obere Bletterbachschlucht.Fahrdauer auf der beschriebenen Strecke 3–3:30 Std., auf der Straße Aldein – Deutschnofen 0:45–1 Std.; Länge der beschriebenen Strecke 29,5 km, Aldein – Deutschnofen 11,5 km, gesamt 41 km. Höhenunterschied: ↑ 700 m, ↓ 850 m. Karten: Tabacco (1:25.000) Blatt 29 und 49, Kompass (1:50.000) Blatt 630.

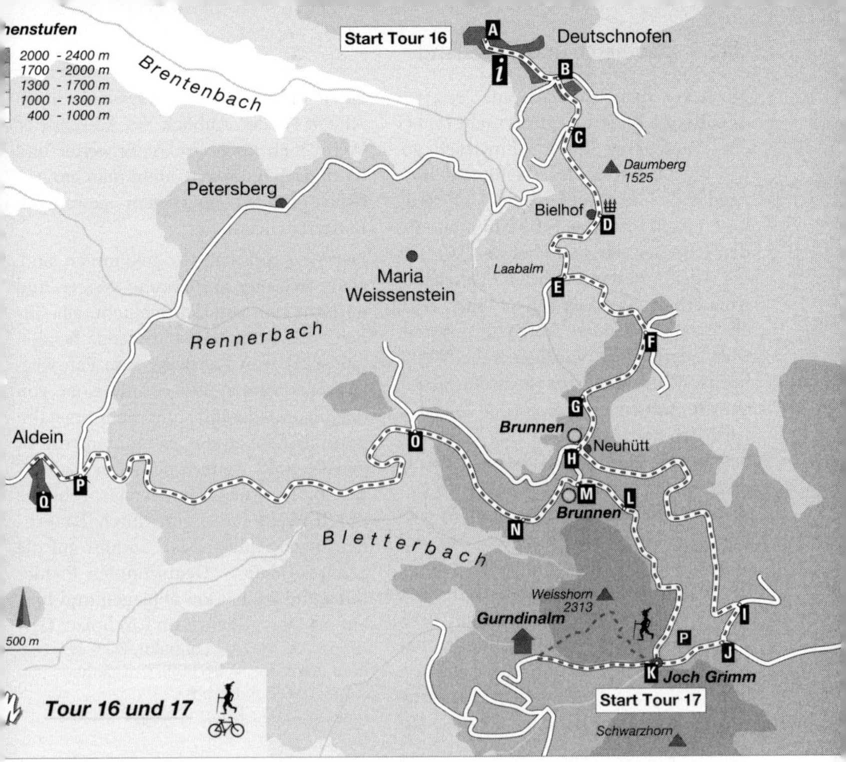

Von Aldein nimmt man die Straße nach Deutschnofen, wo man an der Abzweigung in den Ort nach rechts in die Daunstraße einbiegt **B**. Beginnt man in Deutschnofen bei der Touristeninformation **A**, erreicht man diese Kreuzung auf der in Richtung Aldein und Eggental führenden Dorfstraße, an der Kreuzung **B** gabeln sich diese Straßen, die Daunstraße führt geradeaus weiter. Am Ortsende bei einer Gabelung **C** links und in der ganz zu Anfang eingeschlagenen Richtung weiter, nunmehr leicht aufwärts. Beim Bielhof Schranke **D**, aber weiterhin asphaltiert. In Kurven einen Waldhang hinauf, bei der Abzweigung zur Laabalm **E**, wo man wieder flacheres Gelände erreicht, endet der Asphalt und man fährt auf gutem Forstweg weiter. Bei einem Straßenstern **F** hält man sich (mit Schild „Neuhütt") rechts und erreicht bald eine große Wiese, von der man an einer Stelle einen schönen Blick hinunter auf das Kloster Weißenstein hat. Weiter zu einem Sattel **G**, dort nach links in die Kurve einer größeren Forststraße, der man dann nach rechts und etwas ansteigend folgt. Sie führt zu einer Forststraßengabelung **H** unterhalb der Neuhütt, hier Brunnen, ein Teich und Richtungsschilder, die uns nach links weisen.

Es folgt eine längere Waldpassage, die mehrere kleine Tälchen ausfährt und kaum Steigung bringt. Nach dem letzten Tälchen erreicht man die Zubringerstraße **I** zur Auer Alm, diese bleibt links, da wir auf der asphaltierten Straße nach rechts fahren, um die vom Lavazé-Pass zum Joch Grimm heraufziehende Straße zu erreichen. Bei der Einmündung in diese Straße **J** nach rechts und zum Joch Grimm **K**.

Noch vor dem Gasthaus am Pass, wo die öffentliche Straße endet, geht rechts ein Wanderweg durch Almwiesen ab, der die Ostflanke des Weißhorns umrundet (Schild „Weißenstein 1–2, Neuhütt 1 Std."). Schöne Blicke hinüber auf den Latemar, der sich über den Wiesen der Auer Alm wie eine weiße Fata Morgana erhebt. Der Fußweg ist fahrbar, an ein paar Stellen ist Vorsicht geboten. Man quert in die Nordflanke des Weißhorns, Wald und Alm wechseln einander ab. Am Ende einer großen Wiese **L** wird der nunmehr auch für Traktoren befahrbare Weg etwas besser. Wenig später erreicht man eine große Almwiese, an deren Beginn ein Brunnen **M** willkommene Erfrischung bietet. Auf der Wiese etwas links und aufwärts halten, den Wegweiser nach Aldein, der mitten in der Wiese steht, findet man erst, wenn man den Weg selbst gefunden hat (der Weg halbrechts und etwas abwärts führt nach Neuhütt). Leicht aufwärts, wieder Wald und dann urplötzlich auf einer Lärchenwiese (Wegweiser nach Aldein **N**) der Anblick des Weißhorns. Wenn man noch ein wenig weiter und dann nach links geht, steht man am Abbruch (Zaun) über dem gewaltigen Bletterbach-Canyon.

Der Weg, auf dem wir gekommen sind, senkt sich nun in Richtung Westen und entfernt sich von der Schlucht, allmählich wird er für Forstfahrzeuge befahrbar, wird zum Fuhrweg, zum Fahrweg, zur Forststraße. Wo er mit einer von der Schmiederalm und Schönrastalm kommenden Straße zusammentrifft **O**, geht es links weiter und auf asphaltierter Straße ohne Orientierungsprobleme durch Wald und dann durch Bauernland nach Aldein. Man kommt auf die Straße Aldein – Deutschnofen **P**, hier links und nach 1 km abbiegen und hinauf ins Dorf Aldein zum Kirchplatz **Q**.

Essen & Trinken **Laabalm**, Juni bis Okt. tägl. geöffnet, ✆ 0471/616733. Gasthaus und Hotel am Joch Grimm.

Foto vom Weißhorn → S. 609!

Tour 17: Wanderung vom Joch Grimm auf das Weißhorn

Tour-Info: Das Weißhorn ist die äußerste Bastion der Dolomiten im Südwesten, dementsprechend ist die Aussicht von seinem Gipfel. Der Rundweg mit Gipfelbesteigung ist leicht und **auch für Kinder** zu bewältigen. Dauer 2–2:15 Std.; Höhenunterschied: 340 m. Karte: Tabacco (1:25.000) Blatt 34. Anreise mit dem Pkw nur über Cavalese oder Deutschnofen und Passo di Lavazé!

Beim Gasthaus Joch Grimm (1989 m) beginnt auf der Radeiner (westlichen) Seite ein gut ausgebauter Wanderweg, der den Südhang des Weißhorns durchsteigt und in einer Stunde direkt zum Gipfel führt. (Dieser Gipfel ist, wie man erst hier entdeckt, ein Doppelgipfel mit 2317 m und 2313 m). Die Abzweigung zum Gamplsteig nach rechts auf etwas mehr als halber Höhe wird nicht beachtet, es sei denn, man möchte das Weißhorn umrunden, denn genau das macht dieser Steig (und kommt, wie wir, bei der Gurndinalm zurück an die Straße).

Zurück geht's die ersten Meter auf dem Aufstiegsweg, dann aber bei der obersten Gabelung nicht links, sondern rechts weiter und flott durch Wiesen und Krummholz zur Gurndinalm (1952 m). Von dieser auf dem Sträßchen in 0:20–0:25 Std. zurück zum Joch Grimm und zum Ausgangspunkt.

Essen & Trinken **Joch Grimm**, Gasthaus (Fr Ruhetag) mit rustikaler Küche, Heubäder, ✆ 0471/887232. Gurndinalm, mit Naturkegelbahn, Mai bis Okt. tägl. geöffnet, ✆ 0471/886745.

▸ **Das Joch Grimm** → Kapitel „Das Rosengartengebiet" auf S. 610.

Im Naturpark Trudner Horn

Der Naturpark Trudner Horn ist ein Mittelgebirgspark mit sehr artenreicher, südlich angehauchter Vegetation. Im Naturparkhaus kann man sich die ersten Informationen holen, bevor man mit Wanderstock oder Mountainbike in die Umgebung zieht.

Das Bergdorf **Truden** (Kirchplatz auf 1127 m) hat kaum Platz zwischen den Talflanken, die Dorfstraße ist steil, die Felder mussten durch hohe Steinmauern vor dem Wegschwemmen geschützt werden. Einige schöne alte Häuser, gepflegte Steinbauten, haben den Bauboom der letzten Generation überlebt. Truden wurde früher von Cavalese (Trentino) aus verwaltet und ist heute noch ein Teil der „Magnifica Comunità di Fiemme", der alten Selbstverwaltungsorganisation der Dörfer im Fleimstal. Das hat immer noch Bedeutung: Ein ausgedehnter Kollektivbesitz an Wald (20.000 ha!) und Weideland wird gemeinsam bewirtschaftet. Erst nach dem Zweiten Weltkrieg wurde Truden aus dem Trentino herausgelöst und zu Südtirol geschlagen. Stolz des Orts ist die Schützenkompanie mit 41 aktiven Mitgliedern, davon vier fesche Marketenderinnen.

Von den vielen Dörfern, die hoch über dem *Torrente Avisio* liegen, dem Fluss, der das Trentiner Fleimstal entwässert, ist nur **Altrei** deutschsprachig. Die Gemeinde war früher wirtschaftlich und politisch eng mit Trient verbunden und reicht heute noch bis hinunter ins Fleimstal – tatsächlich führt die Trentiner Straße 612 durch Altreier Gemeindegebiet. Diese Grenzlage hat die kulturelle Zugehörigkeit der Altreier nie angefochten, eher im Gegenteil, sie waren sich immer besonders bewusst, Deutsch-Tiroler zu sein. Wer nach Altrei kommt, erlebt ein ruhiges Bauerndorf, kaum von anderen Dörfern zu unterscheiden, bis auf den Umstand, dass das nächste Dorf (Capriana im Fleimstal) italienischsprachig ist. Die jahreszeitlichen bäuerlichen Arbeiten bestimmen das Leben im Dorf, das von ausgedehnten Wäldern umgeben ist, die zum Naturpark Trudner Horn gehören. Das Dorf und seine Landschaft ist ideal zum Ausspannen, Stress abbauen, neue Kräfte sammeln – Sommerfrische eben.

Information/Verbindungen

- *Information* **Tourismusverein Wandergebiet Naturpark Trudner Horn**, Am Kofl 2, I-39040 Truden/Trodena, ✆ 0471/869078, ✆ 869278, www.trudnerhorn.com. Information und Naturparkhaus sind im selben Gebäude untergebracht. Information ganzjährig Mo–Fr 8–12 Uhr, **Naturparkhaus** Ostern bis Mitte Nov. Di–Sa 9–12/15–18.30 Uhr, von Juli bis Sept. auch So; Eintritt frei. **Tourismusverein**, Rathausplatz 1c, I-39040 Altrei/Anterivo, ✆/✆ 0471/882077, info@trudnerhorn.com; Vorsaison Mo, Mi und Fr 8.30–11.30, von Juli bis Sept. Mo–Fr 8–12 Uhr, Sa 10–12 Uhr, im Okt. Mo–Fr 8–12 Uhr.
- *Verbindungen* **Pkw**: von der Fleimstalstraße gute Verbindung zu beiden Orten, ab Montan nach Truden ebenfalls ausgebaute Straße (weniger Verkehr). **Bus**: wochentags 2- bis 3x ab Neumarkt oder Auer nach Truden, nicht nach Altrei.

Sport & Freizeit

- *Gesundheit/Wellness* **Naturoase Stegerhof**, Truden, Pintergasse 8 b, Heubäder, Kräuterdunstbad, „Kraxenofen", Thalassotherapie etc. in einem (modernen) Bauernhof, So geschlossen; ✆/✆ 0471/869211, www.naturoase-stegerhof.com.
- *Radfahren* **Verleih** im Tourismusverein, ca. 3 €/Std., Tag ca. 8 €. Außerdem Radverleih im Gasthaus Kaltenbrunn.
- *Tennis* In der **Sportzone Runggen**, 2 Plätze, Vormerkungen über Gasthof zum Löwen, ✆ 0471/869068.

Übernachten/Essen & Trinken

*** **Trudner Hof**, St.-Blasius-Platz 7, Truden, modernes Haus gegenüber der Kirche, Saunen und Fitnessraum, Café-Restaurant mit kleiner Terrasse. DZ/FR 58–82 €. ✆ 0471/869252, 📠 869157, www.trudnerhof.com. Restaurant Di Ruhetag.

** **Zum Rössl**, Noldin-Str. 3, Altrei, solides Hotel mit Tradition, die Moderne wird durch TV im Zimmer (mit Balkon, die meisten mit abgetrenntem Wohnbereich), Hallenbad mit Gegenstromanlage und Whirlpool, Sauna und das reichhaltige Frühstücksbüffet repräsentiert. DZ/FR 49–66 €, Apt. f. 2–4 Pers. 33–53 €. ✆ 0471/882031, 📠 882173, www.hotel-zum-roessl.it.

** **Zur Mühle**, Mühlen 20, Hotel-Restaurant mit funktionstüchtiger Getreidemühle im Untergeschoss, Ortsteil Mühlen (etwas unterhalb Truden in Richtung Montan/Auer). Zimmer in moderner Holzbauweise mit TV, Restaurant mit vorzüglicher traditioneller Küche mit Knödeln, Pilzgerichten, Strudeln, schöne Gartenterrasse. DZ/FR 46–70 €, ✆ 0471/869210, 📠 869261, www.zur-muehle.com. Komplettes Menü ab ca. 25 €, Mi Ruhetag; im Juni geschl.

*** **Pausahof**, Pausa 1, Ferienwohnungen in mustergültig renoviertem, historischem und denkmalgeschütztem Hof an der ehemaligen Fleimstalbahn (→ Tour 15). Komplett ausgestattet samt Waschmaschine, TV, zeitgenössischen Bauernmöbeln. Apt. für 2–4 Pers. 47–57 €. ✆/📠 0471/887055, www.pausahof.it.

Sehenswertes/Ausflüge

▸ **Naturparkhaus in Truden**: Eine elektrisch betriebene Elevator-Mühle in Höhe von drei Stockwerken (entstanden 1948/49) bildet den Kern des Naturparkhauses. Mehr auf den Naturpark Trudner Horn und die anderen Naturparke Südtirols bezogen sind die Multivisionschauen zum Naturraum, deren Themen von den Gesteinen bis zu den Lärchenwiesen reichen. Ein lebendiger Ameisenhaufen, das Moorprofil und Vogelnester sind Anschauungsmaterial, das auch Kinder fesselt.

Öffnungszeiten Di–Sa 9–12/15–18 Uhr, Juli bis Sept. auch So. Eintritt frei; ✆ 0471/869247.

▸ **Unterwegs im Naturpark**: Wandern und Radfahren (Mountainbike oder Crossbike) heißt die Devise in Truden. Ein dichtes Wegenetz ist für beider Gruppen von Freizeitsportlern geeignet, kaum ein Weg kann und darf nicht von Radlern befahren werden. *Cisloner Alm* und *Hornalm* sind die beliebtesten Ausflugsziele von Truden, kann man sich doch dort für den Rückweg auf traditionelle Weise stärken.

• *Essen & Trinken* **Cisloner Alm**, in einer Stunde erreicht man von Truden aus die Alm im Naturpark, die Mitte April bis nach Allerheiligen geöffnet hat. Almküche mittags und abends, ✆ 347/2291105.

Jausenstation Hornalm, 2 Std. Fußweg von Truden, eine traditionelle Alm mit herrlichem Ausblick auf die Dolomiten. Merenden und die übliche Südtiroler Almkost, auch Zimmer mit Du/WC; ✆ 329/9436074.

Der Naturpark Trudner Horn

Auf 6600 ha umfasst dieser **Mittelgebirgsnaturpark** eine sehr differenzierte Waldflora und Fauna, hat aber wenig Spektakuläres zu bieten. An seinem Süd- und Westfuß reicht er noch bis in die submediterrane Buschwaldzone hinein, die durch Flaumeichen charakterisiert ist, seine höchsten Bereiche um das Trudner Horn (1817 m) liegen im subalpinen Tannenwald. In einigen Bereichen dominiert dunkler Porphyr, anderswo, z. B. am Rand des Etschtals, liegt verkarstetes helles Kalkgestein an der Oberfläche, wie jenes, das die Haderburg in Salurn trägt. Lärchenwald und einige Hochmoore zwischen Truden und Altrei sind gerade in diesen relativ niedrigen Höhen selten gewordene Biotope. Sehr informativ ist das neue Naturparkhaus in Truden.

Information Naturpark Trudner Horn, Am Kofl 2, I-39040 Truden/Trodena, ✆ 0471/869078, 📠 869278, www.trudnerhorn.com.

Neumarkt

Die schattigen mittelalterlichen Laubengänge sind der Stolz des Städtchens. Intimer als anderenorts zeugen sie von der geschäftigen Vergangenheit. Wenn man am Markttag vor einem der gemütlichen Lokale sitzt und den Trubel an sich vorbeiziehen lässt, kann man sich lebhaft vorstellen, wie es hier vor einem halben Jahrtausend zuging.

Neumarkt wurde im Hochmittelalter (1189) vom Bischof Konrad von Trient als Handelsort gegründet, wie seine schönen Lauben mit den lang nach hinten gezogenen Häusern mit oft mehreren Höfen und Trakten zeigen, die für die Lagerung von Handelsware und für Werkstätten gedacht waren. Als wichtige Station an einer internationalen Handelsroute hatte Neumarkt eine weitere Funktion, der es mit großen Gasthöfen, früher mit Hospizen nachkam. Doch diese Tradition ist noch älter: Der unmittelbare Vorgänger des Orts war die römische Poststation *Endidae*, deren Ruinen sich so erhalten haben wie jene des mittelalterlichen **Klösterle**, einer Raststation an der Brennerstraße.

Eindrucksvoll sind die **Neumarkter Lauben** mit spitz zulaufenden gotischen Portalen und dunklen niedrigen Durchgängen mit mittelalterlichen Kreuzgratgewölben, die zu großen Höfen führen, in denen einmal mehr los war als heute und Handelsgüter aufbewahrt wurden, wo heute meist nur Trödel und Ausgemistetes lagert. Einige Fassaden haben noch Reste ihres alten herrschaftlichen Anstriches wie das Haus gegenüber der Information in den Lauben mit seinen Renaissancegraffiti und den Spitzbögen der Gotik, die man später dem Zeitgeschmack entsprechend abgerundet hat. Meist stehen die Häuser entlang der Lauben Schulter an Schulter, aber es gibt auch schmale Gässchen zwischen ihnen, über die alte Schwibbögen laufen, die den Druck der seitlichen Mauern auffangen.

Information/Verbindungen

• *Information* **Feriendestination Castelfeder (Tourismusverein)**, Zweigstelle, I-39044 Neumarkt/Egna, Lauben 28, Mo–Fr 8.30–12/16–19 Uhr (Nebensaison 9–11.30 Uhr), Sa 8.30–12 Uhr. ✆ 0471/812373, 📠 820607, www.castelfeder.info.

• *Verbindungen* **Bahn**: Bahnhof, der jedoch nur von Lokalzügen bedient wird (Regionalzüge in Auer).

Bus: Gute Verbindungen mit Bozen und ins Fleimstal sowie 3- bis 4x tgl. nach Aldein.

Pkw: Autobahnabfahrt etwas nördlich zwischen Neumarkt und Auer. Großer Parkplatz beim Busbahnhof. Von dort zu Fuß zur Altstadt: auf Querstraße vor dem Rathaus (dieses schräg links gegenüber), dann rechts („centro storico") auf Kapuzinerring bis zur ersten Querstraße nach links, dem Marienweg, der zur Altstadt führt.

Einkaufen/Feste & Veranstaltungen

• *Märkte* **Markt** am Di, **Bauernmarkt** am Fr, **Markt in Laag** am Sa, **Flohmarkt** jeden 3. Sa im Monat.

• *Bioladen/Naturkost* Bei Biomarkt Triade, Marienweg 8/1 und bei Pro Natura, Lauben 30 (neben Information).

• *Wein* **Zita & Gustl Weintrafik**, Marienweg 4, kleine Vinothek im Zwickel Lauben/Marienweg.

Weinkellerei H. Lun, Villner Str. 22–24, ✆ 0471/813256; Traditions-Weinkellerei.

• *Feste & Veranstaltungen* **Laubenfest im historischen Zentrum**: Das älteste Dorffest Südtirols (seit 1974) findet an einem Wochenende Mitte Juni statt (Fr–So). Originell ist die traditionelle Eierzeremonie zu Beginn (Fr vormittags), ein Bittgang durch den Ort um schönes Wetter und gutes Gelingen des Laubenfestes, der mit einem Gottesdienst abgeschlossen wird. Musikkapellen, Frühschoppen, Festumzüge, Volkstänze, Kinderfest (So nachmittags).

Lauben in Neumarkt

Sport & Freizeit

- *Baden/Schwimmen* **Lido Neumarkt**, das örtliche „Erlebnisbad", tägl. 9–19 Uhr, ✆ 0471/820900, www.lidoneumarkt.it.
- *Radfahren* **Verleih** im Tourismusverein.
- *Reiten* Im **Pferdezentrum Felix Baron Longo**, ✆ 338/6820363; „Schnupperlektion" 20 €.
- *Tennis* In der Tennisanlage Schlosswiese und in Laag, Gfrillner Weg, Anmeldung Bar Centrale, ✆ 0471/817116.

Übernachten

*** **Andreas Hofer**, Straße der Alten Gründungen 21–23, ruhig im Ortszentrum an den Lauben gelegenes Hotel im alten Bürgerhaus mit modernem Anbau sowie mit Pool und schöner Liegewiese. Qualitätsbewusst eingerichtet mit Stilmöbeln, Bauernmöbeln und Antiquitäten, zu den Lauben Restaurant (→ „Essen & Trinken"). Gut ausgestattete Zimmer in diskreten Farben, sehr gute Bäder. DZ/FR 70–82 €. ✆ 0471/812653, ℻ 812953, www.hotelandreashofer.com.

** **Villner Hof**, Villner Str. 30 c, unterhalb des Felsens von Castelfeder außerhalb Neumarkts liegt dieser Hotelfamilienbetrieb mit Schwimmbad, Liegewiese, Sauna, Reitpferden, Kinderspielplatz, Radverleih. Gutes Frühstücksbüffet, die Zimmer mit TV auf Anfrage, nicht alle mit Balkon. DZ/FR 60–80 €. ✆ 0471/812639, ℻ 812386, www.villnerhof.com.

Kuckuckshof, Mazon, Bergstr. 1, Bauernhof im Weiler Mazon oberhalb Neumarkt. 2 Apartments mit gemeinsamer Gästeküche, rauchfreies Haus. Apt. für 2–3 Pers. 40–45 €. ✆ 0471/812405, kuckuckshof@virgilio.it.

Essen & Trinken/Abends

Engelkeller, Ballhausring 41, rustikales Restaurant mit Garten, die Küche serviert traditionelle bürgerliche Gerichte in leichteren, innovativen Zubereitungen. Da wird sogar das Herrengröstl, da mit Kalbfleisch zubereitet, zur feinen Delikatesse, und von den Apfelknöderln mit Semmelbröseln und leicht gebräunter Butter kann man sowieso nur schwärmen. Ca. 25 €. ✆ 820344; nur bis 21 Uhr geöffnet, Mo Ruhetag.

Andreas Hofer, Restaurant des gleichnamigen Hotels. Essen traditionell sowie einmal querbeet: Herrengröstl, mexikanischer Truthahnspieß, Bauernschöpsernes, Nudeln/

Knödel 7-8 €, Hauptgerichte mit Beilagen 11–17 € ; So zu.

Oenothek Johnson & Dipoli, Andreas-Hofer-Gasse 3, kleines Lokal unter den Lauben. Man kann schön kühl draußen sitzen, wenn die Sonne brennt. Ambitioniertes Weinrestaurant für den volleren Geldbeutel (Pane e coperto 2,58 €). Küche mit frischen Zutaten (aber warum Wolfsbarsch-Bandnudeln und keine mit Forelle/Saibling?). Der Kellner kommt ohne Karte an den Tisch – besser nach dem Preis fragen. ✆ 0471/820323.

La Piccola Gastronomia, Lauben 8, winziger Laden und Schnellimbiss, ein paar Tische vor der Tür, italienische Speisen zum Mitnehmen, Nudeln, Schmorgemüse, Salate.

Café Centrale, großes gutbürgerliches Kaffeehaus, vorne große Terrasse, von der man alles überblickt, was in den beiden Einkaufsgassen der Stadt geschieht. 7–24 Uhr, Do Ruhetag.

Kuckuckshof, Mazon, Bergstr. 1, Bauernhof mit Hofschänke im Weiler Mazon, Brettljausen, kleine warme Speisen, hausgemachter Apfelstrudel, Eigenbauwein, eigene Fruchtsäfte. ✆ 0471/812405, im Sommer Di–So nachmittags, im Frühjahr und Herbst nur am Wochenende geöffnet. Der Kuckuckshof vermietet auch Zimmer (→ „Übernachten").

Papa Joe's, im Alps Coliseum, Kellerbar und „Grill", abends Treff vor allem jüngerer Jahrgänge. ✆ 0471/823997, www.papajoes.info.

Sehenswertes/Ausflüge

Museum für Alltagskultur: Unter den Lauben findet man das Museum traditioneller Wohnkultur. Vorwiegend werden Objekte städtischer und ländlicher Alltagskultur vor 1914 gezeigt (insgesamt ca. 1815–1950): Mobiliar im Wohnraum, in der Küche und der Speis, im Herrschaftszimmer und im Schreibzimmer. Nicht nur für Kinder interessant ist das Kinder- und Puppenzimmer u. a. mit einem Puppenhaus im Jugendstil. Kaum zu glauben: Etwa 60 % der Sammlung stammen vom Sperrmüll.

Öffnungszeiten April bis Nov. Di–Fr 16–18 Uhr, Di und So 10–12 Uhr. Führungen nach Vereinbarung mit Frau A. Müller, der das Museum den Großteil seiner Exponate zu verdanken hat (✆ 0471/812472). A.-Hofer-Str. 24/Meister-Konrad-Durchgang 2; freiwillige Spende.

Vill: Der Weiler Vill in den Weinbergen bei Neumarkt (an der alten Straße in Richtung Auer, die etwas oberhalb der heutigen Staatsstraße verläuft) besitzt in der kleinen *Kirche Unsere Liebe Frau* ein Kleinod hochgotischer Architektur, dessen feines Rippengewölbe zum Besten gehört, was in Südtirol aus dieser Zeit existiert. Die Planer und Architekten des Baus waren mit Sicherheit lokale Meister.

Ruine Kaldiff: Im Tal des Gschnoner Bachs liegt auf einem Felssporn die Ruine Kaldiff (auch Caldiff geschrieben). Sie bewachte die alte Wegverbindung hinauf nach Truden und hinüber ins Fleimstal, die um Jahrtausende älter ist als die heutige Straße von Auer über Kaltenbrunn. Vom Palas und Rittersaal sind noch mehrere Stockwerke der Außenmauern erhalten, von der Inneneinrichtung ist praktisch nichts mehr zu erkennen. Man erreicht Kaldiff vom höher gelegenen Neumarkter Ortsteil *Mazzon* auf Weg Nr. 3.

St. Florian und das Klösterle: Südlich von Neumarkt verengt sich das Etschtal bei St. Florian (Gemeinde Laag), einer alten Kirche mit kräftigem Chorturm und wenigen benachbarten Häusern. Hier begann in den Zeiten, als die Etschüberschwemmungen Jahr für Jahr die Salurner Klause für Monate unpassierbar machten, der Weg hinüber ins Fleimstal und weiter nach Trient. Etwas oberhalb von St. Florian liegt sehr einsam das hervorragend erhaltene *mittelalterliche Pilgerhospiz,* das an dieser Stelle als Quartier notwendig war, es wird heute Klösterle genannt. Wahrscheinlich ist das Hospiz ein unmittelbarer Nachfolger des 1979 in Neumarkt ausgegrabenen römischen *mansio,* also einer Pferdewechselstation mit Herberge, wie sie an wichtigen Stellen des römischen Wegenetzes existierten und hier im römischen *Endidae* auch zu erwarten waren. Typisch dafür ist ist der Grundriss mit Innenhof mit Gebäuden an drei Seiten, eines davon offensichtlich Stall und eines mit zweitem Stockwerk, in dem die Schlafsäle und Krankenlager waren. Im Klösterle konnte man vom Krankenlager aus den Gottesdienst im Chor der benachbarten Hospizkapelle verfolgen. Das Hospiz wurde 1317 aus unbekannten Gründen aufgehoben (*Albrecht Dürer* hat auf seiner ersten Venedigreise also sicher nicht dort genächtigt, sondern in einem der Neumarkter Gasthöfe).

▸ **Wanderung auf dem Albrecht-Dürer-Weg**: Von Klösterle St. Florian über Krozzol und die so genannte Römerbrücke führt der Albrecht-Dürer-Weg auf der mittelalterlichen Trasse hinüber zum Fleimstal und nach Segonzano. In fünf erhaltenen Aquarellen hat Dürer diese Passage über die Berge auf seiner ersten Venedigreise verewigt. Sie stellen u. a. Burg Segonzano und die dortigen Erdpyramiden dar, wo der Weg, der in Cembra das Fleimstal erreicht, endet. Der Weg ist ab Klösterle deutlich mit dem bekannten Signum Dürers (in ein großes A eingeschriebenen D) beschildert. Ein anregendes Teilstück des Weges zwischen Klösterle und Salurn bietet sich für einen Tagesausflug an (zurück mit dem Bus). Der Weg führt zunächst von St. Florian/Klösterle nach Laag und dann hinauf nach Buchholz, von wo man auf dem schmalen Sträßchen über Pichl nach Salurn absteigen kann (Gesamtgehzeit ca. 3 Std.).

Essen & Trinken **Buschenschank Steinhauserhof-Ochsenreiter**, Buchholz 37, ✆ 0471/889031 (→ Salurn).

Salurn

Salurn liegt an einer Engstelle des Etschtals, das bis in das 19. Jh. und der Etschregulierung regelmäßig überschwemmt wurde und unpassierbar war. In diesen Zeiten umging der Verkehr die Salurner Klause, wie die Engstelle sich nennt, und erreichte über die nahen Berge das Fleimstal, von wo man weiter nach Trient reiste.

Albrecht Dürers erste Reise 1494 ist eines der bekannteren Beispiele für diese Wegführung (→ „Wanderung auf dem Albrecht-Dürer-Weg"). In Salurn selbst erinnert die in den Felsen über dem Ort heute noch Wache haltende **Haderburg** an die frühere Bedeutung der Klause. Das Ortsbild zeigt behäbige Bürger- und Bauernhäuser, an einigen aufwendigeren Fassaden zeigen die Adelswappen ihre früheren Besitzer an. Heute hat Salurn keine Bedeutung mehr als Posten an der deutsch-italienischen Sprachgrenze, die Brennerautobahn und die Bahnlinie zwischen Bozen und Verona lassen Salurn schnöde links liegen, nur die Staatsstraße passiert es. Salurn ist heute ein überwiegend italienischsprachiger Ort, was man sofort bemerkt, wenn man eine der Bars betritt.

• *Information* **Tourismusverein**, I-39040 Salurn/Salorno, Rathausplatz 2, Juli/Aug. Mo–Fr 9–12 Uhr. ✆/℻ 0471/884279, tourismusverein.salurn@rolmail.net.

• *Übernachten/Essen & Trinken* ** **Salurn**, Dr.-Josef-Noldin-Str. 2, einfaches Hotel an der Ortshauptstraße, Zimmer mit TV, Fön, teilweise Balkon, Restaurant im Haus. DZ/FR 50–74 €. ✆/℻ 0471/884200, gasthof.salurn@libero.it

Jolly, Staatsstr. 28, Pizzeria-Restaurant an der Durchgangsstraße, eines der wenigen Lokale Salurns, Do/Fr frischer Fisch. ✆ 0471/884240; Mo Ruhetag.

Ebenfalls an der Staatsstraße: **Weißer Adler**, Nr. 27, Restaurant und Pizzeria mit Holzofen, ✆ 0471/884620; Mi Ruhetag.

Steinhauserhof-Ochsenreiter, Buchholz 37, ✆ 0471/889031. Buschenschank in Buchholz, Sortiment eigener Weine vom Blauburgunder zum Sauvignon und Chardonnay, dazu Merenden wie Speck und Käse. Geöffnet Pfingsten bis Allerheiligen jeden Nachmittag. Sehr schön (und wesentlich gesünder als der Tripp mit dem Auto!) ist der Fußmarsch über den Albrecht-Dürer-Steig von Klösterle/St. Florian über Krozzol und Römerbrücke zur Buschenschank (s. o.).

Cascata, Bergweg 6 (vom Rathausplatz rechts) Bar-Café mit Livemusik am Freitagabend, auch Do und Sa ist meist was los. ✆ 0471/885060; 19–1 Uhr, Mo Ruhetag.

Jugendherberge Dr. Josef Noldin, Dr.-J.-Noldin-Str. 20, 55 Betten, Zwei- und Mehrbettzimmer mit Etagenbad, umsichtig renoviert, DZ/FR 54–58 €, auch HP/VP möglich. ☏ 0471/884356, 📠 883591, www.noldinhaus.org.

Sehenswertes

Ortsbummel: Salurn ist ein hübscher Ort. Von der Staatsstraße, die den Ort heute umgeht, führen Romstraße und Noldinstraße über Battistiplatz und Rathausplatz ins alte Zentrum mit der *Pfarrkirche des hl. Andreas*. Die Häuser sind aus Stein, hoch und im Erdgeschoss besonders kräftig gebaut, einige mit abgeschrägten Wänden. Auch Ansitze sind darunter mit Wappen und skulptierten Fensterfassungen. Ein Spaziergang führt vom Rathausplatz durch die Wasserfallstraße zum Wasserfall, ein anderer durch die Bergstraße und den Schlossweg zum St.-Josephs-Platz mit der hübschen Kirche dieses Heiligen. Mehrere Brunnen auf Plätzen und vor Häusern, beruhigendes Plätschern. Der interessanteste Spaziergang führt jedoch aus der Stadt hinauf zur Haderburg, deren jüngst sanierte und zugänglich gemachte Ruine hoch über der Stadt und dem Etschtal in den Felsen thront.

Die Haderburg bei Salurn

Die Haderburg: Die Burg in den senkrechten Felsen der **Salurner Klause** verbindet sich optisch so vollständig mit dem grauen Gestein, dass man sie nur wahrnimmt, wenn sie beleuchtet vor dem dunklen Hintergrund steht – ein paar Stunden lang am Nachmittag. Die südlichste Burg des geschlossenen deutschen Sprachraums wurde um 1150 erbaut und schützte die Verkehrswege nach Süden, nach Trient, Verona und Venedig und ins Fleimstal. Die Klause, über der sie thront, wurde damals nur phasenweise vom Verkehr benutzt, da die mäandrierende Etsch und ihre Sümpfe fast den ganzen Talboden ausfüllten, bei den häufigen Überschwemmungen war gar kein Durchkommen. Man musste dann von Salurn aus über die Berge und den Sauc-Pass (980 m) ins Fleimstal und von dort nach Trient weiterreisen. Die kürzlich aufwendig restaurierte, vorher praktisch unzugängliche Burgruine kann seit Sommer 2004 besichtigt werden, im Hof eine Jausenstation (kalte Speisen). An Vollmondnächten Musik- und Literaturprogramm (Infos beim Tourismusverein).

• *Öffnungszeiten/Fußweg* 2. Maiwoche bis Anf. Okt. tägl. (außer Mo) 10–18 Uhr, an Samstagen und in Vollmondnächten bis 23 Uhr, Eintritt 3 €. Der Weg zur Burg beginnt in der Trientstraße, der alten Landstraße von Bozen nach Trient (sie quert die Romstraße zwischen heutiger Staatsstraße und Battistiplatz, man erreicht sie aber auch vom Rathausplatz z. B. über Bergweg und Schlossweg).

Meran-Obermais, Schloss Winkel

Meran

Die Kurstadt mit dem milden Klima und den fast 300 Sonnentagen liegt mitten im Gebirge, überragt von den Dreitausendern der Texelgruppe. In Gärten und Parks blühen Bäume und Sträucher aus jedem mediterranen Klima. An die frühere Hauptstadt Tirols erinnern mittelalterliche Laubengassen, an den Glanz vor 1914 Jugendstil-Kurhaus und Wandelhalle.

Nach Nordwesten schützen die Berge der Texelgruppe vor Regen und Wind und sichern so auch mediterranen Pflanzen wie Palmen, Zypressen, Libanonzedern, Steineichen, Lorbeer und Myrthen ein ganzjähriges Überleben in Parks und Gärten. In freier Natur gedeihen Flaumeiche, Mannaesche, Wacholder und die vom Menschen wegen ihrer nahrhaften Früchte stark geförderte Esskastanie. Das alles macht noch kein echtes Mittelmeerklima, wie Meran es in Broschüren gerne vermarktet (selbst der Gardasee hat kein Mittelmeerklima), aber ein ausgesprochen angenehmes Klima mit reiner Gebirgsluft. Weit und breit gibt es keine größere Fabrik, sieht man von der Brauerei Forst ab, die sich ortstypisch als Mega-Ansitz verkleidet hat. Die Stadt macht das Beste aus ihrem Klima, Gärten und Parks durchziehen sie, und was immer auch hier wachsen kann, vom japanischen Pittosporum bis zum kalifornischen Mammutbaum, das wächst auch irgendwo. Promenaden und Spazierwege, allen voran der bereits mythische *Tappeinerweg,* ab 1890 angelegt, werden von immergrünen Bäumen und Sträuchern begleitet, denn auch und gerade im Winter will man das Grün genießen.

Meran bietet aber nicht nur gutes Wetter. Die Stadt selbst ist ein **Shoppingparadies**, es gibt Konzerte und Theater, Ausstellungen, eine Handvoll interessanter Museen, Promenaden und Spazierwege, Restaurants, Bistros, Bars und Cafés zum Umfallen. Und sogar ein nicht zu verachtendes Nachtleben. Die Hotellerie ist auf einem hohen, allerdings ziemlich teuren Niveau. Die Alternative dazu schaffen die umgebenden Dörfer **Algund, Dorf Tirol, Riffian** und **Kuens** auf hoher Sonnenterrasse, **Schenna** in ähnlich bevorzugter Lage sowie **Marling**, denn dort gibt es auch Hotels, die man sich als Durchschnittsverdiener mit Kind und Kegel leisten kann, und wo man nicht für Einrichtungen bezahlt, die man sowieso nicht benutzt (Kongresssaal, Wellness- und Beauty-Landschaft, Raritätenweinkeller u. Ä.). Und da ist natürlich die Umgebung. Meran bietet Freizeit- und Sportmöglichkeiten vom Wandern entlang idyllischer Waalwege bis zur Hochgebirgsüberschreitung in der Texelgruppe oder den Ultner Bergen, Almerlebnis und herbstliches Törggelen, Mountainbiketouren bis auf 2500 m Höhe und Paragliderflüge von den benachbarten Höhen, die man mit mehreren Seilbahnen erreichen kann. Zwischen den Weinbergen und den Alpengipfeln bieten die Stadt und jedes der benachbarten Dörfer ein reichhaltiges Unterhaltungsprogramm von Konzerten zu geführten Wanderungen. Kinderprogramme, erst vor kurzem ernst genommen, werden von Jahr zu Jahr ausgebaut, irgend jemand muss begriffen habe, dass man mit einem packenden Kinderprogramm die zukünftigen Urlaubsgäste anzieht. Im Winter hat Meran selten Schnee, in der Stadt und in den Weinbergen kann man meistens bei milder Sonne wunderbar spazieren gehen. Dafür tobt in **Meran 2000**, dem großen Skigebiet in den Sarntaler Alpen und am nahen Vigiljoch der Skizirkus.

Geschichte

Meran hat zwei Karrieren hinter sich. Die erste als Hauptstadt Tirols und Residenzstadt der Grafen von Tirol mit einem Besitz, der vom heutigen Bayern bis ins heutige Trentino reichte, mit reichen Silbergruben und einträglichem Handel übers Gebirge zwischen Venedig und Süddeutschland. Diese erste Karriere, die ihren Höhepunkt zwischen 1317 und 1420 hatte, hat sich im Stadtbild niedergeschlagen. Die Lauben, die zu beiden Seiten von Bogengängen flankierte Gasse, die ganz Alt-Meran von West nach Ost durchzieht, sind das beste Zeugnis für den Wohlstand dieser Zeit. Oder die große Stadtpfarrkirche und vor allem die vielen komfortablen Ansitze von Adeligen im benachbarten Ober- und Untermais, heute Stadtteile von Meran. Nach dem großen Einbruch – die Landeshauptstadt wurde nach Innsbruck verlegt, und Bozen zog den Handel an sich – kam ein halbes Jahrtausend des Abstiegs. Versuchen Sie in Meran einen anständigen Bau des Barock zu finden! Fehlanzeige. In dieser Zeit war Meran das klassische „Kuhstadtl", wer überhaupt investieren konnte, der investierte in ein neues Dach, bevor ihm das alte auf den Kopf fiel.

Seine zweite Karriere hat Meran einem Wiener Arzt zu verdanken. *Dr. Johann Huber,* Leibarzt der Fürstin Mathilde zu Schwarzenberg, empfahl der einflussreichen Hochadeligen Meran für einen Kuraufenthalt. 1836 gab er eine Broschüre heraus, in der er Meran als hervorragenden Luftkurort empfahl (der Aufenthalt der Fürstin dürfte positiv verlaufen sein). Damit war Meran einer der ersten Orte im Rennen um den beginnenden Tourismus. *Bürgermeister Valentin Haller,* ein weiterer Glücksfall für Meran, sah seine Stadt als europäischen Kurort und kümmerte sich um entsprechende Investitionen, was seinen Bürgern großenteils nicht gefiel.

Dann kam der größte Glücksfall für Meran: Zwischen 1870 und 1872 verbrachte *Kaiserin Elisabeth von Österreich* mit Töchtern und Hofstaat zwei Winter in Meran bei hochadeligen Freunden. Meran hatte seine Weihen erhalten und wuchert bis heute mit dem Pfund „Sissi". Der Hochadel zuerst Österreich-Ungarns, dann aus Deutschland und ganz Europa traf sich fortan im Winter in Meran zur Kur. Mit der Bahn ging es bis Bozen und ab 1881 bis nach Meran. Bürgerliche kamen hinzu, wenn sie es sich leisten konnten. Hotels entstanden, Kurarzt *Dr. Franz Tappeiner* ließ einen Promenadenweg über dem Ort errichten, und auf der Kurpromenade und im neuen Kurhaus spielte das Kurorchester Walzer und Polkas. Dann kam 1918/19 und der Anschluss an Italien. Die Kurgäste bleiben aus, der südlichste deutschsprachige Kurort war plötzlich Faustpfand der Italiener und Ausland, die Inflation und die Weltwirtschaftskrise tun das Übrige.

Noch eine Karriere, eine dritte? Nicht ganz. Meran hat nach dem Zweiten Weltkrieg lange gebraucht, um sich wieder hochzurappeln. Die großen Hotels waren inzwischen alt und unkomfortabel und aus der Mode, die adelige Kurklientel existierte nicht mehr, eine neue war weit und breit nicht zu entdecken oder zog Cannes dem kleinstädtischen Meran vor. Von der überschwappenden Welle des Urlaubstourismus von jenseits der Alpen, der Mitte der 50er Jahre begann, konnte zwar auch Meran profitieren, aber keineswegs auf dem früheren Niveau, sondern als ein Ort unter vielen. Dies hat sich bis heute kaum geändert. Dennoch hat Meran in den letzten Jahrzehnten eine Menge getan, um den alten Glanz aufzufrischen und eine neue Elite an sich zu ziehen. Bei den Hotels in Schlössern und Ansitzen, die von privaten Besitzern eingerichtet wurden, ist das auch bereits in einem gewissen Grad der Fall. Ob der Neubau des Kurzentrums allerdings die ersehnte betuchte Klientel nach Meran bringen und die angestrebte Exklusivität der Stadt fördern wird, steht in den Sternen.

Das Meraner Kurwasser

Meran hat nicht nur ein sehr gesundes Klima, sondern besitzt auch in seiner Umgebung, vor allem im Gneis rund um das Vigiljoch (Tscherms, Lana) leicht radonhaltige radioaktive Heilquellen, die 1914 erstmals analysiert wurden. Zwischen 1933 und 1936 ergab die Untersuchung von mehr als 700 Quellen, dass etwa 100 radioaktiv sind, und auch in Meran selbst stieß man auf Radonquellen, und zwar im Garten der Villa Tivoli. Die darauf entstandene Heilbadanlage vervollständigte das Angebot des Kurorts, der bis dahin Luftkurort gewesen und seine Traubenkur (→ Kasten) anbot. Das *Thermenzentrum,* inzwischen schon wieder veraltet, wird großzügig umgebaut, die Promenade im Bereich des Bads, bisher von Pappeln beschattet, soll dann von farbintensiven Ahornbäumen (die natürlich erst wachsen müssen) flankiert werden.

Das Meraner Kurwasser der radioaktiven Quellen dient vielfältigen therapeutischen Zwecken, so hilft es bei arthritischen Erkrankungen, verschiedenen rheumatischen Beschwerden, bei Frauenkrankheiten, Erkrankungen der Atemwege und Kreislaufstörungen. Es ist antiphlogistisch (entzündungshemmend) und gefäßerweiternd und wird entsprechend dem Krankheitsbild auf unterschiedlichste Weise angewendet: Bäder, Fangopackungen, Hydromassage, Inhalation, Baden im Thermalwasser und weitere Anwendungen.

Information

Kurverwaltung Meran, Freiheitsstraße 45, I-39012 Meran, ✆ 0473/272000, 📠 235524, www.meraninfo.it. Auskünfte nur zu Meran, Algund und Dorf Tirol, (fast) keine Auskünfte zur Umgebung (→ „Meraner Land“ S. 273)! Viele Prospekte unter Verschluss (z. B. Merkblatt zur Traubenkur), keine Hotelprospekte – was ist der Grund dafür?

Touristpass: Karte mit vielen Vergünstigungen, die vom Vermieter ausgehändigt wird, früher als Kurkarte bekannt. Die Kurverwaltung führt zahlreiche Wanderungen durch, die mit dem Touristpass kostenlos sind, die Liste mit den Zeiten ist bei der Kurverwaltung erhältlich. Für die Wanderungen ist eine Anmeldung erforderlich!

Wander-/Radführer: „Die schönsten Wander- und Radtouren im Burggräfler Ferienparadies" mit 16 Wandervorschlägen und 5 Radtouren, erhältlich bei den Tourismusvereinen (Gebühr).

Verbindungen

• *Pkw* Meran ist mit **Bozen** durch eine Schnellstraße verbunden, die zwischen Meran und Bozen wird meist kurz MeBo genannt. Die MeBo ist eine der unfallträchtigsten Straßen Italiens! Die Straße in den **Vinschgau** umfährt bereits die meisten Orte, zum Teil (wie in Naturns) sogar mittels Tunnel. Dennoch ist eine Fahrt durch den Vinschgau zum Reschenpass immer noch mit Staus gespickt.

Großer gebührenpflichtiger **Parkplatz** in der Meinhardstraße hinter dem Kornplatz (Rennweg), eine Minute von den Lauben und damit vom Stadtzentrum entfernt.

• *Bus* **Ferienexpress von München nach Meran, Tirol und Algund**; Information und Buchung durch die Tourismusbüros. Einfach 30 €, hin/zurück 50 € inkl. Zubringer- und Abholdienst,. **Bustransfer „Südtirol Express" aus der Ostschweiz** (Zürich, St. Gallen) nach Meran, Tirol und Algund jeden Sa von Mitte März bis Ende Okt. durch Südtirol Express E. Hofmann, Wilenstr. 11c, CH-9322 Egnach, ✆ 071/2981111, 📠 2980917, suedtirolexpress@dplanet.ch. Einfach 100 Sfr., hin/zurück 140 Sfr. inkl. Zubringer- und Abholdienst.

Busse im Nahverkehr: Meran ist Zentrum für die SAD-Busse in den Vinschgau, das Passeiertal, das umgebende Burggrafenamt und den Deutschnonsberg. Der Busbahnhof befindet sich auf dem Bahnhofsvorplatz.

Stadtbusse (SASA): Fahrkarten (wie jene der SAD) vorher kaufen, z. B. am Busbüro am Theaterplatz oder in Tabakgeschäften.

> **MeranCard**, Vorteilskarte mit zahlreichen Rabatten und freien Eintritten für Museen sowie freien Fahrten für Seilbahnen/Lifte, Busse, Bahnfahrt nach Bozen etc. 3 (aus 5) Tage 25 €, 7 (aus 10) Tage 46 €, Kinder 6–14 Jahre 12,50 € bzw. 23 €. Die Karten sind bei den teilnehmenden Tourismusvereinen in Meran, Algund, Dorf Tirol, Schenna, Marling, Riffian und St. Leonhard in Passeier zu erwerben; www.merancard.com.

• *Bahn* Meran ist mit Bozen in kurzen Abständen mit der Bahn verbunden. Die neue **Vinschgau-Bahn** fährt bis Mals im (mindestens) Einstundentakt.

• *Taxi* **Funktaxizentrale** ✆ 0473/212013, **Taxistände** am Sandplatz ✆ 0473/237133, am Theaterplatz ✆ 0473/237097 und am Bahnhof Meran ✆ 0473/447700.

• *Bergbahn* **Sessellift Meran – Dorf Tirol**, Ende März bis Allerheiligen tägl. 9–18.50 Uhr, Berg 2 €, Berg/Tal 3 €, Kinder 1/1,50 €. ✆ 0473/923105.

Meran
Karten S. 258/259 und 261

Diverses

• *Post* Hauptpost: Romstr. 2; weitere Postämter: Goethestr. 1, Brunnenplatz 3 (Obermais).

• *Internet* Bei **Tangram**, Lauben 204, 1. Stock, ab 8.30 Uhr, jedoch nur gegen Ausweis und für 5 Std./10 €. **Internet C@fe**, Meinhardstr. 104, ab 10 Uhr. Der Internetpoint in der **Stadtbibliothek**, Rennweg 1 ist nur für eingetragene Benutzer der Bibliothek (✆ 0473/236911) zu nutzen.

Gesundheit/Kuren & Wellness

• *Krankenhäuser* **Allgemeines Krankenhaus Franz Tappeiner**, Rossinistr. 12, dort auch **zahnärztlicher Notdienst** (Sa/So 8–10 Uhr), ✆ 0473/263333.

Privatklinik St. Anna, Cavourstr. 58, ✆ 047/236480; Sanatorium Martinsbrunn, Laurinstr. 70, ✆ 0473/447755; Krankenhaus Lorenz Böhler (Rehabilitationszentrum), Schafferstr. 78, ✆ 0473/251111.

• *Kurverwaltung* → „Information".

• *Kureinrichtungen* **Therme Meran**: Für diesen Neubau wurde das alte Meraner Kurbad 2001 abgerissen und bis Ende 2005 gänzlich neu gebaut. Der Plan stammt von Südtirols vielbeschäftigtem Stararchitekten Matteo Thun. Das neue Kurbad „Therme Meran" wird neben einem großen „Gesundheits-, Bäder- und Wellnesszentrum", der eigentlichen Therme, und zugehörigem Park mit Freischwimmbädern ein Hotel der Oberklasse (der Name Steigenberger wurde gehandelt) mit Kongresseinrichtungen aufweisen. Die Eröffnung ist für 2006 geplant – Meran hat ja so wenige Hotels ... Die Anlage umfasst 25 Pools mit 2000 qm Wasserfläche, eine 1250 qm große Saunalandschaft, ein Spa & Vital Center mit 1400 qm und 560 Parkplätze. Bis 2006 sollen auch die z. T. unterirdischen Verbindungen für Fußgänger zwischen Altstadt und Kurzentrum fertig sein, u. a. eine neue Passer-Brücke. Auskünfte bei der Therme Meran AG, Thermenplatz, I-39012 Meran, ✆ 0473/252000, www.thermemeran.it.

• *Preise* **Im Schnitt** (im Viersternehotel und im Grandhotel können die Preise wesentlich höher sein): Vollmassage 30–60 €, Teilmassage 25–30 €, Lymphdrainage 40–55 €, Solarium 12 €, Sauna 10 €, Steinölbad 25–27 €, Moorbad/Fangopackung 25–35 €, Inhalation 13–15 €, Krankengymnastik (15 Min.) 20 €, Kneippguss 12 €. Kurpauschalen in den Hotels für je 3 Vollmassagen, Bäder und Fangopackungen 225 €, für jeweils 5 Anwendungen 375 €. **Therme Meran**: Eintritt für 4 Std. 10,50 €, mit Sauna 16 €, Tageskarte 11,50 €, mit Sauna 20 €.

Berühmt und lecker: die Meraner Traubenkur

Man isst pro Tag ca. 300 g bis 1 kg frische Kurtrauben (Großvernatsch, rote großbeerige Trauben mit dünner Fruchtschale), sehr langsam und jede Beere einzeln, die Schale wird gekaut (und dann ausgespuckt), denn gerade in ihr sind viele wichtige Vitamine und Salze enthalten. Kurtrauben wirken positiv bei Erkrankungen des Verdauungstrakts, bei Herz- und Kreislauferkrankungen, Erkrankungen der Leber, Galle, Niere, Harnwege und bei Stoffwechselerkrankungen. Man nennt das auch ihre „therapeutische Indikation“, ohne den exakten Einfluss auf die Entwicklung einer Erkrankung genau bestimmen zu können. Die Trauben sind keineswegs das Einzige, was man isst, doch sollte man während der Kur Essen und Trinken nicht übertreiben. Der gepresste Traubensaft aus Kurtrauben, wie er im Herbst z. B. auf der Promenade angeboten wird, hat leider nicht die therapeutische Wirkung der frischen Traube!

Feste & Veranstaltungen/Kino & Kultur

• *Programminformationen* Das aktuelle Programm entnimmt man der monatlich erscheinenden, kostenlosen **Veranstaltungskalender der Gemeinde Meran** (bei Tourismusbüros, an den Veranstaltungsorten und im Hotel), manche Veranstaltungen werden nur auf Italienisch angekündigt. Das Kinoprogramm steht in der Tageszeitung „Dolomiten“.

• *Pferderennen* Ende April traditionelles **Haflinger-Galopprennen**.

Ende Sept. **Großer Preis von Meran** am Pferderennplatz in Untermais, Information unter ✆ 0473/446222.

• *Konzerte* Im Sommer (Juni/Juli) **Meraner Sommerfestspiele** mit Konzerten und Opernaufführungen in Schloss Kallmünz in der östlichen Altstadt, Eingang vom Sandplatz. Information über das Internationale Opernstudio Meran, ✆ 0473/449811.

Das **Kurorchester** mit seiner alten Tradition (es wurde bereits 1855 gegründet) hat eine Frühjahrs- und Herbstsaison mit (vorwiegend) klassischer Musik. Die Aufführungen finden im Kursaal statt.

Kursaal, Freiheitsstr. 29, häufig Konzerte und andere Veranstaltungen, für Kammermusik wird gelegentlich der Dom zur Konzerthalle verfremdet.

• *Feste & Veranstaltungen* Im Herbst (Mitte Okt.) traditionelles **Traubenfest**, parallel dazu Haflingerrennen. Die meisten Zuschauer zieht der große Festzug am Sonntagnachmittag an, wenn (wie 2003) 33 Gruppen, v. a. Trachtengruppen, geschmückte Festwagen und Musikkapellen 13.000 Besuchern gegenüberstehen.

Weihnachtsmarkt auf der Kurpromenade.

• *Kino & Theater* **Apollo-Kino (60)**, Matteottistr. 22, Untermais, ✆ 0473/237526.

Stadttheater Puccini (61), Theaterplatz 2, ✆ 0473/233422.

Theater in der Altstadt (62), Freiheitsstr. 27, ✆ 0473/211623, www.theater-in-der-altstadt.it.

Mode aus Meran

Alexandra Stelzers Label „De Call" ist nicht nur in Meran und Bozen zu bekommen, kürzlich hat sie auch eine Boutique in München eröffnet (Theatinerstr. 15), eine weitere Boutique in Italien (Mailand? Verona?) ist geplant. Die junge Modedesignerin entwirft so schlichte wie elegante Modelle in oft kostbaren Stoffen, ihr Angebot reicht vom Freizeitdress und Pulli bis zum Abendkleid und Brautkleid. Gelernt hat Alexandra Stelzer auf der Accademia Italiana Moda in Florenz, ein Jahr später (1993) wagte sie den Sprung in die ungewisse Selbstständigkeit und gründete Firma und Label in Meran. Auftritte auf der Düsseldorfer Modemesse CPD, die Eröffnung des Geschäfts auf dem Bozner Waltherplatz und Aufträge wie die Einkleidung der Kandidatinnen für die Vorentscheidung zur Miss Italia folgten. Der Familienbetrieb aus vier Frauen (Mutter und Schwestern) denkt an Expansion. Für ein Südtiroler Modeunternehmen, sieht man vom Sportbereich und der Loden-Dirndl-Branche ab, ganz außergewöhnlich. Einen ersten Eindruck erhalten sie unter www.decall.it, die Kollektion ist in der Freiheitsstr. 36 (nahe Sandplatz) zu sehen.

Einkaufen

Meran ist ein Boutiquen-Dorado. Die Lauben und die von ihr abgehenden Passagen und Durchgänge beherbergen eine solche Vielzahl von kleinen Traditionsgeschäften, internationalen Ketten und feinen Läden, wie sie selbst für eine 10-mal größere Stadt ungewöhnlich wäre. Dabei mischen sich immer wieder Bars und Restaurants, Weinkeller und der eine oder andere Metzger darunter, was das Einkaufen in der Meraner Altstadt besonders sympathisch und angenehm macht.

- *Märkte* Markttag ist Freitag mit **Bauernmarkt** vor der Landesfürstlichen Burg in der Galileistraße, v. a. Obst und Gemüse und andere landwirtschaftliche Produkte, Biogemüse und Biokräuter (Fam. Gamper aus St. Walburg/Ulten), Honig, Würste, ähnliches Angebot in der IV.-November-Str. und Laurinstr.

Die Marktstände auf dem **Kornplatz** sind, auch wenn sie Obst und Gemüse anbieten, für Touristen gedacht und haben entsprechende Preise.

- *Supermärkte* Großer **SPAR-Markt** Otto-Huber-Straße/Ecke Goethestraße; **Supermarkt** auch Lauben 211.

- *Spezialitäten/Feinkost* **Naturkost/Bioladen** Naturalia, Meinhardstr. 49.

Brotspezialitäten im winzigen Laden Ultner Brot an der Freiheitsstraße 8.

Speck und andere hervorragende **Fleisch- und Wurstprodukte** aus eigenem Betrieb bei Siebenförcher, Laurinstraße 59 (Straße nach Gratsch) und Lauben 168.

Feinkost Seibstock, Lauben 225, besteht seit 1890, eigene Produkte, große Auswahl an Almkäsen.

Hausgemachte **Confiseriewaren** bei Pfitscher, Freiheitsstraße 80.

- *Wein* April bis Okt. jeden Do Weinverkostung und Betriebsbesichtigung in der **Kellerei Algund Vinotheque & Parking**, Lauben 218, **mit großem, zentrumsnahem Parkplatz (Zufahrt von der Galilei-Straße)**; Sauvignon, Vernatsch, Merlot, Lagrein hoher Qualität, auch Destillate, ✆ 0473/237147.

Weingut Schloss Rametz, Labersstr. 4, Weingut im Schloss, große alte Keller, Weinmuseum, Önothek, Restaurant. 1860 wurde hier die erste Blauburgunderrebe Südtirols angepflanzt. Führungen durch das Weinmuseum und die Keller mit Weinprobe Mo–Fr jeweils 16.30 Uhr, ✆ 0473/211011, www.rametz.com. Das zugehörige Restaurant ist So geschl.

Meraner Kellerei, St.-Markus-Str. 11 (an der Romstraße in Untermais nahe Kirche Maria Trost), großes Angebot vom Weißburgunder zum Lagrein, 142 ha Reben, Verkauf und Kellerführung mit Weinverkostung möglich. ✆ 0473/235544, www.meranerkellerei.com.

Biobetrieb Weinhof Partanes, Verdistr. 66, Rot- und Weißweine. Die Kurverwaltung veranstaltet zwischen April und Okt. an jedem

Mitbringsel: Filzhausschuhe

Do einen *geführten Spaziergang durch Obst- und Weingärten*, der am Biohof um 10 Uhr beginnt und dort mit einer Weinverkostung endet. Kosten 10 € inkl. einer Flasche Wein zum Mitnehmen. Infos beim Partaneshof (→ „Übernachten"), ✆ 0473/446260, und bei der Kurverwaltung Meran.

• *Bücher/CDs* Bei Athesiabuch, Lauben 186, sowie Alte Mühle, Sparkassenstr. 11 a.

• *Haushaltswaren* Frasnelli, Lauben 264; bei diesem Fachgeschäft gibt es u. a. die typischen durchlöcherten Maroni-Grillpfannen, auch – edel, edel und nicht billig – aus reinem Kupfer.

• *Kleidung & Schmuck* **Haute Couture** von Alexandra Stelzer (→ Kasten) in der Boutique De Call, Freiheitsstr. 36.

Trachtenmode und Loden bei Runggaldier, Lauben 276, Tiroler Traditionsgeschäft seit 1896; handgefertigte Filzpatschen (Hausschuhe) bei Wenter, Lauben 319.

Eleganter **Goldschmuck** bei Wegleiter, Lauben 175.

• *Sportartikel* Sportler, Lauben 272, und Hutter Sport, Arbour 18 a (Passage).

Fahrräder bei Gruber Bikepoint, Lauben 337. **Skate- und Snowboards** bei Fakie, Lauben 244.

Sport & Freizeit

Gleich eine Fülle von Sportmöglichkeiten bietet die **Meranarena** in der Gampenstr. 74 neben der Pferderennbahn in Untermais: Hallenbad und Eisstadion, Kletterhalle und Rockarena, Tennis. ✆ 0473/236982, www.meranarena.com.

• *Baden/Schwimmen* **Hallenbad Meranarena** (s. o.) geöffnet Mitte Sept. bis Ende April tägl. 8–15/16 Uhr, Mo, Di, Do 20–22.30, Sa/So bis 19 Uhr.

• *Golf* Nächste Golfplätze in St. Martin und St. Leonhard in Passeier (→ S. 303) und in Lana (→ S. 311).

• *Radfahren* **Kostenloser Fahrradverleih** Mo–Sa 9–19 Uhr am Kiosk gegenüber Galileistr. 35 (nahe Treppe zur Tappeinerpromenade) sowie am Bahnhof. 5 € Kaution und Ausweis. Fahrräder, Radausrüstung und sowie kompetente **Radwerkstatt** bietet Gruber Bike Point, Lauben 337, ✆ 0473/237733 (Samstag keine Reparaturen!). Radwerkstatt auch Sport Max, Cavourstr. 85, ✆ 0473/2321658.

Die Bergsteigerschule Meran führt **Mountainbiketouren** durch; ✆ 348/2600813.

• *Reiten* Pferderennen auf der **Rennbahn** in Untermais, dort auch Sitz des **Reitclubs Meran** (Tennisstr. 2, ✆ 0473/232481) mit Reitschule, Reithalle, Turnierplatz etc. Während des Meraner Traubenfestes im Okt. werden hier Haflinger-Galopprennen ausgetragen.

• *Tennis* **Tennishalle Meran** in Untermais, Piavestr. 46, mit 4 Sandplätzen, dazu 11 Freiplätze. Reservierungen beim Tennisclub Meran, ✆ 0473/236550.

• *Wandern/Bergsteigen/Klettern* 3 Gebirgsgruppen in unmittelbarer Umgebung, alle durch Seilbahnen erschlossen: **Texelgruppe**, **Sarntaler Alpen** (Ifinger, Hirzer) und Ultener Berge (östliche Ausläufer der Ortlergruppe). Dazu ein **Nationalpark** um die Ecke (Ortler) und ein **Naturpark** noch auf Gemeindegebiet (Texelgruppe). Ein Klima, in dem sich Wanderer zwischen April und November schneefrei bis in die subalpine Zone bewegen können. Ein äußerst dichtes Netz von Wanderwegen, beste Erschließung durch Hütten und Berggasthöfen – klingt nach Wanderparadies und ist eines.

Bergsteigerschule Meran, ✆ 348/2600813, Gletscher- und Hochtouren, Klettersteige, Skitouren, MB-Touren und Rafting.

AVS (Alpenverein Südtirol) Sektion Meran, Galileistr. 45, ✆ 0473/237134, Mo–Fr 9–11.45 Uhr.

Kletterwand in der Rockarena des AVS an der Nordwand der Eishalle Meranarena, Di und Do ab 16, Mi ab 18 Uhr, Fr ab 19 Uhr, Sa/So 15–19.30 Uhr. Infos unter ✆ 0473/234619 und im Haus Sportler unter den Lauben (Bergsportabteilung).

Kleiner **Klettergarten** oberhalb Schloss Fragsburg mit Abseilhaken und kurzem gesichertem Klettersteig.

• *Wintersport* Der Skizirkus **Meran 2000** am Südfuß des Ifinger über Meran ist mit seiner guten Erschließung durch Seilbahnen und Schlepplifte und wegen der nur mäßigen Schwierigkeiten auf dem eher sanft gewellten Plateau ein ideales Familienskirevier. Die Seilbahn von Meran-Naif herauf, die Umlaufbahn Falzeben, die man auf der Straße von Meran und Hafling her erreicht, 4 Sessellifte und ein Schlepplift erschließen die Zone komplett (die Förderleistung liegt bei 8000 Personen/Stunde). 36 km Pisten, mittelschwere Pisten überwiegen, daneben leichte und eine schwere (Abfahrt vom Sessellift Mittager). Skipass 6 Tage 108–125 €, Tageskarte 24 €. Der Skizirkus ist Mitglied der Ortler Skiarena (→ S. 59), Infos zu Meran 2000 bei Ifinger-Seilbahnen, ✆ 0473/234821, www.meran2000.com.

An der Bergstation der Seilbahn von Meran-Naif und der Umlaufbahn von Falzeben, Piffing genannt (1950 m), findet man **Babylift** und **Skikindergarten**, den Ski- und Rodelverleih und Reparaturdienst Stricker, ✆ 0473/279607, sowie die Skischule Meran 2000, ✆ 0473/279404. Tolle Rodelbahn ab Bergstation bis Falzeben!

Eishalle Meranarena (s. o.) mit Eisplatz, geöffnet Mitte Sept. bis Ende April tägl. 8–15/16 Uhr, sonst Mo, Di, Do 20–22.30 Uhr, Sa/So bis 19 Uhr, im Sommer **Inline-Skating**; Information ✆ 0473/236982.

Übernachten (siehe Karten S. 258/259 und 261)

In Meran wird, was die Herbergen betrifft, geklotzt und nicht gekleckert. Derzeit 20 4- bis 5-Sterne-Betrieben stehen klägliche 24 2-Sterne-Pensionen und Garnis gegenüber, also Betriebe, die auch für Normalsterbliche bezahlbar sind. Ob dieses Missverhältnis in Zukunft zu halten sein wird? Die Meraner Hotellerie klagt über den Bettenüberhang in Südtirol, hat ihn aber selbst maßgeblich mit verursacht. Und wenn Sie glauben, dass die offizielle Bettenzahl die wirkliche ist, dann täuschen Sie sich: Der Bettenüberhang ist noch viel stärker als offiziell verzeichnet.

> Viele Meraner Hotels bieten während der Woche **3-Tage-Pauschalen** an – viele Gäste kommen nur am Wochenende, v. a. im Herbst –, da lohnt es sich, danach zu fragen!

• *In der Altstadt und westlich davon (Richtung Algund)* **** **Aurora (52)**, Kurpromenade 38, zentraler kann man fast nicht wohnen. Vor dem Haus flanieren die Kurgäste über die Kurpromenade, mischen sich auf der Café- und Restaurantterrasse unter die Hausgäste. Drinnen im Hotel mischt sich Restaurant (schick!) und Bar mit Rezeption, das wirkt wie improvisiert und gibt dem Haus Leben. Die Zimmer – guter Durchschnitt mit individuellen Tupfern wie spezielle Leuchtkörper oder Sitzmöbel – blicken auf Promenade und den Fluss Passer. DZ/FR 124–206 €, ✆ 0473/211800, 📠 211113, www.hotel-aurora-meran.com.

**** **Augusta (20)**, Otto-Huber-Str. 2. Ein prächtiger spätgründerzeitlicher Bau, denkmalgeschützt, mit aufwendiger neo-palladianischer Fassade (keineswegs Jugendstil, wie der Hotelprospekt behauptet) westlich der Altstadt und eine Gehminute von der Kurpromenade entfernt, wurde zum Hotel verwandelt – wer bucht, sollte unbedingt eines der Frontzimmer mit Südbalkon zwischen den Säulen des zentralen Trakts wählen, so herrschaftlich und prä-1914! Das Hotel wird wohl im Herbst 2006 nach gründlicher Innenrenovierung und teilweiser Restaurierung der historischen Substanz wieder eröffnet werden. Die etwas beengte Lage erlaubt zwar kleinen Park mit Liegewiese, aber keinen Pool. Bisherige Preis (Stand: 2005) DZ/FR 118–190 €. ✆ 0473/222324, 📠 222029, www.hotel-augusta.com.

**** **Sittnerhof (5)**, Verdistr. 58, von den Hotels und Pensionen in der Verdistraße unter dem Meraner Sonnenhang gehört das Hotel Sittnerhof mit jetzt 4 Sternen sicher zu den besseren: moderner Bau mit ein paar postmodernen Zitaten (Säulchen) und Tiroler Anklängen (Erkerstockwerke mit spitzem Türmchen), gediegene Einrichtung mit ein paar älteren Stücken, schöne Suiten mit Erker, die Zimmer allerdings nur Kategoriedurchschnitt.

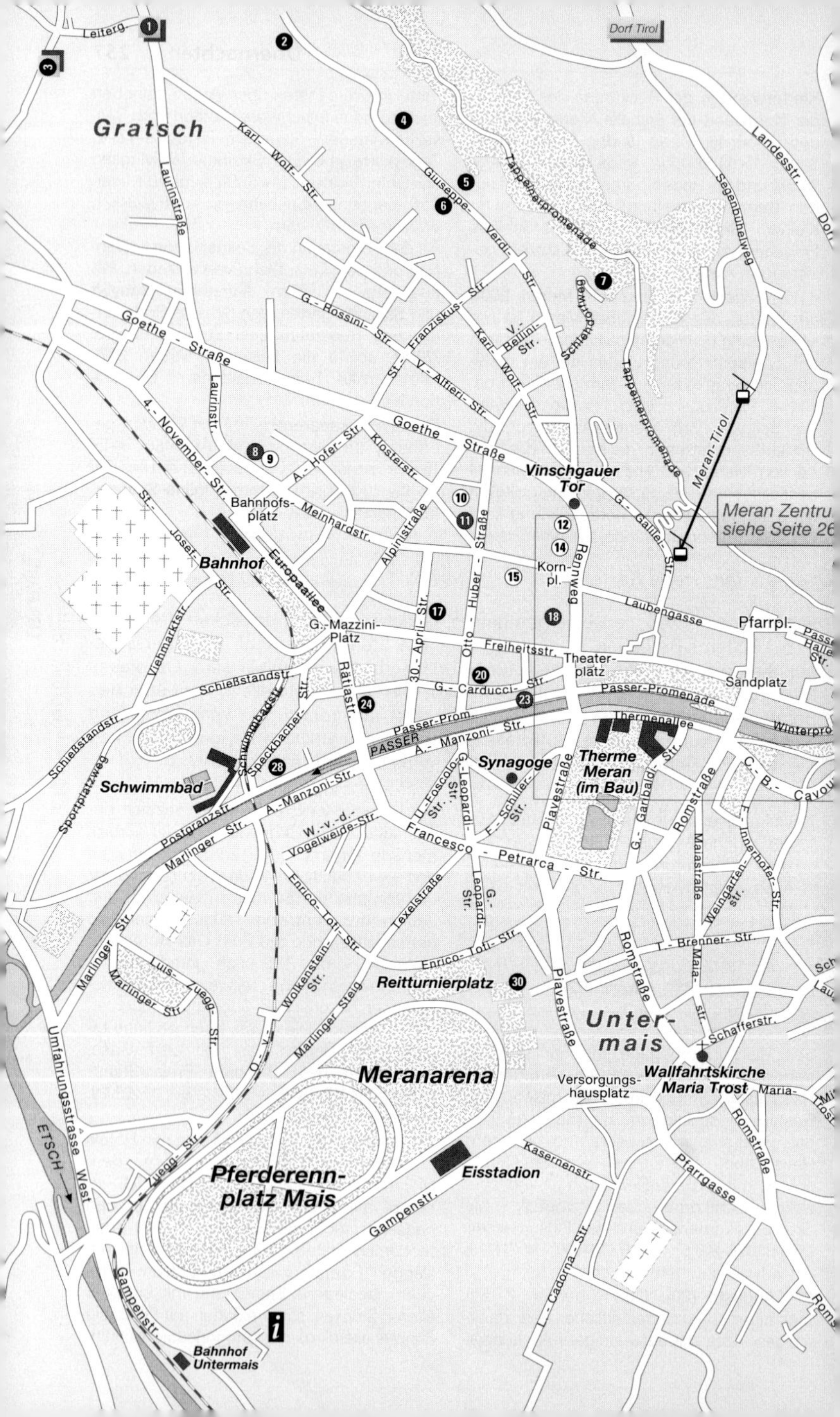
Gratsch
Leiterg.
Dorf Tirol
Karl-Wolf-Str.
Laurinstraße
Giuseppe-Verdi-Str.
Tappeinerpromenade
Landesstr.
Segenbühelweg
G.-Rossini-Str.
St.-Franziskus-Str.
V.-Bellini-Str.
Schießstandweg
Goethe-Straße
V.-Alfieri-Str.
Laurinstr.
4.-November-Str.
Klosterstr.
A.-Hofer-Str.
Meran-Tirol
Vinschgauer Tor
Bahnhofsplatz
Meinhardstr.
Alpinistraße
Otto-Huber-Straße
G.-Gaulei-Str.
Meran Zentrum siehe Seite 26
Korn-pl.
Rennweg
St.-Josef-Str.
Bahnhof
Europaallee
Laubengasse
Pfarrpl.
G.-Mazzini-Platz
30.-April-Str.
Freiheitsstr.
Theaterplatz
Viehmarktstr.
Schießstandstr.
G.-Carducci-Str.
Sandplatz
Passer-Promenade
Rätiastr.
Speckbacher-Str.
Schwimmbadstr.
Passer-Prom.
Thermenallee
Winterpro
Schießstandstr.
PASSER
A.-Manzoni-Str.
Synagoge
Therme Meran (im Bau)
Sportplatzweg
Schwimmbad
U.-Foscolo-Str.
G.-Leopardi-Str.
F.-Schiller-Str.
Piavestraße
G.-Garibaldi-Str.
Romstraße
C.-B.-Cavou
Postgranzstr.
A.-Manzoni-Str.
W.-v.-d.-Vogelweide-Str.
Marlinger Str.
Francesco-Petrarca-Str.
Maiastraße
Weingartenstr.
F.-Innerhofer-Str.
Enrico-Toti-Str.
Texelstraße
G.-Leopardi-Str.
Marlinger Str.
Luis-Zuegg-Str.
Marlinger Str.
Wolkenstein-Str.
Enrico-Toti-Str.
Reitturnierplatz
I.-Brenner-Str.
Romstraße
Maia-str.
Piavestraße
Untermais
Schafferstr.
Marlinger Steig
O.-v.-W.
Meranarena
Versorgungshausplatz
Wallfahrtskirche Maria Trost
Maria-
Umfahrungsstrasse West
ETSCH
L.-Zuegg-Str.
Pferderennplatz Mais
Eisstadion
Kasernenstr.
Romstraße
Pfarrgasse
Gampenstr.
L.-Cadorna-Str.
Gampenstr.
Bahnhof Untermais
1
2
3
4
5
6
7
8
9
10
11
12
14
15
17
18
20
23
24
28
30

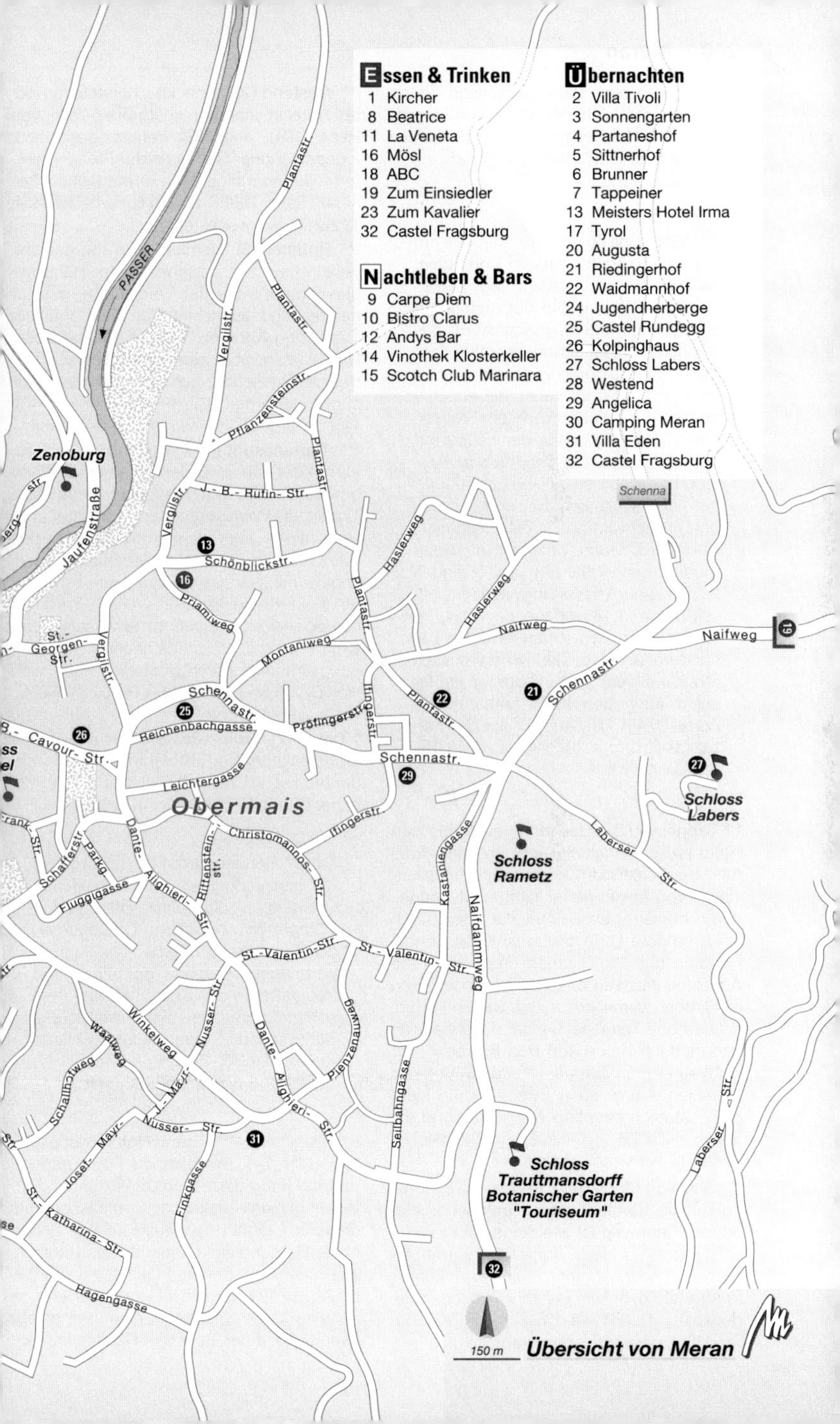

Essen & Trinken
1 Kircher
8 Beatrice
11 La Veneta
16 Mösl
18 ABC
19 Zum Einsiedler
23 Zum Kavalier
32 Castel Fragsburg
Nachtleben & Bars
9 Carpe Diem
10 Bistro Clarus
12 Andys Bar
14 Vinothek Klosterkeller
15 Scotch Club Marinara
Übernachten
2 Villa Tivoli
3 Sonnengarten
4 Partaneshof
5 Sittnerhof
6 Brunner
7 Tappeiner
13 Meisters Hotel Irma
17 Tyrol
20 Augusta
21 Riedingerhof
22 Waidmannhof
24 Jugendherberge
25 Castel Rundegg
26 Kolpinghaus
27 Schloss Labers
28 Westend
29 Angelica
30 Camping Meran
31 Villa Eden
32 Castel Fragsburg
Schenna
PASSER
Zenoburg
Jaufenstraße
Plantastr.
Vergilstr.
Pflanzensteinstr.
J.-B.-Rufin-Str.
Schönblickstr.
Priamiweg
Haslerweg
Naifweg
St.-Georgen-Str.
Montaniweg
Schennastr.
Reichenbachgasse
Pröfingerstr.
Ifingerstr.
Cavour-Str.
Leichtergasse
Obermais
Christomannos-Str.
Kastaniengasse
Laberser Str.
Schloss Labers
Schloss Rametz
Naifdammweg
Dante-Alighieri-Str.
Rittensteinstr.
Schafferstr.
Parkg.
Fluggigasse
St.-Valentin-Str.
Winkelweg
Nusser-Str.
Waalweg
Schallhofweg
J.-Mayr-
Josef-Mayr-
Pienzenauweg
Seilbahngasse
Finkgasse
St.-Katharina-Str.
Hagengasse
Schloss Trauttmansdorff
Botanischer Garten
"Touriseum"
150 m
Übersicht von Meran

Im Wellnessbereich Thermalhallenbad, Sauna etc. samt einer Palette von Kuranwendungen. DZ/FR 136–214 €, letzterer Preis gilt für die Suiten (57 qm), ✆ 0473/446331, ✉ 220631, www.sittnerhof.it.

**** **Villa Tivoli (2)**, Verdistr. 72. Ganz am Ende der Straße, einsam und ruhig, erhöht und mit Aussicht liegt dieses Hotel mit Charme. An der Architektur erkennt man die Altersschichten: das Türmchen, das schon vor 1918 hier stand, die späteren Zimmertrakte (20 Zimmer mit Südbalkons), die attraktiv bunten und eindrucksvollen Fresken (der späten 1960er?) in der Lobby mit Bar, das von Licht durchflutete Restaurant mit seinen typisch postmodernen überschlanken Säulchen. Daneben Freischwimmbad „Felsenlagune“, Hallenbad, Sauna, 1 ha Park mit vielen mediterranen Pflanzen und Heilquellen, nicht nur komfortable, sondern stilvolle Zimmer, hervorragende Küche im hauseigenen Restaurant Artemis. Besondere Anlässe, Sie wollen/müssen repräsentieren: Ein Oldtimer-Jaguar sticht auch den Verwöhntesten ins Auge. DZ/FR 130–220 € je nach Zimmertyp (20–50 qm). ✆ 0473/446282, ✉ 446849, www.villativoli.it.

*** **Tappeiner (7)**, Schlehdorfweg 21, bis zum Hotel ist er asphaltiert, aber ab dem Hotel führt der Schlehdorfweg tatsächlich als kurviger Weg etwas höher hinauf zur Tappeinerpromenade. Das Hotel hat aber durch seine erhöhte Lage genug südliche Sonne, um sich mit dem Namen des berühmten Arztes schmücken zu können, der den Weg als Sonnenpromenade schuf. Bar im Kaffeehausstil und Terrasse, Sauna, Hallenbad mit Panoramablick und von den Balkonen der nicht zu kleinen Zimmer (die mit Südbalkon bestellen – u. a. auch Einzelzimmer) sieht man natürlich ebenfalls auf Meran und die Berge. DZ/FR 76–126 €. ✆ 0473/446777, ✉ 448818, www.hotel-tappeiner.it.

*** **Graf von Meran (41)**, Rennweg 78, günstig für die Stadterkundung gelegenes Hotel, der Rennweg ist allerdings kein ruhiger Standort. Altes Haus, hohe Räume mit Stilmöbeln ausgestattet, Minibar. Echtes Stadthotel, d. h. kein Platz für Pool oder Liegewiese. DZ/FR 70–108 €. ✆ 0473/232181, ✉ 211874, www.grafvonmeran.com.

*** **Westend (28)**, Speckbacherstr.9, familiäres Hotel in schönem spätgründerzeitlichen Haus (1890, seit 1984 denkmalgeschützt), wunderschöner Garten an der Passer, komfortable und ruhige Zimmer mit Balkon, Minibar, Safe. DZ/FR 80–180 €. ✆ 0473/447654, ✉ 222726, www.westend.it.

*** **Brunner (6)**, Verdistr. 31 a, bürgerliche Pension auf der „falschen“ (vom Hang abgewandten) Seite der Verdistraße, das tut den recht gut ausgestatteten Zimmern (kein TV) keinen Abbruch. Pool und Liegewiese, Garten, v. a. aber eine herzlich-hilfsbereite Besitzerfamilie, die sich um jeden Gast persönlich kümmert. DZ/HP 106–142 €. ✆ 0473/446150, ✉ 221577, www.pension-brunner.it.

**** **Partaneshof (4)**, Verdistr. 66, alter Bauernhof der Familie Ladurner (an einer Wand großes Fresko mit fahnenschwingendem Tiroler), die Weingärten beginnen hinter dem Haus direkt über dem Pool. Zimmer des Garni-Hotels in separatem Gebäude, straßenabgewandt, sonnig, Balkon oder Terrasse, für das Frühstücksbüffet werden Produkte aus eigener biologischer Landwirtschaft verwendet, und der Wein für abendliche Besinnungsstunden stammt natürlich auch vom Hof. DZ/FR 88–132 €. ✆ 0473/446260, ✉ 446243, www.partanes.com.

* **Tyrol (17)**, Straße des 30. April 8, einfache Frühstückspension in Gründerzeitvilla im florentinischen Stil mit Garten in Zentrumsnähe, DZ/FR 44–64 €. ✆/✉ 0473/449719.

Tipp! * Sonnengarten (3), Leitergasse 22, Familienpension am westlichen Ortsrand, absolut ruhig, mitten in den Obstgärten zwischen Obstbäumen der Pool, Wiese, überdachte Sitzgruppen. Ausgesprochen gemütlich und freundlich, viele Stammgäste – ein echter Tipp für diejenigen, die Merans Nähe schätzen, aber nachts schlafen wollen! DZ/FR 45–50 €. ✆ 0473/220177, ✉ 442052, www.sonnengarten.it.

• *In Obermais* ***** **Grand Hotel Palace (55)**, Cavourstr. 2–4. Der Blick ins Foyer genügt, um den Rang dieses Hotels einzuschätzen: In den neoklassizistischen Saal passen mindestens 4 Einfamilienhäuser hinein. Schon in der Gründerzeit konnte man also klotzen, wie man sieht. Bereits Franz Kafka soll das opulente, 1906 im botanischen Garten von Schloss Maur errichtete Grandhotel gelobt haben. Auch der Rest des Hauses ist sehr

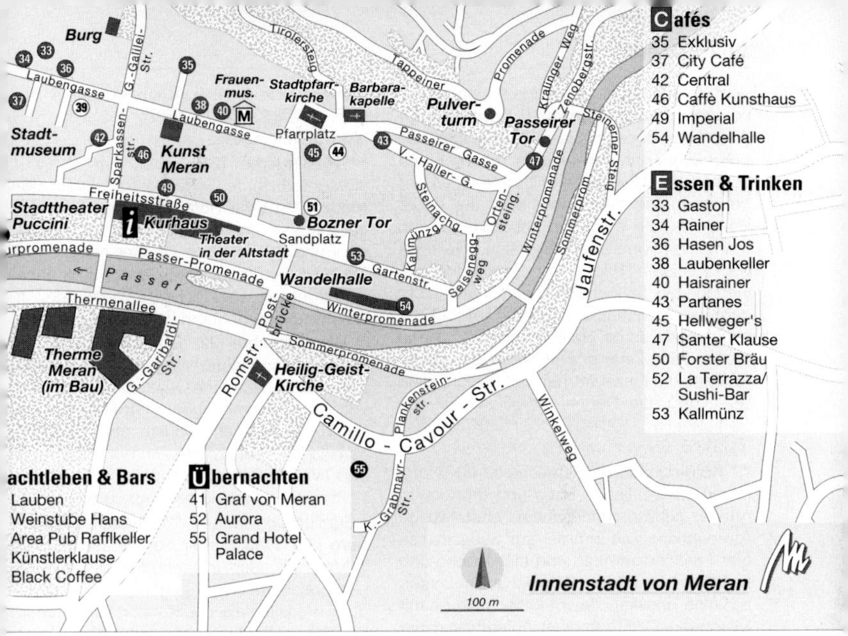

Belle Epoque (nicht Jugendstil, wie der Hausprospekt behauptet ...) mit den zeittypischen eklektizistischen Dekors, die sich nie zwischen Palladio und Barock entscheiden können. Das alles auf dem letzten Stand modernen Komforts, ein großer Park, Wellness vom Feinsten, individuell mit guten Stilmöbeln eingerichtete Zimmer, die noch die alte Höhe haben, Suiten im angrenzenden Schloss (Ansitz) Maur. Grandhotels der Zeit vor 1914 hatten alle einen *Tea-Room*, so auch dieses – lassen Sie ihn sich auf der Zunge zergehen. DZ/FR 272–616 €, ✆ 0473/271000, ℻ 271100, www.palace.it.

**** **S Castel Rundegg (25)**, Schennastr. 2, aus der mittelalterlichen Burg im eigenen Park hat eine kluger Kopf ein so exklusives und komfortables Hotel gemacht, dass man am liebsten gleich für immer einzieht. Von der Burg ist genug übrig geblieben, um dem Ambiente Charakter zu geben, vom modernen Komfort ist so viel eingeflossen, wie einem luxuriösen Hotel geziemt. Der Wellnessbereich samt zahlreichen Beauty- und Fitnessanwendungen „relais du silence"-Hotels hat den Umfang eines Kurhauses (in Meran sehr am Platz) mit Hallenbad, jedoch ohne Freibad. „Thrilling Weekends" 3- bis 4x pro Jahr, die Gäste und das Personal auf der Suche nach dem Täter, in einem Schloss ein sicherer Hit. Perfekter und persönlicher Service (das Hotel hat nur 10 sehr individuelle Zimmer und 10 Suiten). DZ/FR 160–240 €, Suiten bis ca. 460 €. ✆ 0473/234100, ℻ 237200, www.rundegg.com.

**** **S Villa Eden (31)**, Winkelweg 68, das Schönste ist der Park auf den die 3 Gebäude mit ihren Balkonen blicken, und die beiden Freischwimmbäder mit Liegewiesen. Das Hotel hat einen großen Wellnessbereich mit „Beautyfarm" (eigener Katalog!), eine Spezialität ist chinesische Heilkunde. In den Zimmern in hellen Tönen ein paar Farbtupfer durch den Teppich – Landhausstil nennt sich das, einer „Villa" angemessen. Hallenbad mit reizvoller Architektur, dezent auf modernen Standard gebrachte, zum Teil noch aus der Spätgründerzeit stammende Räume. DZ/FR 200–500 €. ✆ 0473/236583, ℻ 344790, www.villa-eden.com.

*** **Schloss Labers (27)**, Laberser Str. 25 am Hang oberhalb des Orts in Richtung Hafling, seit 1885 Hotel im Familienbesitz, eingerichtet in einem mittelalterlichen, in der Renaissance umgebauten und erweiterten Schloss mit Bergfried und Ecktürmen – pure Burgenromantik. Idyllischer Garten, schönes beheiztes Freischwimmbad. Einrichtung bis in die Zimmer mit alten Möbeln und Stilmöbeln. DZ/FR 170–264 €, auch Suiten. ✆ 0473/234484, ℻ 234146, www.schlosslabers.it.

**** **S Meisters Hotel Irma (13)**, Schönblickstr. 17, solche Outdoor-Thermalpools mit dampfendem Wasser und sich genussvoll dem Vergnügen hingebenden Badenden haben enorme Anziehungskraft, besonders für diejenigen, die an kühlen Oktobertagen das Vergnügen nur von weitem wahrnehmen können. Das macht den Charme eines gut geführten Vierstern-Hotels aus: Es erfüllt Wünsche, die man erst entwickelt, wenn man sieht, wie sie erfüllbar sind. Wellness vom Feinsten, Baden und Saunen, Kuranwendungen, Schönheitsbehandlungen (nicht ganz billig: „Schönheitswoche" inkl. 10 Behandlungen ab ca. 860 € pro Person), 1,6 ha großer Park. Zimmer und Suiten sehr komfortabel, die Einzelzimmer Kat. B recht klein (16–18 qm), die Doppel bis 55 qm. DZ mit Genießer-HP 204–332 €. ✆ 0473/212000, ℻ 231355, www.hotel-irma.com.

*** **Kolpinghaus (26)**, Cavourstr. 101, Hotel im gründerzeitlichen Haus und modernem Anbau, schlicht und sauber, eher lässige Atmosphäre. Die Zimmer zur Südseite, es gibt Freischwimmbad und Liegewiese und Dachterrasse, und ein Kolpinghaus hat natürlich eine Hauskapelle. Im Keller Taverne mit Marenden. DZ/FR ab einer Aufenthaltsdauer von einer Woche 80 €, sonst teurer. ✆ 0473/253200, ℻ 253280, www.kolping.it/meran.

*** **Angelica (29)**, Schennastr. 36. Etwas altmodisch wirkt der große gründerzeitliche Bau in seinem Park mit kleinem Pool und mit Sauna, Fitnessraum, Massage. Die Rezeption ist noch, wie früher allgemein üblich, eine Pförtnerstube neben dem Eingang, von dem unmittelbar der Treppenaufgang zu den Zimmern führt. Von der Terrasse und den in Richtung Tal liegenden Zimmern mit ihren Balkonen schöner Blick auf Meran, besonders empfehlenswert die geräumigen Eckzimmer (10 € Aufpreis). DZ/FR 66–80 €. ✆ 0473/234407, ℻ 238072, www.hotel-angelica.com.

*** **Riedingerhof (21)**, Schennastr. 45, Pension unterhalb der Schennastraße (kein störender Lärm), viel Holz, große geschwungene Terrasse, Pool mit Kinderbecken, Whirlpool und Sauna. Gute Zimmer mit Balkon/TV, herzliche Atmosphäre (Service auch ohne Aufforderung). DZ/FR 56–78 €. ✆ 0473/233273, www.riedingerhof.com.

** **Waidmannhof (22)**, Plantastr. 2, Garni in modern eingerichtetem Hof mit Pool und Liegewiese, bäuerliche Oase am oberen Rand von Obermais mit eigenem Apfelgarten vor der Tür, es herrscht robuste, aber herzliche Familiarität. Freundliche Zimmer mit Balkon und TV. DZ/FR 54–62 €. ✆ 0473/234766, ℻ 257880, www.waidmannhof.com.

• *Südlich von Meran* **** **S Castel Fragsburg (32)**, Fragsburger Str. 3 a, nicht mehr in Meran, sondern in einem Schloss auf aussichtsreichem Hügel gegenüber der Mündung des Ultentals, der Standort für Urlauber, die einen ruhigen, sehr komfortablen Platz suchen und gerne in einem Schloss wohnen wollen (und mit dem Auto nicht mehr als 10 Min. in die Stadt brauchen wollen). Ein Hôtel Relais du Silence, da schaltet man sein Handy aus, wenn man ankommt, und schaltet es erst bei Abreise wieder ein – widerstrebend. Sauna, Whirlpool, Massage, Beautybehandlungen, Fitnessraum. Hervorragendes Restaurant (→ „Essen & Trinken"). Die Zimmer z. T. im modernen Anbau, der Blick vom Balkon ist umwerfend, ganz egal, wohin er fällt. DZ/HP 220–320 €. ✆ 0473/244071, ℻ 244493, www.fragsburg.com.

Jugendherberge/Camping (siehe Karten S. 258/259)

Jugendherberge (24), Carduccistr. 77, die im Januar 2004 eröffnete Jugendherberge nimmt ein umstrukturiertes ehemaliges Hotel ein. Die 59 Betten in Ein- bis Vierbettzimmern (alle mit DU/WC!) kosten 19–21 € pro Nacht (mit FR). ✆ 0473/201475, ℻ 207154, www.jugendherberge.it.

Camping Meran (30), Piavestr. 44, 1,5 ha für 150 Einheiten, also 100 qm pro Einheit – nicht schlecht. Dazu ist der Platz recht ruhig, nebenan liegt das Hippodrom, durch Häuser und Parkplatz getrennt auf der anderen Seite die Piavestr., auf der man rasch ins Zentrum kommt. Beheiztes Freibad, gute sanitäre Einrichtungen, Internetcafé (Gratisnutzung), Tennis, teilweise Schatten, geöffnet Ende März bis Anfang Nov., Gespann und 2 Pers. ca. 21–25 € plus Strom. ✆ 0473/231249, ℻ 235524.

Essen & Trinken (siehe Karten S. 258/259 und 261)

• *Restaurants und Gasthöfe* **Castel Fragsburg (32)**, Fragsburger Str. 3 a, Restaurant des Schlosshotels zwischen Meran und Burgstall (→ „Übernachten/Südlich von Meran"), feine Küche und Tirolerisches. Küchenchef Josef Siess kocht schon mal für die Gäste gemeinsam zusammen mit Kochmythos Heinz Winkler, was den Gästen einen kulinarischen Dreisternegenuss bringt (Guide Michelin). Klassische Stube und verglaste Terrasse mit Panoramablick. Menü ab ca. 35 €, ✆ 0473/244071, Mo Ruhetag.

Laubenkeller (38), Lauben 112–118, gutbürgerliches Restaurant unter den Lauben, man isst Lasagne oder Tagliatelle, Spinatknödel oder Schlutzer, es gibt Carpaccio vom Angusrind und Rindsgulasch mit Knödel sowie einen üppigen Bauernschmaus; ab ca. 18 €. Im ersten Lichthof Eingang zum „Keller", einem großen Raum mit ausgemaltem Tonnengewölbe. ✆ 0473/237706.

Haisrainer (40), Lauben 100/102, Restaurant/Weinstube unter den Lauben, in einem Speisesaal mit gotischem Gewölbe – das alte Holztor hat sich erhalten. Sehr traditionelle Küche mit Schwarzplentener Knödelsuppe, Gerstensuppe, Knödeltris, Hirschragout mit Spätzle und großer Auswahl an weiteren Fleischgerichten (Cordon bleu vom Kalb für 2 zu 32,50 €). Suppe/Hauptgang ab 18 €, mit Nudel-/Knödelgericht ab ca. 20 €. ✆ 0473/237944, So Ruhetag.

Hellweger's (45), L.-da-Vinci-Str. 30 in der auf den Pfarrplatz mündenden Raffl-Passage, Restaurant mit ruhigem Garten am Ende der Passage, modern ausgestattet, im Lichthof davor Pizzeria. Tagesgericht ca. 12 €, Pizza 6–7 €. ✆ 0473/212581, So Ruhetag.

Kallmünz (53), Sandplatz, feine Küche in ebensolchem Ambiente. Chef Luigi Ottaiano, ein Koch-Autodidakt, zelebriert Ziegenkäsetörtchen mit Kapern und Paprika, Bandnudeln mit Entenragout, Wachteln mit Feigenchutney, Zahnbrasse mit Fenchel und Oliven. Ab 35 €, mittags etwas günstiger. Fleisch- und Fisch-Degustationsmenüs 3- oder 4-gängig zu ca. 47–59 €. ✆ 0473/2122917, Mo Ruhetag.

Forster Bräu (50), Freiheitsstr. 90 (gegenüber Kurhaus, Zugang auch von den Lauben bei Nr. 105), großer Gastbetrieb der Brauerei Forst mit Biergarten (schöne alte Rosskastanien und das mitten in Meran!), verschiedenen Räumen, Restaurant St. Sixtus im 1. Stock – ein typisches gründerzeitliches „Brauhaus". Große gutbürgerliche Karte von den Weißwürsten bis zum Bauernschmaus, Vorspeisen 5–8 €, Hauptgang 11–22 €. ✆ 0473/236535, Di Ruhetag.

Partanes (43), Hallerstr. 2, Restaurant mit Tiroler Küche in einem Gasthof, der nicht mit dem üblichen pseudo-rustikalen Schnickschnack aufwartet, sondern ganz funktional eingerichtet ist. Pappardelle oder Polenta mit Steinpilzen, Brennnesselknödel, Tafelspitz, Graukäs, Hirschgulasch, Burggräfler

Sandplatz in Meran

Krapfen mit Kastanien-Mohn-Fülle (ein Gedicht!). Gastgarten auf dem Platz vor dem Lokal mit dem Dom als Hintergrund . Ab ca. 22 €. ✆ 0473/233894, Mo Ruhetag.

Zum Kavalier (23), Carduccistr. 29, Restaurant mit kühlem Biergarten, ruhig, Eingang auch von der Passerpromenade (beim Café Promenade), im besten Sinne bürgerliche Küche, Nudeln/Knödel ca. 5–7 €, Forelle, Fleisch ca. 11–17 €, Pizza (klassisch mit sehr dünnem Teig und nicht überladen) 5–8 €. Museumsstück in der Herrentoilette: Automat (schon lange außer Betrieb) mit „carta igienica" zu 10 Lire ... ✆ 0473/236561, So Ruhetag.

Hasen Jos (36), Lauben 202, im Gasthof unter den Lauben gibt es eher bodenständig-rustikale Kost von Nudelgerichten und Risotti über Fleisch von Würstel vom Grill bis Rindsfilet vom Grill. Ab ca. 18 €, wer Nudeln mit Steinpilzen und anschließend Filet nimmt, muss mit 10 € mehr rechnen – Brot geht extra. ✆ 0473/232599, So Ruhetag.

Santer Klause (47), Am Passeirer Tor 34, Tiroler Küche in der alten Gaststube (Mitte 19. Jh.), gemütliches und nostalgisches Bierlokal. Grießnockerlsuppe, Speckknödel, Nudeln mit Wildragout und zum Abschluss Mohnkrapfen oder Käse von der Alm. Ab 20 €. ✆ 0473/234086, Do Ruhetag.

Meran Karten S. 258/259 und 261

La Veneta (11), Klostergasse 2, Idylle abseits des Touristenstroms, obwohl ganz am Zentrum. Im Garten isst man in dieser Trattoria italienische Gerichte von den Lasagne über *spaghetti cozze e vongole*, gute Bruschette, 7 Salat- und Gemüseteller (ca. 7–8 €) und täglich wechselnder Tischwein. Nachher gibt es Tiramisu und Panna cotta, beide hausgemacht. Mit Beiagen ab ca. 20 €. ✆ 0473/220257, So Ruhetag.

Rainer (34), Lauben 266, bürgerlicher Gasthof etwas unter Straßenniveau, Garten. Rustikal und Feines: Carne salá mit Gemüse, Frischkäseterrine garniert, ab ca. 22 €. ✆ 0473/236149, Mo Ruhetag.

• *In Obermais* **Zum Einsiedler (19)**, Naifweg 29, Gasthof mit italienischer Küche, hohe Qualität der Nudelgerichte, Grillspezialitäten. ✆ 0473/232191, kein Ruhetag.

Mösl (16), Priamiweg 1, am unteren Ende der Schönblickstraße, Gasthof-Pizzeria mit großem Gastgarten unter Rosskastanien und Linden, gemütlich. ✆ 04373/231757, Di Ruhetag.

• *In Gratsch (Dorf Tirol)* **Kircher (1)**, Laurinstr. 113, Restaurant etwas unterhalb der Kirche von Gratsch, verglaster Speisesaal, schöner Garten mit stimmungsvoller Wein-Pergola. Austro-Tiroler Karte mit Speckknödelsuppe, Spinatspätzle, Tafelspitz, Apfelküchl mit Vanillesoße. Spezialitätenwochen vom Spargel bis zum Wild. Ab ca. 20 €. ✆ 0473/443140, Mo abends und Di geschlossen, geöffnet März bis Nov.

• *Pizzerien* **ABC (18)**, Rennweg 25, in der Galerie Ariston. Restaurant, das wie ein Kaffeehaus wirkt und besonders abends als Pizzeria fungiert, neben dem Speisesaal Terrasse zum Innenhof. Pizza 6–7,50 €, Nudel- und Reisgerichte, Schnitzel & Co. (ca. 10–13 €), 9 verschiedene Salatteller (alle 7 €). ✆ 0473/446839, Mi Ruhetag.

Gaston (33), Lauben 242 d, im Durchgang, auch vorne unter den Lauben einige Tische, Pizza ca. 5–8 €, aber auch Speck am Brettl und Nudelgerichte (meist unter 10 €) sowie Mehlspeisen. ✆ 0473/210245, Mo Ruhetag

Beatrice (8), Meinhardstr. 192, großer Garten und Terrasse unter Weinlaub schräg gegenüber dem Bahnhof. Pizza ca. 4–9 €, auch Calzone, Spezialität des Hauses sind die Nudelgerichte, z. B. Tagliatelle al limone für 2 Pers. 12,50 €. ✆ 0473/447448; geöffnet 10–15/18–24 Uhr, Mo Ruhetag.

• *Cafés, Konditoreien* **Imperial (49)**, Freiheitsstr. 110, Café mit großer Terrasse zur verkehrsberuhigten Straße, drinnen enger, ganz hinten erhöht und gerne als Ausstellungsraum genutzt. Ausgezeichnete Konditorwaren, Eis, Imbisse.

Caffè Kunsthaus (46), Sparkassenstr. 18 b, nicht so schick, aber trendy: das *caffè* des Kunsthauses der Sparkasse. Vorbildlich: 11 offene Weine (Glas ca. 2–3 €) für die junge Szene. ✆ 0473/235071, Mo Ruhetag.

La Terrazza (52), Kurpromenade 38, Terrassencafé des Hotels Aurora (→ „Übernachten") an der Kurpromenade, immer gut besucht, schließlich flaniert ganz Meran an den Tischen vorbei.

Central (42), Sparkassenstr. 11, bei den Massen, die hier ständig vorbeidrängen, wundert es nicht, dass der Besuch des Café Central sehr gut ist. Imbisse, Eis und natürlich Kuchen für den Gast, der auf der Terrasse die Flanierenden betrachten oder sich drinnen in „Dolomiten" oder „Alto Adige" vertiefen will. ✆ 0473/233404.

Exklusiv (35), Lauben 174, Café-Konditorei ganz hinten im Hof am Ende des Durchgangs von den Lauben, am Rand des Grüns unterhalb des Tappeinerwegs, teilweise überdeckte Terrasse. Konditoreiwaren und kleine Imbisse (z. B. Bruschette), Eingang auch von der Galileistraße.

City Café (37), Lauben 251, Café im Durchgang zur Freiheitsstraße, frisch gepresste Säfte, Panini, Eiskaffee. Schräg gegenüber in der Passage **Café Caramel**, Lauben 255, mit ähnlichem Angebot.

Wandelhalle (54), Winterpromenade 25, das Café in dem man seinen Kurschatten trifft, in der Mitte der Jugendstilwandelhalle der Winterpromenade. Hier ist es auch im Winter schon mal so mild, dass die Tische draußen frequentiert werden. Kurpreise.

• *Bars, Weinstuben* **Sushi-Bar im Hotel Aurora (52)**, Passerpromenade 38, bis Mitternacht, nach den Konzerten der Meraner Musikwochen gibt es auch jeweils Tapas und Freixenet.

Andys Bar (12), Rennweg 113, Andy serviert bis 23 Uhr Imbisse (wie Bruschette und Brioche) und die passenden Drinks: Bier bis Longdrink, v. a. aber auch Klasse-Wein glasweise. ✆ 0473/210119.

Weinstube Hans (39), Lauben 205–211, im dunklen Hof gibt's Tiroler Merende und eine große Auswahl an Südtiroler Flaschenweinen.

Vinothek Klosterkeller (14), Rennweg 83, Weinlokal im Innenhof, 25 offene Weine inkl. einem Brunello di Montalcino (Glas 2–7 €), es gibt auch Imbisse (Büffelmozzarella mit Tomaten, Weißwust, kalte Platte)

Lauben (38), Lauben 116, „Enothek" im 2. Lichthof hinter dem Restaurant Laubenkeller, die Bar/Weinstube mit Weinverkauf ist immer sehr gut besucht, es überwiegt die lokale Kundschaft am Tresen.

Black Coffee (51), L.-da-Vinci-Str. am Bozner Tor, „Bar&Wine" in schicker kleiner Weinbar, die in einem sehr geschickt ausgenutzten, schlauchartigen Raum untergebracht ist.

Carduccistraße: Mehrere Pubs und Bars mit Abendbetrieb, Nr. 1 **Roxy Bar** (auch tagsüber geöffnet), Nr. 2 **Pub Cherry** (mit Restaurant-Café), Nr. 23 **Shonny Pub** (20–1 Uhr, Mo Ruhetag.)

Abends (siehe Karten S. 258/259 und 261)

Scotch Club Marinara (15), Meinhardstr., einzige echte **Disko** (✆ 0473/446515) mit Shuttlebusdienst (✆ 333/5760006); in derselben Straße der **Pub Baustelle**, ✆ 0473/449544.

Area Pub/Rafflkeller (44), Pfarrplatz (in der Raffl-Passage), ✆ 0473/232825.

Bistro Clarus (10) in der Klosterpassage, ✆ 0473/239066.

Carpe Diem (9), Meinhardstr. 190, Kellerlokal/Weinstube und Bar gegenüber dem Bahnhof, zur Allee nach vorne Gastgarten, abends oft Live-Musik.

Künstlerklause (48), Rennweg 2 b, sehr beliebter Pub am Altstadtrand, 19–1 Uhr, So Ruhetag.

Weitere beliebte Lokale sind das **Bistro Viva**, Naifweg 35, ein „Disco-Dancing" mit gemischtem Programm vom Fox bis zur Fiesta Latina, **Pub One** in der Romstraße und der **Pub Shaliba** in der Obermaiser Dantestraße.

Sehenswertes

Meraner Altstadt: Da Innsbruck Landeshauptstadt wurde und Meran an Bedeutung verlor, hat sich die mittelalterliche Stadt vorzüglich erhalten. Drei von den vier Stadttoren stehen heute noch, das Vinschgauer Tor nach Algund, das Bozner Tor und das Passeirer Tor. Das vierte, das Ultner Tor, beschützte den Stadtausgang in Richtung Lana und Ultental, es lag dort, wo sich heute der Theaterplatz befindet. Eindrucksvoll ist besonders das *Bozner Tor*, das man erreicht, wenn man vom Pfarrplatz die Leonardo-da-Vinci-Straße abwärts nimmt, an seiner Fassade haben sich die Wappen Tirols, Österreichs und Merans erhalten. Von der *mittelalterlichen Stadtmauer* ist am *Passeirer Tor* ein Stück erhalten, der Rest fiel der Stadterneuerung des 19. Jh. und dem Bau der Promenaden für die Kurgäste zum Opfer. Zwischen dem Passeirer Tor, der Pfarrkirche und dem an das Bozner Tor angrenzenden Sandplatz liegt das *Steinachviertel*, das älteste Viertel der Stadt, das schon vor der Stadterweiterung durch die Lauben bestand. Nur hier haben sich z. B. in der Kallmünzgasse und am Gartenweg enge Gässchen mit hohen Mauern zwischen ehemaligen Weinberggrundstücken erhalten, letzter Rest des alten Weindorfs zur Zeit der frühen Grafen von Tirol.

Stadtpfarrkirche und Barbarakapelle: Dem hl. Nikolaus, dem Patron der Reisenden, Seefahrer und Händler ist die große Meraner Stadtpfarrkirche mit ihrem 83 m hohen Kirchturm (14. u. 17. Jh.) gewidmet. Der Turm ist so etwas wie ein Wahrzeichen von Meran geworden, unzählige Male von der Tappeinerpromenade etwas oberhalb fotografiert, mit dem Burggrafenamt und der Mendel im Hintergrund. An der Fassade der Mitte des 15. Jh. fertig gestellten gotischen Kirche (begonnen 1302) sieht man ein übermannshohes Christophorus-Fresko. Das dreischiffige Innere wurde 1785 spätbarock verändert, die beiden Seitenaltäre aus dieser Zeit sind sehenswerte Arbeiten des Tirolers *Martin Knoller* (1793).

Hinter der Kirche stehen an der Umgrenzungsmauer des Platzes alte Grabsteine, einige stammen noch aus der Renaissance. Der Zentralbau hinter der Pfarrkirche ist die *Barbarakapelle*, die als gotischer Bau im 15. Jh. entstand und ursprünglich als Totenkapelle des Friedhofs und im Untergeschoss als Karner (Beinhaus) diente. Besonders schön ist das Netzgewölbe im Inneren, zwei barocke Altäre flankieren einen spätgotischen Flügelaltar mit einer eindrucksvollen Darstellung des Letzten Abendmahls in der Predella (hinter Glas).

Hinweis Die Barbarakapelle soll bis 2007 durch einen unterirdischen Gang mit dem zukünftigen Stadtmuseum verbunden werden. Bei Bauarbeiten Schließung möglich!

Die Lauben: Geht man vom Pfarrplatz nach Westen, kommt man in den Bereich der mittelalterlichen Stadterweiterung, die Meran erst zur Stadt machte. Die Lauben, unter Graf Meinhard II. von Tirol Mitte des 13. Jh. errichtet, sind das deutlichste Zeichen des städtischen Wohlstands in der damaligen Zeit. Eine schnurgerade Straße vom West- zum Osttor, in Richtung Passer die Wasserlauben, in Richtung Berg die Berglauben, zweistöckige Häuser mit geräumigen Kellern und Lagern für die Händler, zur von den Lauben flankierten Straße meist schlichte Fassaden. Fast jedes Haus besteht aus mehreren Trakten, die hintereinander gestaffelt und durch schmale Gänge und oft mehrere Lichthöfe erreicht werden. Zwischen den Häusern führen schmale Durchgänge zu weiteren Hauseingängen mit jeweils eigenen Hausnummern. Auch am **Rennweg**, auf den die Lauben münden, gilt dieses System, Rennweg 47–69 ist einer dieser schmalen Durchgänge mit einer ganzen Reihe von Hausnummern, die für Neulinge ziemlich verwirrend sind. Im Gegensatz zu den Lauben, wo jeder einzelne Durchgang von Läden oder Kneipen erobert wurde, ist dieser immer noch Wohnbereich (Eingang gegenüber Hotel Roter Adler). Im Barock wurden die Fassaden vieler Häuser umgestaltet, mit Erkern versehen und oft freskiert, so dass die Lauben heute bunter und vielfältiger wirken als zur Entstehungszeit. Einige sehenswerte Häuser sind etwa das Jugendstilhaus Mahlknecht (Lauben 78), heute ein Schuhladen, oder die Passage mit Lichthof (Lauben 18–20), über der schönen gotischen Brüstung im ersten Stock des ersten Lichthofes sitzt die Statue eines Christus in der Marter. Sehenswert ist auch das Haus Lauben 102 mit gotischem Gewölbe im Speisesaal des „Restaurants Haisrainer" im Durchgang und der Durchgang Lauben 164–174 a mit schön restauriertem Lichthof.

Freiheitsstraße und Kurpromenade: Jugendstil ist das Zauberwort der Straßen, Promenaden und Bauten, die nach Abriss der Wassermauer zwischen Altstadt und Passer errichtet wurden. An der Stelle des Ultner Tores entstand das *Stadttheater* (heute Giacomo Puccini gewidmet) 1899 im Stil der „Münchner Gruppe" entworfen und errichtet. Noch gründerzeitlichen Bauvorstellungen gehorcht das 1874 errichtete *Alte Kurhaus („Pavillon des Fleurs")*. Als es zu klein wurde, entstand das *Neue Kurhaus („Kursaal")*. Dieser Bau, der 1914 fertig gestellt wurde, also nie jenes Vorkriegspublikum sah, für das er gebaut wurde, ist reinste Wiener Sezession, der Architekt war Friedrich Ohmann. Eleganz charakterisiert Inneres wie Äußeres, der riesige Ballsaal dient heute vor allem Konzerten.

Die Kurpromenade verbindet Theaterbrücke und Postbrücke, von der Theaterbrücke flussabwärts führt die *Passerpromenade* bis zum Lido, der Städtischen Badeanstalt. Die *Postbrücke* über die Passer, die den Sandplatz mit dem Stadtteil Untermais verbindet, ist ebenfalls reiner Jugendstil (1909): Vergoldete Girlanden hängen von einem aufwendigen Geländer mit den für Jugendstil und vor allem Sezession typischen asymmetrischen Kurven. An der *Freiheitsstraße* und vor allem am *Rennweg* haben sich weitere Bauten des Jugendstils erhalten, darunter die amüsante Fassade in Biedermeier und Jugendstil von Haus Nr. 12 („Forster Bierstüberl"). Am Neubau des *Kurzentrums* auf der anderen Seite der Passer samt umgebendem Park wurde zum Zeitpunkt der Drucklegung noch gearbeitet.

Altes Kurhaus

Sandplatz, Winter- und Sommerpromenade: In der Mitte des hübschen Platzes am Ostende der Kurpromenade steht eine *barocke Mariensäule*. Das große Gebäude dahinter, das wie ein Hotel der Zeit vor 1914 aussieht und heute vor allem Ämter beherbergt, war tatsächlich ein Hotel, das renommierte „Erzherzog Johann" und spätere „Esplanade". Am Sandplatz beginnt die Winterpromenade, die der Sonne voll ausgesetzt ist, schließlich wollte und will man auch im Winter etwas Wärme spüren. Der erste Teil wird von einer offenen Wandelhalle mit hübschen Fresken und einigen Büsten flankiert, so kann man auch bei Regen gemütlich auf und ab spazieren. Auf der anderen Passerseite bietet die Sommerpromenade das Gegenteil: Schatten und keine direkte Sonneneinstrahlung – schließlich hatte frau ihren blassen Teint zu wahren. Beide Promenaden sind üppig begrünt, wärmeliebende subtropische Pflanzen aus aller Welt wurden angepflanzt und werden umhegt. Am Beginn der Sommerpromenade hat ein Denkmal kultische Qualität, es zeigt die sitzende Elisabeth, Kaiserin von Österreich, Königin von Ungarn (etc., etc.), unter uns „Sissi" genannt.

Zenoburg: Über den Eingang ins Passeiertal und damit zur Jaufenstraße wacht auf einem steil über dem hier klammartig eingeschnittenen Fluss die Zenoburg. Wahrscheinlich stand hier schon in römischer Zeit eine Festung, sicher ist, dass während der Völkerwanderungszeit hier der Augsburger Bischof Valentin (ca. 470) und später der Freisinger Bischof Korbinian (725) bestattet wurden (beide wurden später überführt). 1347 wurde die Zenoburg, damals Besitz der Grafen von Tirol, zerstört und später nie wieder aufgebaut. Die pittoreske Ruine wurde 1800 von der heutigen Besitzerfamilie erworben und teilweise restauriert, die Burg wird heute wieder ständig bewohnt.

Die Zenoburg ist Privatbesitz, das Innere kann nicht besichtigt werden. Von der alten Jaufenstraße aus ist die Burg sehr schön zu sehen.

Stadtteil Untermais: Wenige Touristen verirren sich weiter nach Untermais. Der Stadtteil war wie auch Obermais bis 1923 eine eigene Gemeinde. Geblieben ist das historistische

Rathaus von 1908, das heute die Post beherbergt. Im 20. Jh. wurde in Untermais fleißig gebaut, so entstand während der faschistischem Ära die große **Pferderennbahn**. Jenseits der Postbrücke im Ortsteil Untermais steht die **Heiliggeistkirche**, eine nach außen hin schlichte Kirche mit winzigem Türmchen. Sie wurde ursprünglich als Kirche des Spitals vom Heiligen Geist 1271 anlässlich einer Stiftung Graf Meinhards II. errichtet, aber nach einer flutbedingten Zerstörung im 15. Jh. als gotische Hallenkirche wieder errichtet. Das Portal zeigt das Relief eines Gnadenstuhls, Gottvater mit dem Gekreuzigten auf dem Schoß und einer darüber schwebenden Heiliggeisttaube. Der Innenraum mit seinen fein profilierten Pfeilern gehört zu den eindrucksvollsten Südtirols. Auch die Ausstattung ist bemerkenswert: Holzfiguren von Heiligen (15. Jh.) im Chor, zwei Reliefs von *Jörg Lederer* (um 1520), die in den neugotischen Flügelaltar integriert sind, sowie eine große gotische Kreuzigung. An der Südwand Fresken, die Schäden durch das Hochwasser der Passer schildern.

Die **Wallfahrtskirche Maria Trost** ist ein romanischer Bau, der 1614 völlig umgebaut wurde. Die Fresken an der Außenfassade sind aus dem 14. Jh. und wohl Bozner Schule. Im Inneren romanische Fresken, die aber nur in Bruchstücken erhalten geblieben sind, darunter ein Marientod und Marienbegräbnis eines Meisters, der wohl in Oberitalien den byzantinischen Stil erlernt hat.

Stadtteil Obermais: Als die Grafen von Tirol in Meran ihre Hauptstadt hatten, baute sich eine Reihe von Adeligen außerhalb der Stadt Ansitze und Schlösser. Obermais auf der anderen Passerseite und mitten in Weinbergen war der bevorzugte Standort. Bedeutende Schlösser und Ansitze sind geblieben, *Schloss Winkel* bewahrt unter dem Kleid der Spätrenaissance die Züge eines mittelalterlichen Ansitzes. *Schloss Rametz,* im 12. Jh. gegründet, ist heute Sitz eines bedeutenden Weinguts. Als Hotel wird heute *Castel Rundegg* geführt, dasselbe gilt für *Schloss Labers* mit seiner bis ins 11. Jh. zurückreichenden Bausubstanz (Schlosskapelle St. Michael), die Umwandlung in ein Hotel fand schon 1885 statt! Am bekanntesten ist heute **Schloss Trauttmansdorff**.

Gärten von Schloss Trauttmansdorff: Die Gartenanlage von Schloss Trauttmansdorff ist seit ihrer Eröffnung im Jahr 2001 fast ein Muss für Besucher Südtirols geworden, genau wie das Bozner Archäologiemuseum mit der Ötzi-Mumie. Wahre Besucherkolonnen drängen sich in den prachtvollen botanischen Gärten, die Pflanzen aus aller Welt umfassen, aber auch spezifische Südtiroler Landschaftstypen zeigen. Im Schloss Trauttmansdorff können Sie das **Touriseum**, ein witziges Tourismusmuseum, besichtigen (→ „Museen“).

- *Öffnungszeiten* Mitte März bis Mitte Nov. tägl. 9–18 Uhr, im Sommer (Mitte Mai bis Mitte Sept.) bis 21 Uhr, Rest des Jahres geschlossen; Eintritt 9 €, im Sommer ab 18 Uhr 4 €, Familien 20 €, erm. 6,50 €; Gartenführungen mit Voranmeldung.
- *Information/Anmeldung* ✆ 0473/235730, www.trauttmansdorff.it.
- *Parken/Verbindungen* Fürs **Parken** muss extra gezahlt werden: 1,50 € (da lässt man den Wagen lieber unten auf den Parkplätzen an der Kreuzung oder fährt konsequent mit dem **Bus**: Linie 1a ab Bahnhof/Sandplatz).

Tipp! Gleich zur Öffnung kommen, da frühstückt ein Großteil der Konkurrenz noch, oder – fast noch besser – wenn alle Welt nach dem Mittagessen in den Wanten hängt und zwangsweise ruht, also ca. 13–14.30 Uhr.

Museen

Kunst Haus Meran/Merano Arte: moderne Kunsthalle im Gebäude der Sparkasse unter den Lauben, wechselnde Ausstellungen mit übergreifenden Themen (bedeutungsschwanger z. B. im Winter 2003/04 „meta.fisica – Kunst und Philosophie von de Chirico bis zur Konzeptkunst").

Öffnungszeiten Di-So 10–18 Uhr, Juli/Aug bis 9 Uhr, Eintritt 4,50 €, erm. 3 €; Lauben 163, ✆ 0473/212643, www.kunstmeranoarte.com.

Frauenmuseum Evelyn Ortner: Ebenfalls unter den Lauben, im ersten Stock von Haus Nr. 68, dokumentiert das kleine Museum die Stellung der Frau in unserer (westlichen) Gesellschaft zwischen dem Biedermeier und den 80er Jahren des 20. Jh. Themen sind Schönheitsideale, die Rolle der Frau in der Privatsphäre seit dem Biedermeier und Frauenarbeit bzw. die Frau in der Arbeitswelt. Reichlich Anschauungsmaterial, nicht nur für frau, aber mit Vorrang „von Frau, über Frauen, über alle".

Öffnungszeiten Feb. bis Okt. Mo–Fr 10–12/14-17 Uhr, Sa 10–12.30 Uhr, Nov./Dez. Fr–So 10–17 Uhr; Eintritt 4 €, erm. 3 €, Führungen (ab 10 Pers.) 5,50 €. ✆ 0473/231216.

Landesfürstliche Burg: Die Residenz der Tiroler Landesfürsten war schon alt, als sie 1470 umgebaut wurde, um jetzt den Habsburgern als Tiroler Landesfürsten bei ihren gelegentlichen Besuchen der Stadt als Absteige zu dienen. Heute ist die Burg noch teilweise alt (spätgotisch) möbliert, interessant ist eine Sammlung von historischen Musikinstrumenten, nicht übersehen sollte man einen Kachelofen, der zu den ältesten seiner Art gehört. Schade, dass der würdevolle Bau an zwei Seiten von gesichtslosen Bauten flankiert wird (Gemeindeverwaltung und Lehranstalt für Wirtschaft und Tourismus Peter Mitterhofer).

Öffnungszeiten März bis Dez. Di–Sa 10–17 Uhr, So 10–13 Uhr; Eintritt 2 €, erm. 1,50 €, Kombiticket mit dem Städtischen Museum 3/2 €.

Meran Karten S. 258/259 und 261

Städtisches Museum im Roten Adler: Nicht nur ein typisches Heimatmuseum mit prähistorischen und volkskundlichen Sammlungen – Skulpturen und Gemälde von der Gotik bis zur Gegenwart machen aus dem Städtischen Museum eine veritable Tiroler Kunstgalerie. Die Gemälde der großen Tiroler Barockmaler *Michelangelo Unterberger, Johann Evangelist Holzer* und *Franz Anton Maulbertsch* sollte man sich auf jeden Fall anschauen. Bemerkenswert: eine Schreibmaschine des Erfinders Peter Mitterhofer (sein viertes Modell) und eine originelle mechanische Fastenkrippe, ein barockes Modell der Leidensgeschichte Christi mit einer Unmenge Figürchen.

• Öffnungszeiten Ganzjährig Di–Sa 10–17 Uhr, So 10–13 Uhr, Juli/Aug. So 16–19 Uhr; Eintritt 2 €, erm. 1,50 €, Kombiticket mit Landesfürstlicher Burg 3/2 €, ✆ 0473/270038. Der derzeitige Standort des Museums (Rennweg 42 a) ist nur ein Provisorium – was recht deutlich wird. Ab 2007 wird das Stadtmuseum am neuen Standort am oberen Pfarrplatz wesentlich mehr Platz zur Verfügung haben, wobei die nahe Barbarakapelle ins Museum integriert werden soll..

Jüdisches Museum und Synagoge: Meran hatte vor dem Zweiten Weltkrieg eine bedeutende jüdische Kultusgemeinde. Das Museum in der Synagoge, 1901 errichtet, zeigt die Glanzzeiten der jüdischen Kultusgemeinde vor 1914 und ihre Vernichtung in der Shoa.

Öffnungszeiten Di/Mi 15–18 Uhr, Do/Fr 9–12 Uhr außer an jüdischen Feiertagen; Eintritt frei; ✆ 0473/236127, www.meranoebraica.it, Schillerstr. 14 (über Theaterbrücke auf Piavestraße, dann rechts).

Touriseum (Tourismusmuseum): Schloss Trauttmansdorff wurde Mitte des 19. Jh. errichtet auf Ruinen eines älteren Baus, was sich allerdings nicht wesentlich auf den Gründerzeitbau ausgewirkt hat. In einigen Räumen befindet sich das Tourismusmuseum „Touriseum". Tirol hat – nach den klassischen Tourismusländern Italien und Frankreich sowie der Schweiz – mit die längsten Erfahrungen mit dem Tourismus, nämlich an die 200 Jahre. Die Präsentation im Museum ist kurzweilig, amüsante

Figurengruppen illustrieren den Wandel des Tourismus von den Anfängen bis heute. Eine echte BMW-Isetta von 1959 und eine Original-Vespa samt Reiseköfferchen stehen für den Tourismus der Nachkriegszeit.

Öffnungszeiten Mitte März bis Mitte Nov. tägl. 9–18 Uhr, Mitte Mai bis Mitte Sept. 9–21 Uhr. Der Eintritt (9,50 €, erm. 6,50 €) ist in dem für die Gärten von Schloss Trauttmansdorff inbegriffen. ✆ 0473/235730, www.trauttmansdorff.it.

Spaziergänge und Ausflüge

Zu Spaziergängen, Wanderungen und Radtouren ab Dorf Tirol, Algund, Schenna, Riffian, Kuens und Marling siehe jeweils dort!

▸ **Auf dem Tappeinerweg und der Gilfpromenade**: Für seine Kurgäste ließ sich Dr. Tappeiner alles Mögliche einfallen, u. a. einen Weg durch den Sonnenhang über Meran, einen schön flachen Weg durch diese steilen Hänge mit ihrer wärmeliebenden Vegetation. Flach sollte er sein wegen der Rekonvaleszenten und der Damen. Damen konnten damals nur trippeln, wenn sie der Mode gehorchten (in Meran gehorchten sie der Mode). Palmen, Yucca, Kirschlorbeer, Steineiche, Myrthe, Lorbeer, Japanische Mispel, Schneeball, Zypresse, Zürgelbaum, Perückenstrauch, Feigenbaum, Pinie – das sind einige der auffälligeren Bäume der interessanten Vegetation, die man damals großenteils neu angepflanzt hat.

Der Treppenanstieg von der Pfarrkirche aus (zwischen dieser und der Barbarakapelle) ist im oberen Teil ein steiler Treppenweg („Tirolersteig"). Wer jetzt schon ins Schwitzen gekommen ist, hat in Jausenstationen und Cafés am Tappeinerweg jede Gelegenheit, sich zu erholen. Geht man von der Einmündung des Tirolersteigs in den Tappeinerweg nach rechts, kommt man zu einer halbrunden Terrasse mit dem Denkmal Tappeiners, darunter am sonnigen, heißen Hang der städtische Kräutergarten. Unweit davon passiert man den Pulverturm, einen mittelalterlichen Wehrturm oberhalb der Stadt. Hier biegt die Promenade nach links ins Tal der Passer ein. Bei einer Weggabelung kann man rechts direkt in die Altstadt hinuntergehen, bleibt man links, quert man bald die Zenobergstraße und wird in engen Kurven den steilen Hang zur Passerbrücke und zur Gilfpromenade hinuntergeführt. Kurz davor Aussichtspunkt in die wilde Passerschlucht (links)! Die Promenade führt auf der anderen Seite der Passer weiter. Man unterquert die alte Römerbrücke, die keineswegs römisch ist, aber immerhin mittelalterlich. Die Gilfpromenade mündet auf dieser Flussseite in die schattige Sommerpromenade, der Tappeinersteg führt hinüber zur Winterpromenade und zum zentralen Sandplatz.

• *Öffnungszeiten* **Städtischer Kräutergarten**, seit 2002: 5000 qm, 230 Aromapflanzen und Heilkräuter, Mitte März bis Ende Okt. tägl. 9–17 Uhr (Mitte Mai bis Ende Aug. 9–19 Uhr); freier Eintritt.

• *Essen & Trinken* **Jausenstation/Café Weitblick im Weinberg**, es gibt Brotzeiten, eigene Kuchen, zur Törggelenzeit Bauernkrapfen, dazu Eigenbauweine, einen weißen Küchelberger, Edelvernatsch, Merlot.

Café Saxifraga, am oberen Ende des Tirolersteigs, Stuben und Terrasse mit Blick auf die Pfarrkirche. Gerstlsuppe, Schlutzkrapfen, Speck und geselchte Rippele mit Kraut und Knödel, Vorspeise und Hauptgericht ab ca. 20 €; 35 Teesorten, Eigenbauweine, im Herbst jeden Sonntagabend Törggelen ab 18 Uhr. ✆ 0473/239249.

▸ **Der Ifinger (2581 m) und Meran 2000**: Wie bequem, dass man mit dem Stadtbus (Linie 1 a ab Bahnhof über Theaterplatz und Sandplatz) die Talstation der *Ifinger-*

Dr. Franz Tappeiner, Meraner Kurarzt

Die Tappeiner sind eine alte Vinschgauer Familie, die ursprünglich von einem Hof in der Nähe der Schlandersburg stammt. Franz Tappeiner wurde 1816 in Laas geboren und zum Medizinstudium nach Innsbruck, Prag, Padua und Wien geschickt (zu seiner Zeit waren alle diese Städte in österreichischem Besitz). Der junge Arzt ließ sich 1846 in Meran nieder, damals ein Kuhkaff, und eröffnete eine Praxis. Nach der Revolution von 1848, als er für die Liberalen kandidierte (eine oppositionelle Partei) und verlor (gegen den katholisch-konservativen Priester und Wissenschaftler Beda Weber), verlegte er sich wieder auf die Medizin und gründete mit zwei Kollegen eine Molkenkuranstalt. Dass Meran ein gutes Kurklima besitzt, wusste man schon. Das war bereits öffentlich und in den Medien der Zeit diskutiert worden, nur Kureinrichtungen gab es keine. Nun entstanden eine Kurordnung und eine „Kurvorstehung", Dr. Tappeiner musste sich schließlich erst eine Kurverwaltung schaffen. Die für den Kurbetrieb notwendigen Investitionen wurden durch Tappeiners Stiftungen ermöglicht. Man machte mit dem Geld emsig Werbung, und ohne diesen Einsatz wäre auch die Wandelhalle wohl nicht so bald der schöne Bau geworden, den wir heute noch sehen. Schließlich spendierte Dr. Tappeiner Geld für die Gilfpromenade, und endlich 1893, zum 50-jährigen Promotionsjubiläum, stellte er fast 30.000 Gulden – ein Vermögen – für die später nach ihm benannte Promenade oberhalb Merans zur Verfügung, die bereits im November des Jahres eingeweiht werden konnte. Zur Eröffnung wurde eine Büste des edlen Spenders in Laaser Marmor enthüllt, wir können sie heute tnoch in einer platzartigen Erweiterung des Tappeinerwegs bewundern.

Seilbahn erreichen kann. Da braucht man im Sommer wie im Winter keine Stunde vom Zentrum Merans auf eine Höhe von nahezu 2000 m. Von dort aus einfache Spaziergänge, Wanderungen, Touren, im Winter dreht sich der Skizirkus. (Neben der Hirzer-Seilbahn und jener von Dorf Tirol zu den Muthöfen die am meisten frequentierte Seilbahn in alpine Höhen.) Wichtig: Bis zu einer halben Stunde im Umkreis der Bergstation ist manchmal ziemlich viel, aber ab einer Stunde fast gar nichts mehr los. Und wer einen Weg nimmt, der nicht zu einer Hütte führt (wie Weg 3 zum Missensteiner Joch ab Gabelung in Richtung Oswaldscharte), der hat vielleicht schon nach 5 Min. ab Abzweigung keine Begleitung mehr.

• *Wandern/Wintersport* Zu den Wanderzielen auf dem Plateau → Tschögglberg (Hafling). Zum Wintersport im Gebiet Meran 2000 → Sport, S. 256.

• *Bergbahnen* **Ifinger-Seilbahn Meran 2000**, Mitte Mai bis nach Allerheiligen und in der Wintersaison 9–12/13.15–17 Uhr; Berg/Tal 13 €, einfach 8,50 €, ✆ 0473/234821.

Seilbahn Falzeben – Meran 2000 (Kabinen-Umlaufbahn), Mai bis nach Allerheiligen und in der Wintersaison 9–17 Uhr, Mitte Juli bis Mitte Sept. bis 18 Uhr; Berg/Tal 9 €, einfach 6,50 €, ✆ 0473/234821.

Tour 18: Mit dem Rad von Meran über den Hecherhof nach Burgstall

Tour-Info: Kurze Radtour durch lichten Laubwald und Bauernland mit Wein, **auch als Wanderung** hübsch zu gehen, in der Mitte der Hecherhof, Gasthof und beliebte Buschenschank. Wunderschöne Ausblicke auf Etschtal und Ultental, zurück auf der alten Bozner Straße; Dauer 1:30 Std.; Länge 8,4 km; Höhenunterschied ↑ 350 m, ↓ 400 m. Karten: Tabacco (1:25.000) Blatt 11, Kompass (1:50.000) Blatt 53.

In Meran-Obermais fährt man entlang von Winkelweg oder Dantestraße in Richtung Schloss Trauttmansdorf und knapp nach Vereinigung der beiden bei einem Brunnen nach rechts in die Katzensteinstraße bis zur Landesstraße Schenna – Verdins mit meist starkem Verkehr, da sie als Ostumfahrung für Meran dient. Dort quert man vorsichtig **A** und fährt auf der Verlängerung der Katzensteinstraße bergan in den Waldhang, nach einer Serpentine erreicht man die Weingärten und Schloss Katzenstein **B** und hat erstmals eine wunderbare Aussicht auf Burggrafenamt und Ultner Berge. Das Sträßchen führt nun als Güterweg weiter, eine Abzweigung **C** verweist auf die Buschenschank Mittwalder und den Wanderweg nach Sinich. Kurz darauf wird die Schlucht des Sinichbachs gequert, jenseits geht es steil hinauf zu einer großen, relativ flachen Wiesenterrasse **D** mit mehreren verstreuten Höfen. 150 m nach Wiesenbeginn weist ein Schild wieder zum Mittwalder, und an der tiefsten Stelle der Wiese hält man sich bei einer Gabelung links und fährt hinauf zum Hecherhof in seiner phantastischen Aussichtsposition **E**.

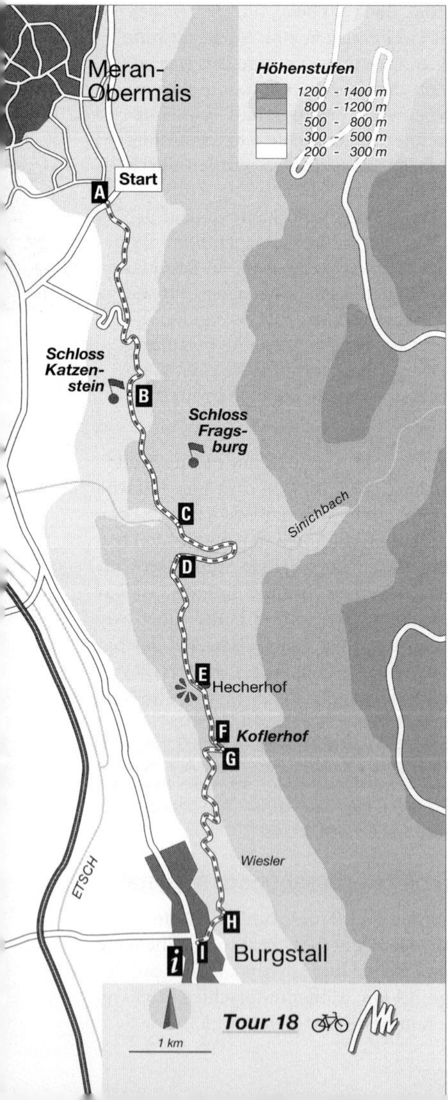

Der weitere Weg führt in Form eines fahrbaren Fußwegs hinter dem Haus rechts am dortigen Bildstock vorbei und erreicht nach kurzem Abstieg den Koflerhof **F**, ebenfalls eine Buschenschank, wo man nach rechts auf eine Asphaltstraße fährt. Sie mündet in eine weitere Asphaltstraße **G**, hier rechts weiter, bei der folgenden Kirche **H** bei Einmündung in eine querende Asphaltstraße nach links zur Staatsstraße, wo man ziemlich genau gegenüber der Touristeninformation in Burgstall **I** ankommt. Rückfahrt auf der Staatsstraße oder über Lana und Marling (etwas weniger Verkehr). Wer die Strecke gewandert ist – bei dem praktisch nicht existenten Autoverkehr sehr angenehm –, nimmt den SASA-Bus Bozen – Meran zurück (Haltestelle beim Erreichen der Staatsstraße etwas rechts versetzt).

• *Essen & Trinken* **Hecherhof**, Jausenstation/Gasthof. Was für ein Ausblick von der Terrasse! Wenn Sie wollen, können Sie natürlich auch drinnen sitzen und sich Gulasch mit Knödel oder andere rustikale Köstlichkeiten schmecken lassen. Aufdringliche Truthähne, die von der Kellnerin mit Wasserbannstrahl belegt werden, die Katzen werden geduldet. Di Ruhetag.

Nördlich von Meran

In Weinbergen und Apfelgärten liegen die einladenden Dörfer am Sonnenhang über Meran, in denen man ruhiger und billiger nächtigen kann als in der Stadt, ohne auf die Abwechslung und die Angebote von Meran verzichten zu müssen. Zwischen der Texelgruppe im Westen und den Sarntalern im Osten zieht sich das Passeiertal, Heimat Andreas Hofers, von Meran noch weiter nach Norden bis an den Alpenhauptkamm.

Algund, Dorf Tirol, Kuens, Riffian, Schenna – diese Dörfer am Rand von Meran sind mit der Stadt verwachsen, ohne ihren eigenen Charakter verloren zu haben. *Schloss Tirol,* die Burg, die dem Land den Namen gab, schaut oberhalb von Algund auf das Meraner Becken herunter, jenseits des Tals der Passer bewacht Schloss Schenna den Zugang zum Passeiertal und zum *Jaufenpass,* der alten Verbindung zwischen Meran und dem Brenner. Im *Passeiertal* erinnern die alten Schildhöfe an alte Rechte des Tiroler Bauernstandes, sie sind Bauernhöfe, deren Besitzer seit dem Mittelalter Adeligen praktisch gleichgestellt waren. Über den höchsten Höfen des Tales ragen die Gipfel des Wanderparadieses *Naturpark Texelgruppe* bis auf 3335 m, die Eisriesen der Ötztaler Alpen an der Grenze nach Nordtirol gar auf 3482 m.

Das „Meraner Land" und was alles (nicht) dazugehört

Meraner Land, so nennt sich der aus 15 Tourismusvereinen von mehr als 20 Orten zusammengeschlossene Tourismusverband rund um Meran. Und mit dieser Bezeichnung macht er Werbung, gibt Programmhefte und Zimmerlisten heraus und initiiert Aktionen wie die kostenlose „Tourist Card Meraner Land", anderswo schlicht Gästekarte genannt, die dem Gast verschiedene Vorteile verschafft, wie etwa die kostenlose Benutzung von Gästebussen oder Ermäßigungen bei Veranstaltungen der Tourismusvereine. Dumm ist nur: Meran selbst, aber auch Algund und Dorf Tirol sind in diesem Verband nicht vertreten, sondern haben ihren eigenen Verband (dessen Sitz sich wie der von „Meraner Land" in Meran befindet!), und auch nicht Terlan und Andrian, die es vorziehen, mit „Südtirols Süden" gemeinsam zu werben. Also, Verwirrung beiseite und hier die Liste der Tourismusvereine, die im „Meraner Land" vereinigt sind: Schenna, Lana und Umgebung, Naturns und Plaus, Partschins, Rabland und Töll, Marling, Hafling, Vöran und Meran 2000, Tisens und Prissian, Riffian und Kuens, Nals, das Passeiertal, das Schnalstal, das Ultental mit Proveis sowie der Deutschnonsberg.

• *Information* **Tourismusverband Meraner Land**, Gampenstr. 95, I-39012 Meran/Merano, ✆ 0473/200443, ℻ 200188, www.meranerland.com. Büro schräg gegenüber der Rennbahn in Meran (man fährt leicht dran vorbei). Sehr freundliches Personal, viele Prospekte und jede Menge kostenlose Informationen. Neben den üblichen Katalogen gibt es einen interessanten Katalog mit Spezialangeboten zu Wanderferien, Familienaufenthalten, Sport und Wellness. Unbedingt bestellen! Hübsch und kindgerecht die Faltkarte „Auf ins Meraner Land – Familienerlebnisse und Kinderprogramm" (jährlich neu), die alles zusammenstellt, was für Kinder interessant sein könnte. Die Touristcard „Meraner Land": Urlaubsgäste erhalten sie kostenlos vom Gastgeber, damit bekommen sie in den mehr als 20 Ferienorten des Meraner Landes zahlreiche Rabatte auf fast alle für Urlauber interessante Einrichtungen und Veranstaltungen samt Bergbahnen.
Die Meraner Infostelle in der Stadtmitte gibt *keine* Auskünfte zum Meraner Land!

• *Verbindungen* Bustransfer Meraner-Land-Express von/nach München jeden Sa von Mitte März bis Mitte Nov. in die Orte des Meraner Landes und nach Meran, Information und Buchung durch die Tourismusbüros oder → S. 253. Einfach 27 €, hin/zurück 49 € inkl. Zubringer- und Abholdienst. Bustransfer „Südtirol Express" aus der Ostschweiz → „Meran/Verbindungen".

Algund, die Texelgruppe im Rücken bietet Windschutz

Algund

Das milde Meraner Klima gilt auch für Algund, das benachbarte Dorf mit seinen gutbürgerlichen Pensionen und Hotels zwischen Apfelgärten und Weinbergen. Hier wohnt, wer die Meraner Gegend schätzt, aber weder den Trubel noch die Preise von Meran mag.

Die *Texelgruppe* steigt unmittelbar hinter dem nach Süden blickenden Ort auf 2625 m auf *(Große Rötelspitze)* und schützt mit ihrer massiven Gebirgsfront vor den Nordwestwinden. Gute Wanderwege führen durch die Steilhänge rund um die Texelgruppe, darunter der berühmte *Meraner Höhenweg*. Entlang der *Waale* spaziert man hinüber nach Gratsch, bereits in der Gemeinde Meran, oder nach Partschins, etwas höher und bereits im unteren Vinschgau gelegen. Algund ist ein ruhiges Dorf, besonders die Ortsteile **Dorf**, **Oberplars** und **Vellau**, das Letztere schon auf über 900 m gelegen, haben noch etwas dörflichen Charakter, während **Mühlbach**, das neue Zentrum (meist als Algund angesprochen), schon recht verdichtet und geschäftig ist.

Information/Verbindungen/Diverses/Einkaufen

• *Information* **Tourismusbüro**, I-39022 Algund/Lagundo, Hans-Gamper-Platz 3, ✆ 0473/448600, 📠 448917, www.algund.com; Mo–Fr 8.30–18.30 Uhr, Sa 9–17 Uhr, So 9.15–11.30 Uhr, Nov. bis Mitte März nur Mo–Fr 9–12/14–18 Uhr. Das Büro liegt nicht direkt an der Alten Landstraße, sondern etwas abseits in modernem Betonbau. Informationen und Termine in der Broschüre „Willkommen in Algund".

Die Vorteilskarte **MeranCard** (→ „Meran/Information") gilt auch in Algund. **Touristpass Algund**, diverse Vergünstigungen in Algund und Meran, beim Vermieter.

• *Verbindungen* **Bustransfer** von Deutschland und der Schweiz → „Meran/Verbindungen". **Algunder Dorf-Express**, Gästebus nach Meran (1,50 €) und zum Waalweg (1 €) jeweils bis zu 7x pro Tag (SAD-Wertkarte oder beim Fahrer).

Taxi: Fa. Rungg, ✆ 0473/443350; Tratter ✆ 0473/443383.

• *Diverses* **Gemeindearzt** im Rathaus, Alte Landstr. 23, Mo–Fr 9–11.30 Uhr, ✆ 0473/220777.

• *Einkaufen* **Brot und Gebäck** in der Bäckerei Tauber, Alte Landstr. 44. Gute **Weinauswahl** im Weinfachgeschäft Vinum, Alte Landstr. 33; **Naturkost/Bioladen** Kornblume, Alte Landstr. 17.

Südtiroler Kunstkeramik, Vinschgauer Str. 63, in Töll: handbemalte Keramik, Ofenkacheln, Terrakotta in großer Auswahl direkt neben der Durchgangsstraße.

Sport & Freizeit/Veranstaltungen

• *Sport & Freizeit* **Freibad Algund**, Marktgasse 11, sehr schön gelegenes Freibad, im Juli/Aug, bis spät (Dämmerung) geöffnet, ✆ 0473/448636.

Tennis z. B. Sporthotel Des Alpes, Alte Landstr. 12, ✆0473/440533, nächste Tennishallen in Meran und Naturns. Kostenpflichtiger **Radverleih** vom Tourismusverein (ab 12 €/Tag).

• *Veranstaltungen* Konzerte der **Algunder Musikkapelle**, die seit 1837 besteht, etwa 10 öffentliche Termine zwischen April u. Okt.

Übernachten

Algund und Meran ergänzen einander. Während in Meran die Viersternehotels hervorstechen, wird Algund von Drei- und Zweisternhotels und von Ferienwohnungen dominiert. Also kein Luxus, aber komfortable Unterkünfte mittleren Niveaus und mittlerer Preislage auch und besonders für Familien mit Kindern. Die Saison dauert mit wenigen Ausnahmen von der Karwoche bis nach Allerheiligen.

**** **Wiesenhof**, J.-Weingartner-Str. 16, Mühlbach, Algunds einziges Viersternhotel hebt sich mit seinem Tiroler Stil von anderen Hotels kaum ab, hat aber z. B. Hallenbad sowie beheiztes Freibad, Whirlpool, Sauna, Solarium, Massage, Radverleih, komfortable Zimmer mit Minibar und großen Balkonen. Lage am äußersten Ortsrand in Richtung Meran, das man mit Pkw in 5 Min. erreicht. DZ/HP 110–158 €. ✆ 0473/446677, ℻ 220896, www.wiesenhof.com.

*** **Maria Theresia**, Rosengartenstr. 10, eine Geländekante hat das „Rosenhotel" geschickt ausgenutzt, um den Balkonen seiner Zimmer einen uneingeschränkten Blick über die Obstgärten auf Meran und die Berge des Burggrafenamts zu gewähren. Die weiß getünchte Gartenfront des neuen Hotelbaus, ist denn auch die eigentliche Front samt Freischwimmbad und Liegewiese und häufiger musikalischer Unterhaltung am Abend. Saunen gibt es ebenso und Gratis-Mountainbikeverleih. Das Hotel ist ganzjährig geöffnet und bietet z. B. günstige Adventpakete an. DZ/HP 100–190 €. ✆/0473/443251, ℻ 222494, www.mariatheresia.it.

*** **Gstör**, Alte Landstr. 40, Mühlbach, war er mal ein Einkehrgasthof an der Alten Landstraße (der Verkehr hält sich heute dank Ortsumgehung in Grenzen)? Bis auf die Lage merkt man nichts mehr davon in diesem gutbürgerlichen Hotel mit Freibad und Liegewiese (Benützung von Hallenbad/Sauna im Hotel Mühlbacher Hof gegenüber kostenlos). Restaurants (→ „Essen & Trinken"), geräumige und moderne Zimmern (Typ A, B, C) und traditionelle Gasthauszimmern im alten Gasthaustrakt (Gasthaus Gstör, Typ D, E). DZ/HP 76–130 €. ✆ 0473/448555, ℻ 448047, www.gstoer.com

*** **Flora**, Huebenweg 1, Dorf (Nähe Talstation Vellauer Seilbahn), große Pension in sehr schöner und ruhiger Lage über dem Becken von Meran in den Weingärten (hinter dem Haus Obst), großer beheizter Pool und Liegewiese, Whirlpool, Sauna, Radverleih, Zimmer mit TV auf Anfrage. DZ/FR 64–98 €. ✆ 0473/448450, ℻ 442087, www.pension-flora.it.

*** **Schloss Plars**, Mitterplars 25, der mit Turm und Zinnen geschmückte alte Ansitz mit schönem, geschütztem und ruhigem Garten ist heute eine Frühstückspension mit Freibad (mit schönem Ausblick). Zimmer z. T. mit Balkon, Minibar und alle mit TV (alle TV-Anschluss), nur wenige Zimmer. DZ/FR 58–86 €, Apt. f. 2 Pers. 60–69 €. ✆ 0473/448472, ℻ 446557, www.schlossplars.com.

*** **Paradies**, Alte Landstr. 20, Mühlbach. Hübsche Pension mit geschmackvoll und modern eingerichteten, geräumigen Zimmern mit Balkon und TV. Das Haus hat Hallenbad und Freischwimmbad, Sauna und Fitnessraum. Einmal wöchentlich gibt es Pizza aus dem Holzofen. DZ/FR 64–98 €. ✆ 0473/448367, 📠 449990, www.paradies-algund.com.

*** **Ansitz Pünthof**, Steinachstr. 25, Frühstücks-Garni im Ortsteil Mühlbach, großer Komplex mit altem Natursteintrakt (Wehrturm) und modernen Anbauten. Kleiner Park, Pool und ringsum Obstgärten – paradiesisch. DZ/FR 96–118 €, Apt. für 2–6 Pers. 69–130 €. ✆ 0473/448553, 📠 449919, www.puenthof.com.

*** **Maratscher**, Mitterplars 30, eine aus der Reihe tanzende Frühstückspension: Jedes der 10 Zimmer wurde auf individuelle Art gestaltet, Farbkombinationen, Dekor, Möbel und sonstige Ausstattung bilden eine künstlerische Einheit, das bezieht sich auch auf die Bäder. Besonders freundliche Atmosphäre, schöner Garten mit Liegewiese, verglaste Terrasse. DZ/FR 78–115 €. ✆ 0473/448469, 📠 442424, www.maratscher.com.

*** **Spisshof**, Leitenweg 10–12, Dorf, Garni am oberen Rand von Dorf ganz nahe dem Algunder Waalweg, schöner Pool mit Liegewiese, Sauna. Apartments und Zimmer mit Balkon/TV. DZ/FR eine Woche ab 728 €, Apt. für 2–4 Pers. 26–73 €. ✆ 0473/448654, 📠 209322, www.spisshof.com.

** **Ganthaler**, Huebenweg 4, Dorf, Garni in den Obstgärten oberhalb von Mühlbach, freundliche helle Räume mit gutem Mobiliar, TV und Balkon, helle verglaste Frühstücksterrasse, draußen Schwimmbad in schönem Garten mit Liegewiese. DZ/FR 56–72 €. ✆/📠 0473/448481, garni@ganthaler.it.

** **Gamper-Oberangerhof**, Oberplars 48, Garni zwischen den Obstplantagen von Oberplars mit schöner Liegewiese und solarbeheiztem Pool, Spielplatz – kinderfreundlich. Balkonzimmer mit TV. DZ/FR 45–62 €. ✆/📠 0473/448436, www.oberangerhof.com.

*** **Obermaratscherhof**, Mitterplars 14, Garni mit Ferienwohnungen, Gäste fühlen sich bald wie in die Besitzerfamilie aufgenommen – einfaches Mobiliar, aber freundliche Details wie eine kleine Hausbibliothek, Extra-Licht für die Sitzecke (so selten ...), ein heller Frühstücksraum mit Dielenboden, auch sonst viel Holz. Draußen Liegewiese, Garten, Freischwimmbad, ringsum Weinreben, Obst. Von der Terrasse und den Balkonen der Zimmer (mit Wohnecke und TV) schaut man auf das Meraner Becken und die Ifingergruppe. DZ/FR 50–70 €. ✆ 0473/448570, 📠 221737, www.obermaratscher.it.

** **Vellauer Hof**, Vellau 32, Frühstückspension in prachtvoller und absolut ruhiger Aussichtslage unterhalb des eigentlichen Dorfs Vellau. Man könnte auf dem Balkon seines Zimmers (mit TV) wohnen, um die Aussicht so recht zu genießen. Toll das Hallenbad mit Blick hinunter ins Tal! DZ/FR 46–52 €. ✆ 0473/448544, 📠 445944, www.vellauerhof.com.

• *Ferienwohnungen* *** **St. Kassian**, St.-Kassian-Weg 17, Dorf, Hotel und Residence in schöner Aussichtslage mit großem Garten und Liegewiese, die Ferienwohnungen in verschiedensten Größen und Zuschnitten (25–80 qm), einige völlig neu errichtet mit getrennter Küche, TV und Internetanschluss, Balkon, separatem WC. Brötchenservice bei Apartments im Preis inbegriffen. Apt. für 2 Pers. ab 48 €. ✆ 0473/448545, 📠 221936, www.kassian.it.

*** **Josefshof**, Steinachstr. 31, Mühlbach, Apartmenthaus im Tiroler Stil mit blumengeschmückten Balkonen, großem geheiztem Pool mit Liegewiese, Sauna und Fitnessraum sowie Hausbar. Die Wohnungen haben komplett eingerichtete Küche, TV-Anschluss, z. T. getrennte Wohn- und Schlafraum, Dielenböden, großer Balkon. Apt. für 2–6 Pers. ca. 44–99 €. ✆ 0473/204111, 📠 448451, www.algund-residence.com.

Essen & Trinken/Abends

Gasthaus-Restaurant Gstör und Pizzeria Gstör, Alte Landstr. 40, das Gstör-Imperium umfasst auch eine Metzgerei, so weiß man, welche Ware in Gasthof und Pizzeria (2 Gebäude) auf den Tisch kommt. Man isst im eigentlichen Restaurant, im Kellerrestaurant (sehr zünftig), im Palmengarten – für Grillabende – oder in der Pizzeria, bitte sehr. Bürgerliche Tiroler Küche mit italienischen Akzenten (hausgemachtes Tiramisu ca. 4 €). Die Pizzeria schaut eher wie eine Tiroler Weinstube aus, die Pizza (ca. 4,50–9 €, die Letztere mit Lachs und Mozzarella) ist schön kross, wie sie's sein soll. Der zugehörige Töller-Keller hat sich zum Restaurant **Mexicanos** gemausert (tägl.17–24 Uhr, Tacos und das Übliche). Abholservice (vom Ferienquartier zum Restaurant und zurück) ✆ 0473/448555. Kein Ruhetag.

Ruster, St.-Kassian-Str. 1, das Restaurant mit Biergarten und Grill in Algund-Dorf baut auf die Atmosphäre des wohlhabenden historischen Anwesens. Speck am Brettl und Lammbraten am Knochen, Selchfleisch und Rehrücken. Am Mittwoch Live-Musik, am Sonntag musikalischer Frühschoppen (live), während der Törggelenzeit „Susser" und später der „Nuie" und „Köschtn", die gerösteten Kastanien. ✆ 0473/220202, www.ruster.it.

Bruthendler, Steinachstr. 9, Restaurant-Pizzeria in Gasthof alten Stils (Pizza 17.30–24 Uhr) mit Tiroler Küche, rustikal bis fein, Wintergarten. ✆ 0473/220933, kein Ruhetag.

Ebeneich, Vellau, Gasthof am Beginn des Ochsentodwegs nach Schloss Thurnstein, gemütliche Räume mit schöner Jägerstube. Merenden, Spezialität Pilze und Wild, auch Mehlspeisen aus eigener Herstellung. ✆ 0473/221474, Mi Ruhetag.

Überbacher, P.-Thalguter-Str. 2, Mühlbach, Café-Konditorei mit großer Auswahl an Kuchen und Torten sowie Kleingebäck. Auch eigenes Eis im nicht zu plüschigen Café und auf der Terrasse.

Köstenwaldele, Oberplars, Restaurant/Ausflugsgasthaus am äußersten Ortsrand von Oberplars, mit Partschins durch Weg P verbunden und beliebter Rastplatz für Wanderer u. Spaziergänger. ✆ 0473/448374, Do Ruhetag.

Leiter am Waal, Am Waalweg 26, Mitterplars, Gasthaus am Waal, Tiroler Kost mit ein paar italienischen Schlenkern, Eigenbauweine. Mo abends und Di geschlossen; ganzjährig geöffnet.

Braugarten, Vinschgauer Str. 9, Forst, Forster Brauereigarten nach bayerischem Vorbild samt Weißwust mit Brezn. Die Brauerei Forst kann besichtigt werden, zahlreiche Termine von April bis Okt., Anmeldung im Tourismusbüro.

Schnalshuberhof, Oberplars 2, gemütliche Buschenschank, interessante Weine (u. a. der lokaltypische Fraueler), aus der Küche die Spezialität Schlutzer u. a. Do–So ab 17 Uhr, ganzjährig! ✆ 0473/447324.

• *Abends* **Taverne Römerkeller**, Algund, ✆ 0473/448385.

Sehenswertes/Ausflüge

▸ **Algunds Dörfer**: Die Gemeinde Algund besteht aus mehreren allmählich zusammenwachsenden Dörfern mit dem alten *Dorf Algund* etwas oberhalb des heutigen Hauptorts *Mühlbach*. Die **alte Pfarrkirche** im Dorf zeigt ihre Bauperioden im Äußeren wie im Inneren: Romanik, Gotik, Barock. Die **neue Pfarrkirche** in Mühlbach, 1966 bis 1971 errichtet, ist ein gutes Beispiel moderner Kirchenarchitektur, ihr hyperspitzer Turm überragt jedes andere Gebäude der Gemeinde. Mühlbach, heute meist Algund genannt, ist entlang seiner Hauptstraße (Alte Landstraße) recht dicht verbaut, nur wenig erinnert an ein altes Dorf. Am westlichen Dorfrand steht an der Steinachstraße das **Kloster Maria Steinach** mit frühgotischer Marienkirche und ruhigem Kreuzgang. Das Kloster wird heute von Dominikanerinnen geführt. *Plars,* das wiederum aus *Mitterplars* und *Oberplars* besteht, ist noch dörflicher, Obst und Wein sind noch der Maßstab zwischen den einzeln liegenden Pensionen. *Vellau,* auf der Straße oder mit dem Sessellift von Plars aus zu erreichen, liegt noch einmal eine Etage höher und bietet einen großartigen Ausblick.

Öffnungszeiten **Alte Pfarrkirche** tägl. 7–19 Uhr. Neue Pfarrkirche tägl. 7–19.30 Uhr, Führungen Mi 17 Uhr (im Sommer), Eintritt frei. **Kloster Maria Steinach** tägl. 7–19 Uhr.

▸ **Der Algunder Waalweg**: Alle Ortsteile Algunds sind durch Wanderwege miteinander verbunden, wie man auch zum nahen Gratsch (Ortsteil von Meran) auf einem Wanderweg gelangen kann: er beginnt an der Rosengartenstraße bei den ersten Häusern von Mühlbach. Bei der schönen alten Kirche von Gratsch endet er an der Straße. Und ein paar Meter höher beginnt einer der berühmtesten Wege Südtirols, der Algunder Waalweg.

▸ **Vellau**: Auf über 900 m liegt der Kirchweiler, den man mit dem Sessellift von Plars aus leicht erreicht. Ein Korblift führt weiter auf die ganz auf Liftgäste ausgerichtete Leiteralm (1555 m), von der aus nach Westen ein schöne Familienwanderung zur Hochganghütte möglich ist, während der nach Osten führende Hans-Frieden-Felsenweg

Der Naturpark Texelgruppe

Die mit den Ötztaler Alpen nur durch einen schmalen Gebirgsstreifen am Eisjöchl verbundene Texelgruppe dominiert Meran, das Etschtal oberhalb von Bozen und den unteren Vinschgau. 3317 m hoch ist die *Texelspitze,* sie und die anderen hohen Gipfel der Gruppe leuchten fast ganzjährig weiß über den grünen Wäldern und Talböden. 33.430 ha stehen als Naturpark Texelgruppe unter Schutz (kleine Teile der Ötztaler und Stubaier Alpen sind eingeschlossen), kein anderer Naturpark Südtirols ist größer. Vom Tal aus, etwa von Meran, wirken seine Flanken besonders abweisend, da sie fast ungebrochen aus dem Talbereich in große Höhen aufragen. Etwa 3 % des Parks gelten als vergletschert, tatsächlich dürfte sich die Gletscherfläche besonders nach dem trockenen, heißen und sehr langen Sommer 2003 deutlich verringert haben. Die Sommer 2004 und 2005 waren nicht besser, in der Landwirtschaft gab es trotz wilder Unwetter Trockenschäden – die Durchschnittstemperaturen im Südalpenraum steigen! Größter Gletscher ist der *Similaungletscher* an der Grenze zu Nordtirol mit ca. 189 ha. Die Niederschläge sind abseits des Alpenhauptkammes gering: 500–600 mm im Vinschgau und Schnalstal, 100–1200 mm im Passeier, 1600–1700 mm in der Gipfelregion und vor allem in der Nähe des Alpenhauptkamms. Von der Weinregion der tieferen Täler mit ihrer z. B. in Meran (künstlich) pseudomediterranen Vegetation bis zu den Gletschern sind alle Vegetationsstufen vertreten, was den Naturpark zu einem einzigartigen lebenden Museum alpiner Lebensräume macht.

Die *Spronser Seenplatte* oberhalb von Dorf Tirol, durch die Seilbahn zu den Muthöfen leicht zu erreichen, ist der am häufigsten besuchte Teil des Parks. Populär, aber noch nicht überlaufen ist der berühmte *„Meraner Höhenweg"*, der in etwa 5–6 Tagen rund um die Texelgruppe führt (Berghütten und markierte Wege in einem Gelände, das für jeden rüstigen Bergsteiger zu bewältigen ist).

Vom Standpunkt der Natur ist vielleicht das *Pfossental,* ein Nebental des Schnalstals, das interessanteste Gebiet, dort befindet sich nämlich neben anderen Wildtieren von der Gams bis zum Steinadler die etwa 1970 durch Einwanderung entstandene und anschließend durch Aussetzen mehrerer Tiere lebensfähig gebliebene *Steinbockkolonie* der Texelgruppe.

Information Bei den Tourismusvereinen und beim Amt für Naturparke, I-39100 Bozen, Cesare-Battisti-Str. 21, ✆ 0471/414300, ℻ 414309, www.provinz.bz.it/naturparke, sowie im Naturparkhaus Texelgruppe in Naturns → S. 360.

zu den *Muthöfen* obwohl breit und harmlos wegen seiner Ausgesetztheit nur von Schwindelfreien begangen werden sollte (Kinder ans kurze Seil). Beide Wege sind übrigens Teil des Meraner Höhenwegs!

• *Bergbahnen* **Sessellift Plars – Vellau**, Ende März bis Anfang Nov. 9–12.30/13.30–18.30 Uhr, ab Juli bereits 8.30 Uhr; Berg/Tal ca. 5 €, einfach 3,75 €; ✆ 0473/448660.

Korblift Vellau – Leiteralm, Ende März bis Anfang Nov. 8.30–12/13–17.30 Uhr (Juli bis Sept. 8–18.30 Uhr); Berg/Tal 6,25 €, einfach 5 €; ✆ 0473/448532.

• *Essen & Trinken* **Gasthof Gassteiger**, Vellau 13, gutbürgerliche Küche, Kaffee und Kuchen.

▸ **Aschbach**: Zum Dorf mit seiner Seilbahn: → Partschins, S. 354!

Dorf Tirol

Auf dem sanft geneigten, nach Süden und Osten blickenden Hang unter der Texelgruppe liegt das Dorf Tirol breit hingelagert zwischen Obstgärten, in die sich immer mehr Neubauten schleichen. Am Rand des steilen Abfalls hinunter zur Etsch, von wo aus man Meran sieht und das ganze spektakuläre Panorama der Mündungszone von Etsch und Passer, drängen sich die Hotels und Restaurants.

Dorf Tirol hat einen großen Namen, heute ist es allerdings nicht viel mehr als einer der Orte rund um das nahe Meran, auf die der Fremdenüberschuss dieses Kur- und Ferienortes erster Klasse überschwappt. Allerdings, das muss man klar sagen, neben Schenna der angenehmste. Aber das mag ein Vorurteil des Buchautors sein.

Dorf Tirols größte Sehenswürdigkeit ist natürlich das Schloss, das sich auf einem Felskuppe unterhalb des Ortes befindet und auf Meran, das Burggrafenamt und den unteren Vinschgau hinunterschaut: **Schloss Tirol**. Dorf und Schloss bedingen einander, ob das eine vom anderen den Namen genommen hat oder umgekehrt, ist nicht einmal klar. Das kürzlich komplett restaurierte und als Denkmal seiner selbst ausgestattete Stammschloss der Grafen von Tirol, die wiederum dem ganzen Land den Namen gaben, als sie es unter Meinhard III. zu einer einzigen Herrschaft vereinigten, lohnt den Besuch auch von weither – eine Tagesreise ist er auf jeden Fall wert. Die restlichen Tage in Dorf Tirol hat man alle Hände voll zu tun mit weiteren Besichtigungen im nahen Meran und anderswo im Burggrafenamt und im nahen Vinschgau. Von den unerschöpflichen Wanderwegen in die Texelgruppe, die mit der Mutspitze gleich hinter dem Ort aufsteigt, in die Sarntaler Alpen und die Ortlergruppe ganz zu schweigen,

Information/Verbindungen/Diverses/Einkaufen

- *Information* **Tourismusverein Dorf Tirol**, I-39019 Dorf Tirol/Tirolo, Hauptstr. 31, ✆ 0473/923314, 📠 923012, www.dorf-tirol.it. Unterkunftsverzeichnis, wenig freies Infomaterial, Informationen und Termine in der Broschüre „Dorf Tirol von A bis Z". Den **Touristpass Dorf Tirol** mit diversen Vergünstigungen in Dorf Tirol und Meran gibt es beim Vermieter. Die **MeranCard** (→ „Meran/Information") gilt auch in Dorf Tirol.

- *Verbindungen* **Bus**: Transfer von Deutschland und der Schweiz → „Meran/Verbindungen". Gute Verbindungen mit Meran (etwa alle 20–30 Min., aber nur bis ca. 20 Uhr!), auch ein Sessellift (s. u.) führt von Meran führt in den unteren Ortsteil von Dorf Tirol.

Gästebus vom Gasthaus Tiroler Kreuz über Seilbahn Mut, Tourismusverein bis Segenbühel/Tirolersteig, eine Minute von der Sesselbahn Meran-Dorf Tirol entfernt. Zahlreiche Fahrten tägl. zwischen 8.40 und 18.40 Uhr, Fahrplan beim Tourismusverein. Fahrt nur mit Fahrschein, den man zusammen mit der Gästekarte beim Vermieter erhält! Der Fahrschein gilt auch für den Gästebus von Schenna.

Sessellift Meran - Dorf Tirol, Ende März bis Allerheiligen tägl. 9–18 Uhr, Berg 2,20 €, Berg/Tal 3,30 €. ✆ 0473/923105.

Taxi ✆ 0473/923319, 923504, 923691 u. a.

- *Diverses* **Gemeindearzt** im Ambulatorium, Lingweg 14 (Altersheim), Mo–Fr 8.30–11 Uhr, ✆ 0473/923626.

- *Einkaufen* **Markt** am Dienstag bei der Endhaltestelle des Stadtbusses.

Honig und Äpfel und anderes **Obst aus biologischem Anbau** im Bachgüterhof, Ecke Hauptstraße/Haslachstraße.

Schnitzereien, **Kunsthandwerk** (und Kitsch) am Beginn der Schlossgasse, die eher phantasievolle Reiterstatue Meinhards III. von Tirol macht darauf aufmerksam (Infos www.holzkunstwerke.it). **Glasmalereien** im Glasgeschäft, Lingweg 8.

Sportkleidung in der Sportboutique Tirol Sport, Hauptstr. 8. **Sport- und Trachtenmode** bei Ladurner, Hauptstr. 49.

Blick von den Muthöfen auf Dorf Tirol, am oberen Bildrand Meran

Sport & Freizeit/Veranstaltungen

- *Baden/Schwimmen* **Freibad Dorf Tirol** „Wasser Park", Gnaidweg, ✆ 0473/925137.
- *Paragliding* **Tirolfly** veranstaltete Tandemflüge z. B. von Hochmut und Hirzer, ✆ 0473/923609, tirolfly@yahoo.it, Kontakt auch über den Tourismusverein.
- *Rad/Mountainbike* Nächster Verleih in Meran.
- *Wandern/Bergsteigen/Klettern* Ein umfassendes Programm in Nähe und Ferne (Dolomiten, Bernina) bietet **Berg- und Skiführer** Konrad Prantl, Mühlangerweg 13, ✆/℻ 0473/923697, www.bergabenteuer.com.
- *Veranstaltungen* Wöchentliche Veranstaltungen des Tourismusvereins sind geführte Wanderungen, kunsthistorische Führungen, Apfel- oder Weinberglehrgang, am Sa Wiesenfeste, am So Blasmusikkonzerte.

Ende Juni bis Ende Juli musikalische Soireen auf Schloss Tirol mit **mittelalterlicher Musik**, jeweils Do.

Ende Juli **Sommernachtsparty**, Mitte Sept. **Herbstfest** mit Umzug.

Übernachten

Die Hotels und Pensionen in Dorf Tirol sind fast ohne Ausnahmen nur von April bzw. Palmsamstag bis nach Allerheiligen geöffnet!

***** **Castel**, zwar kein Kastell, sondern – wie so häufig – ein als Tirolerhaus verkleidetes Gebäude, dessen Hallenbad- und Wellnessbereich (komplett ausgestattet inkl. diverser Saunen), Restaurants und Terrassen sich fächerförmig in Richtung Garten erstrecken – mit tollem Panorama. In einer tieferen Etage der Garten samt Küchengarten und das großzügige Freischwimmbad. Zimmer ohne Makel. Feine Küche: Chaine des Rotisseurs, 3 Hauben im „Gault Millau", dafür zeichnet Küchenchef Gerhard Wieser verantwortlich. DZ/HP 260–600 € (auch Suiten). ✆ 0473/923693, ℻ 923113, www.hotel-castel.com.

**** **Patrizia**, Haslachstr. 62, ringsum Obstgärten am Hang, das breite Gebäude des frisch duftenden Hotels mit großem beheiztem Pool, Hallenbad, Garten und Liegewiese vor der Tür. Da macht's Spaß, vom Balkon des Zimmers hinunterzuschauen. Zimmer (ab 20 qm) und Suiten (bis 48 qm) mit Balkon, Minibar, die größeren (und teureren) mit Kachelofen, teilweise Stilmöbel. Fast ein Muss: die Tirolerstube neben dem Restaurant mit großer Terrasse, auf der bei warmem Wetter auch das Frühstücksbüffet aufgebaut wird. DZ/HP 142–240 €. ✆ 0473/923485, 📠 923144, www.hotel-patrizia.it.

**** **Rimmele**, Schlossweg 6, „Panorama-Vital-Hotel Rimmele" ist der volle Name des Hauses an der Stelle mit dem vielleicht eindrucksvollsten Panorama Dorf Tirols. Bis auf den großen Pool im Garten und die Liegewiese besteht der Blick von den Balkonen aus dem überwältigenden Bild des Burggrafenamts um Meran. Hallenbad, Wellnessbereich, „Beauty-Oase" und Zimmer – Größe ab 37 qm! – sowie Apartments hoher Qualität, wenn auch nicht durchgehend sicheren Geschmacks. Tennis, Gratis-Radverleih, „Mega-Erlebnisprogramm" vom Kerzenlichtdinner bis zum Almabend und andere angenehme Zutaten für das Gelingen des Urlaubs, wie z. B. ein besonders gutes Frühstücksbüffet. DZ mit „Gourmet-¾-Pension" 147–223 €, diverse Wochenpauschalen. ✆ 0473/923125, 📠 923702, www.rimmele.it.
Das Hotel **** **Ruipacherhof**, Seminarstr. 11, wird von derselben Familie geleitet und hat ähnliche Schwerpunkte („Wellness-Parc-Hotel"). DZ/HP 154–212 €, Wochenpauschale z. B. im April ab 1162 €. ✆ 0473/923309, 📠 923661, www.ruipacherhof.com.

*** **Marini**, Falknerpromenade, von der Lage an der aussichtsreichen Hangkante von Dorf Tirol und von der Buntheit und Üppigkeit des Gartens kaum zu übertreffen. Modernes Hotel, mehrere Zimmertypen (DZ/Suiten 32–45 qm, EZ 24 qm!) in sehr guter Ausstattung (alle Fön und Safe, Balkon, solides Mobiliar mit diskreter Farbabstimmung – gerne mit Blumenmuster auf Tapeten oder Bezügen). Hallenbad, Whirlpool, Freibad, Liegewiese, Saunen, sehr gutes Frühstücksbüffet. DZ/HP 128–204 € (auch Suiten). ✆ 0473/923666, 📠 923177, www.hotelmarini.it.

*** **Ortler**, Lingweg 18, der großzügige Eingangsbereich führt hinunter in ein solides Hotel, das von der Besitzerfamilie umsichtig und aufmerksam geführt wird. Blick auf Dorf Tirol und die Berge des Burggrafenamts im Hintergrund und auf den schönen Swimmingpool, von den Westzimmern auf Vinschgau, Mutspitze und den Sonnenuntergang. Hallenbad, Sauna, Solarium, die Zimmer (in 4 Kategorien) hell, geräumig, die größeren z. T. mit schönen Stilmöbeln, alle in ästhetischen Farben. DZ/HP (Mo nur Frühstück) 98–158 €. ✆ 0473/923431, 📠 923591, www.hotel-ortler.it.

*** **Stephanshof**, Haslachstr. 61 a, schönes Hotel im oberen Ortsteil mit All-inclusive-Option. Hallenbad, Whirlpool, Saunen, Solarium und Fitnesscenter. Umweltfreundlicher Betrieb – nicht nur auf dem Papier: Es werden keine Weichspüler verwendet, Fettabscheider ist eingebaut, volle Mülltrennung, Energiesparlampen (wo sinnvoll), möglichst vollwertige Lebensmittel. DZ/HP 100–140 €. ✆ 0473/923955, 📠 923098, www.hotel-stephanshof.com.

*** **Paradies**, Hauptstr. 27 a, prachtvoll gelegenes Hotel, die Falknerpromenade vor der Tür, im Garten mediterrane Pflanzen, die nicht nur blühen, sondern auch essbare Früchte tragen (Erdbeerbaum!). Man blickt auf das Burggrafenamt, auf den Vinschgau, es ist komplett ruhig (kein Parkplatz vorne oder seitlich ...), das Terrassencafé (→ „Essen & Trinken") lädt ein, und die freundlichen Balkonzimmer mit ihren hübschen Möbeln – die größeren mit Sitzecke – ebenso. DZ/HP 90–150 €. ✆ 0473/923654, 📠 923713, www.paradies-tirol.it.

*** **Turmwies**, Lingweg 13, kleineres Hotel mit Freibad und Whirlpool, hübsche Stube, Balkone zum Tal mit Aussicht auf die Ifingergruppe. Zimmer mit rustikalen Vollholzmöbeln, Balkon, Internetanschluss. DZ/HP 96–126 €. ✆ 0473/923470, 📠 923180, www.turmwies.com.

*** **Panorama**, Segenbühelweg 22, neues Hotel an der Bergstation des Sessellifts von Meran (Hausgäste fahren kostenlos). Wirklich außergewöhnliche Panoramalage, die von den großzügig geschnittenen Zimmern mit Balkon oder großer Terrasse am besten bewundert werden kann. Kleiner Pool und hübsche, wenn auch kleine Liegewiese. Im Haus gutes Restaurant (→ „Essen & Trinken"). DZ/FR 76–112 €. ✆ 0473/923105, 📠 923738, www.hotelpanorama-dorftirol.com.

*** **Haselried**, Seminarstr. 28, die Dachform erinnert noch an die Vergangenheit als Gasthof, allen anderen Kriterien nach ist der Haselried ein Hotel. Er liegt etwas abseits vom Dorf in den Obstgärten, die Zimmer sind mit TV und teilweise mit Balkon, solide und nicht zu klein. Hallenbad und Liegewiese gibt es auch, Frühstück leider nur 8–9.30 Uhr. Nach erfolgter Renovierung ist alles wie aus dem Ei gepellt. DZ/FR 59–102 €. ✆/📠 0473/923374, www.haselried.com.

*** **Zum Tiroler Adler**, Hauptstr. 29, Gasthof (1977 errichtet) mit Zimmern mit Balkon, recht gemütlich und mit TV, gutes Restaurant (→ „Essen & Trinken"). DZ/FR ca. 70–100 €. ✆ 0473/923491, 📠 923220, www.zumtiroleradler.it.

** **Sonne**, Schlossweg 4, der Hotel-Gasthof mit Restaurant hat komfortable Zimmer mit gutem, modernem Mobiliar, TV, Südbalkon und Sitzecke. DZ/FR 70–110 €, ☎ 0473/923329, ✆ 923591, www.sonne.it. Hotelgäste können im *** **Hotel Ortler** (Lingweg 18) Hallenbad, Sauna, Freibad und Liegewiese benützen; www.hotel-ortler.it.

** **Stefanie**, Lingweg 30, nahe zum Zentrum und doch schon am ruhigen Ortsende, das macht eine ideale Lage für diese sympathische Familienpension mit Café-Restaurant (→ „Essen & Trinken"). Die Zimmer haben TV und Balkon, z. T. Südostaussicht zum Ifingermassiv und auf Meran, die Zimmer nach hinten blicken auf die Texelgruppe und die Muthöfe. Schöner Garten. DZ/FR 59–80 €. ☎ 0473/923391, ✆ 925570, www.pensionstefanie.com.

** **Kuckuck**, Lingweg 15 a, Familienpension mit Schwimmbad und Liegewiese, Sauna, Whirlpool, Solarium und Terrassencafé, TV im Aufenthaltsraum. DZ/FR 64–106 €. ☎ 0473/923449, ✆ 923370, www.kuckuck.it.

Am blind über den Hängen oberhalb der Brunnenburg endenden, ruhigen **Mühlangerweg** (vor Mutseilbahn links) liegen 4 einfache und preiswerte Garnis bzw. Pensionen: ** **Bauer**, Nr. 7, ☎ 0473/923030; ** **Pöhl**, Nr. 5, ☎ 0473/923686; ** **Haus Mühlanger**, Nr. 24, ☎ 0473/923592; ** **Stübele**, Nr. 23, ☎ 0473/9223687; die Preise für DZ/FR liegen um die 44–60 € (außer Bauer alle mit TV).

• *Privatzimmer* *** **Ortswies**, Haslachstr. 37, noch ein Haus und man ist mitten in den Apfelgärten, wenn man im Gästehaus Ortswies wohnt. Schöner Garten, der in Obstgarten übergeht, nette Stube und immer wieder Hausmusik, Familie Schnitzer veranstaltet auch Grillabende und Hauswanderungen für ihre Gäste. Kein Gegenüber bei den Südbalkonen! DZ/FR 42–48 €. ☎/✆ 0473/923535, www.dorftirol.com/ortswies37.

*** **Außermelaunhof**, Jaufenstr. 24, näher zu Meran als zu Dorf Tirol liegt dieser schöne Hof mit altem Trakt, in dem eine Bauernstube sehens- und erlebenswert ist. Unter dem Haus über den Weingärten kleines Freibad, der Garten eine Idylle, die Blicke von den Balkonen gehen auf Schenna und die Sarntaler Alpen. Gute Ferienwohnungen, Kinderspielplatz, Haflinger am Hof, Radverleih. Apt. f. 2 Pers. 44–50 €. ☎ 0473/211082.

** **Walguot**, Lingweg 10, Privatzimmer mit Du/WC in altem Hof der Familie Fasolt mit Wein, der sich um die Veranda und die Zimmer im 1. Stock schlingt, zur Straße großes Kruzifix, typisch für die alten Bauernhöfe das abgeschrägte untere Geschoss aus Stein und das Obergeschoss aus Holz. Erweitertes Frühstück. DZ/FR 34–38 €. ☎ 0473/923537, margarethe.fasolt@rolmail.net.

Essen & Trinken

Mair am Ort, Schlossweg 10, ein Restaurant mit gedeckter Terrasse über der Falknerpromenade. Wer nach Schloss Tirol will, kommt hier vorbei, egal ob über die Promenade oder von der Kirche – entsprechend gut besucht. Traditionelle Tiroler Küche, Speckteller, Nocken, Schlutzer, Spatzlen. Ab ca. 20 €. ☎ 0473/923315, Do Ruhetag.

Tirolerhof, Hauptstr. 16, Hotelrestaurant und Terrassencafé mit herrlichem Ausblick, Südtiroler und italienische Küche, auch nachmittags warme Speisen. Feines Tiroler Tris, Wildravioli, Kürbistortellini, Rindscarpaccio, Fleischgerichte von Wiener Schnitzel bis Filetsteak vom Grill. Ab ca. 20 €. ☎ 0473/923326, Di Ruhetag.

Tiroler Adler, Hauptstr. 29, Hotelrestaurant an der Dorfhauptstraße mit bürgerlicher Küche. Ehrwürdige Tellerschlager wie Leberkäs und Cordon bleu, „Schnitzel-Karussell (10 Schnitzel-Zubereitungen ab ca. 10 €) und die Tiroler-Adler-Platte für 2 (32,50 €), auch das eine oder andere nicht so übliche Schmankerl wie Pilzstrudel mit Tomatensoße. Bei den Desserts keine Höhenflüge. Ab ca. 20 €. ☎ 0473/923491, Mi Ruhetag.

Panorama, Segenbühelweg 22, Terrassenrestaurant des gleichnamigen Hotels an der Bergstation des Lifts von Meran nach Dorf Tirol. Tirolerisches wie Speckknödelsuppe, aber auch feine Fischzubereitungen (Lachs-Steinbutt-Carpaccio, hausgemachte Lachsravioli), im Herbst Wild (Bandnudeln mit Rehgulasch, Rehpfeffer mit Knödel). Vorspeisen ab ca. 8 €, Hauptgang ab ca. 11 €. ☎ 0473/923195; Mi Ruhetag, letzte Talfahrt für Gäste 20.30 Uhr.

Furggerhof, Schlossweg 5, in dieser Lage gibt es viel Laufkundschaft, die der gemütliche Furggerhof mit seiner schönen getäfelten Stube und der kompetenten, flotten Bedienung nicht nötig hätte (aber sie schadet ja nicht, denn wer einmal hier gegessen hat, kommt sicher wieder). Knödel und Nudelgerichte zum Start, gekochtes Rindfleisch mit Beilagen, Schweinshaxe oder

Rippchen mit Semmelknödel, Schlachtteller, anschließend Mohr im Hemd, Nuss-Schoko-Palatschinken oder, ebenfalls hausgemacht, Tiramisu. Alles schmackhaft und so wie es sein soll, der Mohr im Hemd köstlich. Guter weißer Tischwein. Für komplettes Menü ca. 20–25 €. ✆ 0473/923401, Di Ruhetag.

Tiroler Kreuz, Haslachstraße 117, Gasthof mit phantastischer Aussicht und entsprechendem Andrang. Traditionsgerichte wie Brettlmerende, Kasnocken mit Salat, frische Forellen, Salatplatten etc. 1 Gang ab ca. 9 €. ✆ 0473/923304, Fr Ruhetag.

Schloss Thurnstein, St. Peter 8, Restaurant in einer am Hang liegenden Burg, Tische drinnen und draußen, Tiroler Gerichte, eigene Kuchen, Familienbetrieb, auch verschwitzte und verdreckte Mountainbiker werden (wie es dem Autor geschah) ausgesprochen freundlich und höflich bedient. Es gibt auch Zimmer (DZ/FR 63–96 €). ✆ 0473/220255, Do Ruhetag. Zufahrt über St. Peter oder von Gratsch (Meran).

Paradies, Hauptstr. 27 a (das Hotel liegt etwas unterhalb, das Café ist auf der Talseite). Tagescafé des gleichnamigen Hotels, man genießt ein traumhaftes Panorama und die Imbisse oder Kuchen des Hauses (Toast, Mozzarella mit Tomaten, Kaiserschmarrn). Geöffnet 11–18 Uhr, ✆ 0473/923654.

Stefanie, Lingweg 30, Café-Restaurant im Erdgeschoss der Pension, z. T. mit Polstermöbeln, in der Mitte offene Feuerstelle mit dekorativem Rauchabzug, für kühle Tage ein altmodischer Bullerofen, der so richtig schöne wohlige Wärme produziert – ein so freundlicher wie gemütlicher Raum. Kleine Karte (Kasnocken, Salatplatte, Knödelsuppe, Spiegeleier mit Speck ...), hausgemachter Strudel (aus Mürbteig) und andere Hausmehlspeisen. Bei schönem Wetter sitzt man draußen vor dem Haus, die Tische stehen in der Wiese. ✆ 0473/923391, Di Ruhetag.

Sandgruberhof, Schlossweg 20, Jausenstation, Café, Törggelenkeller – wie Sie's wünschen. Jeder Besucher von Schloss Tirol passiert die Gaststätte mit ihrem üppigen Blumenschmuck und den Weinpergeln vor dem Haus. Merenden und warme Imbisse, eigene Kuchen und Strudel, in der Saison Törggelen im alten Kellergewölbe. ✆ 0473/923513, Mo Ruhetag.

Molkerei-Milchbar mit Terrassencafé oberhalb der Hauptstraße gleich neben Bushaltestelle: Milchmixspezialitäten (3–3,50 €), Buttermilchmixgetränke (leckere Sanddornbuttermilch), Milchreis, Fruchtjogurtmix (ca. 3 €), Eisbecher, immer voll. So Ruhetag (außer Sept./Okt.).

Tirol, Eiscafé-Konditorei oberhalb des Schlosswegs, große gedeckte Terrasse, 10–23 Uhr; Do Ruhetag.

Proseccobar Kuckuck, Hauptstr. 30 d in der Köhlpassage, kompromisslos italienisch eingerichtete Bar mit viel Glas, Metall und Fliesen, es gibt Prosecco und andere mehr oder weniger schicke Drinks.

Schloss Tirol

Nach 5-jähriger Umbauzeit wurde die Dynastenburg der Grafen von Tirol, eine der wichtigsten historischen Stätten des Landes zwischen Kufstein und Salurn, im Jahre 2003 als „Südtiroler Landesmuseum für Kultur- und Landesgeschichte" (ganz) Tirols wieder eröffnet.

Die enormen Kosten der Erneuerung und Restrukturierung des Baus sowie die Einrichtung des Museums haben sich gelohnt – das nunmehr für Besucher fast in allen Räumen zugängliche Schloss bildet zusammen mit dem integrierten Museum eine große Erlebniseinheit.

Die Grafen von Vinschgau besaßen ab ca. 1100 eine Burg über dem Becken von Meran mit einem nahen Dorf, beide namens Tirol. Die Grafen nannten sich bald – ab 1141 bezeugt – ebenfalls nach Tirol und ließen bis etwa 1160 eine neue, größere und aufwendigere Burg errichten, die man noch immer am Bergfried und an der Burgkapelle erkennen kann. Mit dem Aufstieg der Grafen stieg die Burg auf und wurde erweitert. Aber bereits 1360 verlegte man die Residenz nach Meran, und Tirol kam aufs Abstellgleis, verstärkt nach der Verlegung der Hauptstadt des Landes Tirol nach Innsbruck in der Mitte des 15. Jh. Ein Burgwart hatte sich nun um den Bau zu kümmern, aber die Gelder flossen zäh und schwach, und Burg Tirol

Schloss Tirol, Stammsitz der Grafen von Tirol

begann zu verfallen. Im 17. Jh. riss man die Nordseite mit den Fürstenzimmern ab, da man fürchtete, die schwere Last könnte diese Flanke des Moränenhügels, auf dem die Burg steht, zum Einsturz bringen. Auch der Bergfried wurde damals teilweise abgetragen und das Material anderswo wiederverwendet. Tirol war bis 2003 eine Halbruine mit wenigen erhaltenen Räumen. Die Sanierung und der Wiederaufbau betrafen vor allem den kräftigen Bergfried, der 1903 wieder aufgebaut worden war, aber keine Funktion hatte. Heute ist er über eine rote Außentreppe zu betreten und enthält den Museumsbereich zur Zeitgeschichte Tirols (1900 bis 1992), die sehr gut aufbereitet ist, u. a. auch mit Filmen.

Besichtigung: Der Besuch der Burg (immer wieder Schloss genannt) beginnt in der *Vorburg,* die man durch das Burgtor betritt, und führt zuerst in den *„Tempel"* mit Darstellung der Baugeschichte und der Krypta. Dort wird an Hand von Fundstücken aus 6 Jahrhunderten die Frage gestellt „Was bleibt von der Geschichte?" – man ist im Anblick dieses scheinbar zusammenhanglosen Haufens geneigt, mit „nicht viel" zu antworten. Nebenan ist der *Palas,* der Wohntrakt der Grafenfamilie, mit Rittersaal, angrenzender doppelgeschossiger Burgkapelle und Kaisersaal (in dieser Reihenfolge). Den *Rittersaal* betritt man durch eine ganz südlich lichte, offene Loggia mit Freitreppe und wunderschönen romanischen Säulenkapitellen. 4 Hörstationen illustrieren Episoden aus der mittelalterlichen Geschichte der Burg, u. a. die Hochzeit der Margarethe Maultasch mit Ludwig von Brandenburg, dem Sohn Kaiser Ludwigs des Bayern, und die Belagerung der Burg durch die Truppen König Karls IV. unter der gleichen Herrscherin. Die *Burgkapelle* ist einer der ältesten Teile des Baus und von romanischen Bauideen geprägt, was sich schon am Portal zeigt: Das typische Trichterportal ist mit Flechtmotiven dekoriert, die Kreuzigungsszene im Tympanon ist ein so naives wie faszinierendes Werk der lokalen Steinmetzkunst. Im *Kaisersaal* zeigen Vitrinen Objekte, die einzelne mittelalterliche Gesellschaftsschichten beleuchten sollen, Bauern, Bürger, Adel und geistlichen Stand. (Bei der enormen Breite dieses Themas ist dieser Teil wohl als der schwächste einzustufen.) Im schmucklos-funktionalen *Ostpalas* (auf der anderen Seite der Burgkapelle) wird die Rechtsgeschichte Tirols beleuchtet, während das so genannte *Mushaus* unter dem Bergfried mit Stubenkammer und Hochzeitszimmer zwei im 19. Jh. historisierend eingerichtete Räume beherbergt, in denen eben dieses Jahrhundert mit seinem erwachenden Nationalismus und der Entwicklung Merans zum Kurort dargestellt wird. Kurios sind die *Besucherbücher* von Schloss Tirol, die von 1832 bis 1974 erhalten und ausgestellt sind, die ca. 250.000 Eintragungen sind elektronisch erfasst und können von den Besuchern eingesehen werden – hat nicht Urgroßopas und -omas Hochzeitsreise nach Meran geführt, könnte doch sein, dass sie auch Schloss Tirol besucht haben? Den architektonisch interessant eingerichteten *Bergfried* mit seinem Rundgang zur Zeitgeschichte betritt man vom überdachten *Küchenhof*, in dem der Alltag auf Schloss Tirol im Mittelalter vorgestellt wird. Sehr instruktiv vor allem die vier Gemälde des Künstlers Jörg Müller zu diesem Thema!

• *Öffnungszeiten* März bis Nov. tägl. (außer Mo) 10–17 Uhr (Ostermontag allerdings geöffnet), im Winter geschlossen. Eintritt 6 €, Sen. 4,20 €, Stud. 3 €. Führungen nach Vormerkung an Werktagen 10.15 Uhr und 14.15 Uhr, am Wochenende auch 11.15 Uhr und 15.15 Uhr; www.schlosstirol.it.

• *Fußweg* Schloss Tirol (Schlossweg 25) erreicht man zu Fuß von Dorf Tirol durch die Schlossgasse ab Ortsmitte, eine öffentliche Zufahrt gibt es nicht, da die Straße St. Peter – Dorf Tirol, die am Schloss vorbeiführt, auch von Meran herauf im oberen Teil gesperrt ist.

• *Essen & Trinken* **Gasthaus Schloss Tirol** mit Terrasse, gutbürgerlich, im Herbst Törggelen, ✆ 0473/443125, Mo Ruhetag.

Weitere Sehenswürdigkeiten/Ausflüge

Pflegezentrum für Vogelfauna: Das Pflegezentrum (Schlossweg 25) hat eigentlich die einzige Aufgabe, verletzte und erkrankte Greifvögel gesund zu pflegen und dann wieder in die freie Wildbahn zu entlassen. Aber warum nicht damit finanzieren, dass man der interessierten Öffentlichkeit zeigt, was so ein Greifvogel alles kann? Sie können an Flugvorführungen teilnehmen, und ein Lehrpfad informiert über den Lebensraum alpiner Greifvögel vom Uhu bis zum Adler. Nicht versäumen!

Öffnungszeiten April bis Mitte Nov. tägl. (außer Mo) 10–17 Uhr, Flugvorführungen 11.15 Uhr und 15.15 Uhr; Mitte Nov. bis März So/Fei 13.30–16.30 Uhr, Flugvorführung 15 Uhr; Eintritt 6,50 €, Kinder 3,50 €. ✆ 0473/221500, www.plion.it/falcon.

Auf der Falknerpromenade: Die erst 1972/1973 entstandene aussichtsreiche Promenade wurde nach dem edlen Spender Hans Norman Falkner benannt, einem eingebürgerten Nordtiroler, der zur Gänze für die Kosten aufkam. Sie beginnt im unteren Ortsbereich an der Straße in Richtung Meran, ein Bogen mit dem Namenszug macht es unmöglich, den Beginn zu übersehen. Die Aussicht ist unvergleichlich schön, denn kein Gebäude liegt auf der Talseite der direkt an der obersten Hangkante oberhalb Merans verlaufenden Promenade. Sie mündet in die Schlossgasse, der man auf ebenfalls Pkw-freiem Sträßchen bis Schloss Tirol folgen kann.

Landwirtschaftsmuseum in der Brunnenburg: Die Brunnenburg wurde um 1250 für Wilhelm Tarant, einen Ministerialen der Grafen von Tirol, errichtet. Der relativ kleine Bau mit zentralem Bergfried ging durch die verschiedensten Hände, bis er etwa ab 1500 verfiel. 1705 richtete sich ein Bauer drinnen ein, die Initialen des Gregor Hofer und die Jahreszahl 1711 sind heute noch am Giebel des damals errichteten Hauses zu lesen. Leben am Steilhang ist das Hauptthema des heute hier eingerichteten

Museums, es gibt aber auch einen Rittersaal und eine Gedächtnisstätte für den Dichter *Ezra Pound*, der eng mit Dorf Tirol verbunden war.

Öffnungszeiten Palmsonntag bis 1. Nov. So–Do 10–17 Uhr; Eintritt 3 €, Kinder 2 €. ✆ 0473/923533, Schlossweg 17.

▸ **Die Muthöfe**: Auf dem steilen Südosthang der Texelgruppe liegen einige Bergbauernhöfe, die mit der Kabinenbahn vom obersten Ortsteil bequem erreicht werden können (es gibt auch Wanderwege). An der Bergstation der Seilbahn beginnen sehr populäre Wanderwege, wie jene zur *Spronser Seenplatte,* auf dem *Vellauer Felsenweg* nach Vellau und über den *Hans-Frieden-Felsenweg* zur Leiteralm. Die beiden Letzteren führen durch außerordentlich steiles Gelände, die Wege sind jedoch so breit, dass sie auch von nicht schwindelfreien Wanderern begangen werden können.

Bergbahn Seilbahn Dorf Tirol – Hochmut tägl. 7.30–18 Uhr zur halben Stunde, Juli bis Sept. 7.30–19 Uhr; Berg- oder Talfahrt 5 €, beide 8 €; ✆ 0473/923480.

▸ **Der Meraner Höhenweg**: Der *Hans-Frieden-Felsenweg* ist ein Teil des Meraner Höhenwegs, der in 4–6 Etappen rund um die Texelgruppe führt. Entlang des Wegs gibt es ausreichend Verpflegungs- und Übernachtungsmöglichkeiten. Der höchste erreichte Punkt ist das *Eisjöchl* zwischen Schnalstal und Pfelderer Tal (Passeiertal) auf 2998 m mit der *Stettiner Hütte* (2975 m). Alpine Ausrüstung und Bergerfahrung sind genauso wichtig wie gute Karten und eine Schönwetterperiode, wenn man diesen wegen seines hochalpinen Charakters und einiger recht ausgesetzter Passagen sowie wegen der Länge der Etappen anspruchsvollen, aber technisch nur mäßig schwierigen Weg begehen will. Einen kostenlosen Folder mit Angaben zu Hütten und Gehzeiten gibt es bei den Tourismusbüros der Region.

Tour 19: Wanderung von den Muthöfen über die Spronser Seenplatte hinunter zum Longfallhof

Tour-Info: Zu Recht beliebter und bis zu den Spronser Seen viel begangener Wanderweg, die meisten Besucher gehen jedoch zur Seilbahn zurück. Gute Steige, wegen der Dauer etwas anstrengend, im Abstieg endet die Tour bei der Jausenstation Longfallhof, wo man sich, falls man dort zu Abend isst, nach Dorf Tirol bringen lassen kann, ansonsten nimmt man den Güterweg. Länge 12,3 km; Dauer 4 Std., bis Dorf Tirol 5 Std.; Höhenunterschied ↑ 770 m, ↓ 1050 m. Karten: Tabacco (1:25.000) Blatt 11; Kompass (1:50.000) Blatt 53.

Von der Terrasse der Seilbahnbergstation **A** wenden wir uns rechts und über die Stiegen aufwärts zum Gasthof Steinegg, wo sich etwas unterhalb die Wege gabeln **B**, wir gehen rechts und in Richtung Mutkopf. Die folgende Strecke führt durch steilen Wald (kein Satellitenempfang, aber auch keinerlei Abzweigung!) und endet nach einiger Steigung bei der ungemein aussichtsreichen Terrasse des Gasthauses Mutkopf **C**. Scharf nach links und weiter auf dem Weg, höher oben Gabelung **D**, wir gehen dieses Mal rechts in Richtung Spronser Seen (links auf den Mutkopf). Der Weg verläuft nun in der Nordwestflanke des Mutkopfes, und man hat schöne Blicke auf das Spronser Tal, ahnt auch schon, wo die Alm und die Seen liegen. Eine Abzweigung nach rechts **E** hinunter zur Bockerhütte bleibt unbeachtet. Der Weg bekommt Steigcharakter, man muss schon aufpassen, wohin man tritt. Nach der Abzweigung des Wegs zur Mutspitze **F** muss eine kleine Steilstufe bewältigt werden, bevor man das Joch erreicht hat **G**, von dem aus man zum ersten Mal die Seen auf dem Höhenniveau der Spronser Seenplatte, die Pfitscher Lacke und die Kaser Lacke sieht. Jenseits der Kaser Lacke liegt unser kulinarisches Ziel, der Oberkaser **H**.

Der Abstieg führt nur bis zum Bächlein, das aus der Kaser Lacke austritt, wo sich die Wege gabeln **I**. Wir folgen nicht unserem Anstiegsweg, sondern wenden uns links hinunter auf den alten Hüttenzugangsweg. Er ist gut in Schuss, man kommt flott hinunter zum Unterkaser mit der Bockerhütte **J**. Wenig tiefer liegt die Sponser Alm mit ihrem winzigen Kapellchen **K**. 150 m tiefer liegt die Longfallalm **L**, unterhalb von ihr tritt man in den Wald ein. Bei einem Kruzifix mit Bank **M** sieht man erstmals hinunter auf den Longfallhof. Erst kurz vor dem Talboden geht der Weg in ein Forststräßchen über, wo dieses den Talboden erreicht, wendet man sich mit dem Schild „Longfallhof" nach links und erreicht den Hof nach einer Wiesenquerung in wenigen Minuten **N**.

Rückweg nach Dorf Tirol auf der Zufahrtsstraße zum Longfallhof (deren letztes Stück wir gerade in umgekehrter Richtung gingen) oder man lässt sich von den Leuten von Longfallhof kostenlos hinbringen, nachdem man dort gegessen hat. Die Straße ist bis zum Tiroler Kreuz (Restaurant) am Ortsende von Dorf Tirol nicht asphaltiert, Strecke bis zur Kirche in Dorf Tirol 5 km, also ca. 1 Stunde Gehzeit.

• *Bergbahn/Paragliding* Seilbahn Dorf Tirol – Hochmut 8–12/13–18 Uhr jeweils zur halben Stunde, von Juli bis Sept. 7.30– 19 Uhr. Paraglider-Tandemflüge von Hochmut: Tandem Club Ifinger, ✆ 339/7631715.

• *Essen & Trinken* **Gasthaus Mutkopf**, Muthöfeweg 15, gut besuchter Berggasthof mit toller Aussichtsterrasse, Tiroler Hausmannskost, ✆ 0473/229941, kein Ruhetag.

Oberkaser, wie der Name sagt eine Käsealm, aber das Geld dürfte wohl vorrangig von der Bewirtung kommen – große Aussichtsterrasse. Deftige Kost: Hauswurst mit schmackhaften und krossen Röstkartoffeln, Bockbraten, Speckknödel, Kaiserschmarrn, Käsknödelsuppe, Speck am Brettl (ca. 4–8 €).

Bockerhütte, Gasthaus mit warmer Küche, geöffnet etwa vom 20. April bis Ende Okt., kein Ruhetag, ✆ 0473/945544.

Gasthof Longfallhof (hin/zurück 15-Min.-Abstecher), warme und kalte Speisen, hausgemachter Apfelstrudel, Gäste, die hier nach 16 Uhr speisen wollen, werden gratis ins Tal gebracht.

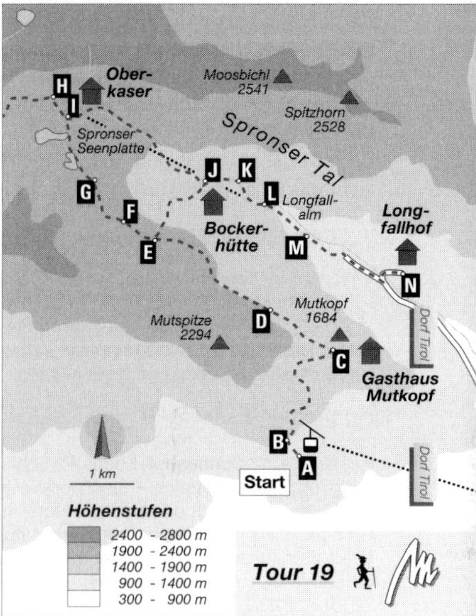

Kuens und Riffian

Die beiden Orte sind unmittelbare Nachbarn Merans im untersten Passeiertal, gewachsene Dörfer mit alten Bauernhöfen und Kirchen. Dazu gehören Bergbauernhöfe in Einödlage hoch oben unter dem Waldgürtel und der Obstbau unterhalb der Dörfer, wo es steil zur Passer hinab geht.

Nach Meran ist es ein Katzensprung, die Busverbindungen sind nicht schlecht, man wohnt sehr angenehm und ruhig in den beiden Orten und hat doch alle Annehmlichkeiten der nahen Kurstadt.

Zwischen Kuens und Riffian verläuft steil eingeschnitten der *Finelegraben* mit auffälligen Erdpyramiden. Wie auch anderswo in diesem Raum weisen die *Erdpyramiden* auf lockeren Moränenschutt hin, der vom Abtragen nur durch eingeschichtete größere Steinbrocken und Felsen bewahrt wird. Neu aufgerissene Muren entlang der Terrassen, auf denen Kuens, Ruffian und Dörfer des Passeiertals liegen, zeigen den gleichen Untergrund und die gleiche Gefahr rascher Abtragung. Den Urlauber ficht das nicht sonderlich an – bis zur Abreise wird's wohl halten.

Information/Diverses

• *Information* **Tourismusverein Riffian-Kuens**, I-39010 Riffian, Jaufenstr. 50, ✆ 0473/241076, ℻ 241422, www.meranerland.com/riffian-kuens. Das Büro liegt im Gemeindeamt an der Jaufenstraße zwischen den beiden Orten.

• *Diverses* **Taxi** und **Ausflüge** Hahnenkamm Reisen in Riffian, ✆ 0473/241053.

Tennisanlage Riffian-Kuens am Tannerhof in Kuens, Anmeldung unter ✆ 0473/241178.

Übernachten/Essen & Trinken

• *In Kuens* *** **Sonnenhof**, Kuens 48. Schön ruhig und aussichtsreich – noch oberhalb der Ortskirche – liegt das familiäre Hotel im Grünen. Hallenbad, Sauna, Garten, reichhaltiges Frühstücksbüffet, Zimmer Kategoriedurchschnitt. DZ/HP 100–128 €. ✆ 0473/241160, ℻ 241372, www.hotel-sonnenhof.com.

Hilber Keller, beliebte Jausenstation und Törggelenkeller mit großem Garten in Panoramalage im Dorf, hervorgegangen aus dem an- und z. T. umgebauten Hilberhof, einem typischen Paarhof. Auf den Tisch kommt deftige Kost vom Speck am Brettl über Käse, Topfen, Kaminwurzen bis zu Gegrilltem. März bis Nov. 16–24 Uhr geöffnet, Mi Ruhetag außer in der Törggelenzeit (Okt./Nov.). ✆ 0473/241017, www.hilberkeller.com.

• *In Riffian* *** **Zirmer Hof**, Hohlgasse 40, die etwas biedere breite Balkonfront des Hotels steht für die solide bürgerliche Atmosphäre, die drinnen herrscht. Familienbetrieb mit kulinarischen und Eleganz-Ambitionen, die Gäste kommen, weil's gemütlich ist, wegen Hallenbad, Freibad, Wellnessbereich, kleinem Kinderspielplatz, Wandermöglichkeiten in der Umgebung und der ungestörten Nachtruhe (die Hauptstraße durch das Passeiertal verläuft weit unterhalb). DZ/HP je nach Zimmertyp (22–30 qm) und Saison 70–126 €. ✆ 0473/241177, ℻ 241140, www.hotel.zirmerhof.com.

*** **Hofbrunn**, Hotel und zugehörige *** **Pension Tschaupphof** mit Tradition, solide ausgestattet, Zimmer mit Südbalkon und Sitzgarnitur, sehr großer Garten mit Freibad, ruhige Lage. DZ/FR 60–90 €,. ✆ 0473/241027, ℻ 241399, www.hotel-hofbrunn.it.

*** **Rebgut**, Jaufenstr. 3, Pension in Aussichtslage mit guten Zimmern (Balkon, TV, Kühlfach) ohne rustikale Schnörkel, einige in Wohn- und Schlafraum geteilt. Liegewiese und beheiztes Freibad sind vielleicht noch aussichtsreicher als die Pension selbst. DZ/FR 74–98 €. ✆ 0473/241030, ℻ 241320, www.rebgut.com

*** **Maurbaumhof**, Kirchweg 21, Zimmer und Ferienwohnungen im blitzsauberen und gemütlichen Hof am oberen Rand von Riffian sind einfach, aber gemütlich eingerichtet, die Zimmer mit attraktiven Täfelungen, in den Apartments ist Komplettausstattung (und TV) geboten. Pool, Liegewiese, Sonnenterrasse, auf den Frühstückstisch kommen auch Produkte aus eigenem Anbau. DZ/FR 50–64 €, Apt. für 2 Pers. 50–60 €. ✆ 0473/241101, ℻ 240605, www.maurbaumhof.com.

** **Thalerhof**, Jaufenstr. 124, die Pension bietet eine ganze Menge Komfort für ihre 2 Sterne: Hallenbad und Liegewiese, sämtliche Zimmer mit TV und Balkon, allerdings nicht sehr groß. DZ/FR 54 €. ✆ 0473/241195, ℻ 241478, www.thalerhof.com.

** **Weinberg**, Kirchweg 20, viel Blumenschmuck, farblich hübsch komponierte Interieurs, kleiner Pool und Liegewiese, angenehme Zimmer und gastliche Atmosphäre machen ein Haus aus, in dem man sich wohl fühlt. Restaurant im Hause. DZ/FR 64–76 €. ✆ 0473/241133, ℻ 241366, www.pension-weinberg.it.

Lufer Keller, Lufer Weg 1. Um dieses Grilllokal und Restaurant mit urigem Keller kommt man in Riffian nicht herum. Die Ripperl, Hendl und Haxen vom Grill sind aber

St. Pauls in Eppan, der „Dom auf dem Lande“ ▲▲

▲▲ Meran, Tappeinerpromenade und Texelgruppe
▲ Meran, die Lauben am frühen Vormittag

Plakat zum Traubenfest in Meran ▲▲

Im Pfelderer Tal ▲▲

Meran, Pferde nicht nur auf der Rennbahn ▲

▲▲ Beim Oberkaser auf der Spronser Seenplatte (Texelgruppe)
▲ Südtirol ist Wanderland für alle – hier beim Schloss Tirol

auch wirklich schmackhaft, die Salate wie versprochen knackig und die Kleinen sind mit ihrem Eis sicht- und hörbar zufrieden. Alles paletti also zwischen Obst und Wiese. Bis 23 Uhr geöffnet, ab 21 Uhr alle Nudelgerichte zum halben Preis; ✆ 0473/241071, www.luferkeller.it, Mo Ruhetag.

Unterweger, Jaufenstr. 34, Pizzeria, Eisdiele (eigenes Eis!) und Café-Konditorei an der Hauptstraße, auch Zimmer; Mo Ruhetag.

Sehenswertes/Ausflüge

Riffian: Die **Wallfahrtskirche zur Schmerzhaften Muttergottes** am oberen Ortsende ist eine barocke Kirche von etwa 1749, in der eine komplette gotische Kirche (von vor 1310) steckt – das ist heute nur noch ganz klar am Spitzbogenportal nachzuvollziehen. Im Inneren eindrucksvoller barocker Hochaltar von Bartlmä Grätl und Pietá von ca. 1400. In der *Friedhofskapelle*, der ehemaligen Gnadenkapelle (hier befand sich ursprünglich das verehrte Gnadenbild) bedeutende Fresken des höfischen Stils im Einfluss der „internationalen Gotik" (um 1415).

Öffnungszeiten **Wallfahrtskirche**: tägl. 8–19 Uhr.

Zwischen Kuens und Riffian

Auf dem Wanderweg nach Vernuer und Gfeis: Die Höhensiedlungen Vernuer und Gfeis sind wahre Aussichtsbalkone über dem Passeiertal. Man sieht hinunter in Richtung Dorf Tirol und Meran, das aber zum Großteil verborgen bleibt, und über das Passeiertal hinweg auf die Sarntaler Alpen. Von Riffian (502 m) geht man den Kirchweg bergauf, das Sträßchen führt unter der Wallfahrtskirche vorbei. Weggabelung am Hammelkreuz, dort scharf links und zunächst steil, dann flacher mit Weg 5 durch Wald nach *Vernuer*, wo man am unteren Ende des Wiesenbereichs ankommt, der *Gasthof Brunner* liegt noch etwas höher (1095 m). Auf der Zufahrtstraße kurz nach links bis zur *Kapelle*, dort wieder recht steil mit Weg 5 hinauf zum *Oberöbersthof* (1387 m). Direkt vom Gasthaus weiter auf Weg 24 a (der rechte der sich dort gabelnden Wege) und durch Wald zur Hofgruppe *Gfeis* (1381 m; mit Gasthaus auf 1296 m). Hinunter zum Meraner Höhenweg und nach links zur *Jausenstation Bergrast* (1187 m). Dort im spitzen Winkel nach rechts und auf Weg 21 a, der hinunterführt nach Riffian.

Essen & Trinken **Oberöberst**, Vernuer 32, Gasthaus in Traumlage auf fast 1400 m, seitlich große Sonnenterrasse, die's einem schwer macht, sich wieder zu erheben und die Wanderung fortzusetzen – besonders wenn man sich zum Speck am Brettl einen Roten gegönnt hat. Sa Ruhetag.

Schenna

Von Schenna schaut man mitleidig auf Meran hinunter – was die dort im städtischen Lärm und Gestank durchzustehen haben! Dagegen wohnt man hier oben so komfortabel wie ruhig und hat auch noch die kürzeren Anfahrtswege zu den beliebtesten Bergzielen der Sarntaler, vor allem zum Hirzer.

Und wenn einen doch der Wunsch packt, Meran zu verunsichern, dann kann man ganz bequem mit dem Stadtbus hinunterfahren. Dass man mindestens genauso tirolerisch ist wie Dorf Tirol auf der Terrasse gegenüber (und jenseits der Passer), beweist ja wohl zur Genüge das Grabmonument des Erzherzogs Johann, eines der berühmtesten Freunde Tirols, das dieser am Ort errichten ließ.

Wanderungen und Spaziergänge, Mountainbiketouren und Paragleiterflüge, Nervenkitzel im **Hochseilgarten** und Kultur in **Schloss Schenna**, Pop auf der **Gompm-Alm** und Klassik in der Pfarrkirche – ein Urlaub in Schenna lässt kaum Wünsche offen, zumal die Hotellerie alle Kategorien bedient, wenn auch mit deutlichem Trend zum Feinen, Teuren und zur Wellness. Aber das ist auch anderswo so in Südtirol.

Information/Verbindungen

• *Information* **Tourismusverein** (auch für Verdins), I-39017 Schenna, Erzherzog-Johann-Platz 1/D, ✆ 0473/945669, 📠 945581, www.schenna.com. Zentral gelegen im alten Ort. März bis Anfang Nov. Mo–Fr 8–19 Uhr, Sa 8–18 Uhr, So 9–11.30 Uhr, den Rest des Jahres Mo–Fr 8–12/14–18 Uhr, Sa 8.30–12 Uhr.

• *Verbindungen* **Schenna Card** (schon wieder eine „Card" …): 7 Tage unbegrenzte Nutzung der Bergbahnen und Ermäßigung auf Eintritte sowie Ausflüge des Tourismusvereins, 47 € bzw. 28 € für Kinder von 6–14.

Gästebus von Mitte Sept. bis Mitte Nov. – nicht am Sonntag! – von Schenna nach Verdins, zur Ifinger Seilbahn und zum Botanischen Garten Trauttmansdorff, zur Seilbahn Taser und nach St. Georgen – Fahrpläne in der Touristeninformation. Der Fahrschein gilt auch für den Gästebus von Dorf Tirol.

Taxi z. B. Burggräfler ✆ 0473/945999; Haller ✆ 04873/945975 – Mindesttarif satte 7 €, zwischen 22 und 5 Uhr Zuschlag 50 %!

Sport & Freizeit/Feste & Veranstaltungen

• *Sport* **Paragliding**: Tandemclub Ifinger, Infos über Tourismusverein oder ✆ 339/7631715, Flüge ab Taser, Hirzer und Hochmutt. **Hochseilgarten Schenna-Taser**, große Seilkletteranlage (→ „Sehenswertes/Ausflüge"). Geführte **Mountainbiketouren** und **Radverleih** bei Christophs Bikeclub, ✆ 0473/945848, www.christophsbikeclub.com.

• *Feste & Veranstaltungen* 5. August, **Prozession zur Kirche St. Oswald** auf 2185 m unter dem Großen Ifinger, Bittgang der Bauern aus Schenna, Hafling und dem Sarntal um gutes Wetter.

Die **Gompm-Alm** unterhalb Klammeben, der Bergstation der Hirzer-Seilbahn, hat sich in den letzten Jahren zu einer echten Musikalm gemausert. Ein echtes **Festival** Mitte Juli, 2-tägig, 2003 mit Maria Glen, Short People, The Funky Movement u. a. Gompm-Alm, Obertall 19, I-39017 Schenna, ✆ 0473/949544, www.gompmalm.it.

Kirchenkonzerte auf der ausgezeichneten Orgel der Pfarrkirche, Programm beim Tourismusverein.

Übernachten

• *In Schenna* **** **S Hohenwart**, Verdinser Str. 5, gute Lage über Dorf Schenna, entsprechende Ausblicke auf die Texelgruppe, Beauty/Wellness („Relaxoase" mit Hallen- und ganzjährig (!) beheiztem Freibad, Saunen, div. Behandlungen), viel und gutem Essen (Marendbüffet am Nachmittag – wie soll man sonst den Zeitraum zwischen Mittag- und Abendessen überbrücken?), diversen Sportangeboten samt Trainer (Fitnessanlage ab

2004) und – natürlich – in allen Zimmer- und Suitentypen (11!) ausreichend Raum und komfortable Einrichtung, sämtlich mit Sitzecke und Internetanschluss. Kinderbetreuung, Spielzimmer, Kinderspielplatz beim hauseigenen Pfefferlechnerkeller (HP-Wahlmöglichkeit). DZ/FR 132–320 €, ✆ 0473/944400, ✉ 945996, www.hohenwart.com.

**** **Resmairhof**, Schennastr. 11, ein Steinwurf vom Ortszentrum, trotzdem ruhig mit tollem Talblick, schönem Grün vor den Fenstern (mit Liegewiese, auf die sich auch das Hallenbad öffnet), üppigem Blumenschmuck auf den Balkonen, individuell ausgestatteten, komfortablen Zimmern (bis 46 qm; auch Nichtraucherzimmer) und guten Restaurantleistungen (die Desserts nicht zu vergessen!). DZ/HP 134–216 €. ✆ 0473/945650, ✉ 945522, www.resmairhof.schenna.com.

**** **Erzherzog Johann**, Schlossweg 19, ideal und ruhig gelegen beim Schloss Schenna. Das Hotel bietet den Komfort seiner Kategorie, schönes Freibad mit Liegewiese, Tennisplatz, Hallenbad, Sauna, Solarium. DZ/FR 92–144 €. ✆ 0473/945641, ✉ 945825, www.hotelerzherzogjohann.it.

*** **S Walter**, Schennastr. 49, zwischen Meran und Schenna liegt das straßenabgewandte Hotel mit schönem Ausblick, Hallen- und Freibad, Liegewiese und Panoramaterrasse, auf der auch das Frühstücksbüffet angerichtet wird, wenn das Wetter wie sehr oft danach ist. Zimmer meist mit Balkon, nicht überdurchschnittlich (sieht man vom Fön ab), aber o. k. DZ/HP 90–156 €. ✆ 0473/945666, ✉ 945529, www.hotel-walter.it.

*** **Honeck**, Verdinser Str. 1, Hotel oben an der Straße von Meran nach Verdins, ordentlich und ohne Überraschungen, leider kein Pool. Helle Zimmer mit ebenso hellen Möbeln. Wenn's Nacht wird, ist es weniger hell, denn für die Schreibtischleuchte hat's nicht gereicht, genauso wenig wie für einen richtigen Platz für das TV-Gerät (ein Umstand, der allenthalben zutrifft und deshalb nicht weniger nervig ist: wieso das Schreibtischchen, wenn es halb vom Fernseher belegt und außerdem unbeleuchtet ist?). DZ/FR 54–95 €. ✆ 0473/945673, ✉ 943500, www.honeck.it.

*** **S Bergland**, Ifingerstr. 35, Hotel-Garni, das sich aus unerfindlichen Gründen mit „mediterranes Ambiente in den Bergen Südtirols" präsentiert, vielleicht wegen der pseudoantiken Versatzstücke in der allerdings sehr dekorativen Saunalandschaft. Alter suggerierende Stilmöbel und echte alte Möbel in den komfortablen, hellen Zimmern (28–46 qm); wenn, wie meist, die Sonne scheint, mag man sich am Balkon schon mal wie auf Capri fühlen. DZ/FR 88–130 €. ✆ 0473/945959, ✉ 945425, www.bergland.net.

*** **Gutenberg**, Ifingerstr. 14, sehr angenehmes Haus in prachtvoller Lage mit neuem Bade- und Wellnessbereich mit Luxusausblick, Saunen, Whirlpool, Solarium, Vitaminbar, sonniger Liegewiese und abwechslungsreicher Küche sowie großzügigem Frühstücksbüffet. Zimmer eher traditionell eingerichtet, aber mit allem, was man bei 3 Sternen erwartet, und auf dem Balkon kann man einen tollen Sonnenuntergang erleben. Drei vom Haus veranstaltete Wanderungen pro Woche. DZ/FR 76–150 €. ✆ 0473/945950, ✉ 945511, www.gutenberg.schenna.com.

**** **S Der Fink von Schenna**, Verdinser Str. 9 b, „Verwöhnhotel", Wellnesshotel mit Zimmern und Apartments (2 Häuser in 0,4 km Entfernung, am Schlossweg 16 das neue Apartmentgebäude „Finkennest" mit Apts. von 38 bis 68 qm), alle Zimmer mit Balkon, üppiges Frühstücksbüffet, bei HP Menüwahl mit einem vegetarischen Menü (selten genug!), Freibad, Hallenbad mit Jetstream, Saunen, spezielle Einrichtungen für Radler (z. B. Radgarage und Waschplatz). DZ/FR 76–142 €, Apts. (modern, komplett ausgestattet), versch. Größen/Termine 75–125 €. ✆ 0473/945848, ✉ 945662, www.hotel-fink.com.

** **Petaunerhof**, Rothalerweg 8, Pension und Apartments ruhig und ohne direkte Nachbarn in den Weinbergen, Zimmer modernisiert (Sat-TV, gute Betten), beheiztes Schwimmbad und Liegewiese, regelmäßig Grillabende im wirklich „urigen" Keller. DZ/FR 54–66 €, Apts. für 2–4 Pers. (40–57 qm) 50–92 € (keine Endreinigungsgebühr, inkl. Frühstücksbrötchen!). ✆ 0473/946011, ✉ 946002, www.petaunerhof.it.

** **Wunderlehof**, Stickle Gasse 3, Garni in Pracht-Aussichtslage ohne jeden Durchgangsverkehr (sieht man von den Wanderern auf dem unweit vorbeiführenden alten Weg nach Schenna ab), gemütlich und sehr persönlich geführt. Pool, Liegewiese, Zimmer mit Balkon, z. T. mit Sitznische. Honig aus eigener Imkerei. DZ/FR 42–52 €, ✆ 0473/233213, www.wunderlehof.com.

• *In Verdins* **** **Fürstenhof**, Verdins 48, recht großes Hallenbad, Freibad und Liegewiese sind eher kleiner geraten. DZ/HP 110–204 €. ✆ 0473/949451, ✉ 949516, www.fuerstenhof.net.

*** **Gruberhof**, Oberverdinser Str. 49, Garni und Apartments in den Wiesen oberhalb der Kirche mit phantastischer Aussicht, gediegene Ausstattung, alle Zimmer mit Balkon und Sat-TV, kleiner Kinderspielplatz, 2004 kommt ein beheiztes Schwimmbad dazu. DZ/FR 58–100 €, Apt. für 2–4 Pers. 54–82 €. ✆ 0473/949465, 📠 949900, www.gruberhof.schenna.com.

Essen & Trinken

• *In Schenna* **Honeck**, Verdinser Str. 1, Restaurant des gleichnamigen Hotels im Ortszentrum, Ambiente wie Speisekarte mediterran leicht und locker (oder was man in Südtirol davon heraufbeschwören kann, ohne gleich zu Stimmungsmusik mit „O sole mio" zu greifen), ganz mediterran die Verarbeitung frischer Marktprodukte, als Tagesgerichte auch Südtirolerisches wie Knödel und Nockerl, bei den Weinen dominieren sowieso die Südtiroler. Trotz gehobenen Niveaus nur bis 21.30 Uhr geöffnet – das ist ganz und gar nicht italienisch. ✆ 0473/945673, Mi Ruhetag.

Thurnerhof, Verdinser Str. 26. Wirtshaus ist dieser behäbige alte Bauernhof erst seit 1996, was ihm vielleicht an Gastro-Tradition mangelt, wiegt er durch Ambiente spielend auf. Die alte Stube, weitere zu Speiseräumen veränderte Zimmer, die zur Weinstube verwandelte alte Selchkuchl, alte Pflasterung und alte Dielen, draußen Walnuss- und Esskastanienbäume – das geht mit dem Essen bäuerlicher Tiroler Herkunft eine genussreiche Verbindung ein. ✆ 0473/945702, geöffnet 16–24 Uhr, Mo Ruhetag.

Köstenthaler Hof, Hofweg 3, der alte Keller des Hofs in der Nähe der Seilbahn Taser bietet eine komplette Restaurantkarte, während der Törggelenzeit auch Kastanien, Krapfen und Suser (= Sauser, gemeint ist der gärende Süßmost), der Wein kommt aus eigenem Anbau. Donnerstag Live-Musik und Grillabend. ✆ 0473/945831, geöffnet bis Mitternacht, Mo Ruhetag.

Petermann, Verdinserstr. 20, Schennas beste Pizza, selbstverständlich aus dem Holzofen. Mo Live-Musik, Mittwoch Ruhetag.

• *In Verdins* **Hasenegg**, Gasthof oberhalb Verdins an der Straße zum Taser, beispielgebende „Knödelparade", die u. a. Ronanknödel (Rote-Beete-Knödel) mit Gorgonzolasoße, aber auch Leber-, Buchweizen-, Speck- und Spinatknödel, Schlutzkrapfen, Kasnocken umfasst (ca. 5–6 €), auch als Tris zu haben für wählerische Knödelfans. Fleischgerichte ab ca. 10 €, zum Nachtisch gibt's Apfelküchle (ca. 5 €).

Sehenswertes/Ausflüge

▸ **Die Pfarrkirchen und das Mausoleum für Erzherzog Johann**: In der *neuen Pfarrkirche* steht eine hervorragende Orgel von Franz Zanin (1993), es gibt immer wieder Orgel- und andere Kirchenkonzerte (Musik aus der Kirche auf CD erhältlich im Tourismusverein). Neben der Pfarrkirche steht das neugotische Mausoleum des habsburgischen *Erzherzogs Johann* und seiner Gemahlin, errichtet 1860–1869. Der Bau gilt als der schönste neugotische Bau Tirols, ist sicher der schönste Südtirols und einer der ersten der Neugotik in Mitteleuropa überhaupt. In der Gruft steht der Sarkophag aus rotem Veroneser Marmor. Die Fresken der *alten Pfarrkirche* sind 16. Jh., jene der *Johanneskapelle* entstanden um 1400 im höfischen Stil.

Öffnungszeiten **Mausoleum**: von der Karwoche bis Allerheiligen, Mo–Fr (außer Fei) 10–11.30/15–16.30 Uhr; Eintritt 1 €.

▸ **Schloss Schenna**: Die mittelalterliche Burg der Herren von Schenna wurde nach ihrer Erbauung 1350 ein paar Mal umgebaut, bevor sie die heutige Form bekam: den wuchtigen Bau an der Talseite mit Zinnenbekrönung, den Renaissancetrakt und die Zutaten der Gründerzeit. Die Letzteren wurden der Burg hinzugefügt, um sie für *Erzherzog Johann,* den Tirol liebenden, aber mit der Steiermark behafteten Habsburger, zum Schloss und gelegentlichen Aufenthaltsort zu machen. Seine Nachkommen, die *Grafen von Meran,* besitzen es heute noch. Der Titel wurde erst damals geschaffen, da der Erzherzog eine Bürgerliche geheiratet hatte – die Postmeisterstochter Anna Plochl aus Aussee. Die Söhne des Erzherzogs waren zwar nicht nach-

Schenna mit Burg, Kirche und Texelgruppe

folgeberechtigt, bekamen aber immerhin diesen Adelstitel und eine nette Apanage. Man besucht die eindrucksvolle Waffensammlung und den Renaissancesaal mit seinem barocken Ofen aus wertvoller Majolika, den Salon und den Speisesaal mit der Gemäldegalerie.
Öffnungszeiten Karwoche bis Allerheiligen, Führungen (ab 4 Pers.) Mo–Sa (außer Fei) 10.30, 11.30, 14 und 15 Uhr, Eintritt 5 €, Kinder 2,50 €, Fam. 12 € (mit 1 Kind). ✆ 0473/945630, www.schloss-schenna.com.

Kirche St. Georg: Die romanische Rundkirche in *Oberdorf* mit ihren zentralen Tragsäule hat noch einige romanische und gotische Fresken und einen schönen spätgotischen Flügelaltar (frühes 16. Jh.), der leider nicht komplett erhalten ist. Interessant die Wand über dem Flügelaltar mit einem Jüngsten Gericht innerhalb ausufernder Scheinarchitektur. Auf den anderen Wänden sind von einem anderen Maler Szenen des Martyriums des hl. Georg dargestellt.
Öffnungszeiten Ende März bis Allerheiligen Mo–Sa (nicht Fei) 10–12/14–17 Uhr, freiwillige Spende.

Auf der Alm Taser: Auf die Taser startet ganz bequem eine Seilbahn etwas oberhalb Schenna, wer unbedingt will, kann auch mit dem Auto hinauffahren. Da aber eines der Vergnügen des durch Lifte gut erschlossenen Schennabergs darin besteht, an einer Stelle hinaufzufahren und an einer ganz anderen wieder runterzukommen (und zurück den Gästebus oder SAD-Bus zu nehmen), löst man besser eine Berg-Fahrkarte und lässt das Auto im Ort stehen. Ab Taser lockt vor allem der **Ifinger**, der sich über den Almböden und dem Wald darüber türmt (nur für Klettersteiggeher; zur Ifinger Scharte rechts unterhalb auch als normaler Bergsteiger). Und auf dem Weg dorthin, als eigenes Ziel, die bereits im alpinen Bereich liegende *Ifingerhütte* (1815 m). Oder man wandert geruhsam hinüber zur *Jausenstation Egger*, dann weiter zum *Gsteirer* und fährt dann von der Mittelstation der Bahn von Obermais nach Meran 2000 runter. Oder zur Streitweider Alm, nach Videgg und zur Bergstation der Seilbahn von Verdins. Oder locker runter nach Schenna ...

Die **„Familienalm" Taser** bemüht sich um die Kinder, und mit Spielplatz, Streichelzoo, Ententeich und dem nahen Hochseilgarten kriegt sie das auch gut hin.

Im Hochseilgarten: 1500 m Stahlseile und 200 m Kunststoffseile, 22 Plattformen und u. a. eine 4 m lange Hängebrücke erlauben auch Plattfüßern atemberaubende Seilerlebnisse, die für Mutige mit dem Flying Fox enden, einem raschen Trip an der Rolle von der Plattform zum Boden. Die Sicherheitsausrüstung wird gestellt und ist obligat, Sicherheit ist Trumpf. Das Ganze ist allerdings nicht billig: Erwachsene 36 €, Kinder 26 €.

• *Anfahrt/Bergbahn* Man erreicht Taser und den Hochseilgarten über die Asphaltstraße von Schenna nach Taser oder mit dem **Gästebus** ab Schenna zur Talstation und weiter mit der **Seilbahn Taser** (Ende März bis So nach Allerheiligen, tägl. 8–18 Uhr, Juni bis Mitte Okt. So/Fei bis 19 Uhr; jeweils zur vollen Stunde, Berg ca. 5.50 €, Berg/Tal ca. 8 €; ✆ 0473/945615).

• *Essen & Trinken* **Pichler**, 50 m von der Talstation der Seilbahn, deftig bis fein: Forellenfilet auf Salat, Salat mit Putenstreifen, Tiroler Gröstl, div. Fleischgerichte (alle ca. 8–12 €), nicht nur dem Wanderer schmeckt die Speckknödelsuppe (4 €).

Bergstation und (Familien-)Alm Taser, ✆ 0473/945615, Ende März bis So nach Allerheiligen, kein Ruhetag.

Schnugger, 1353 m, Gasthaus 15 Min. vom Hochseilgarten Taser, rustikal, freundlich, Apr. bis Anf. Nov., kein Ruhetag.

Ifinger Hütte, 1815 m, Mitte April bis Allerheiligen.

• *Sport* **Paraglider-Tandemflüge** durch Tandem Club Ifinger, Flüge ab Taser; ✆ 339/7631715.

▶ **Die Almen unter dem Hirzer**: Tallner Alm, Stafellalm, Gompm-Alm, Reasegger Alm – die Almen unter der wilden Berggestalt des Hirzer kann man von der Bergstation der von Saltaus startenden Seilbahn bequem erreichen. Entsprechend gut besucht sind sie, das heißt aber auch, dass man auf der Speisekarte eine große Auswahl hat. Echte Genussspechte gehen nicht weit, warum in die Ferne schweifen, wenn man gleich bei der nächsten Alm eine Brettlmerende, ein Viertel Roten und einen Liegestuhl bekommt? Zumindest bis zur Mittelstation sollte man wandern (wie unten in Tour 20 beschrieben). Oder doch zum Hirzer und/oder hinüber zum Kratzberger See und nach Meran 2000? Ja, wenn man halt mit dem Bus gekommen wäre und nicht das Auto unten stünde ...

• *Anfahrt/Bergbahn* Um die Almen unter dem Hirzer zu erreichen, hat man die Pkw-Option, allerdings nur bis auf ca. 1500 m (Obertall) und – viel gemütlicher – gleich 2 Bergbahnen. Man kann von Verdins mit der Seilbahn nach Tall schweben und weiter mit dem anschließenden Sessellift von Oberkirn bis Grube. Oder man erreicht das Gebiet über die Hirzer-Seilbahn, die im Saltaus in Passeier ihre Talstation hat (Bushaltestelle der Linien von Meran ins Passeier, Betrieb März bis So nach Allerheiligen, genaue Infos → „Saltaus/Passeier"), allgemeine Infos zum **Hirzer-Wandergebiet** unter www.hirzer.info. Berg 11 €, Berg/Tal 18 €.

Von April bis Aug. gewährt die Seilbahn am letzten (oder einem anderen) Sonntag des Monats zum **Tallner Sunntig** einen bedeutenden Preisnachlass: An diesen Sonntagen bieten alle Hütten des Wandergebiets Hirzer spezielle Gerichte an.

Seilbahn Verdins – Tall, Ende März bis So nach Allerheiligen, tägl. 8.30 und dann zur vollen Stunde bis 16 Uhr, in der Vor- und Nachsaison noch 16.50 Uhr, im Sommer bis 17.30 oder 18 Uhr; Berg ca. 6.50 €, Berg/Tal ca. 9 €. ✆ 0473/949450.

Sessellift Oberkirn – Grube, Mitte April bis So nach Allerheiligen, tägl. 9–12/13–16.50 Uhr, im Sommer bis 17.50 Uhr; Berg 4,50 €, Berg/Tal 6,50 €. ✆ 0473/949535.

• *Sport* **Paraglider-Tandemflüge** durch Tandem Club Ifinger, Flüge ab Hirzer-Mittelstation. ✆ 339/7631715.

• *Essen & Trinken/Hütten* **Restaurant Klammeben**, 1840 m, geöffnet Ende März bis So nach Allerheiligen.

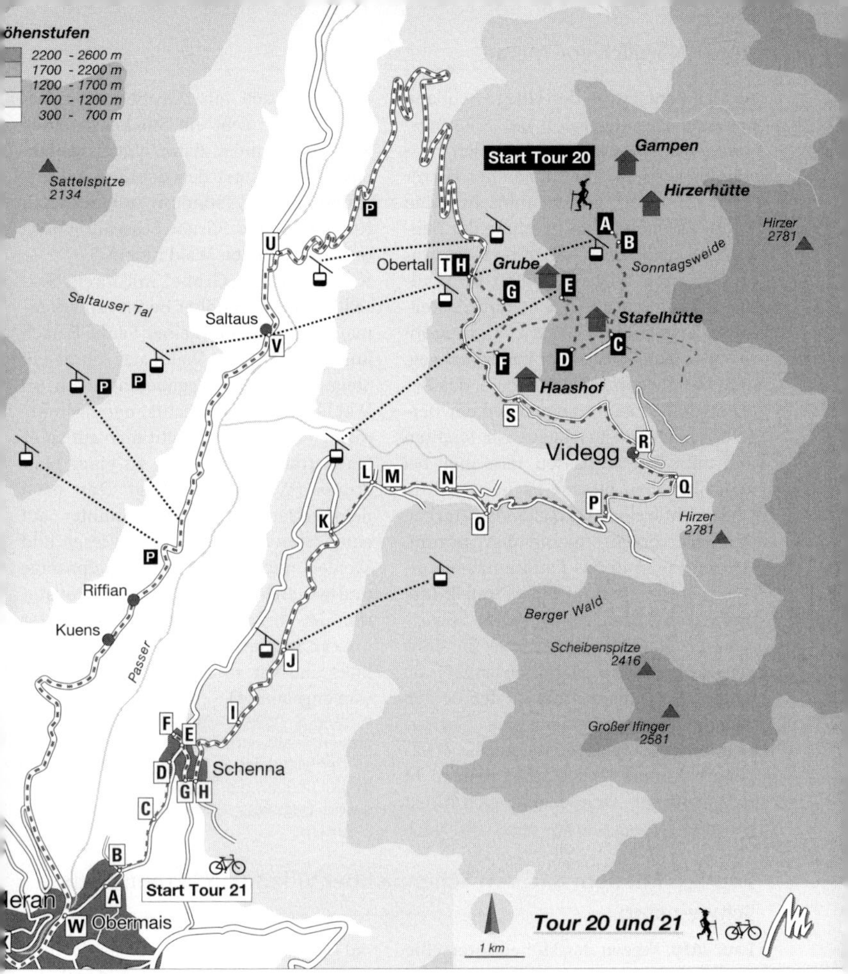

Gompm-Alm, 1808 m, nicht nur Musik, sondern auch gutes Essen und am Wochenende hausgebackenes Brot (Zuschauer beim Backen erwünscht), geöffnet Mitte Mai bis nach Allerheiligen, ✆ 0473/949544.

Stafellhütte, 1940 m, Anfang Mai bis Mitte Nov., ✆ 0473/949413.

Gasthof Grube, 1808 m, Anfang April bis So nach Allerheiligen.

Tour 20: Wanderung unter dem Hirzer

Tour-Info: Einfache Wanderung, zunächst eben und dann bergab von der Bergstation zur Mittelstation der Hirzer-Seilbahn. Dauer 1:30 Std.; Länge 4,3 km; Höhenunterschied ↓ 600 m. Karten: Tabacco (1:25.000) Blatt 11, Kompass (1:50.000) Blatt 53.

> Der auf manchen Karten noch eingetragene direkte Weg von der Grube zu den Wahlguthöfen existiert nicht mehr!

An der Bergstation der Hirzer-Seilbahn hat man die Almregion der Sonntagsweide erreicht, die sich bis zu den Felswänden erstreckt, mit denen der Hirzer (2781 m) nach Westen abbricht. Man wendet sich vor dem Gebäude der Seilbahn **A** halbrechts, dorthin, wo etwas oberhalb die Wege beginnen **B** (Schilder), dort rechts auf dem mit „Stafellhütte" angegebenen Weg. Der entpuppt sich als atemberaubender Panoramaweg, man hat die ganze Texelgruppe, das Becken von Meran und einen Teil der Berge des unteren Vinschgaus zur Rechten und muss nur aufpassen, dass man bei dem hier oben bis zur nächsten Hütte (aber nicht weiter) herrschenden starken Wandererverkehr niemanden rammt, während man in das Panorama versunken weiterstolpert. Bei der Stafellhütte und (rechts) Stafellalm **C** (beide bewirtschaftet) sind die Liegestühle für Sonnenanbeter ohne Hautkrebsangst voll besetzt. Geht man runter zu den beiden Almen, muss man entlang eines Gartenzauns wieder nach rechts auf die etwas höhere Anhöhe gehen, geht man nicht zu den Almen, wendet man sich direkt bei der Weggabelung oberhalb nach rechts auf den mit „Grube" angegebenen Weg. Es geht ein Stückchen einen Rücken hinunter, dann aber – aufgepasst! – nicht auf den deutlichen Wegspuren weiter, sondern im scharfen Knick **D** (Schild „Grube Sessellift") nach rechts und in den Wald hinein.

Knapp vor der „Grube" mit ihrem Sessellift, die etwas höher bereits zu erkennen ist, geht man in einer Senke **E** nach links und in den Wald auf schmalem Steig. Bei einer Weggabelung noch im Wald **F** scharf nach rechts, und nach Erreichen einer Wiese steht man auf einer Staubstraße **G**, der man zu einer Hofgruppe (Wahlguthöfe) folgt. Dort nach dem ersten Haus links hinunter auf einen alten Fuhrweg durch Wiesen und Weiden, noch eine längere Waldpassage und wir stehen oberhalb der Mittelstation der Hirzer-Seilbahn. Weiter runter bis zur Straße und ein paar Meter nach links und wir sind an der Seilbahnstation angelangt **H**.

• *Essen & Trinken* Gaststätten an der Bergstation (in Klammeben, ✆ 0473/949422) und an der Mittelstation (in Stafellhütte, ✆ 0473/949430) und auf der Stafellalm (✆ 0473/949413) sowie Gasthaus Grube (✆ 0473/949404 mit Zimmern).

Tour 21: Mit dem Rad von Schenna über Videgg und Prenn nach Schweinsteg

Tour-Info: Wegen des Höhenunterschieds und der Länge etwas anstrengende Tour, zwei kurze Schiebestrecken (unterhalb von Schenna und kurz vor Videgg). Im zweiten Teil des Aufstiegs gute Forststraße, sonst Asphaltstraßen (mit Ausnahme der Strecke Schweinsteig – Meran) mit wenig Verkehr. Großartige Abfahrt über 900 Höhenmeter von Prenn nach Schweinsteig! Dauer 3:30 Std.; Länge 36,9 km; Höhenunterschied ↑ 1200 m, ↓ 1250 m. Karten: Tabacco (1:25.000) Blatt 11, Kompass (1:50.000) Blatt 53. Wanderskizze siehe Karte S. 295.

In Meran-Obermais nimmt man die Virgilstraße bis zur Endstation **A** der Buslinie 3 an der Gabelung Vergilstraße und Pflanzensteinstraße, wo unsere Tour beginnt. Der Pflanzensteinstraße, die immer schmaler wird, folgend, steigt man zunächst sanft, dann steiler bergan. Bei einer Abzweigung **B** nach rechts ist ein Schild nach Schenna falsch angebracht, geradeaus ist richtig! Wo der alte gepflasterte Weg hinauf nach Schenna beginnt **C**, beginnt auch eine Schiebestrecke, die allerdings nicht lange ist, dann kann man sich (wenn man's kann) wieder in den Sattel werfen und weniger steil weiterfahren bis zu einer Einmündung in einen Flurweg **D**, wo man sich links hält (fast flach). Der Weg führt zum Dorf, dort scharf rechts **E** und zur Information am Dorfplatz in Schenna **F**.

Ein kurzes Stück zurück und geradeaus weiter zur Hauptstraße Meran – Verdins, die Abzweigung Verdins wird nicht beachtet, erst 400 m weiter, wo nach links „Taser“ ausgeschildert ist **G**, die Straße queren und links aufwärts in Richtung Taser weiterfahren. Dann wird bei der gleich folgenden Gabelung **H** der linke Ast gewählt (rechts geht's nach St. Georgen). Steigung auf asphaltierter, nicht sonderlich befahrener Straße (oberhalb nur noch Einzelhöfe), Wiesen, Weiden, ein paar Esskastanien. Bei Gabelung 150 m höher **I** links auf Pichlerstraße weiter (bzw. weiterhin Richtung Taser). Die Talstation der Seilbahn Taser **J** bleibt rechts. Der folgende Straßenabschnitt ist fast eben, teilweise durchfährt man schattigen Wald. Bei den Abzweigungen 1 km weiter **K** cool geradeaus bleiben. Bei der nächsten Straßengabelung **L** rechts halten (links geht es hinunter nach Verdins) auf den Schennaberg, rechts darüber steht der beliebte (und gute) Gasthof Hasenegg. 1,5 km weiter macht die Straße auf den Schennaberg am Waldrand eine plötzliche Rechtskurve **M**, hier fahren wir geradeaus weiter auf eine Forststraße, die zunächst noch asphaltiert ist. Im Wald zweigt links der Verdinser Waalweg ab **N**, was uns nicht weiter berührt, auch das Ende der Asphaltierung **O** hält uns nicht auf, jetzt wird's schließlich erst interessant. Bergan, kurvig, Tälchen werden ausgefahren, eine Serpentine und eine weitere, dann Gabelung **P**. Rechts zur bewirtschafteten Streitweider Alm (10 Min.), links steil aufwärts nach Videgg, wo wir hinwollen. Der Weg führt in die Schlucht des Rötenbachs, der aus dem Kar zwischen Videgger Plattenspitze und Hönigspitze austritt, und den wir im hintersten Bereich auf einem Steg **Q** queren (auf allen Karten, auch der sonst so verlässlichen Tabacco-Karte, zu tief eingezeichnet!).

Es folgt eine kurze Schiebestrecke durch den Wald hinauf zu den Videgger Wiesen und den beiden dortigen Jausenstationen Haashof und Gasthof Videgg **R**. Wenn man sich gestärkt hat, kann's losgehen mit dem Downhill, der aber nicht so zügig ist, wie man sich erhofft hatte. Die Waldpassage, die folgt, hat sogar eine Steigungsstrecke (Einmündung einer Straße von den unteren Videgger Höfen **S**). Dann aber, wenn man die Mittelstation der Hirzer-Seilbahn **T** erreicht hat, geht es so richtig los und in mehreren Serpentinen und langen übersichtlichen Strecken ist man in Kürze unten an der Passer, wo man bei Schweinsteg den Fluss quert und drüben an der SS 44 durch das Passeiertal steht **U**. Wer will, kann natürlich den Passeirer Radweg nehmen, aber nach der Schinderei geht es leichter auf der Staatsstraße über Saltaus mit Talstation der Hirzer-Seilbahn **V** und über Riffian und Kuens nach Meran, das man in Obermais erreicht (Abzweigung St.-Georgen-Straße **W**) bzw. im Zentrum am Sandplatz **X**.

• *Essen & Trinken* Mehrere Gaststätten entlang der Strecke, am schönsten diejenigen am Scheitelpunkt in Videgg: **Haashof** (1540 m), Gasthof in Videgg hoch oberhalb Verdins am Straßenende, warmes Essen, Merenden, Kaffee und Kuchen mit Panorama, beliebt und gut die hausgemachte Schweinswurst mit Kraut und Knödel (ca. 7 €), der Kaiserschmarrn mit Preiselbeeren oder Apfelmus (ca. 6 €) und natürlich Speck am Brettl (ca. 8 €). Den phantastischen Zwetschgenkuchen aus Sandteig bekommt man leider (und Gottseidank) nur in der Zwetschgenzeit. ✆ 0473/949509, Mitte April bis nach Allerheiligen tägl. geöffnet.

Jausenstation/Gasthaus Videgg (1510 m), Ende März bis So nach Allerheiligen geöffnet, ✆ 0473/949416.

Blick von der Jaufenstraße ins Passeiertal

Das Passeiertal

Zu den Tälern, die sich ins Bewusstsein schieben, wenn man an den Tiroler Freiheitskampf gegen Napoleon denkt und an das Selbstbewusstsein der seit dem Mittelalter Waffen tragenden, freien Bauern, gehört in erster Reihe das Passeiertal.

Das hängt zum einen mit seinen *Schildhöfen* zusammen, Bauernhöfen, deren Besitzer bereits im Hochmittelalter dadurch ausgezeichnet wurden, dass sie wie Adelige mit Pferd und in Rüstung für den Landesherrn Kriegsdienst taten, zum anderen mit der Person *Andreas Hofers*. Der Sohn des Sandwirts aus St. Leonhard ist der mit Abstand berühmteste Passeirer, er ist die Symbolfigur für die Deutschtiroler schlechthin, egal ob sie nördlich oder südlich des Brenner leben, und seit 1848 ist das Lied, das sich mit seinem Heldentod beschäftigt („Zu Mantua in Banden der treue Hofer lag ...") die Tiroler Landeshymne. Die Passeirer sind stolz auf ihre erworbene und erhaltene Freiheit, stolz auf Andreas Hofer, und sie tragen den Kopf hoch und die alte Tracht, die Männer mit dem berühmten breitkrempigen Hut. So schnell wird man sie nicht unterkriegen können.

Das bei Meran mündende Tal der Passer besteht aus zwei gänzlich unterschiedlichen Zonen. In einem scharf V-förmig eingeschnittenen Tal fließt die *Passer*, ein Radweg begleitet sie von Meran bis St. Leonhard in Passeier. Der Fluss hat sich in ein älteres, flaches Tal eingeschnitten, das heute noch als Terrasse zu beiden Seiten erhalten ist. Auf ihr liegen die Orte, alte Streusiedlungen mit Kirchen in ihrer Mitte, um die sich heute Dörfer mit Hotels und Pensionen geschart haben. Nur **St. Martin** und **St. Leonhard** sind auch früher bereits echte Dörfer mit einem Ortskern gewesen, ganz deutlich in St. Martin mit seiner hübschen Dorfstraße zu sehen. Zwei wichtige

Pässe führen vom Passeier über die Alpen: das nur mehr touristisch bedeutende *Timmelsjoch* hinüber ins Ötztal und der bereits in römischer Zeit als Straße ausgebaute *Jaufenpass* nach Sterzing, die älteste Verbindung von Bozen über den Brenner nach Norden. Das oberste Passeiertal, das **Hinterpasseier**, führt zwischen Ötztaler Alpen und Texelgruppe hoch hinauf ins Gebirge und über das *Eisjöchl* auf Wanderwegen hinüber ins zweite große Seitental des Etschtals, das **Schnalstal**.

Information/Verbindungen

• *Information* **Tourismusverein Passeier** (für das gesamte Tal mit Ausnahme von St. Leonhard), I-39010 St. Martin, Jaufenstr. 7, ✆ 0473/641210, ℻ 641596, www.sanktmartin.it. **Tourismusverein St. Leonhard**, I-39010 St. Leonhard, ✆ 0473/656188, ℻ 656624, www.passeiertal-hotels.it.

Tourismusbüro Hinterpasseier, I-39013 Moos in Passeier/Moso in Passiria, Dorf 78, ✆ 0473/643558, ℻ 643880, www.hinterpasseier.com, für Pfelders auch www.pfelders.info. Kleines Büro am oberen Ortseingang etwas unterhalb der Timmelsjochstraße, zuständig für Moos, Platt, Stuls und Pfelderer Tal. Die Preisnachlässe der **MeranCard** gelten auch im Passeier und in St. Leonhard.

• *Verbindungen* **Pkw**: Jaufenpass und Timmelsjoch werden durch das Passeiertal erreicht, beide sind im Winter gesperrt. Die Straße durch das Passeiertal nach Meran ist nicht optimal ausgebaut, die Durchschnittsgeschwindigkeiten sind gering. Gute **Busverbindungen** nach Meran, dagegen nach Moos und Pfelders gerade eben ausreichend, letzter Bus ab Pfelders 17.15 Uhr!

Sport & Freizeit/Feste & Veranstaltungen

• *Golfen* **Golfclub Quellenhof** in St. Martin, 4-Loch-Anlage aus Par 3 180 m und Par 4 300 m, ganzjährig geöffnet, ✆ 0473/645474. **Golfclub Passeier-Meran**, St. Leonhard, 18-Loch-Anlage, Par 71, 5.700 m, geöffnet März bis Nov., die Anlage wurde 2003/04 komplett überholt und wesentlich erweitert. ✆ 0473/641488.

• *Radfahren/Mountainbike* Der Passer-Radweg zwischen Meran und St. Leonhard ist ein gut ausgebauter **Familienradweg**.

• *Wandern/Bergsteigen* Die Bergführervereinigung St. Leonhard führt Tages- und Wochentouren durch, auch Kletterfahrten und Skitouren, ✆ 0473/656788.

• *Wassersport* **Rafting, Kayak, Canyoning** organisiert Acquaterra im Sporthotel Quellenhof in St. Martin in Passeier.

• *Sport in Pfelders (Hinterpasseier)* Pfelders hat **Tennisplätze** – im Winter **Natureislaufplatz** – und **Volleyballplatz**.

Reitstall Steinerhof: Koppel, Ausritte, Ponys, Kutschenfahrten, im Winter Schlittenfahrten auch Mondscheinfahrten! ✆ 0473/6764741, www.reitbetrieb-steinerhof.it.

Wintersport: Skigebiet mit Sessellift zur Grünbodenalm, von dort zu den Oberen Böden, außerdem Schlepplift im Ort. Die Pfelderer Skilifte gehören zum Verbund *Ortler Skiarena* (→ S. 58), Tageskarte ca. 20 €, 6 Tage ca. 82 €.

Skilift Pfelders, ✆ 0473/646721. **Skischule Pfelders**, komplettes Kursangebot für Alpinski, Snowboard und Langlauf, auch Carving-Intensivkurse, ✆ 0473/646797, ℻ 646750, www.pfelders.info. **Skiverleih Gufler**, Pfelders 31, ✆ 0473/646768, große Auswahl.

• *Feste & Veranstaltungen* **Pfelderer Kirchtag** am 15. August (Maria Himmelfahrt). An diesem Tag und zu Fronleichnam sieht man überall im Tal zum Kirchgang und beim Umzug besonders viele **Trachten**. **Almabtrieb** Mitte September mit geschmückten Tieren und (meist) Blasmusik.

Übernachten/Essen & Trinken

• *In Saltaus* **** **Schildhof Saltauser Hof**, Passeierstr. 6, der historische Schildhof in Saltaus mit seinem weiß getünchten Äußeren mit den kontrastierend farbigen Fensterflügeln und den pittoresken Stufengiebeln hat im Inneren sowohl die Erinnerungsstücke an eine bäuerliche Passeier Vergangenheit erhalten als auch den Komfort der Gegenwart integriert: Hallenbad und Freibad, Sauna, Fitnessraum, 2 Tennisplätze, Kinderspielplatz und -spielraum inkl. TV/Video, Radverleih. Eindrucksvolle getäfelte Bauernstube als Restaurant, uriger Marendkeller, im Herbst auch Törggelen.

Zimmer und Suiten mit recht viel Platz, über die alpin-tirolisierenden Stilmöbel für die sehr komfortable Ausstattung könnte man streiten. DZ/HP 108–172 €. ✆ 0473/645403, ℻ 645515, www.saltauserhof.com.

**** **Sonnenalm**, Sonnenweg 3. Sonnig und aussichtsreich über dem Ort gelegen, wird dieses Hotel seinem Namen gerecht, die Einrichtungen sind allerdings komfortabler als auf einer Alm. Oder kennen Sie eine Alm mit Hallenbad, großem Freischwimmbad, Liegewiese, 12 Tennisplätzen, Kinderspielplatz, Tennis-, Golf- und Reitschule sowie komfortablen Zimmern in hellen Tönen (Holz muss sein)? Kennen Sie nicht? Na eben. Kinderermäßigung von 50 %, die bis 18 Jahre geht (sagen Sie Ihrer 15-jährigen Tochter aber lieber nicht, dass sie Kinderermäßigung kriegt). DZ/FR 96–174 €. ✆ 0473/645474, ℻ 645499, www.quellenhof. it. Den Sonnenhof finden Sie nicht im eigentlichen Saltaus (bei der Hirzer-Seilbahn), sondern in **Ried** (uns Touristen gegenüber als Quellenhof bezeichnet), 1,5 km weiter in Richtung St. Martin. Weitere Vier-Sterne-Hotels in Ried/Quellenhof unter gleicher Telefonnummer und Internetadresse: *Quellenhof*, *Forellenhof* und *Alpenschlössl*.

** **Sonnegg**, kinderfreundliche Pension mit gut ausgestatteten Zimmern (Balkon, TV), reichhaltigem Frühstücksbüffet, kleines beheiztes Freibad, Fahrradverleih, Wanderungen. DZ/HP 60–96 €. ✆/℻ 0473/645478, www.pension-sonnegg.com.

• *Urlaub auf dem Bauernhof* *** **Masulhof**, Masulhof 166. Familie Ladurner vermietet in ihrem modernen, zeitgenössisch eingerichteten Bauernhof 4 Ferienwohnungen mit genügend Platz auch für spielende Kinder (40–50 qm), mit Liegewiese und Benutzung des Freischwimmbads nebenan. 4 Apts. ab 43–60 € je nach Größe. ✆ 0473/645431.

• *In St. Martin* *** **Jager Hans**, Dorfstr. 3, solides Haus mit angenehmen, geräumigen Zimmern (viel Platz mit eigenem Sitzbereich im Typ „Hirzer" mit 41 qm), Hallenbad, Whirlpool, Kneippbecken, Saunen und „Kräuterkuchl", Solarium, Fitnessraum. Die Restaurant-Pizzeria bietet verschiedene Schnitzel und Zwiebelrostbraten (ca. 8–11 €), Marendteller mit Speck (ca. 8 €) und ein 2-gängiges Menü für 13 €. Restaurant bis 20.30 Uhr, Pizzeria (nur abends) bis 23 Uhr. DZ/FR 56–106 €. ✆ 0473/641253, ✆ 641078, www.jagerhans.com.

** **Bergkristall**, Ritterweg 9, Privatzimmer vermietet Familie Kofler in ihrem Garni im freundlichen Haus am Hang, dessen Oberstock nach alter Art komplett aus Holz errichtet wurde. Einfache, aber angenehme Zimmer mit Balkon, Aufenthaltsraum und Liegewiese. DZ/FR 30–40 €. ✆ 0473/641011.

Lamm, Gasthof in der Ortsmitte, deftigschmackhaftes Essen: saures Rindfleisch mit Tomaten, Speck am Brettl, 5 Salate, z. B. mit Räucherforellenfilet (alles ab ca. 8 €), Fleischgerichte 9–15 €, saisonal köstliche Zwetschgenknödel (7 €). Mi Ruhetag.

Bistro Platzl, am Platzl; **Dorfcafé** mit Eisdiele; daneben **Bäckerei Kofler** mit gutem Brot; **Café Herbert**, Eisdiele mit Terrasse – alle entlang der Dorfstraße.

• *In St. Leonhard* **** **Stroblhof**, Passeirerstraße 28/29, 6 Stockwerke ist ein wenig zu viel für einen Hotelbau „Tiroler Stils", genauso wie der lange und durch mehrere Baukörper führende Weg zur Rezeption. Dafür verbirgt sich hinter dem straßennahen Gebäudekomplex ein zweiter, der Wasser und Wellness gewidmet ist mit großzügigem Freibad samt Rutsche und Terrasse/Liegewiese, Tennisplätzen, abgetrenntem Kinderspielplatz, großem Hallenbad und opulentem Sauna- und Wellnessbereich, Beautyanwendungen und Fitness selbstverständlich. Abends häufig am Pool Animation jeder Art, von Konzerten über Shows und Tanz bis zu Modeschauen. Golfkursangebote, Sonderpreise an den Golfplätzen im Passeier. Mehrere Zimmertypen 26–70 qm (ab 55 qm Familienapartments, nur ab 3 oder 4 Pers.), auch Einzelzimmer (19 qm), alle hervorragend ausgestattet und (bis auf EZ) mit Sitzecke/-bereich. DZ/HP ca. 100–200 €. ✆ 0473/656128, ℻ 656468, www.stroblhof.com.

*** **Bergland**, Schlossweg 2, das gutbürgerliche Hotel am oberen Ortsrand ist vom offenen Grün oberhalb St. Leonhard nur durch den wenig befahrenen Schlossweg getrennt, der „Sonnenrundgang" zur Jaufenburg beginnt um die Ecke. Hallenbad, Sauna, Solarium, Fitnessraum, Liegewiese und Garten bieten Entspannung, die Zimmer und Suiten – alle mit Balkon – sind gut, die kleineren allerdings ziemlich altmodisch ausgestattet. Zimmer und Suiten in mehreren Größen (25–76 qm), schöne Zimmer in 5 Kategorien, einige mit Hydromassage und Süd-Terrasse! DZ/HP 90–152 €. ✆ 0473/656287, ℻ 656644, www.hotel-bergland.com.

*** **Frickhof**, Passeierstr. 31, Hotel im Zentrum in etwas beengter Lage, die übliche ausladende Balkonfront in Holz mit Blumenschmuck, die Zimmer dahinter eher Kategorie-Durchschnitt. Restaurant-Pizzeria, schöne (neue) getäfelte Stuben mit Kachelofen (A.-Hofer-Stube) und Zimmer mit eher dezenter Holznote, die Preise im Restaurant eher hoch (Forelle in 5 verschied. Zubereitungen ca. 12 €). Die Zimmerpreise brauchen keinen Vergleich zu scheuen: DZ/FR 642–80 €. ✆ 0473/656119, ℻ 656646, www.frickhof.com.

*** **Tirolerhof**, Kohlstatt 7/11, Hotel in zentraler Lage, Familienbetrieb, rustikal und freundlich, Saunen, Solarium, Fitnessraum, Zimmer mit Balkon. Im nicht unbedingt elegant, aber interessant gestalteten Restaurant und auf der Terrasse zur Passer traditionelle Kost von der Passerforelle (ca. 13 €) über Gemüseplatte mit Ei (9 €) und Hirschpfeffer mit Schupfnudeln und Blaukraut (9 €) bis zu Kaffee und Kuchen. Popelig (aber hierbei ist der Tirolerhof nicht allein): nur je 1 weißer und 1 roter Tischwein. Wenn Reisegruppen hier übernachten, kann es voll werden. DZ/FR 54–70 €, Apt. für 2 Pers. ca. 42–50 €. ✆ 0473/656117, ℻ 656686, www.tirolerhof.it.

*** **Ediths Pension mit Café-Bar Theis**, Café und Imbiss, 11 Nudelgerichte zur Auswahl (ca. 6–7 €), man kann auch (in Zimmern mit Balkon und TV) angenehm und zentral wohnen, DZ/FR 54–66 €. ✆ 0473/656126, ℻ 656813, www.pension-theis.com.

Brückenwirt, Gasthaus-Pizzeria mit neuer Mikro-Schaubrauerei. Pizza wie z. B. die Holzfäller-Pizza, die mit Passeirer Mozzarella, Wildpilzen und Speck gemacht wird (7,50 €). Ein Mysterium bleibt der Mozzarella, im Passeier wird nämlich keiner produziert ... andere Pizza ca. 5–8 € . Das Hausbraubier des Brückenwirts darf 4–6 Tage gären und dann ebenso viele Wochen reifen, bevor es zu 3,20 € je 0,4 l ausgeschenkt wird. Toller Ausblick auf Passer und Ort von der Terrasse. Ab 11 Uhr geöffnet, Di Ruhetag.

** **Bad Fallenbach**, Jaufenstr. 23, Gasthof etwa oberhalb des Orts in Südposition, die von Pool und Liegewiese wie den Balkonen ausgenutzt wird. Sehr freundliches Haus, TV im Aufenthaltsraum, hauseigene Heilquelle. DZ/FR 50–72 €. ✆ 0473/656102, ℻ 656836, www.badfallenbach.com.

Kaffee Zentral, Kuchen und Eis, aber auch kleine Imbisse – fast – direkt an der Passerbrücke im Ortszentrum.

• *In Stuls* *** **Kronhof**, Stuls 7 c, die sonnige Panoramalage hat dem Weiler Stuls drei Dreisternehotels beschert, von denen der Kronhof durch seine immerhin 4 EZ hervorsticht. Schönes Hallenbad, Saunen, Solarium, Fitnessraum, Liegewiese und bequeme Zimmer sowie Apartments (mit FR/HP buchbar) mit Balkon. DZ/HP 78–82 €, Apt. für 2–4 Pers. 60–77 €. ✆ 0473/649566, ℻ 649596, www.kronhof.com.

Seit 1883 hat St. Leonhard das Recht, sich „Kurort" zu nennen. Das hat es der Heilquelle „Zegg-Bad" zu verdanken, heute **Bad Fallenbach**, die bereits seit dem 18. Jh. bekannt war, ab 1830 erstmals analysiert und später gefasst wurde. Passeirer wie ihre Gäste nutzten das Bad, das wie so viele andere „Bauernbadl" nach 1918 aus der Mode kam. Im Garten des Gasthauses Bad Fallenbach können Sie es kostenlos vom Brunnen trinken. Das Wasser entspringt mit 12 °C und enthält Eisen, Jod und Fluor und Spuren von Arsen, Brom, Selen, Zink und vielen anderen Elementen. Typisch sind die rostfarbenen Ablagerungen, die das fließende Wasser an der eigentlichen Kluftquelle hinterlässt. Es gilt als das reichhaltigste Mineralwasser Südtirols.

** **Café-Pension Gufler**, Stuls 2 b, auf der sagenhaft liegenden Aussichtsterrasse des kleinen Lokals genießt man große Portionen Speck am Brettl, Omelett oder Kuchen und Torten (mit massig Creme) zu erträglichen Preisen. Zimmer mit Balkon, DZ/FR 40–56 €. ✆/℻ 0473/85547, www.pensiongufler.com.

• *In Moos* ** **Maria**, Privatpension mit Café an der Bushaltestelle unter dem Tourismusbüro, kleines Angebot, leider nur Konsum-Speiseeis. Zimmer mit Balkon, kein TV. DZ/FR 48–52 €. ✆ 0473/643563, free12803@dnet.it.

• *In Platt* ** **Tannenhof**, Pension im Dorf mit Café-Restaurant und rustikal-schmackhafter Küche, im Herbst gab's z. B. tadellose Kartoffelravioli mit Pfifferlingen und nachher Apfelschmarrn mit Preiselbeeren, zusammen 13 €. Pensionsbetrieb familiär und kinderfreundlich, Zimmer mit Balkon und TV. DZ/FR 56–60 €. ✆ 0473/649088, ℻ 649120, www.tannenhof.it.

* **Breiteben**, Breitebner Str. 3, I-39010 St. Martin i. P. Fährt man die schmale Straße von Platt nach St. Leonhard (gut mit dem Radl zu fahren, da sehr wenig Verkehr),

erreicht man, bevor sie in den Wald und in Kurven relativ steil abwärts führt, die große Lichtung Breiteben. Rechts oberhalb der Gasthof Breiteben in absolut ruhiger, einsamer Lage, man blickt auf Stuls hinüber und den Bergkamm mit der Hohen Kreuzspitze (2744 m). Die Wälder ringsum sind voller Pilze, was italienische Familien in Trauben hierher lockt und sie spätnachmittags vor dem Gasthaus die essbaren Schätze putzen lässt, bevor sie geschnitten und getrocknet werden. Der Gasthof war und ist sehr einfach, das macht einen großen Teil seines Reizes aus, aber es gibt Zimmer mit Dusche/WC und Balkon und ein gutes Frühstück und – wer will – Mittag- und Abendessen (traditionell, was sonst), und die Kinder haben freien Auslauf in alle Richtungen. Was will man mehr? DZ/FR 56–60 €. ✆ 0473/656249.

• *In Pfelders* ** **Enzian**, Pfelders 25, Gasthof-Pension und Restaurant-Café. Sensation: ein offener Teroldego (Trentiner Rotwein) und nicht die üblichen faden roten Tischweine! Da schmeckt das Essen gleich doppelt so gut: Käsknödel mit Salbeibutter und Parmesan (ca. 7 €), Hirschkotelett in Wacholderrahm (ca. 15 €), garnierter Tafelspitz und Zwiebelrostbraten, herbstlich die Polenta vom Grill mit fischen Pfifferlingen (ca. 10 €). Dann zum Kaffee eigene Kuchen und Torten. Im Haus Sauna, Fitnessraum, Whirlpool und Hallenbad im Nebenhaus können benutzt werden. Zimmer mit Balkon/TV, DZ/FR 56–64 €. ✆ 0473/646708, ℻ 646776, www.enzian-pfelders.com.

** **Bergland**, Pfelders 27, Pension mit recht großen Zimmern mit Balkon und TV, Wiese mit Spielplatz beim Haus, freundlicher Frühstücks- und Speiseraum. DZ/FR 50–58 €. ✆/℻ 0473/646716, www.pension-bergland.it.

Sehenswertes/Ausflüge

▸ **Auf den Hirzer (2781 m)**: Zu den vielen Wandermöglichkeiten, die man von der in Saltaus beginnenden Hirzer-Seilbahn hat (Mittelstation und Bergstation) → Schenna, hier nur die allgemeinen Informationen:

• *Bergbahn* **Hirzer-Seilbahn**, März bis Sonntag nach Allerheiligen. Infos www.hirzer.info oder ✆ 0473/645498 (Talstation).

Abschnitt Saltaus (Talstation) bis Prenn (Mittelstation) tägl. 8.30–17.30 Uhr (außer 12.30 Uhr) jeweils zur halben Stunde, Mitte Juni bis Mitte Sept. bis 18.30 Uhr.

Abschnitt Prenn (Mittelstation) bis Klammeben (Bergstation) tägl. 8.40–17.20 Uhr (außer 12.40 Uhr) jeweils alle 30 Min., Mitte Juni bis Mitte Sept. bis 18.20 Uhr (jeweils Berg- und Talfahrt).

Preise (beide Teilstrecken): 11 €, Berg/Tal 18 €.

▸ **St. Martin in Passeier**: Wer unterhalb von St. Martin auf der Staatsstraße 44 durchdonnert, ist selber schuld. Der Ort ist nämlich trotz Tourismus und einiger Neubauten ein sehr traditionelles Dorf, an dessen enger Dorfstraße sich eine Anzahl alter und schöner Häuser aufreihen. Also: Wagen abstellen und hinauf ins Dorf. Oder gleich buchen und hier bleiben. Wanderwege ringsum, die Hirzer-Seilbahn (s. o.) ist um die Ecke.

In St. Martin und im engeren Umkreis gibt es eine ganze Reihe von **Schildhöfen**. Sie heißen Kalm, Turm, Haupold, Weingarten, Obergereuth, Untergereuth, Saltaus, Steinhaus – dieser Schildhof, der auf einem Hügel oberhalb der Pfarrkirche liegt, fällt durch seine wehrhafte Erscheinung mit Spitzbogentürmen und Erkern auf.

Beim Dorfbummel besucht man die *gotische Pfarrkirche zum hl. Martin* mit ihrem reizvollen Sterngewölbe im Chor (15. Jh.) und dem barockisierten Langhaus. Sie hat einen prächtigen Hochaltar (1765) und schöne, ebenfalls spätbarocke Seitenaltäre. Besonders reizvoll ist die gleichzeitig entstandene Kanzel mit dem üppig dekorierten Schalldeckel mit Engel, der fleißig und immerwährend Posaune bläst. Am Friedhof die spätgotische, doppelgeschossige *St.-Michaels-Kapelle* mit Nikolausfresko neben dem Eingang und hübschem Renaissancealtar im oberen Stockwerk.

Noch oberhalb der Kirche steht ein Haus (Nr. 21), groß wie ein adeliger Ansitz, mit Außenfresken: an der oberen Hauswand ganz groß mit Gottesmutter, Heiligen und

St. Leonhard in Passeier

dem Stifter, dazu links und rechts mit Medaillons, rechts ist der hl. Martin zu sehen, der Patron des Dorfs. Das Haus wird *Malerhaus* genannt. Seine Fresken entstammen der „Passeirer Malerschule“, die zwischen ca. 1719 und 1845 viele Fresken, aber auch Bilder in Kirchen und Kapellen hervorbrachte, und die ihr Zentrum in St. Martin hatte. In *Haus Nr. 2*, dem heutigen „Bistro Platzl“, ist ein gotischer Eingang zu bewundern, leider hat man neuerdings an die Fassade unpassende Holzbalkone angehängt. Am etwas weiter unterhalb liegenden dreieckigen Platz (mit Supermarkt „Passeier“) steht ein auffälliges *Turmhaus* mit freskiertem Erker und freskierten Rundmedaillons.

Oberhalb des Dorfs St. Martin steht der eindrucksvolle *Schildhof Steinhaus*, der 1285 erstmals urkundlich bezeugt ist und im Besitz mehrerer Tiroler Adelsfamilien war, dann zum Kloster Marienberg kam und seit dem frühen 19. Jh. in den Händen von Bauernfamilien ist. Erker, Türmchen und Spitzbögen sowie Maßwerkfenster (um 1500) erinnern eher an einen adeligen Ansitz als an einen Bauernhof. Auch das Wirtschaftsgebäude setzt sich von anderen Höfen durch seine massiven Steinportale ab.

St. Leonhard in Passeier: Der Geburtsort des *Andreas Hofer* liegt zu beiden Seiten des rasch fließenden Waltenbachs. Die Straße zum Jaufenpass umgeht den Ortskern, wo neben der Autobrücke der alten Jaufenstraße eine zweite, für Fußgänger reservierte Brücke über die Passer führt. Dort konzentriert sich sehr dicht der Gastrobezirk des Orts, was man ganz anschaulich am späteren Nachmittag nachprüfen kann, wenn sämtliche Terrassen sämtlicher Cafés und Gaststätten mit Eis schlürfenden und Torten verschlingen... – pardon, genießenden Gästen besetzt sind. Die alten *Schildhöfe Happerg, Gomion, Ebion* und *Buchegg* in der weiteren Umgebung zeugen von der Bedeutung des Orts bereits im Mittelalter.

Die Jaufenburg: Die Ruine der Jaufenburg, die praktisch aus dem Bergfried besteht, ist von St. Leonhard aus gut zu sehen, sie bewachte schließlich den Aufstieg zum

Die Schildhöfe des Passeiertals

Das Passeiertal hat eine Reihe von Bauernhöfen, die schon durch ihre baulichen Besonderheiten wie einen festen Turm, Zinnen und besonders kräftiges Mauerwerk anzeigen, dass sie etwas Besonderes sind. Es sind so genannte Schildhöfe, die Höfe freier Bauern, die eine militärische Dienstverpflichtung an die Grafen von Tirol abgelegt hatten und ihnen mit Pferd, Schild und Speer Waffendienst leisteten. Für die Heerfolge, die seit dem 13. Jh., vielleicht sogar schon aus dem 12. oder gar 11. Jh. datiert, erhielten sie Privilegien. Das wichtigste Privileg war Steuerfreiheit (1311 waren es 11 Personen, die von der landesfürstlichen Steuer befreit waren, darunter die Besitzer der Höfe Gormion, Haupold, Saltaus, Erbion und Buchenegg). Die „Schildleute", wie sie auch genannt wurden, stuften sich in der mittelalterlichen Hierarchie gleich nach den Rittern ein und nahmen (bis 1790) in der Gruppe (Kurie) der Ritter am Landtag teil. Dass sie nicht selbst in den Adel aufrückten, ist verwunderlich und letztlich ungeklärt. Sie blieben Bauern, die ihrem Landesfürsten zu Pferd und in Rüstung Heerfolge leisteten und – eine wichtige Aufgabe – die Straße über den Jaufenpass sicherten. Ihre Stellung als landesfürstlich Privilegierte und besonders angesehene Bürger Tirols erlaubte es ihnen jedoch auch, Verwaltungsämter auszuüben, insbesondere das lukrative Richteramt. Selbst die Burggrafen auf Tirol (Verwalter für die Burg) waren zweimal Schildherren aus dem Passeier. Neue Titel und Einkommen außerhalb der Landwirtschaft erlaubten es den Schildherren, ihren Besitz auszuweiten, Wasserrechte und Grundstücke zu kaufen und eigene Verwalter und Gesinde einzustellen. Dazu waren oft Zu- und Anbauten, ja neue Häuser nötig – die Schildhofstelle Saltaus entwickelte sich allmählich zu einem Dorf.

Nach der Verlegung der Tiroler Landeshauptstadt von Meran nach Innsbruck (1420) verloren der Jaufenpass und damit auch die Schildhöfe ihre große Bedeutung in Lande. Sie blieben jedoch bestehen und behielten auch bis 1918 formell ihre Heerfolgepflicht und das – ebenfalls militärische – Paraderecht, das sie, in Form von Aufzügen bei Prozessionen, bis heute ausüben. Die Schildhöfe selbst sind in den meisten Fällen nicht mehr die alten Gebäude, die längst durch Neubauten ersetzt wurden oder bis zu Unkenntlichkeit verändert wurden. Nur wenige haben in ihrer alten Form überlebt wie der Hof Steinhaus über St. Martin.

Jaufen und musste einen guten Ausblick auf die Straße darunter haben, an der St. Leonhard liegt. Im sanierten Bergfried erklären Schautafeln in den unteren drei Stockwerken die Geschichte der Burg und des Gerichts Passeier samt der jeweiligen regierenden Herrschaften (z. B. die Grafen Fuchs), interessant v. a. die Erklärungen zum Phänomen der Schildhöfe. Im vierten Stockwerk Fresken von *Dill Riemenschneider* (1538), im fünften tolle Aussicht und Hörstation zu den Sagen des Passeier.

Öffnungszeiten Mai bis Allerheiligen Di 10–12 Uhr, Do und So 16–18 Uhr; Eintritt 2 €, Kinder 1 €. Die Jaufenburg wird vom Museum Passeier betreut (s. u.). Mit Pkw über Schlossweg (ab Jaufenstraße), zu Fuß z. B. „Sonnenrundgang" (ebenfalls ab Schlossweg) in ca. 20 Min.

▸ **Museum Passeier mit Andreas-Hofer-Geburtshaus**: Außerhalb von St. Leonhard und etwas talabwärts liegt an der Jaufenstraße der alte *Sandhof,* wegen seiner Lage an der stark frequentierten Jaufenstraße war er schon lange Wirtshaus, als dort 1767 Andreas Hofer geboren wurde. Andreas Hofer (1767–1810), der vielleicht berühmteste Tiroler, war Gastwirt in diesem Haus, bevor er den Widerstand Tirols gegen die Besatzung der Franzosen zu organisieren begann, zuerst unterstützt und dann alleingelassen durch die kaiserliche Regierung in Wien, Sieger zuerst und dann Verlierer, verfolgt, gefangen und hingerichtet in Mantua (→ „Geschichte“).

Im Gasthaus wurde der ehemalige Stall (heute lässt man den Wagen auf dem riesigen Parkplatz gegenüber dem Haus) zum Gedenkraum innerhalb des Museums Passeier eingerichtet. Er enthält seine Kleider, den Hut, seinen Rosenkranz, Parapharnalia seines Lebens. Waffen, Schützenfahnen, diverse Dokumente und Andreas-Hofer-Kitsch sind ebenfalls zu sehen.

Vielleicht noch interessanter als diese Devotionalien sind der Volkskundebereich des Museums mit vielen Objekten des ehemaligen Heimatmuseums und vor allem der Außenbereich, den man von der Straße aus teilweise einsehen kann. Ein kompletter Passeirer Haufenhof wurde abgetragen und hinter dem Sandhof wieder aufgebaut, er zeigt die Hofschmiede und die Wassermühle, den Getreidekasten und den – fast überall wegen der Brandgefahr frei stehenden – Backofen, das Wohnhaus und das Wirtschaftsgebäude. Daneben sind eine Herz-Jesu-Kapelle von 1899 und das interessante Heilig-Grab-Kirchlein von 1691 von Interesse. Ganz neu sind eine Lodenwalke mit Gerstenstampfe, die bis 1950 im Hinterpasseier in Betrieb war, eine Kegelbahn von 1920 und ein alter Bienenstand.

Öffnungszeiten Mitte März bis Allerheiligen tägl. (außer Mo) 10–18 Uhr, um 16 Uhr Führung (1:30 Std., Aufpreis 2 €), Eintritt 5 €, Kinder 2,50 €, Fam. 9 €. I-39015 St. Leonhard in Passeier, Passeirerstr. 72, ✆ 0473/659086, www.museum.passeier.it.

Die Straße über den Jaufen: Die uralte Jaufenpassverbindung von St. Leonhard in Passeier nach Sterzing bzw. von Bozen und Meran zum Brenner und nach Innsbruck wurde 1912 zu einer modernen Straße ausgebaut. Zwischen St. Leonhard und dem Pass auf 2094 m müssen zwei steile Hänge in Serpentinen bewältigt werden, dazwischen liegt idyllisch der Bergweiler *Walten* mit Kirchlein auf dem Hügel Glaiten. Das Kirchlein sieht man schon vom Tal aus, entsprechend lohnend ist der Blick von dort oben auf Passeiertal, Texelgruppe, Ötztaler und Sarntaler Alpen. Zum Jaufenpass → Kapitel „Sterzing“!

Wanderung auf die Jaufenspitze: → „Das Ridnauntal/Ausflüge“, S. 105.

Die Timmelsjochstraße: Die Bergstraße erreicht auf dem Timmelsjoch eine Scheitelhöhe von 2491 m, damit ist sie nach Stilfser-Joch- und Großglockner-Hochalpenstraße die dritthöchste Straßenverbindung über die Ostalpen. Der Weg über das Timmelsjoch ist eine alte Verbindung. Mindestens seit dem Frühmittelalter, als Bauern aus dem Passeier das obere Ötztal zu roden und besiedeln begannen, ist ein ununterbrochener Verkehr über das Joch anzunehmen. Die heutige Straße ist modern ausgebaut, sie hat fast ausschließlich touristische Bedeutung (Oktober bis Juni gesperrt!).

• *Übernachten/Wandern* * **Gasthof Hochfirst**, Kohlstatt 47, auf 1860 m an der Timmelsjochstraße, Ausgangspunkt für viele **Wanderungen**, z. B. **auf den Schneeberg** (2:30 Std.). Mai bis Nov., 18 Betten in Zimmern mit Du/WC und Balkon (DZ/FR ca. 50 €), außerdem Matratzenlager und Gaststätte mit Terrasse zum Tal. ✆ 0473/647040.

• *Feste & Veranstaltungen* An einem Sonntag Anfang September **Jochfest auf dem Timmelsjoch** nach alter Tradition, denn am Wochenende nach Jakobi wurden die Schafe ins Tal getrieben. Das Fest findet entlang der Straße statt, Musik aus dem Passeiertal und dem Ötztal, Stände, Essen und Trinken.

• *Maut* Ab Frühjahr 2006 ist für die Benutzung der **Timmelsjochstraße** eine Maut geplant, sie wird wohl für Pkw als auch Motorräder 5 € betragen (Busse 25 €). Auf der österreichischen Seite ist dann nochmals Maut fällig.

Lazins im hintersten Pfelderer Tal

▸ **Südtiroler Bergbaumuseum, Bereich Schneeberg (Passeier)**: Das wohl höchstgelegene Bergwerk Europas baute Feinsilber, Zinkblende und weitere Erze ab, die in Gängen zwischen 2000 m und 2500 m vorkommen. Die Gänge ziehen sich zwischen dem Ridnauntal (→ Südtiroler Bergbaumuseum Ridnaun-Schneeberg, S. 104) und dem Passeier über mehrere Kilometer. Seit dem frühen Mittelalter wird abgebaut. Die Tiroler Grafen ließen aus dem Silber Münzen prägen. Die Fugger verstärkten den Abbau und sorgten wie auch anderswo in ihrem Sterzinger Besitz (Gossensass!) für bessere Abbaumethoden, aber mit dem Vordringen des Silbers aus den Habsburgerkolonien in Amerika verlor der Abbau an Bedeutung. 1871 begann man dann mit dem Abbau der bis dahin wirtschaftlich uninteressanten Zinkblende. Dafür musste das Bergwerk ausgebaut, Zufahrtswege und Abbau- sowie Aufbereitungsanlagen errichtet und eine Reihe neuer Stollen gebohrt werden. Die 1871 errichtete Erz-Übertage-Förderanlage auf Schienen war die größte ihrer Zeit und ist in Teilen gut erhalten. 1925 wurde eine große Materialseilbahn errichtet, wodurch es möglich war, die Erzaufbereitung komplett ins Tal zu verlagern und die alte Bergwerkssiedlung St. Martin am Schneeberg weitgehend aufzugeben (die vorhandenen Bauten wurden jedoch nicht abgetragen). Die Knappensiedlung auf 2355 m war vorher jahrhundertelang ganzjährig bewohnt gewesen. Die schlimmste Zeit des Jahres war der Hochwinter für die dort untergebrachten Knappen, die sich oft durch 8 m hohen Schnee wühlen mussten, bevor sie den Stolleneingang erreichten. Da der Abbau erst vor relativ kurzer Zeit eingestellt wurde, sieht man bei der Besichtigung von Schneeberg Knappenhaus und Stollen, Förderlinien und Aufarbeitungsanlagen eines zwar historischen, aber noch bedeutungsmäßig bis in unsere Gegenwart hereinragenden Betriebes.

Die **Schutzhütte Schneeberg**, errichtet im alten Knappenhaus von *St. Martin am Schneeberg*, ist Zentrum für die Besichtigung. Man erreicht sie vom Passeiertal aus z. B. von der Timmelsjochstraße. 2:30 Std. geht man auf einer Forststraße von km 18,6 an der Straße (hinter dem Gasthaus Schönau auf 1700 m). Man erreicht zuerst das Abbaugebiet Seemoos auf 2187 m und denn nach recht steilem Aufstieg die Knappensiedlung St. Martin am Schneeberg.

• *Öffnungszeiten* Der Museumsbesuch umfasst einen Schauraum und das Erlebnisbergwerk. Geöffnet ist von Anfang Juli bis Mitte Okt., im Juni und nach Mitte Okt. nur nach Voranmeldung und bei entsprechendem Wetter. Der Schauraum ist nur 11.30–15 Uhr geöffnet.

Eine **kleine Führung** (ca. 1:30 Std., mind. 10 Erwachsene) findet tägl. um 12.30 Uhr statt, sie startet am Schneeberg und umfasst Schauraum, Knappensiedlung, Stollenbegehung, Erzsuche.

Die **mittlere Führung** (tägl. außer Do und Sa) startet um 8.30 Uhr bei der Schneebergbrücke an der Timmelsjochstraße (Mindestteilnehmerzahl 10 Pers., Anmeldung mind. 2 Tage vorher!), dauert einen halben Tag und umfasst Aufstieg zum Karlstollen, Begehung bis zu Sohle, Aufstieg zum Schneeberg, Schauraum.

Die **große Führung** (nur Do und Sa, halbtägig, ebenfalls Mindestteilnehmerzahl 10 Pers. und Anmeldung mind. 2 Tage vorher) zeigt den gesamten Bereich des Abbaus inkl. 3,5 km Grubenbahn im Poschhausstollen. Treffpunkt 8.30 Uhr an der Schneebergbrücke der Timmelsjochstraße, Ausrüstung wird gestellt, Regen- und Kälteschutz sowie Essen und Trinken selbst mitnehmen!

Eintritt: Museum 3 €; kleine Führung 8 €, Sen. 6 €, Schüler 3 €, Familien (Kinder bis 11 Jahre) 16 €; mittlere Führung 20 €, Kinder 12 €; große Führung 31 €, Kinder 14 €.

Kontakt: Südtiroler Bergbaumuseum Schneeberg Passeier, I-39015 St. Leonhard, Schneeberg OHG, Gerichtsweg 9, ✆ 0473/647306, außerhalb der Saison ✆ 656306, www.bergbaumuseum.it.

Spaziergang zum Stieber-Wasserfall: Von Moos nimmt man die Pfelderer Straße und erreicht nach ca. 600 m noch vor Platt den Parkplatz, an dem der Fußweg zum „Stieber" abgeht. Eine Viertelstunde Weg, dann oft etwas feuchter Anblick des eindrucksvollen Wasserfalls von der Holzbrücke über den Pfelderer Bach, dessen stiebende Wassermassen seinem Namen alle Ehre machen. Wer zu Fuß hierher kam, geht über die Brücke weiter und erreicht in *Gilf* die alte Pfelderer Straße und den Rückweg nach Moos. Wer zum Pkw zurückgeht, kann sich noch beim „Platterwirt" stärken.

Auf dem Panoramaweg von der Grünbodenalm nach Lazins: Vom Großparkplatz am Ortsanfang von Pfelders führt der Gründbodenlift in die Almregion der Texelgruppe. Ein wirklich aussichtsreicher, leicht zu gehender Weg führt in 2:30–3 Std. von der Bergstation mit Hütte (2000 m) über die **Faltschnalalm** (1872 m) nach Lazins (1782 m), von wo aus man auf dem schönen Talweg 24 nach Pfelders zurückkehrt. Herrliche Blicke auf den Gurgler Kamm, den Grenzkamm der Zillertaler Alpen gegenüber und in den Talschluss mit der Hochwilde (3482 m).

• *Bergbahn/Hütten* **Grünbodenlift**, Anfang Juli bis Anfang Sept. und in der Wintersaison, Sa–Do 9.30–12/13.30–16.30 Uhr; Berg/Tal 7 €, nur Berg 5,50 €; ✆ 0473/646721.

Bergstation, **Faltschnalalm** und **Lazins** sind bewirtschaftet.

Auf dem Meraner Höhenweg ins hinterste Pfelderer Tal und zur Stettiner Hütte: Gemütlich geht es von Pfelders bis zu Lazinser Alm, das ist ein Familienausflug. Anschließend wird's haariger, wenn auch technisch unproblematisch, aber man muss eben 1000 Höhenmeter überwinden, um zur Stettiner Hütte (oder Eisjöchlhütte) auf dem Eisjöchl zu gelangen. Das siebt die Spaziergänger unter den Wanderern aus. Wer sich den einfachen, aber langen Aufstieg mit nicht enden wollenden Serpentinen zumutet, bekommt den Blick ins jenseitige Pfossental (Schnalstal-Nebental) und auf die Südkante der Hochwilde im Grenzkamm umsonst dazu. Gesamtgehzeit ab Pfelders etwa 6 Std., technisch leicht.

• *Übernachten/Hütten* Man passiert den **Gasthof Zeppichl** mit Zimmern, Lazins und die ebenfalls bewirtschaftete **Lazinser Alm**.

Stettiner Hütte, 2875 m, Juli bis Mitte Sept., 80 Betten und 20 Lager, DZ/FR 36–50 €. ✆ 347/8742805.

Mölten auf dem Tschögglberg, im Hintergrund die Mendelgruppe

Südlich von Meran

Burggrafenamt ist der alte Name des Tals südlich von Meran und seiner angrenzenden Berge, denn hier lagen die ersten Besitzungen der Burggrafen von Tirol. Ein reiches Land mit Weinbergen wie in Lana und ein armes Bergbauernland wie im Ultental und auf dem Tschögglberg. Vom Vigiljoch (Bergbahn) überblickt man einen Großteil dieser Landschaft.

Im unmittelbaren Umfeld von Meran ist *Marling* fast so etwas wie ein Vorort der Stadt geworden, wogegen *Lana* genügend historisches Eigengewicht hat, um sich gegenüber der großen Nachbarin zu behaupten. Man passiert den ausgedehnten Ort, wenn man ins *Ultental* fährt, in ein Bergbauerntal, dessen markierte Wanderwege auch in mehreren Urlauben nicht abzuwandern sind, zumal man für die höchsten, im *Nationalpark Stilfser Joch*, Pickel und Steigeisen braucht. Schon ins Trentino blicken die Orte des *Deutschnonsbergs* im obersten Val di Non. Freundliche Ferien-, Wein- und Apfelorte liegen im Etschtal zwischen Meran und Bozen: *Tisens, Prissian, Nals, Terlan, Andrian*. Wer die Höhenstraße über *Tschögglberg* und *Salten* nimmt, bekommt auch die Bergdörfer mit, bekannte und unbekannte wie *Hafling, Vöran, Mölten* und das winzige *Flaas*.

Marling

Der nach dem Ort benannte, lange **Marlinger Waalweg** zwischen Töll und Tscherms (und weiter als Tschermser Waalweg nach Lana) ist fast jedem Besucher der Gegend um Meran bekannt. Er ist Marlings große Attraktion und das Ziel vieler Wanderer aus der ganzen Region, die gemütlich ein paar Stunden auf einem praktisch ebenen Weg wandern und die Gegend genießen wollen ebenso wie die Ausblicke, das gelegentliche Plätschern des Wassers (leider plätschert's heute meist unter Beton), den Duft der Apfelblüten im Frühjahr und dann im Herbst den der am Boden liegenden Falläpfel. Es wohnt sich angenehm in Marling, der Ort ist übersichtlich, wandern kann man fast von jeder Pension aus, Meran ist nah (von vielen Balkonen aus sieht man Meran, Dorf Tirol, die Texelgruppe, den Ifinger). *Franz Liszt* fand den Ort inspirierend. Das Geläut der Pfarrkirche soll ihn zu einer Komposition angeregt haben – dem Schöpfer thematischer Tongemälde ist das ohne Weiteres zuzutrauen.

Information/Verbindungen/Diverses

• *Information* **Tourismusverein**, I-39020 Marling, Kirchplatz 5, ☎ 04737/447147, 📠 221775, www.marling.info; Mo–Fr 8.30–12.30/14.30–18.30 Uhr, Sa 8.30–12.30 Uhr. Vor dem Gebäude Tafel mit den Beherbergungsbetrieben. Die **Touristcard Meraner Land** – vom Gastgeber – bietet zahlreiche Ermäßigungen.

• *Verbindungen* **Bus** nach/von Meran 7.25–19.30/8.10–20 Uhr stündlich. Bus nach Lana und Algund werktags alle 20 Min., So alle 30 Min. **Taxi**: Fa. Richard ☎ 0473/446268, Funktaxi ☎ 0473/212013.

• *Diverses* **Apotheke**, A.-Pattis-Str. 4. **Ambulatorium** am Kirchplatz, 8.30–11.30 Uhr. **Post** am Kirchplatz.

Einkaufen/Wein & Destillate

• *Einkaufen* **Bioland-Obst und Gemüse** im Biohof Mairhofer-Kramer, an der Ortseinfahrt rechts.

Klein-Destilliergeräte bietet Inderst, Neuwiesenweg 2 – die Geräte aus massivem Kupfer destillieren z. B. ätherische Öle.

• *Wein & Destillate* **Weingut Popphof**, Mitterterzer Str. 5, Kellerführung mit Verkostung April bis Sept. nach telefonischer Vereinbarung (ab 6 Pers.), auch Zimmer (→ „Übernachten") ☎ 0473/447180 (mittags).

Burggräfler Kellerei, Gampenstr. 64, Verkaufsladen, April bis Okt. jeden Do Weinverkostung und Besichtigung der Kellerei mit ihren international hoch bewerteten Weinen. ☎ 0473/447137, www.burggraefler.it.

Bauernbrennerei Lahnerhof, Brugger Weg 2, Obstbrände (Williams Christ, Apfel), Führungen und Verkostungen nach telefonischer Vereinbarung (ab 6 Pers.), ☎ 335/7043583.

Sport/Feste

• *Sport* **Radverleih** im Tourismusbüro. **Tennishalle Marling** (Südtiroler Tenniscamp), 2 Hallen. und 5 Freiplätze, ☎ 0473/449777.

• *Feste* **Kirchtagfest zu Maria Himmelfahrt** (15. August) und am Vortag.

Übernachten

**** **Kristall**, St.-Felix-Weg 16, Landhaus-Hotel, gediegene Zimmer, Suiten und Apartments in einem mit nicht allzu viel Holztäfelung und Rustikalmöbeln eingerichteten Hotel, die Zimmer zum Hang blicken ins Grüne, die zum Tal zum Ifinger, und wer im neueren Trakt auf der Seite wohnt, bekommt Terrasse, Pool und Liegewiese zu Gesicht. Aufwendige Saunalandschaft, Fitnessraum, Restaurants („Stuben"), Kaminhalle. DZ/FR 128–186 €, Apt. für 2 Pers. inkl. HP 148–206 €. ☎ 0473/447262, 📠 445537, www.hotelkristall.bz.it.

*** **Unterpazeider**, Nörderstr. 32, großer Hotelkomplex mit Zimmern und Apartments an der Straße nach Töll, ringsum das Grün der Apfelplantagen, Hallenbad mit Gegenstromanlage, Sauna, Solarium, Fitnessraum, beheiztes Freibad und Liegewiese mit Bäumen, man kann auch draußen frühstücken und zu Abend essen. Balkone zum Tal, da hat schon mancher Gast mit Blick auf Meran ein abendliches Fläschchen Burggräfler geleert. DZ/FR 84–110 €, Apt. für 2 Pers. inkl. HP 142–186 €. ☎ 0473/448740, 📠 446225, www.unterpazeider.com.

*** **Marlinger Hof**, Gampenstr. 6, das „Piccolo Hotel" ist soooo klein nun auch wieder nicht (67 Betten), hat aber familiäre Atmosphäre, Freibad, Liegewiese, Kinderspielplatz und liegt verkehrsgünstig an der Marlinger Brücke und ist deswegen nicht ganz ruhig. Ganzjährig geöffnet, im älteren wie neueren Trakt angenehme Zimmer mit Balkon. DZ/FR ab 90 €. ☎ 0473/447157, 📠 221606, www.hotel-marlingerhof.it.

** **Panorama**, F.-Innerhofer-Str. 14, Pension in sonniger Panoramalage mit Pool, Garten und Liegewiese unter der Terrasse, Zimmer mit Balkon (ohne TV). DZ/FR 60–76 €. ✆/℻ 0473/447190, andy.bordiga@rolmail.net.

** **Popphof**, Mitterterzer Str. 5, ruhig, obwohl zentrumsnah gelegenes, sehr angenehmes Haus im Grünen mit altem Weinkeller und Eigenbauweinen, schöner alter getäfelter Stube, mit Freischwimmbad und Liegewiese mit Ausblick und freundlichen Zimmern (kein TV). DZ/FR 48 €. ✆ 0473/447180, www.popphof.com.

** **Rosemarie**, Gampenstr. 57, Gasthof-Pension, Pool und Liegewiese, Fernsehraum, Familienbetrieb mit Sinn für Kinder. DZ/FR 52–54 €. ✆ 0473/447200, ℻ 206849, www.pension-rosemarie.it.

• *Urlaub auf dem Bauernhof* **Rochelehof**, Anselm-Pattis-Str. 23, gut ausgestattete Ferienwohnungen, Schlaf- und Wohnraum getrennt, Brötchenservice, auf Wunsch auch Frühstück. Garten und Liegewiese, Weinlaube mit Terrasse, kleines Kellermuseum. Apt. für 2–3 Pers. 34–39 €. ✆/℻ 0473/222446, www.rochelehof.com.

Goidnerhof, Lebenbergerstr. 8, Ferienwohnungen zu 38/58 qm in großem altem Hof mit schöner Bauernstube, Obst- und Weinbau. Wohnungen modern eingerichtet, komplette Ausstattung. Apt. für 2–4 Pers. 38–58 €. ✆/℻ 0473/447202, www.goidnerhof.it.

Essen & Trinken/Abends

Die Hotels in Marling bieten in ihren Restaurants den für Südtirol üblichen Mix aus Tiroler und italienischer Küche. Dazu kommen die Jausenstationen, Gasthäuser und Buschenschanken, v. a. jene am Marlinger Waalweg und Marlinger Höhenweg!

Gerta, Mitterterzer Str. 2, Restaurant und Café in der Ortsmitte, kleine Terrasse, Tagesgerichte, ganztägig Imbisse, auch Kaffee und Kuchen sowie Eisbecher. Essen (2 Gänge) ab ca. 15 €. ✆ 0473/447280; bis Mitternacht geöffnet, So Ruhetag.

Tschigg, Bergerstr. 22/1, jede Menge S-Kurven führen (über Mitterterzer und Lebenberger Straße) hinauf zum Tschigg, da hat man als Mountainbiker schon einige Kalorien verbraucht und sich eine Erfrischung verdient. Auf der Terrasse des ca. 600 m über Marling liegenden Gasthofs hat man einen Prachtblick auf die Meraner Bucht und ein Essen vor sich, das der Tradition entspricht und zum Gutteil aus eigenen landwirtschaftlichen Erzeugnissen hergestellt wurde. Auch der Wein ist Eigenbau (nicht von hier oben …) und der Kuchen hausgemacht. ✆ 0473/448338, Fr Ruhetag.

• *Abends* Die **Weinstube Nörders Musikantenstadel** bezeichnet sich als „Das Fox-Lokal Nr. 1 im Burggrafenamt". Das sagt alles. Täglich (außer Mo) heftiges Tanzen, Do ist „deutsche Schlagernacht" und Sa/So gilt die Devise „Buntgemischtes" mit Tanz ab 20 Uhr. Schau'n Sie halt mal vorbei. Tischreservierung unter ✆ 0473/200153; Mo Ruhetag.

Ausflug auf dem Marlinger Waalweg

Hier ein paar Daten zu diesem vielleicht berühmtesten aller Waalwege: 13 km lang, 1737–1756 gebaut, 300 l Wasser pro Sekunde, Bewässerung von 300 ha Kulturland. Errichtet wurde er auf Initiative der Kartäusermönche im Schnalstal (heute Karthaus), die den Goyenhof in Marling besaßen, und den Waal für seine Bewässerung benötigten. Gesamtkosten anfangs geschätzt 12.000 Gulden, Endpreis 100.000 Gulden (erinnert an heutige Kostenexplosionen im Bauwesen, besonders bei öffentlichen Großprojekten). Heute zum Großteil betoniert, aber immerhin erhalten. So viel zu den Fakten. Ein Teil des Waalwegs wurde kürzlich vom Forstinspektorat als *Walderlebnispfad* eingerichtet und mit „Erlebnisstationen" versehen (derzeit neben „Besinnungswegen" die große Mode, ähnlich wie vor 20 Jahren die Trimmdichpfade, die heute allmählich in ihre Bestandteile zerfallen).

Der Marlinger Waalweg beginnt am Parkplatz an der Etschschleuse in **Töll** an der Vinschgauer Straße, nach 0,5 km erreicht man den eigentlichen Marlinger Waalweg (generell sehr gute Beschilderung). Man passiert ein Waldgebiet, der Waal ist leider wie im größten Teil des Wanderweges verrohrt. Beim „Gasthaus Schönblick“ kommt Meran in den Blick (sehr kundenfördernd ist die gute Lage des Wirtshauses!), beim „Gasthaus Enzian“ Marling. Weiter geht es nach **Tscherms**, wo man in halber Höhe zwischen Baslan und Schloss Lebenberg wandert, mittlerweile auf dem **Tschermser Waalweg**, der aber allgemein mit dem Marlinger Waalweg als Einheit gesehen wird. Der Waal und der Weg enden in **Oberlana** am Raffeinweg, folgt man ihm in den Ort und zum Busbahnhof kommt man per Bus zum Ausgangspunkt zurück (Umsteigen in Meran).

Wer höher hinaus will, kann den ebenfalls in der Töll beginnenden **Marlinger Höhenweg** nehmen, der ebenfalls nach Tschengls führt, wo er in den Marlinger Waalweg mündet. Auch als Rückweg sehr empfehlenswert, aber nur für gute Geher! Gehzeit 3–4:30 Std., mit Rückweg das Doppelte.

Lana

Lana liegt am Südrand des Etschtals auf einem riesigen Schwemmkegel, den der Falschauer Bach seit der letzten Eiszeit vor ca. 14.000 Jahren aufgeschüttet hat. Die Lage für Ausflüge ist hervorragend, Hotellerie und Gastronomie sind breit gefächert und haben einen hohen Standard.

Lana ist ein wunderbarer Urlaubsort, doch besonders in den Übergangsjahreszeiten und im Winter ist es nicht ganz so sonnig wie das nach Süden schauende Meran. In Lana, das aus drei Kernen zusammenwuchs *(Ober-, Mittel-* und *Niederlana),* und in den Ortsteilen *Tscherms, Burgstall* und *Gargazon* gibt es genug zu sehen und zu unternehmen für mehr als einen Urlaub.

Freundlich ist die verkehrsberuhigte Hauptstraße in Oberlana und das Platzl am Beginn der alten Gampenstraße, der Griesplatz mit seinen beiden Cafés. Ein prachtvoller spätgotischer Flügelaltar in Lana, Museen, die Wanderung auf dem nahen Marlinger Waalweg, eine Mountainbiketour vom Vigiljoch hoch oberhalb der Stadt ins Ultental, im Frühjahr Spaziergänge durch die blühenden Apfelgärten und im Herbst durch Kastanienhaine, eine Spritztour ins nahe Meran – da ist der Urlaub um, kaum dass er begonnen hat.

Über Lana liegt **Völlan**, eingemeindetes Dorf, Luftkurort, auch hier Apfelplantagen und gute Hotellerie wie Gastronomie, in den Wäldern über dem Ort dominieren die Edelkastanien. Und die Superaussicht hat man vom Vigiljoch, die Seilbahn führt ganz bequem hinauf, Wanderer, Mountainbiker und Skifahrer.

Die Orientierung ist nicht immer ganz einfach in Lana. Aber wenn man die Hauptachse, die von der Falschauer Brücke in Oberlana (mit Kirche Maria Hilf) über Mitterlana zum Bahnhof und nach Burgstall führt, erst mal im Kopf hat, wird's leichter. Die Achse hat drei Namen. Ganz oben heißt sie Mariahilfstraße (teilweise Fußgängerzone), dann in Mitterlana Andreas-Hofer-Straße und schließlich Bozner Straße. Die wie eine frühchristliche Basilika gebaute, große Kirche Hl. Kreuz (1938–1950) bildet einen wichtigen Orientierungspunkt und der Tribusplatz, bereits in Mitterlana, ebenfalls. Beim Tribusplatz zweigt (talabwärts gesehen) rechts die Treibgasse ab, sie führt nach Niederlana mit der Pfarrkirche und setzt sich als Weinstraße, die Obstplantagen des Etschtals durchquerend, in Richtung Andrian und Überetsch fort. Von der Falschauer Brücke andererseits führen zwei Straßen ab, nach links geht es auf der Ultner Straße in Richtung Ultental, nach rechts über die Meraner Straße nach Tscherms, Marling und Meran. (Und am Falschauer Bach entlang hinunter zum Biotop an der Mündung in die Etsch und zur Bushaltestelle Sinich.)

Wer auf den Gampenpass, nach Unsere Liebe Frau im Walde im Deutschnonsberg, Fondo und ins Nonstal will, der nimmt die Gampenstraße, die gegenüber der Kirche Mariahilf an der Falschauerbrücke abzweigt. Dazu ein Tipp: Die 140 km lange Rundfahrt mit dem eigenen Pkw (für Cracks auch mit dem Rennrad) über den Gampenpass und hinunter ins Nonstal (mit Blicken auf die Brentagruppe) nach Mezzocorona und auf der Südtiroler Weinstraße über Unterland, Kalterer See und Überetsch zurück nach Lana ist eine ausgesprochen anregende Tagestour!

Information/Verbindungen

• *Information* **Tourismusverein Lana und Umgebung**, I-39011 Lana, A.-Hofer-Str. 7 b, ✆ 0473/561770, 📠 561979, www.lana.info. Mo–Fr 9–18.30 Uhr, Sa 9–12 Uhr, Ende Juli bis Mitte Okt. auch Sa bis 18.30 Uhr, Nov. bis Ende März Mo–Fr 9–12.30 Uhr. Sehr hilfreiches Personal, schöner (vorbildlicher!) Ortsplan, Hotelliste, Veranstaltungsheft etc.

Nebenstellen: in **Völlan**, Mayenburgstr., Ende März bis Ende Okt. Mo–Sa 9–12.30 Uhr; **Tscherms**, Gampenstr., Mo–Fr 9–12 Uhr, Ende März bis Ende Okt. auch Mo–Fr 14.30–18 Uhr und Sa 9–12 Uhr;

Burgstall, Romstr., Ende März bis Ende Okt. Mo–Sa 9–12 Uhr;

Gargazon, Romstraße, Ende März bis Ende Okt. Mo–Sa 9–12.30 Uhr.

• *Verbindungen* **Bus**: Linie 11 (Burgstall – Lana – Meran – Algund) an Wochentagen häufige Verbindungen (bis 5x pro Std.), am So alle 30 Min.; Buslinie Völlan – Lana – Burgstall (Bahnhof, Ort und Seilbahn) etwa alle 2 Std.

Bustransfer München – Lana und zurück mit Stopps in Gargazon, Burgstall und Tscherms. München ab Mi und Sa jeweils 16.30 Uhr am Hbf., Lana an 21.30 Uhr, Lana ab an diesen Tagen jeweils um 5 Uhr, München an 9.30 Uhr. Einfach 20 €, hin/zurück 28 €, Infos/Anmeldung beim Tourismusverein oder bei Martin Reisen, ✆ 0473/563071, 📠 563988, www.martinreisen.com.

Taxi: Fa. Terzer, ✆ 0473/562556. In Völlan: Fa. Holzner, 0473/568065.

Diverses/Einkaufen/Wein

• *Diverses* Mehrere **Apotheken**, z. B. am Tribusplatz 2.

Gesundheitsdienst für Urlauber: in der Sanitätseinheit Lana, Gartenstr. 2 a, ✆ 0473/564316.

Internet: Café Haberle, Hirzerstr. 22

Post im Rathaus, Postgasse.

• *Einkaufen* **Markt**: Jeden Fr in der Schmiedgasse. Ostern und Allerheiligen Jahrmärkte.

Tiroler Speck gibt's bei Otto Huber in der Mayenburgstraße in Völlan. **Supermarkt** Meraner Str. 9 (nahe Falschauer Brücke).

Delikatessen (Weine, feines Olivenöl, Südtiroler Speck etc.) bei Gourmet Ladele, Romstraße 63, Burgstall, Mo–Fr bis 21, Sa bis 17 Uhr, ✆ 0473/290924.

• *Wein* **Weingut Kränzel**, Gampenstr. 1, Tscherms, schöner Ansitz mit mittelalterlichen Wurzeln und Gebäudeteilen, eindrucksvolle Kellergewölbe, alte Weinpresse. Führungen April bis Nov. jeden Mi 10 Uhr mit Weinverkostung (7 €), auch zu anderen Terminen auf Anfrage, ✆ 0473/564549.

Sport & Freizeit/Feste & Veranstaltungen

• *Badekuren* Bietet das Gasthaus Völlaner Badl am alten **Bauernbadl** im Lahnbachtal zwischen Völlan und Tisens. Das Wannenbad (Sulfate, Eisen etc., leicht radioaktiv – Strontium! – gut gegen Immunerkrankungen, Leber- und Nierenleiden) ab ca. 13 €. Infos/Anmeldung unter ✆ 0473/568059, voellanerbadl@rolmail.net, Fr Ruhetag.

• *Baden/Schwimmen* **Schwimmbad Lido Lana**, Bozner Straße 67, Ende Mai bis Ende der ersten Septemberwoche, tägl. 9–19 Uhr. ✆ 0473/564288.

• *Golf* **Golfclub Lana-Meran**, Brandisweg 13, 9 Löcher auf 20 ha, 2590 m, Par 70, mitten im Obstbaugebiet, ganzjährig bespielbar (mit ein paar Tagen Ausnahme, etwa nach dem seltenen Schneefall). ✆ 0473/564696.

• *Paragliding* Beliebter Startplatz ist die Bergstation des Vigiljoch-Sessellifts.

• *Radfahren/Wandern* **Begleitete Radtouren und Wanderungen** bietet HIKBIK, Bozner Str. 78/2, ✆ 0473/550355, www.hikbik.com.

Radverleih (auch Mountainbikes) Hotel Teiss/Rent-a-Radl, Meraner Str. 5, ✆ 0473/561101, ab ca. 8 €/Tag (MB ab 13 €).

Radshop und -Reparatur, Staffler, ✆ 0473/562592, stafflerbike.it.

• *Reiten* **Reitpark Lana**, Industriezone 1 zwischen Lana und der MeBo-Auffahrt an der Max-Valier-Straße. Mit Reithalle, Trabbahn, Dressurplatz, Boxen etc. Hier auch **Haflinger-Pferdezuchtverein Lana**; Reit- und Dressurunterricht, Ponyreiten, Kurse, Ausritte ... Reitpark und Verein ✆ 0473/560969.

In *Tscherms:* Reiten im **Reitstall Schloss Baslan**, Lebenberger Str. 2, ✆ 0473/565109; mehrere Pferderassen, auch Stallbesichtigungen, Infos über Tourismusverein Lana, ✆ 0473/561770.

• *Tennis* **Gasthof Tennis**, Bozner Str. 15, 3 Plätze, ✆ 0473/561100;

Sportzone Falschauer, Max-Valier-Straße (an der Gewerbezone neben der MeBo-Auffahrt), 5 Plätze, ✆ 0473/563535.

In *Tscherms:* **Tenniscafé Gerhard**, Gampenstr. 1/B, 3 Sandplätze ab 8 Uhr, Anmeldung unter ✆ 0473/561625.

Lana und Umgebung für Kinder

Spielplätze gibt es z. B. bei der Mittelschule in der F.-Höfler-Straße und – im Grünen – bei St. Agatha (vom Tribusplatz in Mitterlana über den St.-Agatha-Weg). Gut mit Kindern zu gehen sind die Promenaden am Falschauer Bach sowie der Brandiswaalweg (s. u.). **Minigolf** gibt es in der Bozner Straße 15 beim Gasthof Tennis, **Ponyreiten** im Reitpark Lana und in Schloss Baslan in Tscherms. **Schwimmen** im Lido Lana und **Skaten** in der Sportzone Gargazon.

• *Feste & Veranstaltungen* **Keschtnriggl** – Kastanientage in Völlan und Tisens (→ S. 330) in der 2. Oktoberhälfte.

Kirchtag in Niederlana am 15. August (Maria Himmelfahrt), in Oberlana am 1. So im Sept.

Übernachten/Camping

• *In Lana* **** **Pöder**, Gilmannweg 1, Aktivhotel Pöder ist der korrekte Name dieses 4-Sterne-Betriebs, wobei das „Aktiv" nicht recht klar ist (gemeint ist wohl, dass hier ordentlich Sport und Wellness im Angebot ist). Und dabei ist das Hotel doch sooo komfortabel und wäre ideal zum Entspannen geeignet. Scherz beiseite: außen wie innen die unvermeidbare Tirolertümelei, also Pultdach und jede Menge Balkone, Täfelung, wohin das Auge blickt, Gedrechseltes und Verschnörkseltes bis in die Zimmer (mit komfortablen Sitzbereichen und bei 21–41 qm Fläche mit 8–20 qm Balkon ausreichend groß). Dazu Park und Pool, Hallenbad, Sauna, Whirlpool. DZ/FR je nach Zimmertyp/Saison 94–164 €. ✆ 0473/561258, ℻ 561058, www.hotel-poeder.com.

*** **Mondschein**, Gampenstr. 6, gutes Hotel mit recht hellen, u. U. nicht ganz leisen Zimmern (Lage!), gutes Restaurant im Haus (→ „Essen & Trinken"), Frühstücksbüffet u. a. mit Vollwertprodukten, Radverleih, Kegelbahn. DZ/FR 78–96 €. ✆ 0473/552700, ℻ 552727, www.mondschein.it.

*** **Braunsbergerhof**, Ultner Str. 9 a, auf dem Weg ins Ultental wird der Ausblick weiter und die Sonne scheint ein wenig länger – das macht sich das Hotel zu Nutze. Terrasse, auf der auch gefrühstückt wird, Balkone, Freischwimmbad und Liegewiese sind zum Tal orientiert, zum Ausblick auf den Ifinger jenseits des Etschtales. Freundliche Zimmer mit kleiner Sitzecke und überwiegend Balkon, Radverleih, Dampfbad. DZ/FR 87–123 €. ✆ 0473/561698, ℻ 563200, www.braunsbergerhof.com.

*** **Tiefenbrunn**, St.-Agatha-Weg 14, ambitioniertes Mittelklasse-Apartmenthotel (Hallenbad, Whirlpool, Sauna, Dampfbad, Fitnessraum), der Charme der Bourgeoisie ist jedoch recht diskret. Gute Zimmer, Apartments komplett und gut – Platz im Bad – eingerichtet. DZ/HP 90–110 €, Apts. für 2–6 Pers. 52–123 €. ✆ 0473/561485, ℻ 559919, www.hoteltiefenbrunn.com.

*** **Vigilhof**, Ultner Str. 16/A, bis zur 4. Kehre der Ultner Straße müssen Sie hinauffahren, bis Sie den Aussichtsbalkon des Garni-Hotels Vigilhof erreichen. Prächtig gelegen über dem eigenen Weinberg. Das kleine Freibad mit Liegewiese, das allein schon den Aufenthalt lohnen würde, erreicht man zwischen Pergeln und Wald. Schöne und gemütliche Zimmer mit mehr Lampen als uns der Durchschnittshotelier zubilligt, der Aufenthaltsraum lebt von der Holzkonstruktion und vom offenen Kamin. Einziges Problem: nur Frühstück, wer nicht mit dem Pkw anreist, hat Verpflegungsprobleme. DZ/FR 50–70 €. ✆/℻ 0473/562432, www.vigilhof.it.

*** **Kröllnerhof**, Ultner Str. 1, optisch von außen keine Sensation, die Zimmer jedoch lebendig und komfortabel mit (bei den

Kirche in Oberlana

größeren) Sitzecken und südländischen Stilmöbeln, die Anlage mit Außenaufzug über alle Stockwerke, Frei- und Hallenbad, großzügige Gartenlandschaft, die den „mediterranen" Aspekt des Hauses betont. DZ/FR 86–152 €. ✆ 0473/561209, ✆ 564700, www.kroellnerhof.com.

*** **Teiss**, Meraner Str. 5, zentral, doch ruhig gelegenes Garni-Hotel, solide Zimmer mit TV (wie so oft hoch oben an der Wand), zumeist Balkon, an warmen Sommerabenden vielleicht akustisch durch den Biergarten vor der Tür (→ „Essen & Trinken") beeinträchtigt. Respektables Frühstücksbüffet. DZ/FR 54–124 €, Apts. für 2–4 Pers. 36–62 €. ✆ 0473/561101, ✆ 563655, www.teiss.com.

*** **Pfeiss**, Feldgatterweg 6, Pension am Dorfrand von Niederlana, Obstgärten ringsum. Große Liegewiese mit lockerem Fruchtbaumbestand, beheiztes Freibad und Whirlpool, Kinderspielplatz. Zimmer o. k., ohne Überraschungen. Ganzjährig geöffnet, DZ/FR 58–82 €. ✆ 0473/561395, ✆ 564812, www.pfeiss.com.

** **Sonnenhof**, Angerweg 7, Familienurlaub in Pension mitten im Obstbaugebiet am unteren Ortsrand von Lana, großer Pool mit Terrasse und Liegewiese, Zimmer mit Balkon, TV auf Wunsch. DZ/FR 64–78 €. ✆ 0473/561338, ✆ 561157, www.pension-sonnenhof.com.

*** **Haus Zuech**, Gilmannweg 11, Zimmer mit TV, schöne Liegewiese und erweitertes Frühstück bietet Burgl Zuech in ihrem ruhig gelegenen Haus um die Ecke von Tribusplatz und Hl. Kreuz. DZ/FR 48–56 €. ✆/✆ 0473/561113.

Urlaub auf dem Bauernhof am **Ketterlerhof**, Laurinweg 5, Hof in nicht sehr ländlicher Umgebung am unteren Ortsrand von Lana, der durch den umgebenden Obstgarten sein privates bäuerliches Umfeld schafft. Schöne Ferienwohnungen, Apt. für 2–4 Pers. 42–65 €, das eine DZ (ohne Frühstück) ist für 36 € zu haben. ✆ 0473/562717, ✆ 559809, www.ketterlerhof.it.

Camping Arquin, Feldgatterweg 25, teilweise angenehm schattiger Platz inmitten von Obstplantagen, Mini-Schwimmbad, Restaurant und kleiner Shop, Sanitäres o. k., Anfang März bis Mitte Nov. geöffnet. Stellplatz mit Zelt/Pkw, Camper oder Wohnwagen und 2 Pers. ca. 25 €. ✆ 0473/561187, ✆ 561857, www.camping-arquin.com.

Komfortcamping Schlosshof, Jaufenstr. 10, Einfahrt Feldgatterweg, der große Platz (105 Einheiten) des Hotels Schlosshof (s. o.) bietet gehobenen Komfort: Einzelwaschkabinen, Privatbäder, Frei- und Hallenbad (nicht im Sommer), sehr gute Sanitärausstattung. Stellplatz mit Zelt/Pkw oder Wohnwagen/Wohnmobil und 2 Pers. 27 €, ganzjährig geöffnet, auch Zimmer (DZ/FR 62–88 €). ✆ 0473/561469, ✆ 563508, www.schlosshof.it.

• *In Völlan* **** **Waldhof**, Mayenburgstr. 32, isoliert und ruhig zwischen Wiesen und Waldrand gelegenes Hotel der Oberklasse mit schönem Pool und Liegewiese, Wellness- und Beautybereich, Zimmer mit Komfort und Ausblick und dem passenden Service. DZ/HP 174–242 €. ✆ 0473/568081, ✆ 568142, www.waldhof.net.

* **Bildheim**, Badlweg 4, seit langem kann man im Haus Bildheim ruhigen Urlaub auf dem Bauernhof machen, in einfachen Zimmern (Etagenbad), aber mit Gästeküche und Frischbrötchenservice. Liegewiese, Kinderspielplatz. DZ/FR 40–44 €. ✆ 0473/568071, ✆ 557003.

Camping Völlan, Zehentweg 6, kleinerer, überschaubarer Platz zwischen Obstkulturen, das kleine Freibecken reicht völlig für die nur 55 Einheiten, ebenso die sanitären Anlagen. Geöffnet Ende März bis Anf. Nov., Stellplatz mit Zelt/Pkw oder Camper/Wohnwagen und 2 Pers. ab ca. 22 €. ✆ 0473/568056, ✆ 557249, www.camping-voellan.com.

Camping Lido, Feldweg 12, freundlicher kleiner Platz in hübscher und ruhiger Lage,

Schwimmbad, Kinderspielraum, teilweise schattig. Stellplatz mit Pkw/Zelt oder Camper ab ca. 20 €. Geöffnet Mitte März bis Mitte Nov., ✆/℻ 0473/568138, www.campinglido.net.

• *In Tscherms* *** **Törggelehof**, Raffeinweg 15. Die Apfelplantagen zwischen Tscherms und Lana umgeben Pension und Swimmingpool samt Liegewiese, von der Terrasse blickt man auf Etschtal, Sarntaler und Texelgruppe. Gepflegte Ausstattung in gedeckten Tönen, persönliche Atmosphäre. Wie auch anderswo könnte man mehr direkte Beleuchtung vertragen. DZ/FR 50–66 €. ✆ 0473/562518, www.toerggelehof.it.

**** **Apparthotel Grafenstein**, Raffeinweg 30 a, Familienhotel mit Apartments in verschiedenen Größen (2–3 bis 2–6 Pers.) in grüner Umgebung (kleiner Park, darunter Obstanlagen) mit Hallenbad, Schwimmbad mit Kinderbecken in Panoramalage, Saunen, Liegewiese, Kinderspielplatz und -zimmer, Brötchenservice und innenarchitektonisch interessanten Ferienwohnungen in ausgezeichneter Ausstattung. Apt. für 2–3 Pers. 70–164 €. ✆ 0473/563853, ℻ 563898, www.grafenstein.it.

** **Georgenhof**, Dr.-J.-Garber-Str. 24, solide Pension, Pool und Liegewiese, rustikaler Frühstücksraum, alle Zimmer mit Balkon. DZ/FR 47–56 €, 1 Apt. f. 2–4 Pers. 40–57 €. ✆/℻ 0473/562733, www.georgenhof.it.

Urlaub auf dem Bauernhof am *** **Obersteinhof**, Leitenweg 6, angenehme Zimmer mit TV in schön gelegenem Hof mit Freischwimmbad und Liegewiese, Frühstücksbüffet. DZ/FR 50 €. ✆/℻ 0473/562389.

• *In Burgstall* **** **Muchele**, Meiergasse 1, großer Hotelkomplex am Waldrand, vor dem Haus Terrasse, Freischwimmbad mit Kinderbecken, Tennisplätze, Weingärten, im Haus Wellnessbereich mit Saunen, komfortable Zimmer (nicht alle mit Südbalkon) und Suiten, großzügiges Frühstücksbüffet. DZ/FR 88–188 €. ✆ 0473/291135, ℻ 291248, www.muchele.com.

*** **Förstlerhof**, Romstr. 1. Alt und Neu verbindet sich nicht nur architektonisch recht harmonisch im Hotel am nördlichen Ortsrand von Burgstall (an der Straße nach Meran). Die neuen Zimmer sind geräumig, hell und gemütlich (einige mit getrenntem Wohn- und Schlafteil). Hallenbad und ein Pool im ruhigen Garten laden Sonnen- und Wasserfreaks ein. Restaurant im Haus, gutes Frühstücksbüffet. DZ/FR 80–100 €. ✆ 0473/292288, ℻ 291247, www.foerstlerhof.it.

• *Auf dem Vigiljoch* → S. 319 „Sehenswertes/Ausflüge“.

Essen & Trinken/Abends

• *In Lana* **Linde**, Schnatterpeckstr. 2 (Niederlana), Restaurant mit Tiroler Küche, aber auch Vegetarisches und saisonale Gerichte, das Fleisch kommt bevorzugt aus der Region. Gute Weinkarte, Nichtraucherlokal, Spielplatz. Menü ab ca. 13 €. ✆ 0473/561362, Mo Ruhetag.

Mondschein, Gampenstr. 6, Restaurant-Pizzeria des gleichnamigen Hotels, Pizza aus dem Holzofen (17–23 Uhr), Fisch und Spargel auf der Speisekarte. Helles Lokal, große Terrasse. 2 Gänge ab 20 €. ✆ 0473/562700, www.mondschein. it, Mo Ruhetag.

Alpen-Blaues Schiff, Bozner Str., Pizzeria-Restaurant, Pizza (ca. 6–7,50 €), Nudel- und Knödelgerichte auch mit jahreszeitlichen Soßen (Knödel/Nudeln mit Pfifferlingen ca. 7–9 €) und feine Fleischspeisen (Rindsfilet mit Steinpilzen und gebratenem Reis ca. 14 €). Die Italiener zieht's natürlich zu Polenta vom Grill mit Steinpilzen oder mit Gulasch (ca. 12 €). Der Zentralbau ist von Garten mit Tischen umgeben, das schafft intime Atmosphäre. ✆ 0473/563002, www.blauesschiff.com, Mo abends geschlossen.

Forsterbräu, Maria-Hilf-Str. 17, Brauereigaststätte (Forst) mit rustikalem Ambiente und ebensolcher Karte (Bauernschmaus mit Knödeln und Kraut), schöner schattiger Garten mit großen Rosskastanien und rustikale Stube (beides gehört einfach dazu). ✆ 0473/561257, Do Ruhetag.

Schwimmbad-Lido Lana, Bozner Str. 67, Restaurant-Pizzeria, Pizza (ca. 5–8,50 €) und verschiedene Fleischgerichte (gut: gekochtes Rindfleisch mit Petersilienkartoffeln ca. 10 €), aber auch Nudeln (5–8 €), 7 Salatteller (ca. 9–16 €) und sehr gute hausgemachte Desserts (Tiramisu 3,50 €). ✆ 0473/564288; bis Mitternacht, Di Ruhetag.

Tennis, Bozner Str. 15, Gasthof mit Tennisanlage sowie Minigolf, große Gartenterrasse, etwas unentschiedene Speisekarte (Tirol kämpft mit Italien und beide mit der internationalen Küche), angenehm für Kinder (auch Kinderteller).. 2 Gänge ab ca. 15 €. ✆ 0471/561100, www.gasthof-tennis.com, So Ruhetag.

Harmonie, Hauptstr. 14, Café an der verkehrsberuhigten Hauptstraße, Terrasse zur Seite, beliebt und belebt zu allen Tageszeiten, eigenes Eis! Sa nachmittags und So geschlossen.

Café am Kulturhaus, Andreas-Hofer-Str. 7 b, Imbisse und Kuchen, Eis und Cappuccino, Wein und Cocktails in frisch-jugendlichem Ambiente beim Kulturhaus, ✆ 0473/563500, frühstücksgerecht ab 8.30 Uhr und für das Glas Wein nach dem Abendessen bis 23 Uhr geöffnet. So abends und Mo geschlossen.

Untermösslkeller, Völlaner Weg 5, junges Team und lockere Atmosphäre (kein zopfiger Urmief). Fast populärer als der schöne alte Keller ist das „Hüttl", ein Holzanbau ans Haus, Mischung aus Rundscheune (ja, wo gibt's denn das?) und Restaurant. Tiefblicke von der Terrasse, Mancher mag, besonders während der Törggelenzeit, wenn die Schmankerln überall aus dem Boden schießen, Tiefblicke ins Glas vorziehen. Und Recht hat er. Zumal ein kostenloser Taxiservice (vorher anrufen) bei allzu tiefen Blicken vor dem Verlust des Führerscheins bewahrt: ✆ 0473/561659, www.untermoesslkeller.com. Tägl. 11–23 Uhr, Di Ruhetag.

Pfefferlechner, St.-Martin-Str. 4, Buschenschank mit Biergarten, Kinderspielplatz und „Indianerland" im Zentrum von Oberlana (Beginn Fußgängerzone). Das urig-rustikale Ambiente „mit Blick in den Kuhstall" ist vielleicht ein bisschen überzogen. ✆ 0473/562521, Mi Ruhetag.

Teiss, Meraner Str. 5, Bar-Café und Biergarten, Kinderspielecke.

Inge, Brandiswaalweg 2 a, Café und Eisdiele nahe dem Obstbaumuseum, Kuchen und Eis aus eigener Produktion, Di Ruhetag.

Bars am Griesplatz: kleiner Platz am Beginn der (alten) Gampenstraße, 2 (Bistro-) Bars, ein paar Tische und Stühle draußen am modernen Brunnen, kein Verkehr, Cappuccino oder Campari, kleines Bier oder großes Weizen – so könnte man den Urlaub genussvoll vertrödeln ...

• *In Völlan* **Kirchsteiger**, Propst-Wieser-Weg 5, gutes Restaurant, auch Vollwertküche, als Spezialität gilt geschmortes Kalbswangerl in Lagrein dunkel auf Navetten (kleine weiße Rüben), Babykarotten und Sellerie. Ab ca. 20 €. ✆ 0473/568044, www.kirchsteiger.com, Do Ruhetag.

Platzl, Propst-Wieser-Weg 9, rustikale Café-Pizzeria. Pizza aus dem Holzofen so richtig schön kross, Kuchen und Eis ohne Tadel, aussichtsreiche Sonnenterrasse (Blick auf die Mendel). ✆ 0473/568092, Di Ruhetag.

Völlaner Badl, Gasthaus mit Badebetrieb (→ „Sport & Freizeit"), neben traditionellen Speisen, auch auf der Sonnenterrasse, sorgen Naturkegelbahn, Kinderspielplatz und eben die Möglichkeit eines Wannenbads für Abwechslung. Autostraße oder von Völlan 40 Min. zu Fuß.

• *In Tscherms* **Elisabeth**, Gampenstr. 43 a, feine, optisch und geschmacklich ziemlich aufgemöbelte Küche im schönen, getäfelten Speisesaal und auf der Terrasse, regionale Küchenschlager, französisch interpretiert, Fleischfondue *(fondue bourguignonne)* ist Hausspezialität. ✆ 0473/550373, Di Ruhetag.

Löwenwirt, Josef-Braun-Gasse. Unter der großen und schattigen Weinlaube isst man hier vielleicht am schönsten, der Gartengrill liefert die geeigneten Speisen, aus dem im Spätherbst besonders beliebten Keller kommt ein guter Wein. Kalte Speisen, aber auch Nudelgerichte inkl. Schlutzkrapfen, Bandnudeln mit Steinpilzen (9 €), Schweinshaxe, Wildhase mit Polenta und Salat (10 €) oder Tiroler Gröstl mit Speckkraut. Der Löwenwirt steht exakt dort, wo viele Leute zum Marlinger Waalweg starten, das belebt das Geschäft. ✆ 0473/561420, Di Ruhetag.

Zum Kuckuck, Gampenstr. 1, Buschenschank und Gaststätte im alten Mühlengebäude beim Ansitz Kränzel (→ „Wein"), Biergarten, bäuerliche Küche, eigene Weine, die man im Garten am Bach verkosten kann, dazu dreht sich munter plätschernd das Mühlrad. Beste traditionelle Küche, volle Restaurantkarte! Ab ca. 18 €. ✆ 0473/5663733, 15–1 Uhr, Do Ruhetag.

Eggbauer, Leitenweg 1, Gasthaus und Café mit gutbürgerlicher Küche, im Sommer abends Grill, eigene Kuchen, April bis Okt. 10–18 Uhr, Juni bis Aug. bis 22 Uhr geöffnet, kinderfreundlich (Spielplatz mit Spielhaus), schöne Aussicht, am Waalweg. So Ruhetag.

Tenniscafé Gerhard, Gampenstr. 1/B, tagsüber Kuchen und Torten (und wer ihn möchte: „Deutscher Kaffee"), abends Nudeln und Salatbuffet.

• *In Burgstall* **Hidalgo**, Romstr. 7. Bis auf das unbestimmt mediterrane Flair, das den Namen Hidalgo umgibt, hat dieses feine Restaurant nichts Spanisches an sich. Die Küche ist mediterran, aber leicht, der Koch versteht nicht nur sein Handwerk, sondern die Kochkunst, die Produkte sind aus frischen Zutaten frisch zubereitet. Tiroler Küche ist hier nicht Thema, sondern Anregung. Bemerkenswert der Weinkeller mit mehr als 800 Kreszenzen. Zur Straße helle verglaste Veranda, Innenhof (dort sind die bevorzugten Tische). Menü ab ca. 30 €. ✆ 0473/292292, www.restaurant-hidalgo.it, So und Mo mittags geschlossen.

Jausenstation/Gasthof **Hecherhof** → Tour 18.

• *Abends* **Exklusiv Dancing Club**, Meraner Str. 52 in Lana, abwechselnd Disco- u. Tanzabende, ✆ 0473/561711, www.dance-exclusiv.com.

Pub im Restaurant Alpen-Blaues Schiff (s. o.), Bozner Str. 29 in Lana, 17–1 Uhr, kein Ruhetag.

Sehenswertes/Ausflüge

In den Ortsteilen: Lana besteht aus den drei Dörfern **Oberlana, Mitterlana** und **Niederlana**, die allmählich immer enger zusammenwachsen. Der wichtigste Ort war einmal Niederlana, wo heute noch die Pfarrkirche steht, das Zentrum rutschte immer weiter hinauf und ist heute ganz ohne Zweifel Oberlana. In allen dreien Teilen gibt es noch dörfliche Ecken, jede hat ihre Kirche, neben der *Pfarrkirche in Niederlana* (s. u.) sind die gotische Kirche *St. Peter in Mitterlana,* die romanische Kirche *St. Margarethen* zwischen Mitter- und Niederlana und die gotische Kirche *St. Agatha auf der Wiese* draußen auf der Wiese bei Mitterlana sehenswert. Oberhalb des Orts steht die Kapelle *St. Magnus in Gagers* (man erreicht sie über die Straße ins Ultental), und ein ganzer Reigen weiterer Kapellen und Bildstöcke ist zu entdecken.

Auch Schlösser hat Lana zu bieten: *Schloss Braunsberg* mit mittelalterlichem Kern, Privatbesitz und nicht zu besichtigen, aber kaum jemand wird die Sonnenuhr am Treppengiebel und die Zypressen davor übersehen, wenn er ins Ultental fährt und die erste große Rechtskurve der Straße passiert. *Burg Brandis* beim Golfplatz ist eine Ruine, auch sie ist Privatbesitz (der Grafen Brandis, die unterhalb sehr herrschaftlich wohnen) und nicht zu besichtigen. Und das trifft auch auf *Schloss Leonburg* zu, das man auf dem Kreuzweg nach Tisens passiert – die Grafen Brandis besitzen die Burg seit 800 Jahren und behalten sie für sich. Schade. Um noch eins drauf zu setzen: Auch die *Mayenburg* über Völlan, bereits 1241 erwähnt als Besitz der Grafen von Eppan, ist zwar hochinteressant (Reste spätmittelalterlicher Fresken), aber in Privatbesitz und für uns off limits.

• *Öffnungszeiten* Die Kirchen **St. Peter, St. Margarethen** und **St. Agatha auf der Wiese** sind nur im Rahmen der kulturgeschichtlichen Exkursion des Tourismusvereins zu besichtigen (alle 14 Tage Fr, Infos beim Tourismusverein). Der Schlüssel für **St. Magnus in Gagers** wird nebenan im Gagerser Hof verwahrt.

Pfarrkirche Lana mit Schnatterpeck-Altar: Schon die prächtige spätgotische Pfarrkirche von 1492 in Niederlana mit wunderschönem Steinmaßwerk und Netzgewölbe ist für Kunstbegeisterte einen großen Umweg wert. Darüber hinaus beherbergt sie einen der größten Kunstschätze (Süd-)Tirols, den spätgotischen Flügelaltar von *Hans Schnatterpeck* aus Landsberg am Lech. Schon die Maße sind umwerfend: Der Altar ist samt dem Spitzengesprenge, das ihn krönt, wahrhaft 14,1 m hoch, er füllt den Chor, für den er von Anfang an bestimmt war, völlig aus! Figurenreiche geschnitzte Flügelaltäre waren in Südtirol etwa zwischen 1420 und 1530 die große Mode. Der Schnatterpeck-Altar, der von 1503 bis 1511 als Auftragswerk für Lana entstand, markiert den künstlerischen Höhepunkt dieser Phase.

Der zentrale Schrein zeigt die Dreieinigkeit – Gottvater trägt den Gekreuzigten auf dem Schoß, über seinem Haupt fliegt der Heilige Geist als Taube. Links und rechts die Apostel Petrus und Paulus, alle detail-, die Gewänder faltenreich, die Gesichter der Apostel echte Portraits. Zierliche Fialen-Baldachine krönen diese drei unteren Nischen des Schreins. Darüber die Marienkrönung, links und rechts die Heiligen Anna und Katharina, kleiner diese Gruppe, aber kaum weniger detailliert und mit

Pfarrkirche in Unterlana

wie lebendig wirkenden geschnitzten und vergoldeten spiraligen Rosenbaldachinen überdeckt. Das ist noch nicht alles: Die Flügel zeigen jeweils zwei große, ebenfalls mit üppigem Dekor bedeckte Reliefszenen, Maria Verkündigung (oben links), Beschneidung (unten links), Geburt Christi (oben rechts) und Anbetung der Hl. Drei Könige (unten rechts). Die Außenseiten der Flügel waren während der Fastenzeit, wenn der Altar geschlossen wurde, das Einzige, was man sah. Sie stellen in Gemälden des Dürer-Schülers *Hans Leonhard Schäufelein* Szenen der Passion dar (1507/08 entstanden).

Öffnungszeiten Besichtigung nur mit Führung Palmsonntag bis Okt. Mo–Sa (auch an Feiertagen) um 10.30, 11.30, 14, 15, 16 und 17 Uhr, Eintritt 1,50 €, Kinder 0,50 €.

▸ **Südtiroler Obstbaumuseum im Ansitz Larchgut**: Ein besserer Platz für das Museum konnte kaum gefunden werden. Das Südtiroler Obstbaumuseum wurde in einem schon für sich allein sehenswerten mittelalterlichen Ansitz mitten im Obstplantagengebiet von Lana eingerichtet. Eine Stube mit Herrgottswinkel, altes Mobiliar und traditionelle Kleidung informieren über das Leben der Weinbauern, aber besonders interessant sind natürlich eine Weinpresse (von 1570!), alte Arbeitsgeräte, Instrumente zur Schädlingsbekämpfung, Öfen gegen Nachtfröste, alte Korntruhen und Transportwagen sowie die erste Sortiermaschine für Obst. Die Obstsorten lernt man so nebenbei ebenfalls kennen, damit man in Zukunft weiß, was man verzehrt.

• *Öffnungszeiten/Wanderung* April bis Okt. Di 10–17 Uhr, Mi–Sa 10–12/14–17 Uhr, So/Fei 14–18 Uhr, Eintritt 3 €, Kinder (7–12 Jahre) 1,50 €, Familien 7 €. Das Museum steht in Lana, Brandis-Waalweg 4 (nahe Pfarrkirche Niederlana). Empfehlenswert ist die Kombination mit einer Wanderung von Lana über den **Brandis-Waalweg** hinaus zum Museum. Man nimmt zunächst ab Oberlana die Gampenpassstraße, der Waalweg zweigt links ab (Schild). Dauer der Wanderung etwa 40 Minuten. Man kehrt auf demselben Weg zurück oder nimmt den Bus.

• *Essen & Trinken* **Restaurant/Bar Waalrast**, Brandis-Waalweg 5, große Terrasse, Grillgerichte, ✆ 0473/561270, Mo Ruhetag.

Auf dem Skulpturenwanderweg: Der Skulpturenwanderweg beginnt am Ausgang der Gaulschlucht oberhalb von Lana, führt den Falschauer Bach entlang und endet an der Mündung des Bachs in die Etsch. 13 Künstler und Künstlerinnen gestalteten Objekte an diesem Weg, von „I am angry“, der wie ein gedrehtes Vogelnest wirkenden Skulptur aus Naturmaterialien des Koreaners *Moon Byoung-Tak*, bis „Im Laufe der Zeit“, einer Spirale aus 100 Pyramidenpappeln von *Maria Burger* und *Thomas Hansen.* Man geht etwa 2:30 Std. meist den Bach entlang, zuletzt quert man ihn auf einem Steg. Der Wanderweg soll anregen, Beziehungen zwischen Naturerlebnis und Kunst anreißen, das Gehen selbst ist Teil des Kunstwerks, als das sich der Weg versteht. Folgerichtig wurde er zur Eröffnung durch die Performancekünstler *Doris Plankl* und *Remo Rostagno* abgegangen. Jeder Wanderer auf diesem Weg – so ist es wohl gemeint – schafft sich seinen eigenen, sehr persönlichen Weg zwischen den Objekten der Natur und Kunst.

Tour-Info Ein Faltblatt zum Skulpturenwanderweg ist im Tourismusbüro zu bekommen.

Auf dem Marlinger Waalweg und dem Tschermser Waalweg: Der viel begangene Marlinger Waalweg führt von der Töll (zwischen Algund und Plars) oberhalb der Steilstufe am Beginn des Vinschgaus über Marling nach Tscherms und in der Verlängerung als Tschermser Waalweg bis Oberlana. Von Lana aus nimmt man von der Talstation der Vigiljochbahn den Villener Weg und dann den Raffeinweg, um zum Anfang des Waalwegs zu kommen.

Zum Tschermser Waalweg s. u., zum Marlinger Waalweg → „Marling/Ausflüge“.

Bauernmuseum in Völlan: Wollen Sie wissen, wie das Leben der Menschen in der Region noch vor zwei Generationen verlief? Nix wie hierher, die Geräte und Einrichtungsgegenstände sprechen für sich: alte Stube mit Herrgottswinkel, Mühlenraum, Spinnstube, Werkzeugraum, ein Raum für die Hausarbeit mit Butterkübel, Kohlenkorb, Wurst- und Nudelpresse, Keschtnriggl und Gerät zum Brotbacken.

Öffnungszeiten Ende April bis Okt. Di und Fr 14–17 Uhr, So 15–17 Uhr, März bis Ende April So 15–17 Uhr; freiwillige Spende, ✆ 0473/568078, Badlweg 2, Völlan.

Auf das Vigiljoch: Der schroffe Bergkamm auf der Nordseite des Ultentals endet über Lana und dem Burggrafenamt mit ganz untypisch weichen Formen. Bis über 1700 m reichte hier früher die ganzjährige Besiedlung (heute ca. 1420 m), das *Kirchlein St. Vigilius* liegt auf 1793 m direkt oben auf dem Joch, es markierte möglicherweise die Grenze zwischen den Bistümern Trient (wie der hier verehrte heilige Vigilius, der Patron von Trient, verrät) und Chur auf der Nordseite des Gebirgszugs. Die Aussicht ist spektakulär. Ganz Bequeme nutzen für den Aufstieg die Kabinenbahn von Lana, übrigens eine der ältesten der Welt (von 1912 – nicht mehr die heutige Anlage!) und nehmen den anschließenden Sessellift hinauf zum Vigiljoch, einer Passlandschaft mit Wald, Weiden, einem Seelein, guten Gasthöfen und dem namengebenden Kirchlein. Wandermöglichkeiten zuhauf – einen kleinen Plan finden Sie im Prospekt des Seilbahnunternehmens –, vom kleinen Rundgang bis zur Bergtour (s. u.). Radfreaks erreichen das Vigiljoch über Tscherms und Basling (durchgehend Straße, für MB, aber auch Trekkingbikes), bei ca. 1500 m Höhenunterschied nix für Gelegenheitsradler.

• *Bergbahn* **Seilbahn Vigiljoch**, jeweils zur vollen Stunde, Mo–Fr Juni bis Sept. 8–19 Uhr, Okt. bis Allerheiligen 8–18.30 Uhr, Sa/So/Fei Mai bis Okt. 8.30–18 Uhr, Nov. bis April 9–12.30/13.30–17 Uhr alle halbe Stunden. Berg/Tal 12 €, einfach 8 €. Information unter ✆ 0473/561333.

• *Übernachten/Essen & Trinken* ***** **Vigilius Mountain Resort**, Vigiljoch, Pawigl 37, Elemente der Holzarchitektur Tirols und

Holzbearbeitung nach skandinavischem Vorbild in klaren Linien, viel Glas und helle Töne zeichnen das Luxus-Resort auf dem Joch aus – der Bau stammt vom renommierten Architekten Matteo Thun. DZ/FR 220–585 €. ✆ 0473/556600, 📠 556699, www.vigilius.it. Das Restaurant **1500** spielt wie das Hotel mit lokalen Architekturformeln, mit dem Kontrast von blendendem Weiß und hellen Holztönen und einer an der Spitzengastronomie geschulten Küche mit italienischem Akzent. Eine traditionelle Stube ist das Restaurant **Ida**. Restaurants tägl. geöffnet.

Restaurant Sessellift an der Bergstation des Sessellifts (1850 m), nur über Mittag warme Küche (bis 16 Uhr), von der Seilbahn ca. 1 Std. Gehzeit.

• *Rundgang* Von der Bergstation des Sessellifts nach links auf Weg 4 zum Vigiliuskircherl, dann 9 (Fahrweg) zu den Gasthöfen „Seehof" und „Seespitz" – Letzterer am Seelein Schwarze Lacke und auf Weg 7/8 zurück zur Bergstation (Rundweg ca. 1 Std.)

• *Bergtour* Auf den Hochwart (2607 m), Superaussicht auf Texelgruppe und Dolomiten, Weg 9 mit kurzem Abstecher zum Gipfel (hin/zurück ca. 6 Std.).

▶ **Radtour nach Tisens und Prissian**: Vgl. Radtour ab Nals (Tour 24) in umgekehrter Richtung!

▶ **Dorf Tscherms und Spaziergang auf dem Tschermser Waalweg**: Das lang gestreckte Dorf leidet etwas durch den starken Verkehr, der zwischen Ultental, Gampenpass, Lana und Marling bzw. Meran durchbraust. Oberhalb im Weiler **Baslan** und am Tschermser Waalweg ist es dagegen ruhig und idyllisch. In Baslan dominiert das *Schloss* mit seinem großen Reitstall, die barocke *Kirche St. Anna* z. T. mit Originaleinrichtung (Hochaltar!) sollte man daneben nicht übersehen.

Der Tschermser Waalweg, oft nur als Teil des Marlinger Waalwegs gesehen (was er eigentlich auch ist, denn er verlängert den Marlinger Waal nur, hat keine eigene Wasserzufuhr), ist ideal für einen gemütlichen Familienspaziergang. Man lässt den Wagen am besten am Parkplatz in der Gampenstraße (Ortsmitte) stehen oder, besser, kommt mit dem Bus (Haltestelle Raffeinweg). Etwas steil geht es den beim „Gasthaus Löwenwirt" beginnenden Raffeinweg hinauf, bis ein Schild auf den Tschermser Waalweg aufmerksam macht (ab dort Fahrverbot, auch für Fahrräder – besser setzt man sich als Radler nicht darüber hinweg, der Pfad entlang des Waals ist zu schmal für Fußgänger und Radfahrer). Der Waal leitet unter Schloss Lebenberg hindurch und erreicht die Lebenbergerstraße, die man nach Verlassen des Waalwegs (der sich als Marlinger Waalweg weiter fortsetzt) abwärts verfolgt. Man passiert Schloss Baslan und geht rechts abbiegend über St.-Anna-Weg (Kirche!) und Gruberstraße hinunter zur Gampenstraße und zurück zum Ausgangspunkt.

Essen & Trinken **Glöggl-Keller**, Raffeingasse 8, alter Weinhof (heute auch Obst) mit Buschenschank am Waalweg, eigene Weine und Säfte, Speck und Merenden, auch mit Kartoffeln in der Schale. ✆ 0473/561785, So mittags und Mo geschlossen.

▶ **Schloss (Castel) Lebenberg**: Die über Tscherms wachende Burg der früheren Herren von Marling ist eine der Wenigen, die nach wie vor ganzjährig bewohnt werden. Das große, eindrucksvolle Anwesen mit dem massiven Bergfried und der hübschen Burgkapelle birgt zahlreiche kunst- wie kulturhistorische Kleinodien. Besonders interessant: der Stammbaum der Familie Fuchs mit 264 Figuren auf Leinwand samt Wappen und erklärenden Schriftzügen. Und: Waffenkammer, romanische Muttergottes mit Kind, gotische Kapelle (14. Jh., dreigeschossig!) mit barockem Altar, ein Fresko mit der Steinigung des Erzmärtyrers, barocke und rustikal-traditionelle Wohnräume, Rokokospiegelsaal, schöne Kachelöfen und – gruselig – die Geschichte von den Gebeinen, die man vor 100 Jahren hinter einem Wandkreuz fand.

Öffnungszeiten Führungen Ostern bis Allerheiligen Mo–Sa 10.30–12.30/14–16.30 Uhr, Eintritt 5,50 €, Kinder 2 €, Information unter ✆ 0473/561425.

Burgstall: Der Ort liegt gegenüber von Niederlana auf der anderen Seite des Etschtals, gehört aber zur Gemeinde Lana. Das lang gestreckte Dorf besitzt eine Kabinenbahn, mit der man bequem nach Vöran und auf den Tschögglberg hinauffahren kann, oben bieten sich dann mehrere Wanderwege an. Das **Museum für heimisches Wild** in Burgstall ist das einzige Tiermuseum Südtirols, es ist einer privaten Initiative zu verdanken. In ca. 300 Dioramen werden an die 500 Tiere und ihre Lebensräume in Südtirol gezeigt.

- *Information* **Ortsinformation** an der Bundesstraße, Mo–Sa 9–12 Uhr.
- *Bergbahn* **Seilbahn Burgstall – Vöran**, werktags 7–19 Uhr meist im Halbstundenrhythmus, So/Fei 8.30 und dann 9–19 Uhr im Stundenrhythmus. Einfach 3 €, hin/zurück 5 €, Rad ca. 2,50 €. ✆ 0473/278187.
- *Öffnungszeiten* **Museum für heimisches Wild**, April bis Mitte Okt. So–Do 10–12.15/16–19 Uhr, bei Regenwetter auch Fr/Sa zu diesen Zeiten geöffnet! Eintritt nur mit Voranmeldung unter ✆ 0473/291126 (Hr. Ratschiller). Feldweg 1.

Mit dem Rad von Meran über die Buschenschank Hecherhof nach Burgstall: → Tour 18.

Das Ultental

Nur 35 km sind es von Lana bis zum Weißbrunner Stausee am Ende der Straße durch das Ultental. Im stark vergletscherten Talschluss, Teil des Nationalparks Stilfser Joch, erreicht die Hintere Eggenspitze 3442 m. Ein Wanderparadies mit gut gewartetem, dichtem Wegenetz und einer Reihe bewirtschafteter Almen.

Die Höfe des Tals, einige stammen noch aus dem Mittelalter, sind meist Paarhöfe und haben ein unteres Steinstockwerk und zwei bis drei Holzstockwerke, Balkone sind bei den älteren Häusern nicht bekannt, aber durch leichte Holzwände teilweise abgeschirmte offene Veranden, auf denen man die Ernte regengeschützt trocknen konnte. Die großen Wirtschaftsbauten haben im ersten Stock eine umlaufende Galerie. Im Tal konnten sich wahrscheinlich deshalb so viele alte Bauernhöfe halten, weil die Talstraße erst 1907 entstand. In der Landwirtschaft dominiert die Viehwirtschaft mit Hochalmen, dazu gibt es Schafe, 1000 etwa sollen es sein, man trifft sie immer wieder auf den hochgelegenen Steigen, oft unmittelbar am Gletscherrand (aber auch auf den Speisekarten der Gaststätten des Tals – Ultner Lamm ist eine Delikatesse!). Das Ultental ist vorbildlich, was die Verwendung von Biomasse für Heizungen betrifft, derzeit entsteht das dritte Biomasse-Fernheizwerk!

Information/Verbindungen/Einkaufen

- *Information* **Tourismusverein Ulten-Proveis**, I-39016 **St. Walburg/Ulten**, Hauptstr. 154, ✆ 0473/795387, 📠 795049, www.ultental-deutschnonsberg.info, www.ultental.it. Mo–Fr 8.30–12/15–18.30 Uhr, Sa 8.30–12 Uhr – der Pavillon in der Ortsmitte direkt neben der Straße ist kaum zu übersehen, das Personal ist sehr hilfsbereit. Die üblichen Prospekte, käuflich ist die Ultner Wander-CD zu erwerben (→ „Freizeit & Sport"). Büro auch in **St. Pankraz**, ✆ 0473/787171, 📠 785542, Mo–Fr 9.30–13.30 Uhr, Sa 9.30–12 Uhr.
- *Verbindungen* Einigermaßen gut ausgebaute Autostraße bis zum Talende. Die längeren Straßentunnel sind sehr gut beleuchtet, kein Problem für Radler. **Busse** ab Meran bis zu 8x täglich (So 3x). **Taxi**: ✆ 0473/790101, auch Ausflüge.
- *Einkaufen* **Bioprodukte** hat Familie Gamper, Lindlhof 17 in St. Walburg. U. a. in Salz eingelegte und getrocknete, aber auch frische Öko-Kräuter, regelmäßig Stand auf dem Bozner Bauernmarkt in der Galileistraße (jeden Fr), ✆ 0473/795134.

Sport & Freizeit/Feste & Veranstaltungen

• *Baden/Schwimmen* **Freischwimmbad** in St. Walburg, ☎ 0473/795380.

• *Tennis* Am Sportplatz von St. Walburg, ☎ 04873/795027.

• *Wandern/Bergsteigen/Klettern* Die **Ultner Wander-CD** entstand aus einer seit 1995 laufenden GPS-gestützten Vermessung sämtlicher Ultner Wanderwege. Die 2002 erschienene CD umfasst 50 Wanderungen der 750 km Wanderwege des Ultentales, Infos zur Infrastruktur entlang der Wege, Karten und virtuelle Flugszenarien. Sie ist in Südtirol im Buchhandel erhältlich sowie in den Infobüros des Ultentals, Preis 10 €.

• *Wintersport* **Skigebiet Schwemmalm** im Verband Ortler Skiarena, Saisonkarte 220 €, Senioren 200 €, Kinder 150 €, Informationen erhältlich unter ☎ 0473/795390, www.ultental-deutschnonsberg.info. **Skischule Ultental**, ☎ 0473/795099, www.skischule-ultental.com. **Skiverleih** bei Exklusive Rentasport in St. Walburg. **Die Lifte sind im Sommer nicht in Betrieb** (das Schwemmalm-Bergrestaurant ist jedoch geöffnet).

Eisstadion Mo–Mi und Fr/Sa 14–17 Uhr, So/Fei/Schulferien 13–17 Uhr, Fr/Sa auch 20–22 Uhr.

Feste & Veranstaltungen

• *Feste & Veranstaltungen* **Ultner Lammwochen**. In der 2. Septemberhälfte ist das Ultental mit seinen ca. 1000 Schafen 10 Tage lang ganz auf Schafe eingestellt. Almabtrieb, Schafmarkt in Kuppelwies, Kaufleute zeigen die Schaf- und Schafwollprodukte des Tals, und in den Gaststätten hat das Lamm Hochkonjunktur. Das Infobüro organisiert weitere Programmpunkte wie eine Mühlenwanderung, die Wanderung zu einer Schafalm, ein Kindergrillfest und den Ball des Almbrauchtumspflegevereins.

Schafmarkt in Kuppelwies während der Ultner Lammwochen (s. o.), die große Koppel des Markts liegt unübersehbar direkt neben der Straße. Der Termin ist wie bei den Lammwochen über die Information zu erfragen.

Wolle spinnen, Färben, Gestalten mit Wolle. Während der Ultner Lammwochen veranstaltet die Landesberufsschule Meran in der Mittelschule Ulten in St. Walburg und in Ultner Spinnstuben auf den entsprechenden Höfen öffentliche Kurse (1 Woche 40 €). Falls sie – wie zu hoffen – eine ständige Einrichtung bleiben, hilft die Touristeninformation weiter.

Übernachten/Essen & Trinken

• *In St. Pankraz* *** **Zur Post**, Dörfl 39/41, der frühere „Innerwirt" ist zu einem Garni-Hotel mit Apartments gewuchert, 1307 sei er erstmals erwähnt worden, heißt es, was man den komplett renovierten oder neuen Zimmern nicht ansieht – nur nach vorne zur Dorfstraße präsentiert sich noch der alte Gasthof (mit Café und Eis), zur Kirche gar mit einem Eingang mit gotischem Spitzbogen. Gute, helle, nicht zu holzbetonte Zimmer (keine Täfelung), kleiner Pool im Garten nach hinten/unten, dazu schöne Liegewiese. DZ/FR 68 €, Apt. für 2–6 Pers. 42–78 €. ☎/📠 0473/787055, www.zur-post.it.

Zum Weißen Rössl, Gasthof und Pizzeria im verglasten Anbau, direkt am Platzl, Speck am Brettl und Kalbskopf sauer (ca. 9 €/7 €), Schnitzel und Grillfleisch (10–13 €), Nudelgerichte wie z. B. hausgemachte Teigtaschen mit Spinat-Topfen-Fülle (ca. 5–7 €). ☎ 0473/787116, nur 12–14/18–21 Uhr, Mi Ruhetag.

Turm, Pizzeria, etwas versteckt hinter Kirche und Gasthof Post, komplettes Gasthausangebot und gute Pizza (3,50–8 €), eigene Kuchen; Di Ruhetag.

• *In St. Walburg* *** **Eggwirt**, St. Walburg 112. Setzen Sie sich in die alte Bauernstube (1611) des Gasthofs und lassen Sie die Atmosphäre auf sich wirken, Speck am Brettl, ein Vinschgerl und ein Glas Roter können dabei helfen. Vielleicht ist es heute kühl, dann wärmt Sie der Kachelofen. Das macht einen alten Einkehrgasthof aus, das Gefühl, dass Generationen von Gästen die Zeit in der Stube so genossen haben wie wir gerade. Der Eggwirt hat auch in seinen anderen Räumen z. T. noch die alte Täfelung und Einrichtung (meist 19. Jh.), in einigen hat das 20. brachial (aber mit Holz) zugeschlagen. Freundliche Zimmer mit Balkon (kein TV), einige getäfelt. Das angeschaltete Handy hat in der alten Stube und im Speisesaal (Spezialität frische Ultner Forelle) nichts zu suchen (der Autor gratuliert aus leidvoller Erfahrung zu dieser sozialen Tat des Wirts). Vor der Tür große Terrasse für Café und Biergarten erhöht über der Ultner Talstraße, 2 wunderschöne alte Walnussbäume. DZ/FR 62–72 €. ✆ 0473/795319, 795471, www.eggwirt.it, Restaurant Di Ruhetag.

*** **Kreuzwirt**, St. Walburg 293, gut ausgestattetes Hotel neuesten Bauzustands mit einigen schicken Elementen (Lobby, 33 qm große Suiten mit Raumteiler) und großer Liegewiese samt Kinderspielplatz, jedoch ohne Pool. Appetitliches und reichhaltiges Frühstücksbüffet. Die Bar im 1. Stock ist ein populärer Treff. DZ/FR 66–136 €. ✆ 0473/795316, 795343, www.kreuzwirt.it.

• *In Kuppelwies* **Kuppelwies**, Restaurant-Pizzeria, ganz traditionelle Tiroler-österreichische Küche, allerdings auch Pizza (ca. 4–8 €). Während der Lammwochen z. B. Bauernlammbratl mit Röstkartoffeln und Krautsalat, Vorspeisen ab 4 €, Hauptspeisen ca. 13–15 €. Das Wirtschaftsgebäude ist noch ganz traditionell gedeckt, das verträgt sich mit dem solid-bodenständigen Eindruck dieses Gasthofs. ✆ 0473/799012, Do Ruhetag.

• *In St. Nikolaus* **** **Erlebnishotel Waltershof**, St. Nikolaus Dorf 59, sympathisches Hotel im übersichtlichen St. Nikolaus, nicht nur für Wanderer, aber für diese ideal, da viele Touren vom Hotel veranstaltet werden und Wanderwege vor der Tür beginnen. Wellness regiert in Hallenbad, Saunen, Kräuterbad, Tennisplatz, es gibt Massagen und Beauty-Anwendungen, die Küche serviert u. a. Vollwertkost und vegetarische Gerichte. Wer will, kann ein Zimmer mit Wasserbett buchen. DZ/FR 124–144 €. ✆ 0473/790144, 790387, www.waltershof.it.

* **Mesner**, St. Nikolaus Dorf 103, „Sonnenterrasse, gut bürgerliche Küche, Tiroler Stube, Zimmer mit Dusche und WC. Besonders günstige Preise in der Vor- und Nachsaison". Ein attraktiver Bau mit oberem Holzstockwerk und klassischem Tiroler Dach, vorne Terrasse, hinten guckt der Kirchturm des Orts hervor. Gemütlich. Das Bild stammt aus dem Oktoberheft der „Bergwelt" von 1976 und ist eine Anzeige zum Heftthema Berge im Ultental. Wenn Sie heute dort stehen, hat sich fast nichts verändert, jetzt gibt's halt die unvermeidliche Pizza, aber sonst? Ein Zeichen für Güte, nicht wahr? Nur 3 schlichte Zimmer (aber mit Dusche/WC wie schon 1976!), man wohnt wie auf dem Bauernhof. DZ/FR ab ca. 40 €. ✆ 0473/790120.

• *In St. Gertraud* *** **Gasthof Ultner Hof**, St. Gertraud 114. Das ganze Dorf trifft sich im Ultner Hof, es gibt keine Konkurrenz und die Gaststube ist ganz gemütlich – am Sonntagmorgen können die hübschen Damen hinter dem Tresen kaum die Forderungen nach Bier und Espresso bewältigen. Einfache Zimmer mit Balkon und Sitzecke, attraktive Saunalandschaft, gutes Frühstück. DZ/FR 54–78 €. ✆/ 0473/798117, www.ultnerhof.it.

Sehenswertes/Ausflüge

Pawigl und das Vigiljoch: Ein sehr beliebtes Wandergebiet sind die Bergbauernhöfe im äußersten Ultental zwischen Vigiljoch und Pawigl. Rein administrativ gehört Pawigl zwar zu Lana, nur die Höfe auf dem Guggenberg gehören zum Ultental, das Streusiedelgebiet Pawigl ist aber nach allen Kriterien eine typische Ultner Bergbauernsiedlung. Dass zwischen Vigiljoch und Pawigl eine Menge Leute unterwegs sind, hängt natürlich mit den Bergbahnen zusammen: Auf das Vigiljoch geht von Lana die Kabinenbahn, von der Ultner Straße führt eine Kleinseilbahn zum Weiler Pawigl.

• *Essen & Trinken* **Buschenschank Außerhof**, Sträßchen von der Ultner Talstraße, hier gibt es noch Wein (auf ca. 670 m!), 5 Min. später beim Lift zum Pawigl nur noch Äpfel. (Das ist aber immer noch nicht der höchste Weinstandort, der liegt in St. Pankraz). In Pawigl einfache Kost im **Gasthaus Altbreid**, ✆ 349/1063998, Do Ruhetag.

St. Pankraz: Das Dörfchen ist der erste Ort, den man im Ultental erreicht, viel größer sind auch die anderen Dörfer nicht, die sich ausnahmslos auf sonnigen Hangterrassen über dem Talboden des Valschauer Bachs (so heißt der Bach, der das Ultental entwässert) befinden. Eine Kuriosum ist das unterhalb und auf der anderen Seite des Bachs gelegene *Häusl am Stuan*, von dem man den Eindruck hat, es wäre mit Hilfe von Stelzen auf einem in der Wiese liegenden Felsblock errichtet worden.

Bergbauernhof im Ultental

Tatsächlich wurde es ganz schlicht auf einer Wiese errichtet, die Basis stützte sich auf Felsboden, der darunter lag. Bei einem schweren Hochwasser im Jahr 1882 wurden mehrere Häuser weggerissen, nur dieses nicht. Es stellte sich heraus, dass der Felsboden darunter tatsächlich ein isolierter Felsblock gewesen war, der heute in der Wiese liegt wie bestellt und nicht abgeholt. Glück muss man haben.

▸ **St. Walburg**: Walburg sagen die Einheimischen, wie sie statt St. Gertraud nur Gertraud sagen. Die *Kirche* des Hauptorts des Tals (mit Rathaus und Touristeninformation in sechseckigem Bau direkt an der Straße) steht auf einem vorgeschichtlichem Standort, einem alten Siedlungshügel. Ursprünglich war sie romanisch, wurde dann gotisiert, im 19. Jh. wurde das Schiff verlängert und der Turm erhöht. Drinnen skurriler Stilmix mit Biedermeierhochaltar (frühes Neobarock). Der *Einkehrgasthof „Eggwirt“* an der Straße (→ „Übernachten/Essen & Trinken“) ist außen wie innen einen Blick wert!

Etwas oberhalb liegt der große **Zoggler Stausee**, der größte der Stauseen des Tals (im Talschluss mehrere kleinere Stauseen). Im Wasser dieses Sees ist ein wesentlicher Teil der bäuerlichen Tradition des Tals buchstäblich untergegangen, da sich fast nur dort größere Bauernhöfe in Tallage befanden.

▸ **Ultner Talmuseum in St. Nikolaus**: Das Museum für das Ultental zeigt einen Überblick über seine bäuerliche Kulturlandschaft, die leider zu einem großen Teil in den Stauseen untergegangen ist. Sieben Räume mit bäuerlichem Gerät und Objekten zu Alltag und Festen.

Öffnungszeiten Mai bis Sept. Di und Fr 11–12/15–17 Uhr, März bis Okt. So 10–12/15–17 Uhr; ✆ 0473/790147; freiwillige Spende.

▸ **Die Ultner Urlärchen**: Lärchen und Zirben sind der große Schatz der Wälder des Ultentals. Die meisten Wälder liegen heute in Steillagen in großen Höhen, denn wo sie leicht erreichbar waren, sind sie der Nachfrage nach Lärchen- und Zirbenholz zum Opfer gefallen. Viele der erhaltenen Lärchen sind alt, aber wenige so alt wie die Ultner Urlärchen: In einem Bannwald in der Nähe von St. Gertraud stehen auf

1430 m Höhe drei Exemplare, die wahrscheinlich älter als 2000 Jahre sind. Man vermutet das, weil eine schon vor längerer Zeit umgestürzte Urlärche mehr als 2000 Jahresringe aufwies – also zu Zeiten von Christi Geburt schon ein ausgewachsener Baum war! 36,5 m hoch ist die höchste Lärche, 8,34 m ist der größte Stammumfang. Diese Bäume sind wahrscheinlich die ältesten Lebewesen Europas ...

• *Fußweg* Die Ultner Urlärchen erreicht man z. B. zu Fuß oder mit dem Pkw ab dem Parkplatz unterhalb von St. Gertraud, der Weg ist deutlich mit „Ultner Höfeweg" und „Urlärchen" markiert (45 Min. hin/zurück).

• *Essen & Trinken* 5 Min. geht man von den Urlärchen zur **Hofschänke Falschauerhof**, die auf Produkte mit Ziegenmilch und -fleisch spezialisiert ist. Nur auf Vorbestellung (✆ 0473/790191).

▸ **St. Gertraud und Nationalparkhaus**: Das höchstgelegene Dorf des Tals ist eigentlich nur eine Kirche mit Gasthof und ein paar Bauernhöfen, ein Weiler. Aber eine Kirche macht aus einem Weiler ein Kirchdorf, zumindest am Sonntagvormittag, wenn sich die Bauern der Umgebung zuerst in der Kirche und dann beim Kirchenwirt treffen. Heute gibt es auch etwas tiefer am eigentlichen Talende (St. Gertraud liegt auf einem Hügel) Siedlungsansätze, dort endet auch die Buslinie. St. Gertraud ist Ausgangspunkt für zahlreiche Wanderungen in den Talschluss, der zum Nationalpark Stilfser Joch gehört, so auch für die hochalpinen Überschreitungen ins Martelltal und ins Tal von Rabbi (Trentino). Am beliebtesten sind Touren, die vom *Weißbrunn-Stausee* ausgehen, den man auf einer guten Autostraßen bequem erreichen kann. Die schönste dieser Touren ist unten beschrieben.

Das Ultental hat in St. Gertraud ein eigenes *Nationalparkhaus*, das mittlerweile vierte des Nationalparks Stilfser Joch. Für das Besucher-Informationszentrum hat man die alte *Lahner Säge* sehr geschickt um- und angebaut und wieder funktionstüchtig gemacht – eine gute Idee, denn das Ultental war immer ein Zentrum der Holzverarbeitung, und um den Wald und das Holz geht es auch im Nationalparkhaus. Interessante Schauräume im Erdgeschoss, sicher am interessantesten der Raum zum „Mythos Wald" im Obergeschoss.

Öffnungszeiten Di–Fr 9–12/14.30–18 Uhr, Sa/So/Fei 14.30–18 Uhr. Eintritt 3 €. ✆ 0473/798123, www.lahner-saege.com.

Abstecher auf den Deutschnonsberg

„Deutschgegend" nannte man sie früher, die vier Orte Unsere Liebe Frau im Walde, St. Felix, Laurein und Proveis. Sie liegen jenseits des Gebirgskamms, der das Ultental von Trentino und dem Nonstal (Val di Non) trennt, deutsche Sprachinseln hoch über dem italienisch- und ladinischsprachigen Tal darunter.

Früher führten die Verkehrsverbindungen im Winter ausschließlich nach Süden und ins Trentino, zu dem die Orte auch bis 1949 gehörten: Proveis ist zwar über die Hofmahd (1783 m) mit dem Ultental auf einem Fußweg verbunden, war aber früher monatelang durch hohen Schnee auf sich allein gestellt. Heute führt vom Ultental eine Straße mit langem Tunnel hinauf zum Deutschnonsberg, eine zweite, frequentiertere, führt von Lana über den Gampenpass nach Unsere Liebe Frau im Walde und weiter nach Fondo und ins Nonstal.

Information/Verbindungen/Einkaufen

• *Information* **Tourismusverein Deutschnonsberg**, I-39040 Laurein/Lauregno, Dorf Nr. 2, ✆ 0463/530088, ℻ 532100, www.deutschnonsberg.it, Mo–Fr 8–12 Uhr. Der **Tourismusverein Ultental-Proveis** (s. o.) ist für I-39040 Proveis/Proves zuständig. **Weitere Büros** in I-39010 Unsere Liebe Frau im Walde/Senale, in I-39010 St. Felix/S. Felice und auf dem Gampenpass (Juli bis Sept. tägl. 9.30–14 Uhr).

• *Verbindungen* **Pkw**: Straßen nach Unsere Liebe Frau im Walde über den Gampenpass und aus dem Ultental nach Proveis, beide von Lana ausgehend.

Bus: ab Meran über beide Strecken, die Gampenpassroute führt weiter nach Fondo im Val di Non. Nach Proveis/Laurein tägl. (außer So!) 2x; nach Unsere Liebe Frau im Walde/St. Felix tägl. 3x (So 2x).

• *Einkaufen* Speck aus eigener Herstellung bietet die **Metzgerei Kofler** in Unsere Liebe Frau im Walde, Malgasott 2, man kann auch Sa/So einkaufen.

Proveiser Bergspeck, lokale Würste und Berghonig vom Deutschnonsberg werden auch vom **Bergladele** angeboten, im Sommer auch Almkäse; Proveis, Kirchbichl 35, ✆ 0463/532001.

Übernachten/Essen & Trinken

Und was halten Sie von Löwenzahn und Radicchio? Wer deren Verwendung in der (Südtiroler) Küche kennen lernen will, sollte auf dem Deutschnonsberg die Gerichte mit diesen an Ort und Stelle gezogenen Gemüsen probieren. Manche Lokale haben spezielle Löwenzahn- und Radicchiowochen (z. B. „Gasthaus Pfitscher" in Unsere Liebe Frau im Walde).

** **Zum Hirschen**, Gasthof-Pension, Unsere Liebe Frau im Walde, Malgasott 2, Landgasthof als Nachfolger des Pilgerhospizes im Wallfahrtsort. Die Küche verarbeitet die Produkte des eigenen Bauernhofs, interessant die Löwenzahnspezialitäten, Di Ruhetag. (nur Winter). Gute Ausstattung, Zimmer mit Dusche/WC, TV, Safe, Frühstücksbüffet. DZ/FR ab 50 €. ✆ 0463/886105, www.zumhirschen.com.

** **Greti**, Restaurant-Pension, St. Felix, Gampenstr. 39, freundliche Pension mit guter Küche, beworben werden die Wiener Schnitzel, Löwenzahnspeisen, Knödel-Tris und – auf Bestellung – Gerstlsuppe und „Torta di patate". Zimmer meist Bad/WC (einige mit Etagenbad), TV, Sauna im Haus. DZ/FR 55–57 €. ✆ 0463/886226, 📠 885521, www.pension-greti.com.

▸ **Ausflug von St. Felix zum Tretsee**: Weg 9 führt meist abseits des Fahrsträßchens von St. Felix hinauf zur Felixer Alm, ein paar Minuten vom Felixer Weiher oder Tretsee (Lago di S. Maria) mit dem „Gasthaus Waldruhe". Tretsee heißt er nach der Ortschaft Tret, die man talabwärts in Richtung Fondo erreicht, sie ist bereits rein italienischsprachig. Hübscher Rundweg um den See, wer noch Energien hat, findet einige von hier abgehende Waldwege. Besonders ist ein Weg, der herrliche Blick ins Tal erlaubt: Man nimmt von der Alm (nicht vom See!) den mit T und 50 gekennzeichneten Fahrweg, nach ca. 1,5 km führt er als Weg weiter, erreicht den Bergkamm, dem man bis zum Schönegg (1773 m) folgt. Rückkehr auf dem selben Weg.

Essen & Trinken **Felixer Alm**, Speck und Käse aus eigener Produktion, bis Mitte Okt., kein Ruhetag. **Gasthaus Waldruhe**, am Tretsee, Mai bis Okt. ohne Ruhetag, ✆ 368/7033743.

Tour 22: Wanderung von St. Walburg zu den Kofelraster Seen

Tour-Info: Lange Wanderung mit 1300 m Höhenunterschied im Aufstieg, dazu kommt ein Abstieg von gleicher Höhendifferenz – eine ernsthafte Tagestour! Bei Überschreitung und Abstieg über das Latschiniger Albl nach Latsch (→ Tour 26) etwa gleich lang und anstrengend. Generell gut beschilderte und markierte Wege. Aufstieg 4 Std., Abstieg nach Kuppelwies (nicht beschrieben) 2:30 Std., nach Latsch 4:30 Std.; Länge der beschriebenen Strecke 10,7 km. Karte: Tabacco (1:25.000) Blatt 42. Essen und Trinken auf der Marschnellalm.

In St. Walburg nimmt man vom Pavillon der Touristeninformation **A** die Talstraße talauswärts bis zur nächsten Rechtskurve im Bachtal, wo eine Straße links aufwärts abbiegt. Nach der ersten Serpentine zweigt links ein Sträßchen ab **B** (Schild „Marschnellalm", Markierung 10), dem wir aufwärts folgen, um nach den

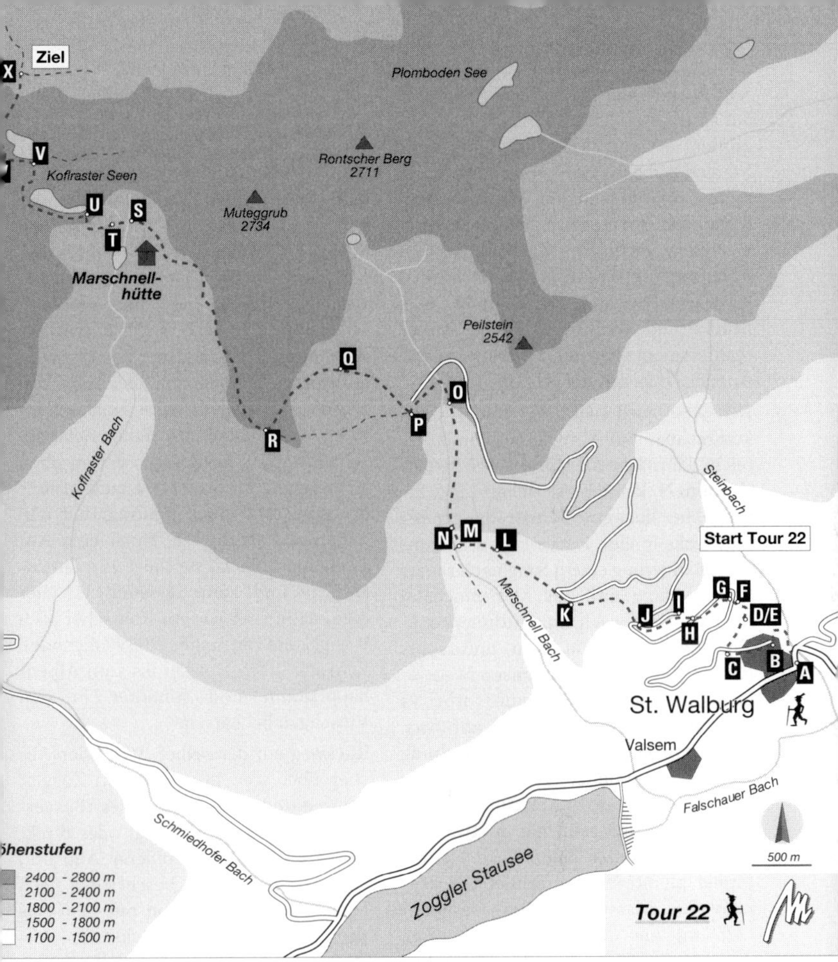

letzten Häusern einen nach rechts in den Wald führenden Fußweg einzuschlagen. Kurz darauf Querung einer Asphaltstraße **C** (nicht die letzte) und etwas höher im Wald Gabelung der Wege **D**, links weiter. Am oberen Waldrand gabelt sich der Weg unterhalb einer großen Wiese **E**, dort nach rechts und bei einem Häuschen wieder links. Es folgen drei Asphaltstraßenquerungen: nach der ersten **F** erreicht man den Hof Breitenberg, wo wieder gequert wird **G** und schließlich nach dem Mitterhof ein drittes Mal **H**. Ein Wirtschaftsweg führt weiter, aber nicht lange, dann geht unser Weg als Wanderweg nach rechts **I** über eine große Wiese weiter. Beim nächsten Erreichen der Asphaltstraße **J** geht es auf dieser weiter bis über den Hof Gigglhirn, wo es dann endlich mit dem Asphalt vorbei ist und die Straße zur Forststraße wird. Schilder machen uns Mut („Marschnallalm 1h 40 Min").

Jetzt folgt ein Geflecht von Abzweigungen und Gabelungen, das man insofern meistert, indem man einfach auf gleicher Höhe weitergeht. An einer Stelle geht der besser ausgebaute Weg rechts rauf **K**, auch hier bleiben wir völlig cool auf gleicher Höhe. Bis knapp vor einem großen Wasserbehälter und fast am Marschnellbach ein Fußweg nach rechts abzweigt **L**, dem wir ab sofort folgen, meist nahe am Bach, im unteren Teil ganz klassische Waalfassung und Ableitung mit Holzrinnen. Noch einmal wird eine Forststraße erreicht **M**, links Brücke und Weg 10 A, wenige Meter rechts findet man die Fortsetzung des Anstiegswegs mit der Nr. 10.

Der Wald wird schütterer und endlich kommt man auf Almwiesen heraus, erreicht dann die neue Hütte der Schweinsteigalm **N** (keine Bewirtschaftung!). Etwas höher liegt eine Almstraße, der wir kurz links in eine Kurve folgen, wo unsere Markierung einem Steig nach rechts in den Hang und zur Marschnellalm folgt **O**. Wege nach links (Rinnerberglalm und Parkplatz in Riem) und rechts (Gipfel des Peilsteins), unser Weg jedoch führt am Almgebäude vorbei in der Falllinie und relativ steil aufwärts, man ist froh, wieder eine Verflachung zu erreichen. Endlich steht man auf der Schulter, die vom Muttegrubspitz herunterläuft **P** und geht nun in etwa gleicher Höhe weiter. Die Blicke werden immer phantastischer, schließlich sieht man das Massiv um das Hasenohr (3257 m) mit dem kleinen Gletscher, dem Arzkar-Stausee und links unterhalb die Gegend des Breiteben-Sessellifts direkt vor sich. Allmählich senkt sich der Weg in Richtung auf die Kofelrastseen, die im Talschluss rechts unter dem Hohen Dieb (2730 m) liegen, und bald erreicht man die Kofelrastalm und den ins Tal nach Kuppelwies führenden Weg 4 **Q** (er markiert bis zum Langen See auch unseren weiteren Weg). Nach Bachquerung hat man links von sich zwei Hütten **R**, es sind die Kofelraster Almhütten. Kurzer steiler Anstieg zum Langen See **S**, an dessen Ufer links weiter, die Abzweigung zum Hohen Dieb (Weg 4) bleibt links. Eine Geländeschwelle muss bestiegen werden, oben Abzweigung nach rechts **T** zum Muttegrubspitz und Blick hinunter auf den Hinteren Kofelrastsee. Noch eine Abzweigung links **U**, sie führt zur Zimruanhütte und zum Sessellift Tarscher Alm, dann sind wir am Rontscher Joch **V** angelangt mit seiner überwältigenden Fernsicht nach Norden bis zum Alpenhauptkamm und hinunter in den Vinschgau bei Latsch.

Rückweg auf demselben Weg oder Abstieg über Weg 4a und 4 zum Zoggler Stausee und nach Kuppelwies (Busverbindung nach St. Walburg) oder direkt vom Joch zur Latschanderer Alm und dann wie in Tour 26 beschrieben nach Latsch, von wo aus man mit dem Bus zum Ausgangspunkt zurückkehrt (Umsteigen in Meran).

Tour 23: Wanderung über die Ultner Stauseen zur Höchster Hütte und den Weißbrunnalmen

Tour-Info: Diese Tour im hintersten Ultental führt von den Stauseen Weißbrunnsee zum Grünsee und zur beliebten Höchster Hütte. Obwohl der Rückweg über das ausgedehnte Kar der Weißbrunnalmen kaum länger ist als der Anstieg und auf jeden Fall abwechslungsreicher, gehen ihn doch nur wenige Menschen. Anfahrt bis zur Enzianhütte am Tourenbeginn im Sommer per Linienbus möglich. Dauer 3–3:30 Std.; Länge 10,2 km; Höhenunterschied ↑↓ 570 m. Karte: Tabacco (1:25.000) Blatt 42.

Von der Enzianhütte am Weißbrunnsee mit Parkplatz und Buswendeplatz geht noch ein paar Meter bis zum Ende der öffentlichen Straße, wo bei der Unteren Weißbrunnalm die Wanderwege beginnen. Etwas oberhalb vom Straßenende steht der Holzbau des Restaurants Knödlmoidl, wir beginnen den Aufstieg darunter **A**. Man geht durch Wald das Tal des Grünseebachs bergan, eine Brücke über den Bach **B** bleibt links. Allmählich wird der Wald lichter, und auf einer Verflachung mit Picknicktisch **C** und Wegabzweigung nach rechts (die wir nicht beachten) ist er fast vollständig durch Krummholz ersetzt worden. Weiter über einen stellenweise etwas holprigen und stark ausgetretenen Weg, auf ca. 2250 m verlässt er das Bachtal und steigt nach rechts kurvenreich zum Grünsee hinauf, dessen Staumauer man bereits erkennt. Hat man die Höhe der Dammkrone erreicht, geht es noch ein Stück flach weiter, dann folgt die Abzweigung eines Weges nach links **D** (Weg 12), den wir nach dem Besuch der Hütte gehen wollen. An der Hütte **E** schöner Blick auf den Stausee, Hintere Eggenspitze (3443 m) und Weißbrunnferner.

Nach der Stärkung geht es weiter in den Talschluss der Weißbrunnalmen, den man im Aufstieg links von sich gesehen hat, überragt von der wenig auffälligen, unvergletscherten Pyramide des Gleck (2957 m). Man muss nicht bis zum im Anstieg passierten, offiziellen Beginn von Weg 12 zurückgehen, sondern kann eine mehr oder weniger offizielle Abkürzung hinunter zur Krone des Staudamms nehmen, die den ersten Abschnitt dieses Wegs bildet. Es folgt Grobschutt und Bergsturzmaterial, aufmerksam zu begehen, dann ein Wiesenrücken, der für eine kurze Rast wie geschaffen ist. Hier Weggabelung mit Hinweisschild **F** links direkt hinunter zu den Weißbrunnalmen, zunächst undeutlicher Weg, rechts weiter in den Talschluss (und über zwei Joche zu den Haselgruber Seen mit gleichnamiger Hütte), wegen des Langsees, an den man so näher herankommt, unbedingt vorzuziehen.

Im Talschluss Wegstern **G**, wir schwenken scharf nach links auf den abwärts führenden Weg 107 ein, der oberhalb des Langsees durch Hochalmgelände

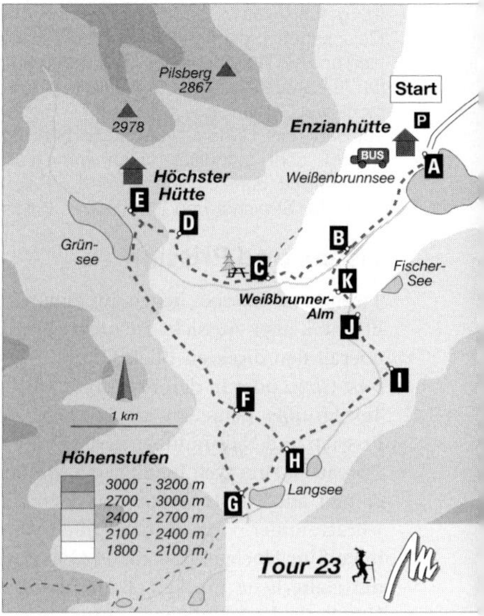

zieht. Die Einmündung des direkten Wegs (von Punkt F herunter) wird passiert **H**, weiterhin gemütlicher Almenbummel, Seelein in einiger Entfernung links und rechts. Dann kommt man zur Oberen Weißbrunnalm **I**, ab der es an den eigentlichen Abstieg geht. Noch einmal erreichen wir einen flacheren Almboden mit der Hütte der Mittleren Weißbrunnalm **J**, dann etwas tiefer ein ausgetrocknetes Seebett. Jenseits steigt man nach einem Steg zu einer weiteren Almhütte hoch, einer alten Blockhütte **K**. Weg 107 weist hier nach rechts und zum Fischersee, wir jedoch steigen nunmehr mit Weg 103 durch Wald ab ins Grünseebachtal. Bei der uns vom Aufstieg bekannten Brücke **B** biegen wir nach rechts in den Aufstiegsweg ein und gehen hinunter zur Unteren Weißbrunnalm, wobei wir dieses Mal auf dem Weg oberhalb der „Knödlmoidl" bleiben **L**, und dann den Parkplatz und die Enzianhütte erreichen.

• *Essen & Trinken* **Höchster Hütte** (Grünseehütte/Rif. Canziani), 2558 m, St. Gertraud

85, geführt vom CAI Milano. Nudeln mit Fleischsoße (Spaghetti al ragù heißen sie hier) und ein Weizen 9 €, Gulasch mit Knödel ca. 10 €, Apfelstrudel ca. 3 €, für eine Hütte nicht viel. Italienische Wirtsleute – selten auf Südtiroler Hütten –, die Stube bunt gemischt, sehr gemütlich, auch wenn's im Hintergrund dudelt (Programm: 1. „Penny Lane" für Streicher und Synthesizer, 2. Discosound mit exzessiven Bässen, 3. „Freude schöner Götterfunken" für Dudeldudelorchester und gemischten Chor, 4. „Parlez moi d'amour" für Schnulzenorchester). ✆ 0473/798120, www.ultental.it/hoechsterhuette; auch im Winter geöffnet.

Am Straßenende **Enzianhütte** und **Restaurant Knödlmoidl**.

Tisens und Prissian

Tisens und Prissian liegen auf einem sanft gewellten Plateau 300–350 m über dem Etschtal, aber Aussicht ist nicht: Ein niedriger Bergzug („Vorbichl") versperrt fast überall den direkten Blick hinunter ins Tal. Man muss etwas höher steigen, nach *Bad Gfrill* oder in den *Prissianer Hochwald*, um den Blick auf Sarntaler Alpen und Texelgruppe genießen zu können. Dafür sieht man von der Straße zwischen Prissian und Nals hinüber in die Dolomiten, was ja auch nicht zu verachten ist. Das Plateau ist eine Welt für sich, ein Miniatur-Südtirol, wie es die Zeitschrift „Bell'Italia" einmal ausdrückte, reicht das Gemeindegebiet doch vom Weinanbaugebiet (Gewürztraminer, Lagrein u. a.) über Weiden, Wiesen und Wald zu den Almen und hinauf ins Hochgebirge auf 2433 m (Laugenspitze). Und dazu Burgen, alte Kirchen, mittelalterliche Fresken, Bauernbadl, Speck, Vinschgerl und Kastanien und eine Hotellerie der gehobenen Mittelklasse – Miniatur-Südtirol eben.

Information/Verbindungen

• *Information* **Tourismusverein Tisens-Prissian**, I-39010 Tisens-Prissian/Tésimo-Prissiano, Bäcknhausstr. 54, ✆ 0473/920822, ℻ 921010, www.tisensprissian.com. Büros in Tisens und Prissian jeweils in der Ortsmitte.

• *Verbindungen* Gute Straße von Lana, aber nur 3 Buspaare pro Tag (am So nur 2).

Feste & Veranstaltungen/Einkaufen/Wein

• *Feste & Veranstaltungen* **Prissianer Gasslfest**, von den örtlichen Vereinen (z. B. Freiwillige Feuerwehr) gestaltetes Ortsfest im August, Festzug, Stände (z. B. Spinnrunde Prissian mit Produkten aus Schafwolle; Kinder können selbst Filzobjekte herstellen), Musik von DJ-Pop bis „Tanzlmusi".

Keschtnriggl: Kastanientage in der 2. Oktoberhälfte in Tisens und Völlan (→ Lana) mit Kastanienwanderungen bzw. -führungen, einem Törggelenfest auf dem Rathausplatz in Tisens, wie Törggelen eben sein soll, mit Eigenbauwein und alles aus Kastanien, z. B. Keschtnkrapfen.

Prissianer Schlosskonzerte, Konzerte im Juli in den Burgen und Schlössern der Gemeinde.

• *Einkaufen/Wein* **Brot und Weißgebäck** aus der Bäckerei Zöggeler in Tisens gehören zum Besten, was Südtirol bietet.

Gourmet-Lädele/Vinothek, Prissian 83 (gegenüber Schloss Fahlburg) mit Weinen, Öl etc. Jeden Di ab 19.30 Uhr gratis Weinverkostung, Mi ab 19.30 Uhr Life-Musik.

Schloss Katzenzungen hat eine Degustationsstube, in der die Eigenbauweine verkostet – und natürlich gekauft – werden können. Tägl. 16–18 Uhr, ✆ 0473/927018. Zu kaufen gibt es u. a. (Weiß-)Wein vom berühmten Versoaln-Weinstock, dem sicher größten Europas und einem der ältesten der Welt (→ „Sehenswertes/Ausflüge").

Übernachten

*** **Schloss Wehrburg**, Prissian 7, dieses Hotel nennt sich nicht nur so, es ist ein echtes Schloss oder eigentlich eine Burg. Eine echte Ritterburg mit altem Mobiliar, Himmelbetten, Turmzimmern in den beiden Türmen der Anlage, knarrenden Dielen und Fernblick bis zu den Dolomiten. Da nimmt man gerne in Kauf, dass es in den

Zimmern kein TV gibt. Grün ringsum, Wald, Wiesen, für Wasserratten ein kleines Freibad. DZ/HP 100–150 €. ✆ 0473/920934, ℻ 920676, www.wehrburg.com.

*** **Grissianer Hof**, Grissian 6 a, sympathisch: das komfortable Anwesen nennt sich bescheiden Gasthof, nicht Hotel, dabei kann der Grissianer Hof mit den meisten dieser Kategorie konkurrieren, sieht man mal von den zur Zeit so modernen Wellness-Hotels ab (dabei hat der Gasthof Sauna und Whirlpool, aber keinen Außenpool). Positive Details wie Safe im Zimmer, Menüwahl und Salatbüffet, Produkte vom eigenen Bauernhof. DZ/FR 70–76 €. ✆ 0473/920823, ℻ 920517, www.grissianerhof.com.

** **Liesy**, Dorf 11 a, Tisens, Pension im Grünen, einfache Zimmer ohne TV (Sat-TV im Aufenthaltsraum), Pool, Terrasse, erweitertes Frühstück. DZ/FR 48–52 €. ✆/℻ 0473/920918, www.pensionliesy.it.

Essen & Trinken

Zum Löwen, Dorf 72, Tisens, nicht der übliche Dorfgasthof: kreative Jahreszeitenküche mit italienischen und Tiroler Akzenten auf höchstem Niveau. Probieren Sie die Entenlebertarteletts mit karamellisierten Äpfeln, Schmorzicklein mit Spargelspitzen, Apfeltörtchen mit Zimteis. In der Kastaniensaison z. B. Ente mit glasierten Kastanien oder Ziegenkäserisotto mit Kastanien. Und nachher einen Eau de vie oder Grappa aus der reichen Auswahl des Hauses. Die Frau am Herd und Besitzerin heißt Anna Matscher ist Koch-Autodidaktin und weit über den Ort hinaus für ihre intelligenten Kreationen bekannt. Stilvolles Ambiente im alten Gebäude, das schon seit Generationen ein Gasthof war. Pro Person ab ca. 50 €. So und Mo vormittags geschlossen. ✆ 0473/920927.

Bad Gfrill, Tisens, neues Café-Restaurant im alten Badl oberhalb von Tisens, Kuchen und Eisbecher und div. kalte und warme Speisen, schöne Aussichtsterrasse. Mo und Di Ruhetag.

Grissianer Hof, Tisens-Grissian, Grissian 6 a, Gasthaus (→ „Übernachten") auch mit Kaffee und Kuchen für Familien und Ausflügler, Spezialität sind die Lammgerichte (aus eigener Haltung). ✆ 0473/920823, Mo Ruhetag.

Fahlburg, Prissian 83. Schaut man neugierig in den Schlosshof hinein, sieht man drinnen gerade noch einen Ausschnitt von der Restaurantterrasse ... oder sind's die Schlossherren unter sich? Nicht nur Wolfsbarsch mit feinen Beilagen oder Tagliata von der Hochrippe auf Rucola, sondern auch schlichtes Wiener Schnitzel (je ab ca. 12 €). Überraschend gelungen: die mit Radicchio gefüllten Zucchini (9 €). ✆ 0473/920930, Fr nachmittags und Sa geschlossen.

Unterkasatsch, Prissianer Str. 118, aussichtsreich gelegener Gasthof nahe Schloss Pfeffersburg. Sie können wählen zwischen Gerichten aus Tiroler, italienischer und indonesischer (!) Küchentradition, und in der Herbstzeit verwandelt sich die Stube zum gut besuchten Törggelenlokal. Ab ca. 15 €. ✆ 0471/678390, Mi Ruhetag. (Der Gasthof steht zwar auf Nalser Gemeindegebiet, ist aber mit dem Pkw nur über Prissian zu erreichen. Von Nals Wanderweg 2 ab Stachelburg.)

Sehenswertes/Ausflüge

Pfarrkirche Maria Himmelfahrt in Tisens: Das Dorf Tisens besitzt eine schöne spätgotische Pfarrkirche. Besondere Aufmerksamkeit verdient vor allem das wunderschöne Netzgewölbe mit den Wappenschlusssteinen (Fernglas hilft!). Im Chor befinden sich auch – eine Seltenheit in Südtirol – spätgotische Glasfenster!

Prissian: An Burgen hat das hübsche Dorf Prissian keinen Mangel, alle fünfe haben jedoch den Nachteil, dass man sie nicht oder nur in kleinsten Teilen besichtigen kann. **Schloss Katzenzungen** hat einen besonders reizvollen Kirchturm. Auf einem romanischen Turmbau mit dekorativen Blendarkaden, die farblich geschickt hervorgehoben wurden, thront ein kleines achteckiges Geschoss mit barockem Helm. Im Schloss befindet sich eine private Kunstschule. Zu besichtigen ist das Schloss nur während der *Prissianer Schlosskonzerte*. Die *Wehrburg* ist ein Hotel, die *Fahlburg* ein Restaurant (zu beiden s. o.!), die *Zwingenburg* und *Schloss Holt* sind nicht zu besichtigen.

▸ **Kirche St. Jakob in Grissian**: Das Kirchlein enthält einen der ältesten Freskenzyklen Südtirols, höchstwahrscheinlich das Ergebnis einer Kooperation zwischen byzantinischen und lokalen Meistern aus der Zeit der Spätromanik (frühes 13. Jh.). Während das Bildschema eher an Byzanz denken lässt, deutet die Ausführung im Detail eher auf lokale Maler hin. So beim Christus in der Mandorla in der Apsis, der mit den vier Evangelistensymbolen ganz streng byzantinisch wirkt, während die Darstellungen Abrahams und Isaaks sowie Kains und Abels viel lockerer sind und byzantinische Schemata, etwa in der Kleidung, mit neuen Interpretationen und Improvisationen verbinden. Beachten Sie die schnee- und eisbedeckten Berge im linken Bild und den Eselstreiber, der sein Tier auf den Architekturbogen des Kirchenschiffs hinauf treibt!

• *Öffnungszeiten* Die Kirche ist tagsüber frei zugänglich. Spaziergang (Fahrweg) ab Schmiedlhof.

• *Essen & Trinken* **Schmiedlhof**, Brot, Speck, eigener Apfelsaft, Holztische unter den alten Obstbäumen. Der Hof aus dem Mittelalter ist einer der wenigen erhaltenen des Burggrafenamts, er hat einen soliden quadratischen Grundriss, 2 Stein- und ein schräges hölzernes Dachstockwerk, die Gaststube ist die alte Wohnstube, sie stammt noch aus dem 14. Jh.! ✆ 0473/920993.

▸ **Naraun**: Der besonders in Richtung Norden, Meraner Bucht und Texelgruppe unvergleichlich aussichtsreiche Kirchhügel nahe Naraun bei Tisens war schon in vorgeschichtlicher Zeit besiedelt. Die kleine *Kirche des hl. Hippolyt* steht vielleicht auf keltischen Kultvorgängern. Fahrsträßchen und Wanderweg (Nr. 5) ab Naraun.

Essen & Trinken In Naraun gibt es mehrere Jausenstationen und Buschenschanken, die sich besonders zum herbstlichen Törggelen eignen: **Gruberkeller** (Di Ruhetag), **Hofstätterhof** (Di Ruhetag), **St. Hippolyt** (nur im Winter Di Ruhetag), **Obertalmühle** (Mo Ruhetag).

Nals

Entlang der Straße von Lana nach Andrian dehnt sich Nals über einen guten Kilometer aus. Die älteren Ortsteile liegen aber nicht an der Straße, sondern darüber: die *Pfarrkirche* und *Schloss Schwanburg* in Richtung Andrian, *Ansitz Stachelburg* und die älteren Häuser an Goldgasse und Mühlgasse am Ausgang des Grissianer Tals in Richtung Tisens. Noch höher liegen die *Burgruine Payrsberg* und *Schloss Schwanburg*, die auf den Ort und seine Weingärten und Apfelplantagen herunterblicken.

Nals ist nicht überlaufen, sondern ruhig (sieht man von den gelegentlichen Motorradfahrern ab, die sich, statt auf der MeBo zu bleiben, auf die Weinstraße verirren). Dennoch: 900 Fremdenbetten auf 1500 Einwohner – da haben die Nalser ganz schön zu schaffen, um ihre Gäste bei Laune zu halten. Zu Nals gehört auch **(Unter-) Sirmian** auf aussichtsreicher Terrasse, noch höher liegt **Obersirmian**, das aus dem romanischen *Kirchlein St. Apollonia* und einer Handvoll Häuser besteht.

Information/Wein/Sport & Freizeit

• *Information* **Tourismusverein Nals**, I-39010 Nals, Gregor-Gasser-Str. 2, ✆ 0471/678619, 678141, www.nals.info.

• *Wein* Die Weine der **Genossenschaftskellerei Nals** gehören zu den besten Südtirols. In der **Schlosskellerei Schwanburg** erwirbt man die Weine der urkundlich ältesten Privatkellerei Südtirols (→ „Sehenswertes").

• *Sport & Freizeit* **Sportzone** an der Schwimmbadstraße (Straße in Richtung Lana) mit Freibad, 4 Sand-Tennisplätzen mit Flutlicht, Kinderspielplatz u. a.

Radverleih an der OMV-Tankstelle.

Bildstock bei Nals, jenseits des Tals Terlan und der Tschögglberg

Übernachten/Camping/Essen & Trinken

*** **Stadlerhof**, A.-Hofer-Str. 32, Haus an der Nalser Dorfstraße, aber, keine Angst, ruhig und gemütlich. Die im Prospekt angesprochene familiäre Atmosphäre trifft zu. Schöner beheizter Pool und Sauna, Kinderspielplatz, gutes Frühstücksbüffet. Wer's auf der gedeckten Veranda einnimmt, hat Blick auf den Pool und jede Menge Grün. Zimmer mit Balkon, ohne TV (Aufenthaltsraum mit TV). DZ/FR ab 57 €. ✆/℻ 0471/678603, www.stadlerhof.com.

*** **Krösshof**, Vilpianer Str. 31, Frühstückspension mit sehr gut ausgestatteten Zimmern (auch Apartments) mit blumengeschmücktem Balkon, TV, Safe, mit Pool, Liegewiese, kleinem Kinderspielplatz. Außerdem Ferienwohnungen mit separater Küche, komplett ausgestattet. DZ/FR ab ca. 60 €. ✆/℻ 0471/678863, www.kroesshof.com.

Camping Zum Guten Tropfen, Mühlgasse 14, kleiner (15 Einheiten), familiär geführter Platz nahe Ortsmitte, geöffnet Mitte März bis Okt. Stellplatz mit Pkw/Zelt und 2 Pers. ab ca. 18 €, mit Camper ab ca. 20 € (mit Strom 22 €). ✆/℻ 0471/678046.

Stachlburg Keller, Prissianer Str. 2. Der Keller und die schattige Gartenlaube des Lokals in der historischen Stachelburg bieten deftige Tiroler Kost zu Eigenbauweinen. ✆ 0471/678558, ab 17 Uhr geöffnet, Mo Ruhetag.

Auf Nr. 1 der **Nalserbacher Keller**, Buschenschank mit großer Auswahl, April bis Mitte Dez., ✆ 0471/678661.

Passler, Andreas-Hofer-Str. 6, Restaurant, Grillstube, Nudeln (z. B. Dinkelteigtaschen mit Steinpilzfüllung als Hauptgericht inkl. Salat) ca. 7,50–10 €, Fleisch ca. 10–14 €. Auch Café, für Kaffee und Kuchen 4 € (sehr gute Kastanientorte). Behindertengerecht eingerichtet, Terrasse. ✆ 0471/678631, So Ruhetag.

Figl, Mühlgasse 9, Restaurant-Pizzeria, großes Lokal mit Stube, Saal, gedeckter Terrasse, in dem es neben Pizza und (u. a.) Spargel aus eigenem Anbau täglich frischen Fisch und Meeresfrüchte und spanische Paella gibt (man muss ja nicht immer Italo-Tirolerisch speisen). ✆ 0471/678941, Mi Ruhetag.

Sehenswertes/Ausflüge

Schlosskellerei Schwanburg: Die urkundlich älteste Privatkellerei Südtirols (1286 erwähnt) ist ein bestens erhaltener Ansitz vor allem der Renaissance mit mehreren unterschiedlichen Gebäudeteilen. Loggien mit Wappenschmuck und Freitreppen verbinden sie um einen Innenhof. Dieser ist frei zugänglich, Haus und Keller können im Rahmen einer Kellerführung besichtigt werden.

- **Ansitz Stachelburg**: Der wuchtige Ansitz am Ausgang des Grissianer Tals entstand in der Frührenaissance, die teilweise erhaltenen Fresken sind aus der zweiten Hälfte des 16. Jh. Der Ansitz ist heute eine Jausenstation („Stachelburgkeller", Mühlgasse, ✆ 0471/678558, Mi Ruhetag)

Tour 24: Mit dem Rad von Nals über Prissian und Tisens nach Lana

Tour-Info: Bis auf den recht steilen Anstieg mäßig schwierige, kurze Tour, die

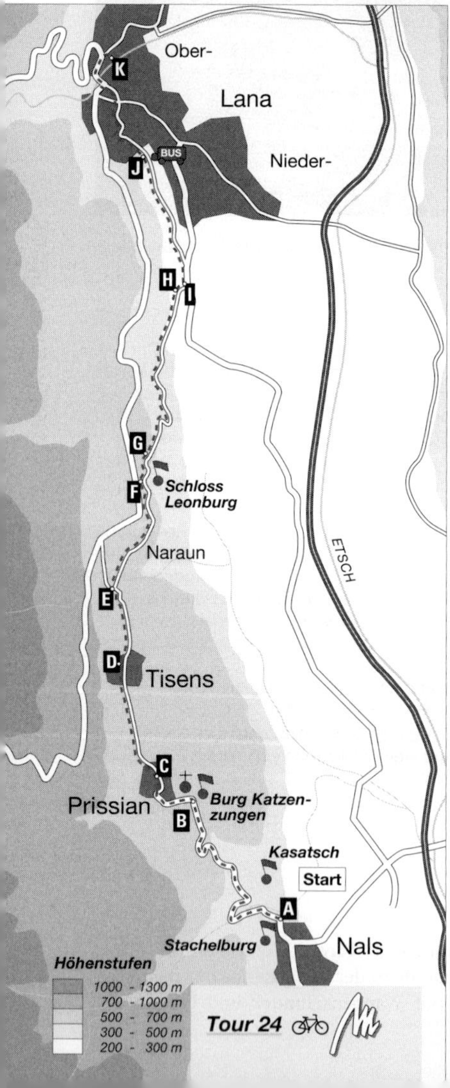

Fahrt hinunter nach Lana auf dem alten Kirchweg mit seinen Kreuzwegstationen und dem schönen Wald ist ein besonderer Genuss. Dauer 1–1:30 Std.; Länge 14,7 km; Höhenunterschied ↑↓ 370 m. Karte: Kompass (1:50.000) Blatt 53. Gaststätten entlang der Strecke.

In Nals nimmt man die an der Dorfhauptstraße beginnende Straße nach Prissian **A**, die in recht steiler Trasse im großen Bogen durch das Grissianer Tal bergan führt. Die Wehrburg steht im schon flacheren, oberen Streckenteil links darüber. Die Hochebene von Prissian und Tisens erreicht man bei einer kleinen Kirche **B**, rechts erscheint die eindrucksvolle Burg Katzenzungen, der man auf jeden Fall einen Besuch abstatten sollte. Im nahen Prissian passiert man die Fahlburg, bei der Bushaltestelle **C** wendet man sich mit Schild „Tisens" nach links (rechts führt alternativ ein Wiesenweg nach Tisens). Asphaltstraße bis Tisens Kirche **D**. Noch ein Stück weiter auf der Straße in Richtung Lana, dann zweigt rechts eine schmale Asphaltstraße ab **E**, sie ist mit „St. Hippolyt Leonburg" markiert. Es handelt sich um den Kreuzweg von Lana herauf, der teils als schlechter Fuhrweg, teils als schmale Forststraße ins Etschtal hinunterführt. Lichter Laubmischwald und die einzelnen Passionsszenen des Kreuzwegs begleiten uns. Die Zufahrt zu Schloss Leonburg **F** bleibt links, ein weiteres Waldstück wird passiert, und wir sind auf dem Talboden und in Brandis beim Golfplatz angelangt G. Geradeaus weiter und man gelangt nach Niederlana. Die berühmte Pfarrkirche mit dem Schnatterpeck-Altar **H** wird passiert, dort erreichen wir die in Richtung Oberlana führende Straße (links weiter, Schnatterpeckstraße). Bei Gabelung rechts (Treibgasse) in Richtung Mitterlana, wo wir auf die Hauptstraße kommen **I** (Andreas-Hofer-Straße), die von Oberlana zur MeBo führt, dort links. Auf der Hauptverkehrsstraße bis Oberlana bleiben, wo wir geradeaus durch die verkehrsberuhigte Zone (Maria-Hilf-Straße) und über die Brücke fahren bis zum Busbahnhof Lana **J** an der Meraner Straße.

Der Tschögglberg

Zwischen Meran und Bozen, zwischen dem Etschtal und dem Sarntal liegt ein welliges Hochplateau mit mehreren Dörfern, der Tschögglberg. Seine Landschaft charakterisieren weite Almwiesen, weiche Oberflächenformen, Lärchen und natürlich die Haflingerpferde auf den Koppeln.

Einige dieser Dörfer, wie *Hafling*, schauen auf Meran herunter, *Mölten* blickt ins Etschtal bei Nals. Bis auf das sehr stark erschlossene und im Sommer wie im Winter stark belebte Gebiet von *Meran 2000* oberhalb von Hafling ist der Tschögglberg eine idyllische **Wanderlandschaft**, in der man nie viel Konkurrenz auf den Wegen hat, sieht man einmal von der unmittelbaren Umgebung der populäreren Einkehrziele ab. Und natürlich von gewissen Tagen wie dem *Flaaser Kirtag*, wenn von allen Seiten ganz Südtirol zum Festzelt zwischen Mölten und Flaas eilt, am Pass unterhalb von Langfenn auf dem Salten. Früher waren alle Scheunen und Wirtschaftsgebäude mit Stroh gedeckt, das ist heute nur noch Geschichte. Letzte *Strohdächer* gibt es noch am Spitzeggerhof, Törnmoarhof, Langtratterhof und Gfrarhof (Völlan).

• *Information* In Bezug auf die zuständigen Tourismusverbände ist der Tschögglberg dreigeteilt, eine gemeinsame Information gibt es nicht. Hier wird er, bis auf Salten und Jenesien, die bei Bozen besprochen werden, zusammengefasst,

Hafling und Meran 2000

Das Bergdorf Hafling führt ein Pferd im Wappen, genau gesagt, einen Haflinger. Passender geht es nicht, zumal der Haflinger auf dem Wappen auch noch auf grüner Wiese vor einem Nadelbaum steht.

Das auf ca. 1250 m gelegene Dorf über Meran bringt es auf mehr Sonnenstunden als der Kurort. Weder gibt es hier oben die häufigen Herbstnebel, noch bricht der Abend besonders im Winter früh an, weil sich, wie in Meran, die Sonne bald hinter Bergen verbirgt. Ideal also für Sommerfrische, Wandern im Frühling und Herbst und für den Wintersport: Das Kunstdorf **Meran 2000** oberhalb Hafling, von Meran wie von Hafling selbst bequem zu erreichen, ist ein echtes Skisportparadies auf, wie es heißt, 27 qkm und schneesicher vom Anfang Dezember bis Anfang Mai. Im Sommer trifft sich die muntere Wanderschar bei der Bergstation der Seilbahn von Falzeben und startet in Richtung des braven Mittager (2422 m) oder des nicht so braven Ifinger (2581 m) oder der Plattenspitzen (2680 m). Wandern und Bergsteigen auf markierten Wegen ist im Bereich dieser Spitzen o. k., das Klettern sollte man denen überlassen, die im brüchigen, unfallträchtigen Fels zu Hause sind.

Information/Verbindungen

• *Information* **Tourismusverein Hafling-Vöran-Meran 2000**, I-39010 Hafling, St.-Kathrein-Str. 2 b, ✆ 0473/279457, ℻ 279540, www.hafling.com; Nebenstelle in Vöran. Neben den üblichen Prospekten eine Panorama-Wanderkarte „Hafling-Vöran-Mölten" (nur

Haflinger Pferde

für einfache Wanderungen, sonst unbedingt Wanderkarte!).

• *Verbindungen* **Pkw/Bus**: gute Straße von Meran, auch die Busverbindung ist gut. Parkplatz unterhalb der Dorfkirche. Keine Busverbindung von Vöran nach Mölten!

Sport & Freizeit

• *Reiten* **Sulfnerhof**, St.-Kathrein-Str. 4, St.-Kathrein-Str. 4, Haflingeraufzucht, Deckstation für Hafling und Umgebung, im Sommer So geschl., ✆ 0473/279424, www.sulfner.com. **Innergruberhof**, Ausritte mit Haflinger-Pferden, ✆ 0473/279331 (→ „Urlaub auf dem Bauernhof").

Eine **Trabrennbahn** im Ortsteil Viktoria wird im Sommer wie im Winter vom Haflinger Pferdezuchtverein genutzt. Besonders interessant sind die **Skijöringwettbewerbe** im Winter.

• *Wintersport* Zu **Meran 2000** → S. 257, kostenloser Skibus von Hafling zur Talstation Falzeben.

Übernachten/Essen & Trinken

**** **Hirzer**, Falzebener Str. 66. Für seine 4 Sterne eher kleineres Klassehotel in Hafling-Oberdorf, das mit Hallenbad und Saunen/Wellnessbereich samt Beautyabteilung, und der gediegenen Ausstattung auch in den Zimmern mit Balkon und Ausblick über die großen Liegewiese auf das Tal keinen Vergleich zu scheuen braucht. DZ/HP 104–222 €. ✆ 0473/279306, ℻ 279544, www.hotel-hirzer.com.

*** **Falzeben**, Falzebener Str. 214, der übliche „Tiroler" Hotelbau mit Holzbalkonfront, hier mit 2 Giebeln, Grün (samt Kinderspielplatz) und Seilbahntalstation Falzeben vor der Tür. Attraktiver Wellnessbereich mit Saunen, Solarium, Fitnessraum, Massagemöglichkeit, Zimmer mit Balkon zum Tal. DZ/HP 91–125 €. ✆ 0473/279423, ℻ 279519, www.falzeben.com.

** **Feldegg**, Hinterdorfweg, einfache Zimmer vermietet Familie Reiterer (ein häufiger Name im Ort), gutes Frühstück, kleiner Kinderspielplatz – die Lage oberhalb Hafling-Dorf ist ruhig und im Grünen, das gefällt nicht nur Kindern. Wanderweg 2/2 a, zur Vöraner Alm führt direkt am Haus vorbei – ein schöner Ausflug auch für Mountainbiker. DZ/FR 36–40 €. ✆ 0473/279415, ℻ 378017.

• *Urlaub auf dem Bauernhof* *** **Innergruberhof**, Falzebener Str. 40, Ferienwohnungen und Haflingerreitpferde am Bauernhof, das ist eine tolle Mischung. Die Wohnungen mit TV, komplett ausgestattet. Apt. für 2–4

Pers. 49–60 €. ✆ 0473/279331, www.hafners.it.

*** **Hinterrainerhof**, Hinterdorfweg 9, ganz im alten Stil mit getrenntem Wohn- und Wirtschaftsgebäude präsentiert sich dieser Hof mit eigenen Pferden, auf denen die Gäste ausreiten können. Mitarbeit am Hof ist möglich, es gibt auch Kühe und Ziegen und natürlich die Heuarbeit und viele andere Arbeiten. Kinderspielplatz, Pool mit Kinderbecken und Liegewiese. 2 Ferienwohnungen mit großartiger Aussicht, gut ausgestattet (TV). Apt. für 2–3 Pers. 30–40 €. ✆ 0473/279479, ℻ 212621, www.hinterrainer.com.

Der Haflinger

Die Vorfahren der kräftigen blonden Pferde mit der geringen Größe – 140 cm Widerristhöhe gilt unter Haflingern als normal – wurden schon lange von den Bauern des Sarntals, des Tschögglbergs und eben auch in Hafling gehalten. Aber der moderne Haflinger entstand erst, als 1874 in Schluderns ein Hengstfohlen geboren wurde, das nicht einen Haflinger, sondern einen Rasse-Araber als Vater hatte. Das Fohlen mit dem Namen *249 Folie* wurde Stammvater der gesamten Haflingerzucht, die wahrscheinlich deshalb so viel Erfolg hatte, weil sie sehr bald vom k. u. k. Ackerbauministerium unterstützt wurde. Ab 1897 wurden auf dem Tschögglberg und im Vinschgau insgesamt 220 Stuten erfasst, die für die weitere Züchtung des Haflingers herangezogen wurden. 1908 wurde die heute besonders wichtige *Pferdezuchtgenossenschaft Sarntal* gegründet, dort entstand erst das heutige Markenzeichen des Haflingers, die blonde Mähne.

Die Jahre nach 1918 – Südtirol war Teil Italiens geworden, das zunächst keinerlei Interesse an der Haflingerzucht hatte – waren schwer, zumal sich nun ein Teil der Zuchtstuten im Ausland, nämlich in Österreich, befanden. Erst nach dem Zweiten Weltkrieg ging es wieder bergauf, vor allem ab 1953, als der *Südtiroler Haflinger Pferdezuchtverband* die Arbeit aufnahm. Heute ist der Haflinger ein populäres Pferd, der Aufstieg des Hobbyreitens hat zu seiner Erhaltung ganz wesentlich beigetragen, aber immer noch werden Haflinger auch als Arbeitstiere eingesetzt. Derzeit sind in Südtirol 3300 Pferde in die Bücher des Zuchtverbands eingetragen.

Information Südtiroler Haflinger Pferdezuchtverband, I-39100 Bozen, Galvanistr. 14, ✆ 0471/501071, ℻ 501072, www.haflinger-suedtirol.com.

Sehenswertes/Ausflüge

Ortsteil St. Kathrein: Die moderne Straße von Meran-Obermais herauf erreicht Haflinger Gemeindegebiet im Ortsteil St. Kathrein, dessen Kirchlein man aus der Meraner Gegend sehen kann. Das gotische *St.-Kathrein-Kirchlein* (13. Jh.), dessen Innenraum man durch eine Öffnung im Portal sehen kann, besitzt einen spätgotischen Flügelaltar (wie an vielen anderen Orten Südtirols ist die Kirche geschlossen, seit in den 50ern die Welle der Kunsträuber begann). Eine heute noch größere Sehenswürdigkeit ist die Haflingeraufzucht beim *Sulfner-Hof*, dessen Stall besichtigt werden kann (→ „Reiten").

Wanderungen bei Meran 2000: Die Wandermöglichkeiten von Meran 2000 aus auch nur annähernd erschöpfend zu beschreiben, würde den Umfang eines Wanderbuchs annehmen. Das großzügig wellige Gelände mit seinen vielen Almen und Hütten bietet sich förmlich für die Erschließung mit Wanderwegen an und daran ist unter dem Ifinger und den Plattenspitzen, die nach Norden aufragen, kein Mangel.

Da lockt der Gebirgsjägersteig zum *Kratzberger See*, und weiter (für sehr Ausdauernde) geht es über die *Obere Scharte* zur Bergstation der Hirzer-Seilbahn. Oder der *Große Mittager* im Osten, der von Norden so ausschaut, als ob er eventuell nicht ganz leicht wäre und dann doch ein Kinderspiel ist. Der *Ifinger* selbst ist erfahrenen Bergsteigern vorbehalten.

• *Wanderungen* Ungefähre Gehzeiten auf Meran 2000: Piffing (Bergstation Ifinger-Seilbahn und Falzeben-Seilbahn) bis Kirchsteiger Alm 1 Std., weiter bis Meraner Hütte 1 Std. und weiter bis Kratzberger See 1:45 Std. Piffing bis zum Großen Mittager 2:15 Std.; Piffing bis zum Kleinen Ifinger 2:30 Std., weiter bis zum Großen Ifinger 4 Std. (gesicherter Steig, Trittsicherheit und Schwindelfreiheit bereits auf dem Zugangsweg zur Ifinger Scharte erforderlich).

• *Bergbahnen/Busanfahrt* **Kabinenbahn Falzeben – Meran 2000**, Ende April bis nach Allerheiligen 9–17 Uhr (Mitte Juli bis Mitte Sept. bis 18 Uhr); Berg/Tal 8 €, einfach 5,50 €; ✆ 0473/234821.

Sessellift Mittager, Juni bis Allerheiligen tägl. 10–16 Uhr, ebenfalls ✆ 0473/234821.

Ifinger-Seilbahn Meran 2000, Mitte Mai bis nach Allerheiligen 9–12/13.15–17 Uhr; Berg/Tal 12 €, einfach 7,50 €, ✆ 0473/234821; Stadtbus 1a ab Bahnhof Meran.

• *Hütten/Essen & Trinken* **Meraner Hütte**, 1960 m, Schutzhütte des AVS (Sektion Meran) mit großem Restaurant und Aussichtsterrasse, 38 Betten, 12 Lager. Ganzjährig geöffnet außer Mai und Nov. bis Mitte Dez., ✆ 0473/279405.

Mittager-Hütte (2260 m), große, windgeschützte Panoramaterrasse, regionale Küche, ✆ 0473/279609.

Kirchsteiger Alm, hübscher, als Almhütte verkleideter Almgasthof, gute Gerichte, auch vom Grill, ganzjährig geöffnet, ✆ 0473/279609.

Berggasthof Kuhleiten, am Weg zur Oswaldscharte auf 2362 m in spektakulärer Aussichtsposition, große Sonnenterrasse. Geöffnet Juni bis Allerheiligen, ✆ 0473/279461.

Mölten

Das Bergdorf Mölten schmiegt sich in eine sonnige Mulde des Tschögglbergs. Wanderwege führen sternförmig zu alten Höfen, Almen, bewirtschafteten Hütten, auf denen man eine Marende bekommt, zu Wiesen, Aussichtspunkten, vorbei an vielen Kapellen und Bildstöcken, die von den Bauern errichtet wurden und werden. Gemütlich klingt das und nach Sommerfrische. Was nicht genau zutrifft: Der Herbst ist in Mölten vielleicht noch schöner als der Sommer, wenn die lichten Lärchenwiesen gelb aufleuchten und der Blick so weit geht, dass man meint, Langkofel, Schlern, Rosengarten und Latemar mit Händen greifen zu können.

Information/Verbindungen/Einkaufen

• *Information* **Tourismusverein**, I-39010 Mölten/Méltina, Dorfstr. 16, Mo–Sa 8.15–12.15 Uhr, ✆ 0471/668282, 📠 667228, www.moelten online.com.
Allgemeine und übergreifende Informationen beim **Tourismusverband Südtirols Süden**, Pillhofstr. 1, 39010 Frangart, ✆ 0471/633488, 📠 0471/633367, www.suedtirols-sueden.info.

• *Verbindungen* **Pkw**: breite Straße von Meran über Hafling und Vöran sowie von Terlan. Die schmalere Straße über den Langfennsattel und Flaas führt nach Jenesien und Bozen. Parkplatz Kircheben oberhalb des Dorfzentrums von Mölten. Kein **Bus** zwischen Meran, Vöran und Mölten! Busverbindung mit Terlan (nicht am So), Zeiten für Urlauber nicht geeignet.

Seilbahn: von Vilpian im Etschtal nach Schlaneid, von dort ca. 2 km Straße bis Mölten-Dorf: Von Ostern bis Allerheiligen werktags 7–20 Uhr stündlich, So/Fei 8–20 Uhr, im Winter gleicher Zeitrahmen, aber einige Fahrten weniger (So erst ab 9 Uhr). Einzelfahrt ca. 3 €, Berg/Tal ca. 5 €, ✆ 0471/668053.

Taxi: Fa. Schöpf, ✆ 0471/668017; Fa. Frei, ✆ 0471/668045.

• *Einkaufen* **Sektkellerei Arunda**, renommierte Sektkellerei, die „höchst gelegene Europas“, Flaschenlagerzeit 2 Jahre. Besichtigung mit Sektverkostung im Sommer, jeweils Mi 10 Uhr, Infos/Anmeldung beim Tourismusverein. Die Cuvée „Marianna von Vivaldi-Arunda" wurde 2003 von renommierten Fachjournalisten in die Liste der 100 besten Weine Italiens aufgenommen. Verwendet werden Südtiroler Chardonnay-, Weiß- und Blauburgundertrauben.

Tschögglberger Speck bei Lintner, Verschneid 19.

Sport & Freizeit/Feste & Veranstaltungen

• *Radfahren* Verleih bei Pit's Gasworks, Kirchgasse 5.

• *Reiten* **Lanzenschuster**, Infos ✆ 0471/340012. **Zucht- und Pferdehof Bacher**, Schlaneid 66, Haflinger, Isländer, Ponys u. a., Ausflüge und Pferde-Trekking. ✆ 0471/668189, www.pferdehof-bacher.com.

• *Feste & Veranstaltungen* **Verschneider Ritt**, So in der ersten Maihälfte.

Kirchtag in Flaas (schon auf der anderen Seite des Salten, aber in unmittelbarer Nähe von Mölten) am 2. Septemberwochenende.

Übernachten/Essen & Trinken

• *In Mölten* *** **Zum Löwen**, Mölten, moderner Gasthof im Dorf, Zimmer mit TV, nicht alle mit Balkon. Im Haus Saunen, Whirlpool, Kegelbahn. DZ/FR 66–74 €. ✆ 0471/668010, ℻ 668276, www.zumloewen.com, Restaurant Mo Ruhetag.

** **Zum Hirschen**, Mölten, einfaches, aber freundliches Haus im Dorf, Balkonzimmer mit schöner Aussicht, Kegelbahn. DZ/FR ca. 44–52 €. ✆ 0471/668012, Restaurant Do Ruhetag.

Friedheim, Café und Jausenstation in Dorfmitte, warme und kalte Imbisse, Merenden, hausgemachte Kuchen und Eis auf der Terrasse, im Café und in der Nichtraucher-Stube. ✆ 0471/668048, Di Ruhetag.

• *Urlaub auf dem Bauernhof* **Lingerhof**, Mölten 34, moderner Hof etwas oberhalb des Ortskerns, große Liegewiese und Kinderspielplatz, Zimmer und Ferienwohnungen (42 qm), vom Hof gibt es Speck, Käse, Milch und Eier, Kartoffeln, eigenes Brot. DZ/FR auf Anfrage, Apt. für 2–4 Pers. 44–66 €. ✆/℻ 0471/668097, www.lingerhof.com.

• *In Schlaneid* ** **Etschblick**, Schlaneid 58, Gasthof-Pension an der Bergstation der Möltener Seilbahn mit Café-Restaurant, Zimmer mit TV auf Anfrage, teilweise mit Balkon (um den Etschblick so richtig genießen zu können). Gutes Frühstücksbüffet, Liegewiese, es gibt auch 2 Apartments mit kompletter Ausstattung, Küchenzeile inkl. Waschmaschine. DZ/FR 50–60 €, Apt. für 2–3 Pers. 40–61 €. ✆/℻ 0471/668058, www.etschblick.com.

• *In Verschneid (3 km südl. Mölten)* **Gasthof Tschaufen** am Salten („Tschaufenhaus"), Verschneid 50, wunderschön auf einer großen Wiese im Wald gelegener Gasthof mit gutbürgerlicher Küche und bekannt guten Mehlspeisen. Vor dem Haus Tische und Bänke, Reiten für Kinder, Ausritte mit Begleitung für die Erwachsenen. ✆ 0471/668235, ganzjährig geöffnet, kein Ruhetag.

Sehenswertes/Ausflüge

▸ **„Geo-Museum" in Mölten**: Unterhalb des Tourismusvereins (Dorf 16) befindet sich das Freiluftgeologiemuseum, das die Gesteine und Mineralien der Umgebung zeigt und erklärt (offen, jederzeit zugänglich). „270 Millionen Jahre Erdgeschichte in Mölten" heißt es auf einem Stein vor dem Gebäude und ein Tyrannosaurus Rex ist zu sehen vor einer Palme. Wenn das nicht zieht, was dann?

▸ **Wanderung zum Kircherl St. Ulrich**: Die winzige Kirche liegt auf einem aussichtreichen Hügel über dem Etschtal zwischen Mölten und Vöran. Man erreicht es von der Tschögglbergstraße aus auf einem kurzen Zubringer (Hinweisschild „Gasthof St. Ulrich"). Wer zum Höhenkirchlein wandert (Aufstieg ca. 1:15 Std., Abstieg ca. 0:45 Std.), nimmt in Mölten die oberhalb der Kirche beginnende Straße nach Schlaneid und biegt auf den ersten Wanderweg nach links ab. Wo dieser nach ebenem Wegstück wieder die Straße erreicht, führt jenseits ein mit „U" bezeichneter Weg weiter zur Hofgruppe Schleirer. Dort weiter mit „U" auf Fahrweg, und dann auf dem Weg über den Plunerhof hinauf zum Kirchlein und Gasthof. Hinunter auf der Tschögglbergstraße, auf markiertem Weg (13) nach rechts zur Schlaneider Straße abkürzend.

Essen & Trinken **Gasthof St. Ulrich**, ✆ 0471/668056, ganzjährig geöffnet, Mo Ruhetag (außer an Feiertagen).

▸ **Die „Stoanernen Mandln"**: Was anderswo erst in letzter Zeit zur Mode wurde, nämlich Steinmänner aufzustellen (und an einigen Stellen bereits zur Landplage wird), ist bei den Stoanernen Mandln am Sarntaler Bergkamm oberhalb von Mölten und Vöran schon seit alters her der Brauch. Wie lange, weiß niemand. Sie standen schon immer da, die steinernen Männchen. Man erreicht sie ganz leicht von Mölten, wenn man die steile Straße in Richtung Flaas und Salten nimmt und auf dem Sattel nach Norden abbiegt. Hier quert der *Europäische Fernwanderweg 5* die Straße, mit ihm erreichen wir auf gutem Weg die Alm **Möltner Kaser**. Von dort führt ein gut beschilderter Weg noch einmal höher, die Stoanernen Mandln liegen 2003 m hoch und haben einen traumhaften Rundblick. Zurück geht man auf dem gleichen Weg oder man nimmt den Fahrweg ab der Alm und ab *Kampidell* (Stichstraße nach rechts) den Wanderweg 8, der wieder zum Pass führt.

Essen & Trinken **Möltner Kaser**, bewirtschaftete Alm (Mai bis nach Allerheiligen) mit Gasthausbetrieb. ✆ 368/400067, kein Ruhetag.

▸ **Vöran**: Auf der Sonnenterrasse, die das Dorf Vöran einnimmt, hatten wahrscheinlich bereits die Römer Wiesen und Felder: Der Name Vöran wird als *varianum predium* gedeutet, als Landgut des Varius. Kein Wunder, bei der Aussicht, den Sonnentagen und Sonnenstunden. Das Getreide, das hier wohl schon vor Jahrtausenden angebaut wurde und hervorragend gedieh, sieht man allerdings nur noch an wenigen Ecken des Hochplateaus, die Viehwirtschaft hat den Getreidebau verdrängt. Meran ist nah, wer Lust auf städtischen Trubel hat, kann ja immer mal einen Regentag dort verbringen oder im ebenfalls nahen Bozen. Ansonsten bieten die Wanderwege, die für Fahrräder geeigneten Forststraßen und die sanft gewellten Almen auf dem Tschögglberg mit ihren alten Höfen, die zum Teil noch strohgedeckte Wirtschaftsgebäude haben, Almhütten und Jausenstationen ein fast unerschöpfliches Reservoir von Halb- und Ganztagestouren.

Besonders schön ist der Blick vom Rotsteinkogel, der seinen Namen vom rötlichen vulkanischen Gestein hat. Auf 30 ungepolsterten Kinosesseln (aus Stahl und Holz) kann man im **Knottn Kino** Platz nehmen und das Panorama bewundern: den Schwemmkegel von Lana und die Ultner Berge.

Terlan

Terlan ist ein altes Weindorf, der spitze Turm der gotischen Pfarrkirche gehört zu den höchsten Südtirols. Auf einem Porphyrfelsen steht etwas oberhalb die Ruine Maultasch. Nicht nur wegen des hervorragenden Weins und des Spargels ein besuchenswerter Ort, was bisher noch relativ wenige Urlauber erkannt haben.

„Terlaner" ist in Südtirol ganz eindeutig ein Wein, wer vom „Terlaner" spricht, meint den Wein aus der Umgebung des Orts, vor allem den in der Region kaum übertroffenen Weißburgunder. Den behäbigen Häusern des Dorfs, das durch den Bau der MeBo nicht mehr an der Durchgangsstraße liegt, sieht man an, dass man mit Weinbau wohlhabend werden kann. Die Pfarrkirche vermittelt mit ihrem besonders hohen, sämtliche Kirchen der Nachbardörfer überragenden Turm und der sicher auch zur Entstehungszeit keineswegs billigen mittelalterlichen Ausmalung dieselbe Botschaft. An den Sträßchen, die in die Weinberge hinter dem Ort hinaufziehen, stehen komfortable Einfamilienhäuser mit großen Gärten – auch heute verdient man gut in Terlan, wie man sieht. Gästezimmer gibt es wenige, die Auswahl ist größer im nahen Vilpian, das wie Siebeneich, etwas weiter in Richtung Bozen, zur selben Gemeinde gehört.

Information/Verbindungen/Diverses/Einkaufen

• *Information* Terlan und Andrian (s. u.) werben im Gegensatz zu ihren Nachbarn, die im Tourismusverband „Meraner Land" zusammengefasst sind, mit dem **Tourismusverband Südtirols Süden**, an dem man sich wegen allgemeiner Informationen wendet (Pillhofstr. 1, I-39010 Frangart, ✆ 0471/633488, ✆ 633367, www.suedtirols-sueden.info).

Detailinfos bekommt man jedoch von den Tourismusvereinen vor Ort: **Tourismusverein Terlan-Raiffeisen**, I-39018 Terlan/Terlano, Dr.-Weiser-Platz 2, Mo–Fr 9–12/15–18, in der Hochsaison auch Sa 9–12 Uhr. ✆ 0471/257165, ✆ 257830, www.terlan.info.

Zweigstelle in I-39010 Vilpian/Vilpiano, Dorfstr. 16, nur Aug./Sept. Mo–Fr 9–11 Uhr, ✆ 0471/678648.

• *Verbindungen* Gute Busverbindung mit Meran und Bozen, MeBo in beide Richtungen, Bahnstation.

Taxi: Fa. Bertolini, ✆ 0471/257276, Fa. Schwarz, ✆ 0471/257142.

• *Diverses* **Apotheke**, Kirchgasse 2; **Arzt** Hauptstr. 34.

Post in Terlan im Rathaus und in Vilpian an der Dorfstraße.

• *Einkaufen/Wein* **Markt** in Terlan am Montag auf dem Hauptplatz.

Spargel: Mitte April bis (mindestens) Mitte Mai ist Spargelzeit in Terlan, Sie bekommen ihn im Einzelhandel und natürlich in den Gaststätten.

Kellerei Terlan, Silberleitenweg 7, Traditionsbetrieb für den sehr gefragten „Terlaner" mit großem Angebot vom Terlaner Weißburgunder über Lagenweine wie den Terlaner Chardonnay Kreuth bis zu verschiedenen anderen Südtiroler Traditionsweinen wie einem Südtiroler Malvasier. Für Südtiroler Weine angemessene Preise, der klassische Terlaner Weißburgunder kostet derzeit (Jg. 2004) ca. 6 €. Anmeldungen für die sommerlichen Verkostungen (Mi 18 Uhr, 5 €) im Tourismusbüro!

> **Tipp!** In Siebeneich arbeitetet die Bäckerei Patauner in der Bahnhofstr. 1. Patauner ist **Südtirols erster Biolandbäcker** und bäckt so feine Sachen, dass man/frau sicher zu viel einkauft (wie der Autor). Traumhaft (ja, wirklich) das Vorschussbrot (Vorschuss nennt sich im österreichischen Raum das erste Mehl eines Mahlgangs), und wenn Sie gerade im Herbst dort sind und ein Apfelbrot bekommen, dann zelebrieren Sie es mit einem Glas Wein. Wer weiß, wann man wieder mal so was Schlichtes und Gutes bekommt.

Sport & Freizeit/Veranstaltungen

• *Baden/Schwimmen* **Freibad** in der Silberleitengasse, Ende Mai bis Anf. Sept. tägl. 9–19 Uhr, ✆ 0471/257222.

• *Klettern* **Hochseilgarten**, Hauptstr. 4. Unter der Ruine Maultasch spannen sich die Seile zwischen den Bäumen 10 m über dem Boden, ein Hindernisparcours fordert zur – gesicherten – Mutprobe auf, Kletterwand und Seilschlingenbrücken zur Übung der Geschicklichkeit. Mindestalter 14 Jahre! ✆ 0471/257944.

• *Tennis* In **Terlan** in der Sportzone (4 Plätze, ✆ 0471/257538), in **Vilpian** Tennis Ganthaler (4 Plätze, ✆ 0471/678716) und Pension Niedermayr (2 Plätze, ✆ 0471/678674). Gäste, die mindestens eine Woche in Terlan gebucht haben, bekommen im Tourismusbüro eine ermäßigte Mehrfachkarte zum Tennisspielen, die auf allen öffentlichen Terlaner Plätzen gültig ist (7 Std. 40 €, 14 Std. 77 €)!

• *Veranstaltungen* Während der Spargelzeit (Mitte April bis Mitte Mai) veranstaltet das Tourismusbüro kulinarische **Spargelwanderungen**; Anmeldungen im Tourismusbüro.

Übernachten & Camping

• *In Terlan* *** **Weingarten**, Hauptstr. 42, Hotel im Ortskern mit eigenem Wein und Obst, Liegewiese und Garten mit Freibad, Restaurant mit 2 Stuben und Terrasse, die Zimmer gut für ihre Kategorie (Fön, Balkon). DZ/FR 72–94 €. ✆ 0471/257888, ✆ 257776, www.hotel-weingarten.com.

*** Runer, Silberleitenweg 3, Pension, die schon von außen mit ihrer überbordenden Blumenpracht an Balkonen, Brüstungen, an

Mauern und in Beeten ein freundliches Inneres signalisiert. Die Hauptstraße ist weit genug entfernt, um auf der erhöhten Sonnenterrasse nicht mehr störend zu wirken. Zimmer mit Balkon und TV, schöne Stube, Pool und Liegewiese und herzliche Wirtsleute. DZ/FR 58–60 €. ✆ 0471/257163, ℻ 258717, www.pensionruner.com.

*** **Wieterer**, Kirchgasse 17, Haus am sanften Weinhang oberhalb der Ortsmitte mit Café. Freibad mit Liegewiese am Weingarten. Zimmer mit TV und Balkon, ohne Schnörkel. DZ/FR 50–60 €. ✆ 0471/257474, ℻ 256088.

• *In Vilpian* *** **Neuhausmühle**, Brauereistr. 8, ruhig in den Obstgärten am Dorfrand gelegener Baukomplex mit Liegewiese und schönem Freischwimmbad, daneben Kinderspielplatz mit Tischtennis. Speisesaal und großer, im Halbrund verglaster Wintergarten mit Blick auf die Obstgärten. Saunen, Kneippanlage, Ruheraum, Gratis-Radverleih. Zimmer unterschiedlicher Größe und Zuschnitte von 17 bis 43 qm), alle mit Balkon oder Terrasse, geschmackvoll eingerichtet, jene unterm Dach mit reizvoller Dachholzkonstruktion. DZ/HP 88–112 €. ✆ 0471/678882, ℻ 678243, www.neuhausmuehle.com.

*** **Sparerhof**, Nalser Str. 2, Bilder-Hotel: Galerie im Haus und Originaldrucke an den Wänden, ästhetisch ansprechende Ausstattung, Pool, Sauna und Solarium (beide Gebühr), Gratis-Mountainbikeverleih, Zimmer sind auch in großzügigen Ausmaßen zu haben (40 qm). DZ/FR 72–84 €. ✆ 0471/678671, ℻ 678342, www.hotelsparerhof.it.

*** **Haus Winkler**, Winkelweg 4, Haus mitten in den Obstgärten mit beheiztem Pool und Liegewiese in ruhiger Lage. Sonnenterrasse und heller Wintergarten fürs Frühstücksbüffet. Zimmer in Ordnung (mit TV). DZ/FR 49–53 €. ✆/℻ 0471/678768, www.hauswinkler.it.

Ganderhof, Meraner Str. 30 (in Richtung Terlan fahren und nach dem Erholungsgebiet Bachau 2. links abbiegen), Urlaub auf dem Bauernhof, der mit dem Umweltsiegel Südtirol für biologisches Bauen ausgezeichnet wurde. Auf einer Seite Obstgärten, auf der anderen Wald. 2 Ferienwohnungen à 55 qm, Wohn- und Schlafbereich getrennt, komplett ausgestattet. Im Garten Grillplatz, Spielbereich. Apt. für 2–5 Pers. 40–65 €. ✆/℻ 0471/678538, ganderhof@rolmail.net.

Camping Ganthaler, Meraner Str. 50, angenehmer, straßennaher kleiner Platz (20 Einheiten) mit Schwimmbad, Tennis, Minigolf, Pizzeria, Stellplatz und 2 Pers. ca. 17–23 €. Geöffnet Mitte März bis Anf. Nov., ✆ 0471/678716, ℻ 679047, campingganthaler@hotmail.com.

• *In Siebeneich* *** **Greifenstein**, Bozner Str. 2, Hotel mit dekorativem Terrassencafé, etwas von der Bozner Straße abgesetzt, mit großer Liegewiese und Freischwimmbad zwischen den Obstgärten hinter dem Haus. Gute Zimmer mit etwas verspielten Möbeln (erinnern Sie sich an die Tischchen aus der Zeit der ovalen tragbaren Plattenspieler?) in guter Verarbeitung, alle mit Südbalkon. Kinderspielzimmer, Gratis-Radverleih. DZ/FR 72–80 €. ✆ 0471/918451, ℻ 201584, www.greifenstein.it.

Essen & Trinken

• *In Terlan* **Terlaner Dorfkeller**, Wein-Restaurant im Untergeschoss des funktionalen Baus am Platz gegenüber der Pfarrkirche, bisher gute Küche, nach Pächterwechsel wird man weitersehen. Derzeit tägl. 16–1 Uhr, Do 10–1 Uhr.

Oberbacher, alter Gasthof im oberen Ortsteil, Käs- und Brennnesselknödel, Schlutzer und ein Salatteller mit Knödeln, Wurstsalat, alles ca. 8 €, Schnitzel und Braten 9–12 €, schöne Terrasse nach hinten zum Weinberg. Di Ruhetag.

Schützenwirt, Restaurant-Pizzeria an der Hauptstraße, gutbürgerliche bis gehobene Tiroler Küche (Tagliatelle mit Pfifferlingen, Kartoffelgnocchi mit Tomaten, Herrengröstl mit Rindfleisch, Salat mit Ziegenweichkäse – alle ca. 8–10 €), Pizza ca. 5–9 €. Di Ruhetag.

Café Wieterer, Kirchgasse 17, mit großer Sonnenterrasse, kleine Auswahl von Konditoreiwaren.

• *In Vilpian* **Waldinger**, Dorfstr. 5, Restaurant mit Gartenterrasse und mit dem Gag, von einem ehemaligen Schiffkoch geführt zu werden. Auf die Karte wirkt sich die Weltläufigkeit des Chefs kaum aus, da regiert die Italo-Tiroler Küche und das kommt den Nudelgerichten wie den Nachspeisen zugute. Ab ca. 25 €. ✆ 0471/678956, So abends und Mo geschlossen.

• *In Siebeneich* **Patauner**, Bozner Str. 6, traditionsreicher Gasthof, in der Spargelzeit wird der Spargel aus eigenem Anbau serviert, ✆ 0471/918502, Do Ruhetag.

Sehenswertes/Ausflüge

Pfarrkirche Mariä Himmelfahrt in Terlan: Der spitze, hohe Turm der Pfarrkirche ist das weitum zu erkennende Logo von Terlan. Die Kirche übertrifft andere Landkirchen Tirols bei weitem, ihre Größe und prächtige Ausstattung ist nur dann zu verstehen, wenn man weiß, dass Terlan im Hochmittelalter aus dem Silberbergbau erheblich verdiente. Der rein gotische Bau besitzt im Inneren einen überwältigenden Schatz an Fresken, die ein wahres Kompendium der mittelalterlichen (hochgotischen) Bilderwelt darstellen. Sie wurden wahrscheinlich 1399–1407 vom Bozner Meister *Hans Stockinger* geschaffen. Diejenigen im Chor sind die ältesten und hervorragendes Beispiel der Bozner Schule, die die deutsche mittelalterliche Tradition mit Anregungen der italienischen Frührenaissance verband. Seit 1995 werden die Fresken einer umfassenden Restaurierung unterzogen, die noch nicht abgeschlossen ist. Auffallend an der Kirche ist neben dem 75 m hohen Turm die *Dachbedeckung* mit bunten Ziegeln. Im *Friedhof* sollte man sich die vielen schönen alten Grabmäler anschauen, die ältesten stammen noch aus dem 15. Jh.

• Öffnungszeiten Jeden 1. und 3. Mi im Monat **kunsthistorische Führung** durch Terlan, bei der u. a. auch die Pfarrkirche besichtigt wird (wann die Pfarrkirche nach Abschluss der Restaurierungen auch ohne Führung zugänglich sein wird, ist noch nicht bekannt). Treffpunkt 10 Uhr beim Tourismusbüro, Teilnahme kostenlos, Anmeldung erwünscht.

Terlan, der Pfarrkirchturm ist 75 m hoch

Auf die Ruine Maultasch (Burg Neuhaus): Von Terlan geht man nur eine Dreiviertelstunde zur Burgruine auf dem Felsen über dem Ort. Um 1206 errichtet, zweimal zerstört, 1320 zuletzt wieder aufgebaut und vor kurzem mustergültig saniert. *Margarethe Maultasch,* die letzte Herzogin von Tirol vor der Machtübernahme der Habsburger (denen sie Tirol aus freien Stücken vermachte, um dann einen friedlichen Lebensabend im Luxus zu verbringen), soll hier immer wieder residiert haben. Die ihr immer wieder zugeschriebene Verschwendungssucht sowie die Missbildung ihrer Lippe („Maultasch"!) waren, wie man heute annimmt, nichts als politische Propaganda ihrer Gegner. Tatsächlich bekam die Burg ihren Namen aus der vulgärlateinischen Bezeichnung *malatasca*, Mausefalle, für eine Straßensperre.

Wanderung zur Burg Greifenstein (Sauschloss): Die Burg ist auf einem guten Steig (11/11 a, ab Kapelle 11) zu erreichen, der an der Straße zwischen Siebeneich und

Moritzing (Bozen) beginnt. Er führt an der *Kapelle St. Kosmas und Damian* vorbei, die Ruine erreicht man nach ca. 1:40 Std. Besonders lohnend ist der weitere Weg über den „Gasthof Noafer“ (Di Ruhetag), der durch Esskastanienwald führt. Vom Noafer in Unterglanig kann man auf Weg 9 (meist an der Straße) über weitere Gasthöfe und Jausenstationen und von Glanig – weiter auf Weg 9 – hinunter zur Guntschnapromenade (→ Bozen/Ausflüge) und nach Gries, von wo aus man mit dem Bus zurückkehrt. Gesamtgehzeit ca. 3 Std.

Die Burg über Siebeneich stand schon im Frühmittelalter auf ihrem Felsen über dem Ort, wurde zerstört und wieder aufgebaut und brannte nieder, wurde wieder aufgebaut (Schluss jetzt mit diesen Wiederholungen). Ihr endgültiges Schicksal als Ruine wurde 1420 besiegelt, als sich der Tiroler Adel – darunter der uns heute eher als Minnesänger bekannte Oswald von Wolkenstein – gegen den Landesfürsten, einen Habsburger, erhob und dessen Truppen die Burg belagerten. Die Übermacht war so klar, dass der Burgkommandant flüchtete und die Verteidiger aufgaben. Sauschloss heißt die Ruine nach einer Anekdote aus dieser Zeit: Um die Belagerer zu täuschen, warfen die Verteidiger ihr letztes Schwein in den Burggraben. Die Gegner sollten sehen, dass man da oben eine lange Belagerung aushalten würde. Wahrscheinlich ist die Geschichte erstunken und erlogen, aber nett (armes Schwein).

Andrian

Gegenüber von Terlan liegt auf der anderen Seite des Etschtals am Rande eines Murkegels das ausgedehnte Dorf Andrian, das aus dem eigentlichen Dorf mit der Pfarrkirche (und Touristeninformation) und dem Oberdorf besteht. Über den Felswänden des Schlossbergs oberhalb von Andrian liegt auf scheinbar unzugänglichem – aber auf Weg 15 b leicht erreichbarem – Aussichtsfelsen die **Burgruine Festenstein**. Koflerhof, Gaid (Jausenstation) und andere Höfe liegen auf der schmalen Terrasse darüber, die im Hintergrund in steilen Wald und noch steilere Felsen übergeht.

• *Information* Andrian ist wie Terlan im **Tourismusverband Südtirols Süden** organisiert (→ „Terlan/Information“). Vor Ort hilft der **Tourismusverein**, I-39010 Andrian/Andriano, Wehrburgstr. 1, Mo–Sa 8–12 Uhr, Di–Fr 15–18 Uhr, ✆ 0471/510100, 📠 510642, www.andrian.info.

Gästecard, kostenlos vom Gastgeber, Ermäßigungen z. B. bei Seilbahnen (inkl. Vigiljoch), beim Tennis und Schwimmbad im Ort und bei den Veranstaltungen des Tourismusvereins.

• *Verbindungen* 5x tägl. **Busse** nach Bozen; am So fährt nicht ein einziger Bus.

• *Übernachten/Essen & Trinken* *** **Andrianer Hof**, die Pension ist das letzte Haus an der direkten Straße nach Nals, entsprechend ruhig liegt sie mitten im Weinberg. Etwas dunkel ausgestattet, aber Zimmer recht hoch und alle mit Balkon und kleiner Sitzgarnitur, sehr gut beleuchtet und Badewanne statt der sonst üblichen Dusche (EZ mit Dusche). Hallenbad (!) und Liegewiese, und, nicht zu vergessen, sehr angenehmes und freundliches Personal. DZ/FR 62–66 €. ✆ 0471/510087, 📠 510039, www.pension-andrianerhof.com.

Der **Wein des Jahres 2005** der Landesweinkost Südtirol war ein Lagrein-Cabernet-Merlot aus Andrian von Paul Hafner und Peter Lasin.

Schwarzer Adler, Gasthaus und Weinstube Sichelburg, nach hinten schöner Garten, hervorragende Vorspeisen mit Nudeln (ca. 5–7 €), auch mit Steinpilzen (zu Saisonpreisen), und Tiroler Gerichte (Rindsgulasch, saures Rindfleisch), Fleisch v. a. vom Grill (ca. 12–16 €), im Herbst delikate Kürbiscremesuppe (ca. 3,50 €), Kastanienmousse auf Kaki-Spiegel (ca. 4,50 €).

Der Vinschgau bei Naturns, auf Wanderwegen von oben zu bewundern

Der Vinschgau

Vinschgau nennt sich das 75 km lange Etschtal zwischen dem Reschenpass und der Talstufe der Töll unweit von Meran. Nebentäler stoßen bis in vergletscherte Hochgebirge vor, so das Schnalstal, Fundort der Gletschermumie „Ötzi", das Martelltal, das Trafoi- und Suldental sowie das Münstertal. Nur im flachen Talboden gibt es größere Siedlungen wie Latsch, Schlanders und Mals, der Rest ist karges Bergbauernland.

Der Vinschgau ist ein sehr kontrastreicher Gau: Auf den Schwemmkegeln der Bäche, die den Talgrund sehr unruhig gestalten, dominieren riesige Apfelplantagen (12 Mio. Apfelbäume gibt es im Vinschgau), an den steilen Talflanken hängen an oft Schwindel erregenden Stellen alte Bergbauernhöfe. Über der intensiv genutzten Almregion thront auf der Südseite die stark vergletscherte **Ortler-Gebirgsgruppe** mit ihrem über drei Provinzen (Südtirol, Trentino und das lombardische Veltlin) ausgedehnten **Nationalpark**. Auf der Nordseite ragt nicht minder steil, aber nicht ganz so hoch die Hauptkette der **Ötztaler Alpen** mit weit nach Süden ausgreifenden Kämmen wie dem Salurnkamm, der sich zwischen Schnalstal und Matscher Tal von der Weißkugel bis an die Steilhänge über dem eigentlichen Tal herunterzieht. Das Klima ist äußerst trocken, es gibt kaum 500 mm Niederschlag (kein deutscher Ort hat unter 550 mm), da die hohen Gebirgsgruppen zu beiden Seiten den Regen aus dem Nord- und Südwesten abhalten, während der Wind im Reschenpassgebiet wie durch ein Ventil verstärkt wird und zur Austrocknung beträgt. Das genügt nicht für die Landwirtschaft, sodass die Bauern des Tals, die früher auf Getreideanbau spezialisiert waren (heute unvorstellbar!), auf die Idee kamen, das

Wasser aus höheren Bereichen, wo mehr Niederschläge fallen, in Kanälen, die hier *Waale* genannt werden, zu den (früheren) Äckern und Wiesen zu leiten. Manche dieser Waale beginnen in hochalpinen Gebieten, wo sie Gletscherwasser einfangen, das ja während der sommerlichen Trockenperiode besonders reichlich fließt.

Der Vinschgau galt früher als Armenhaus Tirols, wo kinderreiche Familien ums Überleben kämpfen mussten, von Jahr zu Jahr um die karge Ernte bangend. Früher und zwar vor allem im 19. Jh. schickte man von vielen Höfen einen Teil der bereits arbeitsfähigen Kinder – also ab 6 Jahren – im Sommer zu den reichen Bauern in Bayern und Württemberg, wo sie für ihre Hilfsdienste Kost und Quartier und vielleicht einen sehr kargen Lohn erhielten. Nach ihren meist im alemannischen Teil Süddeutschlands angesiedelten Ziel nannte man sie „Schwabenkinder".

Die historische Verkehrsachse vom Inn bei Landeck über den Reschenpass nach Bozen wurde spätestens durch die römische Heeresstraße *Via Claudia Augusta* zur befahrbaren Straßenverbindung. Der römischer Meilenstein von Rabland, 1552 gefunden, ist einer von vielen, die einmal aufgestellt waren. Von den sonstigen Einrichtungen wie Pferdewechselstationen und Schenken sowie wahrscheinlich einem Passtempel auf dem Reschen hat sich nichts erhalten. 2000 Jahre später ist der Straßenverkehr immer noch dominant, aber auch der Bahnverkehr macht wieder von sich reden: Die 2005 wieder eröffnete *Vinschgauer Bahn* von Meran nach Mals leistet einen wesentlichen Beitrag zur Entlastung der stark genutzten Vinschgauer Staatsstraße. Anfängliche Fahrplandefizite gab es vor allem in den frühen Morgenstunden im Schülerverkehr, sie sind inzwischen großenteils bereinigt worden.

Wie in den Dolomiten war auch der obere Vinschgau lange Zeit ein Rückzugsgebiet des *Rätoromanischen,* wie es heute noch in Graubünden, im benachbarten Münstertal gesprochen wird. Die Nachfolger der Alpenromanen sprachen noch bis ins 17. Jh. im Vinschgau das Romanische, inzwischen ist es gänzlich verschwunden. Typische Ortsnamen wie jene auf „-tsch", also Latsch und Laatsch, Matsch und Tartsch, weisen heute noch auf die rätoromanische Bevölkerung hin. Und sie ist ja nicht verschwunden: Vielleicht fallen Ihnen ja auch die schwarzen Haare und die typischen Gesichter der Menschen im oberen Vinschgau auf.

Information

Der unterste Vinschgau zwischen der Töll und dem Schnalstal gehört zum Tourismusverband Meraner Land, von Kastelbell bis zum Reschen ist dann der Tourismusverband Vinschgau zuständig. In diesem Kapitel wird mit Partschins, Naturns und dem Schnalstal der **unterste Vinschgau** behandelt, die folgenden Kapitel stellen den eigentlichen Vinschgau vor. Das **Kapitel „Unterer Vinschgau"** ab S 372 behandelt das Gebiet zwischen Kastelbell und Schlanders-Laas, das **Kapitel „Der obere Vinschgau"** ab S. 403 das Gebiet von dort bis zum Reschenpass, zum Stilfser Joch und zur Schweizer Grenze im Münstertal.

Tourismusverband Meraner Land, Gampenstr. 95, I-39012 Meran/Merano, ✆ 0473/200443, ✆ 200188, www.meranerland.com.

Tourismusverband Vinschgau, I-39028 Schlanders/Silandro, Kapuzinerstr. 10, ✆ 0473/620480, ✆ 620481, www.vinschgau.suedtirol.com.

Unterwegs im Vinschgau

• *Vinschgaubahn und Busse* Die Bahn zwischen Meran und Mals, lange Zeit stillgelegt und praktisch aufgegeben, wurde im Jahr 2005 wieder in Betrieb genommen. Während das Land Südtirol für Einrichtungen wie Wartesäle, Fahrkartenautomaten und Toiletten etc. zuständig ist, tragen die Gemeinden die restliche Gestaltung der Bahnhöfe. Der überwiegende Teil der Bevölkerung scheint das Wiederaufleben der Bahn zu begrüßen, von den Urlaubern ganz zu schweigen. Derzeit fährt die Bahn im Sommer im Stundentakt, in der Schulzeit verkehren an Schultagen bis zu 24 Zugpaare, eine Direktverbindung Meran – Mals ist in Planung. Das Busnetz ist noch nicht ganz an den Bahnfahrplan angepasst, die parallele Erschließung des Vinschgaus durch Bus und Bahn wird auf jeden Fall erhalten bleiben.

• *Fahrradkarte* 2 € kostet die Fahrrad- und Mountainbikekarte „Vinschgau/Via Claudia Augusta" (bei den Touristeninformationen).

• *Vinschgau-Radweg* Von der Töll zwischen Algund und Partschins, dem eigentlichen Beginn des Vinschgaus, und dem Reschenpass an der Grenze mit Nordtirol zieht sich nicht nur die italienische *Staatsstraße 40*, sondern auch der etwa 75 km lange Vinschgau-Radweg. Dieser Weg ist zwischen der Töll und Glurns leicht zu fahren, ein ausgesprochener **Familienradwanderweg**. Nur zwischen Kastelbell und Latsch sowie zwischen Schlanders und Laas muss man, wenn man in Richtung Reschen unterwegs ist, steilere Passagen bewältigen. Ab Glurns und besonders kurz vor Burgeis wird es dann steiler, bis zum Reschenpass müssen ab Glurns auf 25 km immerhin mehr als 500 Höhenmeter bewältigt werden, während ab der Töll bis Glurns auf der doppelten Strecke nur etwa 300 Höhenmeter Anstieg anfielen.

Für den Radweg wurde keineswegs eine eigene Trasse eingerichtet, sondern er wurde fast überall auf Güterwegen und gemeinsam mit dem Fußgängerweg angelegt. Bitter für Radfahrer, die gerne mal etwas schneller fahren würden, aber in kurvenreichem Gelände ständig auf den entgegenkommenden Traktor und die Fußgänger achten müssen. Dennoch – dass ein durchgehender Weg abseits der Staatsstraße ausgewiesen wurde, ist eine große Sache und man darf als Radfahrer dankbar dafür sein. Der Weg ist fast komplett fertig gestellt und (neben älteren Schildern der Fremdenverkehrsvereine) einheitlich beschildert, an ein paar Stellen noch etwas dürftig.

Via-Claudia-Huckepack per Bus: Die Strecke vom österreichischen Landeck nach Nauders, wo der Radweg noch auf österreichischer Seite beginnt, sollte man wegen der unangenehm zu fahrenden Tunnel mit dem Bus zurücklegen. Das Huckepackverfahren des österreichischen Postbusses kostet nichts extra fürs Rad, es gibt in der Sommersaison drei Termine pro Tag in jede Richtung. Infos unter ✆ (0043) 05442/64422 oder www.postbus.at.

Fahrradtransport auf der Vinschgerbahn: Von fast allen Punkten des Vinschgau-Radwegs (s. u.) ist die Bahnlinie durch den Vinschgau auf kurzen Wegen zu erreichen. Ein Paket aus Leihrad und Bahnticket („Vinschgerrad") ist um 14 € zu haben. Die Züge nehmen maximal 15 Fahrräder mit, Enge und Abweisung sind vorprogrammiert, zumal es keine platzsparende Radaufhängung gibt (wie sonst in Italien), sondern die Räder einfach an die Sitze gestellt werden (wenn die denn frei sind …).

Von Meran in den Vinschgau

Die Talstufe der Töll zwischen Algund und Partschins trennt das Becken von Meran vom Vinschgau, der 200 m höher mit einem flachen Talabschnitt beginnt. Der erste größere Ort ist Partschins, das auf dem Schwemmkegel des Zielbachs liegt, der in der Texelgruppe entspringt.

Die **Gemeinden Partschins, Plaus** und **Naturns** bilden eine Art Übergangsbereich, der bis zur Mündung des Schnalstals reicht. Dieser unterste Talbereich war immer stark nach Meran orientiert und ist auch heute in mancher Beziehung Einflussbereich von Meran, mit dem die an der sonnigen Seite des Tals liegenden Orte noch einige Klimacharakteristika teilen: In Naturns und Partschins ist es wesentlich milder als im Rest des Vinschgaus, die Temperaturgegensätze sind nicht so ausgeprägt, bis Naturns (und sogar weiter bis Kastelbell) zieht sich auch noch ein allmählich schmäler werdender Streifen von Weinreben an den sonnigen, nach Süden geneigten Hängen entlang.

Das **Schnalstal**, dieses längste der vom Zentralalpenkamm zur Etsch herabziehenden Täler, ist eine Welt für sich, ein bis vor ein, zwei Generationen selbstgenügsames

Tal mit grünen Wiesen und Bergbauernhöfen, langen Seitentälern mit Almen und im Hintergrund den Gletschern der Ötztaler Alpen. Die Übergänge nach Nordtirol sind hoch, aber sie werden seit Jahrtausenden begangen. *Ötzi,* die Mumie des ersten uns näher bekannten Schnalstalers, wurde am Hauslabjoch gefunden, 3279 m hoch liegt es. Jedes Jahr wechseln Schafherden mit ihren Hirten von Süd- nach Nordtirol und zurück über das wenig tiefer gelegene Niederjoch (3019 m). Heutzutage kann man sich ganz bequem in diese Höhen katapultieren lassen, die Grawandbahn von Kurzras im hintersten Schnalstal bringt Sie in ein paar Minuten auf 3250 m.

Verbindungen

- *Pkw* Die Vinschgaustrecke ist seit Eröffnung der Naturnser Tunnel besser geworden.
- *Bus/Bahn* Gute Verbindungen per **Bus** zwischen Meran und Mals sowie dem Reschenpass. Neue **Vinschgaubahn** von Meran nach Mals im Stundentakt, Fahrradmitnahme (2 €), www.vinschgauerbahn.it.

Ein **Gästebus** verbindet täglich (außer Sa) von Mitte März bis Allerheiligen Naturns und seine Ortsteile Kompatsch, Staben, Tabland und Tschirland mit Partschins, auf dem Weg werden Plaus, Rabland und die Töll berührt. Ein weiterer Bus verbindet Partschins von Mai bis Allerheiligen mit dem Partschinser Wasserfall (einfach 2 €). Der Fahrplan ist in allen Informationen und in vielen Hotels und Pensionen erhältlich. Die Benutzung mit dem **Touristpass** (beim Vermieter) ist kostenlos, ohne Gästepass kein Transport (außer Wasserfalllinie)!

Partschins

Man kann davon ausgehen, dass Partschins in günstiger Sonnenlage auf dem Schwemmkegel des Zielbachs einen römischen Vorgänger hatte. Warum hätten die Römer unten in der feuchten Aue siedeln sollen und nicht oben in der Sonne?

Die römische Heeresstraße *Via Claudia Augusta,* die unterhalb von Partschins durch den Vinschgau führte, hat sich in einem in Rabland gefundenen Meilenstein verewigt. Allerdings werden Sie in Partschins sonst nichts finden, was älter als hochmittelalterlich ist, denn der Zielbach hat alles Ältere mit seinen häufigen Überschwemmungen zugedeckt. Wer zum **Partschinser Wasserfall** hinaufpilgert (auch der Gästebus bringt uns hin), kann dort selbst feststellen, welche Kraft und Wassermenge dieser Bach sogar bei normalem Wasserstand aufbringt.

Der Wasserfall ist natürlich die Nr. 1 der Ausflugszeile ab Partschins, ganz knapp gefolgt vom **Partschinser Waalweg**. Wer höher hinauf will, hat auf dem Sonnenhang über dem Dorf eine gute Handvoll Jausenstationen und bewirtschaftete Berghütten zu entdecken, einige davon mit kleinen privaten, aber dem Gast zur Verfügung stehenden Kabinenbahnen ausgerüstet. Noch mehr bietet der **Meraner Höhenweg**, der die höheren Hütten verbindet, und Bergsteiger lassen sich die Überschreitung der *Texelgruppe* nicht nehmen und die Besteigung der höchsten Gipfel wie *Tschigat, Lodner* und *Hohe Weiße.*

Information/Verbindungen/Einkaufen/Wein

- *Information* **Tourismusverein Partschins – Rabland – Töll**, I-39020 Partschins, Spaureggstr. 10, ✆ 0473/967157, ✆ 967798, www.partschins.com. Zentral nahe dem Kirchplatz in Partschins. Mo–Fr 9–12/14–18 Uhr, Aug. bis Mitte Okt. bis 19 Uhr, Sa 10–12 Uhr, Mitte Juli bis Ende Okt. auch 15–18 Uhr.

Außenstelle in Rabland (nur April bis Okt.) Mo–Fr 9–12/14–18 Uhr, Sa 10–12/15–18 Uhr.

Internetpoint im Restaurant Fischerstube, Rabland, Saringstr. 13, und in der **Ortsbibliothek** (Huberstr. 2; nur Mo 9–10 Uhr und Do 17–18 Uhr und nur nach Voranmeldung).

Partschins, Pfarrkirche und Texelgruppe

- *Verbindungen* **Bustransfer „Südtirol Express"** aus der Ostschweiz (Zürich, St. Gallen) jeden Sa von Mitte März bis Allerheiligen nach Partschins, Rabland und Töll. Information bei Südtirol Express E. Hofmann, Wilenstr. 11 c, CH-9322 Egnach, ✆ 071/2981111, 📠 2980917, suedtirolexpress@dplanet.ch. Aus München **Meraner-Land-Express** → S. 274.

Pkw: Stichstraße von der Vinschgauer Straße. **Bus**: Die meisten Busse halten nur unten, 1 km vom Ortszentrum. **Sammeltaxi (Gästebus)**: nach Naturns, Rabland und zum Partschinser Wasserfall, tägl. (außer Sa), Infos beim Tourismusverein, Einzelfahrt 3 €. **Taxi**: Lido, ✆ 0473/968080.

- *Einkaufen* Südtiroler **Kunstkeramik** gibt es im gleichnamigen Laden in Töll, direkt an der Vinschgauer Straße (Nr. 63), neben handgemalten Keramiken und Kacheln gibt es Terrakotta aus der Toskana und ein Krippenmuseum.

Traditionell geselchten **Bauernspeck** aus eigener Produktion bietet die Metzgerei Gamper, Peter-Mitterhofer-Str. (auch in Rabland, Lahnstr.).

- *Wein* Das **Schlossweingut Stachelburg**, Peter-Mitterhofer-Straße, bietet an jedem Do um 17 Uhr eine Kellereibesichtigung mit Weinverkostung, Unkostenbeitrag (ab 10 Pers.) 5 €. Der Schloss- und Gutsbesitzer Baron von Kripp führt selbst durch seinen Betrieb. Nach der Veranstaltung Gelegenheit zum Einkauf. ✆ 0473/968014.

Sport & Freizeit/Veranstaltungen

- *Baden/Schwimmen* **Freibad Partschins**, Zehentstraße, tägl. 9.30–19 Uhr, Eintritt 3,50 €, Kinder bis 12 1,80 €, ✆ 0473/965163.
- *Radfahren/Mountainbiking* **Verleih** im Restaurant Fischerstube, Rabland, Saringstr. 13.
- *Tennis & Kegeln* **Sportzentrum Partschins**, Platz 10/11 €, Mo geschlossen, Anmeldung unter ✆ 0473/967189.
- *Wandern/Bergsteigen* Programm geführter Wanderungen und Bergtouren beim Tourismusverein.

Klettergarten Burgstallknott oberhalb der Talstation der Greiter Seilbahn, vom Parkplatz 10 Min., ca. 25 südexponierte Routen bis 6b+.

- *Veranstaltungen* Partschins hat ein recht vielgestaltiges **Kinderprogramm** zu bieten: Bauernhofbesuch mit Würstelgrillen und Reiten auf einem Haflinger, Mini-Kletterkurs, großes Kinderfest, Schlauchbootfahrt, Museumsbesuch mit Quiz, Pizzabacken und mehr – Infos beim Tourismusbüro. **Kinderspielplätze** am Festplatz Zehentstraße und im Sportzentrum Zielstraße.

Übernachten

Die meisten Betriebe in Partschins sind von nach Allerheiligen bis zum Samstag vor der Karwoche geschlossen! Hauptsaison ist Ostern und der Zeitraum von der letzten Juliwoche bis Mitte Oktober.

• *In Partschins* *** **An der Stachelburg**, Wasserfallweg 7, gleich hinter der mittelalterlichen Stachelburg steht das äußerlich alpine, innen elegante und sehr komfortable Hotel gleichen Namens. Lobenswert vor allem die Größe der gut ausgestatteten Zimmer. Für die Kategorie bemerkenswert gute Einrichtungen wie Hallenbad mit Glaswand zum Garten, Sauna, Fitnessraum, Solarium, Radverleih, „Wanderclub" mit geführten Wanderungen, kleine Bibliothek. Auch die Küche, von italienischem Anstrich, ist erwähnens- und vor allem genießenswert. DZ/FR 66–138 €. ✆ 0473/967310, ℻ 968230, www.hotel-stachelburg.com.

*** **Sonne**, Peter-Mitterhofer-Platz 8, gleich unterhalb der Kirche steht der Gasthof Sonne, der sich zwar ganz traditionell gibt, aber durchaus modern ist, wenn man genau schaut, das zeigt vor allem die helle Holzeinrichtung der ebenso hellen Zimmer und der zweckmäßige Badbereich. Im Haus Restaurant, gutes Gasthausessen. DZ/FR 71–92 €. ✆ 0473/967108, ℻ 968280, www.sonne.it.

** **Schönaussicht**, Wasserfallweg 18, einfache Frühstückspension im obersten Ortsteil mit schönem Ausblick, große Liegewiese, verglaste Veranda, Frühstücksbüffet, zweckmäßige Zimmer, z. T. mit Balkon. DZ/FR 37–46 €. ✆/℻ 0473/967225, www.schoenaussicht.it.

Kronenwirt, Stachelburgweg 3, großzügig geschnittene Ferienwohnungen (45–65 qm) mit Schlafzimmer, Wohnraum und Küche getrennt, TV und Mikrowelle, komplett ausgestattet, modern und hell. Im Haus auch Sauna, Solarium, Fitnessraum, Sonnenterrasse und das Restaurant Kronenwirts-Stubn (im Keller). Apt. für 2–4 Pers. 58–80 €. ✆ 0473/967112, ℻ 965753.

Landhaus Götsch, Sonnenbergweg 52, Ferienwohnungen mit gehobener Ausstattung (Schlaf- und Wohnraum getrennt, TV, separate Küche), Freibad und Liegewiese, in einem funktionalen, von Obstgärten umgebenen Neubau oberhalb von Partschins. Apt. für 2–3 Pers. 45–60 €, auch Zimmer auf Anfrage. ✆ 0473/968300, ℻ 967778, www.stiegenwirt.net.

• *In Rabland* Gleich 3 Viersternehotels in dem an sich nicht so spannend anzusehenden Ort. Nur erwähnt (kein Werturteil!) seien **** **Hanswirt**, Geroldplatz 3, ✆ 0473/967148, www.hanswirt.com, und **** **Waldhof**, Hans-Guet-Str. 42, ✆ 0473/968088, www.hotelwaldhof.it.

**** **Tyrol**, Hans-Guet-Str. 40, „Alpines Wellnesshotel" nennt sich das Haus, der relativ unauffällige Bau gönnt sich dafür Hallen- und beheiztes – landschaftsgestaltetes – Freibad samt Kinderbecken und Liegewiese, Wellnessbereich mit Kosmetik und Massage, Animation, Kinderspielraum/-platz und -Betreuung. Über Weihnachten/Neujahr geöffnet! DZ/FR 118–168 €. ✆ 0473/967654, ℻ 967793, www.wellness.komforthotel-tyrol.com.

*** **Weiss**, Vinschgauer Str. 38, kleineres, sportbetontes Hotel, Saunen, Kneippbad, freundliche Zimmer, Radverleih, Kinderspielbereich samt Betreuung, Freizeitanlage mit Freibad und Kinderbecken, Liegewiese, Tennis (2 Pl.), Minigolf. DZ/FR 78–80 €. ✆ 0473/967067, ℻ 968369, www.hotelweiss.it.

** **Sonja**, Lahnstr. 22, Frühstückspension mit rustikalem Mobiliar, einfache Zimmer aber Balkon und TV, z. T. etwas beengt, gutes Frühstücksbüffet, verglaste Terrasse. DZ/FR 42–54 €. ✆ 0473/965227, ℻ 966956, www.pension-sonja.it.

Essen & Trinken/Abends

Stiegenwirt, Wasserfallweg 2, Pizzeria-Restaurant im alten Gasthof, konsequent italienisch (außer der obligaten Speckknödelsuppe); Pizza ca. 6–8 €, diverse italienische Nudelgerichte (ca. 6–8 €), kaum Fleischgerichte, aber Delikatessen wie schwarze Spaghetti mit Meersfrüchten (ca. 8 €). Sehr löblich: Eigenbauweine und diverse gute bis sehr gute oberitalienische Weine glasweise (nehmt euch ein Vorbild, ihr Kalterersee- und XY-Weißwein-Ausschenker). Schöne windgeschützte Terrasse, leider kein Gastgarten, ✆ 0473/967139. Mo Ruhetag.

Farmerkeller, Graf-Johann-Weg 15, Merende von Speck bis Kaminwurzen im urigen Keller, Mi Ruhetag.

Peter Mitterhofer, Erfinder ohne Erfolg

Er muss schon ein wenig seltsam gewesen sein, dieser Peter Mitterhofer (1822–1893) aus Partschins, der die Schreibmaschine erfand, aber eher Anklang fand als Zimmermann und gelegentlicher Bauchredner und Musikant mit der selbst gebauten Gitarre und anderen Instrumenten aus eigener Herstellung. Der begnadete Tüftler baute für seine kranke Frau in späteren Jahren eine Waschmaschine und setzte es sich um 1860 in den Kopf, eine Schreibmaschine zu erfinden, und baute insgesamt fünf Prototypen. Eine davon, sie war aus Holz, trug er auf dem Rücken und zu Fuß nach Wien, wo er auf Anerkennung hoffte, aber nur 150 Gulden für das gute Stück und weitere 200 Gulden als einmalige Zuwendung sowie etwas gnädige Herablassung vom Kaiser bekam. Dass die Zeit nicht reif gewesen wäre, kann man nicht behaupten, denn die amerikanische Firma Remington ließ sich 1867 eine Schreibmaschine patentieren und brachte 1873 serienmäßig ein Modell heraus – mit Mitterhofers Wiener Schreibmaschine besitzt sie auffallende Ähnlichkeit (ob das Zufall ist oder nicht, das ist umstritten). Aber im saturierten Wien der späten Gründerzeit hatte man mit einem halb zerlumpten Zimmermann aus Tirol nichts am Hut, auch als er ein zweites Mal nach Wien kam, diesmal mit seinem fünften Modell. Das Polytechnische Institut kaufte es für läppische 350 Gulden, heute ist es der Stolz der Sammlung des Wiener Technischen Museums.

Mitterhofer bekam zu Lebzeiten keinerlei Anerkennung, er starb in bitterster Armut in seinem Heimatort. Sein Grabstein steht nahe dem Nordportal der Pfarrkirche St. Peter und Paul.

Bad Egart „Onkel Taa", Bahnhof Töll, das historische Gasthaus am bald wieder zu neuem Leben erwachenden Bahnhof Töll (jenseits der Etsch) soll seit 1430 bestehen. Die vielen Bilder in Speisesaal und Stube sind allerdings im Wesentlichen gründerzeitlich (also ca. 1848 bis 1918 – der österreichische Kaiser und ungarische König Franz Joseph und seine Ehefrau Elisabeth, besser als Sissi bekannt, halten einen Ehrenplatz). Schnecken, Brennnesseln, Flusskrebse – mögen Sie nicht? Hausgemachtes Schrotbrot, Biogemüse, Gegrilltes – schon besser? Ötzi-Biergarten (achgottachgott). Die „1. ÖTZI – Nachbildung 1. ÖTZI Habitat (Siedlung) mit Besichtigung, 5.300 Jahre" müssen Sie nicht gesehen haben. ✆ 0473/967342, Mo Ruhetag.

Laterne, Rabland, Saringstr. 33 neben der Seilbahn Aschbach, Pizzeria-Restaurant, größerer Schuppen mit reicher Pizzaauswahl (40 Arten, auch mit Vollkornteig, ab ca. 6 €) – leider nur am Abend. Mittags Nudelgerichte und Menü. Mo Ruhetag; www.laterne.it (gelegentlich Live-Programm!).

Prünster, Tabland 6, der Hof hat in aller Enge eine komplette Gasthausküche anzubieten, da bleiben viele Gäste, die den wenig anstrengenden Steig vom Wasserfall hier herauf hinter sich gebracht haben, gleich sitzen. Eier mit Speck, Rahmschnitzel, Speck am Brettl, aber auch schlichte (Vintschger!) Brotsuppe (ab ca. 3 €, Fleisch ca. 8 €). ✆ 0473/967454. Fr Ruhetag.

Rudi, Kleinkarlbacherstr. 10, Eiscafé mit großer Terrasse, mit eigenen Kuchen und sehr gutem hausgemachten Eis, seit neuestem auch kalorienarmes Diäteis. Bis 23 Uhr geöffnet, Di Ruhetag.

Taufenbrunn, Taufnergasse 2, Café-Eisdiele, Eisbecher, kleine Imbisse (Toasts, Bruschetta) und Brettlmarenden (ca. 8 €), Mi Ruhetag.

• *Abends* **Restaurant/Pub/Dancing Fisherstube/Fischer's Pub**, Rabland, Saringstr. 13. Stimmung auf allen Kanälen: Grillküche und Forellen für den Gaumen, Spielplatz für die Kinder, Getränke, Tanz und Discomusik (nicht nur) an der „längsten Theke Südtirols" von 21 bis 3 Uhr, und wenn Sie wollen, können Sie sich ein Radl ausborgen und nachher heimgondeln. ✆ 0473/968205 (Infos), www.fischerspub.com. Di Ruhetag (außer im Aug. und Sept.).

Partschinser Wasserfall

Sehenswertes/Ausflüge

▶ **Partschins**: Die *Pfarrkirche St. Peter und Paul* ist wie so oft in Südtirol ein spätgotischer Bau mit Netzgewölbe. Die *Stachelburg* ist eine mittelalterliche Burg mitten im Ort, sie ist von der Straße aus schlecht zu sehen und nicht zu besichtigen (Privatbesitz, Schlossweingut Stachelburg → „Wein"). Dasselbe gilt für den *Ansitz Sauregg*, wo man immerhin den Garten (mit riesiger Wellingtonia, 45 m hoch!) betreten darf.

▶ **Schreibmaschinenmuseum Peter Mitterhofer**: Sie wissen nicht, wer die Schreibmaschine erfand? Es war ein Partschinser Bürger namens Mitterhofer. Das ist übrigens schon eine Zeit her und passierte um 1864! Im eindrucksvollen Schreibmaschinenmuseum von Partschins (Kirchplatz 10) sind 1200 Exponate zu bewundern (Sie müssen nicht *alle* detailliert begutachten), darunter Schreibmaschinenmodelle Peter Mitterhofers. Nicht nur Schreibmaschinen gibt es zu sehen, lebensechte Dioramen, Fotos und Werbeposter beschwören die Geschichte der Schreibmaschine in unserer Büro- und Heimkultur sehr plastisch herauf. Mitterhofer war übrigens kein sehr erfolgreicher Erfinder: Trotz zweimaliger Vorstellung am Kaiserhof in Wien – wohin er zu Fuß gegangen war – gelang es ihm nicht, seine Maschine zu vermarkten. Das machten dann die Amerikaner auf eigene Rechnung, Mitterhofer blieb außen vor.

• *Öffnungszeiten* Apr. bis Okt. Mo–Fr 15–18 Uhr, Di–Do und Sa 10–12 Uhr, Nov. bis März Di 10–12 Uhr, im Hochsommer montags Abendführungen um 18 Uhr (Infos beim Tourismusverein), Eintritt 4 €, Kinder bis 16 J. 2 €. ✆ 0473/967581, www.schreibmaschinenmuseum.com.

▶ **Wanderung auf dem Partschinser Waalweg**: Beliebter und einfach zu gehender Waalweg im untersten Teil des Sonnenhangs. Ab Partschins mit Gästebus (Wasserfall) bis zum Großen Saltenstein (nach „Gasthof Salten"). Oder über den Sonnenbergweg (zweigt oberhalb der Kirche vom Graf-Johann-Weg ab) und die Hängebrücke über den Zielbach zum „Gasthof Winkler", noch vor Erreichen rechts und etwas aufwärts bis zur Brücke (rechts) über den Zielbach, wo man jenseits auf den „Gasthof Salten" trifft, kurz der Straße links nach oben folgen bis zum Großen Saltenstein. Hier beginnt der Partschinser Waalweg, der knapp vor der Jausenstation „Grasweger Keller" endet. Den Rückweg nach Partschins macht man am besten über Weg 7 a, dafür geht man etwa 400 m auf dem Zugangsweg zurück und wendet sich dann links abwärts, man erreicht Partschins bei der Talstation der Kleinseilbahn zum Greiterhof (Gehzeit 1:30–2 Std.).

Essen & Trinken **Grasweger Keller**, Vertigenstr. 15, Grillgerichte und Schlachtplatten, Merenden, hübsche Laube. ✆ 0473/967733, Do Ruhetag.

Zum Partschinser Wasserfall: 97 m hoch ist die Felswand, über die der Zielbach als Partschinser Wasserfall herunterstürzt. Das sieht von unten wie von oben und sogar aus dem Etschtal unterhab von Rabland spektakulär aus. Das Spektakel erreicht man mit dem Gästebus ab Partschins (2 € einfach) oder auf eigene Faust auf dem Sträßchen, das der Bus nimmt, und das an mehreren Stellen durch gut gekennzeichnete Wegabschnitte für den Fußgänger abgekürzt wird. Vom oberhalb liegenden „Gasthaus Wasserfall“ (mit eingeschränkter Aussicht) führt ein gut gesicherter Steig noch höher hinauf zu einer Aussichtskanzel, von der aus man das Naturschauspiel wirklich hautnah bewundern kann. Wer im Mai und Juni kommt, sieht einen besonders eindrucksvollen Wasserfall. Während der Schneeschmelze in den Bergen stürzen pro Sekunde bis zu 10.000 l Wasser über die Wand.

• *Verbindungen/Essen & Trinken* **Sammeltaxi (Gästebus)** von Partschins bis Gasthof Wasserfall, tägl. (außer Sa) für 3 €.

Gasthaus Wasserfall, obwohl man den namengebenden Wasserfall vom Gasthaus aus nur sehr eingeschränkt sieht, lohnt sich doch der kurze Weg dorthin (oder man ist sowieso mit dem Gästebus hier angekommen). Umfangreiche Speisekarte von bürgerlich über Tiroler Küche bis Italienisches (Letzteres nicht sehr weit, umfasst aber immerhin Nudeln mit Pesto). Der Autor tat mit Haussülze mit Bratkartoffeln (hervorragend!), Hefeweizen und nachher Buchweizentorte samt Cappuccino einen guten Griff. Der alte Mann am Nebentisch rechts, ein Holzarbeiter, war wohl eben für die Wirtsleut' tätig, aß Reis mit Bratensaft, „schmeckt guat“, meinte er. ✆ 0473/967274, Sa Ruhetag.

Tour 25: Wanderung vom Greiter übers Hochganghaus zur Leiteralm

Tour-Info: Wanderung im Wald- und Almengebiet über Partschins und Algund, ein Stück Meraner Höhenweg. Nach Belieben in eine Tageswanderung vom Partschinser Wasserfall zu den Muthöfen über Dorf Tirol zu verlängern. Dauer 3:15–3:30 Std.; Höhenunterschied ↑ 520 m, ↓ 330 m. Karten: Tabacco (1:25.000) Blatt 11, Kompass (1:50.000) Blatt 53.

Zum Greiterhof führt von Partschins (Römerstraße und Vertigenstraße aus dem Ortszentrum nehmen) eine private Kabinenbahn. Oben geht es links vom Haus bergauf auf Weg 26 (Schild „Gampelweg“) in Richtung Hochganghaus. Besonders im ersten Anstiegsteil führt der Weg steil durch Wald, bei einer Gabelung (20 Min.) links halten, wieder steil und flacher weiter (Weg 26, der eigentliche Gampelweg, war bei der letzten Begehung wegen Murengefahr gesperrt). Lichtungen und Wald wechseln einander ab, Einmündung von Weg 24 von links, eine große Windbruchlichtung wird gequert, dann steht man auf den Almwiesen der Goidner Alm. Durch Bergwald ohne große Höhenunterschiede weiter, dann erscheint auf schöner Wiese das Hochganghaus (1839 m, 2 Std.).

Nach der Stärkung geradeaus über die Wiese weiter und in den Wald, der von drei Tobeln (bewaldeten Schluchten) gequert wird, die mitunter im Frühjahr und auch nach Unwettern Probleme aufgeben (der Hüttenwirt weiß Bescheid). Dem dritten Bachtobel folgt ein längerer Abstieg durch Wald, der sich erst ganz zum Schluss öffnet, um den Blick auf die Leiteralm (1522 m, 3:15 Std.) freizugeben.

Mit Korblift und Sessellift ins Tal, ab Mitterplars alle Stunden Bus zurück nach Partschins. Oder man geht zu Fuß: Von der Leiteralm Weg 25 bergab, nach 10 Min. Gehzeit rechts auf Weg in Richtung Platzer, von dort weiter zuerst auf Asphaltstraße und dann nach 300 m rechts auf Weg 26. Bei Gabelung rechts auf Kieneggerweg, er führt zur Jausenstation Saxner. Dort auf Straße abwärts, bei Linkskurve auf dort abgehenden Weg 7, nach Bachquerung auf 7a nach Partschins. Dauer ca. 2 Std.

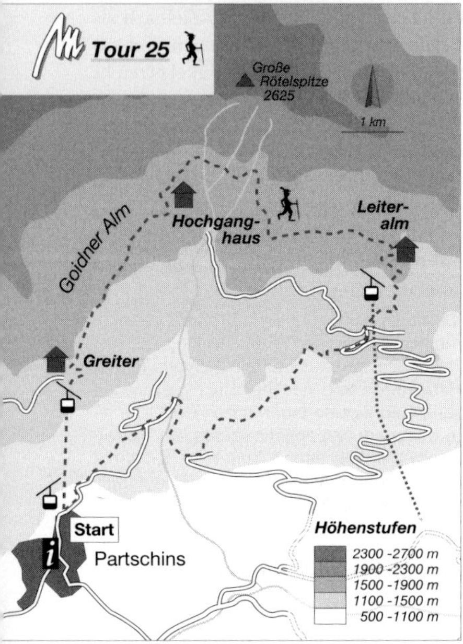

Alternativer Anstieg: Ab Gasthaus Wasserfall den gut beschilderten Weg („Partschinser Höhenweg") zur Jausenstation/ Gasthof Prünster nehmen, dort mit diesem Weg weiter bis zum Eggerhof, ab dort Weg 26, im zweiten Teil Zufahrtsstraße zum Greiter. Dauer ca. 1:30 Std.

• *Essen & Trinken* **Greiter**, Vertigen 31, Tabland, einfacher Gasthof, die Gäste sind zumeist mit der Mini-Kabinenbahn heraufgeschwebt und trotz mangelnder sportlicher Leistungen sehr hungrig auf Deftiges aus der Tiroler Küche. Gulasch mit Knödel und Spaghetti mit Fleischsoße gehören zu den Hits (ca. 8/5 €). ✆ 0473/967580, Di Ruhetag.

Schutzhaus Hochgang (Hochganghaus), I-39020 Partschins, 1839 m, Juni bis Okt., Steinbau mit Matratzenlager, Rauchverbot, traditionelle Hüttenkost samt von der Wirtin selbst gebackenem Kuchen (zuletzt während der Kirschenzeit ein auf der Zunge zergehender Strudel aus Mürbteig mit einer Fülle aus Kirschen und Topfen) und echte Hüttenromantik als Draufgabe. ✆ 0473/443310.

▸ **Nach Aschbach**: Der Weiler auf 1360 m, der zur Gemeinde Algund gehört, ist dank seiner Schwebebahn aus dem Dornröschenschlaf gerissen und in die Freizeitwelt rund um Meran katapultiert worden. Das heißt hier vor allem Wandertouren und Mountainbiketouren in Richtung Vigiljoch (bis Vigiljoch Gehzeit 1:30 Std., 430 m Steigung), Naturnser Alm (2 Std., 630 m Steigung) und über Birchberg (1 Std., 250 m Abstieg) evtl. hinunter nach Mels oder Plaus. Es heißt aber auch ganz schlicht Bummel im Umkreis der Seilbahn und dann verlängerte Brotzeit mit Aussicht. Mahlzeit!

• *Bergbahn* **Schwebebahn Aschbach**, April bis Sept. zwischen 8 und 19 Uhr zur vollen Stunde, im Okt. letzte Bahn 18.30 Uhr. Nov. bis März werktags 8, 12, 14 und 18.30 Uhr, So/Fei 8, 10, 12, 13, 14, 16 und 18.30 Uhr; Berg/Tal 7 €, einfach 4,50 €. Information unter ✆ 0473/967198.

• *Essen & Trinken* **Gasthaus Aschbacher Hof**, das Ganze eine einzige Aussichtsterrasse mit der Texelgruppe als Blickfang, das Essen gutbürgerlich, von Ostern bis Oktober und über Neujahr geöffnet (ohne Ruhetag), ✆ 0473/967250.

Naturns

315 Sonnentage pro Jahr – das macht sich gut in der Werbung, und da es auch zutrifft, Jahr um Jahr, hat Naturns eine begeisterte Stammkundschaft von Urlaubern, die dem Ort Hochsaison bescheren, wenn anderswo längst Kehraus war.

Ganz besonders beliebt ist der Herbst, denn dann hat die Sonne ihre Gewalt im Zaum und man kann bei milden Temperaturen spazieren gehen und wandern, bis weit in den November hinein auf den Terrassen der Gaststätten sitzen und ein – oder mehr – Glas Wein genießen, bei einigen auch den „Nuien", den neuen Wein, den man am besten beim beliebten Törggelen kostet. Höher oben mag der Winter eingezogen sein, unten in Naturns kümmert man sich nicht darum und lässt den späten Sommer leben.

So sehr und so lange hat Naturns auf die Umgehung gewartet, die nun durch einen Tunnel gewährleistet ist, dass es 2003 zur Tunneleröffnung ein großes Stadtfest gab. Nicht nur das, im Herbst gab es gar ein Musical, das unter dem Titel „Der Tunnel" den Naturnsern die grausige Vor-Tunnelzeit musikalisch in Erinnerung brachte. Inzwischen ist Naturns regelrecht fußgängerfreundlich geworden, es soll schon vorgekommen sein, dass Autofahrer freiwillig stehen blieben, um ältere Damen auf dem Zebrastreifen über die Straße zu lassen.

Naturns ist natürlich im ganzen deutschen Sprachraum (und nicht nur dort) für die Fresken in der kleinen **Kirche St. Prokulus** bekannt, Kunstinteressierte werden auch eine ganze Reihe anderer Kunstschätze entdecken. Aber der wirkliche Schatz von Naturns ist seine Lage unter dem heißen, trockenen Sonnenhang am Südabfall der Texelgruppe. Wie dort oben die Bergbauernhöfe an den Hängen kleben, das muss man erlebt haben. Am besten zu Fuß, und das wissen die meisten der Gäste in Naturns und reisen gleich mit Hut und Wanderstöcken an.

Information/Verbindungen/Einkaufen

• *Information* **Tourismusverein Naturns-Plaus** (mit Plaus, Kompatsch, Staben, Tabland und Tschirland), I-39025 Naturns, Rathausstr. 1, ✆ 0473/666077, 📠 666369, www.naturns.it. Im neuen Rathaus, einen Katzensprung von der Hauptstraße und der zentralen Bushaltestelle entfernt. Nov. bis März Mo–Fr 8.30–12/14–18 Uhr, April bis Nov. Mo–Fr 9–12/15–19 Uhr, an Ostern, Pfingsten und von Juli bis Okt. auch Sa 14–17 Uhr. Große Tafel mit Zimmerinformation und kostenlosem Reservierungstelefon. Hotelverzeichnis, Veranstaltungsbüchlein, Werbezeitung, Panoramawanderkarte (ca. 3 €).

Kostenloser **Touristpass** mit vielen Vergünstigungen und Gratis-Eintritten, beim Vermieter erhältlich. Großes Programm an geführten Wanderungen, Alm-, Bauern- und Winzerbesuchen, Freizeitsport (Reiten bis Rafting), „Erlebnisprogramme" z. B. 24 Std. mit dem Bergsteiger Hans Kammerlander u. a. werden vom Tourismusverein veranstaltet.

Internet in der Touristeninformation (1 PC/10 Min. kostenlos) und in der Ortsbibliothek, Bahnhofstraße, Di und Mi 9–11/14.30–18.30 Uhr, Do 16–20 Uhr, Fr. 14.30–18.30 Uhr, ✆ 0473/667057.

• *Verbindungen* **Bustransfer von/nach München**, jeden Mi und Sa, einfach 20 €, hin/zurück 28 €. Infos/Anmeldung beim Tourismusverein oder bei Martin Reisen, ✆ 0473/563071, 📠 563988, www.martinreisen.com.

Busse im Nahverkehr: gute Verbindungen mit Meran, Mals und dem Vinschgau, akzeptable mit dem Schnalstal. **Bahnverbindung** mit Meran und Mals.

Gruppentaxi/Gästebus nach Staben, Tabland, Plaus, Partschins und (mit Umsteigen) Partschinser Wasserfall; Fahrplan/Infos beim Tourismusverein, Fahrschein (Touristpass) bei der Unterkunft. **Taxi**: Taxistand an der Bushaltestelle Naturns Mitte (beim Tourismusverein); Fa. Spechtenhauser, ✆ 333/6920692.

• *Einkaufen* **Weine** in der Wine Gallery, Hauptstr. 35 (Passage), renommierte Weingüter, dazu Honig, Speck, Nudeln, Olivenöl und Balsamessig. **Bauernspeck** aus eigener Produktion bei Christianell, Hauptstr. 49, und Götsch, Hauptstr. 73.

Markttag ist Samstag, Krämermarkt und landwirtschaftliche Produkte am Rathausplatz.

Freizeit & Sport/Veranstaltungen

• *Baden/Schwimmen* **Erlebnisbad Naturns**, Wasseroper im großen Stil: Freibad mit 75-m-Rutsche, Hallenbad mit 51-m-Rutsche, Strömungskanal und „Saunalandschaft" – Palmen und andere Indoor-Gewächse spiegeln tropische Verhältnisse vor. Freibad Juni bis Anfang Sept., Hallenbad Mitte Mai bis Anfang Sept. und wieder ab 20. Sept.

bis Anfang Mai. Im Sommer Eintritt 6,50 €, Kinder 4 €, im Winter 9,50/5 €; Information ✆ 0473/668380,.

• *Minigolf* Am Sportplatz, Bahnhofstraße 67 (am Etschdamm).

• *Paragliding* Tirolfly – Fliegerclub Adlerhorst, ✆ 335/6199777; Tandemflug 60 €.

• *Radfahren* **Fahrradservice Zischg**, Bahnhofstr. 47, ✆ 0473/667811, z. B. Mountainbike 1 Tag 20–25 €, Trekkingrad ca. 13 €.

Fahrradverleih Höllrigl, Etschangerstr. 27/b, MTB 22–25 €, Trekkingbike ca. 12,50 €.

• *Skaten* **Funpark** an der Industriestraße beim Tenniscamp, endlich ein Skatepark für die Jugendlichen weitum.

• *Tennis* Tennishalle, Industriestr. 7, ✆ 0473/668366.

• *Veranstaltungen* Der Fremdenverkehrsverein Naturns veranstaltet **Sportkurse**, u. a. Einführungs- und Aktivkurse für Klettern, Tennis, alpinen Skilauf, Mountainbikefahren – Auskunft beim Fremdenverkehrsverein.

Naturns gibt sich kinderfreundlich. **Frosch Fridolin** hat ein spezielles Kinderprogramm parat (der Fremdenverkehrsverein kennt es auch, www.fridolin.it verrät mehr). Großer **Spielplatz** am Sportplatz Bahnhofstraße (beim Etschdamm) mit Picknickplatz, Beachvolleyball, Tischtennis, Minigolf – und gut besuchter Eisdiele. Eine besondere Attraktion ist der **Jugend- und Erlebnisbahnhof** im alten Bahnhof Schnalstal mit Mini-Eisenbahn auf 9000 qm und 800 m Gleislänge mit 3 Loks, 2005 nur sporadisch geöffnet, feste Zeiten geplant (Infos beim Tourismusverein.

Übernachten & Camping

Naturns ist trotz seiner zahlreichen Hotels, Pensionen, Appartements und Privatzimmer nach Allerheiligen und bis vor Ostern kein guter Platz, um mal eben spontan ein Zimmer zu mieten: Der Ort ist auf die Monate März bis Oktober inkl. Allerheiligen eingeschworen, danach wird das Stadttor abgesperrt. Wintersaison gibt es keine, sieht man von der Osterzeit ab, wenn der Skibus die Gäste kostenlos ins Schnalstal befördert. Rechtzeitig reservieren, kein Viersternbetrieb hat im Winter geöffnet, aber z. B. die Dreisternehäuser Etschland, Kreuzwirt, der Schnalser Hof am Eingang zum Schnalstal (✆ 0473/667219, www.schnalserhof.com) und Stefanshof in Plaus, von den Frühstückspensionen nur das Haus Bergblick. Besser sieht es bei Ferienwohnungen aus, von denen über die Hälfte ganzjährig angeboten werden.

**** **S Feldhof**, Rathausstr. 4, ein „Dolce-Vita-Hotel" im Vinschgau? Mediterrane Atmosphäre? Da muss man sich als Hotelier schon sehr anstrengen und jede Menge Komfort, Abwechslung und Service bieten. Was beim Feldhof auch der Fall ist: großzügiger Hallen-, Freibad- und Liegewiesenbereich, ein paar Palmen für das mediterrane Ambiente, Vitalkost (es gibt z. B. bei ¾-Gourmetpension ein Vitalbüffet am Nachmittag samt Kaffee und Kuchen oder ein Wellness-Vitalmenü zum Gesundschlemmen als HP-Alternative – Vitalität geht hier ganz eindeutig durch den Magen), Well-nessbereich (diverse Bäder; Massagen), viele Sport- und Freizeit-Inklusivleistungen (z. B. Gymnastik, Vespaverleih, Tennis). Moderne Zimmer und Suiten mit großzügigen Badezimmern, die meisten mit Wanne und Dusche. Besonders lobenswert: der Service („Könnte ich bitte ...?" – „Aber selbstverständlich", lautet es hier); DZ mit ¾-Pension (= HP plus Nachmittagsbüffet) 170–312 € (DZ/Suiten 30–55 qm). ✆ 0473/666366, ℻ 667263, www.feldhof.com.

**** **S Lindenhof**, Kirchweg 2, ein Dolce-Vita-Hotel wie der Feldhof, auch hier haben Wellness und Schlemmen eine – so erscheint es zumindest dem Autor – etwas problematische Verbindung eingegangen, aber man ist ja im Urlaub. Prachtlage am Rand des eigentlichen Dorfs nahe St. Zeno. Direkt vom Haus aus kann man auf Fußwegen entlang den Kirchbach zum Pichl- und Wallburgweg und zur Etschpromenade gelangen. Viersternekomfort: helles Hallenbad – wie muffig ist manche Konkurrenz – und großes Freibad (24 °) mit offener, aussichtsreicher Liegewiese, Beautybereich mit allen Schikanen, Wellness von Saunen über Solarium bis Whirlpool und Gratis-Fitnessprogramm. Kulinarisches in allen Variationen (→ Hotel Feldhof). Ach ja, es gibt auch Zimmer (gut, komfortabel – Bademantel – aber nicht größer als im Dreisternehotel). DZ mit ¾-Pension (= HP plus Nachmittagsbüffet) 142–302 €. ✆ 0473/666242, ✆ 668298, www.lindenhof.it.

**** **Funggashof**, Am Graben 1, noch ein Wohlfühlhotel, so weit oben gelegen, dass man auf das Etschtal runterschauen kann. Was hübsch ist bei abendlichen Life-Programmen, aber den Nachbarn darunter nicht so gefällt. 4 verdiente Sterne: Das betrifft die Freibadlandschaft hinter dem Gebäude, die Unterhaltungs- und Sportmöglichkeiten, die Küche (wie so oft isst man wegen des delikaten und üppigen Angebots zu viel), weniger die etwas betuliche, um nicht zu sagen kitschige Innenausstattung (Motto: zu viel ist nie zu viel), aber voll die wirklich komfortablen und dezent möblierten Zimmer. Luxus pur: Panoramasuiten mit Whirlpool und Dampfbad ... Muss in dieser Kategorie kaum erwähnt werden: Hallenbad mit Wellnessbereich und Beautyfarm. Kinderbetreuung mit Animation, Spielplatz und -zimmer. DZ/Suite mit HP 140–250 €. ✆ 0473/667161, ✆ 667930, www.funggashof.it.

**** **S Sonnenhof**, Rathausstr. 2, Sport- und Wellnesshotel, trotz zentraler Lage ist der Grünbereich mit Freibad, Liegewiese, Kinderspielplatz und Tennis recht ruhig. Wenig tirolisierende Elemente (maschinengeschnitzte Dekors, Täfelungen), dafür holzbetonte dekorative Sachlichkeit auch in den Zimmern (ein Schnörkel darf schon mal sein – das zeigt z. B. die Terrasse). Sehr gute Zimmer mit allem Komfort, diverse Wellnessprogramme (Broschüre „Beauty & Wellness im Sonnenhof" informiert über Details). Wichtig: ganztägige Kinderbetreuung (ab 3 Jahren), auch Abendbetreuung, damit die Eltern mal in Ruhe essen können. DZ mit ¾-Pension (HP plus Nachmittagsbüffet) je nach Zimmerkategorie/Saison 170–300 €; Wochenpauschalen. ✆ 0473/667250, ✆ 666050, www.hotel-sonnenhof.it.

*** **Weingarten**, Schlossweg 20. Wie es möglich ist, dass ein – allerdings nicht mehr ganz taufrisches – Hotel, das eindeutig noch im Ort liegt, so wirkt, als wär's allein auf weiter Flur, das ist das Geheimnis der Familie Tappeiner, die es führt. Von der Pforte hat man Blick auf die Burg Hochnaturns und die Berge darüber, von den Balkonen auf der Talseite sieht man unter sich die schöne und überraschend große Liegewiese und ein wenig darüber hinweg auf die gegenüberliegenden Berge. Dazu Hallenbad, bequemer Aufenthaltsraum, Zimmer nicht alle mit Balkon/TV (kategorieüblich eingerichtet), freundlich-hilfsbereite Atmosphäre. DZ/FR 52–88 €. ✆ 0473/667299, ✆ 667944, www.tappeiner.net.

*** **Kreuzwirt**, Hauptstraße/Bahnhofstraße. Wer schon so lange am Platz vertreten ist wie der Kreuzwirt, kann auf Tradition pochen, ohne sie penetrant breitzutreten. Das Haus ist neu, auch wenn die Stube mit ihrer – noch – hellen Täfelung eine andere Sprache spricht, die Zimmer sind solide eingerichtet, die Balkone eher zum Ausruhen als für den großen Ausblick, wir sind schließlich im Ortszentrum. DZ/FR 60–80 €. ✆ 0473/667110, ✆ 668252, www.kreuzwirt.net.

*** **Astoria**, Gerberweg 14, zentral gelegene Pension mit kleinem Hallenbad, Liegewiese und Sauna, Frühstücksbüffet, Zimmer zum Grün. DZ/FR 56–72 €. ✆ 0473/667617, ✆ 666019, www.pensionastoria.com.

** **Sylvanerhof**, Kugelgasse 4, eher größere, gut eingerichtete Pension (Zimmer mit Balkon, Freibad, Liegewiese, schöne Terrasse, großzügiges Frühstücksbüffet) in ruhiger Lage in den Obstgärten Richtung Kompatsch. Ärger mit der Abrechnung (wie es dem Autor passierte) ist vermeidbar durch vorherige schriftliche Preisbestätigung. DZ/FR 54–66 €. ✆/✆ 0473/667283, www.sylvanerhof.it.

** **Bergblick**, Feldgasse 7, Garni im oberen Ortsteil, durchschnittliche, etwas altmodische Ausstattung, Zimmer mit Balkon. Liegewiese, Freibad, gutes Frühstücksbüffet. Man ist stolz auf die eigenen Produkte, die auf den Tisch kommen. DZ/FR 50–56 €. ✆ 0473/667193, ✆ 672941, www.bergblick-naturns.com.

** **Etschland**, Kompatscher Str. 23, klassisches Garni in ruhiger Straße mit großer Liegewiese, gutes Frühstücksbüffet, sehr persönliche Atmosphäre, Zimmer mit TV, Gästekühlschrank. DZ/FR 46–52 €. ✆/✆ 0473/667338, www.garnietschland.com.

*** **Erlengrund**, Bahnhofstr. 7, größere Residence (11 Apts.) der gehobenen Kategorie, separate Küche, komplett ausgestattet, TV, Frühstück auf Anfrage. Apt. für 2 Pers. 36–50 €. ✆ 0473/660041, ✆ 660042, www.erlengrund.com.

** **Nischlhof**, Schlossweg 26, Familie Gapp bietet rund ums Jahr 5 Ferienwohnungen an, Schlaf- und Wohnraum getrennt, komplett ausgestattet, TV, Brötchenservice. Apt. für 2–4 Pers. 38–54 €, 1 Apt. mit nur 1 Raum 27–42 €. ✆ 0473/667350, ✆ 673560, www.nischlhof.it.

Camping Adler, Lidostr. 14, neben den üblichen Stellplätzen komplett eingerichtete Selbstversorger-Bungalows für 2–4 Pers., dazu bietet der Platz Hallenbad, Sauna,

Dampfbad, kleinen Shop und Internetpoint. Offen März bis Mitte Nov.; Stellplatz mit Zelt/Pkw/Wohnwagen oder Camper und 2 Pers. ab ca. 20 €, Bungalow für 2 Pers. ca. 34–50 €. ✆ 0473/667242, 📠 668346, www.campingadler.com.

• *In Plaus* *** **Stefanshof**, Dorf 7, neben den unzähligen Hotels und Pensionen der Region mit ihren übereinander getürmten Stockwerken voller maschinengeschnitzter Holzbalkone ist ein Bau wie das Hotel Stefanshof eine wahre Erholung: nix Tirolerisches, der verglaste Mitteltrakt erinnert an Bauhaus und manche Bauten der späten Gründerzeit, die seitlichen Trakte mit den Zimmern haben ganz schlichte rot (nicht wie anderswo braun) gestrichene Balkone. Auch drinnen wohltuende Schnörkellosigkeit, sieht man von den gepolsterten Armlehnen der Sofas ab und den Füßchen mancher Möbel. Gute Zimmer, gutes Essen (Frühstücksbüffet!), Sauna, Liegewiese, leider kein Pool. DZ/FR 64–98 €. ✆ 0473/660085, 📠 661013, www.stefanshof.com.

*** **Plauser Hof**, Bahnhofstr. 11, die Pension hat schöne, helle Zimmer, auch große Zimmer (30 qm) mit getrenntem Schlaf- und Wohnbereich, eine gute Küche, was sich sowohl beim Frühstücksbüffet als auch beim ausgesprochen opulenten Abendessen (niemand verweigert einen der 5 Gänge ...) zeigt, ein Freibad gibt's ebenfalls. DZ/FR 44–68 €. ✆ 0473/660123, 📠 660191, www.plauserhof.com.

• *In Staben* *** **Quellenhof**, Staben 65, ruhig gelegene, gut ausgestattete Pension mit Freibad, Liegewiese und Tennisplatz. DZ/FR 54–70 €. ✆/📠 0473/664039, www.pension-quellenhof.com.

• *In Tschirland* **Waldcamping**, Dornsbergweg 8, Tschirland, der geräumige (2,3 ha), nur sehr teilweise schattige Platz – die Bäumchen müssen noch wachsen – liegt mitten in den Apfelplantagen von Tschirland. Er ist gut ausgestattet samt kleinem Hallenbad, Minigolf, Restaurant, Waschmaschinen; offen Mitte März bis Anf. Nov., Stellplatz mit Zelt/Pkw oder Wohnwagen/Camper und 2 Pers. ab 22 € – keine Motorräder! ✆ 0473/667298, 📠 668072, www.waldcamping.com.

• *In Tabland* ** **Gletscherblick**, Tabland 15, Balkonzimmer mit TV in angenehmer Pension, sehr ruhig, sonnig und mit guter Küche. DZ/FR 52–60 €. ✆/📠 0473/660514, www.gletscherblick.it.

Essen & Trinken/Abends

Zum Schwarzen Adler, Hauptstr. 45/Bahnhofstr. 1, Restaurant (12–14/18–21 Uhr) und verglaste Bar/Café zur Straße, Nudeln, Pizza, Schnitzel, Grillfleisch/Steaks, Tagesmenüs zu ca. 14 € (3 Gänge); Palatschinken mit Eis (ca. 5 €), Topfen-Marillenknödel (ca. 5 €) und – sehr schmackhaft, selten zu bekommen und nicht ganz leicht zu verdauen – warme Bauernkrapfen (ca. 4 €). ✆ 0473/668288, Fr Ruhetag.

Hofer, Am Graben 8, die Pizzeria am westlichen Ortsende ist von der Straße aus nicht zu sehen, was ihrer Popularität keinen Abbruch tut. Zu Recht: In dem großen Saalbau aus Holz und Glas gibt es eine große Pizzaauswahl, als Audio-Hintergrund „Easy Classics" (mal kein Pop oder Techno) und eine ästhetisch angenehme Farbzusammenstellung (blau/weiß/gelb). Nicht alle Pizzen (6–9,50 €) sind gelungen; bei der Pizza mit Paprikastreifen kamen diese aus dem Glas und wurden erst nach dem Backen aufgelegt, triefend und mit katastrophalen Folgen für den Pizzaboden. Guter Rat: Bei den traditionellen Pizzen bleiben. ✆ 0473/667097, Mi Ruhetag.

Wiedenplatzer Keller, Prokulusstr. 59, Deftiges und ausgesuchte Weine drinnen im Keller mit rustikaler Bar oder an den Tischen im Freien. ✆ 0473/673280, bis Mitternacht, Di Ruhetag.

Oberleiter, Konditorei-Café, Kompatscher Str. 1, gute und preiswerte Konditoreiwaren und Getränke an der westlichen Ortsausfahrt Richtung Kompatsch, besonders köstlich eine üppige und doch leichte Schwarzwälder Kirschtorte; Mo Ruhetag.

Sporttreff, Bahnhofstr. 67, spartanisch eingerichtete Eisdiele und Imbisstube am Sportplatz/Kinderspielplatz, nicht nur der Lage wegen gut besucht. Mo Ruhetag.

• *In Staben* **Bad Kochenmoos**, Restaurant-Bistro, Staben 3, moderne funktionalistisch-kühle Architektur, eigene Heilquelle, große Terrasse, Kinderspielplatz, Kaffee und Kuchen, Frühstücksbüffet („Alles was du essen kannst" Sa/So 8–10 Uhr ca. 5 €), Tagesmenü mit Getränk 12 € – für jeden etwas. Di nachmittags und Mi geschlossen, Do–So 20–1 Uhr Bistro und Weinkeller mit Weinen, Cocktails, kleinen Imbissen, Musik – Tischreservierung unter ✆ 0473/666300. Das Bad Kochenmoos bietet auch moderne Zimmer an: www.kochenmoos.com. Von Naturns nach dem Stabener Tunnel nach links in den Ort (keine Ostein- oder Ausfahrt nach/von Staben!)

• *Abends* **Disco/Dancing Schnalser Hof**, Naturns, Hauptstr. 121 (im gleichnamigen Hotel am Ausgang des Schnalstals), ✆ 0473/667281, Mo Ruhetag.

Pub Papalapap, Hauptstr. 47, „Ihr Pub in Naturns". Was ist ein Pub? Von 19–1 Uhr können Sie die Naturner Version erleben. ✆ 0473/666222, Mo/Di Ruhetage.

Sehenswertes/Ausflüge

Kirche St. Prokulus und ihre Fresken: Der „Schaukler" des winzigen Kirchleins St. Prokulus ist wohl eines der bekanntesten Bilder Südtirols, sieht man mal von den Drei Zinnen ab. Es handelt sich um einen anscheinend naiv gezeichneten Mann mit Heiligenschein, der auf einer Schaukel sitzt, oder auf dieser Schaukel von einer Brüstung heruntergelassen wird. Seine Kleidung ist mit schematischen Falten und ganz unwahrscheinlichen konzentrischen Kreisen an den Knien wiedergegeben, und wer genau schaut, der erkennt, dass der Schaukler die Seile nicht ergreift – der Maler hat die Seile hinter der geschlossenen Hand durchgeführt.

Es handelt sich natürlich um keinen Schaukler und auch nicht um den hl. Paulus, der bei seiner Flucht aus Damaskus vom Stadttor heruntergelassen wird, sondern um den hl. Prokulus, Patron des kleinen Kirchenbaus, der bei der Flucht aus Verona von der Stadtmauer heruntergelassen wird. Das Werk ist zusammen mit größeren Freskenbereichen, die vom selben Maler stammen (es gibt auch, besonders im oberen Wandteil, jüngere Fresken), wohl noch im 7. Jh. entstanden. Das heißt also, die um 650 erbaute Kirche und die wenig späteren Fresken entstanden während der bayerischen Zeit des Vinschgaus (von 591 bis zur fränkischen Eroberung im späten 8. Jh. – der Vinschgau war nie langobardisch), und damit Generationen vor den karolingischen Fresken in Taufers oder in Müstair. Tatsächlich sind die Fresken zwar datierbar, aber kunsthistorisch nicht abzuleiten oder einzuordnen, es gibt nichts Vergleichbares. Die Szene mit der Flucht des Heiligen und den Zuschauern zu beiden Seiten, eine Gruppe von Heiligen, die zarten Graffiti im Triumphbogen, die Engel darstellen, der Zug der Rinder mit Herdenbesitzer, Hirte und Hund – sie sind Zeugen für eine Welt, die wir kaum noch interpretieren können. Wie einfach es dagegen ist, die Vorbilder der gotischen Fresken in der Kirche und an der Außenwand zu benennen (die Küsterin hilft bei der Interpretation der Fresken mit großer Freude und Kenntnis)!

St. Prokulus in Naturns

• *Öffnungszeiten* **St. Prokulus**: März bis Allerheiligen tägl. (außer Mo) 9.30–12/14.30–

17.30 Uhr (auch am Mo, falls der ein Feiertag ist); Eintritt ca. 2 €, Fotografieren erlaubt (ohne Blitz). **Archäologische Ausstellung** zu St. Prokulus im Bürgerhaus Naturns (z. B. abgelöste gotische Fresken) April bis Okt. nur Mi 14–18 Uhr.

• *Literatur* Das in der Kirche aufliegende, wissenschaftlich fundierte Büchlein „St. Prokulus Naturns" (von Hans Nothdurfter Lana, Tappeinerverlag 1995) ist eine gute Hilfe zum Verständnis der Fresken.

▸ **Naturparkhaus Texelgruppe**: Eine Menge zu lernen gibt es im Naturparkhaus, das trifft ganz besonders für Kinder zu, auf die auch ein Großteil der Informationsangebote des Hauses gemünzt ist. Nachdem man die Dachbegrünung des Hauses bewundert hat (Trockenrasenpflanzen des Sonnenhangs der Texelgruppe!) wird man im Inneren vor allem mit dem Naturraum Texelgruppe (Gesteine, Wasser, Pflanzen, Tiere), aber auch mit den Waalen, den alten Bewässerungskanälen, bekannt gemacht. Tast-, Riech-, Hör- und Schauerlebnisse nicht nur für Kinder, Dioramen und Filme, ein interessantes Frischwasseraquarium, das die Bachlebewesen zeigt – man geht raus mit dem Gefühl, ganz leicht was gelernt zu haben.

Öffnungszeiten April bis Okt. Mo–Fr 9.30–12.30/14.30–18 Uhr, Juli bis Sept. auch So zu denselben Zeiten, Eintritt frei; ✆ 0473/668201, Feldgasse 3.

▸ **Naturpark Texelgruppe**: → „Nördlich von Meran/Algund", S. 278.

▸ **Pfarrkirche St. Zeno**: Sie stand früher völlig isoliert vom Ort jenseits des zu Hochwasser neigenden Kircherbachs, heute ist sie immer noch ein Fremdkörper in einem Ort, der im Wesentlichen hinunter zu seiner Hauptstraße schaut oder hinauf zur Burg Hochnaturns. Sie ist dem hl. Zeno geweiht, einst Bischof von Verona. Der heutige Bau ist eine spätgotische Hallenkirche (1474/75) mit wunderschönem, stark verzweigtem Rippengewölbe, für das allein es sich schon lohnt, die Kirche zu betreten. Der barockisierte Chor mit Stuckmarmor der Wessobrunner Schule ist in diesem Raum ein Fremdkörper, für sich genommen jedoch sehr attraktiv, reich gegliedert und mit schönen Skulpturen (Georg Forcher, 1750).

▸ **Auf dem Wallburgweg zum Aussichtspunkt über dem Schnalstal**: Der Wallburgweg gehört zu den Standardausflügen von Naturns (Schlossweg ab Hauptstraße, dann gut beschildert). Landschaftlich interessant, da er hoch über dem Tal herrliche Ausblicke gestattet, führt er durch eine nicht nur für Pflanzenfreaks interessante Trockenvegetation. Am Ende und Umkehrpunkt steht man unmittelbar über der Mündung des Schnalstals in den Vinschgau, aber die Wand, über der man steht, bricht so steil ab, dass man den Boden des Schnalstals nicht erkennen kann. Gegenüber liegt auf hohem Sporn eine Burg in ehemals strategisch bedeutender Lage, es handelt sich um Juval (s. u.), heute Besitz des Extrembergsteigers Reinhold Messner.

• *Essen & Trinken* **Schwalbennest**, Pichlweg 5, Jausenstation am Wallburgweg, mitten im Wald mit Traumaussicht auf das Tal und die jenseitigen Berge, Würstel, Brotzeiten, am So Weißwürste mit Brezen, Kuchen und Strudel, traumhaft die frisch bereiteten Bauernkrapfen mit 3 Füllungen (Aprikose, Apfel, Mohn), exzellente hausgemachte Säfte. Fr Ruhetag.

• *Literatur* Der Führer „Naturlehrpfade in Naturns", der neben dem Wallburgweg auch die Lehrwege Stabner Waal und Gsindboden vorstellt – sehr ausführlich, anschaulich und gut bebildert – ist beim Tourismusbüro für ca. 2 € zu erwerben.

▸ **Wanderung auf dem Panoramaweg nach Partschins (Wege 39 und 91)**: Der Sonnenhang zwischen Naturns und Partschins ist steil und von vielen trockenen Tobeln, engen bewaldeten Schluchten, durchfurcht. Zwei Wege durchziehen ihn, der Wanderweg 39, der nahe Naturns im tieferen Bereich bleibt und dann zum Gruberhof aufsteigt, um dann wieder nach Partschins abzusteigen, und der tiefer bleibende Sonnenberger Panoramaweg mit der Nummer 91. Eine Kombination aus

Einladende Jausenstationen: das „Schwalbennest" oberhalb von Naturns

beiden bringt ein großartiges Landschaftserlebnis und einen kaum zu überbietenden Einblick in die Trockenvegetation dieses Hangs.

In Naturns nimmt man von der Hauptstraße aus die Rathausstraße (links die Touristeninformation) und biegt dann rechts in die Feldgasse ein. Bei der Abzweigung des St.-Prokulus-Wegs nach links geht man auf diesem weiter. Weiter oben biegt rechts ein Sträßchen mit den Markierungen 39 und 39 a ab und dem Schild „Sonnenberger Panoramaweg". Die beiden Wege trennen sich spätestens beim Hof Pignol, im Zweifelsfall immer der Markierung 912 und „Sonnenberger Panoramaweg" folgen! Eine etwas unangenehme Tobel-Querung ist gut versichert und auch für Nicht-Schwindelfreie zu bewältigen.

Man kommt in Partschins entweder beim „Gasthaus Happichl" herunter oder beim „Winkler", der Letztere ist vorzuziehen, da man dann nur einen kurzen Straßenweg nach Partschins hat, der Erstere, wenn man über Rabland zum Bus möchte. Alle relevanten Abzweigungen sind deutlich beschildert.

Die Höfe des Sonnenbergs: Bis zu 1000 m hoch über Naturns liegen in Höhen zwischen 1221 m (Höfl) und 1535 m (Schnatz) die Höfe des Naturnser Sonnenbergs, des trockenen, nach Süden gewandten Steilabfalls der Texelgruppe. Wie Bauernfamilien hier oben auf den kleinen, sehr steilen bebaubaren Flächen überleben können, erklärt sich nur teilweise, wenn man weiß, dass die kleinen Steinmauern, die schräge Wiesenterrassen stützen, früher Feldterrassen mit Getreide trugen, und dass das durch den Regen herab geschwemmte Erdreich auf dem Buckel wieder an die Oberkante der Felder getragen wurde. Seilwinden gab es nicht, man trug das Stroh und Heu genauso auf dem Rücken. Die Trockenheit des Südhangs mit seinen kargen Niederschlägen konnte nur durch künstliche Bewässerung ausgeglichen werden, dafür mussten Bergwaale angelegt und gewartet werden. Heute haben Wasserleitungen, Seilwinden, Lastenaufzüge und moderne Straßenzufahrten zumindest in dieser

Hinsicht Erleichterung gebracht – Strom und elektrisches Licht haben die meisten Höfe übrigens erst nach 1979 erhalten! Auf dem Naturnser Sonnenberg befindet sich die Ruine der höchsten Dauersiedlung, die je in den Ostalpen (östlich der Schweizer Grenze) bestanden hat, auf dem Gamplhof lebte auf 2130 m Höhe um das Jahr 1500 eine Familie von 10 Personen.

Die moderne Straße, die sich von Naturns bis auf 1500 m hochwindet (ein Ast zum Oberbichl, der andere zum Schnatz mit Jausenstation) hat Fremde gebracht und Einnahmen aus dem Tourismus, die dringend gebraucht werden. Die zwischenzeitlich eingestellte Kleinkabinenbahn zum Unterstellhof (über Kompatsch auf 1282 m) wurde durch Gemeindebeschluss reaktiviert und hat im Herbst 2004 ihren Betrieb als moderne *Kabinenbahn* wieder aufgenommen. Den Jausenstationen, die ein Großteil der Bergbauernhöfe für hungrige und durstige Wanderer während der warmen Saison unterhalten, gibt das mit Sicherheit einigen Auftrieb. Wenn sie 50.000 Personen pro Jahr auf den Sonnenberg hinauftransportiert, könnte es an manchen Tagen sogar etwas eng werden.

• *Essen & Trinken* Fast jeder Hof bewirtet die Wanderer, selbst wenn er nicht als Jausenstation ausgewiesen ist (Kärtchen mit den Höfen auf dem Prospekt der Seilbahn). Jausenstationen sind z. B. Folgende:

Patleidhof (1386 m, 20 Min. von der Bergstation), Bergbauernhof am steilen Hang, Neubau mit großer Terrasse, auch 2 Zimmer (DZ/FR 36–41 €), ✆ 0473/667767.

Schnatz (1535 m, 1:30 Std. von der Bergstation), traditionelle Hofgruppe (Bauten 19./20. Jh.), ✆0473/667744.

Hofschänke Pirchhof (1445 m), Bergbauernhof, typisch eng aus mehreren Häusern zusammengebaut, am steilen Hang, die Dächer alt und mit Steinen beschwert. Es gibt Hausmannskost, Ziegenfleisch, eigene Gemüse, die typischen Mohn- und Kastanienkrapfen. Geöffnet mittags von Mitte Apr. bis Mitte Nov., abends und im Winter nur auf Vorbestellung, ✆ 0473/667812.

• *Seilbahn Unterstell* Bis zu 25 Pers., 5 Min. Fahrzeit, 8–19 Uhr, alle 30 Min., Talstation in Naturns-Kompatsch, ✆ 0473/667747.

▶ **Plaus**: Das kleine, aber selbstständige Dorf (unter 600 Einwohner!) hat vor der Etschregulierung stark unter Hochwasser gelitten. So heißt es, dass von manchen Überschwemmungsoasen die Schüler mit Nachen zur Schule gebracht wurden (ist's nicht wahr, ist's doch gut erfunden). Heute hat Plaus vor allem Ruhe anzubieten und eine für Freizeitsport vom Radeln zum Wandern ideale Umgebung. Die *Pfarrkirche zum hl. Ulrich* hat noch den romanischen Turm der ersten Kirche. Nach einem Brand wurde das Schiff im gotischen Stil neu errichtet und 1403 geweiht.

Information **Info Plaus**, Mo–Fr 9–11.30 Uhr.

▶ **Tschirland und Tabland**: Auf dem riesigen Tablander Schwemmkegel, den der Medulbach in Richtung Naturnser Sonnenhang und Schnalstalmündung aufgeschüttet hat (gut zu sehen vom Wallburgweg!), liegen die beiden Dörfer Tschirland und Tabland. Beide sind heute von Obst-, vor allem Apfelplantagen umgeben, die künstlich bewässert werden (und die Fußgänger und Radfahrer auch gleich mit). Früher wurde auf dem Schwemmkegel in kleinen Feldern Getreide angebaut. In Tschirland liegt am westlichen Ortsrand die kleine *Kirche St. Oswald.* Sie ist dem heiligen König von Northumberland (Nordengland) geweiht, der zur Zeit der iro-schottischen Mission lebte (7. Jh.), als deren Mönche den Germanen – z. B. den Baiern, die damals den Vinschgau in ihrer Hand hatten – das Christentum brachten. Ein älterer Bau wurde abgerissen, spätgotisch neu errichtet, barockisiert (1669) und prächtig ausgestattet. Ein Rest der gotischen Bemalung wurde bei Restaurierungsarbeiten gefunden. Auch *St. Nikolaus in Tabland* verdient den Besuch, die Kirche des Patrons des Wassers und der Reisenden (weil sein Leichnam über Wasser von Kappadokien nach Bari gebracht wurde ...). Spätgotisch mit neubarocken Veränderungen, der Schnitzaltar vielleicht von *Hans Schnatterpeck* (→ S. 317). Draußen ist der hl. Christophorus (als spätgotisches Fresko) gleich zweimal vertreten.

Schloss Juval: Seine Lage am Eingang zum Schnalstal ist schon in vorgeschichtlichen Zeiten wichtig gewesen, als der Urweg vom Vinschgau in das Schnalstal und über die Ötztaler Alpen ins Inntal noch auf den Höhen der Hänge verlief. Seit dem Ötzi-Fund auf dem Hauptkamm der Ötztaler Alpen, der mit großer Deutlichkeit die Beziehungen zwischen Oberitalien und den Zentralalpen bereits in der ausgehenden Steinzeit unterstrich, weiß man, dass Juval auf einer bedeutenden Route lag. Die heutige Burg, vom Tal her kaum auszumachen, entstand um 1278, ihren Zenit hatte sie wohl überschritten, als die Habsburger ganz Tirol in ihren Besitz gebracht hatten und auf Innertiroler Festungen verzichten konnten (und die Familien, die mit der Erhaltung dieser Festungen betraut waren, nicht mehr besonders unterstützten). 1813 kam die schon lange vernachlässigte Burg an einen Bauern, dann 1913 an einen ortsfremden Bauherrn, der sie sorgfältig (und kostspielig) sanieren ließ, und 1983 wurde sie Wohnsitz des Südtiroler Alpinisten *Reinhold Messner*.
Die **Kunstsammlungen** Reinhold Messners sind zu besichtigen, Tibetika vor allem, eine Maskensammlung, Bergbilder (ein spezielles Hobby Messners, der auch im Bellunese in Cibiana seine Bergbildersammlung ausstellt).

• *Öffnungszeiten/Anfahrt* **Museum Juval**, v. a. mit tibetischer bzw. zentralasiatischer Kunst und Kunsthandwerk, von Ostern bis Ende Juni und von Anfang Sept. bis nach Allerheiligen tägl. (außer Mi) 10–16 Uhr, im Winter geschlossen. Informationen unter ✆ 0473/668238. Eintritt (nur mit Führung) 7 €, Kinder 3 €, Familien 15 €. Straße ab Staben nur abends geöffnet, tagsüber (außer Mi) Pendelbus ab Parkplatz Staben, einfach 2 € (Fa. Schupfer Tours, ✆ 0473/668058).

• *Essen & Trinken/Übernachten* **Buschenschank Schlosswirt Juval**, schöne alte Stube, an den Wänden des Saals zentralasiatische Yao-Gemälde, großer aussichtsreicher Garten, verschiedenste Knödel und Nockerl, klassische Fleischspeisen (Rinderschmorbraten, Schweinebraten, Kalbsgulasch mit Pilzen, Wild), sehr gute Mehlspeisen (Buchweizentorte mit roten Johannisbeeren), Weine aus den Reben vom Hof Unterortl (Weißburgunder, sehr guter Riesling etc.). Vor- und Hauptspeise ab ca. 25 €; Di abends und Mi geschlossen, ✆ 0473/668238. Auch Zimmer f. 2–3 Pers. 39–52 €.

Der Schnalswaal zwischen Altrateis im Schnalstal, Juval und Tschars: Besonders im Spätsommer, wenn die Vegetation bereits ausgetrocknet ist, sieht man gut, dass der trockene Sonnenhang unterhalb von Juval von zwei Waalen durchzogen wird: Die Zone direkt an und etwas unterhalb der Waale wird durch Sickerwasser grün gehalten. Der untere der beiden Waale ist der Stabener Schnalswaal (5 km, 1842 erbaut), der obere der 11 km lange Tscharser Schnalswaal, der 1517 nach 13 Baujahren fertig gestellt wurde. Letzterer gehört zu den interessantesten und reizvollsten Waalwegen Südtirols, sowohl wegen seiner Länge als auch wegen seines Erhaltungszustands (mit einer Waalschelle!) und der Prachtausblicke.

Auf die Naturnser Alm: Auf dem Höhenkamm südlich von Naturns liegt auf 1922 m die Naturnser Alm. Die Berge darüber sind die letzten Ausläufer der Ortlergruppe im Osten, bevor diese beim Larchbühel über dem Vigiljoch abrupt zum Becken von Meran abbricht. Von Naturns führt eine Straße zu den Höfen des Schatthangs, ein im unteren Teil öffentlicher Güterweg führt weiter in Richtung Naturnser Alm (gute Beschilderung), man muss nur die letzten 300 Höhenmeter zu Fuß gehen (z. T. auf dem Güterweg). Prachtvoll ist vor allem die Aussicht auf den unteren Vinschgau, die Texelgruppe und das Schnalstal bzw. die Berge im Westen des Schnalstals, den Salurnkamm.

Auf die Naturnser Alm führt eine beliebte **Mountainbiketour** (bis zur Alm komplett auf der Straße und dann über das Vigiljoch hinüber nach Aschbach und auf der dortigen Straße ins Tal). Fast 1400 Höhenmeter sind auf und ab zu überwinden, die ganze Tour ist ca. 45 km lang, entsprechend anstrengend, aber technisch leicht.

Essen & Trinken **Naturnser Alm**, 1922 m, ✆ 339/3901634, kein Ruhetag.

Das Schnalstal

Nichts geht mehr ohne Ötzi im Schnalstal. Dass der Mann im obersten Schnalstal seinen Tod gefunden hat, um 5300 Jahre später aus dem schmelzenden Gletscher gezogen zu werden, war für das Tal ein wirtschaftlicher Segen.

Keine Werbung ohne Ötzi. Das ganze Tal wirbt als „Ötzi's World". Im **Archeoparc** wird das Leben der Zeit, in der Ötzi lebte, nachgestellt (→ S. 172). Auf dem Schnalstaler Gletscher schaut man sich zuerst ein paar Ötzi-Utensilien in der „Ötzi show gallery" an, bevor man auf die Piste geht oder mit dem „Ötzi Express" (einer Gletscherraupe) aufs Eis fährt. Das Berghotel Grawand wirbt mit „Gipfelferien auf 3.200 m in der Schneewelt des Eismannes „Ötzi". Der Schafabtrieb musste letzthin auch verötzit werden und wurde als „Ötzi-Erlebnis-Festwoche mit einmaligem Schafabtrieb" in den Gazetten annonciert (kein Schmäh). Eine Ötzi-Puppe gibt es auch schon. Fehlt nur Ötzi-Eis aus 5300 Jahre altem Gletschereis.

So viel zu Ötzi. Das lang gestreckte Tal, das tatsächlich von den Reben bis zum Gletschereis reicht (Klischees müssen schließlich irgendwie auf der Realität basieren), besitzt einige der höchstgelegenen *Bergbauernhöfe* der Ostalpen. Es sind große Höfe mit großem Grundbesitz für immer noch große Familien. Nur wegen der traditionellen Unteilbarkeit der Erbhöfe blieben Hofstellen erhalten, die früher das Überleben sicherten. Die Abwanderung setzte dennoch im 19. Jh. ein, betraf aber nur die allerhöchsten Höfe. Das Tal war immer auf sich selbst gestellt gewesen, erst die ab 1880 errichtete Straße brachte eine damals einigermaßen moderne Verbindung mit der Außenwelt. Das im Hochmittelalter errichtete *Kartäuserkloster,* Vorgänger des Orts **Karthaus**, existierte damals schon nicht mehr, sonst hätten die Mönche sich ganz sicher geweigert, ihre Isolation aufzugeben.

Das ist alles eine Weile her. Nach dem Zweiten Weltkrieg wurde im mittleren Tal der **Vernagt-Staudamm** errichtet, ein See deckt heute ehemalige Bauernhöfe zu. Die Straße wurde verbessert. Das **Sommerskigebiet Grawand** mit dem aus dem Boden gestampften Sportort **Kurzras** zog eine Menge Aktivurlauber an. Auch die Engstellen am Ausgang des Schnalstals sind mittlerweile Geschichte, man kann vom Eingang im Vinschgau bei Naturns durch zwei neue Tunnel jetzt ganz bequem ins Tal einfahren, die Zitterpartie auf der engen und kurvenreichen Straße in diesem Abschnitt hat ihr Ende gefunden. Die alte Straße existiert noch, hoffentlich macht man einen Radweg daraus (sie gehört jetzt den Gemeinden Naturns und Schnalstal, ihre Verwendung ist noch nicht festgelegt).

Information/Verbindungen/Sport & Veranstaltungen

• *Information* **Tourismusverein Schnalstal**, I-39020 Schnalstal, Karthaus 42, ✆ 0473/679148, 📠 679177, www.schnalstal.it.

• *Verbindungen* Recht gut ausgebaute Straße vom Vinschgau bis Kurzras. Tägl. 4–5x **Bus** ab Naturns.

• *Wintersport* Hochsaison in Kurzras im hintersten Schnalstal ist Weihnachten und Neujahr und in der Osterwoche, Saison von Februar bis zur Osterwoche, die niedrigsten Preise gibt es im Januar und nach Ostern bis zum Saisonschluss Ende der 1. Maiwoche.

Bergbauernhofgruppe im obersten Schnalstal

Insgesamt **13 Aufstiegshilfen** von der Gletscherbahn (Kabinenbahn) von Kurzras zum Hotel Grawand über 7 Sessellifte zu 4 Schleppliften. Im Sommer stehen für den Skisport auf dem Gletscher 3 Sessellifte und 2 Schlepplifte zur Verfügung.

Ski- & Snowboardschule Schnalstal, Kurzras, Ski- und Snowboardkurse, Kinderskischule, Gruppen- und Einzelunterricht ✆ 0473/662170, ✆ 662150, skischule-schnals@sudtirol.com. Preise → Kurzras.

• *Wandern/Bergsteigen* **Wandern** und **Bergsteigen**, jedes Seitental bietet den Weg auf eine Alm, von den Almen führen hohe Übergänge ins österreichische Ötztal und in den Vinschgau. In Kurzras auch Aufstiegshilfen: Die Schnalstaler Gletscherbahnen haben im Sommer die Gletscherbahn (die allerdings für Wanderer nichts bringt) und den Sessellift von Kurzras zur Lazaunhütte in Betrieb. Preise → Kurzras.

• *Feste & Veranstaltungen* **Almabtrieb vom Ötztal nach Vernagt**, Mitte Sept.: 29 Schnalstaler Höfe haben heute noch Weiderechte im obersten (österreichischen) Ötztal, ihre Schafe weiden hier von Mitte Juni bis Mitte Sept. Die Rechte gehen auf das frühe Mittelalter zurück und wurden 1415 erstmals schriftlich festgehalten. Der Almabtrieb führt wie der Auftrieb über den Niederjochferner und das 3016 m hohe Niederjoch. Mehr als 2000 Schafe mit um die 25 Treiber bewältigen den schweren Weg zwischen der Martin-Busch-Hütte (2470 m) über Eis und Schnee hinauf zum Joch und dann hinunter nach Vernagt (1700 m) in nur 9 Std. Die Ankunft am Vernagt-Stausee, heutzutage fremdenfreundlich auf einen Sonntag gelegt, ist ein Touristenspektakel, obwohl, sagen wir's ehrlich, nicht viel zu sehen ist, sieht man von der Schafschur ab, mit der gleich nach der Ankunft begonnen wird. Man müsste mitgehen und die Schafe über das Joch begleiten oder der Herde zumindest ein Stück entgegengehen (evtl. bis zur Similaunhütte, um dort zu übernachten? Dann aber früh reservieren!).

Die Wintersaison beginnt Mitte Okt. am Schnalstaler Gletscher mit dem **BoardAdventure** (2005 zum 11. Mal; Boardercross und BigAir-Wettbewerb). Fast von gleichem Stellenwert die Riesenparty mit traditioneller „Garagenfete" in Kurzras. Die Aufstiegsanlagen sind meist ab Ende November komplett in Betrieb.

Übernachten/Essen & Trinken

• *In Altrateis* **Pizzeria Rateis**, Katharinaberg 48, neapolitanische Pizza aus dem Holzofen – wo gibt's das noch in der bäuerlichen Einschicht (oder Einsamkeit, wie es die Nordlichter ausdrücken)? Die Pizzeria liegt am Beginn des Schnalswaalwegs nach Juval und Tschars. ✆ 0473/679226, Mi Ruhetag, 14–17 Uhr geschlossen!

• *In Karthaus* *** **Zur Goldenen Rose**, Karthaus 29, Hotel mit breiter Front, die geschickt aus Alt und Neu kombiniert wurde, schöne Stube, Sauna, sonntags Sekt- und Lachsfrühstück. Für Hausgäste mittags Sonderkonditionen im Schutzhaus Schöne Aussicht (Kurzras). DZ/HP 90–114 €. ✆ 0473/679130, 📠 679115, www.goldenerose.it.

* **Weißes Kreuz**, Karthaus 13, das geschmackvoll eingerichtete Restaurant bietet auf adrett gedeckten Tischen gutbürgerliche Küche (etwa Knödeltris, Hirschmedaillon reich garniert und Omelett mit hausgemachter Marmelade), auf Vorbestellung „Ötzi-Menü" (vom Autor nicht getestet – was mag es wohl beinhalten?), Vorspeisen ca. 5–8 €, Salate 6–9 €, Fleisch 12–15 €. Einfache Zimmer mit Bad, aber ohne WC. DZ/FR 40–48 €. ✆ 0473/679128 📠 669776, Di Ruhetag.

Grüner, Café-Restaurant, Karthaus 24, der Grüner – schauen Sie sich seine Lage genau an – ist vor die Kirche der ehemaligen Kartause gebaut. Neben der üblichen Gasthausküche verschiedene Salatteller (ca. 5–9,50 €), z. B. kalifornisch mit panierten Geflügelstücken, im Café eigene Kuchen und Torten. ✆/📠 0473/679104, Do Ruhetag.

Santos Pub, Abendkneipe im Inneren der alten Kartause, 17–1 Uhr, Mi Ruhetag.

• *In Unser Frau* *** **Goldenes Kreuz**, Unser Frau 27, Hotel mit guter Küche, das Restaurant bietet z. B. Vinschgauer Brotsuppe, eine große Salatschüssel, Ravioli mit Löwenzahn und Nüssen, ein Knödelduett mit Salat, Forelle, Kaiserschmarren mit Preiselbeeren – Vorspeisen ca. 7–9 €, Fleisch 10–12 €, Mi Ruhetag. Im Haus Sauna, Dampfbad, Whirlpool, Zimmer mit TV, meist mit Balkon, zuvorkommender Service. DZ/FR 60–84 €. ✆ 0473/669688, 📠 669771, www.goldenes-kreuz.com.

*** **Oberraindlhof**, Unser Frau 49, etwas abseits der Straße gelegener Gasthof unterhalb des eigentlichen Orts, traditioneller Holzbau auf Steinfundament, Restaurant mit Tiroler Küche in komplett getäfelter Bauernstube und Wintergarten (Menü ab ca. 15 €), im Anbau und Dachgeschoss so freundliche wie schlichte Zimmer. DZ/FR 51–60 €. ✆ 0473/679131, 📠 679311, www.helli.it, Mo Ruhetag.

Gurschlhof, Unser Frau 46, der traditionell bewirtschaftete Hof der Familie Götsch mit seinen ebenso traditionellen Bauten bietet ein ganzes Ferienhaus an (4 Schlafräume, Küche, alte Stube, 2 Bad/WC) sowie eine Ferienwohnung. Weil es zum nächsten Bäcker etwas weit ist (nach Unser Frau 6 km) gibt es einen Brötchenservice, da die Bäuerin selbst Brot bäckt, kann man sich auch so versorgen. Tiere jeder Art vom Pony bis zur Katz und vom Schaf bis zum Schwein. Wer bei der Hof- und Stallarbeit mitmachen will, ist dazu eingeladen. Traumlage auf fast 1700 Höhenmeter, absolute Ruhe. Ferienhaus 70–90 €, Apt. 40–70 €. ✆ 0473/679172, 📠 677291, www.gurschlhof.it.

• *In Vernagt* **** **Hotel am See**, Vernagt 79, größeres Hotel über dem See (und der Straße), Zimmer und schicke, farblich attraktive Suiten, komfortabel und individuell eingerichtet (bis auf die opportun so genannten Standardzimmer), Restaurant-Café mit großer Aussichtsterrasse zum See, Hallenbad und Saunalandschaft („Relax-Oase" auf 300 qm). DZ/HP 99–157 €. ✆ 0473/669636, 📠 669720, www.vernagt.com.

*** **Gerstgras**, Hotel mit Hallenbad und Restaurant zwischen Vernagt und Kurzras, gutes Essen (Nudeln ca. 6–7 €, Polenta vom Grill mit Pfifferlingen, Forellen, div. Fleischgerichte ca. 10–13 €). DZ/HP 104–134 €. ✆ 0473/662211, 📠 662212, www.hotelgerstgras.com.

** **Leithof**, Vernagt 21, Pension direkt über dem See, modern mit guten Zimmern, z. T. mit Holztäfelung und Balkon, dazu Saunen, Solarium, Liegewiese. DZ/FR 54–84 €. ✆ 0473/669678, 📠 669755, www.leithof.com.

• *In Kurzras* *** **Zirm**, Kurzras 115, Aparthotel in ehedem ungewöhnlicher, aber nachgerade wieder altmodischer Terrassenbauweise, das Innere in kühlen Formen und Farben, sportbetont (Hallenbad, Sauna/Solarium, Fitnessraum, Massage, Skilift gleich nebenan, Wanderziele dito). Die Zimmer eher nicht so groß. DZ/HP 102–198 €. ✆ 0473/662188, 📠 662175, www.zirm.com.

** **Berghotel Grawand**, Kurzras 111, das Berghotel an der Bergstation auf 3200 m Höhe bietet die seltene Möglichkeit, in Höhe alpiner Gletscher komfortabel (DZ mit TV, Loggia mit Ausblick, auch 3- und 4-Bettzimmer, im Haus Sauna und Fitnessraum) nächtigen zu können, allerdings ganz funktional-kühl und ohne jeden Anflug von Hüttenzauber. Wer hier bucht, kommt zum Skifahren und nur zum Skifahren, was anderes kann man hier kaum machen. DZ/HP 100–146 €. ✆ 0473/662118, 📠 662172, www.grawand.com.

Sehenswertes/Ausflüge

Katharinaberg mit Wanderung: Auf seiner Aussichtskanzel schart sich der Ort recht eng um die namengebende *Kirche*. Wer hier den Urlaub verbringt, der wandert. Viele Tagesbesucher kommen mit dem Auto oder (viel praktischer, weil man anderswo absteigen kann) mit dem Bus von Naturns und legen ein Stück des *Meraner Höhenwegs* zurück, zum Beispiel und am schönsten talauswärts bis Unterstell, von wo man gemütlich mit der Kleinseilbahn ins Tal (Kompatsch/Naturns) zockeln kann. Nur je ca. 250 Höhenmeter An- und Abstieg, guter Weg, bessere Ausblicke, Verpflegung am Hof Kopfron auf halbem Weg, knapp vor dem Ziel beim Lint und am Ziel im Hof Unterstell.

Das Pfossental mit Wanderung: Von Karthaus führt eine Straße ins Pfossental bis zum Vorderkaser, wo sie als Almerschließungssträßchen weitergeht bis zum Eishof auf 2071 m. Noch höher führt der Wanderweg auf das Eisjöchl (2895 m) und zur wenig tiefer gelegenen **Stettiner Hütte** (2875 m) schon im alleroberstem Pfelderer Tal. Dieses lang gestreckte, zuerst von Süd nach Nord, dann von West nach Ost verlaufende Tal gehört zum *Naturpark Texelgruppe* und ist landschaftlich und in Bezug auf Pflanzen und Tiere eines der schönsten und interessantesten des Parks. Der Alpenhauptkamm mit den Südwänden zwischen Hinterer Schwärze (2624 m) und der Hochwilden (3480 m) dominiert die rechte (nördliche) Talseite, im Süden erhebt sich die Texelgruppe mit der einsamen Texelspitze (3318 m), auf die kein Wanderweg führt, nur alpine Routen über Fels und Eis. Unter den Tieren sind die 1970 wieder eingeführten Steinböcke, die Steinadler, Kolkraben, Auer- und Birkhähne, die Gämsen, Schneehasen und Murmeltiere zu erwähnen, die meisten wird man allerdings selten zu Gesicht bekommen. Nur Gämsen und Murmeltiere sieht man häufig. Gerade auf dem Weg zum Eisjöchl kann man Murmeltiere eigentlich im Sommer fast immer pfeifen hören, wenn man sie schon nicht sieht, weil sie zu flink im Bau sind, wenn ein Mensch erscheint.

2071 m hoch liegt der **Eishof**. Bis 1897 war er ganzjährig bewohnt und damit die höchstgelegene Dauersiedlung der Ostalpen. Heute wird er als Alm genutzt (Neubau nach Brand – was man ihm erst auf den zweiten Blick ansieht) und als Jausenstation und Übernachtungsmöglichkeit. Auch das hat Tradition, bereits 1896 wurde für die Fremden ein Zimmer eingerichtet. Der Eishof nimmt sie immer noch gerne auf, ob für die Jause, das Essen oder für die Nacht. Vom Vorderkaser geht man auf einem Güterweg über die **Rableidalm** bis zum Eishof etwa 1:30 Std. Das sollte doch zu schaffen sein?

• *Essen & Trinken/Parken* **Rableidalm** (2004 m), klassischer Bau der Region, Almkost und Zimmer – warum am gleichen Tag wieder runter? ✆ 0473/667229.

Eishof, Mai bis Nov., ✆ 0473/229947.

Parkplatz Vorderkaser (gebührenpflichtig), dort **Gasthaus Jägerrast**, März bis Nov., ✆ 0473/679230.

Stettiner Hütte, Juli bis Sept., ✆ 347/8742805

Karthaus: Der Name verrät's – hier stand einmal eine **Kartause**, ein Kloster von Kartäusermönchen (Sie wissen schon, diejenigen, die zu immerwährendem Schweigen verpflichtet waren und so gute Kräuterschnäpse produzieren). Wo? Wenn man den Ort erreicht, auf kurzer Zufahrtstraße aus dem Tal, sucht man das Kloster zunächst vergebens. Bis man bemerkt, dass zwei, drei Häuser mit einer einzigen Rückwand verbunden sind (undenkbar sonst in einem Deutschtiroler Dorf!), dass schmale Gässchen, Durchgänge, mittelalterliche Mauerzüge das rechteckige Dorf umschließen. Das Dorf ist ins Kloster hineingebaut, hat es erfüllt mit seinem Leben, nachdem die Klostergemeinschaft unter Josef II. aufgelöst wurde. Selbst in den riesigen Backofen hat sich jemand wohnlich eingerichtet und die Rückwand des „Gasthofs Grüner“ (→ „Essen & Trinken“) ist teilweise identisch mit der Front der Klosterkirche. Selbst ein Teil des Kreuzgangs hat sich erhalten, nämlich der gesamte südliche Trakt.

▸ **Wanderung auf die Klosteralm**: Von Karthaus führt ein schöne Wanderung auf die Klosteralm (2152 m), die etwa von Ende der ersten Juniwoche bis Ende September bewirtschaftet ist. Man nimmt den am großen Parkplatz linker Hand beginnenden Wanderweg 20/23 (die Klosteralm ist ausgeschildert) und erreicht durch Wald (im oberen Teil lichter Lärchenwald) in etwa 2–2:30 St. die Alm. Alternativ kann man die Forststraße nehmen (vom Parkplatz rechts, bei Gabelung am Beginn des für Pkw gesperrten Abschnitts links), was für Mountainbiker amüsant, für Wanderer allerdings lange nicht so schön ist wie der Wanderweg. Von der Klosteralpe erreichen gut ausgerüstete Bergwanderer auf leichtem, doch streckenweise steilem Steig den einsamen *Saxalbersee* (2460 m, Fortsetzung Weg 23, ab Klosteralm ca. 2 Std. hin/zurück).

Essen & Trinken **Klosteralm**, kalte und warme Speisen, Übernachtungsmöglichkeit, ✆ 335/98393200.

▸ **Wanderung auf die Penaudalm, das Niederjöchl und die Vermoispitze**: Auf die Penaudalm im hinteren Penaudtal führt den Wanderer ein fahrbarer Almerschließungsweg, der aber sowohl für den Privatverkehr gesperrt als auch streckenweise so steil ist, dass man ihn wirklich nicht fahren sollte. Der Penaudbach ist im unteren Teil nur ein Rinnsal, sein Wasser wird in den Vernagt-Stausee geleitet. Die Alm bietet an den Tischen darunter typische Verpflegung für hungrige Wanderer, es gibt evtl. auch die Möglichkeit zu übernachten. (Dem Autor wurde einmal, als er wegen eines Wettersturzes samt Familie in der Alm Zuflucht besuchte, am nächsten Tag zwar das Essen verrechnet, aber nicht die Nächtigung. Das sei schon recht so, man habe geholfen, hieß es. So etwas vergisst man nicht.)

Geht man von der Penaudalm auf Weg 20 höher hinauf in Richtung Gebirgskamm, erreicht man zuerst ein idyllisches Kar mit kleinen und kleinsten Seelein in verschiedenen Höhenlagen. Bei der Gabelung nimmt man den rechten Weg (20) zum Niederjöchl, der auf eine weitere, um die 2600 m gelegene Verflachung führt, auf der es nochmals einen See gibt. Beim Niederjöchl (1662 m, ab Penaudalm hin/zurück ca. 1:30 Std.) dann plötzlich – hoffentlich nur im übertragenen Sinne – umwerfender Tiefblick in den Vinschgau und die Entdeckung, dass hier oben in dieser Steinwüste Reste eines Waals zu finden sind. Sie gehören zum stillgelegten *Goldrainer Jochwaal*, der durch die äußerst steilen Abstürze unter uns führte, um dem trockenen Tal Wasser zuzuführen. Wer gut zu Fuß ist, kann von der Penaudalm auch die noch aussichtsreichere Vermoispitze (2929 m) auf einem wirklich leichten Steig erklimmen, muss aber für hin und zurück nochmals mit 3–4 Std. rechnen. Die Vermoispitze ist übrigens auch ein toller Skitourenberg: Nach 5–6 Std. Aufstieg ist man zwar ziemlich geschlaucht, aber der Ausblick und die 1571 m Abfahrt entschädigen allemal für die Mühen.

Essen & Trinken **Penaudalm**, von Karthaus hin/zurück 5–6 Std.

▸ **Unsere Frau (Unserfrau) in Schnals**: Die barocke Wallfahrtskirche von Unserer Frau ist von einem sehenswerten Friedhof umgeben. Man sieht viele kunstvoll geschmiedete Grabkreuze aus Eisen, Kupfer und Bronze, auch schöne Stücke der jüngsten Zeit. Seit 700 Jahren (1304 ist bezeugt als erstes Jahr) pilgern Gläubige zur

13 cm hohen Statue der Maria mit Kind, die heute in einer kostbaren Monstranz im barocken Hochaltar aufbewahrt wird.

Die Gemeinde plant ein großes Freilichtmuseum zur Bergbauernkultur im Schnalstal, dazu wird z. B. der aus drei Gebäuden bestehende Komplex der wegen Steinschlag- und Lawinengefahr ausgesiedelten Hofstelle Bruggerhütte abgetragen. Weitere Bauten wie Stadel, Mühlen, das Holzblockhaus „Schmied", ein Getreidekasten und ein Sägewerk sollen abgetragen und im Freiluftmuseum wieder aufgestellt werden. Der Autor kann sich mit dieser Entwicklung nicht anfreunden, die Selbst-Musealisierung bei gleichzeitiger ziemlich ungehemmter Bauentwicklung im üblichen Pseudo-Tiroler Einheitsstil wird bald jede Erinnerung an eine gar nicht so ferne Vergangenheit beiseite geschoben haben.

Unsere Frau in Schnals

Der Archeoparc Schnals: Wo das Archäologiemuseum in Bozen auf harte wissenschaftliche Tatsachen setzt, was Informationen zu Ötzi und seiner Umwelt betrifft, setzt der 2001 eröffnete Archeoparc auf die – vielfach hypothetische – Rekonstruktion von Lebensweise und spätneolithischer Alltagskultur, wenn möglich unter Einbeziehung des Besuchers. Da wird Brot gebacken, und Feuersteinknollen werden zu Pfeilspitzen und Messern verarbeitet, Ton wird zu Gefäßen geformt und Wolle gesponnen, gefilzt, gefärbt, zugeschnitten, zu Kleidung verarbeitet. Viel zu lernen, sehr interessant gerade auch für Kinder, aber nicht unbedingt nachprüfbar – ob's wirklich so zuging in Ötziland, ist fraglich. Trotzdem: Man kann einen Nachmittag weniger anregend verbringen als im Archeoparc (allerdings auch billiger).

• *Öffnungszeiten* April bis Allerheiligen tägl. (außer Mo) 10–18 Uhr, Angebote zum Mitmachen 11–17 Uhr; Mitte Juli bis Ende August täglich geöffnet; 6. Jan. bis Ende März Di, Do und So 13–18 Uhr. Eintritt 8 €, Senioren 7 €, Schüler 5 €, Familien 18 €. ✆ 0473/676020, www.archeoparc.it, Unser Frau 163, I-39020 Schnals.

Der Vernagt-Stausee: Man hat sich daran gewöhnt, aber als der Damm zwischen 1948 und 1964 errichtet und der See aufgestaut wurde, als das Dorf Vernagt mit Kirche und acht alten Höfen in seinen Wassern versank, da trauerten diejenigen, die dieses Tal noch gekannt hatten, als es unberührtes Bauernland war. Heute führt ein Wanderweg (streckenweise Straße) rund um den See (Seespiegel auf 1690 m), die auf 1952 m liegenden Finailhöfe machen ein gutes Geschäft mit Wanderern, die zur Jause den Blick hinunter auf den See genießen wollen, und in Neu-Vernagt, das sich Vernagt am See nennt, stellt der Stausee den Anreiz dar, hier den Urlaub zu verbringen.

Wanderung um den Vernagt-Stausee: Am besten ab Vernagt im Uhrzeigersinn mit den Finailhöfen und Rafein als Schluss- und Höhepunkt: über die Staumauer, dann Weg 138 am See entlang bis Gerstgras, dann ein Stück Straße talabwärts bis knapp

Vernagt-Stausee

vor dem Sträßchen zu den Finailhöfen, wo links Weg 9 alternativ hinaufführt. Von den Finailhöfen auf Weg 9 weiter zum Hof Rafein und Tisenhof (Jausenstation) und hinunter nach Vernagt. Um die 2:30 Std.

Essen & Trinken **Finailhöfe**, in einem der ehrwürdigen Hofbauten befindet sich heute eine Jausenstation mit schlichten Gerichten wie Speck am Brettl, Eier mit Speck oder Knödelsuppe. Der Ausblick ist kostenlos.

▸ **Wanderung von Vernagt auf die Similaunhütte**: Die Similaunhütte auf 3019 m im Niederjöchl an der österreichisch-italienischen Grenze ist eine der bekanntesten Hütten der Alpen und auf jeden Fall die bekannteste der Ötztaler Alpen – der „Mann von Similaun", später familiär Ötzi genannt, ist unweit der Hütte am Hauslabjoch (3280 m) entdeckt worden. Und zwar ein paar Dutzend Meter abseits der Grenze, die man im Gelände selbst nicht erkennt, sodass es zunächst hieß, er sei auf österreichischem Boden gefunden worden. Das war aber nicht so, was die Mumie nach einem Aufenthalt in Innsbruck nach Bozen brachte und zwar endgültig (nehmen wir an).

Die Hütte kann jeder Wanderer besuchen, der mit 1400 m Anstieg durch das Tisental keine Probleme hat (man muss ja nicht am selben Tag zurück; Aufstieg ca. 3:30, Abstieg 2:30 Std.). Das Hauslabjoch und die – an sich uninteressante – Fundstelle bleiben Gletschergehern vorbehalten. Man nimmt von Vernagt die Straße in Richtung Kurzras und biegt bei der ersten Kurve nach rechts zum Tisenhof ab (guter Fahrweg). Weiter auf Fuhr- und Wanderweg durch das Tisental, streckenweise an einem Waal entlang, zuletzt in Kehren zum Niederjoch und der Similaunhütte, die man erst im letzten Moment sieht.

Essen &Trinken/Übernachten **Similaunhütte**, ✆ 0473/669711.

Skiort Kurzras

Eine Hotelkolonie, kein Gletscherblick, Supermarkt ohne Mittagspause, Parkplätze, zwei Lifte, einer davon auf die Grawand im ewigen Eis. Ein typisches alpines Hoteldorf mit starker Wintersaison und bedeutenden Sommersaison, die nicht nur Wanderer bringt, sondern auch Skiläufer: Der Schnalstaler Gletscher, wie hier der Hochjochferner auf der anderen Seite der Grawand genannt wird, ist ein Sommerskigebiet. Beliebtestes Ziel bei den meisten Sommerbesuchern ist die sanft gewellte Lazaunalpe mit ihren schönen Ausblicken. Ein Sessellift führt hinauf, viele Besucher benutzen ihn und gehen dann runter. Unternehmungslustigere wenden sich auf den von Kurzras aus deutlich sichtbaren festen Weg (fahrbar) zur **Berghütte Schöne Aussicht**, die ihren Namen voll verdient, liegt sie doch auf der Wasserscheide nahe dem Hochjoch (2860 m) zwischen Grawand (3251 m) und Im Hintern Eis (3269 m). (Die Staatsgrenze folgt in diesem Bereich nicht wie sonst der Wasserscheide, sondern ist zu Gunsten Italiens etwas nach Norden verschoben.) Man benötigt hin und zurück etwa 4 Std., kein Aufwand für eine für jeden Wanderer zu schaffende Tour in die Eiswelt der Ötztaler Alpen.

Die Wanderwege ab Kurzras sind für Mountainbiker bedauerlicherweise gesperrt bis auf die extra ausgewiesenen Forststraßen und – für den, der sich's zutraut – den Weg zur „Schönen Aussicht".

• *Informationen* Infobüro des Tourismusvereins Schnalstal in Kurzras, ✆/℻ 0473/662177.

• *Bergbahnen* **Schnalstaler Gletscherbahnen**, I-39020 Schnals, Kurzras 111, tägl. 9–16.30 Uhr, für Wanderer Berg/Tal 16 €, Kinder 11,50 €, Skikarte ca. 27–32 €, Kinder ca. 19–22 €. ✆ 0473/662171, www.valsenales.com.

Lazaunlift, Ende Juni bis Mitte Sept., 9–12.30/13.30–16.30 Uhr, Berg/Tal 9,50 €, einfach 7 €.

• *Sehenswertes/Freizeit* Voranmeldung für **Gletschertour** mit Pistenraupe und Eishöhlenbesuch, Dauer 1:30 Std., ✆ (0049) 089/18934515.

Ötzi Showgallery: Wer sich im Archäologiemuseum in Bozen und/oder im Archeoparc im Schnalstal noch nicht ausreichend zu Ötzi informiert hat, kann hier noch eins draufsetzen. Direkt an der Bergstation (was soll man hier oben auch sonst machen, es sei denn, man will im Sommer Ski fahren).

Ötzi Express: mit der Pistenraupe auf den Gletscher und in eine „Eishöhle", tägl. Anfang Juni bis Anfang Sept., 18 €, Kinder 12,50 €, Treffpunkt jeweils 11 Uhr an der Talstation des Grawand-Sessellifts in der Gletscherbar. Anmeldung im Berghotel Grawand oder unter ✆ 0473/662118 bzw. info@grawand.com.

• *Essen & Trinken/Hütte* **Almdiele Lazaun**, Pasta und tolle Aussicht im Sommer wie Winter, große Terrasse.

Schutzhaus Schöne Aussicht, 2845 m, Kurzras, 40 Betten, 20 Lager, Sauna, Gepäcktransport ab Kurzras. Dem Werbegag der Hüttenbesitzer, dass man hier in der Wintersaison morgens keine Anfahrt habe und keine Seilbahn benötige, weil man mit den Skiern ins Tal zu den Liften abfahre, kann man 100%ig zustimmen. DZ/HP 80–94 €. ✆/℻ 0473/662140, www.schoeneaussicht.it.

Vinschgau-Radweg bei Latsch

Der untere Vinschgau

Von der Mündung des Schnalstals nach Schlanders drängen sich die Siedlungen am Sonnenhang, nur wenige, wie Latsch, liegen auf dem früher häufig vermurten Talgrund. Die steilen Sonnenhänge sind genauso warm wie trocken, nur künstliche Bewässerung macht sie fruchtbar. Anders im Martelltal, das sich von Morter nach Süden in die Ortlergruppe zieht, dort wachsen die Erdbeeren auch ohne Waalwasser.

Der untere Vinschgau ist *Apfelland,* daran geht kein Weg vorbei – im wahrsten Sinne des Wortes, wie Wanderer und Radfahrer erfahren, wenn sie in der wärmeren Jahreshälfte in der Talsohle unterwegs sind. Wasserschauer um Wasserschauer geht über den Passanten nieder, die in dieser Zeit – also während der Wanderzeit – unterwegs sind (Regenschirme sind für Wanderer eine gute Idee, aber was macht der Radler auf dem Vinschgau-Radweg?). Da merkt man, dass man nur Einnahmequelle Nr. 2 ist, der Vinschgauer Apfel belegt unangefochten den 1. Platz. Das Wasser kommt nicht mehr aus den *Waalen,* die aber an einigen Stellen noch existieren und herrliche schattige Spaziergänge und Wanderungen erlauben. Das viele Wasser, das heutzutage über die Äpfel verspritzt wird, kommt aus der Leitung, und die kommt wie der Strom, den man für die beweglichen Wasserwerfer benötigt, von Speichern und Kraftwerken im Hochgebirge (dem Martelltal, Schnalstal, Reschenstausee im oberen Vinschgau). Wer höher hinauf geht, um der Apfelbewässerung zu entgehen, muss feststellen, dass die Bergwiesen vieler Bergbauern ebenfalls auf diese moderne Art und Weise bewässert werden und man auch dort gelegentlichen Schauern nicht entgeht. Die Bauern sind äußerst dankbar für diese Dinger, die ihnen die extrem arbeitsaufwendigen und im Vergleich dazu ineffektiven Waale ersparen. Ohne Bewässerung läuft nämlich nichts im unteren Vinschgau, hier ist es so trocken wie sonst nur in Steppengebieten. Was noch keinen Urlaubsgast gestört hat, der ja wegen des schönen Wetters kommt und nicht wegen hoher Wassermengen. Die hat er zu Hause in Hamburg, Salzburg, München, Bern oder Rostock schließlich zur Genüge.

Information/Verbindungen

- *Information* **Tourismusverband Vinschgau**, I-39028 Schlanders/Silandro, Kapuzinerstr. 10, ✆ 0473/737000, 📠 737011, www.vinschgau.is.it. Der Tourismusverband Vinschgau ist auch für den oberen Vinschgau zuständig, in einigen Fällen sind auch Angebote der Tourismusvereine Naturns-Partschins und Schnalstal eingebunden. Die **Gästekarte Vinschgau** erhalten die Gäste kostenlos vom Gastgeber. Dann gibt's Ermäßigungen bei Sport- und Freizeitanlagen, Kinderprogrammen, Eintritten in Kirchen, Klöster, Nationalparkhäuser, auf Seilbahnen und Sesselliften. Gültig im gesamten Vinschgau.

- *Verbindungen* **Pkw**: Die Vinschgaustraße umgeht die meisten Orte, keiner hat Parkplatzprobleme (in Schlanders ausreichend Parkplätze und Parkhaus). **Bahn und Bus**: gute Verbindungen mit Mals bzw. Reschen und Meran.

Vinschger Taxidienst: Für wenig Geld wird man zwischen Schlanders, Laas und Kastelbell abends und nachts von einem Partnerbetrieb (Hotels, Pensionen, Restaurants etc.) zum anderen gebracht (Mi–So 20–3 Uhr, Taxipreis pauschal 7,50 €, unabhängig von der Personenzahl).

Veranstaltungen

- *Kinderprogramm* Zuschauen bei der Käse- und Butterherstellung, z. B. auf der Soyalm im Martelltal, Kletter-Schnupperkurs und Schlauchbootfahrt in Kastelbell, erleben, wie eine Getreidemühle funktioniert, in der Moarmühle in Galsaun bei Kastelbell, Wanderung im Murmeltiergebiet, Erlebnistag auf dem Bauernhof, Lama-Trekking, Ponyreiten, Streichelzoo.
- *Gästeprogramm* Reichhaltiges Programm, beispielsweise Hofbesuche, Dorfführungen, Almwanderungen, Brennereibesuch, Einführung in bäuerliches Leben, Brotbacken, Apfelwirtschaft – alle Angebote sind im Heft „Erlebnis Sommer" zusammengefasst, außerdem im „Urlaubsbegleiter" für Sommer und Winter.
- *Vinschger Spezialitätenwochen* Einige Vinschgauer Betriebe haben sich zusammengeschlossen und bieten dem Gast übers Jahr verteilt kulinarische Spezialitätenwochen, die von Kräuter und Lamm im Febr./März über Spargel, Blüten & Brennnessel im Mai/Juni und Beeren, Gemüse & Forellen im Juni/Juli bis zu Apfel, Marille, Pilze & Wild im Zeitraum Aug. bis Nov. reichen. Eine Möglichkeit, wirklich jahreszeitentypisch zu speisen und das Feinste aus dem Vinschgau frisch auf den Tisch zu bekommen. Die Broschüre der teilnehmenden Restaurants ist über die Tourismusvereine, den Tourismusverband Vinschgau und www.vinschger-spezialitaetenwochen.it zu erhalten.

Kastelbell

Niemand, der auf der hier engen und etwas unübersichtlichen Vinschgau-Staatsstraße durch den Ort fährt, wird den Anblick der direkt über der Straße thronenden Burg vergessen. So und nicht anders müssen Burgen liegen!

Ob der Name Kastelbell nun vom lateinischen castel bellum kommt und „schöne Burg" bedeutet (was man vor Ort vorzieht) oder mit dem keltischen bel zu tun hat, was „Burg auf dem Felsen" bedeutet, lässt uns eigentlich kalt, zumal beides zutrifft. Zur Doppelgemeinde Kastelbell-Tschars gehören auch *Galsaun, Latschinig* und vor allem **Tschars** und die Streusiedlung der Bergbauernhöfe des *Trumsbergs* auf dem Sonnenhang 700 m über der Talsohle. Dadurch hat Kastelbell fast alles an Lebensmitteln zu bieten, was der Vinschgau hervorbringt: den besten Wein des Tals, Marillen, Palabirn und Äpfel, den Speck und die Würste aus Hausschlachtung, wie sie gerade in den Bergbauernhöfen noch üblich ist, und Milch, Butter und Käse von den Almen. Und für einen aktiven Urlaub jede Menge Wanderwege, darunter einige der schönsten Waalwege Südtirols.

Information/Einkaufen & Wein/Veranstaltungen

• *Information* **Tourismusverein Kastelbell/ Tschars**, I-39020 Kastelbell/Castelbello, Hauptstr. 5, ✆ 0473/737020, ℻ 624559, www.kastelbell-tschars.com.

• *Einkaufen & Wein* **Markt** in Kastelbell am Montag.

Wein: Die Rebhänge über Kastelbell und Galsaun bringen hervorragende Blauburgunder und Vernatsch hervor. Verkauf z. B. am **Pinthof** in Kastelbell, ✆ 0473/624569, und bei **Leo Forcher** in Galsaun, ✆ 0473/624074. Weinverkostungen im **Weingut Köflgut** in Kastelbell, dort auch eigene **Edelbrände**, Tresterschnaps (modisch „Grappa" genannt), v. a. aber Zwetschge, Jonagold, Muskatellerbirne und – unbedingt probieren – Vinschger Marille aus eigenem Anbau, Infos ✆ 0473/ 624634, Weinverkauf und Verkostung im **Rabhof**, Römerstr. 23 in Galsaun, ✆/℻ 0473/ 624692, www.rebhof-vinschgau.com.

• *Kinderprogramm* Kastelbell veranstaltet im Sommer (Mitte Juni bis Sept.) jeden Mi einen **Schnupperkletterkurs** für Kinder ab 7 Jahre, pro Kind inkl. Ausrüstung sind 21 € zu berappen, die sich aber lohnen: Die Kinder lernen den Umgang mit Fels und gewinnen Sicherheit im Gelände. Anmeldung bei jedem Vinschgauer Tourismusverein.

Toll ist auch eine beim Sportstadium Latsch beginnende **Schlauchbootfahrt** für Kinder (jeden Mi Mitte Mai bis Anf. Sept., 23 € inkl. Lunchpaket; wozu die ebenfalls enthaltene Kinderanimation nötig ist, ist dem Autor nicht klar).

Übernachten/Essen & Trinken

• *In Kastelbell* ** **Kuppelrain**, Bahnhofstr. 16, Michelin-bestirntes Gasthaus mit exquisitem Restaurant gegenüber von Schloss Kastelbell im Ortsteil Marein jenseits der Etsch (und damit ruhig). Gemütliche Räume, schöner alter Keller, die Küche nimmt verschiedenste Anregungen auf (z. B. Wachtel und Kaninchen an einer Primel-Vinaigrette), eigenes Brot, eigene Gemüse und Früchte, mehrere Südtiroler Käse und Weine und köstliche Desserts (Buchweizen-Palatschinken mit Vanilleeis und Schokolade). Komplettes Essen ab ca. 40 €, So und Mo mittags zu. Einfache, aber freundliche Zimmer mit Balkon (kein TV). DZ/FR ab 80 €. ✆/℻ 0473/624103, www.kuppelrain.com.

** **Gstirnerhof**, Spineidweg 5, der traditionelle Gasthof mit Restaurant (schöne Stube!) und rustikalem Kellerlokal „Törggelekeller" liegt direkt am Vinschgau-Radweg, dem er seine historische Seite zuwendet, zur anderen Seite liegt ein moderner Trakt. Schöne, große Liegewiese mit Freibad unter Obstbäumen, Blick auf den unteren Vinschgau. Reichhaltiges Frühstücksbüffet. DZ/HP 70–90 €. ✆/℻ 0473/624032, www.rolbox.it/gstirnerhof; Mi Ruhetag.

• *In Tschars* **** **Landhotel Sand**, Mühlweg 2, familiär geführtes Hotel mit wirklich jedem Komfort (klar: Hallenbad, Wellnessbereich mit u. a. Thermalgrotte, Tennis, Radverleih) im Grün unterhalb Tschars, gutes Restaurant mit vorwiegend Tiroler Küche italienischen Einschlags. DZ/FR 100–190 €. ✆ 0473/624130, ℻ 624406, www.hotel-sand.com.

Petersilie, Staatsstr. 43. Gehobene Italo-Tiroler Küche an der Staatsstraße? Sicher: Rucola-Canelloni auf Hummer-Sauté, Spanferkelrücken auf Speckkartoffelgröstl, sehr gute Käse und Desserts, große Südtiroler Weine. Ab ca. 45 €. ✆ 0473/624029.

Sehenswertes/Ausflüge

▸ **Schloss Kastelbell**: Die mittelalterliche Burg der Herren von Montalban wechselte häufig den Besitzer, bis sie 1531 an die (späteren Grafen) Hendl kam, die sie bis 1956 besaßen. Die Burg brannte 1825 ab, die Ruine interessierte niemanden, und die letzten Generationen der Hendl hatten kein Geld für Renovierungen und hausten nur noch (bis 1998!) in einem kleinen Wohntrakt. Erst in den letzten Jahren wurde restauriert und renoviert (von einem halbprivaten Konsortium), die Burgkapelle wurde

Schloss Kastelbell

auf den alten Glanz des Spätmittelalters gebracht und Burgküche wie Palas wiederhergestellt. Apropos *Burgkapelle:* romanische Apsis mit Fresken des 14. Jh., Schiff der späten Spätgotik mit Fresken des 16. Jh. – klein, aber äußerst eindrucksvoll. Eine Dauerausstellung informiert über die „Via Claudia Augusta", die wichtige Römerstraße durch den Vinschgau. Den besten Blick auf die Burg (und den einzigen fotografierwürdigen) hat man vom Bahnhof auf dem anderen Ufer der Etsch (nach der Brücke rechts).

Öffnungszeiten Mitte Juni bis Sept., nur mit Führung: Mi–Sa 14, 15 und 16 Uhr, So/Fei 10.30, 14, 15 und 16 Uhr, Eintritt ca. 3,50 €, Familien 9 €. Infos beim Kuratorium Schloss Kastelbell, Schossweg 1, I-39020 Kastelbell-Tschars, www.schloss-kastelbell.com.

▸ **Wanderung am Latschanderwaalweg zwischen Kastelbell und Galsaun**: Der Waalweg entlang dem Latschanderwaal ist nicht nur an heißen Tagen eine wunderschöner Spaziergang. Im Hochsommer ist der Waalweg eigentlich der einzige Weg, den man zwischen den beiden Dörfern verwenden kann, unter seiner üppigen Vegetation ist es immer schattig, während die Straßen und Wege abseits des Waals in kochender Hitze liegen. Sie nehmen den Weg Nr. 3 ab Kastelbell: von der straßenabgewandten Seite des Schlosses auf dem Montalbanerweg (Markierung 8) bis zur Einmündung in den Latschanderwaalweg, auf diesem nach rechts bis *Schloss Kasten* oberhalb von Galsaun. Die *Ruine Hochgalsaun,* unter der man vorbeigekommen ist, kann man auf dem von Weg 3 abzweigenden, recht steilen Weg H erreichen. Galsaun ist ein ruhiges und traditionelles Dorf. Besuchenswert die **Moarmühle**, eine der wenigen Getreidemühlen, die aus der großen Zeit des Vinschgaus als Kornkammer Tirols (bis ins 20. Jh.!) übrig geblieben ist.

Öffnungszeiten **Moarmühle**, zu besichtigen im Rahmen der Wanderung, die vom Tourismusverein Kastelbell veranstaltet wird, Juni bis Sept. jeden 2. Do, bei Interesse auch jede Woche, 7 €, Kinder bis 16 gratis.

▸ **Tschars**: Das Dorf hat noch einige schöne alte Häuser und eine gotische Pfarrkirche mit barockem Zwiebelturm und liegt sehr hübsch inmitten seiner Obstgärten.

Idyllische Waalwege führen hinüber nach Galsaun und in der anderen Richtung nach Juval und ins Schnalstal. Die *Plattermühle* ist eine restaurierte, noch vor zwei Generationen zum Getreidemahlen verwendete Mühle. Sie kann im Rahmen von Führungen besichtigt werden (Infos beim Tourismusbüro in Latsch).

▸ **Wanderung am Schnalswaalweg von Tschars zum Schloss Juval**: Der Schnalswaalweg bildet die sicher interessanteste Möglichkeit, den Sonnenhang über Tschars zu queren und so nebenbei auch noch Schloss Juval zu besichtigen. Man steigt von der Kirche das Sträßchen in Richtung Schönegghöfe hinauf (nach der Kirche rechts, dann links Weg 1 a) und biegt in der ersten Linkskurve auf Weg 3 ab, das ist bereits der nach Juval (und weiter) führende Schnalswaalweg. Wer das mitten im Sommer und vielleicht noch in den Mittagsstunden gemacht hat, ist für eine längere Pause reif, für die der Schlosswirt von Juval ideal ist. Abstieg evtl. auf Weg 1, dem „Urweg" zwischen Vinschgau und Passeier, oder mit dem Zubringerbus nach Staben. Von dort aus mit Bus zurück nach Tschars.

Tour-Infos Gesamtbeschreibung → S. 363, dort auch Hinweise zu Juval und zum Schlosswirt Juval. Höhenunterschied ca. 370 m im Auf- und Abstieg, Dauer ca. 3:30 Std., praktisch ganzjährig begehbar.

Latsch

Latsch ist ein großes Dorf, dessen Kunstdenkmäler für eine mittlere Kleinstadt reichen würden. Der Grund: Das Tal war einst, vor den billigen Exporten aus Übersee, die Kornkammer des Vinschgaus. Heute regiert der Apfel souverän das Tal rund um Latsch, und auf den Bergbauernhöfen bringt die Milchwirtschaft die nötigen Euros.

Latsch ist ein alter Ort, das sieht man selbst als Durchreisender, mit Kirche und einer Burg direkt neben der Straße. Wer genauer schaut, entdeckt in der *Spitalskirche* einen der berühmtesten spätgotischen Flügelaltäre Südtirols und im nahen **Tarsch** den romanischen Turm der alten Kirche mit dem seltsam klingenden Heiligennamen *St. Karpophorus*. Und *St. Medardus* natürlich, das Kirchlein an der Spitze des Murkegels, der sich hinunter in den Vinschgau ergießt und an dessen Rand Latsch liegt. Eine moderne Seilbahn führt direkt vom Ort hinauf nach **St. Martin im Kofel** mit seinen Bergbauernhöfen, die man noch vor einer Generation nur auf abenteuerlichen Steigen erreichen konnte, und die heute mit (nicht unbedingt den besten) Straßen erschlossen sind.

Information/Verbindungen/Einkaufen

• *Information* **Tourismusverein („Ferienparadies") Latsch-Martell** (für Latsch, Goldrain, Morter, Tarsch und das Martelltal), I-39021 Latsch, Hauptstr. 38/A, ✆ 0473/737030, 📠 622042, www.latsch-martell.it, www.ferienparadies.it. Mo–Fr 8–12/15–19 Uhr, Sa (April bis Okt.) 9–12 Uhr. Der Tourismusverein veranstaltet eine Anzahl von interessanten Rundgängen und Besichtigungen (z. B. zur Honiggewinnung, Marmeladenherstellung und zum Buttern).

• *Verbindungen* **Pkw**: Latsch wird links der Etsch von der Staatsstraße umgangen, die **Busse** fahren durch den Ort. Station der **Vinschgerbahn**. **Taxi** Kiem, ✆ 335/6746000.

Im Sommer (Juni bis Mitte Okt.) kostenloser **Gästebus** zwischen Morter, Latsch, Tarsch und der Talstation des Sessellifts zur Tarscher Alm. Erster Bus ab Morter 8.30 Uhr, letzter Bus ab Talstation leider bereits um 17 Uhr, am Samstag kein Busdienst! Fahrplan beim Tourismusverein, kostenlose Benützung mit Gästekarte/Fahrausweis vom Gastgeber.

• *Einkaufen* **Märkte**: freitags am Hauptplatz Krämer- und Bauernmarkt. Wichtiger bäuerlicher Ostermarkt, im Juni und Okt. Rosenkranzmarkt, nach Allerheiligen Seelenmarkt – genaue Termine beim Tourismusverein zu erfragen.

Käse aus der eigenen (neuen) Käserei der Soy-Alm (gehört der Gemeinde Goldrain). **Supermarkt** (Lidl) im neuen Shopping-Center-Glaspalast am westlichen Ortsausgang und etwas östlich der Pfarrkirche an der Durchgangsstraße.

Sport & Freizeit/Veranstaltungen

• *Sportstadion* In der Marktstraße mit Kinderspielplatz, Leichtathletikanlagen.

• *Kinderprogramm* → Kastelbell!

• *Fahrrad/Mountainbike* **Verleih** bei Maxx Bike Eldorado, Hauptstr. 65 a, sowie bei Vent, Hauptstr. 48 (Kirchplatz).

• *Wandern* Latsch und vor allem der Gemeindeteil Morter sind seit langem Veranstalter von **IVV-Wanderwochen**. Wer an dieser Art von organisiertem Wandern interessiert ist, wendet sich an den Tourismusverein Latsch, dessen interessiertes und informiertes Personal u. a. selbst Wanderungen leitet. Sehr populär die **Waalwanderung** mit Weinverkostung, die 2 Höhepunkte jeder Südtirolreise verbindet, sie findet Mitte März bis Mitte Juni an jedem Do statt.

• *Paragliding* **Tandemflüge**, Anmeldung beim Fliegerhorst Adlerhorst, ✆ 333/6199777 (Pixner).

• *Rafting* **Raftingclub Acquaterra**, neben dem Sportstadion, Rafting, Hydrospeed, Canyoning – name it we got it, Infos/Anmeldung unter ✆ 0473/720042, auch Radverleih, tätig Mitte Mai bis Mitte Sept.

• *Baden/Schwimmen* **Hallenbad mit Liegewiese**, H.-v.-Annabergweg, Öffnungszeiten unter ✆ 0473/622171. Das Hallenbad wird derzeit umfassend renoviert, das Freibad völlig neu errichtet!

• *Tennis* 4 Plätze (2x Kunstrasen), Anmeldung in der Tennishütte, H.-v.-Annabergweg, ✆ 0473/622142.

• *Wintersport* Das **Skigebiet Latsch – Tarscher Alm** liegt zwischen 1900 und 2250 m und ist durch 2 Sessellifte und 2 Skilifte erschlossen. 12 km Pisten, Kinderpark an der Bergstation Tarscher Alm. Tageskarte ca. 18 €, Kinder/Sen. ca. 14 €, 6 Tage ca. 160/115 €, Spezialpreise während der Weißen Wochen (Jan./Febr.); Information beim *Latscher Skicenter*, ✆/📠 0473/623331, www.tarscheralm.com mit Webcam.

Skischule Latsch, Anmeldung/Information an der Bergstation Latscher Alm bzw. Latscher Skicenter (s. o.); Skiverleih an der Bergstation.

Im Tal **Langlaufloipe** und **Eisstadion Latsch**, Valtneidweg, ✆ 0473/623560 – das Eisstadion ist derzeit geschlossen, die Weiterführung des Betriebs ist nicht garantiert.

Skitaxi zur Talstation Sessellift Tarscher Alm nur an Weihnachten und zur Faschingszeit.

In Tarsch **Naturrodelbahn**, 1 km Länge, Austragungsort Weltmeisterschaften 2005.

Übernachten & Camping

• *In Latsch* **** **Matillhof**, H.-Pegger-Str. 6 a, Beauty heißt hier (wie so häufig in Südtirol) die Devise, morgens, mittags abends ist die „Beauty & Vitaloase Mona Lisa" (sie heißt wirklich so) gut belegt: Hallen- und damit verbundenes Freibad, Saunen, Heudampfbad, Aromagrotte, diverse Duschen und diverse kosmetische Anwendungen. Noch Zeit? Qualitätsküche (Gourmetwochen), gut eingerichtete Zimmer und Suiten (22–93 qm). DZ/HP 148–226 €, am teuersten die Turmsuite. ✆ 0473/623444, 📠 623376, www.hotelmatillhof.com.

**** **Jagdhof**, Herrengasse 15 b, ein Dolce-Vita-Hotel mit großem Bereich für Beauty & Wellness, diversen Anwendungen (Algenbad, Milchbad, Nachtkerzenölbad ...) und Schönheits- bzw. Kosmetikangebot. Dekor etwas verspielt (nicht wirklich kitschig), der angestrebte optische Effekt liegt irgendwo zwischen Schloss in Tirol und Themenhotel „Romantic Europe" in Las Vegas (nix für ungut, ihr Leute vom Jagdhof). Alle Zimmer mit Balkon, gepflegt und komfortabel, in 9 verschiedenen Zuschnitten (30–64 qm, u. a. „Kuschelzimmer" – das sind die kleineren). DZ mit ¾-Gourmetpension (Abendessen und Nachmittagsbüffet) je nach Zimmertyp und Saison 200–282 €. ✆ 0473/622299, 📠 623590, www.jagdhof.com.

Das **** **Paradies**, Quellenweg 12, ist ein weiteres Viersternehotel der Dolce-Vita-Gruppe, ✆ 0473/622225, www.hotelparadies.com.

*** **Latscher Hof**, Valtneidweg 1, sehr ruhige Lage beim Eisstadion am Waldrand, in den Übergangsjahreszeiten jedoch lange im Schatten. Dafür viel Komfort mit schönen Zimmern (großzügig geschnitten, Sitzecke, Balkon), beheiztem Freibad mit Liegewiese. DZ/FR 74–110 €, ✆ 0473/623152, 📠 622067, www.latscherhof.com.

*** **Tanja-Sonnenhof**, Kugelgasse 84 a, die frühere Pension hat sich zum aparten Hotel mit schickem Eingangsbereich, Schwimmbad mit Liegewiese, großen Zimmern (35–42 qm!) und attraktivem Frühstücksraum (samt -büffet) gewandelt, wobei das Familiäre der Pension erhalten wurde. Das Haus liegt im Ortszentrum lärmgeschützt in 2. Reihe neben der Hauptstraße. DZ/FR 70–100 € (der 2. Preis für die Turmsuite in der HS). ✆/✉ 0473/623336, www.rolbox.it/hoteltanja.

** **Dietl**, H.-Pegger-Str. 6, solide Pension mit familiärem Charakter, die Einrichtung zweckmäßig, wenn auch nicht mehr ganz modern. Neuer großer Pool mit Terrasse und Liegewiese, Zimmer mit TV/Balkon, Kinder willkommen. DZ/FR 42–56 €. ✆ 0473/623195, ✉ 7231039, www.pensiondietl.it.

** **Sattlerenglhof**, Herrengasse 13, am oberen Ortsrand in Richtung Tarsch liegt diese populäre – weil herzlich geführte – Familienpension. Zimmer mit TV und Balkon, Liegewiese, gutes Frühstücksbüffet, kleine verglaste Terrasse für die nicht so sonnigen Tage. DZ/FR 52–60. ✆ 0473/623030, www.sattlerenglhof.com.

Gamperhof, A.-Schuler-Str. 2, Familie Gamper bietet 4 einfache, preiswerte Privatzimmer (Etagendusche) mit Frühstück. DZ/FR 26–30 €. ✆/✉ 0473/623352.

Trafoier, Grafen-von-Mohr-Weg 4, modernes Haus, gelungene Architektur mit Tiroler Akzenten, schöne helle Ferienwohnungen mit Balkon, kompl. eingerichtet (TV). Apt. für 2–3 Pers. 35–65 €. ✆/✉ 0473/623986, www.trafoier.it.

Camping Chalets Latsch, Reichstr. 4, direkt an der Etsch gelegener, nur teilweise schattiger Platz (beim Dreisternhotel Vermoi). Stellplatz und 2 Pers. ca. 23–31 €. ✆ 0473/623217, ✉ 622333, www.camping-latsch.com.

• *In Tarsch* ** **Sachsalber**, Obermühlweg 20, traditionelle Pension, kinderfreundlich, TV im Aufenthaltsraum, Einrichtung konservativ, aber o. k. DZ/FR 52–60 €. ✆ 0473/623103, ✉ 720836, www.pension-sachsalber.com.

Haus am Berg, Obermühlweg 30, angenehme Ferienwohnungen (tlw. Täfelung, komplett ausgestattete Küche, TV), kleiner Kinderspielplatz, Liegewiese, viel Grün im Umfeld. Apt. für 2–3 Pers. 30–47 €. ✆ 0473/623318, ✉ 720717, www.hausamberg.it.

Essen & Trinken

Seltsam, in Latsch will man den Gast ins Lokal zwingen, indem man keine Speisekarte aushängt. Eine Sitte, gegen die man sich wehren kann, indem man ein Lokal ohne Speisekarte nicht besucht. Leider ist dann die Auswahl gering, weshalb unter den unten genannten Lokalen auch solche ohne ausgehängte Karte sind.

• *In Latsch* **Zum Löwen**, Bindergasse 4, altes Gasthaus in Seitengasse zwischen Dorfstraße und Apfelplantagen, ruhige Terrasse zur Seite, rustikale Tiroler Küche, Do nachm. und Fr geschlossen.

Jolly, Marktstr. 1, Pizzeria-Café in zentraler, aber etwas zurückversetzter Lage an der Straße nach Tarsch, auf der kleinen Terrasse Kuchen, Torten, Apfelstrudel und Eis, in der Pizzeria (17–24 Uhr) gute Pizza-Auswahl; Di Ruhetag.

Helene, Marktstr. 20/c, Konditorei-Eiscafé mit hausgemachtem Eis – zu Recht populär. Bis 24 Uhr geöffnet, Mo Ruhetag (nicht Juli/Aug.).

Rathauscafé, Hauptplatz 13, appetitliche Kuchen und Torten, die ab 18 Uhr nur noch 50 % des regulären Preises kosten! Sa Ruhetag.

Latscher Bierkeller, Valtneidweg, außerhalb und näher an Morter als an Latsch liegt der Bierkeller, eigentlich eine Jausenstation mit Bierausschank, Biergarten und Holzscheune für diejenigen, die drinnen essen wollen und für kühle Tage – da macht's auch Spaß zuzusehen, wie sich der Grill über der Flamme dreht. Von Montan auf dem bezeichneten Weg nach Latsch und nach dem Steg rechts, von Latsch am schönsten auf dem Mareinwaal (Nähe Eisstadion), bei Erreichen eines Sträßchens mit Schild nach rechts. März bis Nov., Mo Ruhetag. ✆ 0473/623208, www.bierkeller-latsch.com.

• *Abends* **Treindlerhof**, Bistro, Disco und Restaurant, ✆ 339/7532820; Di Ruhetag.

• *In Tarsch* **Knofelkeller**, Medardusstr. 34, nicht nur Gerichte mit Knofel (inkl. abends Pizza) im gemütlichen Kellerlokal, sondern auch „Gamsbratl", Schnitzel und Steak, Bauernschmaus (Würstel, Knödel, Selchkarree, Naturschnitzel, Sauerkraut, ca. 12 €), und natürlich auch das beliebte Knoblauchbrot (3 €). Törggelen im Herbst auf Vorbestellung, ✆ 0473/623329, Mi Ruhetag.

Latscher Pfarrkirche und Wehrturm (ehem. Burg Latsch)

Sehenswertes/Ausflüge

Pfarrkirche hl. Petrus und Paulus: Mit ihrem spitzen Turm winkt die Pfarrkirche schon von weitem. Mehrere Bauphasen von der Romanik bis zur Neugotik (Einrichtung des Innenraums), besonders schön das Hauptportal von 1524 aus weißem Marmor und die interessanten Marmorgrabsteine, die in die Außenwänden eingelassen wurden. Der Zinnenturm im Bau neben der Kirche gehört zur Burg Latsch (nicht zu besichtigen).
Öffnungszeiten Die Pfarrkirche ist tagsüber normalerweise offen.

Spitalkirche zum hl. Geist: Südtirol ist nicht gerade arm an spätgotischen Flügelaltären. Der **Altar des Jörg Lederer** von 1524 in der Spitalkirche Latsch (1470–1520), einen Steinwurf nach der Pfarrkirche in Richtung Kastelbell, gehört zu den besten und ist sicher einer der prächtigsten. Die Kirche geht auf eine Stiftung der Annenberger von 1337 zurück, deren Burg über Goldrain thront. Ihre Gruft hat man 1970 im nördlichen Seitenschiff der Pfarrkirche entdeckt. 1470 wurde der bereits bestehende Bau komplett in gotische Form gebracht, der Hauptaltar entstand erst später und wurde 1524 aufgestellt. Er ist figurenreich mit feinsten gotischen Spitzen im Gesprenge und mit Goldüberzug so reich geschmückt, dass dem Betrachter die Spucke wegbleibt. Der dreiteilige Schrein zeigt in der Mitte einen Gnadenstuhl (Gottvater mit dem toten Christus auf dem Schoß), daneben der hl. Wolfgang und Johannes der Täufer. Mehrere Figuren und vier Reliefs ergänzen den geschnitzten Teil des Altars. Auch die Malereien des Rückseite sind bemerkenswerte Meisterwerke, sie stammen von *Hans Leonhard Schäufelein,* einem Dürer-Schüler, der auch von den Gemälden des Schnatterpeck-Altars in Lana bekannt ist.
Öffnungszeiten Ganzjährig geöffnet; Schlüssel im Altersheim Annaberg nebenan (11–13 Uhr zu), Eintritt 0,50 €.

▶ **Nikolauskirche und Ansitz Mühlrain**: Die sehr späte romanische Kirche (14. Jh.) an der Hauptstraße ist ein auffälliger Bau mit einigen Freskenresten an der Straßenseite. Sie kann leider nicht besichtigt werden, genau so wenig wie der Ansitz Mühlrain, das sog. *„Rote Schloss“*, ebenfalls an der Hauptstraße, das angeblich im Inneren eine sehr schöne barocke Ausstattung hat (Privatbesitz).

▶ **Kirche Unsere Liebe Frau auf dem Bichl**: In dem Kirchlein auf dem nicht sonderlich eindrucksvollen „Bichl“ (= Bühel) am Ortsausgang in Richtung Kastelbell wurde 1992 ein ca. 5000 Jahre alter *Menhir* mit schwer zu deutenden eingeritzten Symbolen gefunden. Wie Ötzi stammt er aus der Übergangsepoche zwischen Steinzeit und Bronzezeit. Nicht nur der ausgestellte Menhir ist interessant, die Kirche bildet eine wahre Musterkarte aller Baustile von der Romanik bis zum Zopfstil.

Öffnungszeiten Besichtigung nur im Rahmen der Dorfführung Latsch von Ende März bis Okt. Mo 15 Uhr, Treffpunkt beim Tourismusbüro Latsch, Anmeldung am Vortag nötig.

▶ **Wanderung auf dem Latschanderwaalweg nach Kastelbell und Galsaun**: Der 7 km lange und schattige (auch Esskastanien!) Latschanderwaalweg führt von Galsaun über Kastelbell nach Latsch. Von Latsch aus erreicht man ihn vom schmalen Sträßchen, das von der Vinschgauer Staatstraße nach Tiss führt, er ist mit der „3“ markiert. Die Wasserführung umfasst normalerweise die Monate von März bis September bzw. vom Beginn bis zum Ende der Vegetations- und damit Bewässerungsperiode.

Zum Teilstück Kastelbell – Galsaun → „Kastelbell“.

▶ **Kirche St. Medardus in Tarsch**: Das Kirchlein des hl. Medardus, vor Ort „Sammedárn“ ausgesprochen, liegt hoch oberhalb des Etschtals auf 950 m an der Spitze des Schwemmkegels, der sich in Richtung Latsch und Kastelbell erstreckt (Sträßchen über Tarsch). Der Bau stammt aus romanischer Zeit, was man dem Kirchturm unschwer ansieht. Er wurde als Hospizkirche des Malteserordens über einer Quelle errichtet, wahrscheinlich als Nachfolger wesentlich älterer Bauten, Quellheiligtümer kannten schließlich schon die Römer und vor ihnen die Kelten. Früher lief das Quellwasser vom Altar her unterirdisch durch das Kirchenschiff, eine lose Steinplatte öffnete den Blick auf den Wasserlauf. Als man für den Zufrittstausee im Martelltal Stollen in den Berg trieb, versiegte das Wasser. Wer heute kommt, sieht die romanische Architektur, Reste einer romanischen Kreuzigungsgruppe – die Aura eines Quellheiligtums ist verschwunden.

Noch ein romanischer Kirchturm gefällig (man sieht ihn, wenn man Tarsch auf dem Weg nach St. Medardus quert): *St. Karpophorus in Tarsch* hat einen der schönsten romanischen Kirchtürme des Vinschgaus, wenn nicht Südtirols (keine Besichtigung).

Öffnungszeiten **St. Medardus**, April bis Mitte Sept. Di und Do 14–17 Uhr, Information bei Fam. Gunsch, ✆ 0473/623066, Eintritt ca. 2 €.

▶ **Wanderung auf der Tarscher Alm mit Tarscher See und Tarscher Jochwaal**: Der kleine, von Lärchen umstandene Tarscher See (1828 m) erfreut sich dank seiner relativen Nähe zur Bergstation des Sessellifts auf die Tarscher Alm ziemlicher Popularität – bei 2:30 Std. Fußmarsch (hin/zurück, Weg 9) kann man verschmerzen, dass es am See keine Einkehrmöglichkeit gibt. Von der Bergstation (1940 m) steigt man ca. 20 m ab, dann folgt man den Schildern „Tarscher See“, der gute Weg hat nur ca. 120 m Höhenunterschied.

Aber nicht nur der Tarscher See lockt im Sommer auf die Alm. Besonders eindrucksvoll ist der Anstieg zur *Jausenstation Zimruan* (2241 m) und weiter (auf Weg 1, ab Gabelung auf 2 A) zum Tarscher Jochwaal, einem der höchsten Waale Südtirols, die höchste Stelle liegt auf 2659 m Höhe. Besonders eindrucksvoll die Brückenkonstruktionen, mittels derer der Waal über Mulden geführt wird. (2–3 Std. Aufstieg, ca. 1:30–2 Std. Abstieg von/zur Bergstation der Seilbahn an der Tarscher Alm.)

• *Bergbahn* **Sessellift Tarscher Alm**, Juni bis Mitte Okt. und in der Wintersaison, Betrieb 9–12.30/13.30–17 Uhr, ✆ 0473/623331, www.tarscheralm.com. Hin/zurück 9,50 €, Kinder 4 €, Einzelfahrt ca. 7/3 €.

• *Essen & Trinken/Hütten* **Restaurant/Jausenstation** an der Talstation, Brettljausen, Tellergerichte, Kuchen und Eis – nicht die übliche Kantinenspeisung in Seilbahnnähe. Fr Ruhetag.

Bergrestaurant Tarscher Alm, 1940 m, stark besuchtes Restaurant an der Bergstation, schöne Aussicht, auch Zimmer mit HP (DZ/HP 64–70 €), kein Ruhetag, ✆/📠 0473/742148. Nur wenig höher liegt die eigentliche **Tarscher Alm**, heute ebenfalls ein Restaurant, nur im Sommer, kein Ruhetag.

Zimruanhütte, Almhütte mit Marenden, Imbissen, Getränken, sommers wie winters, kein Ruhetag.

Mit dem MTB von Latsch auf die Tarscher Alm: Die Zufahrtsstraße zur Tal- und weiter als Forststraße zur Bergstation des Sessellifts auf die Tarscher Alm bietet sich förmlich für eine Radtour an. Will man nicht auf demselben Weg zurück (was aber wegen der Steigungen und der Länge großen Spaß macht), fährt man von der Bergstation (mit Restaurant) ein Stück auf der Zufahrtsstraße zurück bis zur ersten nach links abzweigenden Forststraße (in der – von oben gesehen – Rechtskurve noch vor der Talstütze des Schlepplifts). Diese führt zur Latscher Alm (s. u.), wo man die für den motorisierten Verkehr gesperrte Zufahrtstraße nimmt, die in großzügigen Kurven hinunter ins Tal führt. Unten kommt man an einer nach rechts am Hangfuß entlang führenden Straße an, wo man sich rechts hält und bald Latsch erreicht.

Tour-Info Streckenlänge ca. 30 km, ca. 1400 m Höhendifferenz. Technisch leicht, aber anstrengend.

Wanderung auf die Latscher Alm: Die alte Almhütte (1715 m) lädt heute müde Wanderer zur Brettljause mit einem Glas Rotem (oder was sie sonst wollen – eigene Produkte wie Käse, Joghurt und Topfen sind besonders empfehlenswert). Der Bau besteht ganz typisch aus einem Untergeschoss aus Bruchsteinen und einem aus Holzbalken errichteten – niedrigeren – Obergeschoss mit Pultdach. Seit neuestem kann man zuschauen, wie Käse gemacht wird.

Man erreicht die Latscher Alm vom Tal auf Weg 2 (hervorragend für Mountainbiker geeignet, für Wanderer eher ermüdend, da fast durchgehend Almzufahrtssträßchen) oder interessanter von der Bergstation des Lifts auf die Tarscher Alm (Weg 9 ab Tarscher Alm ca. 0:30 Std., zurück ca. 0:45 Std.).

Essen & Trinken **Latscher Alm**, einfache Almkost, nur im Sommer, kein Ruhetag.

Das Latschiniger Albl: Während Latscher Alm und Tarscher Alm gut besucht sind, hat der Senn auf dem Latschiniger Albl in 1100 m Höhe oft wenig zu tun. „Die Leut' wandern nicht mehr wie früher, auch die Einheimischen nicht", sagt er. Dass man die Hütte mit dem Mountainbike nicht erreichen kann (es sei denn, man trägt es), ist ihm bewusst, und dass damit eine wachsende Anzahl von potentiellen Gästen ausfällt. „Dafür ist es ruhig hier", meint er. Unten würde er's sowieso nicht aushalten, viel zu laut, zu hektisch.

Essen & Trinken **Latschiniger Albl**, einfache Kost und ein paar Getränke (inkl. Bier) in einfacher Umgebung, der Almer freut sich über seine Gäste, taut aber nicht unbedingt sofort und bei jedem auf.

Tour 26: Wanderung vom Latschiniger Albl nach Tarsch

Tour-Info: Ein Abstiegsweg von der Alm – die Angaben dienen natürlich auch dem aufsteigenden Wanderer. Als Abstieg kommt der Weg vor allem für diejenigen in Frage, die mit dem Sessellift auf die Tarscher Alm gefahren und dann in Richtung

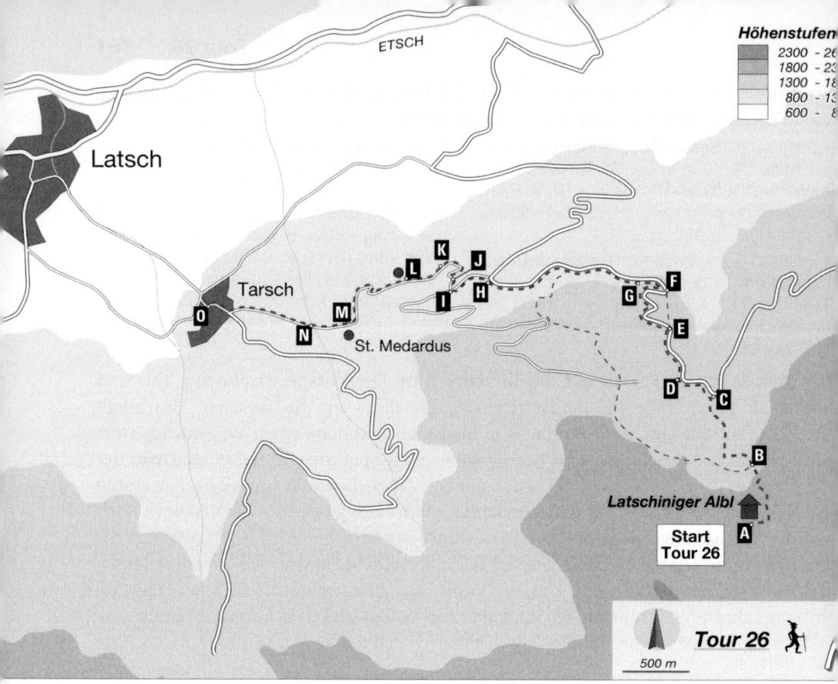

Zimruanhütte gegangen sind. Wer nicht wieder abfahren, sondern wandern will, nimmt Weg 15/3 über die Kofelraster Seen zum Latschiniger Albl (ca. 3–3:30 Std.). Dauer als Abstieg 2:30–3 Std., als Aufstieg 4–5 Std.; Länge einfach 8,4 km; Höhenunterschied: 1100 m. Karten: Tabacco (1:25.000) Blatt 42, Kompass (1:50.000) Blatt 52. Essen & Trinken auf der Alm s. o.

Am Latschiniger Albl **A** nimmt man den die feuchte Wiese querenden Weg 3, der bald durch Wald rechts steil und ziemlich holprig (Lockersteine) abwärts führt. Ein Querweg **B** verweist auf die Wege zur Freiberger Mahd und zur Marzoner Alm (beide bewirtschaftet), wir gehen weiter geradeaus bergab. Wo der steile Weg endet, wird ein Forstweg erreicht **C**, hier links und vorbei am Parkplatz (bis hierher öffentliche Straße!) und der „Freiberger Sog“, der dortigen alten Sägemühle **D**. Auf dieser Straße (Staubstraße) weiter, Abkürzungen (**E** Beginn, **F** Ende, eine weitere Abkürzung folgt gleich darauf) erleichtern uns Wanderern den Abstieg. Man tritt aus dem Wald hinaus auf die Wiesen der Höfe von Freiberg, ab hier Asphalt **G**, schöne Ausblicke. Bei einer scharfen Rechtskurve der Asphaltstraße **H** geradeaus weiter auf einen Fahrweg („Tarsch 1 Std.“ und Markierung 3) und bei einer Rechtskurve **I**, wo von links eine Staubstraße einmündet kurz nach rechts. Einen Steinwurf weiter auf nicht markiertem Wanderweg nach links hinunter **J**, er endet an einem quer über den Weg gezogenen Zaun, hier wenige Meter zurück und hinunter zur Staubstraße **K**, wo wir links weitergehen. Ein Hof (Tasenplon) wird etwas unterhalb passiert **L** und das Staubsträßchen, auf dem wir uns befinden, steigt hinunter auf den großen Schwemmkegel von Tarsch, wo wir etwas unterhalb von St. Medardus ankommen **M**, dessen Kirchturm wir oberhalb erkennen konnten. Hier beginnen die Apfelplantagen, die wir auf der Fortsetzung des Sträßchens queren, wir erreichen die zur Seilbahn Tarscher Alm führende Straße **N** und gehen auf ihr in den Ort Tarsch zur Pfarrkirche **O**.

Beim Aufstieg: Verwendet man diese Wegbeschreibung für den Aufstieg, ist zu beachten, dass die Abkürzung nach dem Hof Tasenplon nichts bringt, da sie nur den Rhythmus durcheinanderbringt, man bleibt besser auf der Straße. Dasselbe gilt evtl. für die beiden Abkürzungen höher oben! Wer mit dem Auto bis zum Parkplatz „Freiberger Sog" fährt, hat nur einen Aufstieg über 460 Höhenmeter oder hin/zurück 2:30 Std. vor sich!

Vinschgauer Äpfel

Mehr als 200 Sonnentage pro Jahr und wenig über 500 mm Niederschlag bei großen Temperaturschwankungen zwischen Sommer und Winter sowie Tag und Nacht – das ist das Klima im unteren Vinschgau, und das ist das Klima, das Äpfel mögen. Der Vinschgau ist eines der bedeutendsten Apfelanbaugebiete Italiens, auf 4700 ha Apfelplantagen stehen 12 Mio. Apfelbäume auf Lagen zwischen 500 und 1100 m. 2000 Bauern in neun Obstgenossenschaften produzieren die begehrte Frucht. Und der Weizen? Vergessen! – Kaum zu glauben, dass der Vinschgau einmal Getreideland war. Heute ist alles dem Apfel untergeordnet, der Arbeitsrhythmus, die technische Ausstattung der Höfe, die Erschließungswege, sogar das italienische Außenministerium: Die Apfelernte kann zum Höhepunkt im September nur mit ausländischen Pflückern bewältigt werden, derzeit vor allem Tschechen und Polen. Bisher benötigten sie eine Arbeitserlaubnis, die direkt an den Visastellen in Prag und Warschau erteilt wurde.

Der wegen der Höhenlage und durch den natürlichen Kühlhauseffekt besonders knackige Vinschgauer Apfel war bisher vorwiegend ein Golden Delicious, eine Sorte, die es seit 1890 gibt. Andere sind Jonagold, Red Delicious, Braeburn, Elstar – ein besonders früh reifer Apfel – und neuerdings mit stark steigenden Quoten Pinova. Dieser Apfel hat eine leuchtend rote Farbe, unter der ein grün-gelblicher Grund noch durchscheint. Warum diese neue Apfelsorte? Ein Zugeständnis an den Publikumsgeschmack? Von wegen: Der Pinova wird spät geerntet und hält sich bis in den nächsten Sommer, damit verlängert er die Apfelsaison für die Bauern des Vinschgaus!

Information VI.P, I-39021 Latsch, Hauptstr. 1C, ✆ 0473/723300, 723400, www.vip.coop.

St. Martin im Kofel: Hoch über Latsch und gut von unten zu erkennen liegt auf dem Sonnenberg die kleine Siedlung St. Martin im Kofel auf 1736 m und höher. Eine moderne Kabinenbahn führt von Latsch (östlicher Ortsrand) hinauf, eine Straße (nur für die Bewohner der Höfe von St. Martin) und natürlich eine Reihe alter Wege, steil, trocken und oft ein wenig ausgesetzt. Die Wiesen hier oben über dem steilen Fels-, und Buschhang sind zwar nicht ganz so exponiert wie dieser aber immer noch steil genug, bei den Einzelhöfen Vorra und Egg extrem steil. Man mähte sie von unten nach oben, da die Gefahr eines schweren, vielleicht tödlichen Sturzes sonst zu groß gewesen wäre.

Die Bezeichnung St. Martin im Kofel, also im Berg, kommt nicht von ungefähr: Das kleine Kircherl rechts der Seilbahnbergstation wurde über einer natürlichen Höhle im Felsen erbaut. Die Statue des hl. Martin wurde ursprünglich unter freiem Himmel verehrt, die Kirche entstand erst im 16. Jh. – es handelt sich also um ein uraltes,

Egg und Vorra, Bergbauernhöfe in extremer Steillage

sicher vorchristliches Höhlenheiligtum. Der hl. Martin kümmert sich traditionell um das Vieh der Bauern, folgerichtig war hier oben einer der bedeutendsten **Wallfahrtsorte** ganz Tirols. Im 19. Jh. kamen noch Barfußwallfahrten aus dem Passeiertal hierher. Unbedingt besuchen sollte man von St. Martin aus die *Einzelhöfe Egg* und *Vorra* (Sträßchen), die bis vor kurzem nur durch einen Saumweg mit den anderen Höfen verbunden waren. Die Lage dieser Bergbauernhöfe ist extrem ausgesetzt, einzigartig in den Alpen. Dass sie einmal völlig autark waren – bis auf Salz und ein paar Bänder und Metallobjekte, die fahrende Händler brachten – kann man sich heute gar nicht mehr vorstellen. Die Steinmauern, die verhindern sollten, dass die winzigen Getreidefelder durch den Regen abgetragen wurden, sieht man heute noch, seit langem wird jedoch kein Getreide mehr gebaut.

• *Bergbahn* **Kabinenseilbahn** nach St. Martin im Kofel ab Latsch (eigene Bushaltestelle an der Talstation) jeweils 7, 7.30, 8.30, 9.30, 10.30, 11.30, 12.30, 14, 15, 16, 17, 18 und 18.30 Uhr. Berg/Tal 9,40 €, nur Berg ca. 7 €, Kinder 4/3 €, Fahrräder 4/2,50 € (vor 9 Uhr frei); ✆ 0473/622212.

• *Essen & Trinken* **Gaststätte** an der Bergstation und **Berggasthaus St. Martin** mit Panoramaterrasse, nur im Winter, Fr Ruhetag.

Tour 27: Wanderung von St. Martin im Kofel über Egg und Vorra nach Schlanders

Tour-Info: Wanderung auf einem alten Höfeweg, der einige schier unvorstellbar steil liegende Gehöfte verbindet. Schwindelfreiheit nicht unbedingt nötig (eine etwas ausgesetzte Stelle), aber wegen der streckenweise extremen Steilheit des Geländes vorteilhaft. Nichts für nicht ganz trittsichere Geher! Dauer 3–3:30 Std.; Höhenunterschied ↓ 1000 m. Anfahrt mit der Kabinenbahn ab Latsch, zurück mit dem Bus Schlanders – Latsch (stündlich). Karten: Tabacco (1:25.000) Blatt 4, Kompass (1:50.000) Blatt 52.

In Latsch nimmt man die moderne Kabinenbahn nach St. Martin und vergisst nach Ankunft dort oben über dem Luxuspanorama nicht die Besichtigung der

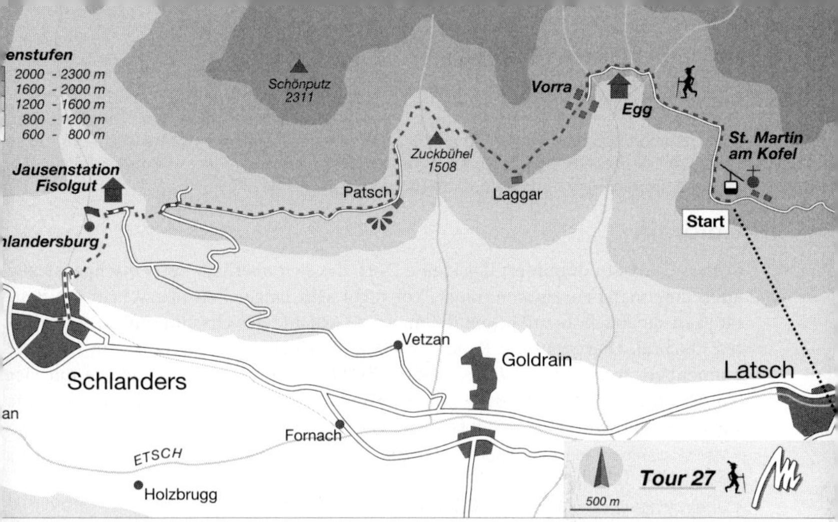

Kirche im Kofel. Dann zurück zur Bergstation und auf Straße weiter in den Talbereich einiger Höfe, deren steile Lage bald deutlich zu erkennen ist. Das Sträßchen passiert einen ziemlich unangenehmen steilen Tobel und erreicht den freundlichen Hof Egg mit Jausenstation samt aussichtsreicher Terrasse. Weiter geht es etwas oberhalb nach Vorra, einer unübersichtlichen Gebäudegruppe. Steiler und ausgesetzter kann ein Hof nicht liegen, dass er wieder bewohnt ist, grenzt an ein Wunder. Rechts oberhalb weiter mit Weg, der in ausreichender Breite sehr steiles, an einer Stelle etwas ausgesetztes Wiesengelände durchquert. Dass es beim Mähen dieser Wiesen immer wieder tödliche Unfälle gab, kann man sich lebhaft vorstellen und geht dann ganz vorsichtig weiter.

Man erreicht die Hofruine Laggar, die Steilheit der Wiesen lässt etwas nach, dann folgt Lärchenwald. Wenn man schon fast im Bachtal angelangt ist, öffnet sich eine Lichtung mit einer weiteren Hofruine, sie liegt malerisch auf einem vorspringenden Felsen (Zuckbühel). Die Bachquerung etwas weiter unten kann unangenehm sein. Als der Autor sie zuletzt machte, stellte er anschließend fest, dass der Weg von der anderen Seite wegen Unpassierbarkeit dieser Stelle offiziell gesperrt war (also bei der Jausenstation Egg nach dem Zustand des Wegs fragen).

Nach dieser Passage sind die Schwierigkeiten vorbei, man geht auf schönem Wanderweg durch Wald, erreicht bei einem nur noch als Sommerhaus verwendeten Hof (Patsch, die Dachkonstruktion der Halbruine ist gut zu sehen) eine Güterstraße. Bevor man ihr weiter abwärts folgt, sollte man sich in aller Ruhe auf die dortige Bank setzen und das Panorama betrachten: Es reicht von den Bergen über Naturns und Meran bis zur Sesvennagruppe!

Nach einer scharfen Linkskurve geht man noch ein Stück weiter und findet dann die Fortsetzung des Wanderwegs, die zur Burg Schlandersberg hinunterführt. Steil abwärts durch verbuschten Hang, dann Wald, unten an der Burg links vorbei (evtl. vorher rechts zur Jausenstation Fisolgut) und steil hinunter zum Ort Schlanders, an einer Stelle tatsächlich auf versichertem Felsensteig! Nach einem Fischteich erreicht man eine Straße, der man nur wenige Meter folgt, dann quert man eine Brücke und gelangt auf der anderen Seite weiter unten ins Zentrum von Schlanders.

• *Essen & Trinken* **Gasthof** in St. Martin und **Fisolhof** in Schlandersberg.

Jausenstation Egg, Bergbauernhof und Jausenstation mit sehr aussichtsreicher Terrasse, recht umfangreiche rustikale Karte (Braten/Hammel mit Knödel, Knödel mit Salat, Knödelsuppe, Speck am Brettl, Kaiserschmarrn, hausgemachte Kuchen), alles sehr preiswert. Nur im Sommer, kein Ruhetag, ✆ 0473/623628.

Goldrain

Schloss Goldrain dominiert das kleine Dorf, das sich oberhalb der Vinschgaustraße am Sonnenhang zusammendrängt. Vor nicht sehr langer Zeit überschritt die Bautätigkeit die Etsch, heute liegen die meisten Gebäude des Orts im nur sanft geneigten Etschtal. Hier steht am Rand der steilen Schlucht, die Goldrain vom Latscher Sonnenberg trennt, das *Schloss Annaberg*. Die quadratische Außenanlage mit vier Türmen und der dicht gebaute innere Schlossbereich vermitteln immer noch eine Menge Sicherheit (keine Besichtigung, Privatbesitz).

• *Markt* Jahresmarkt „Londsproch" Mitte März, exakter Termin beim Tourismusverein.

• *Übernachten/Essen & Trinken* Goldrain ist eher auf Ferienwohnungen spezialisiert als auf Hotelzimmer oder Garnis. Bei dem Angebot bekommt man auch mal spontan eine Wohnung vermittelt, wenn man nicht gerade am 15. August im Tourismusbüro anklopft.

*** **Goldrainer Hof**, Hotel mit Restaurant/Pizzeria, Tagesmenü ca. 17 € (sehr gut z. B. Pilzrisotto, Lammbraten mit Garnitur, Salatbüffet, Dessert), 30 Pizzen aus dem Holzofen (auch mittags) ca. 5–8 €, wer will, bekommt eine überdimensionierte Familienpizza (Pizza auch zum Mitnehmen). Das Hotel öffnet – sehr lobenswert – sein Frühstücksbüffet bereits um 7 Uhr. Hallenbad, gute Zimmer. DZ/FR 72–92 €. ✆ 0473/742042, ℻ 742455. Rest. kein Ruhetag.

*** **Tappeiner**, Schanzenstr. 5, solides Hotel im neuen Ortsbereich in der Talebene, äußerlich leider wenig erfreulich (Pseudo-Tirolerhaus mit weißen Wänden bis zum Dach und nackten Fensterhöhlen), aber großzügige Zimmer (Sitzecke, Sat-TV, die meisten mit Balkon), Freibad, Liegewiese, Sauna und familiär-freundliche Atmosphäre. DZ/FR 80–88 €. ✆ 0473/742069, ℻ 742626.

* **Marlene**, Schanzenstr. 39, einfaches Garni, Zimmer mit Balkon, ruhig gelegen, Pool. DZ/FR 32–44 €, ✆ 0473/742387, www.garnimarlene.com.

** **Obstgarten**, Krummweg 22, Pension mit Apartments, ruhig am Ortsrand (im Tal) gelegen, Zimmer wie Ferienwohnungen mit gehobenem Standard, allerdings nur letztere mit TV (jedoch Aufenthaltsraum mit TV). Die Apartments sauber, etwas kühl, verschiedene Größen. DZ/FR 40–43 €, Apt. für 2–3 Pers. 31–46 €, ✆ 0473/742168, ℻ 740976, www.obstgarten.it.

Obermoosburg-Keller, Schanzenstr. 23, Mittelaltergelage in einem Ansitz des 14. Jh., Holzdecken und Tonnengewölbe, urige Tische und unbequem altmodische Stühle, weinseliges Dekor, Life-Musik (nicht unbedingt mittelalterlich) und Kreuzer zum Bezahlen. Vorbestellung sinnvoll: ✆ 0473/742139. 16–24 Uhr, Di Ruhetag.

• *Camping* **Cevedale**, Vinschgauer Str. 59, der Platz mit seinem schönen Freibad ist von der Straße aus leicht zu übersehen. Teilweise schattige Lage, bei den sanitären Einrichtungen wurde nicht gespart (auch ästhetisch gesehen), ruhig. Gespann und 2 Pers. mit Strom 21–22 €. ✆ 0473/742132, ℻ 740584, www.camping-cevedale.com. Geöffnet Apr. bis Okt.

• *Abends* **Pub Vis à Vis**, Vinschgauer Str. am Anfang der Straße ins Martelltal, Billard und Darts, Café mit Eis in der verglasten Veranda, So Ruhetag.

Sehenswertes/Ausflug

▸ **Schloss Goldrain**: Der Bau geht zumindest in Teilen auf eine romanische Burg zurück und wurde im Spätmittelalter erweitert und in seine heutige Form gebracht. Die Außenmauer wird von vier Rundtürmen flankiert, ein Renaissance-Eingang zitiert venezianische Vorbilder. Der älteste Teil der Anlage ist wahrscheinlich der quadratische *Wehrturm*, der sie heute noch überragt. Viele Stile sind vertreten, viel Marmor ist in das Schloss eingebaut, was man auch bei einem schlichten Rundgang um das eigentliche Schloss und innerhalb der Umfassungsmauer erkennt. Räume für Seminare und Konferenzen, gotische Kellergewölbe für Weinpräsentationen und gastronomische Ereignisse.

Öffnungszeiten Führungen nach Anmeldung beim Tourismusverein Latsch von April bis Mitte Okt. jeden Do um 16 Uhr (ab Schloss-Sekretariat), Gebühr 5 €.

Der Quellensee: Der kleine See liegt etschabwärts von Goldrain zwischen Etschtalbahn und Etschfluss, eine Liegewiese umgibt ihn und an schönen Sommertagen eine Hundertschaft von Faulenzern. Der See ist ein sauberes Fischgewässer, Baden ist nicht erlaubt!

Essen & Trinken/Angeln **Bar am Quellensee**, kalte und warme Imbisse, Biergarten und Eis, Sa/So sehr beliebt der Frühschoppen mit Weißwürsten. Lust auf Angeln? **Angelkarten** gibt's hier ebenfalls. Kein Ruhetag.

Morter

Morter ist ein locker gebautes Dorf am Austritt des Martelltals in den Vinschgau. Zwei Burgen bewachen den Eingang ins Martelltal, die heutige *Ruine Untermontani* und *Burg Obermontani*. Im Dorf steht recht unbeachtet und nur über einen Stichweg zwischen privaten Obstgärten zu erreichen die kleine *Kirche St. Vigilius*. Kaum einer der Radfahrer, die auf dem Vinschgau-Radweg den Ort passieren, macht den Abstecher (zu Fuß). Von den Autofahrern gar nicht zu reden. Dabei ist das Kircherl fast 1000 Jahre alt, älter als jedes andere Gebäude im Ort.

• *Übernachten* *** **Adler**, Nibelungenstr. 41, solides Mittelklassehotel mit Hallen- und Freibad, große Liegewiese, Tennis, sehr gutes Frühstücksbüffet (Themenfrühstücke: Bauernfrühstück, französisches und Fit-Frühstück), Hausbar mit Tanzabenden. Zimmer im Haus und in 2 Dependancen meist mit Balkon. DZ/FR 76–98 €. ✆ 0473/742038, 742511, www.hoteladler-morter.it.

Sehenswertes/Ausflüge

Kirche St. Vigilius: Der heilige Vigil ist der Titularheilige des Bistums Trient, ihm wurden in Südtirol, das in seinem Südteil zumindest kirchlich lange zu Trient gehörte, die eine oder andere Kirche geweiht (wer am Gardasee war, kennt vielleicht die Punta San Vigilio bei Garda, wo man seine Einsiedelei zeigt). Im 11. Jh. entstand der Bau, einsam heute in den Obstgärten, 10180 wurde er geweiht (Inschrift). Eindrucksvoll die romanische Apsis.

Schlüssel im Haus Haringer, Platzergasse 30 – am Radweg.

Burg Obermontani: Wuchtig und unangreifbar schaut Obermontani auf den Vinschgau hinunter und erinnert an die Zeiten, als es noch eine Funktion gab für die 1837 aufgegebene Burg, nämlich den Eingang ins Martelltal zu schützen. Die Burgbibliothek barg einen nicht nur für Germanisten bedeutenden Schatz, eine Originalhandschrift des Nibelungenlieds (heute in Berlin). Die isoliert stehende **Burgkapelle St. Stephan** ist der Schatz der Anlage. Kaum zu glauben, aber in dieser Kirche ist wirklich jeder Quadratzentimeter mit Fresken zugedeckt – auf keinen Fall versäumen. Alles über das Martyrium des hl. Stephan wird an der Nordwand erzählt, die Südwand zeigt den hl. Hubertus und die zu ihm gehörigen Jagdszenen, die Ostwand zeigt die hl. Ursula mit ihren Jungfrauen und – wie traditionell üblich – über der Westwand wird gerade das Jüngste Gericht gehalten. Interessant auch für Kinder: Die Bilderflut macht neugierig, sie wollen wissen, was da und warum es geschieht. Da kann man schon mal bei den Erklärungen ein bisschen Bildung einfließen lassen und von der Rheinreise der hl. Ursula und ihren (Wie viele waren es? 10.000?) Jungfrauen berichten, die sie in Köln unterbrachen, wo sie heute noch verehrt werden.

• *Öffnungszeiten* Besichtigung ganzjährig tägl. 11 und 15 Uhr nach telefonischer Vereinbarung unter ✆ 0473/742344; freiwillige Spende. Oder den Schlüssel bei Fam. Peer im Schlosshof holen (mit dem Risiko, dass niemand zu Hause ist), die auch Führungen macht. Zufahrtssträßchen von der Straße ins Martelltal.

▸ **Ruine Untermontani**: Von der Burg mit ihrer Zugbrücke ist nicht mehr viel erhalten. Brückenanlage, Mauerverlauf, Hof und Palas sind jedoch noch gut zu erkennen. Zu erreichen zu Fuß von Obermontani.

Das Martelltal

Dass sich ein hochalpines Tal mit Früchten hervortut, ist ungewöhnlich. Man staunt bereits in der ersten Kurve der Straße hinauf ins Martelltal, dass an den unteren Hängen nicht etwa Kühe weiden, sondern Erdbeeren wachsen.

Angefangen hat es bescheiden in den 60er Jahren, mittlerweile haben die Erdbeeren zwischen 800 m und 1700 m (!) ganz schön um sich gegriffen. Aber es gibt nicht nur Erdbeeren in diesem zum **Nationalpark Stilfser Joch** gehörenden Tal. Ein von Gletschern leuchtender Talschluss, der im gewaltigen Cevedale (3769 m, man sieht jedoch „nur" die etwas vorgelagerte Zufallspitze, 3700 m, und den M. Cevedale II, 3757 m) und der Suldenspitze (3376 m) des Ortlermassivs gipfelt. Fast unberührte Gebirgszüge im Norden und Süden, die bis 3486 m (Schildspitze im Norden) bzw. 3438 m (Zufrittspitze im Süden) reichen, bäuerliches Siedlungsgebiet mit alten Höfen am Sonnenhang um Martell-Dorf, Wälder, Almböden, winzige alpine Seelein (und den Zufritt-Stausee) und ein ungebrochenes Traditionsbewusstsein, das nicht nur auf Touristenfesten zu beobachten ist. Ein Tal des Individualtourismus und des naturnahen Urlaubs, für Faulenzer, die von Haus zu Haus spazieren wollen, und für Hochtouristen, denen es schon auf den Wecker geht, wenn sie in acht Stunden zwei anderen Menschen begegnen. Gut, dass es ihnen nichts ausmacht, in den Bergen um das Martelltal Gämsen, Rehen, Rothirschen oder Murmeltieren zu begegnen oder einen Bartgeier (in den Jahren 2000 und 2002 nach eineinhalb Jahrhunderten der Ausrottung wieder angesiedelt) zu beobachten ...

Information/Verbindungen/Einkaufen

• *Information* **Tourismusverein („Ferienparadies") Latsch-Martell**, I-39020 Martell/Martello, Trattla 246, Mitte Mai bis Mitte Okt. Mo–Fr 8–12 Uhr, in der HS auch Samstag sowie Mo–Fr 15–18.30 Uhr; ✆ 0473/737040, 📠 744698, www.latsch-martell.it, www.ferienparadies.com. Die Touristeninformation befindet sich in einem Pavillon an der Talstraße im Freizeitzentrum Trattla oder (falls geschlossen) im Nationalparkhaus Culturamartell gegenüber.

> Die Busse ins Martelltal sind kleiner als die meisten anderen in Südtirol und können deshalb nur 1 Fahrrad mitnehmen (statt 3 oder 4)!

• *Verbindungen* **Pkw**: Die Talstraße ist zügig ausgebaut, in Martell-Dorf Parkprobleme.

Bus: von Schlanders nach Martell-Dorf tägl. 5- bis 6x, im Sommer auch zur Enzianhütte 3x.

• *Einkaufen* **Erdbeeren!** Sie werden hier spät im Jahr reif, Ende Juni bis Aug., auf den höchsten Flächen sogar erst im Sept., und sie sind besonders schmackhaft. Man bekommt die Marteller Erdbeeren am Stand beim Stausee (tägl. 11–18 Uhr) oder kann sie selber ernten. Auch Himbeeren (Juli bis Mitte Okt.) und Johannisbeeren (Juni bis Aug.) gedeihen prächtig.

Ein schmackhaftes Mitbringsel sind die **Marteller Almkäse**.

Sport & Freizeit/Feste & Veranstaltungen

• *Sport & Freizeit* Die **Freizeitanlage Trattla** an der Talstraße umfasst neben dem neuen Nationalparkhaus Culturamartell Tennisplätze, Eislaufplatz, Schießsportanlage, Bowling- und Naturkegelbahn, Minigolf, einen Kinderspielplatz und eine Freikletterwand.

• *Feste & Veranstaltungen* Ende Juni findet im Martelltal zur Erdbeerenernte das **Erdbeerfest** statt, Standort ist Trattla, genauer Termin bei der Touristeninfo. Schleckermäuler kommen wegen der Erdbeeren und der Riesen-Erdbeertorte, die zu Beginn festlich angeschnitten wird, Musik, Zeltfest, spezielles Kinderprogramm etc. sind weitere Attraktionen.

Marteller Michaelimarkt am 29. Sept. (Michaeli), ursprünglich ein Viehmarkt, heute ein recht populärer Krämermarkt, der nahe dem Naturparkhaus an der Talstraße stattfindet.

Übernachten/Essen & Trinken

*** **Burgauner Hof**, Burgaun 196, nach den ersten Erdbeerfeldern und der Kurvenserie der Straße oberhalb von Morter erreicht man Burgaun und das Hotel Burgauner Hof. Typisches „Tiroler" Hotel mit den üblichen maschinengeschnitzten Balkonen, die mit Blumen geschmückt sind (häufig in den Tiroler Farben rot-weiß), auch innen mit Täfelung, Kassettendecken und generell reichlich Holz. Zimmer mit Balkon, Komfortzimmer mit getrenntem Sitzbereich, im Haus kleines Hallenbad, Whirlpool, Sauna. DZ/FR 70–84 €. ✆ 0473/744530, 📠 744771, www.burgaunerhof.com.

*** **Bergfrieden**, Meiern 84, Hallenbad, finnische und Dampfsauna, Whirlpool – was für ein Genuss nach einer anstrengenden Wanderung! Das recht große Haus hat sich von 2 auf 3 Sterne geschwungen, manches erinnert noch an die frühere Pension (einige eher dunkel gehaltene Zimmer ohne TV), anderes (helle Zimmer mit naturbelassenem Holz, Sitzecke und TV, Aufenthaltsraum) hat klar Dreisterneniveau (3 Doppelzimmertypen, empfehlenswert: Typ A Komfortzimmer Neubau mit 25 qm). DZ/FR 74–90 €. ✆ 0473/744516, 📠 744728, www.bergfrieden.com.

** **Waldheim**, St. Maria in der Schmelz 16, Gasthof an der Talstraße bei der kleinen Wallfahrtskirche Maria in der Schmelz, die große Terrasse lockt mit Kuchen und Eis (Eisbecher mit Erdbeeren!), draußen und drinnen (Stube und Restaurant) gibt's Deftiges von Bandnudeln mit diversen Saucen, Speck (hausgeräuchert!) und Forellen über Pilzgerichte zu Wild. Frisch renovierte Zimmer mit TV, Safe, Balkon, große Liegewiese, Kinderspielplatz. DZ/HP 84–100 €. ✆ 0473/744772, 📠 744546, www.martelltal.net. Mi Ruhetag (nicht von Mitte Juni bis Mitte Sept.).

** **Alpenrose**, Martell-Dorf 85, Haus an der Straße zwischen Gand und Martell-Dorf, ein Garni mit schönen, gemütlichen Apartments unterm Dach (TV), einfachen Zimmern mit Balkon, gutem Frühstücksbüffet und sehr persönlicher Atmosphäre. DZ/FR 50–70 €, Apt. für 2 Pers. 35–57 €. ✆/📠 0473/744509, www.alpenrose-martell.com.

Stallwies, Waldberg 1, Jausenstation/Gasthaus auf 1950 m Höhe mit Luxus-Aussicht, höchstgelegener bewirtschafteter Bergbauernhof des Martelltals, kleiner Streichelzoo, Wassermühle (Sträßchen von Martell-Dorf oder 1 Std. ab Gasthof Waldheim), rustikale Tiroler Gerichte, auch Zimmer: DZ (Etagenbad) mit FR 50–54 €. ✆/📠 0473/744552, www.stallwies.com. Ganzjährig geöffnet, kein Ruhetag.

Sehenswertes/Ausflüge

Nationalparkhaus Culturamartell: Wasser in Prad, Leben an der Grenze in Trafoi, Kultur in den Bergen am Beispiel der Bewohner des Martelltals – das ist das Programm der drei Nationalparkhäuser im **Nationalpark Stilfser Joch**. Vor Ort geht es hier um die Kulturlandschaft, die einer unwirtlichen Natur in oft extremen Situationen abgerungen wurde, um das Bauernleben ohne Idylle mit (Ton-)Originaldokumenten und die Stube als Zentrum des Bauernlebens und nicht als dekoratives Ambiente für schicke Restaurants. Etwas gewöhnungsbedürftig, weil nicht dem kolportierten Klischee von der bäuerlichen Idylle entsprechend und deshalb äußerst anregend. Auch für Kinder, denen allerhand geboten wird.

• *Öffnungszeiten* Tägl. (außer Mo) von Mitte Febr. bis Mitte März und von April bis Allerheiligen sowie in der Silvesterwoche, meist Di–Fr 9–12/14.30–18 Uhr, Sa/So 14.30–18 Uhr, Eintritt 6 €, erm. 4 €. Informationen unter ✆ 0473/745027, www.culturamartell.com; Trattla 246.

▸ **Martell-Dorf**: Der Sonnenhang im mittleren Tal, auf dem Martell-Dorf liegt, war immer die bevorzugte Siedlungslage. Ein Dorf gab es nicht, die Höfe standen verstreut auf den steilen Hängen zwischen ihren Feldern und Wiesen (die Felder sind verschwunden, sieht man von ein paar Erdbeerfeldern ab, die es selbst hier gibt). Erst der Tourismus der letzten drei Generationen hat eine dorfähnlich bauliche Verdichtung bewirkt. Immer noch sieht man, selbst in Martell-Dorf, die alten Gehöfte mit ihren nur mäßig geneigten Dächern, die mit Schindeln gedeckt sind, über die Holzstreifen gelegt sind, die die zur Beschwerung draufgelegten Steinen am Abrutschen hindern sollen. Heute sind alle Höfe durch Straßen erschlossen, aber es gibt noch einige der alten Verbindungswege, die als Wanderwege gepflegt werden – leider fallen dem Straßenbau jedes Jahr neue Teilstücke des alten Wegenetzes zum Opfer. Die *Pfarrkirche zur hl. Walburga*, ein Barockbau mit gotischem Chor (das Schiff der früheren Kirche) enthält wertvolle Deckengemälde von Adam Mölk (1759).

▸ **Wanderung auf die Soyalm**: Die mit einem ganz neuen Käsereigebäude versehene Soyalm (2072 m) ist ein schönes Ausflugsziel. Ihre Lage in einem ausgedehnten Almwiesenbereich, in dem man das Vieh beobachten und alles mögliche entdecken kann, der relativ einfache Aufstieg und die Möglichkeit, mal beim Buttern und Käsen zuzuschauen, machen sie auch für Kinder interessant. Man steigt von der Jausenstation „Hölderle" (Bushaltestelle, zum Drucklegungszeitpunkt unterhalb größere Straßenbauarbeiten) auf gutem Almsaumweg (keine Straße, nur Materialseilbahn!) durch den Schatthang auf – das kann in den Übergangsjahreszeiten ganz schön kühl werden. Umso mehr freut man sich über den herrlichen Almboden, auf dem die Soyalm liegt, und die Traumblicke in die Berge ums Martelltal (Zufrittspitze). Aufstieg ab „Hölderle" (ca. 1460 m) auf Weg 4 etwa 2 Std., Abstieg 1:30 Std.

• *Essen & Trinken/Führungen* Die **Soyalm** ist einfach bewirtschaftet, Käse und Butter zum Verkauf, nur im Sommer, kein Ruhetag.

An jedem Mi von Juli bis Anf. August findet eine **geführte Wanderung** der Tourismusvereine des Vinschgaus zur Soyalm statt (7,50 €, Kinder frei), Treffpunkt bei Culturamartell um 8.30 Uhr.

▸ **Zum Zufritt-Stausee und zum Talschluss**: Zu den ganz großen Bildern der Südtiroler Berge gehört der Blick von etwas oberhalb des Zufritt-Stausees auf den Talschluss des Martelltals. Die Eispyramide des *Cevedale* dominiert ihn, thront über ihm mit vereisten Flanken, die trotz des allgemeinen Gletscherschwunds den Eindruck von Ewigkeit vermitteln (wer sich den Gletschern nähert, etwa auf der unten beschriebenen Wanderung, erkennt den starken Rückgang). Der Stausee besitzt an seiner Ostseite einen schönen, breiten Spazierweg, der beim „Gasthaus zum See" beginnt und sogar von Rollstuhlfahrern zu bewältigen ist. Wegen der großartigen Ausblicke, die man über die grüne Wasserfläche des Sees hinweg auf den vergletscherten Talschluss hat, sollten ihn auch diejenigen machen, die sonst über Spaziergänge die Nase rümpfen und lieber Touren gehen. Auf der Westseite gibt es keinen Weg, man muss also denselben Weg zurückgehen oder den Bus benutzen.
Eine recht kurvige und enge Straße führt oberhalb des Stausees in den Talschluss, wo am Straßenende drei Berggaststätten („Borromeohütte" am Beginn der letzten Kehren, „Enzianhütte", „Gasthof Schönblick") auf Gäste warten. Das ehemalige „Hotel Paradiso", ein Vorzeigebau der neuen italienischen Funktionalität der 30er Jahre – Architekt war der Erbauer des Pirelli-Hochhauses in Mailand – verkommt vor sich hin.

Auf dem Gipfel der Vorderen Rötspitze (3031 m)

Wer nur einen ausgedehnten Spaziergang machen will, schließt sich dem allgemeinen Trend zur *Zufallhütte* an, der längere Weg hinauf zur *Marteller Hütte* wird jedoch mit den wesentlich eindrucksvolleren Ausblicken belohnt, die man von ca. 2600 m Höhe hat. Und warum nicht (Trittsicherheit, Schwindelfreiheit und alpine Erfahrung samt der entsprechenden Ausrüstung vorausgesetzt) auf einen wirklich „leichten" Dreitausender wie die *Vordere Rötspitze*?

• Verbindungen Zur Enzianhütte und zum Gasthof Schönblick führt die **Talstraße**, die auch von den **Bussen** des SAD befahren wird (1- bis 3x pro Tag im Sommer, Nebensaison nur 1x am So, nicht im Winter!).

• Übernachten/Essen & Trinken * **Enzianhütte (Gasthof Enzian)**, Hintermartell 200, Zimmer mit Dusche/WC, TV im Aufenthaltsraum. DZ/FR 50–60 €. ✆/℻ 0473/744755, ganzjährig geöffnet, Gaststätte Fr Ruhetag. * **Gasthof Schönblick**, Hintermartell 199, Zimmer mit Dusche/WC, kein TV im Haus. DZ/FR 62–66 €. ✆ 0473/744776, ℻ 745340, www.gasthof-schoenblick.it, geöffnet März bis Sept.

Tour 28: Bergwanderung auf einen leichten Dreitausender: Vordere Rötspitze und Marteller Hütte

Tour-Info: Hochalpine Wanderung auf einen „leichten" Dreitausender, der im oberen Teil versichert ist. Weganlage und Gipfelkreuz sind der Privatinitiative einer Stuttgarter Bergsteigerfamilie zu verdanken, die sich nun schon in 2. Generation um die Wartung kümmert. Lässt man den Gipfel aus, bleibt eine großartige hochalpine Überschreitung. Dauer 5–6 Std.; Höhenunterschied 1000 m; Anfahrt mit dem Bus von Schlanders. Karte: Tabacco (1:25.000) Blatt 8.

Am Straßenende mit seinem großen Parkplatz (kann sehr voll sein, gebührenpflichtig), der sich bis zur Zufahrtstraße zum Gasthaus Schönblick **A** hinaufzieht, folgt man noch ein Stück der nunmehr autofreien Straße, die im großen Linksbogen zum ehemaligen Hotel Paradiso hinüberführt. Noch in der Kurve

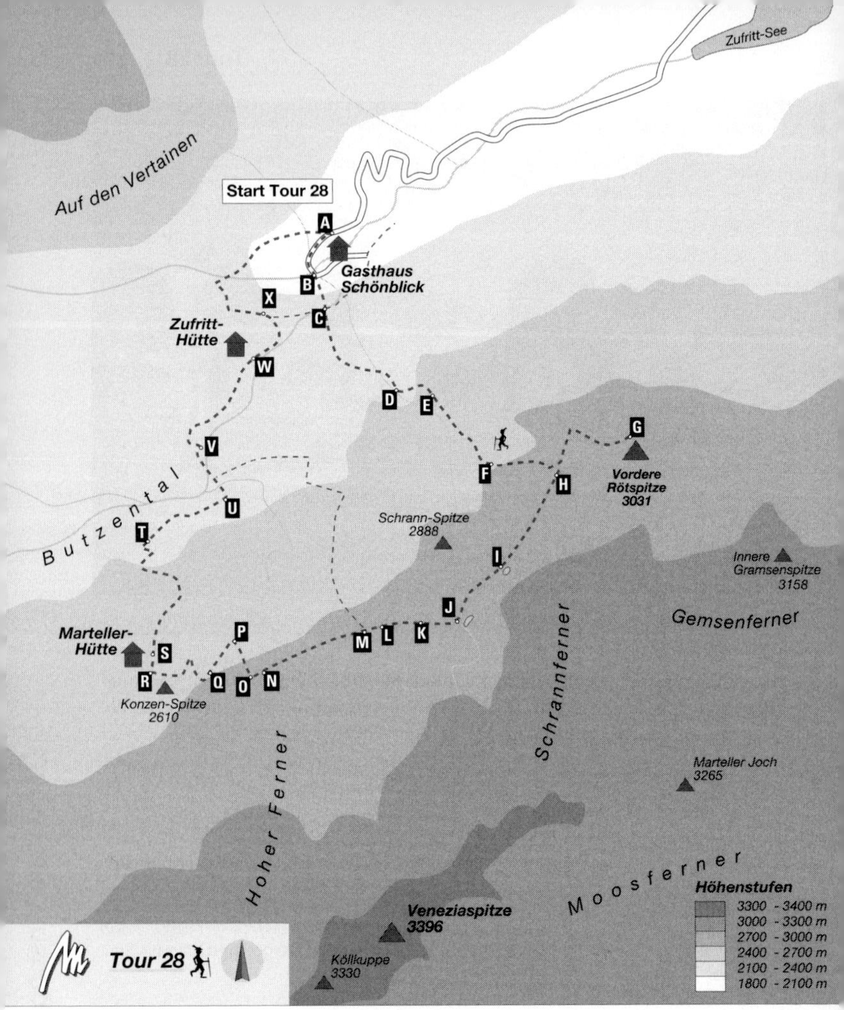

zweigt nach der Brücke rechts Weg 31/ 37 ab **B**, der an einem Weiher entlang in den Wald führt. Bei einem Wegstern **C** geradeaus, dann bei weiterem Stern **D** nach halblinks hoch mit Weg 31 („Schönbichl Vordere Rötspitze"), rechts führt Nr. 37 zur Marteller Hütte). Nicht links mit Panoramaweg 40 weiter!

Der Weg ist deutlich weniger begangen, wird schmaler und schraubt sich relativ steil den Hang in Richtung Vordere Rötspitze hinauf. Ein kleines Kar **E** bietet eine Ruhepause an und die Blicke in den Talschluss zur Suldenspitze (3376 m) und dem Langenferner (der im Vergleich zum riesigen Suldenferner auf der anderen, der Suldener Seite des Kamms, nur ein kleines Gletscherchen ist). Ein größeres Kar **F** empfängt uns und ein frischer, kalter Bach, bis hierher war der Aufstieg wasserlos. Ab hier wird es noch steiler und vor allem wird der Untergrund unangenehm locker, die übelsten Teilstücke sind mit Seilen gesichert.

Der Anstieg ist nichts für Ungeübte. Am Gipfel der Vorderen Rötspitze (3031 m) **G** Aussicht auf die Gipfel und Gletscher der Ortlergruppe und die Gipfelwelt der Cevedalegruppe, in der wir uns befinden.

Abstieg bis ins Kar auf demselben Weg (GPS-Nutzer: Der Abstieg ist nicht erfasst, der Weiterweg beginnt etwas versetzt im Kar bei H), aber nicht wieder zur Anstiegsstelle, sondern zu einem großen, deutlich erkennbaren Felsblock mit Markierungen **H**. Gegenanstieg, ein höher gelegenes Kar wird erreicht **I**, links liegt ein Seelein. Etwas weiter sieht man an einer Stelle auf ein großes Kar mit See **J** und erreicht wenig später eine Scharte **K**, von der aus man einen schönen Blick in den Talschluss des Martelltals hat und zur Suldenspitze. Im weiteren Weg muss eine junge und deshalb noch steile Seitenmoräne eines heute weit zurückgegangenen Gletschers gequert werden **L**, die Grundmoräne ist fast flaches, sandiges Geröll. An der gut gekennzeichneten, nach rechts und abwärts weisenden Abzweigung von Weg 37A **M** links weiter und bald darauf die Hangkante **N** und steil hinunter mit schönen Tiefblicken. Man sieht im Tal den nach links querenden Weg, kann beim Abstieg den markierten Weg verlassen **O** und zu diesem hinüberqueren **P**. Links auf ihm weiter, ein Steg führt über den Gletscherbach **R**. Eine letzte Hürde ist vor der Hütte zu überwinden, grober Blockschutt, bei dem man sehr aufpassen muss. Ankunft an der Marteller Hütte **S** mit herrlichen Ausblicken!

Der Abstieg führt von der Hüttenterrasse in vielen Windungen ins Bachtal, der Plimabach ist der Gletscherbach des Langenferners. Unten angekommen **T**, geht es fast flach nach rechts, dann im Bogen nach links und auf einen großen künstlichen Wall **U** (der Überschwemmungen verhindern soll). Nach links, Rechtsbogen auf dem Wall, man erreicht einen Wanderweg **V**, dem man nach rechts folgt. Die Zufritthütte **W** wird rechts passiert, dann kreuzt man etwas unterhalb den Weg 151 ins Madritschtal **X** und ist bald darauf am Ausgangspunkt angelangt **A**.

• *Essen & Trinken/Hütten* Gaststätten/Hütten am Straßende.

Marteller Hütte (AVS), 2610 m, 28 Betten, 19 Lager, kalte und warme Küche, wenn die Wirtin ihn selbst bäckt, ist der Apfelstrudel aus Mürbteig (typisch für Südtirol) und ein Gedicht! Geöffnet Ende Febr. bis Mitte Mai und von Mitte Juni bis 20. Okt., ✆/℻ 0473/744790, www.martellerhuette.com.

Zufallhütte/Rif. Nino Corsi (CAI Milano), 2264 m, Zimmer und Lager, März bis Okt., ✆/℻ 0473/744785, www.zufallhuette.com.

Schlanders

Schlanders mit seinem überspitzen Pfarrkirchturm – an die 96 m hoch soll seine Spitze sein – ist der wichtigste Ort des Vinschgaus. Fast städtisch mutet seine Hauptstraße an, aber kaum ist man aus dem Weichbild von Schlanders hinaus, befindet man sich auf dem Lande.

Schlanders besitzt ein Krankenhaus, ist der Sitz der Talgemeinschaft und wichtigster Einkaufsort (was auch beworben wird) sowie zentraler Verkehrsknotenpunkt – auf diese Bedeutung nimmt auch die wieder eröffnete *Vinschgaubahn* Rücksicht, die vorläufig in Schlanders endet.

Ein paar Daten zur Geschichte gefällig? Schlanders erscheint erstmals 1235 in einer Schenkung als Pfarre Schlanders an den Deutschen Orden durch Kaiser Friedrich I. (Barbarossa), damals gab es also bereits einen Pfarrort (über die Zeit davor ist nichts bekannt). Um 1260 bauten dann die Herren von Montalban oberhalb von Schlanders eine Burg, sie wurden nach ihr als Herren von Schlandersberg bekannt

Im verkehrsberuhigten Ortskern von Schlanders

(1755 in männlicher Linie ausgestorben). Auch im Ort selbst gab es eine Burg. Die Schlandersburg wurde aber von einem anderen Adelsgeschlecht errichtet, den Herren von Hendl. Die behäbigen Bürgerhäuser des Marktorts täuschen eine friedliche Geschichte vor, die Schlanders nicht hatte. Pest 1348, Bündner Truppen während des Engadiner Kriegs 1499, die den Ort komplett niederbrennen (auch die Kirchen), Bauernaufstand 1525, Pest 1635 und 1636 mit 1000 Todesopfern, Flutkatastrophe 1731 mit 30 weggerissenen Häusern, 1799 napoleonische Truppen (das Schützengelöbnis, das heute noch mit Prozession gefeiert wird, nützte nichts), Blutopfer im Befreiungskrieg 1809 und im Ersten Weltkrieg, italienische Besetzung 1918/19, Option und Auswanderung im Zweiten Weltkrieg – erst nach 1945 konnte man sich's so einigermaßen gemütlich einrichten.

Information/Anreise/Verbindungen

• *Information* **Tourismusverein Schlanders-Laas**, I-39028 Schlanders/Silandro, Göflaner Str. 27, ✆ 0473/737050, 📠 621615, www.schlanders-laas.it.

• *Anreise* **Südtirol-Express**, Busverbindung im Sommer jeweils So von Stuttgart und Ulm nach Schlanders, einfach 60 €, hin/zurück 110 €. Info beim Tourismusverband Vinschgau in Schlanders oder bei der Fa. Klopfer, D-71364 Winnenden, ✆ (D) 07195/7884, 📠 74439.

• *Verbindungen* **Pkw/Parken**: Schlanders hat eine verkehrsberuhigte Hauptstraße und wird von der Staatsstraße SS 38 relativ eng umfahren. Im Ort gibt es jede Menge Parkplätze, darunter 4 Tiefgaragen (gebührenpflichtig wie 2 weitere Parkplätze). Wer in Schlanders wohnt und dort parken will, sollte sich in der nächsten Tabaktrafik oder Bank die elektronische Parkkarte der Gemeinde besorgen. Alle Parkplätze und Tiefgaragen sind in Fußentfernung vom Ortszentrum. Sind alle Parkplätze überlaufen und die Tiefgaragen besetzt, bietet sich der riesige Parkplatz an der Sportzone im Osten des Orts an (gebührenfrei, dort auch Parkmöglichkeit für Camper).

Bus: Verbindungen mit Ober- und Untervinschgau, Meran und Martelltal. **Vinschgaubahn** ab und nach Meran und Mals. Das Pilotprojekt **City Bus** gewährt derzeit kostenlosen Transfer aus den Ortsteilen zum Bahnhof.

Diverses/Einkaufen

• *Diverses* **Krankenhaus Schlanders**, Krankenhausstr. 3, ✆ 0473/738111, zuständig für den gesamten Vinschgau, auch Notdienst.
Zahnärztlicher Notdienst im Krankenhaus Meran, Sa/So 8–10 Uhr, ✆ 0473/263333.

Internet: Bar-Café Cremona, Hauptstr. 50 (Fußgängerzone).

• *Einkaufen* Schlanders wirbt als Einkaufsparadies, und tatsächlich hat die verkehrsberuhigte Innenstadt eine ganze Reihe guter Geschäfte vom Juwelier über den Buchladen bis zum Kindermodengeschäft. Stärkste Konzentration in der Göflaner Str. ab dem Platz vor dem Kulturhaus Karl Schönherr u. die anschließende, platzartig erweiterte Hauptstr. bis zum Dammlplatz mit schickem Benetton-Haus.

Sehr gutes **Brot** in der Bäckerei Preiss (Hauptstr., Beginn Kapuzinerstr.), u. a. die „Feigenstriezen".

Tee- und Kaffeespezialitäten im House of Tea and Coffee, Hauptstr. 37.
An der Vinschgau-Staatsstraße in Richtung Meran rechts großer **Supermarkt** (Eurospar) mit reichlich Parkplätzen.
Der Reiterhof Steinberger, einen Steinwurf vom Stadtzentrum entfernt, ist ein **Demeterhof**, der auf Biogemüse und Vieh spezialisiert ist. Seit 1989 wird biologisch gewirtschaftet, zur Rechten des Hofs ein beispielhafter Bauerngarten mit Gemüse, Salaten, Beeren, Obst und Blumen in bunter Mischung: Reiterhof Steinberger, Mühlgasse 13, ✆ 0473/621267, www.steinberger.it.

Naturkost/Bioladen Aurin, Gerichtsstr. 6.

Markt ist jeden Do, Krämermarkt und landwirtschaftliche Produkte, Plawennpark, Stainerparkplatz.

Sport & Freizeit/Feste & Veranstaltungen

• *Baden/Schwimmen* **Sportzone**, Schwimmbadstr. 12, mit Freibad, Tennisplätzen etc. Das Freibad ist beheizt, große Liegewiese, Mitte Juni bis Saisonende tägl. 9–19 Uhr.
Hallenbad, Sauna und Solarium in der Hauptstr. 7, Nov. bis April tägl. (außer Mo) 15–22 Uhr.

• *Radfahren* Der Tourismusverein organisiert Radtouren und am Freitag und Samstag ein **Fahrradshuttle** ins Langtauferer- und Matschertal – am Tag vorher bis 18 Uhr anmelden! **Radverleih**, Moto Bike Shop, Göflaner Str. 15.

• *Reiten* Z. B. Reiterhof Steinberger, Mühlgasse 13, ✆ 0473/621267, www.steinberger.it.

• *Tennis* 2 Sandplätze mit Flutlichtanlage, Schwimmbadstr. 14, Anmeldung Bar Freizeitanlage, ✆ 0473/621322.

• *Wintersport* → Latsch.

• *Feste & Veranstaltungen* **Kulturhaus Karl Schönherr**, die Stadt leistete sich ein modernes Kulturhaus für Theater-, Konzert und Kinoaufführungen (letztere nur Sa/So) sowie weitere Veranstaltungen, Information unter ✆ 0473/732788, www.kulturhaus.it.

Prozession der Schlanderer Schützen zum Fest Maria Namen zur Erinnerung an ein Gelöbnis von 1799. Die Prozession findet am Sonntag nach Maria Namen (12. Sept.) statt.

Übernachten

***** **Vier Jahreszeiten**, Andreas-Hofer-Str. 8, so fein und exklusiv ist man, dass man sich nicht mit dem Durchschnitt abgibt (und auch nicht im Unterkunftsverzeichnis der Gemeinde vertreten ist). Was nicht heißt, dass man Geschmack hat: Die öffentlichen Räume samt Rezeption sind prätentiös-üppig, aber hart am Gelsenkirchener Barock ausgestattet, die Gartenanlage mit Palmen und Pools ist von Las Vegas inspiriert und von ähnlicher Natürlichkeit (das auffällige Versatzstück „Palast in Knossos" ist typisch für die gesamte Anlage). Aber – man bekommt eine Menge für sein Geld, sowohl in den Zimmern als auch im Sport- und Wellnessbereich (toller Fitnessraum!), im sehr aufmerksamen Service und auf kulinarischem Gebiet (was halten Sie von einem 6-gängigen Abendessen, bei dem der 2. Gang aus einem Fischbüffet besteht, das Austern, Muscheln, Garnelen, Lachs in Blätterteig, Taschenkrebse, Edelfisch geräuchert und als Terrine Steinbutt, Zander und Petersfisch umfasst?). Zimmer und Suiten verschiedenen Typs, Luxussuiten auch auf Schloss Schlandersberg hoch über dem Ort, das ebenfalls dem Hotel gehört. DZ/FR 120–140 €, auch Suiten ab ca. 250 €.

✆ 0473/621400, ✉ 621533, www.hotel-vierjahreszeiten.it.

**** **Zur Linde**, Göflaner Str. 35, das Parkhotel zur Linde gibt sich locker, bunt, modern und ohne Schnörkel – wohltuend unplüschig. Dennoch ist es komfortabel mit Hallenbad und Saunen, Außenpool, großem Garten, freundlichen Zimmern mit Balkon. Das Tirolerische fehlt auch nicht, man trifft es in der Bauernstube mit ihrem Kachelofen und auf der Speisekarte. DZ/HP 90–178 €. ✆ 0473/730060, ✉ 730144, www.parkhotel-linde.it. Restaurant So Ruhetag.

*** **Maria Theresia**, Staatsstr. 15, das komfortable, auffällige Hotel jenseits der Staatsstraße bietet besonders in den Gemeinschaftsräumen für seine Kategorie bemerkenswerten Komfort. Schöner Wasser- und Wellnessbereich mit Hallenbad, Saunen, Whirlpool, Fitnessraum etc., gediegene Verarbeitung des Mobiliars auch in den Zimmern (ein bissl Art Deco, hell, luftig, mit Balkon), Nachteil ist die Lage an der Vinschgau-Staatsstraße. DZ/FR 84–94 €. ✆ 0473/730209, ✉ 730803, www.hotel-maria-theresia.it; Restaurant Mi nachmittags geschlossen.

*** **Goldener Löwe/Schupferwirt**, Dantestr. 6, ehrwürdiger Gasthof, der zum Dreisternehotel modernisiert wurde, im Zentrum und doch ruhig, gutes Restaurant im Haus,, Hallenbad, Sauna, die Zimmer mit Sitzgarnitur, TV, kein Balkon, schöner Innenhof mit Garten/Liegewiese. DZ/FR 58–70 €. ✆ 0473/730188, ✉ 621536, www.goldener-loewe.it; Restaurant Mo Ruhetag.

** **Pernthaler**, Andreas-Hofer-Str. 18, Pension im Zentrum mit wirklich großer, ruhiger Liegewiese und kleinem Kinderspielplatz, Zimmer mit Balkon (kein TV), gutes Frühstücksbüffet. DZ/FR 50–60 €. ✆ 0473/730035, ✉ 746431, www.pension-pernthaler.it.

Schnatzhof, Marconistr. 7, schöne Ferienwohnungen in altem Haus (16. Jh.) und Neubau, großer Garten, Pool, Sauna, Wohnungen komplett ausgestattet (alle Wohn-/Schlafbereich getrennt). Apt. für 2–3 Pers. 65–85 €. ✆ 0473/730532, ✉ 612141, www.residence-schnatzhof.com.

• *In Kortsch* *** **Sonne**, Kortsch 98, ein Gasthof im Ortszentrum, der zwar an- und zugebaut hat, aber den alten Wirtshaustrakt noch nicht von Tirolerschnörkeln überwuchern ließ (im neuen Restaurant tirolert's dafür ganz schön). Seit 2004 Hallenbad, Wellnessbereich und der dritte Stern. DZ/FR 60–72 €. ✆/✉ 0473/730100, www.gasthof-sonne.info. Restaurant Di Ruhetag.

** **Schuster**, Kortsch 188, Garni in den Weinbergen, am Haus und darüber ein paar Obstbäume, eine schöne Liegewiese, Ruhe, ein Zimmer mit blumengeschmücktem Balkon – mehr braucht man eigentlich nicht für einen gelungenen Urlaub. Gleiche Leitung wie Gasthaus Sonne. DZ/FR 45–52 €. ✆/✉ 0473/730522, gasthof.sonne@dnet.it.

• *In Vetzan* **** **Vetzan**, Vetzan 63, das Sporthotel Vetzan gibt sich, was den Sport betrifft, wirklich Mühe: 2 Tennisplätze, Hallenbad, Whirlpool, Fitnessraum, City- und Mountainbikes, man ist Partner des Golfclubs Lana (9 Löcher). Kein Gegenüber, wenn man draußen frühstückt, aber Bergblick. DZ/FR 110–160 €. ✆ 0473/742525, ✉ 742467, www.sporthotel-vetzan.com.

*** **Vinschgerhof**, Vetzan 37, das (Europa-Wander-)Hotel liegt nicht im Ort Vetzan, sondern unten im Etschtal an der Straße nach Latsch, was im Hausprospekt diskret verschwiegen wird. Warum? Sicher, die Aussicht ist hier beschränkter als oben, aber keineswegs schlecht und über Verkehrslärm an dieser Nebenstraße ist nicht zu klagen, die Einrichtungen des Hotels sind in Ordnung oder gar ausgezeichnet (Hallenbad, Saunen, Ruheraum), die Zimmer sind modern, gemütlich und hell – das verkauft sich doch auch so, oder? DZ/FR 72–108 €. ✆ 0473/742113, ✉ 740041, www.vinschgerhof.com. Restaurant Mo und Di vormittags geschlossen.

** **Sonnenberg**, Vetzan 58, familiäre Pension auf dem Sonnenberg, Pool und Liegewiese, blumengeschmückte Balkone, Zimmer mit TV, Frühstücksbüffet, hinterm Haus geht's rauf in den steilen Trockenhang der Vinschgauer Sonnenseite. DZ/FR 46–50 €. ✆ 0473/742968, ✉ 628549, www.pension-sonnenberg.it.

• *In Göflan* ** **Tyrol**, Göflaner Str. 52, das Café mit Pension ist ein Familienbetrieb, dem Wohl des Gastes wird eine Menge Zeit geopfert, in der Hochsaison bliebt da kaum noch was fürs Familienleben, zumal bei den Raichs auch der Café-Betrieb zu bewältigen ist. Für die Gäste steht ein gutes Frühstücksbüffet bereit, es gibt eine schöne Liegewiese, einen Aufenthaltsraum mit TV (TV auf Anforderung in den tadellosen Zimmern mit Balkon) und, darum kommt man hierher, Wanderwege in alle Richtungen. DZ/FR 56–66 €. ✆ 0473/730069, ✉ 746564, www.pension-tyrol.com. Café So Ruhetag.

Essen & Trinken

Restaurant im Hotel Vier Jahreszeiten → „Übernachten".

Schupferwirt/Goldener Löwe, Restaurant des gleichnamigen Hotels, nicht nur schlicht Nudeln (ca. 5–7 €) und Fleisch (Lamm ca. 14 €), sondern auch Gehobenes wie Dinkel-Pilztaschen auf Blattspinat (ca. 7 €). Der andere Eingang des Gasthofs führt in die sehr populäre Bar, da zischt das Bier wirklich frisch. Mo Ruhetag.

Weißes Kreuz, Hauptstr. 127, Gasthof mit Bar, Restaurant/Pizzeria, modern gestaltet, Pizza 6–9 €, italienische Nudelgerichte ab ca. 6 €, Fleisch und Fisch ab ca. 8 €, (Schwertfisch auf adriatische Art), Seefischspezialitäten bis 22 Uhr, Pizzeria bis 23 Uhr.

Hasenwirt, Restaurant-Pizzeria von äußerlich gebremstem Schick, aber guter Essensqualität (3-gäng. Menü ca. 13 €, Pizza ca. 5–10 €), italienische Küche à la Kalbsleber venezianisch und alpin-traditionelle à la Gulasch mit Knödel. Populär bei Einheimischen. Di Ruhetag.

Schuster, Hauptstr. 60, Café-Konditorei, nicht nur üppige Eisbecher, sondern auch Käse-Sahne-, Sacher- und Fruchttorte, Sacherkrapferl, Brioche (gut!), Trockengebäck etc. und ein vorzüglicher Cappuccino.

Widmann, Hauptstr. 9 (neben Hallenbad), Café mit Kuchen, Torten, Eisbechern, Garten und erhöhte Terrasse zur Straße, innen etwas plüschig, viel lokale Klientel. So Ruhetag.

Cremona, Hauptstr. 50, Bar-Café mit Toto/Lotto, Spielautomaten, Stempel- und Telefonwertmarken, Internet – pure italienische Atmosphäre (Südtirol bleibt vor der Tür). Mo Ruhetag.

Prax, Göflan 88, Pizzeria/Eissalon mit schöner Terrasse, die Pizza kommt aus dem Holzofen. Mo Ruhetag.

• *Abends* **Kegelbar**, Eingang von der Garage im Untergeschoss des Kulturhauses (bei der Bushaltestelle Mitte).

Sehenswertes/Ausflüge

Pfarrkirche Maria Himmelfahrt und Spitalkirche: Der weithin sichtbare Turm der Pfarrkirche mit seinem spitzen Helm ist das Wahrzeichen von Schlanders, er ist mit dem Turm der Traminer Pfarrkirche einer der höchsten im Lande. Die Pfarrkirche war ursprünglich gotisch, wurde aber 1758/59 barockisiert, die eindrucksvolle Ausmalung ist von *Adam Mölk*. Den besten Blick auf den Innenraum hat man von der Empore. Auch die Spitalkirche am Dammlplatz wurde als (spät-)gotischer Bau errichtet (1514 nach einem Brand) und ebenfalls barockisiert – auch diese Fresken sind wie in der Pfarrkirche von *Adam Mölk*.

Öffnungszeiten **Pfarrkirche** tagsüber geöffnet, Schlüssel zur **Spitalkirche** beim Hausmeister des Krankenhauses (ein paar Schritte weiter auf der bei der Kirche beginnenden Krankenhausstr.).

Die Schlandersburg: Die Burg der Herren von Hendl wurde in der Renaissance errichtet. Ihr schönster Teil, der zweistöckige Arkadenhof, ist öffentlich zugänglich (im Gebäude heute Stadtbibliothek und Ämter). Schöne Säulen, Portale, Wappen und Fenstergitter.

Wanderung zum Schloss Schlandersberg: Der trutzig-schlichte Bau hoch über Schlanders wurde ebenfalls in der Renaissance errichtet. Er war der Stammsitz der Herren von Schlanders, nach deren Aussterben die Burg an Bauern der Umgebung verkauft wurde. Heute gehört sie den Besitzern des „Hotels Vier Jahreszeiten" im Ort und ist (u. a.) in besonders großzügige Luxussuiten aufgeteilt (keine Besichtigung – Sie müssen schon buchen, um reinzukommen). Man kann hinauffahren (Straße ab Vetzan), viel schöner ist eine Wanderung, die aber nur von guten Gehern in Bergschuhen unternommen werden sollte, denn im Mittelteil handelt es sich um einen recht holprigen, teilweise sogar etwas ausgesetzten Felsensteig!

• *Essen & Trinken* **Jausenstation Fisolgut**, Schlandersberg, ein Bauernhof direkt hinter dem Schloss Schlandersberg. Obstbäume, unter denen man gemütlich sitzen kann, wenn man nicht die schöne Stube vorzieht. Hausgegartes und -gebackenes. Idylle.

- **Kortsch**: Das Bauerndorf hat ein paar schöne alte Höfe, eine spätgotische Pfarrkirche mit Flügelaltar aus der Entstehungszeit (16. Jh.) und einige Kapellchen in der Umgebung. Besonders **St. Ägidius am Schatzknott** ist interessant, dort hat man frühmittelalterliche Fresken freigelegt, und am ersten Fastensonntag findet dort das Scheibenschlagen statt, bei dem junge Burschen ihre Geschicklichkeit beweisen. Früher vergab man an diesem Termin den verantwortungsvollen Posten des *Waalers* für das folgende Bauernjahr. Was das Abschlagen von brennenden Rädern ins Tal damit zu tun hat und warum es anderswo (Vetzan) auf das Fest Herz Jesu überging, weiß man nicht. Am kurzen **Zaalwaal** oberhalb des Orts gibt es übrigens noch eine der heute sehr selten gewordenen Waalschellen. Man erreicht den Waal vom Ägidiuskirchlein auf dem mit „Sonnenberg" bezeichneten Weg.
- **Vetzan**: Hier liegt die Obergrenze des Weinbaus im Vinschgau, und der Ort ist gleichzeitig der älteste Weinbauort des Tals (1170; Erwähnung durch das Kloster Marienberg, zu dem er gehörte). Auch die Esskastanie hat hier ihr so ziemlich höchstes Vorkommen im Tal. Immer wieder gab es katastrophale Hochwasser des Fallerbachs (wer oben zwischen den aufgelassenen Höfen Zuckbichl und Patsch das Tal quert, sieht besonders gut die zerstörerische Gewalt dieses Wildbachs) – 1840 wurde das gesamte Dorf zerstört, seit der Bach verbaut wurde, kann man hoffen, dass eine Katastrophe dieses Ausmaßes nicht mehr auftritt.
- **Göflan und Umgebung**: Der Ort liegt Schlanders gegenüber am Fuß des **Nörderbergs**, wie sich hier der Schatthang des Vinschgaus nennt. Im Ort zwei bedeutende Kirchen, St. Martin mit spätgotischen Flügelaltären sowie St. Walburga. Nicht genug, dass *St. Martin* gleich drei gotische Flügelaltäre besitzt, einer davon ist auch noch von *Jörg Lederer* (linker Seitenaltar), dessen Altar in der Spitalskirche in Latsch jedoch bekannter ist. Figuren wie die Maria mit Kind und zwei weiblichen Heiligen in der Mitte und die Reliefs gehören zu den Meisterwerken des Jörg Lederer. Das kleine Kircherl *St. Walburga* hat ein wunderschönes spätgotisches Inneres mit aufwendig verziertem Netzgewölbe und vielen Wappen herrschender Geschlechter. Von Göflan, das vom Etschtalradweg gequert wird, der hier die Talseite wechselt, gehen Wanderwege und Sträßchen zu den Höfen des Nörderbergs, die auch für Mountainbiker interessant sind.

• *Öffnungszeiten* Besichtigung der beiden Kirchen nach Vereinbarung, ✆ 0473/730155.

• *Wein* Das **Weingut Befehlhof**, Vetzan 17, macht Führungen durch den Betrieb samt anschließender Weinverkostung. Infos und Anmeldung beim Tourismusverein.

Laas

Laas ist das Marmordorf Südtirols. Im südlich verlaufenden Laaser Tal und in großer Höhe über dem Ort befindet sich auf der Nordseite des Ortlermassivs ein riesiges Marmorvorkommen, dessen schneeweiße Qualität schon die Römer hierher führte.

In Laas selbst wurde die romanische Apsis der **Pfarrkirche** aus diesem schönen Stein gebaut. In der Neuzeit hat sich der Abbau im 19. Jh. stark verstärkt, u. a. sind die Löwen vor der Feldherrnhalle in München und das Moltkedenkmal in Berlin aus Laaser Marmor. Auch die Büste Kaiser Franz Josefs mit ihrem üppigen Piedestal, die etwas verloren zwischen Bank und Rathaus steht (Raiffeisenplatz), ist aus Laaser Marmor. 1910 wurde sie bestellt, aber – 1918 war's aus mit dem Kaiserreich – niemals abgeholt. Die neue *Fachschule für Steinbearbeitung* im Ort soll und wird die Tradition der Marmorbearbeitung (des „Weißen Goldes", wie man in Laas gerne sagt) aufrechterhalten.

Skulptur aus Laaser Marmor an der Dorfhauptstraße

Information/Einkaufen

- *Information* **Tourismusbüro**, I-39023 Laas, ☏/℻ 0473/626613, www.schlanders-laas.it. Das Büro liegt an der Hauptstraße (bei der Raiffeisenbank).
- *Einkaufen* Der **Kandlwaalhof**, Kandlwaalweg 10 verarbeitet Produkte aus eigenen Früchten. Verkauft werden z. B. in heimischen Holzfässern gelagerte Apfel- und andere Essige, getrocknete Äpfel, Vinschger Marillen (Aprikosen) und *Palapirn*, die weichen Vinschgauer Birnen, die als erste reif werden und leider kaum transportierbar sind.

Übernachten

- *In Laas* ** **Schwarzer Adler**, Vinschgaustr. 53, flankiert von Bäcker, Metzger und Lebensmittelladen ist der Schwarze Adler ein Teil der Grundausstattung des Orts, solide mit dem Dorfleben verwachsen (nach dem Kirchgang findet hier der Frühschoppen der Männer statt, während die Frauen nach dem Essen schauen). Einfache Zimmer (mit TV), der Verkehr auf der Vinschgaustraße hält sich wegen der Ortsumgehung in Grenzen. Speisesaal mit gedeckter Terrasse zum Garten, gute Nudelgerichte (ca. 4–6 €), ansonsten Schnitzel & Co (8–14 €) und mittags großes Salatbüffet. DZ/FR 48–58 €. ☏/℻ 0473/626140. Restaurant Do Ruhetag.

Zur Krone, vor dem Gasthof an der Hauptstraße wächst eine junge Linde, die der Terrasse bald mehr Schatten geben wird, als jetzt der Fall ist, sodass man die reichliche Brotzeitplatte in aller Gemütlichkeit vertilgen kann. Kleine Gerichte (Toast, Speck), Eisbecher, köstlich die Bruschetta mit Cherrytomaten, Knoblauch und Mozzarella (3 €). Dem Autor wurde ein Cappuccino, den er sicherheitshalber „auf italienische Art" bestellte, mit Sahnehäubchen serviert. Das sei so üblich in Italien, meinte die Servierkraft, Cappuccino bedeute *immer* mit Sahne. Also: bitte Präzision beim Cappuccino-Bestellen. ☏ 0473/686533, Mo Ruhetag.

Greta, Vinschgaustr. 61, populäres Konditorei-Café im Zentrum des Ortes, eigene Produkte vom Obstkuchen über die Torte zum Eisbecher. Mo Ruhetag.

- *In Allitz* **Untertröghof**, Allitz 33, Ferienwohnungen auf dem Bergbauernhof in Prachtlage am Vinschgauer Sonnenberg mit eigenem Kircherl (von 1752). Die 35 qm großen Apartments sind komplett eingerichtet mit TV, Zentralheizung, Balkon oder Terrasse.

Apt. für 2–3 Pers. 35–40 €. ✆/℡ 0473/626170, www.geocities.com/untertroeghof.

Gasthaus Sonneck, Allitz 11, gutbürgerliche und italienische Küche, sehr gut sortierte Wein- und Cocktailbar. Vor allem aber im Sommer zumindest 1x im Monat ein „Vollmondfeschtl", ein langer musikalischer Abend mit Life-Bands jeder Richtung zwischen Rock, Folk und Blues samt Dance-Performances. Infos und Tischreservierung direkt beim Wirt Herbert Thanei, ✆ 0473/626589, Di Ruhetag.

• *In Tannas* ** **Paflur**, Tannas 31, Gasthof und Jausenstation etwas oberhalb des Dorfs Tannas an der Straße hinüber nach Schluderns, tagsüber gut besucht von Auto-Wanderern, die an den Tischen vor dem Haus mit rustikalen Speisen (Speck am Brettl ist der Favorit, es gibt auch warme Tiroler Küche) und Bier ihren Hunger und Durst stillen. Ruhig schläft, wer bleibt. Zimmer mit Balkon, wer eins nach Westen hat, sieht in den Sonnenuntergang im oberen Vinschgau. DZ/FR 48–56 €, ✆/℡ 0473/739977, wellenzohn.helen@rolmail.net; Mo Ruhetag.

• *Auf dem Weg nach Tschengls* **Schgumser Stübele/Hofschank Schgumserhof**, Außerschgumserhof, Gutes vom Bauernhof wie Brettlmerenden mit eigenen Produkten, auch Lammgerichte und Geselchtes mit Kraut. ✆ 0473/626021. Do/Fr 17–24 Uhr, Sa/So 10–24 Uhr.

Sehenswertes/Ausflüge

▸ **Marmor in Laas**: Die Apsis der *Pfarrkirche* aus Laaser Mamor, ein wunderschönes (wenn auch rekonstruiertes) Werk der Romanik, ist sicher das älteste Beispiel dafür, dass man in Laas selbst den Marmor verwendet hat (die Kirche selbst ist jünger und nicht interessant). Auf dem *Friedhof* (der sich entlang der Hauptstraße erstreckt und hinter einer hässlichen Mauer verbirgt) dominiert der weiße Marmor, dass man die Augen schließen muss, wenn die Sonne darauf scheint. Moderne Marmorobjekte befinden sich auf der anderen Straßenseite, dort steht auch in einem Winkel die erwähnte *Büste Kaiser Franz Josefs*. Vor dem Rathaus überlebensgroßer moderner *Torso* à la römischer Imperator. Wer die Brücke über die Etsch nimmt, findet sich von einem schönen *Brunnen* in modernen Formen mit einer auf den Marmor von Laas bezogenen Inschrift.

Im mittleren Vinschgau

▸ **Der Marmorsteinbruch im Laaser Tal**: Gigantische Maschinen werden eingesetzt, um Tausende Tonnen schwere Gesteinsblöcke zu brechen. Eine Transportseilbahn bringt die Blöcke vom Steinbruch *Weißwasserbruch* (auf ca. 1567 m) auf die andere Seite des Laaser Tals, die für die Anlage der komplizierten Fördereinrichtungen besser geeignet war als die Talseite, auf der sich der Steinbruch befindet. Drüben werden sie auf eine ohne Höhendifferenz talauswärts führende Bahnstrecke geladen und von einer Diesellok zum sog. Bremsberg gezogen. Dieser nach Laas hinunterführende Bremsberg mit einer Höhendifferenz von ca. 450 m wurde in den 30er Jahren des 20. Jh. angelegt, seine Hauptaufgabe ist – der Name sagt es – das Ausbremsen der enormen Lasten beim Transport ins Tal. Eine gewaltige Schrägseilwinde transportiert die Blöcke über den steilen Bremsberg hinunter zur Talstation (westlich von Laas), wo eine weitere Diesellok den Marmor zum Lager bringt (Firma Lasa Marmo).

• *Öffnungszeiten* Wer mehr wissen will, kann im Juni und im Oktober jeweils am Sa und von Juli bis September jeweils Di und Do an einer **Marmorführung** teilnehmen, die u. a. eine Großbilddia-Projektion, den Besuch des Marmorwerks und der Fachschule für Steinbearbeitung beinhaltet. Die Führung beginnt jeweils um 13.30 Uhr am Parkplatz der Mittelschule Laas und kostet 7,50 €.

Tour 29: Rundtour mit dem Rad von Laas über Tannas, Schluderns und Prad

Tour-Info: Im ersten Teil sehr aussichtsreiche Rundtour hoch über dem Vinschgau auf wenig befahrener Asphaltstraße, im zweiten Teil Vinschgau-Radweg mit Passagen auf Asphalt, auf Güterweg und auf Staubstraße. Länge ca. 28 km; Dauer 2 Std.; Höhenunterschied ↑↓ 650 m. Karten: Tabacco (1:25.000) Blatt 44; Kompass (1:50.000) Blatt 52. Essen und Trinken im Gasthof Paflur in Tannas, außerdem Gaststätten in Laas, Allitz, Schluderns und Prad.

In Laas (870 m) nimmt man vom Dorfplatz die in Richtung Schlanders führende Straße und biegt am Ortsrand nach links in die Straße nach Allitz und Tannas ab. Am oberen Ende des Schuttkegels liegt rechts Allitz, das man über eine Brücke erreicht (ca. 1100 m), die Straße nach Tannas geht jedoch links und in steilen Kurven weiter. Mehrere Höfe der „Laaser Leiten", wie dieses Gebiet heißt, werden passiert, dann wird die Straße wieder flacher und die Blicke in die Ortler- und die Sesvennagruppe werden immer eindrucksvoller. Tannas, das man nach einer ebenen Passage erreicht, bleibt links, man fährt bei der Gabelung vor dem Ort (1480 m) rechts und in Richtung Schluderns weiter. Vorbei an der Zufahrt zum Gasthof Paflur, der etwas rechts darüber thront, fährt man in das von Nebenbächen zerfranste Tal des Tannaser Bachs, die Höhe bleibt um die 1500 m. Nach einer längeren Passage über dem Sonnenberg von Spondinig, während der man herrliche Ausblicke auf das Stilfser Tal und die Ortlergruppe hat, geht es ab den Gschneirerhöfen auf weiterhin guter Straße (und weiterhin mit Radwegschildern) hinunter nach Schluderns (920 m; die Churburg bleibt rechts oben, wer sie besuchen will, muss bei der ersten scharfen Linkskurve der Straße ab Gschneirer geradeaus weiterfahren. Von der Churburg geht es sehr steil ins Dorf!).

In Schluderns fährt man über die Fußgängerbrücke zum Dorfplatz, an dessen linkem unteren Ende man nach links in die Kugelgasse einbiegt, um bei der folgenden Gabelung die linke Trasse unter der Staatsstraße durch zu wählen. Nach einer zweiten Unterführung links und bei der folgenden Gabelung rechts auf die durch Wiesen in Richtung Prad führende weiterhin asphaltierte Straße. Diese macht einen Doppelknick und quert dann einen Bach und die Etsch. Auf der anderen Seite sofort nach links auf den Vinschgau-Radweg, dem wir nun entlang der Etsch folgen. Nach 2 km abrupt im rechten Winkel nach rechts (Schilder beachten! Wer geradeaus fährt, landet – wie der Autor – in der Prärie) und nach einer querenden Staubstraße (jenseits der Brücke über die „Alte Etsch") links weiter.

Die Weiterfahrt nach Prad führt an den Fischweihern von Spondinig vorbei, um die herumgefahren werden muss, der erste Rechtsknick lässt also auch die Fischweiher rechts. Bei folgender Gabelung im schottrigen Aufschüttungsgebiet des Suldenbachs, „Prader Sand" genannt, rechts halten! Der hier nicht sonderlich gut markierte Radweg (wie so üblich an unübersichtlichen Stellen) führt jedoch generell im rechten Winkel von der Etsch weg in Richtung Prad, sodass man, wenn man diese Richtung einhält, auch auf eventuellen Ab- oder Umwegen Prad erreicht.

Normalerweise kommt man bei den Sportanlagen an den Ort heran, quert gleich dort nach links auf eine Fußgängerbrücke und fährt geradeaus und dann halbrechts ins Zentrum (907 m), man erreicht es gegenüber der Touristeninformation. Hier über die Straße und halblinks weiter, Radwegzeichen und Hinweisschild auf den Campingplatz, den man kurz darauf zur Rechten hat. 2,5 km recht flache Strecke (Güterweg) durch Bauernland, dann Einmündung in eine öffentliche Straße, der man ca. 400 m nach rechts in Richtung Tschengls folgt, um dann einen nach links abzweigenden Güterweg zu nehmen (am Beginn der Steigung). Durch ein Wäldchen fährt man hinüber zur Straße zwischen Tschengls und Eyrs und dann je nach Geschmack links oder rechts weiter. Links ist einfacher: bis zur Etsch, unmittelbar vor der Brücke auf Güterweg nach rechts, der bis knapp vor Laas führt, wo man der Straße nach rechts in den Ort folgt. Rechts ist interessanter, aber eventuell tiefgründiger (nach Regen eine gute Möglichkeit, um sich und sein Rad wirklich voll zu verdrecken): Straße queren und den linken der beiden dort abgehenden Güterwege nehmen, den Schgumser Weg. Abzweigungen nach links in die Obstgärten nicht beachten, ganz rechts bleiben (ein Kanal verläuft links, rechts eine verdeckte Wasserleitung). Wald mit einigen tiefgründigen Stellen, dann weiter am Hangfuß auf Güterweg, der sich allmählich etwas bessert. Der Hof Schgums bleibt rechts, ebenfalls die Schwefelquelle 5 Min. später. Guter Güterweg nach Laas, auf der am Ortsrand erreichten Straße rechts in den Ort und über die Etschbrücke in die Dorfmitte.

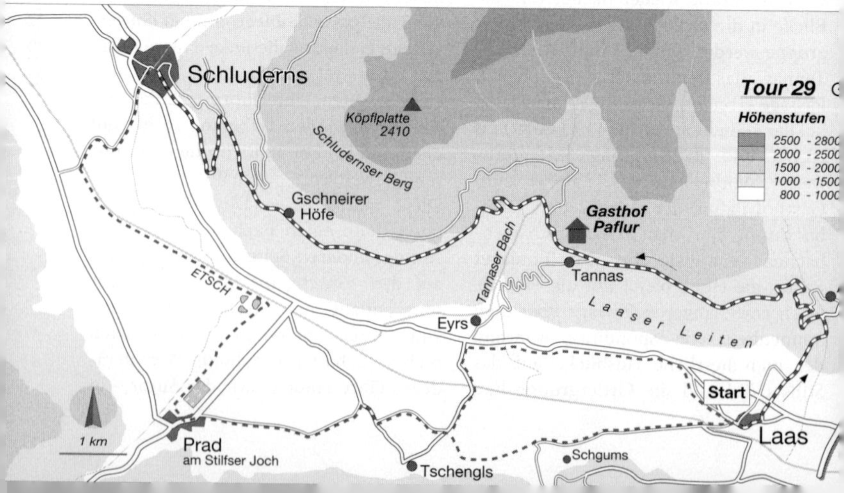

Blick auf die Ortlergruppe

Der obere Vinschgau

Der obere Vinschgau ist eine echte Passlandschaft – die Schweiz, Österreich und die Lombardei sind im Handumdrehen zu erreichen. Burgen und Schlösser zeugen in Schluderns, Glurns, Mals und Burgeis von den Kämpfen um diese kleine Region. Zum Alpenhauptkamm und in die Ortlergruppe führen kurze, steile Täler mit nur wenigen, lange isolierten Dörfern.

Der Kontrast der beiden Talflanken dieses typisch inneralpinen trockenen Tals könnte nicht größer sein. Noch deutlicher als im unteren Vinschgau erkennt man, dass die Südhänge wegen der enormen Trockenheit fast versteppt sind, Heidelandschaft wie die Malser Heide im obersten Vinschgau. Dagegen sind die Nordhänge bewaldet und bekommen als Schatthänge vom Wolkenstau der Ortlerkette einigen Niederschlag ab. Bei Schluderns und Mals macht der Vinschgau einen Richtungswechsel, die windige *Malser Heide* steigt steil zum *Reschenstausee* und zum *Reschenpass (1508 m)* auf. Der ist, wie im Pustertal die Wasserscheide zwischen Toblach und Innichen, viel mehr Verbindung als Trennung, sodass sich auch der historische Vinschgau über die heutige Staatsgrenze nach Nordtirol und Nauders zieht.

Kunst- und kulturhistorisch bedeutende Bauten sprenkeln förmlich diese kleine Passregion. Das präromanische und oftmals erneuerte *Stift Marienberg*, die *Renaissance-Churburg*, *Glurns* mit seinem kompletten Stadtmauerkranz, die karolingischen und romanischen Kirchen in vielen Orten wie *Taufers*, *Mals* oder *Prad*, sie sind Indizien für eine Bedeutung, die der obere Vinschgau nicht mehr hat. Schon die Gotik betraf die Region nur noch am Rande, die Renaissance wirkte nur punktuell, und dann war Schluss. Barockkirchen? Fehlanzeige. Gründerzeitliche Stadterweiterung? Welche Stadt hätte man erweitern sollen. Die Ferne zu den Entwicklungszentren und die Abgeschiedenheit haben uns eine intakte bäuerliche Kulturlandschaft und Natur übermittelt, die von der Industrialisierung nie berührt wurde. Ein Glück für uns Nachgeborene, die hier Erholung suchen und finden.

Information/Verbindungen

• *Information* **Tourismusverband Vinschgau**, I–39038 Schlanders/Silandro, Kapuzinerstr. 10, ✆ 0473/620480, ✉ 620481, www.vinschgau.suedtirol.com. Nur allgemeine Auskünfte zur gesamten Region oberer Vinschgau, die nicht mit der „Ferienregion Obervinschgau" identisch ist, die nur einen Teil dieses Gebietes umfasst! Es erscheinen ein gemeinsamer Hotelkatalog, 2x jährlich der „Urlaubsbegleiter" und meist jährlich kleinere gemeinsame Prospekte (z. B. zum Wandern). Mehr Infos bieten die Büros der 4 Ferienregionen des Obervinschgaus: „Ferienregion Ortler" mit Stilfs, Prad und Sulden, „Ferienregion Obervinschgau" mit Mals, Burgeis, Schluderns und Glurns, „Ferienregion Vinschgauer Oberland" im Bereich Reschenpass und „Tourismusverein Taufers" im Münstertal. Zu diesen Ferienregionen → die jeweiligen Unterkapitel.

Gästekarte Vinschgau: Vinschgau-Urlauber erhalten die Karte kostenlos vom Gastgeber. Damit gibt's Ermäßigungen bei Sport- und Freizeitanlagen, Kinderprogrammen, Eintritten in Kirchen, Klöster, Nationalparkhäuser, auf Seilbahnen und Sesselliften. Gültig im gesamten Vinschgau.

• *Verbindungen* Gute Nachricht für Bahnfahrer und alle, die auf der chronisch überlasteten Vinschgaustraße fahren *müssen*: Die **Vinschgaubahn** zwischen Meran und Mals, lange Zeit aufgegeben, fährt seit 2005 wieder mit modernen Garnituren und wurde begeistert angenommen. Der Fahrplan ist dicht und erlaubt Tagesausflüge ab Meran in den gesamten Vinschgau. Räder werden, wenn Platz ist, ebenfalls mitgenommen (problematisch zwischen 7 und 8 Uhr!).

Wandertaxi: ab Burgeis/Mals mit Zielorten Schlinig, Watles, Planeil, Matsch, Gschneierhöfe. Den Fahrplan gibt es in den Infobüros.

Sport & Freizeit/Feste & Veranstaltungen

Die Tourismusbüros der Ferienregion Obervinschgau veranstalten in der Sommersaison zahlreiche **geführte Wanderungen** im ganzen Vinschgau, aber auch im benachbarten Engadin (z. B. durch die spektakuläre Uina-Schlucht). Prospekt mit genauen Angaben bei den Büros, Feriengäste zahlen einen Beitrag von 8 € je geführte Wanderung.

Besonders interessant ist die **Nacht-Stadtführung** und die speziell für Kinder gedachte Stadtführung **Schatzsuche in Glurns**.

Vinschger Spezialitätenwochen: Einige Vinschgauer Betriebe haben sich zusammengeschlossen und bieten dem Gast übers Jahr verteilt kulinarische Spezialitätenwochen, die von Kräuter und Lamm im Febr./März über Spargel, Blüten & Brennnessel im Mai/Juni und Beeren, Gemüse & Forellen im Juni/Juli bis zu Apfel, Marille, Pilze & Wild im Zeitraum August bis Nov. reichen. Eine Möglichkeit, wirklich jahreszeitentypisch zu speisen und das Feinste aus dem Vinschgau frisch auf den Tisch zu bekommen. Die Broschüre der teilnehmenden Restaurants ist über die Tourismusvereine, den Tourismusverband Vinschgau und www.vinschger-spezialitaetenwochen.it zu erhalten.

Im Käsehimmel

Im Dezember 2005 fand in Schlinig die **15. Vinschgauer Alpkäseverkostung** statt, 28 Almen nahmen mit ihren Produkten teil. Beste Ergebnisse – das bedeutet ohne Makel – gab es bei drei Almen, vor allem der Laatscher Alm, gefolgt von der Mitteralm in Taufers (2003 an erster Stelle) und der Brugger Alm in Burgeis. Die Melager Alm in Langtaufers gewann den Publikumspreis für den am besten schmeckenden Käse. Im Sommer 2005 verbrachten auf diesen 28 Almen 1290 Melkkühe im Schnitt 88 Tage, aus ihrer Milch wurden 102.000 kg Käse und rund 15.000 kg Butter hergestellt.

Der Ortler vom Stilfser Joch

Von Prad zum Ortler

Von Spondinig führt ein Abstecher nach Prad am Ausgang des Stilfser Tals, durch das eine der ältesten modernen Bergstraßen der Welt auf das Stilfser Joch und hinüber nach Bormio ins Veltlin führt, der höchsten Region der Lombardei. Das gesamte Gebiet ist Teil des Nationalparks Stilfser Joch.

Die äußerst kurvenreiche Straße ist ein Dorado für Motorradfahrer und Radsportler und wird in jedem Jahr von Hunderttausenden befahren. Ganz nebenbei hat man in **Trafoi** an der Stilfserjochstraße und von noch weiter oben einen traumhaften Blick auf den König der Ostalpen, den 3905 m hohen **Ortler**. Ein Nebental führt nach **Sulden** mit möglicherweise noch spektakuläreren Blicken auf die Ortlergruppe und einem großartigen Sommerwandergebiet und beliebten Wintersportgebiet (mit einer der neuesten und modernsten Kabinenbahnen der Alpen). Rund um diesen höchsten Berg der Ostalpen (außerhalb der Schweiz) und Fast-Viertausender strecken sich Eisfelder in die obersten Talschlüsse wie bei Trafoi unter der *Trafoier Eiswand* und über Sulden im *Suldenferner*. Bewirtschaftete Hochalmen bieten Bergwanderern Verpflegung, bei der großen Höhe der Gipfelzone liegen die Schutzhütten meist für Wanderer etwas zu hoch und sind oft nur mittels Gletscherquerung zu erreichen. Ein faszinierendes Naturschauspiel sind die Wasserfälle, wenn die Gletscherbäche aus den Hochkaren über Steilwände in die obersten Talschlüsse hinunterstürzen wie in jenem von *Hl. Drei Brunnen* bei Trafoi. Man sollte die Angebote der Nationalparkverwaltung wahrnehmen und geführte Touren mitmachen, um mehr über die Natur dieses faszinierenden Berggebiets zu erfahren.

Information/Verbindungen

- *Information* **Ferienregion Ortlergebiet im Nationalpark Stilfser Joch**, www.ortlergebiet.it. Büros in I-39029 Sulden am Ortler/Solda, Hauptstr. 72, ✆ 0473/737060, 📠 613182, und in I-39026 Prad am Stilfser Joch/Prato allo Stelvio, Kreuzweg 4 c (im Acquaprad-Gebäude), ✆ 0473/616034, 📠 616776.
- *Verbindungen* Die **Busverbindungen** von Mals über Prad nach Sulden sind im Sommer während der Woche (wenn man beide Augen zudrückt) gerade ausreichend – der erste Bus von Mals nach Sulden kommt dort um ca. 9 Uhr an, letzter Bus ab Sulden ca. 18 Uhr, Umsteigen in Spondinig – nach Stilfs sind die Verbindungen jenseits jeder Kritik. Wer aufs Stilfser Joch will, hat praktisch nur eine Möglichkeit: Mals ab ca. 7.30 Uhr, oben an ca. 9.30 Uhr, am Joch ab ca. 16.30 Uhr und Mals an ca. 18.20 Uhr, die anderen 2 Buspaare sind für Touristen uninteressant. Im Winter gibt es an Sonn- und Feiertagen nach Stilfs und Sulden überhaupt keine Busse.

Der Nationalpark Stilfser Joch

134.620 ha Fläche umfasst Südtirols einziger Nationalpark, den das Land sich mit der Lombardei und dem Trentino teilt. Sämtliche Täler rund um den Ortler, eine gesamte riesige vergletscherte Gebirgsgruppe, noch dazu die höchste der Ostalpen (der Ortler ist 3905 m hoch) wurde 1935 (erweitert 1977) unter ständigen Schutz gestellt. Vom ewigen Eis in der Gipfelregion bis zu den Obstgärten (Apfel, Marille) der Täler, vor allem des Vinschgaus, ergibt sich eine faszinierende Abfolge von Natur- und Kulturlandschaften. Zwar sind auch stark touristisch erschlossene Gebiete im Nationalpark integriert (z. B. die Region Sulden, das Stilfser Joch) und die Wasserkraftgewinnung hat ihre unübersehbaren Spuren hinterlassen (Martelltal und Ultental), aber der Großteil des Nationalparks ist wenig oder kaum von Menschen berührtes Naturland, Lebensraum für alpine Pflanzen wie Lärche und Zirbe, Legföhre und Alpenrose und Wildtiere wie Steinbock, Gämse, Murmeltier. In den drei Nationalparkhäusern in Trafoi, Prad und Martell bekommt man einen Überblick der Vielfalt dieses großartigen Nationalparks. Die Eröffnung des Nationalparkhauses für das Ultental in St. Gertraud wurde für 2004 geplant.

Information Konsortium Nationalpark Stilfser Joch/Südtirol, Außenamt Glurns, Rathausplatz 1, I-39020 Glurns, ✆ 0473/830430, 📠 830510, stelviobz@libero.it oder www.stelviopark.it sowie über die Tourismusvereine der Ferienregion Ortlergebiet (s. o.), des Martelltals sowie Ultentals.

Prad am Stilfser Joch

Die Wachtposition am Eingang zur Tal des Suldenbachs hat Prad offensichtlich schon seit dem frühen Mittelalter, will man das heute etwas verloren liegende **Kirchlein St. Johann** als Beweis nehmen. Auch **Lichtenberg** und **Agums**, zur Gemeinde Prad gehörende Dörfer, weisen mit ihren Kirchen auf alte Besiedlung hin. Prad hat eine kontrastreiche Lage, vor sich hat man den nur leicht geneigten Schuttfächer des Suldenbachs mit Resten der einstigen Etschauen, im Rücken steigt der bewaldete *Nörderberg* steil an, mit ein paar wenigen Einödhöfen gesprenkelt. Wie Prad liegen auch Agums und Lichtenberg am unmittelbaren Hangfuß, nur dort ist genug Platz für eine Siedlung. Man sollte sich diese drei Orte genauer anschauen, besonders Prad hat eine ganze Reihe älterer und mittelalterlicher Häuser, so ist das Haus Silbergasse 18 ein echter romanischer Bau.

Information/Diverses

• *Information* **Tourismusverein**, I-39026 Prad am Stilfser Joch/Prato allo Stelvio, Kreuzweg 4 c (im Acquaprad-Gebäude), ✆ 0473/616034, 📠 616776, www.prad.suedtirol.com. Juli bis Sept. Mo–Sa 9–12.30/15–18.30 Uhr, Okt. bis Juni Mo–Fr 8.30–12.30/15–18.30 Uhr, Sa 9–12.30 Uhr.

• *Verbindungen* **Taxi**: Fa. Theiner, ✆ 0473/616207.

• *Sport & Freizeit* **Erlebnisbad Prad**, Kiefernhainweg 37, 2 Becken, Wasserrutschen, Mitte Juni bis Aug.

Fahrräder: **Werkstätte** und Verleih Baldi Sport, Reutweg, ✆ 0473/617071, und Ortler, Silbergasse 11, ✆ 0473/616495.

Kneippanlage am Nickbach zwischen Prad und Tschengls (→ Wanderung von Prad nach Tschengls).

• *Einkaufen* **Markt** am Dienstag.

• *Feste & Veranstaltungen* Am „**Unsinnigen Donnerstag**" (Do vor Faschingsende) findet das **Zusslrennen** statt. In weiße, mit bunten Bändern und Applikationen gekleidete „Zussln" (Masken) lärmen stundenlang mit ihren schweren Schellen und vertreiben so die bösen Geister des Winters und – früher ganz wichtig, als der Vinschgau noch die Kornkammer Tirols war – wecken die Getreidesaat auf.

Übernachten/Camping

• *In Prad* *** **Zentral**, Prads Traditionshotel hat neben seiner namengebenden Lage recht geräumige, zeitgenössisch (nicht unbedingt modern) eingerichtete Zimmer mit getrennter Sitzecke und ein insgesamt angenehmes Ambiente anzubieten (Hallenbad, Sauna, Solarium gibt's auch). DZ/FR 62–84 €. ✆ 0473/616008, 📠 618745, www.zentral.it.

** **Stern**, Silbergasse 1, Gasthof mit populärer Pizzeria (Mo Ruhetag), keine Terrasse! Zimmer mit Balkon, dezent und ohne Schnickschnack (aber mit TV), ruhig. DZ/FR 48–64 €. ✆ 0473/616123, 📠 617056, www.gasthof-stern.it.

Haus Tschenett, Kiefernhainweg 14, Haus in ruhiger Lage mit viel Grün, gutes Frühstück, Zimmer mit Balkon und TV, freundliche Atmosphäre. DZ/FR 40–50 €. ✆/📠 0473/616175, www.haustschenett.com.

• *In Spondinig* *** **Post-Hirsch**, Spondinig 7, an der Abzweigung der Stilfserjochstraße von der Vinschgauer Staatsstraße steht dieses gründerzeitliche Hotel, ein echtes Denkmal der Zeit vor 1914, sowohl außen (4 Türmchen!) als auch innen (sehr schöner getäfelter Speisesaal). Die Tradition hält vor den Zimmern, die modernen Komfort haben und vor den sanitären Einrichtungen, die auf neustem Stand sind samt Freibad. DZ/HP 80–114 € (außer Weihnachten auch mit FR, Abzug 20 €/Tag), ✆ 0473/616021, 📠 617142, www.hotel.posthirsch.suedtirol.com. Restaurant Mi Ruhetag.

• *Camping* **Kiefernhain**, Kiefernhainweg 37, neben dem Freibad, Ostern bis Okt., Gespann und 2 Pers. ca. 17–26 € plus 2,50 € Strom. ✆ 0473/616078, 📠 617277, www.camping-kiefernhain.it.

Sägemühle, Dornweg 12, Luxuscamping mit Hallenbad und Sauna, ganzjährig geöffnet, Gespann und 2 Pers. ca. 24–27 €, Strom 3,50–4 €. In der Hauptferienzeit nur wochenweise. Der Platz bietet auch Ferienwohnungen an (komplett ausgestattet, 2–3 Pers. 34–57 €). ✆ 0473/616078, 📠 617120, www.campingsaegemuehle.com.

Essen & Trinken

• *In Prad* **St. Johann**, St.-Johann-Gasse 7, Pizzeria, aber auch Nudelgerichte, Eis und Kuchen u. a. in der Nichtraucherstube; Di Ruhetag.

Pizzeria im Gasthof Stern (→ „Übernachten")

Café am Platzl, Hauptplatz, Café-Konditorei und Eisdiele, etwas zurückgesetzt am Dorfplatz mit Terrasse, Konditoreiwaren und gutes Eis; Do Ruhetag.

Alpen, Reutweg 38 (von der Hauptstraße in Richtung Spondinig nach links), ein paar Tische auf der Terrasse unter großem Zeltdach, mehr Einheimische als Gäste in diesem Café (nicht an der Durchgangsstraße!), hervorragende Brioche mit Schoko und ein sehr guter Cappuccino für deutlich weniger als man anderswo zahlt; So Ruhetag.

• *In Valnair (Prader Berg)* **Zum Dürren Ast**, Valnair 6 a. Man vermutet in diesem Durchschnittshaus auf der Sonnenterrasse über Prad nicht unbedingt die strikt traditionelle Küche, die das Restaurant der Geschwister Theiner auszeichnet: Knödel und Nockerl natürlich und zwar meist aus Vollwertzutaten, frisches Gemüse und Pilze während der Saison, z. B als Füllung für Teigtaschen, Wild, z. B. Hirschmedaillons mit Heidelbeeren, Almkäse und hausgemachte Nachspeisen wie die Marillenknödel und – selbstverständlich – der Apfelstrudel. Auch das Brot kommt aus dem eigenen Betrieb. Die Rechnung ist bei einem kompletten Menü (ohne Wein) kaum über 20 €. ✆/📠 0473/616638, Fr Ruhetag (nicht Aug.). Um das Lokal zu erreichen, nimmt man in Prad die von Spondinig aus links noch vor der Information abbiegende St.-Johann-Gasse.

• *In Eyrs/Tschengls* **Tschenglsburg**, Restaurant-Café in den frisch renovierten Kellerräumen der Burg, traditionelle Küche, gute Auswahl Südtiroler Weine, auch Grillen und Törggelen im Schlosshof möglich. Ein Stock höher Holzfigurenkabinett à la Madame Tussaud; Do Ruhetag.

Sehenswertes/Ausflüge

▸ **Kirche St. Johann**: Ein schmaler Fußweg führt zwischen Privatgrundstücken zum Kirchlein St. Johann etwas abseits des Sträßchens (und Radwegs) in Richtung Agums und Glurns. Noch vor einer Generation lag es einsam in der Flur, heute ist es von ein paar Neubauten umringt. Die Kirche muss schon vor 1186, als sie zum ersten Mal urkundlich erwähnt wird, existiert haben. Ob sie zu einem Pilgerhospiz gehörte, wie der Namensheilige nahe legt (St. Johann in Taufers ist nicht weit entfernt, und die Johanniter könnten sich hier durchaus niedergelassen haben) ist nicht geklärt. Über die spätere Verwendung ist man besser informiert: St. Johann war bis 1421 die Grablege der Herren von Tschengls und später der Lichtenberger. Dass der Bau romanisch ist, sieht man auf den ersten Blick, vor allem die schöne Rundapsis und die Rundbogenfenster sowie der Turm machen es deutlich. Im Inneren hat man romanische Freskenreste aufdeckt, die besser erhaltenen Fresken entstanden um 1400 in gotischem Stil.

Schlüssel zur Kirche bei Fam. Rungg, St.-Johann-Gasse 6.

▸ **Nationalparkhaus Aquaprad**: Das 2003 eröffnete dritte Nationalparkhaus auf Südtiroler Boden (es gibt auch eines im Veltlin) ist dem Wasser gewidmet (2003 war das Internationale Jahr des Wassers, das traf sich also gut). In einem ästhetisch ansprechend schlichten Bau befinden sich 12 Aquarien, die mit der Welt des Wassers in den Bergen des Vinschgaus bekannt machen, daneben gibt es einen Freilandteich und ein – bei Kindern sehr beliebtes – Streichelaquarium. Größte Attraktion: das 15 m lange, leicht abfallende Bach-Aquarium mit Saibling und Bachforelle. Im Seeaquarium mit 150.000 l Wasser befinden sich 10 verschiedene Fischarten dieser Lebensgemeinschaft. Diese und andere Fische aus den heimischen Seen und Bächen sowie die Biotopgruppen Moor und Auwald sind einige Themen, die im Obergeschoss noch detaillierter in der Ausstellung „Natur formt Mensch – Mensch formt Natur" vorgestellt werden.

Öffnungszeiten Von Weihnachten bis Allerheiligen Di–Fr 9–12/14.30–18 Uhr, Sa/So/Fei 14.30–18 Uhr. Eintritt 6 €, erm. 4 €. Information ✆ 0473/618212, www.aquaprad.com. Kreuzweg 4 c.

▸ **Agums**: Die **St.-Georgs-Kirche** im nahen Dorf Agums ist ein spätgotischer, um 1700 barockisierter Bau. Ein gotisches Kreuz, der „Große Herrgott", hat zahlreiche Wunder gewirkt, sodass die (1971 durch einen Brand beschädigte und komplett renovierte) Kirche zur Wallfahrtskirche wurde. Die eingemauerten Steinskulpturen eines Greifs und eines Wolfes zeigen, dass vor dem gotischen bereits ein romanischer Bau existierte.

Öffnungszeiten **St. Georg**: im Sommer tägl. 10–12/14–16 Uhr.

▸ **Burgruine Lichtenberg**: Oberhalb des Weilers Lichtenberg steht auf einem bereits prähistorisch besiedelten Hügel die gleichnamige, sehr eindrucksvolle Burgruine. Wuchtig und gut erhalten der runde, 20 m hohe Verteidigungsturm neben dem Eingang, er entsprach im Baujahr 1520 modernster Kriegstechnik, da er Vorfeld,

Versunken im Reschensee: der Kirchturm von Graun

▲▲ Sonniger Waalweg über Naturns
▲ Radeln im Vinschgau, Vergnügen für Familien und Cracks

Burgeis, Fürstenburg und Kloster Marienberg ▲▲
Der Ortler, gesehen vom Stilfser Joch ▲

▲▲ Ultner Talschluss mit einem einsamen Schaf
▲ Radeln im Vinschgau, im Zweifelsfall durch Apfelgärten

▲▲ Kartäuserdenkmal in Karthaus im Schnalsta

Eingang und Hauptfront überblicken und durch Gewehrfeuer verteidigen konnte. Im Torbereich die *Johanneskapelle* von 1575, geweiht durch den Burgherrn Johann Jakob Khuen, damals Erzbischof von Salzburg. Die anderen Teile der Burg sind Ruine, ein Bergfried wurde (noch) nicht identifiziert. Wer sich den seltenen profanen *mittelalterlichen Freskenzyklus* aus der Burg ansehen will, muss das Ferdinandeum in Innsbruck besuchen, wohin er 1912 nach seiner Ablösung verbracht wurde, an den Wänden der Burg blieben nur Schatten (durch die Tiefenwirkung der Farben, wie beim Bild einer Reigens).

Öffnungszeiten Ostern bis Okt., Besichtigung nur mit Führung jeweils Mi um 14 Uhr, Voranmeldung im Infobüro Prad bis 12 Uhr nötig (✆ 0473/616034), Eintritt 2 €. Lichtenberg erreicht man von Prad über Agums, von Glurns über die Straße nach Prad.

Stilfs

Ein Bergdorf wie aus dem Bilderbuch, heute mit guter Zufahrtsstraße, die sich aber, wo sie den Ort erreicht, zur Dorfstraße verwandelt, um noch vor der Kirche als Fuhrweg zu versickern. Dass sich hier alte Bräuche wie der sicher heidnische Fruchtbarkeitskult der „Zussln“ im Fasching und der Umzug der „Klosn“ zum Nikolaustag erhalten haben, wundert nicht. Was heute so abgeschieden wirkt und nur durch die Stichstraße erschlossen auch ist, lag früher am Wege: Stilfs lag an einem hoch über dem unteren Suldenbachtal verlaufenden *prähistorischen Saumweg,* und die ältesten Verbindungen aus dem Vinschgau in die Berge, zum Stilfser (!) Joch und ins Veltin, also in die Lombardei, liefen über den Ort. Aber das ist lang her, denn 1820 bis 1825 entstand die Stilfserjochstraße, die Stilfs schnöde auf seinem steilen Berghang hängen lässt und tief unten im Tal verläuft. Stilfs hatte im Mittelalter einige Einnahmen aus Silber- und Bleiglanz-Bergbau, in der Neuzeit war es ein armes Dorf, das wie so viele andere „Schwabenkinder“ zur Sommerarbeit nach Süddeutschland schicken musste, damit die Familien überleben konnten. Heute hat der Tourismus die Einnahmen gebracht, die es ermöglichen, hier oben zu überleben.

Das **Dorfmuseum** will einen Eindruck von Geschichte und Entwicklung des bis vor wenigen Generationen rätoromanischen Dorfes geben. Interessant vor allem die alten Bräuche zum Nikolaustag, Fasching, Pflugziehen im Frühjahr etc. Im Dorf sind einige Tafeln mit dreieckigem Grundriss aufgestellt, die weitere Infos geben, die eine oder andere leider so, dass man einen Teil der Tafel nicht lesen kann (z. B. jene am Brunnen). Rotwild und Rehe gibt es in einem ausgedehnten **Wildgehege** zu beobachten – toll vor allem für Kinder! (Zu erreichen über das von der Zufahrtstraße nach Stilfs abzweigende Sträßchen nach Platz, von dort aus die geradeaus weiter führende Verbindung ins Platztal nach Fragges.)

- *Öffnungszeiten* **Museum** im Haus der Dorfgemeinschaft, Mai bis Nov., Mo–Sa 10–12/16–18 Uhr.
- *Feste & Veranstaltungen* Stilfs hat einen weitum bekannten **Nikolaus-Umzug** (6. Dez.), genannt „Klosn“ (das Wort kommt wahrscheinlich von Nikolaus). Dieser wird von Jahr zu Jahr stärker durch die „Esel“ okkupiert, in bunte Fetzen bekleidete und mit Tiermasken vermummte Burschen, die um die Hüften ebenfalls von Jahr zu Jahr größer werdende Glocken gebunden haben. Wie auch im süddeutsch-österreichischen Raum die Krampusse sind diese Begleiter des hl. Nikolaus nicht ganz angenehm, sie machen nicht nur gewaltigen Lärm mit ihren Glocken, sondern versetzen auch schmerzhafte Hiebe mit ihren Ruten und kneifen und zwicken gerne, was besonders hübsche junge Mädchen zu erdulden haben. Der Nikolaus geht daneben fast unter – ein Phänomen, das auch anderswo zu bemerken ist (→ Toblach).

Wie in Prad (s. o.) finden auch in Stilfs am „**Unsinnigen Donnerstag**“ im Fasching die Zussl-Rennen statt, die sich auf heidnische Fruchtbarkeitskulte zurückführen lassen, die dem Aufwecken der Wintersaat dienten.

Geführte Wanderung Fragges – Stilfser Alm mit Almbesichtigung im Juli/Aug. jeden Di, Infos bei jedem Vinschgauer Tourismusbüro (das Tourismusbüro Gomagoi, wo man sich bisher traf, ist bis auf weiteres geschlossen); Erw. 7,50 €, Kinder bis 14 gratis.

• *Übernachten/Essen & Trinken* *** **Stilfser Hof**, gutbürgerlich-traditionelles Haus an der Einfahrt nach Stilfs, Zimmer mit gutem Komfort. DZ/FR 60–80 €. ✆ 0473/611740, 📠 611545, www.hotel-stilfserhof.com.

▶ **Ausflug auf die Stilfser Almen**: Die wohl schönste Wanderung ab Stilfs führt auf die Stilfser Almen, die bewirtschaftet sind. Man nimmt im äußeren Dorf den Kirchweg (Weg 6), der nach Falatsches hinaufführt, einem Weiler im Tramentantal (bis hierher auch Fahrstraße, jedoch ab Platz für Ortsfremde gesperrt). Etwas höher zum Fahrweg (mit Nr. 4), der auf derselben Talseite weiter bergan führt. Wo er in einen querenden Güterweg einmündet, mit diesem nach rechts und zur **Unteren Stilfser Alm**, die **Obere Stilfser Alm** liegt in Steinwurfentfernung etwas höher. Zurück auf demselben Weg oder ca. 1 km auf dem Güterweg zurück und dann rechts fast eben weiter mit Weg 2 zum *Tiergehege Fragges,* von wo aus ein Sträßchen mit beschilderten Fußwegen (Nr. 7 über Platz und Pascht hat die längeren Fußwegstrecken) nach Stilfs hinunterführt.

Essen & Trinken **Obere Stilfser Alm**, 2057 m, Jausenstation, Verkauf von Almbutter und -käse, geöffnet Juni bis Okt.

Trafoi

So klein Trafoi ist, so vielseitig ist es: Der Ort liegt in einem wiesengrünen flacheren Abschnitt des vom Suldental abzweigenden Trafoitals, überragt vom Ortler, der Trafoier Eiswand, den Madatschspitzen.

Das nahe Wallfahrtskirchlein bei den Heiligen Drei Brunnen wirkt winzig unter den Wasserfällen, die über die Felswände vom Madatschferner, Trafoier Ferner und Nasenhornferner herunterstürzen. Frauenschuh wächst im lichten Bergwald, der den Ort umgibt. Ganz einsam steht Trafois neugotische Kirche in den Wiesen oberhalb der Siedlung.

Trafoi verbindet sich für viele Zeitgenossen mit dem Namen *Gustav Thoeni,* dem aus dem Ort stammenden Skifahrer und mehrfachen Olympia- und Weltmeisterschaftsgewinner. Für Wintersportler in der Region verbindet sich sein Name konkret mit der hiesigen Skischule: *Skischule Trafoi Gustav Thöni* (die sich die Adresse www.trafoi.com gesichert hat – das war jemand schneller als die Gemeinde).

Diverses/Sport & Freizeit/Feste & Veranstaltungen

• *Diverses* **Taxi**: Fa. Angerer, ✆ 0473/611548.

• *Wintersport* Trafoi ist eines der 11 Skigebiete der **Ortler Skiarena** (→ S. 58). 1 Sessellift, 3 Skilifte, 15 km Pisten, 6 km Langlaufloipe, Infos über Tourismusverein oder Ortler Skiarena sowie Furkelhütte, ✆/📠 0473/611577, www.ortlergebiet.it. **Skischule Trafoi Gustav Thöni**, ✆ 329/86199130, www.trafoi.com. **Skiverleih** bei Sport Express, Hauptstr. 54

• *Radfahren* **Verleih** bei Sport Express, Hauptstr. 50.

• *Feste & Veranstaltungen* Die **Heilige-Drei-Brunnen-Prozession** findet am Pfingstmontag statt. Eine Gruppe lediger Burschen trägt dabei das Gnadenbild von der Kirche in Trafoi zur Wallfahrtskapelle Drei Brunnen. Ende Sept. kehrt die verehrte Gottesmutter dann wieder in die Kirche von Trafoi zurück.

Übernachten/Camping/Essen & Trinken/Abends

*** **Hotel Madatsch**, Trafoi 31, Hotel mit viel Atmosphäre und langer Tradition, komfortabel und gemütlich eingerichtet: Hallenbad, Wellnessbereich, Rad- und Skiverleih (Sommerskigebiet), Kleinbusse für vom Haus veranstaltete Ausflüge. Zimmer bes-

Trafoi: Naturatrafoi, Kirche und Ortlergruppe

tens ausgestattet (mit Internetanschluss). DZ/HP ab 90 €. ✆ 0473/611767, 611540, www.hotelmadatsch.it. Geöffnet Juni bis November.

** **Franzenshöhe**, Stilfserjochstr. 38, Hotel in 2188 m Seehöhe auf halbem Weg zwischen Trafoi und Pass, etwas abseits der Straße, Juli bis Anf. Okt. geöffnet, sympathisch-altmodisch, sportbetont (Hallenbad, Sauna, Tennis, auf der Terrasse rasten Radler und Motorradfahrer), schlichte Zimmer. DZ/FR 58–110 €. ✆/ 0473/611768, www.franzenshoehe.com.

*** **Bellavista**, das „Familienhotel", ein traditionelles Haus, wird von Petra Thoeni, Tochter Gustav Thoenis geleitet, der Ausblick auf die Ortlergruppe ist unübertroffen, die Ausstattung gut (z. B. Safe im Zimmer, Sauna, Dampfbad, Whirlpool). DZ/HP 92–110 €. ✆ 0473/611716, 612250, www.bellavista-suedtirol.com.

Camping Trafoi, Juni bis Okt., ✆ 0473/61533, liegt zwischen Trafoi-Ort und Hl. Drei Brunnen, grün und teilweise schattig, auf jeden Fall idyllisch.

• *Abends* **Stimmungsstübele** im Hotel Madatsch (s. o.), Pub-Dancing.

Sehenswertes/Ausflüge

Nationalparkhaus Naturatrafoi: Der gebremst futuristische Bau in Trafoi sieht auf den ersten (und auf den zweiten) Blick wie eine Liftstation aus. Drinnen erkennt man bald, dass hier was anderes geboten wird als eine Aufstiegshilfe (außer der intellektuellen, natürlich): „Leben an der Grenze" heißt das Thema des Hauses. Mit „Grenze" ist sowohl die Lebensgrenze im Hochgebirgs gemeint als auch die Lage des Nationalparks an der Dreiländergrenze von Südtirol, der Schweiz und der Lombardei. Im Erdgeschoss (freier Eintritt) wird die Kampfzone des Lebens in den Bergen thematisiert, der Höhenstreifen zwischen der oberen Waldgrenze und dem Eis der Gletscherregion. Im ersten Stock wird das Thema vertieft, u. a. durch Filme und Videos. Auch für Kinder attraktiv, viele Exponate können und sollen berührt werden. Die Bibliothek ist wie die PCs mit Internetanschluss frei zugänglich.

Öffnungszeiten Von Weihnachten bis Mitte April und etwa vom 10. Mai bis Okt. Di–Fr 9–12 und Di–So 14.30–18 Uhr, Eintritt 3 €, erm. 2 €; ✆ 0473/612031, 612284, http://naturatrafoi.com. I-39020 Stilfs, Trafoi 57.

▸ **Auf die Furkelhütte**: Wenige Besucher von Trafoi können der Anziehungskraft des Sessellifts auf die Furkelhütte widerstehen, der sie aus dem oberen Ortsteil und 1500 m Höhe auf 2153 m Höhe schweben lässt. Und in eine Panoramalage, in der man den Ortler unmittelbar vor sich hat. Muss man mehr sagen?

Von der Hütte lassen sich nicht allzu viele Wanderungen machen, aber diese sind wegen ihrer Ausblicke sehr eindrucksvoll. Ganz einfach ist der Spaziergang hinüber zur fast gleich hoch gelegenen **Prader Alm**, wo man einkehren und auf dem Wirtschaftsweg gemütlich zurückbummeln kann. Ein technisch anspruchsloser alpiner Pfad führt über das Schafseck auf den **Schafberg/Piz Minschuns** (2935 m) auf dem italienisch-schweizerischen Grenzkamm (Weg 24, hin/zurück ca. 3:30 Std.). Wesentlich anspruchsvoller und mit ständig wechselnden Ausblicken auf die Ortlergruppe gesegnet ist der Weg hinüber zum **Stilfser Joch** (Weg 20, Goldseeweg und Wormsionssteig, ca. 4 Std.), von wo man mit dem Bus zurück nach Trafoi fährt.

• *Bergbahn* **Seilbahn Kleinboden** (Trafoi – Furkelhütte) Juni bis Anf. Okt. tägl. 8.30–12.15 und 14–17 Uhr, Berg/Tal 9 €, Kinder 5 €, nur Berg 7,50/4 €.

• *Hütten* **Furkelhütte/Rifugio Forcola**, 2190 m, geöffnet Juni bis Mitte Okt. und in der Wintersaison; von Trafoi (Hotel Madatsch) auf Weg 17 über die bewirtschaftete **Prader Alm** in ca. 1:30 Std.

▸ **Zu den Hl. Drei Brunnen und zur Berglhütte**: Idyllisch liegt am Waldrand auf einer großen Wiese das Kirchlein Hl. Drei Brunnen. Der Talschluss ist nahe, Wasserfälle stürzen von den Gletscherzungen herunter, Eis blitzt vom Ortler (3905 m), von der Trafoier Eiswand (3563 m) und der Hinteren Madatschspitze (3432 m) herunter. Im Jahr 1229 sah ein frommer Hirt namens Moritz aus dem Fels drei Quellen entspringen, jede führte ein Holzkreuz mit sich. Zwei fing der Hirte auf, das dritte wurde fortgeschwemmt. Das Wunder führte zu einem Kapellchen, einer Einsiedelei, dann einer Wallfahrtskirche (1701). Im benachbarten Kapellchen bricht immer noch Wasser aus dem Felsen, es ist jedoch nur eine einzige Quelle, die in drei Strahlen geteilt wird. Viele Wunder haben sich hier ereignet, die Votivbilder, vor allem aber die zurückgelassenen Krücken und die Wachs- und Holzvotivgaben von Gliedmaßen zeugen davon (im Inneren der kleinen Wallfahrtskirche, die sonst wenig Interessantes zu bieten hat).

Lust auf mehr? Nur 1:30 Std. höher liegt die kleine **Berglhütte**, wo man sich gepflegt stärken kann – bei einmaliger Aussicht!

• *Anfahrt/Fußweg* Ein Sträßchen führt von Trafoi bis zum Steg über den Trafoier Bach, alternativ nimmt man ab Trafoi den Weg zum Campingplatz und erreicht dort die Straße (großer Parkplatz am Straßenende). Schön ist ein Rundweg: Man quert nicht über den Steg zur Kirche, sondern bleibt auf der ab hier gesperrten Straße und nimmt von deren Ende den Wanderweg, der unterhalb der Wasserfälle im Bogen zurück zum Kirchlein führt.

• *Hütte* **Berglhütte/Rifugio Borletti**, 2191 m, Juli bis Mitte Sept., ✆ 330/456445, guter Wanderweg Nr. 15, unmittelbar ab der Wallfahrtskirche Hl. Drei Brunnen (Schilder), ca. 1:30 Std.

▸ **Stilfserjochstraße**: Zwar beginnt sie in Prad (oder gar in Spondinig), aber erst ab Trafoi wird sie zu der kühnen kurvenreichen Bergstraße, die immer wieder Etappenziel eines *„Giro d'Italia"* ist. Die zwischen 1820 und 1825 von österreichischen Militäringenieuren trassierte und vom österreichisch-ungarischen Heer errichtete Stilfserjochstraße entstand aus rein strategischen Gründen: Sie bot eine neue und direkte Verbindung zwischen Tirol und damit Altösterreich und der wieder gewonnenen und (damals) neuerdings aufmüpfigen Lombardei. Die höchste öffentliche Passstraße Europas weist 48 Kehren auf, sie überwindet fast 1800 Höhenmeter von

Spondinig im Etschtal bis zur Passhöhe auf 2758 m. Allen, die sie benützen, sei gesagt, dass sie ein äußerst gefährliches Pflaster ist: Die Stilfserjochstraße steht nach Untersuchungen des Italienischen Automobilclubs ACI-Istat an der Spitze der Unfallhäufigkeit italienischer Straßen. Gründe dafür sind die überaus kurvenreiche und streckenweise enge Trasse der Stilfserjochstraße und die Unwilligkeit oder Unfähigkeit ihrer motorisierten Benutzer – vor allem vieler Motorradfahrer –, sich diesen Bedingungen zu unterwerfen.

• *Maut* Ab Frühjahr 2006 ist für das Befahren der **Stilfserjochstraße** (ab Trafoi) eine Maut geplant, sie soll für Pkw und Motorräder jeweils 5 € betragen (Busse 25 €). Der **Umbrailpass** bleibt mautfrei, man wird hier mit starker Verkehrszunahme rechnen müssen! Parallel ist ein regelmäßiger Busdienst auf das Stilfserjoch geplant (bisher nur sehr sporadisch).

Radtour auf das Stilfser Joch: Die Rundtour Prad – Stilfser Joch – Passo Umbrail/Wormser Joch – Taufers – Prad gehört zu den wirklich unverzichtbaren Radtouren in Südtirol. Die ca. 60 km und 2000 Höhenmeter im Auf- und Abstieg schafft man als einigermaßen trainierter Radler in 5–6 Std. Einmal im Jahr gehört die Stilfserjochstraße ganz den Radlern, nämlich am letzten Sonntag im August. Am 30. August 2003 stand Ludwig Blaas, ein 68-jähriger Radler aus Schluderns, zum 220. Mal mit seinem Rennrad auf dem Stilfser Joch. Seine erste Fahrt hatte er als Radanfänger 1977 unternommen. 2005 stand er wieder oben mit dem Rad – mit 70 und als Teilnehmer der Aktion „Stelvio over 70“, die 50 „70plus-Athleten“ auf den Pass brachte. Ein Eintrag fürs Guinness-Buch der Rekorde? Der **Radtag 2005** auf dem Stilfser Joch lockte 5138 Radfahrer auf den Pass, oben gab's dann zum Abschluss ein großes „Radlerfest“.

Information Über Fremdenverkehrsverein und unter www.stelviobike.com.

Radler auf dem Stilfser Joch

Das Stilfser Joch: Zum Trubel der Bergstraßenfreaks und Ausflügler kommt auf dem Stilfser Joch der **Sommerskilauf** der von Ende Mai bis Anfang November möglich ist. Das Skigebiet reicht von 2757 m auf der Passhöhe bis knapp 3400 m am „Trincerone“ (benannt nach dem italienischen Wort für Laufgraben – eine Stellung aus dem Ersten Weltkrieg). Dass es militärische Einrichtungen aus diesem Gebirgskrieg waren, die das Ortlergebiet bereits vor 90 Jahren durch Seilbahnen erschlossen, lässt uns die Beeinträchtigungen der Natur, die der Sommerskilauf verursacht, vielleicht in einem etwas milderen Licht sehen.

Wer das Stilfser Joch als **Wanderer** besucht, vielleicht von Trafoi mit dem Bus heraufgekommen ist, kann von hier aus eine schöne Tour machen, die ihn in

Der Gebirgskrieg in der Ortlergruppe

Der Nationalpark Stilfser Joch ist heute noch Grenzbereich, aber nur noch innerhalb Italiens und zur Schweiz. 1915, bei Kriegsbeginn zwischen Österreich-Ungarn und Italien, bildete die Hauptkette jedoch die Staatsgrenze. Bereits kurz nach Kriegsbeginn wurde die Grenze durch Hochgebirgsstellungen gesichert. Bis auf den Monte Zebrú entstanden auf allen Gipfeln ständig besetzte Stellungen. Auf dem Ortler-Vorgipfel ging eine österreichische Kompanie mit einer 10,5-cm-Kanone in Stellung, sie ist mit 3860 m Höhe die höchste Artilleriestellung der Weltgeschichte. Auf der Hohen Schneid (3441 m) hatten Alpini und Gebirgsschützen Stellungen in Sichtweite. Die von den Italienern besetzte Stellung auf der Trafoier Eiswand (3563 m) wurde im September 1917 von den Österreichern im Handstreich genommen. An der Puna San Matteo (3692 m) fanden noch im August 1918 Kämpfe statt, als die Stellungen der Österreicher in einer Gletscherspalte zuerst von den Italienern erobert und dann von den Österreichern rückerobert wurden. Bis 8 m wurde der Schnee hoch, Temperaturen von -40° wurden erreicht, die Verluste auf beiden Seiten waren enorm. Noch heute sind in der Ortlerregion Reste des hochalpinen Stellungskriegs zu finden, eine große Anzahl von Büchern hat sich damit beschäftigt und aus der blutigen Kriegsgeschichte ein kulturgeschichtliches Faszinosum gemacht.

wenigen Stunden auf gutem Weg (Nr. 20, ca. 4 Std.) zur *Furkelhütte* (s. o.) bringt. Von dort aus fährt man mit dem Sessellift Kleinboden wieder nach Trafoi hinunter.

Bergbahn **Seilbahn Stilfser Joch – Trincerone**, Ende Mai bis Anf. Nov. tägl. ca. 8–17 Uhr, Information ✆ 342/903030.

Das Suldental

Sulden nennt sich der von den Eisriesen Ortler, Zebrú, Königspitze und Suldenspitze überragte Talschluss des Suldenbachs und der dort entstandene Ort. Ehemals stand hier eine Handvoll Bauernhöfe, vom Mittelalter bis 1775 wurden Eisenerz und Kupferkies abgebaut.

Ein hartes Leben: Kälte, Lawinen, im frühen 19. Jh. der vorrückende Gletscher, der zur Aufgabe der höchsten Höfe zwang (Gampenhöfe, 1818). Das ist nur noch fast vergessene Geschichte: Als der neue Ortskurat Johann Eller 1863 nach Sulden kam, betrieb er Hotelbau und Straßenbau, und die Fremden kamen, angelockt von der Strahlkraft des Namens Ortler, des höchsten Bergs der Donaumonarchie (Kaiserin Sissi was here). Hütten entstanden und Hotels, und die Anstiege auf den Ortler und die anderen Gipfel in der Runde wurden Modewege. Später folgte der Skilauf, die 1975 errichtete Gletscherseilbahn zur Schaubachhütte setzte den vorläufigen Schlusspunkt. Sulden ist heute ein weltweit bekannter Skizirkus der ersten Kategorie, vor allem besucht von oberitalienischen Skifahrern, aber auch von zahlreichen Deutschen, Österreichern und Schweizern. Der Ortler, höchster Berg der Ostalpen mit 3905 m, und die anderen Eisgipfel locken im Sommer Bergsteiger aus aller Welt an, und eine ausufernde Hotellerie garantiert Wohlstand für die Bevölkerung und Komfort für die Kunden. Sulden ist nichts für Spaziergänger und nicht unbedingt ein Wanderer-Dorado, es dominieren Steige und alpine Anstiege.

Dem Wintersport hat man gerade wieder einen Kick gegeben: Die Kabinenbahn vom Talschluss zur Schaubachhütte und ins Madritschgebiet wurde gänzlich neu und in modernem Design errichtet und schafft nun die doppelte Anzahl von Skifahrern zur Piste: 220 Personen je Fahrspur, das ergibt alles in allem 1.300 Personen pro Stunde! Sulden ist stolz darauf, damit die nach ihrer Beförderungsleistung „größte Luftseilbahn der Welt" (Werbung der Betreibergesellschaft) zu besitzen. Auch sonst ist Sulden vorn: Geheizt wird mit einem neuen Fernheizwerk, das mit Biomasse arbeitet. Es kann besichtigt werden (s. u.)!

Information/Diverses/Sport & Freizeit

• *Information* **Tourismusverein**, I-39029 Sulden am Ortler/Solda, Hauptstr. 72, ✆ 0473/737060, ℻ 613182, www.sulden.com. Mo–Sa 9–12/15–18 Uhr.

• *Diverses* **Taxi**: Fa. Volgger, ✆ 0473/613106.

• *Baden/Schwimmen* Großes **Erlebnisfreibad**, Anf./Mitte Juni bis Ende August.

• *Bergbahnen* Sulden hat 3 Seilbahnen: die komplett erneuerte Kabinenbahn zur Schaubachhütte, den Kanzellift und den Langensteinlift. Alle 3 gehen direkt vom Ort aus und haben Bergrestaurants, im Sommer Wanderwege und im Winter Schlepplifte. Infos über Seilbahnen unter ✆ 0473/613047, ℻ 613112, www.seilbahnensulden.it.

Kanzellift: Ende Juni bis Anf. Okt. tägl. 8.30–12.50/14–17 Uhr (Aug. bis 17.50 Uhr), Berg/Tal 9 €, Kinder 5 €, nur Berg 7,50/4 €.

Langensteinlift: Ende Juni bis Anf. Okt. tägl. 8.30–12.20/13.30–17 Uhr (Aug. bis 17.50 Uhr); Preise wie Kanzellift.

Seilbahn Sulden (Schaubachhütte): 2 Sektionen. Anf. Juli bis Anf. Okt. tägl. 8.30–12.45/13,30–17 Uhr (in der NS 12.30–14 Uhr Mittagspause); Berg/Tal 13 €, Kinder 7,50 €, nur Berg 9 €, Kinder 5,50 €, Mittelstation (Schaubachhütte) 8,50/4,50 € bzw. 6/4 €.

• *Tennis* Tennisplätze im Freizeitcenter, Infos beim Tourismusverein.

• *Wandern/Bergsteigen/Klettern* Ortler Alpinschule im Haus der Berge bei der (neuen) Pfarrkirche, **Hochtouren** für Anfänger und Fortgeschrittene, **Skitouren**; Juli bis Sept. Mo–Sa 9–11/15.30–18.30 Uhr, ✆/℻ 0473/613004, www.alpinschule-ortler.com.

• *Wintersport* Sulden hat im Rahmen der **Ortler Skiarena** (→ S. 59) einen eigenen Skipass. 40 km Pisten, höchster mit Lift erreichbarer Punkt auf 3250 m (Schöntauf II). Eigentlich sind es 3 Reviere rund um Sulden, die Gebiete Schaubach-/Madritschhütte (mit Seilbahn), Langenstein und Kanzel (beide mit Sessellift) sind allerdings nicht miteinander verbunden, lediglich zwischen der Kanzelabfahrt und der Talstation der Kabinenbahn gibt es jetzt eine Verbindungspiste. Tageskarte für alle Lifte ca. 27,50 € (NS 25,50 €), Kinder 17,50 €.
Sulden ist auch für **Snowboarder** geeignet, Halfpipe bei der Madritschhütte. Für Langläufer **Loipen** im Talbereich (10 km). **Skischule Sulden**, Büro im Tourismusbüro, ✆ 0473/613100, www.skischule-sulden.com, sowie **Ortler Alpenschule** (s. o.). **Skiverleih** z. B. bei Sport Thöni im Hotel Sulden und Hotel Eller.

• *Fernheizwerk Sulden (Biomasseheizwerk)* Jeden Do um 10 Uhr, Gebühr 2 €, am Tag vorher in der Touristen-Info anmelden (auch in Prad)!

Übernachten

**** **Post**, Hauptstr. 26, ganz zentrale Lage, das Äußere will ein überdimensioniertes Gasthaus darstellen, während drinnen Viersterne-Hotelkomfort herrscht (Zimmer u. a. mit Minibar). Hallenbad und Wellnessbereich sind selbstverständlich. DZ/FR 125–235 €. ✆ 0473/613024, ℻ 613224, www.hotelpost.it.

**** **Zebrú**, Sulden 53, ruhig gelegenes Hotel, Hallenbad, Wellnessbereich, jeder Komfort. DZ/FR 121–195 €. ✆ 0473/613025, ℻ 613037, www.zebru.it.

*** **Paradies**, Hauptstr. 87, Sporthotel in guter Lage, von hier aus sieht man bis hinein in den Talschluss und auf den Gletscher, das bietet kein Hotel näher zum Ortskern. Großzügiges Hallenbad und moderne Zimmer/Suiten in 3 Kat. DZ/FR 80–140 €. ✆ 0473/613043, ℻ 613243, www.sporthotel.paradies.com.

*** **Alpina**, Forststr. 111, vom Tirolerstil ist nur die äußere Anlage mit schrägem Pultdach geblieben, dazu ein paar Zitate wie die Deckenlösung des Speisesaals, der Rest ist modern in diesem Hotel. Hallenbad, Sauna, Solarium, Fitnessraum, anständige Zimmer, auch Ferienwohnungen. DZ/FR 74–140 €. ✆ 0473/613104, 📠 613256, www.hotelalpina.it.

** **Ortlerhof**, Hauptstr. 12, am Rand von Sulden liegt diese preiswerte klassische Pension, Neubau mit angenehmen Zimmern (Balkon, gutes Frühstück, kein TV), nur Sommer. DZ/FR 42–46 €. ✆ 0473/613052, www.ortlerhof-sulden.com.

Villa Rosim, das Haus in Fußentfernung von Wanderwegen, Langlaufloipen und Seilbahn liegt doch ruhig, weil etwas oberhalb der Talsohle. Die einfachen Zimmer haben Balkon, ganzjährig geöffnet. DZ/FR 52–56 €. ✆/📠 0473/613146, www.rosim.it.

Chalet Emma, Sulden 14, bevor man auf der Talstraße nach Sulden hineinkommt, passiert man das etwas von der Straße abgesetzte, attraktive Haus mit seinen 4 Ferienwohnungen (2–8 Pers., ganzjährig), komplette Einrichtung, Brötchenservice. 2–3 Pers. 44–84 €. ✆/📠0473/613108, www.chalet-emma.com.

Essen & Trinken

Hartmanns Weinstube, Restaurant des Parc Hotel, ausgezeichnete Italo-Tiroler Küche, ab ca. 35 €, ✆ 0473/613133, kein Ruhetag.

Tony's Bärenhöhle, „Discopub" und Pizzeria, spätabendlicher Treff vor allem im Winter, ✆ 0473/613055, kein Ruhetag.

Café im Hotel Zebrú, Torten, Kuchen, hausgemachtes Eis in leckerer Frische.

Yak & Yeti, „Buschenschank" am Eingang zum MMM Ortles, tibetanische Gerstenmehlsuppe, Yak-Gulasch und ähnliche Köstlichkeiten. Di Ruhetag, sonst 14–18 Uhr, ✆ 0473/613266.

Sehenswertes/Ausflüge

▸ **Museum Alpine Curiosa – Flohhäuschen**: *Reinhold Messner* hat in Sulden neben dem Gasthof Post eines seiner vielen Museumsprojekte verwirklicht. Hier wahrscheinlich das – zumindest räumlich – kleinste. Im Flohhäuschen sind Objekte zu sehen, die mehr oder minder lose mit seinen Expeditionen verknüpft sind. Interessant nur für Reinhold-Messner-Fans.

Öffnungszeiten Juli bis Sept. und Mitte Nov. bis April tägl. 9–19 Uhr.

▸ **MMM Ortles (Messner Mountain Museum Ortles)**: Nochmals *Reinhold Messner*, das bis dato jüngste, erst 2005 eröffnete Museum seines auf fünf Standorte verteilten Bergmuseums zeigt zumeist in Gemälden die Gletscherwelt am Beispiel der Ortlergruppe und die Geschichte der Erstbesteigung der Ortlerspitze vor nunmehr 200 Jahren. Eindrucksvoll die Bilder des Alpengemälde-Pioniers Edward H. Compton, vor allem die „Payerhütte mit Ortler", aber auch die Gemälde, die von Julius Payer und A. Zimmermann nach der österreichischen Franz-Josefs-Land-Expedition angefertigt wurden, etwa dasjenige der Eisbären jagenden Schiffsbesatzung im Polareis oder „Cap Tegethoff" von 1898 mit dem vom Eis umschlossenen Forschungsschiff Tegethoff. Unbedingt sollte man einen Stich von 1818 betrachten, der den Suldner Gletscher zeigt – damals stieß er mit mächtiger Front bis über den Rand der heutigen Siedlung vor.

Der von einer Wiese mit weidenden Lamas bedeckte unterirdische Betonbau des Museums soll mit seiner Kühle und bläulichen Beleuchtung an ein Gletscherinneres erinnern – wenn da nicht die säuselnd-sülzige Hintergrundmusik wäre, würde er das auch vielleicht.

Öffnungszeiten Juni bis Mitte Okt. und Mitte Dez. bis Ostern tägl. (außer Di) 14–18 Uhr; www.reinhold-messner.de.

▸ **Wandern im Suldener Talschluss**: Der Suldener Talschluss ist – diese Warnung vorab – kein ideales Wandergebiet. Es gibt wegen der tief herabreichenden Gletscher und Felswände keinen Rundweg und die einzige hochalpine Tour, die Nicht-

Eingang zum MMM Ortles

Gletschergeher auf markierten Wegen machen können, der „Suldener Höhenweg“ (s. u.), kann nur von Schwindelfreien und Trittsicheren begangen werden. Also kein Familienparadies, was sich aber im Winter völlig ändert, denn dann erwachen Schlepplifte zum Leben, die in Bereiche führen, die im Sommer kaum erreichbar sind.

Ein hübscher Weg führt von der Bergstation der Bahn auf die *Schaubachhütte* zur *Madritschhütte* (2818 m), von dort führt nur ein einziger markierter Weg weiter, der zum *Madritschjoch* führt (und hinüber ins Martelltal zur Zufallhütte). Vom Joch führt ein Plattenweg zur *Hinteren Schöntaufspitze* (3325 m), die als „leichter Dreitausender“ gilt, was immer noch bedeutet, dass sie nur von gut ausgerüsteten und trittsicheren Bergsteigern unternommen werden sollte (bis zum Gipfel ca. 4:30 Std. von/zur Schaubachhütte, Abstieg vom Joch zur Zufallhütte 3 Std.).

Der **Suldner Höhenweg** ist ein etwa 5 Gehstunden erfordernder Weg, der von der Bergstation des Langenstein-Sessellifts (K2-Hütte, 2330 m) zur *Hintergrathütte* (2661 m) führt und von dort ins Tal zurück nach Sulden. Ausgesetzte Stellen, zwar versichert, aber dennoch Schwindelfreiheit und Trittsicherheit nötig!

Vielleicht der schönste Weg führt nicht in den eigentlichen Talschluss, sondern in die Berge östlich von Sulden, wo unter der Vertainspitze die idyllisch in der Nähe kleiner Seelein gelegene *Zaytalhütte* (2721 m) einlädt. Man kann sie direkt von Sulden aus auf Weg 5 erreichen oder aus dem Talschluss auf Weg 11/12 (jeweils hin/zurück ca. 5 Std.). Wer mit der Seilbahn zur Kanzel auffährt, verkürzt die Gehzeit bei Abstieg nach Sulden auf 4 Std., kehrt er zur Seilbahn zurück, dann auf ca. 3 Std.

Unter der eindrucksvollen *Tabarettaspitze* (3128 m) mit der *Payerhütte* am Nordgrat (für Bergwanderer tabu) liegt die *Tabarettahütte* (2556 m) in prachtvoller Panoramaposition. Von Sulden ca. 4 Std. hin und zurück auf Weg 4.

• *Essen & Trinken/Hütten* **Hintergrathütte/Rifugio Coston**, 2661 m, Ende Juni bis Anf./Mitte Okt und in der Wintersaison, ✆ 0473/613061.

Tabarettahütte/Rif. Tabaretta, 2656 m, Mitte Juni bis Mitte Okt. und in der Wintersaison, gutes deftiges Essen, hausgemachte Kuchen, große Sonnenterrasse, ✆ 0473/613187. Erreichbar über Weg 4 von Sulden Dorf oder über Weg 10/4 von der Bergstation des Langensteinlifts.

Bergrestaurant Langenstein/K2, 2330 m, moderner Bau an der Bergstation des Langensteinlifts, italienische und Tiroler Küche.

Zaytalhütte (Düsseldorfer Hütte)/Rif. Serristori, 2721 m, Mitte Juni bis ca. 10. Okt. und in der Wintersaison, ✆ 0473/613115.

▶ **Die Yakherde auf der Schaubachhütte**: *Reinhold Messner* sieht sich in vielen Rollen und füllt sie meist gut aus. Als Treiber einer Herde kann man ihn erleben, wenn seine Yaks im Frühsommer auf die Alm getrieben werden (erstmals 1985 ins Zaytal). Schaulustige flankieren die kleine Herde, die zwischen Madritschütte und Schaubachhütte den Sommer verbringen wird. Zeitpunkt des Auftriebs ist ein Sonntag Anfang Juli, Abtrieb mit den anderen Herden in Sulden Mitte September.

• *Essen & Trinken/Hütten* **Schaubachhütte/Rif. Città di Milano**, 2581 m, Ende Juni bis Anf. Okt.. und Dez. bis April, ✆ 0473/613002.

Madritschhütte, 2817 m, Juni bis Mitte Okt. und in der Wintersaison, am Rand der Sonnenterrasse das angeblich höchstgelegene Iglu Europas (Disco/Bar).

Schluderns

Von der anderen Talseite kann man die Lage von Schluderns besonders gut bewundern: am Ausgang des schmalen und im Unterlauf unbesiedelten Matscher Tals liegt es in windgeschützter Lage – die Reschenwinde pfeifen unterhalb vorbei und nerven stattdessen die Glurnser.

Rechts oberhalb liegt die Burg *Churburg*, die aussieht, wie eine Burg eben aussehen soll. Die Hänge über der Burg sind von ein paar Einzelhöfen gesprenkelt, im Hochsommer farblich getrennt in gelbliche, trockene und grüne, von Waalen bewässerte Zonen. Hier hat es auch schon unseren vorgeschichtlichen Vorfahren gefallen, die am *Ganglegg*, links oben gegenüber der Burg und heute im Wald versteckt, eine Siedlung bewohnten.

Kommt man näher, zeigt sich Schuderns als ein freundlicher Ort mit vielen alten Häusern und mehreren Kernen, einem um die Kirche, einem um den Dorfplatz, einen unter der Churburg als ob da versehentlich ein einziger Ort aus mehreren zusammengeschmolzen wäre. Auch im Detail ist der Ort abwechslungsreich, das **Vintschger Museum**, die Renaissance-Innenausstattung der **Churburg**, die gut erhaltenen **Waale**, die am Ortsrand mit einer Waalschelle aufwarten können. Das alles zusammen bildet ein stimmiges und stimmungsvolles Ganzes. Auch für uns Gäste, denen Schluderns mit einer modernen Hotellerie und Gastronomie entgegenkommt, die Extreme scheut und auf Bewährtes setzt.

Information/Verbindungen

• *Information* **Ferienregion Obervinschgau – Tourismusverein Schluderns**, Meraner Str. 1, I-39020 Schluderns/Sluderno, ✆ 0473/737070, ℻ 831901, www.ferienregion-obervinschgau.it. Büro neben dem Museum, die üblichen Prospekte. Mo–Sa 9–12/15–18 Uhr.

• *Verbindungen* **Bus**: SAD-Busse tagsüber praktisch stündlich sowohl in Richtung Meran als auch Mals und Reschen, seltener nach Glurns und Taufers sowie ins Suldental und zum Stilfser Joch.

Taxi: Liste im Informationsbüro.

Wandertaxi im Sommer zu den Ausgangspunkten beliebter Wanderungen, z. B. zum Gschneier und der Wanderung entlang dem Gschneirer Waal, Information ebenfalls beim Tourismusverein.

• *Sport & Freizeit* **Kinder**: Das Tal des Saldurbachs oberhalb der Brücke beim Museum ist mit seinen grünen Wiesen, dem Bach und dem verschlungenen Weg entlang dem Quairwaal (samt Waalschelle!) ein richtiger Kinderspielpark. Die in Tour 35 beschriebene Wanderung auf den Waalwegen oberhalb des Orts ist – bei Abstieg über das Ganglegg – für Kinder jeden Alters ein Abenteuer, dem man mit einem nachfolgenden Besuch im Vintschger Museum die Krone aufsetzt.

Tennis: Zwei Plätze bei der Bar Prisca, Churburggasse 1 a, Mi–Mo, 5 €/Std.

Sportzentrum Schluderns mit Fitnessraum, Kletterwand etc., Anmeldung und Schlüssel bei der Bar (mit Eiscafé) Time, Vinschgauer Str. 15, vorher bei der Touristeninfo erkundigen!

Übernachten

**** **Erlebnishotel Engel**, Kirchplatz 7. Die Wegmanns sind stolz auf ihre geräumige und sichere Tiefgarage, aber das ist durchaus nicht das Einzige, was dieses Hotel im Zentrum von Schluderns zu bieten hat. Angebaut, umgebaut, erneuert und aufgemöbelt ist der „Engel" zum attraktiven Hotel geworden. Schick sind allerdings v. a. die Zimmer, die es in mehreren Kategorien gibt (besonders „Laguna" und „Bio"), während die Gemeinschaftsräume von der Zwangsrustikalität Tiroler Hotels angekränkelt sind. Zithermusik zum Galadinner. Löblich: Vorspeisen-, Salat- und Dessertbüffet. Dach- und Kellergeschoss dienen der Wellness (samt Hallenbad und Saunen) – vom Whirlpool kann man den Anblick der Churburg genießen. Sehr zurückhaltende Preisgestaltung: DZ/FR ab ca. 100 €. ☏ 0473/615278, ℻ 615400, www.hotelengel.com.

*** **Alte Mühle**, Matscher Winkel 24. Alt und Neu nebeneinander, in ähnlichem Stil, aber mit ganz anderen Einzelelementen – die Integration des Neubaus mit dem alten Wirtshausbau ist der Wirtsfamilie Pali-Gunsch gut gelungen. Die Zimmer sind luftig, hell und funktional mit gemütlichen Sitzecken und Balkon. Saunen/Whirlpool/Solarium im Haus und – dem modern-funktionalen Stil des Neubaus entsprechend – eine Restaurant-Pizzeria (→ „Essen & Trinken") mit schöner Terrasse, Mühlrad und Mahlstein. DZ/FR 78–88 €. ☏ 0473/615238, ℻ 614061, www.hotel-alte-muehle.com.

*** **Burggasthof Zum Weißen Rössl**, Meraner Str. 3, der Name verrät's wie die Adresse:

Schluderns und die Churburg

Das „Weiße Rössl" im Zentrum von Schluderns war ein Einkehrgasthof direkt an der alten Straße durch den Vinschgau. Zimmer hübsch, teilweise Ohrensessel, einige mit Balkon. DZ/FR 50–64 €. ☏ 0473/615300, ℻ 614228, www.burggasthof.com.

** **Ortlerblick**, Großfeldweg 18, Pension am Sonnenhang ohne Durchgangsverkehr, mit – in den meisten Zimmern – schöner Aussicht (und TV) sowie kleinem Hallenbad. Beliebt als Ziel kleiner Spaziergänge und Wanderungen ab Schluderns. DZ/FR 45–80 €. ☏ 0473/615286, ℻ 615554, www.ortlerblick.com.

* **Walter**, Quairstr. 1, Familienpension am unteren Ortsrand in ausreichender Entfernung von der Straße mit Blick über die Nachbarhäuser auf die Berge im Süden. Schlicht und sauber, sehr freundliche Hausatmosphäre, einfache Zimmer (aber Safe!) mit großen Balkonen, gutes Frühstück, im Sommer

und Herbst ein Teller mit Früchten aus dem eigenen Garten zur Selbstbedienung – ein klassisches Garni zu einem annehmbaren Preis. DZ/FR 40–52 €. ✆/℻ 0473/615265.

• *Urlaub auf dem Bauernhof* **Birkenhof**, Großfeldweg 20, Bergbauernhof oberhalb von Schluderns, moderner Bau in traditioneller Einrichtung mit Apartments in guter Verarbeitung mit viel Holz und komplettem Küchenblock, pro Person 21 €. ✆ 0473/615421, ℻ 614410, www.birkenhof.com.

Essen & Trinken

Alte Mühle, Matscher Winkel 24, Gasthof und Pizzeria des gleichnamigen Hotels, schöne Auswahl mit viel Bodenständigem an Knödeln und Nudeln, zahlreiche Tellergerichte. Pizze ca. 5–8 €, Tellergerichte ab ca. 6 €, zur Pizza Salami wird auf Verlangen selbstverständlich *olio piccante* gebracht. Tischwein ist Terlaner (weiß und rot), o. k. Mo Ruhetag.

Burggasthof Zum Weißen Rössl, Meraner Str. 3, das Restaurant des gleichnamigen Hotels serviert bürgerliche Küche mit ein paar italienischen Anklängen. Das schmeckt, auch wenn die Karte manchmal Rätsel aufgibt (Fusilli mit Wildraghu und Waldpilze – gemeint sind Fusilli mit Wildragout und Waldpilzen, um die 7 € und ganz ausgezeichnet). Ab ca. 16 €. Nachmittags Kuchenbüffet und Kännchen Kaffee auf der Terrasse. Mo Ruhetag.

Saldur, Halmergasse 4, ✆ 0473/615413. Pizzeria unter Gewölben, attraktive und gemütliche Atmosphäre, Holz, weiß getünchte Wände und unverputzte Wandbereiche bilden einen ästhetischen Dreiklang – dazu gibt's gute Pizza mit krossem Boden und korrektem Belag. Mo Ruhetag.

Ortler, Café-Bar am oberen Ortsausgang, große Terrasse mit Sonnen- und etwas Lärmschutz, guter Cappuccino, kleine kalte und warme Gerichte.

Birkenhof, bäuerliche Jausenstation über dem Ort, kein Ruhetag.

Sehenswertes/Ausflüge

▸ **Vintschger Museum**: In einem alten Gebäude an der Brücke der alten Meraner Straße über den Saldurbach befindet sich das Museum für die Kulturlandschaft des Vinschgaus. Eine Ausstellung zur Vorgeschichte erklärt das Leben der rätischen Bauern vor der Römerzeit. Die wichtigsten Exponate sind die Funde vom Ganglegg oberhalb Schluderns. Vielleicht noch interessanter ist der Bereich *„WasserWosser"* (=Be*wässer*ungs*wasser*), der sich mit den **Waalen** befasst, dem typischen künstlichen Bewässerungssystem im trockenen Vinschgau. Ein weiterer Museumsbereich ist den Themen Kunst und Mythos gewidmet.

Öffnungszeiten Mitte März bis Okt. tägl. (außer Mo) 10–12/15–18 Uhr, Eintritt 3,50 €, Kinder 2 €, Familie ca. 8 €. Führungen zum Ganglegg und zum Qair-Waal nach Voranmeldung. Meraner Str. 1, ✆ 0473/615590.

▸ **Die Churburg**: Gut haben's die *Grafen Trapp* auf ihrer weithin sichtbaren Burg oberhalb von Schluderns, auf der sie seit einem halben Jahrtausend hausen (seit 1504; Grafen dürfen sie sich „erst" seit 1655 nennen). Reichlich Räume, Renaissanceloggien im Innenhof, ein Ausblick zum Genießen und, nachdem die vielen zahlenden Besucher gegangen sind, eine himmlische Ruhe. Das Hinaufkommen ist beschwerlich, vom Gasthof Weißes Rössl in Schluderns plagt sich der Fußgänger und Mountainbiker das immer steiler werdende Kopfsteinpflaster hinauf, und selbst Autofahrer haben ihre liebe Not, besonders wenn es geregnet hat.

Faszinierend die prachtvollen *Renaissanceloggien* des Arkadenhofes. Vor allem das erste der drei Stockwerke ist über und über dekoriert, am ehesten wird das Fresko mit dem ausgedehnten Stammbaum der Familie Trapp in Erinnerung bleiben. In der *Nikolauskapelle* sollte man das Diptychon mit Passionsszenen (böhmisch, 1415) und eine Madonna mit Kind (Holz, um 1270) nicht übersehen. Umwerfend vor allem die *Rüstkammer*, die größte private Sammlung Europas mit Stücken, die noch auf das

Blick auf Schluderns, das Matscher Tal und die Ötztaler Alpen

14. Jh. zurückgehen. Rüstungen in Stahl mit Silber- und Bronzeverzierungen in allen Größen, die ganz kleinen sind Paraderüstungen für den adeligen Nachwuchs, in der Schlacht trug man Praktischeres. Auch und besonders für Kinder sehr interessant!

Öffnungszeiten Ende März bis Okt., tägl. (außer Mo) Führungen 10–12/14–16.30 Uhr, Eintritt 6 €, Kinder 3 €, Familien 14 €; ✆ 0473/615241.

Archäologischer Park Ganglegg: Vom Vintschger Museum führen Wanderwege auf das Ganglegg, einen Hügel oberhalb des Orts in Richtung Mals. Dort befand sich in der Bronze- und Eisenzeit eine befestigte Siedlung, die erst während der Römerzeit aufgegeben wurde. Reste dicker Befestigungsmauern und Gebäudeüberreste erinnern daran. Abseits auf einer Kuppe lag ein Brandopferplatz, auf dem in vorrömischer Zeit Tiere geopfert wurden. Man hat Knochen von Rindern, Schafen, Ziegen und Schweinen identifizieren können. Das **Archäologische Freiluftmuseum Ganglegg** wurde, nachdem die Grabungen endgültig abgeschlossen sind, 2003 eröffnet und verspricht, zu einer echten Attraktion zu werden.

• *Fußweg/Führungen* Das Freiluftmuseum Ganglegg erreicht man am einfachsten über einen Steig von der Talsperre des Saldurbachs oberhalb Schluderns. Dorthin gelangt man auf dem für den öffentlichen Verkehr gesperrten Sträßchen, das an der Brücke beim Museum beginnt (Schilder, 45 Min. zu Fuß). Der Zugang ist frei, Schautafeln erklären die archäologischen Funde, Führungen durch Fachkräfte des Vintschger Museums müssen dort angemeldet werden (s. o.).

Der Quairwaal und der Bergwaal: Lehrpfad am Quairwaal, der u. a. die hier noch funktionierende Waalschelle erklärt. Man erreicht ihn bequem vom Sträßchen entlang dem Saldurbach. Der oberhalb im Wald verlaufende Bergwaal ist ca. 3 km lang und führt normalerweise von April bis Oktober Wasser. Nur noch selten zu sehen sind die Kandeln (ausgehöhlte Baumstämme), in denen der Waal geführt wird. Und noch seltener: Die Fassung im oberen Saldurtal speist gleich zwei Waale, den Bergwaal und den Leitenwaal!

Tour 30: Wanderung an den Waalen oberhalb Schluderns: von Schluderns nach Mals

Tour-Info: Abwechslungsreiche Waalwanderung, die von Schluderns zuerst durch die waldreiche Schlucht des untersten Matscher Tals, dann durch sonnigen Trockenhang oberhalb Tartsch nach Mals führt. Kann beim Freiluftmuseum Ganglegg abgebrochen werden, um daraus einen **Rundweg ab Schluderns** zu machen. Dauer 3:30 Std., als Rundweg über Schluderns 2:15–2:30 Std.; Höhenunterschied ↑ 400 m, ↓ 270 m; Rückfahrt mit dem Bus von Mals nach Schlanders. Karten: Tabacco (1:25.000) Blatt 44, Kompass (1:50.000) Blatt 52 – auf beiden Karten sind die Wege nicht korrekt eingezeichnet. Keine Einkehrmöglichkeiten.

Von der Touristeninformation in Schluderns (ca. 920 m) aus quert man die Brücke über den Saldurbach und geht unmittelbar danach nach rechts auf ein Sträßchen (Haflinger Straße), bei erster Gabelung links (am Bach bleiben). Ein Waal (Quairwaal) wird gequert, Schilder erklären das System der Waale, folgt man dem Waal links aufwärts, kommt man zu einer funktionierenden Waalschelle. Zurück zum Sträßchen – kein motorisierter Verkehr – über eine Brücke nach links und auf einem getreppten Steig steil hinauf über die Krone einer Talsperre. Weg am Bach entlang, gut gesichert (an ein paar Stellen recht steil über dem Bach), rechts folgt ein alter Waaleinlass, der aber modernisiert und teilweise betoniert wurde (25 Min.).

Am Leitenwaal

Der Weg wird schmaler, wird zum Steig. Man erreicht einen Steg über den Saldurbach, auf der anderen Seite führt der gute, in Serpentinen angelegte Edelweißsteig den steilen Hang hinauf. Man erreicht einen Querweg, der sich als der Waalweg des Bergwaals entpuppt (1145 m, 0:45 Std., Weg Nr. 17). Geht man rechts weiter, gelangt man zum Vernalhof (und zurück nach Schluderns), geht man – wie wir – links weiter, folgt man dem Waal bis zu seinem Einlass. Er ist teilweise nicht verrohrt, führt komplett durch Wald und ist vor allem an heißen Hochsommertagen ein wahres Labsal. Die Abzweigung nach Matsch (Weg 20) bleibt rechts, eine zweite (Weg 17, Schlosshof Matsch) ebenfalls. Dann erreicht man, obwohl man praktisch eben gegangen ist, den Bachgrund und den Einlass des Bergwaals (1:15 Std., man kann auf unmarkiertem und nicht ganz ungefährlichem Steig hingehen). Das interessante ist, dass an dieser Stelle der Saldurbach gleich in zwei Waalen abgeleitet wird, im Bergwaal, den wir gerade begleitet haben, und im Leitenwaal, der über eine Rohrbrücke auf die andere Talseite geführt wird. Um zu ihm zu gelangen, gehen wir hinunter zum Bach, ein Steg führt uns hinüber, und steigen auf der anderen Seite zum Waal auf, dem wir nun talauswärts folgen, wieder mit Markierung 17.

Der Leitenwaal ist großenteils verrohrt, aber an einigen Stellen doch noch frei, besonders an den steileren, wo er kräftig plätschernd neben dem Weg herunterstürzt. Weg 18 nach Matsch bleibt rechts, es folgt ein Abzweig nach Schluderns hinunter und ein weiterer (1:45 Std.), wo wir uns nahe dem Ganglegg befinden, einem frei zugänglichen Ausgrabungsgebiet (hier Möglichkeit zur Rückkehr nach Schluderns, ca. 0:30 Std. Gehzeit). An dieser Stelle zweigt auch rechts ein Weg ab, er führt auf die Spitzige Lun. Doch geradeaus weiter und in Richtung Mals!

Die Landschaft ändert sich nun komplett, statt durch Wald gehen wir durch Trockenvegetation, die nur links von uns, wo der Waal ober- oder unterirdisch fließt, durch Bäume und Grün unterbrochen wird. Karge Büsche, viele Berberitzen, sprenkeln das von Felsen durchsetzte Trockenrasengebiet. Eindrucksvoll ist der Kontrast zwischen dem Hang ober- und unterhalb des Waals vor allem im Hochsommer, wenn darüber bereits gelbe Töne vorherrschen und darunter alles noch in saftigem Grün steht.

Etwas später wird ein Kiefernwald gequert (Naturschutzgebiet), der Waal fließt unterhalb und ist komplett abge-

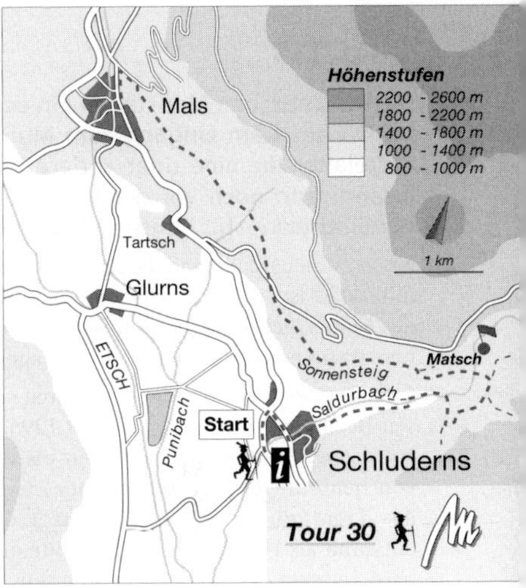

deckt. 10 Min. später ist die Straße nach Matsch zu queren, der Weg führt drüben leicht rechts versetzt weiter (2:20 Std.). Es folgt ein Serpentinenanstieg durch einen Trockenhang, an seinem Ende gelangt man auf einen Fahrweg, dem man links weiter folgt. Bei einer Gabelung (3 Std.) rechts auf gesperrten Fahrweg mit Fitnessparcours. Eine Viertelstunde später mündet er in die Straße Tartsch – Malettes, wir gehen links weiter. Kurz darauf führt ein Steig nach links praktisch in der Falllinie bergab, wir folgen ihm, bis er an einer Forststraße endet, die wir dann nach rechts nehmen, wo sie in die Zufahrtsstraße von der SS 40 nach Mals mündet. Links auf ihr hinunter und in den Ort (3:30 Std.).

- **Wanderung am Gschneirerwaal**: Vom Gasthaus Ortlerblick bzw. von etwas höher gelegenen Gschneirerhof verläuft einer der beliebtesten Wanderwege von Schluderns taleinwärts ins Tal des Saldurbachs (Matscher Tal). Der Gschneirerwaal ist 8 km lang und führt normalerweise von Mai bis Oktober Wasser. Die Wanderung auf dem alten Waalweg führt meist nur bis zum Greinhof, von wo man auf Zufahrtssträßchen und recht steilem Fußweg, immer von Schildern „Schluderns" begleitet, über die Churburg nach Schulderns absteigt (Ab Ortlerblick ca. 3 Std.).
  Wandertaxi bis Gschneirerhöfe. Gasthaus Ortlerblick → „Übernachten".

- **Das Matscher Tal**: → „Mals/Ausflüge", S. 431.

Glurns

Nach städtischen Maßstäben ein echter Zwerg: Gerade mal 700 Einwohner zählt Glurns am Eingang zum Münstertal. Während andere Orte seit dem Mittelalter die eine oder andere Wandlung mitgemacht haben, ist Glurns irgendwann noch vor der Renaissance in Schlaf versunken und – täuscht der Eindruck? – bis heute nicht aufgewacht.

Noch immer findet man die komplette Stadtbefestigung mit Mauern und 10 Türmen, mit „städtischen" Bauernhäusern, Einkehrgasthöfen und Gärten noch innerhalb des Mauerrechtecks (man musste schließlich was haben, um sich ernähren zu können, wenn es gerade wieder eine Belagerung gab).

Gründer der Stadt war der auch sonst rührige Meinhard II. von Tirol, während dessen Regierung Tirol von 1271 bis 1295 seine größte Ausdehnung hatte. (Es reichte von Istrien im heutigen Kroatien bis ins Münstertal in der heutigen Schweiz und von heute deutschen (bayerischen) Gebieten bis an die Pforten von Trient. Über das Trentino, Gebiet des Bistums Trento, gab es eine Schutzherrschaft.) Glurns entstand als Handelsort für das Münstertal und das östliche Graubünden – Meinhard verlegte den stark besuchten Bartholomäusmarkt von Münster hierher – und als Befestigung gegen die damals schon aufmüpfigen Eidgenossen. Spätestens ab 1499 (sog. Schlacht an der Calwenbrücke gegen die Eidgenossen, die von den Tirolern blutig und spektakulär verloren wurde) war Glurns nur noch ein Provinznest, denn die Grenze war plötzlich nur noch ein paar Meilen vom Ort entfernt. Und es war eine dichte Grenze – die Eidgenossen wollten mit den Habsburgern, die nun Tirol besaßen, nicht viel zu tun haben. Dornröschenschlaf also. Die heutige Ortsanlage und vor allem die aufwendigen Befestigungen sind erst nach 1499 entstanden, die Eidgenossen hatten in jenem Jahr alles, was brennbar war, in Flammen aufgehen lassen. Wenn wir durch die „kleinste Stadt Südtirols" schlendern, können wir uns also in die Zeit knapp nach 1499 versetzen.

Information/Feste & Veranstaltungen

• *Information* **Infobüro Glurns**, Rathausplatz 1, I-39020 Glurns/Glorenza, ✆ 0473/737073, 🖷 835224, www.gemeinde.glurns.bz.it, www.glurns.suedtirol.com, Mo–Sa 9–12.30/15–18 Uhr.

• *Feste & Veranstaltungen/Einkaufen* Das Tourismusbüro veranstaltet im Sommer **Tag- und Nachtführungen** (toll auch für Kinder!) durch die Stadt.

Schatzsuche nennt sich eine für Kinder gedachte Stadtführung, die im Sommer (bis Mitte Sept.) jeden Fr durchgeführt wird. Die Schätze sind natürlich eher historisch-kultureller Natur, aber es gibt auch andere Überraschungen. Mit Verpflegung 7 €, Anmeldung beim Tourismusverein.

Seelenmarkt zu Allerseelen (2. Nov.), großer Jahrmarkt mit Viehmarkt und populärem Krämermarkt samt Vergnügungsständen, am 24. August, bäuerlicher **Bartholomäusmarkt**.

Antiquitäten und Kunst bietet die **Galerie Hellebarde**, Widumplatz 13, der Besuch lohnt sich, und wäre es nur für die *Paul-Flora-Dauerausstellung* – der Tiroler Künstler vermag den Klischees seiner Heimat graphischen Ausdruck zu verleihen, ohne bei den hierzulande besonders unkonzilianten Brauchtumswärtern anzuecken, das kann kaum ein anderer. Geöffnet in der Sommersaison bis Ende Okt. Tägl. (außer Mo) auch an Feiertagen 17–19 Uhr. ✆ 348/3610506.

Übernachten/Essen & Trinken/Camping

*** **Grüner Baum**, Stadtplatz 7, der schöne Gasthof des 17. Jh. mit seinem Treppengiebel ist unzählige Male fotografiert worden, präsentiert er sich doch nach außen als ein-

Glurns, mittelalterliche Mauern und Türme

drucksvolles historisches Gebäude. Seit 2004 gilt auch innen wieder nach umfassender Erneuerung: angenehme Zimmer, jedes individuell eingerichtet (aus Stilgründen keine Balkone). Die Gänge werden als Kunstgalerie genutzt, auf der Dachterrasse Sternwarte, zum Stadtplatz Bar-Café und Eisdiele, in den historistischen Stuben das Restaurant (Do Ruhetag). DZ/FR 98–112 €. ✆ 0473/831206, 📠 835927, www.gasthofgruenerbaum.it.

** **Post**, Florastr. 15, Gasthof in einem Haus des Spätmittelalters, seit damals, also seit einem halben Jahrtausend, im Besitz der gleichen Gastwirtsfamilie. Der traditionelle bürgerliche Gasthof schlechthin. Zimmer fast schon Dreisternekomfort, Sauna. DZ/FR 76–90 €. ✆ 0473/831208, 📠 830432, www.hotel-post-glurns.com.

** **Glurnser Hof**, Grasserstr. 4, Garni außerhalb des historischen Orts, aber in Fußentfernung. Sehr ruhig, schlichte, aber gemütliche Zimmer (TV auf Wunsch), DZ alle mit Balkon. DZ/FR 48–68 €. ✆ 0473/831607, www.glurnserhof.com.

• *Camping* **Gloria Vallis**, Wiesenweg 5. Mit einer gewissen Fürstin Gloria hat der Platz nix zu tun, Gloria Vallis bedeutet „Ruhm des Tals“, und er darf sich auch so nennen, denn die neue Anlage in den Wiesen und Obstanlagen unter dem Tartscher Bühel glänzt wirklich mit Superlativen: 1,8 ha, große Stellplätze, brandneue moderne Sanitäranlagen mit Einzelwaschkabinen, sehr hübsch im Prospekt die „Entsorgungsmöglichkeit für Reisemobile“ (ich wollte immer schon mein altes Reisemobil diskret loswerden). Wohnwagen und Zelte auch zu mieten! Stellplatz und 2 Pers. ca. 25–30 €. ✆ 0473/835160, 📠 845767, www.gloriavallis.it.

Sehenswertes/Ausflüge

Stadtbild und -befestigung: Die nach 1499 komplett befestigte Stadt ist ein Bilderbogen spätmittelalterlicher Architektur. Nicht nur was Mauern, Wehrgänge, Türme, Schießscharten und Pechnasen über den Ausfalltoren angeht, sondern auch in der Stadtanlage selbst: Lauben (gedeckte, zur Straße offene Gänge) mit Tonnengewölben, gotische Spitzbogeneingänge, spätgotische quadratische Fensterlaibungen, die schmalen Gässchen selbst. Lange braucht man nicht für die Besichtigung: Die drei Gassen des Orts erschließen lediglich ein Rechteck von ca. 400x150 m.

Der kräftige, weit aus der Stadtmauer herausragende **Tauferer Torturm**, auch „Kirchporten" genannt (weil man durch dieses Tor zur außerhalb liegenden Kirche St. Pankratius kam) ist der eindrucksvollste der erhaltenen Befestigungstürme der Stadtmauer. Er sollte vor allem die Brücke über den Rambach verteidigen, über die der Weg ins Münstertal, nach Taufers und über den Ofenpass (Pass dal Fuorn) nach Chur verlief und heute noch verläuft. Im Inneren gibt es auf vier Ebenen Ausstellungen zu besichtigen. Eindrucksvoll ist auch ein Spaziergang über den *Wehrgang*, der an der nördlichen Stadtmauer rekonstruiert und zugänglich gemacht wurde. Außerhalb und etwas höher als der Ort liegt die spätgotische *Pfarrkirche St. Pankratius* mit ihrem auffälligen romanischen Glockenturm mit barockem Helm (meist verschlossen).

Öffnungszeiten **Tauferer Torturm**: Juni bis Mitte Okt. tägl. 10.30–12.30/14–17 Uhr, Eintritt ca. 3 €, Kinder 1,50 €.

▶ **Kirche St. Jakob in Söles**: Auf halber Strecke zwischen Glurns und Lichtenberg liegt ganz einsam das Kirchlein St. Jakob. Eines von vielen dachte man bis 1993, Südtirol ist reich an Minikirchlein und Kapellen im bäuerlichen oder adeligen Privatbesitz. Bis das Denkmalamt kam und das Innere untersuchte: Im Bau des spätgotischen Kirchleins steckten Teile einer romanischen Vorgängerkirche samt – das war die Überraschung –romanische Fresken aus dem 12./13. Jh. in gut erhaltenen Farben.

Öffnungszeiten Ostern bis Allerheiligen jeweils Fr 15–16.30 Uhr, Führungen im Juli/Aug. Fr um 16 Uhr (nach Voranmeldung bis 18 Uhr am Tag zuvor im Infobüro Glurns, ✆ 0473/831097), Eintritt ca. 2 €.

▶ **Wanderung entlang dem Mitterwaal**: Einer der aufwendigsten und eindrucksvollsten Waale Südtirols, der ca. 10 km lange Mitterwaal von Rifair im Münstertal nach Glurns, wurde erst kürzlich wieder in Stand gesetzt, wobei der Waalweg mit Sicherungen versehen und dadurch auch für normale Fußgänger zugänglich gemacht wurde. Er beginnt – oder endet eigentlich – unterhalb des *Kirchleins St. Martin* oberhalb von Glurns, zieht sich durch Mischwald und Lärchenwald am Hangfuß oberhalb des Rambachs entlang, wobei einige felsige, ja überhängende Stellen überwunden werden mussten. Der Mitterwaal führt von April bis September Wasser.

• *Wegbeschreibung* Start ab Glurns auf dem von der Straße nach Taufers ca. 300 m nach dem Ortsende von Glurns links abzweigenden Wanderweg (Schild „Mitterwaal Rifair", rot/weiß/rot, nach 10 m bei Gabelung nach rechts). Den Pkw lässt man am besten am Parkplatz im Ort, wer bis St. Martin hinauffährt, von wo man auf Weg 23 ebenfalls zum Mitterwaal gelangt, hat zwar etwas Zeit gespart, muss aber nachher wieder hinauf zum Auto.

Tour 31: Mit dem Rad von Glurns über die Schartalm nach Stilfs

Tour-Info: Abwechslungsreiche Tour, die durch Bergbauernland, Wald und Almengebiet führt und bei der Abfahrt nach Stilfs herrliche Ausblicke auf die Ortlergruppe erlaubt. Überwiegend Forstwege und nicht asphaltierte Güterstraßen. Rückfahrt über Gomagoi und Prad auf der Straße zurück nach Glurns. Länge 21,2 km; Dauer 3:30 Std.; Höhenunterschied ↑ 940 m, ↓ 540 m. Karte: Tabacco (1:25.000) Blatt 44. Keine Einkehrmöglichkeit.

In Glurns am Stadtplatz mit dem Brunnen **A** nimmt man die Straße durch das Tauferer Tor. Nach der Brücke hält man sich rechts und biegt bei der folgenden Gabelung nach links in die Straße nach Prad ein. Auf der rechten Seite folgt eine Straßenabzweigung **B** mit Schildern zur Glurnser Alm und nach St. Martin, der wir bergan folgen. Wo die Straße nach St. Martin bereits im Wald einen Rechtsknick macht **C**, geht geradeaus ein Fahrweg weiter (links Wanderweg nach Lichtenberg), der uns ansteigend in den Wald hineinführt. Nachdem es wieder flach geworden ist, erreicht man eine Wiese mit Waldparkplatz und Schranke **D**. Ab hier gesperrter Forstweg bis zum Erreichen einer geschotterten Straße in einer engen Kurve **E**. Wir folgen der Straße links abwärts, sie mündet in eine geteerte Straße **F**, der wir nur kurz folgen, bis sie in eine Asphaltstraße mündet **G**. Mit dieser nun aufwärts durch das Gebiet der Lichtenberger Höfe, mehrere Kurven, die trockenen Wiesen werden beregnet (wer in der richtigen Zeit durchfährt, bekommt wie in den Apfelplantagen des Talgrunds kostenlose Dusche).

Nach dem Gandlinhof **H** gabelt sich die Straße, man bleibt links und fährt durch den letzten Hof **I** durch bis zur Abzweigung „Höfeweg“. Dann geht es auf einem Fuhrweg nach links, am Waldrand nach Bachquerung steiles Stück, dann wieder flacher. Wald, die Forststraße wird allmählich besser. Kurz vor einer Talquerung (Almtal) bietet eine gefasste Quelle mit Brunnentrog **J** Erfrischung. Etwas höher oben im Wald quert ein Wanderweg **K**, rechts Weg 12 „Höfeweg“, der Autor nahm ihn, kurze steile Schiebestrecke (bleibt man auf der Straße, ist es wahrscheinlich wesentlich leichter). Wenig höher querender Wanderweg **L**, hier links weiter, etwas wird flacher, Ruhebank **M**.

Wo man die Forststraße wieder erreicht **N**, geht es rechts weiter, bei der folgenden Straßengabelung **P** nach links. Und in wenigen Minuten ist man auf dem Sattel angelangt, nachdem man sich kurz vorher bei einer Gabelung für rechts entschieden und ein Gatter gequert hat **Q**. Die Alm rechts (Schartalm) ist leider ohne Bewirtschaftung. Dafür geht es jetzt aber auch zügig runter, allerdings nicht ganz so zügig, wie man es sich wünschen würde, da die Wasserabzugsrinnen der Almzufahrtsstraße, sehr schräg ange-

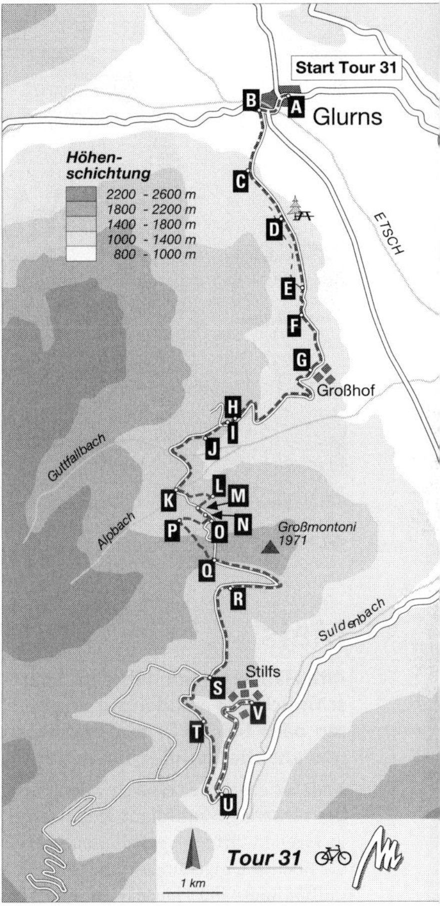

bracht und damit nicht ungefährlich sind (besser nicht zu schräg anschneiden, auch wenn das das Tempo verringert). Erst nach einem mehr als 2 km langen Abfahrtsstück hat man Ausblicke auf die Ortlergruppe, dann aber bei einer Wiese mit Bank **R** gleich richtig üppig. Dennoch muss man weiter, Waldfahrt, dann Beginn des Asphalts **S** und Einmündung in eine größere Asphaltstraße **T**, der wir links abwärts folgen. Wenig später hat man die Zufahrtstraße nach Stilfs erreicht **U** und 5 Min. später das Dorf Stilfs mit der Dorfkirche **V**.

Dorfidylle in Mals

Mals

Alte Häuser wenden ihre im Spätmittelalter und in der Renaissancezeit geschmückten Fassaden zur Straße, schmale Gassen, meist blind endend, führen nach beiden Seiten, Waalwasser rauscht ober- und unterhalb des Orts und abgedeckt unter ihm durch.

Mals ist eine jener typischen, eng gebauten und aus mehreren Kernen zusammengewachsenen Südtiroler Siedlungen. Die alte Reschenstraße führt durch den lang gezogenen Ort vom erhaltenen oberen Tor bis zum unteren Ortsausgang, wo sie in die heutige Umgehungsstraße mündet. Hinter hohen Mauern erahnt oder riecht man im Sommerwind Hausgärten. Fünf Türme überragen den Ort, wer von Burgeis die alte Straße herunterfährt oder -wandert, wird die von ihnen geprägte Silhouette des Ortes nie vergessen.

Man schaut ins Münstertal von Mals aus, aber der Ort liegt an der Reschenstraße, und diese Lage war schon in der Vorgeschichte günstig. Bedeutend wurde sie als das rein rätoromanische Gebiet erstmals unter fränkische Oberhoheit kam und ein günstiger Standort für Verwaltung und Kirche benötigt wurde. Vom Verwaltungsstandort hat sich nichts erhalten, sieht man vom später entstandenen Fröhlichturm der (verschwundenen) Burg der Herren von Lichtenberg ab, aber die kleine **Benediktkirche** zeigt uns heute noch die Portraits der damaligen Herren, eines weltlichen und eines geistlichen Stifters, der eine in karolingischer Hoftracht, der andere im Bischofsornat. Das war vor 1150 oder 1200 Jahren.

Mals ist ein ausgezeichneter Standort für Entdeckungsfahrten, denn Reschenpass, Münstertal, Stilfser Joch und natürlich der Untervinschgau sind mit wenig Aufwand zu erreichen. Auch für den, der mit dem Bus unterwegs ist, denn Mals ist ein wichtiger Bus-Knotenpunkt, und Zukunft auch wieder Zielbahnhof der Vinschgau-Bahn, deren Bahnhof unterhalb des Orts schon in Wartestellung steht. Als Ausgangspunk für Wanderungen ist Mals aus den gleichen Gründen ein guter Standort, zumal die Hotellerie keinen Wunsch offen lässt. Zu bedenken ist, dass Mals auf 1050 m Höhe auch im Sommer mal kalte Nächte hat und dass der Herbst früher eintrifft als im Unterland. Dafür hat es im Hochsommer erträgliche Temperaturen und meist ideales Wanderwetter.

Information/Verbindungen

• *Information* **Ferienregion Obervinschgau, Büro Tourismusverein Mals**, I-39024 Mals/Malles, St.-Benedikt-Str. 1, ✆ 0473/737070, ℻ 831901, www.ferienregion-obervinschgau.it (für Mals, Burgeis, Glurns, Schluderns). Mo–Sa 8.30–12/15–18 Uhr.

• *Verbindungen* **Vinschgaubahn** von/nach Meran. **Busse** nach Reschen, Meran, Taufers und ins Suldental sowie (derzeit) ins Matscher Tal.

Taxi: Fa. Taraboi, Bahnhofstr. 63A, ✆ 0473/831106, ✆ 347/7987265; Vinschger Taxi & Busdienst, ✆ 335/6219900, www.vinschger-taxi.com.

Wandertaxi Watles – Schlinig (→ „Burgeis/Ausflüge"), während der Saison 2x tägl. von Schluderns über Glurns, Mals, Burgeis und zurück, einfach 2 €, hin/zurück 3 €; Fahrplan in den Touristeninformationen.

Einkaufen/Veranstaltungen/Sport & Freizeit

• *Einkaufen/Veranstaltungen* **Markt** am Mi. **Naturkost/Bioladen** Gruber, General-Verdross-Str. 26. Die **Kräuter** der Selbstvermarktungsorganisation Amatia im Matscher Tal gibt es zwar auch anderswo, in Matsch selbst können sie jedoch bei Egon Riedl gewissermaßen an Ort und Stelle erworben werden, ✆ 0473/842674.

Mitte Okt. zum Fest des hl. Gallus (16.10.) traditioneller **„Gollimorkt"** (Gallusmarkt) in der General-Verdross-Straße mit Handwerk, Kunsthandwerk, Bauernobst und Gemüse vom Land, aber auch klassischen Wochenmarktwaren. Besonders nachahmenswert: ein Kinderplatz, auf dem Kinder ihre Waren anbieten können.

• *Sport & Freizeit* Die Malser Sportanlagen AG, Glurnser Str. 7 verwaltet sämtliche **Sportanlagen**, ✆ 0473/831590, Infos auch bei der Touristeninformation im Ort. Öffnungszeiten meist Mo–Sa 11–19 Uhr.

Am Ortsrand schönes, großes **Hallenbad** mit geschwungenem Holzdach, daneben **Freibadbereich** mit mehreren Becken und Liegewiese. Saunalandschaft, Wellnessstudio; Fußballplatz, Basketballfeld, Fitnessraum auf dem benachbarten Grundstück; 4 automatische Kegelbahnen.

Tennishalle mit 3 Plätzen und 2 Freiluftplätze. Etwas oberhalb großer **Kinderspielplatz** in ausgedehnter Wiese. **Radverleih** in der Sport-Tenne, ✆ 0473/830560.

Übernachten

*** **Panorama**, Staatsstr. 5, nicht das übliche Hotel, äußerlich karge Front des neuen Trakts in ökologisch sinnvoller Ständerbauweise. Räume von diskretem, etwas unterkühltem Schick, farblich gut abgestimmt, Massivholzmöbel, gute Verarbeitung auch und besonders im Sanitärbereich („Öko-Panoramazimmer", etwas teurer als die im alten Trakt). Saunakomplex „Acquaviva". Sehr gutes Restaurant (→ „Essen & Trinken") u. a. mit Produkten aus der eigenen Biolandwirtschaft, was man gerade beim Frühstücksbüffet zu schätzen lernt. Das Hotel wurde 2001 als erstes und bis dato einziges Südtiroler Hotel offiziell als Biohotel anerkannt. 2003 folgte der Ökologiepreis Vinschgau. Unser Prädikat: sehr angenehm und günstig für seine Kategorie und die ökologischen Anstrengungen, die hinter dem Unternehmen stehen. DZ (solche zum Tal nehmen!) mit FR 78–126 €. ✆ 0473/831186, ℻ 831215, www.hotel-panorama-mals.it.

**** **Garberhof**, Staatsstr. 25, das einzige Viersternehotel in Mals liegt etwas außerhalb des Zentrums an der Umgehungsstraße – also keine Parkplatzprobleme. Eher bescheidener Viersternestandard in den Zimmern (jedoch mit Minibar, Fön u. a.; Zimmer zur Südseite verlangen), aber 17 neue Suiten und großzügige Gemeinschaftseinrichtungen wie

Hallenbad, Saunabereich („Beauty and Wellness"), wirklich große Liegewiese und Aufenthaltsraum, Speisesaal, Weinstube und Panoramaterrasse. DZ/FR 126–146 €, Suite/HP 214–248 €. ✆ 0473/831399, 📠 831950, www.garberhof.com.

*** **Greif**, General-Verdross-Str. 40 a, repräsentatives Hotel im Zentrum, das noch ein wenig die Atmosphäre eines Einkehrgasthofs bewahrt hat, was man am ehesten im Restaurant (→ „Essen & Trinken") mit seiner diskret-eleganten Möblierung spürt. Gekonnt schlicht mit naturbelassenem Holz möblierte Zimmer und sehr gute Apartments in hellen Holztönen (Dielenböden). Der Betrieb wurde mit dem Umweltsiegel ausgezeichnet. DZ/FR 78–126 €, Apts. für 2–3 Pers. 69–125 €. ✆ 0473/831429, 📠 831906, www.hotel-greif.com.

*** **Tyrol**, Fröhlichstr. 4, das „Erlebnishotel" im Zentrum von Mals ist ein kleineres Familienhotel (36 Betten) mit Sauna/Dampfbad/Solarium, Aromabad, guten, aber nicht sehr großen und keineswegs aufregend möblierten Zimmern (meist Balkon, nicht alle TV) und kundenfreundlich zurückhaltenden Preisen. DZ/FR 72–80 €. ✆ 0473/831160, 📠 830607, www.hotel-tyrol.it.

*** **Hotel Zum Hirschen**, Bahnhofstr. 2. Der zentral gelegene Hirsch ist ein Hotel für Radfahrer (nicht nur für Mountainbiker – die meisten, die vorbeikommen, sind Langstreckenradler mit Trekkingrädern bzw. Crossbikes). Hier gibt es alles, was man halt als Radler so braucht: „Power-Frühstück" mit sportgerechtem Angebot (frische Säfte, Frischmilch, Müsli ...), Wäscheservice für die verschwitzten Trikots, kleine Radwerkstatt, Gratis-Radverleih und die Atmosphäre für einen gemütlichen Plauschs unter uns Spezialisten. Auch Nicht-Radler sind willkommen. DZ/FR 70–90 €, Apts. für 2–5 Pers. 55–104 €. ✆ 0473/835050, 📠 835051, www.hotel-hirschen.it.

Essen & Trinken

Panorama, Restaurant des gleichnamigen Hotels (s. o.), hervorragende Küche mit Vollwert- und Vegetariergerichten: Rote-Bete-Gnocchi mit Mangold, Zucchinicarpaccio, Vollkornspätzle mit Steinpilzen, Gamsbraten mit Schupfnudeln, Kaiserschmarrn aus Bio-Eiern – Vorspeisen ca. 7–9 €, Hauptgerichte ab ca. 13 €, Biomenü 4 Gänge mit Fleischgang 24 €. An Wochentagen nur abends geöffnet, Di Ruhetag.

Greif, Restaurant des gleichnamigen Hotels (s. o.), Bioküche (Kooperation mit Bioland), z. B. Salatbüffet mit Gemüse aus eigenem biologischen Anbau, Vollwertküche, Vinothek mit Bioweinen – einen Abstecher wert (ab ca. 20 €). Sa abends und So zu.

Weißes Rössl, zentral gelegener, sehr traditioneller Gasthof, Speisesaal im 1. Stock mit bürgerlicher Küche, Suppe mit und ohne Einlage, Nudeln mit Ragout, Braten/Schnitzel „mit 1 Beilage", das Letztere unter 9 €.

Lampl, ebenfalls ehemals ein traditionelles Dorfwirtshaus, das in den historischen Räumen auf mehreren Ebenen typische Tiroler Kost, aber auch italienische Nudelgerichte und vor allem Pizza serviert; ✆ 0473/831085, Do Ruhetag.

Hallenbad, Pizzeria (na wo?), die schon mal mit Exotischem liebäugelt, demnächst sind Thailand, Indien und China dran (vom Autor noch nicht ausprobiert), nur abends, Mo Ruhetag.

Sehenswertes/Ausflüge

▸ **Mals**: Einen Blick sind die Fresken wert, die der Schwazer Maler *Emanuel Raffeiner* kurz nach Ausbruch des Ersten Weltkriegs in der **Stadtpfarrkirche** geschaffen hat, sie sind zeittypisch purer (später) Jugendstil. Ein Fernglas hilft bei der Entschlüsselung der hoch im Gewölbe des Kirchenschiffs angebrachten Malereien, die u. a. sehr kriegscharakteristisch drei serbische Kriegsgefangene zeigen. Die Ruine der frühmittelalterlichen (12. Jh.) **Fröhlichsburg** nahe Mals besitzt einen 33,5 m hohen, auffallenden Bergfried. 1499 wurde die Burg von den Schweizern niedergebrannt, als sie nach der Schlacht an der Calwenbrücke den Obervinschgau verwüsteten (die heutigen Schweizer Gäste – Tendenz steigend, vor allem bei den Deutschschweizern –

sind viel, viel ziviler). Die wieder aufgebaute Burg hatte in der Neuzeit keine echte Funktion mehr und verfiel, schon zu napoleonischen Zeiten war sie nur noch eine Ruine.

Turmbesteigung Der runde Fröhlichsturm kann bestiegen werden (164 Holzstufen sind es im Inneren). Juli/Aug. Di–Do 10 Uhr, Eintritt 2 €.

Kirche St. Benedikt: Das romanische Kirchlein in der St.-Benedikt-Straße stammt wie das Kloster Müstair noch aus dem 9. Jh., wohl noch aus der Zeit Karls des Großen, der Turm ist aus dem 12. Jh. Drinnen befinden sich Reste vorromanischer, höchstwahrscheinlich karolingischer Fresken zwischen mit Stucksäulchen umrahmten Fenstern der Altarwand. Engel, Tier- und Menschenköpfe in Rankenwerk, Stifterfiguren – einer ein Franke in Kriegstracht mit dem Schwert, der andere ein Geistlicher, beide ganz individuell erfasst, echte Portraits (nach damaliger Konvention bedeutete ein rechteckiger Nimbus um den Kopf, dass die dargestellte Person noch lebt) – Christus zwischen Cherubim, der hl. Gregor. Vieles in Fresken und Stuckornamentik erinnert an die Antike – nicht umsonst wird die offizielle Kunst des Frankenreichs „Karolingische Renaissance" genannt – ein Wiedererwecken von antiken Kunstidealen.

Öffnungszeiten Besichtigung nur mit Führung, Mai, Sept., Okt. Di, Mi, Do, Sa 9.30–10.30 Uhr, Juli/Aug. Mo–Sa 9.30–10.30 Uhr, Nov. bis April Fr 10 Uhr. Eintritt 2 €.

Der Tartscher Bühel mit Kirche St. Veit: Uralter Siedlungsplatz ist der Tartscher Bühel nahe dem Dorf Tartsch, ein abrupt über der Ebene von Glurns und Schluderns aufragender Hügel am Fuß der Nordhänge des Etschtals. Eine hier aufgedeckte vorrömische Wallburg war sicher nicht die erste befestigte Siedlung. Vom Platz vor der romanischen Veitskirche hat man einen herrlichen Ausblick auf den oberen Vinschgau zwischen Schluderns, Glurns und Mals und die Ortlergruppe.

Öffnungszeiten Führungen auf den Tartscher Bühel mit Ausgrabungsbereich und Kirche St. Veit April bis Sept. jeweils Di 15 Uhr, Treffpunkt an der Pfarrkirche Tartsch. Anmeldung bei Touristeninfo Mals am Vortag bis 18 Uhr. Eintritt 1,50 €.

Das Matscher Tal: 9 km von Mals entfernt liegt **Matsch**, ein immer noch idyllisches eng gebautes Dorf in den stark geneigten Wiesen der Sonnenseite des Matscher Tals. Zwar gibt es auch von Schulderns herauf Wege, die das wilde Tal des Saldurbachs durchqueren (wie z. B. in der Tour 30 beschrieben!), aber eine bequeme Straße gibt es nur ab Mals. Das Tal war immer ein armes hochalpines Tal, daran hat sich nichts geändert. Oberhalb des **Glieshofs** (1807 m) regiert die Einsamkeit. Vom Glieshof geht man noch einmal etwa 1:30 Std. zur *Schludernser Alm* (2116 m), hier werden von Senn und Hirte Butter und Käse produziert. Weiter auf schmalem Steig über Almböden zur *Lacken,* einem kalten Seelein, das umrundet werden kann. Oberhalb des hintersten Talgrunds liegt die moderne **Oberetteshütte**, als Standort für die Besteigung der Weißkugel (3739 m) gedacht, aber auch beliebtes Ziel von Bergwanderern.

• *Verbindungen* Der Bus zwischen Matsch und Mals orientiert sich eher an den Matscher Schülern als an Urlaubsgästen. Also: eigener Pkw oder **Wandertaxi** (derzeit nur Do).

• *Übernachten/Essen & Trinken* ** **Glieshof**, Matsch 69, Matsch/Mazia, ganz am Ende des Matscher Tals liegt dieser moderne Gasthof im Tiroler Stil in sehr ruhiger Lage mitten im Wiesengrün. Große Saunalandschaft mit echt-falschen antiken Säulen, wirklich eindrucksvolles Frühstücksbüffet und gute Zimmer der Kategorie (kein TV). DZ/FR 50–70 €. ✆/℻ 0473/842622, www.glieshof.it.

Oberetteshütte, 2670 m, AVS Matsch, etwa vom 20. Juni bis Anfang Okt., ✆ 0473/830280, www.oberettes.it.

Das Planeiltal: Das oberhalb von Mals in die Malser Heide mündende Planeiltal ist nur ein kurzes Stück auf öffentlicher Straße zugänglich, die endet nämlich im einzigen Ort des Tals, in **Planeil**. Wer sich dann nicht weiter ins Tal hineinbegibt, das seinen traditionellen Almtalcharakter noch nicht verloren hat, der ist selbst daran schuld, wenn er sich ein Erlebnis entgehen lässt. Am schönsten ist eine etwa 4 Std. in Anspruch nehmende **Rundwanderung zur Planeiler Alm** (2203 m). Man bleibt zunächst am Punibach (so heißt der das Planeiltal entwässernde Bach) bis zur Abzweigung des Fahrwegs zur Planeiler Alm (bei der Ruine des Petesettes-Hofs). Von der Planeiler Alm nimmt man den fast ohne Höhenverlust talauswärts führenden Weg, der oberhalb von Planeil in den Pradimuns (das rätoromanische Pra bedeutet hier wie bei Prad Wiesen, Pradimuns heißt also wohl nichts anderes als Bergwiesen) nach unten und zurück nach Planeil abknickt (etwas steil).

• *Verbindungen* **Wandertaxi** von den Orten des Obervinschgaus am Mittwoch, kein regulärer Busverkehr!

• *Übernachten/Essen & Trinken* ** **Gasthof Gemse**, Planeil 1, moderner, gemütlicher Berggasthof. DZ/FR 56–68 €. ✆ 0473/831148, ℻ 840979, www.gasthof-gemse.it.

Planeiler Alm, 2203 m, einfache Almkost, eigene Butter und eigene Käse, offen Mitte Juni bis Mitte Sept.

▸ **Schleis**: Das Dorf am Eingang des *Schlliniger Tals* unterhalb von Burgeis besitzt einige schöne Häuser mit Außenfresken, etwa jene am Platz gegenüber dem Hirschenwirt („Herberge zum Hirschen steht auf der Fassade) im Unterdorf und eine barocke ausgestattete *Pfarrkirche* am Platz im Oberdorf, auf den auch die Fassade des eindrucksvollen „Gasthofs zum Goldenen Adler" blickt.

• *Übernachten/Essen & Trinken* ** **Zum Goldenen Adler**, Schleis 46, imposanter alter Bau mit der regionaltypischen doppelten Außentreppe, die zum 1. Stock führt, in dem sich die Gasträume befinden, 2 alte Tiroler Stuben. Bemerkenswerte Regionalküche und gute Weinkarte. Knödel jeden Typs (z. B. Vinschger), Schlutzer, Lamm und Wild, bemerkenswerte Käseplatte, Fruchtknödel (mit Marillen/Zwetschgen) und andere traditionelle Desserts. Menü ab ca. 25 €. DZ/FR 56–80 €. ✆ 0473/831139, goldener. adler@dnet.it. Do Ruhetag.

▸ **Laatsch**: Zwischen Burgeis und Mals quert der Etschtal-Radweg das Dorf Laatsch mit seinen vier Kirchen. Der Turm der abgebrochenen Kirche *St. Luzius* steht am Ortsausgang Richtung Mals auf dem Friedhof, in der Dorfmitte liegt *St. Leonhard.* Die kleine, doch zweigeschossige Kirche mit dem schönen gotischen Maßwerkfenster im romanischen Turm ist innen gotisch ausgemalt. (15. Jh.) und besitzt einen Flügelaltar vom Ende des 15. Jh., der vor allem wegen seiner interessanten Charakterköpfe sehenswert ist. Kunsträuber haben *St. Kosmas und Damian* sowie *St. Cäsarius* am westlichen Ortsausgang heimgesucht, was blieb, wurde sichergestellt und ist nicht zu besichtigen. Behäbige Häuser mit Erkern, Freitreppen und Wandmalereien bestimmen das Ortsbild. Das kleine **Dorfmuseum** in der Scheune der Pfarrkirche zeigt den bäuerlichen Alltag der gar nicht so fernen Vergangenheit.

• *Öffnungszeiten* **St. Leonhard**: Schlüssel im Haus 30 nebenan oder im Pfarrhaus. **Volkskundemuseum**: Juli bis Sept. Mi und Do 16–18 Uhr, Eintritt ca. 2 €.

• *Freizeit* Kinder finden einen sehr schönen **Waldspielplatz** (und die Eltern einen Grillplatz) zwischen Wald und Bach am Fuß-Radweg in Richtung Burgeis.

Burgeis

Burgeis ist einer der schönsten Orte des Vinschgaus, ein durch Neubauten nicht gestörtes Bauerndorf mit ansteigender Dorfstraße, ein Dorfplatz mit Brunnen in der Mitte, der hl. Michael hält Wacht, zwei Gasthäuser flankieren ihn.

Neubauten gibt es nur am Rand, und sie stören den Gesamteindruck nicht. Besonders schön ist der alte *Bauernhof* links neben dem Hotel Weißes Kreuz am Dorfplatz: asymmetrische Anlage, Steinbau mit Holzbalkon und Dachgeschoss aus Holz.

Burgeis mit Fürstenburg und Kloster Marienberg

Eine Anzahl von Hausfronten besitzt noch die alten Wandfresken, die ohne Ausnahme Heilige oder die Muttergottes mit Kind darstellen.

Am Ortsausgang in Richtung Laatsch und Glurns hält die **Fürstenburg** Wacht, ihr dunkler Turm sieht ernst aufs Dorf wie auf den Vinschgau unterhalb bis hinüber nach Mals. Und nochmals höher, wie eine eigentliche Fürstenburg über Dorf und Fürstenburg thronend, das in weißestem Weiß glänzende **Kloster Marienberg**. Die unnahbare Klosterburg, am Hang klebend wie ein tibetanisches Kloster, hat barocke Züge. Aber die Schätze, die es birgt sind älter: Die romanische Krypta mit ihren völlig frisch erhaltenen Fresken zählt zu den bedeutendsten Kunstdenkmälern Tirols.

Der Radweg zwischen Burgeis und Glurns: Die Trassenführung zwischen Burgeis und Schleis ist problematisch: Steigungen bis um die 20 % bei schmalem und gewundenem Trassenverlauf und gleichzeitiger Verwendung als Fußgängerweg sowie für die Fahrzeuge der Anrainer – kommt ein Traktor mit Mäher entgegen, der die gesamte Breite beansprucht, schaut man bei diesem steilen Gefälle ganz schön dumm. Andererseits darf man nach Paragraph 182 der neuen italienischen Straßenverkehrsordnung (2003) Autostraßen nicht mehr benützen, wenn es einen alternativen Radweg gibt. Kann man aber wirklich allen Radnutzern zumuten, dieses steile und potentiell gefährliche Teilstück zu nutzen, wenn die alternative Straße ausgesprochen sanfte Steigung aufweist?

Information/Veranstaltungen

- *Information* **Ferienregion Obervinschgau**, www.vinschgau.is.it (für Mals, Burgeis, Glurns, Schluderns) → „Mals/Information". **Tourismusverein**, I-39024 Burgeis/Burgusio, Burgeis 77, ✆ 0473/737072, ℻ 831690, www.burgeis.it.
- *Veranstaltungen* **Dorfführungen** im Juli Do 15 Uhr, im Aug. Fr 10 Uhr, 1,50 €.

Übernachten

**** **Weißes Kreuz**, Burgeis 82, da hat sich ein alter Dorfgasthof renovieren und erweitern lassen und generell neu eingekleidet und ist nun ein veritables Viersternehotel – dem das Flair des gemütlichen Gasthofs geblieben ist. Komfortable, diskret möblierte Zimmer (3 Kategorien) mit Balkon, großer (600 qm) Wellnessbereich mit Hallenbad, Saunen, Außenpool, aufmerksamer Service und gutes Restaurant. DZ/FR 92–140 €, Wochenangebote mit HP und Sonderleistungen (z. B. Transfer, Wanderungen, ein 5-Gang-Menü) ab 365 €/Person. ✆ 0473/831307, ✆ 831653, www.weisseskreuz.it.

*** **Aparthotel St. Jakob**, Burgeis 176, sympathisches Hotel mit Zimmern und Apartments (Küche komplett ausgestattet) ohne die übliche Tiroltümelei, klare Formen, helles Holz und weiße oder zartbeige Wände, kein Deko-Schnickschnack. DZ/FR 44–52 €, Apartments für 2 Pers. 44–58 €, zusätzliche Person 12–20 €. ✆ 0473/831550, ✆830232, www.sun-snow.it.

*** **St. Michael**, Burgeis 147, das moderne „Sporthotel" am Ortsausgang in Richtung Mals hat sich jüngst Anbauten geleistet inkl. Hallenbad und Restaurantbereich mit Panoramasicht. Kategorieübliche Zimmer, alle mit Balkon. Wer nicht das Panorama zur Seite von Stift Marienberg hat, kann sich am Blick auf den Vinschger Sonnenhang erfreuen. DZ/FR 70–94 €. ✆ 0473/831121, 830404, www.burgeis.com.

*** **Zum Mohren**, Burgeis 81, der Gasthof im Ortszentrum rühmt sich einer 350-jährigen Tradition, das Haus ist alt und behäbig, eine Stiege führt zum Eingang wie in vielen Bürgerhäusern der Region. Modern ausgestattete Zimmer. Wer eines nach vorne hat, kann nächtens dem Plätschern des Brunnens auf dem Dorfplatz lauschen. DZ/FR 58–76 €. ✆ 0473/831223, ✆ 830406, www.mohren-plavina.com. Unter gleicher Leitung ist die nahe gelegene *** **Pension Plavina**, ortsüblich tirolisierend mit viel Holz eingerichtet, DZ/FR 66–92 €.

*** **St. Stefan**, Burgeis 126, Pension mit sehr persönlicher, freundlicher Atmosphäre, gutes Frühstück, meist helle Zimmer mit guter Ausstattung (z. B. Safe, Sat-TV, Minibar), im Hause Sauna, türkisches Bad, Solarium, Fitnessraum. DZ/FR 44–60 €. ✆ 0473/831410, ✆ 831412, www.st-stefan.com.

** **Ziernheld**, Burgeis 136, das nahezu neue Haus am Hang oberhalb des Dorfplatzes hat mehr Raum, als man ihm vom Zugang her ansieht, und das trifft auch auf die Zimmer zu (Balkon, TV). Das übliche Holz, aber diskret und ohne Schnörkel verarbeitet, sieht man mal von der Einrichtung der Stube ab, die – mit obligatem Herrgottswinkel – so tut, als ob sie 300 Jahre älter wäre, als sie tatsächlich ist. Die Ziernhelds vermieten auch komplett eingerichtete, ebenfalls neu gestaltete Apartments. DZ/FR 38–50 €, Apts. für 2 Pers. 35–70 €. ✆ 0473/831120, ✆ 830746, www.garni-ziernheld.it.

Schlossbar → „Essen & Trinken".

Essen & Trinken

Weißes Kreuz, Burgeis 82, das Hotelrestaurant leistet mehr als hotelüblich: Gerichte wie Pappardelle mit Spargel und Garnelen, lauwarmer Kalbskopf mit Tomatenvinaigrette, Grillgemüse mit Mozzarella überbacken (11 €), Risotto mit Lauch und Kalbsleber (7,50 €), Schweinelendchen mit Gorgonzolasauce (Fleischgerichte ab ca. 15 €), gute Tagesdesserts, nachmittags auf der Terrasse auch Eis, Kaffee und Kuchen. Speisesaal und v. a. Terrasse haben Panoramablick. Menü 28 € (4 Gänge inkl. Antipasti). Do Ruhetag.

Zum Mohren, Burgeis 81, nicht nur schlafen, auch essen kann man im historischen Gemäuer. Mehrere Räume von unauffälliger Ausstattung. 08/15-Gastronomie: Auf den Teller kommt zwar Fleisch aus eigener Landwirtschaft (es gibt eine sehr gute Forelle Müllerin), aber zum Apfelstrudel stammt die Sahne aus der Tube und in der alten Gaststube, „Weinstube" genannt, gibt es nur je einen offenen Weißen und Roten sehr mäßiger Qualität. Menü inkl. Salatbüffet (gut) ca. 17 €. Di und Mi vorm. geschlossen.

Schlossbar, Burgeis 183, kleines Restaurant mit freundlicher Atmosphäre, gute Merenden und sehr gute Knödel (z. B. Fastenknödel), Nockerl und Fleischgerichte (inkl. Lamm), hausgeräucherte Forelle im Speisesaal und auf der Terrasse, 2 Gänge um die 20 €. Di Ruhetag. Im Haus auch Garni, DZ (mit TV)/FR 36–44 €. ✆ 0473/831559, ✆ 845256.

Sehenswertes/Ausflüge

Die Kirchen von Burgeis: Etwas oberhalb des Orts steht ganz einsam in der Wiesenflur die Kirche *St. Nikolaus an der Haide.* Wer die Staatstraße vom Reschen herunterbrettert, passiert sie in Sichtweite, eine Zufahrt gibt es jedoch nicht, nur ein Fußweg führt vom Ort hinauf. Spätgotische und barocke Außenfresken, die zweimal den hl. Nikolaus zeigen, zieren die Außenwände des romanischen Baus mit seiner gotischen Balkendecke. Auch die *Pfarrkirche Empfängnis Mariens* hat ein romanisches Rundbogenportal, innen ist sie gotisch und barock ausgestaltet. Eine Kostbarkeit ist die 1678 von *Eugenio Gasparini* (aus Görlitz!) gebaute Orgel, die aus der Stiftskirche Marienberg stammt.

Beide Kirchen werden im Rahmen der sommerlichen Dorfführungen besucht.

Die Fürstenburg: Die eindrucksvolle Burg am Rand von Burgeis mit dem kräftigen Bergfried – man passiert sie auf dem Rad- und Fußweg nach Mals – wurde 1272 bis 1282 errichtet. Wenig wurde verändert, zumindest was ihre äußere Form betrifft. Fürstenburg heißt sie, weil sie den Fürstbischöfen von Chur gehörte, die sie aber nur verwendeten, wenn's im eigenen Haus zu brenzlig wurde, etwa während der unruhigen Reformations- und Bauernkriegszeit des 16. Jh. Die Burg beherbergt heute eine Landwirtschaftsschule.

Öffungszeiten Besichtigung nur im Rahmen einer Führungen, üblicherweise Juli/Aug. jeden Mo um 14 Uhr, Anmeldung in der Information Burgeis bis 12 Uhr nötig, Eintritt ca. 2 €.

Kloster Marienberg: Der massive, blendend weiß gestrichene Bau des Klosters hoch über Burgeis ist von weitum zu sehen. Für den Bau des ausgedehnten Gebäudekomplexes (ab 1150) musste erst eine Plattform am Hang geschaffen werden, dennoch sind die zum Tal blickenden Bauteile um etwa drei Stockwerke höher als die hangseitigen. Benediktiner leiteten (und leiten – das eigentliche Kloster ist in Klausur und für uns Nicht-Mönche off limits) das Kloster, das mal sehr mächtig war und sehr wesentlich dazu beigetragen hat, dass die romanischen Bauern des Obervinschgaus allmählich das Deutsche annahmen und zu Deutsch-Tirolern wurden. Die barockisierte *Kirche* hat noch ein schönes romanisches Portal, aber das eigentliche Ziel der Kunst-Apassionati ist die **Krypta**: Die dortigen romanischen Fresken, ein komplett erhaltener Zyklus, stammen noch aus der Zeit der Stiftsgründung und gehören zum Bedeutendsten, was uns die Romanik in den Alpen hinterlassen hat: leuchtende Farben, elegante Figuren (Engel, segnender Christus in der Mandorla), stark byzantinische Züge. Der Meister dieser Fresken ist nicht bekannt, man nennt ihn mangels eines Namens den *Meister von Marienberg*. Dass die Fresken sich so gut erhalten haben ist einer frühen Übertünchung zu verdanken, die erst 1889 entfernt wurde.

• *Öffnungszeiten* **Kirche**: tagsüber zugänglich (außer 11.45–13 Uhr). **Krypta**: Besichtigung nur mit Führung: Juli/Aug. Mo–Fr 10, 11, 15 und 16 Uhr, Sa 10 und 11 Uhr; Mai/Juni und Mitte Sept. bis Okt. Mo–Fr 10.45 und 15, Sa 10.45 Uhr; Nov. bis April nur nach Voranmeldung unter ✆ 0473/831306. Eintritt 3 €, bis 14 Jahre frei. www.marienberg.it.

Schlinig und das Schliniger Tal: Das Dörfchen auf 1725 m Höhe hat eine gedrungene gotische Kirche mit barockem Zwiebelturm, ein paar behäbige Häuser und liegt ganz in der Nähe die Watles-Lifte, was ihm zu ein wenig Tourismus verholfen hat. Neben dem Watles (s. u.) bietet sich in Schlinig eine Exkursion an ins obere Schliniger Tal zur *Sesvennahütte* und weiter zur Schweizer Grenze. Dort beginnt

Die Sesvennagruppe

Die Grenze zwischen Graubünden und Tirol verläuft zwischen dem Reschenpass und dem Münstertal über den Kamm Sesvennagruppe, die im *Piz Sesvenna* 3204 m erreicht. Sie ist auch eine Sprachgrenze, denn auf der italienischen Seite wird Deutsch gesprochen, auf der Schweizer Seite hingegen Romanisch (die Unterengadiner Spielart des Rätoromanischen). Während der Gebirgskamm selbst sehr einsam ist und kaum von Wegen erschlossen wird, bieten auf Südtiroler Seite zwei Bergbahnen und die beiden tief in die Gruppe hineinreichenden Täler **Rojental** und **Schliniger Tal** kurze Wege in den hier besonders ausgedehnten und weich geformten Almenbereich.

Wenn Sie auf einer Wiese seltsame Geräte finden, lassen Sie diese bitte stehen: Es handelt sich wahrscheinlich um Schmetterlingsfallen des Forschungsprojekts „Schmetterlinge im Gebiet der Sesvennagruppe". Das Gebirge ist so außergewöhnlich reich an **Schmetterlingen** – mehr als 1000 von ca. 3000 Südtiroler Arten kommen hier vor –, dass die Vereinigung europäischer Schmetterlingsforscher (S.E.L.) hier 2003 ihr erstes Forschungsgebiet einrichtete. Bedeutenden Institutionen sind die Träger dieses Forschungsprojekt: Museum für Naturkunde Stuttgart, Zoologisches Museum der Universität Kopenhagen, Tiroler Landesmuseum Ferdinandeum und – natürlich – das Naturmuseum Südtirol in Bozen.

die atemberaubend angelegte Steiganlage durch die spektakulär ins Gebirge eingeschnittene *Uinaschlucht*. Geführte Wanderungen zur Schlucht werden von allen Touristenbüros des oberen Vinschgaus veranstaltet (man kehrt auf dem gleichen Weg zurück). Hin/zurück 5–6 Std. bis zum Beginn der Schlucht.

• *Verbindungen* **Wandertaxi** von den Orten des Obervinschgau nach Schlinig am Mo, Fr, Sa und So – kein regulärer Busverkehr!

• *Essen & Trinken/Übernachten* ** **Hotel-Gasthof Anigglhof**, Schlinig 20, freundlicher Gasthof in sonniger Lage. DZ/FR 54–58 €. ✆ 0473/831210, www.anigglhof.it. Mi Ruhetag.

Jausenstation Alp Planbell, Schliniger Alm, ca. 45 Min. ab Schlinig, kein Ruhetag, ✆ 0473/830152.

Sesvennahütte, AVS-Schutzhütte auf 2670 m, von Schlinig ca. 1:30–2 Std., gemütlich und sauber, Lager und Zimmer (mit Dusche). DZ/HP 64–84 €. Juni bis Okt. ✆/📠 0473/830234, im Winter ✆ 347/2115476, www.sesvenna.it.

▸ **Auf dem Watles (2557 m)**: Von *Prämajur*, das man auf der Straße von Burgeis nach Schlinig (über Marienberg) erreicht, führt ein Sessellift in die Almenzone unter dem Watles. Dieser etwas in den Vinschgau vorgeschobene Gipfel der Sesvennagruppe ist leicht zu erreichen. In Kombination mit dem Weg über die beiden *Pfaffenseen* eine lohnende Bergtour. Im Winter ist der Watles ein beliebtes Skigebiet, zwei Schlepplifte führen bis auf 2450 m, also knapp unter die Gipfelzone.

• *Bergbahnen* Liftzeiten tägl. 9–12/13–17 Uhr. Sommersaison (Juni bis Mitte Okt.) Berg 4,60 €, Kinder 3,50 €, Berg/Tal 6,70 bzw. 4,50 €. Im Winter Tageskarte ab ca. 22 €, Kind ab ca. 16 €, 6 Tage (von 8) 104/72 €. In der Nebensaison (Mitte Jan. bis 1. Februarwoche sowie Mitte März bis Mitte April) ca. 15 % Nachlass.

• *Sport im Winter* Neben den Abfahrten 15 km **Langlaufloipen** oberhalb von Schlinig. **Skischule Watles** ✆ 0473/830757. Große, 4 km lange **Naturrodelbahn** von der Berg- zur Talstation! Kostenloser **Skibus** von allen Orten der Ferienregion Obervinschgau. Infos unter www.watles.net.

• *Sport im Sommer* **Wandertaxi** von den Orten des Obervinschgaus zur Talstation an Mo, Fr, Sa und So.

Paragliding: Tandemflüge ✆ 0473/831288.

Schifffahrt auf dem Reschensee

Das Reschengebiet

Die Gegend um den Reschenpass im obersten Vinschgau ist eine windige Ecke, den Parasurfern auf dem Reschensee kann das nur gefallen. Im Stausee versank das alte Graun bis auf seinen Kirchturm. Zu beiden Seiten des Passes locken Wander- und Skiberge, am Ende des lang gezogenen Langtauferer Tals erreicht man die 3738 m hohe Weißkugel.

Keine Gedränge – noch (sieht man mal vom Parkplatz in Melag ab, wenn an schönen Tagen Hundertschaften zur *Melager Alm* drängen). Ruhiger Urlaub, jede Menge Sport, Naturnähe – damit wirbt die Ferienregion um den Reschenpass. Sehr zu Recht.

Dass dies Südtiroler Reschenpassregion mit dem österreichischen *Nauders* zusammenarbeitet, ist kein Zufall. Nauders, ein paar Kilometer jenseits des Reschenpasses, ist historisch gesehen ein Teil des heute fast komplett italienischen Vinschgau. Dieselbe Geschichte, dieselbe Sprache, dieselbe Kultur – da kann man schon darüber hinwegsehen, dass man die Steuern an verschiedene Fiskusse zahlt.

Information/Verbindungen

Tourismusverband Vinschgauer Oberland, I-39020 Graun im Vinschgau, Hauptstr. 61, ✆ 0473/737092, ℻ 634713, www.reschenpass-suedtirol.it. Büros in **Graun**, **St. Valentin auf der Haide** und **Reschen**. Der Tourismusverband arbeitet eng mit jenem des benachbarten österreichischen Nauders zusammen, insbesondere im Bereich Wintersport, der als „Reschenpass Skiparadies" grenzüberschreitend beworben wird (www.reschenpass.net). Auch auf dem Verkehrssektor wird zusammengearbeitet: Die **Busse** des SAD fahren über die Grenze weiter bis Nauders, dafür transportiert die österreichische Post Fahrräder auf der wegen der Tunnel unangenehm zu fahrenden Strecke zwischen Landeck und Nauders in einem extra Radanhänger.

Sport & Freizeit/Feste & Veranstaltungen

• *Wassersport* Der **Reschensee** ist kein Badesee, aber ein sehr guter See für Surfer und – besonders beliebt – Parasurfer. Wenn diese flotten Surfer am Schlepptau ihres Gleitschirms am Ufer entlang rasen, bleibt kein Spaziergängerauge an den Bergen haften.

• *Wintersport* **Skiparadies Reschenpass** nennt sich die Skiregion zwischen Nauders (Österreich) und St. Valentin auf der Haide (Südtirol). 3 Zentren, die Kabinenbahnen Nauders – Bergkastel, Reschen – Schöneben und die Umlaufbahn St. Valentin – Haideralm. Ein Skizirkus ist jedoch nicht möglich, die Verbindung besorgt der kostenlose Skibus Nauders – Reschen – St. Valentin. *Im Skipass Ortler Skiarena ist der österreichische Teil nicht eingeschlossen!* Infos (in Südtirol) beim Tourismusverband Vinschgauer Oberland (→ S. 418, 429), der Tourismusverband Nauders gibt detaillierte Auskünfte über den österreichischen Anteil: A-6543 Nauders, ✆ 0043/5473/87220, 📠 87627, tvb.nauders@tirol.com. Gemeinsame Website: www.reschenpass.net.

• *Reiten & Fahren* **Kutschen - und (winterliche) Schlittenfahrten** am Reschensee und Haidersee, aber auch in die seitlichen Täler sowie **Reitkurse** (u. a. mit Haflingern) veranstaltet Elmar Habicher, Waldweg 23 in St. Valentin auf der Haide, ✆ 0473/634570.

• *Feste & Veranstaltungen* **Almabtriebswochen**: In den 3 Wochen um die Septembermitte geht es in den Gemeinden am Reschenpass hoch her, auf österreichischer wie auf Südtiroler Seite. Das bunt und oft aufwendig geschmückte Vieh wird von den Almen getrieben und für den Winter in die Ställe gebracht. Das ist wie überall im Ostalpenraum Grund zum Feiern. Heutzutage macht jeder Ort ein Fest aus dem Almabtrieb, wer wissen will, wann was los ist, besorgt sich die Daten beim Tourismusverein oder besucht www.almabtrieb.com.

Übernachten & Camping/Essen & Trinken

• *In Reschen* *** **Etschquelle**, Neudorf 42, Hotel in sonniger Lage, im Haus **Pizzeria/ Restaurant Da Luigi** mit guter Pizza (was man vom Stilmix der Innenarchitektur weniger behaupten kann) und für abends der „Liberty-Pub". Kleines Hallenbad, Sauna, Dampfbad und Solarium. Gut ausgestattete Zimmer, Internetanschluss! DZ/HP 94–192 €. ✆ 0473/633125, 📠 633071, www.hotel-etschquelle.com.

Café Biker, an der Ortsausfahrt in Richtung Mals, nicht nur Hefeweizen.

Café Seestrand, mit Minigolf.

Disco Royal, im Hotel Edelweiß in Reschen, populäre Disco mit großem Einzugsgebiet, im Winter knallvoll, ✆ 0473/ 633142.

• *In Graun* *** **Goldener Adler**, Hauptstr. 2. Der gemütlichen holzgetäfelten Stube dieser Hotelpension mit ihrem schönen Kachelofen sieht man nicht an, dass sie – wie der ganze Ort Graun – erst neueren Datums ist. Zeitgenössisch wirken dagegen die Zimmer mit kleiner Sitzecke (im großen DZ mit Himmelbett und 2 Fenstertüren zum Balkon ist noch mehr Platz) und der Sauna- und Dampfbadbereich. Wermutstropfen: gut gelegen, aber besonders am Wochenende und bei den Zimmern nach vorne nicht ganz ruhig. DZ/FR 60–80 €. ✆ 0473/633130, www.goldener-adler.it.

• *In St. Valentin auf der Haide* *** **Traube**, Hauptstr. 27, Zimmer oder Apartment im Aparthotel, solides Mobiliar, nichts Überflüssiges, Sauna, kleines Hallenbad, Ortslage, aber z. T. schöner Ausblick. DZ/FR 62–68 €, Apt. für 2–5 Pers. ab ca. 60 €. ✆ 0473/634760, 📠 634770, www.apparthotel-traube.com.

** **Mall**, sympathische Pension – freundliches Personal – an der Hauptstraße, Sauna und Dampfbad, schöne getäfelte Stube, Angebote für Radfahrer, die auf Wunsch an den Startort ihrer Tour gebracht und am Ziel abgeholt werden. DZ/FR 50–64 €. ✆ 0473/ 634633, 📠 634764, www.pension-mall.it.

La Verz, Waldweg, Bar-Café in ruhiger Lage mit schönem Blick auf den Haidersee.

Camping Thöni, Landstr. 83, (sehr) kleiner Campingplatz – nur 35 Stellplätze – bei St. Valentin, der erste, den man vom Reschenpass kommend, auf Südtiroler Gebiet antrifft. Gute sanitäre Anlagen, Gespann und 2 Pers. 17–20 €. ✆ 0473/634020, 📠 634121, www.camping-thoeni.it.

Sehenswertes/Ausflüge

Der Haidersee: Etwas tiefer als der Reschensee und noch unterhalb des Orts St. Valentin auf der Haide liegt der Haidersee. Sein meist klares Wasser und seine besonders am Etsch-Zufluss reiche Ufervegetation, die unter Naturschutz steht (Schilf, schwimmende Wiesen), erlauben einer reichen Fischfauna das Leben. Dass der Weiler etwas oberhalb sich **Fischerhäuser** nennt, ist also kein Zufall. Wer früher vom Fischfang lebte, scheint übrigens heute von der Vermietung von Ruderbooten zu leben, interpretiert man die Anzahl von Booten am Ufer unterhalb des Ortes richtig. Leider wird von den Betreibern des Kraftwerks immer wieder schmutziges und schlammiges Wasser in den See geleitet, sodass ein Überleben dieses Biotops gefährdet wird.

Erst kürzlich wurde im ökologisch empfindlichen Westteil des Sees ein Steg verlegt, sodass nun die Umrundung des Sees für Spaziergänger möglich ist, ohne dass das Feuchtbiotop dieses Abschnittes gestört wird.

Sport & Feizeit **Rudern** auf dem Haidersee, Boote unterhalb der Ortschaft Fischerhäuser. Schöner **Spaziergang** entlang dem Seeufer auf gepflegtem, gänzlich flachem Weg, teilweise Steg, Umrundung des Sees möglich.

Auf der Haideralm: Die Umlaufbahn von St. Valentin auf der Haide auf die Haideralm erschließt das **Wandergebiet** unter der *Seebödenspitze* der Sesvennagruppe. Viele Wasserläufe, kleine Seen, ein Rundweg zur Spitze (2859 m, ca. 4–5 Std. ab Bergstation hin/zurück). Wer will, kann in 2 Std. auf gutem Weg (Markierungen 7/4) zur Bergstation der Watlesbahn hinüber laufen. Im Winter ist das Gebiet dank guter Erreichbarkeit oft stark besucht (5500 Personen/Std. Gesamtförderleistung inkl. der 4 Schlepplifte).

Bergbahn **Umlaufbahn** von St. Valentin auf der Haide, Ende Juni bis Ende Sept. und in der Wintersaison; im Sommer von 9–16.30 Uhr zur vollen Stunde.

Das Rojental: Vom Grenzkamm mit der Schweiz zieht sich das Rojental zum nördlichen Teil des Reschensees hinunter. Straßen führen von St. Valentin auf der Haide und von Reschen nach **Rojen**, der einzigen Siedlung des Tals auf fast 2000 m Höhe. Das gotische *Bergkirchlein St. Nikolaus* mit seinen Fresken aus der Bozner Malerschule erinnert daran, dass man früher wegen des tiefen Schnees und drohender Lawinen oft wochenlang nicht zur Messe in Reschen gehen konnte, da durften die Rojer ihr Sonntagsgebet in St. Nikolaus verrichten. Der Weiler ist die höchstgelegene Dauersiedlung der Ostalpen und wurde kürzlich (2/2004) im deutschen „National Geographic“ mit einem Feature gewürdigt. Warum die Menschen hier und in anderen Höhensiedlungen Südtirols eisern am traditionellen Standort festhalten, während sie anderswo schon längst geflüchtet sind und den Weg in die Stadt oder wenigstens ins Tal gewählt haben, kann der Artikel so wenig erklären wie diejenigen, die diese Entscheidung bewusst oder unbewusst getroffen haben.

Der Reschensee: Wo sich heute der lang gestreckte größte See Südtirols befindet, waren bis 1949 Wiesen, Weiden, Felder, Bauernhöfe und das alte Dorf Graun. Dann wurden die Schleusen des neu errichteten Staudamms geschlossen, die Bauern mussten ihre Höfe verlassen, für einige blieb nicht mehr die Zeit für die Erntearbeiten. Im Sommer 1950 war der See komplett aufgestaut. Die Toten aus dem Grauner Friedhof wurden exhumiert und an höherer Stelle im neuen Friedhof beigesetzt. Die Häuser des Orts wurden gesprengt, auch die alte Pfarrkirche wurde zerstört. Nur der Turm der Pfarrkirche blieb unangetastet, dafür hatte das Landesdenkmalamt gesorgt. Was tun mit dem Turm? Er blieb stehen, sticht noch heute mit seiner romanischen Trifore im obersten Stockwerk und noch spitzerer Turmhaube aus dem Wasser des Sees hervor. Niemand fährt vorbei, ohne auszusteigen und dieses Bild zu betrachten.

Auf dem See tummeln sich Windsurfer und Kitesurfer. Das *Kitesurfen* ist der absolute Trendsport, der See eignet sich ganz besonders dafür, denn er liegt (wie der nördliche Teil des Gardasees) in einem Windkanal. Der Mix aus Wellenreiten und Windsurfen ist nicht ganz ungefährlich, eine Grundausbildung sollte man absolviert haben, bevor man sich auf den See stürzt. Wer sie noch nicht hat, kann sie am See nachholen (s. u.).

Die kleine „MS Hubertus“ macht ein gutes Geschäft mit Seerundfahrten. Baden? Zu kalt, wir sind auf fast 1500 m über dem Meeresspiegel. Und zu windig: Im Windkanal unterhalb des Sees – die Nordwestwinde stürzen nur hier ungehemmt vom Reschenpass hinunter in den Vinschgau, anderswo werden sie durch die Bergriesen aufgehalten – wurde 2003 Südtirols erste Windkraftanlage errichtet. Der Rotor mit seinen 62 m Durchmesser steht auf einem 60 m hohen Turm. Dagegen verblasst das Langkreuz komplett, das bisher das Wahrzeichen dieser windigen Stelle war.

Sport **Kitesurf-Grundausbildung** am Reschensee, 2 Tage ca. 250 €, Ausrüstung ca. 1000 €, evtl. Verleih möglich. Infos unter www.adrenalinakitesurfclub.com und beim Tourismusverband.

▶ **Graun**: Der aus dem Seespiegel hervorstechende „Graue Turm“, der Kirchturm des im Stausee versunkenen alten Graun, ist das Symbol nicht nur des neuen Orts, sondern der ganzen Reschenregion. Wer Bilder vom alten Ort und der allmählichen Überflutung des zerstörten Dorfs sehen will, besucht das **Heimatmuseum** (wenn es – was leider selten genug der Fall ist – gerade offen hat). Und nicht nur Kindern gefällt eine **Schifffahrt** auf dem See, der Landesteg ist gleich gegenüber vom Grauen Turm. Das neue Dorf sieht nett aus, hat aber keinerlei sehenswerte Elemente.

• *Öffnungszeiten* **Grauner Heimatmuseum**: im Alten Rathaus in Graun, Juli und August Mi 16–18 Uhr. Bildersammlung zum untergegangenen Dorf, Infos zur Aufstauung des Sees und zum Neubau des Dorfs, 2 Räume und eine alte Stube.

• *Reschen-Schifffahrt* Die **MS Hubertus Interregio** legt im Sommer von der Anlegestelle gegenüber dem Grauner Kirchturm zur Seefahrt ab. Ein Spaß, den es anderswo in Südtirol nicht gibt, und eine Möglichkeit, den berühmten Turm im See mal von einer anderen Seite zu fotografieren. Jacke mitnehmen, es kann schön kühl werden, wir sind auf fast 1600 m Meereshöhe! Mitte Juli bis Ende Sept. tägl. mehrmals (meist 11, 15 und 17 Uhr), 6,50 €, Kinder bis 12 frei.

▶ **Reschen**: ein echter Straßenort. Hier werden die Durchreisenden umworben, vor allem die zahlreichen Motorradfahrer. „Café Biker“ nennt sich eines der Straßencafés, das soll sie alle zu den paar Tischen am Straßenrand und zum zischenden Hefeweizen locken. Die Seilbahn vom Ort entführt ins **Almgebiet Schöneben** auf ca. 2100–2300 m in eine andere Welt, wo es im Sommer sehr ruhig, im Winter gelegentlich hektisch zugeht

Bergbahn **Seilbahn Reschen – Schöneben**, Anf. Juli bis Ende Sept./Anf. Okt. tägl. 8.30–16.25 Uhr sowie in der Wintersaison, ✆ 0473/633333.

Tour 32: Mit dem Rad von Graun über den Reschensee und die Malser Haide nach Burgeis

Tour-Info: Kurze, landschaftliche sehr abwechslungsreiche Tour auf Radwegen und Güterwegen des Etschtal-Radwegs, zuletzt rasante Abfahrt. Länge 15 km; Dauer 1–1:15 Std.; Höhenunterschied ↑ 70 m, ↓ 350 m. Rückfahrt mit dem Linienbus Mals – Burgeis – Reschen oder auf der SS 40 (geringere Steigungen als der Radweg!). Karten: Tabacco (1:25.000) Blatt 43; Kompass (1:50.000) Blatt 52. Mehrere Gaststätten am Weg.

Vom Parkplatz gegenüber dem Grauner Kirchturm **A** nimmt man den Uferweg in Richtung Neu-Graun und weiter in Richtung Süden. Der gut beschilderte Radweg führt fast immer direkt am See entlang, streckenweise als an die Straße angehängter Rad- und Fußweg. Man erreicht am Ende des Stausees die Staumauer **B**, wo der eigentliche Radweg endet. Man fährt die Hauptstraße (und gleichzeitig SS 40) durch den Ort, passiert die Touristeninformation (**C**, links) und biegt am unteren Ortsende nach links ab **D** auf eine mit dem Radwegzeichen und „Burgeis“ gekennzeichnete Straße (die ihren Namen „Waldweg“ nicht verdient). Schöne Blicke nach rechts hinunter zum Haidersee und auf die Sesvennagruppe dahinter.

Im Ort Dörfl angelangt, biegt man hinter der Kapelle **E** rechts ab und fährt auf asphaltiertem Weg weiter mit ganz leicht steigender Tendenz – einer der Schwemmkegel, aus denen sich die riesige Malser Haide, die wir nun erreicht haben, zusammensetzt. Unterhalb der Hofgruppe Alsack auf der dort erreichten Straße **F** rechts abwärts bis zum nahen Dorf Ulten, wo man ebenfalls unterhalb des eigentlichen Dorfs nach rechts in einen schmalen, asphaltierten Fahrweg mäßigen Erhaltungszustandes einbiegt **G**. Jetzt kann man's laufen lassen, nach Mals führt das Sträßchen fast ohne Richtungswechsel hinunter – nur bei der Querung der Staatsstraße **H** vor dem Ort heißt es vorsichtig zu sein. Auf der anderen Seite Bushaltestelle (in beide Richtungen, also auch für die eventuelle Rückkehr nach Graun per Bus!) und geradeaus weiter, die Straße führt in die Ortsmitte von Burgeis mit schönen alten Häusern und Brunnen **I**.

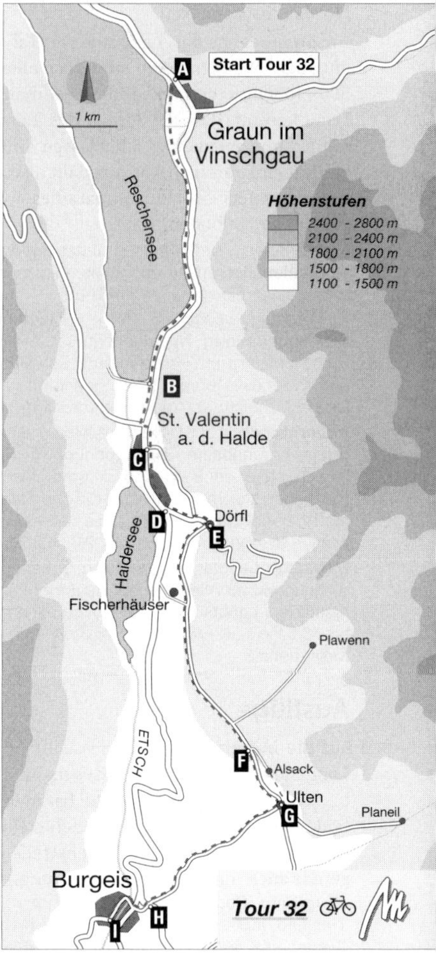

Im Langtauferer Tal

Im Langtauferer Tal gelangt man als ganz normaler Wanderer am Talschluss in die Nähe der gewaltigen Eisriesen der Alpen. Machen Sie sich auf etwas Atemberaubendes gefasst.

Das Langtauferer Tal beginnt bei Graun auf 1500 m, steigt über wenige Kilometer bis auf 2000 m an und geht dann in einen gewaltigen Talschluss über, über dem wilde Wände und Ehrfurcht gebietende Gletscher bis in eine Gipfelzone zwischen 3300 und fast 3800 m reichen. Die *Weißkugel* (3739 m) steht dramatisch über diesem Talschluss, sie ist wie der gesamte Kammbereich Staatsgrenze mit Österreich. Der größte Gletscher des Talschlusses, der *Gepatschferner*, liegt jedoch nur zum kleinsten Teil auf Südtiroler Gebiet, der größte Anteil wälzt sich als gewaltige Eismasse nach Norden ins Kaunertal.

Im Sommer ist das Langtauferer Tal ein attraktives, wenn auch nicht für jeden günstiges Wandergebiet, sind doch alle Touren mit steilen Anstiegen auf den ersten 500 Höhenmetern verbunden, bis man die etwas flachere Almenzone erreicht hat. Dazu kommt, dass die Almen des Tals bis auf jene im Talschluss und um den Sessellift ohne Ausnahme aufgelassen sind – die große Attraktion vieler Bergtouren, zünftig einkehren zu können, fällt also weg. Im Winter ist das Tal trotz seines alpinen Skigebiets ein Langlaufparadies – 35 km Loipen geringer Schwierigkeit durchziehen den Talboden!

• *Information* Im Internet unter **www.langtaufers.net** oder den Tourismusverein Vinschgauer Oberland (→ S.418, 429).

• *Übernachten/Essen & Trinken* **Gasthof Weißkugel**, Melag, Nudelgerichte (ca. 5–8 € – das Letztere mit Pfifferlingen), Schnitzel und Zwiebelrostbraten (Fleischgerichte ca. 9–13 €), Apfelstrudel und Kaiserschmarrn.

Krampusloch, Langtaufers 5/Malsau, eine große, neu gebaute Ferienwohnung für Allergiker bietet der Berg- und Skiführer Josef Planegger an, vorwiegend natürliche Baustoffe, naturbelassenes Holz, bis zu 6 Pers., je nach Belegung 46–62 €. ✆/℻ 0473/633260.

Melaghof, Langtaufers 16/Melag, 2 Ferienwohnungen für Allergiker auf Bauernhof im hintersten Langtauferer Tal, je ca. 65 qm, bis zu 5 Pers., 62–73 €, ✆ 0473/633569, www.melaghof.it.

Langtauferer Tal, Tipp für Allergiker!
Mehrere Vermieter haben allergiefreie Apartments errichtet, die strengen Auflagen genügen müssen. So dürfen z. B. für den Bau nur ganz bestimmte Materialen verwendet werden und das Mobiliar ist vorwiegend aus unbehandeltem Naturholz. Die Landesagentur für Umwelt und Arbeitsschutz prüft und zertifiziert die Wohnungen. Wichtig für Milben-Allergiker: Die Höhenlage behagt den Hausstaubmilben gar nicht, sie kommen im Langtauferer Tal nicht vor. Einen Katalog der Anbieter allergiefreier Zimmer/Apartments bekommt man beim Tourismusverein Vinschgauer Oberland (→ S. 418, 429).

Ausflüge

▸ **Auf die Masebenalm**: Ein Sessellift führt von *Grub*, einer Hofgruppe im hinteren Langtauferer Tal, auf die Masebenalm. Das bei Melag (s. u.), der hintersten Hofgruppe, steil mündende *Falbanairtal* hat in den Höhen um 2300–2500 m ausgedehnte Almböden, die nach Süden allmählich steiler werden und in die Felshänge des Weißkugelkamms übergehen. Das Durchstreifen der wasserreichen Almböden ist im Sommer gerade auch mit Kindern abwechslungsreich, im Winter erschließt sie ein Schlepplift.

Bergbahn **Sessellift Maseben**, Juli bis Sept. an Wochentagen 8.30–9.30 Uhr, 11.30–12.30 Uhr und 16.30–17 Uhr, So/Fei 8.30–12/14–17 Uhr sowie in der Wintersaison, Berg/Tal 8 €; Talstation ✆ 0473/633190, Bergstation („Atlantis der Berge") ✆ 0473/633091.

Melag, der Weg führt zur Weißkugelhütte

Melag und der Talschluss: Die eng gebaute, urwüchsige Hausgruppe von Melag ist die hinterste und höchste des Tals, 1915 m liegt sie hoch! Von hier führen alte Wege weiter zur **Melager Alm** auf gleicher Höhe, man muss zunächst sogar ein Stück absteigen, denn Melag liegt auf einer erhöhten Felsbarriere mit Blick nach unten wie oben. Ab der bewirtschafteten und stark besuchten Alm wird's steil, der serpentinenreiche Weg zur **Weißkugelhütte** ist jedoch von allen rüstigen Gehern zu schaffen. Bei der Hütte angekommen, genießt man ein Panorama, mit dem sich wenige der Ostalpen vergleichen können. Es wird vom (deutlich zurückgehenden) *Langtauferer Ferner* und vor allem von dem mit Gletschern umhüllten Gipfel der *Weißkugel* (3739 m) dominiert. Zum Gletscher führt ein problemloser Fußweg (Schild bei der Hütte), wer mehr plant, etwa die relativ leichte *Vordere Karlesspitze* (3231 m) oder gar die *Weißkugel*, eine mittelschwere Gletschertour, braucht alpine Erfahrung, die komplette Ausrüstung einer hochalpinen Bergtour und gutes Wetter.

Tour 33: Wanderung von Melag auf die Weißkugelhütte

Tour-Info: Reizvolle Hüttenwanderung mit Ausblicken auf die Weißkugel und Nahblicken auf den Langtauferer Ferner. Dauer 3:15–3:30 Std.; Höhenunterschied ↑↓ 670 m. Anfahrt mit dem Pkw bzw. mit dem Linienbus von der Reschenstraße durch das Langtauferer Tal bis Melag. Karten: Tabacco (1:25.000) Blatt 43; Kompass (1:50.000) Blatt 52.

Vom Parkplatz in Melag **A** nimmt man das für den öffentlichen Verkehr gesperrte Sträßchen zur Melager Alm, das zuerst ein kurzes Stück bergab und dann fast flach in Richtung Talschluss führt. Bei der ersten Brücke **B** wie bei der zweiten Brücke **C** geht man geradeaus weiter, ab der Letzteren auf einem markierten Trampelpfad, der aber kurz darauf wieder den guten Steig von der

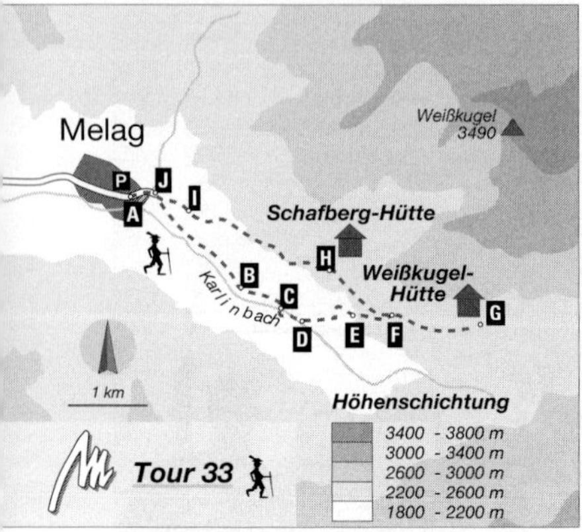

Alm zur Weißkugelhütte erreicht. Auf diesem bergan, Serpentinen, die Aussicht ist beschränkt, öffnet sich aber ganz plötzlich auf einer kleinen Verflachung in einer sanften Linkskurve **D** und zeigt uns nun die Weißkugel. Weiterhin kurvenreicher Aufstieg, bei einer Bank mit Kreuz **E** hat man dann Verschnaufmöglichkeit und die Gelegenheit, das inzwischen nochmals größer gewordene Panorama zu bewundern, das nun auch den Kamm zum Vernagl (links der Weißkugel) umfasst. An einer Gabelung **F** rechts bzw. in gleicher Richtung weiter, hier werden wir beim Abstieg abbiegen. Unter der Hütte links eine Lacke mit hübschen Spiegelungen, dann sind wir bei der Weißkugelhütte angelangt **G** (2544 m, 2 Std.). Panorama der Sonderklasse, zum Langtauferer Ferner führt unmittelbar von der mit Bänken und Tischen förmlich gepflasterten Terrasse ein Steig hinüber.

Zurück bis zur vom Aufstieg schon bekannten Abzweigung **F** und dort nach rechts. Schöner Steig durch Almgelände, im Frühsommer blumenreich. Bei der Schafberghütte **H** besonders saftige Weiden in einer Mulde, nach rechts führen alpine Steige auf Nockspitze, Karlesspitzen und Weißseespitze, sämtlich 3000er (nur die Nockspitze ist für Normalgeher einigermaßen leicht). Weiter auf unserem Weg in sanftem Auf und Ab durch Almwiesen, die ganz plötzlich an einem Kreuz über einer Steilpassage **I** mit Blick auf Melag und das oberste Langtauferer Tal enden. Runter auf schlechtem, weil ausgetretenem Weg und über Wiesen zum Sträßchen **J**, das uns in wenigen Minuten hinauf und zurück nach Melag bringt **K**.

• *Essen & Trinken* **Melager Alm**, 1970 m, echte Viehalm, auf der Butter und Käse produziert wird, Jausenstation, warmes Essen, geöffnet 10. Juni bis 10. Okt sowie vom 20. Dez. bis zum 20. April.

Weißkugelhütte, auf 2557 m, ✆ 0473/633191 (im Tal erreichen Sie die Pächterfamilie in der Pension Weißkugel, ✆ 0473/633434).

Das Münstertal

Nur der kleinste Teil des Münstertals gehört zu Südtirol, der Großteil liegt in der Schweiz. Das schmale Tal zwischen Glurns und Taufers wird vor allem von Wald eingenommen, nur bei Taufers weitet es sich und erlaubt Platz für Dorf, Wiesen und Felder. Wer die Grenze nach Graubünden überschreitet, trifft im rätoromanischen Müstair auf den alten Hauptort des Tals.

Sieht man sich eine Übersichtskarte der Alpen an, erkennt man die verkehrsmäßige Bedeutung, die das Münstertal hat: Es verbindet über den 2149 m hohen Ofenpass den Vinschgau und ganz Südtirol mit dem Engadin und über Flüela und Albula mit Graubünden und dem alten Bischofsort Chur. Der Bischof von Chur wurde 772 von Karl dem Großen zum Verwalter von Churrätien bestellt, einem riesigen Gebiet, das zum Teil noch gar nicht erobert war (erst 774 besiegte Karl endgültig das Langobardenreich) und zu dem auch der gesamte Vinschgau gehörte. Erst langsam wurde die Macht des Churer Oberhirten über den Vinschgau gebrochen, die Grafen von Tirol, dann die Habsburger hatten alle Hände voll damit zu tun. Die Grenze zwischen Chur (Graubünden) und Tirol, die heutige schweizerisch-italienische Grenze, die mitten durch das Münstertal verläuft, ist das vorläufige Endprodukt dieser mehr als 1000-jährigen Auseinandersetzung.

Dass das Münstertal nicht Grenze war, sondern Verbindungslandschaft, merkt man an seinen Bauten: Klostergründungen aus der Zeit Karls des Großen hüben (Taufers) und drüben (Kloster St. Johann in Müstair) und Festungen (zwei Ruinen über Taufers). Bis vor gar nicht so langer Zeit gab es eine gemeinsame Sprache, das Rätoromanische, das heute noch in Graubünden (Grischun) und hier im Schweizer Münstertal gesprochen wird, das im Vinschgau erst in der Neuzeit ausgestorben ist und dem Deutschen Platz gemacht hat.

Information/Verbindungen

• *Information* **Tourismusverein Taufers im Münstertal**, I-39020 Taufers/Tubre, St.-Johann-Str. 37, ✆ 0473/737080, 832353, www.taufers.org.
Für den Schweizer Teil: **Verkehrsverein Val Müstair**, CH-7537 Müstair, ✆ 0041/(0)81/8585000, www.muestair.ch.

• *Verbindungen* **Pkw**: durch das Münstertal gute Straße vom Vinschgau. Die Straße über den Umbrailpass ist im Mittelteil nicht geteert.
Bus/Radtransport: von Mals wochentags 6x per Bus nach Taufers und über die Grenze nach Müstair und Zernez, dort Bahnanschluss nach St. Moritz und Landquart. Fahrradmitnahme Bus/Zug nur gegen Voranmeldung ✆ 0041/(0)81/8641683, www.postauto.ch.

Taufers

Nahe der Schweizer Grenze liegt der alte Ort Taufers an einer sonnigen Stelle des Münstertals. Die Burgen auf dem Waldhang darüber bezeugen die frühere strategische Bedeutung als Grenzort, das Johanniterspital erinnert an die Lage an einem bereits im Mittelalter wichtigen Verkehrsweg.

Taufers gehört zwar wie das Münstertal zur Region Vinschgau, ist sich aber seiner gesonderten Stellung an der Schweizer Grenze, der eigenen, mit Müstair und dem Bistum Chur verbundenen Geschichte sehr bewusst. Dieser Lokalstolz greift sogar in den touristischen Bereich: Der hölzerne Kiosk neben dem Rathaus an der Hauptstraße ist nicht etwa ein lokales Info-Häuschen, sondern steht für den nur lose mit dem Vinschgauer Verband kooperierenden Tourismusverein mit eigenem Prospekt und eigener Hotelliste und einem schönen Übersichtsblatt (Luftaufnahme mit eingezeichneten Wanderwegen).

• *Information* **Pro Loco Taufers im Münstertal**, I-39020 Taufers/Tubre, in einer Holzhütte neben der Volksschule. Mo–Sa 10–12/15.30–18.30 Uhr, ✆ 0473/737080, 832353, www.taufers.org.

• *Einkaufen* **Speck und Wurstwaren** hoher Qualität erzeugt die Metzgerei Mair im Ortszentrum.

Im ehemaligen Hospiz St. Johann, St.-Johann-Str. 4, befindet sich heute die **Bildhauergalerie** Erich Pircher, die z. B. rustikal-gotisierende Holzreliefs mit Heiligen zeigt.

• *Veranstaltungen* **Dorfführung** Mo 10 Uhr, Treffen beim Gemeindehaus/Touristikbüro.

• *Übernachten/Essen & Trinken* *** **Lamm**, St.-Johann-Str. 37, zur Straße alter Einkehrgasthof mit mittelalterlichem Tor, zum Tal moderner Anbau für Restaurant und Gästezimmer, das Hotel Lamm hat ein janusköpfiges Aussehen. Tut ihm gut, so kann es locker kombinieren, Rustikalität in der Kaminstube und flotte Bar, Zimmer mit hellen Wänden und ebensolcher Decke und Zimmer mit Holzdecke unterm Dach, alle anständig bis komfortabel ausgestattet.

Hallenbad, Sauna, Kinderspielplatz und Spielecke, Liegewiese und ein gutes Restaurant mit Bioprodukten aus Eigenbau (Tellergerichte ca. 12 € – z. B. Gargenelli mit Lammragout, Salatbüffet, Tagesmenü ca. 15 €, Apfelstrudel, Buchweizentorte). DZ/FR 62–86 €. ✆ 0473/832168, ✆ 832353, www.hotel-lamm.com.

** **Chavalatsch**, St.-Johann-Str. 31, moderne Pension, Restaurant-Café (Do Ruhetag) mit luftig-rustikalem Speisesaal mit Holzdeckenkonstruktion, reichhaltiges Frühstücksbüffet, Zimmer ohne TV. DZ/FR 60–64 €. ✆/✆ 0473/832175, chavalatsch@rolmail.net.

Löwen-Post, St.-Johann-Str. 38, Café mit Imbissen (Speck am Brettl etc.) im Dorf, altes Kreuzgratgewölbe.

Sehenswertes/Ausflüge

▸ **Ortsbild**: Taufers ist ein lang gezogenes Straßendorf mit schönen *Außenfresken* an einigen Häusern. Bemerkenswert sind vor allem die Fresken an der Nr. 65 der Hauptstraße (St.-Johann-Straße) oder der gotischer Spitzbogeneingang von Nr. 67.

▸ **Johanniterspital**: Nähert man sich Taufers vom Vinschgau her, ist das erste Gebäude, das man zu Rechten passiert, ein seltsames Konglomerat romanischer und gotischer Elemente, Wohnhaus und Kirche, auf zwei unterschiedlichen Niveaus. Es handelt sich um das ehemalige Johanniterhospiz St. Johann (später von den Maltesern geführt) samt Kirche. Diese wurde 1222 in romanischen Formen errichtet. In der dreigeschossigen *Sakristei*, die man nur mit einer Führung besichtigen kann, wird eine *Ausstellung zur Romanik* gezeigt, die einen hervorragenden Überblick der romanischen Kunststätten des Vinschgaus gibt. Versäumen Sie nicht, sich die äußere Nordwand der Kirche anzusehen. Das *Fresko des hl. Christophorus* ist das älteste Südtirols, möglicherweise der gesamten Alpen, nicht romanisch, sondern stark byzantinisch beeinflusst, wie man an dem „Christuskind" sieht, das als Mini-Erwachsener mit Buch und Segenshand dargestellt ist. Warum das Fresko an die Nordseite gemalt wurde, an der niemand vorbeikommt? Von wegen: Hier verlief die wichtige Straße Vinschgau – Chur, bevor die heutige Straße unterhalb gebaut wurde.

Öffnungszeiten **Kirche**: Ostern bis Nov. Di/Mi/Sa 9–12 Uhr, Do 15–18 Uhr (Führungen mit **Sakristei** Mitte Juli bis Okt. um 17 Uhr). Eintritt 4 €.

▸ **Pfarrmuseum St. Michael**: In der Michaelskirche neben der Pfarrkirche von Taufers werden einige Kunstwerke aus den acht (!) Kirchen von Taufers gezeigt, darunter vor allem ein *spätgotischer Flügelaltar* (1520) aus der Martinskirche.

Öffnungszeiten Mitte Mai bis Mitte Okt. Di 10–11 Uhr und Sa 16–17 Uhr, Eintritt frei.

▸ **Zu den Ruinen Reichenberg und Rotund**: Über Taufers lagen zwei schwer bewaffnete Burgen, die heute als Ruinen nur noch von den Zeiten träumen, als die Schweizer gefährliche Grenznachbarn waren. Wer die beiden besuchen will, muss das auf einer Wanderung machen (hin/zurück 1:40–2 Std.). Die lediglich zu Fuß erreichbare Ruine Reichenberg besteht fast nur noch aus einem Rundturm, die anderen Gebäude sind verfallen oder bescheidene – und nicht ungefährlich zu begehende – Mauerreste. Rotund (= Rund) hat noch das Geschützrondell seiner Entstehungszeit (16. Jh.), als man erstmals begann, militärische Anlagen systematisch anzulegen. Der runde Turm der Burg ist viel älter, entstand wohl schon im 12. Jh. Am Sockel haben seine Mauern 2,5 m Durchmesser!

• *Weg-Info* Sträßchen (Kirchgasse) ab Taufers zum Baustadlhof (ab Ortsmitte Schilder mit der 6), von dort Wanderweg 6 zum Schlosshof und der Ruine Rotund. Zurück zum Baustadlhof und halblinks auf Weg ohne Markierung zur Ruine Reichenberg und hinunter zum Hangfuß, wo man Weg 8 erreicht, der entlang dem Turnaunawaal verläuft. Nach links zurück nach Taufers. Rotund erreicht man auch auf der beim Johanniterhospiz beginnenden Zufahrtsstraße zu den Bergbauernhöfen Eckhof und Gand.

Fresko im Johanniterspital

Müstair (Schweiz, Kanton Graubünden): Wenn Sie bei Taufers die Grenze überschreiten, haben Sie Müstair erreicht, das schweizerische „Münster" des hl. Johannes des Täufers, rätoromanisches Sprachgebiet und Territorium des Schweizer Frankens (niemand hat Probleme mit dem Euro, im Supermarkt gibt es zwei parallele Auszeichnungssysteme und Kassen).

Die **Klosterkirche St. Johann in Müstair** ist eines der ganz großen Ziele von Kunstfreunden. 1983 kam die Gründung der Bischöfe von Chur aus der Zeit Karls des Großen (770) auf die *UNESCO-Liste der Weltkulturgüter*. Benediktiner (wie in Burgeis-Marienberg) bauten das Kloster auf und machten das Land urbar, strategische Überlegungen spielten beim Bau wohl auch mit. Rechts über der Straße – kommt man von Taufers – liegt der stattliche Klosterbau (heute von Benediktinerinnen geführt), der von der wuchtigen romanischen Kirche mit drei halbrunden Apsiden, dem eher plumpen Glockenturm und einem weiteren wuchtigen Turm, dem Plantaturm aus der Zeit der Verteidigung gegen die Ungarn und Awaren, bestimmt wird.

Die eigentlichen Kostbarkeiten finden Sie innen: romanische und – das ist sehr ungewöhnlich und rar und war ausschlaggebend für die UNESCO-Liste – karolingische Fresken. Der riesige Bilderzyklus (ehemals 82 Szenen) verarbeitet in gedeckten Tönen spätantike, byzantinische und frühmittelalterliche Kunstströmungen in Darstellungen zum Alten (David) und Neuen (Passion) Testament. Die Stilunterschiede zwischen den karolingischen und romanischen Fresken sind frappant, eine Verwechslung der beiden Stile und Zeiten ist auch für Laien kaum möglich: Die präromanischen Darstellungen passen den Rahmen dem Bildinhalt an, die romanischen passen umgekehrt den Bildinhalt in den aus architektonischen Gründen vorgegebenen Rahmen (wie die Rundung eines Tympanons). Und während etwa bei Gewändern die präromanischen Darstellungen den Faltenwurf naturalistisch wiederzugeben versuchen, sind die romanischen stark stilisiert, der optische Eindruck des Details wird dem ornamentalen Bild innerhalb der Umrisslinie unterworfen. Aufhellungen entlang von Kanten, die Lichteinfall und damit Dreidimensionalität vortäuschen sollen, sind in romanischen Darstellungen formalen hellen (später vergoldeten) Linien parallel zu Kanten und Randlinien gewichen. Nicht zu übersehen ist eine Statue am rechten Ende der Hauptapsis, sie stellt *Karl den Großen* in Kaiserpose und mit der alten Reichskrone dar. So schön es wäre, sich darunter ein Portrait vorzustellen, so wenig trifft das zu. Die Statue wurde erst 1165/66 geschaffen, nachdem Kaiser Friedrich Barbarossa die Heiligsprechung seines Vorgängers erzwungen hatte.

Müstair, Klosterkirche

Ein erweitertes **Museum** entstand in den Räumen nördlich der Kirche, Führungen umfassen auch den Plantaturm und Klosterräume, Auskunft an der Pforte (mit Buchladen). Im Museum u. a. karolingische Reliefs und – noch viel ungewöhnlicher als die Fresken – *karolingisches Buntglas.*

- *Verbindungen* SAD-Busse ab Meran/Schluderns oder Mals über Taufers nach Müstair bis zu 10x pro Tag, aus dem Engadin Bahn bis Zernez und Postauto über den Ofenpass nach Müstair.
- *Öffnungszeiten* Mai bis Okt. Mo–Sa 9–12/13.30–17 Uhr, So/Fei 13.30–17 Uhr, im Winterhalbjahr 10–12/13.30–16.30 Uhr. Eintritt ins **Museum** 8 €, erm. 4 €; Kirche frei. Führungen (mit Plantaturm etc.) im Sommer (Juni bis Okt.) vormittags 1- bis 4x pro Woche, 4 €.
- *Übernachten* **Gästehaus im Kloster St. Johann**, Zimmer mit Dusche/WC (eines ohne) im Klostergebäude und im Landwirtschaftshof, Aufenthaltsraum mit Klavier, Biogarten-Küche, Möglichkeit, am klösterlichen Leben teilzunehmen. DZ/VP ab ca. 160 Sfr. (inkl. Getränke), ✆ 0041/(0)81/8516223.

▸ **Von Müstair über den Umbrailpass zur Stilfserjochstraße**: Wie Müstair ist *Sta. Maria* ein lang gezogenes Straßendorf, das man, kaum, dass man es erreicht hat, nach links auf der recht schmalen und sehr kurvenreichen Straße zum Umbrailpass wieder verlässt. Das mittlere, etwas flachere Teilstück der Straße ist noch nicht asphaltiert.

Radler-Tipp! Die meisten Motorradfahrer machen einen Rundtrip Stilfser Joch – Umbrailpass. Wer früh startet, erreicht die Passhöhe, bevor der Rummel – besonders an Sonntagen nervig – so richtig beginnt, und hat bei der Abfahrt auf der Stilfserjochstraße Motorräder vor allem im Gegenverkehr, was insgesamt weniger hinderlich ist als umgekehrt.

Steile Täler ziehen vom Alpenhauptkamm ins untere Pustertal

Das Unterpustertal

Von Franzensfeste bis knapp vor Bruneck ist das Tal des Flusses Rienz eng und schattig. Die meisten Besucher zieht es eher in die sonnigen Längstäler oder gleich nach Bruneck, dem wichtigsten Ort des gesamten Pustertals.

Das Unterpustertal selbst ist wenig ideal für Siedlungen und dementsprechend schwach besiedelt, sieht man von Markt- und Verwaltungsorten wie Mühlbach und Vintl ab. Die sonnigen Nebentäler Valser Tal und Pfunderer Tal ziehen von Norden zum Unterpustertal, beide mit hübschen Bauerndörfern und vielen behäbigen Tiroler Paarhöfen. Von hier aus lassen sich die eisbedeckten Gipfel der Zillertaler Alpen ersteigen, allen voran der Hochfeiler an der Grenze zu Österreich, aber auch die wunderschöne hochalpine Landschaft um den Eisbruggsee.

Auf der Sonnenterrasse zwischen Terenten und Pfalzen ist die Besiedelung besonders dicht, hier gedeiht mehr, die Tage mit Sonnenschein sind häufiger als im tiefen Tal darunter oder in den Seitentälern. Sportlich lässt man es hier eher gemütlich angehen mit Spaziergängen und kleinen Wanderungen. In einem weiten Becken liegt Bruneck, der wichtigste Ort des gesamten Pustertals, mit gut erhaltener, sehenswerter Altstadt.

• *Information* Im Westen: **Tourismusverband Eisacktal**, I–39040 Vahrn, Brennerstr. 127, ✆ 0472/802232, 801315, www.eisacktal.com.

In Bruneck: **Ferienregion Kronplatz**, Michael-Pacher-Str. 11 a, I–39031 Bruneck, ✆ 0474/555447, 530018, www.kronplatz.com. Informationen zur gesamten Region, die von Terenten im Westen bis Welsberg und Gsieser Tal im Osten und von St. Martin in Thurn (in Ladinien, → S. 543) im Süden bis Uttenheim und Antholz im Norden reicht. An der Autobahnauffahrt Brixen/Nord in Richtung Pustertal steht ein **Informationshäuschen**, das für den gesamten Bereich des Pustertals zuständig ist, vor allem aber über die nähere Umgebung (Brixen, Natz und Schabs) Auskunft geben kann.

Mühlbach und das Valser Tal

2 km oberhalb von Mühlbach verengt sich das Eisacktal bei der **Haslacher Klause**, die Reste einer mittelalterlichen Verteidigungsmauer und Zollstelle sind noch direkt an der Straße zu sehen. Die 1269 errichteten Gebäude markierten bis ins Jahr 1500 die Grenze zwischen Brixner Besitz und dem zur Grafschaft Görz-Tirol gehörenden Pustertal. Mühlbach war der zuständige Verwaltungssitz, woran heute noch die **Kandelburg** im Zentrum erinnert. Ein vorgeschichtlicher Plattenweg, der **Lindenweg**, führt hinauf nach Meransen auf sonniger Terrasse, alternativ gibt es die Kabinenbahn und eine Straße. Oben haben sich die alten Bauernhöfe in Apartmenthäuser und Hotels verwandelt, das hat der Skizirkus Gitschberg vor der Nase bewirkt. Dagegen ist das Valser Tal trotz eines kleinen Skigebiets recht ursprünglich geblieben, vor allem wenn man in den Talschluss hinauf wandert, wo auf der **Fane-Alm** eines der wenigen Almdörfer der Region zur Rast lädt.

Information/Freizeit

• *Information* **Tourismusverein Mühlbach/Vals/Spinges**, I-39037 Mühlbach/Rio di Pusteria, Katharina-Lanz-Str. 90, Mo–Fr 8.30–12.30/15–18 Uhr, Sa 8.30–12 Uhr, ✆ 0472/849467, 📠 849849, www.gitschberg-jochtal.com, sowie im Kulturhaus, I-39037 Vals, im Sommer Mo–Sa 9–12 Uhr, im Winter Mo–Fr 9–12 Uhr, Sa 14.30–17.30 Uhr, ✆ 0472/547016.

• *Bergbahn* **Kabinenseilbahn Jochtal** in Vals, letzte Juniwoche bis Mitte Juli und Mitte Sept. bis Anf. Okt. jeweils So/Di; Mitte Juli bis Mitte Sept. tägl. (außer Sa), in der Wintersaison tägl.; ✆ 0472/547113.

• *Sport* **Skiarena Jochtal**, Infos und Skipässe bei der Jochtal AG in Vals, ✆ 0472/547113, 📠 541214, jochtal@dnet.it. Im Talboden von Vals hübsche **Rundloipe** (8 km). **Ski-Pendelbus** zwischen Vals und Meransen.

Die Skigebiete Gitschberg und Jochtal können seit einem positiven Gutachten der Raumordnungskommission von 2004 durch eine Bahn miteinander verbunden werden, sollte sie gebaut werden, wird die Skiregion Gitschberg-Jochtal dem bisher führenden Kronplatz ernste Konkurrenz machen.

Tennis in der Tennishalle Mühlbach, tägl. 9.30–22.30 Uhr, ✆ 0472/547038.

Übernachten/Essen & Trinken

• *In Mühlbach* *** **Panoramik**, Sandbühel 17, das Hotel mit Hallenbad, Sauna, Dampfbad, Solarium und Massage hat moderne Zimmer ohne viel rustikale Schnörkel. DZ/FR 60–90 €. ✆ 0472/849535, 📠 849650, www.hotelpanoramik.com.

*** **Ansitz Kandlburg**, Richtergasse 4, der historische Ansitz wurde in ein komfortables Hotel verwandelt, hinter den alten Erkern und Fensterstöcken verbirgt sich moderner Komfort. DZ/FR ab 60 €. ✆ 0472/849792, 📠 849650, www.kandlburg.net.

** **Kammerer**, K.-Lanz-Str. 63, einfache Pension nahe dem Zentrum, familiär, kein TV. DZ/FR 44–50 €. ✆/📠 0472/849729.

Pichler, K.-Lanz-Str. 5. Welchen Restaurantführer man in Italien auch zur Hand nimmt, der „Pichler" fehlt nirgends: raffiniert simple regionale Küche in elegant gedeckten Speiseräumen, einer davon mit der nachgedunkelten Würde einer alten Stube. In Gewürztraminer marinierte Bachforelle, Lamm, Zicklein, lokale Almkäse, Wild, Desserts wie Birne mit Zimtcreme und Orangenspalten. ✆ 0472/849458. Mo und Di mittags geschl.

• *Im Valser Tal* **** **Falkensteinerhof**, Vals 99, mit „1000 qm Wellness, Beauty & Spa" wirbt der Falkensteinerhof sehr erfolgreich. Wer die „Valser Schwitzstube", den „Eisbrunnen" und die Blockhaussauna hinter sich hat, kann sich im Heubad, beim Mountainbiken oder Bergsteigen weitere Kalorien abarbeiten. Und beim Essen wieder drauflegen: Die angebotene Schon- und Vegetarierkost wird von den wenigsten Gästen konsumiert, da sei die Küchenleistung vor. Zimmer in hellen Tönen mit Holzausstattung (rustikale Postmoderne?), der Blick vom Balkon ist nicht nur von den „Royal Suiten" aus gut. DZ/HP 104–180 €. ✆ 0472/547165, 📠 547220, www.falkensteiner.com.

Mühlbacher Klause

**** **Valser Hof**, Vals 98, jeder Komfort dieser Klasse inkl. Hallenbad und Wellnessbereich, trotz Konferenzräumen nicht zu groß, Zimmer mit guter Aussicht. DZ/HP 100–240 €. ✆ 0472/547177, 📠 547208, www.valserhof.com.

**** **Huber**, Vals 38, kinderfreundliches Familienhotel, komfortable Zimmer mit Balkon, kleines Hallenbad, Sauna, Solarium, auf jedem Stockwerk eine Gästeküche. DZ/HP 112–208 €. ✆ 0472/547186, 📠 547240, www.hotelhuber.com.

** **Kaserhof**, Vals 9, neues Hotel bei der Talstation der Jochtalbahn, Zimmer mit TV, Liegewiese. DZ/HP 70–130 €. ✆/📠 0472/547347, www.kaserhof.net.

• *In Rodeneck* **Schönblick**, Gifen 143 a. In Rodeneck ist das Hotel Schönblick, eine Wellnessoase im Grünen, sehr zu empfehlen. Modern mit ein paar Tiroler Ausstattungstricks (holzgetäfelte Stube und rustikale Stilmöbel müssen es, scheint's, sein), Hallenbad und Freibad, Whirlpool, Saunen, Blütendampfgrotte (45 °), Solarium, die Aussicht auf das bewaldete unterste Rienztal von der Terrasse. Beauty- und Wellness-Anwendungen von Hydro- und Aromaöl-Massagen über Fangobäder bis Peeling. Zimmer großzügig – auch in der preisgünstigsten Kategorie (von 8). DZ/HP 98–174 €. ✆ 0472/454141, 📠 454275, www.schoenblick.com.

*** **Rodeneggerhof**, Vill 1 a, „Alpenland Hotel" in prominenter Lage im Stil eines Tiroler Ansitzes, **Hallenbad samt Sauna, Dampfbad, Solarium und Kneippanlage** (außer Mo tägl. 17.30–22.30 Uhr, auch für Nicht-Hotelgäste, telefonische Anmeldung notwendig). DZ/FR 78–96 €. ✆ 0472/454245, 📠 0472/454319, www.rodeneggerhof.com.

Sehenswertes/Ausflüge

Mühlbach: Mehrere alte Adelssitze bezeugen, dass Mühlbach früher ein wichtiger Ort war. 1269 übergab der kinderlose letzte Rodenecker seine Herrschaft samt Burg und umgebendem Landstrich an die Grafen von Görz-Tirol. Bedingung war die Errichtung eines *burgum*, also eines befestigten Orts. Das wurde Mühlbach, ein Ort mit festen Mauern, Gericht (1271–1850) und Marktrecht seit dem Hochmittelalter. Von der Mauer ist noch ein Rest am Tertiarenkloster erhalten. Erhalten haben sich auch der *Ansitz Strasshof*, wo sich ehemals der Pfleger des Bistums aufhielt, der oberste Verwaltungsbeamte für die Zollstelle, der *Ansitz Freienthurn*, heute Tertiarenkloster und Schule, sowie der *Ansitz Kandlburg*, Gerichtshaus und heute Schlosshotel. Die *Pfarrkirche* ist ein gotischer Bau mit schönen mittelalterlichen Fresken, die man sich unbedingt ansehen sollte. Gegenüber dem Haupteingang steht ein granitener Zahltisch aus dem 16. Jh., er stammt aus der Zolleinnahmestelle der Haslacher Klause (s. u.), von der Mühlbach sehr profitierte. In der spätgotischen *Florianikapelle* hat man zahlreiche römische Reste entdeckt, die heute öffentlich zugänglich sind.

Öffnungszeiten **Pfarrmuseum**, mit Funden aus der Florianikapelle, Mi/Sa 10–12 Uhr, ✆ 0472/849769.

▸ **Die Mühlbacher Klause**: Die mittelalterliche Grenzfestung zwischen dem Fürstbistum Brixen und der Grafschaft Görz-Tirol fristete lange ein Schattendasein. Wenige Passanten auf der nahen Pustertal-Staatsstraße nahmen die graue Ruine am Hang wahr. Zu besichtigen war mangels Restaurierung und Sicherung sowieso nichts. Das ist jetzt anders geworden, die großzügige Grenzsicherungsanlage und Zolleinnahmestelle ist restauriert, wenn auch immer noch Ruine (schließlich hatte sie Jahrhunderte lang keine Funktion mehr) und man kann sie besichtigen, Parkplatz vor dem Tor. Heute kann man sich wieder vorstellen, wie es war, als der gesamte Verkehr durch das Tor und den schmalen Gang (Gebäudefundamente z. T. in dunklerem Stein nachgezeichnet) ins eigentliche Zollhaus geleitet wurde.
Der *Radweg* zwischen Vintl und Mühlbach führt direkt am Gebäude vorbei.

Öffnungszeiten Besichtigung von Juni bis Sept. nur im Rahmen einer Führung, jeweils Do um 10, 14 und 16 Uhr Führung, Eintritt 4 €.

Bildstock am Lindenweg

▸ **Ausflug auf dem Lindenweg** (1:15–1:30 Std., Abstieg ↓ 600 m): Lindenweg nennt sich der uralte, wahrscheinlich vorgeschichtliche Meranser Plattenweg, der von Mühlbach nach Meransen hinaufführt. An einer flachen Passage mitten auf dem Weg kommt man unter einem Dach hindurch, das einen einfachen Altar und Gedenkstein mit drei Frauengestalten zeigt. Die Stelle nennt sich *Jungfernrast*. Es sind Darstellungen der heiligen drei Jungfrauen Aubet, Cubet und Cuere, der Sage nach Königstöchter, die vor den Hunnen flohen und irgendwann einmal entkräftet und halb verdurstet in den Bergen niedersanken. Als sie Gott um Hilfe baten, sprang eine Quelle aus dem Felsen und ein Kirschbaum mit Früchten schoss auf. Die Jungfrauen blieben eine Zeitlang in Meransen, dann zogen sie nach Köln weiter. Die Quelle fließt hier noch heute, die drei Jungfrauen werden immer noch verehrt.

▸ **Burg Rodeneck**: Die meisten Besucher drehen dem **Dorf Rodeneck** gleich den Rücken und eilen zur Burg. Wie es sich für Burgen gehört, liegt Rodeneck auf einem Felsen am steilen Hang über dem Rienztal, „trutzig“ lautet auch hier der passende Ausdruck. Die Lage ist toll, der lang gestreckte Bau mit Vorburg sehr eindrucksvoll. Im 13. Jh. hat ein ritterlicher Burgherr Fresken zu den 12 Abenteuern des Ritters Iwein malen lassen, einer der Ritter von König Artus' Tafelrunde und in Adelskreisen Vorbild ritterlich-höfischen Verhaltens. Die Fresken gehören zu den frühesten Beispielen profaner Malerei im Alpenraum, erst 1972 wurden sie durch Zufall unter dem Verputz entdeckt.

• *Öffnungszeiten/Information* **Führungen** von Mitte Mai bis Okt. tägl. (außer Mo) um 11 und 15 Uhr, ✆ 0472/454056. Information beim **Tourismusverein**, I-39030 Rodeneck, ✆ 0472/454044, 📠 454050, tourismusverein.rodeneck@rolmail.net.

• *Essen & Trinken* Blasbichler, Vill 4, Café und Eisdiele in grünem Garten, sehr angenehm. Auch kleine Imbisse. Mo Ruhetag. **Lucky Nugget Saloon**, Bar im Westernstil beim Hotel Rodeneggerhof, auf Voranmeldung auch für Gruppen, ✆ 0472/454245.

Auf der Alm Fane: Im obersten Valser Tal liegt auf einem sonnigen Wiesengrund in 1740 m Höhe die Alm mit ihren Hütten, den Stadeln und der Kapelle. Die Almhütten sind dicht aneinander gebaut, die Holzschindeldächer sind mit Balken und Steinreihen beschwert. Die Fane wirkt wie ein Dorf, es gibt auch die für eine Siedlung obligate Kapelle, obwohl die Häuser nur im Sommer bewohnt wurden und werden. Aber dann lebte eben das ganze Dorf hier oben und versorgte das Vieh und machte Butter und Käse. Heute gibt es immer noch Vieh, aber man kann die Fane auf einer Fahrstraße erreichen. Für die Wanderer ist gut gesorgt auf der Alm Fane, die Merende (oder Brettljause) wartet schon! Von der Alm Fane bieten sich vor allem zwei **Touren** an, die in hochalpines Gelände führen: zum Großen See und zur Wieserhütte, von wo aus man durch das Altfasstal nach Vals zurückkehren kann, und die Tour ganz hinauf ins Valser Tal zur Brixner Hütte und evtl. weiter auf die Wilde Kreuzspitze (3134 m) mit ihrer phantastischen Aussicht oder in einem großartigen, aber anstrengenden Rundkurs über den Wilden See zurück zur Alm Fane.

Hütten **Gattererhütte**, Alm Fane, ✆ 0472/547119. **Wieserhütte**, ✆ 0472/520350. **Brixner Hütte**, ✆ 0472/547131.

Meransen

Sonnenterrasse ist die richtige Bezeichnung für die Lage dieses Dorfs. Bis vor einer Generation war sie den Bauern vorbehalten, inzwischen dürfen sich immer mehr Urlauber daran erwärmen. Die alten Höfe existieren noch, und wenn am Sonntagvormittag der Kirchgang alle anderen Tätigkeiten zum Erliegen bringt, ist Meransen immer noch das alte Bauerndorf – trotz der lebhaften Wintersaison am gut erschlossenen Skigebiet Gitschberg.

Die Kirche von Meransen steht wunderschön auf dem Plateau des Dorfs. Der von einer Mauer umschlossene Friedhof ist still, man sieht weit ins Pustertal und in die Dolomiten hinein. Ein Fresko vor dem Eingang unter dem wuchtigen Turm stellt den hl. Christophorus dar. Nichts deutet darauf hin, dass sich drinnen einer der schönsten Rokokoräume Tirols befindet, ein prachtvoller, heller und mit Stuck, Fresken, Altargemälden und elfenbeinweißen Skulpturen (aus Holz!) geschmückter Innenraum. Auf dem rechten Seitenaltar stehen die drei heiligen Jungfrauen, ihre Statuen stammen noch aus der Spätgotik, rechts daneben ist ein Kasten mit interessanten Votivgaben.

Information/Anfahrt/Sport & Freizeit

• *Information* **Tourismusverein Meransen**, I-39037 Meransen, ✆ 0472/520197, 📠 520125, www.meransen.com. Mo–Fr 8.30–12/13–17 Uhr, Sa 13–17 Uhr.

• *Anfahrt* **Straße** ab Mühlbach oder **Seilbahn Mühlbach-Meransen** (ganzjährig 6.50–8/9.10–11.50/13.15–18.40 Uhr, Infos unter ✆ 0472/520322).

• *Bergbahn* **Gitschberg-Seilbahn**, Mitte Juni bis Mitte Okt. und in der Wintersaison 8.30–11.45/13.30–17 Uhr stündlich, Sa/So und in der HS durchgehend 9–18 Uhr, ✆ 0472/520322, www.gitschberg.com.

• *Sport & Freizeit* **Mountainbike-, Ski- und Snowboardverleih**: Rent a Sport Gitschberg (Meransen), an der Talstation der Gitschberg-Seilbahn, ✆ 0472/522045. Außerdem geführte Mountainbiketouren, auch für Familien.

Paragliding: Para-Taxi im Hotel Stubenruss, Tandemflüge, ✆ 0472/520256 oder ✆ 0049/1/71870322.

Wintersport: Skiarena Gitschberg, Gondelbahn ab Meransen, Infos bei Gitschberg AG, Meransen 123, dort auch Skipassbüro, ✆ 0472/520322. Ski-Pendelbus zwischen Vals und Meransen. Kunsteisbahn (150 m) neben der Tennishalle.

• *Feste & Veranstaltungen* **Haflinger-Galopprennen**: Am Pfingstsonntag traditionelles Galoppreiten der Haflingerpferde, vorher Festzug mit Schützenkompanien zwischen Seilbahnplatz und Rennwiese. Infos beim Tourismusverein.

Übernachten/Essen & Trinken

*** **Alpenfrieden**, Meransen 87, als Tirolerhof verkleidetes Mittelklassehotel bei der Kirche, Hallenbad, Sauna, Dampfbad, Solarium, große Wiese, von den meisten Balkonen schöne Aussicht. Restaurant/Pizzeria im Haus. DZ/FR 62–94 €. ✆ 0472/520173, 📠 520295, www.hotel-alpenfrieden.com.

** **Stubenruss**, Kirchplatz 4, moderner Bau gegenüber der Kirche, die Küche bringt Südtiroler Spezialitäten auf den Tisch, wobei Knödel und Nudelgerichte besonders hervorzuheben sind (außerhalb der HS Mi Ruhetag). Terrasse (z. T. überdacht) mit Blick nach Süden auf die Plose. DZ/FR 55–81 €. ✆ 0472/520122, 📠 520270, www.stubenruss.com.

* **Gasthof Moserhof**, Meransen 49, etwas außerhalb liegt dieser freundliche Gasthof mit schöner verglaster Terrasse im oberen Stockwerk und 8 anständigen Zimmern ohne TV, aber mit neuen Bädern. DZ/FR 47–55 €. ✆ 0472/520190, 📠 0472/520293.

S'Pfandl, Meransen 45 b, ein bisserl von diesem und etwas von jenem, Nudeltris im Pfandl und Internationales – man hat ja ein internationales Publikum zu bewirten. Iglu-Bar fürs Après-Ski angeschlossen. Mo Ruhetag.

Vintl und das Pfunderer Tal

Von Vintl im Eisacktal zieht sich das Pfunderer Tal weit in die Berge hinein, der Weißzint (3264 m) ist nur durch einen kurzen Kamm vom Hochfeiler am Alpenhauptkamm getrennt. Da es im Tal selber keine Lifte gibt, ist die Wintersaison trotz des nahen Skizirkus Gitschberg-Jochtal ruhiger als die Sommersaison. Aber die hat's in sich, denn für Wanderer und Bergsteiger sowie konditionsstarke Mountainbiker ist das Pfunderer Tal ein Eldorado.

Seit Jahrhunderten wird im Tal der *Pfunderer Marmor* gebrochen, der eigentlich gar kein Marmor ist, sondern ein Serpentin von grünlicher bis hellgrauer Farbe. Das Grünsteinwerk liegt etwas oberhalb des alten Dorfs, am Eingang macht ein großes Grünsteindenkmal Werbung sowohl für die Firma als auch für Pfunders.

Information/Sport & Freizeit

• *Information* **Tourismusverein Vintl/Pfunderer Tal**, I-39030 Vintl/Vandoies, ✆ 0472/869100, 📠 869260, www.vintl.it. Mo–Fr 9–12.30 Uhr, Mitte Juni bis Mitte Sept. auch 15–18 Uhr, an Weihnachten, Fasching, und Ostern Sa 9–12 Uhr.

• *Sport & Freizeit* Jeden Mi geführte **Mountainbiketouren**, Anmeldung beim Tourismusverein.

Pfunderer Bergbauernhof im oberen Talabschnitt

Wintersport: von Januar bis März geführte Schneeschuhwanderungen und Skitouren, Infos und Anmeldungen beim Tourismusverein.

Skibus ab Pfunders und Vintl in die Skigebiete Jochtal und Gitschberg.
Mehrere **Loipen** (insgesamt 41 km).

Übernachten/Essen & Trinken

*** **Lodenwirt**, Pustertaler Str. 1 a, Hotel, Restaurant, Shop, Loden-Museum und Bar/Disco (tägl. bis Mitternacht) direkt an der Hauptstraße, alle Schikanen vom Hallenbad über Sauna, Whirlpool, Solarium. Zimmer mit Sat-TV, Safe, Minibar. DZ/FR 96 €. ✆ 0472/867000, ℻ 868770, www.lodenwirt.it.

** **Ansitz Baumgarten**, Obervintl, Dörfl 3, historischer Ansitz aus dem Hochmittelalter, die alte Architektur wurde umsichtig behandelt, Zimmer ohne Luxus (kein TV), aber mit individuellem Charme. DZ/FR 50–60 €. ✆/℻ 0472/868115.

Tilia (Töpslstube), Obervintl, Weisskirchstr. 33, Restaurant im Ansitz Töpsl in einer Tirolerstube von 1698, keine Tiroler, sondern feine italienische Küche mit Mittelmeerfisch, sehr gute Desserts, Auswahl lokaler Käse und interessante Weinkarte. Komplettes Menü (ohne Wein) ab 35 €. ✆ 0472/868185, Reservierung empfehlenswert, Di/Mi Ruhetag.

• *In Pfunders* **Gasthof Brugger**, Lärchstr. 12, Gasthof im Dorf Pfunders an der Straßengabelung zwischen altem und neuem Dorf. Einfach, aber brauchbar, Etagendusche. Traditionelle Küche im angeschlossenen Restaurant. DZ/FR 40–60 €. ✆ 0472/549155.

Gasthof Weissteiner, Lärchstr. 1, weit ab vom Schuss am Ende einer Stichstraße, ruhig, die Gebäude alt und mit schweren, dicken Mauern, die Stube des alten Hauses dunkel und traditionell. Klassische einfache Südtiroler Gasthausküche, wie man sie kaum noch bekommt. „Ist zwar offiziell grad zu, woll, aber zu essen kriegen Sie immer was" informiert ein Pfunderer auf die Frage, ob offen ist. ✆ 0472/549167.

Sehenswertes/Ausflüge

Untervintl: Auf dem Kirchhügel von Untervintl mit seinem Friedhof stehen zwei Kirchen, die alte und die *neue Pfarrkirche*. So neu ist die neue nun auch wieder nicht, immerhin ist sie ein echter Barockbau. Die Ausmalung stammt von *Josef Anton*

Zoller (1763), nach dem auch eine Straße des Orts benannt ist. Dafür ist die kleine *alte Pfarrkirche* wirklich alt, schon als sie im 14. Jh. erstmals erwähnt wurde, war sie bereits alt, da sie noch im romanischen Stil begonnen wurde. Innen sind Fresken von *Leonhard von Brixen* zum Vorschein gekommen, die sind im Vergleich zur Kirche wirklich jung, erst 500 Jahre.

▸ **Nach Pfunders und Dun**: Pfunders liegt recht weit oben im Tal, von der Kirche mit ihrem spätmittelalterlichen Christophorusfresko hat man einen schönen Ausblick. Pfunders besteht aus kleinen Weilern und einzelnen Höfen, die sich locker über das Tal verteilen. Am höchsten liegt die Gruppe der *Kammerschienhöfe*, der obere liegt auf 1520 m! Eine Straße führt hinauf, aber noch vor gar nicht so langer Zeit gab es nur einen Fußweg, auf dem man 2 Std. nach oben wandern musste. Er nannte sich *Kirchweg*, denn selbstverständlich gingen die Bauernfamilien von den Kammerschienhöfen am Sonntag zur Messe – ein Halbtagesunternehmen.

Folgt man von Pfunders dem Pfunderer Tal weiter aufwärts, erreicht man die obersten Höfe in Dun (Daan). Nach der „Duner Heuschupfe" endet die öffentliche Straße (Parkplatz), als Privatstraße führt sie weiter zu den Höfen von Dun, die mit 1480 m an der Grenze der ständigen Besiedlung liegen. Von Dun aus gibt es mehrere beschilderte Wanderwege, auf die Edelrautehütte und durch die Duner Klamm zur Engberg- und zur Weitenbergalm (hin/zurück 5 Std., leicht/mittelschwer).

• *Übernachten/Essen & Trinken* **Duner Heuschupfe**, Duner Str. 12, ganzjährig bewirtschafteter Bauernhof mit Heubad, Bio-Sauna und Solarium, Massagen, Bädern und was der Mensch sonst noch zur Wellness braucht. Apartments mit TV. 2-Pers.-Apt. 35 €. ☏/℻ 0472/549246, www.duner-heuschupfe.com; kein Ruhetag.

Terenten und Pfalzen

Hier haben es die Hoteliers und Gastwirte leicht mit den Slogans „sonnige Terrasse", „herrliche Aussicht auf die Dolomiten" und ähnlichen etwas abgenutzten, aber unverzichtbaren Beschreibungen. Sie stimmen einfach auf der nach Süden schauenden Terrasse zwischen Terenten und Pfalzen. Neben diesen beiden Dörfern gibt es nur Weiler oder Einzelhöfe. Die Höfe und die großen Familien brauchten viel Platz, da siedelte man lieber in etwas Abstand voneinander. So gibt es ein dichtes Netz von Wegen, die alle diese Weiler, Hausgruppen und Einzelhöfe verbinden. Die wenigsten wurden als Straße ausgebaut und warten auf ihre Entdeckung mit Kind und Kegel oder mit dem Mountainbike, das auf der Sonnenterrasse das ideale Verkehrsmittel ist. Doch die Straßenkarte trügt, es ist keineswegs flach zwischen Terenten und Pfalzen, doch auch Gelegenheitsradler schaffen die meisten Steigungen.

Information/Einkaufen/Sport

• *Information* **Tourismusverein Terenten**, I-39030 Terenten/Terento, ☏ 0472/546140, ℻ 546340, www.terenten.com, Mo–Fr 9–12/16.30–18, Sa 9–12 Uhr.

Tourismusverein Pfalzen, I-39030 Pfalzen/Falzes, ☏ 0474/528159, ℻ 528413, info@pfalzen.net.

• *Einkaufen* **Bauernmarkt** in Pfalzen beim Pavillon (nahe der Kirche), an vier Donnerstagabenden 19–21 Uhr Ende Juli/Aug. jeweils mit „Schlemmerschoppen".

• *Sport* **Baden/Schwimmen** am Issinger Weiher mit Gaststätte und Moorbad, ☏ 0474/565371.

Radverleih: Fa. Blasbichler in Terenten, ☏ 0472/546158;

Übernachten/Essen & Trinken

• *In Terenten* **** **Sonnenparadies**, St.-Georg-Str. 26, sehr komfortables Hotel mit geräumigen Zimmern, Hallenbad, Saunen, Whirlpool, Abendunterhaltung und geführten Ex-

Blick vom Sellajoch auf die Puezgruppe ▲▲
Kirche in Wengen und die herbstlich verschneite Fanes ▲

▲▲ Corvara mit dem Sass Sòngher

▲▲ Der Langkofel im Winter

Am Passo Pordoi, Blick auf den Langkofel ▲▲
Seiser Alm – Wanderland unter dem Schlern ▲

▲▲ Am Karersee

▲ St. Valentin zwischen Kastelruth und Seis, darüber der Schlern

▲▲ Wanderer in der Rosengartengruppe

kursionen (Wandern, MTB-Touren, Wildbeobachtung mit Jäger etc.), die 4 Sterne verdient das Haus vor allem durch aufmerksamen Service. DZ/FR 74–132 €. ✆ 0472/546266, 📠 546057, www.falkensteiner.com/sonnenparadies.

*** **Zum Hasen**, St.-Georg-Str. 8, neben dem „Sonnenparadies" ist der modern und funktionell eingerichtete „Hase" ein weiteres Falkensteiner-Hotel. Der Hase ist etwas weniger aufwendig, liegt zentral direkt an der Kirche mit attraktiven, wenn auch nicht sonderlich großen Räumen mit Balkon. Sauna, Whirlpool und Solarium und Pizzeria im Hause. DZ/HP 74–118 €. ✆ 0472/546149, 📠 546030, www.falkensteiner.com/zumhasen.

*** **Alpotel Wiedenhofer**, Pustertaler Sonnenstr. 19, angenehmes Hotel im Ort Terenten mit Hallenbad und Sauna, Massage, Mountainbikeverleih, eigenem Reitstall, guten Zimmern mit Sat-TV und gutbürgerlichem Restaurant (Mi Ruhetag). DZ/FR 67–94 €. ✆ 0472/546116, 📠 546366, www.wiedenhofer.com.

* **Kieserhof**, Pustertaler Sonnenstr. 34, einfache Zimmer (kein TV) im Bauernhof, Liegewiese, angenehme familiäre Atmosphäre. DZ/FR 34–38 €. ✆ 0472/546172, 📠 544326.

• *In Pfalzen* *** **Tanzer**, Issing/Pfalzen, Dorfstr. 1, ein Gasthof, der sich nicht als Hotel aufspielt, aber in dem die Besitzerfamilie Baumgartner wirklich Wert auf das Wohl ihrer Gäste legt. Solarium, Sauna, Fitnesseinrichtungen, Massagen. Babysitten kann arrangiert werden. Im Restaurant traditionelle – vielfach ausgezeichnete – Südtiroler Küche mit Italo-Pfiff vom Zucchinistrudel über die Pfifferlingpastete bis zum Schmarrn mit Blaubeeren. DZ/FR 54–104 €. ✆ 0474/565366, 📠 565646, www.tanzer.it. Restaurant Di und Mi mittags geschlossen (außer Aug.).

*** **Jochele**, M.-Pacher-Str. 21, Gasthaus am Brunnplatz im Zentrum von Pfalzen, kleiner schattiger Gastgarten, Sauna, Solarium und Liegewiese, Zimmer mit Sat-TV. DZ/FR 50–80 €. ✆ 0474/528137, 📠 528432, www.jochele.it.

*** **Winkler**, Greinwaldner Str. 23, in Greinwalden östlich von Pfalzen, auf Wellness bedachtes Hotel mit Hallenbad und „Heubad und Wellness Alm". Also wenn das nicht gut ist für die Gesundheit ... Sauna, Dampfbad, Solarium und Massage gibt's auch neben dem Heubad. Ringsum Grün. Die Produkte, die der Chef verwendet, sind z. T. aus der eigenen Landwirtschaft. DZ/FR 54–75 €. ✆ 0474/528155, 📠 528015, www.hotel-winkler.it.

Im Dorf Terenten

Schöneck, Schloss-Schöneck-Str. 11, in Issing, Gourmettempel pur, eines der besten Restaurants Südtirols, spielt in der kulinarischon Oberliga Italiens: Geschmacksstillleben wie Topinambur- und Biersuppe mit Schwarzbrotcroutons oder Mohnschmarrn mit Erdbeercoulis und Joghurteis (oder so ähnlich). Dafür zahlen Sie natürlich nicht zu knapp: ab ca. 45 € (ohne Wein). ✆ 0474/564167 (Res.). Mo/Di und mittags zu.

Sehenswertes/Ausflüge

Terenten: Dank dem Tourismus ist das Ortszentrum von Terenten (betont wird die erste Silbe) heute dicht verbaut, die „Pustertaler Sonnenstraße" wurde an den Rand verlegt und man kann ungestört die paar Meter Fußgängerzone rauf und runter spazieren. Rundum Streusiedlung, einige der Hügel, auf denen die Paarhöfe stehen, waren schon vor Jahrtausenden besiedelt. Die *Pfarrkirche* ist nur noch in Chor und Turm gotisch, der Rest ist 19. Jh. Der Friedhof ist ein typischer Tiroler Dorffriedhof.

Oberhalb von Terenten bilden sich im lockeren, von großen Steinen durchsetzten Moränenmaterial ständig neue *Erdpyramiden*. Der Bereich liegt im Ternertal, man erreicht ihn auf dem Mühlenlehrpfad in etwa einer halben Stunde.
Die alten **Wassermühlen** zum Kornmahlen sind z. T. gut erhalten, eine von ihnen ist gelegentlich zu Schauzwecken in Betrieb.
Öffnungszeiten **Schaumühle**: Juni bis Sept. Mo 10–13 Uhr, Auskunft beim Tourismusverein.

Tipp! In **Issing** zwischen Terenten und Pfalzen befindet sich die **Latschenölbrennerei Bergila**, die seit mehr als 90 Jahren Kräuteröle destilliert. Das Rohmaterial kommt z. T. aus dem eigenen Kräutergarten in der Nähe des Issinger Weihers. **Besichtigungen** Mai bis Nov. Mo–Fr 8–12/13–17 Uhr, Ende Juli/Aug. auch Sa/So zu denselben Zeiten, ✆ 0474/565373.

▸ **Pfalzen**: Die Ansitze und die aufwendigen Fassaden von Pfalzen zeigen, dass man hier früher gut verdiente, als noch im nahen *Schloss Schöneck* oberhalb Issing (privat, keine Besichtigung) Gericht gehalten wurde. Hübsch ist die barocke *Pfarrkirche,* aber kunsthistorisch wesentlich bedeutender ist das Innere der kleinen **Valentinskirche** in der Wiesenflur östlich Pfalzen (oberhalb vom Gasthof auf der Straße nach rechts, Zufahrtssträßchen zur Kirche nach ca. 800 m rechts). Im gotischen Bau hat man erst 1979/80 einen kompletten *Freskenzyklus* an der Nordwand aufgedeckt, der von *Friedrich Pacher* 1487 geschaffen wurde.

Bruneck

Wo Sie auch in Südtirol Urlaub machen, Bruneck ist einen Ausflug wert. Fahren Sie mit der Seilbahn auf den Kronplatz, bevor Sie die Stadt erkunden. Von oben sieht man am besten die Kreuzung zweier wichtiger Talachsen. Wenn das kein Platz für eine Stadtgründung ist!

1250 wird zunächst die Burg gegründet, das politische Gewicht im mittleren Pustertal verlagert sich damit von St. Lorenzen, dem Nachfolger des römischen Sebatum, einige Kilometer nach Osten. Die Gründung von Bruneck verläuft nach einem vorgegebenen Stadtplan, der Bau von Mauern und Graben zieht sich bis 1336 hin. 1371 verleiht Kaiser Karl III. die Hochgerichtsbarkeit, Schlosshauptmann und Stadtrichter können nun ohne Rücksprache Todesurteile fällen und vollstrecken lassen. Im Sommer 1830 erhält Bruneck seine Kanalisation, zeitgleich wird der Stadtgraben aufgefüllt, an den heute nur noch der Straßenname Graben erinnert.

Das alte Bruneck ist ein mittelalterliches Städtchen, das man sich ansehen muss. Tore, alte Bürgerhäuser, eine Burg, Museen, Kirchen von der Gotik bis zum Barock, das faszinierende Volkskundemuseum im nahen Dietenheim, gute Gaststätten, Shopping (das beste zwischen Brixen und Lienz), Theater – das bringt schon eine Menge Besucher in die Stadt. Abends ist die Spaziermeile außerhalb der alten Stadtmauern ein einziges Freiluftcafé.

Schloss Bruneck

Information/Verbindungen/Diverses

• *Information* **Tourismusverein**, I-39031 Bruneck/Brunico, Rathausplatz 7, ✆ 0474/555722, ✆ 555544, www.bruneck.com. Infos zu Bruneck und Umgebung (wenig zur Region Kronplatz). **Internetzugang** in der **Stadtbibliothek (20)**.

• *Verbindungen* **Pkw**: ausreichend Parkplätze, altstadtnah an der Europastraße zwischen Busbahnhof und Graben (mit Parkhaus), die Altstadt ist Fußgängerzone. Im Parkhaus unter dem Rathausplatz kostenlos bei Nachweis von Einkäufen (mind. 25 €) in teilnehmenden Altstadtläden.

Bahn: gute Verbindungen mit Brixen, Bozen, Hochpustertal; Zugauskunft ✆ 0474/555206.

Bus: Busbahnhof nahe Bhf., Verbindungen in alle Täler des östlichen Südtirols.

Taxi: Zentrale Südcab, ✆ 0474/530530.

• *Diverses* **Ärztlicher Bereitschaftsdienst** für Touristen: Paternsteig 3, Mo–Fr 8–12.45/14.30–15.30 Uhr, ✆ 0474/555568.

Krankenhaus: Spitalstr. (an der Straße nach Sand in Taufers), ✆ 0474/913131.

Post: Europastr., schräg gegenüber dem Busbahnhof.

Übernachten & Camping (siehe Karte S. 460)

• *In und um die Altstadt* *** **Andreas Hofer (1)**, Tauferer Str. 1, gutes Hotel etwas abseits, Fitnessbereich, anständige Zimmer mit Sat-TV, meist Balkon. DZ/FR 78–120 €. ✆ 0474/551469, ✆ 551283, www.andreashofer.it.

*** **Corso (11)**, Am Graben 16, älterer Bau am Graben, durch Alleebäume gegen Verkehrslärm geschützt. Fitness & Beauty, Zimmer mit Sat-TV. DZ/FR 120–190 €. ✆/✆ 0474/554434, www.hotelcorso.com.

*** **Bologna (26)**, L.-da-Vinci-Str. 1, italienisch geführtes Haus am Park. Sauna, Radverleih, Zimmer mit Balkon, Sat-TV, Fön, Minibar. DZ/HP 66–132 €. ✆ 0474/555917, ✆ 555262, www.hotel-bologna.it.

*** **Goldene Rose (5)**, Am Graben 36 b, helle Zimmer (Sat-TV, Safe), beste Innenstadtlage, Studios mit Balkon und Rienzblick. DZ/FR 90–124 €. ✆ 0474/413000, ✆ 413099, www.hotelgoldenerose.com.

**** **Post (10)**, Graben 9, Traditionshotel am Graben, gute Zimmer und nach Renovierung sehr gut im Schuss. DZ/HP 140–232 €. ✆ 0474/555127, ✆ 551603, www.hotelpost-bruneck.com.

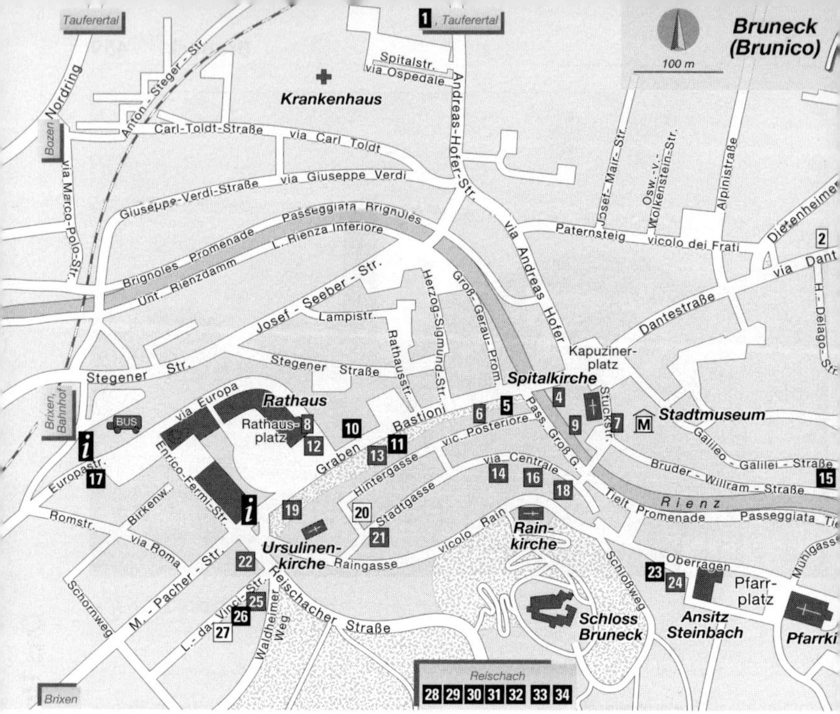

E ssen & Trinken

4 Testa Rossa Café
6 Café Roth
7 Künstlerstübele
8 Eisdiele/Konditorei Ice Marlu
9 Enoteca Bernardi
12 Tabula
13 Forst Bierstuben
14 Pizzeria Goldener Löwe
16 Stadtcafé
18 Wörz Bäck
19 Bar Café Lolita
21 Café Pub da Capo
22 Café GiBo
24 Bistroküchlerle
25 Enoteca Bologna

Ü bernachten

1 Andreas Hofer
3 Camping Schießstand
5 Goldene Rose
10 Post
11 Corso
15 Haus Ragen
17 Blitzburg
23 Krone
26 Bologna
28 Majestic
29 Royal Hinterhuber
30 Petrus
31 Messnerwirt
32 Heinz
33 Olympia
34 Elisabeth

N achtleben

2 Stadttheater
20 Stadtbibliothek
27 Kino Odeon

** **Blitzburg (17)**, Europastr. 10, gutbürgerlicher Gasthof am Busbahnhof, ruhig, Zimmer ohne Allüren (TV), die kürzliche Erweiterung hat den attraktiven gründerzeitlichen Bau um einen neuen Trakt vergrößert. DZ/HP 90–120 €. ✆ 0474/555837, 📠 555752, www.blitzburg.it.

** **Krone (23)**, Oberragen 8, altehrwürdiges Haus, renoviert, Zimmer mit TV, dazu Hallenbad, Saunen, Fitness. DZ/FR 58–86 €, DZ/HP 82–110 €. ✆ 0474/411108, 📠 553425, hotel.krone@dnet.it.

** **Haus Ragen (15)**, Bruder-Willram-Str. 29, familiäre Frühstückspension in ruhigem Wohnviertel, Zimmer mit Balkon, ohne TV. DZ/FR 48–52 €. ✆/📠 0474/410972.

• *In Reischach* **** **Majestic (28)**, Im Gelände 20, Wellnesshotel, gut ausgestatteter Wellnessbereich mit Hallenbad und Freibad, hübsche Zimmer. DZ/FR 140–170 €. ✆ 0474/410993, 📠 550821, www.hotel-majestic.it.

**** **Royal Hinterhuber (29)**, Ried 1 a, Tennis, Hallenbad, Saunen, Fitness, Pools, Reiten. Zimmer mit viel Komfort, schöne Bäder! DZ/HP 168–300 €. ✆ 0474/541000, 📠 548048, www.royal-hinterhuber.com.

**** **Petrus (30)**, Reinthalstr. 11, ästhetisch wenig reizvoller Bau, aber mit 4 verdienten Sternen: ruhige Waldrandlage, Wellnessbereich, große Zimmer mit Tal- oder Bergblick, Ski, Reiten, Mountainbikeverleih. DZ mit ¾-Pension ca. 80–225 €. ✆ 0474/548263, ℻ 548267, www.hotelpetrus.com.

*** **Messnerwirt (31)**, Prack-zu-Aschstr. 9, intelligent renoviertes Hotel mit Sauna, Whirlpool, Fitnessraum, Zimmer ordentlich (Sat-TV). DZ/FR 64–104 €. ✆ 0474/411259, ℻ 549549, www.hotel-messnerwirt.com.

*** **Heinz (32)**, Seilbahnstr. 6, nahe Talstation Kronplatzbahn, Sauna und Solarium. Zimmer mit Sat-TV, Safe, Balkon, in Schlaf- und Wohnbereich getrennt. DZ/FR 104–135 €. ✆ 0474/541400, ℻ 411331, www.hotelheinz.com.

*** **Elisabeth (34)**, Kaiserwarte 30, modernes Hotel Garni im Grünen, Sauna, gutes Frühstücksbuffet, helle Zimmer (Sat-TV). DZ/FR 47–71 €. ✆ 0474/411106, ℻ 551656, www.pension-elisabeth.com.

*** **Olympia (33)**, In der Sandgrube 62, einige ältere sowie neu ausgestattete Zimmer, attraktive Gartenarchitektur, dazu Pool, Reitstall, Tennisplatz. DZ/HP 100–160 €. ✆ 0474/410924, ℻ 410471, www.hotelolympia.net.

• *Außerhalb* **Camping Schießstand (3)**, Toblacher Str. 4, z. T. schattiger Campingplatz, Gespann und 2 Pers. ab ca. 16 €. ✆ 0474/401326, geöffnet Mai bis Sept.

Essen & Trinken/Abends

Gutes Angebot an Gaststätten jeder Art. Am Samstagabend und Sonntag ist kaum eine Gaststätte geöffnet! Gegen den Hunger hilft dann nur Pizza al taglio, z. B. Am Graben 2 a und andere Schnellgerichte oder ein Würstel vom dortigen Würstelstand.

Tabula (12), Rathausplatz 5, Panorama-Restaurant im neuen Brunecker Rathaus. Außenaufzug zum höchsten Stockwerk, Lokal großzügig und hell, große Terrasse mit Blick über die Dächer. Vorspeise 6–8 €, Hauptgang 10–16 € (Beilagen 3 €), Wochenkarte mit (z. B.) lauwarmem Kalbskopf sauer, bunten Eiernudeln mit Hirschragout, rosa Kalbsrückensteak mit frischen Pfifferlingen und Rösti. ✆ 0474/531077, So zu.

Künstlerstübele (7), Stuckstr. 5, alter Gasthof, Küche in Tiroler und italienischer Tradition, Restaurant im 1. Stock, appetitanregende Antipasti (3–9 €), Nudelgerichte 8 €, Gulasch, Spare Ribs, Speckknödel ca. 10 und 15 €.

Enoteca Bernardi (9), Stuckstr. 6 b, feines Weinlokal mit schöner Gartenterrasse zum Fluss, Ambiente mit minimalistischem Schick. Mo–Sa 10–24 Uhr

Bistroküchеrle (24), Oberragen 10 a, Antipasti (7–8 €), Pizza (5–8 €) und feine kleine Speisen ab 6 € im modern eingerichteten gotischen Gewölbe.

Pizzeria Goldener Löwe (14), Stadtgasse 33, Pizzeria im alten Gasthof, preiswerte gute Pizza (5–7,50 €), sonst eher Durchschnitt, abends meist recht voll. ✆ 0474/555834. Außerhalb der HS So Ruhetag.

Enoteca Bologna (25), L.-da-Vinci-Str. 1, Weinhandlung und Feinkost, kleine Imbisse, Tramezzini, Mo–Sa abends, Di–Sa auch 10–12 Uhr.

Bar Café Lolita (19), Graben 2 d, Bar und Eisdiele, meist wenige freie Tische, gute Mehlspeisen, Sa nachmittags und So geschlossen.

Forst Bierstuben (13), Graben 14, gutbürgerliche Bierstuben. Interessante Speisekarte: Zu den Speisen sind die passenden Biere genannt. Guter Bauernschmaus (13 €) Sehr gut die Buchweizencanelloni mit Pfifferlingen (7,50 €).

In der Stadtgasse

Café Roth (6), Graben 32 a, sehr schön ins alte Gewölbe eingebaute Bar mit modernem Mobiliar.

Testa Rossa Café (4), Pub-Atmosphäre, lange Theke, dunkel gebeiztes Holz, Trubel am Trcson, Terrasse, kein Ruhetag

Wörz Bäck (18), Stadtgasse 12, schick gestylte Café-Vinothek mit gut ausgewählten offenen Weinen. Mi, Do und Sa bis 1 Uhr, Fr bis 2 Uhr, So Ruhetag.

Café GiBo (22), Reischacherstr. 4, kleines Café mit Wein und Snacks (Tramezzini, Panini caldi), Kuchen und Torten.

Stadtcafé (16), Stadtgasse 26 a, Konditorei-Café, frische Säfte, Eis, sehr populär v. a. die Terrasse, Sa nachmittags und So geschl.

Eisdiele/Konditorei Ice Marlu (8), im Neuen Rathaus, Rathausplatz 5, cooles Ambiente für Schleckermäuler.

Café Pub da Capo (21), Stadtgasse 68, im Gewölbe des Da Capo ist es laut, voll und urgemütlich – nichts für reservierte Naturen, für die gibt's die Terrasse.

Einkaufen/Feste & Veranstaltungen

• *Kräuter* Auf dem **Kräuterhof**, einem Bergbauernhof oberhalb von Percha (östlich von Bruneck) gibt es beim Hersteller Kräuterkosmetik, ätherische Öle sowie Kräuterschnäpse und -liköre zu kaufen, Wielenberg 20, I-39030 Percha, ✆ 0474/401092, www.kraeuterhof.it.

• *Märkte* **Wochenmarkt** jeden Mi 8–14 Uhr gegenüber Busbhf. **Bauernmarkt** am Graben, Anf. Juni bis Ende Okt. jeden Fr 8–13 Uhr.

Monatsmarkt von Mai bis Nov. 1x monatlich.

Großer **Jahrmarkt** in Stegen (26.–28. Okt.).

• *Medien* Bücher, CDs, CD-Rom bei **Athesia**, Stadtgasse 4 auf 4 Stockwerken.

• *Textiles* **Kunsthandweberei Franz**, gewebte Textilien der Alpen und besonders Südtirols, Michael-Pacher-Str. 9.

Lodenkleidung Moessmer, Walther-v.-d.-Vogelweide-Str. 6.

• *Wein & Feinkost* **Pilze** bei Tutto funghi, Stuckstr. 5, bietet auf engstem Raum eine erstaunliche Auswahl an Pilzen in allen Varianten, frisch, getrocknet, eingelegt, in Öl.

Weinhandlung Bernardi, Stuckstr. 6.

Enoteca Bologna, italienische Weine (→ „Essen & Trinken").

• *Feste & Veranstaltungen* **Locknfescht**, nasses Spektakel am Ende der Wintersaison (Ende April), wenn die „Lockn" (Lacke/Wasserloch) auf dem Kronplatz schon teilweise aufgetaut ist. Zur Gaudi Popmusik und alles Mögliche vom Standl, auch zu essen und trinken.

Brunecker Sommerkonzerte (Klassik) im Juli/Aug.

Mitte Juli 4 Tage **Jazzfestival**.

1. Septemberwoche **Straßentheaterfestival**.

Weihnachtsmarkt in der Altstadt mit „Christkindlswerkstatt", wo sich das heimische Kunsthandwerk präsentiert.

• *Kino* **Odeon (27)**, L.-da-Vinci-Straße.

• *Theater* **Stadttheater (2)** an der Ausfallstraße nach Osten, ✆ 0474/412102.

Sport & Freizeit

• *Ausflüge* Fa. Taferner, Graben 18, auch Fahrten zu kulturellen Ereignissen wie in der Arena di Verona, ✆ 0474/555757.

Der Tourismusverein veranstaltet **geführte Wanderungen** aller Schwierigkeitsklassen.

• *Baden/Schwimmen* Neues städtisches **Freibad** (2002) mit Becken in Olympiamaßen, Neurath 1, ✆ 0474/411414, Mitte Juni bis Mitte Sept. tägl. 10–20 Uhr.

Hallenbad Crontour in der Sportzone Reischach, sanierungsbedürftig, wird möglicherweise ab 2004 neu gebaut. Im Gelände 26, ✆ 0474/410473. Im Sommer tägl. 10–20 Uhr, im Winter Di–Do 14–22 Uhr, Fr 14–21 Uhr, Sa 14–20 Uhr, So 10–20 Uhr.

• *Eislaufen* **Eisstadion Bruneck**, geöffnet Aug. bis März, ✆ 0474/411192, und **Eisschnelllaufring** in der Sportzone Reischach.

• *Golf* Driving Range (9 Löcher) in der Sportzone Reischach, 18-Loch-Anlage geplant; Golfclub ✆ 0474/548289.

• *Paragliding* „Time to Fly" Reichegger, ✆ 0474/528036.

• *Radsport/Radreparatur* **Verleih** Fa. Mahlknecht, Herzog-Sigmund-Str. 6 a, ✆ 0474/553260; besonders effizient ist die Rad Boutique Steger in St. Georgen, Ahrntaler Str. 28. „Bike-Taxi" → Olang.

• *Reiten* Hotel Olympia, Reischach.

Reitstall Huber in der Sportzone Reischach, ☏ 0474/555258.

• *Tennis* Tennishalle Bruneck, ☏ 0474/411247. 6 Sandplätze in der Sportzone Reischach, ☏ 0474/554760.

• *Wintersport* → **Kronplatz**.

Sehenswertes/Ausflüge

Bummel durch die Brunecker Altstadt: Die von Stadtmauern umgebene Altstadt betritt man durch das *Ursulinentor* neben der gotischen *Ursulinenkirche*. In der Längsachse der Altstadt, der Stadtgasse, ist die Reihe der alten Bürgerhäuser sehr eindrucksvoll. Oft besitzen sie einen falschen, kein Stockwerk abgrenzenden Treppengiebel. Einige der Gebäude haben noch die alten Aushängeschilder, die früher nicht nur den Gasthäusern vorbehalten waren, sondern von allen Gewerben verwendet wurden.

Durch das mit Fresken geschmückte *Ragenertor* gelangt man auf den Platz Oberragen. Hier entstand außerhalb der mittelalterlichen Stadt die Vorstadt für Handwerker und Beamte. Barocke Mariensäule, am Platzende der *Ansitz Sternbach,* ein wuchtiges Stadthaus mit Erker und Turm von 1664. Die neuromanische *Pfarrkirche* von 1855 ist eine der ersten Kirchenbauten dieses Stils. In der Paul-von-Sternbach-Straße ist das *Ragenhaus* aus der Renaissance sehenswert (heute Musikschule).

Rainkirche: Die Kirche ist der hl. Katharina geweiht und besitzt einen auffallenden Turm mit doppelstöckiger barocker Zwiebelhaube, auch das Schiff ist barock. Im angrenzenden kleinen Park ist im Sommer unter freiem Himmel eine Bar untergebracht.

Schloss Bruneck: gleichzeitig mit der Stadt 1250 gegründete Burg, aufwendig renoviert. Eindrucksvoller Burghof mit Wappen der Brixner Fürstbischöfe, Rundturm mit Wendeltreppe in die oberen Stockwerke. Säle aus Renaissance und Barock, besonders prächtig sind die Räume, die 1500 für Kaiser Maximilian eingerichtet wurden.

Öffnungszeiten Di–Fr 15–18 Uhr, Sa/So 10–12 Uhr, Juli/Aug. Di–Sa 10–12/16–19 Uhr, So 10–12 Uhr. Kombiticket mit Stadtmuseum (s. u.). Information unter ☏ 347/409505. Kleines Sommercafé im Vorhof für Kaffee und Kuchen.

Spitalkirche: Der barocke Bau (1761) hat eine attraktive Fassade und einen ansprechenden Innenraum. Ein Teil der Altäre besitzt noch die Originalausstattung mit dem damals so beliebten Stuckmarmor. Geht man vom Kapuzinerplatz vor der Kirche über die Dantestraße stadtauswärts, kommt man bei der nächsten Kreuzung zu einem alten *Bildstock,* dessen im unteren Teil abgebrochene Fresken durch ein Dach geschützt sind. Seine Fresken wurden von *Hans von Bruneck* zu Anfang des 15. Jh. geschaffen.

Stadtmuseum für Graphik: Alt und Neu ergänzen sich in dieser Galerie zu einem eigenständigen architektonischen Kunstwerk. Ausstellungsstücke von Michael und Friedrich Pacher, Albrecht Dürer, Simon und Veit von Taisten (Flügelaltar) und moderne Klassiker wie Oskar Kokoschka, Alfred Kubin, Paul Klee, Paul Flora, Alfred Hrdlicka und Kurt Moldovan.

Öffnungszeiten Di–Fr 15–18 Uhr, Sa/So 10–12 Uhr; Juli/Aug Di–Sa 10–12/16–19 Uhr, So 10–12 Uhr. Eintritt 2,50 €, erm. 2 €, Kombiticket mit Schloss Bruneck 6/4 €. ☏ 0474/553292.

Stadtteil Reischach: Am Fuß des Kronplatzes liegt auf sonniger, aussichtsreicher Terrasse das Dorf Reischach, heute ein Teil Brunecks. Hier oben liegen die meisten Hotels, Pensionen und Residences. Außerdem gotische Kirche und der wuchtige *Ansitz Angerburg* (17. Jh.).

Votivglieder und -bilder im Volkskundemuseum Dietenheim

▸ **Südtiroler Volkskundemuseum in Dietenheim**: Am Nordrand des Brunecker Beckens liegt das Dorf Dietenheim. Im *Ansitz Mair am Hof* (um 1690–1700) und im angrenzenden Freigelände ist auf 3 ha das Volkskundemuseum eingerichtet. Eigentlich würde schon der Ansitz selbst mit seinen Nebengebäuden für ein gut ausgestattetes Volkskundemuseum reichen. Dass es im Freigelände alte Bauernhöfe, Ställe, Mühlen usw. gibt, ist ein zusätzlicher Anreiz für den Besuch. Die Bauten wurden aus allen Teilen Südtirols hierher gebracht, zuerst Balken für Balken und Stein für Stein abgebaut, dann sorgfältig wieder aufgebaut. Besonders eindrucksvoll ist der Höfelerhof aus Mühlwald, dreistöckig mit Pultdach, Stube und Schlafzimmer mit z. T. bemalter Holztäfelung.

Öffnungszeiten Ostern/Mitte April bis Ende Okt. Di–Sa 9.30–17.30 Uhr, So/Fei 14–18 Uhr. Eintritt 3,60 €, Familien 7,25 €. Herzog-Diet-Str. 24, I-39031 Dietenheim/Bruneck, ✆ 0474/552087, www.provinz.bz.it/volkskundemuseen.

▸ **St. Georgen und Gießbach**: Mitten im Tauferer Tal liegt in einer Schlinge des Ahrnbachs der alte Ort St. Georgen. Seine Entstehung verdankt er der Furt, über die heute eine Brücke ans andere Ufer nach Gießbach führt. Unter dem Fußboden der *gotischen Pfarrkirche* hat man romanische und vorromanische Reste entdeckt. Die Kreuzigungsgruppe an der Außenwand ist wahrscheinlich ein Werk des *Hans von Bruneck*. Besonders eindrucksvoll sind die Gebäude von Gießbach, zwei alte Ansitze mit Giebeln, einer davon ist *Schloss Gremsen,* mit kunstvollen Portalen und Wappen sowie eine ganze Reihe anderer schöner alter Häuser.

• *Übernachten/Essen & Trinken* **Schloss Gremsen**, Gießbach 2, 39031 St. Georgen. Wer gern in einem historisch wie architektonisch interessanten Ansitz wohnen will, kann das hier, Erker-, Söller- und Turmgemächer inklusive. Komplett ausgestattete Apartments. 2-Pers.-Apt. 40–45 €. ✆/℻ 0474/551075, www.badriesen.it.

Tipp! Hellweger, Talackerweg 3, überaus freundliches Garni am Ortsrand, ruhig, großer Garten mit Ausblick, der Gast fühlt sich als Freund der Familie aufgenommen. DZ/FR 36–40 €. ✆ 0474/550169, www.haushellweger.it.

Restaurant im Hotel Tirolerhof, Von-Trojer-Str. 1, ✆ 0474/551155. Dem Autor wurde von der muffig-unfreundlichen Wirtin ein hervorragendes Essen serviert: Pfifferlinge mit Speckknödeln, Salat, Rhabarbersoufflé auf Erdbeerspiegel und 0,5 l guter offener Weißwein zu 22 €.

St. Lorenzen/Kloster Sonnenburg

Der Ort ist die älteste Siedlungsstelle des ganzen Beckens von Bruneck, das haben zahlreiche Ausgrabungen und die Reste von Wallburgen ringsum eindeutig geklärt. Selbst der Name deutet auf ein hohes Alter, denn der hl. Laurentius ist ein typischer Heiliger der Spätantike. Der Ort muss also schon vor der bajuwarischen Landnahme gegründet worden sein. Dass hier das römische *Sebatum* lag, der wichtigste Ort des ganzen Pustertals, ist ebenfalls gesichert. Der römische Meilenstein an der Straße nach Sonnenburg spricht ebenfalls eine deutliche Sprache.

Wenn man das freundliche Straßendorf von heute durchwandert, tut man sich schwer, an die einstige Bedeutung zu glauben. Im Mittelalter war St. Lorenzen Vorposten der Tiroler Landesfürsten, die auf der nahen Michelsburg Gericht hielten, während die Brixner Fürstbischöfe ihren Besitz von Bruneck und der dortigen Burg aus verwalteten. Wer von Bruneck nach St. Lorenzen ging, musste Zoll zahlen. Die „Traubenmadonna" auf dem Hochaltar der **Pfarrkirche** ist ein Werk von *Michael Pacher*.

Das „Schlosshotel Sonnenburg" wurde im ehemaligen **Nonnenkloster Sonnenburg** auf einem Hügel eingerichtet. Der Orden war autonom, die Regeln locker, die Äbtissinnen ließen sich von niemand etwas vorschreiben. Unter dem Brixner Fürstbischof Nikolaus von Cues, der längst fällige Reformen ausführen wollte, kam es zum Konflikt zwischen Sonnenburg und dem Bistum, der erst nach Einschaltung des Landesfürsten Sigismund von Tirol, nach Bannsprüchen und einigem Blutvergießen endete – und zwar unentschieden mit dem Auszug der Äbtissin und der Amtsniederlegung des Bischofs. Das Kloster war eine Halbruine, bis es ab 1975 teilweise zum Hotel umgebaut wurde, heute ist es wieder ein eindrucksvoller, gepflegter Bau. Besonders reizvoll ist der Kontrast zwischen dem wiederhergestellten und dem Ruine gebliebenen Teil. Während der Arbeiten entdeckte man die *Krypta der früheren Stiftskirche* (tägl. 10–12 Uhr).

• *Information* **Tourismusverein**, I-39030 St. Lorenzen/San Lorenzo di Sebato, ✆ 0474/474092, ℻ 474106, www.st.lorenzen.com. Mo–Fr 8–12/15–18 Uhr, Sa 9–12 Uhr, in der HS auch Sa 15–18 Uhr.

• *Übernachten/Essen & Trinken* **** **Schloss Sonnenburg**, I-39030 Sonnenburg, im ehemaligen Nonnenkloster fühlen Sie sich als Schlossherrin (Männer sind auch zugelassen). Schöne alte Stuben, Zimmer z. T. mit gotischen Gewölben. DZ/HP 144–256 €. Restaurant Mo/Di Ruhetage. ✆ 0474/479999, ℻ 474049, www.sonnenburg.com.

*** **Saalerwirt**, Saalen 4, I-39030 St. Lorenzen/Saalen, alter Gasthof mit historischer Gaststube. Südtiroler Küche (Di Ruhetag außer Juli/Aug.) von Fastenknödeln über Schlutzer bis zu Strauben und Torten. Das „kleine Hotel" angenehm, Zimmer mit Sat-TV und Safe, im Haus Saunen, Radverleih. DZ/FR 52–100 €. Rest. Di zu (außer Juli/Aug.). ✆ 0474/403147, ℻ 403302, www.saalerwirt.suedtirol.com.

Zur alten Post, Gasthof gegenüber der Kirche in St. Lorenzen, große Karte zwischen traditionell (Käsknödel), italienisch (spaghetti carbonara), Pizza (auch mittags) und Feinerem (Kartoffelteigtaschen mit Pfifferlingen auf Gorgonzolasoße). Vorspeisen ab 5 €, Fleischgerichte ab ca. 9 €.

• *Camping* **Wildberg**, recht ruhiger, ganzjährig geöffneter Platz in St. Lorenzen,

Das Unterpustertal

Sanitäranlagen und Rezeption zentral in Ansitz, Freibad, Planschbecken, Radverleih. Gespann und 2 Pers. ca 14–25 €. ✆ 0474/474080, 📠 474626, www.campingwildberg.com.

Tour 34: Mit dem Rad von St. Lorenzen bei Bruneck nach Mühlbach auf dem Pustertal-Radweg

Tour-Info: Kurzer **Familienausflug** auf dem Pustertal-Radweg. Zur Zeit stellt die Mühlbacher Klause den Endpunkt der ausgebauten Strecke dar. Rückfahrt auf dem gleichen Weg bzw. per Bus bis St. Lorenzen oder Bahn bis Bruneck. Dauer 1:15 Std.; Länge 18 km; Höhenunterschied ↓ 60 m. Karten: Tabacco (1:25.000) Blatt 33; Kompass (1:50.000) Blatt 57 und 56. Mehrere Gaststätten am Weg.

Von der Brücke, die bei St. Lorenzen über die Rienz nach Sonnenburg führt **A** (SS 244 ins Gadertal), wendet man sich zur 20 m unterhalb liegenden Fußgängerbrücke und fährt links an ihr vorbei (Schild „Heldenfriedhof") auf dem Hochuferweg weiter. Wo man wieder Häuser erreicht, wendet man sich über einen Steg **B** nach rechts (mit Schild wie oben). Der Weg führt nun zwischen Fluss und Bahnlinie weiter. Vor einem Bahntunnel Gabelung **C** und nach links hinauf über den Tunneleingang hinweg auf einen Forstweg. Auf diesem weiter im lang gezogenen Linksbogen bis zu einer Asphaltstraße **D**, die gequert wird, denn gegenüber und ca. 50 m nach rechts versetzt führt der hier asphaltierte Pustertal-Radweg weiter (bis hierher war man *nicht* auf diesem Radweg!). Vorwiegend durch Wald nach Ehrenburg, wo man beim Hotel Lido Ehrenburgerhof **E** ankommt.

Geradeaus weiter und Querung der Straße zwischen Ehrenburg und Kiens **F**, leicht links versetzt geht der Radweg weiter. Man passiert die Kienser Brücke **G** (rechts). Bei der St. Sigmunder Brücke **H** lohnt sich ein Abstecher zur hübschen Wallfahrtskapelle Unsere Liebe Frau im Stöckl an der Straße in Richtung Vintl, wenn nicht überhaupt nach St. Sigmund mit seinem spätgotischen Flügelaltar in der Pfarrkirche.

Vom Abstecher zurück, quert man nach der Brücke die Bahnlinie (wer nicht den Abstecher macht, fährt bei der Brücke scharf links über die Bahn) und fährt rechts weiter auf dem Radweg, der durchgehend asphaltiert ist. Kurzes Waldstück, dann mündet der Weg nahe einem Bahnwärterhäuschen in eine querende Asphaltstraße **I**, der man rechts bis zur nahen Bahnüberführung folgt **J**, die man aber nicht benutzt, da man auf dem neuen Radweg geradeaus weiterfährt. Tolle Wegführung über dem Fluss, durch Wald und ein paar Wiesenstücke, einsam (aber achten Sie auf die Traktoren, die den neuen Weg ebenfalls nutzen!). Die Brücke nach Niedervintl **K** bleibt rechts, noch ein kurzes Straßenstück und wieder am Wald entlang des Rienzflusses.

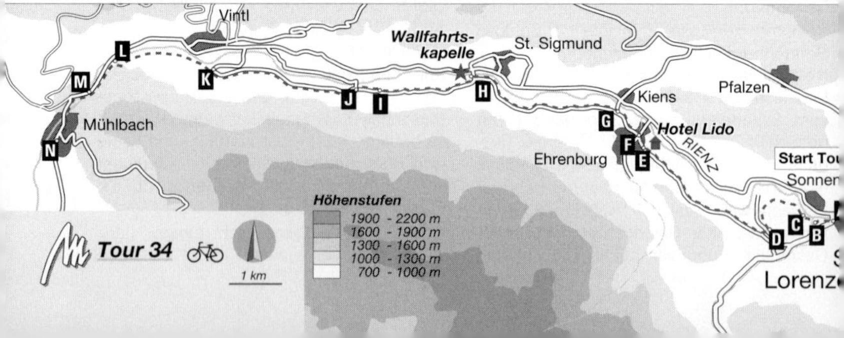

Bei einer gedeckten Holzbrücke heißt es, denn Fluss zu überqueren, auf der anderen Seite **L** geht es unter der Straße durch, an einem Werk vorbei und neben der Pustertaler Straße zum östlichen Eingangsbereich der Mühlbacher Klause **M** (Besichtigung nur Do; → S. 452). Unterhalb an der Klause vorbei und nach rechts zum westlichen Eingangsbereich. Hier wird etwas oberhalb der Radweg weiter führen, zur Zeit der Befahrung im Herbst 2005 war er noch im Bau. Also vorläufig auf die Pustertaler Straße und gleich bei der nächsten Abzweigung (mit den Schildern „Mühlbach") nach rechts und in die Ortsmitte nach Mühlbach **N** (Bushaltestelle).

Kiens und Ehrenburg

Die Gemeinde Kiens umfasst die drei Orte *Kiens, Ehrenburg* und *St. Sigmund,* die alle wenig über dem Talboden des Pustertals liegen. Ehrenburg ist wegen seines gleichnamigen *Schlosses* bekannt, das man unbedingt besichtigen sollte. Ruhige Wanderlandschaft ringsum, und auf der Rienz kann man Kanu fahren. Sommerfrische eben!

• *Information* **Tourismusverein**, I-39030 Kiens/Chienes, ☏ 0474/565245, 📠 565611, www.kiens.com, an der Pustertaler Straße.

• *Übernachten & Camping/Essen & Trinken*

**** **Lido Ehrenburgerhof**, Bahnhofstr. 7, Ehrenburg, sehr komfortables, großes Familienhotel am unteren Ortsrand nahe der Rienz. Frei- und Hallenbad, Whirlpool, Saunen, Fitnessraum, familienfreundliche Ausstattung vom Babyhochstuhl im Restaurant über Babytöpfchen bis zu Kinderessen. Schöner Wintergarten und „urige Dancing-Bar". Mehrere Zimmerkategorien, fast alle mit kleiner Sitzecke, die beiden unterschiedlich alten Gebäudetrakte sind komplett renoviert. DZ/FR 168–258 €. ☏ 0474/562222, 📠 565647, www.falkensteiner.com/ehrenburgerhof.

**** **Tauber's Vitalhotel**, St. Sigmund/Kiens, Pustertaler Str. 7, neueres Hotel im Grünen, „Wanderhotel" unter sehr persönlicher Führung, zufriedene Gäste. Nichtraucherhotel (bis auf die Bauernstube), Vollwertküche, vegetarische Küche, Heubäder, Naturkosmetik – das ganze Bauwerk wurde nach baubiologischen Grundsätzen errichtet. Plus: frische Luft, Grün, Ruhe, Hallenbad und beheiztes Freibad, Sauna, Wanderführer und Wanderbus. DZ/HP 126–202 €. ☏ 0474/569500, 📠 569673, www.taubers-vitalhotel.com.

*** **Kronblick**, Kiens, Im Linda 15, Hotel mit breiter Fassade nach Süden und eindrucksvoller 2-stöckiger Halle samt frei stehendem Kamin, die Zimmer z. T. nicht sehr groß, mit Balkon – zu Stoßzeiten kann sich die unten vorbeiführende Pustertaler Straße bemerkbar machen. Schöner Wellnessbereich mit Hallenbad und Saunen. DZ/FR 70–106 €. ☏ 0474/565520, 📠 565679, www.kronblick.com.

*** **Gassenwirt**, Kiens, Dorfweg 42, betritt man den alten Gasthof bei der Kirche oberhalb von Kiens, glaubt man sich nicht in einem Hotel mit Hallenbad, Whirlpool, Solarium und Saunen, Restaurant und komfortablen Zimmern. Auch die herzliche Art der Gastgeber ist eher gasthoftypisch und zwar im besten Sinne: Der Gast ist noch was wert. Schöne Stube, gutes Frühstücksbüffet, man schläft eher lange – kein Lärm, der einen weckt. DZ/FR 44–118 €. ☏ 0474/565389, 📠 565616, www.gassenwirt.it.

** **Siessl**, Kiens, familiär-gemütliche Pension in der 2. Häuserreihe über der Pustertaler Straße (hier stört sie nicht die Sommerfrische). Kellerbar, Gartenlaube, Zimmer z. T. mit Balkon. DZ/FR 40–66 €. ☏ 0474/565217, pensionsiessl@web.it.

*** **Gisser**, St. Sigmund/Kiens, Pustertaler Straße 26, angenehmes Mittelklassehotel, Hallenbad, Freibad, Sauna und Solarium, Zimmer ordentlich. DZ/FR 42–61 €. ☏ 0474/569605, 📠 569657, www.gisser.it.

Angeschlossen **Camping Gisser**, 2-ha-Platz, viel Grün mit Freibad und guten Sanitäranlagen, Gespann und 2 Pers. ca. 15–23 €. ☏ 0474/569605, 📠 569657, Mitte Mai bis Mitte Okt.

Obermair, Ehrenburg, Ehrenburger Str. 38, Gasthof unter der Ehrenburg, die Stube deutet auf das Alter, der Speisesaal auf die Effizienz des Betriebes. Gehobene Tiroler Kost mit italienischen Anklängen, Spezialitätenwochen (Nudel- und Vorspeisenwochen Ende Okt./Anf. Nov.!). ☏ 0474/656339. DZ/FR 78 €. Fürs Restaurant Reservierungen unter ☏ 0474/565339, Mi Ruhetag.

Café-Pub Karo, Ehrenburger Str. 11, ein bei Jugendlichen beliebter Treff, der – Sensation – bis Mitternacht geöffnet hat (So nur bis 19 Uhr, Mo Ruhetag).

Sehenswertes

Schloss Ehrenburg: Die Burg der Brixner Fürstbischöfe oberhalb des Flusses Rienz, genau gegenüber von Kiens, bekam um 1500 ihren Schliff im Stil der Renaissance durch einen neu gebauten Trakt mit herrlichem, dreistöckigem Arkadenhof. Die alte romanische Burg mit Bergfried wurde dabei nicht angerührt. Das war den späteren Barockfürsten aus Brixen, Bischöfe, aber eben auch weltliche Landesherren, zu wenig. Fürstbischof Caspar Ignaz Künigl und sein Bruder ließen die Burg barockisieren. Es entstand ein prachtvolles Schloss, dessen üppige Innenausstattung sich vielfach erhalten hat, so im Bischofssaal und im aristokratischen Blauen Salon mit seinem kobaltblauen Kachelofen. Die Familie der Grafen Künigl bewohnt das Schloss noch heute, es kann dennoch besichtigt werden.

Öffnungszeiten **Führungen** im April, Mai, Okt. Mi 15 Uhr, Juni und Sept. Mo–Sa 11/15 Uhr, Juli/Aug. 11/12 und 15/16 Uhr. Eintritt 4 €, erm. 2 €. ✆/℡ 0474/565221.

St. Sigmund: Die **Pfarrkirche** von St. Sigmund besitzt einen gotischen Flügelaltar, er ist der älteste in Tirol, der sich noch dort befindet, wo er (1430) aufgestellt wurde und ist eines der ältesten erhaltenen Werke dieses Typs überhaupt. Der Schrein umfasst nur drei Figuren, eine Maria mit Kind, den Apostel Jakobus (an der Pilgermuschel, die er in der Hand hält, erkennbar) und den Ortsheiligen Sigmund, dargestellt als prächtig gekleideter Ritter mit Adelskrone. Die weich fließenden Gewänder und die Predellafiguren, eine Anbetung der Hl. Drei Könige, weisen auf das Vorbild des Bozner Altars des Hans von Judenburg (→ Bozen und Deutschnofen). Prachtvoll auch die Fresken an den Außenwänden der Kirche mit einem wie üblich riesigen Christophorus.

Die hübsche **Wallfahrtskapelle Unsere Liebe Frau im Stöckl**, einsam an der Straße in Richtung Vintl gelegen, ist ein Kuppelbau mit Türmchen von 1765/6. Im Inneren Fresken des *Josef Anton Zoller* aus der Entstehungszeit (den Schlüssel erhält man nebenan).

Auf dem Kronplatz

Der viele Wind rund um Bruneck hat seine Vorteile: Schneereiche Wolken aus Norden laden ihre Last besonders gerne beim ersten Hindernis südlich des Alpenhauptkamms ab, auf der Plose (→ S. 129). Der schneesichere, oben abgeflachte Berg ist der Skiberg schlechthin und so erschlossen wie kaum ein anderer der Dolomiten. Und das bei unvergleichlicher Erreichbarkeit: 5 Min. Autofahrt ab Bruneck oder mit dem Stadtbus bis Reischach, von dort per Umlaufbahn zum Gipfel – zwei Seilbahnen nebeneinander! Auch im Sommer lohnt sich die Fahrt hinauf, und trotz der Lifte, Zufahrtsstraßen, Hütten und sonstigen Verschandelungen der Sommerlandschaft gibt es schöne Wanderwege und noch schönere Mountainbiketouren (das Rad darf mit in die Seilbahn).

• *Sport/Bergbahnen* Das Skigebiet Kronplatz (→ Dolomiti Superski, S. 58) im engeren Sinn umfasst neun Bahnen (Kabinenbahnen Kronplatz I und II, Kronplatz 2000 – auch im Sommer in Betrieb –, Kabinenbahn Belvedere, Gipfelbahn sowie Sessel- und Schlepplifte). Der Kronplatz umfasst die Lifte in Kronplatz, St. Vigil, Olang, Taisten, Antholz, Untermoi und Terenten. Infos bei Crontour, ✆ 0474/555447, ℡ 553018, www.dolomiti-superski.com bzw. www.kronplatz.com, ✆ 0474/551500. Skischule Kronplatz, an der Talstation der Kronplatzbahn, ✆/℡ 0474/548474, www.school-kronplatz.it.

Olang

Olang besteht aus vier Dörfern an der Ostseite des Kronplatzes, zu dem es zwei direkte Liftverbindungen hat: *Nieder-, Mittel-, Oberolang* und *Geiselsberg*. Die grüne Mulde des verstreuten Dorfes wird im Westen von den Waldhängen des Kronplatzes begrenzt, im Süden schauen die scharfen Grate der Dolomiten herunter, darunter Piz da Peres (2507 m) und Maurerkogel (2567 m). In Olang zu wohnen ist eine gute Idee, wenn man im Sommer wandern, aber doch nicht weit vom Schuss sein will (Bruneck ist um die Ecke) oder im Winter seine Ruhe haben will, obwohl man sich direkt am Skizirkus Kronplatz befindet. Olang kommt diesem Bedürfnis mit 28 Hotels nach. Zusätzliches Plus: In den Bergen oberhalb des Ortes gibt es mehr als ein Dutzend bewirtschafteter Almhütten und Jausenstationen, darunter die wunderschön gelegene *Oberegger Alm* (→ „Essen & Trinken") in einem früheren Wohnhaus!

Aus Mitterolang stammte *Peter Sigmayr* (1779–1810), dem auf dem Ortsplatz ein auffallendes Denkmal gewidmet ist. Der Tharerwirt und Kämpfer gegen die bayerisch-französische Invasion hatte sich nach der Niederschlagung des Aufstands 1809 versteckt. Die Franzosen verhafteten seinen Vater und drohten, diesen an seiner Stelle umzubringen. Sigmayr stellte sich und wurde am 14. Januar 1810 erschossen. Sein Leichnam wurde an einem Wegkreuz 48 Stunden zur Schau gestellt.

• *Information* **Tourismusverein Olang**, im Gemeindehaus Mitterolang, Mo–Fr 8–12/14–18 Uhr, Sa 8.30–12 Uhr (HS auch 15–18 Uhr). ✆ 0474/496277, ✆ 498005, www.olang.com.

• *Sport* Wandern, Wintersport (Kronplatz!) und Mountainbiken. Rent A Sport, ✆ 0474/498038, betreibt von Mai bis Okt. ein **Bike-Taxi** in die Nebentäler des Pustertals.

• *Übernachten/Essen & Trinken* **** **Alpinhotel Hubertus**, Olang-Geiselsberg, Furkelstr. 5. Zwischen Mitterolang und Geiselsberg liegt dieses schöne Hotel am Ostabfall des Kronplatzes. Hallenbad und „Vitalzentrum" im Stil eines antiken Bades, beheizter Musikpool, Jacuzzi im Freien mit Strandkörben, Sauna, Fitnessbereich. Anständige Zimmer mit Sat-TV, Safe und Balkon. DZ/HP 170–276 €. ✆ 0474/592104, ✆ 592114, www.hotel-hubertus.com.

** **Berggasthof Trattes**, Furkelstr. 24, Olang-Geiselsberg, einfacher Berggasthof und reiner Familienbetrieb zwischen Geiselsberg und dem Furkelpass, abseits der Straße, Zimmer mit Sat-TV, Safe. Nicht nur die Lage besticht, v. a. lockt die Küche: absolut traditionelle Südtiroler Küche ohne Mätzchen von den Schlutzkrapfen über die Knödel und Käsnocken, Gulasch und Wildgerichte bis hin zum Apfelstrudel und einer köstlichen Buchweizentorte. Reservieren sinnvoll, Preise für komplettes Menü (inkl. Mehlspeise) ab ca. 20 €. DZ/HP 76–96 €. ✆/✆ 0474/592010.

Oberegger Alm, Zufahrtsstraße ab Geiselsberg oder zu Fuß (0:30 Std.), altes Haus mit Stube, Tiroler Küche. ✆ 347/5220122, Mo zu (außer in der Hochsaison).

Blick hinunter ins oberste Ahrntal, die Fahne flattert vor der Birnlückenhütte

Das Tauferer Tal und das Ahrntal

Von Bruneck im Pustertal bis zum Alpenhauptkamm und der nördlichsten Stelle Italiens zieht sich die lange Achse von Tauferer Tal und Ahrntal. Hier und in den beiden Nebentälern Reintal und Mühlwalder Tal sind Wandern und Bergsteigen die hauptsächlichen Urlaubsvergnügen.

835 m hoch liegt Bruneck, auf 3478 m ragt der Große Möseler in den Zillertaler Alpen, 3495 m erreicht der Hochgall an der Grenze zu Osttirol. Dazwischen liegen jede Menge Natur, Wiesengrün, Almen, Wälder und hochalpine Weiden, Gletscher und ein paar hübsche alte Orte wie Sand in Taufers.

Keinesfalls sollten Sie Ihr Mountainbike vergessen, denn jede Alm und jeder Bergbauernhof lockt mit einem Zufahrtssträßchen, wogegen die Verbindungen zwischen den einzelnen hohen Höfen und Almen oft so steil und ausgesetzt sind, dass sie geübten Bergsteigern vorbehalten sind. Aber auch Burgen, alte Adelsansitze, ein Bergbaumuseum samt befahrbarem altem Bergbaustollen (Kinderspaß pur!), die rustikale Küche in oft noch rustikaleren Lokalen und das immer noch urwüchsige Leben auf den Bergbauernhöfen sorgen für Abwechslung und einen erfüllten Urlaub.

• *Information* **Tourismusverband Ferienregion Tauferer Ahrntal**, I-39030 Steinhaus, Ahrner Str. 95, ✆ 0474/652081, ℻ 652082, www.tauferer.ahrntal.com. Zimmernachweis und die Werbeschrift „Eindrücke", dazu eine CD, detaillierter Veranstaltungskalender, Reliefkarte mit Wandervorschlägen (auch in allen Orts-Informationen zu erhalten).

• *Wandern* **„Durchs Toul"** heißt ein 50 km langer Wanderweg, der von Bruneck bis Heilig Geist bei Kasern im obersten Ahrntal führt. Grünes Symbol und der Schriftzug *„durchs toul"*, viele Infoschilder, die über Natur und Kultur am Weg aufklären. Die Wegbeschreibung und weitere Wandertipps kann man in der Broschüre „Wandern ohne Auto" bei den Tourismusbüros des Tauferer Tals und des Ahrntals bekommen.

Sand in Taufers

Wo sich das fast flache Tauferer Tal plötzlich gabelt und nach einer steilen Schluchtstrecke im Ahrntal und Reintal viel schmaler und keineswegs flach weiterführt, dort liegt Sand in Taufers.

Wer über die Berge ins Salzburgische wollte, musste durch Sand in Taufers. Das war eine wirtschaftliche Notwendigkeit. Wein aus Bozen wurde über den Krimmler Tauern nach Norden gebracht, wo er als Messwein unverzichtbar war. Salz aus Hallein und anderen Salzorten wurde auf derselben Route nach Süden gebracht, wo man ebenso wenig darauf verzichten konnte. Sand profitierte von diesem Handel, und an der Stelle, wo das Ahrntal beginnt, stand schon früh eine Burg, die den Weg sicherte, das damals wie heute spektakuläre **Schloss Taufers**. Der Blick ist schon sehr eindrucksvoll und absolut unvergesslich: von den Wiesen bei Sand auf den *Ansitz Neumelans* mit seinem mächtigen Walmdach und den zierlichen Erkern, darüber mitten im Wald das Schloss Taufers und das alles gekrönt von den schnee- und eisbedeckten Gipfeln des Alpenhauptkamms.

Information/Verbindungen/Einkaufen

• *Information* **Tourismusverein**, I-39032 Sand in Taufers, Josef-Jungmann-Str. 8, ✆ 0474/678076, 📠 678922, www.taufers.com.

Internetzugang in der öffentlichen Bibliothek (Rathausplatz).

• *Verbindungen* **Pkw**: großer Parkplatz im Süden des Ortes, Parken meist unproblematisch. Auf der Straße ins Ahrntal Halteverbot.

Bus: bis zu 25x tägl. nach/von Bruneck und Kasern oder Prettau.

Taxi: Südcab, ✆ 0474/530530.

• *Einkaufen* **Bauernmarkt** „Bauernpfinsta" ganzjährig jeden Do 15–18.30 Uhr im Atrium des Tubriszentrums.

Freizeit & Sport

• *Baden/Schwimmen* **Naturbadeteich Sand in Taufers** in der Sportzone, auch Sandplatz für Beachvolleyball, ✆ 0474/678257.

Hallenbad in Luttach (s. u.)

• *Klettern/Bergsteige* Alpinschule Südtirol, Josef-Jungmann-Str. 8/II, ✆/📠 0474/690012, die Alpinschule wird vom international bekannten Kletterer Hans Kammerlander geleitet.

• *Paragliding* Time to fly, Dr.-Daimer-Str. 16, ✆ 0474/653241.

• *Radsport* Radverleih bei Sport Tubris im Tubriszentrum, ✆ 0474/678290.

• *Rafting* Rafting Club Aktiv, Ahrntaler Str. 22, ✆/📠 0474/678422.

• *Tennis* Sportzone Sand mit Sandplätzen und Tennishalle (3 Plätze), ✆ 0474/678401.

• *Wintersport/Bergbahnen* **Skiarena Speikboden**, 8 Lifte, Skipässe gemeinsam mit Skigebiet Klausberg (s. u.) 5 Tage in der HS ca. 130 €. **Seilbahn** von Juli bis 1. Oktoberwoche und in der Wintersaison tägl. 8–12/13–16 Uhr, ✆ 0474/678122.

Skischule Speikboden, Drittelsand 7, ✆/📠 0474/678526, www.skischule-speikboden.com.

Übernachten

Sand hat jede Menge Dreisternehotels, an einfacheren, billigeren Quartieren mangelt es jedoch. Alternativen sind Apartments und Privatzimmer (Nachweis beim Fremdenverkehrsverein).

**** **Drumlerhof**, Rathausstr. 6, sehr persönlich und sympathisch geführter Familienbetrieb mitten im Ort. Hallenbad, Sauna, Fahrradverleih, ausgezeichnetes Frühstücksbuffet und v. a. sehr schöne Zimmer mit Sat-TV (inkl. Premiere), Fön, Safe, Naturholzmöbeln, z. T. mit Balkon, z. T. gemütlich unterm Dach. Großzügige Suiten. DZ/FR ab 80 € bis 280 € für die Suite. ✆ 0474/678068, 📠 679116, www.drumlerhof.com.

Sand in Taufers mit „Tiroler" Architektur und Burg Taufers

**** **Tubris**, Hugo-v.-Taufers-Str. 9, moderner Bau, etwas abseits vom Zentrum, gutes Wellness- und Sportangebot (Hallenbad, Sauna, türkisches Bad, Solarium, Massage, Radverleih), für die Kategorie anständige Zimmer. DZ/HP 114–190 €. ✆ 0474/678488, 📠 678395, www.tubris.com.

*** **Schloss Garni**, Ahrntaler Str. 15, Ansitz mit gepflegten Zimmern, große Wiese mit Pool, Rad- und Mountainbikeverleih. DZ/FR 52–78 €. ✆ 0474/678100, 📠 679212, www.schlossgarni.it.

*** **Alphotel Stocker**, Wiesenhofstr. 39–41, großer Komplex am Südrand des Orts, eine Art Riesen-Tiroler-Paarhof. Viel Wellness: Hallenbad, Sauna, Heubad, Moorbäder, Kosmetik, Mountainbikeverleih, große Liegewiese. DZ/FR 78–180 €. ✆ 0474/678113, 📠 679030, www.hotelstocker.com.

** **Garni Zimmerhofer**, Dr.-Daimer-Str. 56, freundliche Pension mit Garten, Sauna, Rad- und Mountainbikeverleih, Spielzimmer, Kühlschrankbenützung und Zimmer mit TV und Safe. DZ/FR 46–58 €, Apt. 41–46 €. ✆/📠 0474/678271, www.garni-zimmerhofer.it.

** **Garni Trojer**, St. Moritzen 9, mehrstöckiger Komplex in L-Form im Ortsteil St. Moritzen (jenseits des Ahrnbachs) mit Hallenbad und Apartments mit etwas betulichen, dunklen Möbeln, aber dafür Safe, TV und Kochnische, Apt. für 2–3 Pers. 39–63 €. ✆ 0474/678124, 📠 679454, www.appartement-trojer.com.

Essen & Trinken/Abends

Drumlerhof, Rathausstr. 5, beliebtes und sehr gutes Restaurant, gute Konditorei und Eisdiele, überdachte und verglaste Terrasse. Besonders gutes Fruchteis (das Zitroneneis ist ein korrektes Sorbet), große Eisbecherauswahl, auch Imbiss und Frühstück. Gehobene bürgerliche Küche (Spezialitätenwochen wie „Wein, Apfel und Maroni") in der gemütlichen alten Wirtshausstube aus dem 18./19. Jh. Im Keller 1a Toiletten. ✆ 0474/678068.

Leuchtturm, Bayergasse 12, gehobenes Ambiente und gehobene Küchenleistung im Restaurant (unten Bistro), nur italienische Küche, viel Meeresfisch und französische (!) Käse. Ab ca. 35 €. ✆ 0474/678143, Do Ruhetag.

Spanglwirt, rustikales Ambiente im stimmungsvollen Gewölbe, Enoteca im Keller, Spezialitätenwochen vom Spargel bis zur Gans (z. B. Ahrntaler Weidegansl am Martinitag). ✆ 0474/678144. Mi Ruhetag.

Sonne, Josef-Jungmann-Str. 14, Gegrilltes und Gebratenes aus der alpinen Küche, im Hochsommer Grill im Garten, Schweinshaxe auf Bestellung. ✆ 0474/678074. So Ruhetag.

Pizzeria Mausefalle, Wiesenhofstr. 64, eine Pizzeria, die konsequent nur Pizza serviert, aber die ist gut. Am Ortsrand, nicht überlaufen und nicht teuer. Mo Ruhetag.

Konditorei-Café Röck, Bayergasse 14, beliebte Konditorei am Park im Zentrum von Sand mit Wintergarten und Terrasse, üppige Eisbecher, auch Bäckerei.

Disco/Dancing im Sportcenter, Industriestr. 2, ✆ 0474/678195, Di/Mi Ruhetage.

Sehenswertes/Ausflüge

Sand: Der Ort ist zwar klein, lässt aber wenig zu wünschen übrig, schließlich ist es der Einkaufsort von mehreren Tälern. Die *Ahrntaler Straße* verläuft am westlichen Ortsrand, dort sind die meisten Geschäfte. Der alte Ort ist z. T. Fußgängerzone, das Zentrum liegt um die Josef-Jungmann-Straße, dort finden sich Rathaus, Post, Bank, Touristeninformation, Gemeindebücherei und das neue **Naturparkhaus Rieserferner-Ahrn** (im Tiefgeschoss; Eintritt frei!) mit sehr gut gemachter multimedialer Präsentation des Naturparks (→ S. 477). Aus der Eingangshalle mit ihrer Projektion eines vom Hubschrauber aus gedrehten Filmes mag man gar nicht mehr weggehen.

Das **Pfarrmuseum** zeigt die sakrale Kunst der Kirchen und Kapellen rund um Sand. Viele Kunstwerke mussten während der Welle der Kirchendiebstähle in den 60er und 70er Jahren sichergestellt werden und können nun hier bewundert werden. Südlich des Orts (in Richtung Bruneck) liegt der auffällige *Ansitz Neumelans*, ein mehrstöckiger Bau mit Walmdach, seitlichen Erkern und Park. Der Bau wurde unter dem Gerichtsherrn Hans Fieger 1582 begonnen und in nur 12 Monaten beendet. Hier unten war es wahrscheinlich doch etwas komfortabler als auf der zugigen Burg.

• *Öffnungszeiten* **Naturparkhaus Rieserferner-Ahrn,** Mai bis Ende Okt. und Weihnachten bis Mitte März Di–Sa 9.30–12.30/16–19 Uhr, Juli/Aug auch So; ✆ 0474/677546.

Pfarrmuseum, Mitte Juni bis Ende Okt. So 17–18.30 Uhr, Mitte Juli bis Ende Sept. auch So; freiwillige Spende statt Eintritt; ✆ 0474/678543.

Tipp! Die Familienfahrradtour von Bruneck nach Sand in Taufers: Die Fahrradtour zwischen Bruneck und Sand ist gut markiert und familienfreundlich dank geringer Steigung – sie verläuft in großen Teilen als breiter asphaltierter Radweg auf einem ehemaligen Bahnkörper, Ruhebänke laden zur Rast ein. Das einzige Orientierungsproblem gibt es beim Verlassen von Bruneck: Man nimmt zuerst die Hauptstraße ins Tauferer Tal, aber am Ortsbeginn von St. Georgen die erste nach rechts abzweigende Straße – Schild! Hübscher ist es, wenn man am Anfang die Landstraße nach Dietenheim nimmt und von dort die Straße nach Aufhofen und St. Georgen, diese wird beim Erreichen von St. Georgen vom Fahrradweg Sand – Bruneck gequert. Hin und zurück 2–3 Std., kein nennenswerter Höhenunterschied, nicht schwierig.

Burg Taufers: Fast 100 m ist die Höhendifferenz zwischen dem Ahrntal und dem Tauferer Tal in der Schlucht oberhalb von Sand, der Almbach bewältigt sie in Kaskaden. So eng ist die Schlucht, dass erst moderne Straßenbauer die heutige Straße in den Fels sprengen konnten. Der historische Weg durch die Schlucht führt direkt an der darüber wachenden Burg vorbei.

Die gewaltigen grauen Granitmauern und der hohe Bergfried machen noch heute einen wehrhaften Eindruck. Die adelige Familie Taufers hat sich ihre Stammburg

Burg Taufers von der Straße ins Ahrntal

wohl im 13. Jh. neu bauen lassen, dabei hat man einen frühmittelalterlichen Bau einbezogen. Die Taufers waren ein ziemlich bedeutendes Geschlecht, eine Zeitlang konnten sie sich mit den Grafen von Tirol und den Andechsern messen.

Bei der Besichtigung sieht man die **romanische Burgkapelle**, deren Fresken bei der Restaurierung gefunden wurden. Sie sind ein Meisterwerk *Michael Pachers,* majestätisch der ganz byzantinische Christus in der Mandorla. Der Speisesaal mit großem Kachelofen, der Gerichtssaal, die Waffenkammer mit mittelalterlichen und frühneuzeitlichen Waffen und Rüstungen, der Rittersaal mit Adelsporträts und die wunderschöne Bibliothek sind genauso zu besichtigen wie das Zimmer der Margarete von Taufers, eine schön getäfelte Renaissancestube. Man berichtet, ihr Gemahl sei am Hochzeitstag ermordet worden, und sie habe sich in dieser Stube eingeschlossen (die Geschichte ist nicht Geschichte, aber hübsch). Burg Taufers hat 64 Räume, davon sind 24 dekoriert, viele getäfelt und mit romanischen und gotischen Kassettendecken versehen.

Öffnungszeiten **Führungen** Mitte Juli bis Ende August. tägl. halbstündlich 10–17 Uhr, Mitte Juni bis Mitte Juli und Anf. Sept. bis Ende Okt. tägl. um 10, 11, 14, 15.15, 16.30 Uhr, 26. Dez. bis Mitte Juni Di, Fr und So jeweils 16 Uhr. Eintritt 4 €, erm. 2,50 €. ✆ 0474/678053.

▸ **Taufers**: Die *spätgotische Pfarrkirche* von Sand liegt nicht im Ort, sondern etwas südlich in Taufers, das nur aus wenigen Häusern besteht. Sie wurde 1527 vollendet, aus dieser Zeit ist noch die Kanzel erhalten. Zusammen mit der ebenfalls spätgotischen Friedhofskapelle und dem auf der anderen Seite des Platzes gelegenen Mesnerhof mit schönem Eingangstor und Erker bildet die Pfarrkirche ein eindrucksvolles Ensemble.

▸ **Lanebach**: Die wenigen Höfe des hoch über dem Tal liegenden Bergbauernweilers Lanebach haben so ziemlich die steilsten Felder ganz Tirols. Einige der alten Höfe wie der spätmittelalterliche *Lercherhof* in Holzbauweise auf Steinfundament, sollten längst unter Denkmalschutz stehen. Dies wenigstens schon bald für die *Zwergschule*

Tipp! Ein Besuch zwischen den Wänden

Ahornach nennt sich das Gebiet aus verstreuten Einzelhöfen auf der Sonnenseite über Sand. Die Höfe sind heute alle durch Straßen erschlossen, noch vor einer Generation erreichte man sie nur auf Wegen und Steigen. Besonders exponiert und völlig isoliert liegt der *Kofler zwischen den Wänden* weit im Osten von Ahornach, bereits tief drinnen im Reintal. Auf dem Steig, der von unten zum Hof führt (heute kein offizieller Weg mehr), gelangt man nur über Leitern über die Felswände, die unter dem Hof abstürzen. Der einzige flachere Zugangsweg war noch äußerst schmal und gefährlich, der tödliche Absturz einer Magd ist belegt. Heute ist er erweitert und gesichert, es gibt sogar eine (für uns Touristen gesperrte) Zufahrt. Immer noch besticht die Lage des Hofs, der auf einer schmalen Wiesenterrasse zwischen steilen, felsdurchsetzten Hängen liegt. Die Familie bietet ein paar Zimmer und bäuerliches Essen an (Brettljause). Man sitzt, isst, trinkt und staunt.

Hofschenke Kofler zwischen den Wänden, 1530 m, Fam. Hecher, I-39032 Ahornach, DZ/FR 36–40 €, Apt. für 2–6 Pers. 30–66 €. ✆ 0474/691005.

Fußweg: Einfacher Wanderweg 6 c ab Ahornach 1 Std. (Straße bis Stocknerhof). Oder ebenfalls 6 c ab Tobl (im Reintal an der Abzweigung der Straße nach Ahornach), steil, ca. 1:30 Std. Alternativ von Rein im Reintal auf Fahrweg 10 und Weg 6 c, gut beschildert, in ca. 2 Std.

des Weilers gelten, die zwar schon lange nicht mehr in Funktion ist, aber ein hervorragendes und vor allem bestens erhaltenes Beispiel dieser Bauweise darstellt. Die Einrichtung eines Bergbauernmuseums im Schulgebäude wird diskutiert.

Durch das Mühlwalder Tal: Von **Mühlen**, das seinen Namen von den vielen Mühlen hat, die hier einmal vom Bach betrieben wurden (u. a. die Lodenmühle, Vorgängerin der Firma Moessmer in Bruneck), erreicht man das Mühlwalder Tal, das bei Wanderern und Bergsteigern einen guten Klang hat. Über *Mühlwald* mit seiner eindrucksvoll gelegenen Pfarrkirche gelangt man nach *Lappach,* dem höchsten Ort des Tals auf 1436 m. Von hier aus führt ein für private Pkw gesperrter Fahrweg zum *Neves-Stausee*. Dieser wunderschön gelegene See ist Ausgangspunkt dreier interessanter **Bergtouren**. Nach Westen gelangt man zum Eisbruggjoch mit der Edelrautehütte und nach Pfunders ((S. 456), nach Osten zum Nevesjoch mit der Nevesjochhütte und hinunter nach Weißenbach, wo man die Straße ins Ahrntal erreicht oder in 6–8 Std. über den hochalpinen Kellerbauerweg zur Bergstation der Seilbahn Speikboden kommt. Alternativ nimmt man den wohl noch interessanteren, etwa gleich langen Neveser Höhenweg, der von der Edelrautehütte über die Chemnitzer Hütte zum See führt. Von Mühlwald erreicht man in 2 Std. auf steilem Weg den idyllischen Wengersee, einen von Lärchen und Zirben umgebenen, einsamen Karsee (keine Hütte!).

• *Information* **Tourismusverein Mühlwald,** I-39030 Mühlwald, Dorf 18 a, ✆ 0474/653220, 656005, www.muehlwald.com.

Tourismusverein Lappach, I-39030 Lappach, ✆ 0474/685013, 685019, lappach@rolmail.net.

• *Übernachten/Essen & Trinken* *** **Am See**, Hauptstr. 2 a, Mühlwald. Verglichen mit dem, was man in fashionablen Orten für Hotelzimmer mit – gutem – Frühstück in dieser Kategorie samt Seeblick zahlen muss, sind die Preise hier echte Schnäppchen. Zwar kein TV im Zimmer, aber Sauna, Dampfbad, Whirlpool und Solarium im Haus. Leider nicht ganz leise. DZ/FR 30–52 €. ✆ 0474/653166, 653437, www.hotel-am-see.it.

*** **Apparthotel Sonnwies**, Schusterfeld 22. Leser Joachim Lehmann empfiehlt das Hotel als „sehr gut" und „mit allen notwendigen Annehmlichkeiten [...] einschließlich Sauna und Whirl-Pool. Der besondere Clou, das im Haus befindliche Dorfcafé". Vom Autor allerdings noch nicht getestet (Info knapp vor Drucklegung). DZ/FR 44 €, ✆ 0474/653355, 📠 656228, www.apparthotel-sonnwies.com.

** **Schneider**, Lappach 207 a, im Café Schneider (mit Taxiservice) gibt es auch Zimmer mit Balkon und TV. DZ/FR 36–48 €. ✆ 0474/685005.

Bad Schüsslerhof, Lappach 214, nahe der Kirche bietet Familie Auer-Hartmann Zimmer mit TV mit Frühstück oder HP und die Annehmlichkeiten eines Badls: Kneippbad, Sauna, Dampfbad, Solarium und Massage! DZ/FR 48–54 €. ✆ 0474/685046, 📠 685100, www.schuesslerhof.com.

Wanderung vom Neves-Stausee zur Edelrautehütte

Auf dem Eisbruggjoch steht in Panoramaposition die Edelrautehütte, die Rieserfernergruppe kann man von der Hütte aus perfekt studieren. Der Hochfeiler (3510 m) liegt nur wenige Stunden entfernt (hochalpine Eistour). Wanderer aus dem Pfunderer Gebiet treffen solche aus dem Mühlbachtal, denn der Aufstieg von Westen ist ein Teil des Pfunderer Höhenwegs.

Vom Neves-Stausee (1860 m), den mit dem eigenen Pkw oder im Sommer mit dem Bus erreicht, führt ab der Nevesalm (vorher schon Schranke und Wanderparkplatz) oberhalb des Nordufers der Hüttenweg Nr. 26 durch das Pfeifholder Tal zum Eisbruggjoch. 700 Höhenmeter sind zu bewältigen, zunächst noch im Wald und dann im immer karger begrünten Tal. Knapp unter der Hütte passiert man den stillen kleinen Eisbruggsee in seinem Hochkar.

Tour-Info Gehzeit hin/zurück etwa 4–5 Std. Edelrautehütte/Rif. Ponte di Ghiaccio, 2545 m, CAI Sektion Brixen, 50 Lager, geöffnet Ende Juni bis 1. Oktoberwoche, ✆ 0474/653230.

▶ **Das Reintal**: Eine Nebenstraße führt von Sand ins Reintal. Zuerst passiert man die dreifach gestaffelten *Reinbachfälle*, ein gut ausgebauter Besinnungsweg („Franziskusweg") mit mehreren Stationen erschließt sie (Forststraße und Weg ab Winkel, das man von Sand aus auf eigener Straße erreicht, nicht über Straße ins Reintal, dort nur Wegzugang von oben). Etwas höher öffnet sich das Tal, und nach neuen Ausblicken auf die umragenden Dreitausender ist man in **Rein in Taufers**, dem Hauptort des Tals (auch „Rain" geschrieben). Das Dorf liegt auf 1595 m, und ist keineswegs die höchste Siedlung des Tals, denn Bergbauernhöfe wie der Hirber (1674 m) und der Eppacher (1687 m) liegen noch höher. Bergwiesen, alte Wege und Steige, urtümliche Bauernhöfe, Almen und eine einsame Gebirgswelt sind das Kapital der Gegend. Der **Naturpark Rieserferner-Ahrn** umschließt die besiedelte und bewirtschaftete Fläche des Dorfes komplett, dieser Naturpark ist wahrscheinlich der ursprünglichste und einsamste ganz Südtirols. Ein einfacher, aber großartiger Anstieg führt auf die *Rieserfernerhütte* im Hauptkamm dieser Gebirgsgruppe.

• *Übernachten/Essen & Trinken* *** **Bacher**, Rein 41, gediegenes Hotel im Grün, reichlich Holz innen und außen, Sauna, Solarium, große Liegewiese; DZ/HP 60–88 €. ✆ 0474/672509, 📠 672557, www.hotel-bacher.com.

** **Garni und Pizzeria Florian**, Rein 55, Pizza (auch mittags; Di Ruhetag), Eis, Kaffee und Kuchen, Internet!. Zimmer mit Balkon (aber ohne TV). DZ/FR 36–42 €. ✆ 0474/672510, 📠 672571, www.garni-florian.com.

• *Wanderungen* **Wasserfallweg** ab Toblhof (Gasthof) mit Parkplatz und Bushaltestelle, 160 m Höhenunterschied, hin/zurück ca. 1 Std.

Zur **Rieserfernerhütte** (✆ 0474/492125) von Rein 3:30–4 Std. nur Aufstieg, einfach.

Der Naturpark Rieserferner-Ahrn

Fast wäre es der Rieserfernergruppe geschehen wie so vielen anderen Gebirgsgruppen mit reichlich Wasser und starkem Gefälle. Man plante Stauseen und Steigleitungen, Kraftwerke und Fernleitungen, dazwischen den einen oder anderen Skilift. Das wurde von der Südtiroler Landesregierung gerade noch verhindert, und es entstand statt alldem ein Naturpark von nationaler und in seiner Ursprünglichkeit internationaler Bedeutung.

Urgestein und Schiefer, aus denen das Gebirge im Naturpark besteht, lassen das Regenwasser oberflächlich abrinnen, und da viel Regen fällt, gibt es reichlich Wasser in den Bächen. Gletscher der Eiszeit haben den gesamten Bereich abgeschliffen, haben steile Talflanken und darüber flache Terrassen geschaffen, auf denen sich heute die Almen befinden. Von diesen Terrassen mit kleinen Seelein stürzen die Bäche in rauschenden Wasserfällen ins Tal. Zwar sind auch hier die Gletscher in starkem Rückgang, aber wer zur *Dreiherrenspitze* (3499 m) oder zum *Hochgall* (3436 m) hinaufschaut, wird sie immer noch eindrucksvoll genug finden.

Das Ahrntal

Wer die 30 Straßenkilometer des Ahrntals zwischen Sand in Taufers auf 870 m und Kasern auf 1600 m auf guter Straße abfährt, braucht nicht lange. Wer hier unten im Tal bleibt, ist meist enttäuscht, das Urlaubsglück liegt weiter oben.

Die Streusiedlungen *Luttach, St. Johann, St. Martin, Steinhaus, St. Jakob, Prettau* und *Klausberg* sind schnell passiert. Was der Autofahrer besonders im unteren Teil sieht, ist gesichtslose Verbauung. Wer aber das Tal mit dem Rad abfährt, sieht die kleinen Kapellen an Weggabelungen, sieht die Scheunen und alten Wirtschaftsbauten, die Bauerngärten und die Birnen an den Südwänden der alten Höfe. Nur Wanderer und Mountainbiker erleben die höheren Etagen: Über der Zone der Bergbauernhöfe erstreckt sich ein kaum unterbrochener Waldgürtel. Es ist kaum alter Wald dabei, denn der Bergbau im Tal, der erst vor kurzem eingestellt wurde, benötigte viel Holz. Den Rest verheizten die Schmelzöfen, ein Schornstein steht noch als Halbruine an der Straße oberhalb von Prettau. Nochmals eine Etage höher liegen die Almen, auf denen die Bauern im Sommer ihre Rinder aufpäppeln und Heu schneiden, damit die Tiere und sie selbst den langen Winter überstehen. Ganz zuoberst weiden die Schafe und Ziegen, um die Seen in den Gebirgskaren, den *Grießbachsee*, den *Waldnersee*, den durch die Klausberg-Seilbahn erschlossenen (aber nicht überlaufenen) *Klaussee*. Darüber glänzen die Gipfel, viele von ihnen eisbedeckt. Ihre Ersteigung ist Privileg der erfahrenen Bergsteiger mit der entsprechenden Ausrüstung.

Verbindungen/Freizeit & Sport

• *Verbindungen* **Pkw**: Straße bis Kasern, dort Großparkplatz, Weiterfahrt nicht erlaubt (Schranken).

Bis zu 15x tägl. per **Bus** von Bruneck über Sand ins oberste Ahrntal (Kasern), einige Busse nur bis Prettau.

Taxi: Südcab, ✆ 0474/530530

• *Baden/Schwimmen* **Öffentliches Hallenbad**, Saunen, Wellnessbereich, in Luttach, im Sportzentrum, das Hallenbad ist leider etwas renovierungsbedürftig, tägl. (außer Mo) 13–19/21 Uhr. ✆ 0474/671216.

Ein Friedhof wie ein Garten

- *Bergbahn* **Seilbahn Klausberg**: im Sommer tägl. 8.30–11.45/13–16.45 Uhr, Juli bis 20. Sept. und in der Wintersaison nachmittags bis 18 Uhr. ✆ 0474/652155.
- *Klettern* **Hochseilgarten** in Kasern: Abenteuerparcours mit Seilhindernissen, die man gut gesichert zu bewältigen hat – sehr amüsant! ✆ 0474/654185 (Berghotel Kasern).
- *Radsport* Radverleih bei Sport Kirchler, Ahrner Str. 41 in Luttach und Hofer, Ahrner Str. 106 in Steinhaus.
- *Reiten* Reitställe **in Luttach**: Western Horse Ranch, im Winter auch Pferdeschlittenfahrten, rechts der Weißenbachstraße gegenüber Café Sportalm, ✆ 335/5389099. **In St. Johann**: Herberts Reitstall (Jausenstation Rotbach), ✆ 335/5389099.
- *Tennis* **Luttach**, Sportalm, ✆ 0474/658044. St. Martin Sportzone (St. Johann), ✆ 0474/671418.
Steinhaus, an der Talstation Klausberg, ✆ 0474/652422.
- *Wintersport* Alpiner Skilauf im Skigebiet Steinhaus-Klausberg: **Skiarena Klausberg**, Kooperation mit Skigebiet Speikboden (s. o.), 7 Aufstiegshilfen. Skigebiet Speikboden → Sand in Taufers.
Skiverleih Hofer, neben Café Maria, ✆ 0474/652126. Außerdem **Skilanglauf**.

Übernachten/Essen & Trinken

- *In Luttach* ****S **Wellnesshotel Schwarzenstein**, Dorfstr. 11, straßenfern nahe Kirche. Die 2 Flügel des Hotels sind durch einen Serviceblock mit Restaurant und Wellnessanlage verbunden. Hallenbad, Freibad, Sauna, Dampfbad, „Beautyfarm" und was man sonst noch zur Wellness braucht inkl. Radverleih. Und natürlich – große Mode in Südtirol – die ¾-Pension (im DZ 138–296 €). ✆ 0474/674100, ℻ 674444, www.schwarzenstein.com.
*** **Pension Erlhof**, Im Anger 7, Tirolerhaus am Rand des Grün, viel Blumen auf den Balkonen, Liegewiese, gute Zimmer mit TV. DZ/FR 42–66 €. ✆ 0474/671221, ℻ 671777, www.erlhof.com.
- *In St. Johann* **** **Hotel Alpwell**, Mühlegg 1, Beautyfarm, Hallenbad und Sauna, Pool, große Liegewiese, Radverleih, Balkonzimmer mit TV, ruhig. DZ mit ¾-Pension 118–258 €. ✆ 0474/652151, ℻ 652432, www.alpwell.info.
- *In Steinhaus* **** **Traumhotel Alpenschlössl**, Ahrner Str. 123. Wenn sich ein Hotel schon Traumhotel nennt, dann muss es was zu bieten haben: Hallenbad, Sauna,

Dampfbad, Kosmetik etc. im Beauty Vital Club, viel Grün, Radverleih. Einige Zimmer mit Runderkern (ein Schlössl hat eben Erker). Asthmatikergerechte Zimmer mit TV, meist Balkon, Safe, gute Bäder. DZ mit ¾-Pension 176–380 € – man gönnt sich ja sonst nichts. ✆ 0474/651010, 📠 651008, www.alpenschloessl.com.

*** **Bergland**, Steinhaus 56, gutes Hotel mit Hallenbad, Saunalandschaft „Bergquelle" und Bar Heischupfe, z. T. tirolerisch-rustikales Ambiente, viele fleißig Nordic walking praktizierende Gäste. DZ/HP 84–140 €. ✆ 0474/652222, 📠 652441, www.hotelbergland.com.

** **Alpenresidence Steger**, Steinhaus 55, einfaches Haus, die landesüblichen schlichten Zimmer (TV), kostenlose Benutzung des öffentlichen Hallenbads. Der Hausherr ist Skilehrer, Skiwerkstatt im Haus. Apt. für 2 Personen: 29–46 €. ✆/📠 0474/652204, www.alpenresidence.com.

** **Steinhauswirt**, Ahrner Str. 97, das Gasthaus mit Restaurant-Pizzeria (Mo Ruhetag) im Gebäude des Rathauses von Steinhaus hat attraktiv renovierte Räume, ansprechende Zimmer (kein TV), eine Bar im Kellergewölbe und jede Menge Tradition. Pizza gibt es ab 17 Uhr. DZ/HP 66–86 €. ✆ 0474/652241, 📠 652065, www.steinhauswirt.com.

• *In St. Jakob* *** **Bühelwirt**, Am Bühel 53. Schöner als dieses Wanderhotel kann ein Hotel in den Alpen eigentlich gar nicht liegen, auf einem Bühel über der Talstraße, im Rücken die gotische Kirche, Grün ringsum mit wenigen Gebäuden, nach vorne das Gebirgspanorama. Das Doppelhaus hat kleines Hallenbad und Sauna, rustikale Speiseräume und gute Zimmer, allerdings ohne TV. DZ/FR 50–64 €. ✆ 0474/650131, 📠 650309, www.buehelwirt.com.

* **Garni Moaregg**, St. Jakob 51 a, familiär-sympathisches Haus etwas oberhalb der Kirche in schöner Lage mit rustikaler Einrichtung, sehr gemütliche getäfelte Stube, Zimmer mit Balkon, DZ/FR 30–38 €. ✆/📠 0474/650125.

Pizzeria Gasthof Kreuzwirt, Ahrntaler Straße 74, Gasthaus-Pizzeria an der Hauptstraße mit großem Parkplatz und mit ebenso großer Sonnenterrasse, gute Pizzaauswahl, auch Nudelgerichte und Tiroler Küche; Pizza auch zum Mitnehmen, ✆ 0474/652144.

• *In Prettau* **Pension Anna**, Neuhauser Gasse 47 a, 3-stöckiges Haus im klassischen Tirolerstil, neue Holzveranda und schöne Holzbalkone (der Bruder hat gegenüber eine Schnitzerwerkstatt), einfache Zimmer (TV), Whirlpool im Haus. DZ/FR 36–52 €. ✆/📠 0474/654336, www.rolbox.it/pensionanna.

• *In Kasern* *** **Berghotel Kasern und Tauernrast**, Kasern 10 bzw. 5 b, der Bau des Konditorei-Cafés Tauernrast mit seinen Balkonzimmern in den beiden oberen Stockwerken ist allen Besuchern von Kasern bekannt, auch wenn sie nur ein Stück Kuchen, einen Eisbecher oder ein Glas Wein in der Stube oder auf der Terrasse konsumiert haben. Die Familie führt nun auch das Berghotel in geringer Entfernung mit Sauna, Whirlpool und Solarium. Zimmer mit TV, z. T. Stilmöbel, tagsüber ist es schon mal hektisch vor der Tür, aber abends und nachts herrscht die himmlische Ruhe. DZ/FR 78–144 €. ✆ 0474/654185, 📠 654190, www.kasern.com.

Café-Jausenstation Petra, am Parkplatz am Straßenende, Würstel, Speckknödelsuppe, Schlutzkrapfen, Eis zu zivilen Preisen. ✆/📠 0474/6543; Di Ruhetag.

Ausflüge/Sehenswertes

Luttach: Das Skigebiet Speikboden vor der Tür und die typisch italienische Industrie- und Gewerbeansiedlung parallel zur Straße haben den alten Ort bis zur Unkenntlichkeit verändert. Daran kann auch das viele verbaute Holz nichts ändern. Im Ort schönes privates **Krippen- und Volkskunstmuseum** auf zwei Stockwerken. Paul Gartner, der Sammler und Leiter des Museums, beschränkt sich nicht auf Südtiroler Krippen, sondern zeigt Krippen aus allen Ländern und aus jedem Medium. Hübsch ist die spanische Panoramakrippe, faszinierend die aus England stammende Laserkrippe, die aus einem Glasblock besteht, in den mit Laserstrahlen eine Krippe eingebrannt wurde, ohne das Glas außen zu beschädigen. Dennoch bleibt die traditionelle Ahrntaler Krippe mit ihren 65 Figuren das Prunk- und umlagerte Hauptschaustück der Sammlung.

• *Information* **Tourismusverein Ahrntal – Luttach – St. Johann – Weißenbach**, Ahrner Str. 22, I-39030 Luttach, ✆ 0474/671136, 📠 671666, www.ahrntal.it.

• *Öffnungszeiten* **Krippen- und Volkskunstmuseum Maranatha**, Mo–Sa 9–12/14–18 Uhr (Sa bis 17 Uhr), So 14–17 Uhr, Eintritt 4 €, Familien 8 €; ✆ 0474/671682.

▸ **Auf dem Speikboden**: Das Gebiet Speikboden, das man mit der Bergbahn von Luttach aus erreicht, ist im Sommer wie im Winter gut besucht. Im Sommer reizt vor allem der Gipfel (2523 m), den man von der Bergstation (1974 m) über alpine Matten mit Alpenrosen in ca. 1:30 Std. erreicht (hin/zurück 2:45 Std.). Der weitere Weg über den Kellerbauerweg zur Nevesjochhütte ist nur Geübten anzuraten, und das nur bei gutem Wetter.

▸ **St. Martin (Ortsteil von St. Johann)**: Erst vor kurzem wurde hier die gotische *Martinskirche* mit ihrer schönen Innenausstattung nach längerer Renovierung wieder eröffnet. Besonders beeindruckend ist ein Gedenkstein, den sich Pfarrer Hieronymus Schüssler 1580 im Inneren errichten ließ: Die Ecce-Homo-Darstellung mit Marterwerkzeugen und einer kleinen Figur des knienden Stifters in der Predella ist von einem naiven lokalen Meister geschaffen worden.

Im Ort wird der auch sonst im süddeutschen Raum begangene Tag des hl. Martin (11. November) mit einem Umzug und dem traditionellen *Martinimarkt* gefeiert. Gebratene Kastanien, Glühwein und Tee werden vom „Köschtn-Broter" angeboten, aber es gibt natürlich auch anderes Spätherbstlich-Voradventliches an den Ständen. Mit dem Martinstag ist ein Laternenumzug der Kinder verbunden. In allen Gasthäusern kommt die traditionelle Martinigans auf den Tisch: „Martini kimmp – die Ganslan san gimäschtit!".

▸ **St. Johann in Ahrn**: Die alte Hauptstraße besitzt noch ein paar schöne Fassaden, dankenswerterweise gibt es eine Ortsumfahrung. Die *Pfarrkirche St. Johann*, die alle Gebäude weit überragt, hat schöne und gut erhaltene barocke Fresken, der Gesamteindruck ist bunt und heiter. Sie entstand 1783–1785 als Neubau an einer hochwassersicheren Stelle – das gesamte Ahrntal hatte immer wieder unter Überschwemmungen leiden müssen. Eine der schlimmsten ereignete sich im August 1878, bei der mehrere Höfe von den Flutwellen weggerissen wurden und am unteren Ortsrand von St. Johann tagelang ein mehrere Meter tiefer See entstand. Als der aus mitgerissenen Bäumen und Felsbrocken aufgehäufte Staudamm dieses Sees brach, bildete sich eine noch größere Flutwelle, die bis ins Tauferer Tal hinunter große Schäden verursachte und Sand im Taufers halb verwüstete.

Im **Mineralienmuseum** wird die sehr schöne Sammlung eines Privatmanns gezeigt, der aus dem Ahrntaler Bergbau kommt. Sie ist unbedingt sehenswert, gibt sie doch einen bemerkenswert vollständigen Einblick in die bunte Mineralienwelt des Tals. Angeschlossen ist ein Verkaufsraum mit lokalen, regionalen und internationalen Stufen (Objekte aus mehreren Kristallen auf Muttergestein).

• *Information* **Tourismusverein**, Dorfstr. 158, I-39030 St. Johann, ✆ 0474/671257, 📠 671744, www.ahrntal.it.

• *Öffnungszeiten* **Mineralienmuseum Kirchler**, St. Johann 3, Mai bis Okt. tägl. 10–12/15–18 Uhr, sonst nach Anmeldung. Eintritt 3 €, erm. 2 €. ✆ 0474/652145, www.mineralienmuseum.com.

▸ **Wanderung zur Bizathütte**: Von den vielen Wanderwegen sei der Sonnseitenweg zur Bizathütte erwähnt, der mehrere alte Bergbauernhöfe berührt. Man beginnt ihn bei der Kirche in St. Johann, wo man jenseits der Straße den Weg 8 nimmt, der recht steil den Wiesen- und höher oben den Waldhang quert. Man erreicht eine

Rast auf der Lahneralm

Straße, der man nach rechts und ziemlich eben folgt, passiert die Jausenstation Platterhof und bleibt weiter auf dem Sträßchen, das bald zum Fahrweg wird, und vor einem steil eingeschnittenen Bachtal endet. Weiter mit Weg 18 das Bachtal aufwärts bis zur Bizathütte (1414 m), bis hier ca. 1:30 Std. Von der Hütte steigt man über Weg 6 ab, der bald zum Fahrweg wird, aber nach den Holzerhöfen als Fußweg zum Rieserhof führt, von wo er zuerst nach links zu den Golserhöfen leitet, bevor er durch Wald ziemlich steil nach Steinhaus führt. Abstieg etwa 1 Std., Bus zurück nach St. Johann.

Essen & Trinken **Jausenstation/Berggasthof Plattnerhof**, ✆ 0474/671255. **Bizathütte**, Jausenstation in ehemaliger Alm, Mitte Mai bis Ende Okt., ✆ 0474/652403.

Steinhaus: Dieser Ort ist wohl das einzige echte geschlossene Dorf des Tals. Hier befand sich das Bergbaumagazin und die Verwaltung der Bergbauzone im *Ansitz Gassegg*. Die Häuser sind stattlich, nur fehlen Wirtschaftsbauten, da sie nicht als Bauernhöfe errichtet wurden. Im ehemaligen Bergbaumagazin, dem *Kornstadel*, ist das äußerst interessante **Bergbaumuseum** eingerichtet worden, eine von fünf Einrichtungen, die zusammen das Südtiroler Bergbaumuseum bilden (weitere sind das Schaubergwerk in Prettau und die Museen in Sterzing, St. Leonhard im Passeier und Ridnaun). Das Museum in seinem ehrwürdigen, hervorragend restaurierten Quartier zeigt eine bergbaukundliche Sammlung, verschiedene Modelle zum Bergbau, auch Multimedia (PCs mit sehr gutem Lern- und Nachschlagprogramm im Dachgeschoss). Deutlich wird vor allem das Leben und die harten Bedingungen bei der Arbeit und im Alltag der Knappen. Im Erdgeschoss Sonderausstellungen.

• *Information* **Tourismusverein Ahrntal – Steinhaus – St. Jakob – St. Peter**, Steinhaus 99, I-39030 Steinhaus, ✆ 0474/652198, 📠 652491, www.ahrntal.org.

• *Öffnungszeiten* **Südtiroler Bergbaumuseum im Kornkasten Steinhaus**, April bis Ende Okt. tägl. (außer Mo) 9.30–16.30 Uhr, Do bis 22 Uhr. Eintritt 6 €, Kinder 3 €, kombinierte Eintrittskarte mit Schaubergwerk Prettau 10/5 €, ✆ 0474/651043.

▸ **Wanderung auf dem Klausberg**: Da die Kabinenseilbahn Klausberg nur auf 1600 m führt, der *Klaussee* in seinem wilden Gebirgskar aber auf 2162 m liegt, hält sich der Ansturm dort oben in Grenzen. Ein guter Weg führt vom Berggasthof Klausberg an der Bergstation über die Moareggalm zur Speckalm, die 120 m höher liegt. Das schaffen noch viele. Anschließend macht der Weg Serpentine um Serpentine, um den steilen Hang zum Kar des Klaussees zu bewältigen. Das schafft eine sehr effektive Auslese. Außerdem gibt es am See nichts zu essen und zu trinken. Also: trotz Seilbahnnähe Urwelt unter Dreitausendern, die Gipfel selbst, wie das Durreck (3135 m), gehören bereits zum Naturpark Rieserferner-Ahrn (Bergstation – Klaussee und zurück auf Weg 33, Dauer 2:30–3 Std.).

• *Bergbahn* **Seilbahn Klausberg**, Mitte Mai bis 3. Woche im Okt. tägl. 8.30–11.45/13–16.45 Uhr, Juli bis Sept. und Wintersaison bis 18 Uhr; ✆ 0474/652155.

• *Essen & Trinken* **Berggasthof Klausberg**, warme Küche, Brotzeiten, Kuchen, ✆ 0474/652340, ganzjährig geöffnet.

▸ **St. Jakob in Ahrn und das Wollbachtal**: Vom hübschen Weiler St. Jakob mit seiner erhöht über dem Talboden liegenden *Jakobuskirche* führt ein Wanderweg zur Wollbachalm im Wollbachtal, das im Unterlauf steil und unzugänglich ist, aber hier oben ab 1600 m sanfte Almwiesen trägt. Die *Wollbachalm* ist eine bewirtschaftete Jausenstation, der leicht zu gehende, wenn auch im unteren Bereich etwas steile Weg 5 nimmt hin und zurück ca. 2:30 Std. in Anspruch.

Klöppeln in Prettau

▸ **Prettau mit dem Schaubergwerk des Südtiroler Bergbaumuseums**: Mit einem Straßentunnel (beleuchtet) und Galerien bewältigt man die Geländestufe zwischen Steinhaus und Prettau. Hier oben ist es deutlich kühler als im unteren Tal, Lärchen und Birken mischen sich unter die Bäume am Straßenrand. Das Bergwerk im alten Bergbauort Prettau ist ein Muss. (Kurze Nebenstraße von der Ahrntaler Straße nach rechts, auf den Parkplatz und ab in die Loren.)

Hier wurde schon vor 4000 Jahren geschürft, und zwar nach Kupfer, das bis ins 20. Jh., als der Bergbau eingestellt wurde. Das Prettauer Kupfer war gesucht und teuer. Die Bergbau war um 1450 gegen den Widerstand anderer Tiroler Bergbaugebiete (vor allem der Gewerke in Schwaz) in für damalige Verhältnisse großem Maßstab begonnen worden. Den Höhepunkt der Produktion erreichte man um 1525, aber bis ins späte 17. Jh. waren die Einnahmen bedeutend. Unternehmer waren um 1600 die Freiherren von Wolkenstein, die nicht nur den Bergbau, sondern auch die Weiterverarbeitung des Kupfers in Schmelzen und Messinghütten – alles hier an Ort und Stelle in Prettau – in der Hand hatten. Im 17. Jh. folgten ihnen dann die Brunecker Reichsfreiherren von Sternbach nach, die als bürgerliche Kaufmannsfamilie den Namen Wenzel getragen hatte.

Der **St.-Ignaz-Erbstollen**, einer von vielen, wird mit der Grubenbahn befahren (Schutzkleidung wird bereitgestellt), dann folgt ein Rundgang auf der Sohle, 6 m unter dem Stollenniveau. Auf der Sohle werden Arbeitstechniken anhand von Modellen, Maschinen und Schaufiguren erläutert. Bei 7–8 °C sollte man sich warm anziehen (v. a. warme Schuhe)! Ein **bergbaulicher Lehrpfad**, der bis ins Hochgebirge hinaufführt, ist eine gute Ergänzung der Fahrt in den Stollen, aber nur guten Wanderern zuzumuten.

Im **„Klimastollen"** des Schaubergwerks können Menschen mit Atemwegproblemen in jeder Hinsicht aufatmen: Die Luft im Stollen ist frei von Pollen oder Staub. Die Luftfuchtigkeit ist hoch, die Temperatur mit 9 °C konstant niedrig, was beides – bei richtiger Bekleidung – entspannend auf das gesamte Körpersystem wirkt. Information und Anmeldung unter ✆ 0474/654523

Als der Bergbau am Ende des 19. Jh. in eine schwere Krise stürzte, wurde für viele Familien die Situation dramatisch. Ein Dorfpfarrer hatte die Idee, das **Klöppeln** als Nebenerwerb einzuführen. Die Frauen von Prettau lernten schnell und begeistert. Klöppelspitzen werden noch heute hergestellt. Im Sommer kann man zuschauen, wie die Frauen auf ihren Klöppelkissen arbeiten. Eine andere Einkommensquelle ist die *Maskenschnitzerei* der Männer, die älter ist, aber mit der des Grödner Tals nicht konkurrieren kann.

• *Information* **Tourismusverein Prettau-Kasern**, Kirchdorf 83, I-39030 Prettau, ✆ 0474/654188, 📠 654299, www.prettau.bz.it.

• *Öffnungszeiten* **Landesbergbaumuseum Prettau**, Besucherstollen St.-Ignaz-Erbstollen, Hörmanngasse 38 a, März bis Ende

Alte Grenzen

Von Kasern gibt es mehrere Übergänge, die nicht erst heute ins Ausland führen (nach Österreich): Während das Ahrntal zu Tirol gehörte, war das im Norden jenseits des Alpenhauptkamms gelegene Zillertal und das Krimmlertal salzburgisch (Salzburg war bis 1803 ein politisch völlig unabhängiges Fürsterzbistum), und das Umbaltal jenseits des Kamms zwischen Dreiherrnspitze und Rötspitze gehörte zu Görz-Tirol. Daher der Name für die Dreiherrnspitze im Talschluss, denn drei Herrschaften stießen hier aneinander. Ideal also für Schmuggler, die vom Krimmler Tauern, der vom Salzburgischen herüberleitet, illegal Salz transportierten, was dem Erzbischof gar nicht recht war, da ihm Steuern entgingen. Als der Hauptkamm 1919 Staatsgrenze zwischen Italien und Österreich wurde, waren die Schmuggler auch gleich wieder aktiv. Kasernen und hoch gelegene Schutzhütten der Alpini sowie die Sperrung des gesamten Grenzbereichs brachten den Schmuggel und jeden Grenzverkehr zum Erliegen. Seit 1971 ist die Grenze wieder offen, seit einigen Jahren nur noch formal Grenze – beide Staaten sind schließlich in der EU.

Okt. tägl. (außer Mo) 9.30–16.30 Uhr, in der HS unbedingt anmelden, auch in der NS vorteilhaft. ✆ 0474/654298. Eintritt 8 €, Kinder 3 €, kombinierte Eintrittskarte mit Kornkasten in Steinhaus 10/5 €.

• *Kunsthandwerk* **Klöppelausstellung** im Haus Prettau, mehrere Termine während der Saison. **Masken und Klöppelspitzen** bei Josef Weger/Rosina Brugger, Neuhausergasse 42 (alte Dorfstraße), ✆ 0474/654146.

▸ **Kasern**: Der Ort besteht nur aus einer Handvoll Häuser, einem Infohäuschen des *Naturparks Rieserferner-Ahrn,* der Jausenstation und den drei Hotels. Großer Parkplatz; die ab hier gesperrte Fahrstraße endet an der *Kehreralm* auf 1842 m, sie ist ein beliebter Spazierweg auch für weniger Sportliche, da sie wenig Steigungen hat. Die spätgotische **Wallfahrtskirche zum Heiligen Geist** (ständig geöffnet) erreicht man 1 km nach Kasern von der Jausenstation Prastmann, sie liegt auf der anderen Bachseite und ist eine frühere Votivkapelle der Bergleute aus Prettau. Obwohl sie kaum noch von Einzelpilgern aufgesucht wird, gibt es doch immer noch Wallfahrten hierher in die Bergeinsamkeit (wie die Jugendwallfahrt des Dekanats Taufers).

▸ **Wanderung auf den Krimmler Tauern**: Der einfach zu gehende, wenn auch anstrengende Weg von Kasern zum Krimmler Tauern (Weg 14) ist mit dem alten **Tauernweg** identisch, der bereits im Mittelalter zu Handelszwecken ausgebaut wurde. Man sieht es ihm heute noch an, denn Platten der alten Pflasterung haben sich erhalten. Auf dem Tauern gibt es keine Schutzhütte, d. h. bei 5 Std. Gehzeit hin/zurück unbedingt Proviant mitnehmen! Der Weg wird heute zweimal im Jahr noch vom Vieh der Ahrntaler Bauern benutzt, die drüben im Krimmler Tauerntal Almen besitzen. Im Frühjahr heißt das meist, dass sie große Schneefelder queren müssen, der Pass liegt auf 2633 m!

Maskenschnitzer im Ahrntal

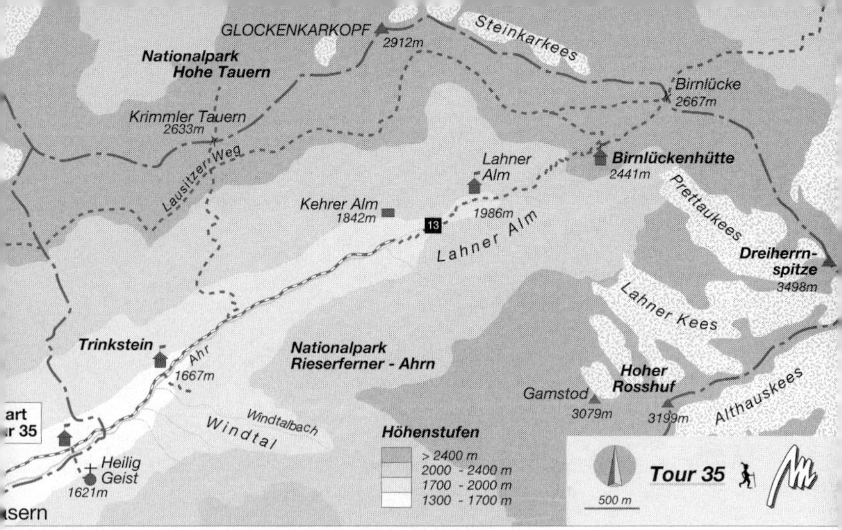

Tour 35: Wanderung von Kasern auf die Birnlückenhütte

Tour-Infos: Dauer 5 Std., Höhenunterschied ↑↓900 m. An- und Rückfahrt mit Bus/Pkw bis Kasern. Karte: Tabacco (1:25.000) Blatt 35.

Am Parkplatz in Kasern (1580 m) endet die öffentliche Straße, aber eine gute Straße führt weiter taleinwärts. Vom Ende der Fahrstraße bei der Kehreralm (1742 m, 1:30 Std.) wendet man sich nach rechts über den Bach auf Weg 13, der in Kehren den Hang zur Lahneralm hinaufführt (1986 m, 2 Std.). Der Almboden ist ganz eben, es handelt sich um einen ausgetrockneten See. Am Ende des ehemaligen Seebodens steigt der Weg wieder. Zahlreiche Kehren führen hinauf zu einem höheren flachen Boden, auf dem die Birnlückenhütte in Panoramalage auf Gletscherhöhe wartet (2441 m, 3 Std.). Wenig oberhalb liegt die Birnlücke, meist von einem Schneefeld bedeckt. Großartig ist der Ausblick auf die von Gletschern verhüllte Dreiherrenspitze (3498 m). Der Rückweg nach Kasern erfolgt auf demselben Weg (5 Std.).

• *Hütten* **Lahneralm**, 1986 m, privat, kleine Speisen, 9–16 Uhr in der Sommersaison.

Birnlückenhütte (Rif. Tridentina), 2441 m, privat, 45 Betten/Lager, Anf. Juli bis Anf. Okt., ✆ 0474/654140.

Antholz-Mittertal, über dem Kirchturm der Hochgall in der Rieserfernergruppe

Das Antholzer Tal

Eines der weniger erschlossenen Täler im Osten Südtirols. Ideal für jeden, der ruhige Ferien verbringen, sich entspannen, etwas Sport, aber nicht unbedingt Extremsport treiben will, sich mit der bäuerlichen Kultur Südtirols vertraut machen und vielleicht beim Bauern wohnen will.

Von der Pustertaler Straße bei Niederrasen bis zum Stallersattel an der Staatsgrenze steigt das Antholzer Tal auf 23 Straßenkilometern um satte 1050 m. Das hört sich steiler an, als es ist. Die letzten 450 m Höhendifferenz zwischen dem Antholzer See und dem Stallersattel erfolgen auf nicht einmal 3 km Luftlinie (mit entsprechenden Serpentinen, 10 % Gefälle, Einbahnverkehr mit Wartezeiten bis zu 45 Min. und Fahrverbot für Gespanne). Eine ideale Gegend also für Spaziergänge und im Winter für Langlauf. Das Antholzer Tal ist das in Bezug auf **Langlauf** und **Biathlon** am besten erschlossene Tal der Dolomiten und Ziel der Pustertaler Marathonloipe (Start in Innichen). Dem Sommerhunger und -durst, den sich brave Wanderer auf langen und schweißtreibenden Touren im Naturpark Rieserfernergruppe oder in den Bergen um die Rote Wand im Süden erwerben, kommt eine ganze Reihe bewirtschafteter Almen und Berggasthäuser entgegen. Einige davon sind von keinem Modernisierungswunsch angekränkelt und so gemütlich, wie so eine Hütte halt sein kann. Empfehlenswert ist es, das Rad mitzunehmen. Auf der wenig befahrenen Straße kann man schön das Tal rauf und runter radeln, und es gibt jede Menge Forststraßen und Almzufahrtswege, die vom Talboden auf die Hänge leiten.

Information/Verbindungen/Diverses

• *Information* **Tourismusverein Rasen**, I-39030 Rasen im Antholzer Tal, ✆ 0474/496269, 📠 498099, www.rasen.it.

Tourismusverein Antholzer Tal, I-39030 Antholz-Mittertal, in der Ortsmitte, kostenlose Loipenpläne, Wandertipps, ✆ 0474/492116, 📠 492370, www.antholzertal.com.

• *Verbindungen* **Pkw**: Grenzübergang Stallersattel geöffnet Mitte Mai bis Anfang Nov., Einbahnverkehr, in Richtung Sattel in der dritten, vom Sattel hinunter in der ersten Viertelstunde jeder Stunde, nachts gesperrt. Dokumente mitnehmen, Staatsgrenze.

Bus: bis zu 12x (So keine Busse!) zwischen Bruneck, Olang und Antholz-Mitteltal, nach Obertal lediglich 5- bis 6x.

Taxi/Kleinbus: Egger in Mittertal (im Pub Egger), ✆ 0474/492124. Bleikircher in Oberrasen, ✆ 348/4028447.

• *Diverses* Apotheke, Bank, Post und Tankstelle in Niederrasen. Arzt im Schulhaus Mittertal, ✆ 0474/492372; dort auch Bank.

Freizeit & Sport

• *Allgemeines* **Freizeitpark** in Niederrasen mit Kneippanlage, Teich, Spielplatz.

• *Heubad* Im Garberhof, Niederrasen 187, werden Heubäder verabrecihct, ✆ 0474/496451, www.hotel-alpenhof.de.

• *Radsport* Verleih beim Camping Antholz und bei der Radwerkstatt Veider in Niederrrasen 58, ✆ 0474/596157.

• *Tennis* In Antholz-Mittertal 2 Plätze.

• *Wintersport* Für Alpinskifahrer 2 Schlepplifte: **Riepenlift** in Mittertal, Skischule und Skiverleih sowie **Lift Sonneck** beim Sporthotel Windgal.

Skibus zum Kronplatz (kostenlos).

Eislaufen auf dem Antholzer See. Skilanglauf optimal, **dichtes Loipennetz** in allen Schwierigkeitsgraden zwischen der Talmündung bei Olang und dem Antholzer See, **Biathlon** nahe Antholzer See, dort neben Schießplatz Stadion mit Biathlonbüro (✆ 0474/492390) und Langlauf-Skischule (✆/📠 0474/492446, www.langlauf-antholz.it).

Übernachten & Camping/Essen & Trinken

Die Unterkünfte und Gaststätten im Antholzer Tal sind im Folgenden vom Talausgang zum oberen Talende geordnet.

**** **Alpenhof**, Niederrasen 123, relativ kleines, aber komfortables Hotel (Zimmer Sat-TV, Safe, meist Balkon) mit Hallenbad, Sauna, Dampfbad, Solarium, Heubad (Heubad Garberhof), Reitmöglichkeit. Eigene Produkte auf dem Frühstückstisch. DZ/FR 90–226 €. ✆ 0474/496451, 📠 498047, www.hotel-alpenhof.info.

Camping Corones, sehr guter Platz mit Schwimmbad, Sauna, Tennisplatz, nur z. T. schattig. Stellplatz und 2 Pers. ca. 21–28 €. ✆ 0474/496490, 📠 498250, www.corones.com.

*** **Schlosshotel Ansitz Heufler**, Oberrasen 37, in einem der schönsten adeligen Ansitze Tirols wurde vor einigen Jahren ein Schlosshotel eingerichtet, das dem Gast wirklich das Gefühl gibt, Schlossherr zu sein. Das stuckierte und getäfelte Innere ist streng symmetrisch, die Zimmer sind relativ schlicht, sieht man von den Himmelbetten ab. DZ/HP 140–180 €. Das Restaurant hat einen sehr guten Ruf, der Anschluss an die Spitze wird gesucht und in Veranstaltungen wie „young & wild" mit Starköchen aus Sirmione, Moena (Malga Panna) und Dorf Tirol (Hotel Castel) gefunden, wenn auch zunächst nur für einen Herbstmonat (das Motto des Küchenereignisses war u. a. „red bull kirschen anstatt muskatellertrauben"). ✆ 0474/498582, 📠 498046, www.ansitzheufler.com.

Huber im Feld, Antholz-Niedertal 16, schöner und schön gelegener mehrstöckiger Bauernhof mit 4 Apartments, alle mit Küche und TV, Sauna und – sehr angenehm – Heubad im Haus. Apt. für 2 Pers. 30–70 €. ✆ 0474/492195, www.huberimfeld.it.

*** **Hotel Bad Salomonsbrunn**, Antholz-Niedertal. Der alte Gasthof hat sich zu einem freundlichen, im Inneren mit Antiquitäten und Teppichen ausgestatteten Hotel gemausert, moderner Komfort und Ambiente verbinden sich auf angenehmste Weise. Schöne verglaste Veranda vor der großen Liegewiese, Sauna, angenehme Zimmer mit Sat-TV und Fön. DZ/FR 86–124 €. Rest.

Do zu. ✆ 0474/492199, 📠 492378, www.badsalomonsbrunn.com.

** **Bruggerwirt**, Antholz-Mittertal. Ans behäbige alte Gasthaus mit seinen dicken Mauern und der historischen Stube von 1835 mit altem Kamin wurde ein neuer Trakt mit einfachen Balkonzimmern (mit TV) angebaut. DZ/FR 48–94 €. ✆/📠 0474/492120, www.bruggerwirt.it.

Pizzeria-Restaurant Anger, Antholz-Mittertal, beliebte Pizzeria, Pizza aus dem Holzofen, Tiroler Küche, Di Ruhetag.

Café Pub Egger, Antholz-Mittertal, einziger Pub des Tals, bis 1 Uhr geöffnet (Darts, große Bierauswahl), Imbisse, Paninoteca, Kuchen und Eis. ✆ 0474/492124, Mo Ruhetag.

Huberhof, Antholz-Obertal 10, kinderfreundlicher, moderner Hof in Prachtlage am Hang zwischen Obertal und dem Antholzer See, von den Balkonen sieht man bis zum Talausgang. Wenig oberhalb liegt einer der ältesten und am besten erhaltenen Paarhöfe des Tals. Ferien auf dem Bauernhof DZ/FR 44–48 €, auch Apts. ✆/📠 0474/492188, www.huberhof.it.

Restaurant am See, Antholz-Obertal/Antholzer See, Restaurant direkt am See mit Sonnenterrasse, Liegewiese, Kinderspielplatz. Tiroler Küche, Spezialität sind frische Forellen, auch Kaffeehausbetrieb mit Kuchen und Eis. ✆/📠 0474/492252. Kein Ruhetag.

Camping Antholz, Antholz-Obertal 34, großer, ganzjährig geöffneter Campingplatz an einer der wenigen flachen Stellen des Tals zwischen Mittertal und Obertal, sehr komfortabel und sauber, kein Schatten, Wohnwagen und 2 Pers. 19–24 €. Radverleih (1 Tag 10 €, 3 Tage 25 €, 1 Woche 50 €). Rustikales Restaurant mit schlichter Speisekarte (Nudeln 6–7 €, Hauptgerichte 10–15 €). ✆ 0474/492204, 📠 492444, www.camping-antholz.com.

Sehenswertes/Ausflüge

▸ **Rasen**: Am Talausgang zieht sich zwischen der Kapelle in **Niederrasen** und der Kirche von **Oberrasen** ein lockeres Band recht stattlicher Bauernhöfe. Oberrasen ist der wichtigere Ortsteil, hier wohnten – in der heutigen *Burgruine Neurasen* auf einem bewaldeten Felssporn über dem Ort – die örtlichen Herren.

Nahe der Straße steht ein auffälliger, burgartiger Bau mit Türmen und Erkern, der *Ansitz Heufler*. 1580 ließen die Herren Heufler zu Rasen, die hier schon mehrere Generationen ansässig waren, einen neuen Ansitz im Stil der damals modernen Renaissance errichten. Der Ansitz ist nicht der einzige seiner Art in Südtirol, aber er ist sicher einer der schönsten – man sieht ihn von der Durchgangsstraße aus zur Rechten liegen, wenn man vom Talausgang her nach Oberrasen kommt. Der dreigeschossige Bau ist quadratisch und völlig symmetrisch mit diagonal gestellten Ecktürmen und Fronterkern über dem leicht zur Achse verschobenen Portal. Repräsentative, stuckierte und getäfelte Decken im ersten Stock, besonders in der „Hearrnstube", die zu den prächtigsten Tirols zählt. Täfelungen und Kassettendecke sind meisterhaft gearbeitet, dazu kommt ein schöner dunkelgrüner Kachelofen. Der Ansitz ist heute ein Schlosshotel (→ „Antholzer Tal/Übernachten").

▸ **Wanderung durch die Rasner Möser**: Naturbegeisterte sollten diese Tour oberhalb von Oberrasen nicht versäumen. Auf einem Naturlehrpfad, der an der Straße durch das Tal etwa 3 km oberhalb Oberrasen beginnt (alternativ Forststraße ab Oberrasen bis zu einem Wanderparkplatz im Süden des Moores), gewinnt man Einblicke in eine **Moorgebiet (Naturdenkmal!)** wie es sich in dieser Größe in Südtirol nicht mehr findet. Typische Moorpflanzen wie der fleischfressende Sonnentau, Moosbeere und Scheidiges Wollgras sind zu sehen, typisch die krüppeligen Legföhren (Latschen), Kiefern und Birken. An Vögeln sind u. a. Zwergtaucher und Blässhühner, während der Zugvogelperiode auch Fischreiher, Störche und Bekassinen zu sehen.

▸ **Mittertal**: Noch vor einer Generation eine Streusiedlung plus Kirche, heute ein kompakter Ort mit Gasthäusern, Lebensmittelladen, Bäcker und Metzger. Über dem Dorf warten in Panoramalage *Grentealm* und *Kumpfleralm*, beide auch aus kulina-

Am Antholzer See, der Fotograf blickt auf die Rieserfernergruppe

rischen Gründen besuchenswert. Von Niedertal oder Mittertal erreicht man auf einer reizvollen **Wanderung** die Grentealm mit zwei bewirtschafteten Hütten, Weg 6 führt ab dem Hof Huber im Feld (Schilder von der Hauptstraße, Heubad; → „Antholzer Tal/Übernachten") in vielen Serpentinen durch Wald bis auf 2002 m. Von dort Verbindung zur Kumpfleralm und nach Mittertal. Für Hin- und Rückweg zur aussichtsreichen Grentealm benötigt man 3:30–4 Std., beim Abstieg über die Kumpfleralm 4–4:30 Std. Der Höhenunterschied ist bei beiden Varianten 750 m.

Hütten **Messnerwirt** auf der Grentealm, 20. Juni bis 5. Okt.; **Alm Pfaffing** auf der Grentealm, Ende Juni bis Ende Sept.; beide bieten typische rustikale Almküche, den Graukäs probieren!

Bergwanderungen ab Obertal: Der gesamte westliche Talhang des Antholzertals ist Teil des **Naturparks Rieserferner-Ahrn**, das bezieht sich auch auf die oben genannten Almen. Während die zum Teil vergletscherte Kammzone fast weglos ist und gut ausgerüsteten, gletschererfahrenen Bergsteigern vorbehalten ist, gibt es doch zwei Wege, die auch normale Bergsteiger bis auf den Kamm leiten. Beide gehen von Antholz-Obertal aus. Der eine ist der Weg 4 auf die Antholzerscharte (2814 m), der zur **Hochgallhütte** (2276 m) hinüberführt, trotz des Wegs ist diese Tour ein bei jedem Wetter großes Unternehmen und nicht ohne Risiko.

Einfacher ist der Weg auf die **Rieserfernerhütte**, zumal man die Hütte am höchsten Punkt vorfindet und nicht wie beim ersten Weg noch tief absteigen muss. Der „Kornbrentesteig" mit der Nummer 10 beginnt beim Steinzgerhof, den man auf der Straße über den gewaltigen Schwemmkegel von Antholz-Obertal (das kein Dorfzentrum besitzt) erreicht. Ein nach links abzweigendes Sträßchen, das bei der auffallenden, allein stehenden Kapelle St. Josef beginnt, führt zum Hof. Nach einem kurzen Straßenstück weiter auf Weg 3 und in vielen Serpentinen hinauf bis zur Hütte (2792 m) auf dem Gemsbichljoch (2800 m). Hin/zurück ca. 6–8 Std., mittelschwer.

Hütte **Rieserfernerhütte**, 2792 m, AVS Sektion Bruneck, geräumige Hütte (85 Betten/Lager/Notlager), von Antholz 3 Std., von Rein 3:30 Std., geöffnet Ende Juni bis Ende Sept., ✆ 0474/492125.

▸ **Um den Antholzer See**: Eigentlich hieß dieser See immer Untersee, denn jenseits des Stallersattels gibt es den Obersee, aber der liegt heute in Österreich. Während der Südteil des Antholzer Sees durch die nahe Straße auf den Stallersattel und Hotels wie Restaurants ziemlich beeinträchtigt ist, liegt der Nordteil im Naturpark und wirkt sehr ursprünglich. Es lohnt sich, die Umrundung des Sees zu machen (1–1:30 Std.). Am besten lässt man den Wagen beim großen Parkplatz an der Huberalm stehen (der Linienbus fährt bis zum nächsten, kleinen Parkplatz am See) und geht gegen den Uhrzeigersinn um den See, sodass man den ursprünglichen Teil zuletzt erlebt. Die Straße, auf der man dabei zuerst läuft, ist wenig befahren, da die meisten Autos am großen Parkplatz bleiben. Herrliche Blicke auf und über den See, man sieht zuerst die gewaltigen Abstürze von *Hochgall* (3436 m) und *Wildgall* (3273 m) und im zweiten Teil die *Rote Wand* (2818 m).

▸ **Über den Stallersattel**: Die Straße über den Stallersattel (Einbahnverkehr: hinauf jede 31. bis 45. Minute der Stunde, hinunter jede 1. bis 15. Minute) ist bei Motorisierten wie bei Radfahrern beliebt. Busverkehr ist wegen der Haarnadelkurven unmöglich, aber auf der Passhöhe wartet im Hochsommer der österreichische Linienbus, mit dem man nach Lienz fahren kann. Im Passbereich liegt auf österreichischer Seite der Obersee mit der Oberseehütte, noch auf italienischem Territorium beim großen Parkplatz auf dem Pass beginnt ein weiterer Weg zur *Neuen Barmerhütte* auf der österreichischen Seite der Rieserfernergruppe, der mit einer Gletscherquerung verbunden ist.

Hütte **Neue Barmerhütte**, A-9963 St. Jakob in Defreggen (Österreich), Anf. Juli bis Ende Sept., 24 Betten, 30 Lager, ✆ 0043/202/643177

Mit dem Fahrrad rund um den Rieserferner

104,2 km, Gesamthöhenunterschied 4228 m, 6–9 Stunden Fahrzeit, gute Kondition erwünscht – die Runde um die Rieserfernergruppe ist nichts für Anfänger. Beginnt man sie in Antholz, führt sie über den Stallersattel ins Defereggental, das man über die Jagdhausalm (Almdorf!) und das Klammljoch gleich wieder verlässt – dieser letzte Teil des Aufstiegs bis zur Staatsgrenze auf einem Fahrweg ist der anspruchsvollste Teil der Runde. Hinunter ins Reintal und ab Sand in Taufers der Radwegbeschilderung folgend (flotter auf der Straße) nach Dietenheim, dann über Olang zurück ins Antholzer Tal.

Kostenlose Begleitbroschüre mit Übersichtskarte bei den Fremdenverkehrsämtern (auch in Österreich)!

Welsberg und das Gsieser Tal

Von Welsberg im Pusteral zieht sich das idyllische Gsieser Tal bis an die Grenze zum österreichischen Defreggental. Folgt man dem ländlich gebliebenen Tal, das außer Wanderern und Langläufern nur wenige Urlauber kennen, ist man auf der Route der Schmuggler, die ihre Waren über das Gsieser Törl (2205 m) ins Österreichische brachten.

Welsberg ist ein hübscher, geschlossener Ort, fast städtisch anmutend. Über der Talmündung des Piedingbachs, der aus dem Gsieser Tal kommt, liegt die hervorragend erhaltene *Burg Welsberg*. Das Gsieser Tal beginnt mit einem leichten Anstieg, oben liegt *Taisten*, ein Mekka für Kunstfreunde. Im weiteren Verlauf ist das Tal lang gezogen und sehr locker besiedelt, von Taisten her fährt man durch *Durnwald*,

Blick auf das Gsieser Tal, dazwischen Welsberg mit Burg

Unterplanken, Pichl, Oberplanken, Preindl, St. Martin und *St. Magdalena,* nur die beiden letzteren haben Ortscharakter. Das Gsieser Tal setzt auf sanften Tourismus und hat sich in diesem Rahmen mit dem österreichischen Villgraten, das über das niedrige *Gsieser Törl* zu erreichen ist, zusammengetan. In Zukunft wollen beide Täler gemeinsam werben, ob man in Gsies oder in Villgraten auf den Knopf drückt, soll egal sein, die Information, die man erhält, sollen beide Täler umfassen. Eine gute Idee (und schließlich ist man hier wie dort in Tirol).

Information/Verbindungen

• *Information* **Tourismusverein Gsieser Tal – Welsberg – Taisten**, I-39030 Gsieser Tal/Valle di Casies, St. Martin 17, ✆ 0474/978436, ℻ 978226, tv.gsies@dnet.it. Büros in I-39030 **Welsberg**/Monguelfo im Gemeindeamt, ✆ 0474/944118, ℻ 944599; in **Taisten**, Sonnenstr. 28, ✆ 0474/950000, ℻ 9560066 und in **St. Martin/Gsies** am Hauptplatz, ✆ 0474/978436, ℻ 978226. Neben den üblichen Prospekten gibt es einen großen Übersichtsplan der Loipen und ein sehr hilfreiches „Wanderlexikon" mit vielen Tipps und Kurzbeschreibungen.

• *Verbindungen* **Pkw**: Welsberg hat mittlerweile eine Ortsumfahrung, die enge Ortsdurchfahrt war eine der schlimmsten Verkehrsfallen des Pustertals mit kilometerlangen Schlangen.

Bus: Welsberg liegt an der Buslinie Bruneck – Innichen mit zahlreichen Fahrten; nach Gsies (St. Magdalena) ca. 12x tagl. ab Welsberg. Am Sonntag fährt kein Bus!

Bahn: Bhf. Welsberg.

Taxi: Fa. Seiwald, ✆ 0474/948023; Fa. Oberhammer, ✆ 0474/950016.

Übernachten/Essen & Trinken

• *In Welsberg* *** **Hell**, Hauptplatz 3, Traditionsgasthaus und Hotel in der Ortsmitte von Welsberg, familiär und sehr umsichtig geführt, Zimmer mit TV, Balkon, Safe. DZ/HP 75–119 €. Im Haus das Restaurant Hell (mit Pizzeria) mit kleiner Terrasse, gediegene Südtiroler Küche, wunderbar frisch zubereitete Speisen, das Fleisch kommt aus der eigenen Metzgerei nebenan, unvergesslich ein auf der Zunge zergehendes Knödel-Tris

(Tiroler-, Käse- und Spinatknödel). ✆ 0474/944126, ✆ 944012, www.hotelhell.info.

** **Hubertus**, Bahnhofstr. 10, Gründerzeitschlössl mit Erkern wie der Ansitz Heufler im Antholzer Tal, dadurch amüsant geschnittene Zimmer, einige auch mit Balkon, alle mit TV. Hübsch am Park und an der Minigolfanlage gelegen. DZ/HP 91–100 €. ✆/✆ 0474/944106, gasteiger@rolmail.net.

* **Garni Haus Gasser**, Paul-Troger-Str. 31, neue Frühstückspension mit Apartments, TV und Balkon, ruhig. DZ/FR 44–50 €, Apt. für 2 Pers. 48–52 €. ✆/✆ 0474/944055.

Goldener Löwe, gutes Restaurant mit Südtiroler und italienischen Gerichten, Pizza aus dem Holzofen. ✆ 0474/944880, Mo Ruhetag.

• *In Taisten* ** **Pension Lienharterhof**, Mitterberg 38, Familienpension in Tirolerhof (altes Wirtschaftsgebäude nebenan) über dem Ort, toller Ausblick, viel Grün, kein TV im Zimmer. DZ/HP 78–84 €. ✆ 0474/950258.

Bergbauernhof Seppila, Hasparechstr. 30. Was hier auf den Tisch kommt, stammt fast alles vom Hof: Würste, Speck oder Fleisch, eingelegte Gemüse, Liköre und sogar das Bier sind selbst produziert. Bei der Speisenauswahl kann man gar nicht fehlgehen, alle diese Pustertaler Bauerngerichte schmecken, wie sie schmecken sollen, von den Knödeln über den Gemüsestrudel zu den Braten und der Buchweizentorte. Komplettes Menü ab ca. 20 €. ✆ 0474/950204, Mi Ruhetag (nicht im Sommer).

• *Im Gsieser Tal* **** **Quelle**, St. Magdalena 5, mitten im Grünen zwischen eigener Liegewiese, Bauernwiesen und Wald, angenehmes und ruhiges Hotel. Wellnessbereich mit Sauna, Heubad, Bauernbad, Kneippanlage etc. Frühstücksbüffet mit Bio-, Bauernkost- und Früchteecke, Zimmer mit Sat-TV, Safe, Balkon. DZ/HP 210–320 €. ✆ 0474/948111, ✆ 948091, www.hotel-quelle.com.

* **Pension Gsieserhof**, St. Magdalena 54, die gepflegte Pension bietet rustikale Gemütlichkeit, Zimmer mit Balkon (kein TV), schöne Liegewiese, Auslauf für die Kinder. DZ/FR 46–58 €. ✆ 0474/948035, ✆ 948178, gsieserhof@dnet.it.

Durnwald, Unterplanken 33, Restaurant mit Pustertaler Spezialitäten, sehr gelobt für seine Pustertaler Küche. Mo Ruhetag.

Feste & Veranstaltungen/Sport & Freizeit

• *Feste & Veranstaltungen* **Gsieser Almhüttenfest**, Mitte Sept. (genauen Termin und Programm beim Tourismusverein) auf mehreren Almen des Gsieser Tals. Blasmusik und Alphornbläser, dann Gang von Almhütte zu Almhütte (Gesamtgehzeit 1:30–2 Std.) mit Verkostung kulinarischer Spezialitäten, wobei in jeder Hütte ein spezielles Gericht serviert wird, dazu überall Musik („Stimmung und Gaudi").

Internationaler Gsieser-Tal-Lauf, 3. So im Febr., Langlaufwettbewerb über 42/28 km, mehr auf www.valcasies.com.

• *Baden/Schwimmen* Beheiztes Freibad in Welsberg.

• *Paragliding* Tandemflüge mit „Para-Alpin Gsies", Information unter ✆ 0474/978454.

• *Tennis* Bar Tennis in Welsberg, ✆ 0474/944896.

• *Radsport* Sports Bike Center, Pfarrgasse 8 in Welsberg.

• *Reiten* Sun-Ranch in Außerpichl ✆ 0474/746835, und Reitstall Welsberg, ✆ 0474/944225.

• *Wintersport* 3 Schlepplifte, Skischule St. Magdalena, ✆/✆ 0474/948142. Kostenloser Zubringerdienst zum Skigebiet Kronplatz nach Olang. 42 km **Langlaufloipe**.

Eislaufen in der Sportzone Pichl (Schlittschuhverleih); Natureislaufplatz in der Sportzone Welsberg. **Rodeln** z. B. ab Taistner Alm, dort auch Rodelverleih.

Sehenswertes/Ausflüge

▸ **Welsberg**: Ein Bummel sollte zuerst zur *Pfarrkirche St. Magdalena* führen, sie besitzt Altarbilder des Barockmalers *Paul Troger* (1698–1762), der hier in Welsberg geboren wurde. Die Kirche ist ein barocker Neubau, die Troger-Bilder befinden sich auf dem Hauptaltar und den Nebenaltären. Ein großer *Bildstock* steht auf dem Platz nahe der Hauptstraße, seine Fresken stammen vom großen *Michael Pacher*, sie wurden leider bei einem Hochwasser 1882 fast völlig zerstört. Schöne Ansitze zeugen von der Bedeutung Welsbergs als Gerichtsort, so der *Ansitz Zellheim* an der Durchgangsstraße mit Erker, Doppelbogenfenster und prachtvoll geschmiedetem

Gitter. Etwas außerhalb in Richtung Toblach und oberhalb auf einem Hügel liegt die *Rainkirche,* die heutige Friedhofskirche. Ein schönes Netzgewölbe im Chor und Fresken aus der Gotik zieren die ansonsten barock ausgeschmückte Kirche.

Schloss Welsberg: Über die Schlossstraße gelangt man vom Ort zum Schloss Welsberg. Die älteste Burganlage des oberen Pustertals zwischen Bruneck und Lienz hat noch den alten, sehr hohen Bergfried (1126–1140). Damals war die Burg Sitz des Geschlechts der Herren von Welsberg (spätere Grafen und Reichsfürsten), die von hier aus einen großen Besitz verwalteten. Die später umgebaute und erweiterte Burg ist 1765 teilweise abgebrannt und wurde erst vor einigen Jahren restauriert.

Öffnungszeiten Juli bis Mitte Sept. Mo–Fr 9.30–12/16–18.30 Uhr, So 16–19 Uhr (Sa zu!); Mitte bis Ende Sept. Mo, Mi, Fr 15–17 Uhr; Eintritt 2 €, erm. 1 €; außerdem Öffnung während der **Schlosskonzerte**; ✆ 0474/944118.

Welsberg, Bildstock von Michael Pacher

Taisten: Zwei Kirchen, eine Kapelle und ein Bildstock geben in Taisten eine Einführung in die Kunstgeschichte von der Romanik bis zum Barock: die ursprünglich romanische Georgskirche, die barocke Pfarrkirche, die Friedhofskapelle und der gotische Bildstock am Ortseingang. *Simon von Taisten* (um 1460–1530), ein bedeutender Künstler des Spätmittelalters, stammt aus dem Ort und hat hier Fresken in der **Jakobskapelle** am Friedhof hinterlassen. Die **barocke Pfarrkirche** wurde von *Franz Anton Zeiller* ausgemalt, der auch die Pfarrkirche in Toblach mit seinen Fresken verschönerte. Auch *Michael Pacher* ist vertreten mit der Madonna im Schlussstein des Gewölbes der an die Pfarrkirche angebauten, gotischen **Welsbergkapelle**. Die zweite Kirche, die **Georgskirche** mit dem großen Christophorusfresko und weiteren Fresken von *Simon von Taisten* und *Leonhard von Brixen,* liegt etwas abseits.

Im Gsieser Tal: Während die meisten *Almhütten* frühestens Ende Juni öffnen, passiert das im Gsieser Tal schon Mitte Mai – zur Freude aller Almwanderer und Liebhaber deftiger Almkost. Die jeweils geöffneten Almen sind den Tourismusvereinen bekannt. Ein anderer Pluspunkt des Tals wird im Winter deutlich. Mehr als üblich werden **Winterwanderwege** geräumt, sodass auch Wintergäste, die nicht Ski laufen wollen, sich in der Natur bewegen können. Und die Wege verbinden den Talboden mit einigen Almen, die zur Freude der Wanderer auch im Winter geöffnet sind (Adressen beim Tourismusverein).

Grenzverkehr im Gsieser Tal

Die Gsieser waren nie reich, eine Handvoll Bauern ausgenommen, die meisten Talbewohner mussten niedere Dienste als Knecht, Magd, Holzknecht oder Hirt verrichten, schlecht oder gar nicht bezahlt, nur Kost und Logis umsonst. Wobei Logis eine Heuschütte unterm Dach bedeutete, und die Kost, wenn's hoch kam, Knödel und Milchsuppe. Kein Wunder, dass das Schmugglergewerbe blühte, als der Übergang ins Defreggental 1919 plötzlich Staatsgrenze wurde. Die Zollwachhütte der Italiener steht immer noch beim Gsieser Jöchl (etwas versteckt, damit man sie von der österreichischen Seite nicht sehen kann), aber es ist niemand mehr drinnen. Auch das Schild, dass man sich der Grenze nicht nähern dürfe, gammelt vor sich hin – es ist seit 1971 funktionslos –, während Bergsteiger und Wanderer von beiden Seiten das Gatter passieren, als ob es keine Grenzen mehr gäbe.

▸ **Wanderung über das Gsieser Törl ins Defreggental nach Mariahilf**: Lust auf eine grenzüberschreitende Tour? Mit Rückfahrt (Bus/Bahn/Bus) über Lienz? Oder nur auf einen Ausflug zum Grenzkamm und Rückkehr ins Gsieser Tal? Beides ist möglich. In St. Magdalena-Obertal lässt uns der Bus raus (1320 m), mit dem Pkw kann man noch weiter bis zur Talschlusshütte (1465 m) mit großem Wanderparkplatz fahren (Zeitangaben ab Bushaltestelle). Ein Sträßchen führt auf der bisherigen Bachseite weiter taleinwärts, am Waldbeginn zeigt ein Schild auf den Wanderweg, der zur Kradorfer Alm führt. Er quert den Bach und führt bald durch Wald und über Weiden bergan, bis man die bewirtschaftete Kradorfer Alm erreicht (1694 m, 1:30 Std.). Für den Weiterweg muss man zurück zum Sträßchen queren (nicht asphaltiert) und diesem rechts aufwärts folgen. Bei der Oberbergalm, links von uns, endet die Straße (1970 m, 2:15 Std.), es geht geradeaus auf einem schlechten Fuhrweg weiter. Dieser bleibt immer knapp über dem Bach, bis er das Gsieser Törl erreicht (2205 m, 3 Std.). Rechts sieht man die ehemaligen Kasernen der italienischen Grenzer, am Übergang steht immer noch ein Schild, dass dies eine militärische Zone und das Betreten verboten sei. Von wegen! Also über den Zaun und auf der österreichischen Seite hinunter auf Weg 329, zunächst recht nass, denn viele Quellen entspringen hier. Weiter unterhalb erreicht man Wald, wunderschöne alte Nadelbäume, dann die Lappachalm mit alten und einer neuen Almhütte. Ab hier etwas besserer Weg durch Wald ziemlich steil bergab, im Spätsommer/Frühherbst ein Pilzparadies. Man erreicht ein Sträßchen, hält sich rechts und ist bald unten in Mariahilf, wo man den Bach quert und sich die Zeit bis zum Bus vielleicht im ausgezeichneten Gasthof Zollwirt vertreibt (1425 m, 5 Std.).

• *Tour-Infos* Einfache Bergwanderung, Almen und Wald, auch **für Familien geeignet**, besonders schön zur Pilzezeit. Dauer 5 Std., wer beim Törl umdreht, muss mit 4:30 Std. rechnen. Höhenunterschied ↑ 900 m, ↓ 800 m. Karte: Tabacco (1:25.000) Blatt 32. Anfahrt am besten mit Bus ab Welsberg/Bahnhof bis St. Magdalena, Rückfahrt mit dem Bus nach Lienz (im Sommer 6- bis 7x tägl.), dann Lienz – Welsberg per Bahn.

• *Essen & Trinken* **Kradorfer Alm**, Anf. Juli bis Mitte Okt., Mo Ruhetag. **Oberbergalm**, 20. Juni bis 20. Okt., ohne Ruhetag.

Gasthof Zollwirt, A-9963 St. Jakob (Österreich), Oberrotte 60, ✆ (0043) 04873/5225, ausgezeichnete Tiroler Küche im Gasthaus in Mariahilf, durchgehende Küche, Tagesgerichte 10–12 €.

Höhlensteintal vom Monte Piana, im Tal verläuft die „Alemagna" und ein populärer Radweg zwischen Toblach und Cortina

Das Hochpustertal

Einige der berühmtesten Dolomitenbilder kann man im Hochpustertal entdecken, dem Tal des Rienzflusses und der Drau zwischen der österreichischen Grenze und Niederdorf: Drei Zinnen, Zwölferkofel, Pragser Wildsee, die Barockkirche von Innichen, der Blick von der Sennesalpe zum Monte Cristallo – und das sind nur die bekanntesten.

In *Sexten, Innichen, Toblach, Niederdorf* und *Prags* warten ausreichend Fremdenbetten auf diejenigen, die nach langen Wanderungen, anstrengenden Mountainbiketouren, einer kleinen Dolomitenrundfahrt über Pässe mit endlosen Serpentinen oder einem richtig anstrengenden Faulenztag in die Falle sinken wollen. Sogar baden kann man im Hochpustertal, im *Pragser Wildsee, Dürrensee* oder *Toblacher See*. Wenn man sehr abgehärtet ist. Alternativ gibt es das Aquafun in Innichen, es soll ja auch mal regnen.

Drei Täler ziehen vom Hochpustertal nach Süden. Von *Niederdorf* reicht das *Pragser Tal* weit in die Dolomiten hinein, es ist übrigens neben dem Sextener Tal das einzige deutschsprachige Tal der Dolomiten, alle anderen sind ladinisch- oder italienischsprachig! Von *Toblach* führt das schmale, von steilen Wänden begrenzte *Höhlensteintal* zum romantischen Dürrensee, bis zum Pass Im Gemärk hinüber nach Cortina reicht der deutsche Sprachraum. In *Innichen*, dem historisch bedeutendsten all dieser Orte, biegt nochmals ein Tal vom Pustertal ab, es ist das *Sextener Tal*, an dessen Südrand die Sextener Dolomiten und die Drei Zinnen wachen, und an dessen Nordrand die Karnischen Alpen die Grenze zu Österreich bilden.

Information/Verbindungen

• *Info* **Tourismusverband Hochpustertal,** Pflegplatz 1, 39038 Innichen (nur postalische Adresse, tatsächlich befindet sich das Büro des Verbands im Gebäude Pflegplatz 3, bei der genannten Adresse handelt es sich um das Büro des Tourismusvereins Innichen), ✆ 0474/913156, 📠 914361, www.drei-zinnen.info. Neben den üblichen Zimmernachweisen (alle Kategorien in einer Broschüre) gibt's Prospekte zum Skisport, Wandern und Radfahren und die Infozeitschrift „Hochpustertaler Almanach" (2x jährl.). Zahlreiche Gastgeber vom Hotel bis zur Familienpension haben Prospekte, die in den jeweiligen Informationen aufliegen.

• *Hotelpreise* Während in allen anderen Regionen Südtirols die Preise seit der Umstellung auf den Euro kräftig angezogen haben, hat man sich im Hochpustertal auffallend zurückgehalten. Preiszuwächse von 20–25 %, wie sie anderswo keineswegs die Ausnahme sind, sucht man hier vergebens. Ein Grund mehr, das Hochpustertal im Urlaub zu besuchen.

Tipp! All Inclusive Card: Der Tourismusverband bietet im Sommer eine All-inclusive-Card für 37 € an, mit der man 7 Tage lang die Busse des Hochpustertals sowie Haunold-, Rotwand- und Helmbahn benutzen kann, dazu freier Eintritt in die Museen und in Sporteinrichtungen wie das Acquafun in Innichen, Tennisplätze und die Kletterhalle Sexten. Wer nur 1 Woche Busfahren will, nimmt die Corriera-Card zu 8 €.

Verbindungen/Sport/Veranstaltungen

• *Verbindungen* **Pkw:** Die Straße durch das Pustertal umfährt die Orte Niederdorf, Toblach und Innichen, es gibt ausreichend Parkplätze. **Bus**: Das Hochpustertal hat ein relativ dichtes Busliniennetz („Corriera"), das auch Cortina d'Ampezzo einbezieht. Es gibt ein Wochenticket für Touristen, das im ganzen Gebiet inkl. der Strecke nach Cortina gültig ist, derzeit 7 €. **Bahn**: Verbindungen nach Franzensfeste, Innsbruck und Bozen sowie nach Lienz/Villach.

• *Sport* **Wandern**: Der „Hochpustertaler Wanderpass" gibt 71 Wandervorschläge mit Übersichtskärtchen und Beschreibungen (nicht ausreichend!), er ist in den Tourismusbüros erhältlich.

Paragliding, auch im Tandemflug, ist ein immer beliebter werdender Sport. Im Hochpustertal bietet Flying Mania Paragliding in Sexten Flüge und Ausrüstung an, ✆ 0474/710076.

Radfahren/Mountainbiking: Der Pustertal-Radweg ist jetzt zwischen Mühlbach und Lienz komplett ausgebaut, an der Verbindung nach Brixen und zum Eisacktal-Radweg wird noch gearbeitet. Kostenloser Prospekt des Tourismusverbands, „Pustertaler Fahrradweg" mit Übersichtskarte, zu erhalten in jeder Information, gibt auch Standorte von Radverleihs an.

Golf: Das Hochpustertal, das sonst, was Sport betrifft, so ziemlich alles bietet, hat noch keinen Golfplatz, sieht man von der Driving Range am Kreuzbergpass ab. Wer golfen will, fährt ins österreichische Pustertal, wo in Lavant bei Lienz der 18-Loch-Golfplatz „Dolomitengolf Osttirol" nun auf 27 Löcher ausgebaut wird.

Tipp! In Niederdorf startet einer der Mountainbikeklassiker, das seit 1995 durchgeführte Rennen **Dolomiti Superbike**. Auf 111 km mit 3000 m Höhendifferenz oder 59 km mit 1500 m Höhendifferenz und – seit 2002 – der Kurzstrecke von 25 km mit 800 m Höhendifferenz treffen sich Profis, trainierte Amateure und – für die Kurzstrecke – weniger versierte Mountainbiker und Jugendliche. Termin: 1. Wochenende im Juli, Startgeld 50 € (15 € Kaution). Befahren werden v. a. Forststraßen und -wege, man passiert Toblach, Innichen, Sexten und Prags. Mit Rahmenprogramm. Anmeldung an www.dolomitisuperbike.com, Infos beim Tourismusverein Niederdorf, ✆ 0474/745136, www.niederdorf.it. Infos beim Tourismusverein Niederdorf, ✆ 0474/745136.

Wintersport: Das Hochpustertal entspricht dem *Skizentrum Hochpustertal/Alta Pusteria* innerhalb von Dolomiti Superski (→ S. 58), besitzt 27 Aufstiegshilfen und 200 km gespurte Loipen. Die Skiregion ist auf 3 Zentren konzentriert: die Hahnspielbahn auf den Helm von Vierschach, die Aufstiegsanlagen um Sexten mit Helmbahn und Rotwandbahn und die Haunoldbahn in Innichen. Langlauf ist von wachsender Bedeutung – das Eröffnungsrennen des Langlauf-Weltcups 2003/4 fand in Toblach statt. Die Direktion des Skizentrums Hochpustertal ist in Sexten, Dolomitenstr. 45, ✆ 0474/710355, 📠 710416.

• *Veranstaltungen* Einige Veranstaltungen werden von den Gemeinden des Hochpustertals gemeinsam ausgetragen, so das **Internationale Festival der Chöre**, das Aufführungen in allen 5 Gemeinden beinhaltet, u. a. auch unter freiem Himmel bei der Haunoldhütte, dem Helmrestaurant, der Seebühne im neuen Kurpark von Niederdorf etc. Über das Programm, das Kirchenmusik, Volksmusik, Spirituals wie Jazz beinhaltet, informiert www.festivalpusteria.org.

Toblach

Wo die „Alemagna„, die alte Handelsachse von Venedig nach Süddeutschland, auf das Pustertal trifft, liegt Toblach. Um das kleine Ortszentrum mit der großartigen spätbarocken Pfarrkirche ist ein Kranz von Neubauten gewachsen, Hotels, Pensionen, Apartmenthäuser – Toblach ist einer der wichtigsten Fremdenverkehrsorte Südtirols.

Und das seit langem: Schon im 19. Jh. entstanden Hotels wie das Grandhotel in Neutoblach, ja eine ganz neue Siedlung wie das „Neu" besagt. Im Ersten Weltkriegs lag Toblach in der Schusslinie der italienischen Stellungen auf dem Cristallino, Neutoblach ging – bis auf das geschützt liegende Grandhotel – in Flammen auf, auch die Pfarrkirche erhielt mehrere Treffer. Die Feinde von damals sind heute im August, um Weihnachten/Neujahr und im Februar die wichtigsten Gäste, dann spricht man in *Dobbiaco*, wie der Ort nach 1919 getauft wurde, ganz selbstverständlich Italienisch.

Die Umgebung ist das Kapital von Toblach. Einmal natürlich die *Drei Zinnen* im Hintergrund (man sieht sie vom Dorf Wahlen oberhalb des Orts) und dann das *Höhlensteintal* mit dem *Toblacher See* und dem *Dürrensee*. Die Alemagna passiert das Höhlensteintal in ganzer Länge in Richtung Cortina, das nur eine knappe Autostunde entfernt liegt. Toblach liegt verkehrsgünstig: nicht nur Cortina, auch das nahe Innichen, Bruneck und das österreichische Lienz sind leicht zu erreichen, selbst mit Bus und/oder Bahn. Also Wanderungen, Spaziergänge, Langlauf, Ausflüge zuhauf – was will man mehr?

Information/Verbindungen

• *Info* **Tourismusverein 39034 Toblach/Dobbiaco**, Dolomitenstr. 3, ✆ 0474/972132, 📠 972730, www.toblach.it, Mo–Fr 8–19.30 Uhr, Sa 8–12/14–18 Uhr, So 10–12 Uhr. Am Rathausplatz 1 a befindet sich ein zweites Büro.

• *Verbindungen* **Pkw**: großer Parkplatz am Mittelweg. **Bahn**: Bhf. in Neutoblach, Fahrkartenautomat (kein Schalterdienst). **Bus**: Busbhf. am oberen Ende der Dolomitenstraße. **Taxi**: Plitzner, ✆ 0474/972323.

Einkaufen/Veranstaltungen

• *Einkaufen* Produkte der Sennerei **Toblach**; am westlichen Ortsrand Schaukäserei Drei Zinnen, Di–Sa 8–18 Uhr, So 10–17 Uhr, Eintritt 3 €, mit Verkostung 5/6,50 €, ✆ 0474/971317, www.schaukaesereidreizinnen.com.

Kaufhaus Wachtler im oberen Teil der Dolomitenstraße, **Supermarkt Coop** etwas weiter unten auf Nr. 25.

Fleischhauerei Nocker, Dolomitenstr. 19 a, zarter Speck, Tiroler Bergkäse.

Loden und Trachten, kompetente Beratung und konkurrenzlose Preise in „La Stube", St.-Johannesstr. 69 (etwas abseits der Straße).

Bottazzi, St.-Johannesstr. 12 a: **Schmuckdesign** mit ungewöhnlichem Touch, da (Halb-)Edelsteine oft einen ungewöhnlichen

Schliff aufweisen, große Auswahl an Steinketten.

Markt: 1. und 3. Mo im Monat am Parkplatz hinter der Pfarrkirche

Highlights für Kinder

Ein Muss ist der *Wildpark Altschluderbach*, aber auch der *Acquapark* in Innichen und der dortige große *Spielpark Burg* kommen immer gut an (→ Innichen). Die nicht mehr ganz so Kleinen werden den Besuch im *Naturparkhaus Toblach* schätzen (→ „Sehenswertes").

Alles was im Hochpustertal für Kinder interessant ist, findet sich im Prospekt „Von Kinderbetreuung bis Freizeitspaß", kostenlos bei den Tourismusvereinen erhältlich.

• *Veranstaltungen* **Gustav-Mahler-Wochen**, vier Wochen ab Mitte Juli, Konzerte regionaler und ausländischer Orchester und Ensembles, Tagungen und Seminare. Infos unter www.gustav-mahler.it.

Zum **Nikolaustag (6. Dez.)** oder am Tag vorher **(5. Dez., Krampustag)** geht in Toblach wie in vielen anderen Orten Südtirols der Krampus um, der schwarze Begleiter des Nikolaus, mit Perchtenmaske als Teufel ausstaffiert. Die Toblacher Krampusse sind im „Foir Toifl Tobla" organisiert (www.foirtoifl.it), Anfang Dezember findet ein großer, die gesamte „Krampuszone" des deutschen Sprachraums umfassender Krampuslauf statt (Teilnehmer aus Südtirol, Nordtirol, Kärnten, Salzburg, Südbayern und der Deutschschweiz). Wer Angst hat (die Krampusse haben Reisigbesen dabei und machen von denen besonders bei jungen Mädchen fleißig Gebrauch) kann sich in abgegrenzten Bereichen in Sicherheit wiegen und in Ruhe am Glühwein nippen.

Übernachten/Camping in Toblach und Umgebung

Toblach ist mit der Ausnahme des „Santer" ein 3-Stern-Ort. Alles ist ordentlich, Ausreißer gibt es weder nach oben noch nach unten. Im August ist alles fest in italienischer Hand. Wer dem Trubel entgehen will, kann auf Aufkirchen, Niederdorf und Prags ausweichen.

• *In Alt-Toblach* *** **Hotel Monica-Trogerhof**, Gebr.-Baurstr. 8, kinderfreundliches Haus (Spezialpreise) im Stil eines Ansitzes mit großzügigen Balkonen und seitlichem Erkertürmchen, bemerkenswerte Tirolerstube (Kassettendecke). DZ/HP 80–136 €. ✆ 0474/972216, 📠 972557, www.hotel-monica.com.

*** **Simpaty**, St.-Johannesstr. 4, an das Tirolerhaus im Zentrum des Ortes schmiegt sich arg eng ein rundes Türmchen mit Bar-Pub, das will nicht recht zusammenpassen, beeinträchtigt aber weder Lage noch moderne Ausstattung des Hauses: Sauna, Whirlpool, Solarium, Massage, gute Zimmer in freundlichen Farbtönen, u. a. mit Safe. DZ/HP 88–162 €. ✆ 0474/973330, 📠 973340, www.dobbiaco.org.

** **Gasthof Ranalter**, Roteturmstr. 6, freundlicher Gasthof in der Ortsmitte, einfache Zimmer (kein TV), gutes Restaurant (→ „Essen & Trinken"). DZ/HP 86–96 €, ✆ 0474/972204.

Garni Villa Bachmann, Gustav-Mahler-Str. 28, freundliche, sehr angenehme Pension, großer Frühstücksraum (Glasveranda), Sauna, Solarium und Liegewiese. DZ/FR 46–60 €. ✆ 0474/972224.

Garni Haus Rainer, Pfarrplatz 4, über der Bäckerei bietet die Familie freundliche Zimmer mit Bad und TV an, das reichliche Frühstück (mit garantiert frischen Brötchen) wird zur gewünschten Zeit auf dem Tablett vors Zimmer gestellt. DZ/FR ca. 40–50 €. ✆ 0474/972463.

Villa Taschler, Silvesterstr. 3, freundliche, ruhige Apartments mit Balkon (36–44 €; kein Telefon) und ein DZ (mit FR 36–44 €) in einem Haus am Ortsrand in Richtung Wahlen, hilfsbereite Vermieter. ✆ 0474/972267.

• *In Neutoblach* **** **Santer**, Alemagnastraße 4, im Inneren des Pseudo-Tirolerhofes samt angebautem Pseudo-Ansitz mit Türmchen wurde mit geschnitztem und geschnörkeltem Holz nicht gegeizt (ideales Ambiente für einen Hollywoodfilm, der im Tirol der Kaiserzeit spielt), Wellnessbereich, Massage, Radverleih, Großzügigkeit beim Frühstücksbuffet. Die drei blonden „Santer-Schwestern"

Mozart und Luzzati, Postamt und Ufficio postale – Toblach heißt im Sommer für die meisten Gäste Dobbiaco

sind Langlaufkanonen auf Weltniveau, macht's was, dass das Hotel mit ihnen wirbt? Augusturlauber könnten Italiens Ex-Präsidenten Cossiga am Nebentisch haben, er verbringt hier jedes Jahr seinen Urlaub. DZ/HP 120–190 €. ✆ 0474/972142, 📠 972797, www.hotel-santer.com.

*** **Parkhotel Bellevue**, Dolomitenstr. 23, gutes Traditionshotel nahe dem Bahnhof mit schönem, großen Park. Hallenbad (recht klein), Sauna, Whirlpool, Solarium, Massage, Bikeverleih. DZ/HP 110–184 €. ✆ 0474/972101, 📠 972807, www.parkhotel-bellevue.com.

*** **Nocker**, Dolomitenstr. 21, gutbürgerliches Mittelklassehotel mit ebensolchen Preisen an der Dolomitenstraße (die meisten Zimmer zur Seite). Sauna, Dampfbad, Solarium, Liegewiese, Radverleih. DZ/HP 76–124 €. ✆ 0474/972242, 📠 972773, www.nocker.it.

Jugendherberge Toblach, Dolomitenstr. 29, das noch aus altösterreichischer Zeit stammende Grandhotel Toblach ist heute Kultur- und Kongresszentrum, Naturparkhaus, v. a. aber äußerst komfortable Jugendherberge. Schlafsäle? Von wegen! Ein-, Zwei- und Dreibettzimmer, z. T. mit Dusche, Parkettböden, attraktives Dekor – Hotelatmosphäre. Und das Schönste: kein Mindestaufenthalt, keine Altersbegrenzung. Was noch? Bar, Fitnessraum, Waschmaschine, TV-Raum, Frühstücksraum/Restaurant. DZ mit Dusche/HP 72–82 €, ohne Dusche/FR 34–40 €. ✆ 0474/976216, 📠 973754, www.toblach.jugendherberge.it.

• *Am Toblacher See* ** **Hotel Baur am See**, Toblacher See 2, direkt an der Straße (Bushaltestelle), aber über dem See liegt dieses kleine Hotel mit großer Terrasse zum Wasser und anständigen Zimmern (TV), Seeblick wählen! DZ/HP 70–140 €. ✆ 0474/972106, 📠 972628, www.trecime.net.

• *In Wahlen* **Gästehaus Hiasl-Ampfertaler**, Wahlen 5, schlichte Zimmer mit Frühstück, kein TV, z. T. Balkon, gepflegtes Haus. DZ/FR 31–38 €, ✆ 0474/979050, 📠 979089.

Tipp! * Hotel Oberhammer**, in *Aufkirchen* 5, die Familie Oberhammer führt das relativ kleine Hotel (21 Zimmer) in Panoramaposition mit Charme und Sorgfalt. Sauna, Whirlpool, aufwendig eingerichtete Zimmer, Vollholzmöbel, meist Balkon. DZ/HP 72–142 €. ✆ 0474/972195, 📠 972366, www.oberhammer.it.

• *Camping* **** **Camping Olympia,** Campingstr. 1, an der Pustertaler Straße in Richtung Niederdorf (Einfahrt nicht zu übersehen), einer der besten Plätze der Region, alle Schikanen, Schwimmbad, Sauna, Pool, Kinderbecken, sehr gute Sanitäranlagen, Fahrradverleih, angeschlossen sind Hotel, Restaurant, Pizzeria Samyr am Eingang (Mi zu), abends Tanz und Animation während der Hochsaison. ✆ 0474/972147, 📠 972713, www.camping-olympia.com. Ganzjährig geöffnet.

*** **Camping Toblacher See,** Toblacher See 3, hübsch nahe am See im Waldbereich, mit relativ viel Platz, Fahrradverleih, das neue Restaurant-Pizzeria Seeschupfe bietet regionale Küche. ✆ 0474/972294, 📠 976647, www.toblachersee.com.

Essen & Trinken in Toblach und Umgebung

Was das Essen anbetrifft, ist Toblach keine Offenbarung. Ausnahmen bestätigen die Regel wie die rustikale Küche des Seiterhofs in Kandellen.

• *In Alt-Toblach* **Gasthof Ranalter**, Rote-Turm-Str. 6, gutbürgerliches Restaurant mit günstigen Preisen (3-gängiges Touristenmenü mit Salat 15 €), Traumdesserts, unvergesslich eine Mohnsahnetorte, gut ein Mürbteig-Apfelstrudel. Statt des Tischweins nimmt man besser glasweise Wein von der Bar (überragend der Schreckbichl „Pfefferer" Goldmuskateller). ✆ 0474/972204, Fr zu.

> **Tipp! Pizzeria Ra Stüa**, in kurzer Seitengasse zwischen Hotel Tschurtschentaler (St.-Johannesstr. 32) und Bank von Trient und Bozen, kleine Pizzeria (8 Tische) in hübscher neuer Stube unter italienischer Führung, ganz italienische Atmosphäre, konsequent Pizza (ca. 5–10 €), und zwar hervorragend. Auch So abends – wenn fast alles zu hat – und in der NS offen.

Winkelkeller, Graf-Künigl-Str. 8, alter Hof, rustikale Atmosphäre, dazu passendes Essen und gute Stimmung. Leider vorne nur wenige Tische. Schon um 22 Uhr und am Mi zu.

Bar-Konditorei-Café Annelies, Josef-Walch-Str. 2, kleine Konditorei hinter der Pfarrkirche, gute Eiskarte, Mo zu.

Artcafé, Graf-Künigl-Str. 5, kunst- und kulturbeflissenes Café im alten Haus Englös, Kaffeegäste und Espresso-Konsumenten, Touristen und Künstler nebeneinander ohne Berührungsängste, oft Ausstellungen in den schönen spätgotischen Räumen. So zu.

Adda, PPP-Fastfood all'italiana (pizzette, panini, patatine, polli …) in der St.-Johannesstraße gleich am Beginn der Gebr.-Baurstraße, bis 20 Uhr.

• *In Neutoblach* **Nocker**, Dolomitenstr. 21, Restaurant im untersten Geschoss des gleichnamigen Hotels, vorne für Hausfremde, hinten für die Hausgäste. Auch die Nicht-Hausgäste können das sehr gute Menü bekommen, Salatbuffet inbegriffen, gute Speisenqualität (eigene Metzgerei), freundliche Bedienung. Menü 2 Gänge 12 €, 3 Gänge 14 €. ✆ 0474/972242, Di zu.

> **Tipp! Seiterhof**, Kandellen 7, im Bergweiler *Kandellen* steht dieser alte Bauernhof, dessen Wirtschaftsgebäude geschickt zur Gaststube (nur 30 Plätze!) und ein paar Zimmern für Gäste umgebaut wurde. Man kocht die Tiroler Gerichte des Pustertals so authentisch wie kaum anderswo: Speck, Kalbskopf sauer, Spinatnocken, Milzknöderlsuppe, Marillenstrudel, Krapfen; ab ca. 25 €. Zu erreichen auf der Straße ins Tal von Wahlen, Schilder am Talschluss. ✆ 0474/979114, Di zu (außer HS).

• *In Richtung Niederdorf* **Samyr**, Camping 1, Restaurant-Pizzeria des Campingplatzes, gut besucht, sehr gute Pizza. ✆ 0474/972279, Mi zu.

• *Abends* **Pub Saitensprung**, im runden Anbau des Hotel Sympathy an der Dolomitenstraße geht es bei niedrigen Watt- und hohen Dezibelwerten rund. Außerhalb der Hochsaison ist der Pub fast der einzige Treff für junge Leute in ganz Toblach.

Sport & Freizeit

• *Sport* **Baden/Schwimmen**: Freibad Toblach, Seeweg, tägl. 10–19 Uhr, ✆ 0474/972453.

Fahrradverleih: Bergführerbüro neben dem Tourismusverein. Rent a Bike am Bahnhof. Papin Sport.

Tennis: Seeweg neben dem Freibad, Flutlicht, ✆ 0474/972096.

Wandern/Bergsteigen: Kletterturm beim Grandhotel in Neutoblach (Jugendherberge). Klettergarten in Landro, Dürrensteinsee (→ Höhlensteintal). Bergführerbüro Globo Alpin, Bahnhofstr. 3, ✆ 0474/976139, www.globoalpin.com. Bergführerbüro Toblach, Dolomitenstr. 5, ✆ 0474/979065, www.bergfuehrertoblach.com.

Wintersport: Toblach veranstaltet Anfang März den populären Volkslauf Toblach – Cortina. Skischule Toblach, Dolomitenstr. 5, ✆/℻ 0474/972581. Langlaufskischule Azzurra, ✆ 0474/972970, www.azzurra-ski.com. 2 Naturrodelbahnen (Radsbergbahn, 2 km mit Flutlicht, Aufstieg 1 Std.). Kunsteisbahn in der Gustav-Mahler-Straße mit Schlittschuhverleih.

Sehenswertes/Ausflüge

Pfarrkirche und Kreuzweg: Restauriert nach den Schäden des Ersten Weltkriegs, präsentiert sich die 1764 bis 1774 errichtete Pfarrkirche in der überquellenden Pracht des Spätbarock. Baumeister war der Toblacher Rudolf Schraffl. Deckengemälde (Leben des hl. Johannes des Täufers) und Altarbilder sind Werke von Franz Anton Zeiller. Alles ist stuckiert und vergoldet und erstickt doch nicht in Schnörkeln. Der Kreuzweg entlang der zur Kirche und zum Friedhof führenden Maximilianstraße ist der älteste Tirols. Von den 1519 errichteten Passionskapellen haben sich fünf erhalten. Zusammen mit der ehemaligen görzischen Kapelle in der Pfarrkirche und der auf dem Hügel weitum sichtbaren Rundkapelle am Ostausgang des Orts im Lerschach bildeten sie einen kompletten Kalvarienberg.

Die barocke Pfarrkirche von Toblach ist ein bauliches Juwel

Naturparkhaus: Ein Kulturzentrum, die Jugendherberge und das Naturparkhaus sind im früheren *Grandhotel* in Neutoblach zu Hause. Das Naturparkhaus informiert über die beiden Parks, die an Toblach grenzen und große Teile der Dolomiten umfassen, den *Naturpark Sextener Dolomiten* und den *Naturpark Fanes-Sennes-Prags*. Natur und Kultur, Geologie und Tierwelt, Pflanzen und Almwirtschaft werden in modernem Ambiente und z. T. interaktiv multimedial vorgestellt. Nicht versäumen!
Öffnungszeiten Di–Sa 9.30–12.30/16–19 Uhr, im Juli/Aug. auch So, im Nov. und von Mitte März bis Ende April geschlossen. Eintritt frei! ✆ 0474/973017.

Nach Wahlen und zur Silvesterkapelle: Am Sonnenhang des bei Toblach mündenden **Silvestertals** liegt das Bauerndorf Wahlen mit einigen Pensionen und großen Bauernhöfen. Vom Dorf führt ein für motorisierte Fahrzeuge gesperrter Fahrweg auf gleicher Höhe talauswärts, nach 5 Min. erreicht man eine *Kapelle* mit Traumaussicht auf die Sextener Dolomiten samt Drei Zinnen. Im Ort ist die *Nikolauskirche* sehenswert, sie hat ein schönes spätgotisches Netzgewölbe. Interessant auch das Fresko neben dem Portal mit den armen Seelen im Fegefeuer.

Nimmt man bei der Talgabelung oberhalb Wahlen den rechten Ast, erreicht man zuerst auf der öffentlichen Straße und dann auf Sträßchen mit Markierung 1 b/A die Silvesterkapelle etwas oberhalb des Bodeneck-Joches. Sie ist ein alter Wallfahrtsort des Viehpatrons Sankt Silvester. Warum dieser Heilige gewählt wurde, dürfte bei einer zwischen Viehweiden liegenden Kapelle klar sein. Ein Gitter schützt das Innere mit seinen gotischen Fresken. Wer nicht nach Toblach zurückgehen will (oder muss, weil er am Straßenende das Auto stehen hat) wandert nach Innichen hinunter (zurück zum Bodeneck, auf der Forststraße nach links und bei der Abzweigung von Weg 3 auf diesem nach rechts weiter) und nimmt zurück den Bus.

▶ **Nach Aufkirchen und St. Peter im Kofl**: Das Dorf Aufkirchen liegt zwischen Toblach und Niederdorf hoch oben auf der Sonnenseite. Hier dominiert die *Marienwallfahrtskirche*, die in der Spätgotik (1475) an der Stelle einer älteren, zu klein gewordenen Kirche errichtet wurde. Unübersehbar das überdimensionale Fresko an der Südwand, es ist ein Werk des Simon von Taisten. Herrlicher Ausblick für Christophorus und Christuskind – und für uns. Im Ort empfehlenswertes Hotel mit ebendieser Aussicht (→ „Toblach/Übernachten"). Wer den an der Kirche beginnenden „Besinnungsweg" mit seinen sieben Stationen verfolgt, gelangt zum Kirchlein *St. Peter im Kofl* auf 1450 m, angeblich die älteste Kirche des Pustertals.

▶ **Nach Altschluderbach – Gustav-Mahler-Haus (Trenkerhof) und Wildpark:** Die *Toblacher Mahlerfestspiele* erinnern an drei Sommerbesuche des großen Komponisten Gustav Mahler in Toblach. Der viel beschäftigte Direktor der Wiener Staatsoper erholte sich auf dem Trenkerhof in Altschluderbach, gleichzeitig arbeitete er an seiner Neunten und der unvollendeten Zehnten Symphonie sowie am „Lied von der Erde". Im angrenzenden *Wildpark* befindet sich ein *Komponierhäuschen* aus Holz, das sich Mahler errichten ließ, um ungestört arbeiten zu können.

• *Öffnungszeiten* **Wildpark Altschluderbach**, erreichbar über Rienz (von der Straße ins Höhlensteintal auf Sträßchen unmittelbar nach der Bahnüberführung nach rechts abzweigen), Mitte Juni bis Anf. Okt. tägl. 9–17 Uhr.

Gustav-Mahler-Örtlichkeiten: Die, wie sie genannt wird, „Gustav-Mahler-Sommerresidenz" wird 1x wöchentlich im Rahmen einer Führung besichtigt, Infos beim Tourismusverein. Die Gustav-Mahler-Räume im Trenkerhof sind Juni bis Okt. jeweils Di und Sa 11–12 Uhr zu besichtigen, Infos ✆ 0474/972347, www.gustav-mahler-stube.dobbiaco.it

Niederdorf

Die Pustertaler Straße in Richtung Toblach heißt in der Gemeinde Niederdorf Frau-Emma-Straße. *Frau Emma*, das war die weit über Tirol hinaus bekannte Emerentia Hausbacher (1817–1904), die zusammen mit ihrem Mann von Niederndorf aus ein frühes Hotelimperium aufbaute. Der „Schwarze Adler" am Rathausplatz war der erste Schritt, es folgte ein Hotel am Pragser Wildsee, dann Häuser in Meran, in Innsbruck und im Vinschgau. Ihre Kochkünste waren so berühmt wie ihr Geschäftsgeist. Der Brief eines Amerikaners, so eine Anekdote, der an sie mit „Frau Emma in Europe, Autriche" adressiert war, wurde problemlos zugestellt. Das **Fremdenverkehrsmuseum Hochpustertal** mit seiner Ausstellung zum frühen Tourismus zwischen Niederdorf und Sexten, ist sicher ihretwegen hier eingerichtet worden. Ausstellungsort ist das spätmittealterliche *Haus Wassermann* mit schönen Kassettendecken, alter Täfelung und Kachelöfen.

Neben attraktiven Häusern am Rathausplatz (Von-Kurz-Platz) mit Gerichtshaus und Spitalkirche lohnt die *Pfarrkirche* mit Annakapelle auf der anderen Seite des Rienzflusses den Besuch, außerdem die etwas außerhalb liegende Kirche *St. Magdalena im Moos* (Mai bis Ende Sept. So 14–18 Uhr), in der gelegentlich Konzerte stattfinden. Sie wurde 1491 gestiftet und bewahrt Fresken aus der Entstehungszeit von Simon von Taisten.

• *Info/Internet* **Tourismusverein Niederdorf/ Villabassa**, Von-Kurz-Platz 5, Niederdorf, ✆ 0474/745136, 📠 745283, www.niederdorf.it, Mo–Fr 8 bzw. 9–12/15–18 Uhr (außer Mi), Sa 10–12 Uhr. **Internetpoint** im Hotel Adler.

• *Öffnungszeiten* **Fremdenverkehrsmuseum Hochpustertal**, Hans-Wassermann-Str. 8, Juli bis Sept. tägl. (außer Mo) 16–19 Uhr, Dez. bis Febr. und Mai/Juni Fr–So 16–19, Sa auch 9–12 Uhr; Eintritt 3 €, erm. 1,50 €.

• *Gesundheit/Kuren* Das bereits 1675 als „Magenbad" bekannte Bad Maistatt in der Nähe von Niederdorf ist heute wieder ein aufstrebender Standort für moderne Hydro-Therapie. Auf dem Untersteinerhof werden Kneipp-Schnupperkurse angeboten, und die Gemeinde plant einen Kneippanlage im neuen Kurpark. Nähere Infos beim Tourismusverein.

• *Sport/Freizeit* Niederdorf ist in der ersten Julihälfte Austragungsort des Mountainbike-Bergrennens Dolomiti Superbike (2005 zum 11. Mal). Der Ort schlägt aus seiner Bekanntheit unter Radfahrern Kapital und hat sich stark auf Mountainbike-Ferien eingestellt. So organisiert der Tourismusverein während der Sommersaison halb- und ganztägige geführte Mountainbiketouren.

• *Kinder* **Adventure Land** heißt der große Spielplatz im neuen Kurpark.

• *Übernachten/Essen & Trinken* **** **Adler**, Von-Kurz-Platz 3, Niederdorf, das Hotel am zentralen Rathausplatz ist Nachfolger eines bereits im 17. Jh. bezeugten Gasthauses, man versteht sich also auf die Gastronomie. Angenehme Atmosphäre mit Kaminzimmer und schöner Stube, kleine Hausbibliothek, Radverleih. Im Restaurant hervorragender Service, gute Karte (Wachtelbrust im Speckmantel mit Polenta, Hirschfilet im Polenta-Pilz-Mantel), Di zu (nicht in der Saison). DZ 88–226 €. ✆ 0474/745128, 📠 745278, www.hoteladler.com.

Niederdorf – der Fluss ist die Rienz

*** **Gasthof Weiherbad**, Weiherweg 7, schöner Gasthof mit großzügigen Zimmern, z. T. Balkon, alle mit TV, Safe; Mountainbike-Verleih. Küche mit guter traditioneller Kost (Tirtlan und Schlutzer etc.), an Novemberwochenenden Törggelen mit Live-Musik. DZ/HP 78–116 €. ✆ 0474/745197, 📠 740584, www.weiherbad.suedtirol.net.

** **Villa Maria**, Parkweg 29, 5 angenehme Ferienwohnungen im Gründerzeithaus mit bunten Balkonen und noch bunterem Garten; kein TV. Apt. für 2–4 Pers. 56–67 €. ✆ 0474/745041.

Café-Konditorei Wassermann, Kuchen, Torten, Eis wo schon 1902 Frau Emma ihre Konditorei betrieb – im Haus Wassermann.

Das Pragser Tal

Das Pragser Tal hat ein recht flaches unteres Talstück, **Außerprags** genannt, dann gabelt es sich bei *Schmieden* in einen zur Plätzwiese führenden Ast und in den eigentlichen Pragser oder Innerpragser Ast, der zum Pragser Wildsee hinaufführt.

Pragser Wildsee – Sonnenbaden o.k., nur Mutige baden im Wasser

In **Innerprags** liegen die Bauernhöfe auf den Hängen der Sonnenseite, einige in Gruppen wie am Schweinberg, andere einzeln wie Marer, Weidach, Gruber. Die frühe touristische Erschließung – Frau Emmas Hotel am Pragser Wildsee! – hat schon früh Hotels und Gaststätten ins Tal gebracht, die sich vor allem entlang der Straße zum See angesiedelt haben. Das Pragser Tal ist so richtig für eine klassische Sommerfrische geeignet.

Eines der Juwelen der Dolomiten ist der **Pragser Wildsee**, ein bis zu 36 m tiefer, auf 1489 m liegender See unter der gewaltigen Nordwand des Seekofels (2810 m), dem nördlichsten Gipfel der Fanesgruppe. Das Wasser ist immer wieder von anderer Farbe, einmal smaragdgrün, dann blau und dann wieder milchig, manchmal schwarz, durchsichtig bis zum Boden und kalt, kalt, kalt. Genau richtig für Forellen und die köstlichen Saiblinge. Auf Ruderbooten (Verleih am Bootshaus beim Hotel Pragser Wildsee) kann man zum Südende schippern, wo ein besonders schöner Kiesstrand zum Sonnenbaden lockt. Oder man macht die große Seerunde zu Fuß: 1–1:30 Std. ist man unterwegs, auf der Westseite auf (gesperrtem) Fahrweg, unter dem Seekofel auf einem guten Weg und dann an der Ostseite mit ihren fast senkrecht ins Wasser stürzenden Wänden auf einem gesicherten, an allen heiklen Stellen mit Geländer versehenen Steig, der bis zu 30 m über dem Wasser verläuft.

• *Info* **Tourismusverein Pragser Tal**, Außerprags 78, Prags, ✆ 0474/748660, ℻ 749242, www.pragsertal.info, mindestens Mo–Sa 9–12 Uhr, Mo–Fr 15–18 Uhr.

• *Einkaufen* **Hofkäserei Patzleitner**, Lechner 37, Prags, Ziegen-, Kuh- und Schafmilch wird direkt am Hof zu Rohmilchkäse verarbeitet, köstlich! Freitags können Sie den Käse auch auf dem Brunecker Bauernmarkt bekommen. ✆ 0474/748652, www.pragserkäse.com.

• *Übernachten/Essen & Trinken* *** **Edelweiß**, Außerprags 65, Hotel im Tirolerstil mit blumengeschmückten Balkonen, reichlich, aber nicht zu viel Holz, „Wellnesswelt" mit Saunen, Dampfbad, Whirlpool etc., gute Zimmer mit allem Komfort. DZ/HP 80–160 €. ✆ 0474/748664, ℻ 748816, www.hotel-edelweiss.org.

** **Gasthof Brückele**, Außerprags 4, Traditionshaus am Beginn der Straße auf die

Plätzwiese, einfache DZ/HP 70–106 €. Traditionelle Tiroler Küche mit altösterreichischen Erinnerungen, Mo zu. ✆ 0474/748613, ✆ 748757, www.hotel-brueckele.it.

* **Pension Friedl**, Außerprags 28 b, moderne Familienpension im Grünen, Balkone, schöne Terrasse. DZ/HP 66–78 €. ✆ 0474/748620, ✆ 748786.

Moserhof, Innerprags 31, Paarhof in Panoramalage, eindrucksvolles Ensemble, großartig erhaltener Wirtschaftstrakt, Balkonzimmer, gute Küche, Jausenstation (Mo zu). DZ/HP 70–80 €. ✆ 0474/748653, ✆ 749228, moserhof.prags@dnet.it.

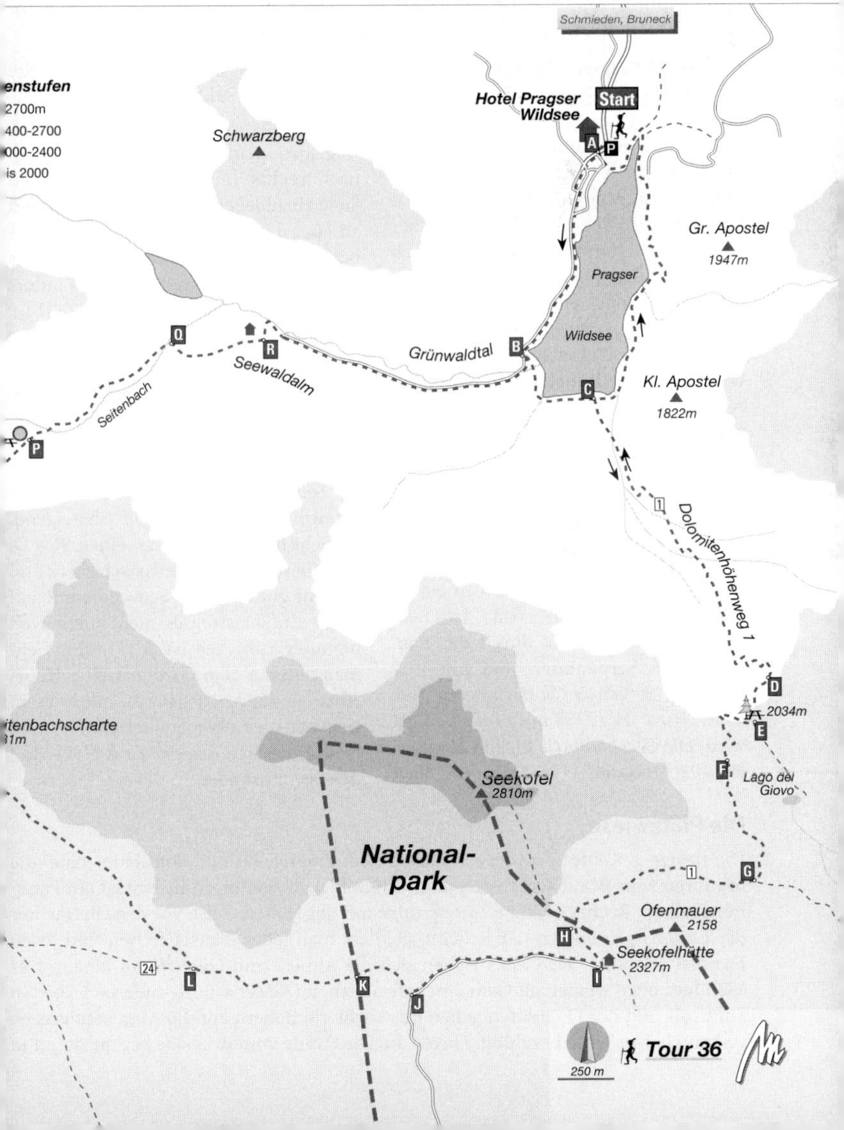

Tour 36: Die „Seekofelrunde"

Tourinfo Lange, anstrengende Bergwanderung auf meist steilen Wegen, im oberen Aufstiegsteil versicherte, aber technisch einfache Stellen, im oberen Abstiegsteil etwas unangenehmer steiler Schutthang, dazwischen Hochplateauquerung. Anfahrt: Bus/Pkw. Dauer: 7:45–8 Std.; Höhenunterschied: ↑↓ 900 m. Besonderes: Steinböcke im Seekofelbereich! Hütten: *Rifugio Biella (Seekofelhütte),* ✆ 0436/4467, Ende Juni bis Sept., *Seewaldalm* (bewirtschaftet). Wasser: Seekofelhütte und Quelle im Abstieg, Wasser mitnehmen! Karte: Tabacco (1:25.000) Nr. 31, Dolomiti di Braies/Pragser Dolomiten.

Vom Hotel Pragser Wildsee **A** (1494 m, großer Parkplatz) geht man rechts auf breitem Weg am Pragser Wildsee vorbei (Wegeinmündung **B)** bis zu dessen Ende unter den Wänden des Seekofels. Vom Seerundweg zweigt Weg 1 (= Dolomitenhöhenweg 1) ab **C**. Über lockeres Schuttmaterial steigt man durch Wald und Latschen an. Wo das Tal, dem man folgt, enger wird, wendet sich der Weg nach rechts und erreicht in Serpentinen eine Felsrippe, vorher **D** und nachher Ruhebank **E**. Nun nach rechts und leicht abwärts wieder zurück zum ursprünglichen Bachtal, das gequert wird (1970 m, 2 Std.). Der Weg zieht nun den steilen Hang hinauf auf flacheres Almgelände **F** und wendet sich dann unter einer tief herabreichenden Felswand nach links. Nach dieser Stelle findet man sich in einem Hochtal, bewachsen von Lärchen, Latschen und Zirben, durch das man in kleinen Serpentinen und mit versicherten Stellen **G** (Vorsicht!) zur *Seekofelscharte* **H** (2388 m) hinaufgeführt wird. Die *Seekofelhütte* **I** (sehr freundliche Pächterfamilie aus Cortina) liegt etwas tiefer auf der linken Seite (2327 m, 3:30 Std.).

Weiter geht es auf dem Zufahrtsfahrweg, den man aber bald verlässt, um nach rechts (mit Weg 23) auf einen Steig abzubiegen **J**. Dieser führt auf und ab über das Plateau der Sennes (Naturparkgrenze **K**, Abzweigung Weg 24 links **L**) zu einer Wegmündung **M** (dort rechts) zur Seitenbachscharte **N** (2331 m, 4:45 Std.). Ganz abrupt beginnt der Abstieg **N** durch einen steilen Schutthang (Vorsicht, Lockermaterial!), man ist froh, wenn man ihn hinter sich hat **O**. Eine Bank mit Brunnen **P** lädt weiter unten zum Verweilen ein, wenig oberhalb hat der Seitenbach seine Quelle am Fuß der Schutthalde. Durch Wald absteigend, erreicht man, zuletzt über einen Steg **Q**, die Wiesen um die bewirtschaftete und oft sehr gut besuchte Seewaldalm **R**, auf deren Zufahrtsweg es nicht mehr weit hinunter zum See ist **B** (7 Std.). Geht man nun auf dem Ostufer weiter (**C** bei Abzweigung Anstiegsweg), mit kurzem Gegenanstieg über Steilfelsen, hat man beim Erreichen des Hotels **A** (7:45 Std.) den See umrundet.

Die Plätzwiese

Die riesige gewellte Almwiese zwischen dem Pragser Tal und dem Höhlensteintal mit ihren vom Wind zerzausten und vom Blitz halb zerstörten Zirben ist ein Panoramabalkon. Rechts liegt die *Fanesgruppe* mit der Hohen Gaisl, vor dem Betrachter die *Cristallogruppe* (so nah scheint sie, dass man jedes Gletscherchen und jeden Firnrest erkennt), nach links ziehen sich die Almen zum *Dürrenstein* hinauf. Das Vieh hier oben weidet auf Gemeinschaftsalmen, im Gegensatz zu anderen Gebieten Südtirols und der Dolomiten gehen hier nicht die Bauern auf die Alm, sondern sie vertrauen ihre Tiere bezahlten Hirten an. Die Straße vom Brückele herauf ist gut in

Schuss, hinunter zur Straße Toblach – Cortina führt eine alte Kriegsstraße (beliebte Mountainbikestrecke).

• *Verbindungen* **Busse** von Prags 10.Juli – 20.Sept., in dieser Zeit Privat-Pkw nur vor 10 Uhr und nach 16 Uhr, Maut 4,50 €, bis maximal 100 Autos/Tag.

• *Übernachten/Essen* **Plätzwiesenhütte,** DZ/HP 78 €, ✆/📠 0474/748650, ganzjährig geöffnet.

Mit dem Rad durchs Höhlensteintal

Tourinfo Der Radweg ist gut ausgebaut (bis auf eine etwas unangenehme Passage vor dem Dürrensee) und beschildert und als Tagesausflug von Toblach für die ganze Familie zu bewältigen, wenn man zurück den Bus nimmt. ↑ 300 m zwischen Toblach und Gemärk, dann ↓ 300 m nach Cortina, Streckenlänge 32 km, Fahrzeit gemütlich 3 Std.

Ein Gletscher schürfte das tief eingeschnittene Höhlensteintal südlich von Toblach aus. Es führt über einen niedrigen Talpass mit Namen *Im Gemärk* bis hinüber ins Ladinische nach Cortina (→ S. 525). Die Gebirgsriesen zu beiden Seiten, Dürrenstein, Drei Zinnen, Cristallo, können nur auf steilen und für normale Wanderer nicht geeigneten Steigen erklommen werden. Bis in die 60er Jahre des letzten Jahrhunderts verlief durch das Tal die Zweigbahn nach Cortina und weiter ins Cadore. Als sie eingestellt wurde, entstand eine ungenutzte Trasse, die heute als **Radweg** ausgebaut ist – einer der angenehmsten und leichtesten, aber auch landschaftlich reizvollsten der Dolomiten.

Gleich am Anfang liegt der **Toblacher See** mit immerhin 14,3 ha Fläche (aber nur max. 3,5 m Tiefe). Wenn man von seiner Nordseite bei den Gaststätten (Ruderbootverleih!) auf das Höhlensteintal schaut, wirkt er besonders groß. Er ist Schutzgebiet, sein südlicher, verlandeter Bereich ist ein wichtiger Lebensraum für Lurche und Vögel. Fast flach geht es weiter bis zu einem *österreichischen Militärfriedhof* am Hang zur Rechten (großer Parkplatz, Hinweisschilder).

Der **Dürrensee** kündigt sich mit dem Hotel Drei Zinnen und dem Parkplatz Dreizinnenblick an. Lago di Landro heißt er auf Italienisch, so nannte sich auch der Vorgänger des heutigen Hotels, es wurde im Ersten Weltkrieg zerschossen. Nahe dem Hotel liegt auf der Westseite der abwechslungsreiche Klettergarten Landro (50 Führen). Der See ist sehr flach, im Herbst oft nur halb so groß wie im Frühjahr, wenn er mit Schmelzwasser gefüllt ist. Genau südlich liegt die gewaltige Burg des *Monte Cristallo* (3216 m), die Kanonen der italienischen Stellungen auf dem Monte Cristallino (2786 m) zu seiner Linken waren es, die Neutoblach in Schutt und Asche legten. Die wilden Wände an der Ostflanke des Sees gehören zum *Monte Piana*, der zum Großteil auf Belluneser Territorium liegt. Auf dem 1915–1917 hart umkämpften Berg befinden sich zahlreiche alte Stellungen, die heute in einem Freiluftmuseum zugänglich gemacht wurden. In **Schluderbach** errichtete der Bauer Ploner aus Alt-Schluderbach bei Toblach einen Einkehrgasthof, heute befinden sich an dieser Stelle das Ploner heißende Hotel sowie eine Apartmentsiedlung und ein Restaurant. Von Schluderbach führt eine hervorragend für Mountainbiker geeignete Kriegsstraße hinauf zur Plätzwiese (für motorisierte Fahrzeuge gesperrt).

Nur Autofahrer passieren den Pass **Im Gemärk** (oder Passo di Cimabanche). Der Berg halb rechts darüber ist die *Hohe Gaisl* (3146 m), von den Italienern auf Grund ihrer roten Gesteinsfarbe

Croda Rossa genannt. Bei der Fahrt hinunter passiert man das **Ospitale**, ein altes Hospiz an der Alemagna, von dem heute noch die kleine gotische Kapelle auf der anderen Straßenseite zeugt. An der Haarnadelkurve der Straße 3 km unterhalb hat man einen Panoramablick auf die Fanesgruppe, die man sonst nur von ihrer West- oder Nordseite kennt.

Drei Zinnen und Dreizinnenhütte auf dem Toblinger Riedl

Über den Misurinasee zu den Drei Zinnen

Von Schluderbach führt eine gute Straße (11 % Steigung) über ein niedriges Joch zum berühmten Misurinasee, der sich bereits im Cadore befindet (Provinz Belluno). Der Blick vom Parkplatz am Nordufer über den See hinweg zur Dolomiten-Gebirgsgruppe des Sorapis (3205 m) gehört zu den großen Eindrücken nicht nur der Dolomiten, sondern der Alpen überhaupt. Das *Grandhotel Misurina* am Südufer ist eines der ältesten Hotels der gesamten Region und heute wieder ein fashionabler Standort für Sommer- wie Winteraufenthalte.

Vom Nordufer führt eine Straße in Richtung der Drei Zinnen, sie endet an Großparkplätzen etwas unterhalb der *Auronzohütte*. Von dort aus wandert, was da überhaupt kreuchen und fleuchen kann, zur *Dreizinnenhütte*, aber wer der unten beschriebenen Wanderung folgt, wird möglicherweise mehr von seinem Ausflug haben. Den berühmten Dreizinnenblick hat man nur von der Dreizinnenhütte und damit von der Südtiroler Seite, nicht von Süden aus!

• *Übernachten* **** **Grandhotel Misurina**, Via Monte Piana 21, *das* Hotel am Misurinasee, gründerzeitlicher und neuerer Trakt, elegantes Restaurant, großes Hallenbad (16x5 m), Wellnessbereich, Kinderprogramm (in Italienisch – genau das Richtige für die lieben Kleinen), Standard- und Komfortzimmer, auch Apartments. DZ/HP 110–165 €. ✆ 0435/39191, ℻ 39194, www.framon-hotels.it.

Tour 37: Rund um die Drei Zinnen

Tourinfo Einfache Bergwanderung mit großartigen Ausblicken. Anfahrt: Bus/Pkw (Mautstraße: PKW 20 €!) ab Misurina oder zu Fuß aus dem Marzontal von Auronzo di Cadore aus (ab Wanderparkplatz auf 1360 m ca. 3 Std. Aufstieg); Rückweg: Bus/ Pkw nach Toblach/Cortina. Dauer: 3 Std. Höhenunterschied: ↑↓ 350 m. Hütten: *Langalm* (frische Almmilch, kalte Imbisse); *Dreizinnenhütte (Rif. Locatelli)*, 2405 m, 40 Betten, 100 Lager, ✆ 0474/972002, Ende Juni bis Ende Sept.; Rif. Auronzo, ✆/℡ 0435/39002, www.rifugioauronzo.it; Karte: Tabacco 1:25.000 Nr. 10, Dolomiti di Sesto/Sextener Dolomiten.

Hinweis für Mountainbiker: Diese ehemals beliebte Tour ist – wie fast der gesamte Naturpark Sextener Dolomiten – für Fahrräder gesperrt (auch wenn sie in Führern auftaucht), offen ist nur der Fahrweg bis zur Dreizinnenhütte. Empfindliche Strafen!

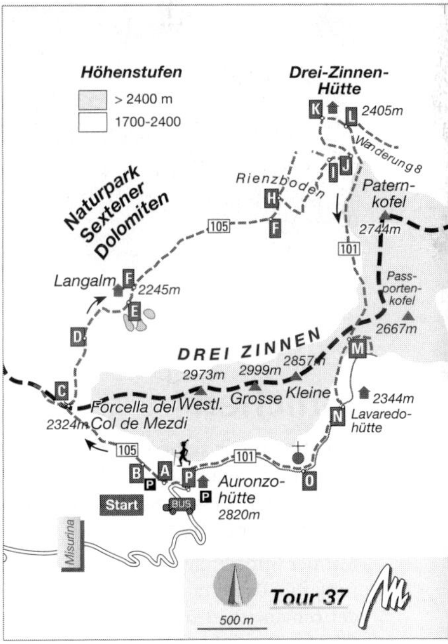

Vom Ende der Mautstraße **A**, die von Misurina zu den Drei Zinnen hinaufführt, nimmt man nicht wie 98 % der Ankommenden das zum Rifugio Auronzo und als Fahrweg zur Dreizinnenhütte führende Sträßchen, sondern Weg 105 in westlicher Richtung ab Ende des großen Parkplatzes **B**. Großartige Ausblicke auf Cadinspitzen, Monte Cristallo, Hohe Gaisl. Der Weg führt leicht ansteigend unter den Südwänden der Drei Zinnen zur *Forcella del Col de Mezdi* **C**, wo man einen neuen Ausblick hat: die Almenlandschaft des Rienzbodens (hier oben entspringt der Rienzfluss) und die abweisenden Grate des Rautkofels und der Bullköpfe. Man quert auf gutem Weg einen Schutthang und erreicht einen wieder neuen Ausblick **D** und nach dem kleinen Rienzursprungsee **E** die neue Hütte der *Langalm* **F** (2245 m, 45 Min.) mit frischer Milch und kaltem Imbiss. Nun hat sich das Panorama der Drei Zinnen aufgefaltet (ihr berühmter Anblick ist ja der von Norden). Um zum Paternkofel rechts von uns und zur Dreizinnenhütte zu kommen, muss noch die Alm gequert werden, 100 m hinunter (Wegweiser **G**), dann nach rechts **H** und wieder rechts **I** und auf Fahrweg links **J** 200 m hinauf. Bei diesem recht steilen Gegenanstieg wird man von Relikten des Dolomitengebirgskriegs (verrosteter Stacheldraht) begleitet.

Oben angelangt nach rechts **K** und endlich an der *Dreizinnenhütte* **L** (2405 m, 1:40 Std.): berühmter Dreizinnenblick, auf der anderen Seite des Jochs türmen sich die Gipfel der Sextener Dolomiten. Rückweg auf dem Fahrweg (von der

Hütte aus kurzer Steig-Abschneider) zum *Paternsattel* **M** (2454 m, 2:20 Std.) östlich (für uns links) der Drei Zinnen, abwärts auf Steig und vorbei an der *Lavaredohütte* wieder auf Fahrweg **N**. Eine Kapelle **O** wird passiert, denn die *Auronzohütte* **P**, kurz darauf ist man am Parkplatz bzw. an der Bushaltestelle **Q** (3 Std.).

Der Platz vor der Pfarrkirche (rechts) ist Innichens Zentrum.

Innichen

Innichen muss seine Position unter den Orten des Pustertals nur mit Bruneck und Lienz teilen, im Hochpustertal ist es konkurrenzlos. Nur Innichen hat städtischen Charakter und kann auch ohne Tourismus leben, von dem es aber gern profitiert.

Mit der Stiftskirche in Innichen begann die Christianisierung und die Germanisierung des Pustertals – so liest man es in Geschichtsbüchern. Im dunklen Inneren der romanischen Stiftskirche fühlt man sich in diese Zeit versetzt, als in den dichten Wäldern um die winzige Siedlung noch Bären, Wölfe und Luchse lebten. Die Sonnenhänge im Rücken von Innichen, auf denen heute die Tirolerhöfe inmitten ihrer Wiesen und Weiden wie in einem Amphitheater aufgebaut stehen, waren damals noch nicht gerodet. Die Errichtung des Vorgängers der heutigen Kirche in der absoluten Wildnis muss für die wenigen slawischen Siedler des Tals, allesamt noch Heiden, ein epochales Ereignis gewesen sein.

Das neue große *Erlebnisbad Acquafun* soll den heutigen Vorsprung in Sachen Infrastruktur zementieren, wie auch die beiden Bergbahnen, die Sessellifte auf den Hausberg Haunold und von Vierschach auf den Helm in der Karnischen Hauptkette.

Information/Verbindungen/Krankenhaus

• *Info* **Tourismusverein 39038 Innichen/San Candido,** Pflegplatz 1, ✆ 0474/913149, ✆ 913677, www.innichen.it, Mo–Sa 8–12/15.30–18.30 Uhr (Sa in der Nebensaison zu), im Aug. auch So 10–12 Uhr. Die Info ist im ehemaligen Stiftschulmeisterhaus untergebracht. Die üblichen Prospekte und zahlreiche private Werbung für Hotels, Restaurants und Sport.

• *Verbindungen* **Pkw:** seitliche Gratisparkplätze am Südende der Freisinger Straße. **Bahn:** Bhf. ✆ 0474/913224. **Bus:** Busbhf. an der Mantingerstraße (Westende P.-P.-Rainerstraße, oberhalb der Draubrücke), einige Busse gehen auch vom Bahnhofsvorplatz ab! Gute bis sehr gute Direktverbindungen mit Bruneck, Brixen, Sexten. **Taxi:** Burgmann, ✆ 348/2689996; Leoni, ✆ 0474/913210.

• *Krankenhaus* Freisinger Str. 2, zuständig für gesamtes Hochpustertal, ✆ 0474/917111.

Übernachten

****** Parkhotel Sole Paradiso,** Sextner Str. 13, der vor 1914 entstandene Bau mit seiner alten Holzveranda und der ruhigen Lage am Bach – trotz Nähe der Sextener Straße – hat drinnen jeden modernen Komfort inkl. Hallenbad, Sauna, Solarium, Radverleih. Vom neuen (italienischen) Restaurantchef hört man Gutes DZ/HP 130–222 €, ✆ 0474/913120, ✆ 913193, www.soleparadiso.com.

****** Dolce Vita Hotel Post,** Sextner Str. 1, trotz der 4 Sterne ein Familienbetrieb, gepflegt und gediegen, solide schallschluckende Wände aus der Gründerzeit. Gehobene, großzügige Zimmerausstattung, dezent elegantes Mobiliar aber nicht ganz so exklusiv, wie es uns das Hausprospekt glauben machen will. Dachterrasse mit Blick über Innichen, Pool, Sauna, Dampfbad, Solarium, Fitnessraum. DZ/HP 124–228 €, ✆ 0474/913133, ✆ 913635, www.posthotel.it.

****** Hotel Villa Stefania,** Herzog-Tassilo-Str. 16, gute Zimmer mit Balkon, z. T. etwas altmodisch eingerichtet, einige jedoch sehr schick und komfortabel, das Haus wird laufend erneuert (2 verschieden alte Trakte), die Bäder neu und sehr gut, Sat-TV, Safe, Minibar, Fön. Sauna und Solarium, Eintritt ins „Acquafun“ inbegriffen DZ/HP 120–230 €, ✆ 0474/913588, ✆ 916255, www.villastefania.com.

***** Grauer Bär,** P.-P.-Rainerstr. 2, seit 1462 belegt, seit 1745 im Besitz der Familie, im 19. und 20 Jh. großzügig renoviert, gepflegte Zimmer 16–38 qm (3 Preiskategorien) mit individueller Ausstattung und viel Charme (kein Balkon, alle TV, Safe, Fön). DZ/HP 122–232 €, ✆ 0474/913115, ✆ 914182, www.orsohotel.it.

***** Sporthotel Tyrol,** P.-P.-Rainerstr. 12, Hallenbad, Dampfbad, Whirlpool, gutes Restaurant „Picnic“, großer Garten/Liegewiese und Tennis, besonders attraktiv die Mansardenzimmer (z. T. ohne Balkon). DZ/HP 110–214 €, ✆ 0474/913198, ✆ 913593, www.sporthoteltyrol.it.

***** Garni Hotel Letizia,** Firtalerstr. 5, kleines, angenehmes Hotel in einer ruhigen Seitenstraße, gepflegt, hochwertiges Mobiliar à la Gründerzeit. Zimmer mit Balkon, TV, Safe, Internetanschluss, DZ/HP 118–158 €, ✆ 0474/913190, ✆ 913372, www.sudtirol.com/letizia.

**** Pension Haunold,** Schranzhoferstr. 3, Familienpension an der Südumfahrung des Orts, helle Zimmer, Frühstücksbuffet, DZ/HP 90–130 € bei 7 Tage Mindestaufenthalt, ✆ 0474/913229.

**** Garni Siebnerhof-Bergmann,** Färberstr. 24, preiswerte Frühstückspension, Zimmer mit TV. DZ/F 36–56 €, ✆/✆ 0474/913420, info@siebnerhof.com.

Essen & Trinken

Gasthof Wiesthaler, Herzog-Tassilo-Str. 3, das Lokal geht auf das Jahr 1550 zurück, die Karte ist modern, feine Nudel- und Knödelgerichte (Nudeln mit Rohschinken und Rucola, Steinpilzknödel), Gerichte vom lokalen Lamm, opulente Grillplatte für zwei, gute Mehlspeisen (Topfenknödel auf marinierten Trauben, Marillenknödel), drei Gänge ab ca. 22 € Die Stube liegt etwas unterhalb des Straßenniveaus (kein Wunder beim Alter des Hauses!). ✆ 0474/916027.Di zu.

Le Sommelier, P.-P.-Rainerstr. 22 a, karg, aber ästhetisch reizvoll möbliertes Restaurant mit (trotz französischem Namen) italienischer

Küche, besonders fein die Nudelgerichte (Karotten-Nuss-Ravioli!). 2 Gänge ca. 20-30 €; zur Fußgängerzone hin best sortierte Weinbar (eigener Eingang, bis 1 Uhr). ✆ 0474/916122, Di + Mi mittags zu.

Kupferdachl, Restaurant in alleinstehendem Haus im Zwickel zwischen Sextner Straße und Färberstraße an der Brücke über den Sextnerbach, großer Parkplatz, Terrasse, Tiroler Küche und Gegrilltes wie Spinatnocken, Hirtenmakkaroni, Gulasch mit Knödel, Grillgemüse, Tellergericht 6–12 €, Do zu.

Uhrmachers Weinstube, Färberstr. 1, nicht zu übersehen der Holzbohleneingang mit zwei Weinfassböden, drinnen Weinkost und Tiroler Brotzeiten, große, ruhige Terrasse nach hinten. Tägl (NS außer Do) 9/10–24 Uhr.

Trattoria-Pizzeria Da Claudia, Bahnhofstr., bürgerliche italienische Küche o. Zugeständnisse an den Standort, sehr günstige Tagesmenüs (ab 10 €), Karte nur in Italienisch! So zu.

Grüne Laterne, Waldhornweg 10, ✆ 0474/710140

Pizzeria-Grillbar Miramonti, 2, Kellerlokal neben dem Hotel Miramonti, 17–24 Uhr, große Pizza-Karte, Pizza ab 5,50 – 8 €, oder man nimmt die Riesenpizza „von allem etwas" um 16 €, reichliche Grillplatte für 2 zu 24 €, Mi zu.

Vinothek und Weinstube Kugler, Herzog-Tassilo-Str. 4 a, einfaches Weinlokal, in der Vinothek nebenan eigene Schnäpse und Grappe, bis 23 Uhr geöffnet, Do zu.

Café Silvia, Pflegplatz, Mehlspeisen zwischen Sachertorte und Tiramisú zum Cappuccino, das Ambiente würde keinen Schönheitswettbewerb gewinnen. Zum Pflegplatz belebte Terrasse. So zu.

Caffè Mitterhofer Artcafé, R.-P.-Rainerstr. 4, schlicht-cooles Café, oft Ausstellungen, Mo-Sa 7-23 Uhr geöffnet,

.**Rosticceria,** Alter Markt 5, kleine Speisen und Imbisse (4-8 €) auch zum Mitnehmen, draußen ein paar Tische und Bänke, sehr sauber, bis 21 Uhr geöffnet, Mo zu.

Pub Excelsior, Markt 8, Pubatmosphäre im dunklen Straßenlokal, viel junge Leute, 9–1 Uhr (So 9-20 Uhr), Do zu.

Freizeit & Sport/Einkaufen

• *Freizeit & Sport* **Baden/Schwimmen** im modernen Erlebnisbad Acquafun mit lichtdurchfluteter Architektur und Wellnessbereich samt Beautyfarm (Heubäder, Massage etc.), M. Hueberstraße 2, Gratisparkplatz an der Herzog-Tassilo-Straße, von dort 2 Min., Kernöffnungszeit Mo, Mi–Fr 14–21.30 Uhr, Sa 13–20.30 Uhr, So/Fei 10.30–20.30 Uhr, Juli/Aug. tgl. 10.30-20.30 Uhr, Mo-Fr 10.30-21.30 Uhr, Tageskarte Bad 8 €, Sauna 14 €, ✆ 0474/916200, www.acquafun.com.

Radverleih und (so kompetente wie flinke)

Werkstätte bei Papin Sport, M. Hueber-Str. 1,, ✆ 348/7116803, im Sommer durch italienische Pustertal-Radweg-Aspiranten völlig überrannt, info@rentabike.it.

Bergbahnen: (4er-)Sesselbahn Innichen – Haunold, 1500 m, Bergfahrt/Berg- u. Talfahrt 3,30/5 €. Kernbetriebszeit 9–12.30/13.30–17.15 Uhr, am Wochenende im Sommer ohne Mittagspause, ✆ 0474/913277. Geschl. Okt. bis Ende 1. Dez.-Woche und April bis Mitte Juni.

(6er-)Kabinenbahn Vierschach – Helm, 1500 m, Bergfahrt/Berg- u. Talfahrt 7–8/11–12 €. Kernbetriebszeit 9–12.30/13.30–17.15 Uhr. Geschl. Mitte Sept. bis Ende 1. Dez.-Woche und 2. Aprilwoche bis Ende 1. Juliwoche.

Highlights für Kinder

Großer *Kinderspielpark Burg* und *Kinderspielplatz Pumes* oberhalb des Sextenerbachtals, zu erreichen vom Parkhotel Sole Paradiso (Schilder, Markierung) oder über die Freisinger Straße (Querstraße zum Alten Markt) aus dem Ortszentrum.

Wenn's regnet, und nicht nur dann, ist **DoloMythos** ein kindgerechter Platz. Die abwechslungsreiche Sammlung zu allen möglichen Themen, die mit den Dolomiten zu tun haben, ist beliebt bei den Kindern (und ihren Eltern). *Öffnungszeiten*: Juni-Mitte Okt. Mo-Sa 10-12 Uhr, nachmittags (außer Do) 15-19 Uhr, Mitte Juli – Anf. Sept auch So. Eintritt 4,50 €, Familien 10 €; P.-P.-Rainerstr. 9, ✆ 0474/913462, www.dolomythos.com.

Auch der „*Fun-Bob*" von der *Haunold-Bergstation* ist vor allem was für die Kleinen, man fährt auf Mini-Wägelchen eine Metalltrasse ins Tal hinunter.

Im **Sportzentrum Erschbaum** an der Talstation der Haunoldseilbahn gibt es Tennis, Squash, Fitness, Spielplatz und Pizzeria mit Terrasse, ✆ 0474/913049.

Wandern/Bergsteigen: Alpinschule Pustertal, Bahnhofstr. 2, ✆ 0474/94466. Bergführerbüro Tschurtschenthaler, Färberstr. 4 a.

Wintersport: Skischule Haunold, ✆ 0474/913374. Snowboardcenter und -schule Färberstr. 4 a, ✆ 0474/9126216. Rodelbahn Haunold von der Berg- zur Talstation (3 km) und Rodelbahn Wildbad von der Bergstation Helm zur Talstation (3 km, zeitweise gesperrt).

• *Einkaufen* **Feinkost Senfter**, Markt 4, zum großen Metzger-Unternehmen Senfter (Fabrik dahinter) gehörender Feinkostmarkt mit großem Wurst- und Fleischangebot, auch Öl, Wein etc.

Bäckerei Wachtler in der Benediktinergasse 1 (etwas versteckt hinter dem Pflegplatz), Bäckerladen der Großbäckerei, die daneben in der alten Stiftspropstei von 1785 ihren Sitz hat.

Käse der Sennerei Innichen, v. a. Innicher Bergkäse, ist ein gutes Mitbringsel, Zentrale Burgweg 1, aber auch in jedem Lebensmittelladen, an der Pustertalerstraße entsteht Schaukäserei, ✆ 0474/972145.;

Sehenswertes/Ausflüge

Stiftskirche: Sie liegt am belebten Pflegplatz, ist aber durch den Friedhof von ihm getrennt. Herzog Tassilo III. von Bayern hatte 769 dem Abt Atto von Scharnitz ein großes Gebiet um das heutige Innichen geschenkt, um hier ein Kloster zu gründen. Die Stiftskirche ist der dritte Bau an dieser Stelle. Die erste Kirche wurde noch vor dem Jahr 1000 durch einen größeren Bau ersetzt, von dem sich die Krypta unter dem heutigen Chor erhalten halt. Ort und Kirche brannten um 1200 ab, Anlass für eine dritte Kirche. Diese wurde in romanischen Formen errichtet und 1284 geweiht – die heutige Stiftskirche. Das Südportal, das man vom Pflegplatz aus betritt, ist ein Trichterportal mit einem großartigen Relief (Christus und die Evangelistensymbole) im Tympanon. In der flachen Zone darüber bemerkt man das ganz frisch wirkende Fresko, es ist ein Werk Michael Pachers. Das Innere ist ein eindrucksvoller romanischer Kirchenraum mit drei Schiffen. Das Mittelschiff ist weit gespannt, eine Kreuzigungsgruppe von 1240 zieht die Blicke auf sich. Der Chor ist erhöht, darunter liegt die von beiden Seiten zugängliche Krypta. Die Stiftskirche besitzt eine 1628/9 von Andreas Putz gebaute und mehrfach umgebaute Orgel, die sich in der Originalfassung mit bemalten Flügeln und dekorativen Holzschnitzereien erhalten hat. Das neue Orgelwerk mit 24 Registern und 1.242 Pfeifen wurde unter Verwendung des Bestandes der Putz-Orgel eingerichtet.

Romanischer Turm der Stiftskirche

• *Musik-CD* Ein bemerkenswertes Konzert spätmittelalterlicher Musik, das während der Gustav-Mahler-Festwochen 2002 in der Stiftskirche stattfand, ist zusammen mit Aufnahmen eines Orgelkonzerts aus der Kirche St. Magdalena in Moos in Niederdorf als Doppel-CD erschienen und im Tourismusverein erhältlich (20 €).

Stiftsmuseum: Von der Attostraße aus betritt man das Museum mit dem Domschatz, sakraler Kunst und der Handschriftensammlung. Die Räume sind in einigen Fällen genauso spektakulär wie die Exponate: Im Kapitelsaal, in dem der Domschatz ausgestellt ist, zeigen Fresken die Wappen der Chorherren, und die Schulstube der Chorknaben mit Täfelung und riesigem grünem Kachelofen (um 1550) ist eine einzige Augenweide. Durch seine Größe kann das Innicher Bergkristallkreuz nicht imponieren, wohl aber durch seine Schönheit und die Seltenheit des Werkstoffes – eben purer Bergkristall – für ein Monstranzkreuz. Das Kreuz kam aus Oberitalien nach Innichen, wahrscheinlich aus einer venezianischen Kristallschleiferei, wo es wohl um 1500 enstand. Wie und warum es kam, ist nicht geklärt.

Öffnungszeiten Juni bis Mitte Okt. Do–Sa 17–19 Uhr, So 10–11 Uhr, in der HS zusätzlich Di–Sa 10–11 Uhr und Di 20–22 Uhr. Eintritt 3 €.

Altöttinger und Heiliggrabkapelle: Eingezwängt zwischen Straße und Bahnlinie und tief unter dem heutigen Straßenniveau liegt dieser kuriose und in seiner Art einmalige Kirchenbau. Drei Türmchen deuten schon auf die drei Räume hin. Innen besteht der komplexe Bau aus einem Achteck mit aufgesetztem Turm *(Altöttinger Kapelle)* und dem angebauten Kirchenschiff mit Türmchen *(Passionskapelle)* sowie dem Rundbau mit Türmchen und dem Heiligen Grab *(Grabeskirche)*. Entstanden ist der Komplex zwischen 1633 und 1653. Der Stifter war ein gläubiger Innicher Bürger, der fleißig Pilgerfahrten machte. Aus Altötting brachte er eine Kopie des Gnadenbilds und den Plan der dortigen Gnadenkapelle mit, die hier in kleinem Maßstab kopiert wurde. Aus Jerusalem brachte er den Plan der Grabeskirche und des Heiligen Grabes mit, auch diese wurden kopiert. In Nischen und auf Konsolen stehen Statuen und ganze Szenen, das Marienleben in der Altöttinger Kapelle, im Eingang zum Grab eine Holzstatue des toten Christus. Frappierend!

Öffnungszeiten Di; Do, Sa und So 10-12/16-18 Uhr; freiwillige Spende.

Franziskanerkloster und -kirche: Im Westen des alten Orts nimmt das Kloster eine große Fläche ein. Die Kirche ist schlicht, dafür sind die Altäre barock verspielt mit einem sehr guten Gemälde von 1764, das die Gottesmutter mit Kind mit dem hl. Franziskus und dem vor ihr knieenden hl. Leopold (von Österreich) zeigt. Es stammt von dem bedeutenden Barockmaler Christoph Unterberger. Der Kreuzgang wurde im Barock von einem bäuerlichen Künstler mit mehr als 70 Szenen aus dem Leben des hl. Franziskus ausgemalt. Ganz naiv schildert der Maler die Realität seiner eigenen Zeit um 1700, von den modischen Kleidern der Damen bis zur Ausstattung der Räume.

Öffnungszeiten: Die Kirche ist tgl. 8.30-16.30 geöffnet, Kreuzgang Di-So 8.30-12 + Di-Sa 14.30-16.30 Uhr.

Auf den Haunold: Direkt vor Innichens Haustür liegt der wenig auffallende bewaldete Berg mit der guten Skiabfahrt auf der Nordseite bis hinunter nach Innichen. Im Sommer sind hier zahlreiche einfache Wanderungen möglich. Vor allem bei Kindern und Jugendlichen beliebt ist der 1,7 km lange, bis 40 % geneigte Funbob der an der Bergstation beginnt, auf dem man 36 km/h erreichen kann.

Bergbahn Juni-Sept. und Dez-März, Kernzeit Sommer 9-12.30/13.30-17.15 Uhr, Winter 8.30-16.30 Uhr, Berg 4,20 €, Berg/Tal ca. 6,20 €, Infos www.baranci.it . *Hütten* Haunoldhütte, ✆ 0474/913676; Jorahütte, ✆ 335/6561256. *Funbob-Preise* Talfahrt 4 €, Lift und Funbob 7,50 €.

Der Pustertal-Radweg zwischen Mühlbach und Lienz (Osttirol)

Der grenzüberschreitende Radweg von Toblach nach Lienz ist im Sommer ungemein populär. Ganze italienische Großfamilien radeln mit Leihrädern die Drau entlang und lassen sich von der ÖBB, die dafür bis zu vier Radwaggons an ihre Züge hängt, abends wieder nach Innichen oder Toblach zurücktransportieren. Dieser Radweg ist nur die östlichste Teilstrecke (45,5 km) eines großen Radweges, der das gesamte Pustertal erschließt, von Mühlbach im Westen bis zur Europäischen Hauptwasserscheide bei Toblach (hier fließt die Rienz nach Westen zur Etsch und zur Adria und die Drau nach Osten zur Donau und zum Schwarzen Meer) und über die Grenze nach Lienz, wo das Pustertal endet. Bis auf ein kleines Stück zwischen Mühlbach und Franzensfeste bzw. Brixen, das die Verbindung zum Eisacktal-Radweg herstellen soll, ist der Weg komplett ausgebaut, sehr gut beschildert und in großen Teilen asphaltiert , also leicht zu fahren. da der Radweg durch ein Tal mit Bahn- und Buslinie führt, ist ein Abbruch der Tour überall möglich. An mehreren Orten gibt es Radverleihs, das Rad kann man gegen kleinen Aufpreis auch an einem anderen ort zurück geben, muss also nicht unbedingt an den Ausgangspunkt zurück. Ein Übrblicksfaltblatt mit Streckenverlauf und rent-a-bike-Orten und Adressen ist kostenlos erhältlich bei allen Fremdenverkehrsvereinen.

Streckenlänge/Radverleih Die Strecke Innichen – Lienz beträgt 44 km, die von Innichen nach Mühlbach 61 km; Radverleih z. B. Papin Sport, www.papinsport.com, ✆ 0474/913450.

Das Hochpustertal

Sexten

Das Bergführer- und Bergsteigerdorf Sexten liegt in einem breiten grünen Tal zwischen den sanfteren Hängen der Karnischen Alpen und den schroffen Felswänden der Sextener Dolomiten.

Von Sexten und vom etwas höher im Tal gelegenen *Moos* zieht sich das **Fischleintal** mitten hinein in die Dolomiten unter den Fuß des Zwölferkogels und der Drei Zinnen. Die Sextner Bergführerdynastie Innerkofler führte Bergsteiger aus England, Deutschland und den österreichischen Kronländern auf die Gipfel dieser Berge. Im Ersten Weltkrieg wurde Sexten zerstört – die italienische Artillerie stand am nahen Kreuzbergpass. Die heutigen Bauten sind meist weniger als 20 Jahre alt und oft aufgeplusterte, überdekorierte Pseudo-Tirolerhöfe von der Stange. Aber wer kommt schon wegen der Architektur nach Sexten, bei dieser Umgebung!

Information/Verbindungen/Einkaufen

- *Info* **Tourismusverein 39030 Sexten/Sesto,** Dolomitenstr. 45, ✆ 0474/710310, 📠 710318, www.sexten.it. Mo–Fr 8.30–12.30/14–18.30 Uhr, Sa 8.30–12/15–18.30 Uhr. Die Information ist im Kongresshaus an der Talstation der Helmbahn untergebracht, Ortsbibliothek und Skischule im gleichen Haus.
- *Verbindungen* **Pkw:** großer Parkplatz am Kongresshaus bei der Talstation der Helmbahn. **Bus:** gute Anbindung an Innichen und Toblach; zum Kreuzbergpass mittlerweile ebenfalls ganzjährig (vom Pass gibt es keine Busverbindung ins Belluneser Cadore!). **Taxi:** Holzer, ✆ 0474/710650.
- *Einkaufen* **Markt**: gegenüber dem Hotel Waldheim, 1. und 3. Do im Monat ab 10. Febr. bis Ostern und Juni bis Sept.

Gasthaus in Moos

Übernachten/Camping

• *In Sexten* *** **Hotel Monika,** Parkweg 2, 5 Min. vom Dorfzentrum, schön ruhig im Grünen, Feinschmeckerrestaurant, Sauna, Solarium, gepflegte Zimmer mit Balkon (z. T. Blick auf Sextener Dolomiten). DZ/HP 107–170 €, ✆ 0474/710384, ✉ 710177, www.monika.it.

Garni Haus Tschurtschenthaler Anna, Waldheimweg 12 unweit Sport Sexten, sympathische familiäre Pension, großer Frühstücksraum, neuer Wintergarten, vor der Tür klassischer Bauerngarten, Zimmer mit Bad/WC, TV und Balkon, DZ/FR 40–44 €, ✆ 0474/710238, ✉ 710133.

• *In Moos* **** **Sport- & Kurhotel Bad Moos,** Fischleintalstr. 27, am Beginn des Fischleintals bei der Talstation der Rotwandbahn. Das Hotel nutzt das heilkräftige Wasser der Schwefelquelle am Fuß der Rotwand, Voll- und Teilbäder, Kneippgüsse, dazu Hallenbad, Saunen, abends Südtiroler Weinstube, Pianobar ... und, bei 4 Sternen nicht anders zu erwarten, gute Zimmer mit Komfort und Ausblick. DZ/HP 120–320 €, ✆ 0474/713100, ✉ 713333, www.badmoos.com.

• *Richtung Kreuzbergpass* **** **Hotel Kreuzbergpass,** St.-Josefstr. 55, auf dem Kreuzbergpass an der Provinzgrenze, nicht sonderlich auffällige Bauten im Tiroler Stil, aber drinnen äußerst komfortabel samt Hallenbad, Beauty- & Wellness-Center, Tennis, Golf-Driving-Range und Loipe vor der Tür. Von den Restaurants hervorragend das „Stübele".. DZ/HP 124–278 €, ✆ 0474/710328, ✉ 710383, www.kreuzbergpass.com.

Tipp! Ein Super-Beispiel unter den seltenen Dolomitenplätzen: **** **Camping/Caravanpark Sexten,** St.-Josefstr. 54 in Moos, 3-ha-Platz für bis zu 600 Gäste, tolle Lage zwischen Sextnerbach und Straße im Grünen, z. T. Rasenplätze. Hervorragende Sanitärs, Pool mit Sauna/Fitnesszentrum, der Berghof Patzenfeld mit Apartments (69-133 €) und Restaurant ist angeschlossen. ✆ 0474/710444, ✉ 710053, www.caravanpark sexten.it, April/Mai und Nov./Dez. zu.

Essen & Trinken

• *In Sexten* **Tiroler Stub'n 1881,** Parkstr. 2, in der eindrucksvollen Tirolerstube des Hotel Monika in Sexten hervorragende Südtiroler Küche auf hohem Niveau, kaum unter 35 € pro Person. ✆ 0474/710384, Mo zu.

Grüne Laterne, Waldheimweg 10, beliebtes gutbürgerliches Restaurant und Rosticceria mit großem Garten rundum auf dem Weg zur Sportzone, auch Café-Konditorei, in der Hochsaison belagert, Deftig: Schweinshaxe aus dem Rohr mit Bratkartoffeln ca. 7 €, viele Speisen zum Mitnehmen. ✆ 0474/710140.

Waldruhe, Außerberg 4, bäuerliches Gasthaus hoch über dem Ort in 2 Stuben, eine davon in Zirbelholz. Speck, Schlutzkrapfen & Co., der Wirt vermietet auch 4 Zimmer (DZ/FR ab ca. 50 €). Man erreicht den Hof vom Dorfzentrum über Kirchweg/Kaiserstraße; ✆ 0474/710512.

• *In Moos* **Restaurant-Pizzeria Martina,** in der Pseudo-Almhütte befindet sich eine elegante Pizzeria mit schönem Holzofen. Es gibt neben guter Pizza (ca.5–8 €, auch mit Büffelmozzarella) Pasta und Steak-/Schnitzel-/Spießgerichte (10–13 €); ✆ 0474/710101.

Restaurant Garni Reider, einfache gutbürgerliche Küche im rustikalen Ambiente, Angebot von den Schlutzkrapfen und der Polenta mit Pfifferlingen zum Wiener Schnitzel 15 €.

Rudi Hütte, gemütlicher Berggasthof etwas unterhalb der Bergstation der Rotwandbahn, rustikale Küche und eigene Mehlspeisen.

Freizeit & Sport/Veranstaltungen/Kinder

• *Freizeit & Sport* **Bergbahnen:** (6-Personen)-Kabinenbahn Rotwandwiesen, 1921 m, Kernbetriebszeit 8.30–12.30/13.30–17.30 Uhr, ✆ 0474/710372. Geschl. Ende 1. Aprilwoche bis Anf. Juni und Okt. bis 21. Dez.

Kabinenbahn Sexten – Helm (82 Personen), 2050 m, Berg-/Berg- und Talfahrt 7–8/10–11 €; Kernbetriebszeit 8.30–12.30/14–17.30 Uhr, ✆ 0474/710245. Geschl. ca. 10. Okt. bis 7. Dez. und ca. 10. April bis 10. Juni.

Fahrrad/Mountainbike: Verleih bei Sport Kiniger, Dolomitenstr. 43.

Golf-Driving-Range: St.-Josefstr. 55 beim Hotel Kreuzbergpass, 6 Abschlagplätze; ✆ 0474/710328.

Kuren: Kurbad im Hotel Bad Moos, ✆ 0474/713100.

Reiten: Reitstall Kramerhof, Fischleintalstr. 22, ✆ 0474/710620.

Paragliding: Flying Mania, ✆ 347/9310505.

Sport Sexten, Waldheimweg 23, bietet eine ganze Reihe von Sportmöglichkeiten vom Fußball über Tennis bis zur Indoor-Kletterhalle und zum großen Freibad, ✆ 0474/710096, www.dolomitarena.com.

Wandern/Bergsteigen/Klettern: Alpinschule Sexten, Büro im Kongresshaus, Dolomitenstr. 45, ✆ 0474/710375, www.alpinschule-drei zinnen.com.

Wintersport: Skischule Sexten/Moos im Kongresshaus an der Talstation der Helmbahn; ✆ 0474/710375. Rodelbahn von der Bergstation der Rotwandseilbahn nach Bad Moos (5 km). Eislauf und Eisstockschießen im Sport Sexten (s. o.).

> **Tipp!** Die **Kletterhalle Sport Sexten** ist die größte Italiens, wer auf Indoorklettern steht, sollte den Besuch nicht versäumen! Anschließend lassen sich die neu erworbenen Kletterkünste ganz in der Nähe in den Sextener Dolomiten anwenden oder im Klettergarten am Dürrensee im Höhlensteintal (S. 134)!

• *Veranstaltungen* Der **Dreizinnen-Marathon** erste Häfte Sept. wird von einem reichhaltigen Rahmenprogramm (v. a. Lifemusik) begleitet, Infos beim Tourismusverein. Der Marathonlauf selbst führt über 21 km/1500 Höhenmeter von Sexten über Zsigmondy- und Büllelejochhütte und Paternsattel zur Dreizinnenhütte, Kurzvariante 12 km/1100 m. Startgeld 40/50 € (inkl. Kaution); www.dreizinnenmarathon.com, telefonische Anmeldung ist nicht möglich, schriftliche Anmeldung notwendig. Anmeldungen/Infos beim Tourismusverein Sexten.

• *Kinder* Großer Abenteuerspielplatz am Waldrand und im Wald am Ortsende von Moos in Richtung Kreuzbergpass, hölzerne Ritterburg.

Ausflüge

▸ **Ins Fischleintal:** Am schönsten erreicht man das tief in die Dolomiten führende Fischleintal mit seinem Blick auf den Gipfelkranz der sog. **Sextener Sonnenuhr** über locker von alten Lärchen bestandene Heuwiesen am linken Talhang (also gegenüber von Moos und Sexten). Am Stand der Sonne über den Gipfeln von *Elfer-, Zwölfer-* und *Einserkofel* konnte man in Sexten die jeweilige Uhrzeit ablesen. Beim Hotel Dolomiten herrliche Aussicht auf die Sonnenuhr, bis zur Talschlusshütte noch Staubsträßchen, ab dort Wanderwege.

• *Verbindungen/Übernachten/Essen & Trinken* **Pferdekutsche** vom Dolomitenhof zur Talschlusshütte im Fischleinboden, Liniendienst im Sommer. Im Winter **Pferdeschlittenfahrten**, Infos beim Kramerhof unter ✆ 0474/710223. **Talschlusshütte**, Fischleintalstr. 41, zur 50-Jahrfeier des Bestehens (2003) komplett neu errichtetes Berggasthaus mit Zimmern (9 Betten), ✆ 0474/710606, www.talschlusshuette.com, geöffnet Juni bis Okt. und Weihnachten bis Ostern.

▸ **Auf die Sextener Rotwand:** Von *Bad Moos* am Eingang des Fischleintals führt ein Sessellift auf die Rotwandwiesen. Toller Ausblick, mehrere Wanderwege (großer Plan an Tal- wie Bergstation), schöner Familienrundweg, Skiabfahrt. Wer weiter nach oben will, hat Pech, wenn er nicht mit versicherten Klettersteigen vertraut und entsprechend ausgerüstet ist. Nicht ein einziger der höher führenden Steige ist nicht wenigstens stellenweise Klettersteig. Auf die Sextener Rotwand führt ein relativ einfacher versicherter Klettersteig (→ Wanderung 9).

• *Bergbahn/Hütten* **Kabinenbahn (6 Pers.) Rotwandwiesen,** 1921 m, Juni-Anf. Oktober Kernbetriebszeit 8.30–12.30/13.30–17.30 Uhr, Winter 8.45-16.30/17 Uhr, Berg c.a 6 €, Berg/Tal ca. 8 €; ✆ 0474/710372. Geschlossen Ende 1. Aprilwoche bis Anf. Juni und Oktober bis 21. Dezember.

Rotwandwiesenhütte, Tiroler Küche, ✆ 0474/710651. **Rudihütte**, ✆ 0474/710436, gute Küche, eigene Mehlspeisen.

▸ **Auf den Kreuzbergpass (Passo Montecroce Comelico):** Von Moos erreicht man den Kreuzbergpass (1696 m), der die Verbindung ins Cadore darstellt, mit dem Auto in wenigen Minuten (im Sommer Busverbindung bis zum Pass, keine Verbindung auf der anderen Seite!). Wanderwege auf beiden Seiten, am Pass sehr gutes Hotel, im Winter Schlepplifte. Landschaftlich äußerst eindrucksvoll ist die Wanderung zum **Rifugio al Popera A. Berti** (1950 m, Weg 124, beginnt am Parkplatz beim Hotel, hin 2.30, zurück 1.30 Std.). Vom Rifugio aus sieht kann Sextner Rotwand und Elfer von der ungewohnten Südostseite, was nicht minder eindrucksvoll ist.

Auf der Nordseite ist die **Malga Coltrondo** ein beliebtes Ziel. Sie ist eine echte Alm mit Jausenstation, bewirtschaftet von der Familie Mair, lokale Bergbauernküche: Pressknödel, Polenta mit geschmolzenem Almkäse, Apfelstrudel, Honig aus eigener Imkerei. 1915-1917 wurde in engster Umgebung der Hütte der Grabenkampf zwischen Österreichern (unter Beteiligung deutscher Truppen) und Italienern ausgetragen.

Rifugio al Popera A. Berti, 68 Lager, im Sommer bewirtschaftet, ✆ 0435/67155.;

Malga Controndo: Fußweg 149 ab ca. 1,2 km nach dem Kreuzbergpass (in Richtung Auronzo), ca. 300 m Höhenunterschied, ca. 2 Std., zurück 1.30 Std. oder Fahrsträßchen, das nach etwa 5 km weiter links abbiegt. Malga Coltrondo, Loc. Coltrondo (1880 m), Comelico Superiore (Prov. Belluno); Bewirtschaftet Mitte Juni – Mitte Okt. u. Weihnachten – Ostern, ✆ 340/49114101.

▸ **Auf den Helm:** Die *Karnischen Alpen* ziehen sich von Sexten bis Tarvis, wobei sie immer die österreichisch-italienische Grenze bilden. Nur der äußerste Westen mit dem Helm fällt in den Bereich dieses Buchs. Zwei Seilbahnen führen auf die Almen

Der Naturpark Sextener Dolomiten

Dieser Naturpark umfasst eines der großartigsten Gebiete der gesamten Dolomiten: die *Sonnenuhr* um Sexten zwischen *Rotwand, Elferkofel, Zwölferkofel* (3094 m) und *Einserkofel*, die isolierte *Dreischusterspitze* (3145 m), die weltberühmten *Drei Zinnen* (Große Zinne 2999 m) und das *Haunold-Massiv* (2966 m). Vom Kreuzbergpass bis zum Dürrensee folgt die Grenze des Naturparks der Provinzgrenze gegen Belluno. Wilde Felswände wie die des Zwölfers und der Drei Zinnen und zerrissene Felstürme wie auf der Rotwand sind nur die eine Seite dieser Gebirgslandschaft. Die andere ist die Almlandschaft zwischen den Drei Zinnen und dem Toblingerknoten sowie zwischen Toblingerknoten und dem Büllelejoch: kleine Seen, grüne Weiden, Almrausch. Der Naturpark ist um den Sextener Fischleinboden und die Drei Zinnen gut durch Wege und mit Hütten erschlossen, dagegen blieb der nordwestliche Zug zwischen Bullköpfen und Neunerkofel ein einsames Gebirgsland. Im Ersten Weltkrieg verlief die Front quer durch dieses Gebirge über Monte Piana, Toblingerknoten nördlich der Drei Zinnen, Büllelejochhütte und oberen Fischleinboden sowie Rotwand. Direkt neben den Steigen haben sich Stellungs- und Unterkunftsreste bis heute erhalten. Viele seltene Dolomitenpflanzen kommen hier vor wie der *Rhätische Mohn*, dessen leuchtend gelbe bis orangefarbene Blüten z. B. die Schutthänge zwischen Büllelejoch und Dreizinnenhütte zieren.

Info Im **Naturparkhaus** im Kulturzentrum Grandhotel Toblach (→ S. 129).

unter dem aussichtsreichen Gipfel (mit verfallener Hütte), eine von Vierschach/ Innichen, die andere direkt von Sexten aus.

Bergbahn **Kabinenbahn Sexten – Helm** (82 Personen), 2050 m, Mitte Juni – ca. 09.10. 8.30–12.30/14-17.30 Uhr, im August nachm. 13.30–18 Uhr, im Winter Kernzeit 8.50–16.30 Uhr; Berg-/Berg- und Talfahrt ca. 7,50/ca. 10 €; ✆ 0474/710245,

Kabinenbahn Vierschach (6 Personen), Juli-/Aug. 8.30–12.30/14–17.45 Uhr, 1. Hälfte Sept. 8.30–12.30/14–17.15 Uhr, Winter 8.45-16.30/17 Uhr, gleiche Preise wie Bahn von Sexten, ✆ 0474/910113.

Dolomiten-Sonnenuntergang am Büllelejoch

Tour 38: Vom Fischleinboden zu den Drei Zinnen

Tourinfo Einfache Bergwanderung auf meist guten Wegen, Ausdauer erforderlich. An-/Rückfahrt mit Bus oder Pkw, bis Talschlusshütte Pferdedroschke (Shuttleverkehr ab Hotel Dolomiten). Dauer 7 Std.; Höhenunterschied ↑↓ 1100 m. Hütten: *Büllelejochhütte* (→ Tipp!), 2528 m, Minihütte, Versorgung mit Hubschrauber und Minitraktor (abenteuerlich), 11 Lager, ✆ 337/451517. *Zsigmondihütte (Rif. Comici)*, 26 Betten, 45 Lager, ✆ 0474/710358. *Dreizinnenhütte (Rif. Locatelli)*, 2438 m, 40 Betten, 100 Lager, ✆ 0474/972002. Karte: Tabacco 1:25.000 Nr. 10, Dolomiti di Sesto/Sextener Dolomiten.

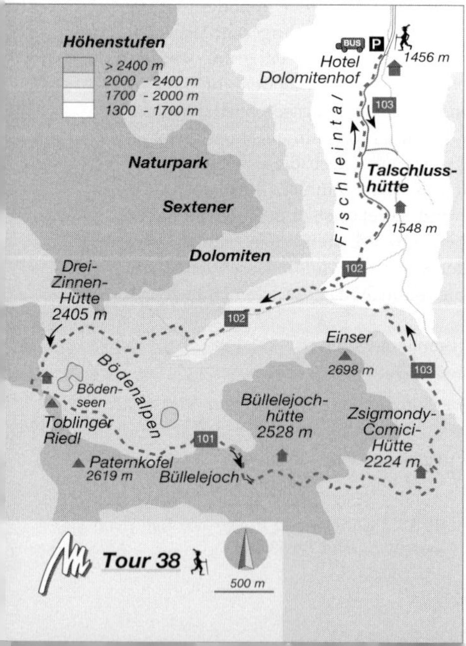

Beim Hotel Dolomitenhof im Fischleinboden endet die öffentliche Straße (1456 m; großer Parkplatz, Bushaltestelle). Ab hier geht man auf dem taleinwärts führenden Sträßchen zu Fuß oder nimmt sich bis zur Talschlusshütte eine Pferdedroschke. Die Nordwand des Einser dominiert den Blick, auch noch bei der *Talschlusshütte*. Dort führt Weg 102/103 (Dolomitenhöhenweg 5) schräg rechts aufwärts, bis kurz vor einem Bach eine Gabelung zur Entscheidung zwingt: rechts Aufstieg, links kommen wir wieder herunter. Zunächst geht es nahe dem Bach bergauf, dann gibt es Kehren nach rechts, das Gelände wird steiler. Wo es sich wieder verflacht, haben wir die Höhe der *Bödenalm* mit ihren kleinen Seen erreicht, wenig höher liegt die *Dreizinnenhütte* auf dem Toblinger Riedl (2438 m, 3 Std.). Großer Trubel, viele kommen von der nahen Auronzohütte, wo die Straße von Süden endet (→ Tour 37). Traumblick auf Drei Zinnen und den im Ersten Weltkrieg verbissen umkämpften Paternkofel (ein alter Stollen ist wieder begehbar).

Von der Hütte wieder zur Bödenalm, aber diesmal Weg 101, der rechts oberhalb der *Bödenseen* verläuft und nach Querung mehrerer Schuttrinnen das *Büllelejoch* erreicht (2522 m). Dort auf etwa gleicher Höhe nach links zur nahen *Büllelejochhütte* (2428 m, 4:15 Std.) und weiter zum *Obernbacher Joch* (2519 m). Man blickt in den Talschluss unter dem Zwölferkogel (rechts) und der Hochbrunnerschneid (vor uns), dann geht es auf Serpentinen bergab. Rast bei der *Zsigmondy-Comici-Hütte* (2224 m, 5 Std.) und weiter, dieses Mal auf Weg 103 (Dolomitenhöhenweg 5), der hoch über dem Fischleintal talauswärts zieht. Man erreicht den Aufstiegsweg nach der Querung des Altensteiner Bachs und ist bald an der Talschlusshütte (6:30 Std.) und am Fischleinboden (7 Std.).

Tipp! Die winzige **Büllelejochhütte** (s. o.), geführt von der sympathischen Familie Rogger aus Sexten, ist ein großartiger Standort für eine Übernachtung im Gebirge. Tiroler Kost zum Abendessen, dann vom Büllelejoch aus Sonnenuntergang mit den Drei Zinnen, endlich über die Leiter in den Schlafraum mit nur 11 Lagern. Unvergesslich!
Lage auf 2528 m, Minihütte, Versorgung mit Hubschrauber und Minitraktor (abenteuerlich), 11 Lager, ✆ 337/451517.

Tour 39: Der versicherte Rotwandklettersteig

Tourinfo Leichter versicherter Klettersteig, Trittsicherheit und Schwindelfreiheit sowie etwas Klettersteigerfahrung notwendig, dazu Klettersteigausrüstung inkl. Schutzhelm. An-/Rückfahrt per Pkw oder zu Fuß bis Bad Moos, dort Sessellift Rotwandbahn. Dauer 6 Std., Höhenunterschied ↑↓ 1100 m. Hütten: *Rotwandwiesenhütte* und *Rudihütte* (✆ 0474/710436) am Tourenbeginn/-ende, nichts auf dem Weg, auch kein Wasser! Karte: Tabacco 1:25.000 Nr. 10, Dolomiti di Sesto/Sextener Dolomiten.

Die Sextener Rotwand ist auf einem leichten versicherten Klettersteig zu erreichen, den auch Anfänger (mit Klettersteigausrüstung) schaffen. Von der Bergstation der Rotwandbahn auf den

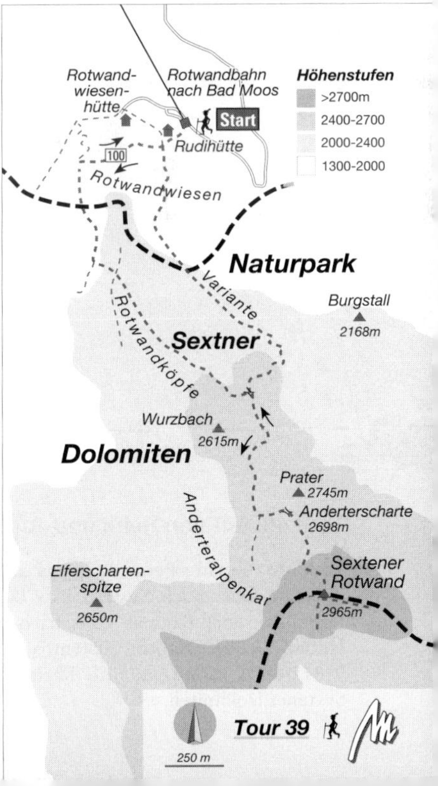

Gipfel geht man etwa 3:30 Std., der Rückweg dauert nochmals 2:30 Std. Bei fast 1100 m Höhenunterschied und nahezu 3000 m am höchsten Punkt handelt es sich bei diesem „leichten“ Steig dennoch um ein anstrengendes Unternehmen.

Von der Bergstation der Rotwandbahn wendet man sich zur etwas tiefer liegenden *Rudihütte*, quert die wunderschönen Rotwandwiesen und wendet sich bei der zweiten Gabelung nach rechts zu den *Rotwandköpfen*. Nach Südwendung des Weges Gabelung, hier links auf Steif. Leitern und Drahtseile sichern eine erste Steilstufe, es folgt der Abstieg zu einer kleinen Scharte, hier Weggabelung, rechts halten. Man kommt an verfallenen Kriegsunterständen vorbei, passiert noch mal einen Gratbereich und erreicht den Gipfel der *Sextener Rotwand* über eine gesicherte Steilstufe (2965 m, 3:30 Std.). Rückweg auf derselben Strecke (6 Std.) – die Fortsetzung des Klettersteigs durch die Südwand ist wesentlich schwieriger und nur Könnern zu empfehlen!

Alternative: Eine kürzere Variante umgeht die Rotwandköpfe. Sie führt von der Rudihütte auf Weg 18, dann auf Weg 15/15 b zuerst zum Burgstall und dann über eine Steilstufe auf den oben beschriebenen Weg. Sie ist 30 Min. bis 1 Std. kürzer, die Schwierigkeiten sind identisch.

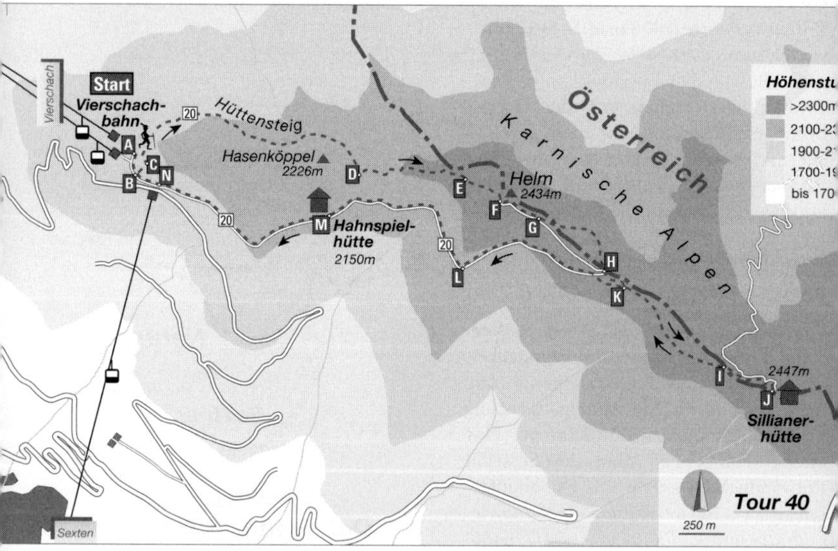

Tour 40: Auf den Helm und zur Sillianerhütte

Tourinfo Leichte Bergwanderung auf guten Wegen, geringe Höhenunterschiede. An-/Rückfahrt nach Sexten (Pkw/Bus), großer Parkplatz an der Talstation der Helmbahn, auch Bahn ab Vierschach. Dauer 3:15 Std.; Höhenunterschied ↑↓ 450 m. Hütten: *Helmrestaurant*, 2050 m, ✆ 0474/710255. *Sillianerhütte*, 2447 m, ✆ (0043) 94842/6770, *Hahnspielhütte*. Karte: Tabacco 1:25.000 Nr. 10, Dolomiti di Sesto/ Sextener Dolomiten.

Familienfreundlich, Wanderung auf dem Helm

An den Bergstationen der beiden Helm-Seilbahnen kann man nicht gleich weitergehen, weil man das Panorama der Sextener Dolomiten bewundern muss. Wenn's dann weitergeht (Vierschachbahn-Bergstation = **A**), nimmt man den Steig mit der Bezeichnung „Hüttensteig“ (Nummer 20), der zwischen den beiden Bergstationen beginnt **B**. Er führt auf der Nordseite durch Hochalmgebiet (nach kurzem Anstieg **C** weiter recht flach), man verlässt ihn nach ca. 20 Min. nach rechts (auf stärker begangenem, unmarkiertem Weg) und erreicht den Rücken des Karnischen Hauptkammes **D**. Nun links steiler auf dem Rücken weiter, Weg 20 wird wieder erreicht, an verlassenen Truppenunterkünften vorbei **E** geht es hinauf zum Gipfel des *Helm* mit seiner verschlossenen, verfallenden Hütte **F** (2434 m) und 1a-Rundblick. Weiter auf dem Kamm, teilweise auf österreichischem Gebiet (bei Gabelung links **G**), bis man wieder auf den Fahrweg trifft **H**, dem man bis zu einer Scharte **I** unter der *Sillianerhütte* (2381 m) und zu dieser hinauf **J** (2447 m, 2 Std.) folgt. Osttiroler (österreichisches) Essen – vom Südtiroler nicht verschieden. Rückweg auf dem breiten Hauptweg (bei Gabelung **K** links, Abzweigung Helm **L**) auf der italienischen Seite des Karnischen Hauptkammes, vorbei an der bewirtschafteten Hahnspielhütte **M** zurück zu den Bergstationen ab Sexten **N** und Vierschach **O** (3:15 Std.).

Der Sellastock im Hochabteital, gesehen von der Puezgruppe

Das Gadertal (Abteital)

Das Tal des Gaderbachs, das sich über mehr als 30 km vom Pustertal bei Bruneck bis an den Fuß des gewaltigen Sellamassivs zieht, ist gleichzeitig eines der touristisch am stärksten entwickelten und am wenigsten berührten Täler der Dolomiten und Südtirols.

Während man im Schatten des mächtigen Sellamassivs im **Hochabteital** in den Fremdenverkehrsorten *Corvara, Kolfuschg, Stern (La Villa)* und *St. Kassian* manchmal das Gefühl hat, sich trotz der vielen Natur ringsum gegenseitig auf die Füße zu treten, scheint in manchen *Viles,* wie die Ladiner ihre eng gebauten Weiler nennen, die Zeit stehen geblieben. Das Hochabteital lockt Massen an Bergsteigern und Wanderern mit zahlreichen Hotels und Pensionen sowie mit Dutzenden bewirtschafteter Hütten auf den Almen. Dagegen sind die Weiler über *Pedratsches, St. Leonhard* oder *St. Martin in Thurn* im **mittleren Gadertal** kaum besucht. Das Tal ist hier grüner, breiter und fruchtbarer als weiter oben im Hochabteital. Die **Talschaft Enneberg**, die dritte Landschaft des Gadertals, grenzt an Bruneck und den Kronplatz und damit an den deutschen Sprachraum. Ihr rasch gewachsener, quicklebendiger Hauptort *St. Vigil* lebt vom Fremdenverkehr, die *Viles* auf dem Sonnenhang darüber immer noch von der Landwirtschaft. Das alte Pfarrdorf mit dem Namen *Enneberg Pfarre* ist heute nur noch ein unbedeutender Weiler.

Das Gadertal, wie sich das gesamte Tal samt allen Nebentälern nennt, wird oft auch *Abteital* genannt. Die italienische Bezeichnung *Val Badia* bedeutet nichts anderes, und *Badia* wird es auch von den Ladinern genannt. Im Mittelalter und der frühen

Neuzeit gehörte nämlich das gesamte Tal – mit Ausnahme der Gegend von St. Martin in Thurn und Kolfuschg – den Nonnen des Klosters Sonnenburg im Pustertal, der Abtei eben.

• *Verbindungen* Der **untere Talabschnitt des Gadertales** wird noch bis 2006 – meistens nur nachts – gelegentlich für den Verkehr gesperrt sein, da die Staatsstraße großzügig ausgebaut wird. Umfahrung auf der Höhenstraße zwischen Bruneck und St. Vigil (Enneberg) – gut beschildert, aber eng!

Die Ladiner

Rund um die gewaltige Sella leben die Dolomitenladiner in den ladinischen Tälern *Grödner Tal, Gadertal, Fassatal, Buchenstein* und *Ampezzo*. In diesem Gebiet stellen sie die Mehrheit. Sie stammen von der romanisierten Urbevölkerung ab und sprechen eine eigene Sprache in mehreren Dialekten, das *Dolomitenladinische*. Es bildet mit dem in der Ostschweiz gesprochenen Surselva und Engadina sowie mit dem Comelico-Ladinischen im obersten Cadore (z. B. in Auronzo) und dem Friaulischen die *rätoromanische Sprachgruppe*. Alle Sprecher rätoromanischer Sprachen können sich verständigen. Eine dolomitenladinische Grammatik oder Schriftsprache gibt es jedoch nicht, derzeit werden etwa in Südtirol offizielle Texte in zwei Ausgaben veröffentlicht, in Grödnerisch und Gadertalerisch. Nach Schweizer Vorbild (seit 1982 ist dort Rumantsch Grischun die Standardsprache) wird an einer Standardisierung gearbeitet, die auch Fassa-, Buchenstein- und Ampezo-Ladinisch (vom umstrittenen Nonstal-Ladinisch wird abgesehen) umfasst.

Die Deutschtiroler Südtirols, die Italienisch sprechenden Welschtiroler in der Provinz Trentino und die Ladiner verbindet eine lange gemeinsame Geschichte, lebte man doch seit der germanischen Landnahme im Frühmittelalter in einer Region zusammen, in Tirol. Ein halbes Jahrtausend lang regierten die Habsburger alle drei Volksgruppen. Gemeinsam entwickelten sie *eine* Kultur, sie trugen die gleiche Kleidung (Tirolerhüte), aßen das gleiche Essen (Schlutzkrapfen alias Casunziei), bauten so ziemlich die gleichen Häuser und pflegten den gleichen Lebensstil. Auch südlich der Sella, wo die Nachbarn keine Deutschtiroler waren, sondern Italiener, fühlten und fühlen sich die Ladiner als Tiroler und sind wie im ansonsten stark italienisch geprägten Cortina d'Ampezzo Mitglieder der typisch Tiroler Schützen. Auch im Fassatal, in Buchenstein und im Ampezzo fühlen sich die Ladiner eher mit den Deutschtirolern verbunden als mit den italienischen Nachbarn. Nach dem Ersten Weltkrieg wurde Ladinien, das vorher als Teil Tirols zu Österreich gehörte, unter den Provinzen Bozen, Trient und Belluno aufgeteilt. Das Zusammengehörigkeitsgefühl der Ladiner und ihr Tirolertum hat das nicht beeinträchtigt. Mehrere Anläufe der Ladiner außerhalb Südtirols, vor allem der Fassaner (Trentino) und Buchensteiner (Belluno), an Südtirol angeschlossen zu werden (um von den dortigen besseren Schutzbedingungen für Ladiner zu profitieren), wurden von Rom abgewendet oder schlicht ignoriert.

Buchtipp Wer sich mehr über die Ladiner und ihre derzeitige politische Situation informieren will, greife zu Peter Hilpold/Christoph Perathoner (Hrsg.): Die Ladiner. Eine Minderheit in der Minderheit. Wien, Bozen, Zürich 2005.

Im Hochabteital (bei Stern)

Das Hochabteital

Kommt man vom Grödner Joch die Kehren herunter, wirkt das Becken von Kolfuschg und Corvara zwischen der Puezgruppe mit dem mächtigen Sass Sóngher und den Felsfluchten der Sella wie ein grünes Paradies.

Ein Paradies, in dem erst in den letzten Jahren viel gebaut wurde, in dem man aber schon suchen muss, um die alten Bauernhäuser zu finden, die sich um die Kirche von Kolfuschg scharen. Das Niveau der Hotellerie ist hoch, die Preise sind es ebenfalls – **Kolfuschg** und **Corvara** werben mit Qualität, nicht mit dem Preis. Nicht anders in **Stern (La Villa)**, etwas weiter draußen im Tal, und in **St. Kassian** in seinem freundlichen Tal. Genügend Hotels und Pensionen also, reichlich Restaurants. Daneben Wanderwege, wohin das Auge blickt: Wiesenwanderungen am Fuß der Sella, Almwanderungen auf *Piz la Ila* und *Pralongia* im Osten, Touren auf die Fanesgruppe zur wunderschönen *Fanesalm* und von dort vielleicht weiter auf dem Dolomitenhöhenweg 1. Bergtouren in Sella- und Puezgruppe, Klettertouren zuhauf, ein schwieriger versicherter Klettersteg, der *Pisciadu-Steig*, und im Winter jede Menge Lifte und Abfahrten, darunter die weltberühmte schwarze *Gran Risa* der Ski-Weltcups, auf der *Alberto Tomba* seine Siege feierte.

Information/Verbindungen

• *Information* **Tourismusverband Alta Badia**, Streda Col Alt 36, I-39033 Corvara, ✆ 0471/847037, ℻ 847277, www.altabadia.org (hervorragende Site mit einer Fülle von Details). Zu den üblichen Listen und Broschüren gibt es in allen Büros Wander- und Skikarten mit kurzen Informationen, eine Broschüre zu den Langlaufloipen und Winterspaziergängen und den recht guten Folder „10 Mountainbike-Tourenvorschläge“.

Weitere Büros in I-39030 Colfosco, Streda Pecëi 2, ✆ 0471/836145, ℻ 836744, colfosco@altabadia.org; I-39030 La Villa, Streda Colz 75, ✆ 0471/847037, ℻ 847277, lavilla@altabadia.

org; I-39030 San Cassiano, Streda Micurá de Rü 24, ✆ 0471/849422, ✆ 849249, s.cassiano@altabadia.org.

Internetzugang im Tourismusverein in Corvara, im Internet C@fe Da La Vedla in St. Kassian u. a.

Die **TouristCard** gewährt verschiedene Vergünstigungen, u. a. Ermäßigungen bei Sportanlagen und Seilbahnen.

• *Verbindungen* **Pkw**: In Corvara und Kolfuschg parken z. B. bei den Seilbahn-Talstationen, in St. Kassian Parkplatz bei der Mehrzweckhalle (Bushaltestelle) an der Durchgangsstraße und an der Talstation der Seilbahn Piz Sorega.

Passmaut: Die Gemeinden um die Sella wollen für (zumindest) das Grödner Joch und den Campolongopass eine Passmaut einführen, um den ausufernden Ausflugsverkehr einzudämmen. Es ist an eine Maut von 5 € pro Pkw/Motorrad gedacht (Busse 25 €). Die Einführung ist für Frühjahr 2007 geplant, war jedoch zum Zeitpunkt der Drucklegung noch nicht fest beschlossen. Parallel dazu sollen Busse im Halbstundentakt zu den Pässen fahren – klingt gut und vernünftig.

Discobus: im Winter Transfer zwischen den Bars und Discos des Hochabteitals (18.30–2.30 Uhr) durch Motty's Night Shuttle.

Gratis-Skibus: zwischen Wengen und Stern (La Villa), zwischen Corvara und Pescosta, zwischen Corvara und Kolfuschg.

Taxi: In Corvara: Taxi Cir, ✆ 0471/836421; Pedevilla, ✆ 0471/836056; Pescosta (auch Minibus/Bus), ✆ 0471/836393. In Stern (La Villa): Taxi Ciola (auch Minibus/Bus), ✆ 0471/847033. In St. Kassian: Taxi Vico, ✆ 0471/849425.

Tipp! Die **SellaRondaCard** (16 €, 1 Tag) erlaubt die sommerliche Umrundung der Sella mit Bussen und Bergbahnen/Sesselliften. Viel bequemer als mit dem Auto, zumal man nicht abends zur Karre zurück muss!

Diverses/Einkaufen

• *Diverses* **Ambulatorium** in Corvara, ✆ 0471/836189.

• *Märkte* 2. und letzter Sa im Monat in Corvara, letzter Do im Monat in Stern (La Villa). **Bauernmarkt** jeden Mi ab 16 Uhr im Zentrum St. Kassians (Juli bis Anf. Sept.).

• *Kaufhaus* Bei Sport Kostner am oberen Ende der Streda Col Alt in Corvara.

• *Schnitzereien* Bei Orsara, Streda Cianins 10 in Stern.

• *Loden & Trachten* Bei **Dolomiten Lodencenter** in Corvara, Streda La Siëia 6, und bei **Tracht & Country** im Kaufhaus Sport Tony in Stern, Streda Colz 56.

• *Wein/Feinkost* **Weine und Grappe** bei La Cianoa in Kolfuschg.

Ziger-Käse und einen haustypischen, rahmigen Käse beim Bauernhof Lüch da Pećëi in St. Kassian neben dem Hotel Fanes, auch am Bauernmarkt in St. Kassian.

Grappe, Honig und eingelegte Früchte, Bauernspeck, Weine und Spirituosen, große Feinkostauswahl bei **Delizius**, cesa Sciadù 212 in St. Kassian.

Konditorei Dorigo (kein Café!), Streda Ruac 13.

Feste & Veranstaltungen/Freizeit & Sport

• *Veranstaltungen* **Lebende Krippe** in der Weihnachtszeit (24., 25., 30. Dez u. 6. Jan.) in Kolfuschg.

Tipp! Fest zum Ende der Wintersaison, 3 Tage Anfang April, **Party rund um die Uhr** in allen Orten des Hochabteitals mit Ski- und Snowboardrennen, Telemarkrennen, kulinarischen und musikalischen Events auf den im Winter geöffneten Schutzhütten, viele von Hotels und privat veranstaltete Partys, Spezialprogramm in Bars und Discos. Wer den Transferdienst „Motty's Night Shuttle" nutzt, wird von Disco zu Disco gefahren. Am Abschlusstag großes Fest auf dem Piz La Ila, Infos unter ✆ 0471/836176.

Im Febr. (wechselnde Termine) nächtliche **Heuschlittenrennen** in Erinnerung an die gefährlichen Heutransporte von den Heuhütten auf den Almen ins Tal; in Stern (La Villa) **Pferdeschlittenrennen** und Skijöring (wechselnde Termine).

• *Baden/Schwimmen* Am neuen **Biotop-See Sotscofes** in Corvara (mit botanischem Lehrpfad) befindet sich auch ein kleiner Badebereich mit Liegewiese, Umkleidekabinen und Snackbar.

Hallenbad in der Mittelschule La Villa, Kernzeit 14–19 Uhr, im Winter 16–19 Uhr (außer Sa/So, jedoch in der HS geöffnet), Eintritt ca. 5 €.

• *Seilbahnen* Die Lifte sind im Sommer meist nur von Juli bis Mitte Sept. in Betrieb, dazu natürlich in der Wintersaison. **In Corvara**: Col Alto, ✆ 0471/836034, Berg 4,50 €, Berg/Tal 5,50 €, Sa Ruhetag. Boè, ✆ 0471/836266, Berg 17 €, Berg/Tal 9 €, Di Ruhetag. Vallon, ✆ 0471/836266, Berg 4 €, Berg/Tal 5 €, Di Ruhetag. Boè und Vallon zusammen Berg 10 €, Berg/Tal 12,50 €. Pralongià, Berg 3,50 €, Berg/Tal 4,50 €, Do Ruhetag.

In Stern (La Villa): Piz La Ila ✆ 0471/847010, Berg 6,50 €, Berg/Tal 8,50 €. Sessellift Gardenazza (8.30–12.30/14–17 Uhr, Do Ruhetag) 3,50/5 €.

In St. Kassian: Piz Sorega, ✆ 0471/849532, Berg 5,50 €, Berg/Tal 7,50 €, Fr Ruhetag.

In Pedratsches: Hl. Kreuz, ✆ 0471/839645, Berg 5 €, Berg/Tal 7,50 €.

• *Bergsteigen/Wandern/Klettern* 2 **künstliche Kletterwände** in Kolfuschg in der Halle der Grundschule (Anmeldung am Abend vorher erforderlich, ✆ 0471/836898) und in Corvara im Freien.

Tipp! Sehr empfehlenswert ist die geführte **kulturhistorische Wanderung** ab Stern zu den Viles Taéla, Rü, Miribun, Tolpëi, Ciablun, Rungg u. a. Information und Anmeldung beim Tourismusverein Stern (La Villa); Unkostenbeitrag.

Bergführerverein Gadertal Corvara, bei der Kletterwand, ✆ 0471/836898, **Alpinschule Diego Zanesco**, St. Kassian, Dorfzentrum, ✆ 0471/849290, jeweils tägl. 18–19 Uhr.

• *Golf* Tranrüs oberhalb von Corvara an der Straße zum Campolongopass, 9-Loch-Platz (Standard 36) seit 1997, ✆ 0471/836015.

• *Paragliding* **Flugschule Badia,** ✆ 0471/847592, Tandemflüge 50–70 €.

• *Radsport* Internationaler Radmarathon **Maratona dles Dolomites** zwischen Stern (La Villa) und Corvara auf 4 verschiedenen Strecken, Anfang Juli, wird seit 1987 ausgetragen. Information über die Tourismusvereine und unter www.maratona.it.

MTB-Verleih: in Corvara Da Carlo, ✆ 0471/830977; in Kolfuschg Sport Edoardo, ✆ 0471/836212; in Stern Break Out Sports, ✆ 0471/847763; in St. Kassian im Hotel Tofana, ✆ 0471/849473.

• *Reiten* Infos beim Hotel Armentarola in St. Kassian-Armentarola, ✆ 0471/849522.

• *Tennis* Tennishalle in Corvara, ✆ 0471/836474. Anlagen beim Hotel Teresa in Pedratsches, ✆ 0471/839725, und beim Hotel Diamant in St. Kassian, ✆ 0471/849499, sowie am Sportzentrum St. Kassian an der Straße Richtung Armentarola, ✆ 0471/849293.

• *Wintersport* Jede Menge Möglichkeiten, die **Dolomiti Superski-Region Alta Badia** hat 56 Skiliftanlagen und 130 km Pisten.

Skischulen: gemeinsame Information über www.altabadiaski.com; in Stern (La Villa) ✆ 0471/847258, in St. Kassian ✆ 0471/849491. Skischule Ladinia in Corvara neben Talstation Boè-Bahn, ✆ 0471/836126. Skischule Kolfuschg, Streda Pecël 12, ✆ 0471/836218. Ski- und Snowboardschule Dolomites in Stern (La Villa) und Armentarola, ✆ 0471/844018, www.skidolomites.it.

Langlauf: Langlaufschule Hochabteital, ✆ 0471/849610. Langlaufloipen v. a. im Bereich St. Kassian-Armentarola (Loc. Sarè), Langlaufzentrum mit Skiverleih und Geräteservice, 4 Loipen beginnen vor dem Haus.

Speziell für Kinder

Im Hochabteital wird viel für Kinder getan, wer weiß, vielleicht füllen die Eltern mit ihren Buchungen ja auch die schlappen Wochen der Nebensaison?

• *Im Sommer* Programm mit dem Titel **„summer for kids“** mit zahlreichen Unternehmungen, Besichtigungen, Sport, Spiel, Baumfest etc. in allen Orten des Tals (Programms beim Tourismusverein). Außerdem stehen **Tagesmütter** zur Verfügung, Kinder (bis 11 Jahre) können schon um 8 Uhr bei den Betreuern gelassen werden, damit die Eltern auch mal den ganzen Tag wandern können. Spezialprogramm für 9- bis 14-Jährige.

• *Ermäßigungen* Anmeldung für den **Kinderpass Alta Badia** ist bei einem der Touristenbüros erforderlich, Bedingung ist ein mindestens einwöchiger Aufenthalt. Spesenbeitrag pro Tag 12–20 €, pro Woche 25–50 €. Auch ohne den Pass gibt es bei den Quartieren je nach Alter der Kinder 100–50 %, in Apartments 30–15 %.

• *Im Winter* Unter dem Label **„skispecials for kids“** winken ebenfalls Ermäßigungen in den Unterkünften, Freiskipass bis 8 Jahre, halber Preis bis 12 Jahre, Ermäßigung auf Skikurse u. Skiverleih (detailliertes Programm für beide Aktionen beim Tourismusver-

Die Drei Zinnen mit der Dreizinnenhütte ▲▲
Bruneck ist das geschäftige Zentrum des Pustertals ▲

▲▲ Bei Kasern im oberen Ahrntal
▲ Markttag in Toblach

Dolomitenflora: prachtvolle Pfauennelke ▲▲

Radlerrast in Innichen ▲▲
Am Toblacher See ▲

▲▲ Tiefblick vom Monte Piana aufs Höhlensteintal
▲ Blick über Toblach auf die Sextener Dolomiten

band). „Skikinderland" nennt sich die winterliche **Kinderbetreuung** in Corvara, „Skiminiclub" in Stern, Infos für Corvara unter ✆ 0471/836126, für Stern unter ✆ 0471/847715.

Großer Spielpark „Dolomites Fun Park" an der Bergstation des Lifts von Stern (La Villa) auf den Piz La Ila, nur im Winter, Infos ✆ 0471/844018. Im Winter bietet die Skischule Corvara Ladinia **Komplettbetreuung** von 9.30–16.30 Uhr, 1 Tag 31 €, 5 Tage 155 €, ✆ 0471/836126, 📠 836710, Infos www.casabimbo.com, gleiches Programm im Skiminiclub der Skischule La Villa in Stern (La Villa), ✆ 0471/847715, 📠 847277, und im Skikinderland Corvara neben der Talstation der Boé-Bahn, ✆ 0471/836126.

• *Spielplatz* Großer Platz (Scolina Salterina) am Sportzentrum St. Kassian an der Straße nach Armentarola, in Kolfuschg Spielplatz *Parch* mit Spielhäusern und Streichelzoo an der Straße nach Corvara.

Übernachten & Camping

• *Apartments* **Tablé apartments** vermittelt Ferienwohungen im Hotel Tablé in Corvara, Streda Col Alt 8, ✆ 0471/830168.

• *In Corvara* **** **Sassongher**, Streda Sassongher 45, besonders tirolerisch kommt uns das komplett renovierte Hotel, das jedes einzelne Zimmer (und die „Romantik-Suiten") in eine Stube verwandelte (einige mit altem Kachelofen und Fax-/Internetanschluss, zwei historische Original-Stuben). Wer dessen müde wird, kann sich im Hallenbad, im Saunabereich oder im „Havanna room" (Zigarren!) erholen. Gutes Restaurant „La Stua dl'Jagher", vor allem aber traumhafte Lage auf dem Sonnenhang in Pescosta mit Blick auf die Sella. DZ/HP 210–460 €. ✆ 0471/836085, 📠 836542, www.sassongher.it.

**** **Romantikhotel La Perla**, Streda Col Alt 105, die „Romantik" ist stark tirolerisch mit viel Holz, auch in einem Teil der Zimmer à la Stube, möbliert mit Originalen aus dem 19., ja 18. Jh. Wellnessbereich mit Sauna, Dampfbad, Fitnessraum. Bemerkenswerter Weinkeller mit eindrucksvoll hinter Glas präsentierten Raritäten (ein Hobby des Besitzers Michil Costa). Im Restaurant „La Stua de Michil" sind Sie auf Michelinsternterritorium. DZ/HP 260–600 €. ✆ 0471/836132, 📠 836568, www.romantiklaperla.it.

**** **Posta Zirm**, Streda Col Alt 95, modernes Hotel, überlegt und bequem eingerichtet, Mobiliar im Tiroler Stil, freundliche „Stüa", die Lage ganz oben im Ort könnte nicht besser sein. DZ/HP 145–336 €. ✆ 0471/836175, 📠 836580, www.postazirm.com.

*** **La Tambra**, Streda Sassòngher 2, zentral gelegenes Familienhotel, komfortabel, etwas verspieltes Dekor, im Hotelrestaurant Südtiroler Spezialitäten. DZ/HP 88–164 €. ✆ 0471/836281, 📠 836646, www.latambra.com.

*** **Marmolada**, Streda Col Alt 80, Wellness im Zentrum an der Hauptstraße (auch für nicht im Haus wohnende Gäste des Ortes) mit Sauna, Dampfbad, römischer Sauna, Whirlpool, Kneippbecken, dazu Massage und div. Therapien. Gut ausgestattete Zimmer, meist mit Balkon, alle Sat-TV. DZ/HP100–296 €. ✆ 0471/836139, 📠 836558, www.hotel-marmolada.com.

*** **Tablè**, Streda Col Alt 8, neues Hotel der Mittelklasse mit angenehmen Zimmern (Balkon, Sat-TV), Sauna, Dampfbad, Solarium, Massage, im Haus gute Konditorei. DZ/HP 100–260 €. ✆ 0471/836144, 📠 836313, www.table.it.

*** **Maria**, Streda Agá 40. Wenn der Herr des Hauses ein bekannter Skilehrer ist, kommt man natürlich besonders gerne im Winter in das Hotel der Familie Iori, aber auch im Sommer überzeugen familiäre Atmosphäre und Gemütlichkeit. Zimmer mit Balkon/Sat-TV, gute Küchenleistung mit italienischem Flair, für die Kategorie gemäßigte Preise. DZ/HP 90–170 €. ✆ 0471/836039, 📠 836045, www.mariahotel.it.

Mersahof (Arnica), Streda Merscia 27. Es gibt sie noch, die Bauern in Corvara. Die Familie Pezzedi gehört zu den wenigen und bietet Urlaub auf dem Bauernhof an, ruhig und sonnig an der wenige Meter weiter für Pkw gesperrten Straße zwischen Pescosta und Kolfuschg, Mitarbeit am Hof möglich, eigene Alm. DZ/FR 44–54 €. ✆ 0471/836125.

• *In Kolfuschg* **** **Kolfuschger Hof**, Streda Rönn 7, von der Terrasse des großen Hotelkomplexes schauen Sie auf die Sella, die vom Val de Mesdi wie durch ein Riesenmesser in zwei Teile getrennt wird. Hallenbad, Sauna, Dampfbad, Whirlpool und Fitnessraum, Liegewiese und kleiner Kinderspielplatz, gepflegte Zimmer mit tollem Blick, neben dem üblichen Viersternkomfort Fax-/Internetanschluss, Fön und Bademäntel. Attraktive Stuben mit schönen Kaminen, modern oder antik. DZ/HP 166–430 €.

✆ 0471/836188, 📠 836351, www.kolfuschger hof.com.

*** **Belvedere**, Streda Rönn 8, also schön ist es nicht, das Hotel mit dem dicken hölzernen Wasserkopf der beiden überkragenden oberen Stockwerke. Aber angenehm, v. a. in den Zimmern dieser beiden Stockwerke mit ihrer Belvedere-Aussicht. Sauna, Dampfbad, Solarium und nebenan viel Grün sind auch nicht zu verachten. DZ/HP 84–252 €. ✆ 0471/836355, 📠 836790, www.belvederealtabadia.it.

** **Settsass**, Streda Sorà 11, Fliegerambiente in der Familienpension, DZ/FR 64–80 €. ✆/📠 0471/836006.

Kunstvoll übernachten in Kolfuschg

**** **Arthotel Cappella**, Pecëi 17, wenn Sie gerne in einer luxuriösen Kunstgalerie Urlaub machen möchten, bietet sich das Cappella an. Vor allem die aus 14 Tafeln bestehende Gemäldeserie im Erdgeschoss, die Sagen des Hochabteitals illustriert, ist einen Kunstabstecher wert: Es sind Arbeiten Alfred Rollers, des Schöpfers Aufsehen erregender Bühnenbilder an der Wiener Staatsoper unter Gustav Mahler und Lehrer Egon Schieles. Außerdem gibt es in einer separaten Galerie Werke moderner Maler (u. a. Guttuso, De Chirico, Ligabue) und Bildhauer zu sehen. Und damit man nachts nicht ohne Kunst leben muss, wurden einige Zimmer mit Werken lokaler und international bekannter Maler geschmückt und/oder vom Designer Matteo Thun entworfen – tolle Einfälle für die Bäder! Aber auch alle anderen wurden äußerst stilvoll eingerichtet, u. a. von Rolando Moroder und Gyan Antaro, an wertvollem Material für Möbel und Accessoires (Spiegel, Leuchtkörper) wurde nicht gespart. Außer Kunst gibt es: DZ mit HP 174-514 €. ✆ 0471/836183, 📠 836561, www.hotelcappella.com.

* **Haflingerhof**, Streda Ruac 13, freundliche Frühstückspension hoch oben am Ortsrand unter der Puezgruppe, einfache Zimmer, kinderfreundlich. DZ/FR 44–70 €. ✆ 0471/836323, 📠 832660.

* **Camping Colfosco**, Streda Sorega 15, zwischen Corvara und Kolfuschg am Waldrand unter dem Sass Sòngher, rustikal, aber Sanitärbereich o. k. Stellplatz und 2 Pers. ca. 17–26 €. Okt./Nov. und Mitte April bis Mai geschlossen. ✆ 0471/836515, 📠 830801, www.campingcolfosco.org.

• *In Stern (La Villa)* **** **La Majun**, Streda Colz 59, das große, vorwiegend aus Lärchenholz erbaute Hotel wurde erst 2000 eröffnet, seine sehr komfortablen Zimmer sind in minimalistischem Design eingerichtet, was alle Elemente betrifft, vom Stuhl übers Bett bis zur Deckenbeleuchtung und zum Hallenbad mit seiner Traumaussicht. 4 Zimmer wurden vom Weltklassedesigner Philippe Starck entworfen. Großer Wellnessbereich mit Hallenbad und Saunen von edel-schlichtem Design. DZ/HP 162–316 €. ✆ 0471/847030, 📠 847074, www.lamajun.it.

*** **Ciastel Colz**, Streda Marin 80, im imposanten Ansitz der Renaissance (1537) sind gerade mal 4 hell und modern eingerichtete Zimmer zu haben, exklusiver kann man nicht wohnen. Erker und Pechnasen, alte Türen mit jahrhundertealten Beschlägen, Ausstattung mit antiken Möbeln. Die Hirschskulptur als Kerzenleuchter im Speisesaal ist so etwas wie ein Logo geworden. DZ/FR 128-268 €. ✆ 0471/847511, 📠 844120, www.siliolagroup.it.

*** **Cristallo**, Streda Verda 3, von außen wenig ansprechendes Hotel (Klotz mit Löchern), innen komfortabel, die Nichtraucherstube sehr schön mit Holz getäfelt und typischer ladinischer Heizofen, im Haus Sauna und Dampfbad. „Wanderhotel" mit eigenem Wanderbus, Liegewiese, Kinderspielplatz, Zimmer mit Sat-TV und Fön. DZ/HP 104–214 €. ✆ 0471/847762, 📠 847594, www.hotelcristallo-altabadia.it.

** **Garni Miriam**, Streda Marin 96. Von der Terrasse des Garni (mit Bar) und von den Balkonen der Zimmer (TV) schaut man auf die gewaltigen Abstürze des Kreuzkofels jenseits des Gadertals, das allein ist schon den – moderaten – Preis wert: DZ/FR 52–68 €. ✆ 0471/847018, 📠 847737, www.garnimiriam.it.

• *In St. Kassian* **** **Hotel Beauty Farm Rosa Alpina**, Streda Micura de Rü 20, der Name des Hotels der Kette Relais & Chateaux ist Programm: Kosmetikspezialistinnen kümmern sich um Gesicht und Körper, anschließend kann man sich in den eleganten Räumen des Hotels erholen und bei den vorbeiflanierenden Gästen die „Normalen" und die VIPs zu unterscheiden versuchen. Modern, komfortabel, elegant ist das ganze Hotel vom Restaurant über die Zimmer zum Hallenbad mit Wellness- und Beauty-Bereich. Gepflegter Garten und herrliche Landschaft. DZ/FR 240–500 €. ✆ 0471/849500, ✉ 849377, www.rosalpina.it.

*** **Hotel La Stüa**, Streda Micura de Rü 31, gutes Hotel, Zimmer mit großen Balkonen/TV, im Haus Sauna und Dampfbad, Hydromassage, einmal wöchentlich ladinisches Essen im rustikalen Kellerlokal, DZ/HP 100–218 €. ✆ 0471/849456, ✉ 849311, www.hotellastua.it.

Miraval, Suracianins 23, 2 Apartments hat die Familia Alton Canins in ihrem schönen und gepflegten Haus nach altem Vorbild im Weiler Suracianins zu vermieten, TV und Balkon, der letztere lohnt sich bei der herrlichen Aussicht auf die Puezgruppe (Gardenaccia). Apt. für 2 Pers. 30–40 €. ✆ 0471/847224.

*** **Camping Sass Dlacia**, 4 km außerhalb von St. Kassian mitten im Wald unter den Wänden der Fanes, die Wanderwege sind einen Katzensprung, der Skilift Armentarola 800 m entfernt. Gute Sanitäranlagen mit Warmwasser rund um die Uhr, kleiner Markt, Bar, Kinderspielpark und Apartments. Stellplatz/2 Pers. ca. 20–27 €. ✆ 0471/8495287, ✉ 849244, www.campingsassdlacia.it.

Essen & Trinken/Cafés

Die Gastronomie des Hochabteitals ist als besonders exklusiv bekannt, im kleinen Dorf St. Kassian gibt es 2 Restaurants mit Michelinstern (Saint Hubertus und La Siriola)! Andererseits ist der Durchschnitt der Lokale, ob bürgerlich, rustikal oder Pizzeria, Durchschnitt eben. Nicht die Preise, die sind geschmalzen.

• *In Corvara* **La Stüa de Michil**, Streda Col Alt 105, Restaurant des Hotels La Perla, rustikal-raffinierte Stube wie Speisekarte, ausgestattet mit antikem Mobiliar, die Küche ist europäische Spitze (Michelinstern, 2 Mützen bei Gault-Millau). Weinkeller als Gralsburg mit dem Gral beleuchtet hinter Glas – anschauen! Menü ohne Tiroler Anleihen, viel Seefisch, kaum unter 75 €, ✆ 0471/836132, Mo Ruhetag in der Nebensaison.

La Tambra, Streda Sassòngher 2, exquisite italienische Küche mit Tiroler bzw. alpinem Einschlag (Erbsen-Saubohnencreme mit Gnoch d'cazü) besonders bei den Nachspeisen (z. B. Apfelküchle mit Zimteis). Eines der besten Restaurants der Dolomiten. Abendmenü 18–24 €, nach Karte nicht unter 30 €. Im vorderen Gebäudeteil Selbstbedienungsrestaurant, beide Mo zu. ✆ 0471/836281.

Stüa, Streda Col Alt 95, Restaurant des Hotels Zirm, bürgerlich, zivile Preise. Austro-Tiroler Klassiker wie Schlutzkrapfen und Zwiebelrostbraten, aber auch Spaghetti und Büffelmozzarella mit Tomaten. Tagesmenü 26 €, ✆ 0471/836175.

Fornella, Streda Rütort 1 (Pescosta), im Wintergarten und auf der Terrasse der Fornella gibt es Pizza (4–9 €), Bruschetta und einheimische Gerichte wie Schlutzkrapfen, empfehlenswert die Salatteller (ca. 7 €). Pizza bis 23 Uhr.

Alisander, Streda Col Alt 14, Dreisternegasthof (DZ/HP 84–155 €) mit Tiroler Küchentrend von der Gerstlsuppe bis zum Apfelstrudel, gutes Salatbuffet, ✆ 0471/836055.

Speckkeller, Streda Col Alt 91, rustikal: Knödelsuppe und Wiener Schnitzel, aber auch Bresaola mit Rucola und Grana, Vorspeisen 5–8 €, Hauptspeisen 10–16 €, Mi Ruhetag.

Konditorei Tablè, Streda Col Alt 8, im Hotel Tablè, mit Terrasse, exquisit, nicht nur die verschiedenen Strudel, super-delikat sind Flockentorte und Aprikosenkuchen. Ambiente à la Fin de Siècle samt Grammophon und Plüsch, sehenswert.

Chocolaterie, Streda Col Alt 47 im Hotel Villa Eden, die Schoko-Stube (Café-Konditorei) bietet alles, was mit Schoko zu tun hat, von 30 Kakaospezialitäten über Schokofondue bis zum Schokoeis.

Gelateria Villa Toni, Streda Col Alt, Café-Bar und Eisdiele in der gleichnamigen Pension an Corvaras Hauptstraße, auch kleine Imbisse (Würstel mit Senf, Speckplatte).

• *In Kolfuschg* **La Stria**, Streda Val 18, feines Restaurant nahe der Kirche mit Tiroler Küche all'italiana, die Experimenten nicht abgeneigt ist, aber klassische Fleischspeisen (Wildplatte für 2 Pers., Hirschrücken mit Wacholdersauce und karamellisierten Birnen) und Desserts (tolle Dessertplatte „Stria-Variationen"), alles sehr dekorativ präsentiert. 3 Gänge nicht unter 35–40 €, einige Tagesgerichte unter 10 €. ✆ 0471/836620, So abends und Mo geschlossen (nicht während der Saison).

Luianta, Streda Pecëi 31, Gasthof/Restaurant mit ladinisch-tirolerischer Küche, recht deftig bis hin zum Sauerkraut, zur Polenta und zu den Würsten, Spezialität Fondue, tolles Risotto mit Schnittlauch und

Blick von Kolfuschg auf die Sella

Rotwein, feine Buchweizentorte. 2 Gänge 18–25 €, ✆ 0471/836005. Im Untergeschoss liegt talseitig der **Mathiaskeller**, gutbürgerliche Küche und Ambiente deutscher Art, auch Terrasse, ab ca. 25 €.

Café-Eissalon des Hotel Cappella, eigenes Eis, köstliche Süßspeisen, man blickt von der Terrasse auf die Sella.

• *In Stern (La Villa)* **Blumine**, Streda Boscdaplan 176, Restaurant des Hotels La Villa, winzig (reservieren!), interessante und phantasiereiche Italo-Tiroler Küche mit Pfiff und den Zutaten der Region, ab ca. 35 €. ✆ 0471/847035.

Ciastel Colz, Streda Marin 80, sehr feines Abendrestaurant (19–21 Uhr) mit Italo-Südtiroler Küche im Renaissanceansitz, Menüs mit speziell ausgewählten Weinen). Anmeldung sinnvoll, pro Pers. ab ca. 50 €, ✆ 0471/847511, Di Ruhetag.

L'Fanà, Pizzeria und Grillrestaurant, gerne voll, gute Pizza auch zum Mitnehmen, Reservierung erwünscht und sinnvoll, 19–24 Uhr, ✆ 0471/847025.

• *In St. Kassian* **Saint Hubertus**, Streda Micura de Rü 20, Restaurant des Hotels Rosa Alpina, perfekter kulinarischer Crossover zwischen Italien und Alpen, der typisch für die Südtiroler Küche ist, hier auf höchstem Niveau. Köstlich und im Mund zergehend: Rinderfilet, das in einer Kruste aus Salz und Bergheu gegart wurde. Ab ca. 60 €, auch Degustationsmenüs mit/ohne Wein. ✆ 0471/849500, Di Ruhetag.

Café-Konditorei Ploner, an der Talstraße, Eisdiele, Panini u. a. Snacks, ✆ 0471/849538.

La Siriola, Streda Pré de Vi 31, im Hotel Ciasa Salares, nach allen italienischen Gourmetführern Italiens eines der ersten Restaurants des Landes (im „Veronelli" 104 von z. Zt. max. 108 Punkten, damit unter den ersten 15 Italiens), perfekter Mix aus diskret-elegantem Ambiente, unauffällig kenntnisreichem Service und einer Regionalküche mit Crossover-Elementen. Ein Gedicht: getrennt zubereitete Taubenbrust und -keule (28 €), Menü ab ca. 70 €. ✆ 0471/849445, Okt./Nov. und von April bis Juni zu.

Abends

• *In Corvara* Einzige echte **Disco** ist die **Taverna Posta Zirm** im Hotel Posta Zirm in Corvara, 21.30–2 Uhr, Life/DJ, freier Eintritt. **Piano Bar** im Hotel Sass Sòngher und **Caffè Concerto** im Hotel Tablè.

• *In Kolfuschg* **Black Hill Nevada**, im Pub gibt es auch spätabends noch Pizza, ✆ 0471/836190. **Peters Stube**, eine hübsche Stube mit ladinischer Küche, lange geöffnet, 22–1 Uhr. **Music Pub**, ✆ 0471/836546.

• *In Stern (La Villa)* **Jandos**, ✆ 0471/847014, und **Durni's Pub**, ✆ 0471/847062.

• *In St. Kassian* **Hug's Bar**, Lifemusik in der Saison, Gedränge in der Holzhütte, ✆ 0471/849500, auf junges Publikum setzt **La vita e bella**, ein Bistro-Bar-Internetcafé, ✆ 380/3226669.

Sehenswertes/Ausflüge

Corvara: Den besten Gesamteindruck bekommt man im oberen Ortsteil, wo die *Streda Col Alt* einen Bogen macht, um Höhe zu gewinnen. Man blickt durch den ganzen neuen Ort und hinüber auf den Hang von *Pescosta,* wo die Häuser jedes Jahr mehr werden. Darüber erhebt sich mit gewaltiger Wand der *Sass Sòngher,* dessen zeltähnlicher Gipfel die südöstliche Aussichtskanzel der Puezgruppe bildet. Diese großartige Lage ist aber auch das Haupt-Ass von Corvara, sie nutzt auch der Golfplatz etwas oberhalb an der Straße zum Campolongo-Pass. Ansonsten ist Corvara ziemlich dröge mit Pseudo-Tiroler Einheitsarchitektur mit oftmals aufgesetzt wirkenden Dekors, unnötigen Balkonen und viel asphaltierten Freiflächen. Das Hotelniveau ist hoch, das Angebot gut und teuer, wen der Ort ästhetisch nicht anspricht, der kann ja jederzeit in die Natur ausweichen. Einen Blick ist die alte *Kirche* wert (die neue ist ein typischer Bau der 50er Jahre), nicht mehr als eine Kapelle. Ihr Flügelaltar von 1520 besitzt ein der Donauschule (ein Schüler Albrecht Altdorfers?) zugeschriebenes Bild mit der Enthauptung der hl. Katharina.

Ein besonders hübscher Weg (Tafel „Grödnerjoch") führt von der Talstation der Boé-Seilbahn in Corvara zu den Pisciadú-Wasserfällen und zum Ausgang des Val de Mesdi. Von dort geht es über blumenreiche Wiesen nach Kolfuschg (Weg 650) mit tollen Blicken auf den Sass Songher.

Kolfuschg: Während Corvara nach Norden schaut, bietet Kolfuschg sonnige Südlage und Blick auf die imponierende, bis zu 1000 m hohe und fast senkrechte Nordflanke der Sellagruppe. Das auf 1650 m (!) liegende alte Dorf ist im Kreis der Neubauten kaum noch auszumachen. Dass das heute gut erreichbare Kolfuschg einmal total isoliert war, mag man kaum glauben: Bis ins späte 19. Jh. gab es keine Straße durch das Gadertal, der Ort hatte keine eigene Pfarre, sondern war von Lajen im Eisacktal abhängig (wie das gesamte Grödner Tal). Dorthin gab es aber keine Straße, sondern bis zum Bau der Straße übers Grödner Joch (erst um 1970 voll ausgebaut) nur einen Saumweg. Als Kolfuschg dann an die Gadertalstraße angebunden wurde, kam es verwaltungstechnisch zu Buchenstein jenseits des Campolongopasses, wo immerhin bereits ab 1901 eine Fahrstraße hinüber nach Arabba existierte.

Sehenswert ist die *Kirche des hl. Vigil,* spätgotisch mit Spitzbogenfenstern und einer kleinen barocken Zwiebelhaube. Die eine oder andere altladinische *Ciasa* mit Steinmauerwerk im Erdgeschoss und teilweise hölzerner Außenverkleidung (zur Isolierung) steht noch im alten Dorf, einige alte *Majun,* die einfachen Heustadel, in den umgebenden Heuwiesen.

Die Sellagruppe: Eine Sella-Umrundung, das ist für Autofahrer, Motorradfahrer, Rennradfahrer, Wanderer und Skifahrer die größte Herausforderung. Das gewaltige, im **Piz Boé** bis zu 3152 m hohe Massiv liegt mitten in Ladinien, bis auf das Ampezzo haben alle ladinischen Täler hier ihren Ursprung. Gewaltige, an den meisten Stellen nur durch Kletterrouten und versicherte Klettersteige bezwingbare Wände umgeben ein wild bewegtes, zerrissenes Hochplateau. Karst prägt die Region, also kein fließendes Wasser, meist sehr karge Vegetation, heller Kalkstein, dessen Schichten und Banken im Aufriss der Sella immer noch gut zu sehen sind. Kein Wanderland, wer sich auf die Sella traut, sollte Bergsteiger sein und entsprechende Ausrüstung bei sich haben. Von Norden bildet die *Boé-Seilbahn* ab Corvara eine einfache Möglichkeit auch für Nicht-Bergsteiger ins Gebirge zu kommen, vom Süden her bietet die Seilbahn vom Pass Pordoi auf den Sass Pordoi ähnlich Möglichkeiten.

Tour 41: Bergtour auf den Piz Boé, den höchsten Gipfel der Sella

Tour-Info: Anstrengende Tour für schwindelfreie, trittsichere Bergsteiger, besser als Zweitagestour planen. Dauer 7:30–9 Std.; Höhenunterschied ↑ 1200 m, ↓ 1150 m. Karte: Tabacco (1:25.000) Blatt 7. Anfahrt mit dem Bus zum Grödner Joch, Rückfahrt mit der Boé-Seilbahn nach Corvara.

Zwei Tage sollte man sich für diese Tour schon Zeit nehmen, gute Geher schaffen sie auch an einem, dann aber sehr anstrengenden Tag. Man nimmt den Bus (ab Grödner/Hochabteital) zum Grödner Joch (2121 m) und den direkt am Pass zur Sella abzweigenden Weg 2, der über den Grasshügel Col de Frea an den Fuß der Wände des Sellastocks führt. Durch Hangschutt erreicht man das Val Selùs, durch das es steil aufwärts geht. Recht guter schmaler Weg im Lockerschutt, im oberen Teil Drahtseilsicherungen über eine Steilstufe, an der Ungeübte Warteschlangen produzieren. Jenseits eines niedrigen Jochs liegt in einer Karstmulde die Pisciadúhütte (2585 m, 2 Std.) und etwas tiefer der gleichnamige See.

Weiter am See vorbei auf Weg 666 (Dolomitenhöhenweg 2) unter den Felswänden der Cima Pisciadú entlang und in das Val Tita, von dessen oberstem Teil eine Altschneerinne zur Hochalmfläche

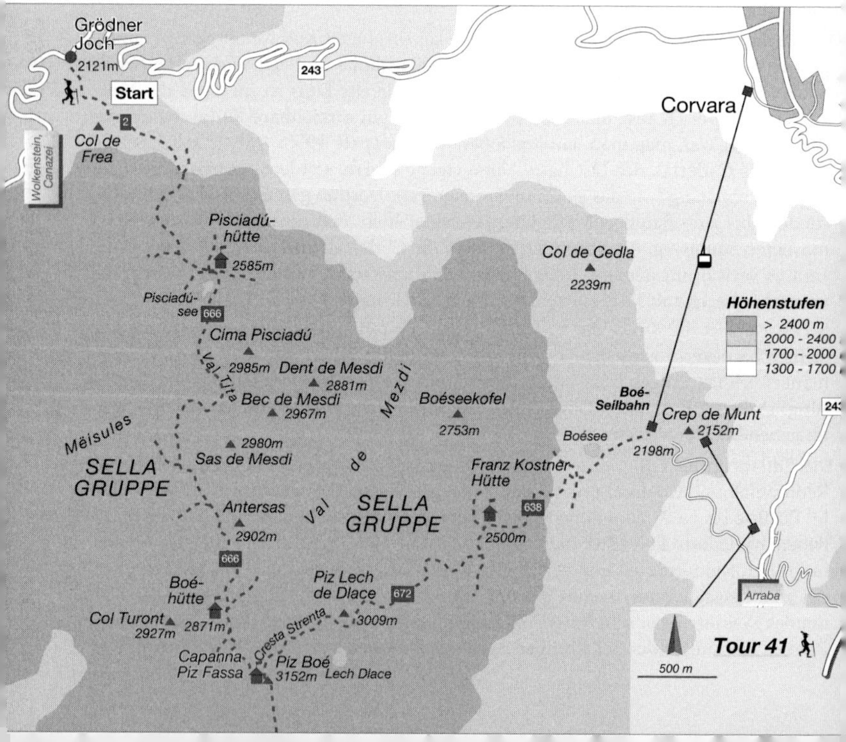

der Mëisules leitet (Aussicht nach Süden!). Nun geht es abwärts über das steinige Plateau auf den Antersas zu, der rechts mit Drahtseilsicherung umgangen wird, gleich darauf erreicht man die Boéhütte (2871 m). Gleich hinter der Hütte geht es wieder steil bergauf, Geröll, ein Felsband mit Drahtseilen, leichte Blockkletterei und wir haben den Piz Boé erreicht mit der Capanna Piz Fassa (3152 m, 5:15 Std.).

Der weitere Weg führt kurz über den Grat zurück, dann aber mit Weg 672 nach rechts über die Cresta Strenta, etwas ausgesetzt und mit Drahtseilen versichert zum Piz Lech de Dlace (3009 m), unter dem man den Eissee Lech Dlace glänzen sieht. Über unproblematische Hänge hinunter auf eine große Terrasse und teilweise versichert in ein enges Felsental. An dessen Fuß wendet man sich nach links und erreicht die auf einem niedrigen Hügel liegende Franz-Kostner-Hütte (2500 m, 6:45 Std.).

Die Schilder an der Hütte weisen deutlich zum Crep de Munt bzw. zur Bergstation der Boé-Seilbahn (2198 m, 7:30 Std.). Auf dem Weg passiert man den hübschen Boésee, den Skitrassen kann man weitgehend ausweichen.

• *Hütten* **Pisciadú-Hütte (Rifugio F. Cavazza)**, 2585 m, CAI Bologna, ✆ 0471/836292.

Rif. Boé, 2871 m, SAT, 55 Betten, ✆ 0471/847303.

Capanna Piz Fassa, 3152 m, privat, 4 Betten, ✆ 0462/601723.

Rif. Franz Kostner al Vallon, 2500 m, CAI Bozen, ✆ 333/8759838, www.rifugiokostner.it.

• **Auf dem Passo di Campolongo**: Die weiche Almlandschaft um den ins Agordino nach Arabba (Buchenstein) führenden Pass ist ein angenehmes Wandergebiet mit einer ganzen Reihe bewirtschafteter Almen und Schutzhütten. Im Winter verwandelt sich die Landschaft in einen wahren Skizirkus, der keine großen Anforderungen stellt und somit für Familien und weniger geübte Skifahrer geeignet ist. Wanderweg 636, einer der eindrucksvollsten Anstiege auf den Sellastock, beginnt direkt am Pass.

• **Die Puezgruppe**: Der auf Corvara blickende *Sass Sòngher* (2665 m) ist nur eine Aussichtskanzel des riesigen dahinterliegenden Plateaus der Puezgruppe. Dieses Bergland teilen sich Grödner Tal, Hochabteital und Villnösstal, die Zugänge vom Hochabteital sind vom Grödner Joch, von Kolfuschg und von Stern (La Villa). Trotz der Nähe zu den Touristenhochburgen ist es in weiten Bereichen des Plateaus einsam – die Sella gegenüber ist einfach populärer.

Zur Puezgruppe → das Villnösser Tal und → Grödner Tal, zum Naturpark Puez-Geisler → S. 140.

• **Stern (La Villa, La Ila)**: Im alten Dorf oberhalb der Straße hat sich wenig verändert, nur wenige Häuser stehen zwischen der Kirche und dem *Ansitz Ciastel Colz* aus der Renaissance, heute Hotel und Restaurant. Der Blick auf die Fanesgruppe, die sich vom Dorf mit Cunturinesspitze (rechts, 3064 m), Lavarela (Mitte, 3034 m) und der Felswand nach Norden Richtung Kreuzkofel (links) präsentiert, ist umwerfend. Der Publikumsmagnet ist die Seilbahn auf den *Piz La Ila,* die neue Umlaufbahn (2002) kann bis zu 2200 Personen pro Stunde transportieren. Das ist v. a. im Winter wichtig, wenn zum Beispiel im Dezember das *Weltcuprennen* auf der berühmten schwarzen Piste „Gran Risa" stattfindet.

• **Das Ski- und Wanderparadies Pralongia**: „Gran Risa" nennt sich die berühmteste Piste des Hochabteitals, das ist die schwarze Abfahrtspiste vom Piz La Ila hinunter nach Stern. *Alberto Tomba* konnte hier achtmal auf dem Treppchen stehen. Der Weltcup-Skizirkus macht in der Vorweihnachtszeit hier Halt. Im Sommer ist das Gebiet zwischen der Bergstation auf dem Piz La Ila und dem Pralongia-Kamm ein

Familienwandergebiet: Wiesen und Weiden wohin das Auge schaut, viel Wasser zum Planschen, keine gefährlichen Stellen. Und Hütten mit Verpflegung in kindgerechten Abständen!

• *Übernachtung/Essen & Trinken* **Piz la Ila-Club Moritzino**, an der Bergstation der Seilbahn auf den Piz la Ila, ✆ 0471/847403. Pralongia (gehört zur Gemeinde St. Kassian), komfortable Schutzhütte mit Zimmern (TV), Sauna und Terrasse zum Sonnen und Speisen. DZ/HP 100–130 €. ✆ 0471/836072, 830193.

Tour 42: Wanderung von Stern auf die Fanes und nach St. Kassian

Tour-Info: Der Kontrast zwischen dem Steilanstieg zwischen abweisenden Felswänden und dem folgenden Marsch über ein welliges Plateau könnte nicht stärker sein. Die beschriebene Zweitagestour für ausdauernde Geher ist voller Höhepunkte, besonders für die letzte Stunde Weg vor der Lavarellahütte ist Trittsicherheit nötig. Dauer: 9:30–12 Std. (2 Tage, aber die Faneshütte ist sehr bequem). Höhenunterschied: ↑ 1300 m, ↓ 1050 m. Karte: Tabacco (1:25.000) Blatt 7. Anreise nach Stern mit Bus oder Pkw, zurück vom Gasthaus Saré nach Stern mit Bus oder Taxi.

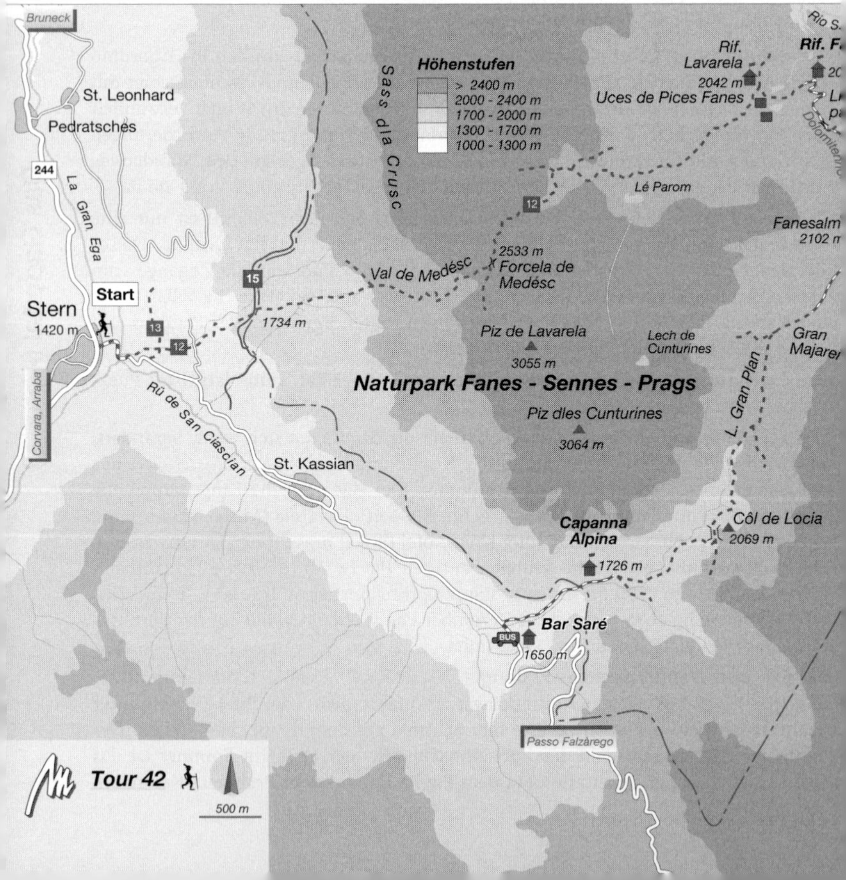

In Stern (1420 m) nimmt man die Straße nach St. Kassian und biegt nach der Brücke über den Gaderbach (1385 m) und der folgenden S-Kurve auf den links abzweigenden Weg 12/13 ein, gleich darauf auf Weg 12 (nach rechts). Es geht stetig bergauf, Wiesen, Weiden, im unteren Teil noch einige Häuser, schließlich Wald. An einer Lichtung kreuzt man den Forstweg 15 (1743 m), 10 Min. darauf liegt ein Feuchtgebiet mit mehreren Quellen zur Rechten. Wo man aus dem Wald in Krummholz und dann lockeres Schottermaterial eintritt, gabelt sich der Weg (2000 m), links geht es nach Heiligkreuz, rechts auf die Fanes. Durch das Val de Medes steigt man auf dem rechten Hang auf, Abkürzungen bitte nicht beachten (Erosionsgefahr). Über sehr lockeren Schotter wird etwas mühsam die Forcella de Medésc erreicht (2533 m, 3:45 Std.).

Der weitere Weg über das Plateau geht meist leicht abwärts, man passiert den See Lé Parom (im Spätsommer fast trocken), dann öffnet sich der Blick auf die 300 m tiefer gelegene Fanesalm. Etwas mühsamer Abstieg durch Wald, die starken Karstquellen des Vigilbachs bleiben rechts. Hinunter zum Rifugio Lavarela, das man rechts unter sich liegen sieht, man quert zwischen den beiden Teichen der Alm und steigt jenseits leicht auf zum gemütlichen großen Rifugio Fanes (2060 m, 6 Std.).

Am nächsten Tag geht es auf dem Almsträßchen nach Süden weiter (Dolomitenhöhenweg 1; Farbdreiecke mit der 1). Aufstieg zum Limopass und Limosee, weiter zur Großen Fanesalm (2102 m, Jausenstation, 7 Std.) und über die Böden dieser Alm zu einer Bergsturzzone, wo sich Tal und Weg teilen, rechts zur Lavarela (leichte Kletterei), links nach St. Kassian und zum Falzàrego-Pass. Also links, fast eben, bei der nächsten Weggabelung rechts und über den Col de Locia (2069 m, 8:15 Std.) hinunter zur Straße nach St. Kassian, vielleicht mit einer Erfrischungspause an der Capanna Alpina. An der Straße Bushaltestelle bei der Bar Saré links (1650 m, 9:30 Std.).

• *Hütten* **Rifugio Lavarella**, ✆/℻ 0474/501079; **Rif. Fanes**, ✆/℻ 0474/501097; **Capanna Alpina**, ✆ 0471/849418.

St. Kassian und das Kassianer Tal

Das **Kassianer Tal** zieht sich von Stern (La Villa) über den Hauptort St. Kassian und den Weiler **Armentarola** bis hinauf unter die Wände des Lagazuoi im äußersten Süden der Fanesgruppe, wo man am Passo di Valparola (2168 m) den höchsten Punkt erreicht – der Falzàregopass ist nur noch 2 km entfernt. Die Hotellerie in St. Kassian kann sich mit der wesentlich größerer Orte messen, an Wandermöglichkeiten fehlt es nicht: Fanesgruppe, Puezgruppe, die Sellagruppe um die Ecke, direkter Lift ins Wanderparadies Pralongia, nach Cortina 1 Std. Autofahrt ... Im Ort lohnt das **Ladinische Museum**, ein Höhlenbärenskelett aus der Cunturineshöhle in der Fanesgruppe ist die größte Attraktion.

• *Öffnungszeiten* **Pic' Museo Ladin**, Streda Centro, kleines Mineralien- und Fossilienmuseum mit dem eindrucksvollen Skelett eines 33.000 Jahre alten Höhlenbären, Di–Sa 16–19 Uhr, So 16.30–19.30 Uhr, ✆ 0471/849048.

• *Ausflug/Hütte* **Rifugio Scotoni**, La Villa 62, ✆ 0471/847330, gemütliche, im Winter und Sommer geöffnete Schutzhütte auf dem Weg von Stern zum Lagazuoi, 45 Min. Fußweg vom Parkplatz an der Capanna Alpina (Stichstraße), gute Hausmannskost.

Bequem, der Sessellift zum Hospiz Heiligkreuz

Das mittlere Gadertal

Das mittlere Gadertal zwischen Stern (La Villa) und St. Martin in Thurn ist neben Buchenstein das ursprünglichste der ladinischen Täler. Das trifft nicht so sehr auf die Talstraße zu als auf die kleinen Dörfer weiter oben und die vielen Viles, die ladinischen Weiler.

Die Siedlungen *Pedratsches* und St. *Leonhard* – beide zusammen verwirrenderweise oft **Abtei (Badia)** genannt –, **Wengen (La Val)** und **St. Martin in Thurn** sind die Zentren eines weit verstreuten Siedlungsraums, der bis hoch hinauf unter die Felswände von Heiligkreuzkofel und Peitlerkofel reicht. Hier haben sich Bräuche und Fertigkeiten erhalten, die anderswo selten geworden sind: Noch wird die Kunstweberei von einigen Familien betrieben. Der Speck kommt meist aus der eigenen Räucherkammer. Wallfahrten wie diejenige zum Kloster Säben in Klausen werden wie seit Jahrhunderten zu Fuß unternommen. **St. Leonhard** veranstaltet noch immer seinen Leonhardiritt zu Ehren des Ortspatrons. Im **Val de Molins** kann man zusehen, wie bis vor kurzem Korn gemahlen wurde. Und in den Küchen der Bäuerinnen wird konsequent gekocht, was seit Jahrhunderten auf dem Speisezettel stand. Eine Region für Nostalgiker, die gerne zu Fuß, mit dem Mountainbike, zu Pferd (die Pferdezucht ist ein Standbein der Landwirtschaft im Tal) unterwegs sind.

Seit der Heiligsprechung des Paters Josef Freinademetz aus Oies bei St. Leonhard im Oktober 2003 ist das mittlere Gadertal um ein Touristenziel reicher, denn nicht nur Gläubige wollen sehen, wo der „chinesische Heilige" zur Welt kam. Sogar einen Meditationsweg zum Leben des Heiligen gibt es bereits …

Information Zu Abtei, Wengen und St. Martin in Thurn durch den **Tourismusverband Alta Badia** (→ „Hochabteital", S. 526), über Enneberg durch den Tourismusverband Kronplatz (→ Enneberg, S. 547).

Abtei (Badia)

Ortsteile Pedratsches (Pedraces) und St. Leonhard

Das Abteital weitet sich bei Pedratsches ein wenig, genug um zwei Orten Raum zu geben, Pedratsches an der Straße und St. Leonhard am östlichen Hang unter den gewaltigen Abstürzen des Heiligkreuzkofels, an dessen Fuß die alte *Kirche des Heiligen Kreuzes* mit Pilgerhospiz steht. *Viles* liegen verstreut in den Wiesen und Weiden. Einige scheinen noch immer im 19. Jh. zu leben, so wenig berührten sie die Veränderungen, die Südtirol seither überzogen haben.

In St. Leonhard wird seit kurzem im Weiler Oies das Geburtshaus eines berühmt gewordenen Sohnes der Gemeinde gezeigt. Der 2003 heilig gesprochene *Pater Josef Freinademetz* wurde wegen seiner Tätigkeit als Missionar in China bekannt, der eigenwillige Mann kleidete sich und lebte wie die Einheimischen, mit denen er ausschließlich verkehrte, um schließlich festzustellen: „Ich will auch im Himmel ein Chinese sein".

Information/Verbindungen/Sport/Feste & Veranstaltungen

• *Information* **Tourismusverein**, I-39036 Pedraces, Streda Pedraces 40, ✆ 0471/839695, 📠 839573, pedraces@altabadia.org.

• *Verbindungen* **Taxi**: Fa. Valentini, ✆ 0471/839705.

• *Wintersport* **Skischule Pedraces**, in Pedratsches (Nähe Talstraße), ✆ 0471/839648.

• *Feste & Veranstaltungen* **Leonhardi-Ritt** in St. Leonhard am 2. Sonntag im November zu Ehren des Viehpatrons St. Leonhard.

Übernachten/Essen & Trinken

**** **Sporthotel Teresa**, Streda Daméz 64, modernes Hotel ohne Schnörkel, komfortabel, Zimmer mit Sat-TV, Safe, Balkon. Sauna, Dampfbad, Solarium, Massage, Fitnessraum, zahlreiche Sportmöglichkeiten inkl. Reiten in der eigenen Halle und Tennis. DZ/HP 170–430 €. ✆ 0471/839725, 📠 839832, www.sporthotel-teresa.com.

Bar-Pizzeria L'Nagler, im Ortszentrum an der Durchgangsstraße, großzügiger und heller Neubau mit langer Schank, Pizza (5–8 €), diverse Nudelgerichte, einfache Fleischspeisen, auch Snacks wie Bauerntoast, keine kulinarischen Höhenflüge. ✆ 0471/839011.

Badia Pub, Guinness vom Fass im schön altmodischen Bierheber am schön modernen Tresen, blitzblank, alte Fotos an der Wand, freundliche Bedienung. Es wird wohl nicht bei einem Bier bleiben (auch Snacks sind zu bekommen). ✆ 0471/839644.

• *Außerhalb* *** **Hotel Lech da Sompunt**, Streda Sompunt 36, freundliches Hotel direkt am kleinen See Sompunt, idyllisch gelegen: vorne See, hinten Wald, großer Spielplatz, eigene Konditorei/Eisdiele, Restaurant mit ladinischer Küche, am Do ladinischer Abend, frische Forellen. Sauna, Dampfbad, Solarium, Fitnessraum, Zimmer mit Balkon und TV. DZ/HP 90–192 €. ✆ 0471/847015, 📠 847464, www.lechdasompunt.it.

Tipp! Maso Rungg (Hof Runch), Streda Rungg 18. Maria Nagler serviert im Weiler Rungg (Runch) oberhalb von Pedratsches bäuerliche Kost von der Gerstlsuppe mit Turtres (in Südtirol Tirtlan genannt, eine Art große Ravioli) über die Knödel bis zu Gulasch, Kalbsstelze aus dem Ofen mit Polenta und Strudel, komplettes Menü mit 5 Gängen um die 20 €. ✆ 0471/839796.

• *In St. Leonhard* ** **La Müda**, Streda La Müda 13, gleich nach der S-Kurve durch das Gadertal und noch vor der Talstation der Heiligkreuzbahn nach rechts, und sie sind da, am Ende der Straße, ruhig, familiär, eine nette Pension mit Zimmern mit Balkon und TV, Liegewiese, gute Küche. DZ/HP 80–130 €. ✆ 0471/839698, 📠 839626, www.lamuda.it.

Der hl. Leonhard

Die Kirche des Viehpatrons im Ort St. Leonhard, dem sie den Namen gegeben hat, war früher am Leonharditag im November ein sehr wichtiges bäuerliches Pilgerziel. Wer sonst konnte die Krankheit vom Vieh abwehren und die Unfälle auf den Almen, wenn nicht der hl. Leonhard? Während der Messe am Leonharditag geweihte Objekte, z. B. kleine, aus Eisen gefertigte Modelle von Rind und Pferd, Ziege und Schaf, konnten Krankheit und Unfall abwehren. Wahrscheinlich entstand der an vielen anderen Orten mit demselben Patron (Bad Tölz!) übliche Leonhardi-Ritt, weil die meisten Bauern mit dem Pferd zur Messe ritten oder Pferde vor den Karren gespannt hatten, auf dem sie mit Familie und Gesinde saßen. Der Leonhardi-Ritt am 2. Sonntag im November ist immer noch eine Prozession, vorne Priester und Ministranten, Fahnen und Musikkorps samt Marketenderinnen, dann der Zug der reich geschmückten Pferde und Reiter. Bei dem späten Termin passiert es immer wieder, dass die Pferde im Schnee traben, dann werden Pferdeschlitten eingesetzt. Der Umzug findet nach der Messe in der Pfarrkirche von St. Leonhard mit ihrem prachtvollen barocken Innenraum statt. Umzug, Bauernmarkt, Blasmusik, Tanz, die Gasthöfe kochen ihr feinstes und traditionellstes ladinisches Essen – eben ein Volksfest. Wie schön, dass nicht nur der Sommer Feste bringt.

Sehenswertes/Ausflüge

▸ **Pfarrkirche St. Leonhard in St. Leonhard**: Im Dorf oberhalb von Pedratsches fällt die große Kirche auf, sie ist dem Viehpatron Leonhard gewidmet, einem der wichtigsten Heiligen für die Bauern des süddeutsch-österreichischen Raums. Reiche Rokokoausstattung von *Franz Singer* und *Matthäus Günther,* unbedingt anschauen! Schöner Blick auf die Kirche und die Puezgruppe im Hintergrund vom kleinen Spielplatz mit künstlichem Teich weiter oben.

St. Leonhard, Pfarrkirche

▸ **Wanderung zur Wallfahrtskirche und dem Hospiz Heiligkreuz**: Die Kirche auf 2045 m, 1484 errichtet unter Bischof Konrad von Brixen, wurde im Barock erweitert, und ein Turm wurde angebaut. Das ehemalige Hospiz, in dem früher die Pilger nächtigten, wird heute als Schutzhütte geführt. Der Wirt ist gleichzeitig Mesner der Kirche und Koch, probieren Sie seine rustikalen Gerichte. Mit dem Sessellift von St. Leonhard geht es bis auf 1841 m, ab dort steiler Fußweg auf dem alten Kreuzweg (hin/zurück ca. 1:30 Std.).

• *Übernachten/Essen & Trinken* **Schutzhütte (Hospiz) Heiligkreuz**, 2045 m, Pedratsches, einfache Zimmer ganz in Holz im altehrwürdigen Hospiz, rustikale Küche, Südtiroler Weine, DZ/FR 52–58 €, ✆/℻ 839632.

Votivtafel im Hospiz Heiligkreuz

Geburtshaus des hl. Josef Freinademetz in Oies: Von St. Leonhard kann man mit dem Auto oder zu Fuß auf dem neuen Meditationsweg zum Geburtshaus des 2003 heilig gesprochenen Paters Josef Freinademetz (1852–1908) wallfahren. Der Gadertaler wirkte ab 1881 als Missionar in China. Er war wohl auch deshalb erfolgreich, weil er sich nicht nur chinesisch kleidete und die Sprache sprach, sondern sich auch in seiner Lebensführung anpasste. In Oies steht sein schlichtes Geburtshaus, daneben eine neue Kapelle.

Info Broschüre in der Info Pedraces, Geburtshaus ✆ 0471/839635, www.oies.it

Wengen (La Val)

Das Dorf Wengen hat sich die Sonnenseite eines Nebentals ausgesucht, auch jeder einzelne der ladinischen *Viles* bekommt Sonne, kein einziger liegt am schattigen Hang südlich des Orts. Die Weiler von Wengen machen den Ort aus, das Zentrum selbst ist nicht größer. Wer hier den Sommerurlaub verbringt, lernt wieder, mit Ruhe umzugehen.

Information/Verbindungen/Einkaufen

• *Information* **Tourismusverein Wengen/La Val**, Pro Loco und Bank im Gemeindehaus, ✆ 0471/843072, ℻ 843277, laval@altabadia.org.

• *Verbindungen* **Taxi**: Fa. Ploner in Pederoa, ✆ 0471/843131.

• *Einkaufen* **Kunstwebereien**: Nagler und Gaidra in der Handwerkerzone Pederoa 225 und 193 an der Gadertalstraße, es werden traditionelle Stoffe hergestellt. Die Arbeit an den alten Webstühlen kann beobachtet werden (Nagler). Für Vorführungen vorher anrufen unter ✆ 0471/843188; www.tessitura nagler.it.

Übernachten/Essen & Trinken

• *In und um Wengen* *** **Alpenrose**, San Senese 11, bei der Kirche unterhalb der Ortstraße, von den Balkonen Blick auf die Kirche oder das Gadertal, Restaurant baut auf „Grillspezialitäten", Sauna, Dampfbad, Massage. Gute Zimmer mit Sat-TV, Safe, Balkon. DZ/HP 74–120 €. ✆ 0471/843136, ℻ 843266, www.alpenrosehotel.it.

*** **Pider**, San Senese 16, kurz nach der Kirche, Gasthof mit einheimischer Küche mit Speck, Gerstensuppe, Tirteln, Schlutzkrapfen, aber nicht nur damit (Wild!). Sauna, Dampfbad, Whirlpool und Solarium, im Untergeschoss „Bowling-Bar" mit Kegelbahn, großer Parkplatz vor der Tür, schlichte, etwas altmodisch möblierte Zimmer mit Sat-TV und Safe, nach vorne tolle Aussicht. DZ/HP 76–120 €. ✆ 0471/843129, ℻ 843281, www.pider.info

Maierhof, Coz 4, wunderschöner alter ladinischer Hof in typischer Steinbauweise im alten Weiler am Ende des Tals und der Straße, herrliches Panorama. Die Familie Rubatscher bietet Urlaub auf dem Bauernhof in 2 gemütlichen Apartments und 1 DZ, Ausflüge auf die eigene Alm. DZ 32–36 €. ✆/℻ 0471/843171, maierhof@rolmail.net.

Miribung, Miribun 1, Familie Miribung vermietet im Weiler Miribun etwas oberhalb von Wengen im neuen Haus Zimmer mit

Das Gadertal (Abteital)

Frühstück, sehr freundlich, herrlicher Blick vom Balkon (kein TV). DZ/FR 36–38 €. ✆/✉ 0471/843255, hubert.miribung@dnet.it.

• *In Pederoa* **Soví**, Soví 1, Privatzimmer im hübschen Neubau in Soví an der Straße nach Aiarëi (im Gadertal), ruhig, einsam, Wiesen und Wald, angenehme Zimmer mit TV. DZ/HP 62–66 €. ✆ 0471/843349.

La Ciasota, Pederoa 279, in der Handwerkerzone an der Gadertalstraße in der zweiten Hausreihe. Sehr angenehmes modernes und helles Restaurant, Menü mit Nudelgericht und Fleisch, dazu Salatbüffet für 12 €, die freundliche Bedienung dazu ist gratis. Abends nur Juli/Aug. geöffnet! ✆ 0471/843310, So Ruhetag.

Sehenswertes/Ausflüge

▸ **Wengen und seine Viles**: Wengen (La Val) ist immer noch ein Dorf und Zentrum der Weiler im Tal des Rü de Ciampló mit Kirche (nur der Turm ist alt), Gasthaus, Rathaus, Post. Das eigentliche ladinische La Val sind aber die *Viles,* die rund um den Kirchort über den Hang verstreut sind, von **Pederoa** im Gadertal sind es **Campló** und **Lunz**, höher liegen **Runch** mit seinem gotischen Hof ohne Holzaufbau, in dem ehemals das Gericht tagte, **Ciablun**, **Miribun**, **Tolpëi**, keiner hat mehr als 10 Häuser, viele sind noch alt. Wer durch diese alte Kulturlandschaft wandert, die Bauernwege nimmt und mit den Leuten ins Gespräch kommt, wird eine Reise in die Vergangenheit tun.

Die Viles des Gadertals

Aus dem deutschsprachigen Tiroler Raum, etwa dem Pustertal, kennt man die isoliert gelegenen Paarhöfe, seltener liegen zwei Höfe nebeneinander, Ergebnis der Bevölkerungsexplosion im 17. Jh., als viele Höfe geteilt wurden. Wie bei den Deutschtirolern sind die Höfe Paarhöfe, bestehen also aus zwei Bauten, dem Wohn- und dem Wirtschaftstrakt. Aber nur im Ladinischen gibt es Weiler mit sieben, acht, sogar zehn dicht aneinander gebauten Paarhöfen. Besonders gut haben sie sich im Gadertal erhalten, wo sie heute noch die charakteristische Siedlungsform darstellen. Warum die Ladiner so siedelten und die Deutschtiroler anders, weiß man nicht. Ansonsten sind beide Gruppen kulturell einander so ähnlich, dass man sie ohne die unterschiedlichen Sprachen kaum auseinander halten könnte. Doch die Viles sind unverwechselbar: Brunnen und Backofen in der Mitte, eng die Häuser mit schmalen Durchgängen dazwischen, Bänke, damit man nach der Arbeit miteinander schwatzen kann. Die Häuser haben unten einen Stein-, darüber den Holzbau, der weit überkragt und zusätzliche Intimität schafft, ein Söller umgibt den Holzaufbau, darin konnte man die Ernte trocken und an der frischen Luft aufbewahren, bis sie nachgereift war. Die Holzflächen sind häufig mit Schnitzereien verziert, auf vielen verputzten Steinwänden sind Fresken mit Heiligen zu sehen, meist die Gottesmutter mit Kind. Fensterstöcke und Wände sind oft mit geometrischen Graffiti dekoriert, wie sie mit der Renaissance auch in bäuerlichen Gebieten üblich wurden. Die Wirtschaftsbauten stehen so am Hang bzw. sind so in ihn hineingebaut, dass an der Rückseite eine Brücke in den ersten Stock führt, in dem das Heu aufbewahrt wird, wogegen sich im Erdgeschoss der Stall befindet. Meist ist auch ein Kapellchen zu finden, und rundum stehen in vielen Viles noch die Harpfen, die überdimensionalen Gerüste zum Trocknen der Favas (Saubohnen) im Herbst.

Tour 43: Wanderung von Wengen durch die Viles

Tour-Info: Dauer ca. 2–2:30 Std., 150 Höhenmeter. Karte: Tabacco (1:25.000) Blatt 7.

Eine besonders schöne kleine Wanderung führt von Wengen hinauf nach Cians (Straße), in der letzten Rechtskurve nach links auf Weg 4 durch Wald zum völlig isoliert gelegenen Weiler Ciampëi, wo es ein komplett aus Holz errichtetes Wohnhaus zu sehen gibt. Vom oberen Dorfende geht es nach rechts durch Wiesen bergan und knapp unterhalb von Biëi zum Weiler Runch mit seinem gotischen Steinhaus, dem früheren Gerichtsgebäude. Von dort ohne Richtungsänderung auf dem Sträßchen nach Ciablun und Tolpëi, hier biegt man scharf rechts auf einen Fahrweg ein, der im Bachtal endet. Nach dem Brückchen über den Bach führt ein nicht markierter Weg weiter, auf dem man zum Wanderweg 6 und zu einem aussichtsreichen Kapellchen gelangt. Wengen sieht man dann schon schräg unter sich liegen.

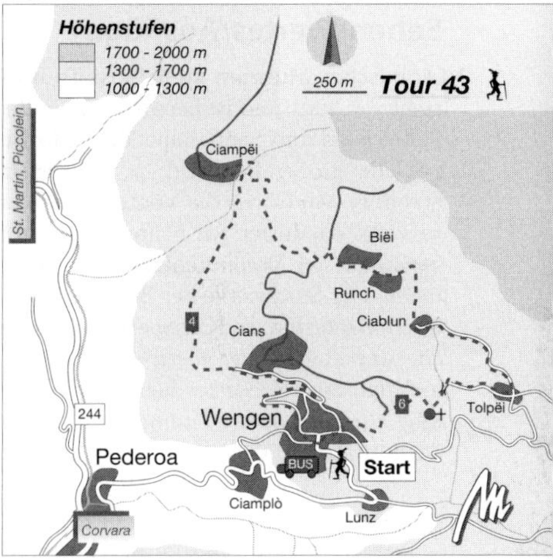

St. Martin in Thurn (San Martin de Tor, San Martino in Badia)

Zwei Täler münden unterhalb von Wengen von Westen her ins Gadertal, das Campilltal und das Tal von Untermoi (Antermoia), zwischen ihnen liegt der locker über einen grünen Hügel verstreute Ort St. Martin in Thurn.

Hier hatten die Brixner Fürstbischöfe ihren Verwaltungssitz für den Besitz im Gadertal. Das großartige *Schloss Thurn*, in dem heute das **Ladinische Museum** untergebracht ist, legt davon Zeugnis ab. Im Ort und in den Tälern geht es geruhsam zu. Wer mehr erfahren will über das Leben in den ladinischen Orten, in den oft sehr einsam gelegenen *Viles*, hat hier eine letzte Gelegenheit.

nformation/Feste & Veranstaltungen/Sport & Freizeit

- *Information* **Tourismusverein**, I-39030 St. Martin in Thurn, ✆ 0474/523175, 523474, info@sanmartin.it.
- *Feste & Veranstaltungen* **Mühlenfest** im Aug. an den Mühlen des Val di Molins mit Verkostung in den Weilern Sères und Misci. **Bauernmarkt** in Campill (Longiarü) an 4 Tagen im Juli/Aug.
- *Gesundheit* **Heubad Sarighela** in Untermoi (Antermoia), ✆ 0474/520110.
- *Reiten* Sitting Bull Ranch in Longiarü, ✆ 0471/590160.

Jbernachten/Essen & Trinken

- *In St. Martin in Thurn* *** **Dasser**, Zentrum 11, alteingesessener Gasthof im Ort, Zimmer mit Sat-TV, Mountainbikeverleih. DZ/FR 46–90 €. ✆ 0474/523120, 523266, www.dasser.net.
- *In Longiarü* **Tlisörahof Speckstube**, Longiarü 38, nicht nur bäuerliche Kost in der Speckstube, sondern auch Zimmer (kein TV) für Urlaub auf dem Bauernhof, DZ/FR 32–38 €. ✆/ 0474/590145.

Lüch de Vanc, Sèresstr. 36, Hausmannskost in der Stube eines Bauernhofs von Tirolerknödeln über Gulasch zur Buchweizentorte. Zimmer mit TV, DZ/FR 31–47 €. Fürs Restaurant vorbestellen, ✆ 0474/590108, 📠 590173, www.vanc.it.

• _In Antermoia_ * **Tirolerhof**, Streda Mirì 61, schlichte, preiswerte Pension, kinderfreundlich, Bauernhofambiente. DZ/FR ab ca. 36 €, ✆ 0474/520072.

Sehenswertes/Ausflüge

▶ **Ladinisches Museum im Schloss Thurn (Ćiastel de Tor)**: Das Landesmuseum besteht seit 2001 und ist bereits jetzt ein Besichtigungsmuss. Die Landschaft zwischen Peitlerkofel und Sennesalpe, die historische Burg mit ihrem romanischen Baukörper, dem großen Bergfried und den vielen späteren Bauerweiterungen ist ein idealer Standort. Wo früher die Vögte der Brixner Fürstbischöfe deren Besitz im Gadertal verwalteten, dürfen wir heute einen fundierten Blick in Geschichte, Kultur und Lebensraum der Dolomitenladiner werfen, in (Ladinisch) *Natöra y cultura tles Dolomites.* Vier Stockwerke der Burg und der massive Bergfried sind zu besichtigen. Am interessantesten sind die Sparten *Kunsthandwerk* mit einer kompletten Puppenmacherwerkstatt, die *geologische Abteilung* mit Mineralien und Fossilien aus den Dolomiten, die als Ganzes hierher versetzte *Bauernstube* und schließlich die Abteilung zur *Sprache der Ladiner*, gut multimedial ausgestattet mit mehreren PCs. An das Museum ist das ladinische Kulturinstitut *Micura de Rü* angeschlossen.

Kinder (4-7 Jahre) werden an Donnerstagnachmittagen im Sommer altersgerecht mit dem Museum bekannt gemacht: Geschichten werden erzählt, das Museum wird spielerisch erschlossen. Und die Eltern haben Zeit für ihre eigene Besichtigung. Anmeldung zwingend (beim Ladinischen Kulturinstitut Micura de Rü, Mo–Fr 10–12/15–17 Uhr, ✆ 0474/523110).

• _Öffnungszeiten_ **Ladinisches Museum**: - Palmsamstag bis Ende Okt. Di–Sa 10–18 Uhr, So 14–18 Uhr, im Aug. Mo 10–18 Uhr; Dez. bis Palmsonntag Mi–Fr 14–18 Uhr; Eintritt 5,50 €, Familien 11 €. ✆ 0474/524020, www.museumladin.it.

▶ **Das Campilltal (Longiarü) und das Val di Molins**: Das stille Campilltal ist ideal für Menschen, die im Urlaub Ruhe suchen. Sehr interessant ist das Teilstück V*al di Molins* (Mühlental), ein Museum unter freiem Himmel. Entlang dem Sèresbach haben die Bauern Wassermühlen gebaut, in denen früher das Korn gemahlen wurde. Heute wird hier oben kein Korn mehr angebaut, die Bauern haben auf Viehzucht umgestellt, die Felder sind verschwunden. Die Mühlen stehen noch und dank EU-Geldern sind sie hervorragend in Schuss und denkmalgeschützt. Ein idyllischer Spaziergang führt als **Rundweg** den Bach entlang und an den acht Mühlen vorbei. Er beginnt in **Sères** auf 1568 m am Ende der durch das Tal führenden Straße und führt bergan bis auf ca. 1730 m, dabei werden alle Mühlen berührt, auf dem Rückweg kommt man durch **Misci**. Die beiden eng gebauten Viles Sères und Misci gehören zu den ursprünglichsten und eindrucksvollsten des Gadertals. Im Sommer wird ab und an in einer der Mühlen Korn gemahlen, Infos bei der Auskunft in St. Martin, dort ist auch ein erklärender Faltprospekt erhältlich.

▶ **Mit dem Rad in Richtung Brixen**: Von St. Martin in Thurn führt eine Straße hinüber zur Plose und nach Brixen. Sie passiert den kleinen Ort **Untermoi (Antermoia)**, bevor sie das Würzjoch (2006 m) erreicht, den Pass zwischen Gadertal und Eisacktal mit Prachtblick auf die Nordabstürze des Peitlerkofels. Über das oberste Lüsner Tal und das Halsl (1987 m) führt sie nach einer Gabelung weiter nach Villnöss (links) und Afers bzw. Brixen (rechts). Landschaftlich ausgesprochen lohnend auch mit dem Fahrrad (Renn- oder Trekkingrad).

Übernachten/Essen & Trinken **Ütia de Börz**, Antermoia 58, Hütte auf dem Würzjoch, moderner Holzbau im alten Stil mit einfachen Zimmern (DZ/HP 70–110 €) und Lagern, gutes Restaurant. Fürs Bad Anmeldung nötig! Tagsüber wegen Straße etwas laut (Motorbikes). ✆ 0471/520066, ℻ 849207.

Bauernbadl-Tipp!

Bad Valdander bei Untermoi ist eines der ganz wenigen Südtiroler Bauernbadln, die das 20. Jh. überlebt haben. In einem engen, kühlen Waldtal auf der entgegengesetzten Seite des Untermoitals liegt das seit 1820 bestehende Bad mit seinem an Kalzium, Schwefel und Fluor reichen Wasser. Das Wasser ist weich, schmeckt leicht salzig und etwas bitter und hilft bei Frauenleiden und chronischen Gelenkerkrankungen.

Übernachten/Essen & Trinken ** **Gasthof Al Bagn Valdander**, Untermoi/Antermoia 9, einfache Zimmer, Trinkkur, traditionelle Gasthausküche. DZ/FR 49–64 €. ✆/℻ 0474/520005, valdander@rolmail.net.

Enneberg (Marebbe)

Das sonnige Tal von Enneberg, eigentlich ein Nebental des Gadertals, ist ein beliebtes Ferienziel geworden, sei es im Sommer mit Wanderungen in die Fanes- und Sennesgruppe, sei es im Winter mit dem Skizirkus Kronplatz, an den Enneberg von Süden Anschluss hat.

Um den Hauptort **St. Vigil**, v. a. aber um **La Pli (Enneberg Pfarre)**, scharen sich typisch ladinische *Viles,* während unten im Tal Hotel um Hotel, Apartmenthaus um Residence gebaut wird. Im Hintergrund aber, gleich am Ortsrand beginnend, liegt der **Naturpark Fanes–Sennes–Prags**, pure und einsame Dolomitennatur mit ein paar unvergesslichen Almen wie der *Großen Fanesalm* unter der Lavarela.

Information/Verbindungen

- *Information* **Tourismusverein**, I-39030 St. Vigil/Enneberg, Streda C. Lanz 14, ✆ 0474/501037, ℻ 501566, www.sanvigilio.com. Neben dem Üblichen ein kleiner kostenloser Führer mit Wandervorschlägen und ein Mountainbikeführer. Weitere Informationen gibt der **Tourismusverband Kronplatz** (Enneberg hat sich als einzige ladinische Gemeinde dem auf Bruneck bezogenen Tourismusverband angeschlossen) → S. 547.

Die **Gästekarte** (beim Vermieter) gibt Vergünstigungen, v. a. bei Sporteinrichtungen.

- *Verbindungen* **Taxi**: Taxistand am Hotel Corona. Fa. Frenes, ✆ 0474/501233; Fa. Taibon, ✆ 0474/501476; Fa. Feichter, ✆ 0474/501061.

Einkaufen/Sport & Freizeit

- *Markt* 1. Do im Monat in St. Vigil beim Sportcenter Mareo.
- *Kunstgewerbe* **Antiquariat** und **Holzschnitzereien** bei Lois Feichter, Holzschnitzer, Streda Plan de Corones 5.

Kunstweberei und Holzobjekte bei Artejant ladin, Streda Plan de Corones 9.

- *Supermarkt/Feinkost* Botega dal Canester, **Supermarkt** mit großer Käsetheke am Kirchplatz (C.-Lanz-Str. 24). 2 Häuser weiter in der Streda Valiares neben Ciasa Post Stern **Winebar** La Belota mit Verkauf und Verkostung.

Gute **Bäckerei/Konditorei** in der Streda Fanes, gute Auswahl an „Südtiroler Brot" (die

Marke ist geschützt). In La Pli Nr. 7 (Ortseingang links) **Honig** aus eigener Produktion.

• *Allgemeines* Tennis, Squash und Platzspiele im **Sportzentrum Ciamaor** im obersten Talbereich an der Streda Val dai Tamersc.

• *Baden/Schwimmen* **Hallenbad** im Sportcenter Mareo, Streda Plan de Corones 38, Mo–Sa 13–19 Uhr, Do 13–21 Uhr, im Winter erst ab 14.30/16 Uhr, Eintritt 3 €, mit Gästekarte 2 €, ✆ 0474/501463.

• *Reiten* Im Reitstall Mareo, Infos und Anmeldung im Tourismusbüro.

• *Wintersport* Enneberg ist Teil der **Skiregion Kronplatz (Dolomiti Superski)**. Skischule Sporting Al Plan, Büro an der Talstation der Kabinenbahn Miara, ✆ 0474/501448, www.skisporting.com. Die Miara- und die bei der Bergstation ansetzende Col-Toron-Kabinenbahn erlauben den Anschluss an den eigentlichen Skizirkus um den Kronplatz. Brandneu ist die schwarze Erta-Piste vom Piz de Plaies bis hinunter ins Dorf St. Vigil. Langlaufloipen im Rautal. Eislaufen am Hallenbad.

Übernachten & Camping

In Enneberg gibt es besonders viele Ferienwohnungen, die Liste der Apartments im Katalog des Orts enthält 125 Einträge. Auch die Hotelsituation ist dank zahlreicher Neubauten sehr gut: 4 Viersternhotels, 16 Betriebe mit 3 Sternen!

• *In St. Vigil* **** **Almhof Call Wellnesshotel**, Plazoresstr. 8, am oberen Ortsrand im Grünen unter dem Kronplatz, großes Hotel mit seitlichem Rundturm, sehr schöne, meist getäfelte Gemeinschaftsräume (Bibliothek, Kaminstube für Nichtraucher, Wintergarten ...). Gute Zimmer, sehr gute Suiten, sehr gut ausgestatteter, attraktiv mit Kunstlandschaft und Wasserfall gestylter Wellnessbereich. DZ/HP 144–270 € (Suite). ✆ 0474/501043, ℻ 501565, www.almhof-call.com.

**** **Dolomitenwellnesshotel Excelsior**, Valiaresstr. 44, trotz der Sternchen familiär, komfortabel und elegant, viel Holz auch in den Zimmern, ein hervorragend ausgestattetes „Regn de Fanes Fit & Wellness Center" mit Hallenbad, Schönheitswelt usw. Mountainbiker willkommen! DZ/HP 146–270 €. ✆ 0474/501036, ℻ 501655, www.myexcelsior.com.

*** **Emma**, Streda Plan de Corones 39, das „Panoramahotel" macht dieser Bezeichnung Ehre, der Ausblick des erhöht stehenden, 2002 komplett renovierten Baus über Tal, Ort und Berge ist wirklich phänomenal. Sauna, Solarium, Whirlpool, freundlich-helles Restaurant, Kinderspielplatz. DZ/HP 116–176 €. ✆ 0474/501133, ℻ 501723, www.hotelemma.it.

*** **Bad Cortina**, Streda Fanes 40, das Kurbad im Waldtal des Rü d'Al Plan hat sich zum Wellnessbereich eines angenehmen Hotels gemausert, Enneberg geht eben mit der Zeit (und wie). Hübsche Silhouette mit Anklängen an Gründerzeithotels, viel Holz, Zimmer mit Sat-TV, Minibar und Internetpoint. DZ/HP 110–190 €. ✆ 0474/501215, ℻ 501672, www.badcortina.it.

*** **La Stöa**, Streda C. Lanz 30, ausgesprochen gemütliches Hotel mittlerer Größe mit Mut zur Farbe, persönlich geführt, günstig gelegen (5 Min. vom Zentrum, ruhig), Sauna/Solarium. DZ/HP 52–124 €. ✆ 0474/501055, ℻ 501492, www.sanvigilio.net.

*** **Paraccia**, Streda Al Plan dessora 41, ganz am Waldrand, ideal für Naturfreunde und Kinder (Spielplatz gegenüber im Wald), ruhig gelegenes Familienhotel mit Sauna, Dampfbad, Whirlpool, Solarium, Zimmer mit Sat-TV, Balkon, Safe. DZ/HP 72–136 €. ✆ 0474/501018, ℻ 501270, www.paraccia.com.

** **Iosc**, Streda Plan Dessora 13, ein Garni, in dem man sich gleich wohl fühlt, herzliche Atmosphäre, freundliche Zimmer komplett in Holz mit guten Betten und TV, Balkon. Großer Frühstücks- und bequemer Aufenthaltsraum mit Blick auf die umgebenden Wiesen. DZ/FR 52–64 €. ✆/℻ 0474/501136, www.iosc.it.

*** **Chalet Marlene**, Streda Ciasè 4, Apartmenthaus im Grünen in biologischer Bauweise mit naturbelassenem Holz und anderen Biomaterialien, viel Wert wurde aufs Energiesparen gelegt, Holzöfen und Kachelöfen (außerdem noch TV/Safe/Wohnküche/Spülmaschine). Apt. für 4–6/6–8 Pers. 84–130/126–195 €. ✆ 0474/523240, www.chaletmarlene.com.

*** **Camping Al Plan**, Catarina-Lanz-Str. 63. Ein echter Camper sollte dem Schild in Zwischenwasser, das ins grüne Tal von Enneberg führt, nicht widerstehen: „4 km Camping Al Plan". Man wird nicht enttäuscht am oberen Ortsende: Berge im Hintergrund, Grün, Wiesen, Wald, Fitnessparcours und Reitstall, Naturparkhaus und Sportzentrum

Ciamaor um die Ecke. Ausgedehnter Platz (1 ha), z. T. schattig, kleiner Markt. Stellplatz und 2 Personen 20–25 €. ✆ 0474/501694, 📠 506550, www.campingalplan.com, Mitte April bis Mai und im Nov. geschlossen.

• *In Zwischenwasser* 2 Gasthäuser und Metzgerei. ** **Gader** (DZ/HP 80–110 €, ✆ 0474/501008, Restaurant Sa Ruhetag) mit Terrasse zum Vigilbach. ****Post/Posta** (DZ/HP 76–94 €, ✆ 0474/501009, Restaurant So zu) auf der anderen Talseite. Beide an flotten Service gewöhnt, die meisten Gäste machen hier nur kurz Pause.

Essen & Trinken

• *In St. Vigil* **Ciolà**, Streda Plan de Corones 17, Restaurant/Grill-Pub im Stil eines Ansitzes. „Ciolà" bezeichnet den Teil der Berghütte, in dem der Käse hergestellt wird. Rustikales (Bratwürste mit Polenta), Feines (Bandnudeln mit Pilzen) und Süßes (Pannacotta) aus dem italienischen und Tiroler Repertoire. Ab ca. 30 €, ✆ 0471/501701, Do Ruhetag.

Tabarel, Streda C. Lanz. 27, „Enoteca Restaurant Bar Gelateria", leichte Südtiroler Küche der ladinischen Art inkl. einigen Knüllern der internationalen Speisekarte wie Pralinen von der Fois Gras mit rosa Pfeffer. Ab ca. 35 €, ✆ 0474/501210, Di Ruhetag.

Les Alpes, Streda Valiares 37, Pizzeria-Restaurant im gleichnamigen Hotel nahe der Talstation des Sessellifts Piz de Plaies, auch in der NS geöffnet, ✆ 0474/501500, So Ruhetag.

Café-Patisserie im Hotel Clara, Streda C. Lanz 25, ruhige Terrasse, gute Auswahl an Mehlspeisen.

Milchbar, Streda Fanes 1, der kleine Lebensmittelladen im Zwickel zwischen 2 Straßen ist mit einer kleinen Milchbar gekoppelt, die preisgünstige Imbisse wie Mozzarella pomodoro, Panini und Speck anbietet.

Tipp! Garsun, Streda Mantena 14, Dorfwirtshaus alten Stils im Weiler **Mantena** zwischen Longhega und St. Vigil an der Straße. Keine Zugeständnisse an Touristen oder feine Leute, hier kommt ausschließlich auf den Tisch, was immer auf den Tisch kam: paniccia (Gerstlsuppe), cancij (Schlutzkrapfen), crafun (Bauernkrapfen mit süßer Füllung), strudel (na, was ist das?). Nur nach telefon. Vorbestellung (es gibt nur ein paar Tische), komplettes Menü ca. 15–20 €, ✆ 0474/501282, Mo Ruhetag.

• *Abends* Disco und Kellerlokal im **Hotel Almhof Call**.

Igloo Bar Piscina, Glas-Iglu neben dem Hallenbad, Mo–Sa 8–24 Uhr.

Pub Bus Stop, Streda C. Lanz 23, amüsante Front, in die das Vorderteil eines alten „Menarini tigrotto" eingelassen ist (ital. Kleinbusmarke der Nachkriegszeit) – schon deshalb sehenswert. Drinnen *il grande buio* und gute Stimmung bis früh, ✆ 0474/547399.

Sehenswertes/Ausflüge

St. Vigil: Die *Rokokopfarrkirche St. Vigil* ist seit der Bauzeit um 1728 nicht verändert worden, sie ist ein kunsthistorisches Juwel und ein Fest für die Augen. Wie in St. Leonhard waren der Maler *Matthäus Günther* und der Stuckateur *Franz Singer* hier beschäftigt, der Architekt war *Giuseppe de Costa,* ein Einheimischer. Das *Standbild der Caterina Lanz* auf dem Kirchplatz erinnert an die wehrhafte Dienstmagd aus den Franzosenkriegen.

Naturparkhaus Fanes–Sennes–Prags: am Ortsende von St. Vigil an der Straße in Richtung Pederü. Das interessante Haus zum Naturpark Fanes–Sennes–Prags hat die Form einer mit Holz verkleideten Rotunde. Die Sammlungen sind sehr kindgerecht aufbereitet, so gibt es einen Raum für *Kinderarchäologie* mit Exponaten zum Anfassen.

Öffnungszeiten Mai bis Ende Okt. und Weihnachten bis Ende März Di–Sa 9.30–12.30/16–19 Uhr, ✆ 0474/506120.

La Pli de Mareo (Enneberg Pfarre/Pieve di Marebbe): Die *Wallfahrtskirche Unserer Lieben Frau vom Guten Rat* war seit ca. 1100 die Mutterpfarrei des gesamten

Hänge über St. Vigil in Enneberg

Gadertals, erst 1449 bekam dann Abtei eine eigene Kirche. Die einstige Bedeutung kann man dem winzigen Ort La Pli, in dem sie steht, nicht ansehen. Die gotische Kirche wurde im Barock umgebaut und ausgeschmückt, es entstanden die heutige Fassade mit der illusionistischen Lüftlmalerei, der schöne Hochaltar (1638) und im Spätbarock die Kanzel (1760). Besonders interessant sind vier Votivbilder in großem Format. Sie zeigen Pilgerprozessionen der Welsberger aus dem Pustertal, die nach der wundersamen Rettung vor der Pest 1636 zum Dank alle 100 Jahre stattfinden (die Tafeln sind von 1637, 1738, 1838, 1936).

• *Übernachten/Essen & Trinken* ** **La Pli**, Gasthof unter der Kirche, neuerer Bau, rustikal, einfache Zimmer mit Balkon, im Haus sehr traditionelles Restaurant. DZ mit HP 74–86 €. ✆/📠 0474/501061, www.lapli.com. Die Familie Feichter betreibt auch das brandneue Apartmenthaus *** **La Pli** am anderen Ortsende, weiter Blick über das Tal, sehr schöne Apartments für 2–4 Pers. (42–84 €), Balkon/Terrasse, Kochnische, Sat-TV, Bettwäsche, absolut ruhig und praktisch konkurrenzlos.

Gran Ciasa, der eindrucksvolle Ansitz hinter der Kirche ist ein Gasthof, in dem auf Vorbestellung ladinische Speisen serviert werden, ✆ 0474/501511, Fr Ruhetag.

▶ **Weiter in Richtung Bruneck**: Folgt man dem kaum befahrenen Sträßchen nach Maria Saalen und St. Lorenzen (mit „Bruneck" ausgeschildert), kommt man im nächsten Bachtal an eine funktionstüchtige (aber stillgelegte) alte *Wassermühle*. Auf Straßen kann man die schönsten *Viles* oberhalb des Orts besuchen (kaum Verkehr, daher auch als Spaziergang möglich): auf der Straße weiter bis Pliscia, zurück bis zur Abzweigung Ciaseles, von dort nach Ellemunt. Zurück bis Brach, dort nach Corterei und Frontü und wieder zurück nach La Pli.

• *Übernachten* **Ciastel de Brach**, Brach 2, Urlaub auf einem herrlich sonnig gelegenen Hof in Steinbauweise im Weiler Brach an der Straße nach Maria Saalen, echter Bauernhof mit Kühen, Schweinen, Pferden, Ziegen; Familie Agreiter vermietet 2 Apts. mit TV, Apt. f. 2–3 Pers. 52–80 €. ✆ 0474/501608.

Unterwegs im Naturpark Fanes-Sennes-Prags

25.680 ha hat der Naturpark, in den das **Rautal (Val dai Tamersc/Valle di Tamores)** von St. Vigil her tief hineinführt. Auf einer öffentlichen Straße kann man selbst oder mit dem Linienbus bis nach Pederü fahren, wo man sowohl die Fanes- als auch die Sennesalpe auf befahrbaren, aber für den motorisierten Verkehr gesperrten Sträßchen erreicht. Fanes wie Sennes sind riesige Karstplateaus mit ausgedehnten Almen, mit wenigen, bald wieder versickernden Wasserläufen, mit Seelein in tonigen Mulden und mit seitlichen Gipfeln mit auffälligem Kalk, der wie eine Riesentreppe wirkt und am Rand steil abstürzt. Das Rautal ist das einzige größere Tal, das tiefer hineinführt, fast alle anderen Zugänge sind mit Steilanstiegen verbunden. Mehrere sehr angenehme Hütten bieten Verpflegung und Unterkunft.

In der **Fanesgruppe** führt das Fahrsträßchen von Pederü zur Kleinen Fanesalpe mit der Lavarela- und der Faneshütte, ein Seelein wird von einem Bach genährt, der eine halbe Wegstunde oberhalb in einer starken Schichtquelle entspringt. Über die höher liegende *Kleine Fanesalpe* mit Almwirtschaft (keine Übernachtung) führt das Sträßchen am Ostrand der Fanes bergab ins Ampezzo zur Straße Toblach – Cortina. Diese Strecke ist sowohl zu Fuß als auch mit dem Mountainbike leicht zu machen. Großartige Touren von der Lavarela- und Faneshütte über das Plateau auf die umgebenden Gipfel Heiligkreuzkofel, Lavarela, Cunturinesspitze und auf dem Dolomitenhöhenweg 1 zum Kriegsmuseum Lagazuoi und zum Falzàregopass oder hinunter nach St. Kassian (→ Tour 42).

In die **Sennesgruppe** muss man sich zuerst über ein steiles Serpentinensträßchen aus dem Ersten Weltkrieg hochquälen (für Mountainbikes zu steil und zu viel loses Geröll). Bei der Hütte auf der **Alm Fodara Vedla** merkt man aber, dass sich die Mühe gelohnt hat, so freundlich ist diese grüne, wellige Alm mit den alten Almgebäuden zur Seite. Von hier einfache Wanderungen über das Plateau zur Senneshütte und Seekofelhütte (→ Wanderung 44) und auf den Kreuzkofel, aber auch hinunter zum Pragser Wildsee und nach Prags (→ Wanderung 36) oder hinüber zur Hohen Gaisl (schwierig) und hinunter ins Ampezzo zur Straße Toblach – Cortina.

- *Verbindungen* **Maut** auf der Straße ins Rautal (für Besitzer der Gästekarte Ermäßigung); **Taxidienst** der Hütten mit Voranmeldung.
- *Hütten* **Schutzhütte Pederü**, 1548 m, gutes alpines Essen, ✆ 0474/501086. **Rifugio Fodara Vedla**, 1980 m, ✆/📠 0474/501538. **Rif. Sennes**, 2126 m, Abholdienst von Pederü. ✆/📠 0474/501092.

Mit dem MTB über Fanes und Sennes: Mit einer Nächtigung auf der Fanes- oder Lavarelahütte ist die Strecke von Enneberg über die Fanes ins Höhlensteintal eine beliebte Tour, die sich auch MTB-Fahrer leisten können, die sich nicht zu den Cracks zählen. Man nimmt von Pederü die private Zufahrtstraße bis zu einer der beiden Hütten und weiter auf die Große Fanesalm (streckenweise steil, aber problemlos zu fahren). Von der Alm geht es auf dem guten Zufahrtsweg durch das Val di Fanes hinunter zur Straße Cortina – Toblach, die man in einer Haarnadelkurve mit Super-Panorama erreicht. Wieder aufwärts durch das oberste Val Boite erreicht man das Rifugio Sennes, von wo man das Sträßchen zum Rifugio Fodara

Wanderer im Almdorf Fodara Vedla auf der Sennes

Vedla und hinunter nach Pederü nimmt. Der letzte, kurvige steile Teil ist wegen Lockermaterials auf der Straße mit Vorsicht zu fahren.

Tour-Info Länge ca. 35 km, Dauer ab ca. 4 Std., Höhenunterschied ca. ↑↓ 1250 m. Karte: Tabacco-Karte (1:25.000) Blatt 3. Hütten → „Unterwegs im Naturpark Fanes-Sennes-Prags".

Tour 44: Wanderung über die Sennes auf die Seekofelhütte

Tour-Info: Leichte Almwanderung, im Auf- und Abstieg zum Sennesplateau aber anstrengend steil. An-/Rückfahrt von St. Vigil mit Bus/Pkw nach Pederü. Dauer 6:30 Std.; Höhenunterschied ↑↓ 800 m. Karte: Tabacco (1:25.000) Blatt 31.

Eine Spritztour auf die Sennesalpe von Pederü aus kann ein Halbtagesausflug sein; der folgende Vorschlag benötigt einen ganzen Tag und führt zu drei gemütlichen Hütten. In Pederü (Parkplatz, Busendhaltestelle) nimmt man das Sträßchen, das kurz nach dem Gasthaus Pederü nach links ins Valón de Rü führt. Es steigt mit vielen Kurven sehr steil an, lockerer Schutt auf der alten Straßendecke (Kriegsstraße) macht das Gehen nicht leichter. Endlich wird der Anstieg sanfter, und bald erreicht man die Weiden und Wiesen der Alm Fodara Vedla, die jenseits des meist trockenen Bachs liegt. Die Ütia de Fodara Vedla (1966 m, 1:30 Std.) ist ein veritables Almgasthaus mit Sonnenterrasse. Etwas oberhalb liegt das eigentliche Almdorf, eine lockere Gruppe schöner, alter Holzbauten. Ein Sträßchen führt weiter bergan in nördliche Richtung. Weg 7 verläuft streckenweise auf dem Sträßchen, große Kurven werden auf gut markierten Steigen (rot/weiß/rot und die 1 im Dreieck für den Dolomitenhöhenweg) abgeschnitten. In einer Mulde mit dem kleinen See Lé de Sénes liegt eine weitere Schutzhütte, die Ütia de Sénes (2116 m, 2:30 Std.). Weiter auf

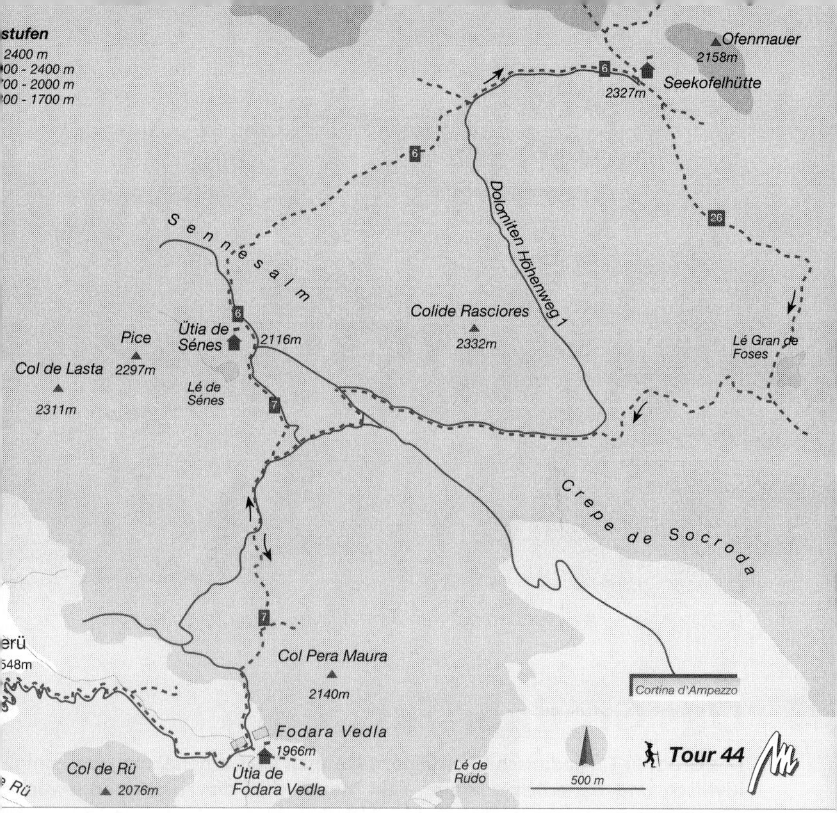

dem Almzufahrtssträßchen, nach 10 Min. zweigt nach rechts Weg 6 (und Dolomitenhöhenweg 1) zur Seekofelhütte ab. Er führt über ein steiniges Karstplateau und erreicht kurz vor der Hütte wieder das Sträßchen. Rast auf der Seekofelhütte (2327 m, 3:30 Std., gutes Essen!).

Der Rückweg kann auf dem gleichen Weg erfolgen, interessanter ist der kleine Umweg über Weg 26 (in Fortsetzung des Sträßchens, bei der ersten Gabelung rechts), dem man bis zum stillen See Gran de Foses folgt (2142 m, 4:15 Std.), wo man bei einer Gabelung rechts und zurück zum Anstiegsweg geht. Den kleinen Umweg über die Fodara Vedla kann man beim Abstieg vermeiden, indem man dem Weg 7, wo dieser auf die Almstraße führt, nach rechts folgt. Der letzte Teil über die unangenehm zu gehenden Serpentinen bis Pederü (6:30 Std.) bleibt einem aber nicht erspart.

• *Hütten* **Gasthaus Pederü**, privat, ✆ 0474/501086. **Ütia Fodara Vedla**, 1966 m, privat, 16 Betten, 14 Lager, ✆ 0474/501538. **Ütia de Sénes**, 2126 m, privat, 32 Betten, 30 Lager, ✆ 0474/501092.

Grödner Tal – Heu machen auf den Almen, der Langkofel schaut zu

Das Grödner Tal

Das Grödner Tal (ladinisch Gherdëina, italienisch Val Gardena) mag mal ruhig, idyllisch und bäuerlich gewesen sein, heute sind die zusammengewachsenen Orte St. Ulrich, St. Christina und Wolkenstein ein lautes und zu 100 % touristisches Siedlungsband. Dafür sind die Sportmöglichkeiten schier unglaublich, angenehme Zimmer gibt es nicht nur in der obersten Preiskategorie, und das Nachtleben ist passabel.

Im Grödner Tal, auch einfach „Gröden" genannt, ist immer Saison, nicht nur, was die Hotel- und Restaurantpreise betrifft. Sieht man vom November ab, muss man in jedem Fall ein Zimmer vorbestellen. Besonders Weihnachten, der Februar, Ostern und die Zeit von Mitte Juli bis Ende August sind Hauptsaisonzeiten mit großem Andrang. Oder wie es ein Journalist im Wiener „Standard" anlässlich des 44. Saslong-Classic, des berühmten Ski-Abfahrtslaufs der Herren in Wolkenstein etwas zweideutig auf den Punkt brachte: „Das Tal namens Gröden mit seinen Orten St. Ulrich, St. Christina und Wolkenstein ist heute nicht nur für Holzfiguren, sondern auch für Herrenabfahrten bekannt". In Wolkenstein zählt man jährlich mehr als eine Million Übernachtungen – das sagt alles. Deutsche und Italiener teilen sich die Spitzenpositionen, abgeschlagen liegen Österreicher, Niederländer und andere auf den Plätzen, in den letzten Jahren kommen immer mehr polnische Gäste dazu. Und die Tradition? An Maria Himmelfahrt, wenn die Mädchen Tracht samt „Krönchen" austragen.

Aber Sportmöglichkeiten ohne Vergleich: 81 Lifte (Rekord für Südtirol und die italienischen Alpen), Hunderte Kilometer Wanderwege, unzählige Bergrouten aller Schwierigkeitsgrade, Kletterführen, einige der berühmtesten versicherten Kletter-

Die Grödner Holzschnitzkunst

Grödner Holzschnitzereien sind weltweit bekannt. Was als Nebenerwerb und aus Not entstand – auf vielen Höfen war es früher sehr schwierig, allein von der Landwirtschaft zu leben –, wurde in der Neuzeit und vor allem ab dem 19. Jh. zum taltypischen Gewerbe. Krippen und Heiligenfiguren stellten früher das Gros der Arbeiten, dazu kam Spielzeug, heute haben Grödner Holzschnitzer wesentlich mehr Spielraum und können durchaus Ausflüge in die Kunst der Gegenwart machen. Maschinen haben aber in der Regel in großem Maßstab die Handarbeit abgelöst. Das Metier der Schnitzer ist leider durch Billigkonkurrenz aus (Süd-) Ostasien bedroht, da einige schwarze Schafe ihre Produktion dorthin verschoben haben. Um Grödner Arbeiten zu schützen und zu garantieren, dass sie weiterhin im Gröden entstehen, wurde das Gütesiegel „Gardena Art" geschaffen, dass nach Aufdeckung eines Skandals („echt Grödner Holzschnitzereien", die aus China kamen) besonders gefördert wird. Alte Grödner Weihnachtskrippen, wie sie seit dem 18. Jh. geschnitzt werden, besitzen z. B. die Kirche in St. Jakob oberhalb von St. Ulrich und das Grödner Heimatmuseum.

In St. Ulrich besuche man die **Ständige Ausstellung der Grödner Holzschnitzkunst**, streda Sneton 9, ✆ 0471/797552, www.arsunika.com. Mehr Holzschnitzkunst auch bei **Info Gardena Art**, streda Rezia 159, tägl. 10–12/15–19 Uhr, Eintritt frei; ✆ 0471/797677, www.gardena-art.com.

steige der Welt. Dazu jede Menge Berghütten zum Verschnaufen, für die *Merende* (den Südtiroler Imbiss) und zum Übernachten. Dann die Mountainbikerouten vom Hotel aus und auf guten Sträßchen und Wegen bis in Höhen weit über 2000 m. Und schließlich noch Hallenbäder, Eislaufstadion, zahlreiche Langlaufloipen, Drachenfliegen, fast alle Aktivsportarten, Skiabfahrten aller Schwierigkeitsgrade (mehrere nach FIS-Standard) und ein flottes Skibussystem, das für ein paar Cent alle Lifte miteinander verbindet. Und „Wellness", wohin das Auge reicht (nicht billig, da nur in den teuren Hotels). Dafür nimmt man doch einiges in Kauf …

Die **ValgardenaCard** (1 Woche 53,50 €) erlaubt freie Benutzung von 12 Aufstiegsanlagen und freie Fahrt mit den Bussen im ganzen Grödner Tal zwischen St. Ulrich und Grödner Joch sowie Sellajoch. Die **SellaRondaCard** (16 €, 1 Tag) ermöglicht die sommerliche Umrundung der Sella mit Bussen und Bergbahnen/Sesselliften. Beide erhältlich bei den Tourismusbüros, die Gardena Card auch bei den Vermietern. Im Winter gibt es den Skibus **Gherdëina Ski-Express**, der für 2 € eine Woche lang alle Orte des Tages mit den Bergbahnen bis Plan de Gralba verbindet.

• *Information* **Tourismusverband Gröden**, streda Dursan 78, I-39047 St. Christina, ✆ 0471/792277, ℻ 792235, www.valgardena.it. Gemeinsame Prospekte, die in allen Touristenbüros des Tals aufliegen, gute Wander- und Loipenkarten, Veranstaltungsführer, Imagebroschüre.

• *Verbindungen* **Bus**: Das Grödner Tal ist mit SAD-Bussen ganzjährig mit Bozen (über Kastelruth) und Brixen (über Lajen) verbunden; häufige Fahrten. Im Sommer Busse auf Grödner Joch und Sellajoch mit Verbindung über Canazei, Arabba und Corvara rund um die Sella.

• *Übernachten* Eine wachsende Zahl von Hotels und Pensionen zwingt ihre Wintergäste zur Halbpension. Im Sommer üben nur wenige Hotels diese üble Sitte aus, die Mehrzahl lässt dem Gast die Wahl, ob er abends brav um 18 Uhr bei Tisch sitzen will oder vielleicht doch lieber ins Restaurant möchte. Je mehr Gäste auf Zimmer mit

Frühstück bestehen und Halbpensionsangebote ablehnen, desto eher wird dieser Missstand beendet werden.

• *Feste & Veranstaltungen* Gröden hat eine lange Liste gemeinsamer Veranstaltungen im Sommer und Winter. Darunter Konzertwochen wie das **Gardena Winter Festival** mit Openairkonzerten im März, das **Musik FestiValGardena** mit klassischer Musik im Sommer, daneben Wanderwochen, das Abend-Shopping in der Hochsaison (z. T. bis 22.30 Uhr), das Fest **Gröden in Tracht** Anfang August usw. Auch der Mountainbike-Event **Gardena Starbike** Mitte Juli fällt in diese Kategorie; Infos und Anmeldungen unter www.gardena-starbike.com. Die genauen Termine und Programme der Events stehen in der „Urlaubsfibel", die in jedem Tourismusbüro des Tals erhältlich ist.

• *Wintersport* Das Skigebiet Grödental ist ein Teil von **Dolomiti Superski** (→ S. 58) und mit 84 Aufstieganlagen und 176 km Skipisten eine der größten des Landes. Schneetelefon ✆ 0471/6792092. Ein Clou ist die **unterirdische Standseilbahn** namens „Gherdëina Ronda Express" vor, die die Skigebiete Saslong/Ciampinoi und Col Raiser/Seceda verbindet und damit alle Skigebiete des Tals verlinkt. Auch diese Bahn ist in Dolomiti Superski eingebunden sein. Kosten? Peanuts. Lächerliche 12,6 Mio. €, von denen 5,6 Mio. das Land Südtirol aufbrachte. Information bei Gherdëina Ronda, I-39047 St. Christina, Str. Dursan 77, ✆ 0471/790860, 📠 792235.

St. Ulrich

St. Ulrich (ital. Ortisei, ladin. Urtijëi) ist der größte Ort des Grödner Tals, geschäftig und touristisch mit guten Hotels und keineswegs billig. Im Winter dominiert bei allen Altersgruppen der Skilauf, im Sommer mischen sich Aktivurlauber mit Sommerfrischlern und Gelegenheitswanderern.

Die „herzliche Intimität eines Gebirgsdorfes", von dem ein Ladinienbuch noch 1985 schwärmte, wird man in St. Ulrich vergeblich suchen. Beim Bummel über die Hauptstraße des Städtchens (streda Rezia) von der Kirche hinunter zum Antoniboden passiert man einige schöne alte Häuser, von einem Dorf ist aber nichts zu bemerken. Alte Bauernhöfe gibt es im weiteren Ortsbereich nicht mehr, nur im sehr sehenswerten *Heimatmuseum in der Cësa di Ladins* sieht man die alten Trachten der Gegend, die ehemals bescheidene Ausstattung der Bauernhäuser, das alte landwirtschaftliche Gerät. Also raus aus dem Ort und auf die Wege, Steige, Pisten, Führen, Routen! Das ist schließlich der Grund, um hier Urlaub zu machen. Vom Ort aus sieht man wie ein Wahrzeichen die schlanke Gestalt des *Langkofel*. Wenn die Sonne untergeht, beleuchten ihn ihre letzten Strahlen. Wenn man dort oben wäre bei Sonnenuntergang – ja warum denn nicht?

Information/Verbindungen/Diverses

• *Information* **Tourismusverein**, I-39046 Ortisei/St. Ulrich, streda Rezia 1, Mo–Sa 8.30–12.30/14.30–18.30 Uhr, So im Winter 10–12/17–18.30 Uhr, im Sommer schon ab 8.30 Uhr. ✆ 0471/796328, 📠 7967489, www.valgardena.it. Die Touristeninformation liegt am oberen Ende der Fußgängerzone im Gebäudekomplex des Kongresshauses, Broschüren zu Wanderungen und Mountainbikerouten gibt es auf Anfrage. Vor dem Haus elektronische Schautafel mit freien Hotel- und Pensionszimmern. **Internet-Surfpoints**, nutzbar mit Telefonkarte, im Tourismusverein und im Kreis für Kunst und Kultur, plaza S. Antone 102, ✆ 0471/796046. Ein PC auch in der Talstation der Seceda-Seilbahn. Internet Service, str. Pedetliva 32.

• *Verbindungen* **Pkw**: Der Durchgangsverkehr wird um den verkehrsberuhigten Ortskern herumgeführt, Staus sind trotzdem die Regel. Größere Parkplätze liegen an der Talstation der Seiser-Alm-Seilbahn und der Seceda-Seilbahn, weiter draußen parkt man an der streda Rezia, Abzweigung streda Trebinger oder an der Bahnhofstraße.

Bus: zentrale Bushaltestelle auf der plaza San Antone (Antoniboden) am unteren Ende der Fußgängerzone.

Taxi: Standplätze bei der Touristeninformation und am Antoniboden bei der Bushaltestelle, ✆ 0471/796888. Taxizentrale Autosella, ✆ 0471/790033; Zentrale Taxi & Bus Gröden, ✆ 0471/796544.

• *Diverses* **Ärztlicher Bereitschaftsdienst** für Gäste in der streda Purger 14, ✆ 0471/797785, tägl. 16–19 Uhr. Ärztlicher Dienst rund um die Uhr ✆ 0471/794266.

Einkaufen/Feste & Veranstaltungen

Die streda Rezia und die streda Dursan rauf und runter, das erschließt in etwa das Shopping-Angebot von St. Ulrich.

• *Grödner Holzschnitzereien* **Grödner Kunsthandwerk**, streda Sneton 17, ✆ 0471/797552, www.arsunika.com. Eine weitere ständige Ausstellung bietet **Gardena Art**, streda Rezia 159.

Im Sept. findet die **Grödner Skulpturmesse** statt (im Tenniscenter Runggaditsch), dabei wird die Tennishalle in eine riesige Werkstatt verwandelt, in der rund 30 Bildhauer ihre Kunst zeigen.

Holzschnitzer: z. B. Conrad Moroder, streda Rezia 198..

• *Märkte* **Wochenmarkt** jeden Freitag in der streda Trebinger.

4x jährlich Markt mit zahlreichen Buden: 10.4., 8.7., 21.9., am 14.10. **Blättermarkt (Segra Sacun)** zur Kirchweih St. Jakob. Die Birnen, die man an diesem Tag den Frauen gab, die beim Rechen des Heus geholfen hatten, werden heute schon mal durch z. B. Holzbirnen und rote Glühbirnen ersetzt. Am Tag vorher (13. Okt.) traditionelles Kirchweihfest **Segra Sacun** an der Kirche St. Jakob oberhalb des gleichnamigen Dorfes.

• *Feinkost* **Avesani**, streda Rezia 106, sehr gute Weinauswahl, große Auswahl an Grappe, getrocknete Pilze, beste Olivenöle.

Botega del Pan Hofer, plaza Sant' Antone, große Brotauswahl, Metzgerwaren, Käsetheke, beschränkte, aber gute Auswahl an Wein, Olivenöl und Grappe.

Gherdëina Lat, neue Schaukäserei der Grödner Almbauern am westlichen Ortseingang, Mo–Sa 10–12/15–18 Uhr, ✆ 0471/786564.

• *Bücher & Bilder* **Delago Libri & Co.**, plaza S. Antone 82, große Auswahl an Südtirolensien und Belletristik in Deutsch und Italienisch, Landkarten, Postkarten, Kalender.

Ghetta, streda Rezia 59, Bilderrahmen auch nach Maß und die dazugehörigen Bilder, Drucke, Kunstobjekte, Silber, Zinn und z. T. alter Schmuck.

Spezielles für Kinder

Kinderspielplatz (einer von acht) an der Luis-Trenker-Promenade neben der nicht zu übersehenden Dampflok der ehemaligen Grödner Talbahn. **Kinderbetreuung** durch Verdebello, auch Babysitterservice, ✆ 335/8410246, Tagesmütterservice auch unter ✆ 348/8700661. **Kindersport** bietet Gardena Mountain Adventures, ✆ 335/6849031.

Unbedingt besuchen: **Spielzeugsammlung im Heimatmuseum!** Große Kinderabteilung im Kaufhaus Maciaconi (Maciaconi for Kids), Plan da Tieja 6.

Sport & Freizeit

Hallen- und Freibad Erlebnisbad Mar Dolomit, streda Promeneda 2, im Sommer 2002 generalsanierter Komplex mit Hallenbad inkl. Kinder- und Außenheißbecken samt Strömungskanal (Salzwasser!). Ganzjährig offen mit stark wechselnden Öffnungstagen mit Kernzeit tägl. 13–20 Uhr, in der HS tägl. 9.30–20, Di und Fr bis 22 Uhr, Ende April bis Ende Mai geschlossen. Schwimmbad ca. 8 €, Kinder 4,50 €, ✆ 0471/797131, www.mardolomit.com.

• *Radsport* **Verleih** bei Parigi Marco Mountain Bike Sport Service, streda Pedetliva 36. Für Mountainbiker gibt es die Karte „Funbike" mit 10 **Tourenvorschlägen** für das Grödental (in der Info oder im Buchladen).

• *Sauna/Solarium* Beides ebenfalls im **Mar Dolomit** (s. o.), mehrere Saunatypen, Blockhaussauna aus echt skandinavischen Holzbohlen, von dort kommt man direkt ins Freie, wie es bei finnischen Saunen ja der Fall sein sollte. Eintritt ca. 16 €.

• *Tennis* Tennis-Squash-Center Runggaditsch, streda Arnaria, ✆ 0471/797275.

Schick bis prächtig, die Hotels im Grödner Tal (St. Ulrich)

• *Wandern, Bergsteigen, Klettern* Wandern ist der klassische Sport des Grödner Tals, man kann fast überall von der Tür des Hotels aus beginnen. Mehrere Aufstiegshilfen bringen in wenigen Minuten in kühle Wanderhöhen.

Alpinschule Catores Gröden, plaza Stetteneck, ✆/℡ 0471/798223, www.catores.com.

Die Südseite des Kongressgebäudes ist als **Kletterwand** gestaltet, die Catores-Führer bieten dort im Juli/August jeden Mi um 21 Uhr Freeclimbing an. Die Alpinschule veranstaltet außerdem geführte Wanderungen, Kletter- und Klettersteigtouren.

Etwa 400 m talauswärts von Runggaditsch gibt es rechts der Straße einen kleinen **Klettergarten** für Freikletterer.

• *Wintersport* **Alpiner Skilauf, Skilanglauf, Snowboarding**: Im Dez. sprießen in St. Ulrich die Skiverleiher wie die Pilze aus dem Boden, im Sommer werden sie ersatzlos zugemacht. Hier nur einige verlässliche Adressen: Ski- & Snowboardverleih Gardena, streda Rezia 14, ✆/℡ 0471/798348; Ski- & Snowboardschule St. Ulrich, streda Rezia 75 a und streda Promeneda 1, ✆ 0471/796153, www.gardenaski.com; Ski- & Snowboardschule Saslong, streda Rezia 10, ✆/℡ 0471/786258, www.skisaslong.com.

Rodeln: Ein Weg von der Berg- zur Mittelstation des Raschötz-Sessellifts ist die längste Rodelstrecke des Tals (6 km, künstlich beschneit), an der Talstation Rodelverleih.

Eislaufen: Das Eisstadion von St. Ulrich wurde durch eine Mure zerstört. Ein neues Eisstadion ist bisher nur in Planung. Nächstes Stadion ist das Sportstadion Pranives in Wolkenstein, die nächste Natureisbahn im Center Iman in St. Christina.

Übernachten (siehe Karte S. 558/559)

St. Ulrich ist wie das gesamte Gröden nicht billig. In den schwachen Zeiten machen viele Hotels einfach zu (Nov. bis Mitte Dez., nach Ostern bis Mitte Juni). Zu den Winterferien, zu Ostern und im Juli/August unbedingt reservieren! Die Hotels und Gasthöfe mit Restaurant vermieten in der Hauptsaison nur mit Halbpension.

• *Altstadt und Luis-Trenker-Promenade*
*** **Am Stetteneck (6)**, streda Rezia 14, freundlicher Gründerzeitbau mit langer Geschichte an der Hauptstraße, wurde 1962 von der Familie Hans Sanoner übernommen und zum komfortablen Hotel umgebaut. Große, angenehm und zurückhaltend eingerichtete Zimmer, z. T. mit Balkon, nach vorne Erker,

freier Eintritt zum örtlichen Hallenbad und Sauna. DZ/FR 90–230 €. ✆ 0471/796563, 📠 796147, www.stetteneck.com.

**** **S Adler (3)**, streda Rezia 7, seit 1810 führt die Familie Sanoner das Traditionshotel mit mittlerweile 123 Zimmern. Der ehemalige Gasthof im Zentrum bietet heute als „Wellness & Sport Resort" jeden erdenklichen Komfort. Eingangsbereich und Stiegenhaus wurden von Clemens Holzmeister entworfen, dem Architekten des Neuen Festspielhauses in Salzburg. Fast konkurrenzlose Fitnesseinrichtungen von der „Dolasilla Vitalwelt" und dem „Ayurveda Fitness- und Gymnastikbereich" bis zur „Aquana Wasserwelt" (Hallenbad, Saunen, urige Felsengrotte, Kneippanlage) und ein parkähnlicher Garten. Sehr aufmerksamer Service, hilfreiche Rezeption. Alle Zimmer mit Fön/Bademantel. DZ/HP inkl. Tiefgaragenplatz 206–500 €. ✆ 0471/775000, 📠 775555, www.hotel-adler.com.

*** **Grones (12)**, streda Stufan 110, das um 1930 im damals modernen funktionalistischen Stil errichtete kleine Hotel Garni hat sich inzwischen mit Holzbalkonen ein rustikales Image gegeben. Großzügig geschnittene Zimmer (TV/Fön), gediegene Holzmöbel; großer Garten mit alten Bäumen, Liegewiese. DZ/FR 56–100 €. ✆ 0471/797040, 📠 798221, www.grones.info.

• *Überwasser/Oltretorrente* Oltretorrente, jenseits des Grödner Bachs, ist Teil der Gemeinde Kastelruth, eigentlich aber ein Teil von St. Ulrich (das trifft sogar auf die Postadresse zu).

***** **Grödnerhof (17)**, streda Vidalong 3, wie der „Adler" sticht auch der Fünfstern-Grödnerhof wegen seiner Größe aus den anderen Gebäuden von St. Ulrich heraus. Die von Türmen flankierte Doppeldachfassade ist nach Abriss und totalem Neubau 2001 auffälliger denn je. Selbstverständlich in dieser Kategorie: alle Zimmer mit Internetanschluss, Balkon oder Erker, Fön, 10 Zimmertypen bis hin zur Luxussuite. Fitness, Wellness und Beauty werden im Wellnessbereich „Anais" groß geschrieben. DZ/FR 168–568 €. ✆ 0471/796315 oder ✆ 798082 (für Buchungen), 📠 796513,www.gardena.it.

• *Westlich der Altstadt, Ober- und Außerwinkel* ** **Pichler (7)**, streda Socrep 17, kleine Pension am Westende des Orts mit sehr großem Garten; nur 8 zweckmäßige Zimmer mit großen umlaufenden Balkonen mit üppigem Blumenschmuck und TV. DZ/FR 70–106 €. ✆ 0471/796873, 📠 796520, www.pensionpichler.com.

• *Außerhalb* *** **Hartmann Beauty & Relax (19)**, streda Rezia 308, schon im Weiler Pescosta außerhalb von St. Ulrich liegt dieses Wellnesshotel mit nur 15 sehr komfortablen Zimmern, die DZ alle mit Balkon und schönem Ausblick zum Langkofel. Kosmetik- und Körperpflegestudio, Ayurveda, Shiatsu & Co., Sauna, Solarium, Whirlpool, gut ausgestatteter Fitnessraum. DZ/FR 98–250 €. ✆0471/796270, 📠 796265, www.hartmannhotels.com.

*** **Rodes (11)**, streda Digon 10, das angenehme Mittelklassehotel liegt etwas oberhalb des Grödner Tals mit schönem Blick auf St. Ulrich. Wintergarten, verglastes Hallenbad im großen Garten, Sauna und Solarium, sehr gutes Restaurant mit Tiroler Küche (für Nicht-Hausgäste nur nach Voranmeldung). Komfortable Zimmer mit TV, Balkon. DZ/FR 106–250 €. ✆ 0471/796108, 📠 797844, www.val-gardena.com/hotel/rodes.

Im gesamten Tal gibt es keinen Campingplatz und keinen Standplatz für Wohnmobile bzw. Caravans, das Abstellen auf freien Plätzen ist verboten (nächste Plätze in Kolfuschg, Canazei, Klausen und St. Konstantin/Seis, je etwa 20 km entfernt).

Essen & Trinken/Abends (siehe Karte S. 558/559)

Keine Spitzenleistungen erwarten, für gutes Essen muss man übers Grödner Joch ins Hochabteital und Gadertal fahren. „Guide Michelin" und „Guida d'Espresso" übergehen ganz Gröden, der „Veronelli" nennt immerhin 2 Adressen, eine davon ist das „Concordia" (s. u.). Auch das Nachtleben ist nicht unbedingt eine Spezialität in einer Provinz, in der man um 21 Uhr die Läden runterklappt (in fast allen Restaurants endet die warme Küche um 21.30 Uhr). Die Ausnahmen sind vor allem Bars, die u. U. bis 2 Uhr früh offen haben.

• *Restaurants und Pizzerien* **Concordia (2)**, streda Roma 41, ein gutes Restaurant im oberen Ortsteil in einem Stockwerk ei-ner Gründerzeitvilla. Gehobene Italo-Tiroler Küche vom Chef Rudi Pescosta: Hirschschinken mit Ziegenkäse und Vollkorn-scheiben, Kaninchenfilets in weißer Trüffelcreme mit Kroketten, Südtiroler Käseplatte, Birnensorbet – ab 30 €. ✆ 0471/796276, Mi Ruhetag.

Vedl Mulin (14), plaza S. Antone 142, ein großer, kaum unterteilter Saal, je 4 Tische zu einem Riesenquadrat zusammengeschoben – nicht gerade gemütlich. Aber sehr flinke Bedienung, durchschnittliches, aber preiswertes Essen Südtiroler Art (Spinatspatzerl mit Rahm und Schinken, Linguine mit Hirschragout), Warsteiner vom Fass und eine Auswahl an sehr guter Pizza (6–9 €). 2 Gänge ab ca. 20 €. ✆ 0471/796089.

Dolomiti Madonna (16), streda Rezia 267, Grill-Restaurant des gleichnamigen Hotels an der streda Rezia mit etwas unsicherer Zusammenstellung der Karte (es muss ja für jeden etwas drauf sein), aber die Grills und Schnitzel können sich sehen und schmecken lassen. Anständige Nudelgerichte (gut: Trenette mit Pesto). 2 Gänge ab ca. 18 €. ✆ 0471/798276.

Traube (9), streda Rezia, der gründerzeitliche Bau in der Fußgängerzone profitiert von seiner Lage mit kleiner Südterrasse, weniger vom hohen Stand der Küche. Schlutzkrapfen und Rehgulasch, Mozzarella caprese, köstliche Speck-Apfel-Ravioli mit Schafskäse (9 €), Fleischgerichte vom Grill. 2 Gänge ab ca. 20 €.

Mar Dolomit (18), streda Promeneda 2, das Restaurant mit Pizzeria im großen Grödner Hallenbad ist zu Recht gut besucht. Das Essen in dem lichten, mit dem Hallenbad durch ein gemeinsames Dach verbundenen Saal ist gut und günstig, die Pizza (25 zur Auswahl) ist unten knusprig, oben schmackhaft, dazu rustikale Tiroler Kost. Kein Ruhetag, 2 Gänge etwa 20 €. ✆ 0471/797352.

• *Cafés, Eis* **Demetz (8)**, streda Rezia 48, das sicher beste Café des Orts mit großer Terrasse, großzügige Räume im klassischen Kaffeehausstil, vorzügliche Torten. Kuchen und Strudel profitieren vom Elan eines jungen Konditors.

Corso (10), streda Rezia 74, schöne, sonnige Terrasse seitlich zur Straße, gutes Konditoreiangebot.

Haiti (13), plaza S. Antone 116, Eisdiele und Fastfood, zentral gelegen und entsprechend voll, die Konservenmusik kann sehr laut werden.

Art-Café Funtanela (1), *usteria con verzun*, Ecke streda Doss/streda Cuca, einfaches Gartencafé mit Eis, Torten und Strudeln; Mi Ruhetag.

• *Bars* **Mario's Bar (4)**, im Hotel Adler. Wer Pianomusik als Hintergrund für gepflegte Gespräche schätzt, ist hier richtig am Platz. Eher gediegenes Publikum. Die **Siglu-Bar** im Garten, eine Acrylglaskuppel, ist im Winter bereits am Nachmittag ab 16 Uhr knallvoll. Die Musik bringt die Glaswände zum rhythmischen Zittern. Wer will, sieht von drinnen aus zur richtigen Zeit den Sonnenuntergang mit der „enrosadüra" des Langkofels. ✆ 335/5280120.

Winebar Cascade (15), streda Setil 1, in einem etwas kitschigen Neubau sind – trickreich aufgeteilt – ein kleines Restaurant, der „Coffee & Tea Room" und die hufeisenförmige Bar untergebracht. Am Tresen

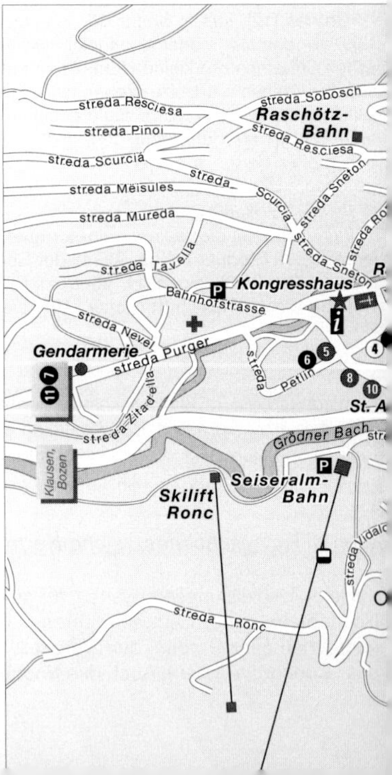

gibt's nicht nur Drinks, sondern auch diverse Weine. Zu den Essenszeiten eventuell etwas abgelenktes Personal.

- *Disco/Pizzeria* **Mauriz (5)**, streda Rezia 32, Kellerlokal mitten in der Fußgängerzone, ganzjährig geöffnet, im Sommer vor allem Pizzeria, im Winter Après-Ski-Atmosphäre bis 3 Uhr früh. Überwiegend nicht mehr ganz so junges Publikum, das sich zu nicht unbedingt taufrischen Rhythmen amüsiert. ✆ 0471/797301.

Sehenswertes/Ausflüge

- **St. Ulrich**: Sagen wir's ganz offen. Außer dem Grödner Heimatmuseum (ein Muss) gibt's im Ort selbst nicht viel zu sehen. Man kommt wegen der Umgebung und den Sport-, Freizeit- und Erholungsmöglichkeiten.

Der Marktort zieht sich entlang der *streda Rezia* von unterhalb des Kirchplatzes bis hinunter zum so genannten Antoniboden mit seiner kleinen Kirche. Dieser Straßenabschnitt ist eine einzige Einkaufsmeile mit Boutiquen, aber auch mehreren Straßencafés und Gasthausterrassen. Etwas oberhalb des westlichen Endes der Straße steht die *Pfarrkirche St. Ulrich,* ein Bau von 1797 (auf älteren Vorgängern). Von der Ausstattung ist das aus dem 18. Jh. stammende Kirchengestühl zu erwähnen. Zwischen Kirche und Straße schiebt sich der öde Betonklotz des 1970 entstandenen *Kongresshauses,* in dem sich auch der Tourismusverein befindet. Im Haus ist auch die ständige Ausstellung der Grödner Holzschnitzkunst untergebracht. Am *Antoniboden* trennt der schlichte Kirchenbau die heutige Fußgängerzone von der großen Platzerweiterung mit der Bushaltestelle und dem Taxistandplatz. *St. Anton in Boder* (plaza S. Antone) mit seinem spitzen Dach mit dem Dachreiter entstand 1673 und ist dem Wüsteneremiten Antonius gewidmet.

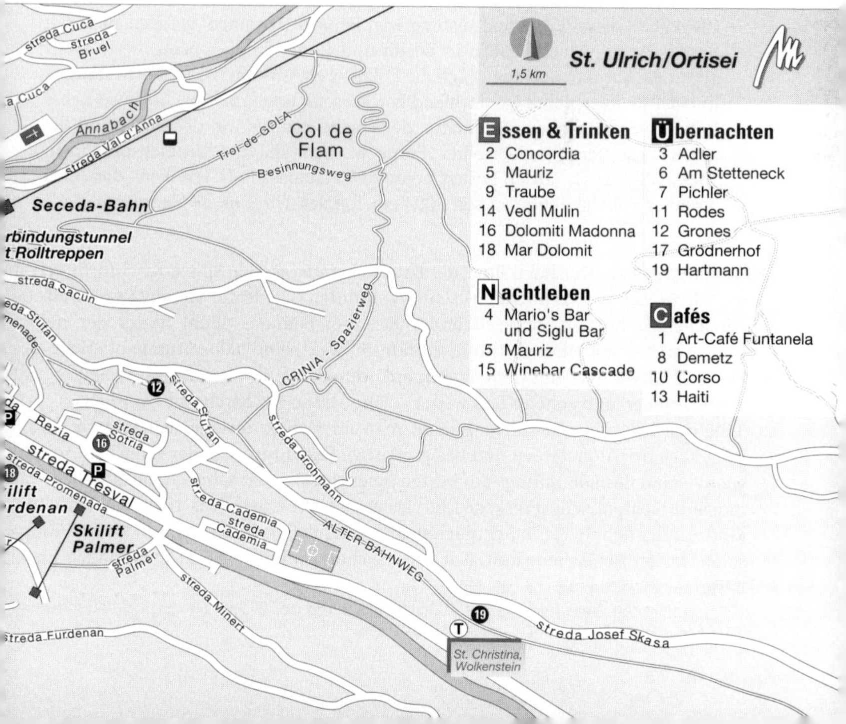

▸ **Museum de Gherdëina in der Cësa di Ladins**: Das Heimatmuseum im Ladinischen Kulturhaus zeigt eine Anzahl sehr interessanter Objekte, v. a. die *Grödner Schnitzereien,* darunter einige der bedeutenden Familie Vinazer, die von 1622 bis 1817 am Ort tätig war. Neben den Heiligenstatuen und Madonnen bewundert man Gliederpuppen, Hampelmänner, Nachziehpferde und bewegliches Spielzeug, das zwischen 1810 und 1940 entstand. Daneben *Mineralien* der Dolomiten und aus aller Welt, eine sehr interessante *geologische Abteilung,* die über die Entstehung der Dolomiten informiert, und schließlich ein ganzer Saal mit Erinnerungen an den Bergsteiger, Schriftsteller und Filmregisseur *Luis Trenker* sowie archäologische Funde. Im Aufgang zum Oberstock hängt ein riesiges *Fastentuch* aus der Kirche St. Jakob mit 20 Szenen der Passion Christi (17. Jh.). Früher hängte man es in der Fastenzeit vor Ostern im Chor der Kirche auf.

Öffnungszeiten Febr./März Di/Fr 14–17 und Do 10–12 Uhr; Juni, Sept. bis Mitte Okt. Di–Fr 14–18 und Do 10–12 Uhr; Juli/Aug. Mo–Fr 10–12/14–18, So 14–18 Uhr. Eintritt 3 €, Kinder bis 7 frei. Streda Rezia 83, ✆ 0471/797554.

Luis Trenker

Luis Trenker (1892–1990) stammte aus St. Ulrich und damit aus dem Herzen der Dolomiten. Mit einer Mischung aus Abenteuer, Bergromantik, Nervenkitzel, Schmalz und Sex-Appeal machte der gelernte Architekt als Bergsteiger, Buchautor, Filmschauspieler, Regisseur und Schriftsteller eine bergbezogene Karriere. Der Stummfilm „Kampf ums Matterhorn" katapultierte ihn 1928 unter die populären Regisseure. Die Heimattümelei und die Verherrlichung naturnahen Lebens als Gegensatz zur „verderbten" städtischen Zivilisation dieses Films und späterer wie „Berge in Flammen" gefielen auch den faschistischen Machthabern in Berlin und Rom. Trenker protestierte nicht gegen die Vereinnahmung durch die Diktatoren, was ihn nach 1945 besonders in der Bundesrepublik Deutschland zur Persona non grata machte. Was seine Popularität kaum beeinträchtigte, der fesche Bergfex mit der Pfeife und die schmalzige Bergtümelei seiner Filme blieben Teil der deutschsprachigen Massenkultur. St. Ulrich besitzt heute den Nachlass Luis Trenkers, das „Luis Trenker Zentralarchiv" ist seit 2004 ein Teil des *Museum de Gherdëina.*

▸ **Kirche St. Jakob**: Der hoch über die Bäume herausragende spitze Kirchturm verrät die Kirche des hl. Jakob (Sacun) schon von unten. Die leider ständig verschlossene gotische Kirche und ihr kreisrunder Friedhof (ständig offen) hinter der hohen Mauer stehen auf einer Lichtung mitten im Wald, eine halbe Stunde oberhalb des Dorfs *St. Jakob.* Wer mit dem Wagen ankommt, lässt ihn bei der Abzweigung (mit Schild) stehen und geht zu Fuß weiter – eine Straße zur Kirche gibt es nicht.
Teile der barocken Ausstattung kann man im Heimatmuseum bewundern (s. o.), wie einige der Altarstatuen und das großartige Fastentuch. An der südlichen Außenwand – und deshalb mittags am besten beleuchtet – sind sehr schöne, kürzlich restaurierte spätgotische Fresken: Ein riesiger hl. Christophorus trägt das Christuskind auf der Schulter. Ein Schmerzensmann vergießt sein Blut, das in kleinen Rinnsalen zu den Menschen rinnt. Auf deren Schultern hocken Teufel, aber auch Engel bemühen sich um sie.

Öffnungszeiten Besichtigung mit Führung etwa von der 2. Juli- bis zur 3. Septemberwoche Mo–Do 10.30–12 Uhr, Mi und Fr 15.30–17 Uhr.

Auf der Seceda

Auf der Luis-Trenker-Promenade und dem Alten Bahnweg nach Wolkenstein: Wie angenehm, dass es statt der Straße diesen bequemen Promenadenweg gibt, der über *St. Christina* bis nach Wolkenstein und Plan führt. Hier fuhr ehemals eine im Ersten Weltkrieg eingerichtete Schmalspurbahn. Das geringe Gefälle erlaubt uns heute nach der Stilllegung einen gemütlichen Spaziergang zwischen den drei Orten. Die Promenade beginnt als „Luis-Trenker-Promenade" in St. Ulrich an der streda Stufan, kurz darauf liegt links der Tunnel zur Seceda-Seilbahn; außerhalb von St. Ulrich nennt sie sich nur noch „Alter Bahnweg".

Tour-Info Gehzeit St. Ulrich – Wolkenstein ca. 1:30 Std., zurück unwesentlich kürzer. Zurück kann man auch den regelmäßig verkehrenden SAD-Bus nehmen.

Auf dem Außerraschötz: Der *Raschötz-Lift* führt mit einer Zwischenstation von St. Ulrich (streda Resciesa, 1280 m) auf die Almweiden des Außerraschötz (2093 m). Der Blick auf Schlern, Seiser Alm und Langkofelgruppe ist phänomenal. Ein leichter Spaziergang führt von der Bergstation zur *Raschötzhütte*, die 80 m Höhenunterschied schaffen fast alle. Wer besser zu Fuß ist, kann von dort aus die Spitze des *Außerraschötz* (2281 m) erreichen und einen Blick über imposante Felsabstürze ins Villnösstal auf der anderen Bergseite werfen.

- *Bergbahn* **Seilbahn Raschötz** im Sommer Anf. Juni bis Mitte Okt., 8.30–17.30 Uhr, Berg ca. 8 €, Berg/Tal ca. 10,50 €.
- *Wintersport* Im Winter führt von der Bergstation eine Abfahrt zur Mittelstation der Seceda-Bahn (s. u.), über die man diesen Skizirkus erreicht.

Tipp! Eine künstlich beschneite 6 km lange **Rodelbahn** verbindet mit der Mittelstation des Raschötz-Lifts.

Auf der Seceda: Hinauf kommt man mit der Kabinenseilbahn. Die Talstation zeigt, wie wichtig die Seceda-Bahn ist: Von der Fußgängerzone (plaza S. Antone) führt eine Serie von überdachten Rolltreppen hinauf zur Luis-Trenker-Promenade, von der aus ein Tunnel mit Rollbändern bis direkt an die Seilbahn führt! Die Seceda ist durch Schlepp- und Sessellifte für den Wintersport erschlossen. Am Beginn und Ende der Skisaison kann man nur bis zur Mittelstation abfahren. Im Sommer ist die Seceda ein echtes Wanderparadies. Genusswanderer bleiben auf den Almhängen der *Aschgleralm* und frequentieren die Jausenstationen (Troier, Daniel). Wer sehr gut zu Fuß ist und 1200 Höhenmeter Abstieg verkraften kann, geht nach St. Ulrich oder Wolkenstein hinunter.

• *Bergbahn* **Seceda-Bahn**, Mitte Juni bis Mitte Okt. 8.30–17.30 Uhr, einfach 12 €, Berg/Tal 18 €.

• *Hütte* **Baita Sofie**, etwas unterhalb der Bergstation, freundliche Hütte mit Tiroler Küche. Speck, Gulasch, Knödel, Kaiserschmarrn, großer Weinkeller! Ab ca. 15 €.

Tour 45: Wanderung von der Seceda zur Regensburger Hütte und nach Wolkenstein

Tour-Info: Einfache Bergwanderung, meist gute Wege über Almen. Anfahrt mit der Seceda-Seilbahn ab St. Ulrich, Rückfahrt mit dem Bus ab Wolkenstein. Dauer 2:45–3 Std.; Höhenunterschied ↑ 100 m, ↓ 1000 m. Karte: Tabacco (1:25.000) Blatt 5.

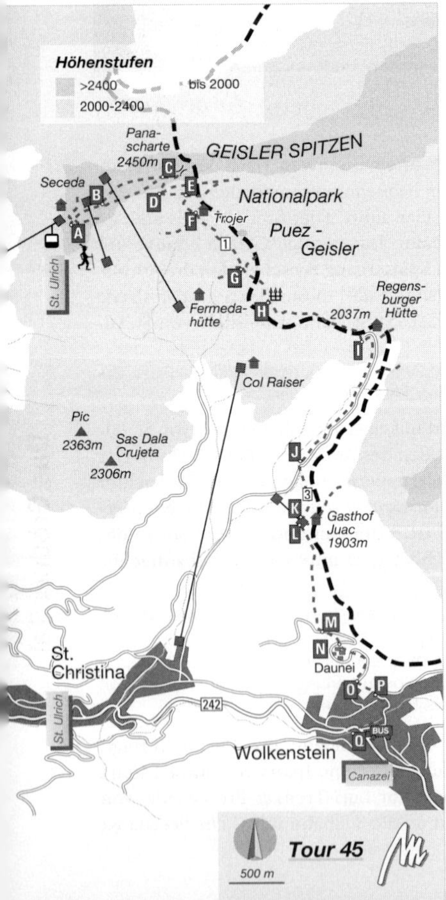

Wenn man auf der Seceda aussteigt **A**, schlägt das Herz schneller. Selbst die Draufsicht auf die gewaltigen Schutthänge, die von der Seceda nach Westen ziehen, ist abenteuerlich. Oben erwartet einen der Blick auf Geislerspitzen, Puezgruppe und über Almen hinweg auf Sella und Langkofel. Wir nehmen den wenig an Höhe verlierenden Weg zur *Panascharte* (gleich bei der Seilbahn bei Weggabelung **B** links – siehe Titelbild oben – , also in Richtung Sass Rigais und Geislerspitzen. Bei der Scharte **C** (2450 m) schwindelerregender Blick hinunter auf die Nordseite der Geislerspitzen, vom Villnösser Tal sieht man relativ wenig. Nun rechts und den Hang hinunter, zwei Abzweigungen nach links (**D**+**E**) werden ignoriert. Man passiert die tirolertümelnde *Jausenstation Trojer* **F**, das alte Almhaus wurde leider abgerissen. Beim Trojer mehr oder weniger geradeaus mit Weg 1 weiter (Wegkreuz **G**, hier geradeaus) und mit wenig Höhenverlust, zuletzt aber nach Weidezaun **H** steiler hinunter zur *Regensburger Hütte* **I** (2037 m, 1:15 Std.). Dort beginnt ein Zufahrtssträßchen, dem wir zunächst abwärts folgen, bis nach ca. 20 Min. Weg 3 nach links abbiegt **J**. Kurz nach dem modern gestalteten

Gasthof Juac **K** (1903 m) sieht man von der Bergschulter **L** bereits auf Wolkenstein hinunter. Weg 3 führt meist durch Wald bergab, quert eine Asphaltstraße **M** (rechts Wanderparkplatz) und erreicht den Weiler *Daunei* **N**. Weiter links auf der nach Wolkenstein führenden Straße, die man aber in der ersten großen Rechtskurve **O** verlässt, um auf Trampelpfad nach links über eine große Wiese abzukürzen. Am unteren Ende der Wiese **P** geht man auf der Puezstraße hinein nach Wolkenstein, hält sich rechts und erreicht so die Bushaltestelle in der Ortsmitte **Q** (1560 m, 3 Std.).

• *Hütten* **Jausenstation Trojer**, Tiroler Küche von Gerstlsuppe bis Kaiserschmarrn, ✆ 339/8212373. **Regensburger Hütte (Rif. Firenze)**, ✆ 0471/796307. Juac-Hütte, ✆ 335/8082321.

Beim Gasthof Juac

Auf die Seiser Alm: Von *Oltretorrente* (streda Setil) führt eine Kabinenbahn flott auf die Seiser Alm (→ S. 576), die man auf 2005 m am *Col da Mesdi* erreicht. Blicke auf den Langkofel, so toll, dass man am liebsten gleich dableiben will, aber auch Wanderwege auf die Blumenwiesen der Seiser Alm. Scharen von oft nicht mehr ganz jungen Wanderern bevölkern die ganze warme Saison über die vielen Wege. Die Jausenstationen, Gasthöfe und Restaurants liegen jeweils nur einen Steinwurf voneinander entfernt. Im Winter wird dieser Teil der Seiser Alm mit vier Sessel- und mehreren Schleppliften zur beliebten Skiarena für nicht ganz so sportliche Skifahrer (keine Abfahrt ins Tal!).

• *Bergbahn* **Kabinenbahn Seiser Alm**, Ende Mai bis Ende Okt., HS 8.30–18 Uhr, im Juni und ab Ende Sept. bis Mitte Okt. 8.30–12.30/13.30–18 Uhr, einfach 9 €, Berg/Tal 12 €.

• *Essen & Trinken* Das **Bergrestaurant Mont Sëuc** mit Panoramafenstern bietet tagsüber warmes Essen und Brotzeiten. Mi abends Candlelightdinner (Bahn läuft dann bis 23.30 Uhr). ✆ 0471/727881.

MTB-Tipp! Von der Seiser Alm hinunter ins Grödner Tal

Mountainbiker können ihr Rad mit dem Lift hinauf auf den Col da Mesdi befördern, nehmen danach das bei der Bergstation beginnende Sträßchen hinunter zur Schgaguler Schwaige und stellen fest, dass sie an der Einmündung in eine breitere Straße nach rechts und auf einen kleinen Pass kommen. Auf dieser Straße geht es in großem Linksbogen über die Hochflächen der Seiser Alm zuerst zur Ritschschwaige (bei Gabelung vorher links), zur Radauer Schwaige (dort wieder links) und über eine Forststraße durch das Val de Iender bis fast hinunter auf den Talboden des Grödner Tals. Dort bleibt man bei einer Gabelung links und erreicht auf wenig befahrenen Sträßchen Oltretorrente und St. Ulrich.

St. Christina

Von den drei großen Grödner Orten der ursprünglichste, dennoch geschäftig und touristisch. Idealer Ausgangspunkt für Wanderungen, Berg- und Skitouren in die Puezgruppe, auf die Seiser Alm und zur Langkofelgruppe. Eine Reihe guter Hotels, annehmbarer Restaurants und anderer Einrichtungen für beschauliche wie aktive bis sehr aktive Ferien.

St. Christina ist ein lang gezogener Ort etwas oberhalb der Durchgangsstraße des Grödentals. Das Tal ist hier enger als in St. Ulrich, die Siedlung hat die steilen Hänge oberhalb des Orts gemieden. Erst auf der Sonnenterrasse zwischen Plesdinaz und Ulëta gibt es wieder Häuser, die einen phantastischen Ausblick auf Langkofelgruppe, Sella, Seiser Alm und Schlern haben. Nach Süden engt der kühle, steile Schatthang die Siedlung ein, dort will keiner wohnen, nur die Skifahrer interessieren sich für ihn und seine bis zum Tal reichenden Pisten. Sehenswürdigkeiten? *Pfarrkirche* und *Fischburg*, der Rest ist Natur.

Achtung: Rein technisch gehört die linke Bachseite des Cislestals zu Wolkenstein (z. B. Supermarkt Maciaconi), im täglichen Leben ist sie Teil von St. Christina und wird hier eingeschlossen.

Information/Internet/Verbindungen

• *Information* **Tourismusverein**, I-39047 Santa Cristina/St. Christina, streda Chemun 9. Mo–Sa 8–12/14.30–18.30 Uhr, So im Winter 9.30–12 Uhr, im Sommer schon ab 8.30 Uhr. ✆ 0471/793046, 📠 793198, www.valgardena.it. Die Information ist im Gebäude des Rathauses über der Durchgangsstraße (streda Dursan), eher beschränkte Auswahl an Prospekten, mehr auf Anfrage (z. B. Wanderkarten).

• *Internet* **Gardena Net**, streda Dursan 37.

• *Verbindungen* **Pkw**: wenige Parkplätze an der Hauptstraße unterhalb des Rathauses, größere Parkplätze beim Centro Iman.

Bus: Haltestellen unterhalb des Rathauses, am Ortseingang und -ausgang (beim Kaufhaus Marciaconi).

Taxi: Taxi Autosella, ✆ 0471/790033; Taxizentrale streda Chemun, ✆ 0471/790033; alle Unternehmen haben auch Minibusse und führen Ausflüge durch.

Freizeit & Sport

> **Speziell für Kinder**
>
> Die größte **Weihnachtskrippe** der Welt? Steht in St. Christina beim Sportcenter Iman. Ganzjährig! – die lieben Kleinen wollen sich auch im Sommer an den lebensgroßen Figuren freuen. Alle Figuren sind von Handwerkern aus dem Ort in Holz geschnitzt, beim 72-qm-Stall stehen, sitzen oder knien Maria mit Kind, Josef, die drei Könige und ein Hirte, das Viechzeug nicht eingerechnet. Außerdem **Kinderspielplatz** in der Sportzone Iman und **Maciaconi for Kids**, streda Dursan 93, Kindersport und -bekleidung über dem gleichnamigen Supermarkt.

• *Eislauf/Sportklettern/Tennis* Im **Sportcenter Iman**, streda Dursan 72, mit Sportkletterhalle und Kletterwand, Natureisbahn mit Schlittschuhverleih, ✆ 0471/793046. Tennis-Squash-Center Iman, ✆ 0471/797275.

• *Paragliding* Tandemflüge veranstaltet **Fly 2**, www.val-gardena.com/fly2, ✆ 335/5716500, streda Dursan 22 (Pizzeria Bruno).

• *Radsport* **Verleih** bei Klaus, streda Dursan 52.

• *Bergbahnen* Umlaufbahn zum Col Raiser, Sessellift auf den Monte Pana, dort mehrere Schlepplifte, Kabinenbahn Sochers/Sasslong mit Verbindung zur Ciampinoi-Abfahrt (→ Wolkenstein).

• *Wintersport* **Ski- und Snowboard-Schule** S. Cristina „Ski & Boarders-Factory" im Center Iman, **auch Langlaufkurse** und Carving, ✆ 0471/792045, www.santacristinaski.com.

Übernachten

• *Hotels* **** **Sporthotel Diamant**, streda J. Skasa 1, hervorragendes Hotel, von der Südfront Blick auf den Langkofel, durch den geplanten Bau eines Wintergartens wird diese Front noch aufgewertet werden. In der Lobby schöner alter Kamin, nicht nur als Dekoration. Im untersten Stockwerk Fitnessbereich und Hallenbad mit Bergblick. Eigener Park, Kinderclub Diamantino. Sehr schöne Zimmer mit gediegenen Holzmöbeln, holzgetäfelt, farblich ansprechend mit 4-Sterne-Komfort (Fön, ISDN, Safe), z. T. ohne Balkon. DZ/HP 120–400 €. ✆ 0471/796780, ✆ 793580, www.hoteldiamant.it.

**** **Alpenhotel Plaza**, streda Cisles 5, gediegenes Haus am östlichen Ortsrand oberhalb der Straße; Hallenbad, Dampfbad und Sauna; Zimmer mit Sat-TV, Safe, Minibar. DZ/HP 138–280 €. ✆ 0471/793463, ✆ 790731, www.alpenhotelplaza.com.

*** **Uridl**, streda Chemun 43, zentral und ruhig bei der Pfarrkirche gelegenes „Charme-Hotel" mit langer (es heißt 400-jähriger) Tradition, das geschickt mit viel Holz und Glas modernen Ansprüchen angepasst wurde. Schöne holzgetäfelte Stube mit Kachelofen, Zimmer mit etwas altmodischer Einrichtung (Sat-TV). DZ/FR (Sommer) 76–146 €, DZ/HP 100–184 €. ✆ 0471/793215, ✆ 793554, www.uridl.it.

*** **Gardenia**, streda Raiser 44, 39048 Wolkenstein, schön am Hang neben der Straße zum Col Raiser gelegenes Hotel mit großem Wellnessbereich („Kleopatrabad") samt Beautycenter, Freischwimmbad (28 °C), Miniclub, Internet-Surfpoint und guten Zimmern. DZ/FR 54–120 €. ✆ 0471/793268, ✆ 793123, www.gardenahotels.com.

*** **Cristallo**, streda Dursan 84, „lieber gut geführtes Dreistern- als teures Viersternhotel", sagt die Dame am Empfang. Recht hat sie. Für 3 Sterne ungewöhnlich: das Hallenbad. Zimmer recht ruhig, viele mit Balkon, von einigen Langkofelblick, die Ausstattung von verhaltenem Schick. DZ/HP 120–182 €. ✆ 0471/792099, ✆ 793379, www.cristallo-hotel.it.

• *Frühstückspensionen* ** **Mirabel**, streda J. Skasa 5. Die 8 Zimmer im Garni der Familie Stuffer liegen in einem Haus, dessen Holzarbeiten Sorgfalt und handwerkliches Geschick verraten. Die Gäste haben eine kleine Küche zur Verfügung, dazu Sauna und Solarium. DZ/FR 48–94 €. ✆/✆ 0471/797037, www.mirabel.it.

*** **Tannenheim**, streda Plan de la Sia 16. Der Name sagt's: von Wald umgeben ist diese freundliche Familienpension auf der Südseite des Tals (Abzweigung am unteren Ortsbeginn von St. Christina). Zimmer mit TV und Balkon, Sauna, Dampfbad, Solarium, rundum Natur – was will man mehr? DZ/FR 52–72 €. ✆ 0471/792052, ✆ 793316, www.tannenheim.it.

Essen & Trinken/Abends

• *Restaurants und Pizzerien* **Pizzeria-Restaurant Bruno**, streda Dursan 22, Lokal in einem der wenigen alten Steinhäuser im Ort. Innen viel Holz, rustikale Karte: Kartoffelnocken, Spinatspätzle, Bandnudeln mit Steinpilzen, Rehgulasch mit Polenta. 2 Gänge um die 22 €, Pizza ca. 5–9 €. ✆ 0471/793042.

Pizzeria-Café Villa Sella, streda Raiser 7, am oberen Ortsrand Nähe Talstation Col-Raiser-Seilbahn, gediegene Ausstattung, helles Holz, prachtvoller geschliffener Boden aus südafrikanischem Granit. Schmackhafte Pizza ca. 6–9,50 € (darunter die Lieblingspizza des Autors mit Gorgonzola und Speck). ✆ 0471/771614.

Imbissstube/Bistro Susi, streda Dursan 45. Hinter der Metzgerei an der Hauptstraße versteckt sich ein respektables Restaurant mit Italo-Tiroler Küche: Penne all'amatriciana, Spinatknödel, Wiener Schnitzel mit Pommes, Kaiserschmarren mit Preiselbeeren. Nudeln und Knödel um die 5 €, Schnitzel und andere Fleischgerichte 8–9 €.

Restaurant-Pizzeria Iman, im Center Iman, streda Dursan 72, gute, sehr große Pizzeria mit 1a-Auswahl im Sportzentrum, auch Tiroler Kost; ✆ 0471/793793.

• *Cafés, Eis* **Café Calés**, streda Val 55, einziges Eislokal am Ort, das sein Speiseeis selbst produziert. Gute Kuchen, bürgerliches Ambiente. ✆ 0471/793471.

Piccolo Bar/Pub 2000, streda Dursan 16 b, an der Bushaltestelle unterhalb des Rathauses, bei Einheimischen wie Gästen populäre

Sella-Plateau, links hinten der Langkofel

kleine Bar, die Kipfel stammen von der guten Bäckerei nebenan. Abends Pub mit Musik im 1. Stock. ✆ 0471/793693.

• *Abends* **Café-Pub Crazy**, streda Dursan 3, gegenüber Hotel Post. Im Sommer Terrasse über der Straße mit Biergarten, innen stockdunkel und eng, Discomusik, jeden Di House, So Go-go-Girls. Tägl. 12–2 Uhr, ✆ 3386370581.

Sehenswertes/Ausflüge

▸ **Pfarrkirche**: Die ursprüngliche, romanische Kirche, von der noch der Turm erhalten ist, wurde im 15. Jh. gotisiert, aus dieser Zeit stammt auch der Chor. Um 1730 hat man sie dann vergrößert und barock modernisiert, 1840–45 hat der Historismus noch seinen Teil beigesteuert. Der Hauptaltar in Gold, Bernstein und Weiß stammt noch aus der barocken Kirche *(Dominik Vinazer,* um 1690). Barock sind auch die Reliquienschreine unter den Seitenaltären, die in bestickte Gewänder gehüllten Gebeine mehrerer Heiliger liegen hinter Glas. Vor der Tür lädt der *Friedhof* zu einem Rundgang ein, die meisten Gräber haben schöne schmiedeeiserne Kreuze. Sehen Sie sich die massigen, mehrstöckigen Steinhäuser unterhalb der Kirche an, etwa die Grundschule *(scola elementera).* Sie sind die einzigen Zeugen für die Zeit vor dem Tourismus.

▸ **Die Fischburg**: Auf der anderen, schattigen Talseite liegt die hervorragend erhaltene Burganlage. Zwei Arkadenhöfe, zwei Wohntrakte, eine Kapelle, zwei viereckige Haupt- und drei Nebentürme bilden ein eindrucksvolles Ensemble. Die Burg wurde erst 1622–1641 unter einem Wolkensteiner errichtet, als man anderswo längst keine solchen Anlagen mehr baute. Keine Besichtigung, da in Privatbesitz.

▸ **Spaziergang auf der Via Crucis Col da Mësa nach Plesdinaz**: Von etwas oberhalb der Kirche von St. Christina führt der alte Kreuzweg hinauf zum lang gestreckten Weiler Plesdinaz auf seiner Sonnenterrasse. Im unteren Teil Weg, oben Straße, die 14 Kreuzwegstationen wurden von Grödner Künstlern neu gestaltet (Bronze auf Porphyr).

Auf dem Alten Bahnweg nach St. Ulrich → S. 561.

Auf den Monte Pana: Das grüne Plateau südlich von St. Christina ist im Sommer wenig interessant, im Winter ist der weiße Boden ein ideales Revier für Skihaserl und Langläufer (Bergbahn). Letztere können sich auf einem leichten und einem mittelschweren Rundkurs austoben.

Wintersport Vom Monte Pana gibt es im Winter einen **Skibus**, der bis zu den Liften von Saltria fährt (→ St. Ulrich).

Wanderung auf dem Mont de Sëura: Vom Monte Pana (s. o.) geht ein Sessellift auf die Höhe von 2025 m zum Almboden Mont de Sëura. Im Winter führen hier eine mittelschwere und eine schwere Abfahrt hinunter zum Monte Pana. Im Sommer ist die Bergstation Ausgangspunkt für großartige Wanderungen und Bergtouren. Besonders beliebt ist die leichte Wanderung zum *Rifugio Comici* (hin/zurück 1:30 Std.), wo man eine anständige Brotzeit bekommt. Und natürlich kann man hier die berühmte Tour rund um den Langkofel beginnen (Tour 46 → S. 574), von hier aus wirkt er wie ein völlig unersteigbarer Zahn. Wunderbare Ausblicke auf Seiser Alm und Schlern auf der einen, die Sellagruppe auf der anderen Seite.

Bergbahnen **Sessellift Monte Pana** und **Sessellift Monte Pana – Mont Séura**, beide Mitte Juni bis Mitte Sept. 8.30–12.15/13.15–17 oder 18 Uhr. Berg 4,50/6 €, Berg/Tal 8/10 €.

Wanderung auf dem Col Raiser: Flott ist man mit der Umlaufbahn in 2107 m Höhe angelangt, die *Col-Raiser-Hütte* lädt gleich zur Rast ein. Aber selbst nicht so aktive Bahnbenutzer wollen einen Spaziergang machen, da bietet sich der Bummel zur Regensburger Hütte im Cislestal an, nur 60 m tiefer gelegen (hin/zurück 1 Std.). Oder die sehr schöne kleine Wanderung durch die Blumenwiesen der Aschgleralm zur Jausenstation Troier mit der alten Almhütte neben dem Neubau. Wer sich mehr zumuten kann und will, kann die Seceda besteigen (→ Tour 45 in umgekehrter Richtung), oder gar mit Klettersteigausrüstung den beherrschenden Gipfel der Geisler, den Sass Rigais.

• *Bergbahn* **Umlaufbahn Col Raiser**, in der HS 8–17.30 Uhr, Juni bis Mitte Juli und Mitte Sept. bis ca. Mitte Okt. bis 17 Uhr, einfach 8,50 €, Berg/Tal 11,50 €, ✆ 0471/792059.

• *Essen & Trinken/Hütte* **Berghaus (Restaurant) Col Raiser**, ✆ 0471/796302. **Rifugio Firenze (Regensburger Hütte)**, 30 Min. von der Bergstation Col Raiser, klassische Berghüttenküche mit Speck, Röstkartoffeln und Polenta, ✆ 0471/796307.

Wolkenstein

Wolkenstein ist der aktivste der drei großen Grödner Orte, eine „Nebensaison" kennt man nicht. Was vor ein paar Jahrzehnten noch ein Weiler war, ist heute ein international bekannter Urlaubsort.

Die meisten Quartiere sind teure Hotels und Apartments, es gibt auch ein paar preiswertere Privatzimmer, billig wird's jedoch nirgends. Man kommt nicht wegen des netten Hotels oder des Essens (überwiegend durchschnittlich), man kommt, um selbst aktiv zu sein. Es dominiert der Wintersport mit Skifahren, Eislaufen (große Halle!) und Rodeln. Drei Liftanlagen führen vom Ort auf die umgebenden Berge Langkofel, Sella und Puezgruppe, alle um und über 3000 m. Auch die sommerlichen Sportarten werden nicht vernachlässigt: Wandern, Bergsteigen, (Frei-)Klettern, Mountainbiken und Paragliding. Alternativ kann man ganz simpel Pilze suchen, schließlich gibt es an den Nordhängen der Langkofelgruppe schöne Fichtenwälder, in denen nicht nur die Italiener ihren Pilzbedarf decken.

Information/Verbindungen

• *Information* **Tourismusverein**, I-39048 Wolkenstein/Selva, streda Mëisules 213, Mo–Sa 8–12/15–18.30 Uhr, So im Winter 9–12/16.30–18.30 Uhr, im Sommer 8.30–12/17–18.30 Uhr, ✆ 0471/795122, 📠 794245, www.valgardena.com. **Internet** beim Tourismusverein und im Internetcafé des Tennis Centers.

• *Verbindungen* **Pkw**: kein Parken an der Hauptstraße, Parkhäuser nahe der Apotheke und neben dem Hotel Gran Baita.

Bus: nach Bozen, Brixen und Plan, im Sommer auch über das Sellajoch ins Hochabteital (Corvara) und Fassatal (Canazei). Mehrere Haltestellen entlang der Hauptstraße; im Winter **Skibus** Plan – St. Ulrich.

Hubschrauber: Elikos, streda Dantercëpies 16, ✆/📠 0471/794236.

Taxi: Zentrale Taxi & Bus Gröden, ✆ 0471/796544; Autosella Taxi & Bus, ✆ 0471/790033; Taxi Insam, ✆ 338/3000581, www.taxi-val-gardena.com.

Diverses

• *Ärztliche Versorgung* **Ärztlicher Bereitschaftsdienst** in der Cësa Culture „Oswald von Wolkenstein", streda Mëisules 146, tägl. 9–12 Uhr, ✆ 0471/794266. **Ärzteruf** rund um die Uhr: ✆ 0471/794266.

• *Kinder* **Spielplätze** hinter Stadion Planives und in der streda Nives neben Minigolfplatz.

• *Lesen* **Bibliotech Oswald von Wolkenstein** in der streda Nives schräg gegenüber vom Rathaus. Moderner Bau, modern eingerichtet, gute Auswahl an deutschsprachigen, italienischen und ladinischen Büchern zu Südtirol, Ladinien, Kunst und Kultur und natürlich Belletristik, dazu einige Zeitschriften. Mo–Fr 14–20 Uhr, So 10–12 Uhr – nicht nur an Regentagen!

• *Veranstaltungen* In den Tagen vor Sylvester findet ein **Schneefiguren-Wettbewerb** statt, der immer mehr internationale Teilnehmer anzieht. Es gibt oftmals phantastische Schneegebilde zu bewundern!

Einkaufen

Beim Verkehrsverein gibt es einen empfehlenswerten Prospekt, in dem die Namen und Adressen sämtlicher **Holzschnitzer** des Orts aufgeführt sind: „Scultori Bildhauer Selva Wolkenstein". Ein Kärtchen für das raschere Auffinden ist eingedruckt.

• *Loder* **Sport Walter**, streda Mëisules 257, Loden, traditionelle Kleidung, Walkjanker.

Tipp! Avesani Primizie, streda Mëisules 237, Feinkostladen mit hervorragender Auswahl an Wein, Grappa, Olivenöl, getrockneten Steinpilzen, Marmelade, Nudeln, frischem Obst und Gemüse. Sehr fachkundige und freundliche Bedienung. ✆ 0471/773079.

• *Schnitzereien* **Sigmund Linder**, streda Mëisules 225, einige der Arbeiten des jungen Holzschnitzers fallen aus dem üblichen Rahmen – Art Deco in Holz, Umsetzung von Bildern auf Holzrelief etc. Arbeiten auch auf Bestellung; ✆ 0471/773077, 📠 795388. Direkt rechts nebenan ein weiterer Holzschnitzer mit großer Auswahl.

MUAN (Mussner Andreas), streda Mëisules 303, sehr großes, recht diverses Angebot, viel Kitsch, Bilder in Holzrelief (z. B. da Vincis „Letztes Abendmahl"), Krippen.

Sport & Freizeit

• *Bergsportarten* **Bergführerbüro**: Grödner Bergführervereinigung, im Kulturhaus, streda La Selva 1, ✆ 0471/794133.

Gardena Mountain Adventures, streda Dantercëpies 4 (= Ski- und Snowboardschule Wolkenstein),), ✆ 335/6849031, www.val-gardena.com/gma, bietet auch Canyoning, begleitete MTB-Touren, und Gleitschirmfliegen.

• *Golf* **Pitch & Putt**, Hotel Alpenroyal (s. u.), ✆ 0471/795178. Driving Range Café Gérard, 4 km Richtung Grödner Joch, ✆ 0471/795274. streda Pedetliva 36.

Winter in Wolkenstein – hektischer als der Sommer

SellaRonda – mit den Skiern um die Sella

Was Auto- und Motorradfahrer können, das können Skifahrer schon lange – das muss die Grundidee der SellaRonda gewesen sein. Rund um die Sella sind die Lifte so dicht und die Pistennetze sind so eng verbunden, dass es tatsächlich möglich ist, an einem einzigen Tag um die Sella herumzufahren. Das Ganze ist allerdings einigermaßen anstrengend und hat den entscheidenden Haken, dass die letzten Lifte spätestens um 17 Uhr, meist aber schon um 16.30 Uhr bergan fahren. Und was tun, wenn man in Corvara hängen bleibt und doch ein Zimmer in Wolkenstein hat (gut, wenn es Handy und liebende Ehefrauen/-männer mit fahrbarem Untersatz gibt). Das „nicht schwierig" der Veranstalter ist keinesfalls richtig. Um die SellaRonda an einem Tag zu schaffen, muss man durchaus mittelschwere Pisten absolvieren, und das summiert sich an einem Tag. Wer sich's zutraut, soll diese faszinierende Ski-Runde drehen (dazu gibt es ja auch die SellaRondaCard für 1 Tag), am Abend wird's allerdings nix werden mit dem ausgelassenen Après-Ski, denn nach insgesamt 26 km Pisten (40 km Gesamtstrecke) und 4.500 m bewältigtem Höhenunterschied denkt man eher ans Bett als an die Bar. Merkblatt und Übersichtsplan bei jeder Touristeninformation.

• *Radsport* **Verleih** Gardena Mountain Adventures (s. o.). und im Tennis Center (s. u.). **Service** im MB Sport Service Parigi,
• *Reiten* Reitstall Pozzamanigoi, streda la Selva 51, ✆/℻ 0471/794138.

• *Tennis* **Tennis Center**, streda Ciampinëi 18, ✆ 0471/794247, und Gran Baita Tenniscenter ✆ 0471/795210.

• *Wintersport* Der Verband der Inhaber der Liftanlagen Grödental/Seiser Alm, streda Cir, ✆ 0471/795350, ℻ 794282 gibt Auskünfte darüber, welche Bergbahnen gerade in Betrieb sind.

Skischulen: Ski- und Snowboardschule 2000, streda Mëisules 275, ✆ 0471/773125, www.skischool-valgardena.com.
Ski- und Snowboardschule Wolkenstein (→ „Bergsportarten").
Langlaufschule (27) im Langental.

Sport- und Eislaufstadion Pranives, tägl. 15.30–17.30/21–23 Uhr, im tägl. (außer Sa) 14.30–17/21–23 Uhr, ✆ 0471/794265.

Übernachten

Wolkenstein ist eine der Tourismushochburgen Südtirols und in der Hauptsaison voll. Freie Zimmer sind dann trotz der Phantasiepreise nicht zu haben. Das Angebot ist im oberen Bereich angesiedelt. Am günstigsten und empfehlenswertesten sind die Zimmer mit Frühstück und Apartments, die von den wenigen verbliebenen Bauern als „Urlaub auf dem Bauernhof" angeboten werden.

• *Hotels* ***** **Alpenroyal (5)**, streda Mëisules 43, Wolkensteins einziges Fünfsternhotel liegt am westlichen Ortsrand direkt an der Durchgangsstraße, was die zum großen Pool mit Sonnenterrasse gerichteten Zimmer nicht tangiert; rundum 1,5 ha Park (inkl. Golf). Jeder Komfort (Hallenbad), Zimmer mit Minibar, hervorragendes Restaurant. DZ/FR 76-1512 €. ✆ 0471/795555, ℻ 794161, www.alpenroyal.com.

**** **Tyrol (7)**, streda Puez 12, als eines der 13 Viersternehotels, die Wolkenstein besitzt, hat das Tyrol ziemliche Konkurrenz, das spornt an. Die Lage ist gut, etwas oberhalb des Orts. Drinnen wird jene rustikale Gemütlichkeit erreicht, die andere nur anstreben: beste Holzqualität, gute Verarbeitung, Orientteppiche. Die gediegen rustikalen Zimmer mit Spannteppichen und festen Betten haben nicht immer Balkon. Sämtlicher Komfort der Kategorie (Hallenbad, Fitnesscenter, Bademantel). DZ/HP 170–330 €. ✆ 0471/774100, ℻ 794022, www.tyrolhotel.it.

*** **Laurin (21)**, streda Mëisules 278, familiäres Hotel mit guten Fitnesseinrichtungen (Sauna, türkisches Bad, Whirlpool, Sola-

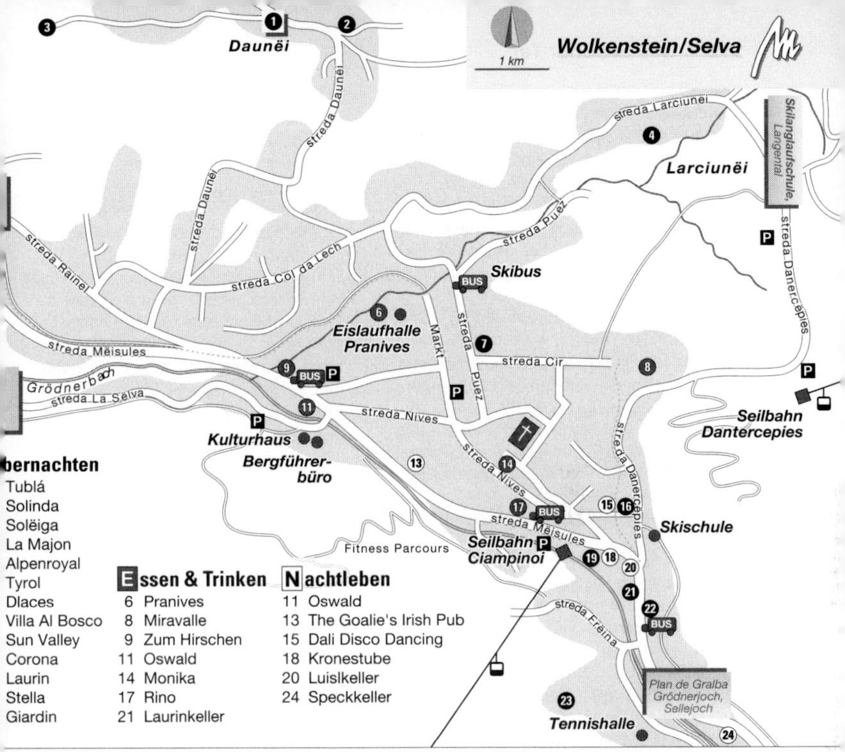

rium, Fitnessraum). Die Zimmer hell, bunt, große Balkone, traditionelles Mobiliar. DZ/HP 100–250 €. ✆ 0471/795105, ✆ 794310, www.hotel-laurin.it.

*** **Sun Valley (16)**, streda Dantercëpies 7, die Zimmer mit Südbalkon haben Blick auf den Langkofel, ruhige Lage. Zimmer meist komplett hell getäfelt, mit guten Betten, besonders angenehm diejenigen mit Südbalkon. DZ/HP 80–212 €. ✆ 0471/795152, ✆ 794394, www.hotelsunvalley.it.

*** **Stella (22)**, streda Mëisules 283, Mittelklassehotel an der Hauptstraße, Rezeption mit Zirbenholz, etwas altmodischer Speisesaal. Zimmer mit Balkon (zur Straße), z. T. recht klein, aber TV/Safe, im Haus Sauna, Solarium, Whirlpool, türkisches Bad. DZ/HP 80–190 €. ✆ 0471/795162, ✆ 795005, www.hotel-stella.com.

*** **Corona (19)**, streda Mëisules 266, liegt zwar direkt an der Durchgangsstraße, aber zumindest die Zimmer nach hinten sind ruhig. DZ/FR (Sommer) 58–100 €, mit HP (Winter) 132–204 €. ✆ 0471/795125, ✆ 794292, www.hotel-corona.it.

• _Frühstückspensionen_ *** **Giardin (23)**, streda Frëina 3, Garnihotel im obersten Ortsteil von Wolkenstein. Sauna, Solarium. Fitnessraum, Hydromassage und Mountainbikeverleih, die spartanisch, aber korrekt eingerichteten Zimmer könnten individueller sein (alle mit TV, Telefon, Bad/Dusche, WC), der Ausblick von den Balkonen hält sich in Grenzen. DZ/FR 66–132 €. ✆ 0471/795375, ✆ 794269, www.giardin.it.

** **Dlaces (10)**, streda La Sëlva 98, in Grani Traumlage, allein stehend, alle Zimmer mit Holzbalkon, Bad, TV. Sehr freundliche, familiäre Betreuung, viele Stammgäste, rechtzeitig buchen! DZ/FR 52–90 €. ✆ 0471/795446, ✆ 771642, www.dlaces.it.

** **La Majon (4)**, streda Larciunëi 28, das Garni liegt auf einem grünen Hügel mit wunderbarer Aussicht, die Zimmer haben Sat-TV, z. T. Balkon – Balkonzimmer zum Garten verlangen! DZ/FR 58–119 €. ✆ 0471/794040, ✆ 773528, www.lamajon.it.

• _Apartments_ *** **Solinda (2)**, streda Daunëi 62, drei Apartments für 4–5 Pers. und eines für 2 Pers. fasst das Haus der Familie Mussner.

Lage: oben im Ortsteil Daunëi, also nix für Leute ohne Auto, im Winter gibt es den Skibus. Großzügige Balkone, TV (kein Sat), aber kein Telefon, Küchenzeile; Kinder und Haustiere willkommen. Große Apts./Woche 600–900 €, das kleine 450–750 €. ☏ 0471/795556, 📠 794092.

● *Urlaub auf dem Bauernhof* **Solëiga (3)**, streda Daunei 77, hübscher moderner Bau im alten Stil im Grünen, ruhig (wo sollte in Daunei auf seiner Sonnenterrasse mit Langkofelblick der Lärm herkommen?). DZ/FR 46–62 €. ☏/📠 0471/795576, www.soleiga.com.

Tublá (1), streda Daunei 100, neu errichteter Hof mit schönen Balkonen und Dolomitenblick in Daunei, Produkte des Bauernhofs können erworben werden und kommen auf den Tisch. DZ/HP 48–58 €, Apt. für 2–4 Pers./Woche 380–567 €. ☏/📠 0471/795360, tubla@rolmail.net.

*** **Villa Al Bosco (12)**, streda La Sëlvan 76, die junge Familie Rabanser kümmert sich persönlich und aus Überzeugung um ihre Gäste, dabei ist das Haus allein wegen seiner Lage empfehlenswert: am Hang über der Fischburg, ruhig, allein stehend. Im Sommer kostenlose Mountainbikes, Bergtourenbegleitung auf Wunsch. Hunde willkommen! Schöne holzgetäfelte Apartments, z. T. unterm Schrägdach, TV (kein Sat), Küche. Pro Woche für 6–9 Pers. 400–1800 €, 2–4 Pers. 310–900 €. ☏ /📠 0471/794252, villaalbosco@valgardena.it.

Essen & Trinken/Abends *(Karte siehe S. 571)*

● *Restaurants und Pizzerien* **Pranives (6)**, streda Mëisules 149, im Eisstadion. Wer im Winter einem Eishockeyspiel zuschauen und dabei eine vorzügliche Pizza verdrücken will, ist hier richtig – Tische reservieren, der Andrang ist groß. Ca. 7–9 €, ☏ 0471/795303.

Zum Hirschen (9), streda Mëisules 112, Schlutzkrapfen und Spaghetti al sugo, Truthahnschnitzel, Pizza – das Angebot ist vielfältig, das Ambiente bürgerlich, die Bedienung familiär-freundlich. Meiden Sie den offenen roten Tischwein.

Laurinkeller (21), streda Mëisules 278, Abendrestaurant, deftiges Tiroler (Herrengröstel mit Speckkrautsalat), italienisches (Gorgonzolaravioli mit Safransahne) und internationales Essen. Im Winter tägl. 16–1 Uhr, im Sommer 12–14/18–22 Uhr. Vorspeisen 7–10 €, Hauptspeisen ab 11,50 €. ☏ 0471/795059.

Miravalle (8), streda Dantercëpies 51, große Pizzeria im Keller neben dem Hotel Miravalle an der Straße ins Langental. Pizza ca. 6–8 €, Tiroler (Schlutzkrapfen, Spinatknödel, Speckknödelsuppe) und schnelle „Filetpfannenküche", Hauptgerichte ab 7 €.

Rino (17), streda Mëisules 217, nahe Tourismusbüro, Pizza, unten kross trotz reichlich Belag, aber auch Schnitzel & Co.

● *Bars, Cafés, Eisdielen* **Monika (14)**, streda Nives 47, angenehmes kleineres Café, nicht zu voll, da nicht an der Hauptstraße, viel lokales Publikum. Sacher-, Topfen-, Flockensahnetorte, Milchshakes und Eis, freundliche Bedienung.

● *Abends* **Oswald (11)**, streda Mëisules 134, an der Bushaltestelle, großes Bar-Café, auch tagsüber.

Luislkeller (20), streda Mëisules 270, bis 1 Uhr, sehr laut, nicht mehr ganz junges Publikum, das zu „Adio Mexico" kräftig schunkelt, nur im Winter! Geschmacklos-dummes Logo. ☏ 0471/794109.

The Goalie's Irish Pub (13), streda Mëisules 179, Beer, Ale and Cider zu Rock-Oldies, dunkel mit viel Stimmung, im Winter ab 16 Uhr, im Sommer 19–2 Uhr, ☏ 0471/795452.

Kronestube (18), streda Mëisules 266, hier geht's sehr urig und oft recht laut zu, die bis 1 Uhr früh geöffnete Gaststätte serviert zum späten Drink (Bier wird bevorzugt) auch den Imbiss. Mi Ruhetag.

Speckkeller (24), streda Mëisules 300, Kellerlokal mit Tanz- und Stimmungsmusik, Mi abends Stelze (Eisbein). 12.30–14/16.30–24 Uhr, So Ruhetag. ☏ 0471/794657.

Dali Disco Dancing (15), streda Dantercëpies 7, neben bzw. unter dem Hotel Sun Valley. Cocktails und Longdrinks, aber die meisten trinken Bier, gute Stimmung bei (nicht unbedingt) Discomusik; ☏ 0471/795069.

Sehenswertes/Ausflüge

▸ **Ruine Wolkenstein**: Die Reste des Stammsitzes der Wolkensteiner sind unspektakulär, dafür ist die Lage äußerst eindrucksvoll unter einem Felsüberhang und teil-

Blick ins oberste Grödner Tal mit Wolkenstein und der Puezgruppe

weise in ihn hinein gebaut, kaum vom umgebenden Fels zu unterscheiden. Im Bauernkrieg 1525 wurde die Burg zerstört.

Wanderung im Langental (Puezgruppe): Das Langental führt auch Spaziergänger auf einfachem Weg tief hinein in den Naturpark Puez-Geisler. Vom Talschluss aus führen Wanderwege die Bergsteiger auf die Höhen dieser Berggruppe. Ganz einfach ist der Weg bis zum Pra da Rì am Talschluss (ca. 1 Std., auch im Winter geräumt). Nach dem Pra da Rì wird der Weg schmaler, wer jetzt noch weiter will, muss fürs Bergsteigen ausgerüstet sein. Man kann über den Talschluss mit seinen sprudelnden Karstquellen zur modernen Puezhütte hinaufgehen (Weg 14) oder (Weg 14 a) zur Scharte Somafurcia und auf dem Dolomitenhöhenweg 2 durchs Kar über dem Crespeinasee zur Forcela Danter les Pizes und hinunter zur Bergstation der Seilbahn Dantercëpies.

• *Bergbahn* **Kabinenbahn Dantercëpies**, Ende Juni bis vor Ende Sept., 8.30–12.30/13.30–17 Uhr, einfach ca. 6 €, Berg/Tal 10 €, ✆ 0471/795268.

• *Hütte* **Puezhütte**, 60 Betten, 30 Lager, ✆ 0471/795365.

Auf dem Plan de Gralba: Wo vor wenigen Jahrzehnten nur ein paar Ochsen weideten, ist heute besonders im Winter ein viel besuchtes Ziel mit Gaststätten, riesigem Parkplatz und natürlich Liftanlagen. Die wichtigste führt auf den *Piz Sella,* von der Bergstation der Gondelbahn stößt man in wenigen Minuten auf den Rundweg um den Langkofel (→ Tour S. 574), oder man kehrt bei der beliebten *Comici-Hütte* ein.

Bergbahn Die seit 1963 bestehende Kabinenbahn von Plan de Gralba auf den Piz Sella wurde durch eine größere und hypermoderne Bahn ersetzt, die 102 Personen transportiert (126 wären möglich). Infos über die neue Bahn beim Tourismusbüro Wolkenstein.

Das Grödner Joch und das Sellajoch: Das Grödner Joch verbindet das Grödner Tal mit dem ladinischen Hochabteital und Gadertal und stellt die kürzeste Verbindung mit Bruneck her. Das Sellajoch verbindet mit dem Fassatal im Trentino, auch dieses Gebiet ist zwischen Canazei, das man auf der anderen Seite erreicht, und Moëna ladinisch. Das Grödner Joch ist von Gaststätten belagert, dagegen blieb das Sellajoch fast ohne Bebauung. Das den Namen des Passes tragende *Sellajoch-Hospiz* wurde aus Platzgründen 1 km nördlich und weiter unten errichtet. Nur bei diesem Hospiz (heute *Sellajochhaus*) befinden sich Parkplätze, von hier fährt der Lift zur *Langkofelscharte* mit der *Schutzhütte Toni Demetz* und hier starten die Wanderwege. Wer will, kann die unten beschriebene Wanderung rund um den Langkofel von hier starten. Auf die mit gewaltigen Wänden zum Pass abbrechende Sella allerdings kommen von hier aus nur Kletterer (auf dem versicherten Pössneckersteig).

• *Bergbahn* **Gondelbahn Langkofelscharte**, Mitte Juni bis ca. 9. Okt. tägl. 8.30–16.30 Uhr, Berg 9 €, Berg/Tal 12 €, ✆ 0471/795175.

• *Hütte* Schutzhütte (Rifugio) Toni Demetz, 2685 m, ✆ 0471/795050.

▶ **Der Ciampinoi (Ciampinëi)**: Vom Ciampinoi, den man von Wolkenstein aus mit der Umlaufbahn erreicht, geht nicht nur eine weltbekannte Skiabfahrt ins Tal, es führen auch Wanderwege in den Bereich nördlich des *Langkofels* und um ihn herum. Selbst wer an der Bergstation bleibt, hat seinen Tag gemacht: Das Panorama nach Süden zum Langkofel, nach Osten zur Sella, nach Norden in die Puezgruppe und nach Westen auf Seiser Alm und Schlern ist atemberaubend. Die Wanderung schlechthin ist natürlich die Langkofelumrundung, dazu unten!

Bergbahn **Ciampinoi-Umlaufbahn**, Ende Juni bis Sept., 8.30–12.30/13.30–17.30 Uhr, einfach 7 €, Berg/Tal 12 €.

Tour 46: Wanderung rund um den Langkofel

Tour-Info: Anstrengende Bergwanderung, einige Strecken (Steinerne Stadt!) nicht ganz leicht zu gehen, Ausdauer erforderlich. Dauer 6:30–7 Std., ab Sellajoch ca. 1 Std. kürzer. Höhenunterschied ↑↓ 550 m. Karte: Tabacco (1:25.000) Blatt 5. An-/Rückfahrt ab Wolkenstein mit der Ciampinoi-Bahn;.

Direkt von Wolkenstein führt die Ciampinoi-Bahn auf 2280 m **A**, wo unsere Wanderung beginnt. Wir nehmen den Weg hinunter zum Tiesasattel **B** (2127 m) und knapp danach den deutlichen Weg rechts in Richtung Rif. Comici **C**, er setzt sich nach Gabelungen **D** und **E** (jeweils links und oben bleiben) als Weg 526 a fort. Das große Kar nördlich unter den Langkofelwänden wird zuerst leicht absteigend, dann aufsteigend gequert. Viel Geröll, Bergsturzmassen, aber auch schöne alte Zirben – etwas anstrengend der Aufstieg zum *Ciaulonchsattel* **F** mit toller Aussicht vor allem auf Seiser Alm und Schlern (2113 m, 1 Std.). Vorsicht beim etwas ausgesetzten steilen, aber nur kurzen Wegstück nach dem Pass, der ins Langkofelkar führende *Stradalweg* wird gleich wieder ganz brav.

Im *Langkofelkar* (1:30 Std.) gabelt sich der Weg: Links geht es zur *Langkofelhütte* hinauf **G**, wir gehen geradeaus durch Latschenfelder weiter. Zwei Wege münden von unten und rechts (**H** und **I**), bevor man das Hüttensträßchen **J** erreicht und quert. Auf der anderen Seite führt der Weg 527 weiter, senkt sich zunächst durch den Südteil des Langkofelkares und führt dann bergan durch einen Hang mit Lärchenwiesen und Almgelände. Drei Abzweigungen nach rechts (**K**, **L**, **M**) bleiben unbeachtet. Der Weg mündet schließlich in ein steiles Fahrsträßchen **N**, dem man mit Markierung 9 nach links auf den Wiesenrücken unter dem Plattkofel mit der kürzlich renovierten Plattkofelhüte **O** (2300 m, 3 Std., vorbildliche Toiletten) folgt. Dort beginnt der viel begangene, aussichtsreiche *Friedrich-August-Weg* (Nr. 4), benannt nach dem wanderlustigen sächsischen König. Die mehrfach ausgefranste Prachtnelke wächst an mehreren Stellen in den artenreichen Bergwiesen. Der Weg geht fast eben dahin, man passiert die *Pertinihütte* **P**, erreicht dann die *Friedrich-August-Hütte* **Q** (2298 m, 4:30 Std.) und kurz danach den *Col Rodela*, wo von rechts die Benutzer des Rodela-Lifts von Campitello und vom Fassatal her strömen. Wir folgen dem hier links beginnenden

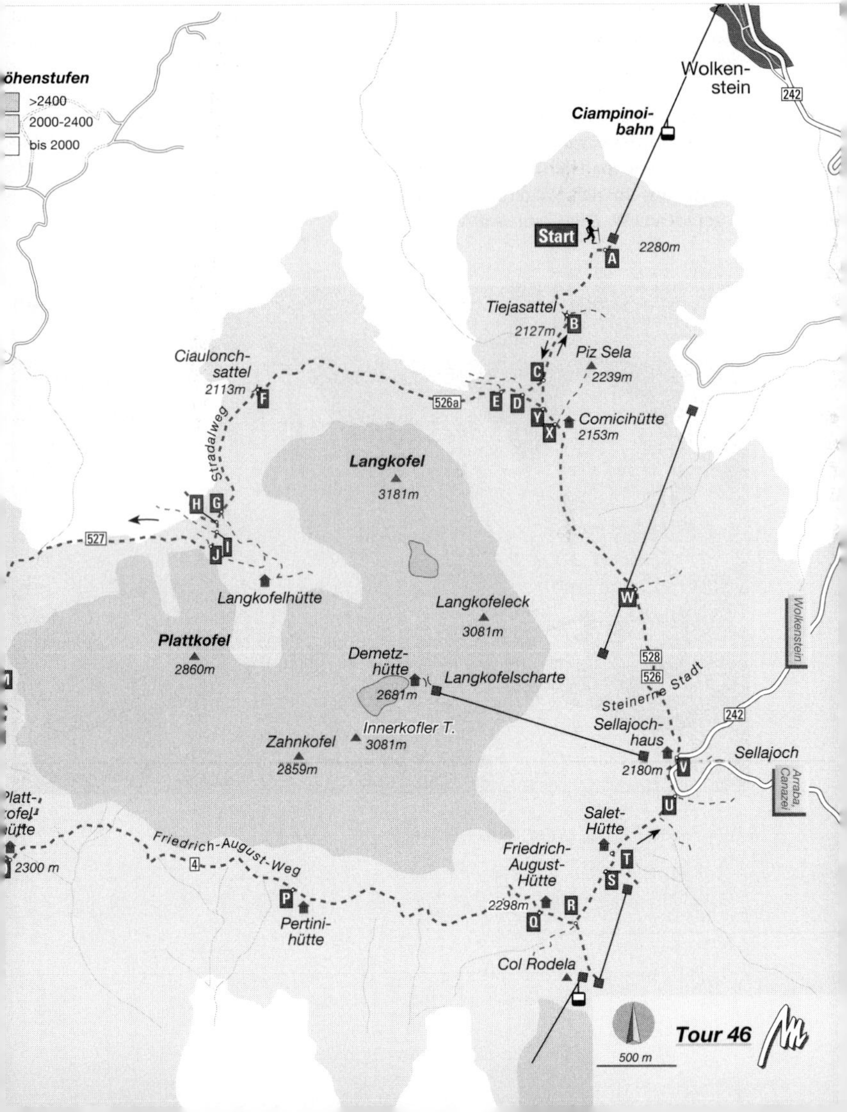

neuen Fußweg **R** und dann **S** dem Sträßchen nach links, vorbei an der Salethütte **T** zu einem kleinen Joch **U** und auf dem Weg hinunter zum Sellajochhaus **V** (und versuchen, ab und zu einen Blick auf den Boden zu werfen – der Blick auf die Sella ist halt viel spannender).

Beim *Sellajochhaus* (2180 m, 5:15 Std.), das keineswegs auf dem Sellajoch steht, wenden wir uns jenseits des Parkplatzes auf Wanderweg 526/528 (Schilder zur Comicihütte), der zunächst durch die sog. *Steinerne Stadt* führt, ein wildes Bergsturzgelände, wo man genau aufpassen sollte, wie man geht. Überstieg über Weidezaun, an der Wegkreuzung geht es geradeaus **W**. Die *Comicihütte* **X** liegt schon eine Weile dahinter (2153 m, 6 Std.), hier kann man sich für den Endspurt stärken, wieder zum Tiesasattel (vorher Abzweigung links **Y** nicht beachten) und zuletzt steil zum Gipfel des Ciampinoi **A** (6:30 Std.).

Hinweis: Man kann die Tour um 1 Std. verkürzen, wenn man sie am Sellajochhaus (Bus/Pkw) beginnt und beendet und auf den Abstecher zum Ciampinoi verzichtet!

• *Hütten* Ciampinoi-Bergrestaurant, ✆ 0471/792104. Plattkofelhütte, ✆ 0462601721. Rifugio Sandro Pertini, ✆ 0462/750045. Rif. Friedrich August, ✆ 0462/764919. Berggasthaus Sellajoch, ✆ 0471/795136. Rif. Emilio Comici, ✆ 0471/794121, www.rifugiocomici.com.

Am Passo Prodoi unter dem Langkofel

Kastelruth und Schlern – Embleme des Seiser-Alm-Gebiets

Das Seiser-Alm-Gebiet

Das Plateau von Völs, Seis und Kastelruth liegt hoch über dem Eisacktal. Noch einmal 1000 m höher liegen die weiten Wiesen- und Weidenflächen der Seiser Alm, eines der größten zusammenhängenden Almengebiete der Alpen. Und darüber, nochmals bis zu 600 m höher, das Kalkhochplateau des Schlern. So eine landschaftliche Konstellation gibt es kein zweites Mal. Kein Wunder, dass man hier nicht allein ist.

Jedes Jahr wieder veranstalten die *Kastelruther Spatzen,* inzwischen in Ehren ergraut, ihr herbstliches Festival in Kastelruth, und dann ist in Völs, Seis und Kastelruth auch mit viel Geld und Beziehungen keine lumpige Kammer mehr zu bekommen. Man muss sich ja nicht ausgerechnet dieses Wochenende aussuchen. Warum nicht den Frühsommer mit milden Tagen und blühenden Küchenschellen. Oder den Sommer mit allen Freizeitmöglichkeiten und einem Badesee. Oder den Spätherbst mit dem leuchtenden Gelb der Lärchen vor dem Weiß der Schlerngruppe. Oder den Winter mit *Dolomiti Superski,* denn zusammen mit dem Grödner Tal bildet die Seiser Alm die *Skiregion Gröden-Seiser Alm* mit 175 km gepflegter Piste mit 20 Liften in Kastelruth und auf der Seiser Alm.

• *Information* **Tourismusverband Seiser Alm-Schlerngebiet**, I-39040 Seis am Schlern, Rosengartenstr. 2, ✆ 0471/706124, 704199, www.schlerngebiet.info.

• *Verbindungen* **Ferienbus aus Deutschland**: Während der Sommer- wie der Wintersaison Direktbusse von München ins Schlerngebiet, hin/zurück ab 64 €, Buchungen: Fa. Silbernagl, Dolomitenstr. 14, 39040 Kastelruth, ✆ 0471/706633, 707400, www.silbernagl.it.

Nahverkehrsbusse bis zu 26x zwischen Bozen, Völs, Seis und Kastelruth, bis zu 7x zwischen Völs und dem Grödner Tal über Seis und Kastelruth. Zur Umlaufbahn auf die Seiser Alm kostenloser Shuttlebus, 2 Linien:

die eine vom Panider Sattel über Kastelruth, Talstation und Seis nach Völs, die andere von St. Michael über Kastelruth und Sr. Valentin nach Seis und zur Umlaufbahn. Die Busse sind in der Hauptsaison zwischen 7.45 und 18.30 Uhr in Viertel- bis Halbstundenabständen unterwegs (kostenlos für Combicard-Inhaber).

Combi-Card: Für 27 € (an 3 von 7 Tagen) oder 39 € (an 6 von 10 Tagen) gibt es die Combi-Card, die freie Fahrt auf der Seiseralm-Bahn, im Seiseralm-Express, 1 Fahrt auf dem Marinzenlift in Kastelruth und den Busdienst von Compatsch nach Saltria beinhaltet.

• *Diverses* **Ambulatorium** im Sportzentrum Telfen zwischen Seis und Kastelruth, ✆ 0471/705444.

• *Feste & Veranstaltungen* **Oswald-von-Wolkenstein-Ritt** auf dem Plateau von Seis, ein Wochenende (Sa/So) Ende Mai/Anfang Juni (2006 zum 24. Mai). Der Reiterwettbewerb zu Ehren des Dichters Oswald von Wolkenstein findet in den 3 Ortschaften des Plateaus, Kastelruth, Seis und Völs, und bei Schloss Prösels statt. In der Form mittelalterlicher Turniere treffen Reitermannschaften aufeinander, das Volksfest präsentiert aber auch Musikkapellen, mittelalterlich gekleidete Gruppen, Spaßmacher und Artisten.

Seis

Selbst im von spektakulären Hintergründen verwöhnten Südtirol gibt es wenige Orte, die spektakulärer liegen als Seis. Das ehemalige Bauerndorf und heutige geschäftige Ferienzentrum lagert in einer grünen Mulde unter der wild aufgebäumten Santnerspitze, einem abgesprengten Teil des anschließenden Schlernmassivs.

Durch die 2003 eröffnete Umlaufbahn von Seis auf die Seiser Alm und gleichzeitige Schließung der dorthin führenden öffentlichen Straße hat Seis gegenüber der ständigen Konkurrentin Kastelruth einen eindeutiges Ass in der Hinterhand.

Seis bietet gute Hotels und Pensionen, eine recht gute Gastronomie und in erster Linie aktiven Urlaub: Wandern, Bergsteigen, Klettern, Drachenfliegen, Mountainbiken im Sommer, alpiner Skilauf, Langlauf und Schneeschuhtouren im Winter. Und jede Menge Veranstaltungen, vor allem zahlreiche Konzerte mit Volksmusik. Als Sommerfrische hat Seis eine alte Tradition. Seit 1715 ist das Heilbad Ratzes bezeugt, seit dem 19. Jh. kamen Fremde zur Erholung wie der norwegische Schriftsteller *Henrik Ibsen,* der sich hier ein Haus kaufte. Im Wald oberhalb des Orts (nahe Wanderweg 8) liegen die Reste der *Burg Hauenstein,* auf der ein anderer Dichter wohnte, der Minnesänger *Oswald von Wolkenstein.*

Information/Verbindungen

• *Information* **Tourismusverein**, I-39040 Seis am Schlern/Siusi allo Sciliar, Schlernstr. 16, ✆ 0471/707024, 706600, www.seis.it

• *Verbindungen* **Pkw**: großer Parkplatz im Dorf beim Busbhf. (Schlern-/Valierstr.), große Parkplätze auch an der Talstation der Bahn auf die Seiser Alm am Ortsrand.
Taxi: ✆ 0471/706858 und ✆ 706107.

Einkaufen/Freizeit & Sport

• *Einkaufen* Die Laurinstraße ist die Einkaufstraße von Seis, erwähnenswert sind Spiele/Geschenke ABC und Foto Gaby sowie Energy Sport, alle in Nr. 4.
Heil- und Gewürzpflanzen aus ökologischem Anbau offeriert der Kräuteranbau Pflegerhof, St. Oswald 24, Verkauf Juli/Aug. Mo–Sa 9–11.30/14.30–18 Uhr, ab Sept. bis Saisonende Di/Sa 14.30–18 Uhr.

• *Radsport* **Verleih** beim Sporthaus Trocker, Seiser Alm, ✆ 471/727824. K&K Sports an der Talstation der Seiseralm-Bahn. **Tourenvorschläge** beim Tourismusverein.

- *Reiten* Reithof Ploner, ✆ 333/3047592.
- *Wandern/Bergsteigen/Klettern* Alpinkletterschule Schlern, Schlernstr. 25, Tagestouren, Kurse, ✆ 0471/706285, www.alpinkletterschule.com

Übernachten

**** **Diana**, St.-Oswald-Weg 3, ausgedehnter Hotelkomplex (0,6 ha) am Ortsrand von Seis, das Grün mit Liegewiese und Pool hat Parkmaße. Großer zentraler Kamin in der Empfangshalle schafft Atmosphäre. Hallenbad, 3 Saunen, Dampfbad und Solarium, Zimmer meist mit Balkon, Sat-TV, Safe, Minibar, einige rustikal, die meisten internationaler 4-Sterne-Standard. DZ/HP 138–228 €. ✆ 0471/706129, ℻ 706003, www.hotel-diana.it.

*** **Europa**, Oswald-von-Wolkenstein-Platz 5, zentrales Hotel am Kirchplatz mit familiärer Atmosphäre, wander- und kinderfreundlich („Wanderhotel"), eigene Konditorei mit großer Terrasse, gut bestücktes Frühstücksbuffet, Steinsauna, Dampfbad und Whirlpool, Fitnessraum. Zimmer/Suiten mit blumengeschmücktem Balkon, Sat-TV, Safe. DZ/HP 120–196 €. ✆ 0471/706174, ℻ 707222, www.wanderhoteleuropa.com.

*** **Bad Ratzes**, Ratzesweg 29, wo sich am Waldrand einmal das alte Heilbad befand, steht heute in den Wiesen ein ziemlich großes und sehr kinderfreundliches Hotel mit Hallenbad und Sauna sowie Heubad, das zur Südtiroler Gruppe der „Familienhotels" gehört. Am angenehmsten sind die Zimmer im mittleren Trakt des Hotels. Kostenloser Busservice nach Seis (2 Buspaare/Tag). DZ/HP 154–222 €. ✆ 0471/706131, ℻ 707199, www.badratzes.it.

*** **Ritterhof**, Schlernstr. 37. Den Ritter, den ein Werbebild des Hotels neben einer hübschen Blondine im pompösen Doppelbett liegen lässt, bekommen Sie wahrscheinlich nur gegen Aufpreis. Zum unten genannten Preis bietet das neue Hotel Sauna/Solarium im Wellnessbereich (kein Pool), helle Zimmer und Suiten mit Sat-TV, Safe, hellem Holzmobiliar. „Rittersuite" mit besonders großzügigem Zuschnitt und Essbereich im Turm (ohne Ritter). DZ/HP 128–208 €. ✆ 0471/706522, ℻ 707291, www.ritterhof.com

*** **Schwarzer Adler**, Laurinstraße 7, sehr bequemes, kleineres Hotel mit Augenmerk aufs Detail: schöne Gaststube mit Kamin, individuell eingerichtete Zimmer mit Vollholzmöbeln, TV, Safe, Saunen, Solarium, Pool mit Liegewiese, Massagestudio. DZ/HP 102–162 €. ✆ 0471/706146, ℻ 706335, www.hotelschwarzeradler.it.

Seiser Kontraste

Vigiler Hof, St. Vigil 29, Hotel etwas oberhalb der Straße nach Völs, besonders freundliche und persönliche Atmosphäre, Wellnessbereich. DZ/HP 80–120 €. ✆ 0471/706450, ℻ 706383, www.vigilerhof.it.

*** **Pension Profanter**, Ratzesstr. 22, ruhig und ganz isoliert am Rand des Hauensteiner Walds über Seis gelegene Pension mit Blick auf den Schlern, viel Grün auch im Garten mit Pool und auf den Balkonen der Zimmer (nicht alle mit TV). DZ/HP 66–138 €. ✆ 0471/706508, ℻ 707522, www.profanter.com.

** **Pension Paula**, Rosengartenstr. 6. Direkt neben dem Aufgang nach St. Valentin liegt diese Familienpension mit Speisesaal (gutes

Frühstück) und traditioneller Pensionsmöblierung der Zimmer (mit TV). DZ/FR 90–120 €. ✆ 0471/706176, ✆ 707452, www.pension-paula.com.

** **Garni Kristiania**, Burgfriedenstr. 13, schönes Tirolerhaus unweit Dorfzentrum, ruhig gelegen, schöne Sonnenterrasse, Sauna, Zimmer mit TV/Balkon. DZ/FR 48–66 €. ✆ 0471/706439, ✆ 706243, www.residence-burghof.com.

Verleierhof, St. Vigil 12, Urlaub auf dem (neuen) Bauernhof mit Sauna, Kräuterdampfbad und „Vigiler Heubad", man kann auch im Heu schlafen. Zimmer ohne TV, Frühstücksbüffet, Küchenbenützung möglich. Apt. f. 2 Pers./FR 46–52 €. ✆/✆ 0471/707143, verleierhof@rolmail.net.

Essen & Trinken/Abends

Die Seiser Restaurantszene ist begrenzt und schwankt zwischen Internationalität und bemühter Rustikalität. Dennoch kann man ganz anständig essen.

Trotzstube, Patenerstr. 4, hübsch getäfeltes Lokal, abends Kerzenlicht, die Speisekarte zeigt Ambitionen, ruhiger Standort. Über Weg 7 und ab St. Valentin Weg 6 auch zu Fuß gut zu erreichen (30 Min.). Abends reservieren, ✆ 0471/706436. Mo Ruhetag.

Ritterhof, Schlernstr. 37, das Café-Restaurant des Ritterhofs ist nachmittags auf Kaffee und Kuchen spezialisiert, die Auswahl hausgemachter Leckereien ist groß, Themenabende im Restaurant. Mo Ruhetag.

Steinbock, Rosengartenstr. 1 b, gutbürgerliches Restaurant, das mit italienischen wie Tiroler Nudelgerichten sowie Kuchen und Torten zum Kaffee auf der Terrasse glänzt. Mi Ruhetag.

Vigiler Hof, St. Vigil 29, an der Straße nach Völs, Restaurant des gleichnamigen Hotels oberhalb der Straße, schöner Ausblick von der Terrasse, gutbürgerliche Tiroler Küche mit italienischen Akzenten. 2 Gänge ca. 20 €.

Zum Woscht, großes modernes (und nicht zu rustikal eingerichtetes) Restaurant mit Pizzeria, das Brot ist aus dem eigenen Backofen. Schöner Gastgarten mit Ausblick, bis Mitternacht geöffnet, bis knapp davor (und ab 17 Uhr) gibt's Pizza. Mo Ruhetag.

Café Iris, Schlernstr. 4, Neubau an der Hauptstraße, für den Cappuccino, das Pils, eine *chiacchierata* unter Freunden. So Ruhetag.

Salegg, Schlernstr. 55, Disco-Dancing Mi sowie Fr/Sa 23-4 Uhr, Haus-DJs und Gäste, Programm auf www.disco-salegg.it.

Sehenswertes/Ausflüge

▸ **Seis**: Im Ort gibt es wenig Bemerkenswertes, auch die barockisierte Pfarrkirche ist nicht umwerfend. Besuchenswert ist allerdings das **Kirchlein St. Valentin** oberhalb des Orts, von dem aus der Blick auf den Schlern wahrscheinlich der schönste von allen ist und sicher der umfassendste (Weitwinkelobjektiv!). Außen und innen hat das Kirchlein mit dem schlanken Turm und der roten Zwiebelhaube schöne Fresken (Ende 14. Jh.).

Öffnungszeiten **St. Valentin**: nur Do 14–15 Uhr!

▸ **Burgruine Hauenstein**: Den Spaziergang von Seis auf Wanderweg 8 und dann 3, der zuerst an der Burgruine vorbei und dann nach *Bad Ratzes* führt, sollte man sich nicht entgehen lassen. Er beginnt am Ende der Hauensteinstraße, die vom Ortszentrum abgeht (gegenüber der Touristeninformation). Wenig blieb erhalten von der mittelalterlichen Burg. Im 12. Jh. wurde sie von den Herren von Hauenstein erbaut, später fiel sie an die Wolkensteiner, die sie vergrößerten und wohnlicher machten. Einer von ihnen war der Dichter *Oswald von Wolkenstein*. Nach dem Bauernkrieg 1525 wurde die Burg aufgegeben und verfiel. Eine Marmortafel an der Ruine erinnert heute an ihren ehemaligen Besitzer Oswald von Wolkenstein.

▸ **Auf die Seiser Alm**: → Abschnitt „Auf der Seiser Alm" ab S. 588.

Völs

Die Anlage des alten Dorfs auf einem die Hochfläche nochmals überragenden Hügel ist sehr reizvoll, besonders harmonisch ist der Kirchplatz. In der alten **Pfarrkirche Mariä Himmelfahrt** mit ihrem schlanken Glockenturm mit dem auffallenden Zwiebeldach wird ein romanisches Kruzifix (13. Jh.) aufbewahrt und der Flügelaltar des Meisters *Narziss von Bozen* von 1489. Im Pfarrhaus neben der *Friedhofskapelle St. Michael* befindet sich das kleine, aber sehr sehenswerte **Pfarrmuseum**. Es besitzt eine eindrucksvolle Sammlung v. a. spätgotischer Skulpturen, die aus den Kapellen der Pfarrgemeinde hierher in Sicherheit gebracht wurden (Öffnungszeiten/Führungen in der Sommersaison Di/Fr 11 Uhr).

Information/Verbindungen

- *Information* **Tourismusverein**, I-39050 Völs am Schlern/Fiè allo Sciliar, Bozner Str. 4, ✆ 0471/725047, 🖷 725488, www.voels.it
- *Verbindungen* **Pkw**: 2 Parkplätze, beide an der Dorfstraße, einer nahe der Bozner Str. unweit der Information, der 2. auf der anderen Dorfseite am Beginn des Schlosswegs.

Taxi: ✆ 0471/725032, 725199 und 725196.

Einkaufen/Sport/Feste & Veranstaltungen

- *Lebensmittel* **Bioprodukte vom Hof**: 11 Bauern aus Völs haben eine Vermarktungsinitiative gestartet, um die Produkte ihrer Höfe an den Mann und die Frau zu bringen. Geboten werden Gemüse, Obst, Beeren, Saft, Wein, Marmelade, Eier, Honig und Käse, alles zu seiner Zeit. Die Broschüre der Ökobauern ist beim Tourismusverein erhältlich.

Bauernmarkt jeden Sa ab 8 Uhr auf dem Dorfplatz.

- *Baden/Schwimmen* Im **Völser Weiher** → „Sehenswertes/Ausflüge".
- *Bergführer* Büro am Völser Dorfplatz, ✆ 0471/726020.
- *Veranstaltungen/Feste* **Völser Kuchlkastl**, kulinarisches Volksfest im Herbst, Verkostung lokaler Produkte und Speisen, Musik (z. B. Musikkapelle Völs am Schlern, z. B. zum 25. Jubiläum im Jahr 2002 mit einem extra komponierten „Kuchlkastlmarsch").

Übernachten & Camping/Essen & Trinken

**** **S Emmy**, Putzesweg 5, über dem Ort Völs liegt das ruhige Hotel mit viel Komfort, nicht unbedingt elegant, großer Fitnessbereich mit Hallenbad und Saunen, heißer Whirlpool draußen (ein Spaß nicht nur im Winter), „Beautyfarm" auch mit ungewöhnlichen Anwendungen (Entschlacken mit Himalaya-Salzkristallen), kostenloser Mountainbikeverleih. Pianobar, eigenes Nichtraucherrestaurant. DZ(Suite)/HP 216–340 €. ✆ 0471/725006, 🖷 725484, www.hotel-emmy.com.

**** **Romantikhotel Turm**, Kirchplatz 9, das freundliche Hotel liegt neben der Kirche in einem mittelalterlichen Gebäude, das seine Gasthausvergangenheit nicht verbirgt. Sehr gutes Restaurant, Hallenbad und Heubad, schöner Garten, auch im Winter beheiztes Freischwimmbad. Gute Zimmer ohne pseudorustikalen Schnickschnack, einige mit Himmelbett, alle mit hochwertigem Mobiliar. DZ/HP 136–252 €. ✆ 0471/725014, 🖷 725474, www.hotelturm.it. Im Restaurant feine Küche mit phantasievollen Kreationen ab 30–40 €. ✆ 0471/725014. Do Ruhetag.

**** **Heubad**, Schlernstr. 13, sehr elegantes und komfortables Hotel in Obervöls mit hervorragend ausgestattetem Wellnessbereich inklusive Hallenbad und beheiztem Außenpool sowie dem namengebenden Heubad, dem ältesten der gesamten Region (offiziell seit 1903). Das Restaurant wird gelobt (regional-italienisch, auch Spargel, ab ca. 25 €), guter und persönlicher Service. Angenehme Zimmer, nur z. T. Balkon. DZ/HP 124–178 €. ✆ 0471/725020, 🖷 725425, www.hotelheubad.com.

Leserin Daniela Kamm empfiehlt wärmstens das Hotel *** **Waldsee**, Weiherstr. 28, am Völser Weiher in ruhigster Lage und

Heubäder, eine Völser Spezialität

In Völs hatten Sommerfrischler erstmals in Tirol die Gelegenheit, ein Heubad zu nehmen, wie es die Bauern schon Generationen lang taten, um sich fit und frisch zu halten. Das „Hotel Heubad" erinnert daran, denn hier schickte der Arzt *Dr. Josef Clara* gleich am Anfang des 20. Jh. erstmals Touristen ins Heu. Und die waren begeistert.

Wie geht das mit dem Heubad? Der „Badreiber" gräbt den Gast in eine Heukuhle ein und hüllt ihn bis zum Hals mit Heu ein, dann deckt er ihn mit Tüchern ab und überlässt ihn seinem Schicksal: schwitzen. Nach 10 bis 25 Min., je nach Alter, Geschlecht und Gesundheitszustand, hat sich der Puls deutlich erhöht, der Gast hat genug geschwitzt und darf sich im Ruheraum, in warme Decken gewickelt, von den Strapazen erholen. Wie bei der Sauna darf man und soll man nun fleißig trinken (nein, eigentlich keinen Alkohol). Anschließend darf kräftig gegessen werden, die Südtiroler Kost eignet sich hervorragend dafür. Der Effekt des Heubads ist eine Entschlackung durch das Schwitzen und ein gutes Körpergefühl, insbesondere die Gelenke sind nachher gut geschmiert, und eventuelle Gelenksschmerzen lassen nach oder verschwinden ganz. Wenn sie wiederkommen, kann man ja wieder ein Heubad nehmen.

Mehr über Heubäder unter www.badlkultur.com.

Waldumgebung. Erholung und Komfort, „einfach super und ein geniales Essen am Abend (6-Gang-Menü), der Chef kocht selbst". DZ/HP 122–174 €. ✆ 0471/725041, 📠 725745, www.hotel-waldsee.com.

** **Zum Schlern**, St. Konstantin 12, freundlicher Gasthof mit gutem Restaurant, das bevorzugt biologische Produkte einsetzt, der Gastwirt kocht selbst. Der Gasthof liegt in St. Konstantin an der Straße nach Seis, großer Garten. Zimmer mit Balkon, Sat-TV. DZ/FR 56–82 €. ✆ 0471/706425, 📠 707518.

* **Pension Vötter**, St. Anton 1, Familienpension im Ortsteil St. Anton an der Straße nach Seis, einfach, aber freundlich, auch HP möglich, Liegewiese, Zimmer mit TV, Balkon. DZ/FR 56–88 €. ✆ 0471/725193, 📠 725639.

Camping Seiser Alm, St. Konstantin 16 a (zw. Völs u. Seis), großzügiger, z. T. schattiger Campingplatz mit anständigen Sanitäranlagen, Sauna, eigenem Restaurant, 2 Pers./Stellplatz ab ca. 40 €. ✆ 0471/706459, 📠 707382, www.camping-seiseralm.com. Nov. bis Mitte Dez. geschlossen.

Abends: Disco/Dancing Luna. Tanz auch im Salegg und im Schlernkeller.

Sehenswertes/Ausflüge

▸ **Schloss Prösels**: Die Vorgängerin des heutigen Schlosses, eine kleine Burg, wurde 1027 vom Kaiser an den Bischof von Brixen übertragen, der sie wiederum einer Ministerialenfamilie übergab, die sich damals nach der Burg die Herren von Völs nannte. Die Säulen im Wappen der Völs kamen hinzu, als sich Leonhard von Völs, Landeshauptmann unter Kaiser Maximilian, den neuen Namen „Colonna" (Säule) bestätigen ließ, da die Familie angeblich von den altrömischen Colonna abstammte. Der energische Burgbesitzer ließ den Bau dem Geschmack der damals modernen Renaissance anpassen, er sollte prunken, komfortabel sein und den Ruhm des Hauses Völs-Colonna verbreiten. Es entstand ein Renaissanceschloss mit prachtvollen Sälen wie dem großen *Kaminsaal* mit Holzbalkendecke, dem Ehren- oder Rittersaal mit Renaissancetäfelung und phantastischen Schnitzereien an den Brüstungen der großen Innentreppe. Die Wände wurden mit Fresken bemalt, wo sie nicht getäfelt

wurden, und in der *Burgkapelle* durfte *Hans Leonhard Schäufelein,* ein Meister der Dürer-Schule, zeigen, was nördlich der Alpen moderne Kunst war. Oft ist der Gegensatz zwischen der spätgotischen Bautechnik und den Renaissancemalereien, Fresken und Schnitzmotiven recht pikant, wie in der *Loggia* des Innenhofs, wo sich zwischen den spätgotischen Spitzbögen antikisierende Bildnisse im Renaissancestil befinden.
Öffnungszeiten Mai bis Okt. tägl. (außer Sa). Besichtigung nur mit **Führung**, im Juli/Aug. um 10, 11, 15, 16, 17 Uhr, Juni/Sept. 11, 14, 15, 16 Uhr, sonst 11, 14, 15 Uhr. ✆ 0471/601062. Eintritt 4 €, erm. 2 €. Mehr Information unter www.schloss-proesels.it.

- **Die Moarmühle**: Wer braucht noch Mühlen, wenn kein Getreide mehr angebaut wird? Und eine altmodische Wassermühle noch dazu? Von den 15 Getreidemühlen, die Völs noch 1860 hatte, ist eine funktionstüchtig auf uns gekommen – weil wir Touristen (und nicht nur wir) keine Ahnung haben, wie so eine Wassermühle funktioniert, und das gerne sehen möchten. Die Moarmühle, eine sog. oberschlächtige Wassermühle, ist seit 1554 bezeugt, die letzte Erweiterung samt neuem Dach stammt von 1881. Nach kürzlicher Restaurierung wird sie wieder zum Mahlen von Getreide verwendet. Wann das stattfindet, weiß das Verkehrsbüro.
- **Der Völser Weiher**: Südtirol hat nicht gerade viele Badeseen, da ist Völs natürlich mit seinem Weiher gut dran. Angelegt wurde er als Karpfenteich für die Herren des Schlosses Prösels, schließlich brauchte man den Fisch für die vielen Fastentage im Jahr. Der am Rand moorige und teilweise verlandete Teich hat eine kleine Badeanstalt und unweit davon ein Gasthaus aus Holz, in dem Bilder zur Laurinsage hängen. Wer will, kann hier ein Ruderboot mieten – unter Umständen und an einem Augustsonntag wollen das viele. Der beliebte Weg hinauf zu Tuffalm (Aussicht!) ist leider ein „Straßenhatscher".

- *Anfahrt/Fußweg* Über Sträßchen ab Völs, alternativ Wanderweg 2 ab Vigilerhof an der Straße nach Seis.
- *Essen & Trinken/Sport & Freizeit* **Gasthaus Völser Weiher** mit regionaler Küche, ✆ 0471/725072. Im Sommer Schwimmen, Sonnenbaden, Rudern, im Winter Eislaufen, gelegentlich Eisstockschießen.
Tuffalm, großer Gastbetrieb, rustikale Küche, ✆ 0471/726090.

Kastelruth

Im deutschen Sprachraum ist Kastelruth bekannt wie ein bunter Hund. Zumindest zwangsweise hat jeder von uns schon von den Kastelruther Spatzen gehört. Unter Umweltschützern gilt der Ort als eines der letzten Rückzugsgebiete der überall stark rückgängigen Gemeinen Kniebundhose.

Darüber hinaus ist Kastelruth ein ausgesprochen angenehmer Urlaubsort, hübsch im Grünen gelegen mit Seiser Alm und Schlern im Hintergrund und mit einem einigermaßen intakten historischen

Kofelweg in Kastelruth, rechts lockt der Turmwirt

Zentrum am Fuß des Burgbergs (ohne Burg). Beste Urlaubsbedingungen: hervorragende Hotellerie, ausgedehntes Freizeitangebot im Sommer wie im Winter. Allerdings ist alles oft ausgebucht, also frühzeitig anmelden. Die Atmosphäre ist vielleicht ein wenig betulich, das Durchschnittsalter der Gäste ist hoch.

Information/Verbindungen

• *Information* **Tourismusverein Schlern Kastelruth**, Krausplatz 1, I-39040 Kastelruth/Castelrotto, ✆ 071/706333, 📠 705188, www.kastelruth.com.

Internet: im Sportzentrum Telfen (s. u.).

• *Verbindungen* **Pkw**: großer Parkplatz im Dorf beim Busbhf. nahe dem Ortszentrum. **Busreisen/Taxidienst**: Fa. Goller, Paniderstr. 38, Taxidienst mit Abholung vom Bhf. oder Flughafen, ✆/📠 0471/706315, und Fa. Silbernagl, ✆ 0471/706633.

Einkaufen/Sport & Freizeit

• *Konditorei und Naturkostladen* **Natura**, Paniderstr. 7, behauptet von sich, den besten Apfelstrudel des Plateaus zu backen – könnte stimmen.

• *Medien* **Kastelruther Spatzenladen**, Dolomitenstr. 3, der Laden für eingefleischte Fans der Kastelruther Spatzen, CDs, Shirts, Andenken bis zum Abwinken.

Bücher, Zeitungen und CDs sowie Landkarten finden Sie bei **Atlas**, Paniderstr. 2.

• *Sport & Spiele* **Sportzentrum Telfen** mit Tennishalle, an der Straße zwischen Kastelruth und Seis, dort auch Bowling, Billard, Darts, Videospiele und Internetcafé, im Sommer Schwimmbad; ✆ 0471/705090, www.telfen.it.

• *Bergsport/Paragliden* **Dolomiten** bietet Kletterkurse, Klettersteig- und Klettertouren, Tandemflüge mit Paraglidern u. a., ✆ 0471/705343.

• *Reiten* **Reiterhof Oberlanziner Hof**, Telfen, Lanzin 61, ✆ 0471/706565, auch Zimmer mit Frühstück für die Pferdenarren.

Übernachten

**** **Goldenes Rössl**, Krausplatz 2, bemerkenswertes Hotel im alten Haus (1393) mit schönen Zimmern, die meisten mit Balkon, einige mit Himmelbett, liebevoll und z. T. alt möbliert, Sat-TV, Safe. Das Hotel hat 2 Saunen und ein hervorragendes Restaurant. DZ/HP 104–190 €, mit FR 20 % ermäßigt. ✆ 0471/706337, 📠 707172, www.cavallino.it.

*** **Alpenroyal**, Paniderstr. 18, Hotel am Ortsrand und ruhig nahe der Talstation des Marinzenlifts, für seine Kategorie überraschend gut mit Saunen und Hallenbad ausgestattet, Speisesaal kräftig aufgemöbelt. Helle, z. T. getäfelte Zimmer, überwiegend mit Balkon und Sat-TV, einige mit Komfortausstattung, die Standardkategorie jedoch im Gegensatz zur Aussage des Hotels nur in Standardgröße. DZ/HP 99–178 €. ✆ 0471/706350, 📠 707272, www.hotel-alpenroyal.net.

*** **Zum Wolf**, Oswald-von-Wolkenstein-Str. 5, traditionsreicher Gasthof mit Außenfresken, innen modern und ohne übertriebene „Tiroler" Atmosphäre, sieht man vom vielen Holz ab. Zimmer ohne rustikalen Schnickschnack mit guten Möbeln, Sat-TV, meist Balkon, Minibar, einige mit Kachelofen. DZ/FR 62–86 €. ✆ 0471/706332, 📠 707030, www.hotelwolf.it.

**** **Alpenflora**, Oswald-von-Wolkenstein-Str. 32, oberhalb des Orts in Panoramaposition gelegenes Hotel im „Ansitz"-Look mit Wellness-Schlagseite: „Erlebnisbad mit Saunawelt", Beautysalon, Hallenbad, Heubad, Pianobar. Außerdem kann man hier komfortabel wohnen, in recht großen Zimmern mit Sat-TV/Minibar, nicht unbedingt mit Balkon. DZ/HP 140–264 €. ✆ 0471/706326, 📠 707173, www.alpenflora.com.

*** **Zum Turm**, Kofelgasse 8, der traditionelle Gasthof in Steinwurfnähe zur Kirche hat sich zum angenehmen Hotel gemausert, ohne die alte Struktur oder die hübsche Freskierung der Fassade anzugreifen. Gutes Restaurant, trotz der Zentrumsnähe sehr ruhig. Zimmer mit Sat-TV und Internetanschluss, die freundlichsten gehen nach vorne (diese ohne Balkon). DZ/FR 74–136 €. ✆ 0471/706349, 📠 707268, www.zumturm.com.

*** **Panidersattel**, St. Michael 37. Bei der Lage nahe dem Panidersattel ist der Rundblick samt Ruhe und jede Menge Grün

Markttag in Kastelruth

(große Liegewiese) selbstverständlich, und Kinder können weitab vom Hotel toben. Zimmer mit Sat-TV, Balkon, die Eckzimmer mit großzügigen Maßen. DZ/HP 80–160 €. ✆ 047/700009, ✆ 700039, www.panidersattel.com.

*** **Garni Doris**, Oswald-von-Wolkenstein-Str. 29, die Frühstückspension ist tagsüber stark frequentiert, denn im hauseigenen Konditoreicafé sitzt man sehr gemütlich, aber auch im Aufenthaltsraum für die Pensionsgäste mit dem offenen Kamin. Abends ruhig, gute Betten, insgesamt gutes Mobiliar, Sat-TV. DZ/FR 54–82 €. ✆ 0471/706340, ✆ 707370, www.garnidoris.it.

Garni Jasmin, Kleinmichlweg 14, Frühstückspension in Aussichtslage am Ende einer Stichstraße mit großem umlaufendem Balkon und geräumigen Zimmern (auch EZ!), Frühstücksbüffet sehr gut und bei Bedarf auch früh! Hallenbad im Hotel Sonnenhof kostenlos benutzbar. Der Autor hat sich hier sehr wohl gefühlt. DZ/FR 54–78 €. ✆ 0471/705009, ✆ 70715, www.garnijasmin.it.

** **Garni Ploner**, Kleinmichlweg 37. So soll eine Frühstückspension sein: freundliche Atmosphäre, Zimmer mit Balkon oder Erker, die obersten in Holz, großes Frühstücksbüffet, TV im Zimmer, Liegewiese, ruhig und nur 5 Min. vom Dorfzentrum. DZ/FR 48–58 €. ✆ 0471/706451, ✆ 711431, www.garni-ploner.com.

Fidizerhof, St. Michael, Paniderstr. 35, Urlaub auf dem Bauernhof in neuem Wohnhaus, daneben steht der ehrwürdige, aus Holz gebaute Hof. Grüne Umgebung, herrliche Aussicht, echte bäuerliche Atmosphäre. 2 Apartments (TV-Anschluss), auf Wunsch auch Zimmer mit Frühstück. 2-Pers.-Apt. 35–50 €. ✆/✆ 0471/700107, www.fidizerhof.com.

Essen & Trinken/Abends

Goldenes Rössl, Krausplatz 1, das Restaurant des gleichnamigen Hotels ist ein Feinschmeckertreff, eingerichtet in der barocken Stube des mittelalterlichen Baus und in einer zweiten Tirolerstube. So exquisite wie traditionelle Südtiroler Küche: Schlutzkrapfen, Spinatnocken, Rindsgulasch mit Knödel, Speckknödel, Strudel und Kuchen. Nicht unter 30 €. Reservierungen unter ✆ 0471/706337.

Tiefblick auf Tisens vom Kastelruther Kalvarienberg

Tipp! Turmwirt, Kofelweg 8, am Aufgang zum Kalvarienberg hinter der Kirche, draußen schönes Gartenrestaurant, Cafébetrieb, drinnen wunderschöne, komplett alt getäfelte Krausenstube. Prachtvoller Barockkachelofen. Das Essen ist tirolerisch (Schlutzkrapfen), italienisch (Canelloni mit Spinat und Topfen mit Nussbutter) und unwiderstehlich (gebackene Schokomousse auf Aprikosenragout). 4- bzw. 5-gängige Menüs 28/38 €, 2 Gänge kaum unter 20 €. Reservierungen unter ✆ 0471/706349, Mi Ruhetag.

St. Michael, St. Michael 21, bürgerliches Restaurant mit traditioneller Tiroler Küche und internationalen Gerichten, nahe dem Panidersattel, am Nachmittag kommen viele Spaziergänger zum Kaffeetrinken, denn das Restaurant liegt nahe der Bushaltestelle, die man von Kastelruth über Weg 9/7 erreicht, und anschließend kann man bequem mit dem Bus zurückfahren.

Doris, Oswald-von-Wolkenstein-Str. 29. Die Eisbecher, frischen Fruchtsäfte, Milchshakes, Torten, Kuchen und Strudel munden auf der Terrasse wie im hellen Inneren (Holz und Marmorfußboden). Di Ruhetag.

Buschenschank Lafogler, in St. Oswald bei Kastelruth gibt es den Wein, den man oben im viel raueren Klima vergeblich sucht. Traditionelle Stuben in Holz, rustikale Südtiroler Küche, Verkauf von Äpfeln, Apfelessig, Apfelsaft, Himbeeren. Unter ✆ 0471/706614 nachzufragen, ob geöffnet ist.

Kein wildes Nachtleben, aber immerhin 2 zumindest am Wochenende bis früh geöffnete „Dancings“: **Markus** und **Schlernkeller** an der Paniderstraße.

Sehenswertes/Ausflüge

▸ **Kastelruth**: Im alten Ort gibt es einige Häuser mit Außenfresken, so das Haus Felseck, den Gasthof zum Wolf, das Mendelhaus. Besonders beim Gasthof Wolf fällt auf, dass die Fresken zwar im alten Stil gemalt sind, tatsächlich aber aus der späten Gründerzeit stammen, sie sind das Werk des lokalen Malers *Eduard Burgauner.* Aber das Wahrzeichen des Orts ist der frei stehende, völlig überdimensionierte *Glockenturm* der Pfarrkirche St. Peter und Paul, ein Barockbau (1756–58) mit Zwiebelhaube. Die Pfarrkirche selbst ist jünger (19. Jh.), sie ist ebenfalls in sehr großzügigen Maßen errichtet worden. Wer einen ungewöhnlichen Stilmix aus spätgründerzeitlicher Dekorationswut und Jugendstil sehen will, sieht sich die Villa Felseck an.

Spaziergang auf den Kalvarienberg (Kastelruther Kofel): Vom Ortskern führt ein steiles Sträßchen bergan, hier steht rechts das behäbige Gebäude des Turmwirts. Wer auf der Straße weitergeht oder am Straßenanfang den Weg nach rechts nimmt, kommt auf den *Kalvarienberg*. Hier stand einmal eine Burg, die aber schon 1202 zerstört wurde. Im Barock hat man dann den Stumpf des Bergfrieds zu zwei Kalvarienkapellen ausgebaut, daneben steht eine weitere Kapelle, die im 17. Jh. entstand. Der gut markierte Rundweg auf den Kastelruther Kofel dauert etwa 30 Min.

Wanderung nach Tisens und Tagusens: Auf Weg 1 gelangt man in einer halben Stunde nach Tisens (gesprochen Tiséns), einem zur Gemeinde Kastelruth gehörenden Dorf (vom zentralen Klausplatz in die Plattenstraße, rechts zweigt nach 150 m die Sabine-Jäger-Straße ab, diese führt als wenig befahrenes Sträßchen bis Tisens). Die dortige *Kirche St. Nikolaus* hat wie so viele andere Kirchen Südtirols an der Außenwand ein überdimensioniertes Christophorus-Bild.

Nach Tagusens gelangt man von Tisens auf einer Autostraße oder zu Fuß auf dem Weg 2, der ca. 750 m vor Tisens in einer Linkskurve im Bachtal nach rechts abzweigt und über den bewaldeten Moosbüchl nach Tagusens führt (ab Bachtal ca. 0:50 Std.). Unterhalb dieses einsam über dem Ausgang des Grödner Tals liegenden Weilers (das Dorf gegenüber ist Lajen!) liegt die *Kapelle St. Magdalena*. Ihr Turm stammt noch aus dem 14. Jh., das später barock umgebaute Schiff etwa von 1500. Hübsch ist der Barockaltar mit einem Gemälde von *Franz Xaver Unterberger*.

• *Übernachten/Essen & Trinken* **** **Garni Malfertheinerhof**, Tisens 11, das aus einem Hof hervorgegangene Hotel ist eine ins Grüne gebaute, ruhige Oase des Komforts, ein Familienbetrieb, wo noch jeder mitarbeitet, mit exquisit eingerichteten Zimmern (Polstermöbel, Sat-TV). Vitaminreiches Frühstücksbüffet. DZ/Juniorsuite mit FR 52–82 €. ✆ 0471/707620, ✆ 707622, www.malfertheinerhof.com.

Restaurant-Pizzeria Lieg, auf halber Straßenstrecke zwischen Tisens und Tagusens im Hof Lieg. Dass man in dieser grünen Bauernlandschaft eine gute Pizza im modernen Saal bekommt, erwartet man nicht. Intakter Bauernhof, schöne Ausblicke auf den Ritten und ein freundliches Familienteam. Mi Ruhetag.

Tour 47: Wanderung von Kastelruth über St. Valentin nach Seis

Tour-Info: Fast auf dem gesamten Weg zwischen Kastelruth und Seis hat man den Schlern und die wilde Santnerspitze vor Augen, das macht den Reiz dieser einfachen und kurzen Wanderung aus. Dauer 1 Std.; Höhenunterschied ↑ 100 m, ↓ 180 m. Karte: Tabacco (1:25.000) Blatt 5. An-/Rückfahrt per Bus (Kastelruth und Seis sind mehrmals tägl. durch Busse verbunden).

Man beginnt in Kastelruth am Klausplatz und nimmt zunächst die Straße zum Großparkplatz, biegt aber noch davor mit dem Hinweisschild auf Weg Nr. 6 nach rechts ein. Diese Straße quert die Hauptverbindungsstraße (Oswald-von-Wolkenstein-Str.) und führt als Marinzenweg gemächlich ansteigend weiter und aus dem Ort heraus. Der Fahrweg erreicht den höchsten Punkt bei einem Wegstern, wenn man ihn passiert hat, geht es in gleicher Richtung und weiterhin mit der 6 weiter. Traumausblicke! Nach ca. 300 m

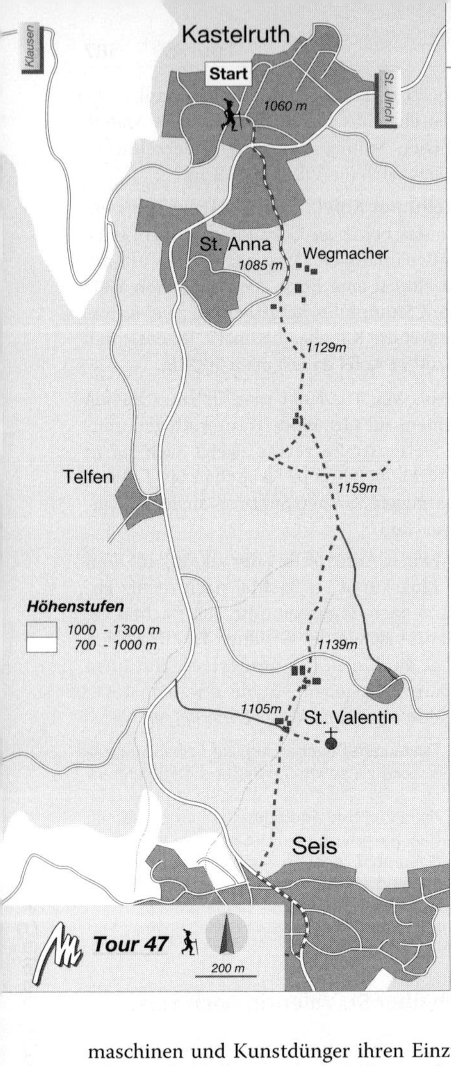

beginnt rechts ein sanft absteigender schmaler Weg, nunmehr mit der Nr. 7, der quer über Wiesen führt, die Seiser-Alm-Straße quert und zu einer Häusergruppe führt. Links und etwas abseits liegt die Kirche St. Valentin, deren Turm man schon länger gesehen hat. Weiter geradeaus bergab in Richtung der jetzt nicht mehr weit entfernten Ortschaft Seis, die man in der Nähe des Busbahnhofs (links) erreicht.

Auf der Seiser Alm

Wenn die Seiser Alm immer wieder als eine der schönsten Ferienlandschaften Europas bezeichnet wird, hat das seine Gründe. Kaum ein anderes Berggebiet kann in allen Jahreszeiten so viel bieten und ist doch so wenig vom Tourismus verändert worden. Überragt vom Schlern, von den Rosszähnen und ganz im Osten vom Langkofel, ist die Seiser Alm ein regelrechtes Erholungs- und Aktivsportdorado.

Das wellige Hochplateau der Seiser Alm, zwischen 1700/1800 m und 2100/2300 m hoch gelegen, ist in weiche Gesteine gebettet, die das Wasser oberflächlich abfließen lassen. Es gibt also viele kleine Gewässer, viele Nassstellen mit interessanter Vegetation und dazwischen ausgedehnte Wiesen und Weiden, die seit uralter Zeit für das Vieh genutzt werden. Bevor Landmaschinen und Kunstdünger ihren Einzug hielten, wurden die Wiesen von Hand gemäht und brachten zwar mäßigen, aber hochwertigen Ertrag. Wie gut das Heu war, konnte man an der Milch, an der Butter und am Käse schmecken. Wie gut die im Heu enthaltenen ätherischen Öle für den Körper sind, haben die Bauern im Umkreis seit Jahrhunderten gewusst und das Baden im Heu bei Gelenkkrankheiten eingesetzt – die heutigen **Heubäder** für Touristen, die in Seis und anderswo angeboten werden, gehen darauf zurück.

Quert man die Böden der Seiser Alm mit ihren Almen und den vielen verstreuten Hütten, in denen das getrocknete Heu für den Winter aufbewahrt wurde, um dann per Schlitten ins Tal transportiert zu werden, gelangt man in die Gebirgsregion, die mindestens so spektakulär ist wie die Alm selbst. Der **Schlern**, der Völs und Seis so gewaltig dominiert, ist von der Seiser Alm leicht zu ersteigen, dasselbe gilt für die

Alte Almhütte auf der Seiser Alm, das Dach ist mit Steinen beschwert

Rosszähne, die ihren Namen nicht von ungefähr haben. Der Schlern ist ein phantastischer Aussichtsberg und ein beliebter Kletterberg, allen voran mit *Santnerspitze* und *Euringerspitze,* zwei vom Plateau abgesprengten Felszacken. Sie haben ihre Namen von ihren Erstbesteigern Johann Santner und Gustav Euringer. Die **Rosszähne** wiederum locken auch Klettersteiggeher: Vom Tierser Alpl mit dem gemütlichen Schutzhaus führt der – für einen versicherten Klettersteig – unschwierige Maximilianweg über den gesamten Kamm zum Schlern.

Compatsch

Der Tourismus hat sich gleich am Westende der Seiser Alm im Ort Compatsch festgekrallt. Hier befinden sich mehrere Hotels, riesige, nach Straßensperrung mittlerweile nicht mehr benötigte Parkplätze und die zentralen Einrichtungen wie Bank und Geschäfte, Imbisse und Gaststätten. Kein Ort zum Verweilen.

Information/Verbindungen

• *Information* **Tourismusverein Seiser Alm**, Compatsch 50, I-39040 Seiser Alm/Siusi, ✆ 0471/727904, 📠 727828, www.seiseralm.net.

• *Verbindungen* **Pkw**: Die Straße von Seis/Kastelruth nach Compatsch ist im Sommer zwischen 9 und 17 Uhr gesperrt und nur mit der Seiser-Alm-Bahn zu erreichen. Gäste mit Unterkunft auf der Seiser Alm erhalten von Gastgeber (oder Tourismusverein) eine Sonderfahrerlaubnis und dürfen die Straße dann vor 11 Uhr und nach 15 Uhr benützen. Auf der Seiser Alm gilt absolutes Fahrverbot (Ausnahme: Gäste von Hotels auf dem hinteren Teil der Seiser Alm).

Fahrrad: Die Umlaufbahn (s. u.) transportiert auch Fahrräder, sollte man die Auffahrt über die Straße (die nur für motorisierte Fahrzeuge gesperrt ist) scheuen.

Der Naturpark Schlern – nicht immer war man stolz darauf

Der Naturpark, der auch einen sehr kleinen Teil der Seiser Alm umfasst, ist Südtirols zweitältester, er wurde 1975 offiziell eröffnet. Er umfasst 5850 ha, im angrenzenden Seiser-Alm-Gebiet sind weitere 6817 ha Landschaftsschutzgebiet. Keine öffentliche Straße quert den Park, keine Dauersiedlung existiert auf seinem Boden. Hier stehen nur Alm- und Schutzhütten, die Verkehrsadern sind Wirtschaftswege und ein paar für den allgemeinen Verkehr gesperrte Zufahrten. Der Naturpark umfasst die gesamte Schlerngruppe, und zwar ab dem Waldrand oberhalb von Seis die Rosszähne und den oberen Teil der Seiser Alm, in dem es weder Lifte noch andere Erschließungsmaßnahmen gibt. Das heißt, die außergewöhnlich artenreiche Flora und seltene Tiere (Murmeltier, Gämse, Hermelin, Kolkrabe, Steinadler) sind bis auf weiteres in ihrem Bestand gesichert.

Die Durchsetzung des Naturparks durch die Südtiroler Landesregierung war nicht einfach. Die Grundbesitzer waren ablehnend, sahen ihre Hoffnung auf eine weitere „Erschließung" der Seiser Alm zunichte gemacht und fürchteten statt einer enormen Wertsteigerung den Wertverlust ihres Besitzes. Manche verkauften ihre Wälder und Wiesen, andere waren schlauer und kauften. Die Völser Musikkapelle weigerte sich geschlossen, bei der Eröffnung durch Landeshauptmann Magnago zu spielen. Inzwischen haben sich die Wogen gelegt, und die meisten Gegner von einst sind Befürworter geworden. Der Naturpark hat Arbeitsplätze geschaffen und nicht vernichtet, der Tourismus floriert wegen und nicht trotz des Naturparks. Das grüne Image von Seis, Völs und Kastelruth ist v. a. dem Naturpark zu verdanken, und dieses Image lässt sich in Euro und Cent ausdrücken. Das hat heute fast jeder Bürger der angrenzenden Gemeinden begriffen. Als der Park im Jahr 2003 von 5850 auf knapp 6800 ha vergrößert wurde (auf Tierser Gemeindegebiet) gab es keine Gegenstimmen. Was Insider nicht wunderte, denn schon 1972 waren die Tierser geschlossen für den Naturpark gewesen.

Mehr zum Naturpark, zum Naturparkhaus und zum wilden *Tschamintal* finden Sie auf S. 597.

Sport & Freizeit

• *Bergbahn* **Umlaufbahn Seiser Alm**: Die von Seis auf die Seiser Alm führende Umlaufbahn hat eine Kapazität von bis zu 4000 Personen pro Stunde. Die Talstation mit kostenlosen Großparkplätzen befindet sich in Seis bei der „Matschnsäge", die Bergstation in Compatsch. Tägl. 8–19 Uhr, einfache Fahrt 9 €, Berg/Tal 11 €, Familie 5 €; Blöcke mit 8 und mehr Einzelfahrten kommen günstiger. ✆ 0471/704270, ℻ 704269, www.seiseralmbahn.it.

• *Paragliden* Start vom Spitzbühel (Sessellift ab Parkplatz Frommer an der Straße nach Compatsch).

• *Radsport* **Verleih** im Sporthaus Trocker, ✆ 0471/727824, die Fahrräder und Montainbikes werden ab 2 Tagesmieten auf Wunsch ins Hotel gebracht.

• *Wintersport* **Skischule Seiser Alm**, alpiner Skilauf, Langlauf und Kinderskischule mit „Ski-Funpark-Kids", ✆ 0471/727909, ℻ 729305, www.skischule-seiseralm.com. **Schneetelefon** ✆ 0471/727904.

Übernachten/Essen & Trinken

*** **Icaro**, Piz 18/1, „Wanderhotel" auf dem grünen Piz, Sonderfahrerlaubnis bis zum Hotel. Moderner Bau, tolle Aussicht von den Balkonen, Sauna, Solarium, Whirlpool

Seiser Alm und Langkofel

und Fitnessraum, Zimmer mit TV, Safe. DZ/HP 138–258 €. ✆ 0471/729900, 📠 729999, www.hotelicaro.com.

*** **Goldknopf**, Jochstr. 18, näher am Naturpark und zu den Rosszähnen kann man nicht übernachten, Sonderfahrerlaubnis bis zum Hotel. Die Familie Malfertheiner führt das Hotel mit Überlegung und Sorgfalt: Nichtraucherspeisesaal, Sauna, Whirlpool und Solarium, Küche mit Menüwahl und Salatbüffet, Zimmer nicht alle mit TV/Balkon, freundliches Mobiliar in hellen Tönen. DZ/HP 72–154 €. ✆ 0471/727915, 📠 727823, www.goldknopf.com.

*** **Mignon Sabina**, Joch 1, kleines und sehr komfortables Hotel etwas abseits von Compatsch, Zimmer mit guter Ausstattung, doch ohne TV, Familienbetrieb (nebenbei: Das „Sabina" ist eines der ganz wenigen Hotels der Region, die von 2002 bis 2005 ihre Preise nicht oder kaum erhöht haben.). DZ/HP 116–160 €. ✆ 0471/727971, 📠 727850, www.ferienparadies-sabina.com.

Spitzbühlhütte, Berggasthof in Aussichtslage auf dem Spitzbühl (Bergstation Sessellift). Der Aufwind am steilen Abfall direkt vor der Sonnenterrasse wird von Drachenfliegern und Paraglidern genutzt, die anschließend bei rustikaler Küche und Bier fachsimpeln.

Rauchhütte, Einkehrgasthof an der Straße nach Salten, Aussicht zum Langkofel und (teilweise) Rosszähne, warme und kalte Küche, sehr gute Mehlspeisen (Rhabarberkuchen mit Rhabarber aus eigenem Garten vor der Tür).

Ausflug auf den Puflatsch: hübscher Weg auf einen fast flachen Aussichtsberg über Compatsch. Die sog. Hexenbänke liegen an der zum Grödner Tal gewandten Seite des Puflatsch: Der säulenförmige Augitporphyrit tritt hier in der Nähe der Felskante wie ein Steinpflaster zu Tage. An einer Stelle ist dieses Steinpflaster nicht nur zum Tal hin gestuft, sondern auch wie ein Lehnstuhl geformt. Wahrscheinlich handelt es sich um eine natürliche Bildung, aber die Menschen haben diese Formation schon immer als Sitz gedeutet und ihr einen übernatürliche Ursprung zugeschrieben – wie heute noch die Bezeichnung „Hexenbank" deutlich macht.

• *Bergbahn* Auf den Puflatsch führt ein Einersessellift, im Winter ist ein altmodischer Tellerlift in Betrieb.

• *Essen & Trinken/Hütten/Sessellift* **Arnikahütte**, Compatsch 77, meist gut besuchte Almhütte mit rustikaler Speisekarte von 11 bis 15 Uhr, nachher gibt's Strudel, Kuchen und Torten. Weißbier und Cappuccino fließen in Strömen, Kinderspielplatz.

AVS-Puflatschhütte, Compatsch 68, Alpenvereinshütte mit 32 Betten, 6 Lagern, Duschen, AV-Mitglieder mit HP 25–29 €, Nichtmitglieder 29–34 €, ✆ 0471/727834.

Sessellift Puflatsch Ende Mai bis Okt. 9–17 Uhr, Berg 4 €, Berg/Tal 5,50 €.

Tour 48: Wanderung von der Seiser Alm auf den Schlern und zum Tierser Alpl

Tour-Info: Dauer 7 Std.; Höhenunterschied ↑↓ 800 m; Karte: Tabacco (1.25.000) Blatt 5. Anfahrt mit dem Bus oder Pkw bis Compatsch. Wasser und Tagesproviant mitnehmen.

In Compatsch (1850 m) wendet man sich nach Süden auf ein Sträßchen, das zur Bergstation des Panoramalifts führt, verlässt es aber bereits nach der ersten Linkskurve und schlägt Weg 10 nach rechts ein. Über Almwiesen geht es sanft aufwärts, man unterquert den Lift zur Laurinhütte und erreicht einen Rücken (1957 m), von dem es 100 m bergab zu einem Sträßchen geht. Diesem folgt man nach links mit Markierung 5 bis zur gemütlichen Saltnerhütte

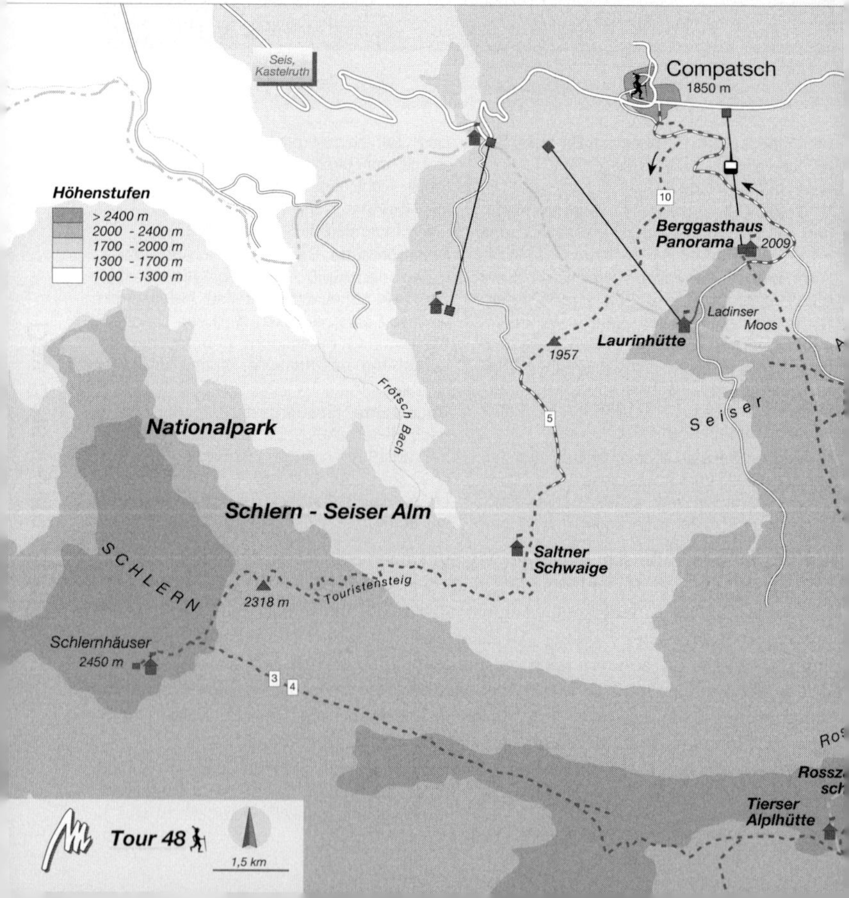

Ausgesprochen gemütlich, die private Tierser-Alpl-Hütte unter den Rosszähnen

(1820 m, 1:45 Std.) am Beginn des Aufstiegs auf den Schlern. Nach Bachquerung rechts auf den „Touristensteig", flotter Aufstieg, kurvenreich, schweißtreibend. Man erreicht durch Legföhrenwald die Wiesen des Schlernplateaus (2318 m), über die es fast flach weitergeht bis zu einer Weggabelung (3:15 Std.). Rechts liegen die Schlernhäuser (2450 m), die einen Besuch wert sind, wer es eilig hat, geht gleich nach links weiter.

Langer Weg über das Plateau des Schlern (Weg 3/4), schöne Blicke auf den Rosengarten. Nach einem Sattel muss man nochmals nach oben steigen und wird am Ende des Plateaus unter den Rosszähnen (2520 m, 4 Std.) nach rechts und in eine wilde Schlucht geführt. Für die nächste halbe Stunde sind Trittsicherheit und Schwindelfreiheit Voraussetzung, der Weg ist gut, aber schmal, und wer stürzt, fällt möglicherweise tief. Nach einer Querung am Fuß der Rosszähne (2375 m) und der Abzweigung des Wegs durch das Bärenloch nach Tiers steigt man nochmals auf zur bereits lange vorher zu sehenden Tierser-Alpl-Hütte auf ihrem Bergjoch zwischen Rosszähnen und Rosengarten (2440 m, 4:45 Std.).

Nach der Pause jenseits weiter nach links (Weg 2) zur Rosszahnscharte, und zwar vorsichtig (Trittsicherheit nötig!) steil über Lockerschutt abwärts in ein Kar oberhalb der Seiser Alm. Der Weg wendet sich nach rechts, ist nun weniger steil, bei einer Gabelung bleibt man links. Almwiesen, ein feuchtes Tälchen (Ladinger Moos), und wir stehen oben beim Berggasthaus Panorama (2009 m, 6 Std.) Hier per Sessellift hinunter oder über das Sträßchen (7 Std.).

• *Hütten* **Jausenstation Saltner Schwaige**, etwas weg vom Trubel, rustikales Essen (Speckknödel, Gulasch, Speck am Brettl, aber auch Buchweizentorte, Kaiserschmarrn mit Preiselbeeren und frische Almmilch).
Schlernhäuser, CAI Bozen, 2457 m, 30 Betten, 60 Lager, nur im Sommer, ✆ 0471/612024.
Schutzhaus Tierser Alpl, privat, unter den Rosszähnen. Freundliche Atmosphäre, gutes Essen, DZ/FR ca. 52 €, Lager (2 Pers.)/FR 36 €, Duschen 4 €, ✆ 0471/727958.

Alm unter dem Rosengarten

Das Rosengartengebiet

Wie ein so schroffes, schier unbezwingbares Gebirge nur so heißen kann? Da steckt ein Geheimnis dahinter. Schließlich leuchtet die Flucht der Dolomitenwände im Hintergrund von Tierser Tal, Eggental und Regglberg noch nach Sonnenuntergang märchenhaft in Rot.

Vor seiner Verwandlung war das Gebirge ein Rosengarten, König Laurin sein Herr. Das glauben Sie nicht? Macht nichts, die Sage ist trotzdem schön (s. u.). Und sie ist überall gegenwärtig im Raum zwischen *Tiers, Welschnofen, Karersee* und *Deutschnofen.* Da gibt es Laurinstuben und Rosengartenhotels und Andenken mit König Laurin und Laurinnächte und ...

„Rosengarten-Latemar" nennt sich die Tourismusregion nach diesem Gebirgszug und dem südlich anschließenden, ebenso schroffen, aber weniger sagenumwobenen **Gebirgszug des Latemar**. Genug von Laurin und Rosengarten? Auf den von Einzelhöfen und kleinen Weilern gekrönten Wiesen- und Waldkuppen des Regglbergs liegt nahe dem freundlichen Urlaubsdorf *Deutschnofen* Südtirols bedeutendster Wallfahrtsort *Maria Weißenstein*. Als Gegengewicht zur heidnischen Sagenwelt des Laurin ist der Ort der Marienverehrung sicher günstig gelegen. Und für den Besuch in der nicht zu umtriebigen, aber auch keineswegs langweiligen Ferienregion sowieso.

• *Information* **Tourismusverband Rosengarten-Latemar**, I-39050 Birchabruck, ✆ 0471/610310, 📠 610317, www.rosengarten-latemar.com. Telefonische und schriftliche Auskünfte, Internet, guter Unterkunftskatalog inkl. Privatzimmer, div. Prospekte, darunter eine *„Kids Card"* mit Plan und Auflistung der für Kinder interessanten Einrichtungen der Region. Alle Unterlagen gibt es auch bei den unten genannten Tourismusvereinen. Die ausführliche Webseite des Tourismusverbands gibt u. a. auch die Schneehöhe in den Skigebieten an.

Die **BonusCard**: Die kostenlose Gästekarte ist ein Feriengeschenk an die Besucher der Region Rosengarten-Latemar und bietet im gesamten Gebiet Ermäßigungen beim Eintritt (z. B. Diavorträge, Museen), bei Fahrkarten (z. B. Lifte) und bei Veranstaltungen (z. B. geführte Wanderungen).

• *Diverses* Ärztlicher Bereitschaftsdienst für Gäste im **Ambulatorium Birchabruck**, tägl. (auch Feiertage) 9–12/16–19 Uhr. ✆ 0471/ 610400, nächstes **Krankenhaus** in Bozen.

Tiers und das Tierser Tal

Eine wildere Schlucht kann man sich kaum vorstellen als die des äußeren Tierser Tals. Vom Eisacktal quälte sich bis in die 70er Jahre des 20. Jh. nur ein schmales Sträßchen bis hinauf nach Tiers, dem einzigen echten Dorf des Tals. Nur die Jungen sehen die Straße nach Völs und Seis als Selbstverständlichkeit.

Von dieser Abgeschiedenheit ist aber heute kaum noch etwas zu merken, zumindest in Tiers selbst. Mit der neuen Straße kam der Geschäftsgeist. Eine ganze Reihe von Hotels, Gasthöfen und Pensionen, Ferienwohnungen und Privatzimmern bieten ein freundliches Quartier. Die Ski- und Wandergebiete von Rosengarten, Karersee und Latemar sind nahe, das bringt Gäste ins Haus. Vor allem aber lockt die großartige Natur des Tals mit den gewaltigen Dolomitwänden im Hintergrund und die immer noch funktionierende bäuerliche Tradition samt Heumahd von Hand auf den Bergwiesen und der Käseproduktion auf der Alm. Auf Tierser Gemeindegebiet wurde der Naturpark Schlern erst kürzlich um fast 950 ha erweitert. (Die Tierser würden ihn aus Imagegründen gerne Naturpark Schlern – Rosengarten nennen. Warum eigentlich nicht?)

Information/Verbindungen/Sport/Diverses

• *Information* **Tourismusverein Tiers am Rosengarten**, I-39050 Tiers/Tires, ✆ 0471/ 642127, ℻ 642005, www.tiers.it, Mo–Sa 8–12 Uhr sowie 14–18 Uhr (im Sommer) bzw. 15–17 Uhr (im Winter); Prospekte, Unterkunftslisten, ausführlicher Veranstaltungskalender, Panoramakarte der Wanderungen mit Kurzbeschreibung.

• *Verbindungen* **Bus**: nach Bozen bis zu 5x tägl. (So 2x), 2- bis 3x weiter zum Karerpass.

Sport & Freizeit

• *Baden/Schwimmen* **Freibad** beim Försterhaus in Steinegg (oberhalb der Erdpyramiden).

• *Bergsport/Paragliding* **Alpinschule Dolomiten**, ✆ 0471/705343, neben alpiner Ausbildung und Führungen im engeren Umkreis und in den Dolomiten bietet die Alpinschule auch Paragliding, u. a. Tandemflüge von der Seiser Alm.

• *Gesundheit* **Kneippanlage** im Hotel Cyprianerhof.

Heilbad/Badeanstalt im Hotel Pine und im „Tierser Badl" des Hotels Weißlahnbad (z. Zt. 20 € je Anwendung; Heubäder 25 €).

• *Radsport* **Verleih** im Hotel Pine (St. Zyprian) und im Hotel Steineggerhof in Steinegg.

• *Tennis* Am Festplatz und in Weißlahnbad.

• *Wandern* **Kostenloser Wanderbus** von Anfang Mai bis 20. Juni bzw. am Beginn der Schulferien (wenn der Sommerfahrplan des Südtiroler Busunternehmens SAD beginnt und die für Wanderer günstigen Busfrequenzen zunehmen).

• *Wintersport* Im Winter **kostenlose Skibusse** zwischen Karersee und Latemar sowie von Tiers über Welschnofen und Karersee nach Vigo di Fassa.

Langlaufloipe ab Wieslhof, an der Gabelung der Straßen nach Karneid und Gummer.

In letzter Zeit stark im Kommen: **Schneeschuhwandern**, ein Sport, der für das liftlose Tiers ein Segen ist. Sogar Schneeschuhhotels gibt es bereits, bei denen man auch die Ausrüstung ausborgen kann (so im Hotel Cyprianerhof → „Übernachten").

Eisläufplatz und Eisstockschießen in St. Zyprian.

Übernachten/Essen & Trinken

• *In Tiers* **** **Dosses**, St. Zyprian 85 b, auf Wanderer spezialisiert, traditioneller Hotelbau im üblichen Tiroler Stil, freundlich, angenehm helle Zimmer ohne rustikalen Touch mit Sat-TV, Fön, Balkon. Im Haus Sauna, Solarium, Whirlpool und Fitnessraum. DZ/HP 94–162 €. ✆ 0471/642195, 📠 642200, www.dosses.com.

Tipp! ** Wanderhotel Cyprianerhof**, St. Zyprian 88 a, ausgesprochen familiär und freundlich, mit viel hellem Holz innen und außen, Naturholzböden und Vollholzmöbeln. Ohne den Pseudo-Tiroler Protz der Konkurrenz. Im Restaurant auch vegetarische Gerichte, phantasievolle Zubereitungen, Bio-Ecke beim Frühstücksbüffet. Saunen und Kneippanlagen, großzügig geschnittene Zimmer (TV, Safe, Minibar, Fön). DZ/HP 120–224 €. ✆ 0471/642143, 📠 642141, www.cyprianerhof.com.

*** **Weißlahnbad**, Weißlahnbad 78, das Hotel ist der Nachfolger des alten Rheumabades und hat auch seinen Namen „Weißlahnbad" übernommen, das Wasser kommt aus der eigenen Quelle. Das professionell geführte, angeschlossene **Tierser Badl** und die Heu-, Kräuter- und Milchbäder samt Sauna und Fitnessraum sind die Hauptattraktion des Hotels in schöner Lage mit Tennisplatz. Zimmer mit Fön, aber ohne TV. DZ/HP 80–132 €. ✆ 0471/642126, 📠 642033, www.weisslahnbad.com.

** **Vajolet**, St.-Georg-Str. 118. Wie es sich gehört, liegt der Gasthof mitten im Ort Tiers bei der Kirche, neuerer Anbau an den gründerzeitlichen Kern. Einfache Zimmer, TV auf Wunsch, einige mit Balkon, von den nach Süden und Westen schauenden Zimmern schöne Aussicht wie auch von der nachmittags sehr sonnigen Terrasse. DZ/FR 60–70 €. ✆ 0471/642139, 📠 642009, www.hotel-vajolet.it.

** **Bergheim**, St. Zyprian 84 a, klassische preiswerte Familienpension (kein TV in Zimmern mit Balkon) in ruhiger Lage, auf Wunsch HP. DZ/FR 54–70 €, mit HP 72–92 €. ✆/📠 0471/642148, www.tiers.it/bergheim.

Veraltenhof, Oberstr. 61, an der Oberstraße, dem alten Weg zwischen Tiers und St. Zyprian, sind die Ausblicke besonders weit, was den Gästen der Familie Trompedeller zugute kommt. Einfache Zimmer mit FR oder HP, man kann reiten, beim Brotbacken zusehen und dabei und auf dem Hof mithelfen. DZ/FR 44–52 € (Stand 2005). ✆/📠 0471/642102, veraltenhof@rolmail.net.

• *In Steinegg* *** **Oberwirt – Weißes Kreuz**, Steinegg 79, altehrwürdiges Gasthaus mit modernem Anbau, großzügigem Hallenbad samt Whirlpool, Sauna, Solarium und allen Schikanen, aufmerksamer Service, Frühstücksbüffet. Zimmer z. T. mit neuen Balkonen mit Sat-TV und Fön. DZ/FR 72–124 €. ✆ 0471/376525, 📠 376341, www.gasthofoberwirt.com.

Lerchhof, Riedlerstr. 59, Bauernhof, einsam mitten im Wald, von den eigenen Wiesen umgeben, also genau das Richtige für Erholungsbedürftige und Familien mit Kindern, die als Selbstversorger Urlaub machen wollen: Apartments für 2–4 und 4–8 Personen mit Sat-TV und einer Mikrowelle in der Küchenzeile, Hund und Katz sind ebenfalls willkommen. Apt. für 2 Pers. 36–78 €. ✆/📠 0471/365577, herta.reiter@rolmail.net.

Sehenswertes/Ausflüge

▸ **Tiers**: Der Ort besteht aus drei Teilen, dem eigentlichen Dorf mit der Pfarrkirche, dem Weiler *St. Zyprian* und dem Heilbadbereich um *Weißlahnbad*. Die *Pfarrkirche St. Georg* hat einen romanischen Turm, der Kirchenraum wurde erst im Spätbarock (1766) an den spätgotischen Chor angebaut.

▸ **Wanderung nach Weißlahnbad**: Ein Wanderweg führt vom oberen Ortsende (Schilder) zur einsam auf einer Waldlichtung gelegenen *Pestkapelle zum hl. Sebastian*. Sie wurde im Pestjahr 1635 errichtet, nachdem 124 Menschen an der Seuche gestorben waren –Tiers war nach dieser Katastrophe nahezu ausgestorben. Von der Kapelle führt ein Fahrweg nach Weißlahnbad, wo früher wie heute Rheumakranke Linderung suchen. Das hiesige Wasser ist leicht säuerlich und schwach ra-

Aufstieg durch das Tschamintal zum Rosengarten

dioaktiv. Die Nutzung ist heute von der Gemeinde überprüft und geregelt (Bademöglichkeiten in den dortigen Hotels). Zurück geht man über *St. Zyprian* auf der Oberstraße (Beginn bei der Kirche), von der man noch einmal herrliche Blicke auf das Tierser Tal und die Rosengartengruppe hat (hHin/zurück 1:30–2 Std.).

Spaziergang zur Kirche St. Katharina in Breien: Im engen Tal zwischen Blumau und Tiers liegt der Weiler *Breien*. Nichts Aufregendes ist zu sehen, bis auf ein Kircherl, 200 m über dem Ort auf der Sonnenseite, das der hl. Katharina von Alexandria gewidmet ist. Die gotischen Wandgemälde der südlichen Außenwand erzählen von Martyrium und Tod der Heiligen. 40 Min. auf dem Weg ab der Bushaltestelle, bei

Das Tschamintal und der Naturpark Schlern

Wer von Weißlahnbad weiter talaufwärts wandert, erlebt im Tschamintal, das Schlern und Rosengartengruppe trennt, wilde und ursprüngliche Natur. Wie wild es noch vor gar nicht so langer Zeit war, mag man daran ermessen, dass ein Nebental Bärenfalle heißt, und der Aufstieg auf den Schlern sich Bärenloch nennt. Das Tal ist übrigens ein Teil des Naturparks Schlern. Kurz hinter Weißlahnbad passiert man das Naturparkhaus Schlern (Informationen zum Naturpark, großer Parkplatz, ab hier Fahrverbot, daneben Gasthaus Tschaminschaige). Der Weg durch das Tschamintal in die Rosengartengruppe ist am schönsten im oberen Teil, wo eine Felsenschlucht auf einem Bohlensteg und Holztreppen bezwungen wird.

Öffnungszeiten **Naturparkhaus Schlern**, Tschamintal, Juni bis Sept. Di, Mi, Fr, So 9–12/15–18 Uhr, Sa 15–18 Uhr. Naturerlebnis v. a. für Kinder. Das Naturparkhaus befindet sich in der ehemaligen **Steger Säge** von 1598, die nach wie vor betriebsbereit ist. Neben dem Mühlwerk und den ehemaligen Unterkünften des Sägewerkers gibt es Infos über Natur und Kultur des Schlern.

Gabelung links halten. Oberer Freskenbereich liegt u. U. im Schatten, da die Malereien durch ein vorspringendes Flugdach geschützt werden. Beste Fotozeit ist mittags.

- **Auf der Nigerpassstraße**: Die Straße nach Karersee führt unter den Wänden des Rosengartens durch. Sie gehört zu den eindrucksvollsten alpinen Höhenstraßen. An mehreren Stellen Wanderparkplätze, Lifte zur Rosengartenhütte (Laurin II), im Winter Skilifte ab der Straße. Details unter Welschnofen (→ S. 603).

- **Steinegg**: Am Talausgang liegt auf sonniger Terrasse der Ort Steinegg, Teil der Gemeinde Karneid, erreichbar auf einer Serpentinenstraße von Blumau am Ausgang des Tierser Tals oder vom Eggental (unterhalb Birchabruck). Eine Zufahrtsstraße hat Steinegg erst seit ein paar Jahrzehnten, vorher gab es nur Steige und einen schlechten Güterweg. Seither wächst das Dorf mit jedem Jahr ein bisschen, denn unter Sommerfrischlern und begeisterten Anhängern des Südtiroler Herbstes hat sich herumgesprochen, wie schön es hier oben ist, wenn die Sonne scheint, während das Etsch- und Eisacktal im Nebel begraben sind.

Interessant ist das **Heimatmuseum** unter der Kirche (mit stolzen 18 Räume auf drei Stockwerken, insgesamt 1000 qm und u. a. mit historischer Getreidemühle). Am Ortsrand befinden sich *Erdpyramiden*. Sie entstanden im lockeren Moränenmaterial, als große Decksteine die Abtragung des Materials verhinderten. Etwas außerhalb steht die erste Sternwarte Südtirols, **Volkssternwarte** genannt, sie wurde von einer Gruppe von Amateuren errichtet. Ihr Spiegelteleskop hat einen Durchmesser von 50 cm, was für uns Laien mehr als genug neue Aussichten auf den Sternenhimmel ermöglicht.

• *Öffnungszeiten* **Heimatmuseum**, Palmsonntag bis Ende Okt. (Nov. mit Voranmeldung), Palmsonntag bis Juni Führungen Di–Fr 11 Uhr, Sa 15 Uhr, So/Fei 15 und 16 Uhr, Juli bis Okt. Di–Fr 10 und 11 Uhr, Sa/So/Fei 15 und 16 Uhr. Anmeldung über Kustos (✆ 0471/376518) oder Tourismusverein. **Sternwarte**, ganzjährig jeden Do nach Einbruch der Dunkelheit; Eintritt 5 €, erm. 2,50 €, Familien 12 €.

Das Eggental

Welschnofen ist der größte Ort des Eggentals, das als enge Schlucht bei Kardaun am östlichen Rand von Bozen beginnt und sich bei Birchabruck in zwei Täler gabelt, das eigentliche Eggental und den Ast von Welschnofen. Über Welschnofen führt die alte und neue Verbindung über den Karerpass ins Fassatal, heute viel befahrener Teil der Großen Dolomitenstraße.

Aber man muss nicht als Fan großartiger Hochgebirgsstraßen (und welche ist großartiger als die Dolomitenstraße) hierher kommen, denn die Landschaft allein ist interessant genug. **Rosengarten** und **Latemar**: Wandern, Bergsteigen und Klettern, Mountainbiketouren, Skifahren. Schließlich der **Karersee** als Glanzpunkt, in dem sich der Latemar spiegelt und weite Wälder und viele Wanderwege mit hübsch verteilten Jausenstationen.

Welschnofen

Das alte Dorf hat man schnell durchlaufen, vom „Gasthof Mondschein" bis zur Kirche geht man 5 Minuten. Das moderne Dorf mit seinen Hotels, Pensionen und Residences braucht ein Vielfaches an Platz, ist aber dennoch gut überschaubar: Von der Kirche weiter talabwärts an der Gummererstraße liegen die meisten Neubauten, man will schließlich vom Ausblick profitieren. Vom Weg zum Rosengarten profitie-

Auf der Großen Dolomitenstraße

Das erste Teilstück der heute weltberühmten Dolomitenstraße zwischen dem Eisacktal bei Bozen und Cortina d'Ampezzo war die Straße durch das Eggental nach Welschnofen. Die wilde Schlucht des Karneidbachs zwischen Eisack und Birchabruck unterhalb von Welschnofen erschien bis in die Mitte des 19. Jh. als unlösbare Aufgabe für Straßenbauer. Die Schluchtwände nähern sich an den engsten Stellen bis auf wenige Meter, bei Hochwasser gab es keine Möglichkeit, die Schlucht zu passieren. Aber clevere Ingenieure fanden die Lösung: Sie bauten die Straße als eine Folge von Hangbrücken unter Felsüberhängen so hoch über dem Bach, dass er sie auch bei Hochwasser nicht erreichen konnte; eine Talschlinge durchstießen sie mittels eines Tunnels. 1860 war Welschnofen schließlich auf der direkten Straße durch das Eggental erreichbar. Das stieg den Welschnofnern in den Kopf. Bis dato waren sie Teil der Gemeinde Kardaun, 1870 durften sie sich stolz als eigene Gemeinde konstituieren.

Dann kam der Wiener *Dr. Theodor Cristomannos* mit seiner Idee einer Dolomitenstraße, die quer durch die österreichischen Dolomiten von Bozen nach Cortina führen sollte. Ein riesiges Touristenhotel nahe dem wunderschönen Karersee oberhalb Welschnofen zog bald viele Touristen in die Gegend, dass diese nicht über den Karerpass weiter nach Osten ziehen konnten, das war den Welschnofnern gerade recht. Noch im selben Jahr 1896 wurde die Karerpassstraße fertig gestellt, sie sollte bis 1909 auf 110 km Länge anwachsen.

Wer heute im Auto, auf dem Motorrad oder gar dem Rennrad auf der Großen Dolomitenstraße unterwegs ist, der hat eine sehr gut ausgebaute, nirgends steile (Maxima bei 12 %), durchgehend asphaltierte, aber sehr kurvenreiche Straße vor sich (für Gespanne östlich des Fassatals nicht geeignet). Ab dem Karerpass führt die Große Dolomitenstraße durch das Fassatal (Vigo, Pozza und Canazei in der Provinz Trento) zum Pordoijoch, hinunter nach Arabba in Buchenstein (Provinz Belluno) und von dort über den Falzàregopass nach Cortina d'Ampezzo (Provinz Belluno).

ren hingegen die Bauten an der Rosengartenstraße im schmalen Frommerbachtal. Zu den Skigebieten muss man auf der Karerseestraße weiterfahren bis Karersee oder nochmals runter nach Birchabruck und dann hinauf nach Obereggen. Da haben es die Sommergäste gut: raus aus dem Haus und rauf auf den Wanderweg. Und wenn es der im Übrigen wunderschöne Weg 7 ist, auf dem man bis zum „Schwarzen Adler" wandert, um dort gepflegt zu speisen oder Kaffee zu trinken und mit dem nächsten Bus nach Welschnofen zurückzufahren.

Information/Verbindungen

• *Information* **Tourismusverein Welschnofen-Karersee**, I-39056 Welschnofen, Karerseestr. 21 (am Beginn der Rosengartenstr.), ✆ 0471/613126, 📠 613360, www.welschnofen.com. Mo–Fr 8–12/15.30–18.30 Uhr, Sa 8–12 Uhr (Mitte Juli bis Mitte Sept. und in der Wintersaison auch Sa 15.30–18.30 Uhr, vom 26.12. bis Mitte März außerdem So/Fei 8.30–11 Uhr). Reiches Infomaterial, u. a. ein nach Saison wechselnder Veranstaltungskalender mit vielen Adressen und (großenteils bezahlten) Tipps sowie Panoramakarten Winter und Sommer.

Internetpoint in der Pfarrbibliothek am Kirchplatz, Di/Do 17–19 Uhr, Fr 9–10.30 Uhr, Sa 18–19 Uhr, ✆ 0471/613156.

• *Verbindungen* **Pkw**: Dolomitenstraße aus dem Eisacktal ab Bozen/Karneid, Autobahnabfahrt Bozen/Nord. Im Ort beschränkte Parkmöglichkeiten, Tankstelle talaufwärts an der Karerseestraße. Von Osten aus dem Fassatal Straße über Vigo und den Karerpass.

Bus: tägl. bis zu 8x nach Bozen, bis zu 5x zum Karersee, davon 3x weiter zum Karerpass und nach Vigo (Fassatal) bzw. Moena und Predazzo mit Anschluss zum Passo San Pellegrino und nach San Martino di Castrozza. Bushaltestelle im Ort bei der Touristeninformation bzw. gegenüber beim Supermarkt.

Taxi: Latemar Taxiservice, ✆ 0471/613173.

Freizeit & Sport

• *Baden/Schwimmen* **Freibad** in der Sportzone mit Whirlpool, Liegewiese und Bar, 10–19 Uhr.

Öffentliches Hallenbad im „Sporting Club Carezza" des Grandhotels Carezza inkl. Sauna und Whirlpool, Schönheitssalon etc.

> Der Zutritt zum Karersee ist verboten, das Baden nicht erlaubt.

Frommerbachtal (Welschnofen)

• *Golf* Am Karersee, 9 Löcher (par 35, 2670 m), Karersee 171, ✆/℻ 0471/612200, golfclub@carezza.com. Die Driving-Range liegt am Fuß des Paolina-Lifts in Karersee, die Anlage ist der Nachfolger eines bereits 1909 für die Gäste des Grandhotels Karersee (heute Grand Hotel Carezza) angelegten 18-Loch-Platzes.

• *Bergsport/Klettern* **Alpinzentrum Rosengarten**, Mühlweg 12 a, Kletter- und Bergsportprogramm, Kletterkurse, Freikletterkurse, Mitte Juni bis Mitte Okt., tägl. (außer Sa) 17–19 Uhr. ✆/℻ 0471/613487.

Klettergarten an der Straße zum Nigerpass bei der (für Pkw) gesperrten Abzweigung der Paolinahütte links: Bouldern in einem Bergsturzgelände.

• *Radsport* Verleih im Wellnesshotel Engel.

• *Reiten* Seehauser, Nigerstr. 1, ✆ 0471/613561, Reitstall auf dem Karerpass, Tagesmieten, Trekking, Ponyreiten.

Zyprianhof, Zischglweg 1–3, ✆ 0471/613561, im Sommer in Karersee.

• *Tennis* Posthotel Weißes Rössl, ✆ 0471/613113.

Wellnesshotel Engel, ✆ 0471/613131.

• *Wandern* Der kostenlose Eggentaler **Wanderbus** verbindet im Sommer jeden Di/Do die Orte Karerpass, Welschnofen, Birchabruck, Eggen/Obereggen, Deutschnofen und Petersberg (Weißenstein).

• *Wintersport* Das **Karersee-Skigebiet** mit seinen 10 Aufstiegsanlagen und 28 km präparierten Abfahrten ist ein familien-freundliches Skiareal (65 % blaue Pisten, nur 7 % schwarze). Der **Regionalskipass Fassatal-Carezza** (im Rahmen von Dolomiti Superski) gilt auch für die zahlreicheren Aufstiegsanlagen des Fassatals.

Kostenlose **Skibusse** zwischen Karersee und Latemar sowie von Tiers über Welschnofen und Karersee nach Vigo di Fassa.

Skischulen: Welschnofen-Karersee, Büro bei Talstation Sessellift Paolina, ✆ 0471/612236. Rosengarten, Tel. 339/3094733.

Schneetelefon 0471/612527.

Außerdem 24 km **Langlaufloipen** aller Schwierigkeitsgrade und **Eislaufen** in der Sportzone Welschnofen, Schlittschuhverleih, ✆ 0471/613273.

Übernachten

• *In Welschnofen* **** **Wellnesshotel Engel**, Gummererstr. 3, Wellness wird im modernen „Engel" wirklich groß geschrieben, nicht nur bei den Einrichtungen wie Hallenbad, Sauna, Dampfbad, Solarium, Fitnessraum, Tennisplatz, Radverleih, sondern auch im Servicebereich samt Heubad, Beautystudio und Massagemöglichkeit. Komfortable Zimmer zum Ausruhen: Sat-TV, Fön, feste Betten, Terrasse oder Balkon. „Wellness-DZ" 130–260 €. ✆ 0471/613131, ℻ 613404, www.hotel-engel.com.

**** **Posthotel Weißes Rössl**, Karerseestr. 30, gleich am Anfang der langen Geraden der Karerseestraße in Aussichtsposition. Gepflegte Zimmer und gutes Freizeitangebot, das vom Hallenbad (erinnert ein wenig an eine futuristische Fabrikhalle mit Traumblick) über einen großen Garten mit Pool bis zu Sauna und Solarium, Whirlpool und Beautysalon reicht. DZ/FR 130–260 €. ✆ 0471/613113, ℻ 613390, www.postcavallino.com.

*** **Rosengarten**, Rosengartenstr. 43, höher oben und ruhiger können Sie in Welschnofen nicht wohnen. Himmlische Ruhe, freundlich-familiäre Gastgeber. Das Ganze ein wenig altmodisch, aber auch ganz selbstverständlich komfortabel und modern. Beim sehr guten Essen macht sich Italien bemerkbar, und freitags gibt es frischen Seefisch. Zimmer mit Sat-TV, Fön, nicht alle mit Balkon. DZ/FR 52–90 €. ✆ 0471/613262, ℻ 613510, www.hotelrosengarten.it.

** **Gasthaus Löwen**, Dolomitenstr. 23, klassischer, aber moderner Gasthof mit Zimmern, ordentlich, Blumen auf dem Balkon, TV. Gutes Frühstück aus dem hauseigenen Restaurant. DZ/FR 50–58 €. ✆/℻ 0471/613169, www.loewen.it.

** **Pension Friedrich**, Pretzenbergerweg 16, Spaß am Pool mit Rosengartenblick, Saunen, Kneippbad und „Erlebnisdusche", angenehme Zimmer mit Balkon, aber ohne TV. DZ/FR 60–96 €. ✆ 0471/613104, ℻ 614249, www.friedrich.it.

Luis Pardeller, Romstr. 22, freundliche Familienpension, korrekte Zimmer mit Balkon, preislich ein Schnäppchen. DZ/FR 42–48 €. ✆ 0471/613493, pardeller.l@dnet.it.

• *In Karersee* **** **Moseralm**, Schönblickstr. 8, wirklich ruhig gelegenes Haus im Tiroler Stil, das innen wie außen auf rustikal und Tirol macht mit dem üblichen Überangebot an Holz. Der Effekt ist gemütlich, auch wenn die bäuerliche Atmosphäre nur Zitat ist. Freundlicher Service, gut gedeckter Frühstückstisch, Fitnessbereich samt Hallenbad, sehr freundliche Zimmer in hellen Tönen, Safe, Sat-TV, Minibar und Balkon. DZ/HP 138–182 €. ✆ 0471/612171, ℻ 612406, www.moseralm.

*** **Alpenrose**, Karerseestr. 161, „Sporthotel" – gediegenes Hotel an der Talstation des Paolinalifts, ruhig, Blick zum Rosengarten oder zum Latemar, Gemeinschaftsräume rustikal (Stube) bis Tirolerkitsch (Almhütten-Bar!), aber Zimmer mit klaren Linien, schlicht-eleganten Möbeln, großen Fenstern, Sat-TV, Safe, nicht alle mit Balkon. Großer Wellnessbereich mit Sauna, türkischem Bad, Solarium, Fitnessraum. Die Kinder dürfen im Kinderzimmer oder auf dem Spielplatz toben. DZ/FR 116–256 €. ✆ 0471/612139, ℻ 612336, www.sporthotelalpenrose.com.

*** **Grandhotel Carezza**, Karerseestr. 141, der riesige Kasten (210 Betten) aus Naturstein und Holz ist eines der ersten Hotels Tirols, das für das große Publikum errichtet wurde. Nach Kaiserin Elisabeth von Österreich, die hier bereits 1897 abgestiegen war, kamen Sir Winston Churchill, Agatha Christie, Karl May, the Duke and Duchess of Kent u. a. Das Hotel ist heute zu 95 % von Italienern belegt. Großer Fitnessbereich mit Hallenbad (sehr interessante Dachkonstruktion aus Holz, Laurin-Fresko), genannt „Sporting Club Carezza", öffentlich zugänglich. Eher spärlich möblierte Zimmer, einige mit Balkon oder Terrasse. DZ oder Apt. f. 2 Pers. jeweils mit HP 96–250 €. ✆ 0471/612090, ℻ 612130, www.grandhotelcarezza.it.

*** **Savoy**, Passo Costalunga 5, 38039 Vigo di Fassa, freundlicher älterer, aber sorgfältig renovierter Steinbau mit blau-weißen Fenstern und Balkonen (im Zimmer Sat-TV, Fön, Safe), Hallenbad, Sauna und Solarium, gegenüber mündet die Skiabfahrt vom Latemar. Das Hotel liegt auf der Trentiner Seite des Passes. DZ/HP 1 Woche 840–1274 €. ✆ 0471/612124, ℻ 612132, www.hotelsavoy.biz/de.

Angerlealm, Cristomannosstr. 50, Urlaub auf dem Bauernhof nicht nur für Reiter, vom Kinderspielplatz sieht man Pferde und Kühe. Im oberen Bereich des Feriendorfs Karersee. Apt. für 2–6 Pers. 34–93 €. ✆/℻ 0471/612224, www.angerlealm.com.

Essen & Trinken

Gaststätten sind keine Stärke von Welschnofen, aber es gibt Ausnahmen. Alternativ kann man sich selbst versorgen: Supermarkt Karerseestr. 18; Metzgerei Karerseestr. 3, Bäcker Karerseestr. 19 und Romstr. 30, Getränkemarkt Dolomitenstr. 20.

Altes Haus im Zentrum von Welschnofen

Mondschein, Karerseestr. 10 a, Restaurant-Café des Gasthofs im Zentrum von Welschnofen, große z. T. gedeckte Terrasse. Italo-Südtiroler Küche, ausgesprochen freundlich serviert, zu Preisen, die anderswo um die Hälfte höher sind (Vorspeisen zu 5 €, die lokale Konkurrenz verlangt 7 €). Warme Küche bis 21 Uhr, Pizza bis 23 Uhr. Mo Ruhetag.

Engel, Gummererstr. 3, das Restaurant im Wellnesshotel Engel erweist zumindest mittags der Wellness seine Referenz, von 12.30–16 Uhr mit dem diät- und vollwertfreundlichen Buffet. Abends 19–20.30 Uhr gehobene Restaurantküche mit Phantasie bei den Vorspeisen und Tradition bei den Hauptspeisen. Kein Ruhetag.

Rosengarten, Rosengartenstr. 43, Restaurant des gleichnamigen Hotels, rustikal bis fein, freitags frischer Seefisch, Wildgerichte (auf Bestellung). ✆ 0471/613262. Mo Ruhetag.

Weißes Rössl, Karerseestr. 30, Restaurant des gleichnamigen Hotels, gute Küche, besonders gut die Knödel und Nudeln: Steinpilzravioli, Spinatknödel mit Käsefüllung. ✆ 0471/613113, kein Ruhetag.

Goldenes Kreuz, Romstr. 35, Pizzeria/Restaurant mit großer Panoramaterrasse, 2 Min. von der Kirche, Küche bis 21 Uhr, Pizza bis 23 Uhr. Di Ruhetag.

Grillstube Marion, Wirtsweg 4, hier werden die Steaks auf dem heißen Stein gegrillt, das schmeckt besonders gut (Grill 18–22.30 Uhr). Di Ruhetag (außer Ende Juni bis Mitte Sept., dann besser reservieren). ✆ 0471/613059.

Sehenswertes/Ausflüge

▸ **Welschnofen**: Hierher kommt man wegen der berauschenden Umgebung oder der zahllosen Sportmöglichkeiten, aber kaum wegen des Orts. Seine Sehenswürdigkeiten sind rasch abgehakt. Die *Pfarrkirche* liegt etwas über dem Zentrum und über der Straße, oberhalb ist immer noch Wiesengrün, der Blick reicht bis zum Rosengarten. Das *Dorfmuseum* im Haus der Dorfgemeinschaft gleich daneben zeigt Objekte des bäuerlichen Lebens (wechselnde Öffnungszeiten, Information beim Tourismusverein).

▸ **Wanderung auf der Elisabethpromenade**: Kaiserin Elisabeth von Österreich (Sissi) verbrachte 1897 einen Erholungsurlaub im Grandhotel Karersee. Einer der Wege, die sie damals nahm, ist heute als „Elisabethpromenade" ausgebaut. Ein Denkmal erinnert an die unglückliche Kaiserin, die ein Jahr später in Genf ermordet wurde. Am besten beim Hotel Rosengarten im Frommerbachtal beginnen (Rosengartenstraße), von wo man auf Weg 3 direkt zum Elisabethdenkmal nahe dem Hof Zenai geführt wird, um dann auf der eigentlichen Promenade (Weg 6/9) gemütlich bis

König Laurin und der Rosengarten

Die germanischen Stämme, die während der Völkerwanderung durch das Etschtal zogen, staunten nicht schlecht, als sie die rot glühenden Sonnenuntergänge der Dolomiten sahen, insbesondere des heute „Rosengarten" (italienisch Catenaccio) genannten Gebirges. So etwas waren sie nicht gewohnt. Klar, das konnte nicht mit rechten Dingen zugehen. Die im Vergleich mit den großen, blauäugigen Goten kleinen und dunklen Alpenromanen, die heutigen Ladiner, mussten ein Geheimnis kennen, das den Germanen verborgen war. Das ist Sagenstoff wie der auch anderswo vorkommende Zaubergürtel oder der Tarnhelm. Dietrich von Bern, der mit der Sage vom Rosengarten verbunden wurde, ist der historische Gotenkönig Theoderich, dessen Hauptsitz sich im nahen Verona (= Berne) befand. Und so (in Kürze) lautet die Sage vom Rosengarten:

Wo sich heute nur noch kahler Fels befindet, hatte der Zwergenkönig Laurin seine Burg. Sein Stolz war ein Rosengarten, in dem das ganze Jahr über die roten Rosen blühten. Laurin besaß einen Gürtel, der ihm die Kraft von 12 Männern verlieh, und eine Tarnkappe, die ihn unsichtbar machte. Er verliebte sich in die (natürlich) blonde Prinzessin Simhild, entführte und heiratete sie und lebte mit ihr ab sofort in seinem Schloss. Deren Bruder Dietleib ließ die Sache nicht auf sich beruhen. Er wandte sich an Dietrich von Bern, und die beiden zogen mit einer großen Schar von Rittern ins Gebirge, um Simhild zu befreien und Laurin zu bestrafen. Durch eine List gelang es ihnen, dem zunächst unangreifbaren, unsichtbaren Laurin Gürtel und Tarnkappe zu entreißen. Laurin konnte sich nicht rächen, aber er konnte zumindest sein Reich unzugänglich machen, sodass seine Überwinder mit leeren Taschen (aber mit Simhild, nehmen wir an) abziehen mussten. Durch einen Zauberspruch verschwand die Burg, der Rosengarten erbleichte. Aber Laurin hatte einen Fehler gemacht: Er hatte nicht die Dämmerung bedacht. So kommt es, dass wir heute zwischen Tag und Nacht den Rosengarten leuchten sehen, voller rot glühender Rosen, wie damals, als er noch der ganze Stolz des unglücklichen Zwergenkönigs war.

zum Hotel Karersee zu spazieren (im zweiten Teil für Pkw gesperrter Fahrweg). Dabei passiert man den Gasthof Schönblick mit Erfrischungsmöglichkeit. Bis zum höchsten Punkt des Wegs oberhalb des Denkmals ca. 1 Std. (300 m Steigung), von dort bis Grandhotel Carezza ca. 1:30 Std. (geringer Höhenunterschied). Bushaltestelle beim Grandhotel Carezza (zur Rückfahrt).

Im Rosengarten

So schroff wirkt der Rosengarten, dass man meint, es könne keine Steige für Bergwanderer geben. Weit gefehlt. Mehrere auch für durchschnittliche Bergwanderer geeignete Wege queren das Gebirge, und von den Stützpunkten, die man mit Seilbahn oder Hüttentaxi erreichen kann, können sogar Nichtbergsteiger einen Spaziergang in hochalpiner Umgebung wagen. (Zum Rosengarten → Tour 49.)
Die berühmtesten Gipfel der Rosengartengruppe sind nicht so sehr die höchsten (Catinaccio d'Antermoia/Kesselkogel, 3004 m, zwei versicherte Klettersteige), sondern die Gruppe der **Vajolettürme** im Norden des Gebirgszugs. Von Westen aus

sieht man sie abends so herrlich im Abendrot, das von den Ladinern „Enrosadüra“ genannt wird. Diese drei Türme wurden unter z. T. abenteuerlichen Bedingungen erstbestiegen und sind heute noch erfahrenen Kletterern vorbehalten. Als erster Turm fiel 1887 der später nach ihm benannte *Winklerturm*, der Münchner Bergsteiger Georg Winkler bezwang ihn in 3 Std. im Alleingang. *Stabelerturm* und *Delagoturm* sind ebenfalls nach ihren Erstbesteigern benannt.

• Bergbahnen/Taxidienste Erreichbar sind: Paolinahütte (✆ 0471/612008) mit Paolinalift ab Karersee, Rosengartenhütte mit Laurinlift ab Welschnofen, Rifugio Ciampedié mit Ciampediélift ab Vigo di Fassa, Gardecciahütte und Rifugio Stella Alpina mit Taxiservice aus dem Fassatal und Rifugio Micheluzzi (Baita Duron) mit Taxiservice ab Campitello di Fassa.

Sessellift Paolina: Ende Mai bis Ende Okt., Mittagspause 12.15–13.30 Uhr, ✆ 0471/612112.

Ciampedié-Seilbahn: Mitte Juni bis Mitte Okt., Mittagspause 13–14.10 Uhr, ✆ 0462/763242.

Lifte Laurin I Anf. Juni bis Ende Okt. und **Laurin II** Mitte Juli bis Ende Okt., Mittagspause 12.15–13.30 Uhr, ✆ 0471/613316 und ✆ 0471/612166.

Tour 49: Wanderung unter den Vajolettürmen

Tour-Info: Trittsicherheit, Schwindelfreiheit und etwas Klettersteigerfahrung nötig. Dauer 4:30 Std.; Höhenunterschied ↑↓ 800 m. Karte: Tabacco (1:25.000) Blatt 6. An- und Abfahrt mit Sessellift zur Rosengartenhütte, zur Talstation im Sommer Wanderbus ab Tiers und Karersee.

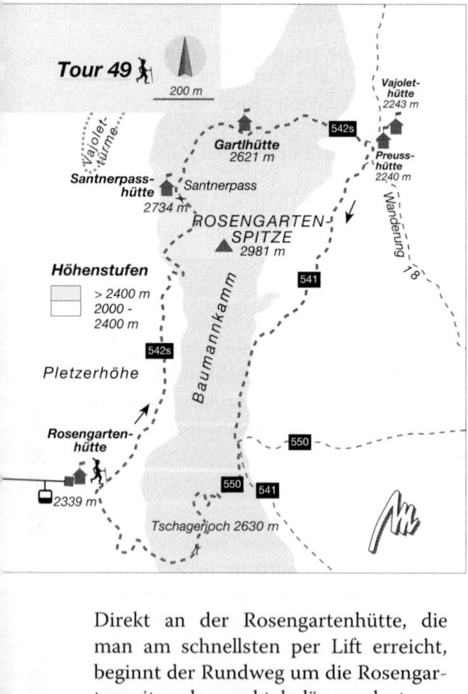

Der Aufstieg zum Santnerpass ist versichert und sollte nur von trittsicheren und schwindelfreien Bergsteigern mit Klettersteigerfahrung versucht werden, einige Stellen haben den Schwierigkeitsgrad 1.

Man nimmt an der Rosengartenhütte (2339 m) den Weg 542 s (Schilder zur Santnerpasshütte), der leicht ansteigend unter den Westwänden des Rosengartens quert. Unter dem Santnerpass wird's heikel: Bänder und Stufen des felsigen Aufschwungs werden mit eisernen Leitern und Klammern bezwungen, Drahtseile helfen an unangenehmen Stellen. Nach einer kleinen Scharte geht es etwas abwärts in eine Eisrinne, auch bei Stufen größte Vorsicht! Von dort über einen weiteren Aufschwung und mit Hilfe von Stiften und Seilen zur Santnerpassscharte und zur Santnerpasshütte (2741 m, 2 Std.). Großes Aufatmen und Erfrischungspause.

Abwärts durch ein Kar zur nahen Gartlhütte und weiter, nun wieder steiler, aber unschwierig, zu den beiden unter uns liegenden Hütten (die linke, große ist die Vajolethütte, die rechte am Ab-

Direkt an der Rosengartenhütte, die man am schnellsten per Lift erreicht, beginnt der Rundweg um die Rosengartenspitze, der, spektakulär angelegt, unter den Vajolettürmen hindurchführt.

Der Latemar vom Weg zur Ciampedié in der Rosengartengruppe

sturz ist die Preusshütte). Der Weg führt unmittelbar unter den Vajolettürmen abwärts, die man von den Hütten aus noch einmal bestaunen kann (2245 m, 2:30 Std.). Nun auf dem breiten Fahrweg talauswärts, aber nicht weit, denn bereits in der dritten Kurve biegt Weg 541 nach rechts ab, der mäßig ansteigend unter den Felswänden des Rosengartens nach Süden führt. Wo man den Wandfuß berührt (2416 m, 3 Std.) zweigt nach rechts Weg 550 zum Tschagerjoch ab, steil, Geröll, Felsen zu beiden Seiten. Vom engen Tschagerjoch (2630 m) geht es dann flott hinunter zur Rosengartenhütte, die letzten sehr steilen Höhenmeter zur Hütte überwindet man an zwei Drahtseilen (4:30 Std.).

• *Hütten* **Rosengartenhütte (Rifugio A. Fronza)**, CAI Verona, an der Bergstation des Lifts Laurin II, 2339 m, 17 Betten, 40 Lager, ✆ 0471/612033.

Santnerpasshütte, privat, 2741 m, 8 Betten, ✆ 0471/642230.

Rif. Re Alberto (Gartlhütte), ✆ 0462/763428.

Rif. Vajolet (Vajolethütte), CAI Trento, 2243 m, 140 Lager und meist überfüllt, ✆ 0462/763292.

Rif. Preuss (Preusshütte), ✆ 0462/764847.

Der Karersee

Der smaragdgrüne See, in dem sich die wilden Felstürme des Latemar spiegeln, umgeben von dichtem, grünem Wald, gehört zu den bekanntesten Bildern der Alpen. Leider gehört der See auch zu den am leichtesten erreichbaren Seen der Alpen, denn als man vor mehr als 100 Jahren die Karerseestraße schuf, trassierte man möglichst nahe am Ufer. Der See liegt in einer abflusslosen Karstmulde, so konnte man die Straße nur oberhalb (außer Sichtweite, aber sehr wohl in Hörweite) ziehen. Heute ist der See komplett off limits, ein Bretterzaun verhindert die Annäherung, es gibt aber jede Menge Aussichtspunkte und Bänke, und an einer Stelle kann man auch ganz nahe heran und neben allen anderen Touristen fotografieren. Sehr oft hat der See im Spätsommer und Herbst einen so niedrigen Wasserstand, dass sein Westteil abgeschnitten ist und sich als kleines Seelein präsentiert. Es hat den

Anschein, dass die Wassermenge insgesamt mit den Jahren abnimmt. Wir werden sehen, wie lange es den Karersee noch geben wird.

Ein hübscher **Spazierweg** führt rund um den Karersee, man kann ihn von beiden Parkplätzen durch Abstiege Richtung See erreichen. Dauer etwa 25–30 Min., mit Abstiegen zu den einzelnen Aussichtspunkten gut und gerne über 1 Std.

Im Latemar

Die zerrissenen Felszacken des Latemar, die sich im Karersee spiegeln, bestehen aus leicht zerfallendem, oft in der Hand zerbröselndem Kalk. Das heißt größte Vorsicht beim Bersteigen und Klettern! Dementsprechend gibt es auf den Latemar kaum einen Wanderweg, sieht man vom Weg 18 zum Bivacco M. Rigatti auf der *Latemarspitze* ab (2800 m) – sie ist jedoch nicht die höchste Spitze, das ist der östliche Latemarturm mit 2848 m. Sehr schön sind jedoch **Wanderungen** am Bergfuß zwischen Karerpass, Latemarwiesen und im Geplänk, dem gewaltigen Schuttkar am Nordfuß der Wände. Wer will, kann auf Weg 21/21 a, der direkt am Karerpass beginnt, bis hinüber nach Obereggen wandern (ca. 1:30 Std.).

Deutschnofen

Von Deutschnofen hat man einen Traumblick auf Latemar, Rosengarten und Schlern, gegen Westen auf Mendel und Adamello, gegen Nordwesten auf die Sarntaler und die Texelgruppe. Der Ort liegt im nur wenig bewegten Gelände und ist damit ideal für Spaziergänger.

Mountainbiker müssen nicht unbedingt die schweren Touren der Dolomiten machen, sondern können mit der Familie den **Regglberg** erkunden, die waldbekleidete Hügellandschaft im Süden von Deutschnofen. Bergsteiger und Bergwanderer haben die Dolomiten direkt vor sich, auf der Straße erreicht man sie leicht per Pkw oder Linienbus. Skifahrer wissen schon: In **Obereggen**, einem Gemeindeteil von Deutschnofen, beginnen die Lifte des *Skizirkus Obereggen/Latemar/Fleimstal,* auf denen man zwischen Südtirol und Trentino hin und her pendeln kann – mit einem regionalen Skipass.

Information/Verbindungen

• *Information* **Tourismusverein Eggental**, I-39050 Deutschnofen/Nova Ponente, ✆ 0471/616567, ℻ 616727, www.eggental.com. In **Obereggen** (✆ 0471/616795, ℻ 616848, www.obereggen.com.) Büro an der Talstation des Oberholzlifts. Beide öffnen Mo–Fr 8.30–12.30/15–18 Uhr.

• *Verbindungen* **Pkw**: Straße aus dem Eisacktal ab Bozen/Karneid.

Bus: tägl. bis zu 10x Bozen – Deutschnofen; Busverbindung von Obereggen nach Deutschnofen nur mäßig, im Sommer z. T. nur 2x.

Taxi: ✆ 0471/616602 (Fa. Hofer, Hauptstr. 46) und ✆ 0471/615752 (in Eggen).

Sport & Freizeit

• *Ausflüge* Der Tourismusverein veranstaltet eigene Ausflugsfahrten, die am Anfang des Urlaubs zum Bündelpreis (55 € für 3 Ausflüge) gebucht werden müssen. Evtl. Eintritte sind nicht enthalten!

• *Golf* **Golfclub Petersberg**, 18-Loch-Platz – par 67. Südtirols bisher einziger 18-Loch-Platz liegt auf ca. 1200 m Höhe auf der Hochfläche des Regglbergs südlich Deutschnofen, normalerweise Apr. bis Sept. I-39040 Petersberg, Unterwinkl 5, ✆ 0471/615122, www.golfclubpetersberg.it.

• *Radsport* **Verleih** bei Hofer, Deutschnofen, ✆ 349/2821927, auch Rad-/Personentransport, sowie im Sporthotel Obereggen.

• *Reiten* Reitstall Deutschnofen beim Hotel Pfösl, ✆ 349/4286850 (Josef Zelger), und im Ortner Hof, Obereggen 11, ✆ 349/4286850, www.reitstall.it.

• *Tennis* 3 Tennisplätze am Sportcenter, Forastr. 1, ✆ 0471/616287, dort auch Ballplätze, Kegelbar-Pizzeria etc.

• *Wandern* Der kostenlose **Eggentaler Wanderbus** verbindet im Sommer am Di und Do die Orte Karerpass, Welschnofen, Birchabruck, Obereggen, Deutschnofen und Petersberg/Weißenstein. Ebenfalls kostenlos für Gäste ist die Teilnahme an den **geführten Wanderungen** des Tourismusvereins (jeweils Di, Mi, Do.).

• *Wintersport* Das **Skigebiet Latemar** mit seinen 50 km Pisten und 17 Aufstiegshilfen gehört mit dem Fleimstal (Val di Fiemme) auf der Südseite des Latemar zur **Skiregion Fiemme/Obereggen**. Ski- und Snowboardschule Obereggen, ✆/℻ 0471/615667.

Schneetelefon ✆ 0471/615795.

Langlaufzentrum Lavazè (✆ 0462/230447) auf dem Lavazè-Joch. Kostenlose Karte mit Beschreibungen beim Tourismusverein.

Eislaufplatz und Eisstockschießbahn im Sportcenter, Forastr. 1.

Übernachten/Essen & Trinken

• *In Deutschnofen* **** **Erica**, Hauptstr. 1, neu, zentral, hell, Wellnessbereich mit Hallenbad und allen Schikanen inkl. Whirlpool und Kneippbad, ein bisschen viel Schnörkel vielleicht, aber das trägt möglicherweise zur Entspannung bei. Gut ausgestattete Zimmer mit Fön und Sat-TV. DZ/HP („Verwöhnpension") 160–290 €. ✆ 0471/616517, ℻ 616516, www.erica.it.

**** **Pfösl**, Schwarzenbach 2. Außerhalb des Orts an der Straße aus dem Eggental liegt auf einem kleinen Hügel ganz einsam dieses Hotel in idealer Sommerfrischenposition. Gediegenes Haus mit dem Ziel, Sportbegeisterte anzuziehen, so gibt es ein Golf-Package, das Zimmer und 5 Tage Greenfee im Golfclub Petersberg beinhaltet. Jede sportliche Ertüchtigung wird aber durch die kulinarisch üppige „Wohlfühlpension" wettgemacht (fängt beim ausufernden Frühstücksbüffet an, wöchentliches Sektfrühstück ...), was man wieder im Hallenbad und der Saunawelt abtrainieren muss. Typischer Ferienkreislauf! Zimmer bequem und mit Balkon. DZ/HP 136–177 €. ✆ 0471/616537, ℻ 616760, www.pfoesl.it.

*** **Obkircher**, Platzviertel 6, am grünen Hang auf dem Obkircher Berg mit tollen Ausblicken samt Rosengarten, ruhig und verkehrsarm gelegen, doch in lockerer Fußentfernung vom Ort. Pool mit Panoramablick, Liegewiese, familiäre Atmosphäre. Im Winter gelangt man vom Hotel direkt auf die Loipe. DZ/HP 96–146 €. ✆/℻ 0471/616542, www.hotelobkircher.it.

*** **Stern**, Dorf 18, zentraler Hotel-Gasthof gegenüber der Kirche, eine lokale Einrichtung, wie man an Sonntagvormittagen am besten überprüfen kann (wer wochentags mit blauer Schürze auf ein Glas Wein hereinkommt, ist jetzt im dunklen Anzug unterwegs). Motorradfahrerfreundlich. Kleines Hallenbad, Sauna und Sonnenterrasse, die Zimmer des rustikal-soliden Baus sind eher schlicht. DZ/HP 82–140 €. ✆ 0471/616518, ℻ 616766, www.hotel-stern.it. Restaurant Di Ruhetag.

** **Faller**, Daumstr. 4, gemütliche Familienpension, freundlich geführt. Die Einrichtungen der Residence Wiesenhof (Holzerstr. 4, Hallenbad, Sauna, Solarium, Fitnessraum etc.) können unentgeltlich genutzt werden. DZ/FR 39–78 €, in der Winterhauptsaison nur mit HP für 64–92 €. ✆ 0471/616501, ℻ 616211, www.faller-wiesenhof.it.

Schadnerhof, Prentnerviertel 22, ganz am Ende der Straße und hoch über dem Brantental liegt dieser Hof, der Urlaub auf dem Bauernhof in Apartments und Zimmern mit Frühstück anbietet. Zimmer/Apartments mit TV, meist mit Balkon, tlw. holzgetäfelt, Frühstücks- und Speiseraum im Wintergarten, Bauernstube als Aufenthaltsraum, sympathische Wirtsfamilie. DZ/HP 70–78 €, 2-Pers.-Apt. 38–60 €. ✆ 0471/616586, ℻ 617473, www.schadnerhof.it.

Jausenstation Höggerhof, Prent 21, Familie Zelger bietet echte bäuerliche Küche mit Würsten, Sauerkraut, frischen Krapfen, Strudel. Auf der Terrasse, im Saal oder im Kellerlokal findet sich sicher ein Platz. Es gibt auch 6 Zimmer, DZ/FR 44–48 €, ✆/℻ 0471/616585, pension-hoegger@rolmail. net. Mi Ruhetag (außer Mitte Juli bis Sept.).

Bauer im Walde, Manee 10, Jausenstation der Familie Pfeifer unweit (5 km) Deutschnofen am Waldrand, bäuerliche Kost, Plätze draußen und drinnen, kleiner Kinderspielplatz, die Kinder können auch das Pony reiten. Der Hof ist 1x wöchentlich Ziel einer vom Tourismusverein organisierten kostenlosen Hofbesichtigung. ✆ 0471/616330, Mo Ruhetag.

Sportcenter, Forastr. 1, Deutschnofens beste Pizza gibt es ab 17 Uhr in der rustikal eingerichteten Restaurant-Pizzeria des Sportzentrums. Wer auf der Terrasse isst, kann sich entscheiden, ob er Tennis, Fußball oder Basketball verfolgen will. Das Lokal ist bis 1 Uhr geöffnet. ✆ 0471/616412, Mo Ruhetag (außer im August).

• *In Obereggen* ****S **Sporthotel Obereggen**, Obereggen 17, ganz erfrischend: mal kein Tirolerhaus, sondern ein modernes Hotel in Flachbauweise; großes, ästhetisch reizvolles Hallenbad, alle Wellness- und Sporteinrichtungen (Saunen, Solarium, Whirlpool, Fitnessraum, Kosmetikstudio, Tennis, Radverleih). Freundlich warme Einrichtung, gepflegte, nicht sehr große Zimmer mit Sat-TV, Fön, Balkon. DZ/HP 152–288 €. ✆ 0471/615797, 615673, www.obereggen.it.

**** **Cristal**, Obereggen, viel Sport und Wellness im sehr komfortablen, kürzlich umgebauten und gewienerten Hotel, das von außen ein wenig den Anschein des Adelssitzes hat (Türmchen!), innen aber eine eher zurückhaltende Eleganz besitzt, die im Vergleich zum Rustikalzauber der Konkurrenz wohltuend aufs Auge wirkt. Im Wellnessbereich Hallenbad, „Saunenlandschaft", Fitnessraum. Diskret-elegante Zimmer mit Sat-TV, Safe, Minibar und Balkon, die dem Ambiente des Hauses Ehre machen (Zirbenholz!). DZ/HP 150–274 €. ✆ 0471/615511, 615522, www.hotelcristal.com.

*** **Hotel Royal**, Obereggen 32, gutes Hotel seiner Kategorie, Zimmer mit Sat-TV, Fön, Balkon, Wellness-Einrichtungen: Hallenbad (etwas niedrig geraten), Sauna, Solarium, Heubad (25 €), Frühstücksbüffet. DZ/HP 112–178 €. ✆ 0471/615891, 615893, www.h-royal.com.

*** **Pension Zischghof**, Obereggen 9, der Zischghof im alten Obereggen war schon da, bevor die Skifahrer kamen, nur gab es damals noch nicht die freundliche Pension am Berghang mit dem schönen Ausblick, den umlaufenden Balkonen und der guten Atmosphäre. Sauna und Fitnessraum; Freundlich-helle Zimmer mit Sat-TV-Anschluss, unbedingt Balkonzimmer zum Tal buchen! DZ/HP 92–148 €. ✆ 0471/615716, 615890, www.zischghof.it.

** **Am Ortner Hof**, Obereggen 11, sehr schöner alter Bauernhof mit zusätzlichem Apartmenthaus, man kann auch Zimmer mit Frühstück bekommen. Die Familie Pichler bietet in ihrem rauchfreien Haus auch Heubäder an (25 €), Heu hat man schließlich auf einem Bauernhof genug. Großer Auslauf und viel zum Streicheln für Kinder (nicht für Hunde). Eigener Reitstall! DZ/HP 86–190 €, Apt. für 2–4 Pers. 38–92 €. ✆ 0471/6157220, 615889, www.ortnerhof.it.

Göberlehof, Obereggen 9, Urlaub auf dem Bauernhof in Aussichtslage im alten Obereggen, fast wie in alten Zeiten, allerdings nicht in den Zimmern, die den üblichen Komfort und Sat-TV besitzen. DZ/FR 52–62 €, 1 Apt. für 2–5 Pers. 50–100 €. ✆/ 0471/615759, www.goeberlehof.com.

Sehenswertes/Ausflüge

▸ **Kirche St. Ulrich in Deutschnofen**: Die spätgotische Pfarrkirche besitzt vier Reliefs (1421–24) des gotischen Flügelaltars (Rahmen neugotisch) des *Hans von Judenburg*. Der Altar ist der erste bekannte Flügelaltar Tirols, er repräsentiert den sog. „Weichen Stil" – die Bezeichnung wird auch Kunstlaien klar, wenn sie sich die weich fließenden Gewandfalten ansehen. Der Altar befand sich ehemals in der Bozener Pfarrkirche, wo man ihn aber während der Barockisierung ausmusterte und den altmodisch gewordenen Kram den Deutschnofern schenkte. Heute ist er der große Stolz von Dorf und Gegend, die fünf Holzreliefs fügen sich wunderbar in den Hochaltar (und in einen Seitenaltar), die vom schönen Netzgewölbe der Decke überspannt werden.

▸ **Spaziergang zur Kapelle der hl. Helena**: Mitten in der Flur im Osten von Deutschnofen steht diese sehenswerte Kapelle (ca. 30 Min. Fußweg hin/zurück ab Gasthaus Pfösl an der Straße nach Birchabruck bzw. Obereggen auf einem guten, für Pkw gesperrten Sträßchen). Sie stammt wie der massige Turm aus dem 12. Jh. Innen ist sie vollständig mit Fresken der Bozner Schule ausgemalt (von 1410), die Szenen aus

Weißhorn und Bletterbachschlucht von Südwesten

dem Alten und Neuen Testament zeigen. Die Ausmalung stellt eine wahre Bilderbibel dar, man kann Stunden damit verbringen, die einzelnen Bildelemente zu „lesen". Interessant etwa die Bilder der sieben Schöpfungstage in der Triumphbogenlaibung, vor allem aber die Darstellungen der vier Evangelisten im Gewölbe, deren Schreibpulte nicht nur Bücher und – seitlich befestigt – Tintenhörner enthalten, sondern auch Weinkrug und Glas zur Erfrischung, denn auch ein Evangelist braucht zwischendurch mal was zu trinken.

Den Schlüssel zur Kapelle erhalten Sie nebenan im Kreuzhof.

Wallfahrtskirche Maria Weißenstein: Die berühmte Kirche liegt ganz einsam an einem flachen Hang südlich von Deutschnofen, gehört aber zum Ort Petersberg. Ihre Gründung geht auf ein Gelübde zurück: Der Legende nach wurde ein gewisser Leonhard, Bauer auf dem Weißensteinerhof und wahrscheinlich Epileptiker, von der Gottesmutter nach einem Sturz in eine Schlucht gerettet und bedankte sich mit dem Bau einer Kapelle. Leute, die ebenfalls Hilfe benötigten, begannen hierher zu pilgern. Die bald zu kleine Kapelle wurde 1561 durch eine Kirche ersetzt, die 1718 dem Servitenorden übergeben wurde. Der ließ die Kirche erweitern und vergrößern, 1753 barock erneuern und die beiden kleinen Türme sowie die Kuppel errichten. Die Fresken des Wiener Hofmalers *Adam Mölk* aus dieser Zeit sind im Inneren die größte künstlerische Attraktion (das Kloster war zwischen 1787 und 1836 aufgehoben, und Kloster wie Kirche wurden teilweise ihres Schmucks beraubt). Auf der linken Seite der Kirche befindet sich die alte Kapelle und die Sammlung der Votivgaben, die in Jahrhunderten der Gottesmutter überbracht wurden. An Marienfeiertagen, v. a. am 15. August, ist Maria Weißenstein Pilgerziel für Zehntausende. Selbst Papst Johannes Paulus II. war seinerzeit da (1988).

• *Information/Öffnungszeiten* Die **Wallfahrtsstätte Maria Weißenstein** ist zu erreichen über ✆ 0471/615165, 📠 611135, www.weissenstein.it. Die Kirche ist ganzjährig tägl. 7.30–19 Uhr geöffnet.

• Übernachten/Essen & Trinken ** **Gasthof Weißenstein**, Weißenstein 10, I-39040 Petersberg, breit hingelagerter Gasthof für Wallfahrer und E-5-Wanderer. Die großen Massen bedient man sinnvollerweise und für alle Beteiligten angenehm in einem Selbstbedienungsrestaurant. DZ/FR 60–64 €. ✆ 0471/615124, ✆ 611333, www.weissenstein-pietralba.it.

Die Kirche unterhält außerdem ein Pilgerhaus und eine Jugendherberge **für Pilger**, die vorübergehende Unterkunft oder einen Ferienaufenthalt suchen, ✆ 0471/615124, www.pmw.it.

▸ **Auf dem Regglberg**: Das wellige Hügelland südlich von Deutschnofen nennt sich Regglberg. Eine Fülle von Forststraßen, Wanderwegen und Steigen führt durch das dünn besiedelte Gebiet. Als einziger wirklicher Berg ragt das *Weißhorn* aus dem Waldgrün (einfache Besteigung von Osten vom Joch Grimm). Auch für Mountainbiker ein ideales Revier, solange sie den Bereich des *Bletterbachs* meiden, der den Südwesten durchschneidet. Das tiefe, steile Tal ist den Wanderern vorbehalten, die sich aber bei Regen zumindest vom Talgrund fernhalten sollten! Doch gibt es ab Deutschnofen einen hervorragenden, sehr gut beschilderten Weg, der die **Bletterbachschlucht** quert, es ist der *Europäische Fernwanderweg E 5*. (Mehr zur Bletterbachschlucht finden Sie im Kapitel „Überetsch und Unterland" im Abschnitt „Aldein und Radein/Ausflüge".)

▸ **Obereggen und Umgebung**: Das kleine Dorf gehört zur Gemeinde Deutschnofen, liegt aber weit entfernt im Tal unter den Felsspitzen des Latemar und ist bekannt für den *Skizirkus Fiemme/Obereggen*. Obereggen ist ein komfortables Skidorf. Aber auch ein angenehmer Sommeraufenthalt ist möglich, schließlich beginnen die Wanderwege auf den Latemar unmittelbar im Ort, wie der großartige Weg auf die Latemarhütte (Rif. Torre di Pisa), oder man fährt auf 2150 m zur Bergstation des Sessellifts Oberholz und beginnt dort. Von *Rauth* unterhalb von Eggen führt eine Straße zum **Lavazèjoch** mit kleinem Seelein an der Provinzgrenze und weiter hinunter nach *Cavalese*, dem Hauptort des Fleimstals. Die Bergbahnen hier oben wie auch jene auf dem Reiterjoch und in Pampeago, die man auf der in Obereggen beginnenden Straße nach Tèsero im Fleimstal erreicht, sind im regionalen Skipass Fiemme/Obereggen eingeschlossen. Vom Lavazè-Joch gibt es eine Straße zum *Joch Grimm* unter dem Weißhorn und weiter nach Radein und Kaltenbrunn.

▸ **Das Joch Grimm**: Der Pass auf ca. 2000 m Höhe gehört zur Gemeinde Aldein (→ S. 237), liegt tatsächlich jedoch oberhalb Radein, ist aber von dort aus *nicht* mit Privatauto zu erreichen. Zufahrt nur von Cavalese und Birchabruck/Eggental bzw. Deutschnofen! Auf dem Pass Skigebiet, Wanderwege zum Schwarzhorn und Weißhorn, Hotels.

• Übernachten ** **Schwarzhorn**, I-38030 Varena/Joch Grimm, Hotel am Pass etwas oberhalb der Straße, gleich hinter dem Haus die Schlepplifte zum Schwarzhorn. Keine Frage, Sommer- und Wintersport ab der Haustür, im Haus selbst Sauna und Fitnessraum, die Zimmer in Ordnung (kein TV), meist mit Balkon, unterschiedliche Größen. Kann besonders im Winter tagsüber sehr belebt sein. DZ/FR 42–62 €. ✆ 0471/887180, ✆ 887179, www.Jochgrimm-oclini.com.

▸ **Auf das Weißhorn**: → Tour 16: „Rundtour mit dem Rad um das Weißhorn", S. 240, Tour 17: „Wanderung auf das Weißhorn", S. 242.

Am Karersee

Etwas Italienisch

Aussprache (Hier nur die Abweichungen von der deutschen Aussprache)

c: vor e und i immer *"tsch"* wie in *rutschen*, z. B. *centro* (Zentrum) = *"tschentro"*. Sonst wie *"k"*, z. B. *cannelloni* = *"kannelloni"*.

cc: gleiche Ausspracheregeln wie beim einfachen **c**, nur betonter: *faccio* (ich mache) = *"fatscho"*; *boccone* (Imbiss) = *"bokkone"*.

ch: wie *"k"*, *chiuso* (geschlossen) = *"kiuso"*.

cch: immer wie ein hartes *"k"*, *spicchio* (Scheibe) = *"spikkio"*.

g: vor e und i *"dsch"* wie in *Django*, vor a, o , u als *"g"* wie in *gehen;* wenn es trotz eines nachfolgenden dunklen Vokals als *"dsch"* gesprochen werden soll, wird ein i eingefügt, das nicht mitgesprochen wird, z. B. in *Giacomo* = *"Dschakomo"*.

gh: immer als *"g"* gesprochen.

gi: wie in *giorno* (Tag) = *"dschorno"*, immer weich gesprochen.

gl: wird zu einem Laut, der wie "*lj*" klingt, z. B. in *moglie* (Ehefrau) = *"mollje"*.

gn: ein Laut, der hinten in der Kehle produziert wird, z. B. in *bagno* (Bad) = *"bannjo"*.

h: wird am Wortanfang nicht mitgesprochen, z. B. *hanno* (sie haben) = *"anno"*. Sonst nur als Hilfszeichen verwendet, um c und g vor den Konsonanten i und e hart auszusprechen.

qu: im Gegensatz zum Deutschen ist das u mitzusprechen, z. B. *acqua* (Wasser) = *"akua"* oder *quando* (wann) = *"kuando"*.

r: wird kräftig gerollt!

rr: wird noch kräftiger gerollt!

sp und **st**: gut norddeutsch zu sprechen, z. B. *specchio* (Spiegel) = *"s-pekkio"* (nicht *schpekkio*), *stella* (Stern) = *"s-tella"* (nicht *"schtella"*).

v: wie *"w"*.

z: immer weich sprechen wie in *Sahne*, z. B. *zucchero* (Zucker) = *"sukkero"*.

Elementares

Frau …	*Signora*
Herr …	*Signor(e)*
Guten Tag	*Buon giorno*
Guten Abend (ab nachmittags!)	*Buona sera*
Gute Nacht	*Buona notte*
Auf Wiedersehen	*Arrivederci*
Hallo/Tschüss	*Ciao*
Wie geht es Ihnen?	*Come sta?*
Wie geht es dir?	*Come stai?*
Danke, gut.	*Molto bene, grazie*
Danke!	*Grazie*
Entschuldigen Sie	*(Mi) scusi*
Entschuldige	*Scusami/Scusa*
Entschuldigung, können Sie mir sagen…?	*Scusi, sa dirmi…?*
ja	*si*
nein	*no*
Tut mir leid	*Mi dispiace*
Macht nichts	*Non fa niente*
Bitte! (*gern geschehen*)	*Prego!*
Bitte (als Einleitung zu einer Frage oder Bestellung)	*Per favore...*
Sprechen Sie Englisch/Deutsch?	*Parla inglese/ tedescso?*
Ich spreche kein Italienisch	*Non parlo l'italiano*
Ich verstehe nichts	*Non capisco niente*
Könnten Sie langsamer sprechen?	*Puo parlare un po` più lentamente?*
Ich suche nach...	*Cerco...*
Okay, geht in Ordnung	*va bene*
Ich möchte	*Vorrei*
Warte/Warten Sie!	*Aspetta/Aspetti!*
groß/klein	*grande/piccolo*
Geld	*i soldi*
Ich brauche ...	*Ho bisogno ...*
Ich muss ...	*Devo ...*
in Ordnung	*d'accordo*
Ist es möglich, dass ...	*È possibile ...*
mit/ohne	*con/senza*
offen/geschlossen	*aperto/chiuso*
Toilette	*bagno*
verboten	*vietato*
Wie heißt das?	*Come si dice?*
bezahlen	*pagare*

Fragen

Gibt es/Haben Sie...?	*C'è ...?*
Was kostet das?	*Quanto costa?*
Gibt es (mehrere)	*Ci sono?*
Wann?	*Quando?*
Wo? Wo ist?	*Dove?/ Dov'è?*
Wie?/Wie bitte?	*Come?*
Wieviel?	*Quanto?*
Warum?	*Perché?*

Smalltalk

Ich heiße ...	*Mi chiamo ...*
Wie heißt du?	*Come ti chiami?*
Wie alt bist du?	*Quanti anni hai?*
Das ist aber schön hier	*Meraviglioso!/Che bello!/Bellissimo!*
Von woher kommst du?	*Di dove sei tu?*
Ich bin aus München/Hamburg	*Sono di Monaco, Baviera/di Amburgo*
Bis später	*A più tardi!*

Orientierung

Wo ist bitte...?	*Per favore, dov'è..?*
... die Bushaltestelle	*...la fermata*
... der Bahnhof	*...la stazione*
Stadtplan	*la pianta della città*
rechts	*a destra*
links	*a sinistra*
immer geradeaus	*sempre diritto*
Können Sie mir den Weg nach ... zeigen?	*Sa indicarmi la direzione per..?*
Ist es weit?	*È lontano?*
Nein, es ist nah	*No, è vicino*

Bus/Zug

Fahrkarte	*un biglietto*
Stadtbus	*il bus*
Überlandbus	*il pullman*
Zug	*il treno*
hin und zurück	*andata e ritorno*
Ein Ticket von X nach Y	*un biglietto da X a Y*
Wann fährt der nächste?	*Quando parte il prossimo?*
... der letzte?	*...l'ultimo?*
Abfahrt	*partenza*
Ankunft	*arrivo*
Gleis	*binario*
Verspätung	*ritardo*
aussteigen	*scendere*
Ausgang	*uscita*
Eingang	*entrata*

Auto/Motorrad

Auto	*macchina*
Motorrad	*la moto*
Tankstelle	*distributore*
Volltanken	*il pieno, per favore*
Bleifrei	*benzina senza piombo*
Diesel	*gasolio*
Panne	*guasto*
Unfall	*un incidente*
Bremsen	*i freni*
Reifen	*le gomme*
Kupplung	*la frizione*
Lichtmaschine	*la dinamo*
Zündung	*l'accensione*
Vergaser	*il carburatore*
Mechaniker	*il meccanico*
Werkstatt	*l'officina*
funktioniert nicht	*non funziona*

Bank/Post/Telefon

Wo ist eine Bank?	*Dove c' è una banca*
Postamt	*posta/ufficio postale*
Ich möchte Reiseschecks einlösen	*Vorrei cambiare dei traveller cheques*
Postkarte	*cartolina*
Brief	*lettera*
Briefkasten	*la buca (delle lettere)*
Briefmarken	*i francobolli*
Wo ist das Telefon?	*Dov' è il telefono?*

Hotel/Camping

Haben Sie ein Einzel/Doppelzimmer?	*C'è una camera singola/doppia?*
Können Sie mir ein Zimmer zeigen?	*Può mostrarmi una camera?*
Ich nehme es/wir nehmen es	*La prendo/la prendiamo*
Zelt/ kleines Zelt	*tenda/canadese*
Schatten	*ombra*
mit Dusche/Bad	*con doccia/ bagno*
ein ruhiges Zimmer	*una camera tranquilla*
Wir haben reserviert	*Abbiamo prenotato*
Schlüssel	*la chiave*
Vollpension	*pensione completa*
Halbpension	*mezza pensione*
Frühstück	*prima colazione*
Hochsaison	*alta stagione*
Nebensaison	*bassa stagione*

Zahlen

0	*zero*
1	*uno*
2	*due*
3	*tre*
4	*quattro*
5	*cinque*
6	*sei*
7	*sette*
8	*otto*
9	*nove*
10	*dieci*
11	*undici*
12	*dodici*
13	*tredici*
14	*quattordici*
15	*quindici*
16	*sedici*
17	*diciassette*
18	*diciotto*
19	*diciannove*
20	*venti*
21	*ventuno*
22	*ventidue*
30	*trenta*
40	*quaranta*
50	*cinquanta*
60	*sessanta*
70	*settanta*
80	*ottanta*
90	*novanta*
100	*cento*
101	*centuno*
102	*centodue*
200	*duecento*
1.000	*mille*
2.000	*duemila*
100.000	*centomila*
1.000 000	*un milione*

Arzt/Krankenhaus

Ich brauche einen Arzt	*Ho bisogno di un medico*
Hilfe!	*Aiuto!*
Erste Hilfe	*pronto soccorso*
Krankenhaus	*ospedale*
Schmerzen	*dolori*
Ich bin krank	*Sono malato*
Biss/Stich	*puntura*
Fieber	*febbre*
Durchfall	*diarrea*
Erkältung	*raffreddore*
Halsschmerzen	*mal di gola*
Magenschmerzen	*mal di stomaco*
Zahnweh	*mal di denti*
Zahnarzt	*dentista*
verstaucht	*slogato*

Restaurant

Haben Sie einen Tisch für x Personen?	*C'è un tavolo per x persone?*
Ich möchte zahlen	*Il conto, per favore*
Gabel	*forchetta*
Messer	*coltello*
Löffel	*cucchiaio*
Aschenbecher	*portacenere*
Mittagessen	*pranzo*
Abendessen	*cena*
Eine Quittung, bitte	*Vorrei la ricevuta, per favore*
Es war sehr gut	*Era buonissimo*
Trinkgeld	*mancia*
Extra-Preis für Gedeck, Service und Brot	*coperto/ pane e servizio*
Vorspeise	*antipasto*
erster Gang	*primo piatto*
zweiter Gang	*secondo piatto*
Beilagen	*contorni*
Nachspeise (Süßes)	*dessert*
Käse	*formaggio*

HOTEL

Verlagsprogramm

Ägypten
- Ägypten
- Sinai & Rotes Meer

- **Baltische Länder**

Belgien
- *MM-City* Brüssel

- **Bulgarien** – Schwarzmeerküste

- **Dominikanische Republik**

Deutschland
- Allgäu
- Altmühltal & Fränk. Seenland
- Berlin & Umgebung
- *MM-City* Berlin
- Bodensee
- Franken
- Fränkische Schweiz
- Mainfranken
- Nürnberg, Fürth, Erlangen
- Oberbayerische Seen
- Ostseeküste – von Lübeck bis Kiel
- Ostseeküste – Mecklenburg-Vorpommern
- Rügen, Stralsund, Hiddensee
- Schwäbische Alb
- Usedom

- **Ecuador**

Frankreich
- Bretagne
- Côte d'Azur
- Elsass
- Haute-Provence
- Korsika
- Languedoc-Roussillon
- *MM-City* Paris
- Provence & Côte d'Azur
- Südfrankreich
- Südwestfrankreich

Griechenland
- Athen & Attika
- Chalkidiki
- Griechenland gesamt
- Griechische Inseln
- Karpathos
- Kefalonia & Ithaka
- Korfu
- Kos
- Kreta
- Kykladen
- Lesbos
- Naxos
- Nord- u. Mittelgriechenland
- Peloponnes
- Rhodos
- Samos
- Santorini
- Skiathos, Skopelos, Alonnisos, Skyros – Nördl. Sporaden
- Thassos, Samothraki
- Zakynthos

Großbritannien
- Cornwall & Devon
- England
- *MM-City* London
- Südengland
- Schottland

- **Irland**

- **Island**

Italien
- Abruzzen
- Apulien
- Chianti – Florenz, Siena
- Dolomiten – Südtirol Ost
- Elba
- Friaul-Julisch Venetien
- Gardasee
- Golf von Neapel
- Italien
- Italienische Riviera & Cinque Terre
- Kalabrien & Basilikata
- Liparische Inseln
- Marken
- Mittelitalien
- Oberitalien
- Oberitalienische Seen
- Piemont & Aostatal
- *MM-City* Rom
- Rom & Latium
- Sardinien
- Sizilien
- Südtirol
- Südtoscana
- Toscana
- Umbrien
- *MM-City* Venedig
- Venetien

Kroatien
- Istrien
- Kroatische Inseln & Küste
- Mittel- und Süddalmatien
- Nordkroatien – Kvarner Bucht

- **Malta**, Gozo, Comino

- **Niederlande**
- *MM-City* Amsterdam
- Niederlande

Norwegen
- Norwegen
- Südnorwegen

Österreich
- *MM-City* Wien
- Wachau, Wald- u. Weinviertel
- Salzburg & Salzkammergut

Polen
- Polen
- Polnische Ostseeküste

Portugal
- Algarve
- Azoren
- *MM-City* Lissabon
- Lissabon & Umgebung
- Madeira
- Nordportugal
- Portugal – gesamt

Schweden
- Südschweden

Schweiz
- Genferseeregion
- Graubünden
- Tessin

Serbien und Montenegro
- Montenegro

- **Slowenien**

Spanien
- Andalusien
- *MM-City* Barcelona
- Costa Brava
- Costa de la Luz
- Gomera
- Gran Canaria
- *MM-Touring* Gran Canaria
- Ibiza
- Katalonien
- Lanzarote
- La Palma
- *MM-Touring* La Palma
- Madrid & Umgebung
- Mallorca
- Nordspanien
- Spanien – gesamt
- Teneriffa
- *MM-Touring* Teneriffa

Tschechien
- *MM-City* Prag
- Südböhmen
- Tschechien – gesamt
- Westböhmen & Bäderdreieck

- **Tunesien**

- **Türkei**
- *MM-City* Istanbul
- Türkei – gesamt
- Türkei – Lykische Küste
- Türkei – Mittelmeerküste
- Türkei – Westküste
- Türkische Riviera – Kappadokien

- **Ungarn**

- **Zypern**

Aktuelle Informationen zu allen Reiseführern finden Sie im Internet unter www.michael-mueller-verlag.de

Michael Müller Verlag GmbH, Gerberei 19, 91054 Erlangen, Tel. 0 91 31 / 81 28 08-0; Fax 0 91 31 / 20 75 41; E-Mail: mmv@michael-mueller-verlag.de

Im Naturpark Rieserferner-Ahrn

Sach- und Personenregister

Haflinger auf der Lazinser Alm, Pfelderer Tal

Geographisches Register